NCS 국가직무능력표준 National Competency Standards

한국세무사회 국가공인

2급

2025년
최신버전 및
세법반영

I can! 전산세무 2급

written by 이원주 · 김진우
directed by 김윤주 · 김혜숙

SAMIL | 삼일회계법인 삼일인포마인

2025

머리말

과거에는 부기라는 명칭으로 수작업으로 회계정리를 하였으나, 현재는 정보화 시대의 흐름에 발맞춰 전산을 활용하고 있으며, 4차 산업의 등장과 함께 현대 사회가 보다 더 복잡해지는 배경 속에 기업의 경영정보를 제공하기 위한 회계정보의 중요성이 더욱 강조되고 있는 것이 지금의 현실이다.

회계는 기업의 경리담당자 혹은 세무사, 회계사들만이 하는 업무영역으로 전문지식이 필요하다는 편견 속에 "회계는 어렵다"라는 선입견을 가지고 있는 경우가 많지만, 회계는 많은 사람들이 생각하는 것처럼 그렇게 어려운 전문분야가 아니라, 우리의 일상적인 경제생활 모두와 밀접한 연관이 있다고 볼 수 있다.

국가공인 전산세무 자격시험은 한국세무사회에서 기업의 다양한 회계와 세무정보에 대한 실무처리능력을 평가하기 위해 이론시험(30%)과 실기시험(70%)으로 구성되어 있으므로, 회계이론과 함께 실무처리능력을 동시에 갖추기 위해 수험생들은 반드시 이론과 실무를 병행해서 학습하여야 할 것이다.

"I CAN 전산세무 2급"의 특징은

첫 째, 체계화된 이론정리

전산세무 자격시험이 과거에 비해 체계적인 회계이론의 학습 없이는 합격하기 힘들게 출제되고 있다. 단순 암기식 혹은 요약만으로 전산세무 2급 자격시험에서 힘들어하는 수험생들의 고충을 많이 접하였기에, I CAN 전산세무 2급은 이론내용을 보다 충실히 정리하고 기출문제를 완벽히 분석 정리한 유형별 연습문제를 통해 반복학습 및 자가평가를 진행할 수 있도록 구성하였다.

둘 째, 따라하기와 유형별 연습문제를 통한 실무처리 능력 향상

전산세무회계 수험용 프로그램인 케이렙(KcLep)의 설치에서 시작하여 기본적인 실무작업과 함께 프로그램의 활용을 위한 '따라하기' 예제를 수록하였으며, 과거 기출문제의 출제빈도 분석을 통해 다양한 출제유형을 경험해 볼 수 있도록 '유형별 연습문제'를 수록하였다. 따라하기와 유형별 연습문제를 체계적으로 학습한다면 실무시험에 대한 출제유형을 파악할 수 있을 것이다.

셋 째, 최신 기출문제 학습을 통한 완벽한 시험대비

개정세법과 최근 출제경향을 반영한 최신 기출문제 학습을 통해 출제유형 파악은 물론 따라하기와 유형별 연습문제의 학습에 대한 자가평가를 바탕으로 전산세무 2급 자격시험을 완벽하게 준비할 수 있도록 하였다.

"I CAN 전산세무 2급"을 통해 전산세무 2급 자격시험을 준비하는 수험생들에게 합격의 기쁨과 함께, 세무정보의 실무처리능력을 갖춘 전문인으로 한걸음 도약하는 계기가 될 수 있기를 기원한다. "I CAN 전산세무 2급"이 출간될 수 있게 도와주신 삼일피더블유씨솔루션 이희태 대표이사님 및 임직원분들과 바쁘신 일정 속에서 소중한 시간을 내시어 꼼꼼히 감수해주신 김윤주, 김혜숙 교수님께 깊은 감사를 드리고, 교재의 부족한 부분은 앞으로 계속 발전시키겠다는 약속과 함께 독자들의 충고와 질책을 바란다.

2025년 3월 저자 씀

전산세무 2급 자격시험의 개요

1 목적

전산세무회계의 실무처리능력을 보유한 전문인력을 양성할 수 있도록 조세의 최고전문가인 1만여명 세무사로 구성된 한국세무사회가 엄격하고 공정하게 자격시험을 실시하여 그 능력을 등급으로 부여함으로써, 학교의 세무회계 교육방향을 제시하여 인재를 양성시키도록 하고, 기업체에는 실무능력을 갖춘 인재를 공급하여 취업의 기회를 부여하며, 평생교육을 통한 우수한 전문인력 양성으로 국가발전에 기여하고자 함

2 자격시험 시행 근거

- 법적근거: 자격기본법
- 공인번호: 고용노동부 제2021-1호
- 종목 및 등급: 전산세무회계(전산세무 1급 및 2급, 전산회계 1급 및 2급)
- 자격의 종류: 국가공인 민간자격
- 응시료: 30,000원
- 합격시 자격증 발급비용: 5,000원(선택)
- 자격관리기관: 한국세무사회

3 검정기준 등

검정기준 (전산세무 2급)	전문대학 졸업수준의 재무회계와 원가회계, 세무회계(부가가치세, 소득세)에 관한 지식을 갖추고, 기업체의 세무회계 책임자로서 전 산세무회계프로그램을 활용한 세무회계 전반의 실무처리 업무를 수행할 수 있는지에 대한 능력을 평가함.
응시자격	응시자격은 제한이 없다. 다만, 부정행위자는 해당 시험을 중지 또는 무효로 하며 이후 2년간 시험에 응시할 수 없다.
원서접수	접수기간 중 한국세무사회 홈페이지(http://license.kacpta.or.kr)로 접속하여 단체 및 개인별 접수(회원가입 및 사진등록 필수)
시험방법	• 이론: 객관식 4지선다형 필기시험(15문항) • 실무: 전산세무회계프로그램(케이렙: KcLep)을 이용한 실기작업
시험시간	60분(이론 및 실무 동시진행)
합격기준	100점 만점에 70점 이상(절대평가)
환불규정	원서접수기간 중에는 100% 환불. 원서접수 마감 후 5일 이내 50% 환불. 이후에는 환불 불가(상세 환불규정은 한국세무사회 홈페이지 참고)

4 전산세무 2급 평가범위

이론 (30%)	• 재무회계	재무회계의 기본개념 및 당좌 및 재고자산, 유형 및 무형자산, 유가증권, 부채 및 자본금, 잉여금, 수익과 비용, 회계변경 등 (5문항 10점)
	• 원가회계	원가의 개념, 요소별 및 부문별 원가계산, 개별 및 종합원가계산 등 (5문항 10점)
	• 세무회계	부가가치세법 및 소득세법(종합소득세 계산 및 원천징수) (5문항 10점)
실무 (70%)	• 일반전표입력 (5문항 15점)	
	• 매입매출전표입력 (5문항 15점)	
	• 부가가치세 (2문항 10점)	
	• 결산정리 (5문항 15점)	
	• 원천징수 (2문항 15점)	

참고 ✓전체적인 문항수와 배점은 거의 동일하지만, 자격시험 회차에 따라 약간의 차이가 있을 수 있음
✓답안매체로는 문제 USB메모리가 주어지며, 이 USB메모리에는 전산세무회계 실무과정을 폭넓게 평가하기 위하여 회계처리대상회사의 기초등록사항 및 1년간의 거래자료가 전산수록되어 있음
✓답안수록은 문제 USB메모리의 기본DATA를 이용하여 수험프로그램상에서 주어진 문제의 해답을 입력하고 USB메모리에 일괄 수록(저장)하면 됨

5 2025년 자격시험 일정

회차	시험시행일	원서접수일	합격자발표일
제118회	02. 09 (일)	01. 02 ~ 01. 08	02. 27 (목)
제119회	04. 05 (토)	03. 06 ~ 03. 12	04. 24 (목)
제120회	06. 07 (토)	05. 02 ~ 05. 08	06. 26 (목)
제121회	08. 02 (토)	07. 03 ~ 07. 09	08. 21 (목)
제122회	09. 28 (일)	08. 28 ~ 09. 03	10. 23 (목)
제123회	12. 06 (토)	10. 30 ~ 11. 05	12. 24 (수)

참고 자격시험의 상세일정은 한국세무사회 자격시험 홈페이지(http://license.kacpta.or.kr)에서 확인 가능하며, 원서접수기간에는 24시간 접수가능하지만, 마지막날은 18:00까지 이다. (문의: 한국세무사회 ☎ 02-521-8398)

6 자격시험 필수 준비항목

1. 신분증

다음의 신분증 중에 하나는 반드시 있어야 시험에 응시할 수 있다.

① 주민등록증(분실시 임시발급확인서)
② 청소년증(분실시 임시발급확인서)
③ 생활기록부 사본(학교직인이 찍혀있고 사진이 부착되어 있어야함)
④ 여권, 운전면허증, 공무원증, 장애인카드(복지카드)
⑤ 중고등학생의 경우 학생증(대학생 및 대학원생의 경우 학생증으로 응시 불가)

참고 여권의 경우 만료기간 이내여야 하며, 신분증 미 지참시 자격시험에 응시할 수 없다.

2. 수험표

- 수험표가 없다고 해서 시험을 볼 수 없는 것은 아니지만, 시험장소 확인을 위해 시험일 이전에 출력해 두어야 한다.(시험이 있는 월요일부터 출력가능)
- 수험표에는 인적사항, 시험장소 및 시험 시 주의사항 및 시험요령 등이 기록되어 있다.

3. 전자계산기

- 전자계산기는 일반계산기를 사용해야 한다.(공학용 계산기는 사용할 수 없다.)
- 스마트폰의 계산기 앱을 사용할 수 없으며, 시험 시 스마트폰은 종료하여야 한다.

- 전자계산기를 미리 준비하지 못한 경우는 KcLep 프로그램에 내장되어 있는 계산기를 사용해도 무방하다.

4. 손목시계

- 전산세무회계 자격시험은 60분이라는 한정된 시간에 시험(이론 및 실무)을 마쳐야 하므로, 문제를 푸는 과정에 대한 시간관리가 중요하다. PC에도 시계가 내장되어 있지만 별도의 전자시계를 준비하는 것이 자격시험에 도움이 된다.

참고 탁상용 시계는 사용할 수 있지만, 문자전송 기능이 있는 스마트워치의 경우는 사용이 불가능하다.

5. 필기구

- 컴퓨터용 펜은 필요 없으며, 전산세무회계 자격시험은 이론과 실무 모두 KcLep 프로그램에 입력하도록 되어 있어 필기구가 반드시 필요한 것은 아니지만, 계산문제를 풀거나 메모 등을 위해서 간단한 필기구를 준비하는 것이 자격시험에 도움이 된다.

7 자격시험 답안작성

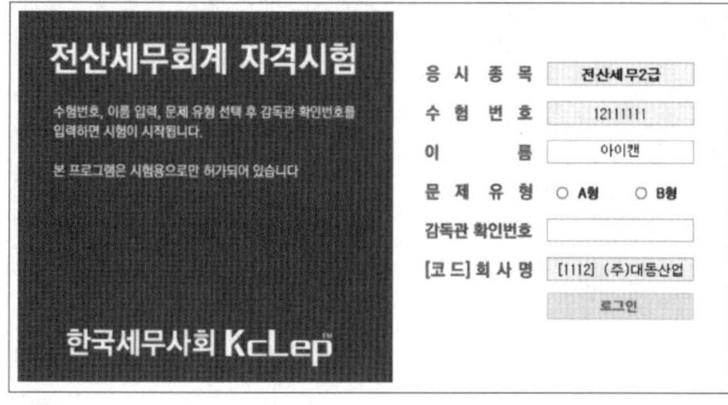

참고 자격시험의 문제유형은 A형과 B형으로 구분되며, 문항수와 내용은 동일하고 이론문제의 순서만 상이하다.

- 실기작업을 완료한 후 [이론문제 답안작성] 메뉴를 통해 이론답안과 장부조회 답안을 입력한다.
- 입력에 이상이 없다면 [답안저장(USB로 저장)]메뉴를 실행하여 시험을 종료한다.

참고 답안저장 후 답안 수정 등 추가 작업을 진행하였을 경우 답안을 다시 저장한 후 감독관에게 USB를 제출하며, 시험지는 제출하지 않아도 된다.

8 전산세무회계 자격시험 수험절차

시험전	• 시험시작 시간을 숙지하고, 수험표를 비롯한 자격시험 필수 항목을 준비한다. • 자격시험 20분 전까지 시험장소에 도착하여 고사실을 확인한다. • 지정된 좌석을 확인하고 키보드, 마우스 등의 장비를 확인한다. 참고 신분증이 없거나, 유효기간이 만료된 신분증은 자격시험 응시가 불가능하다.
USB 수령	• 감독관으로부터 응시종목별 기초백데이타 설치용 USB를 수령한다. • **USB 꼬리표가 본인의 응시종목을 확인하고, 뒷면에 수험정보를 기재**한다. 한국세무사회 〈전산세무 2급〉 국가공인 전산세무회계자격시험 ※ 뒷면을 반드시 기재하시기 바랍니다. 수험번호 / 감독관확인 / 성 명 / 생년월일 / 문제유형 A형 □ B형 □ / KcLep
USB 설치	• USB를 컴퓨터의 **USB 포트에** 삽입하여 인식된 해당 USB 드라이브로 이동한다. • **USB**드라이브에서 기초백데이타설치프로그램인 '**Tax.exe**' 파일을 실행한다. 참고 USB는 처음 설치이후, 시험 중 임의로 절대 재설치(초기화)하지 않아야 한다.
수험정보입력	• [수험번호(8자리)]와 [성명]을 정확히 입력한 후 [설치]버튼을 클릭한다. ※ 입력한 수험정보는 이후 절대 수정이 불가하니 정확히 입력해야 한다.
시험지 수령	• 시험지와 본인의 응시종목(급수) 일치 여부 및 문제유형(A 또는 B)을 확인한다. • 문제유형(A 또는 B)을 프로그램에 입력한다. • 시험지의 상태와 파본 여부를 확인한다.
시험 시작	• 감독관이 불러주는 **'감독관확인번호'를 정확히 입력**하고, 시험에 응시한다.
(시험을 마치면) USB 저장	• **이론문제의 답**은 메인화면에서 이론문제 답안작성 을 클릭하여 입력한다. • **실무문제의 답**은 문항별 요구사항을 수험자가 파악하여 각 메뉴에 입력한다. • 이론과 실무문제의 **답을 모두 입력한 후** 답안저장(USB로 저장) 을 클릭하여 답안을 저장한다. • **저장완료** 메시지를 확인한다. 참고 USB 저장 이후, 답안을 수정하는 경우 최종 제출전 다시 저장 하여야 한다.
USB 제출	• 답안이 수록된 USB 메모리를 빼서, 〈감독관〉에게 제출 후 조용히 퇴실한다.

전산세무회계자격시험은 컴퓨터에 수험용 프로그램(KeLep)이 설치된 상태에서, 수험자가 직접 배부받은 답안매체(USB메모리) 내의 문제 데이터프로그램(Tax.exe)을 설치하고, **본인 스스로 프로그램 사용법 및 세무회계 지식을 기반으로 제한된 시간 내에 문제를 풀어서 입력하고,** 시험 종료시 본인의 입력 자료를 답안매체에 수록하여 제출하여야 합니다.

전산세무회계 자격시험의 가답안과 확정답안

가답안	• 시험당일 오후 8시경에 한국세무사회 홈페이지에 가답안이 공개되며, 답안 공개 후 3일 이내에 이의신청이 가능하다.
확정답안	• 확정답안은 시험당일 공개된 가답안의 이의신청에 대한 검토와 심사를 거쳐 최종발표하며, [기출문제] 메뉴에서 확인할 수 있다.
부분점수 및 채점기준	• 실무처리능력을 검증하는 자격시험의 특성상 부분점수는 원칙적으로 없지만, 출제의도, 풀이과정, 배점 및 난이도 등을 감안하여 [확정답안] 범위내에서 소폭의 부분점수(감점처리)를 부여하고 있으나, 배점이 큰 문항이나 [확정답안]내에서 소폭 적용해 온 부분점수(감점처리)는 단계적으로 축소 또는 폐지를 추진하고 있다.

전산세무회계 자격시험 관련 각종 확인서 발급

한국세무사회 에서는 국가공인 전산세무회계자격시험의 수험생 편의를 위해 [접수확인서], [응시확인서], [자격취득확인서]를 비롯해 인터넷에서 발급된 확인서의 진위여부를 확인할 수 있는 메뉴까지 제공하고 있다.

접수확인서

현재까지 접수한
접수내역을
출력할 수 있습니다.

접수마감 8일 이후부터 가능

응시확인서

현재까지 응시한 응시내역을
출력할 수 있습니다.
(미응시 수험생은 출력불가)

합격자발표 이후부터 가능

자격취득확인서

현재 취득한 자격내역을
출력할 수 있습니다.
(자격증 발급신청 후 출력가능)

합격자발표 이후부터 가능

확인서 진위여부

인터넷에서 발급한 확인서의
진위여부를
확인할 수 있습니다.

발급일로부터 3개월간

전산세무회계 자격증 발급

자격증발급	• 국가공인 전산세무회계 시험의 자격증은 합격자발표일로부터 한국세무사회 홈페이지에서 신청가능하다.(자격증 발급 수수료발생) • 전산세무회계 자격증은 카드형태로 발급되며, 자격증을 발급받지 않고 자격취득확인서로 자격취득을 증명할 수 있다.

전산세무회계 자격시험의 보수교육

보수교육	• 국가공인 전산세무회계 자격증의 유효기간은 합격일로부터 5년이며, 매 5년 단위로 갱신하여야 한다. • 보수교육을 이수하고 자격증이 갱신등록되면 유효기간이 5년 연장된다.
자격증갱신	• 자격증은 유효기간 만료일 3개월 전부터 만료일까지 보수교육을 받고 유효 기간을 갱신하여야 한다. • 보수교육을 이수하지 않은 경우, 그 자격이 일시정지되고 자격증 발급이 제한된다. 단, 교육기간이 지나더라도 언제든지 보수교육을 이수할 수 있고 이수하면 자격갱신이 가능해진다.
보수교육절차	갱신대상 조회 → 교재 다운로드 (종목별 교재 공부) → 평가시험 → 60점 이상 자동갱신등록 (60점 미만은 재시험)

참고 전산세무회계 자격증의 갱신대상 조회 및 보수교육은 한국세무사회 홈페이지에서 확인 가능하다.

9 전산세무회계 최근 자격시험 최근 합격율

회차	시험일자	전산세무 1급	전산세무 2급	전산회계 1급	전산회계 2급
117회	24.12.07.	18.33%	27.77%	46.84%	51.98%
116회	24.10.06.	30.97%	21.01%	43.95%	51.85%
115회	24.08.03.	10.08%	28.44%	48.81%	64.91%
114회	24.06.01.	21.62%	55.92%	37.78%	53.07%
113회	24.04.06.	14.50%	28.52%	42.89%	59.11%
112회	24.02.04.	4.05%	50.79%	40.16%	56.62%
111회	23.12.02.	9.10%	27.75%	39.55%	48.63%
110회	23.10.08.	24.21%	46.44%	30.02%	56.95%
109회	23.08.05.	9.32%	47.01%	33.26%	58.84%
108회	23.06.03.	22.93%	25.51%	29.25%	53.93%
107회	23.04.09.	23.29%	19.06%	33.18%	72.82%
106회	23.02.12.	25.57%	40.67%	44.14%	53.26%
105회	22.12.03.	11.63%	48.57%	51.07%	55.36%
104회	22.10.02.	14.87%	44.45%	46.15%	31.38%
103회	22.08.06.	11.07%	43.50%	38.91%	66.58%
102회	22.06.04.	4.17%	40.53%	34.47%	66.50%
101회	22.04.10.	9.30%	33.91%	51.63%	71.30%
100회	22.02.13.	16.25%	34.66%	50.68%	51.08%

10 전산세무회계 자격취득자 우대사항

1. 공무원 및 군 기술행정병 가산점 인정

구분	내용
공무원	• 경찰청 경찰공무원: 가산점 2점(전산세무 1급, 2급 및 전산회계 1급) • 해양경찰청 경찰공무원: 가산점 2점(전산세무 1급, 2급), 가산점 1점 (전산회계 1급)
군 기술행정병	• 육군: 가산점 30점(전산세무, 전산회계 모든 급수) • 해군·공군·해병대: 가산점 44점(전산세무, 전산회계 모든 급수)

2. 평생교육진흥원 학점은행제 학점인정

- 국가공인 전산세무 1급: 16학점(2009년 이전 취득자는 24학점)
- 국가공인 전산세무 2급: 10학점(2009년 이전 취득자는 12학점)
- 국가공인 전산회계 1급: 4학점(2011년 이전 취득자는 해당 없음)
- 국가공인 세무회계: 1급(9학점), 2급(6학점), 3급(3학점)

3. 공기업 및 공공기관 자격활용

공기업	대한석탄공사, 부산항만공사, 울산항만공사, 인천국제공항공사, 인천항만공사, 제주국제자유도시개발센터, 한국공항공사, 한국광물자원공사, 한국남동발전(주), 한국도로공사, 한국동서발전㈜, 한국마사회, 한국석유공사, 한국수자원공사, 한국조폐공사, 한국철도공사, 해양환경관리공단 외 다수
준정부기관	공무원연금공단, 교통안전공단, 국립공원관리공단, 국립생태원, 국민건강보험공단, 근로복지공단, 농업기술실용화재단, 대한무역투자진흥공사, 도로교통공단, 사회보장정보원, 선박안전기술공단, 예금보험공사, 우체국물류지원단, 중소기업기술정보진흥원, 축산물안전관리인증원, 축산물품질평가원, 한국가스안전공사, 한국국제협력단, 한국국토정보공사, 한국노인인력개발원, 한국농수산식품유통공사, 한국디자인진흥원, 한국방송통신전파진흥원, 한국보건복지인력개발원, 한국보건산업진흥원, 한국보훈복지의료공단, 한국산업단지공단, 한국석유관리원, 한국세라믹기술원, 한국승강기안전기술원, 한국언론진흥재단, 한국연구재단, 한국원자력환경공단, 한국임업진흥원, 한국전기안전공사, 한국지식재산전략원, 한국청소년상담복지개발원, 한국청소년활동진흥원 외 다수
공사	강릉관광개발공사, 강원도개발공사, 경기관광공사, 경기평택항만공사, 경남개발공사, 고양도시관리공사, 광주광역시도시공사, 구리도시공사, 남양주도시공사, 당진항만관광공사, 대전광역시도시철도공사, 대전도시공사, 부산관광공사, 성남도시개발공사, 안산도시공사, 여수시도시공사, 인천도시공사, 장수한우지방공사, 제주관광공사, 제주에너지공사, 제주특별자치도개발공사, 창녕군개발공사, 청송사과유통공사, 통영관광개발공사, 함안지방공사, 화성도시공사 외 다수
공단	가평군시설관리공단, 강동구도시관리공단, 강서구시설관리공단, 강화군시설관리공단, 광명시시설관리공단, 구로구시설관리공단, 노원구서비스공단, 대구광역시시설관리공단, 대구환경공단, 도봉구시설관리공단, 동대문구시설관리공단, 문경관광진흥공단, 보령시시설관리공단, 부산지방공단스포원, 부천시시설관리공단, 부평구시설관리공단, 서구시설관리공단, 시흥시시설관리공단, 안동시시설관리공단, 양주시시설관리공단, 양천구시설관리공단, 연천군시설관리공단, 영월군시설관리공단, 용산구시설관리공단, 의정부시시설관리공단, 이천시시설관리공단, 인천광역시시설관리공단, 중구시설관리공단, 중랑구시설관리공단, 창원경륜공단, 파주시시설관리공단 외 다수
기타 공공기관	(재)APEC기후센터, (재)국악방송, (재)우체국시설관리단, (재)한국스마트그리드사업단, (재)한국장애인개발원, (재)한국형수치예보모델개발사업단, (재)한식재단, 가축위생방역지원본부, 강릉원주대학교치과병원, 건설근로자공제회, 경제인문사회연구회, 과학기술정책연구원, 국립광주과학관, 국립문화재연구소, 국립중앙의료원, 국방전직교육원, 국제식물검역인증원, 국토연구원, 그랜드코리아레저(주), 남북하나재단, 노사발전재단, 농업정책보험금융원, 대구경북과학기술원, 대구경북첨단의료산업진흥재단 외 다수

참고 전산세무 및 전산회계 자격취득 사항을 직원채용 및 인사평가 반영, 자격수당 지급 등 다양하게 활용하고 있으며, 일반기업체 관련 내용은 한국세무사회 자격시험 홈페이지에서 확인 가능하다.

11 'I can 전산세무 2급'과 NCS

- 대분류 : 02. 경영·회계·사무
- 중분류 : 03. 재무·회계
- 소분류 : 02. 회계
- 세분류 : 01. 회계·감사, 02. 세무

제1편 이론 I. 재무회계 이론

목차	능력단위	수준	능력단위요소
1. 재무회계 기본	0203020101_20v4 전표관리	2	• 회계상 거래 인식하기 • 전표작성하기
	0203020112_23v5재무제표작성	3	• 재무상태표 작성하기 • 손익계산서 작성하기
	0203020104_23v5 결산처리	2	• 결산준비하기 • 장부마감하기
2. 유동자산	0203020101_20v4 전표관리	2	• 회계상 거래 인식하기 • 전표작성하기
3. 투자자산	0203020102_20v4 자금관리	2	• 현금시재관리하기 • 예금관리하기 • 어음수표관리하기
4. 유형자산	0203020101_20v4 전표관리	2	• 회계상 거래 인식하기 • 전표작성하기
5. 무형자산 및 기타비유동자산	0203020101_20v4 전표관리	2	• 회계상 거래 인식하기 • 전표작성하기
6. 부채	0203020101_20v4 전표관리	2	• 회계상 거래 인식하기 • 전표작성하기
7. 자본	0203020101_20v4 전표관리	2	• 회계상 거래 인식하기 • 전표작성하기
8. 수익과 비용	0203020101_20v4 전표관리	2	• 회계상 거래 인식하기 • 전표작성하기

제1편 이론 Ⅱ. 원가회계

목차	능력단위	수준	능력단위요소
1. 원가회계의 개념	0203020103_20v4 원가계산	2	• 원가요소 분류하기
2. 원가의 흐름과 기장	0203020103_20v4 원가계산	2	• 원가요소 분류하기
3. 원가배부	0203020103_20v4 원가계산	2	• 원가배부하기 • 원가계산하기
4. 부문별원가계산	0203020103_20v4 원가계산	2	• 원가배부하기 • 원가계산하기
5. 제품별원가계산	0203020103_20v4 원가계산	2	• 원가배부하기 • 원가계산하기

제1편 이론 Ⅲ. 부가가치세

목차	능력단위	수준	능력단위요소
1. 부가가치세 총론	0203020205_23v6 부가가치세 신고	3	• 부가가치세 신고하기
2. 부가가치세 과세 거래	0203020205_23v6 부가가치세 신고	3	• 부가가치세 신고하기
3. 영세율과 면세	0203020205_23v6 부가가치세 신고	3	• 부가가치세 부속서류 작성하기 • 부가가치세 신고하기
4. 세금계산서	0203020205_23v6 부가가치세 신고	3	• 세금계산서 발급·수취하기
5. 과세표준과 매출 세액	0203020205_23v6 부가가치세 신고	3	• 부가가치세 부속서류 작성하기 • 부가가치세 신고하기
6. 매입세액	0203020205_23v6 부가가치세 신고	3	• 부가가치세 부속서류 작성하기 • 부가가치세 신고하기
7. 신고.납부.환급	0203020205_23v6 부가가치세 신고	3	• 부가가치세 부속서류 작성하기 • 부가가치세 신고하기
8. 간이과세자	0203020205_23v6 부가가치세 신고	3	• 부가가치세 신고하기

목차	능력단위	수준	능력단위요소
1. 소득세 총론	0203020206_23v6 종합소득세신고	4	• 종합소득세 신고하기
2. 이자소득과 배당소득	0203020204_23v6 원천징수	3	• 금융소득 원천징수하기
3. 사업소득	0203020204_23v6 원천징수	3	• 사업소득 원천징수하기
4. 근로소득	0203020204_23v6 원천징수	3	• 근로소득 원천징수하기
5. 연금소득	0203020204_23v6 원천징수	3	• 종합소득세 신고하기
6. 기타소득	0203020204_23v6 원천징수	3	• 기타소득 원천징수하기
7. 종합소득공제 및 세액공제	0203020204_23v6 원천징수	3	• 근로소득 연말정산하기
8. 신고·납부	0203020204_23v6 원천징수	4	• 종합소득세 신고하기

목차	능력단위	수준	능력단위요소
1. 기초정보관리	0203020112_23v5 재무제표작성	3	• 재무상태표 작성하기 • 손익계산서 작성하기
	0203020105_20v4 회계정보시스템 운용	2	• 회계프로그램 운용하기 • 회계정보 활용하기
2. 일반전표입력	0203020101_20v4 전표관리	2	• 회계상 거래 인식하기 • 전표작성하기 • 증빙서류 관리하기
	0203020105_20v4 회계정보시스템 운용	2	• 회계프로그램 운용하기 • 회계정보 활용하기
3. 매입매출전표 입력	0203020101_20v4 전표관리	2	• 회계상 거래 인식하기 • 전표작성하기 • 증빙서류 관리하기
	0203020105_20v4 회계정보시스템 운용	2	• 회계프로그램 운용하기 • 회계정보 활용하기
	0203020205_23v6 부가가치세 신고	3	• 부가가치세 부속서류 작성하기
4. 부가가치세 부속서류	0203020205_23v6 부가가치세 신고	3	• 부가가치세 부속서류 작성하기 • 부가가치세 신고하기
	0203020104_23v5 결산처리	2	• 결산준비하기 • 결산분개하기
	0203020105_20v4 회계정보시스템 운용	2	• 회계프로그램 운용하기 • 회계정보 활용하기
5. 기말수정분개	0203020204_23v6 원천징수	3	• 근로소득 원천징수하기
	0203020105_20v4 회계정보시스템 운용	2	• 회계프로그램 운용하기 • 회계정보 활용하기
6. 원천징수	0203020105_20v4 회계정보시스템 운용	2	• 회계관련 DB마스터 관리하기 • 회계프로그램 운용하기 • 회계정보 산출하기

목차

5부 정답 및 해설

I Can!

전산세무 2급

1부

기본이론 정리

I Can!

전산세무 2급

I Can!

전산세무 2급

1장

재무회계 이론

1. 재무회계 기본

01 회계의 기본개념

1 회계의 이해

회계란 회계정보이용자가 합리적인 의사결정을 할 수 있도록 기업의 경제적 정보를 식별, 인식, 측정, 기록 및 전달하는 과정을 말한다. 이는 회계의 목적과도 유사하며, 기업에서 이루어지는 수많은 "경영활동을 숫자로 표현하는 기업의 언어"라고 표현 하기도 한다.

회계의 정의	회계정보이용자가 합리적인 의사결정을 할 수 있도록 기업의 경제적 정보를 식별, 인식, 측정, 기록 및 전달하는 과정
회계의 목적	정보이용자가 경제적 의사결정을 하는 데 유용한 정보 제공
회계정보이용자	기업과 관련된 모든 사람(경영자, 직원, 투자자, 주주, 채권자, 거래처, 정부 등)

I CAN 기출문제

다음 중 회계의 목적에 대한 설명으로 바르지 않은 것은?

① 일정시점의 재무상태를 파악한다.
② 일정기간 동안의 경영성과를 측정한다.
③ 종업원의 근무 성적을 산출하여 승진에 반영한다.
④ 이해관계자들에게 의사결정에 필요한 정보를 제공한다.

정답풀이

③ 회계의 주된 목적은 기업의 회계정보(재무상태 및 경영성과)를 바탕으로 기업의 이해관계자들에게 의사결정에 필요한 유용한 정보를 제공하기 위한 것이다.

2 회계의 분류

재무회계는 외부공표용 재무제표를 작성하기 위한 것이므로 기업회계기준에서 정하는 규정을 준수하여야 하지만, 원가관리회계는 내부관리용이므로 기업 내부에서 정한 기준으로 자유롭게 작성할 수 있다.

구 분	재무회계 Financial Accounting	원가(관리)회계 Cost(Management) Accounting	세무회계 Tax Accounting
목 적	일반목적 재무제표 작성	경영자가 경영활동에 필요한 재무정보 생성, 분석	법인세, 소득세, 부가가치세 등의 세무보고서를 작성
정보 이용자	외부정보이용자, 주주, 투자자, 채권자 등	내부정보이용자, 경영자, 근로자 등	과세관청, 국세청 등
작성 기준	일반적으로 인정된 회계원칙에 따라 작성	특별한 기준이나 일정한 원칙없이 작성	법인세법, 소득세법, 부가가치세법에 따라 작성

3 일반기업회계기준이 정하는 재무제표

기업회계기준에는 몇 가지 종류가 있지만 주로 일반기업회계기준과 한국채택국제회계기준이 사용되며, 일반기업회계기준이 정하는 재무제표는 다음과 같다.

재무상태표	일정시점의 재무상태(자산·부채·자본에 대한 정보)
손익계산서	일정기간의 경영성과(수익·비용에 대한 정보)
자본변동표	자본 구성항목의 기초 및 기말잔액과 회계기간의 변화를 표시
현금흐름표	현금의 유입과 유출(영업활동, 재무활동, 투자활동)
주 석	각 재무제표의 내용에 대한 추가적인 정보 제공

I can 개념정리

일반기업회계기준과 한국채택국제회계기준

일반기업회계기준	상장회사 및 금융회사 이외의 회사에 적용됨 (전산세무회계 시험은 일반기업회계기준으로 출제되고 있음)
한국채택국제회계기준	상장회사 및 금융회사는 반드시 준수해야 하고 그 외의 회사들도 한국채택국제회계기준을 선택할 수 있음

4 비유동자산 회계의 기본가정

회계는 일정한 가정 하에 이루어지며, 기본가정 중 가장 중요한 것은 다음과 같다.

기업실체의 가정	• 기업을 소유주와는 독립적으로 존재하는 회계단위로 간주 • 하나의 기업을 하나의 회계단위의 관점에서 재무정보를 측정, 보고 • 소유주와 별도의 회계단위로서 기업실체를 인정하는 것 참고 회계단위: 기업의 경영활동을 기록 계산하기 위한 장소적 범위(본점, 지점) ex) 회계처리는 주주 등의 입장이 아닌 기업실체 입장에서 해야 한다.
계속기업의 가정	• 일반적으로 기업이 예상 가능한 기간 동안 영업을 계속할 것이라는 가정 • 기업은 그 경영활동을 청산하거나 중요하게 축소할 의도나 필요성을 갖고 있지 않다는 가정을 적용 참고 건물의 내용연수를 20년 등으로 하여 감가상각을 할 수 있는 것은 계속기업의 가정이며, 자산의 가치를 역사적 원가에 따라 평가하는 기본 전제이다.
기간별 보고의 가정	• 기업실체의 존속기간을 일정한 기간 단위로 분할하여 각 기간별로 재무제표를 작성 • 기업의 경영활동을 영업이 시작되는 날부터 폐업하는 날까지 전체적으로 파악하기는 어려우므로, 인위적으로 6개월 또는 1년 등으로 구분하여 재무제표를 작성(기말 결산정리의 근거) 참고 회계연도는 1년을 넘지 않는 범위 내에서 기업의 임의대로 설정할 수 있다.

I CAN 기출문제

재무제표는 일정한 기본가정 하에서 작성 된다. 그 기본가정이 아닌 것은?

① 계속기업의 가정 ② 기업실체의 가정
③ 기간별 보고의 가정 ④ 발생과 이연의 가정

정답풀이

④ 기본가정은 계속기업, 기업실체, 기간별 보고의 가정이다.

5 현금주의와 발생주의

현금주의는 현금이 유입될 때 수익을 인식하고 현금이 유출될 때 비용을 인식하는 것을 말하고, 발생주의는 거래나 사건의 발생을 기준으로 수익과 비용을 인식하는 것을 말한다.

발생주의	거래나 사건이 발생하는 기간에 수익과 비용을 인식하는 것
현금주의	현금이 유입될 때 수익, 현금이 유출될 때 비용을 인식하는 것

발생주의 회계는 다음과 같은 발생과 이연의 개념을 포함한다.

발 생	• 미수수익: 현재 발생하였지만, 미래에 수취할 금액에 대한 수익을 자산으로 인식 • 미지급비용: 현재 발생하였지만, 미래에 지급할 금액에 대한 비용을 부채로 인식
이 연	• 선급비용: 미래에 비용을 인식하기 위해 현재의 현금유출액을 자산으로 인식 • 선수수익: 미래에 수익을 인식하기 위해 현재의 현금유입액을 부채로 인식

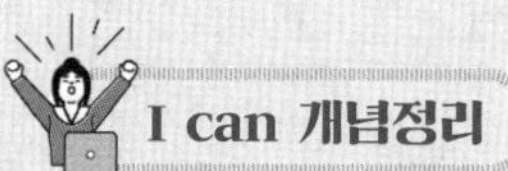

현금주의와 발생주의 비교 사례

20×1년 1월 1일 향후 2년간의 자동차보험료 200,000원을 일시에 현금 지급 하였을 경우, 20×1년 자동차 보험료로 기록해야 할 금액은 얼마일까?

회계연도	20X1년 보험료	20X2년 보험료	판단내용
현금주의	200,000원	-	20×1년에 현금 200,000원을 지급하였으므로 20×1년의 보험료는 200,000원이다.
발생주의	100,000원	100,000원	20×1년에 발생하는 보험료와 20×2년에 발생하는 보험료는 각각 100,000원이다.

I CAN 기출문제

발생주의 회계는 발생과 이연의 개념을 포함한다. 다음 중 이와 관련된 계정과목에 해당하지 않는 것은?

① 선급금　　② 선수수익
③ 미수수익　　④ 미지급비용

정답풀이

① 발생은 미수수익과 미지급비용, 이연은 선급비용과 선수수익이 해당된다.

6 회계정보의 질적특성

회계정보의 질적특성이란 회계정보가 유용하기 위해 갖추어야 할 주요 속성을 말한다. 가장 중요한 질적특성은 목적적합성과 신뢰성이 있다. 또한, 비교가능성은 목적적합성과 신뢰성만큼 중요한 질적특성은 아니지만, 목적적합성과 신뢰성을 갖춘 정보가 기업실체 간에 비교가능하며, 기간별 비교가 가능할 경우 회계정보의 유용성이 제고된다고 할 수 있으며, 회계정보의 질적특성을 요약하면 다음과 같다.

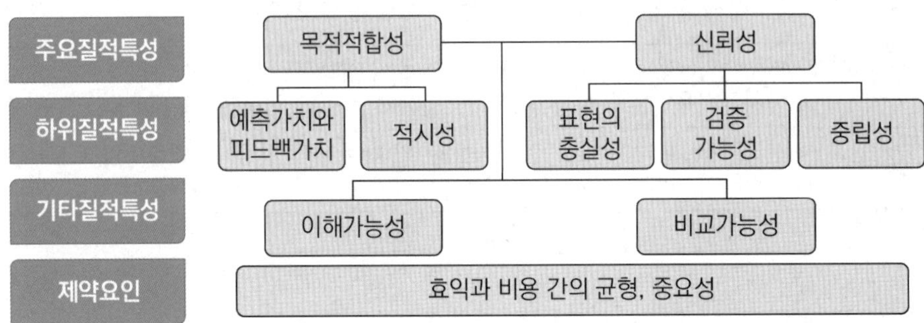

다음은 재무제표의 질적 특성에 관련된 내용이다. 성격이 다른 하나는?

① 표현의 충실성 ② 검증가능성
③ 중립성 ④ 적시성

정답풀이

④ 적시성은 목적적합성의 하위 질적특성이며, 나머지는 신뢰성의 하위 질적특성이다.

유용한 재무제표정보가 되기 위한 주요 속성

구분	속성	내용
목적적합성	예측가치	• 회계정보이용자가 기업의 미래 재무상태, 경영성과, 순현금흐름 등을 예측하는데에 그 정보가 활용될 수 있는 능력 예 반기 재무제표에 의한 반기 이익은 연간 이익을 예측하는데 활용
	피드백가치	• 제공되는 회계정보가 정보이용자의 당초 기대치(예측치)를 확인 또는 수정되게 함으로써 의사결정에 영향을 미칠 수 있는 능력 예 어떤 기업의 투자자가 특정 회계연도의 재무제표가 발표되기 전에 그 해와 그 다음 해의 이익을 예측하였으나 재무제표가 발표된 결과 당해 연도의 이익이 자신의 이익 예측치에 미달하는 경우, 투자자는 그다음 해의 이익 예측치를 하향 수정 예측가치 / 6.30. / 12.30. / 예측가치 / 예측가치 / 실적 / 피드백가치 / 예측가치
	적시성	• 의사결정시점에서 정보이용자에게 필요한 회계정보가 제공되지 않는다면, 동 정보는 의사결정에 이용될 수 없게 되어 목적적합성을 상실하게 된다. 예 A기업이 2분기 손익계산서를 공시하기 전까지 1분기 손익계산서를 공시하지 않았다면 이는 적시성을 훼손한 것
신뢰성	표현의 충실성	• 회계정보가 신뢰성을 갖기 위해서는 그 정보가 기업의 경제적 자원과 의무 그리고 이들의 변동을 초래하는 거래나 사건을 충실하게 표현해야 한다.
	검증가능성	• 동일한 경제적 사건이나 거래에 대하여 동일한 측정방법을 적용할 경우, 다수의 독립적인 측정자가 유사한 결론에 도달할 수 있어야 한다.
	중립성	• 회계정보가 신뢰성을 갖기 위해서는 편의 없이 중립적이어야 한다. • 의도된 결과를 유도할 목적으로 재무제표에 특정 회계정보를 표시함으로써 정보이용자의 의사결정에 영향을 미친다면 중립적이라 할 수 없다.
이해가능성		• 회계정보가 유용하기 위한 전제조건이라 할 수 있다. • 회계정보이용자가 보편적으로 이해할 수 있도록 제공되어야 한다.
비교가능성		• 기업실체의 재무상태, 경영성과, 현금흐름 및 자본변동의 추세 분석과 기업실체 간의 상대적 평가를 위하여 회계정보는 기간별 비교가 가능해야 하고 기업실체 간의 비교가능성도 있어야 한다.

참고 목적적합성과 신뢰성 중 하나가 완전히 상실된 경우, 그 정보는 유용한 정보가 될 수 없다.

7 회계정보의 제약요인

<table>
<tr><td>비용과 효익 간의 균형</td><td>• 질적특성을 갖춘 정보라도 정보제공 및 이용에 소요될 사회적 비용이 사회적 효익을 초과한다면, 그러한 정보의 제공은 정당화될 수 없다. (비용 〈 효익)</td></tr>
<tr><td>중요성</td><td>• 목적적합성과 신뢰성을 갖춘 항목이라도 중요하지 않다면, 반드시 재무제표에 표시되는 것은 아니다.(중요성은 정보가 제공되기 위한 최소한의 요건)
• 특정 정보가 생략되거나 잘못 표시된 재무제표가 정보이용자의 판단이나 의사결정에 영향을 미칠 수 있다면, 그 정보는 중요한 정보라 할 수 있다.
예 • 재무제표를 공시할 때 회사규모가 크고 재무제표 이용자의 오해를 줄 염려가 없다면, 천 원 또는 백만 원 미만 금액은 생략할 수 있다.
• 기업에서 사무용 소모성 물품을 구입시에 소모품 계정이 아닌 소모품비 계정으로 회계처리할 수 있다.</td></tr>
<tr><td>질적특성 간의 상충관계</td><td>• 목적적합성 있는 정보를 위해 신뢰성을 희생하는 경우가 있고, 신뢰성 있는 정보제공을 위해서 목적적합성을 희생해야 하는 경우가 있다. 즉, 정보의 적시성과 신뢰성 간의 균형을 고려하여야 한다.
<table><tr><th>구분</th><th>목적적합성</th><th>신뢰성</th></tr><tr><td>자산의 평가</td><td>공정가치법(시가법)</td><td>원가법</td></tr><tr><td>수익의 인식</td><td>진행기준</td><td>완성기준</td></tr><tr><td>손익의 인식</td><td>발생주의</td><td>현금주의</td></tr><tr><td>재무제표 보고</td><td>반기 재무제표</td><td>연차 재무제표</td></tr><tr><td>유가증권 투자</td><td>지분법</td><td>원가법</td></tr></table>• 유형자산을 취득원가로 기록하는 역사적 원가주의는 신뢰성은 제고되지만, 목적적합성은 저하될 수 있다.</td></tr>
</table>

I CAN 기출문제

다음 중 역사적 원가주의와 가장 관련성이 적은 것은?

① 회계정보의 목적적합성과 신뢰성을 모두 높일 수 있다.
② 기업이 계속하여 존재할 것이라는 가정 하에 정당화되고 있다.
③ 취득 후에 그 가치가 변동하더라도 역사적원가는 그대로 유지된다.
④ 객관적이고 검증 가능한 회계정보를 생산하는데 도움이 된다.

정답풀이

① 역사적원가주의는 신뢰성은 제고되지만, 목적적합성은 저하될 수 있다.

8 재무보고의 목적과 보수주의

1. 재무보고의 목적

재무보고란 기업 등과 같은 경제주체들이 경제활동을 함에 있어서 필요한 자원을 효율적으로 제공받기 위해 기업에 관한 모든 재무정보를 외부의 이해관계자들에게 전달하는 것을 말하며, 그 목적은 다음과 같다.

① 투자자 및 채권자의 의사결정에 유용한 정보 제공
② 미래현금흐름을 예측하는데 유용한 정보 제공
③ 재무상태, 현금흐름, 자본변동 등에 대한 유용한 정보 제공
④ 경영자의 수탁책임평가에 유용한 정보 제공

I CAN 기출문제

다음 중 재무보고의 목적이 아닌 것은?

① 투자 및 신용의사결정에 유용한 정보 제공
② 미래 현금흐름 예측에 유용한 정보 제공
③ 경영자의 장기적 의사결정의 성과평가에 관한 환경적 정보의 제공
④ 재무상태, 현금흐름, 자본변동 등의 재무정보 제공

정답풀이

③ 경영자의 장기적 의사결정의 결과는 상당한 기간이 경과한 후에 그 효과가 나타날 수 있으므로 과거의 성과와 현재의 성과를 명확하게 구분하기 어렵다. 또한 환경적 정보는 재무제표에 나타나지 않는다.

2. 보수주의

보수주의란 두가지 이상의 선택 가능한 회계처리방법이 있는 경우 재무적 기초를 견고히 하는 관점에서 이익을 낮게 보고하는 방법을 말하며, 보수주의는 논리적 일관성 없이 이익을 낮게만 계상하면 이익조작의 가능성이 있고, 수익이 낮게 책정되어 정확한 경성성과의 파악이 힘들다는 단점이 있다. 보수주의의 대표적인 적용사례는 다음과 같다.

① 재고자산 평가시 저가주의 채택
② 우발부채는 인식하나 우발이익은 인식불가
③ 물가상승시 후입선출법에 의한 재고자산평가
④ 가속상각법(초기에 정률법 적용)
⑤ 소모성물품 구입시 자산이 아닌 비용으로 처리

I can 실전문제(회계의 기본개념)

※ I can 실전문제에 수록된 문제들은 모두 전산세무 2급 시험에 다수 출제되었던 유형입니다.

01 일반기업회계기준에서 계속성의 원칙을 중요시하는 이유는?

① 중요한 회계정보를 필요한 때에 적시성 있게 제공하기 위함이다.
② 기간별로 재무제표의 비교를 가능하도록 하기 위함이다.
③ 수익과 비용을 적절히 대응하기 위함이다.
④ 기업간 회계처리의 비교가능성을 제고하기 위함이다.

02 재무제표정보의 질적특성인 신뢰성에 대한 내용이 아닌 것은?

① 재무정보가 의사결정에 반영될 수 있도록 적시에 제공되어야 한다.
② 재무정보가 특정이용자에게 치우치거나 편견을 내포해서는 안된다.
③ 거래나 사건을 사실대로 충실하게 표현하여야 한다.
④ 동일사건에 대해 다수의 서로 다른 측정자들이 동일하거나 유사한 측정치에 도달하여야 한다.

03 다음 중 회계정보의 질적특성에 대한 설명으로 틀린 것은?

① 목적적합성에는 예측가치, 피드백가치, 적시성이 있다.
② 신뢰성에는 표현의 충실성, 검증가능성, 중립성이 있다.
③ 예측가치는 정보이용자의 당초 기대치를 확인 또는 수정할 수 있는 것을 말한다.
④ 중립성은 회계정보가 신뢰성을 갖기 위해서는 편의 없이 중립적이어야 함을 말한다.

04 다음 중 보수주의에 대한 설명으로 잘못된 것은?

① 우발손실의 인식은 보수주의에 해당한다.
② 보수주의는 재무적 기초를 견고히 하는 관점에서 이익을 낮게 보고하는 방법을 선택하는 것을 말한다.
③ 재고자산의 평가시 저가법을 적용하는 것은 보수주의에 해당한다.
④ 보수주의는 이익조작의 가능성이 존재하지 않는다.

02 재무제표의 이해

재무제표는 기업의 외부 정보이용자에게 재무정보를 전달하는 핵심적인 재무보고 수단으로, 회계의 순환과정에서 나타나는 최종 산출물이며 다양한 정보이용자의 공통요구를 위해 작성되는 일반목적의 재무보고서를 의미한다.

1 재무제표의 개념 및 종류

재무제표의 개념	재무제표란 기업의 회계정보를 정보이용자에게 전달하기 위해 작성하는 보고서를 말한다.
재무제표의 종류	일반기업회계기준이 정하는 재무제표는 재무상태표, 손익계산서, 현금흐름표, 자본변동표, 주석이 해당된다.
기재 내용	각 재무제표의 명칭과 함께 기업명, 보고기간종료일 또는 회계기간, 보고통화 및 금액단위를 함께 기재하여야 한다.

I CAN 기출문제

다음 중 일반기업회계기준이 정하는 재무제표의 종류에 해당하지 않는 것은?

① 재무상태표 ② 손익계산서
③ 현금흐름표 ④ 이익잉여금처분계산서

정답풀이

④ 이익잉여금처분계산서는 일반기업회계기준이 정하는 재무제표에 해당하지 않는다.

2 재무제표 작성과 표시의 일반원칙

재무제표를 작성하기 위해서는 일반적인 원칙이 있으며, '작성과 표시의 일반원칙'은 다음과 같다.

계속기업	재무제표 작성 시 계속기업으로서의 존속가능성을 평가해야 한다.
작성책임	재무제표의 작성과 표시에 대한 책임은 경영진에게 있다.
공정한 표시	일반기업회계기준에 따라 적정하게 작성된 재무제표는 공정하게 표시된 재무제표로 본다.
구분과 통합	중요한 항목은 그 내용을 가장 잘 나타낼 수 있도록 구분하여 표시하며, 중요하지 않은 항목은 유사한 항목과 통합하여 표시할 수 있다.
비교가능성	기간별 비교가능성을 제고하기 위하여 전기 재무제표의 모든 계량정보를 당기와 비교하는 형식으로 표시하며, 재무제표 항목의 표시와 분류는 매기 동일하게 적용하는 것을 원칙으로 한다.
계정과목	일반기업회계기준에 예시된 명칭보다 내용을 잘 나타내는 계정과목명이 있을 때는 그 계정과목명을 사용할 수 있다.

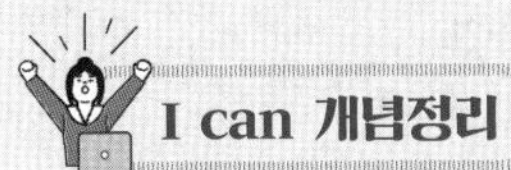

재무제표의 특성과 한계

- 재무제표는 화폐단위로 측정된 정보를 주로 제공한다.
- 재무제표는 대부분 과거에 발생한 거래나 사건에 대한 정보를 나타낸다.
- 재무제표는 추정에 의한 측정치를 포함하고 있다.
- 재무제표는 특정기업실체에 관한 정보를 제공하며, 산업경제 전반에 관한 정보를 제공하지는 않는다.

I CAN 기출문제

각 재무제표의 명칭과 함께 기재해야 할 사항으로 틀린 것은?

① 기업명　　② 보고기간종료일
③ 금액단위　　④ 기능통화

정답풀이

④ 재무제표는 재무상태표, 손익계산서, 현금흐름표, 자본변동표 및 주석으로 구분하여 작성하며, 다음의 사항을 각 재무제표의 명칭과 함께 기재한다.
1.기업명, 2.보고기간종료일 또는 회계기간, 3.보고통화 및 금액단위

3 각 재무제표의 상관관계

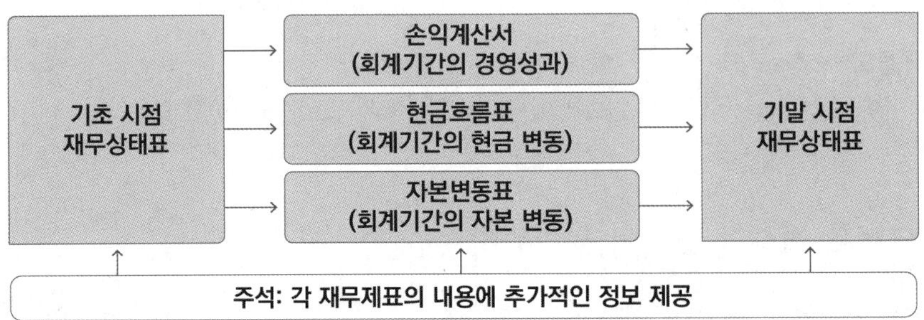

재무제표 작성시 측정 기준

역사적원가	취득시점에 지급한 대가(과거에 지급한 원가)
현행원가	보유하고 있는 자산과 유사한 자산을 현재 시점에 취득할 경우 지급해야 하는 대가
실현가능가치	보유하고 있는 자산을 정상적으로 처분하는 경우에 수취할 수 있는 대가
현재가치	보유하고 있는 자산이 창출할 것으로 기대되는 미래의 순현금유입액의 현재가치

4 재무상태표

재무상태표는 일정시점의 기업의 재무상태를 보여주는 보고서이다. 재무상태라는 것은 기업이 소유하고 있는 자산(현금, 상품, 건물 등)과 타인에게 갚아야 하는 부채(외상매입금, 차입금 등) 그리고 자산에서 부채를 차감한 자본(순자산)으로 나누어진다.

재무상태표 작성기준과 등식

- 자산과 부채는 1년 또는 정상적인 영업주기 기준으로 유동과 비유동으로 분류
- 자산과 부채는 유동성이 큰 항목부터 배열하는 것이 원칙
- 자산과 부채는 총액으로 표시(원칙적으로 상계하여 표시하지 않는다.)
- 주주와의 거래로 발생하는 자본잉여금과 영업활동에서 발생하는 이익잉여금으로 구분표시

재무상태표 등식

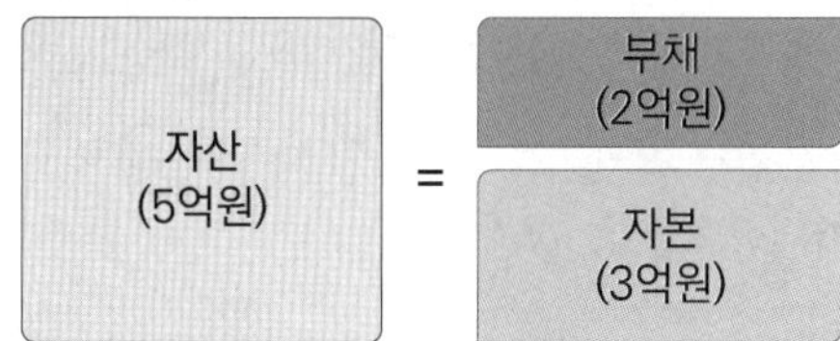

자본등식

자산(5억원) − 부채(2억원) = 자본(3억원)

재무상태표 예시

재무상태표

제11기 20×1년 12월 31일 현재
제10기 20×0년 12월 31일 현재

(주) I CAN (단위: 원)

과목	당기(제11기)		전기(제10기)	
자산				
I. 유동자산		×××		×××
(1) 당좌자산		×××		×××
1. 현금및현금성자산	×××		×××	
2. 단기투자자산	×××		×××	
⋮	⋮		⋮	
(2) 재고자산		×××		×××
1. 원재료	×××		×××	
⋮	⋮		⋮	

재무상태표 계정

구분표시			계정과목
자산	유동자산	당좌자산	현금및현금성자산(당좌예금, 보통예금, 현금성자산), 현금과부족, 단기금융상품(정기예금과 적금, 기타단기금융상품), 단기매매증권, 매출채권(외상매출금, 받을어음), 단기대여금, 임직원등단기채권, 미수금, 선급금, 선급비용, 가지급금
		재고자산	상품, 원재료, 재공품, 반제품, 제품, 미착품, 소모품
	비유동자산	투자자산	장기성예금, 장기금융상품, 특정현금과예금, 매도가능증권, 만기보유증권, 장기대여금, 투자부동산
		유형자산	토지, 건물, 구축물, 기계장치, 차량운반구, 비품, 건설중인자산
		무형자산	영업권, 산업재산권(특허권, 실용신안권, 디자인권, 상표권), 광업권, 개발비, 소프트웨어
		기타 비유동자산	임차보증금, 장기외상매출금, 장기미수금
부채	유동부채		매입채무(외상매입금, 지급어음), 미지급금, 미지급비용, 선수금, 선수수익, 예수금, 단기차입금, 가수금, 유동성장기부채
	비유동부채		사채, 장기차입금, 임대보증금, 퇴직급여충당부채, 장기미지급금
자본	자본금		보통주자본금, 우선주자본금
	자본잉여금		주식발행초과금, 감자차익, 자기주식처분이익
	자본조정		주식할인발행차금, 감자차손, 자기주식처분손실, 자기주식, 미교부주식배당금
	기타포괄손익누계액		매도가능증권평가손익, 해외사업환산손익, 현금흐름위험회피파생상품평가손익, 재평가잉여금
	이익잉여금		이익준비금(법정적립금), 임의적립금, 미처분이익잉여금

유동성 배열법

유동성 배열법이란 계정과목의 배열을 현금화가 빠른 것부터 순서대로 표시하는 것이며, 재무상태표의 자산은 유동성배열법에 따라, 유동자산(당좌자산, 재고자산), 비유동자산(투자자산, 유형자산, 무형자산, 기타비유동자산) 순으로 배열한다는 의미이다.

I CAN 기출문제

다음 중 재무상태표 작성에 대한 설명으로 가장 잘못된 것은?

① 자산과 부채는 유동성이 큰 항목부터 배열하는 것을 원칙으로 한다.
② 자산과 부채는 원칙적으로 상계하여 표시한다.
③ 매출채권에 대한 대손충당금 등은 해당 자산이나 부채에서 직접 가감하여 표시할 수 있다.
④ 자산과 부채는 1년을 기준으로 유동항목과 비유동항목을 구분한다.

정답풀이

② 자산과 부채는 원칙적으로 상계하여 표시하지 않는다.

5 손익계산서

손익계산서는 일정 기간 기업의 경영성과를 보여주는 보고서이다. 경영성과는 일정 기간 동안 벌어들인 수익(상품매출, 임대료, 이자수익 등)에서 일정 기간 동안 지출한 비용(급여, 복리후생비, 임차료, 이자비용 등)을 차감하여 계산된 이익이나 손실을 말한다.

손익계산서 작성기준

- 수익과 비용은 그것이 발생한 기간에 정당하게 배분되도록 처리하여야 한다.
  (발생주의원칙 하에서 수익은 실현주의, 비용은 수익비용대응원칙을 적용한다.)
- 수익과 비용은 총액에 의해 기재됨을 원칙(총액주의)으로 한다.
- 모든 수익과 비용은 발생한 시기에 정당하게 배분되어야 하며, 미실현 수익은 당기 손익계산서에 산입하지 않아야 한다.

손익계산서 예시

손익계산서

제11기 20×2년 1월 1일 부터 20×2년 12월 31일 까지
제10기 20×1년 1월 1일 부터 20×1년 12월 31일 까지

(주) I CAN (단위: 원)

과 목	당 기(제11기)		전 기(제10기)	
Ⅰ. 매출액		×××		×××
Ⅱ. 매출원가		×××		×××
1. 기초제품재고액	×××		×××	
2. 당기제품제조원가	×××		×××	
3. 기말제품재고액	(×××)		×××	
Ⅲ. 매출총이익		×××		×××
Ⅳ. 판매비와관리비		×××		×××
1. 급여	×××		×××	
⋮	⋮		⋮	

I CAN 기출문제

다음 중 재무상태표 및 손익계산서에 대해 잘못 설명한 것은?

① 자산은 유동자산과 비유동자산으로 구분되고, 비유동자산은 투자자산, 유형자산, 무형자산 및 기타비유동자산으로 구분된다.
② 부채는 유동부채와 비유동부채로 구분되며, 사채·장기차입금·퇴직급여충당부채계정은 비유동부채에 속한다.
③ 손익계산서는 매출총손익·영업손익·경상손익·법인세차감전순손익 및 당기순손익으로 구분 표시하여야 한다.
④ 재무상태표는 유동성배열법에 따라 유동성이 큰 항목부터 먼저 나열한다.

정답풀이

③ 손익계산서는 매출총손익, 영업손익, 법인세차감전순손익, 당기순손익으로 구분 표시된다. 경상손익은 손익계산서의 구성항목이 아니다.

6 현금흐름표, 자본변동표, 주석

현금흐름표	기업의 현금흐름을 나타내는 보고서이며, 현금의 흐름을 영업활동·투자활동·재무활동으로 구분하여 파악한다.
자본변동표	기업이 보유한 자본의 크기와 변동을 나타낸다.
주 석	각 재무제표의 본문 내용을 자세하게 설명하는 별지를 말한다. 재무제표를 이해하는데 도움을 준다.

제조기업의 재무제표 작성순서

제조원가명세서 → 손익계산서 → 이익잉여금처분계산서 → 재무상태표

중간 재무제표

중간재무제표란 중간기간(1년보다 짧은 기간, 3개월 또는 6개월)을 대상으로 작성되는 재무제표를 말하며, 연차재무제표와 동일한 양식으로 작성함을 원칙으로 한다.

① 재무상태표는 중간보고기간말과 직전 연차보고기간말을 비교하는 형식으로 작성한다.
② 손익계산서는 중간기간과 누적중간기간을 직전 회계연도의 동일기간과 비교하는 형식으로 작성한다.
③ 현금흐름표 및 자본변동표는 누적중간기간을 직전 회계연도의 동일기간과 비교하는 형식으로 작성한다.

I can 실전문제(재무제표의 이해)

※ I can 실전문제에 수록된 문제들은 모두 전산세무 2급 시험에 다수 출제되었던 유형입니다.

01 **다음 중 재무상태표에 대한 설명으로 옳은 것은?**

① 재무상태표는 자산, 부채, 자본으로 구성되어 있다.
② 재무상태표는 일정기간동안의 기업의 경영성과에 대한 정보를 제공해준다.
③ 기타포괄손익누계액은 부채에 해당한다.
④ 자산과 부채는 원칙적으로 상계하여 순액으로 표시하여야 한다.

02 **다음 중 재무상태표의 구성요소에 대한 구분과 관련된 설명 중 틀린 것은?**

① 유동자산은 당좌자산, 매출채권, 재고자산으로 구분한다.
② 비유동자산은 투자자산, 유형자산, 무형자산, 기타비유동자산으로 구분한다.
③ 부채는 유동부채와 비유동부채로 구분한다.
④ 자본은 자본금, 자본잉여금, 자본조정, 기타포괄손익누계액 및 이익잉여금(또는 결손금)으로 구분한다.

03 **다음은 일반기업회계기준상 재무제표의 목적에 대한 설명이다. 틀린 것끼리 묶인 것은?**

㉠ 재무상태표: 일정기간 동안의 자산, 부채, 자본에 대한 정보 제공
㉡ 손익계산서: 일정시점의 경영성과에 대한 정보 제공
㉢ 자본변동표: 일정기간 동안의 자본의 크기와 그 변동에 관한 정보 제공
㉣ 현금흐름표: 일정기간 동안의 현금흐름에 대한 정보 제공

① ㉠, ㉡　　② ㉠, ㉢
③ ㉡, ㉣　　④ ㉡, ㉢

04 **다음 중 재무상태표에 대한 설명으로 틀린 것은?**

① 재무상태표는 일정 시점의 현재 기업의 자산, 부채, 자본에 대한 정보를 제공한다.
② 자산은 유동자산과 비유동자산으로 구분한다.
③ 자본은 자본금, 자본잉여금, 자본조정, 기타포괄손익누계액 및 이익잉여금(또는 결손금)으로 구분한다.
④ 자산과 부채는 유동성이 작은 항목부터 배열하는 것을 원칙으로 한다.

05 **다음 중 재무회계에 관한 설명으로 적절하지 않은 것은?**

① 재무제표에는 재무상태표, 손익계산서, 자본변동표, 현금흐름표, 주석이 있다.
② 자산과 부채는 원칙적으로 상계하여 표시하지 않는다.
③ 기업의 외부이해관계자에게 유용한 정보를 제공하는 것을 주된 목적으로 한다.
④ 특정 기간의 경영성과를 나타내는 보고서는 재무상태표이다.

06 **다음 중 현행 일반기업회계기준에서 규정하고 있는 재무제표가 아닌 것은?**

① 재무상태표
② 현금흐름표
③ 제조원가명세서
④ 자본변동표

03 회계의 순환과정

1 회계상 거래의 식별

거래의 일반적인 의미는 사고파는 것 이라 할 수 있는데, 회계상 거래는 이와는 다르게 표현된다. 회계상 거래는 기업의 경영활동에서 자산, 부채, 자본, 비용, 수익의 증가와 감소 등의 변화를 가져오는 것을 말한다. 즉, 회계에서는 재무상태표와 손익계산서에 영향을 미치는 것만 거래로 인식한다.

2 거래의 8요소

재무상태표와 손익계산서 요소에서 차변(왼쪽)에 위치하는 것은 자산과 비용이며, 대변(오른쪽)에 위치하는 것은 부채, 자본 및 수익이다.

회계상 모든 거래는 차변(왼쪽) 요소와 대변(오른쪽) 요소가 결합되어 발생하는데, 차변 요소는 자산의 증가·부채의 감소·자본의 감소·비용의 발생이며, 대변 요소는 자산의 감소·부채의 증가·자본의 증가·수익의 발생이다.

3 분개와 전기

기업의 경영활동에서 회계상 거래가 발생하면 차변계정과 대변계정에 어떤 계정과목으로 얼마의 금액을 기록할 것인지 결정하는 절차를 분개라고 하며, 분개를 기록한 장부를 분개장이라 한다.

분개장에 분개한 후 분개한 것을 계정과목별로 구분하여 옮겨 적는데, 이 과정을 '전기'라고 하며, 이때 옮겨 적는 장부를 총계정원장(또는 원장)이라고 한다.

분개	회계상 거래 내용을 차변과 대변으로 나누어서 기록하는 것
전기	분개장에 분개한 것을 계정과목별로 옮겨서 정리하는 것 분개 —전기→ 총계정원장
총계정원장	분개 결과를 계정과목별로 집계한 장부('원장'이라고도 함)

I CAN 기출문제

다음 계정 기업에 대한 설명으로 올바른 것은?

선 수 금	
	7/15 현 금 100,000원

① 원인불명의 송금수표 100,000원이 입금되었다.
② 상품을 매입하기로 하고 계약금 100,000원을 현금 지급하였다.
③ 상품을 매출하기로 하고 계약금 100,000원을 현금 수령하였다.
④ 업무용 비품을 매각하고 그 대금 100,00원을 현금으로 지급하였다.

정답풀이

③ 선수금 계정에 대한 회계처리를 추정하면 아래와 같으며, 상품매출 관련 계약금을 현금으로 수령한 거래이다.
(차) 현금 100,000원 (대) 선수금 100,000원

주요부와 보조부

회계장부에는 다음과 같이 주요부와 보조부가 있다.

구분	내용
주요부	분개장, 총계정원장(원장)
보조부	보조기입장: 현금출납장, 당좌예금출납장, 소액현금출납장 등
	보조원장: 매출처원장, 매입처원장, 상품재고장, 적송품원장 등

거래의 이중성과 대차평균의 원리

구분	내용
거래의 이중성	회계상 거래가 발생하면 재무제표의 차변과 대변에 동시에 영향을 미치게 되는 성질
대차평균의 원리	거래가 발생하면 거래의 이중성에 의하여 차변과 대변에 동시에 영향을 미치며, 차변합계와 대변합계가 항상 일치하는 원리

거래의 이중성과 대차평균의 원리는 복식부기의 특징이며, 회계의 자기검증능력의 대표적인 예이다.

4 결산

1. 결산의 의의

기업은 경영활동에서 발생한 거래를 분개장에 분개하고 총계정원장에 전기하는 행위를 기중에 반복하게 되고, 보고기간 말에는 기중에 기록된 내용을 토대로 기업의 재무상태와 경영성과를 파악하여야 한다. 이와 같이 일정 시점에 자산, 부채, 자본의 재무상태를 파악하고 일정 기간 동안 발생한 수익과 비용을 통해 경영성과를 파악하는 절차를 결산이라 한다.

2. 결산의 절차

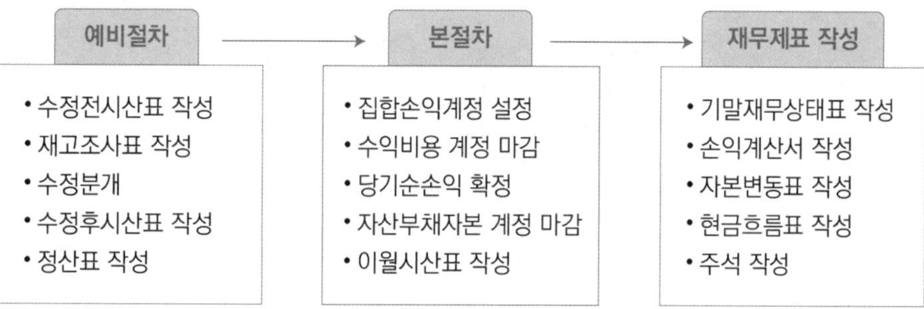

I CAN 기출문제

다음 중 밑줄 친 (가)의 결산 절차에 대한 내용으로 옳은 것은?

결산절차: (가) ➡ 본 절차 ➡ 보고서 작성

① 시산표 작성　　② 재무상태표 작성
③ 분개장 마감　　④ 총계정원장의 마감

정답풀이

① (가)는 결산절차중 예비절차를 의미하며, 결산의 예비절차는 분개장 및 총계정원장, 시산표 등의 장부 작성이 해당된다.

5 시산표

1. 시산표의 개념

시산표란 총계정원장에서 계정과목별로 집계된 금액을 한 곳에 모은 표를 말하는데. 시산표의 차변합계와 대변합계는 대차평균의 원리에 의하여 일치하여야 한다.

시산표의 종류에는 합계시산표, 잔액시산표, 합계잔액시산표가 있으며, 현재 실무에서는 합계잔액시산표를 주로 사용하고 있다.

잔액시산표	계정과목별 총계정원장의 잔액만을 기록한 시산표
합계시산표	계정과목별 총계정원장의 차변합계와 대변합계를 기록한 시산표
합계잔액시산표	잔액시산표와 합계시산표를 하나의 표로 기록한 시산표

합계잔액시산표

(단위: 원)

차 변		계정과목	대 변	
잔 액	합 계		합 계	잔 액
200,000	1,400,000	현 금	1,200,000	
100,000	1,000,000	보 통 예 금	900,000	
500,000	500,000	상 품		
500,000	500,000	외 상 매 출 금		
100,000	100,000	비 품		
		자 본 금	1,000,000	1,000,000
300,000	300,000	임 차 료		
200,000	200,000	급 여		
		상 품 매 출	900,000	900,000
1,900,000	4,000,000	합 계	4,000,000	1,900,000

합계시산표

(단위: 원)

차 변	계정과목	대 변
1,400,000	현 금	1,200,000
1,000,000	보통예금	900,000
500,000	상 품	
500,000	외상매출금	
100,000	비 품	
	자 본 금	1,000,000
300,000	임 차 료	
200,000	급 여	
	상품매출	900,000
4,000,000	합 계	4,000,000

잔액시산표

(단위: 원)

차 변	계정과목	대 변
200,000	현 금	
100,000	보통예금	
500,000	상 품	
500,000	외상매출금	
100,000	비 품	
	자 본 금	1,000,000
300,000	임 차 료	
200,000	급 여	
	상품매출	900,000
1,900,000	합 계	1,900,000

시산표등식

기말자산 + 총비용 = 기말부채 + 기초자본 + 총수익

시산표의 또다른 이름 일계표, 월계표이다.

시산표는 회계연도 말에만 작성하는 것은 아니다. 필요할 때마다 작성할 수 있는데, 매일 작성하면 일계표, 월단위로 작성하면 월계표라고 한다.

I CAN 기출문제

다음 중 분개장에 분개된 거래가 총계정원장에 바르게 전기 되었는지의 정확성여부를 대차평균의 원리에 따라 검증하기 위해 작성하는 것은?

① 정산표　　② 시산표
③ 손익계산서　　④ 재무상태표

정답풀이

② 분개장에서 총계정원장으로 전기가 정확하게 되었는지 검사하기 위해 작성하는 것은 시산표이다.

I CAN 기출문제

다음 중 시산표등식으로 올바른 것은?

① 기말자산 + 총비용 = 기말부채 + 기말자본 + 총수익
② 기말자산 + 총비용 = 기말부채 + 기초자본 + 총수익
③ 기말자산 + 총비용 = 기말부채 + 기초자본 + 총수익 - 순손실
④ 기말자산 + 총비용 + 순이익 = 기말부채 + 기초자본 + 총수익

정답풀이

② 시산표 등식은 "기말자산 + 총비용 = 기말부채 + 기초자본 + 총수익" 이다.

2. 시산표의 오류수정

만약 시산표의 차변합계와 대변합계가 일치하지 않는다면 장부에 오류가 발생한 것인데, 이때는 장부 작성의 역순으로 검토하여 오류를 찾아내서 수정해야 한다. 장부 작성의 역순은 다음의 순서를 말한다.

합계잔액시산표의 오류 원인

- 거래의 누락이나 중복, 분개의 누락이나 중복, 전기의 누락이나 중복
- 전기한 금액의 잘못 기입, 다른 계정으로 잘못 전기, 서로 반대로 전기 등

시산표에서 검증할 수 있는 오류	시산표에서 검증할 수 없는 오류
• 차변과 대변의 금액이 불일치한 경우 • 차변과 대변 중 한 쪽만 전기를 누락하거나 한 쪽만 전기한 경우 • 시산표의 합계오류	• 분개누락, 이중분개 • 전기누락, 이중전기 • 차변과 대변 모두 동일하게 잘못된 금액으로 분개하거나 전기한 경우 • 계정과목을 잘못 기록한 경우

I CAN 기출문제

다음은 시산표에서 발견할 수 없는 오류를 나열한 것이다. 이에 해당하지 않는 것은?

① 동일한 금액을 차변과 대변에 반대로 전기한 경우
② 차변과 대변의 전기를 동시에 누락한 경우
③ 차변과 대변에 틀린 금액을 똑같이 전기한 경우
④ 차변만 이중으로 전기한 경우

정답풀이

④ 차변만 이중으로 전기한 경우, 차변 합계금액이 대변 합계금액 보다 커지므로 오류를 발견할 수 있다.

6 손익계산서 및 재무상태표 계정의 장부마감

손익계산서 계정인 수익과 비용계정은 당기의 경영성과를 보여주는 것으로, 차기의 경영활동에 영향을 미치지 않는다. 따라서 수익과 비용계정 잔액은 손익(집합손익)계정을 설정하여 '0'으로 만들어 마감하게 되며, 그 절차는 다음과 같다.

① 총계정원장에 손익계정을 설정한다.
② 수익계정의 잔액을 손익(집합손익)계정의 대변에 대체한다.

차 변	수익계정	×××	대 변	손익계정	×××

③ 비용계정의 잔액을 손익계정의 차변에 대체한다.

차 변	손익계정	×××	대 변	비용계정	×××

④ 손익계정의 잔액을 자본계정에 대체한다.

▶ 당기순이익이 발생한 경우

차 변	손익계정	×××	대 변	미처분이익잉여금	×××

▶ 당기순손실이 발생한 경우

차 변	미처리결손금	×××	대 변	손익계정	×××

⑤ 수익과 비용계정의 총계정원장을 마감한다.
차변과 대변의 합계를 확인한 후 두 줄을 긋고 마감한다.

재무상태표 계정인 자산, 부채, 자본계정은 당기의 재무상태가 보고된 이후에도 잔액이 '0'으로 되지 않고 계속해서 이월되어 차기의 재무상태에 영향을 미치게 된다. 따라서 자산, 부채, 자본계정은 다음과 같은 절차로 마감한다.

① 자산계정은 차변에 잔액이 남게 되므로 대변에 차변잔액만큼 차기이월로 기입하여 일치시킨 후, 다시 차변에 그 금액만큼 전기이월로 기입한다.
② 부채와 자본계정은 대변에 잔액이 남게 되므로 차변에 대변잔액만큼 차기이월로 기입하여 일치시킨 후, 다시 대변에 그 금액만큼 전기이월로 기입한다.

자산, 부채, 자본계정의 잔액을 이용하여 재무상태표를 작성하고, 수익과 비용계정을 이용하여 손익계산서를 작성한다.

7 회계의 순환과정

회계는 회계기간 내에서 다음과 같은 일정한 작업이 반복되는데 이를 회계의 순환이라 한다.

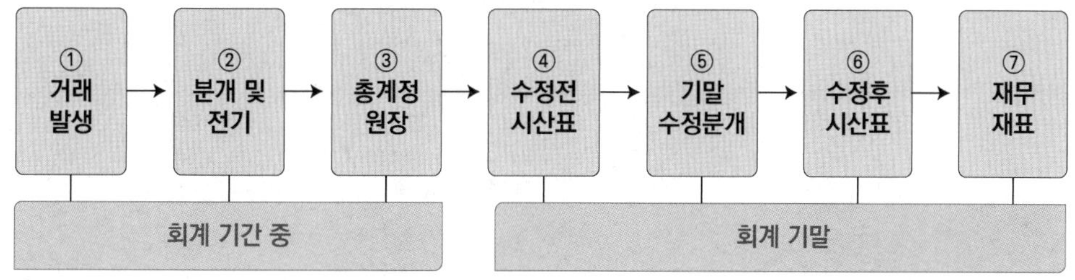

I CAN 기출문제

다음 중 회계순환과정의 순서로 가장 올바른 것은?

① 기말수정분개 → 수정후시산표 → 수익·비용계정 마감 → 집합손익계정 마감 → 자산·부채·자본계정 마감 → 재무제표 작성
② 기말수정분개 → 수정후시산표 → 자산·부채·자본계정 마감 → 집합손익계정 마감 → 수익·비용계정 마감 → 재무제표 작성
③ 수정후시산표 → 기말수정분개 → 수익·비용계정 마감 → 집합손익계정 마감 → 자산·부채·자본계정 마감 → 재무제표 작성
④ 수정후시산표 → 기말수정분개 → 자산·부채·자본계정 마감 → 수익·비용계정 마감 → 집합손익계정 마감 → 재무제표 작성

정답풀이

① 거래식별 → 분개 → 총계정원장 → 수정전시산표 작성 → 기말수정분개 → 수정후시산표 → 수익·비용계정 마감 → 집합손익계정의 마감 → 자산·부채·자본계정 마감 → 재무제표 작성

8 기말수정분개

기말 결산시점에서 자산, 부채, 자본의 현재액과 당기에 발생한 수익과 비용을 정확하게 파악하기 위해 자산, 부채, 자본, 수익, 비용에 대한 수정분개를 하여야 한다. 이러한 기말수정사항을 분개장에 분개하고, 그 내용을 총계정원장에 전기한 뒤 기말수정사항을 반영한 수정후시산표를 작성하게 된다.

1. 비용과 수익의 이연(선급비용 & 선수수익)

선급비용 (자산)	지급한 비용 중에서 당기에 귀속되는 것이 아니라 차기에 귀속되는 비용이 있는 경우에 차기에 귀속되는 부분을 선급비용으로 계상한다.
선수수익 (부채)	수취한 수익 중에서 당기에 귀속되는 것이 아니라 차기에 귀속되는 수익이 있는 경우에 차기에 귀속되는 부분을 선수수익으로 계상한다.

I can 분개 선급비용

다음의 거래 내용에 대하여 10월 1일과 12월 31일의 분개를 하시오.

매장을 4개월간(10월 1일 ~ 1월 31일) 임차하고 10월 1일에 4개월분 임차료 4,000,000원을 현금으로 지급하면서 전액 비용으로 회계처리 하였다.

답안

10월 1일 지출한 4개월분 임차료 4,000,000원 중 3개월분(10월~12월) 3,000,00원만 당기에 귀속되는 비용이다. 따라서 나머지 1개월분(1,000,000원)은 결산수정분개시 선급비용으로 계상해서 차기의 비용으로 인식해야 한다.

10.01.	(차) 임 차 료	4,000,000원	(대) 현 금	4,000,000원
12.31.	(차) 선급비용	1,000,000원	(대) 임 차 료	1,000,000원

- 결과적으로 당기의 임차료는 3,000,000원으로 인식되며, 차기 귀속분 1,000,000원은 선급비용으로 인식된다.
- 차기에 반대분개 [(차) 임차료 1,000,000원 (대) 선급비용 1,000,000원]를 통해 임차료로 인식된다.

I can 개념정리

임차료 지급시 자산으로 처리하는 경우의 회계처리

10.01.	(차) 선급비용	4,000,000원	(대) 현 금	4,000,000원
12.31.	(차) 임 차 료	3,000,000원	(대) 선급비용	3,000,000원

- 전체 금액을 선급비용(자산)으로 처리하고, 기말수정분개시 당기 귀속분만큼 선급비용을 감소시켜 당기의 임차료(비용)로 인식하는 방법이다.
- 당기 임차료는 3,000,000원으로 인식되고, 선급비용은 1,000,000원으로 인식되므로, 결과적으로는 임차료(비용)로 처리하는 경우와 동일한 결과를 가져온다.

I can 분개 선수수익

다음의 거래 내용에 대하여 11월 1일과 12월 31일의 분개를 하시오.

건물을 3개월간(11월초~1월말) 임대하고 11월 1일에 3개월분 임대료 3,000,000원을 현금으로 수취하면서 전액 수익으로 회계처리 하였다.

답안

11월 1일 지출한 3개월분 임대료 3,000,000원 중 2개월분(11월~12월) 2,000,000원만 당기에 귀속되는 수익이다. 따라서 나머지 1개월분(1,000,000원)은 결산수정분개 시 선수수익으로 계상해서 차기의 수익으로 인식해야 한다.

11.01.	(차) 현 금	3,000,000원	(대) 임 대 료	3,000,000원
12.31.	(차) 임 대 료	1,000,000원	(대) 선수수익	1,000,000원

- 결과적으로 당기의 임대료는 2,000,000원으로 인식되며, 차기 귀속분 1,000,000원은 선수수익으로 인식된다.
- 차기에 반대분개[(차) 선수수익 1,000,000원 (대) 임대료 1,000,000원]를 통해 임대료로 인식된다.

I can 개념정리

임대료 수령시 부채로 처리하는 경우의 회계처리

11.01.	(차) 현 금	3,000,000원	(대) 선수수익	3,000,000원
12.31.	(차) 선수수익	2,000,000원	(대) 임 대 료	2,000,000원

- 현금 수취 시 전액을 선수수익(부채)으로 처리하고, 기말수정분개시 당기 귀속분 만큼 선수수익을 감소시켜 당기의 수익으로 인식하는 방법이다.
- 당기 임대료는 2,000,000원으로 인식되고, 선수임대료는 1,000,000원으로 인식되므로, 결과적으로 수익으로 처리하는 경우와 동일한 결과를 가져온다.

2. 비용과 수익의 발생(미수수익 & 미지급비용)

미수수익 (자산)	수익이 이미 발생 했지만 대가를 받지 못했을 때 이를 미수수익으로 인식한다.
미지급비용 (부채)	비용이 이미 발생 했지만 대가를 지급하지 않았을 때 이를 미지급비용으로 인식한다.

I can 분개 미지급비용

다음의 거래 내용에 대하여 10월 1일과 12월 31일의 분개를 하시오.

10월 1일 은행으로부터 1,000,000원을 10개월 뒤에 갚기로 하고 차입하였다. 이자는 연 12%로 원금 상환일에 지급하기로 하였다.

답안

10월 1일에 차입하였고, 12월 31일에 당기에 귀속되는 3개월분 이자(10월~12월)가 발생하여 미지급비용을 인식한다. 차입기간이 1년 이내이므로 단기차입금 계정을 사용한다.

10.01.	(차) 현 금	1,000,000원	(대) 단기차입금	1,000,000원
12.31.	(차) 이자비용	30,000원	(대) 미지급비용	30,000원

당기 발생이자: $1{,}000{,}000\text{원} \times 12\% \times \frac{3\text{개월}}{12\text{개월}} = 30{,}000\text{원}$

I can 분개 미수수익

다음의 거래 내용에 대하여 10월 1일과 12월 31일의 분개를 하시오.

10월 1일 거래처에 현금 1,000,000원을 10개월 뒤 상환받는 조건으로 대여하고 연 10%의 이자를 상환일에 수취하기로 약정하였다.

답안

10월 1일에 자금을 대여하였고, 12월 31일에는 당기에 귀속되는 3개월분 이자(10월~12월)가 발생하여 미수수익을 인식한다. 대여기간이 1년 이내이므로 단기대여금 계정을 사용한다.

10.01.	(차) 단기대여금	1,000,000원	(대) 현 금	1,000,000원
12.31.	(차) 미수수익	25,000원	(대) 이자수익	25,000원

당기 발생이자: $1{,}000{,}000\text{원} \times 10\% \times \frac{3\text{개월}}{12\text{개월}} = 25{,}000\text{원}$

3. 소모품(소모품비)의 회계처리

사무용장부 및 볼펜 등 소모품을 구입한 후에 사용한 소모품은 소모품비(비용)로 계상하고, 아직 사용하지 않은 소모품은 소모품(자산)으로 구분한다. 소모품은 구입할 때 소모품(자산)으로 처리할 수도 있고, 소모품비(비용)로 처리할 수도 있다. 구입 시 어떻게 처리하는지에 따라 결산분개가 달라진다.

	구입 시		결산 시
구입 시 자산으로 처리	소모품으로 계상	▶	사용한 소모품을 소모품비로 대체
	구입 시		결산 시
구입 시 비용으로 처리	소모품비로 계상	▶	소모품 미사용분을 소모품으로 대체

I can 분개 취득시 자산으로 처리

다음 거래에 대하여 소모품 취득 시와 기말결산 시 분개를 하시오.

> 소모품을 1,000,000을 현금으로 구입하였으며, 기말에 사용되지 않고 남아있는 소모품은 200,000원이다.(취득 시 자산으로 처리)

답안

취득시	취득 시 자산으로 처리하면 소모품 계정을 사용한다. (차) 소모품 1,000,000원 (대) 현금 1,000,000원
결산시	미사용분이 200,000원 이므로 사용된 소모품은 800,000원이다. 소모품의 사용액을 소모품비로 대체한다. (차) 소모품비 800,000원 (대) 소모품 800,000원

결산분개로 인하여 당기순이익이 800,000원(비용의 발생) 감소한다.

I can 분개 취득시 비용으로 처리

다음 거래에 대하여 소모품 취득 시와 기말결산 시 분개를 하시오.

> 소모품 1,000,000을 현금으로 구입하였으며, 기말에 사용되지 않고 남아있는 소모품은 200,000원이다.(취득 시 비용으로 처리)

답안

취득시	취득 시 비용으로 처리하면 소모품 계정을 사용한다. (차) 소모품비 1,000,000원 (대) 현금 1,000,000원
결산시	미사용분이 200,000원 당기의 비용이 아니라, '소모품'이라는 자산으로 남아있다. 따라서 미사용분을 소모품비에서 소모품으로 대체한다. (차) 소모품 200,000원 (대) 소모품비 200,000원

결산분개로 인하여 당기순이익이 200,000원(비용의 소멸) 증가한다.

4. 가수금과 가지급금

가수금은 입금된 금액 중 그 원인을 모르는 금액을 말하며, 가지급금은 원인을 모르는 지급액을 말한다. 가지급금은 주로 출장비 등의 분개에 사용된다.

구 분	개 념	사후관리
가수금	원인을 모르는 입금액 (원인모를 보통예금 입금액 등)	추후 원인을 판명하여 해당 계정과목으로 대체
가지급금	원인을 모르는 지급액 (출장 시 출장비 지급 등)	사용된 후에 사용 계정과목으로 대체하고 정산

I can 분개 가수금과 가지급금

다음 거래를 분개하시오.

(가) 보통예금에 50,000원이 입금되었는데, 입금된 이유를 알지 못한다.
(나) 가수금 50,000원은 거래처에 대한 외상매출금액으로 판명되었다.
(다) 직원이 출장 갈 때 출장비 100,000원을 현금으로 가지급하다.
(라) 출장에서 식대 50,000원과 교통비 40,000원을 사용하고 잔액은 반납하다.

답안

(가)	(차) 보통예금 50,000원 (대) 가수금 50,000원 ✓ 원인 모를 입금액은 가수금(부채)으로 처리한다.
(나)	(차) 가수금 50,000원 (대) 외상매출금 50,000원 ✓ 가수금은 원인이 판명되면 해당 계정과목으로 대체한다.
(다)	(차) 가지급금 100,000원 (대) 현금 100,000원 ✓ 출장비를 지급할 때는 가지급금(자산)으로 처리한다.
(라)	(차) 여비교통비 90,000원 (대) 가지급금 100,000원 현금 10,000원 ✓ 식대와 교통비를 합해서 여비교통비로 처리하고, 남은 금액은 회사에 입금된다.

I can 실전문제(회계의 순환과정)

※ I can 실전문제에 수록된 문제들은 모두 전산세무 2급 시험에 다수 출제되었던 유형입니다.

01 **회계상 거래가 발생하면 재무제표의 차변과 대변에 동시에 영향을 미치게 되는데, 이는 회계의 어떤 특성 때문인가?**

① 거래의 이중성　② 중요성
③ 신뢰성　④ 유동성

02 **다음 중 시산표에서 발견할 수 없는 오류가 아닌 것은?**

① 대차 양편에 틀린 금액을 같이 전기　② 대차 반대로 전기한 금액
③ 전기를 누락하거나 이중전기　④ 대차 어느 한 쪽의 전기를 누락

03 **다음 중 시산표등식으로 맞는 것은?**

① 기말자산 + 총비용 = 기말부채 + 기말자본 + 총수익
② 기말자산 + 총비용 = 기말부채 + 기초자본 + 총수익
③ 기말자산 + 총비용 = 기말부채 + 기초자본 + 총수익 - 순손실
④ 기말자산 + 총비용 + 순이익 = 기말부채 + 기초자본 + 총수익

04 **결산과정에서 시산표를 작성하였는데, 차변합계는 491,200원이고 대변합계는 588,200원이었다. 다음과 같은 오류만 있다고 가정한다면 시산표의 올바른 합계금액은 얼마인가?**

- 당기 중 소모품비로 지급한 45,500원을 복리후생비로 기입하였다.
- 미수금 23,500원을 대변에 잘못 기록하였다.
- 상품재고 50,000원이 누락되었다.

① 588,200원　② 564,700원
③ 541,200원　④ 538,200원

2. 유동자산

01 유동자산의 이해

자산이란 과거의 거래나 사건의 결과로서 현재 기업실체에 의해 지배되고 미래에 경제적 효익을 창출할 것으로 기대되는 자원을 말한다. 자산은 크게 유동자산과 비유동자산으로 분류하며, 각각에 속하는 항목은 다음과 같다.

유동자산	당좌자산, 재고자산
비유동자산	투자자산, 유형자산, 무형자산, 기타비유동자산

자산의 항목 중 유동자산으로 분류되는 항목은 아래와 같으며, 유동자산에 해당하지 않는 경우는 모두 비유동자산으로 분류된다.

① 사용의 제한이 없는 현금 및 현금성자산
② 정상적인 영업주기 내 실현될 것으로 예상되거나, 판매 및 소비 목적으로 보유중인 자산
③ 단기매매 목적으로 보유하는 자산
④ 보고기간 종료일로부터 1년 이내에 실현될 것으로 예상되는 자산

I CAN 기출문제

다음 중 유동자산으로 분류할 수 없는 것은?

① 사용의 제한이 없는 현금및현금성자산
② 정상적인 영업주기 내에 판매되거나 사용되는 재고자산과 회수되는 매출채권
③ 영업활동에 사용할 목적으로 보유하는 유형자산
④ 보고기간종료일부터 1년 이내에 현금화 또는 실현될 것으로 예상되는 자산

정답풀이

③ 투자자산, 유형자산, 무형자산은 비유동자산으로 분류된다.

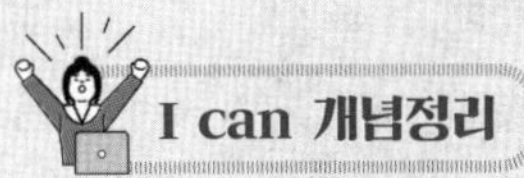

유동자산의 판단

정상적인 영업주기 내에 판매되거나 사용되는 재고자산과 회수되는 매출채권 등은 보고 기간종료일로부터 1년 이내에 실현되지 않더라도 유동자산으로 분류하고, 이 경우 1년 이내에 실현되지 않을 금액을 주석으로 기재한다.

유동성 배열법

자산을 재무상태표에 표시할 경우 유동성이 큰 항목부터 순서대로 배열하여야 한다는 원칙을 의미하며, 배열순서는 다음과 같다.

유동자산
- 당좌자산
- 재고자산

비유동자산
- 투자자산
- 유형자산
- 무형자산
- 기타비유동자산

I CAN 기출문제

다음 중 현행 일반기업회계기준에 의해 유동자산으로 분류할 수 없는 것은?

① 보고기간종료일로부터 1년 이내에 사용되지 않을 것으로 예상되는 자산
② 기업의 정상적인 영업주기 내에 실현될 것으로 예상되거나 판매목적 또는 소비목적으로 보유하는 자산
③ 단기매매 목적으로 보유하는 자산
④ 사용의 제한이 없는 현금및현금성자산

정답풀이

① 유동자산은 보고기간종료일로부터 1년 이내에 현금화 또는 실현될 것으로 예상되는 자산이다.

02 당좌자산

당좌자산은 유동자산 중에서 판매과정을 거치지 않고 1년 이내에 현금화가 가능한 자산을 말하며, 대표적인 항목은 다음과 같다.

현금및현금성자산	통화, 통화대용증권, 보통예금 등 현금성자산
단기매매증권	단기매매목적으로 취득한 시장성 있는 유가증권
매출채권	상거래에서 발생하는 채권(외상매출금, 받을어음)
선급비용	당기에 지급하였지만 당기의 비용이 아니라 미래의 비용
단기대여금	타인에게 빌려준 금액으로 상환 기한이 1년 내인 것
미수금	상거래 이외의 거래애서 발생하는 채권
선급금	매입계약 시 지급하는 계약금
미수수익	당기에 수취하지는 았았지만 당기에 귀속되는 금액
단기금융상품	만기가 1년 이내에 도래하는 금융상품으로 현금성자산이 아닌 것

I CAN 기출문제

다음 중 당좌자산에 해당하지 않는 것은?

① 보통예금　　② 외상매출금
③ 단기대여금　　④ 장기대여금

 **정답풀이**

④ 장기대여금은 비유동자산에 해당한다.

1 현금 및 현금성자산

통화 및 통화대용증권, 은행예금 중 요구불예금, 취득당시 만기 3개월 이내의 유가증권 및 단기금융상품을 현금 및 현금성자산으로 분류하며, 재무상태표에 '현금 및 현금성자산' 이라는 하나의 통합된 계정과목으로 표현하기도 하고, 현금, 보통예금, 당좌예금 등 세부 계정과목으로 분리해서 표현하기도 한다.

1. 현금(통화 및 통화대용증권)

현금은 재화나 용역 구입시 사용하는 가장 대표적인 수단으로, 유동성이 가장 높은 자산이다. 일상생활에서는 지폐나 동전 등 화폐성통화만을 현금으로 생각하지만, 회계에서는 통화가 아니지만 통화와 같은 효력으로 사용되는 통화대용증권을 포함한다.

통 화	지폐와 주화
통화대용증권	은행발행 자기앞수표, 타인발행 당좌수표, 송금수표, 우편환증서, 배당금 지급통지표, 만기도래한 공채 및 사채이자표 등

주의 우표 및 수입인지는 통화대용증권에 해당하지 않으므로, 통신비 혹은 세금과공과 계정으로 처리하여야 한다.

2. 보통예금

은행예금 중 만기가 정해져 있지 않고 입출금이 자유로운 요구불예금을 말한다.

3. 당좌예금과 당좌차월

기업에서는 현금거래의 번거로움과 위험을 막기 위해 거래대금을 수표를 발행하여 지급하게 되는데, 이때 발행되는 수표가 당좌수표이다.

당좌예금	기업이 은행과 당좌거래의 약정을 맺고 일정한 현금을 입금한 후 당좌수표를 통해서만 인출되는 예금
당좌차월	이미 발행한 수표와 어음에 대해 예금 잔액이 부족해도 부도처리 하지 않고 정상적으로 지급하도록 은행과 약정을 맺은 경우 처리되는 부채계정으로 일시적 가계정에 해당하며, 결산시 단기차입금으로 대체되어 유동부채로 표기

당좌수표관련 계정과목

- 우리기업(당점)이 당좌수표를 발행하여 지급하는 경우: 당좌예금(대변)
- 우리기업(당점)이 발행하여 지급한 당좌수표를 수취하는 경우: 당좌예금(차변)
- 타인(동점)이 발행한 당좌수표를 지급하는 경우: 현금(대변)
- 타인(동점)이 발행한 당좌수표를 수취하는 경우: 현금(차변)
- 당좌예금 잔액을 초과하여 당좌수표를 발행하는 경우: 당좌차월(대변) 또는 단기차입금(대변)
- 당좌거래를 위해 지급한 당좌거래개설보증금: 특정현금과예금(차변)

I can 분개 당좌예금과 당좌차월

당좌예금의 기초잔액 400,000원 이다. 다음 연속된 거래를 분개하시오.

12.01. 원재료 300,000원을 매입하고 당좌수표를 발행하여 지급하였다.
12.05. 제품 150,000원을 매출하고 거래처가 발행한 당좌수표를 수취하였다.
12.08. 원재료 150,000원을 매입하고 당좌수표를 발행하여 지급하였다.
12.10. 제품 70,000원을 매출하고 자기앞수표를 수취하여 당좌예입 하였다.

답안

12.01.	(차) 원재료 300,000원 (대) 당좌예금 300,000원 ✓ 당좌수표를 발행하였으므로, 당좌예금(대변)으로 분개하고, 당좌예금 잔액은 100,000원으로 감소한다.
12.05.	(차) 현금 150,000원 (대) 제품매출 150,000원 ✓ 타인발행 당좌수표를 수취하는 경우 현금 계정으로 처리한다.
12.08.	(차) 원재료 150,000원 (대) 당좌예금 100,000원 당좌차월 50,000원 ✓ 당좌예금 잔액을 초과하여 발행된 당좌수표는 당좌차월(단기차입금) 계정으로 처리한다.
12.10.	(차) 당좌차월 50,000원 (대) 제품매출 70,000원 당좌예금 20,000원 ✓ 현금의 당좌예입시 당좌차월(단기차입금)이 있다면 상계처리 하여야 한다.

4. 현금성자산

현금성자산이란 큰 거래비용 없이 현금으로 전환이 용이하고 이자율 변동에 따른 가치변동의 위험이 경미한 금융상품으로서 취득 당시 만기일(또는 상환일)이 3개월 이내인 것을 말한다.

I CAN 기출문제

다음 중 일반기업회계기준에서 현금및현금성자산에 해당하지 않는 것은?

① 우편환증서, 전신환증서 등 통화대용증권
② 취득을 기준 3개월 이내에 상환일이 도래하는 상환우선주
③ 당좌거래개설보증금
④ 취득 당시 만기가 3개월 이내에 도래하는 채권 및 단기금융상품

정답풀이

③ 당좌거래개설보증금은 사용이 제한된 예금으로 사용제한 기간에 따라 단기금융상품 또는 장기금융상품으로 분류하며, 특정현금과예금 계정으로 처리한다.

현금성자산(통화대용증권)에 포함되지 않는 것

- 차용증서: 단기대여금 혹은 장기대여금으로 처리
- 우표 및 엽서: 통신비(비용) 혹은 소모품(자산)으로 처리
- 타인이 발행한 약속어음 & 선일자수표: 받을어음으로 처리
- 당점이 발행한 약속어음 & 선일자수표: 지급어음으로 처리
- 급여 지급시 처리되는 가불금: 임직원등단기채권으로 처리

선일자수표

선일자수표란 실제 발행일 이후의 날을 수표발행일로 기록하고 그 날에 지급할 것을 약정하는 수표를 말하며, 이는 사실상 채권이므로 매출채권 또는 미수금으로 분류한다.

다음 자료를 토대로 기업회계기준상 현금및현금성자산을 계산하면 얼마인가?

- 지폐와 동전: 20,000원
- 우편환증서: 50,000원
- 자기앞수표: 150,000원
- 단기대여금: 150,000원
- 당좌개설보증금: 80,000원
- 배당금지급통지표: 120,000원
- 정기적금(만기 1년 도래): 300,000원
- 선일자 수표: 500,000원
- 양도성예금증서(취득당시 만기 120일): 500,000원
- 취득당시 만기일이 3개월 이내 환매채: 300,000원

정답풀이

640,000원(당좌거래 개설보증금, 정기적금, 단기대여금, 선일자수표, 양도성예금증서 제외)

I CAN 기출문제

다음 중 일반기업회계기준에서 현금및현금성자산에 해당하는 것은?

① 사용이 제한된 예금
② 요구불예금
③ 통화대용증권에 해당하지 않는 수입인지
④ 결산일 기준 만기 3개월 이내의 단기금융상품

정답풀이

② 요구불예금이란 예금주의 요구가 있을 때 언제든지 지급할 수 있는 예금의 총칭(보통예금과 당좌예금 등)이다.

2 현금과부족

현금과부족은 장부의 현금계정 잔액이 실제의 현금잔액과 일치하여야 하지만, 계산이나 기록상 오류, 분실, 도난 등의 이유로 일치하지 않을 수 있는데, 이러한 경우에 일시적으로 사용하는 계정이다.

구 분		분 개	
장부상 현금잔액 < 실제 현금잔액	현금 과잉 시	(차) 현금 ×××	(대) 현금과부족 ×××
	결산 시	(차) 현금과부족 ×××	(대) 잡이익 ×××
장부상 현금잔액 > 실제 현금잔액	현금 부족 시	(차) 현금과부족 ×××	(대) 현금 ×××
	결산 시	(차) 잡손실 ×××	(대) 현금과부족 ×××

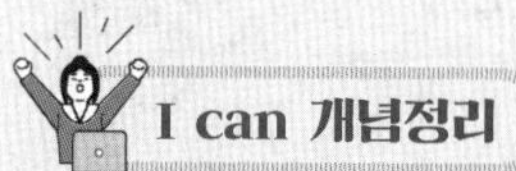

현금 보유액 부족시 회계처리

구 분	차 변		대 변	
현금의 오차발견 (장부 80,000원 / 실제 60,000원)	현금과부족	20,000원	현금	20,000원
전화요금(10,000원) 지급의 기장 누락 판명	통신비	10,000원	현금과부족	10,000원
결산일까지 원인 불명	잡손실	10,000원	현금과부족	10,000원
기간 중이 아닌 결산 당일 실제잔액 부족	잡손실	20,000원	현금	20,000원

현금 보유액 초과시 회계처리

구 분	차 변		대 변	
현금의 오차발견 (장부 70,000원 / 실제 85,000원)	현금	15,000원	현금과부족	15,000원
임대료(10,000원) 수입의 기장 누락 판명	현금과부족	10,000원	임대료	10,000원
결산일까지 원인 불명	현금과부족	5,000원	잡이익	5,000원
기간 중이 아닌 결산 당일 장부잔액 부족	현금	15,000원	잡이익	15,000원

I can 분개 현금과부족

다음의 연속된 거래를 분개하시오.

10월 10일: 현금의 실제 보유액은 50,000원인데, 장부상 잔액은 70,000원이다.
10월 15일: 현금 부족분 20,000원은 여비교통비를 지출한 것으로 밝혀졌다.
11월 12일: 현금의 실제 보유액은 68,000원인데, 장부상 잔액은 50,000원이다.
11월 20일: 현금의 차액 18,000원은 외상매출금 회수액으로 밝혀졌다.
12월 22일: 현금의 실제 보유액은 100,000원인데, 장부상 잔액은 105,000원이다.
12월 31일: 결산 시 까지 현금 부족분 5,000원의 원인이 밝혀지지 않았다.

답안

10.10.	(차) 현금과부족	20,000원	(대) 현금	20,000원
10.15.	(차) 여비교통비	20,000원	(대) 현금과부족	20,000원
11.12.	(차) 현금	18,000원	(대) 현금과부족	18,000원
11.20.	(차) 현금과부족	18,000원	(대) 외상매출금	18,000원
12.22.	(차) 현금과부족	5,000원	(대) 현금	5,000원
12.31.	(차) 잡손실	5,000원	(대) 현금과부족	5,000원

주의 만약, 12월 결산 시 실제 현금의 오차를 발견한 경우, 현금과부족 계정 대신 잡손실 혹은 잡이익 계정으로 처리 하여야 한다.

I CAN 기출문제

아래 현금과부족 계정에 대한 설명중 옳은 것은?

현금과부족

10/31 현 금	100,000원	11/15 통 신 비	30,000원
		12/31 ( )	70,000원

① 현금의 시재액이 장부보다 100,000원이 많았다.
② 현금과부족 30,000원은 통신비 누락으로 판명되었다.
③ 현금과부족 100,000원을 잡손실로 회계처리 하였다.
④ 결산시 현금과부족 잔액 70,000원을 잡이익으로 회계처리 하였다.

정답풀이

② 장부상 현금 초과액 100,000원을 현금과부족으로 처리하였으며, 통신비 누락 30,000원을 제외한 잔액을 결산시 잡손실로 대체 하였다.

10.31.	(차) 현금과부족	100,000원	(대) 현금	100,000원
11.15.	(차) 통신비	30,000원	(대) 현금과부족	30,000원
12.31.	(차) 잡손실	70,0000원	(대) 현금과부족	70,000원

I CAN 기출문제

다음은 현금과 예금을 재무제표에 공시하는 것과 관련된 사항이다. 올바르지 않은 것은 무엇인가?

① 현금과 요구불예금 및 현금성자산은 현금 및 현금성자산이라는 계정과목으로 통합하여 표시한다.
② 금융기관이 취급하는 정기예금, 정기적금은 단기적 자금운용목적으로 소유하거나 기한이 1년내에 도래하는 경우 단기금융상품이라는 계정과목으로 하여 유동자산으로 분류한다.
③ 당좌차월은 일종의 차입금에 해당되므로 유동부채로 표시하여야 한다.
④ 선일자수표는 수표에 표시된 발행일이 도래하기까지 현금 및 현금성자산으로 처리하여야 한다.

정답풀이

④ 선일자수표는 수취인 입장에서 발행일이 도래하기 전까지는 사용이 불가한 것이므로, 매출채권 또는 미수금으로 처리하여야 한다.

I can 실전문제(당좌자산)

※ I can 실전문제에 수록된 문제들은 모두 전산세무 2급 시험에 다수 출제되었던 유형입니다.

01 **다음 중 현금및현금성자산에 해당하지 않는 것은?**

① 당좌차월
② 보통예금
③ 타인발행수표
④ 취득 당시 만기가 3개월 이내에 도래하는 금융상품

02 **다음 중 현금 및 현금성자산에 대한 설명으로 틀린 것은?**

① 취득당시 만기가 1년인 양도성 예금증서(CD)는 현금및현금성자산에 속한다.
② 지폐와 동전(외화 포함)은 현금 및 현금성자산에 속한다.
③ 우표와 수입인지는 현금 및 현금성자산이라고 볼 수 없다.
④ 직원가불금은 단기대여금으로서 현금 및 현금성자산이라고 볼 수 없다.

03 **다음은 당좌자산 중 현금및현금성자산에 대한 설명이다. 틀린 것은?**

① 타인발행수표는 현금및현금성자산에 포함된다.
② 당좌예금은 현금및현금성자산에 포함된다.
③ 결산일이 20×1년 12월 31일인 기업이 20×1년 9월 30일에 취득한 금융상품으로서 결산일로부터 3개월 후인 20×2년 3월 31일이 만기일인 금융상품은 현금및현금성자산에 포함된다.(단, 중도상환은 없는 것으로 가정)
④ 현금및현금성자산은 기업의 유동성 판단에 관한 중요한 정보에 해당한다.

04 **다음 중 일반기업회계기준에 따라 현금및현금성자산으로 분류되지 않는 것은?**

① 사용제한기간이 1년 이내인 보통예금
② 환매채(3개월 이내의 환매조건)
③ 취득 당시 상환일까지의 기간이 3개월 이내인 상환우선주
④ 취득 당시 만기가 3개월 이내에 도래하는 채권

05 **다음 중 현금 및 현금성자산 금액을 모두 합하면 얼마인가?**

• 취득 당시 만기가 2개월인 채권:	500,000원
• 타인발행 당좌수표:	200,000원
• 당좌개설보증금:	100,000원
• 당좌차월:	500,000원
• 보통예금:	300,000원

① 1,000,000원
② 1,100,000원
③ 500,000원
④ 900,000원

03 단기금융상품

단기금융상품은 기업이 보유중인 만기가 1년 이내에 도래하는 금융상품으로 현금성자산이 아닌 것을 말하며, 정기예금과 정기적금, 기타단기금융상품, 단기매매증권 등으로 분류된다.

정기예금과 정기적금	만기가 1년 이내에 도래하는 정기예금과 정기적금
기타단기금융상품	만기가 1년 이내에 도래하는 금융기관에서 판매하고 있는 기타의 금융상품으로 양도성예금증서(CD), 종합자산관리계좌(CMA), 머니마켓펀드(MMF), 환매채(RP), 기업어음(CP) 등
단기매매증권	단기간 내에 매매차익을 얻기 위한 목적으로 시장성 있는(매수와 매도가 적극적이고 빈번함) 유가증권(주식, 사채, 공채 등)을 구입하는 경우

1 단기매매증권(유가증권)

단기매매증권이란 유가증권 중에서 단기 매매차익을 목적으로 취득하는 시장성이 있는 것으로, 유가증권은 형태에 따라 지분증권과 채무증권으로 구분되며, 보유목적에 따라 단기매매증권 만기보유증권, 매도가능증권, 지분법적용투자주식으로 구분된다.

지분증권	회사의 소유 지분을 나타내는 것으로 향후 배당금을 수령 (주식)
채무증권	발행자에 대하여 청구할 수 있는 것으로 향후 이자를 수령 (사채, 공채)

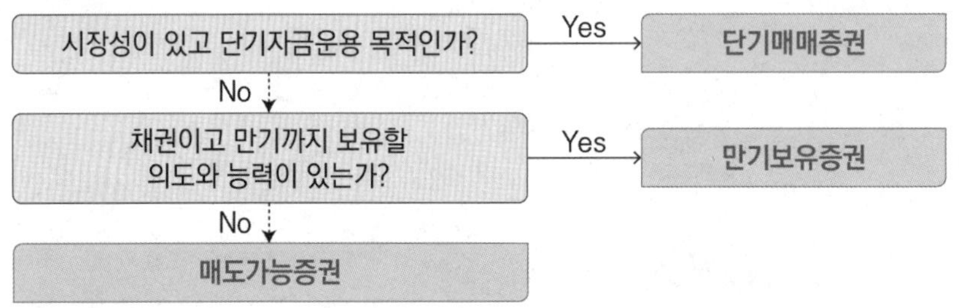

단기매매증권	단기매매차익 목적으로 취득하고, 시장성이 있는 유가증권 (유동)
만기보유증권	채무증권으로 만기까지 보유할 의사와 능력이 있는 유가증권 (유동&비유동)
매도가능증권	만기보유증권 및 단기매매증권에 해당하지 않는 유가증권 (유동&비유동)
지분법적용투자주식	타 회사에 중대한 영향력을 행사할 목적으로 취득(20% 이상)한 유가증권

주의 유가증권 취득시 지급하는 수수료는 유가증권의 취득부대비용으로 해당 유가증권의 취득원가에 가산한다. 단, 단기매매증권의 취득수수료는 취득원가에 가산하지 않고 수수료비용(영업외비용)으로 인식 하여야 한다.

2 단기매매증권의 회계처리

1. 단기매매증권 취득시

단기매매증권의 취득원가는 해당 유가증권의 액면금액이 아니라 구입금액으로 처리하며 취득시 발생하는 매입수수료는 취득원가에 가산하지 않고 당기비용(영업외비용)으로 처리한다.

차 변	단기매매증권 수수료비용(영업외비용)	××× ×××	대 변	현금	×××

참고 유가증권을 여러번에 걸쳐 다른 금액으로 취득한 경우의 단가산정방법은 이동평균법 혹은 선입선출법 등 기타 합리적인 방법을 적용한다.

I CAN 기출문제

다음 중 동일한 단기매매증권을 여러번에 걸쳐 다른 가격에 취득한 경우 기업회계기준상 처분시 적용되는 단가를 산정하는 방법으로 옳은 것은?

① 선입선출법 또는 후입선출법
② 원가법 또는 총평균법
③ 선입선출법 또는 총평균법
④ 이동평균법 또는 선입선출법 등 기타 합리적인 방법

정답풀이

④ 단기매매증권의 단가 산정방법은 이동평균법 및 선입선출법 등 기타 합리적인 방법을 적용한다.

2. 결산시 단기매매증권의 평가

단기매매증권은 기말 결산시 장부금액과 공정가치를 비교하여 그 차액을 단기매매증권평가손익으로 처리하여야 한다.

• 공정가치가 장부금액을 초과하는 경우

차 변	단기매매증권	×××	대 변	단기매매증권평가이익	×××

• 공정가치가 장부금액보다 낮아진 경우

차 변	단기매매증권평가손실	×××	대 변	단기매매증권	×××

I can 개념정리

유가증권 평가방법

단기매매증권	매도가능증권	만기보유증권	지분법적용투자주식
공정가치	공정가치	상각후취득원가	지분법

다음 중 기업회계기준에서 인정하는 유가증권 평가방법이 아닌 것은?

① 공정가치법　② 원가법
③ 저가법　④ 지분법

정답풀이

③ 유가증권의 평가방법은 공정가치법, 상각후취득원가법, 지분법 등이 해당된다.

3. 단기매매증권의 처분

단기매매증권의 처분 시 장부금액과 처분금액의 차액은 단기매매증권처분손익으로 처리하며, 처분시 발생하는 수수료 등의 비용은 단기매매증권처분손익에 가(+) 감(-) 하여야 한다.

• 장부금액 보다 처분금액이 높은 경우

차 변	현금(처분금액)	×××	대 변	단기매매증권 단기매매증권처분이익	××× ×××

• 장부금액 보다 처분금액이 낮은 경우

차 변	현금(처분금액) 단기매매증권처분손실	××× ×××	대 변	단기매매증권	×××

자산 취득 시 부대비용의 처리

자산을 취득하는 경우 지출 되는 수수료 등 부대비용은 원칙적으로 해당 자산의 취득원가에 가산 하여야 한다. 단, 단기매매증권을 취득하는 경우에 지출하는 수수료 등 부대비용은 취득원가에 가산하지 않고, 수수료비용(영업외비용)으로 처리한다.

예 건물 1,000,000원을 취득하고, 수수료 10,000원과 함께 현금으로 지급하다.

차 변	건물	1,010,000원	대 변	현금	1,010,000원

예 단기매매증권 1,000,000원을 취득하고, 수수료 10,000원과 함께 현금으로 지급하다.

차 변	단기매매증권 수수료비용(영업외비용)	1,000,000원 10,000원	대 변	현금	1,010,000원

I can 분개 단기매매증권

다음의 연속된 거래를 분개하시오.

20×1.10.10. 주식 100주를 주당 10,000원에 단기투자목적 구입하고, 수수료 10,000원과 함께 현금으로 지급하였다.
20×1.12.31. 결산시 위 주식의 공정가치가 주당 9,000원으로 확인되었다.
20×2.11.10. 위 주식에 대한 배당금 100,000원이 보통예입 되었다.
20×2.11.20. 위 주식 중 50주를 주당 11,000원에 매각하고 현금 수령하였다.
20×2.12.31. 결산시 잔여주식의 공정가치가 주당 11,000원으로 확인되었다.

답안

일자	차변	금액	대변	금액
20×1.10.10.	(차) 단기매매증권 수수료비용(영업외비용)	1,000,000원 10,000원	(대) 현금	1,010,000원
20×1.12.31.	(차) 단기매매증권평가손실	100,000원	(대) 단기매매증권	100,000원
20×2.11.10.	(차) 보통예금	100,000원	(대) 배당금수익	100,000원
20×2.11.20.	(차) 현금	550,000원	(대) 단기매매증권 단기매매증권처분이익	450,000원 100,000원
20×2.12.31.	(차) 단기매매증권 ✓ 장부금액: 50주 X 9,000원 = 450,000원 ✓ 공정가치: 50주 X 11,000원 = 550,000원 (평가이익 100,000원)	100,000원	(대) 단기매매증권평가이익	100,000원

I CAN 기출문제

㈜ I can의 단기매매목적으로 취득한 유가증권의 취득 및 처분 내역은 다음과 같다. 20×1년 ㈜ I can의 손익계산서에 보고될 유가증권의 평가손익은 얼마인가? (㈜ I can의 결산일은 12월 31일이며, 시가를 공정가치로 본다.)

- 20×1. 02. 15. 1주당 액면금액이 4,000원인 ㈜세무의 주식 20주를 주당 150,000원에 취득
- 20×1. 10. 20. ㈜세무의 주식 중 6주를 220,000원에 처분
- 20×1. 12. 31. ㈜세무의 주식의 시가는 주당 130,000원

① 평가이익 80,000원
② 평가이익 420,000원
③ 평가손실 120,000원
④ 평가손실 280,000원

정답풀이

④ 결산시 보유중인 주식수 14주 × 결산시 평가액(-20,000원) = 평가손실 280,000원

I can 실전문제(단기매매증권)

※ I can 실전문제에 수록된 문제들은 모두 전산세무 2급 시험에 다수 출제되었던 유형입니다.

01 **시장성 있는 ㈜A의 주식 10주를 단기매매차익 목적으로 1주당 56,000원에 구입하고, 거래수수료 5,600원을 포함하여 보통예금계좌에서 결제하였다. 일반기업회계기준에 따라 회계처리하는 경우 발생하는 계정과목으로 적절치 않은 것은?**

① 단기매매증권　　② 만기보유증권
③ 수수료비용　　④ 보통예금

02 **다음 유가증권 거래로 인하여 20×1년 당기손익에 미치는 영향을 바르게 설명한 것은?**

- 20×1년 3월 1일 단기시세차익을 얻을 목적으로 ㈜고려의 주식 1,000주를 주당 10,000원(액면금액 5,000원)에 현금 취득하였다.
- 20×1년 6월 30일 ㈜고려의 주식 300주를 주당 9,000원에 처분하였다.

① 당기순이익이 1,200,000원 감소　　② 당기순이익이 300,000원 감소
③ 당기순이익이 1,350,000원 감소　　④ 당기순이익이 1,050,000원 감소

03 **다음은 단기매매 목적으로 매매한 주식회사 학동의 주식 거래 내역이다. 20×1년 12월 31일에 주식회사 학동의 공정가치가 주당 10,000원이면 20×1년도 손익계산서에 표시될 단기매매증권평가손익은 얼마인가?**

거래일	매입주식수	매도주식수	거래가액
20×1년 1월 20일	1,000주		10,000원
20×1년 5월 30일		500주	12,000원
20×1년 11월 1일	1,000주		7,000원

① 단기매매증권평가손실 3,000,000원　　② 단기매매증권평가이익 3,000,000원
③ 단기매매증권평가손실 1,000,000원　　④ 단기매매증권평가이익 1,000,000원

04 매출채권과 대손

기업의 정상적인 주된 영업활동에서 발생하는 받을 권리를 말하며, 외상매출금과 받을어음을 합해서 매출채권이라고 한다.

1 외상매출금

상품 또는 제품을 외상으로 매출하고 대금을 나중에 받기로 하면 외상매출금으로 처리한다.

구분	내용			
외상매출금 발생 시	• 상품이나 제품 등을 외상으로 매출하면 외상매출금계정 차변으로 회계처리			
	(차) 외상매출금	×××	(대) 상품매출(또는 제품매출)	×××
외상매출금 회수 시	• 외상매출금을 회수하게 되면 외상매출금계정 대변으로 회계처리			
	(차) 현금	×××	(대) 외상매출금	×××

2 받을어음

약속어음은 발행인(채무자)이 수취인(채권자)에게 자기의 채무를 갚기 위하여 일정한 금액(외상대금)을 약정기일(만기일)에 약정한 장소(은행)에서 지급할 것을 약속한 증권이다. 상품이나 제품을 매출하고 대금을 약속어음으로 받으면 받을어음으로 처리한다.

구분	내용			
보관	• 상품이나 제품을 매출하고 약속어음을 수령하면 받을어음계정 차변으로 회계처리			
	(차) 받을어음	×××	(대) 상품매출(제품매출)	×××
만기 (추심)	• 받을어음의 만기가 도래하면 거래은행에 어음대금을 받아 줄 것을 의뢰(추심의뢰) • 어음대금을 받게 되면(추심) 받을어음계정 대변으로 회계처리 • 추심관련 수수료는 당기비용(판매비와관리비)으로 처리			
	(차) 당좌예금 수수료비용(판비와일반관리비)	××× ×××	(대) 받을어음	×××
배서 양도	• 받을어음 뒷면에 배서하고 양도하면 받을어음계정 대변으로 회계처리			
	(차) 외상매입금	×××	(대) 받을어음	×××
할인 (매각거래)	• 받을어음의 만기가 되기 전에 은행에 배서양도하고 자금을 조달하는 것 • 할인료는 매출채권처분손실로 처리하고 받을어음계정 대변으로 회계처리			
	(차) 당좌예금 매출채권처분손실	××× ×××	(대) 받을어음	×××
부도	• 받을어음의 만기가 되기 전에 거래처의 부도가 확정된 경우			
	(차) 부도어음과수표	×××	(대) 받을어음	×××

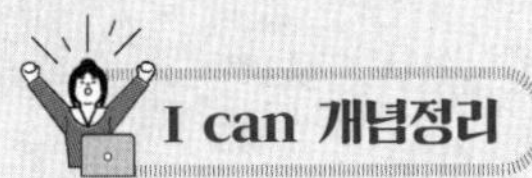

받을어음 회계처리 예제

<table>
<tr><th colspan="2">거래내용</th><th>차 변</th><th>대 변</th></tr>
<tr><td colspan="2">거래처로부터 물품대금으로 받은 약속어음 1,000,000원을 만기일에 은행에 추심의뢰하고, 추심수수료 20,000원을 현금으로 지급하다.</td><td>수수료비용 20,000원</td><td>현금 20,000원</td></tr>
<tr><td colspan="2">거래처로부터 물품대금으로 받은 약속어음 1,000,000원을 만기일에 은행에 추심의뢰하여, 추심수수료 20,000원 제외한 금액이 보통예금 통장에 입금되었다.</td><td>수수료비용 20,000원
보통예금 980,000원</td><td>받을어음 1,000,000원</td></tr>
<tr><td colspan="2">울산상사에 상품 800,000원을 매입하고 대금은 부산상사로부터 받은 약속어음을 배서양도하였다.</td><td>상품 800,000원</td><td>받을어음 800,000원</td></tr>
<tr><td rowspan="2">물품대금으로 받은 약속어음(2,000,000원)을 만기일 전에 거래은행에서 할인받고, 할인료 100,000원을 제외한 금액이 보통예금 통장으로 이체되었다.</td><td>매각
거래</td><td>매출채권처분손실 100,000원
보통예금 1,900,000원</td><td>받을어음 2,000,000원</td></tr>
<tr><td>차입
거래</td><td>이자비용 100,000원
보통예금 1,900,000원</td><td>단기차입금 2,000,000원</td></tr>
<tr><td colspan="2">소유 중인 받을어음 800,000원이 만기되어 은행에 추심의뢰 하였으나 지급거절로 인해 부도처리되어, 발행인에게 상환청구 하였으며, 지급거절증서 작성비용 30,000원을 현금으로 지급하였다.</td><td>부도어음 830,000원</td><td>받을어음 800,000원
현금 30,000원</td></tr>
<tr><td colspan="2">전기에 부도처리한 약속어음에 대해 법정이자 20,000과 함께 850,000원을 보통예금 통장으로 수취하였다.</td><td>보통예금 850,000원</td><td>부도어음 830,000원
이자수익 20,000원</td></tr>
</table>

참고 일반적인 상거래 이외의 거래에서 발생하는 외상거래 혹은 약속어음 관련 거래는 외상매출금·받을어음 계정 대신 미수금 계정으로, 외상매입금·지급어음 대신 미지급금 계정으로 처리 하여야 한다.

3 매출채권의 대손

대손이란 외상매출금, 받을어음 등의 채권을 거래처의 파산 등의 이유로 인해 회수하지 못하게 되는 상황을 의미한다. 기업이 채권의 가치를 정확하게 인식하기 위해서는 대손예상금액을 채권에서 차감하는 절차가 필요하며 대손상각비라는 계정을 통해 비용처리 하고, 대손충당금 계정으로 채권에서 차감하는 형식으로 표시한다.

- 매출채권(외상매출금 및 받을어음)이 대손되는 경우: 대손상각비(판매관리비)
- 매출채권 이외의 채권(대여금, 미수금, 선급금 등)이 대손되는 경우: 기타의 대손상각비(영업외비용)

대손충당금은 채권의 차감적 평가계정으로 재무상태표에 표시되며, 외상매출금이 40,000,000원이고 외상매출금 중 회수하지 못할 것으로 예상되는 대손충당금이 400,000원인 경우 외상매출금의 실질적인 회수가능액은 39,600,000원이다.

재 무 상 태 표

㈜ I can (단위: 원)

과 목	제 ×× 기 (20××.12.31.)	
자 산		
⋮		
외상매출금	40,000,000	
대손충당금	400,000	39,600,000

1. 결산시 대손충당금 설정

대손충당금은 일반적으로 채권 잔액비율법(보충법)을 주로 사용하며, 기말 결산시 재무상태표의 채권 잔액에 대손추정률을 곱하여 산출하고, 대손충당금 잔액을 차감후 처리한다.

대손충당금 설정액 = 기말채권잔액 × 대손추정률 − 대손충당금잔액

- 대손추산액이 대손충당금 잔액보다 큰 경우 (대손추산액 〉 결산시 대손충당금잔액)

차 변	대손상각비	×××	대 변	대손충당금	×××

- 대손추산액이 대손충당금 잔액보다 작은 경우 (대손추산액 〈 결산시 대손충당금잔액)

차 변	대손충당금	×××	대 변	대손충당금환입	×××

참고 대손충당금환입 계정은 판매비와관리비의 부(−)의 금액으로 표시한다.

2. 매출채권의 대손발생시

기업이 채권을 회수하기 위한 노력을 게을리 하지 않았음에도 불구하고 거래처의 파산 등의 이유로 인해 채권이 회수할수 없는 상황을 대손의 확정이라고 하며, 대손이 확정되면 기업은 결산시 설정해놓은 대손충당금을 우선 상계시키고 부족한 금액은 대손상각비 계정을 통해 비용으로 처리한다.

• 매출채권 500,000원이 대손발생 (대손충당금 잔액 200,000원이 있는 경우)

차 변			대 변		
	대손충당금	200,000원		매출채권	500,000원
	대손상각비	300,000원			

• 매출채권 500,000원이 대손발생 (대손충당금 잔액이 없는 경우)

차 변			대 변		
	대손상각비	500,000원		매출채권	500,000원

참고 매출채권에 대한 대손금은 대손상각비(판매관리비)로 처리하지만, 매출채권 이외의 채권(미수금, 대여금, 선급금 등)에 대한 대손금은 기타의 대손상각비(영업외비용)로 처리한다.

3. 대손이 확정된 채권의 회수

기업이 채권을 회수할 수 없다고 판단하여 대손을 확정하는 회계처리를 하였으나, 향후 해당 채권이 회수되는 경우가 있다. 이 경우 대손처리 하였던 거래를 취소시키기 위한 분개가 필요하며, 당기에 발생하였던 대손금을 회수하는 경우에는 당기 대손발생 분개의 취소분개를 하여야 하지만, 전기 이전에 대손처리 하였던 대손금을 회수하는 경우에는 대손발생시의 분개와는 무관하게 대손충당금을 증가시키는 회계처리를 하여야 한다.

• 매출채권 500,000원이 대손발생 (대손충당금 잔액 300,000원이 있는 경우)

차 변			대 변		
	대손충당금	300,000원		매출채권	500,000원
	대손상각비	200,000원			

• 당기에 대손처리한 상기 대손금중 400,000원을 전액 현금으로 회수

차 변			대 변		
	현금	400,000원		대손상각비	200,000원
				대손충당금	200,000원

• 전기에 대손처리한 대손금 400,000원을 전액 현금으로 회수

차 변			대 변		
	현금	400,000원		대손충당금	400,000원

참고 당기에 대손처리한 대손금을 회수하는 경우는 대손발생 분개의 역순으로 처리하며, 전기 이전에 대손처리한 대손금을 회수하는 경우는 대손충당금으로 처리하여야 한다.

I CAN 기출문제

전기에 거래처의 부도로 대손처리한 외상매출금 250,000원을 현금으로 회수한 경우의 회계처리는?

① (차) 현금	250,000원	(대) 대손상각비	250,000원
② (차) 현금	250,000원	(대) 대손충당금	250,000원
③ (차) 현금	250,000원	(대) 외상매출금	250,000원
④ (차) 대손상각비	250,000원	(대) 대손충당금	250,000원

정답풀이

② 전기 이전에 대손처리한 대손금을 회수하는 경우, 대손충당금 계정으로 처리한다.

I CAN 기출문제

매출채권에 대한 대손금 회계처리에 대한 다음 설명중 올바르지 않는 것은?

① 대손예상액은 기말 매출채권잔액에 대손추정률을 곱하여 산정한다.
② 모든 채권에서 발생된 대손처리 비용은 판매비와관리비로 처리한다.
③ 대손 발생시 대손충당금 잔액이 있으면 먼저 상계 하여야 한다.
④ 대손충당금은 매출채권의 평가성 항목으로 매출채권에서 차감하는 형식으로 표기한다.

정답풀이

② 매출채권 이외의 채권은 영업외비용으로 처리한다.

I can 분개 채권의 대손

다음의 연속된 거래를 분개하시오. 단, 매년 결산시 대손 추정률은 1% 이다.

20×1.12.31. 외상매출금 잔액은 10,000,000원이고, 외상매출금에 대한 대손충당금 잔액은 50,000원이다. 받을어음 잔액은 20,000,000원이고, 받을어음에 대한 대손충당금 잔액은 300,000원이다.
20×2.05.10. 외상매출금 150,000원이 대손 확정되었다.
20×2.06.10. 받을어음 150,000원이 대손 확정되었다.
20×2.12.31. 외상매출금과 받을어음 잔액은 15,000,000원, 18,000,000원이다.
20×3.03.10. 전기에 대손 처리한 외상매출금 5,000원이 회수되었다.

답안

일자	분개
20×1.12.31.	• 외상매출금 대손설정(10,000,000원 × 1% - 결산전 대손충당금잔액 50,000원) (차) 대손상각비 50,000원 (대) 대손충당금(외상) 50,000원 • 받을어음 대손설정(20,000,000원 × 1% - 결산전 대손충당금잔액 300,000원) (차) 대손충당금(받을) 100,000원 (대) 대손충당금환입 100,000원 참고 결산후 외상매출금의 대손충당금 잔액: 100,000원 결산후 받을어음의 대손충당금 잔액: 200,000원
20×2.05.10.	(차) 대손충당금(외상) 100,000원 (대) 외상매출금 150,000원 대손상각비 50,000원
20×2.06.10.	(차) 대손충당금(받을) 150,000원 (대) 받을어음 150,000원
20×2.12.31.	• 외상매출금 대손설정(15,000,000원 × 1% - 결산전 대손충당금잔액 0원) (차) 대손상각비 150,000원 (대) 대손충당금(외상) 150,000원 • 받을어음 대손설정(18,000,000원 × 1% - 결산전 대손충당금잔액 50,000원) (차) 대손상각비 130,000원 (대) 대손충당금(받을) 130,000원
20×3.03.10.	(차) 현금 5,000원 (대) 대손충당금(외상) 5,000원

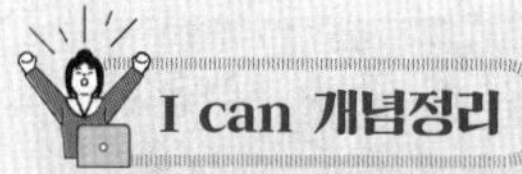

기말잔액비율법에 의한 대손충당금 설정

기말잔액비율법(보충법)은 매출채권의 잔액에 대하여 대손률을 적용하여 대손추산액을 계산하는 방법이다. 결산일의 합계잔액시산표가 아래와 같고, 당기말 매출채권(외상매출금, 받을어음)의 잔액에 대하여 1%를 보충법으로 설정하는 경우의 회계처리는 다음과 같다.

차 변		계정과목	대 변	
잔액	합계		합계	잔액
33,400,000	611,150,000	외 상 매 출 금	577,750,000	
		대 손 충 당 금	126,000	126,000
10,100,000	40,600,000	받 을 어 음	30,500,000	
		대 손 충 당 금	30,000	30,000

※ 외상매출금의 대손충당금: 33,400,000원 × 1% - 126,000원 = 208,000원
※ 받을어음의 대손충당금: 10,100,000원 × 1% - 30,000원 = 71,000원
※ 결산시 회계처리:

차 변	대손상각비	279,000원	대 변	대손충당금(외상매출금) 대손충당금(받을어음)	208,000원 71,000원

연령분석법에 의한 대손충당금 설정

연령분석법은 각각의 매출채권을 경과일수에 따라 몇 개의 집단으로 분류하여 연령분석표를 만들고, 각각의 집단에 대한 과거 경험률 등에 대한 별도의 대손추정률을 적용하여 대손충당금을 계상하는 방법이다.

경과일수	매출채권잔액	추정 대손율	대손충당금 계상액
1일~30일	20,000,000원	1%	20,000,000원 × 1% = 200,000원
31일~60일	10,000,000원	5%	10,000,000원 × 5% = 500,000원
61일~180일	8,000,000원	10%	8,000,000원 ×10% = 800,000원
181일 이상	7,000,000원	30%	7,000,000원 ×30% = 2,100,000원
계	45,000,000원		3,600,000원

I can 실전문제(매출채권과 대손)

※ I can 실전문제에 수록된 문제들은 모두 전산세무 2급 시험에 다수 출제되었던 유형입니다.

01 **다음 결산 시 매출채권에 대한 대손충당금을 계산하는 예로 틀린 것은?**

	결산전 대손충당금잔액	기말 매출채권잔액 (대손율 1%)	회계처리의 일부
①	10,000원	100,000원	(대) 대손충당금환입 9,000원
②	10,000원	1,000,000원	회계처리 없음
③	10,000원	1,100,000원	(차) 대손상각비 1,000원
④	10,000원	1,100,000원	(차) 기타의대손상각비 1,000원

02 **(주)회계로부터 받은 약속어음 10,000,000원을 9,500,000원에 할인 받고자 한다. 다음의 설명 중 틀린 것은?(단, 단기차입금과 장기차입금을 구분하지 않고 차입금으로 인식한다고 가정)**

① 해당 거래가 매각거래로 분류될 경우 매출채권처분손실을 인식할 것이다.
② 해당 거래가 차입거래로 분류될 경우 이자비용을 인식할 것이다.
③ 해당 거래가 차입거래로 분류될 경우 차입금 계정은 10,000,000원 증가할 것이다.
④ 해당 거래가 매각거래로 분류될 경우 받을어음 계정은 변동이 없을 것이다.

03 **다음 중 대손금 회계처리에 대한 설명으로 틀린 것은?**

① 모든 채권에서 발생된 대손처리 비용은 판매비와 관리비로 처리한다.
② 매출채권잔액기준법에 의한 대손예상금액은 기말 매출채권 잔액에 대손추정률을 곱하여 산정한다.
③ 전기에 대손된 채권을 회수하는 경우에는 대손충당금을 회복시킨다.
④ 대손발생시 대손충당금 잔액이 있으면 먼저 대손충당금과 상계한다.

04 **아래 자료에 의하여 손익계산서에 계상할 대손상각비를 계산하면 얼마인가?**

- 기초 대손충당금 잔액: 500,000원
- 7월 15일에 매출채권 회수불능으로 대손처리액: 700,000원
- 9월 30일에 당기 이전에 대손처리된 매출채권 현금회수액: 1,000,000원
- 기말 매출채권 잔액: 100,000,000원
- 대손충당금은 기말 매출채권 잔액의 2%로 한다.(보충법)

① 500,000원 ② 700,000원
③ 1,000,000원 ④ 1,200,000원

05 **다음은 대손충당금과 관련된 내용이다. 거래내용을 확인한 후 당기 대손충당금으로 설정한 금액은 얼마인가?**

가. 기초 매출채권 잔액은 500,000원이고 대손충당금 잔액은 50,000원이다.
나. 당기 외상매출금 중에 20,000원이 대손확정되었다.
다. 전기 대손처리한 매출채권 중 30,000원이 회수되었다.
라. 당기말 대손충당금 잔액은 100,000원이다.

① 20,000원 ② 30,000원
③ 40,000원 ④ 50,000원

06 **12월 1일에 ㈜서울에 대한 외상매출금 1,000,000원에 대하여 ㈜서울의 파산으로 대손처리하였다. 대손처리 전에 외상매출금 및 대손충당금의 잔액이 다음과 같을 때 다음 설명 중 틀린 것은?**

외상매출금에 설정된 대손충당금 1,000,000원

① 대손처리 후의 외상매출금의 총액은 1,000,000원이 감소된다.
② 12월 1일의 회계처리에서는 일정한 비용이 인식된다.
③ 대손처리 후의 대손충당금의 잔액은 1,000,000원이 감소된다.
④ 대손처리 후의 외상매출금의 회수가능액은 변동이 없다.

07 **다음 매출채권에 대한 설명 중 잘못된 것은?**

① 회수가 불확실한 매출채권에 대하여 합리적이고 객관적인 기준에 따라 산출한 대손추산액을 대손충당금으로 설정한다.
② 매출채권 등의 이전거래가 차입거래에 해당하면 처분손익을 인식하여야 한다.
③ 대손추산액에서 대손충당금잔액을 차감한 금액을 대손상각비로 계상한다.
④ 회수가 불가능한 채권은 대손충당금과 상계하고 대손충당금이 부족한 경우에는 그 부족액을 대손상각비로 처리한다.

08 **매출채권의 대손충당금을 과다설정한 것이 재무제표에 미치는 영향으로 잘못된 것은?**

① 비용의 과대계상
② 자산의 과대계상
③ 당기순이익의 과소계상
④ 이익잉여금의 과소계상

09 **유형자산 처분에 따른 미수금 기말잔액 45,000,000원에 대하여 2%의 대손충당금을 설정하려 한다. 기초 대손충당금 400,000원이 있었고 당기 중 320,000원 대손이 발생되었다면 보충법에 의하여 기말 대손충당금 설정 분개로 올바른 것은?**

	차변	금액	대변	금액
①	(차) 대손상각비	820,000원	(대) 대손충당금	820,000원
②	(차) 기타의 대손상각비	820,000원	(대) 대손충당금	820,000원
③	(차) 대손상각비	900,000원	(대) 대손충당금	900,000원
④	(차) 기타의 대손상각비	900,000원	(대) 대손충당금	900,000원

4 기타의 당좌자산

유동자산에 포함되는 당좌자산은 앞에서 살펴본 자산 이외에 단기대여금, 임직원등단기채권, 미수금, 선급금, 가지급금, 가수금, 선급비용, 미수수익, 선납세금 등이 있다.

1. 단기대여금

회수기간이 1년 이내에 상환받기로 하고 자금을 대여한 경우 단기대여금으로 처리하며, 보고기간 종료일로부터 1년 이후에 상환받는 대여금은 장기대여금으로 처리한다.

- 거래처의 요청으로 5,000,000원을 3년만기(이율 연 5%)로 대여하기로 하고, 보통예금 계좌에서 이체하였다.

차 변	장기대여금	5,000,000원	대 변	보통예금	5,000,000원

- 거래처의 요청으로 2,000,000원을 1년만기(이율 연 5%)로 대여하기로 하고, 보통예금 계좌에서 이체하였다.

차 변	단기대여금	2,000,000원	대 변	보통예금	2,000,000원

- 단기대여금 2,000,000원과 이자 10,000원이 보통예금 계좌에 입금되었다.

차 변	보통예금	2,010,000원	대 변	단기대여금 이자수익	2,000,000원 10,000원

2. 미수금

주요 상거래인 상품매출, 제품매출 이외의 외상거래(비품, 기계장치 등의 매각)에서 대금을 나중에 받기로 하면 미수금으로 처리한다.

- 사무실 에어컨을 2,000,000원에 매각하고 대금은 외상으로 하였다.

차 변	미수금	2,000,000원	대 변	비품	2,000,000원

참고 상품과 제품 등 재고자산을 외상으로 매출하는 경우는 외상매출금으로 처리한다.

- 외상으로 매각한 사무실 에어컨 대금 2,000,000원을 현금으로 수령하였다.

차 변	현금	2,000,000원	대 변	미수금	2,000,000원

3. 선급금

선급금은 계약금 성격으로 대금의 일부를 미리 지급하는 경우에 처리하며, 지급한 대금만큼 자산을 청구할 권리가 발생하므로 자산계정에 해당한다.

• 원재료 500,000원을 주문하고, 계약금 10%를 현금으로 지급하였다.

차 변	선급금	50,000원	대 변	현금	50,000원

• 주문한 원재료 500,000원을 납품받고, 계약금 10%를 제외한 잔액은 외상으로 하였다.

차 변	원재료	500,000원	대 변	선급금 외상매입금	50,000원 450,000원

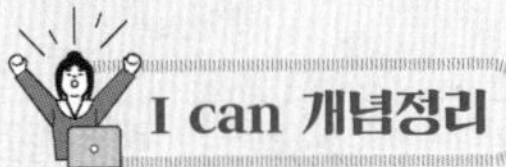

선급금과 선수금

매입거래시에 계약금을 먼저 지급하는 경우 선급금 계정을 사용하며, 매출거래시에 계약금을 먼저 수령하는 경우 선수금 계정을 사용한다.

구 분	매입할 때 지급하는 계약금	매출할 때 받는 계약금
계약 시	선급금(자산)	선수금(부채)
거래 시	원재료 등 매입 계정에 대체	제품매출 등 매출계정에 대체

※ 선급금은 지급시 추후 자산 등을 받을 권리가 발생하므로 자산계정에 해당한다.
※ 선수금은 수령시 추후 자산 등을 지급할 의무가 발생하므로 부채계정에 해당한다.

4. 가지급금

가지급금은 출장비 지급 등으로 인하여 현금 등이 지급되었으나, 구체적인 사용내역을 모르는 경우에 사용하며, 가지급금은 임시 계정이므로 재무제표에 표시될 수 없는 가계정이다.

• 종업원에게 지방출장을 명하고 출장여비 300,000원을 현금으로 지급하였다.

차 변	가지급금	300,000원	대 변	현금	300,000원

• 종업원의 출장여비 220,000원을 정산하고, 잔액 80,000원은 현금으로 수령하였다.

차 변	여비교통비 현금	220,000원 80,000원	대 변	가지급금	300,000원

참고 교통비, 숙박비, 식대 등의 출장여비는 여비교통비 계정으로 처리한다.

• 종업원의 출장여비 340,000원을 정산하고, 부족액 40,000원은 현금으로 지급하였다.

차 변	여비교통비	340,000원	대 변	가지급금 현금	300,000원 40,000원

5. 선급비용

선급비용은 당기에 이미 지급한 비용 중에서 차기에 속하는 부분을 계산하여 차기로 이연시키기 위하여 처리하는 자산계정이며, 차변에는 '선급비용(자산)'으로, 대변에는 당기의 비용에서 차감하는 비용계정과목으로 처리한다.

• 1년분 임차료(기간: X1.10.01.~X2.09.30.) 1,200,000원을 현금으로 지급하였다.

차 변	임차료	1,200,000원	대 변	현금	1,200,000원

• 결산시(12/31) 임차료 선급분을 정리하다.

차 변	선급비용	900,000원	대 변	임차료	900,000원

※ 차기분 임차료 9개월분: 1,200,000원 × (9/12) = 900,000원

6. 미수수익

미수수익은 당기에 속하는 수익이지만 결산시 까지 수령하지 못한 금액을 의미하는 부채 계정이며, 차변에는 '미수수익(자산)'으로, 대변에는 당기에 인식할 수익계정과목으로 처리한다.

• 결산 시 단기대여금에 대한 당기 귀속분 미수이자 50,000원을 계상하였다.

차 변	미수수익	50,000원	대 변	이자수익	50,000원

• 단기대여금에 대한 이자 100,000원(전기 미수분 50,000원 포함)을 현금으로 수령하였다.

차 변	현금	100,000원	대 변	미수수익 이자수익	50,000원 50,000원

7. 선납세금

선납세금은 법인세중간예납 또는 원천세납부 등의 이유로 회계연도 중에 법인세의 일부를 미리 납부하는 경우에 사용하는 자산 계정이며, 법인세 납부시 법인세비용과 상계된다.

- 예금계좌에 이자가 300,000원 발생하였으며, 원천징수액 42,000원을 제외한 잔액이 보통 예금 계좌에 입금되었다.(단, 원천징수액은 자산 계정으로 처리한다.)

차 변			대 변		
	선납세금	42,000원		이자수익	300,000원
	보통예금	258,000원			

- 결산일(12/31) 기준 당기 법인세 추산액은 500,000원 이다.(단, 선납세금으로 계상된 원천 납부세액 42,000원이 있다.)

차 변			대 변		
	법인세등	500,000원		선납세금	42,000원
				미지급세금	458,000원

8. 임직원등단기채권

주주, 임원, 종업원에게 급여 지급시 공제하기로 하고, 자금을 대여(가불)해준 회수기간이 1년 이내인 금품을 말하며, 종업원 가불금 혹은 주.임.종 단기채권으로 표현되기도 한다.

05 재고자산

1 재고자산의 이해

재고자산은 정상적인 영업활동 과정에서 판매를 위하여 보유하거나 생산 중에 있는 자산 및 생산 또는 서비스 제공 과정에 투입될 원재료나 소모품 등을 의미하며, 재고자산의 종류는 다음과 같다.

상 품	완성품을 외부에서 구입하여 추가 가공 없이 재판매하는 것을 말한다.
제 품	판매를 목적으로 원재료, 노무비, 경비를 투입하여 완성된 것을 말한다.
반제품	현재 상태로 판매 가능한 재공품을 말한다.
재공품	제품이 완성되기 전의 상태인 제조과정 중에 있는 재고자산을 말한다.
원재료	제품 생산과정이나 서비스를 제공하는데 투입되는 원료 및 재료를 말한다.
미착품	상품이나 원재료 등을 주문하였으나 아직 회사에 입고되지 않은 것을 말한다.
소모품	소모성 물품 중 아직 사용하지 않은 자산상태의 소모품을 말한다.

참고 상품매매기업은 상품, 미착상품이 주요 재고자산이며, 제조기업은 원재료, 미착원재료, 재공품, 반제품, 제품이 주요재고자산이다. 부동산매매업을 주업으로 하는 기업이 보유하고 있는 부동산은 판매를 목적으로 하므로 재고자산이다.

건물 구입시 발생할 수 있는 계정과목의 종류

- 기업이 영업에 사용할 목적으로 구입한 건물 ⇨ 건물(유형자산)
- 일반기업이 투자를 목적으로 구입한 건물 ⇨ 투자부동산(투자자산)
- 주업종코드가 부동산매매업인 기업이 판매를 목적으로 구입한 건물 ⇨ 상품(재고자산)

I CAN 기출문제

다음 중 재고자산에 대한 설명으로 틀린 것은?

① 기업의 경우 판매를 목적으로 소유하고 있는 상품
② 제조기업의 경우 제품 생산을 위해 소유하고 있는 원료, 재료, 제품, 재공품
③ 부동산매매업의 경우 판매 목적으로 소유하고 있는 토지, 건물 등
④ 부동산임대업의 경우 소유하고 있는 토지, 건물.

정답풀이

④ 부동산임대업에서 임대목적으로 소유한 부동산은 판매목적에 해당하지 않으므로, 재고자산이 아니다.

2 재고자산의 취득원가

재고자산의 취득원가는 매입금액에 매입부대비용을 합한 총매입액에서 매입할인·매입에누리·매입환출은 차감한 잔액을 순매입액이라 한다.

취득원가 = 매입금액 + 매입부대비용 - 매입할인 - 매입에누리 - 매입환출

1. 재고자산의 매입

재고자산 매입대금 및 매입과 관련하여 지불한 운반비, 매입수수료, 하역비, 보험료, 취득세, 등록세 등의 구입 부대비용을 모두 자산의 취득원가에 포함한다.

차 변	재고자산(상품, 원재료 등)	×××	대 변	외상매입금(또는 현금)	×××

참고 재고자산 구입 시 발생하는 운반비 등은 재고자산의 취득원가에 가산하지만, 재고자산의 매출 시 발생하는 운반비 등은 별도 비용계정으로 처리한다.

2. 매입에누리와 환출

매입에누리는 매입한 재고자산 중 파손이나 이상이 있는 자산에 대해 가격을 인하받는 것을 말하며, 매입환출은 매입한 재고자산 중 파손이나 이상이 있는 자산을 반품하는 것을 말한다.

차 변	외상매입금(또는 현금)	×××	대 변	매입환출및에누리 (자산 차감계정)	×××

3. 매입할인

재고자산의 구매자가 판매대금을 정해진 일자보다 조기에 지급하는 경우, 약정에 의해 일정금액을 할인받는 것을 말한다.

차 변	외상매입금(또는 현금)	×××	대 변	매입할인(자산 차감계정)	×××

I CAN 기출문제

다음 중 재고자산의 원가에 대한 설명으로 옳지 않은 것은?

① 매입원가는 매입금액에 취득과정에서 정상적으로 발생한 부대비용을 가산한 금액이다.
② 제조원가는 보고기간 종료일까지 제조과정에서 발생한 직접재료비, 직접노무비, 제조와 관련된 변동제조간접비 및 고정제조간접비의 체계적인 배부액을 포함한다.
③ 매입원가에서 매입과 관련된 에누리는 차감하나 할인은 차감하지 않는다.
④ 제조원가 중 비정상적으로 낭비된 부분은 원가에 포함될 수 없다.

정답풀이

③ 재고자산의 매입원가는 매입금액에 매입운임, 하역료 및 보험료 등 취득과정에서 정상적으로 발생한 부대원가를 가산한 금액이다. 매입과 관련된 할인, 에누리 및 기타 유사한 항목은 매입원가에서 차감한다.

I CAN 기출문제

다음 중 재고자산의 취득원가에 포함되지 않는 것은?

① 자산의 취득과정에서 정상적으로 발생한 운송비 및 하역료
② 제품의 제조과정에서 직접적으로 발생한 직접재료비 및 직접노무비
③ 추가 생산단계에 투입하기 전에 보관이 필요한 경우 외의 보관비용
④ 자산의 수입과 관련된 수입관세

정답풀이

③ 추가 생산단계에 투입하기 전에 보관이 필요한 경우 외의 보관비용은 재고자산원가에 포함할 수 없으며, 발생기간의 비용으로 인식하여야 한다.

3 재고자산의 포함여부 판단

기말 결산시점에 기업의 재고자산 포함여부를 판단하여 금액을 보고하여야 한다.

1. 미착품

매입하였으나 운송 중에 있어 아직 도착하지 않은 자산으로, 판매조건에 따라 재고자산의 귀속 시점이 달라질 수 있다.

선적지 인도조건	선적하는 시점에 매입자의 재고자산이므로, 기말 결산시점에 선적이 완료되었으면 매입자의 재고자산으로 본다.
도착지 인도조건	도착하는 시점에 매입자의 재고자산이므로 기말 결산시점에 도착이 완료되었으면 매입자의 재고자산으로, 아직 운송 중이라면 판매자의 재고자산으로 본다.

운반 중(미착상품)

선적지 인도조건: 구매자의 재고자산
도착지 인도조건: 판매자의 재고자산

2. 위탁상품(적송품)

판매를 위탁하여 수탁자에게 적송한 재고자산으로 수탁자가 판매하기 전까지는 위탁자의 재고자산으로 보며, 수탁자의 판매시 위탁자의 수익으로 인식하게 된다.

3. 시송품

시용매출로 매입자에게 인도한 재고자산으로, 매입자가 구입의사 표시를 하기 전까지는 판매자의 재고자산으로 본다.

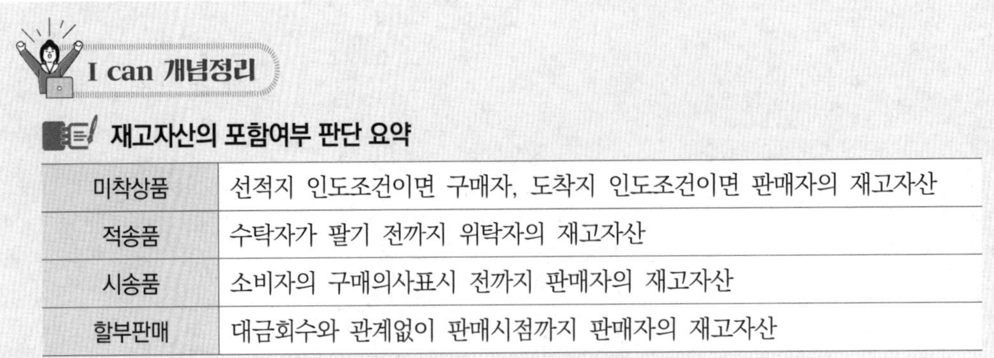

재고자산의 포함여부 판단 요약

미착상품	선적지 인도조건이면 구매자, 도착지 인도조건이면 판매자의 재고자산
적송품	수탁자가 팔기 전까지 위탁자의 재고자산
시송품	소비자의 구매의사표시 전까지 판매자의 재고자산
할부판매	대금회수와 관계없이 판매시점까지 판매자의 재고자산

I CAN 기출문제

다음은 기말재고자산에 포함될 항목의 결정에 대한 설명이다. 가장 올바르지 않는 것은?

① 적송품은 수탁자가 판매한 경우 위탁자의 재고자산에서 제외한다.
② 시송품은 매입자가 매입의사표시를 하면 판매자의 재고자산에서 제외한다.
③ 할부판매상품은 인도기준으로 매출을 인식하므로 대금회수와 관계없이 인도시점에서 판매자의 재고자산에서 제외한다.
④ 도착지인 도조건인 경우 도착시점에서 판매자의 재고자산에 포함한다.

정답풀이

④ 미착품이 도착지 인도조건인 경우, 도착시점에 매입자의 재고자산에 포함한다.

4 기말 재고자산의 평가

1. 수량결정방법

상품이나 제품 등 재고자산은 판매 또는 매입 등이 빈번하게 발생하므로 정확한 재고를 파악하기 어렵다. 따라서 입고와 출고를 계속 기록할 것인지, 아니면 기말에 실사를 할 것인지에 따라서 계속기록법·실지재고조사법·혼합법에 의해서 수량을 파악한다.

계속기록법	• 상품의 입고, 출고를 모두 기록하여 장부에 의하여 수량을 파악한다.
실지재고조사법	• 상품의 입고만 기록하고 출고는 기록하지 않는다. • 입고란에 기록된 수량에서 직접 조사한 상품의 실제 수량을 차감하여 판매된 수량을 파악한다.
혼합법	• 계속기록법과 실지재고조사법을 병행하여 파악한다. • 장부상 수량과 실제 수량의 차이인 감모손실을 파악할 수 있다.

I can 개념정리

계속기록법과 실지재고조사법의 비교

구 분	계속기록법	실지재고조사법
장 점	• 장부상 재고수량 파악 용이	• 실제 재고수량을 알 수 있음
단 점	• 실제 재고수량 파악 불가 • 감모수량이 기말재고에 포함됨	• 기중에 재고수량 파악 불가 • 감모수량이 매출원가에 포함됨

2. 단가결정방법

상품을 매입할 때마다 단가가 계속하여 변동하는 경우가 대부분이므로, 판매되는 재고자산의 단가흐름을 어떻게 가정할 것인지를 결정하여야 하며, 재고자산의 성격에 따라 개별법, 선입선출법, 후입선출법, 평균법 등을 적용하게 되는데, 현재의 재고수량과 금액을 장부상으로 항상 확인할 수 있도록 상품을 매입매출할 때마다 종류별로 기입하는 보조원장을 상품재고장이라 한다.

구분	내용
개별법	• 개별 상품 각각에 단가표를 붙여서 개별적 단가를 결정 ✓ 장점: 실제 물량의 흐름과 동일하여 가장 정확 수익비용대응의 원칙에 가장 가까운 방법 ✓ 단점: 거래가 많을 경우 적용하기 어려움
선입선출법 (FIFO)	• 먼저 입고된 상품을 먼저 출고한다는 가정 하에 출고단가를 결정 ✓ 장점: 일반적으로 실제 물량의 흐름과 일치 재고자산금액이 현재의 공정가치를 나타냄 ✓ 단점: 현재 수익과 과거 원가가 대응하여 수익비용대응의 원칙에 부적합 물가상승 시 이익이 과대가 되어 법인세 부담이 큼
후입선출법 (LIFO)	• 나중에 입고된 상품을 먼저 출고한다는 가정 하에 출고단가를 결정 ✓ 장점: 현재 수익에 현재 원가가 대응되어 수익비용대응의 원칙에 부합 ✓ 단점: 일반적으로 실제 물량의 흐름과 동일하지 않음 재고자산금액이 현재의 공정가치를 나타내지 못함
이동평균법	• 매입할 때마다 이동평균단가를 구하여 이동평균단가로 출고 단가를 결정 ✓ 장점: 변동하는 화폐가치를 단가에 반영함 ✓ 단점: 매입이 자주 발생하는 경우 매번 새로운 단가를 계산해야 함
총평균법	• 기말에 총 입고금액을 총 입고수량으로 나누어 총 평균단가로 출고단가 결정 ✓ 장점: 가장 간편하고 이익조작의 가능성이 낮음 ✓ 단점: 기초재고가 기말재고의 단가에 영향을 줌

참고 총평균법과 이동평균법을 합해서 가중평균법이라고도 한다.

I CAN 기출문제

다음 재고자산의 원가흐름에 대한 설명 중 올바르지 않은 것은?

① 일반적으로 선입선출법은 후입선출법보다 수익·비용 대응이 적절하다.
② 이동평균법은 상품을 구매할 때마다 가중평균단가를 계산하여 기말재고액을 결정하는 방법이다.
③ 후입선출법은 재무상태표보다는 손익계산서에 충실한 방법이다.
④ 개별법은 실제 물량의 원가 대응에 충실한 방법이다.

정답풀이

① 선입선출법은 매출은 최근 단가이고 매출원가는 과거의 원가이므로 수익비용대응이 적절하지 않다.

재고자산의 평가 = 수량 × 단가

[수량 파악방법]

- 계속기록법: 입고와 출고 모두 기록
- 실지재고조사법: 입고만 기록하고 재고는 실지조사
- 혼합법: 계속기록법과 실지재고조사법을 병행하는 방법

×

[단가 산정방법]

- 개별법: 각각 가격표 붙여 개별산정
- 선입선출법: 먼저 입고된 상품 먼저 출고
- 후입선출법: 나중 입고된 상품 먼저 출고
- 가중평균법
  - 이동평균법: 구입시마다 평균단가 산정
  - 총평균법: 구입한 총액의 평균단가 산정

재고자산의 소매재고법

대형마트 및 백화점 등 대량의 재고자산을 유통하는 업종의 경우에는 물량의 흐름을 파악하기 어렵다. 따라서 매출가격에 원가율을 곱해서 기말재고금액을 추정하는 방법을 사용하는데 이를 소매재고법 또는 매출가격환원법이라고 한다.

기말 재고자산의 평가 중 인플레이션(물가상승)시 인식되는 금액비교

- 기말재고액: 선입선출법 > 이동평균법 ≥ 총평균법 > 후입선출법
- 매출원가: 선입선출법 < 이동평균법 ≤ 총평균법 < 후입선출법
- 매출총이익: 선입선출법 > 이동평균법 ≥ 총평균법 > 후입선출법

※ 기말재고액이 과다계상될 경우 매출원가가 과소계상되어 매출총이익이 과다계상 된다.
※ 기말재고액이 과소계상될 경우 매출원가가 과다계상되어 매출총이익이 과소계상 된다.

I CAN 기출문제

다음 중 계속적으로 물가가 상승하고, 기말상품재고량은 기초상품재고량 보다 증가한 상황일 때 미치는 영향으로 옳지 않은 것은?

① 매출원가는 선입선출법이 총평균법보다 작게 평가된다.
② 기말상품금액은 선입선출법이 후입선출법보다 크게 평가된다.
③ 당기순이익은 선입선출법이 후입선출법보다 크게 평가된다.
④ 기말상품금액은 선입선출법이 이동평균법보다 작게 평가된다.

정답풀이

④ 기말상품금액은 선입선출법이 이동평균법보다 크게 평가된다.

I can 재고자산 단가결정

상품의 매입매출 내역이 다음과 같은 경우에 계속기록법 하에서 선입선출법과 후입선출법에 의한 매출원가와 기말재고액을 구하시오.

- 기초재고: 상품 500개 보유하고 있으며 개당 원가는 1,000원이다.
- 03월 08일: 상품 600개를 개당 1,100원에 매입하였다.
- 06월 10일: 상품 400개를 개당 1,400원에 매출하였다.
- 08월 20일: 상품 300개를 개당 1,400원에 매출하였다.
- 10월 20일: 상품 100개를 개당 1,200원에 매입하였다.
- 12월 10일: 상품 300개를 개당 1,400원에 매출하였다.

답안

※ 매입매출 내역 분석: 기초재고 + 매입수량 = 매출수량 + 기말재고

상 품

기초재고	500개	매출(06/10)	400개
매입(03/08)	600개	매출(08/20)	300개
매입(10/20)	100개	매출(12/10)	300개
		기말재고	200개
합계: 1,200개		합계: 1,200개	

※ 기초재고와 매입액을 합해서 판매가능재고라 한다.(판매가능재고는 1,200개)

※ 선입선출법과 후입선출법의 상품에 대한 총계정원장을 나타내면 다음과 같다.

상품(선입선출법)

기초재고	500,000	매출원가	1,050,000
매 입	780,000	기말재고	230,000
합 계	1,280,000	합 계	1,280,000

상품(후입선출법)

기초재고	500,000	매출원가	1,080,000
매 입	780,000	기말재고	200,000
합 계	1,280,000	합 계	1,280,000

선입선출법	기말재고	100개×1,100원 + 100개×1,200원 = 230,000원
	매출원가	1,280,000원 − 230,000원 = 1,050,000원
후입선출법	기말재고	200개×1,000원 = 200,000원
	매출원가	1,280,000원 − 200,000원 = 1,080,000원

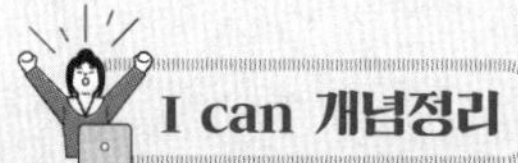

상품의 매출원가

상품매출원가 = 기초상품재고액 + 당기상품(순)매입액 - 기말상품재고액

• 당기상품(순)매입액 = 당기상품(총)매입액 - 매입에누리 및 환출 - 매입할인

제품의 매출원가

제품매출원가 = 기초제품재고액 + 당기제품제조원가 - 기말제품재고액

• 당기제품제조원가 = 기초재공품재고액 + 당기총제조비용 - 기말재공품재고액

• 당기총제조비용 = 직접재료비 + 직접노무비 + 제조간접비

• 제조간접비 = 간접재료비 + 간접노무비 + 간접제조경비

매출총이익률

매출총이익률(%) = 매출총이익 / 매출액

매출이란 기업이 재고자산을 판매함으로써 벌어들이는 수익이며, 매출원가는 해당 자산을 구입하거나 만드는 비용을 의미한다. 매출액에서 매출원가를 차감한 금액인 매출총이익은 기업이 판매한 재고자산에서 어느 정도의 이윤을 남기는지를 나타내며, 수치가 높을수록 수익성이 높으며, 이윤이 높음을 의미한다.

I CAN 기출문제

다음 재고자산의 단가결정방법에 대한 설명 중 옳지 않은 것은?

① 선입선출법은 가장 최근에 매입한 상품이 기말재고로 남아있다.

② 평균법에는 총평균법과 이동평균법이 있다.

③ 성격·용도면에서 차이가 있는 재고자산이더라도 모두 같은 방법을 적용하여야만 한다.

④ 기초재고와 기말재고의 수량이 동일하다는 전제하에 인플레이션 발생시 당기순이익이 가장 적게 나타나는 방법은 후입선출법이다.

정답풀이

③ 성격·용도면에서 차이가 있는 재고자산에 대하여는 서로 다른 취득단가 결정방법을 적용할 수 있으나, 특정 방법을 선택하면 정당한 사유없이 이를 변경할 수 없다.

5 재고자산의 감모손실과 평가손실

1. 재고자산 감모손실(수량차이)

재고자산의 감모손실은 재고자산의 장부상 재고수량과 실제의 재고수량과의 차이에서 발생하는 것으로, 정상적인 조업 과정에서 발생한 감모손실은 매출원가에 가산하고 비정상적으로 발생한 감모손실은 영업외비용으로 처리한다.

정상적 감모	(차) 매출원가	×××	(대) 재고자산	×××
비정상적 감모	(차) 재고자산감모손실 (영업외비용)	×××	(대) 재고자산	×××

참고 재고자산 감모손손실은 재고자산의 수량결정 방법에서 계속기록법과 실지재고조사법을 혼용하여 사용하는 경우에만 확인이 가능하다.

2. 재고자산 평가손실(금액차이)

재고자산은 저가법으로 평가하는데, 저가법(Lower of Cost or Market)이란 취득원가와 시가를 비교하여 낮은 금액으로 표시하는 방법이다.

다음과 같은 사유가 발생하면 재고자산의 시가가 원가 이하로 하락할 수 있다.

- 손상을 입은 경우
- 보고기간 말로부터 1년 또는 정상영업주기 내에 판매되지 않았거나 생산에 투입할 수 없어 장기체화된 경우
- 진부화하여 정상적인 판매시장이 사라지거나 기술 및 시장 여건 등의 변화에 의해서 판매가치가 하락한 경우
- 완성하거나 판매하는데 필요한 원가가 상승한 경우

재고자산의 시가가 장부금액 이하로 하락하여 발생한 평가손실은 매출원가에 가산하며, 재고자산의 차감계정인 재고자산평가충당금으로 회계처리한다.

재고자산의 기말재고 금액(저가법): Min(취득원가, 순실현가치)

차 변	재고자산평가손실 (매출원가 가산)	×××	대 변	재고자산평가충당금 (재고자산 차감계정)	×××

참고 재고자산을 저가법으로 평가하는 경우 재고자산의 시가는 순실현가능가치를 의미하며, 공정가치(판매하면 받을 수 있는 금액)에서 판매에 소요되는 비용을 차감한 금액을 말한다. 단, 원재료의 경우에는 현행대체원가(동등한 자산을 현재시점에서 취득할 경우 그 대가)를 의미한다.

저가법의 적용에 따른 평가손실을 초래했던 상황이 해소되어 새로운 시가가 장부금액보다 상승한 경우에는, 최초의 장부금액을 초과하지 않는 범위 내에서 평가손실을 환입한다. 재고자산평가손실의 환입은 매출원가에서 차감한다.

차 변	재고자산평가충당금	×××	대 변	재고자산평가충당금환입 (매출원가에서 차감)	×××

참고 최초의 장부금액을 초과하지 않는 범위 내에서 환입한다.

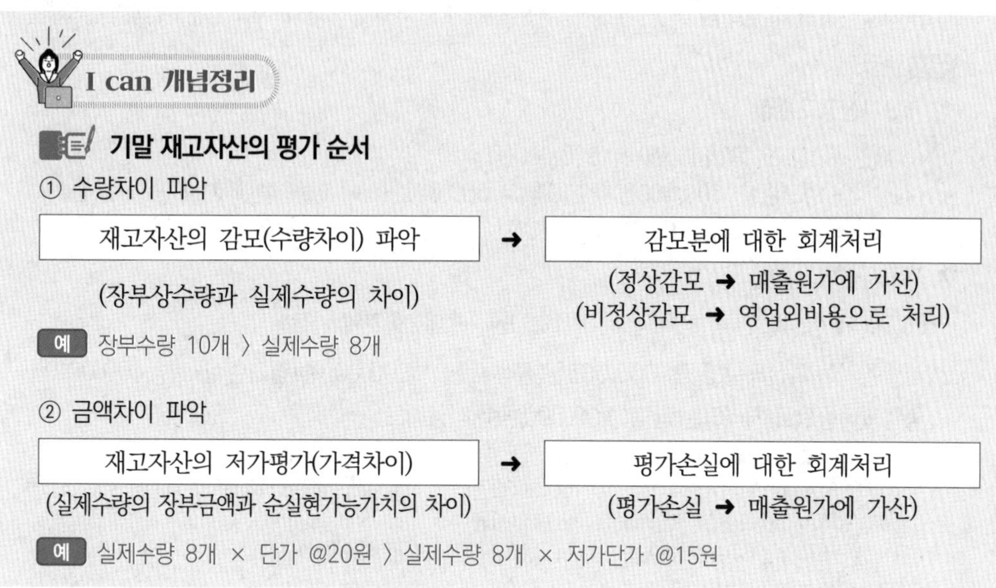

I CAN 기출문제

일반기업회계기준의 재고자산감모손실에 대한 설명으로 올바른 것은?

① 정상적으로 발생한 감모손실은 매출원가에 가산한다.
② 재고자산감모손실은 시가가 장부금액보다 하락한 경우에 발생한다.
③ 비정상적으로 발생한 감모손실은 판매비와관리비 항목으로 분류한다.
④ 재고자산감모손실은 전액 제조원가에 반영하여야 한다.

정답풀이

① 정상감모는 매출원가에 가산하고, 비정상감모는 영업외비용으로 처리한다.
재고자산의 시가가 장부금액보다 하락(저가법)하는 경우는 평가손실을 인식한다.

I can 재고자산 평가

다음은 재고자산(제품)과 관련된 사항이다. 매출원가에 가산되는 금액과 영업외비용으로 처리되는 금액을 구하시오.

- 장부상 수량: 10,000개
- 실제 재고수량: 8,000개
- 정상적인 감모: 감모수량 중 75%
- 비정상적 감모: 감모수량 중 25%
- 단위당 원가: 400원
- 단위당 시가: 300원

답안

1. 재고자산감모손실
   - 400원 × 감모수량(2,000개) = 800,000원
   - 정상적인 감모손실: 800,000원 × 75% = 600,000원 ➜ 매출원가에 가산
   - 비정상적인 감모손실: 800,000원 × 25% = 200,000원 ➜ 영업외비용으로 처리
2. 재고자산평가손실
   - 8,000개 ×(400원 - 300원) = 800,000원 → 매출원가에 가산
3. 매출원가에 가산되는 금액: 600,000원(정상감모) + 800,000원(평가손실) = 1,400,000원
   영업외비용으로 처리되는 금액: 200,000원(비정상감모)

※ 위 사례를 회계처리하면 다음과 같다.

(차)	매출원가	600,000원	(대)	제품(적요 8.타계정으로 대체)	800,000원
	재고자산감모손실(영업외비용)	200,000원			
(차)	재고자산평가손실(매출원가)	800,000원	(대)	재고자산평가충당금	800,000원

I CAN 기출문제

재고자산과 관련한 다음 설명 중 가장 옳지 않은 것은?

① 재고자산의 평가손실은 시가의 하락에 기인한다.
② 소매재고법은 실제원가가 아닌 추정에 의한 원가결정방법으로 주로 유통업에서 사용한다.
③ 재고자산의 감모손실은 주로 수량의 감소에 기인한다.
④ 재고자산의 시가가 장부금액 이하로 떨어져 발생한 평가손실은 영업외비용으로 처리한다.

정답풀이

④ 재고자산의 시가가 장부금액 이하로 하락하여 발생한 평가손실은 재고자산의 차감계정으로 표시하고 매출원가에 가산한다

6 소모품의 정리

소모성 물품은 구입 시 자산(소모품)으로 처리할 수도 있고 비용(소모품비)으로 처리할 수도 있는데, 결산시 소모품의 당기 사용분을 비용으로 처리하여야 한다.

1. 자산처리법

소모성 물품의 구입 시 자산계정인 '소모품'으로 처리하며, 기말에 당기 사용분을 비용으로 처리하기 위하여 차변에는 '소모품비' 계정으로 대변에는 '소모품' 계정으로 처리한다.

구분	차변	금액	대변	금액
구입시	• 소모성 물품 100,000원을 현금으로 구입하다.			
	(차) 소모품	100,000원	(대) 현금	100,000원
결산시	• 결산시 소모품 미사용은 30,000원으로 확인 되었다.			
	(차) 소모품비	70,000원	(대) 소모품	70,000원

※ 구입 시 자산처리한 소모성 물품은 결산시 사용액을 비용(소모품비)으로 처리한다.

2. 비용처리법

소모성 물품 구입 시 비용계정인 '소모품비'로 처리하며, 기말에 당기 미사용분을 자산으로 처리하기 위하여 차변에는 '소모품' 계정으로 대변에는 '소모품비' 계정으로 분개한다.

구분	차변	금액	대변	금액
구입시	• 소모성 물품 100,000원을 현금으로 구입하다.			
	(차) 소모품비	100,000원	(대) 현금	100,000원
결산시	• 결산시 소모품 사용은 70,000원 으로 확인되었다.			
	(차) 소모품	30,000원	(대) 소모품비	30,000원

※ 구입 시 비용처리한 소모성 물품은 결산시 미사용액을 자산(소모품)으로 처리한다.

I can 실전문제(재고자산)

※ I can 실전문제에 수록된 문제들은 모두 전산세무 2급 시험에 다수 출제되었던 유형입니다.

01 **다음의 자료에서 설명하는 재고자산의 평가방법은?**

- 일반적인 물가상승시 당기순이익이 과소계상되어 법인세를 절감하는 효과가 있다.
- 기말재고자산이 현시가를 반영하지 못한다.
- 디플레이션시에는 경영진의 경영 실적을 높이려는 유혹을 가져올 수 있다.

① 선입선출법 ② 후입선출법
③ 개별법 ④ 이동평균법

02 **재고자산에 대한 평가방법 중 후입선출법에 대한 설명으로서 알맞지 않은 것은? 단, 재고자산의 매입수량이 판매수량보다 크다고 가정한다.**

① 물가가 지속적으로 상승시 선입선출법에 비해 매출원가를 크게 계상한다.
② 물가가 지속적으로 상승시 선입선출법에 비해 기말재고자산은 시가를 적정하게 표시하지 못한다.
③ 물가가 지속적으로 하락시 선입선출법보다 이익을 작게 계상한다.
④ 물가가 지속적으로 하락시 기말재고자산은 선입선출법에 비해 크게 계상된다.

03 **재고자산의 평가방법 중에서 다음에서 설명하고 있는 재고자산의 원가흐름의 가정은 무엇인가?**

- 계속기록법을 적용하는 경우와 실지재고조사법을 적용하는 경우 모두 동일한 매출원가와 기말재고자산 금액을 갖게된다.
- 인플레이션 상황에서는 최근 수익에 과거원가가 대응되므로 수익·비용대응측면에서는 부적합하다.
- 인플레이션 상황에서는 최근 구입한 재고자산이 재무상태표에 계상되므로 자산의 평가가 비교적 합리적이다.

① 개별법 ② 평균법
③ 선입선출법 ④ 후입선출법

04 **다음의 재고자산의 단위원가를 결정하는 방법 중 수익비용의 대응에 있어서 가장 정확한 방법은 무엇인가?**

① 후입선출법 ② 선입선출법
③ 가중평균법 ④ 개별법

05 **지속적으로 물가가 하락하고 기말상품재고수량이 기초상품재고수량보다 증가하고 있는 상황일 때 다음의 설명 중 옳지 않은 것은?**

① 기말상품재고액은 선입선출법이 이동평균법보다 크게 평가된다.
② 매출원가는 선입선출법이 총평균법보다 크게 평가된다.
③ 당기순이익은 선입선출법이 총평균법보다 작게 평가된다.
④ 원가흐름의 가정으로 선입선출법을 사용하거나 이동평균법을 사용하여도 재고자산의 수량에는 차이가 없다.

06 **재고자산 평가방법 중 후입선출법에 대한 설명으로 올바른 것은?**

① 실제물량흐름과 원가흐름이 대체로 일치한다.
② 물가하락시 선입선출법보다 이익이 상대적으로 과대계상 된다.
③ 현행수익에 대하여 오래된 원가가 대응되므로 수익비용 대응이 상대적으로 부적절하다.
④ 기말재고자산이 가장 최근에 매입한 단가가 적용되므로 시가에 가깝게 표시된다.

07 **재고자산의 원가흐름에 대한 가정에 대한 내용 중 틀린 것은?**

① 후입선출법은 기말재고자산의 현행가치를 잘 나타내는 장점을 가지고 있다.
② 선입선출법은 실제물량흐름에 관계없이 먼저 구입한 상품이 먼저 판매나 사용된 것으로 보는 가정이다.
③ 선입선출법을 적용하면 실지재고조사법과 계속기록법 중 어느 방법을 적용하더라도, 한 회계기간에 계상되는 기말재고자산과 매출원가의 금액은 동일하다.
④ 개별법은 원가의 흐름과 실물의 흐름이 일치하는 이상적인 방법이나, 적용하기 번거롭고 관리비용이 많이 소요되는 단점을 가지고 있다.

08 **재고자산의 시가가 취득원가보다 하락한 경우에는 저가법을 사용하여 장부금액을 결정한다. 이와 같이 저가법을 적용하는 사유에 해당하지 않는 것은?**

① 보고기간말로부터 1년 또는 정상영업주기 내에 판매되지 않았거나 생산에 투입할 수 없어 장기체화된 경우
② 진부화하여 정상적인 판매시장이 사라진 경우
③ 완성하거나 판매하는데 필요한 원가가 하락한 경우
④ 기술 및 시장여건 등의 변화에 의해서 판매가치가 하락한 경우

09 **다음 중 재고자산평가손실로 처리해야 하는 변동사항인 것은?**

① 분실　② 가치하락　③ 도난　④ 파손

10 **다음은 재고자산에 대한 설명이다. 가장 옳지 않은 것은?**

① 할부판매상품의 경우 대금이 모두 회수되지 않더라도 상품의 판매시점에서 판매자의 재고자산에서 제외한다.
② 재고자산의 매입원가는 매입금액에 매입운임, 하역료 및 보험료 등 취득과정에서 정상적으로 발생한 부대원가를 가산한 금액이다.
③ 선적지 인도조건인 경우 판매되어 운송중인 상품은 판매자의 재고자산에 포함된다.
④ 재고자산의 장부상 수량과 실제 수량과의 차이에서 발생하는 감모손실의 경우 정상적으로 발생한 감모손실은 매출원가에 가산한다.

11 **다음은 일반기업회계기준상 재고자산에 대한 설명이다. 괄호 안에 들어갈 내용으로 옳은 것은?**

재고자산은 이를 판매하여 수익을 인식한 기간에 (㉠)(으)로 인식한다. 재고자산의 시가가 장부금액 이하로 하락하여 발생한 평가손실은 재고자산의 차감계정으로 표시하고 (㉡)에 가산한다. 재고자산의 장부상 수량과 실제 수량과의 차이에서 발생하는 감모손실의 경우 정상적으로 발생한 감모손실은 (㉢)에 가산하고 비정상적으로 발생한 감모손실은 (㉣)(으)로 분류한다.

	㉠	㉡	㉢	㉣
①	매출원가	영업외비용	영업외비용	매출원가
②	매출원가	매출원가	매출원가	영업외비용
③	영업외비용	매출원가	매출원가	영업외비용
④	영업외비용	영업외비용	영업외비용	매출원가

12 다음은 재고자산에 대한 설명이다. 잘못된 것은?

① 성격이 상이한 재고자산을 일괄하여 구입한 경우에는 총매입원가를 각 재고자산의 공정가치 비율에 따라 배분하여 개별 재고자산의 매입원가를 결정한다.
② 재고자산은 취득원가를 장부금액으로 한다. 다만, 시가가 취득원가보다 낮은 경우에는 시가를 장부금액으로 한다.
③ 재고자산은 정상적인 영업과정에서 판매를 위하여 보유하거나 생산과정에 있는 자산 및 생산 서비스 제공과정에 투입될 원재료나 소모품의 형태로 존재하는 자산을 말한다.
④ 적송품은 수탁자가 제3자에게 판매를 할 때까지 수탁자가 점유하고 있기 때문에 제3자에게 판매하기 전까지는 수탁자의 재고자산에 포함한다.

13 다음 중 판매회사의 재고자산으로 분류되지 않는 항목은?

① 위탁자의 결산일 현재 수탁자가 판매하지 못한 적송품
② 판매회사가 도착지 인도조건으로 매입한 결산일 현재 미착상품
③ 결산일 현재 매입자의 매입의사 표시 없는 시송품
④ 반품률을 추정할 수 없는 경우로 반품기간이 종료되지 않은 상품

14 다음 자료를 기초로 하여 매출원가를 계산하면 얼마인가?

항 목	금 액	비 고
기초재고액	100,000원	-
당기매입액	500,000원	도착지 인도조건의 미착상품 30,000원 포함
기말재고액	50,000원	창고보유분
시 송 품	30,000원	고객이 매입의사를 표시 한 금액 10,000원
적 송 품	100,000원	60% 판매완료

① 430,000원　② 440,000원
③ 450,000원　④ 460,000원

15 홍수로 인해 재고자산이 유실되었다. 다음 중 유실된 재고자산은 얼마인가?

• 기초재고자산: 80,000원
• 당기중 매입액: 1,020,000원
• 당기중 매출액: 800,000원
• 매출총이익율: 20%
• 기말재고 실사금액: 100,000원

① 360,000원　② 460,000원
③ 560,000원　④ 640,000원

3. 투자자산

01 투자자산의 이해

투자자산이란 비유동자산 중에서 기업의 판매활동 이외의 장기간에 걸쳐 투자이익을 얻을 목적으로 보유하고 있는 자산을 말한다. 건물이나 토지를 사업에 사용할 목적으로 매입하면 유형자산으로 분류하고, 투자목적으로 매입하면 투자자산으로 분류하여야 한다.

투자자산의 종류는 다음과 같다.

장기금융상품	결산일부터 만기가 1년 후에 도래하는 금융상품(장기성예금 등)
투자부동산	투자목적으로 소유하는 토지 및 건물 등 부동산
장기대여금	대여금 중 만기가 1년 이내에 도래하지 않은 것
특정현금과예금	만기가 1년 이후에 도래하는 사용이 제한된 금융상품으로 당좌거래 체결시 예치하는 당좌거래개설보증금
장기투자증권	비유동자산으로 분류되는 매도가능증권과 만기보유증권을 통합하여 장기투자증권으로 표시할 수 있음
기 타	퇴직연금운용자산, 지분법적용투자주식 등

02 유가증권

유가증권 취득시 단기매매증권, 매도가능증권, 만기보유증권, 지분법적용투자주식 중 하나로 분류되고, 단기매매증권은 당좌자산, 나머지는 투자자산으로 처리된다. 만기보유증권과 매도가능증권은 일반적으로 투자자산에 해당되지만, 결산일로부터 1년 이내에 만기가 도래하거나 처분할 예정인 경우 당좌자산으로 분류한다.

단기매매증권	단기매매차익을 목적으로 취득하고, 매매가 빈번하게 이루어지는 채무증권 및 지분증권
만기보유증권	채무증권으로서 만기까지 보유할 의도와 능력이 있는 유가증권
매도가능증권	만기보유증권 및 단기매매증권에 해당되지 않는 채무증권 및 지분증권
지분법적용 투자주식	유의적인 영향력 행사를 목적으로 상대방 주식의 20% 이상을 보유하여 실질적인 영향력을 행사할 수 있는 지분증권

유가증권의 취득

유가증권 취득시 지급하는 수수료는 유가증권의 취득부대비용으로 해당 유가증권의 취득원가에 가산한다. 단, 단기매매증권의 취득수수료는 취득원가에 가산하지 않고 수수료비용(영업외비용)으로 인식하여야 한다.

예 A사 주식 100주(액면 10,000원)를 20,000원에 매입하고, 수수료 10%와 함께 현금으로 지급하였다.

단기매매증권	(차) 단기매매증권 수수료비용(영업외비용)	2,000,000원 200,000원	(대) 현금	2,200,000원
매도가능증권	(차) 매도가능증권	2,200,000원	(대) 현금	2,200,000원

유가증권의 재분류

원칙적으로 단기매매증권을 매도가능증권이나 만기보유증권으로 재분류할 수 없지만, 시장성을 상실한 경우에는 매도가능증권 및 만기보유증권으로 재분류 할 수 있다.
매도가능증권 및 만기보유증권은 단기매매증권으로 재분류할 수 없다.

단기매매증권 ➜ 매도가능증권, 만기보유증권	시장성을 상실한 경우
매도가능증권, 만기보유증권 ➜ 단기매매증권	불가(손익조작 방지 목적)
매도가능증권 ➜ 만기보유증권	채무증권인 경우
만기보유증권 ➜ 매도가능증권	채무증권인 경우

I CAN 기출문제

다음 유가증권에 대한 설명으로 틀린 것은?

① 채무증권은 취득한 후에 만기보유증권, 단기매매증권, 매도가능증권 중의 하나로 분류한다.
② 만기보유증권으로 분류되지 아니하는 채무증권은 매도가능증권으로 분류한다.
③ 매도가능증권에 대한 미실현보유손익은 기타포괄손익누계액으로 처리한다.
④ 단기매매증권에 대한 미실현보유손익은 당기손익항목으로 처리한다.

정답풀이

② 만기보유증권으로 분류되지 아니하는 채무증권은 단기매매증권과 매도가능증권 중의 하나로 분류한다.

1. 유가증권의 기말 평가

단기매매증권과 매도가능증권은 결산시에 원칙적으로 공정가치로 평가 하여야 하며, 매도가능증권 중 시장성이 없는 지분증권의 공정가치를 신뢰성 있게 측정할 수 없는 경우 취득원가로 평가한다. 만기보유증권은 공정가치로 평가하지 않고, 상각후원가로 평가한다.

결산시에 단기매매증권을 평가하여 발생하는 단기매매증권평가손익은 당기손익으로 처리되어 손익계산서에 표시되지만, 매도가능증권을 평가하여 발생하는 매도가능증권평가손익은 기타포괄손익누계액(자본)으로 처리되어 재무상태표에 표시된다.

단기매매증권평가손익	영업외손익(당기손익) ➜ 손익계산서
매도가능증권평가손익	기타포괄손익누계액(자본) ➜ 재무상태표

I CAN 기출문제

다음 빈칸에 들어 갈 내용으로 알맞은 것은?

구 분	계 정	재무제표
단기매매증권평가손실(이익)	(가)	손익계산서
매도가능증권평가손실(이익)	기타포괄손익누계액	(나)

① (가) 영업외비용(수익) (나) 손익계산서 ② (가) 자본조정 (나) 현금흐름표
③ (가) 영업외비용(수익) (나) 재무상태표 ④ (가) 자본조정 (나) 재무상태표

정답풀이

③ 단기매매증권의공정가치와 장부금액과의 차액은 영업외손익(손익계산서), 매도가능증권의 공정가치와 장부금액의 차액은 기타포괄손익누계액(재무상태표)으로 반영한다.

2. 결산시 매도가능증권의 평가

• 시장성 있는 매도가능증권의 공정가치가 장부금액을 초과하는 경우

차 변	매도가능증권	×××	대 변	매도가능증권평가이익	×××

• 시장성 있는 매도가능증권의공정가치가 장부금액보다 낮아진 경우

차 변	매도가능증권평가손실	×××	대 변	매도가능증권	×××

참고 매도가능증권평가손익은 기타포괄손익누계액(자본)으로 분류되어 당기손익에 반영되지 않고, 재무상태표에 표시되며, 향후 처분시에 매도가능증권평가손익을 상계처리 후 매도가능증권처분손익으로 처리되어 당기손익에 반영된다.

I can 분개 매도가능증권 평가

다음의 매도가능증권 관련 자료를 거래 일자별로 분개하시오.

20×1.12.01. 매도가능증권 100,000원을 구입하고, 수수료 20,000원과 함께 현금으로 지급하다.
20×1년말과 20×2년말, 20×3말 공정가치는 다음과 같다.

20×1년말	20×2년말	20×3말
140,000원	110,000원	130,000원

답안

일자	차변	금액	대변	금액
20×1.12.01.	(차) 매도가능증권	120,000원	(대) 현금	120,000원
20×1.12.31.	(차) 매도가능증권	20,000원	(대) 매도가능증권평가이익	20,000원
20×2.12.31.	(차) 매도가능증권평가이익 매도가능증권평가손실	20,000원 10,000원	(대) 매도가능증권	30,000원
20×3.12.31.	(차) 매도가능증권	20,000원	(대) 매도가능증권평가손실 매도가능증권평가이익	10,000원 10,000원

I CAN 기출문제

기말현재 보유하고 있는 유가증권의 현황이 다음과 같을 경우 결산일의 회계처리로 옳은 것은?

- 취득원가 1,000,000원 A주식(단기보유목적), 기말공정가치 1,200,000원
- 취득원가 9,000,000원 B주식(장기투자목적, 시장성 있음), 기말공정가치 8,500,000원

①	(차) 유가증권평가손실	300,000원	(대) 유가증권	300,000원
②	(차) 단기매매증권	200,000원	(대) 단기매매증권평가이익	200,000원
	매도가능증권평가손실	500,000원	매도가능증권	500,000원
③	(차) 단기매매증권	200,000원	(대) 단기매매증권평가이익	200,000원
	매도가능증권평가손실	200,000원	매도가능증권평가손실충당금	200,000원
④	(차) 유가증권평가손실	300,000원	(대) 유가증권평가손실충당금	300,000원

 **정답풀이**

② 단기매매증권평가손익은 당기손익으로 처리한다. 매도가능증권평가손익은 기타포괄손익누계액이며, 처분하거나 손상차손을 인식할 때 당기손익에 반영한다.

I CAN 기출문제

일반기업회계기준상 유가증권에 대한 설명 중 가장 올바르지 않은 것은?

① 지분증권 중 단기매매증권이나 만기보유증권으로 분류되지 아니하는 유가증권은 매도가능증권으로 분류한다.

② 매도가능증권 중 시장성이 없는 지분증권의 공정가치를 신뢰성 있게 측정할 수 없는 경우에는 취득원가로 평가한다.

③ 유가증권 보유자가 유가증권에 대한 통제를 상실하지 않고 유가증권을 양도하는 경우, 당해 거래는 담보차입거래로 본다.

④ 단기매매증권에 대한 미실현 보유손익은 기타포괄손익 누계액으로 처리한다.

 **정답풀이**

④ 단기매매증권에 대한 미실현 보유손익은 당기손익항목으로 처리한다.

3. 매도가능증권의 처분

매도가능증권의 처분 시 장부금액과 처분금액의 차액은 매도가능증권평가손익 상계처리 후 매도가능증권처분손익(당기손익)으로 처리하며, 처분시 발생하는 수수료 등의 비용은 매도가능증권처분손익에 가(+) 감(-) 하여야 한다.

• 매도가능증권의 장부금액 보다 처분금액이 높은 경우(매도가능증권평가이익 있음)

차 변	현금(처분금액) 매도가능증권평가이익	××× ×××	대 변	매도가능증권 매도가능증권처분이익	××× ×××

• 매도가능증권의 장부금액 보다 처분금액이 낮은 경우(매도가능증권평가이익 있음)

차 변	현금(처분금액) 매도가능증권평가이익 매도가능증권처분손실	××× ××× ×××	대 변	매도가능증권	×××

I can 분개 매도가능증권 처분

다음의 매도가능증권 관련 자료를 거래 일자별로 분개하시오.

20×1.12.01. 매도가능증권을 구입하고, 현금 300,000원을 지급 하였다.
20×1.12.31. 매도가능증권의 기말 공정가치가 280,000원으로 평가되었다.
20×2.01.31. 보유중인 매도가능증권 전부를 350,000원에 현금 매각하였다.

답안

20×1.12.01.	(차) 매도가능증권	300,000원	(대) 현금	300,000원
20×1년 말	(차) 매도가능증권평가손실	20,000원	(대) 매도가능증권	20,000원
20×2.01.31.	(차) 현금	350,000원	(대) 매도가능증권 매도가능증권평가손실 매도가능증권처분이익	280,000원 20,000원 50,000원

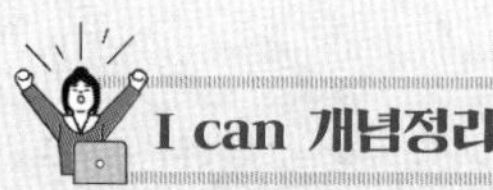

I can 개념정리

유가증권보유에 따른 수익 인식

보유중인 지분증권(주식)에 대하여 현금배당이 결정되면 영업외수익 항목의 배당금수익으로 처리하고, 채무증권(사채.공채)에 대하여 일정 기간분의 이자를 수령하면 영업외수익 항목의 이자수익으로 처리한다.

구 분	회계처리
지분증권 (주식)	(차) 현금 ××× (대) 배당금수익(현금배당) ××× 참고 주식배당을 받은 경우: 회계처리는 하지 않고 주식수를 증가시키고 취득단가를 조정하는 내용을 주석으로 표시한다.
채무증권 (국·공채, 사채)	(차) 현금 ××× (대) 이자수익 ×××

I can 실전문제(유가증권)

※ I can 실전문제에 수록된 문제들은 모두 전산세무 2급 시험에 다수 출제되었던 유형입니다.

01 유가증권에 대한 설명이다. 옳은 것은?

① 유가증권 중 채권은 취득한 후에 단기매매증권이나 매도가능증권 중의 하나로만 분류한다.
② 단기매매증권이 시장성을 상실한 경우에는 매도가능증권 또는 만기보유증권으로 분류된다.
③ 단기매매증권과 만기보유증권은 원칙적으로 공정가치로 평가한다.
④ 매도가능증권은 주로 단기간 내의 매매차익을 목적으로 취득한 유가증권이다.

02 유가증권에 대한 설명 중 잘못된 것은?

① 단기매매증권과 매도가능증권은 원칙적으로 공정가치로 평가한다.
② 단기매매증권의 미실현보유손익은 당기손익항목으로 처리한다.
③ 매도가능증권의 미실현보유손익은 당기손익항목으로 처리한다.
④ 단기매매증권이 시장성을 상실한 경우에는 매도가능증권으로 분류변경 하여야 한다.

03 다음은 유가증권에 대한 설명이다. 틀린 것은?

① 단기매매증권은 주로 단기간 내에 매매차익을 목적으로 한다.
② 유가증권은 취득한 후에 만기보유증권, 단기매매증권, 매도가능증권, 지분법적용투자주식 중의 하나로 분류한다.
③ 단기매매증권의 미실현보유손익은 단기매매증권평가손익으로 처리한다.
④ 매도가능증권은 만기보유증권으로 재분류할 수 있으며, 만기보유증권은 매도가능증권으로 재분류할 수 없다.

04 일반기업회계기준상 유가증권에 대한 다음의 설명 중 잘못된 것은?

① 지분증권 투자에 대한 현금배당은 배당금을 받을 권리와 금액이 확정되는 시점에 영업외수익으로 인식한다.
② 매도가능증권을 공정가치로 평가함으로 인해 발생되는 평가손실은 당기의 순이익에 영향을 미치지 않는다.
③ 단기매매증권이 시장성을 상실한 경우에는 만기보유증권으로 분류하여야 한다.
④ 매도가능증권은 보유 목적에 따라 유동자산으로 분류될 수도 있다.

05 다음 유가증권의 분류 중에서 만기보유증권으로 분류할 수 있는 판단기준이 되는 것은 무엇인가?

① 만기까지 보유할 적극적인 의도와 능력이 있는 채무증권
② 만기까지 매매차익을 목적으로 취득한 채무증권
③ 만기까지 다른 회사에 중대한 영향력을 행사하기 위한 지분증권
④ 만기까지 배당금이나 이자수익을 얻을 목적으로 투자하는 유가증권

06 다음 중 유가증권에 대한 설명으로 옳지 않은 것은?

① 유가증권은 증권의 종류에 따라 지분증권과 채무증권으로 분류할 수 있다.
② 단기매매증권과 매도가능증권은 지분증권으로 분류할 수 있으나 만기보유증권은 지분증권으로 분류할 수 없다.
③ 보고기간종료일로부터 1년 이내에 만기가 도래하는 만기보유증권의 경우, 유동자산으로 재분류하여야 하므로 단기매매증권으로 변경하여야 한다.
④ 단기매매증권은 주로 단기간 내에 매매차익을 목적으로 취득한 유가증권을 말한다.

07 다음 자료에서 20×2년에 인식할 매도가능증권 처분손익은 얼마인가?

- 20×1년 6월 1일 매도가능증권 120주를 주당 60,000원에 취득하였다.
- 20×1년 기말 매도가능증권평가손실 1,200,000원(주당 공정가치 50,000원)
- 20×2년 5월 1일 120주를 주당 50,000원에 처분하였다.

① 처분이익 2,400,000원
② 처분이익 1,200,000원
③ 처분손실 2,400,000원
④ 처분손실 1,200,000원

08 **다음의 유가증권을 단기매매증권으로 분류하는 경우와 매도가능증권으로 분류하는 경우의 당해 결산시 평가손익이 당기손익에 영향을 미치는 금액의 차이는 얼마인가?**

A회사 주식 1,000주를 주당 5,000원(공정가치)에 매입하면서 거래비용으로 50,000원이 발생하였고 기말에 주당 공정가치가 5,500원으로 평가되었다.

① 50,000원
② 450,000원
③ 500,000원
④ 550,000원

09 **다음 자료는 시장성 있는 유가증권에 관련된 내용이다. 이 유가증권을 단기매매증권으로 분류하는 경우와 매도가능증권으로 분류하는 경우 20×2년 당기손익의 차이는 얼마인가?**

- 20×1년 7월 1일 A회사 주식 1,000주를 주당 6,000원에 매입하였다.
- 20×1년 기말 A회사 주식의 공정가치는 주당 7,000원이다.
- 20×2년 6월 30일 A회사 주식 전부를 주당 7,500원에 처분하였다.

① 차이 없음
② 500,000원
③ 1,000,000원
④ 1,500,000원

4. 유형자산

01 유형자산의 이해

유형자산이란 판매를 목적으로 하지 않고, 1년이상 장기간에 걸쳐 영업활동에 사용되는 토지, 건물, 비품, 차량운반구, 기계장치, 건설중인 자산, 구축물 등 물리적 형태가 있는 자산이 해당 되며 비유동자산으로 분류된다. 유형자산의 종류는 다음과 같다.

토 지	대지, 임야, 전, 답 등
건 물	공장, 사무실, 창고 등
구축물	건물 이외의 교량, 도로포장, 부속설비 등
차량운반구	승용차, 화물차, 버스, 오토바이 등
기계장치	제조설비, 운송설비 등 기계장비
비 품	사무 집기비품으로 컴퓨터, 복사기, 책상, 에어컨, 냉장고 등
건설중인자산	유형자산의 건설을 위해 지출한 금액(완성되면 건물 등으로 대체)

영업활동에 사용하지 않는 자산 즉, 투자를 목적으로 취득한 비영업용 토지와 건물 등은 투자자산(투자부동산)으로 분류되므로, 토지와 건물이라는 유형자산 계정을 사용 할 수 없으며, 부동산업자나 건설업자가 판매용으로 취득한 부동산 역시 유형자산계정이 아니라 재고자산(상품)계정으로 처리하여야 한다.

I CAN 기출문제

다음 중 유형자산으로 분류되지 않는 항목은?

① 제조공장의 부지 ② 투자목적으로 보유하는 토지
③ 건설중인 제조공장의 건물 ④ 출퇴근용 사내(社內)버스

정답풀이

② 투자목적으로 보유하는 토지는 유형자산이 아닌 투자부동산(투자자산)으로 분류된다.

02 유형자산의 취득원가

유형자산은 최초 취득시 취득원가로 측정한다. 단, 유형자산을 현물출자, 증여, 기타 무상으로 취득하는 경우 그 공정가치를 취득원가로 하며, 취득원가는 구입원가 또는 제작원가 및 경영진이 의도하는 방식으로, 자산을 가동하는데 필요한 장소와 상태에 이르게 하는데 직접 관련되는 원가 등으로 구성된다.

유형자산의 취득원가 = 매입금액 + 구입 시 취득원가에 가산하는 지출

1 외부에서 구입하는 경우의 취득원가

외부에서 구입하는 자산의 취득원가는 매입금액에 매입부대비용을 합한 금액으로 계산한다. 매입부대비용의 유형은 다음과 같다.

- 설치장소 준비를 위한 지출, 운송비, 취급비, 설치비
- 취득 및 설치관련 수수료, 시운전비
- 자본화대상 차입원가, 취득세 등 취득과 관련된 제세공과금
- 취득 시 매입해야 하는 국·공채 등의 매입금액과 공정가치의 차액

1. 취득세 등의 처리

세금 중에서 재산세 및 자동차세는 세금과공과(비용)로 처리하지만, 취득세 및 등록세는 자산의 매입부대비용으로 해당 자산의 취득원가에 가산한다.

- 건물을 5,000,000원에 취득후 대금을 익월에 지급 하기로 하고, 취득세 150,000원과 중개수수료 100,000원을 현금으로 지급하였다.

차 변	건물	5,250,000원	대 변	미지급금 현금	5,000,000원 250,000원

- 건물의 재산세 80,000원을 현금으로 지급하였다.

차 변	세금과공과	80,000원	대 변	현금	80,000원

2. 유형자산 관련 공채 취득

유형자산 취득 시 매입해야 하는 국·공채는 공정가치로 기록하고, 매입금액과 공정가치의 차액을 해당 유형자산의 취득원가에 산입한다.

• 승용차를 4,000,000원에 취득하면서 대금은 1개월 후에 지급하기로 하고, 차량구입과 관련된 공채(액면 100,000원, 공정가치 60,000원)를 현금으로 매입하였으며, 공채는 만기까지 보유하기로 하였다.

차 변	차량운반구 만기보유증권	4,040,000원 60,000원	대 변	미지급금 현금	4,000,000원 100,000원

I CAN 기출문제

유형자산의 취득원가 구성으로 틀린 것은?

① 해당 자산의 보유와 관련된 재산세
② 자본화대상인 차입원가
③ 취득세 등 유형자산의 취득과 직접 관련된 제세공과금
④ 유형자산의 취득과 관련하여 국·공채 등을 불가피하게 매입하는 경우 당해 채권의 매입금액과 일반기업회계기준에 따라 평가한 현재가치와의 차액

정답풀이

① 유형자산에 대한 재산세 및 자동차세 등은 당기비용(세금과공과)으로 처리한다.

2 증여(무상취득)로 자산을 취득하는 경우의 취득원가

유형자산을 증여에 의하여 무상으로 취득하는 경우에는 유형자산의 공정가치에 매입부대비용을 가산한 금액을 취득원가로 하고, 자산의 공정가치를 자산수증이익으로 처리한다.

• 대주주로부터 공정가치 20,000,000원의 건물을 증여받고 건물 취득에 따른 취득세 400,000원을 현금으로 납부하였다.

차 변	건물	20,400,000원	대 변	자산수증이익 현금	20,000,000원 400,000원

3 현물출자로 자산을 취득하는 경우의 취득원가

유형자산을 현물출자에 의하여 취득하는 경우에는 자산의 공정가치에 매입부대비용을 가산한 금액을 취득원가로 하고 발행한 주식의 액면금액을 자본금으로 한다.

• 대표자로부터 공정가치 2,000,000원의 건물을 현물출자 받고, 회사의 주식 200주 (주당 액면금액 8,000원)를 발행하여 지급하였다.

차 변	건물	2,000,000원	대 변	자본금 주식발행초과금	1,600,000원 400,000원

참고 현물출자 받은 현물의 공정가치 중 주식의 액면금액을 자본금으로, 액면금액을 초과하는 금액을 주식발행초과금으로 처리한다.

4 자가 건설하는 경우의 취득원가

유형자산을 자가 건설하는 경우에는 건설과 관련된 지출을 집계하여 우선 건설중인자산으로 계상한 후 건설이 완료되면 건물, 기계장치 등 해당 유형자산으로 처리한다.

• 창고건물을 신축하기로 하고 계약금 5,000,000원을 현금으로 지급하였다.

차 변	건설중인자산	5,000,000원	대 변	현금	5,000,000원

• 신축중인 창고의 건설관련 중도금 3,000,000원을 현금으로 지급하였다.

차 변	건설중인자산	3,000,000원	대 변	현금	3,000,000원

• 신축중인 창고의 건설이 완료되어 잔금 12,000,000원을 현금으로 지급하였다.

차 변	건물	20,000,000원	대 변	건설중인자산 현금	8,000,000원 12,000,000원

참고 건설공사관련 계약금 및 중도금은 건설중인자산 계정으로 처리하였다가, 공사 완료시 건물 계정으로 대체하여야 한다.

5 유형자산을 일괄구입하는 경우의 취득원가

토지와 건물을 함께 구입하면서 토지와 건물의 대가가 구분되지 않는 경우에는 지급액을 공정가치 비율로 안분하여 각각의 취득원가를 계산한다.

• 토지와 건물을 2,000,000원에 일괄 취득하였으며, 토지와 건물의 공정가치는 각각 400,000원과 600,000원이다.

차 변	토지 건물	800,000원 1,200,000원	대 변	현금	2,000,000원

✓ 토지: $2{,}000{,}000원 \times \frac{400{,}000원}{(400{,}000원 + 600{,}000원)} = 800{,}000원$

✓ 건물: $2{,}000{,}000원 \times \frac{600{,}000원}{(400{,}000원 + 600{,}000원)} = 1{,}200{,}000원$

6 사용 중인 건물을 철거하는 경우

기존에 사용하던 건물을 철거하는 경우에는 장부금액과 관련비용을 유형자산처분손실로 계상한다.

• 건물을 신축하기 위하여 사용하던 건물(취득금액 3,000,000원, 감가상각누계액 1,800,000원)을 철거하고 철거비용 100,000원은 현금으로 지급하였다.

차 변	감가상각누계액 유형자산처분손실	1,800,000원 1,300,000원	대 변	건물 현금	3,000,000원 100,000원

7 토지와 건물을 일괄취득 후 건물을 철거하는 경우

토지만 사용할 목적으로 토지와 건물을 일괄취득한 후 건물을 철거하는 경우에는 건물 가격과 철거비용 모두 토지의 취득원가에 산입한다.

• 건물 신축을 위하여 건물이 있는 토지를 취득하면서 건물과 토지의 일괄취득 대가로 5,000,000원을 보통예금에서 이체하여 지급하고, 건물의 철거비용 200,000원을 현금으로 지급하였다.

차 변	토지	5,200,000원	대 변	보통예금 현금	5,000,000원 200,000원

8 교환으로 취득한 유형자산의 취득원가

1. 이종자산의 교환

자산의 교환시 동종자산인지 이종자산인지에 따라 취득원가 계산방법이 다른데, 이종자산이란 서로 다른 종류의 자산을 말하며, 동종자산이란 서로 같은 종류의 자산을 말한다. 이종자산 간의 교환 시에는 취득하는 자산의 취득금액은 제공한 자산의 공정가치로 측정하고, 제공한 자산의 장부금액과 공정가치의 차액을 유형자산처분손익으로 인식한다.

• 이종자산간 교환으로 기계장치(취득금액 2,000,000원, 감가상각누계액 1,200,000원, 공정가치 1,000,000원)를 지급하고, 차량운반구를 취득하였다.

차 변	차량운반구 감가상각누계액	1,000,000원 1,200,000원	대 변	기계장치 유형자산처분이익	2,000,000원 200,000원

2. 동종자산의 교환

동종자산 간의 교환시에는 취득하는 자산의 취득금액은 제공한 자산의 장부금액으로 측정하고 유형자산처분손익을 인식하지 않는다.

• 동종자산간 교환으로 기계장치A(취득금액 2,000,000원, 감가상각누계액 1,200,000원, 공정가치 1,000,000원)를 지급하고, 기계장치B를 취득하였다.

차 변	기계장치B 감가상각누계액	800,000원 1,200,000원	대 변	기계장치A	2,000,000원

동종 자산과 이종 자산의 교환 요약

취득하는 자산의 취득금액	동종자산	제공하는 자산의 장부금액
	이종자산	제공하는 자산의 공정가치
처분손익	동종자산	처분손익 인식하지 않음
	이종자산	장부금액과 공정가치의 차액을 처분손익으로 인식

I CAN 기출문제

다음은 유형자산의 취득시 회계처리를 설명한 것이다. 옳지 않은 것은?

① 유형자산에 대한 건설자금이자는 취득원가에 포함할 수 있다.
② 무상으로 증여받은 건물은 취득원가를 계상하지 않는다.
③ 이종자산의 교환으로 취득한 자산의 금액은 제공한 자산의 공정가치를 취득원가로 한다.
④ 유형자산 취득시 그 대가로 주식을 발행하는 경우 주식의 발행금액을 그 유형자산의 취득원가로 한다.

정답풀이

② 무상으로 증여받은 유형자산은 공정가치로 취득원가를 계상한다.

9 정부보조금으로 유형자산을 취득하는 경우

1. 정부보조금 수령

유형자산을 취득을 목적으로 상환의무가 없는 정부보조금을 현금 혹은 보통예금 등으로 수령한 경우 해당 자산(현금 및 보통예금 등)의 차감계정으로 처리 하였다가, 유형자산 취득 시에 관련된 유형자산의 차감계정으로 대체한다.

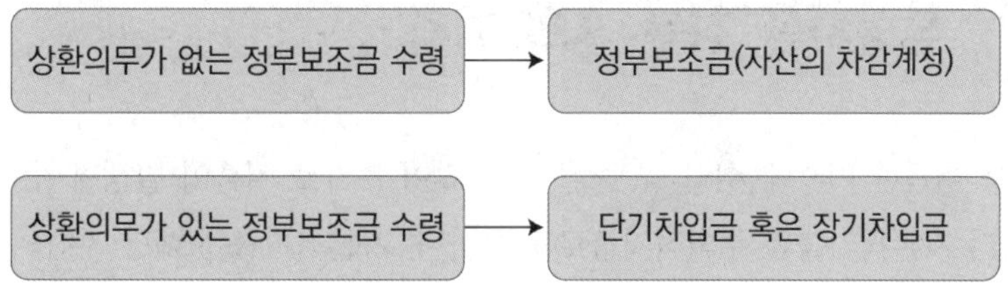

• 제조설비를 취득하는 조건으로 상환의무가 없는 정부조금 5,000,000원을 보통예금 계좌로 수령하였다.

차 변	보통예금	5,000,000원	대 변	정부보조금(보통예금)	5,000,000원

2. 정부보조금으로 자산취득

유형자산을 정부보조금으로 취득한 경우에 해당 유형자산의 취득원가는 취득일의 공정가치로 한다. 단, 정부보조금은 해당 유형자산의 취득원가에서 차감하는 형식으로 표시한다.

• 제품생산을 위한 기계장치(밀링머신) 10,000,000원을 구입하고, 대금은 보통예금에서 이체하였다. 구입금액중 50%는 정부보조금이다.

차 변	기계장치 정부보조금(보통예금)	10,000,000원 5,000,000원	대 변	보통예금 정부보조금(기계장치)	10,000,000원 5,000,000원

3. 정부보조금으로 취득한 자산의 감가상각

유형자산을 정부보조금으로 취득한 경우, 해당 자산에 대한 감가상각비를 계상할 때는 자산의 내용연수에 걸쳐 정부보조금과 감가상각비를 함께 상계하여야 한다.

• 제품생산을 위한 1월 10일 구입한 기계장치(밀링머신) 10,000,000원에 대해 아래와 같이 감가상각비를 계상하였다.(내용연수 5년, 정액법 상각, 정부보조금 50% 지급)

차 변	감가상각비 정부보조금(기계장치)	1,000,000원 1,000,000원	대 변	감가상각누계액(기계장치)	2,000,000원

참고 감가상각누계액중 정부보조금 비율(50%)에 해당하는 금액을 정부보조금(기계장치)에서 차감하고, 잔액을 당기 비용으로 처리한다.

03 유형자산 취득 후의 지출

유형자산을 취득한 이후에 수선 및 증설 등과 같이 추가로 지출이 발생할 수 있는데, 지출의 성격에 따라 자본적지출과 수익적지출로 구분하며, 자본적지출은 해당 자산의 원가에 포함되고, 수익적지출은 당기 비용(수선비)으로 처리하여야 한다.

1. 자본적 지출

유형자산을 취득한 후에 발생하는 지출이 내용연수의 증가, 생산능력의 증대, 원가절감, 품질향상, 엘리베이터 및 냉난방기설치 등의 경우로 미래의 경제적 효익을 증가시키면 해당자산으로 처리한다.

• 본사 건물의 가치증진 및 내용연수 연장을 위한 증설비용 5,000,000원을 보통예금에서 이체하여 지급하였다.

차 변	건물	5,000,000원	대 변	보통예금	5,000,000원

2. 수익적 지출

유형자산을 취득한 후에 발생하는 지출이 해당 자산의 원상회복, 능률유지 등 수선유지를 위한 것으로, 수선유지, 외벽도색, 파손된 유리교체 등의 경우로 비용(수선비 등)으로 처리한다.

• 건물 외벽의 도장비용 2,000,000원을 현금으로 지급하였다.

차 변	수선비	2,000,000원	대 변	현금	2,000,000원

자본적지출과 수익적지출 구분

어떤 특정한 지출을 수익적 지출로 처리하느냐, 아니면 자본적 지출로 처리하느냐에 따라 기업의 재무상태와 경영성과가 크게 달라질 수 있다.
즉, 수익적 지출로 처리하여야 할 것을 자본적 지출로 처리하게 되면 그 사업연도의 이익이 과대계상(비용의 과소계상)될 뿐만 아니라 유형자산이 과대계상된 부분이 발생하게 되며, 반대로 자본적 지출로 처리하여야 할 것을 수익적 지출로 처리하게 되면 이익의 과소계상(비용의 과대계상)과 유형자산이 과소평가되는 결과를 초래하게 된다.

오류의 유형	자 산	비 용	당기순이익
수익적 지출을 자본적 지출로 잘못 처리한 경우	과대계상	과소계상	과대계상
자본적 지출을 수익적 지출로 잘못 처리한 경우	과소계상	과대계상	과소계상

04 유형자산의 감가상각

재 무 상 태 표

㈜ I can (단위: 원)

과 목	제 ×× 기 (20××.12.31.)	
자 산		
⋮		
건 물	10,000,000	
감가상각누계액	3,000,000	7,000,000

유형자산은 사용하거나 시간의 경과에 따라 물리적 혹은 경제적으로 그 가치가 점차 감소되는데 이를 감가라고 하며, 이러한 현상을 측정하여 유형자산의 사용기간 동안 비용으로 배분하는 절차를 감가상각이라고 한다. 감가상각누계액은 해당 자산의 차감적 평가계정으로, 건물의 취득원가가 10,000,000원이고 감가상각누계액이 3,00,000원일 경우 장부금액(취득원가 - 감가상각누계액)은 7,000,000원이다.

참고 토지와 건설중인자산은 감가상각을 하지 않는다.

1 감가상각의 3요소

취득원가	매입금액에 취득부대비용을 더한 것(자본적지출액 포함)
잔존가치	내용연수 종료시점에 기대되는 가치(처분금액에서 처분비용을 차감)
내용연수	영업활동에 사용될 것으로 기대되는 예상 사용기간

2 감가상각 방법

감가상각 방법으로 정액법과 정률법을 많이 사용하며, 업종에 따라서는 연수합계법과 생산량비례법 등의 방법을 사용하기도 한다.

1. 정액법

정액법은 감가상각대상금액을 매년 동일한 금액으로 배분하여 감가상각비로 인식한다. (정액상각, 균등상각)

정액법 감가상각비 = (취득원가 − 잔존가치) ÷ 내용연수

2. 정률법

정률법은 미상각잔액(취득원가-감가상각누계액)에 정률을 곱한 금액을 감가상각비로 인식한다. 정률법은 내용연수 초기에 감가상각비가 많이 계상되고 갈수록 적어지므로 가속상각방법의 일종이다.

정률법 감가상각비 = (취득원가 − 감가상각누계액) × 정률

3. 연수합계법

연수합계법은 감가상각대상금액에 잔여내용연수를 곱하고 내용연수의 합계를 나눈 금액을 감가상각비로 인식한다. 내용연수 초기에 감가상각비가 많이 계상되고 갈수록 적어지므로 가속상각방법의 일종이다.

$$\text{연수합계법 감가상각비} = (\text{취득원가} - \text{잔존가치}) \times \frac{\text{잔여 내용연수}}{\text{내용연수의 합계}}$$

4. 생산량 비례법

생산량비례법은 감가상각대상금액에 총생산가능량에 대한 실제 생산량의 비율을 곱한 금액을 감가상각비로 인식한다.

$$\text{생산량비례법 감가상각비} = (\text{취득원가} - \text{잔존가치}) \times \frac{\text{당기 실제 생산량}}{\text{추정 총생산량}}$$

3 감가상각비 회계처리(간접법)

회계기말에 감가상각비를 계산한 후 다음과 같이 차변에 감가상각비, 대변에 감가상각누계액으로 회계처리 한다. 유형자산의 감가상각비는 일반적으로 판매비와관리비로 분류되지만, 제조공정에서 사용되는 유형자산의 감가상각비는 제조원가로 분류된다.

차 변	감가상각비	×××	대 변	감가상각누계액 (유형자산의 차감계정)	×××

I can 분개 감가상각

다음은 기계장치에 대한 내용이다. 정액법, 정률법, 연수합계법, 생산량비례법을 이용하여 20×1년부터 20×3년까지의 감가상각비를 계산하여 회계처리 하고, 20×3년말 기계장치의 장부금액을 계산하시오.

1. 취득금액: 1,000,000원(잔존가치 100,000원, 내용연수 5년)
2. 취득일: 20×1년 1월 1일
3. 정률법 사용 시 적용되는 상각률: 40%(0.4)
4. 총예정생산량은 100톤이며, 20×1년 20톤, 20×2년 40톤, 20×3년 25톤을 생산한다고 가정한다.

답안

㉠ 정액법

구분	내용
감가상각비	(1,000,000원 − 100,000원) ÷ 5년 = 180,000원
회계처리	(차) 감가상각비 180,000원 (대) 감가상각누계액 180,000 참고 정액법은 매년 감가상각비가 동일하므로 회계처리도 매년 동일함
장부금액	20×3년말 감가상각누계액: 180,000원 × 3년(×1, ×2, ×3) = 540,000원 20×3년말 장부금액: 1,000,000원 − 540,000원 = 460,000원

㉡ 정률법

구분	내용
감가상각비	20×1년: 1,000,000원 × 0.4 = 400,000원 20×2년: (1,000,000원 − 400,000원) × 0.4 = 240,000원 20×3년: (1,000,000원 − 400,000원 − 240,000원) × 0.4 = 144,000원
회계처리	20×1년: (차) 감가상각비 400,000원 (대) 감가상각누계액 400,000원 20×2년: (차) 감가상각비 240,000원 (대) 감가상각누계액 240,000원 20×3년: (차) 감가상각비 144,000원 (대) 감가상각누계액 144,000원
장부금액	20×3년말 감가상각누계액: 400,000원 + 240,000원 + 144,000원 = 784,000원 20×3년말 장부금액: 1,000,000원 − 784,000원 = 216,000원

ⓒ 연수합계법

감가상각비	20×1년: (1,000,000원 - 100,000원) × $\frac{5}{1+2+3+4+5}$ = 300,000원 20×2년: (1,000,000원 - 100,000원) × $\frac{4}{1+2+3+4+5}$ = 240,000원 20×3년: (1,000,000원 - 100,000원) × $\frac{3}{1+2+3+4+5}$ = 180,000원
회계처리	20×1년: (차) 감가상각비 300,000원 (대) 감가상각누계액 300,000원 20×2년: (차) 감가상각비 240,000원 (대) 감가상각누계액 240,000원 20×3년: (차) 감가상각비 180,000원 (대) 감가상각누계액 180,000원
장부금액	20×3년말 감가상각누계액: 300,000원 + 240,000원 + 180,000원 = 720,000원 20×3년말 장부금액: 1,000,000원 − 720,000원 = 280,000원

ⓔ 생산량비례법

감가상각비	20×1년: (1,000,000원 - 100,000원) × $\frac{20}{100}$ = 180,000원 20×1년: (1,000,000원 - 100,000원) × $\frac{40}{100}$ = 360,000원 20×1년: (1,000,000원 - 100,000원) × $\frac{25}{100}$ = 225,000원
회계처리	20×1년: (차) 감가상각비 180,000원 (대) 감가상각누계액 180,000원 20×2년: (차) 감가상각비 360,000원 (대) 감가상각누계액 360,000원 20×3년: (차) 감가상각비 225,000원 (대) 감가상각누계액 225,000원
장부금액	20×3년말 감가상각누계액: 180,000원 + 360,000원 + 225,000원 = 765,000원 20×3년말 장부금액: 1,000,000원 − 765,000원 = 235,000원

I CAN 기출문제

유형자산의 감가상각과 관련한 다음 설명 중 가장 옳지 않은 것은?

① 연수합계법은 자산의 내용연수 동안 동일한 금액의 감가상각비를 계상하는 방법이다.
② 감가상각의 주목적은 원가의 합리적이고 체계적인 배분에 있다.
③ 감가상각비가 제조와 관련된 경우 재고자산의 원가를 구성한다.
④ 유형자산의 잔존가치가 유의적인 경우 매 보고기간 말에 재검토한다.

정답풀이

① 연수합계법은 내용연수동안 감가상각액이 매 기간 감소하는 방법이다.

I CAN 기출문제

유형자산의 감가상각과 관련한 다음 설명 중 가장 옳지 않은 것은?

① 정액법은 매년 동일한 금액만큼 가치가 감소하는 것으로 가정하고 회계처리한다.
② 가속상각법(체감상각법)은 내용연수 초기에 감가상각비를 과대계상하는 방식이다.
③ 생산량비례법은 생산량에 비례하여 가치가 감소하는 것으로 본다.
④ 초기 감가상각비의 크기는 정률법보다 정액법이 더 크다.

정답풀이

④ 초기 감가상각비의 크기는 가속상각법 중 하나인 정률법이 정액법보다 더 크다.

4 연도 중에 취득한 자산의 감가상각

현실적으로 유형자산을 연초에 취득하는 경우 보다는 연중에 취득하는 경우가 많으며, 유형자산을 연중에 취득하는 경우에는 월 단위로 감가상각하는데 이를 월할상각이라 한다.

• 취득금액 1,000,000원(잔존가치 100,000원, 내용연수 5년, 취득일 20×1.09.01.)인 기계장치의 20×1년 감가상각비를 정액법과 정률법(정률 0.3)으로 계산하시오

정액법 감가상각비	(1,000,000원 - 100,000원) ÷ 5 × $\frac{4개월}{12개월}$ = 60,000원
정률법 감가상각비	1,000,000원 × 0.3 × $\frac{4개월}{12개월}$ = 100,000원

05 유형자산의 처분

유형자산을 외부에 매각하거나 폐기하는 등 처분하는 경우에는 유형자산의 취득원가와 감가상각누계액을 제거하고 처분손익을 인식한다.

1. 장부금액 < 처분금액

• 취득금액 1,000,000원(감가상각누계액 800,000원)인 기계장치를 현금 300,000원을 받고 매각하였다.

차 변			대 변		
	감가상각누계액	800,000원		기계장치	1,000,000원
	현금	300,000원		유형자산처분이익	100,000원

2. 장부금액 > 처분금액

• 취득금액 1,000,000원(감가상각누계액 800,000원)인 기계장치를 현금 50,000원을 받고 매각하였다.

차 변			대 변		
	감가상각누계액	800,000원		기계장치	1,000,000원
	현금	50,000원			
	유형자산처분손실	150,000원			

I CAN 기출문제

20X1년 1월 1일 구입한 차량을 20X2년 12월 31일에 5,000,000원에 처분한 경우 유형자산처분손익은 얼마인가? (단, 상각방법은 정액법이다)

• 취득원가: 10,000,000원 • 내용연수: 5년 • 잔존가액: 1,000,000원

① 유형자산처분이익 1,000,000원 ② 유형자산처분손실 1,000,000원
③ 유형자산처분이익 1,400,000원 ④ 유형자산처분손실 1,400,000원

정답풀이

④ 20X1년 감가상각비 (10,000,000원 - 1,000,000원) ÷ 5년 = 1,800,000원
20X2년 감가상각비 (10,000,000원 - 1,000,000원) ÷ 5년 = 1,800,000원
20X2년 12월 31일 기준 차량의 장부가액 6,400,000원(10,000,000원 - 3,600,000원)
∴ 순장부가액 6,400,000원인 차량을 5,000,000원에 매각하였으므로, 유형자산처분손실 1,400,000원이 발생한다.

06 유형자산의 손상차손 및 재평가모형

1. 유형자산의 손상차손

유형자산의 손상차손은 해당 자산의 진부화 및 시장가치의 급격한 하락 등으로 인해 자산의 회수가능액이 장부금액에 중요하게 미달하게 되는 것을 의미하며, 해당 장부금액을 회수가능액으로 조정하고 그 차액을 손상차손(영업외비용)으로 처리한다.

차 변	유형자산손상차손 ×××	대 변	손상차손누계액 ××× (유형자산의 차감계정)

참고 손상차손 인식 후 해당 자산의 회수가능액이 회복된 경우에는 손상차손을 인식하지 않았을 경우의 감가상각 후 장부금액을 한도로 환입한다.(단, 회수가능액은 순매각가치와 사용가치 중 큰 금액을 의미한다.)

2. 원가모형과 재평가모형

유형자산을 최초로 인식한 인식시점 이후에는 원가모형이나 재평가모형 중 하나를 회계정책으로 선택하여 유형자산별로 동일하게 적용하여야 한다.

구분	내용
원가모형	최초 인식 후에 유형자산은 원가에서 감가상각누계액과 손상차손누계액을 차감한 금액을 장부금액으로 한다.
재평가 모형	최초 인식 후에 공정가치를 신뢰성 있게 측정할 수 있는 유형자산은 재평가일의 공정가치에서 이후의 감가상각누계액과 손상차손누계액을 차감한 재평가금액을 장부금액으로 한다.
주기적 재평가	재평가는 보고기간말에 자산의 장부금액이 공정가치와 중요하게 차이가 나지 않도록 주기적으로 수행한다.(재평가시 발생하는 재평가잉여금은 기타포괄손익누계액으로 분류한다.)

I can 실전문제(유형자산)

※ I can 실전문제에 수록된 문제들은 모두 전산세무 2급 시험에 다수 출제되었던 유형입니다.

01 다음은 모두 업무에 사용 중인 자산이다. 다음 중 유형자산으로 분류되지 않은 것은?

① 건물
② 상표권
③ 구축물
④ 기계장치

02 다음 중 유형자산의 취득원가에 대한 설명으로 틀린 것은?

① 유형자산을 외부구입한 경우 취득시 부대비용은 유형자산의 취득원가에 가산한다.
② 토지 취득과 관련하여 취득세가 발생한 경우 이는 토지의 취득원가가 아닌 세금과공과로 처리한다.
③ 유형자산 취득과 관련하여 국·공채 등을 불가피하게 매입한 경우 당해 채권의 매입금액과 현재가치와의 차액도 유형자산의 취득원가에 포함한다.
④ 유형자산 설계와 관련하여 전문가에게 지급하는 수수료도 유형자산의 취득원가로 처리한다.

03 다음 중 유형자산의 취득원가에 포함되는 요소를 모두 고른 것은?

ㄱ. 설계와 관련하여 전문가에게 지급하는 수수료
ㄴ. 매입관련 운송비
ㄷ. 설치장소 준비를 위한 지출
ㄹ. 취득세
ㅁ. 재산세

① ㄴ, ㄷ, ㅁ
② ㄱ, ㄴ, ㄷ, ㄹ
③ ㄴ, ㄷ, ㄹ, ㅁ
④ ㄱ, ㄴ, ㄷ, ㄹ, ㅁ

04 ㈜한국은 업무용 기계장치를 구입하고 다음과 같은 금액을 지출하였다. 이때 기계장치의 취득원가는?

- 기계장치 구입금액: 9,000,000원
- 기계장치 배송료: 200,000원
- 기계장치 설치비: 300,000원

① 10,200,000원
② 8,700,000원
③ 9,500,000원
④ 8,000,000원

05 다음은 유형자산의 취득원가에 관한 설명이다. 가장 잘못된 것은?

① 유형자산의 취득과 관련된 운송비와 설치비용은 취득원가에 가산한다.
② 유형자산의 취득과 관련된 중개인 수수료는 취득원가에 가산한다.
③ 유형자산의 보유와 관련된 재산세는 취득원가에 가산한다.
④ 유형자산의 취득과 관련된 취득세는 취득원가에 가산한다.

06 다음 중 유형자산에 대한 설명으로 가장 옳지 않은 것은?

① 유형자산의 취득원가는 당해 자산의 제작원가 또는 매입금액에 취득부대비용을 가산한 금액으로 한다.
② 새로운 건물을 신축하기 위하여 사용 중이던 기존건물을 철거하는 경우에는 기존건물의 장부금액은 새로운 건물의 취득원가에 가산한다.
③ 유형자산의 감가상각은 감가상각대상금액을 그 자산의 내용연수 동안 합리적이고 체계적인 방법으로 각 회계기간에 배분하는 것이다.
④ 제조설비의 감가상각비는 제조원가를 구성하고, 연구개발 활동에 사용되는 유형자산의 감가상각비는 무형자산의 인식조건을 충족하는 자산이 창출되는 경우 무형자산의 취득원가에 포함된다.

07 다음 중 유형자산에 대한 설명으로 틀린 것은?

① 유형자산 처분시 장부금액보다 처분금액이 큰 경우 유형자산처분이익으로 회계처리한다.
② 정액법은 취득원가에서 잔존가치를 차감한 금액을 내용연수에 걸쳐 균등하게 배분하는 감가상각방법이다.
③ 유형자산의 내용연수를 증가시키는 자본적지출이 발생하는 경우에는 당기의 비용으로 처리한다.
④ 유형자산을 외부로부터 구입시 발생하는 취득부대비용은 취득원가에 가산한다.

08 **다음은 일반기업회계기준상 유형자산의 교환에 대한 내용이다. 틀린 것은?**

① 이종자산간 교환하는 경우에는 교환으로 취득한 유형자산의 취득금액은 취득자산의 공정가치로 측정한다.
② 자산의 교환에 있어 현금수수액이 있는 경우에는 그 현금수수액을 반영하여 취득원가를 결정한다.
③ 동종자산의 교환인 경우에는 제공한 자산의 장부금액을 취득한 자산의 취득금액으로 할 수 있다.
④ 동종자산과의 교환시에 교환에 포함된 현금 등의 금액이 유의적이라면 동종자산의 교환으로 보지 않는다.

09 **다음은 일반기업회계기준에 의한 유형자산 손상에 대한 회계처리에 대한 설명이다. 이중 가장 옳지 않은 것은?**

① 유형자산의 사용강도나 사용방법의 현저한 변화가 있거나, 심각한 물리적 변형이 오면 손상차손을 검토하여야 한다.
② 유형자산의 사용 및 처분으로부터 기대되는 미래의 현금흐름 총액의 추정액 및 순공정가치가 장부금액에 미달할 경우에는 손상차손을 인식한다.
③ 유형자산의 회수가능금액은 순매각금액과 사용가치 중 큰 금액을 말한다.
④ 손상차손누계액은 재무상태표의 부채로 표시한다.

10 **수익적지출로 처리하여야 할 것을 자본적지출로 잘못 회계처리한 경우 재무제표에 미치는 영향이 아닌 것은?**

① 당기순이익이 과대 계상된다.
② 현금 유출액이 과대 계상된다.
③ 자본이 과대 계상된다.
④ 자산이 과대 계상된다.

11 **다음은 자본적 지출과 수익적 지출에 대한 설명이다. 틀린 것은?**

① 엘리베이터 설치 등 자산 가치를 증대시키는 지출은 자본적지출로 처리한다.
② 증축, 개축 등 자산의 내용연수를 연장시키는 지출은 자본적지출로 처리한다.
③ 파손된 유리 교체 등 자산의 원상복구를 위한 지출은 수익적지출로 처리한다.
④ 건물의 도색 등 자산의 현상유지를 위한 지출은 자본적 지출로 처리한다.

12 다음 중 유형자산의 감가상각에 관한 설명으로 틀린 것은?

① 유형자산의 감가상각대상금액은 내용연수에 걸쳐 합리적이고 체계적인 방법으로 배분한다.
② 유형자산의 감가상각은 자산을 구입한 때부터 즉시 시작한다.
③ 유형자산의 감가상각방법은 자산의 경제적효익이 소멸되는 형태를 반영한 합리적인 방법이어야 한다.
④ 유형자산의 내용연수는 자산으로부터 기대되는 효용에 따라 결정된다.

13 유형자산의 감가상각방법 중 정액법, 정률법 및 연수합계법 각각에 의한 3차년도 말 감가상각비가 큰 금액부터 나열한 것은?

- 기계장치 취득원가: 1,000,000원(1월 1일 취득)
- 내용연수: 5년
- 잔존가치: 취득원가의 10%
- 정률법 상각률: 0.4

① 정률법 〉 정액법 = 연수합계법　② 정률법 〉 연수합계법 〉 정액법
③ 연수합계법 〉 정률법 〉 정액법　④ 연수합계법 = 정액법 〉 정률법

14 기계장치의 감가상각관련 자료가 다음과 같을 때 제2기인 20×2년말 결산 시에 계상하여야 할 감가상각비와 감가상각누계액을 바르게 표시한 것은?

- 취득일: 20×1년 1월 1일
- 취득원가: 2,000,000원
- 내용연수: 10년
- 정률법 상각율: 10%
- 상각방법: 정률법

	감가상각비	감가상각누계액		감가상각비	감가상각누계액
①	200,000원	300,000원	②	180,000원	380,000원
③	200,000원	400,000원	④	180,000원	180,000원

15 다음 중 모든 감가상각방법이 선택가능하다면 일반적으로 첫 해에 회사의 이익을 가장 많이 계상할 수 있는 방법은?

① 정률법　② 이중체감법
③ 연수합계법　④ 정액법

5. 무형자산 및 기타비유동자산

01 무형자산의 이해

기업의 영업활동과정에서 장기간에 걸쳐 사용되어 미래의 경제적 효익이 기대되는 자산으로 물리적 실체가 없으며, 법률적으로 권리가 인정된 것 뿐만 아니라 영업권, 산업재산권 등과 같이 법률적 권리가 관계되는 것도 포함된다. 다만, 무형자산은 물리적 형태가 없으므로, 재무상태표에 기록되기 위해서는 재화의 생산이나 용역의 제공, 타인에 대한 임대 또는 관리에 사용할 목적으로 기업이 보유하고 있으며, 개별적으로 식별가능하고, 미래에 경제적 효익이 있어야 한다.

참고 물리적 형태가 없는 판매용 자산은 재고자산인 상품 계정으로 처리하여야 한다.

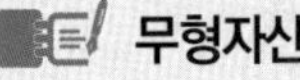

무형자산의 인식 요건

• 물리적 실체가 없지만 식별가능	• 기업이 통제	• 미래 경제적 효익

I CAN 기출문제

다음 중 무형자산의 인식요건에 해당하지 않는 것은?

① 식별가능성
② 검증가능성
③ 통제가능성
④ 미래의 경제적 효익의 유입가능성

정답풀이

② 무형자산의 인식요건은 식별가능성, 통제가능성, 미래의 경제적 효익의 유입가능성이다.

02 무형자산의 종류

1. 영업권

영업권이란 기업의 우수한 경영진, 숙련된 기술, 특유의 제조기법, 탁월한 입지조건 등으로 인하여 나타나는 장점 또는 초과수익력을 말하며, 영업권은 외부에서 구입한 경우(합병 등)에만 인정된다. 즉, 내부적으로 창출한 영업권(자가창설영업권)은 인정되지 않는다.

참고 내부적으로 창출된 영업권은 무형자산으로 인식되지 않는다.

2. 개발비

개발비란 신제품, 신기술 등의 개발과 관련하여 발생한 지출을 말하며, 내부적으로 창출된 무형자산에 해당되며, 연구개발과 관련된 지출은 연구단계와 개발단계로 구분해야 하여야 하는데, 연구단계와 개발단계 중 어느 단계에서 지출하는지에 따라 다음과 같이 회계 상 취급이 달라진다.

연구단계 지출	• 연구비(판매비와관리비)
개발단계 지출	• 무형자산 인식요건 충족: 개발비(무형자산) • 무형자산 인식요건 미충족: 경상개발비(판매비와관리비)

참고 연구단계 지출인지 개발단계 지출인지 명확하지 않는 경우는 연구비(판매비와관리비)로 처리한다.

3. 기타무형자산

산업재산권	• 일정기간 동안 독점적, 배타적으로 이용할 수 있는 권리 • 특허권, 실용신안권, 의장권, 상표권, 상호권, 상품명 등
기 타	• 라이선스, 프랜차이즈, 저작권, 소프트웨어, 임차권리금, 어업권 등

I CAN 기출문제

다음 중 일반기업회계기준상 무형자산으로 계상할 수 없는 것은?

① 합병 등으로 인하여 유상으로 취득한 영업권
② 기업의 프로젝트 연구단계에서 발생하여 지출한 연구비
③ 일정한 광구에서 부존하는 광물을 독점적·배타적으로 채굴하여 취득할 수 있는 광업권
④ 일정기간동안 독점적·배타적으로 이용할 수 있는 산업재산권

정답풀이

② 연구단계에서 발생하여 지출한 연구비는 당기비용으로 처리 한다.

I CAN 기출문제

다음 설명 중 가장 올바른 회계처리 방법을 설명한 것은?

① 기계장치를 구입하는 과정에서 발생된 보험료는 판매비와관리비에 포함된다.
② 연구비와 개발비는 전액 비용으로 처리한다.
③ 자가 창설(내부창출)된 영업권(goodwill)은 무형자산으로 계상할 수 없다.
④ 무형자산은 진부화되거나 시장가치가 급격히 하락해도 감액손실을 인식할 수 없다.

정답풀이

① 기계장치를 구입하는 과정에서 발생하는 보험료는 취득원가에 산입한다. (X)
② 연구비는 판매관리비이며, 개발비는 무형자산에 해당한다. (X)
③ 사업결합으로 취득한 영업권만 인정한다. (O)
④ 유형자산과 무형자산의 경우 시장가치가 급격히 하락하는 경우 감액손실을 인식 할 수 있다. (X)

03 무형자산의 감가상각

무형자산의 잔존가치는 원칙적으로 없는 것으로 보며, 법령이나 계약에서 정한 경우를 제외하고는 20년을 초과할 수 없으며, 사용가능한 시점부터 매기말에 직접법(자산에서 직접차감) 또는 간접법으로 상각한다.

1 감가상각 방법

무형자산은 정액법, 정률법, 연수합계법, 생산량비례법 등 합리적인 방법을 사용할 수 있는데, 합리적인 상각방법을 정할 수 없는 경우에는 정액법을 사용하며, 제조공장에서 사용되는 무형자산의 감가상각비는 제조원가로 분류된다.

I CAN 기출문제

무형자산의 합리적인 상각방법을 정할 수 없는 경우에는 어떤 상각방법을 사용하는가?

① 정액법 ② 체감잔액법
③ 연수합계법 ④ 생산량비례법

정답풀이

① 합리적인 상각방법을 정할 수 없는 경우에는 정액법을 사용한다.

2 감가상각비 회계처리

감가상각비 회계처리 방법인 직접법과 간접법 중에 유형자산은 간접법(감가상각누계액)을 사용하며, 무형자산은 직접법과 간접법을 모두 사용가능하지만 일반적으로는 직접법을 사용한다.

1. 직접법

차 변	무형자산상각비	×××	대 변	개발비	×××

참고 감가상각액을 해당 무형자산에서 직접 차감하는 방법

2. 간접법

차 변	무형자산상각비	×××	대 변	무형자산상각누계액	×××

참고 감가상각누계액을 사용하여 간접적으로 무형자산에서 차감하는 방법

I CAN 기출문제

일반기업회계기준상 무형자산에 대한 다음 설명중 잘못된 것은?

① 무형자산으로 분류되기 위해서는 식별가능성, 자원에 대한 통제, 미래 경제적 효익의 유입가능성을 충족해야 한다.
② 무형자산에 대한 상각은 관련 법령이나 계약에 의한 경우를 제외하고는 원칙적으로 20년을 초과할 수 없다.
③ 무형자산의 상각은 당해 자산이 사용가능한 때부터 시작한다.
④ 무형자산 원가의 인식기준을 최초로 충족시킨 이후 이미 비용으로 인식한 지출도 무형자산의 원가로 인식할 수 있다.

정답풀이

④ 이미 비용으로 인식한 지출은 무형자산의 원가로 인식할 수 없다.

I can 분개 무형자산

다음의 독립된 상황에 대한 회계처리를 하시오.(단, 모든 지출은 현금이다)

1. 새로운 분야의 기술을 연구하기 위하여 5,000,000원을 지출하였다.
2. 연구 또는 개발을 위한 지출 1,000,000원이 발생하였는데, 이 지출이 연구단계에 해당되는지 개발단계에 해당되는지 구분하기가 어렵다.
3. 신제품의 개발을 위한 지출 7,000,000원이 발생하였는데, 신제품 개발에 성공하여 미래의 경제적 효익이 발생할 가능성이 높다.
4. 신제품의 개발을 위한 지출 2,000,000원이 발생하였는데, 이는 개발비의 인식요건을 충족하지 못한다.
5. 결산 시 작년 초에 계상된 개발비 잔액이 4,000,000원 있다. 내용연수 5년이고, 정액법으로 직접상각하며, 작년에는 적절하게 상각하였다.

답안

1	(차) 연구비	5,000,000원	(대) 현금	5,000,000원
2	(차) 연구비	1,000,000원	(대) 현금	1,000,000원
	✓ 연구단계 혹은 구분이 명확하지 않은 지출은 연구단계로 보고 비용처리 한다.			
3	(차) 개발비	7,000,000원	(대) 현금	7,000,000원
4	(차) 경상개발비	2,000,000원	(대) 현금	2,000,000원
	✓ 무형자산인 개발비의 인식요건을 충족하지 못하므로 비용처리 한다.			
5	(차) 무형자산상각비	1,000,000원	(대) 개발비	1,000,000원
	✓ 작년 초에 계상되어 5년간 정액상각하고, 작년에는 적절하게 상각하였다. 따라서, 현재 잔액 4,000,000원을 향후 4년간 균등상각하여야 한다. 잔존가치는 없으므로 4,000,000원의 1/4인 1,000,000원을 직접법으로 상각한다.			

04 기타비유동자산

기타 비유동자산에 해당하는 항목은 다음과 같다.

임차보증금	월세를 지급하는 조건으로 타인의 부동산 등을 사용하기 위하여 임차인이 지급하는 보증금
전세권	월세를 지급하지 않고 타인의 부동산 등을 사용하기 위하여 임차인이 지급하는 보증금
장기매출채권	외상매출금 또는 받을어음의 만기가 결산일로부터 1년 이후에 도래하는 매출채권(장기외상매출금 또는 장기받을어음)
장기미수금	만기가 1년 이후에 도래하는 미수금
부도어음과 수표	부도어음이란 어음의 만기가 도래하여 어음금액의 지급을 청구할 때 지급이 거절된 어음을 말하며, 부도 발생 시 받을어음을 부도어음과수표로 대체함 (차) 부도어음과수표 ××× (대) 받을어음 ×××

I CAN 기출문제

다음 항목 중 재무상태표상 기타비유동자산에 해당하는 계정과목은?

① 만기보유증권　② 투자부동산
③ 임차보증금　④ 지분법적용투자주식

정답풀이

③ 임차보증금은 기타비유동자산에 해당한다.

I can 실전문제(무형자산 및 기타비유동자산)

※ I can 실전문제에 수록된 문제들은 모두 전산세무 2급 시험에 다수 출제되었던 유형입니다.

01 **다음 항목들 중에서 무형자산으로 인식할 수 없는 것은?**

① 향후 5억원의 가치창출이 확실한 개발단계에 2억원을 지출하여 성공한 경우
② 내부창출한 상표권으로서 기말시점에 자체적으로 평가한 금액이 1억원인 경우
③ 통신기술과 관련한 특허권을 출원하는 데 1억원을 지급한 경우
④ 12억원인 저작권을 현금으로 취득한 경우

02 **다음 중 무형자산에 대한 설명으로 틀린 것은?**

① 무형자산을 창출하기 위한 내부 프로젝트를 연구단계와 개발단계로 구분할 수 없는 경우에는 그 프로젝트에서 발생한 지출은 모두 연구단계에서 발생한 것으로 본다.
② 무형자산의 공정가치가 증가하면 그 공정가치를 반영하여 상각한다.
③ 합리적인 상각방법을 정할 수 없는 경우에는 정액법을 사용한다.
④ 무형자산의 잔존가치는 없는 것을 원칙으로 한다.

03 **다음은 일반기업회계기준상 무형자산에 대한 설명이다. 옳지 않은 것은?**

① 연구단계에서 발생한 지출은 무형자산으로 인식할 수 없고 발생한 기간의 비용으로 인식한다.
② 무형자산의 취득 후의 지출로서 일정한 요건을 충족하는 경우에는 자본적 지출로 처리한다.
③ 특허권, 영업권, 실용신안권, 연구비는 무형자산에 포함된다.
④ 무형자산의 상각기간은 관계법령이나 계약에 정해진 경우를 제외하고는 20년을 초과할 수 없다.

04 **다음 중 무형자산에 대한 설명으로 틀린 것은?**

① 기업회계기준에서는 사업 결합 등 외부에서 취득한 영업권만 인정하고, 내부에서 창출된 영업권은 인정하지 않는다.
② 무형자산은 인식기준을 충족하지 못하면 그 지출은 발생한 기간의 비용으로 처리 한다.
③ 무형자산을 개별적으로 취득한 경우에는 매입가격에 매입 부대비용을 가산한 금액을 취득원가로 한다.
④ 무형자산의 합리적인 상각방법을 정할 수 없는 경우에는 정률법을 사용한다.

05 **다음 중 일반기업회계기준상 무형자산에 관한 설명으로 옳지 않은 것은?**

① 무형자산으로 인식하기 위한 요건으로 식별가능성, 기업의 통제, 미래의 경제적 효익의 발생으로 분류한다.
② 무형자산의 내용연수가 독점적 · 배타적 권리를 부여하고 있는 관계 법령에 따라 20년을 초과하는 경우에도 상각기간은 20년을 초과할 수 없다.
③ 무형자산의 잔존가치는 없는 것을 원칙으로 한다.
④ 내부적으로 창출한 브랜드, 고객목록 및 이와 유사한 항목에 대한 지출은 무형자산으로 인식하지 않는다.

6. 부채

부채는 과거의 거래나 사건의 결과로서 현재 기업실체가 부담하고 그 이행에 자원의 유출이 예상되는 현재시점의 의무이다. 부채는 크게 유동부채와 비유동부채로 분류하며, 각각에 속하는 항목은 다음과 같다.

유동부채	외상매입금, 지급어음, 미지급금, 미지급비용, 선수금, 선수수익, 예수금, 단기차입금, 가수금, 유동성 장기부채, 미지급세금, 미지급배당금
비유동부채	사채, 퇴직급여충당부채, 장기차입금, 임대보증금, 장기미지급금

I can 개념정리

유동부채와 비유동부채의 구분

유동부채	• 상환기간이 결산일로부터 1년 이내인 부채 • 정상적인 영업주기 내에 소멸될 것으로 예상되는 매입채무 및 미지급비용은 1년의 기준을 적용하지 않는다.
비유동부채	• 유동부채에 해당하지 않는 모든 부채

01 유동부채

1 매입채무(외상매입금 & 지급어음)

매입채무는 매매거래가 성립되어 상품의 인수, 서비스 등을 제공받았으나 대금을 일정기간 후에 결제하는 거래로 인해 발생하는 향후 자원이 유출되리라고 예상되는 부채이다. 매입채무는 매출채권(외상매출금 & 받을어음)의 상대적인 계정이라고 볼 수 있다.

1. 외상매입금

상품 이나 원재료 등의 재고자산을 매입하고 대금을 나중에 지급하기로 하면 외상매입금으로 처리한다.

• 원재료 200,000원을 구입하고, 160,000원은 현금으로 지급후 잔액은 외상으로 하였다.

차 변	원재료	200,000원	대 변	현금 외상매입금	160,000원 40,000원

• 외상매입금 40,000원을 보통예금에서 이체하여 결제하다.

차 변	외상매입금	40,000원	대 변	보통예금	40,000원

2. 지급어음

약속어음은 발행인(채무자)이 수취인(채권자)에게 자기의 채무를 갚기 위하여 일정한 금액(외상대금)을 약정기일(만기일)에 약정한 장소(은행)에서 지급할 것을 약속한 증권이다. 상품이나 원재료 등의 재고자산을 매입하고 대금을 약속어음으로 발행하여 지급하였을 경우 지급어음으로 처리한다.

• 원재료 200,000원을 구입하고, 대금은 약속어음으로 지급 하였다.

차 변	원재료	200,000원	대 변	지급어음	200,000원

• 지급어음 200,000원의 만기가 도래하여 보통예금계좌에서 이체하였다.

차 변	지급어음	200,000원	대 변	보통예금	200,000원

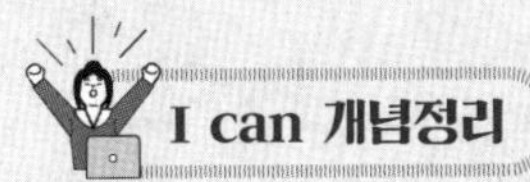

채권과 채무의 회계처리

[매출] • 재고자산매출시 외상거래 ➜ 외상매출금
• 재고자산매출시 어음수령 ➜ 받을어음
• 재고자산외 자산 매각시 외상거래 ➜ 미 수 금
• 재고자산외 자산 매각시 어음수령 ➜ 미 수 금

[매입] • 재고자산매입시 외상거래 ➜ 외상매입금
• 재고자산매입시 어음지급 ➜ 지급어음
• 재고자산외 자산구입시 외상거래 ➜ 미지급금
• 재고자산외 자산구입시 어음지급 ➜ 미지급금

2 미지급금과 미지급비용

1. 미지급금

주요 상거래인 상품매입 이외의 외상거래(비품, 기계장치 등의 구입과 복리후생비 등의 지급)에서 대금을 1년 이내의 기간에 지급하기로 하면 미지급금으로 처리한다.

• 업무용 에어컨을 2,000,000원에 외상구입(또는 어음으로 지급) 하였다.

차 변	비품	2,000,000원	대 변	미지급금	2,000,000원

• 외상으로 구입한 업무용 에어컨 대금 2,000,000원을 현금으로 지급하였다.

차 변	미지급금	2,000,000원	대 변	현금	2,000,000원

참고 상품이나 원재료 등의 재고자산을 외상으로 매입하는 경우는 외상매입금으로 처리한다.

2. 미지급비용

미지급비용은 일정한 계약에 따라 계속적으로 용역의 제공을 받는 경우, 이미 제공된 용역에 대하여 아직 그 대가를 지급하지 못하고 있는 비용이다. 특정계약에 의해 채무가 확정되었지만 미지급 상태인 경우에 처리하는 미지급금과 달리 미지급비용은 채무가 확정되지 않은 상태로 계속적으로 용역의 제공을 받고 있는 것이며, 결산시에 발생한다.

• 결산 시 단기차입금에 대한 당기 귀속분 미지급이자 50,000원을 계상하였다.

차 변	이자비용	50,000원	대 변	미지급비용	50,000원

• 단기차입금에 대한 이자 100,000원(전기 미지급분 50,000원 포함)을 현금으로 지급하였다.

차 변	미지급비용 이자비용	50,000원 50,000원	대 변	현금	100,000원

3 선수금과 선수수익

1. 선수금

상품을 판매함에 있어서 이를 판매하기 이전에 계약금 성격으로 그 대금의 일부 또는 전부를 미리 수취한 금액은 당해 상품이나 제품을 판매할 때까지는 선수금으로 처리한다.

• 상품 500,000원의 주문을 받으면서 계약금 10%를 현금으로 받았다.

차 변	현금	50,000원	대 변	선수금	50,000원

• 주문받은 상품 500,000원을 납품하면서 선수금 10%를 제외한 잔액을 외상으로 하였다.

차 변	선수금 외상매출금	50,000원 450,000원	대 변	상품매출	500,000원

2. 선수수익

당기에 이미 받은 수익 중에서 차기에 속하는 부분을 차기로 이연시킨다. 차변에는 당기의 수익에서 차감하는 수익계정과목으로, 대변에는 '선수수익(부채)'으로 처리한다.

• 1년분 임대료(기간: 20×3.10.01.~20×4.09.30.) 1,200,000원을 현금으로 수령하였다.

차 변	현금	1,200,000원	대 변	임대료	1,200,000원

• 결산시(12/31) 임대료 선수분을 정리하다.

차 변	임대료	900,000원	대 변	선수수익	900,000원

※ 차기분 임대료 9개월분: 1,200,000원 × (9/12) = 900,000원

4 예수금

일시적으로 잠시 보관하고 있는 성격으로 급여 지급 시 원천징수한 소득세와 지방소득세, 4대 보험의 근로자부담금 등의 금액을 말한다.

• 급여 1,000,000원을 지급하면서 소득세 등 120,000원을 원천징수하고 나머지 금액을 보통예금에서 이체하여 지급하였다.

차 변	급여	1,000,000원	대 변	예수금 보통예금	120,000원 880,000원

• 급여지급시 원천징수한 소득세 등 120,000원을 보통예금에서 이체하여 납부하였다.

차 변	예수금	120,000원	대 변	보통예금	120,000원

참고 기업이 원천징수의무이행을 위해 지급할 금액에서 일정액을 떼는 것 ➜ 예수금(부채)
기업이 받을 금액에서 일정액을 원천징수 당하여 떼이는 것 ➜ 선납세금(자산)

5 단기차입금

단기차입금이란 금융기관에서 발생한 당좌차월과 1년 이내에 상환하여야 하는 차입금을 말하며, 보고기간 종료일부터 1년 이후에 상환하여야 하는 차입금은 장기차입금으로 처리한다.

• 200,000원을 10개월 만기로 차입하여 보통예금에 입금하였다.

차 변	보통예금	200,000원	대 변	단기차입금	200,000원

• 단기차입금 200,000원을 이자 10,000원과 함께 보통예금에서 이체하여 상환하였다.

차 변	단기차입금 이자비용	200,000원 10,000원	대 변	보통예금	210,000원

6 가수금

가수금이란 금전 등을 수취하였으나 수취한 원인이 확인되지 않아서 특정 계정과목을 사용하기 어려울 때 사용하는 가계정이며, 원인이 확인되면 해당 계정과목으로 대체하여야 한다.

• 보통예금 계좌에 500,000원이 입금되었으나, 그 원인을 알 수 없다.

차 변	보통예금	500,000원	대 변	가수금	500,000원

• 가수금으로 처리하였던 500,000은 외상매출금 회수액으로 밝혀졌다.

차 변	가수금	500,000원	대 변	외상매출금	500,000원

7 유동성장기부채

장기차입금 중에서 상환기간이 결산일로부터 1년 이내에 도래하는 것은 이를 유동성장기부채로 대체한다.

• 20×1.11.20. 36개월 후 상환조건으로 2,000,000원을 차입하여 보통예금통장에 입금하였다.

차 변	보통예금	2,000,000원	대 변	장기차입금	2,000,000원

• 20×3.12.31. 결산시 장기차입금 2,000,000원의 상환기일이 내년으로 도래하여 유동성대체하다.

차 변	장기차입금	2,000,000원	대 변	유동성장기부채	2,000,000원

• 유동성대체한 장기차입금 2,000,000원의 상환기일이 도래하여 현금으로 상환하였다.

차 변	유동성장기부채	2,000,000원	대 변	현금	2,000,000원

I can 개념정리

자금 대여시 선이자 회계처리

• 거래처에 현금 500,000원을 2년간 대여하기로 하고, 선이자 2,000원을 공제한 금액을 보통예금 통장에서 이체하였다.

차 변	장기대여금	500,000원	대 변	이자수익 보통예금	2,000원 498,000원

자금 차입시 선이자 회계처리

• 거래처에서 현금 500,000원을 2년간 차입하기로 하고, 선이자 2,000원을 공제한 금액이 보통예금 통장에 입금하였다.

차 변	이자비용 보통예금	2,000원 498,000원	대 변	장기차입금	500,000원

8 기타 유동부채

미지급세금	아직 납부하지 않은 세금
미지급배당금	배당 결의된 현금배당 중 지급되지 않은 배당금
부가세예수금	거래상대방으로부터 거래징수한 부가가치세(부가가치세 매출세액)로써 납부하거나 부가세대급금과 상계할 금액

I CAN 기출문제

다음 중 부채의 유동성분류에 따른 분류가 다른 것은?

① 선수금 ② 퇴직급여충당부채
③ 사채 ④ 장기차입금

정답풀이

① 선수금은 유동부채이며, 나머지 항목들은 비유동부채에 해당한다.

02 비유동부채

부채는 유동부채와 비유동부채로 분류하며, 유동부채에 해당하지 않는 모든 부채는 비유동부채로 분류한다.

1 충당부채

충당부채란 금액 및 시기 등 구체적인 사항은 불확실하지만 다음 요건을 모두 충족하여 부채로 인식할 수 있는 것을 말하며, 다음의 요건을 모두 충족하는 경우에 인식한다.

① 과거사건이나 거래의 결과로 현재의 의무가 존재한다.
② 당해 의무를 이행하기 위하여 자원이 유출될 가능성이 매우 높다.
③ 그 의무를 이행하기 위하여 소요되는 금액을 신뢰성 있게 추정할 수 있다.

참고 퇴직급여충당부채 또는 제품보증충당부채 등이 해당한다.

1. 충당부채와 우발부채

충당부채	• 발생가능성이 매우 높고, 금액을 신뢰성 있게 추정할 수 있음 • 재무제표에 부채로 인식함
우발부채	• 어느 정도 발생가능성이 있으나, 금액을 신뢰성 있게 추정할 수 없음 • 재무제표 본문에 인식하지 않고, 주석으로 공시하고, 발생가능성이 거의 없는 경우에는 주석으로도 공시하지 않음

I CAN 기출문제

다음 중 부채에 대한 설명으로 올바르지 않는 것은?

① 부채는 과거의 거래나 사건의 결과로 현재 기업실체가 부담하고 있고 미래에 자원의 유출 또는 사용이 예상되는 의무이다.
② 부채의 정의를 만족하기 위해서는 금액이 반드시 확정되어야 한다.
③ 일반적으로 기업실체가 자산을 이미 인수하였거나 자산을 취득하겠다는 취소불능계약을 체결한 경우 현재의 의무가 발생한다.
④ 기업실체가 현재의 의무를 이행하기 위해서는 일반적으로 미래에 경제적 효익의 희생이 수반된다.

정답풀이

② 금액이 반드시 확정되어야 함을 의미하는 것은 아니다.

2. 퇴직급여충당부채

퇴직급여충당부채는 퇴직금추계액과 매년 말 퇴직급여충당금잔액을 비교하여 부족분을 퇴직급여충당부채로 추가 설정한다.

퇴직급여충당부채 계상액 = 퇴직금추계액 - 퇴직급여충당부채 잔액

※ 퇴직금추계액: 기말에 전 임직원이 일시에 퇴사할 경우 지급할 퇴직금 상당액
※ 퇴직급여충당부채 잔액 = 퇴직급여충당부채 기초잔액 - 당기 퇴직금지급액

구 분	차 변		대 변	
퇴직급여충당부채 설정시	퇴직급여	×××	퇴직급여충당부채	×××
퇴사로 인한 퇴직금 지급시	퇴직급여충당부채 (퇴직급여충당부채 부족시 퇴직급여)	×××	보통예금	×××

• 종업원이 퇴사하여 퇴직금 700,000원을 보통예금에서 이체하여 지급하였다.
(퇴직급여충당부채 잔액은 1,000,000원이다.)

차 변	퇴직급여충당부채	700,000원	대 변	보통예금	700,000원

참고 퇴직급여충당부채 잔액이 없을 경우 퇴직급여 계정으로 처리한다.

• 결산일 현재 사무직 종업원들의 퇴직급여추계액은 5,000,000원이다.
(퇴직급여충당부채 잔액은 300,000원이다.)

차 변	퇴직급여(판관)	4,700,000원	대 변	퇴직급여충당부채	4,700,000원

참고 결산시 퇴직급여 추가계상액 = 퇴직급여추계액 - 퇴직급여충당부채 잔액

• 사무직 종업원이 퇴사하여 퇴직금 5,500,000원을 보통예금에서 이체하여 지급하였으며, 소득세 등 원천징수액은 없다고 가정한다.(퇴직급여충당부채 잔액은 5,000,000원이다.)

차 변	퇴직급여충당부채 퇴직급여(판관)	5,000,000원 500,000원	대 변	보통예금	5,500,000원

참고 퇴직급여 지급시 퇴직급여충당부채 잔액을 우선 처리하여야 하며, 소득세 등을 원천징수 할 경우 예수금(부채)계정으로 처리한다.

3. 퇴직연금 제도

퇴직연금제도는 사용자가 근로자의 노후소득보장과 생활안정을 위해 근로자 재직기간 중 퇴직금 지급재원을 외부의 금융기관에 적립, 운용하게 함으로써, 근로자 퇴직 시 연금 또는 일시금으로 지급한다. 퇴직연금제도는 확정급여형(DB)과 확정기여형(DC)이 있다.

구 분	확정급여형(DB형) 퇴직연금	확정기여형(DC형) 퇴직연금
의 미	퇴직연금 적립금 운용의 책임과 권한이 모두 회사에게 있음	퇴직연금 적립금 운용의 책임과 권한이 모두 종업원에게 있음
납입시	(차) 퇴직연금운용자산××× (대) 현금 ×××	(차) 퇴직급여 ××× (대) 현금 ×××
지급시	(차) 퇴직급여충당부채 ××× (퇴직급여) (대) 퇴직연금운용자산 ×××	회계처리 없음

• 확정기여형(DC) 퇴직연금제도를 설정하고 있으며 퇴직연금의 부담금(기여금) 1,500,000원(제조 1,000,000원, 관리 500,000원)을 은행에 현금으로 납부하였다.

차 변	퇴직급여(제조) 퇴직급여(판관)	1,000,000원 500,000원	대 변	현금	1,500,000원

• 퇴직연금 자산에 이자 300,000원이 입금되다. 당사는 전임직원의 퇴직금 지급 보장을 위하여 신한금융에 확정급여형(DB) 퇴직연금에 가입되어 있다.

차 변	퇴직연금운용자산(신한금융)	300,000원	대 변	퇴직연금운용수익	300,000원

참고 퇴직연금운용수익 계정의 경우 실무적으로 이자수익 계정으로 처리하는 경우도 있다.

• 확정급여형(DB) 퇴직연금제도를 실시하는 당사는 생산직 직원 김수현의 퇴직시 보통예금에서 20,000,000원과 퇴직연금운용사(신한금융)에서 6,000,000원을 지급하였다. 퇴직일 현재 퇴직급여충당부채의 잔액은 49,000,000원이다.(퇴직소득에 대한 원천징수는 생략 하기로 한다)

차 변	퇴직급여충당부채 (퇴직급여)	26,000,000원	대 변	퇴직연금운용자산(신한금융) 보통예금	6,000,000원 20,000,000원

참고 퇴직급여충당부채를 우선 상계처리 하며, 잔액 부족시 퇴직급여 계정으로 처리한다.

2 기타 비유동부채

장기차입금	보고기간말에 만기가 1년 이후이면 장기차입금으로, 만기가 1년 이내이면 유동성장기부채로 분류한다.
임대보증금	임대보증금은 임대인(건물주)이 임차인(세입자)으로부터 받는 보증금을 말한다. 추후 돌려줘야 하는 금액이고, 일반적으로 계약기간이 1년 이상이므로 비유동부채에 해당된다.
장기미지급금	장기미지급금은 상거래 이외의 거래에서 발생한 채무 중 상환일이 보고기간 종료일부터 1년 이후에 도래하는 채무를 말한다.

3 사채

사채는 주식회사가 거액의 장기자금을 조달하기 위하여 이사회의 결의를 거쳐 발행하고, 일반인들로부터 자금을 차입하는 것으로 정해진 기간후에 원금을 상환하며, 정기적으로 액면이자율에 따라 이자를 지급하기로 약정한 증서이다.

1. 사채의 흐름

사채는 장기자금을 조달하기 위하여 사채발행자(회사)가 사채임을 증명하는 사채권을 발행하여 주고, 만기까지의 기간 동안 정해진 이자율(액면이자율, 표시이자율)에 따라 이자를 지급하고, 만기에 원금을 상환하는 것을 약정한 비유동부채이다.

2. 사채의 발행

사채의 발행가격은 미래현금흐름을 유효이자율로 할인한 현재가치를 말하며, 시장이자율과 표시이자율에 의해 액면발행, 할인발행, 할증발행으로 나누어진다.

사채의 발행가격 = 만기금액의 현재가치 + 이자지급액의 현재가치

액면발행 (액면이율=시장이율)	액면이자율과 시장이자율이 같은 경우에 사채의 가치는 액면금액과 동일하므로 액면발행 한다.
할인발행 (액면이율<시장이율)	액면이자율이 시장이자율보다 낮은 경우에는 사채의 가치가 낮아져서 사채를 할인하여 발행한다.
할증발행 (액면이율>시장이율)	액면이자율이 시장이자율보다 큰 경우에는 사채의 가치가 높아져서 사채를 할증하여 발행한다.

참고 사채를 할인발행하는 경우에는 사채할인발행차금, 할증발행하는 경우에는 사채할증발행차금 계정을 사용한다.

- 액면 500,000원인 사채(액면이자율 8%, 시장이자율 8%)를 500,000원에 액면발행 하면서 보통예금에 입금하다.

차 변	보통예금	500,000원	대 변	사채	500,000원

- 액면 500,000원인 사채(액면이자율 8%, 시장이자율 10%)를 400,000원에 할인발행 하면서 보통예금에 입금하다.

차 변	보통예금 사채할인발행차금	400,000원 100,000원	대 변	사채	500,000원

- 액면 500,000원인 사채(액면이자율 8%, 시장이자율 6%)를 600,000원에 할증발행 하면서 보통예금에 입금하다.

차 변	보통예금	600,000원	대 변	사채 사채할증발행차금	500,000원 100,000원

3. 사채발행비 처리

사채를 발행할 때 사채액면의 인쇄비용 또는 법률비용 등 비용이 발생하는데 이 비용을 사채발행비라 한다. 사채발행비가 있는 경우에 그 금액은 사채할인발행차금 및 사채할증발행차금에 반영한다.

- 액면 500,000원인 사채를 500,000원에 액면발행하면서 사채 발행과 관련된 비용 10,000원을 제외한 잔액을 보통예금에 입금하다.

차 변	보통예금 사채할인발행차금	490,000원 10,000원	대 변	사채	500,000원

- 액면 500,000원인 사채를 400,000원에 발행하면서 사채 발행과 관련된 비용 10,000원을 제외한 잔액을 보통예금에 입금하다.

차 변	보통예금 390,000원 사채할인발행차금 110,000원	대 변	사채 500,000원

• 액면 500,000원인 사채를 600,000원에 발행하면서 사채 발행과 관련된 비용 10,000원을 제외한 잔액을 보통예금에 입금하다.

차 변	보통예금 590,000원	대 변	사채 500,000원 사채할증발행차금 90,000원

4. 사채발행차금의 회계처리

사채할인발행차금	사채의 할인발행 시 액면금액과 발행금액의 차이 금액은 사채할인발행차금으로 처리하여 사채 액면금액에서 차감하는 형식으로 재무상태표에 표시하고, 이자지급 시 유효이자율법으로 상각하여 이자비용에 가산한다.
사채할증발행차금	사채의 할증발행 시 액면금액과 발행금액의 차이 금액은 사채할증발행차금으로 처리하여 사채 액면금액에 가산하는 형식으로 재무상태표에 표시하고, 이자지급 시 유효이자율법으로 환입한다.

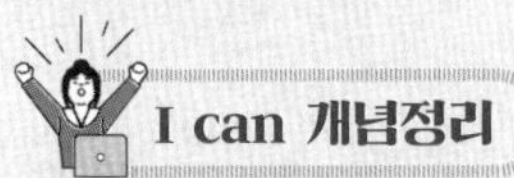

사채의 액면금액

사채의 표면에 기재된 금액으로, 만기일에 사채권자들에게 상환할 금액이다.

사채의 액면이자율

사채에 기록되어 있는 이자율로, 표시이자율이라고도 하며, 사채에 대한 이자 지급시 액면이자율에 따라 지급한다.

이자지급일에 지급할 현금지급이자 = 액면금액 × 액면(표시)이자율

사채의 시장(유효)이자율

사채구입 대신 다른 곳에 돈을 빌려주면 정상적으로 받을 수 있는 이자율을 의미하며, 일반적으로 금융시장에서의 이자율을 말한다.

사채할인(할증)발행차금의 상각과 관련된 비교

구 분	사채할인발행 상각 시	사채할증발행 상각 시
매기 상각액	증가	증가
매기 사채의 장부금액	증가	감소
매기 이자비용(유효이자율법) (사채의 장부금액 × 유효이자율)	증가	감소
매기 지급해야 하는 이자 (사채의 액면금액 × 액면이자율)	일정금액	일정금액

I can 분개 사채

㈜ I can은 20×1년 1월 1일에 사채(액면 100,000원, 액면이자율 연 10%)를 95,198원에 발행하였다. 이자는 매년 말 지급하고 만기 3년인 이 사채에 대하여 시장이자율이 12%인 경우, 사채발행부터 만기까지의 회계처리를 하시오.

답안

㉠ 사채할인발행차금 유효이자율법 상각표

날 짜	유효이자(12%)	액면이자(10%)	상각액	장부금액
20×1.01.01.				95,198원
20×1.12.31.	11,423원	10,000원	1,423원	96,621원
20×2.12.31.	11,594원	10,000원	1,594원	98,215원
20×3.12 31.	11,785원	10,000원	1,785원	100,000원

✓ 유효이자: 전기 장부금액 × 시장이자율(12%)
✓ 액면이자: 액면금액(100,000원) × 액면이자율(10%)
✓ 상 각 액: 유효이자 - 액면이자
✓ 장부금액: 전기 장부금액 + 상각액(20×1.01.01. 장부금액은 발행금액)

㉡ 회계처리(유효이자율법)

20×1.01.01. (발행)	(차)	현금 사채할인발행차금	95,198원 4,802원	(대)	사채	100,000원
20×1.12.31. (이자지급)	(차)	이자비용	11,423원	(대)	현금 사채할인발행차금	10,000원 1,423원
20×2.12.31. (이자지급)	(차)	이자비용	11,594원	(대)	현금 사채할인발행차금	10,000원 1,594원
20×3.12.31. (이자지급 및 상환)	(차)	이자비용 사채	11,785원 100,000원	(대)	현금 사채할인발행차금 현금	10,000원 1,785원 100,000원

I CAN 기출문제

다음 중 사채에 대한 설명으로 올바르지 않은 것은?

① 사채발행비용은 사채의 발행금액에서 차감한다.
② 유효이자율법 적용시 사채할증발행차금 상각액은 매년 증가한다.
③ 유효이자율법 적용시 사채할인발행차금 상각액은 매년 감소한다.
④ 사채할인발행차금은 당해 사채의 액면금액에서 차감하는 형식으로 기재한다.

정답풀이

③ 유효이자율법 적용시 사채할증발행차금 상각액과 사채할인발행차금 상각액 모두 매년 증가한다.

5. 사채의 조기상환

사채의 만기가 도래하기 전에 사채를 상환하는 것을 조기상환이라 하는데, 조기상환하는 경우에 상환금액과 장부금액이 다르다면 상환손익이 발생한다.

사채의 조기상환하는 시점의 시장이자율을 적용하여 상환금액을 산정하고, 상환금액과 장부금액을 비교하여 상환손익을 계산한다. 따라서 상환손익의 발생은 시장이자율에 의하여 결정되며, 상환금액이 장부금액보다 크면 상환손실, 상환금액이 장부금액보다 작으면 상환이익이 발생한다.

㉠ 상환이익	• 시장이자율이 상승하면 사채의 가치가 하락하므로 낮은 금액으로 상환할 수 있다. • 사채발행시 시장이자율보다 상환시 시장이자율이 상승하면 장부금액보다 상환금액이 낮아져서 사채상환이익이 발생한다. 발행시 시장이자율 〈 상환시 시장이자율 ➜ 상환이익
㉡ 상환손실	• 시장이자율이 하락하면 사채의 가치가 상승하므로 상환시 높은 금액을 지불해야 한다. • 사채발행시 시장이자율보다 상환시 시장이자율이 하락하면 장부금액보다 상환금액이 높아져서 사채상환손실이 발생한다. 발행시 시장이자율 〉 상환시 시장이자율 ➜ 상환손실

• 사채(액면금액 30,000,000원) 중 액면금액 15,000,000원 상당액을 12,800,000원에 중도상환하기로 하고, 상환대금은 보통예금계좌에서 이체하다. 상환일 현재 상각 후 총 사채할인발행차금 잔액은 5,000,000원이며, 다른 사채발행금액은 없는 것으로 한다.

차 변			대 변		
	사채	15,000,000원		보통예금	12,800,000원
	사채상환손실	300,000원		사채할인발행차금	2,500,000원

참고 사채 상환시 사채할인발행차금도 함께 상계하여야 한다.

• 액면금액 200,000,000원인 사채 중 액면금액 150,000,000원을 132,000,000원에 중도상환하기로 하고 상환대금은 보통예금 계좌에서 이체하였다. 상환일 현재 사채할인발행차금 잔액은 20,000,000원이며 다른 사채발행금액은 없는 것으로 가정한다.

차 변			대 변		
	사채	150,000,000원		보통예금	132,000,000원
				사채할인발행차금	15,000,000원
				사채상환이익	3,000,000원

참고 사채할인발행차금 상각액: 20,000,000원 × 150,000,000원/200,000,000원 = 15,000,000원

I can 실전문제(부채)

※ I can 실전문제에 수록된 문제들은 모두 전산세무 2급 시험에 다수 출제되었던 유형입니다.

01 **다음 중 부채에 대한 설명으로 옳지 않은 것은?**

① 부채는 원칙적으로 1년을 기준으로 유동부채와 비유동부채로 분류한다.
② 일반기업회계기준에는 단기차입금, 매입채무 그리고 사채를 유동부채항목으로 분류하고 있다.
③ 충당부채는 과거 사건이나 거래의 결과에 의한 현재의무로서 자원이 유출될 가능성이 매우 높아야 한다.
④ 우발부채는 부채로 인식하지 않고 주석으로 기재한다.

02 **다음 중 유동자산 또는 유동부채가 아닌 것은?**

① 기업의 정상적인 영업주기 내에 실현될 것으로 예상되거나 판매목적 또는 소비목적으로 보유하고 있는 자산
② 보고기간종료일로부터 1년 이내에 상환되어야 하는 단기차입금 등의 부채
③ 보고기간종료일로부터 1년 이내에 상환기일이 도래하더라도, 기존의 차입약정에 따라 보고기간종료일로부터 1년을 초과하여 상환할 수 있고 기업이 그러한 의도가 있는 경우의 차입금
④ 사용의 제한이 없는 현금 및 현금성자산

03 **다음은 충당부채 및 우발부채에 관한 설명이다. 잘못된 것은?**

① 충당부채로 인식하기 위해서는 현재의무가 존재하여야 할 뿐만 아니라, 그 의무의 이행을 위한 자원의 유출 가능성이 매우 높아야 한다.
② 충당부채의 명목금액과 현재가치의 차이가 중요한 경우에는 의무를 이행하기 위하여 예상되는 지출액의 현재가치로 평가한다.
③ 우발부채는 부채로 인식하여야 한다.
④ 현재의무를 이행하기 위하여 소요되는 지출 금액에 영향을 미치는 미래사건이 발생할 것이라는 충분하고 객관적인 증거가 있는 경우에는, 그러한 미래사건을 감안하여 충당부채 금액을 추정한다.

04 **다음 중 일반기업회계기준상 충당부채 인식기준에 해당되지 않는 것은?**

① 과거사건이나 거래의 결과로 현재의무가 존재할 것
② 당해 의무를 이행하기 위하여 자원이 유출될 가능성이 매우 높을 것
③ 거래상대방이 명확하고, 손해에 대한 구상권을 행사할 수 있을 것
④ 그 의무의 이행에 소요되는 금액을 신뢰성 있게 추정할 수 있을 것

05 **다음 중 사채에 대한 설명으로 틀린 것은?**

① 사채의 액면이자율이 시장이자율보다 더 크면 사채는 할증발행 된다.
② 사채발행시 발생한 비용은 발행금액에서 직접 차감한다.
③ 사채할증발행차금은 자본잉여금에 해당한다.
④ 사채할인발행시에 유효이자율법 적용시 기간이 경과함에 따라 사채의 장부금액은 증가한다.

06 **사채가 할인발행되고 유효이자율법이 적용되는 경우 다음의 설명 중 틀린 것은?**

① 사채할인발행차금 상각액은 매기 감소한다.
② 매기간 계상되는 총사채 이자비용은 초기에는 적고 기간이 지날수록 금액이 커진다.
③ 사채의 장부금액은 초기에는 적고 기간이 지날수록 금액이 커진다.
④ 사채발행시점에 발생한 사채발행비는 즉시 비용으로 처리하지 않고, 사채의 만기 동안의 기간에 걸쳐 유효이자율법을 적용하여 비용화한다.

07 **사채 할인발행 시 나타나는 현상에 대한 다음 설명 중 가장 올바른 것은?**

① 사채할인발행차금의 잔액은 만기가 가까워질수록 감소한다.
② 사채를 할인발행하는 경우 사채의 발행금액이 액면금액보다 크다.
③ 사채할인발행차금은 사채 액면금액에 가산하는 형식으로 표기한다.
④ 발행된 사채와 관련해서 매년 장부에 인식되는 이자비용은 금액은 매년 동일하다.

08 **20x1년 1월 1일에 액면 5,000,000원의 사채(액면이율 10%, 만기 3년)를 4,500,000원에 발행하였다. 이 사채로 인하여 3년 간 인식해야하는 이자비용 총액은 얼마인가?**

① 200,000원 ② 500,000원
③ 1,500,000원 ④ 2,000,000원

09 **20×1년 초에 발행한 사채에 대한 설명이다. 다음 사채에 대한 설명 중 옳지 않은 것은?**

- 액면금액 1,000,000원
- 3년만기
- 유효이자율 12%, 액면이자율 10%
- 이자는 매년 말 지급한다.

① 사채가 할증발행 되었다.
② 20×1년 말 장부에 계상되는 이자비용은 현금으로 실제 지급한 금액보다 크다.
③ 20×1년 말 사채의 장부금액은 발행당시 보다 크다.
④ 손익계산서상의 이자비용은 20×1년 보다 20×2년이 더 크다.

10 **사채(액면이율 5%, 사장이율 7%)를 발행하고 회계기간 말에 유효이자율법에 의해 상각하는 경우 사채발행차금의 상각이 당기순이익과 사채의 장부금액에 미치는 영향으로 옳을 것은?**

	[당기순이익]	[장부금액]
①	감소	감소
②	증가	감소
③	감소	증가
④	불변	감소

11 **다음의 사채 발행 관련 자료를 통해 알 수 있는 내용으로 올바르지 않은 것은?**

- 사채 발행일: 20x1년 1월 1일
- 사채 만기일: 20x4년 12월 31일
- 이자 지급일: 매년 12월 31일(연 1회, 현금 지급)
- 액면 이자율: 연 8%, 유효이자율: 연 9%
- 액면 3,000,000원의 사채를 2,883,310원에 발행하고, 납입금은 당좌예입하다.

① 사채 발행 시 사채할인발행차금은 116,690원이다.
② 20×1년도 손익계산서에 반영되는 이자비용 금액은 259,498원이다.
③ 20×1년도 사채할인발행차금 상각액은 19,498원이다.
④ 20×1년 말 이자지급 후 사채의 장부금액은 2,863,812원이다.

7. 자본

01 자본의 이해

자본은 기업이 소유하고 있는 자산에서 갚아야 하는 부채를 차감한 순자산을 의미하고, 법인기업의 자본은 자본금, 자본잉여금, 자본조정, 기타포괄손익누계액, 이익잉여금 으로 분류할 수 있다.

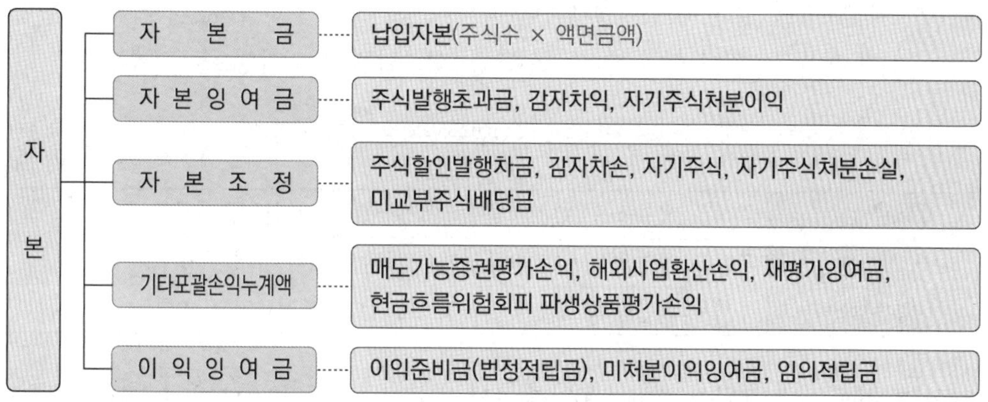

I CAN 기출문제

다음 자본의 분류 중 그 성격이 다른 하나는 무엇인가?

① 자기주식 ② 주식할인발행차금
③ 감자차손 ④ 주식발행초과금

정답풀이

④ 주식발행초과금은 자본잉여금 항목이고, 나머지는 자본조정 항목이다.

I CAN 기출문제

다음 자본의 설명중 올바르지 않은 것은?

① 자본은 자본금, 자본잉여금, 자본조정, 기타포괄손익누계액, 이익잉여금으로 구성된다.
② 이익준비금은 자본잉여금에 속한다.
③ 자기주식처분손실은 자본조정에 속한다.
④ 주식배당이 진행되어도 자본총계에는 변화가 없다.

정답풀이

② 이익준비금은 이익잉여금에 속한다.

02 자본금

주식회사의 자본금은 법정자본금으로서 주당 액면금액에 발행주식수를 곱한 금액이다. 법인의 자금조달을 위해 주식을 발행하여 자본을 증가시키는 것을 유상증자라고 하며, 액면금액과 발행금액의 차이에 따라 액면발행, 할증발행, 할인발행으로 구분된다.

자본금(법정자본금) = 발행주식수 × 주당 액면금액

액면발행	주식을 액면금액 그대로 발행 (액면금액 = 발행금액)
할증발행	주식을 액면금액 보다 높은금액으로 발행 (액면금액 〈 발행금액)
할인발행	주식을 액면금액 보다 낮은금액으로 발행 (액면금액 〉 발행금액)

• 증자를 위해 주식 100주(액면 10,000원)를 주당 10,000원에 발행하고 납입금은 보통예입하다.

차 변			대 변		
	보통예금	1,000,000원		자본금	1,000,000원

• 증자를 위해 주식 100주(액면 10,000원)를 주당 12,000원에 발행하고 납입금은 보통예입하다.

차 변			대 변		
	보통예금	1,200,000원		자본금	1,000,000원
				주식발행초과금	200,000원

• 증자를 위해 주식 100주(액면 10,000원)를 주당 8,000원에 발행하고 납입금은 보통예입하다.

차 변			대 변		
	보통예금	800,000원		자본금	1,000,000원
	주식할인발행차금	200,000원			

참고 주식발행시 주식발행비가 발생하는 경우 주식의 발행금액에서 차감한다. 즉 주식발행초과금에서 차감(-)하고, 주식할인발행차금에 가산(+)한다.

I CAN 기출문제

다음 중 자산의 증가도 없고, 자본의 증가도 없는 경우에 해당하는 것은?

① 유상증자 ② 무상증자
③ 주식의 할인발행 ④ 주식의 할증발행

 **정답풀이**

② 무상증자는 동일한 금액의 자본 감소와 자본 증가를 가져오므로, 자산의 증감도 없고, 자본의 증감도 없다.

03 자본잉여금

자본잉여금은 자본거래에서 발생하는 자본을 증가시키는 잉여금으로 주식발행초과금, 감자차익, 자기주식처분이익 등이 해당한다.

1. 주식발행초과금

주식발행초과금은 주식발행금액이 액면금액을 초과하는 경우 그 초과금액을 말하며, 만약 기존에 주식할인발행차금(자본조정) 잔액이 있다면 그 잔액을 먼저 상계하고, 주식할인발행차금 잔액을 초과하는 금액만 주식발행초과금(자본잉여금)으로 처리한다.

• 자본금 증자를 위해 주식 100주(액면 10,000원)를 주당 12,000원에 발행하고 납입금은 보통예입하다.(주식할인발행차금 120,000원이 있다.)

차 변	보통예금	1,200,000원	대 변	자본금 주식할인발행차금 주식발행초과금	1,000,000원 120,000원 80,000원

2. 감자차익

자본금 감소 시 그 감소액이 주식의 소각, 주금의 반환에 의한 금액 또는 결손 보전에 충당한 금액을 초과하는 경우 그 초과액을 말한다.

• 자사의 주식 100주(주당 액면 10,000원)를 주당 8,000원에 현금으로 매입하여 소각하였다.

차 변	자본금	1,000,000원	대 변	현금 감자차익	800,000원 200,000원

3. 자기주식처분이익

자기주식을 구입한 후 다시 처분할 경우 취득금액보다 처분금액이 높은 경우 그 초과액을 말한다.

• 주당 장부금액 12,000원인 자기주식 100주를 주당 13,000원에 처분하고 현금을 수령하였다.

차 변	현금 1,300,000원	대 변	자기주식 1,200,000원 자기주식처분이익 100,000원

참고 자사의 주식을 구입하는 경우 자기주식으로 처리하며, 자기주식을 장부금액보다 초과하여 처분시 자기주식처분손실(자본조정) 잔액이 있다면, 그 잔액을 우선 상계처리 후 자기주식처분손실을 초과하는 금액 만큼만 자기주식처분이익(자본잉여금)으로 처리한다.

04 자본조정

자본조정은 자본거래에서 발생하는 자본을 감소시키는 잉여금으로 주식할인발행차금, 감자차손, 자기주식처분손실, 자기주식, 미교부주식배당금 등이 해당한다.

1. 주식할인발행차금

주식할인발행차금은 주식을 액면금액 이하로 발행한 경우, 발행금액과 액면금액의 차이를 말하며, 만약 기존에 주식발행초과금(자본잉여금) 잔액이 있다면 그 잔액을 먼저 상계하고, 주식발행초과금 잔액을 초과하는 금액만 주식할인발행차금(자본조정)으로 처리한다.

• 자본금 증자를 위해 주식 100주(액면 10,000원)를 주당 7,000원에 발행하고 납입금은 보통 예입하다.(주식발행초과금 200,000원이 있다.)

차 변	보통예금 700,000원 주식발행초과금 200,000원 주식할인발행차금 100,000원	대 변	자본금 1,000,000원

2. 감자차손

자본금의 감소 시 나타나는 것으로, 주식을 매입하여 소각하는 경우 취득금액이 액면금액보다 큰 경우에 그 차이를 말한다.

• 자사의 주식 100주(주당 액면 10,000원)를 주당 12,000원에 현금으로 매입하여 소각하였다.

차 변	자본금 감자차손	1,000,000원 200,000원	대 변	현금	1,200,000원

3. 자기주식

자사의 주식을 구입하는 경우 자기주식으로 처리한다.

• 자기주식 100주(주당 액면 10,000원)를 주당 12,000원에 현금으로 매입하였다.

차 변	자기주식	1,200,000원	대 변	현금	1,200,000원

4. 자기주식 처분손실

자기주식을 구입한 후 다시 처분할 경우 취득금액보다 처분금액이 낮은 경우 그 초과액을 말한다.

• 주당 장부금액 12,000원인 자기주식 100주를 주당 11,000원에 처분하고 현금을 수령하였다.(장부에 자기주식처분이익 30,000원이 있다.)

차 변	현금 자기주식처분이익 자기주식처분손실	1,100,000원 30,000원 70,000원	대 변	자기주식	1,200,000원

5. 미교부주식배당금

이익잉여금 처분과정에서 주식배당을 결의하였다면 미처분이익잉여금이 감소하면서 미교부주식배당금을 인식한다.

차 변	이익잉여금	×××	대 변	미교부주식배당금(자본조정)	×××

05 기타포괄손익누계액

기타포괄손익누계액은 재무상태표일 현재의 기타포괄손익 잔액으로, 당기순이익에 포함되지 않는 평가손익의 누계액이다.

매도가능증권평가손익	매도가능증권의 공정가치 평가시 발생하는 미실현손익
해외사업환산손익	해외지점, 해외사업소 또는 해외소재 관계 및 종속 기업의 자산과 부채를 외화환산시 발생하는 손익
현금흐름위험회피 파생상품평가손익	가격변동에 따른 손익을 회피하기 위하여 선도, 선물, 스왑, 옵션 등 파생상품거래를 한 경우, 파생상품을 공정가치로 평가해야 한다. 공정가치로 평가 시 발생하는 평가손익 중 효과적인 부분만 기타포괄손익으로 인식 (비효과적인 부분은 당기손익으로 인식)
재평가잉여금	유형자산을 재평가모형에 따라 공정가치로 평가할 경우 공정가치가 상승하여 발생하는 재평가이익 (공정가치 하락으로 발생하는 재평가손실은 당기손익으로 인식)

06 이익잉여금(잉여금의 처분)

이익잉여금은 영업활동의 결과 손익거래에서 얻어진 이익이 사내에 유보되어 생기는 잉여금이며, 그 종류는 다음과 같다.

이익준비금 (법정적립금)	상법의 규정에 의하여 자본금의 1/2에 달할 때까지 매 결산기 금전 이익배당 금액의 1/10 이상을 적립
기타법정적립금	기타 법령에 따라 적립된 금액
임의적립금	채권자와의 계약, 기업의 특정목적을 달성하기 위해 정관의 규정이나 주주총회의 결의로 배당가능한 이익잉여금의 일부를 유보한 금액
미처분이익잉여금 (이월이익잉여금)	전기말 미처분이익잉여금 + 당기순이익 - 주주에 대한 배당 - 자본금으로의 전입 - 자본조정항목의 상각액

1. 이익잉여금의 변동

손익계산서에서 계산되는 당기순이익은 재무상태표의 이익잉여금으로 대체되어서 매년 합산되고, 당기순손실이 발생하는 경우에는 이익잉여금에서 차감된다. 이렇게 조성된 이익잉여금은 주주들에게 배당되거나 여러 가지 사업을 위한 적립금 등으로 처분된다. 이익잉여금을 배당하거나 적립하는 등 처분에 관한 사항은 이익잉여금처분계산서에서 확인할 수 있다.

이익잉여금처분계산서

20 × 3년 1월 1일부터 20 × 3년 12월 31일까지
처분확정일 20 × 4. 2. 28.

과목	금액	
Ⅰ. 미처분이익잉여금		193,600,000
1. 전기이월미처분이익잉여금	153,004,000	
2. 회계변경의기준효과	0	
3. 전기 오류 수정이익	0	
4. 전기 오류 수정손실	0	
5. 당기순이익	40,596,000	
Ⅱ. 임의적립금 등의 이입액		0
1.	0	
2.	0	
합계		193,600,000
Ⅲ. 이익잉여금처분액		(88,000,000)
1. 이익준비금	(5,000,000)	
2. 기업 합리화 적립금		
3. 배당금		
가. 현금배당	(50,000,000)	
나. 주식배당	(30,000,000)	
4. 사업확장적립금	(3,000,000)	
5. 감채적립금		
6. 배당평균적립금		
Ⅳ. 차기 이월 이익 잉여금		(105,600,000)

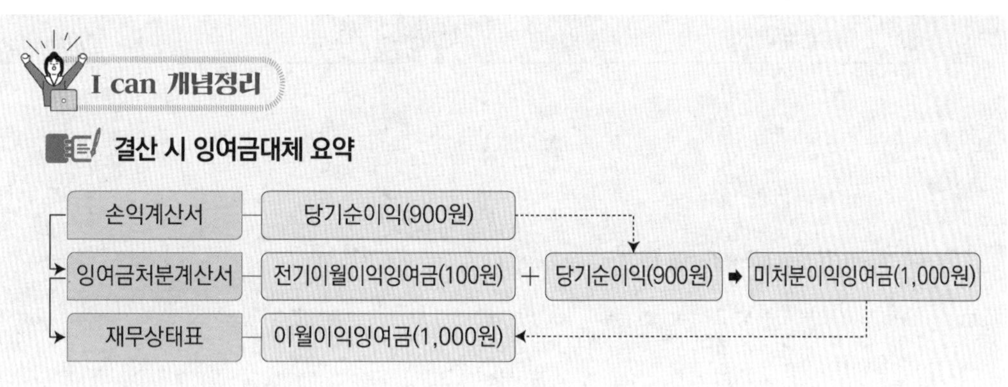

2. 현금배당

주주총회에서 이익잉여금의 일부를 주주들에게 현금으로 배당할 것을 결의하면 미처분이익잉여금 중 일부를 미지급배당금(유동부채)으로 대체하는 분개를 하여야 한다.

주주총회에서 현금배당을 결의한 때에는 현금배당액의 1/10 이상을 자본금의 1/2에 달할 때까지 법정적립금인 이익준비금으로 적립하여야 한다.

- 주주총회에서 미처분이익잉여금 중 100,000원을 현금배당하고, 배당액의 10%를 이익준비금으로 적립하기로 결의하였다.

차 변	이월이익잉여금	110,000원	대 변	미지급배당금 이익준비금	100,000원 10,000원

※ 이익준비금: 미지급배당금(1,000,000원) × 10% = 100,000원

• 주주총회에서 지급 결의한 현금배당액 100,000원을 현금으로 지급하였다.

차 변	미지급배당금	100,000원	대 변	현금	100,000원

3. 주식배당

주주총회에서 주주들에게 주식으로 배당할 것을 결의하면 미처분이익잉여금을 미교부주식배당금(자본조정)으로 대체하는 분개를 한다. 주주총회에서 결의한 주식배당을 실제로 지급할 때는 대변에 자본금 계정을 기록해서 자본금을 증가시킨다.

• 주주총회에서 미처분이익잉여금 100,000원을 주식배당하기로 결의하였다.

차 변	이월이익잉여금	100,000원	대 변	미교부주식배당금	100,000원

• 주주총회에서 결의한 주식배당을 위해 100,000원의 주식을 발행하여 교부하였다.

차 변	미교부주식배당금	100,000원	대 변	자본금	100,000원

I can 개념정리

현금배당과 주식배당의 비교

현금배당	• 주주에게 현금을 지급함 • 기업의 순자산(현금)이 외부로 유출됨 • 자본총액 감소, 자본금 불변(이익잉여금 감소, 현금 감소) ※ 주주: 배당금수익 발생 [(차) 현금 ××× (대) 배당금수익 ×××]
주식배당	• 주주에게 주식을 지급함 • 기업의 순자산이 외부로 유출되지 않음 • 자본총액 변동없고, 자본금 증가(이익잉여금 감소, 자본금 증가) ※ 주주: 주식 수 증가, 주식 단위당 금액 하락 ➜ 회계처리 없음

4. 이익준비금

상법에 의거 회사는 자본금의 1/2에 달할 때까지 매 결산기의 금전에 의한 배당액의 1/10이상의 금액을 이익준비금으로 적립하여야한다. 이에 따른 이익준비금은 결손보전과 자본전입에만 처분할수 있다.

• 이익준비금 500,000원을 자본으로 전입하였다.

차 변	이익준비금	500,000원	대 변	자본금	500,000원

※ 이익준비금의 자본전입을 통해 이익잉여금이 감소하면서 자본금이 증가하여 자본에는 변화가 없으며, 이를 무상증자(내부거래) 혹은 형식적증자라고 한다.

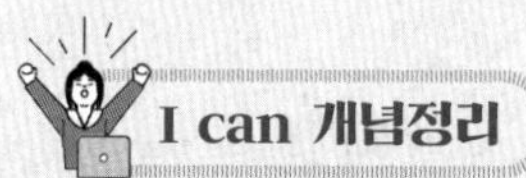

현물출자

현물출자란 주식을 발행한 대가를 금전이 아닌 물건(현물)으로 받는 것을 말한다. 이때 현물출자 받은 자산의 취득금액은 해당 자산의 공정가치로 하고, 이 금액은 주식의 발행금액이 된다.

• 주식 100주(액면 10,000원)을 발행하면서 공정가치 1,200,000원의 토지를 현물출자 받았다.

차 변	토지	1,200,000원	대 변	자본금 주식발행초과금	1,000,000원 200,000원

부채의 출자전환

부채의 출자전환이란 주식을 발행한 대가로 금전 등을 받는 것이 아니라 부채를 감소시키는 것을 말한다. 즉, 부채를 자본으로 전환하는 것이다.

• 장기차입금 2,200,000원을 출자전환하면서 주식 200주(액면 10,000원)를 발행하여 교부하였다.

차 변	장기차입금	2,200,000원	대 변	자본금 주식발행초과금	2,000,000원 200,000원

유상증자와 무상증자

유상증자란 법인설립 후 자금이 필요할 경우 자금조달 방법으로 주식을 발행하여 자본을 증가시키는 것을 말하며, 무상증자란 자본잉여금 또는 이익잉여금 중에서 배당이 불가능한 법정적립금(이익준비금 등)을 자본금으로 대체하는 것으로 자본 전체의 금액 변동은 없으나, 자본금은 증가(자본잉여금 등은 감소)하게 되는 것을 의미한다.

I CAN 기출문제

다음 보기 중 이익잉여금으로 분류하는 항목을 모두 고른 것은 무엇인가?

ㄱ. 현금배당의 1/10 이상의 금액을 자본금의 2분의 1에 달할 때까지 적립해야 하는 금액
ㄴ. 액면을 초과하여 주식을 발행한 때 그 액면을 초과하는 금액
ㄷ. 감자를 행한 후 주주에게 반환되지 않고 불입자본으로 남아있는 금액

① ㄱ ② ㄴ ③ ㄱ, ㄷ ④ ㄴ, ㄷ

정답풀이

① ㄱ은 이익잉여금(이익준비금)으로, ㄴ(주식발행초과금)과 ㄷ(감자차익)은 자본잉여금으로 분류한다.

07 임의적립금

법정적립금 이외에 기업이 임의로 적립하는 것을 임의적립금이라 한다. 여기에는 사업확장적립금, 배당평균적립금 등이 있다.

- 정기 주주총회에서 미처분이익잉여금 중 400,000원을 사업확장적립금으로 적립하기로 결의하였다.

차 변	이월이익잉여금	400,000원	대 변	사업확장적립금	400,000원

I CAN 기출문제

다음 중 자본거래에 관한 설명으로 가장 틀린 것은?

① 자기주식은 취득원가를 자기주식의 과목으로 하여 자본조정으로 회계처리한다.
② 자기주식을 처분하는 경우 처분금액이 장부금액보다 크다면 그 차액을 자기주식처분이익으로 하여 자본조정으로 회계처리한다.
③ 처분금액이 장부금액보다 작다면 그 차액을 자기주식처분이익의 범위내에서 상계처리하고, 미상계된 잔액이 있는 경우에는 자본조정의 자기주식처분손실로 회계처리한다.
④ 이익잉여금(결손금) 처분(처리)로 상각되지 않은 자기주식처분손실은 향후 발생하는 자기주식처분이익과 우선적으로 상계한다.

정답풀이

② 자기주식을 처분하는 경우 처분금액이 장부금액보다 크다면 그 차액을 자기주식처분이익으로 하여 자본잉여금으로 회계처리한다.

상황에 따른 자본의 변화

구 분	주식배당	무상증자	주식분할	주식병합
자본총액	불변	불변	불변	불변
자본금	증가	증가	불변	불변
잉여금	감소	감소	불변	불변
주당 액면금액	불변	불변	감소	증가
발행주식수	증가	증가	증가	감소

I CAN 기출문제

다음 중 배당에 관한 설명으로 잘못된 것은?

① 주식배당은 순자산의 유출이 없이 배당효과를 얻을 수 있다.
② 주식배당 후에도 자본의 크기는 변동이 없다.
③ 미교부주식배당금이란 이익잉여금처분계산서상의 주식배당액을 말하며 주식교부시에 자본금계정과 대체된다.
④ 주식배당 후에도 발행주식수는 변동이 없다.

정답풀이

④ 주식배당 후에는 발행주식수가 증가한다.

I can 실전문제(자본)

※ I can 실전문제에 수록된 문제들은 모두 전산세무 2급 시험에 다수 출제되었던 유형입니다.

01 **다음의 분류 항목 중 기업이 주주와의 거래(자본거래)에서 발생한 사항이 아닌 것은?**

① 이익잉여금　　② 자본잉여금

③ 자본조정　　④ 자본금

02 **다음 중 자본에 대한 설명으로 틀린 것은?**

① 자본은 자본금, 자본잉여금, 자본조정, 기타포괄손익누계액, 이익잉여금으로 구성된다.

② 미교부주식배당금은 자본잉여금이다.

③ 주식할인발행차금은 자본조정이다.

④ 무상증자가 진행되도 자본총계의 변화가 없다.

03 **주식발행회사의 입장에서 주식배당 결의와 동시에 주식배당을 즉시 실시하였다고 가정하였을 경우에 발생되는 효과로써 가장 적절한 것은?**

① 미지급배당금만큼 부채가 증가한다.

② 자본총액이 주식배당액만큼 감소한다.

③ 자본금은 증가하지만 이익잉여금은 감소한다.

④ 주식배당은 배당으로 인한 회계처리가 불필요하므로 자본항목 간의 변동도 없다.

04 **자본에 대한 다음 설명 중 올바르지 않은 것은?**

① 무상증자시 자본총액은 증가한다.

② 자기주식은 취득원가를 자기주식의 과목으로 자본조정으로 회계처리한다.

③ 주식의 할인발행시 주식발행초과금 잔액이 있으면, 이를 상계처리하고 잔액은 주식할인발행차금으로 회계처리한다.

④ 기업이 이미 발행한 주식을 재취득하여 소각하는 경우에 주식의 취득원가가 액면금액보다 작다면 감자차익으로 하여 자본잉여금으로 회계처리한다.

05 다음의 회계처리가 재무제표에 미치는 영향은?

주주총회에서 주주에게 현금배당금을 지급하기로 결의하고 회계팀에서 현금으로 지급하였다.

	자산	부채	자본
①	불변	증가	감소
②	감소	불변	감소
③	불변	증가	감소
④	감소	감소	불변

06 다음 중 자본거래에 대한 설명으로 가장 옳지 않은 것은?

① 유상증자시 발행되는 주식은 반드시 액면금액으로 발행할 필요는 없다.
② 무상증자의 경우 자본금의 증가를 가져온다.
③ 주식할인발행차금은 주식발행초과금의 범위내에서 상계처리하고 잔액은 자본조정으로 회계처리한다.
④ 자기주식처분이익과 자기주식처분손실은 자본조정으로 회계처리한다.

07 일반기업회계기준에 따른 자본의 표시에 대한 설명으로 옳지 않은 것은?

① 자본금은 보통주자본금과 우선주자본금으로 구분하여 표시한다.
② 자본잉여금은 주식발행초과금과 기타자본잉여금으로 구분하여 표시한다.
③ 자본조정 중 자기주식은 별도 항목으로 구분하여 표시한다.
④ 기타포괄손익누계액은 법정적립금, 임의적립금 및 미처분이익잉여금(또는 미처리결손금)으로 구분하여 표시한다.

08 재무상태표상의 자본에 대한 설명으로 틀린 것은?

① 자본금은 법정 납입자본금으로서 발행주식수에 발행금액을 곱한 금액을 말한다.
② 자본잉여금은 증자나 감자 등 주주와의 거래에서 발생하여 자본을 증가시키는 잉여금이다.
③ 자본조정은 당해 항목의 성격으로 보아 자본거래에 해당하나 최종 납입된 자본으로 볼 수 없거나 자본의 가감 성격으로 자본금이나 자본잉여금으로 분류할 수 없는 항목이다.
④ 이익잉여금은 손익계산서에 보고된 손익과 다른 자본항목에서 이입된 금액의 합계액에서 배당 등으로 처분된 금액을 차감한 잔액이다.

09 **다음 중 자본의 실질적인 감소를 초래하는 것을 모두 묶은 것은?**

> 가. 주주총회의 결의에 의하여 주식배당을 실시하다.
> 나. 주주총회의 결의에 따라 주당 8,000원으로 50,000주를 유상증자하다.
> 다. 이사회 결의에 의하여 중간배당으로 현금배당을 실시하다.
> 라. 결손금 보전을 위해 이익준비금을 자본금에 전입하다.

① 가, 나　　② 다, 라　　③ 다　　④ 라

10 **다음의 거래 중에서 실질적으로 자본이 증가되는 경우가 아닌 것은?**

① 액면금액 100만원 주식을 10만원에 유상증자하였다.
② 100만원으로 인식된 자기주식을 130만원에 처분하였다.
③ 감자를 위하여 액면금액 100만원 주식을 10만원에 취득 후에 소각하였다.
④ 10만원 상당한 특허권을 취득하고 그 대가로 액면금액 100만원의 주식을 새로이 발행하여 지급하였다.

11 **다음 중 자본에 관한 내용으로 틀린 것은?**

① 미교부주식배당금은 주식배당을 받는 주주들에게 주식을 교부해야하므로 부채로 계상한다.
② 자본잉여금은 증자나 감자 등 주주와의 거래에서 발생하여 자본을 증가시키는 잉여금이다.
③ 주식할인발행차금은 주식발행초과금의 범위 내에서 상계처리한다.
④ 자기주식은 자본에서 차감되는 항목이며, 자기주식처분이익은 자본에 가산되는 항목이다.

12 **20×1년 1월 1일 자본금은 30,000,000원(주식수 30,000주, 액면금액 1,000원)이다. 20×1년 7월 1일에 주당 1,200원에 10,000주를 유상증자하였다. 20×1년 기말 자본금은 얼마인가?**

① 12,000,000원　　② 40,000,000원
③ 50,000,000원　　④ 62,000,000원

13 **20×1년도 말 재무상태표에서 추출한 자본과 관련된 자료이다. 이익잉여금의 합계를 계산한 금액으로 옳은 것은?**

• 자본금:	50,000,000원	• 이익준비금:	400,000원
• 감자차익:	250,000원	• 자기주식:	1,000,000원
• 임의적립금:	150,000원	• 주식발행초과금:	500,000원

① 400,000원　　② 550,000원
③ 800,000원　　④ 1,050,000원

8. 수익과 비용

기업의 주요 영업활동인 상품 및 제품의 매출 활동과 관련된 수익을 영업수익이라 하고, 그 외의 수익을 영업외수익이라 한다. 영업수익인 매출액에 대응하는 비용을 매출원가라 하고 판매와 관리활동에 관련된 비용을 판매비와관리비라고 하며, 그 외의 비용을 영업외비용이라 한다. 수익과 비용은 손익계산서에 표시되며, 손익계산서의 구성은 다음과 같다.

	Ⅰ. 매출액	(총매출액 - 매출할인, 매출환입, 매출에누리)
-	Ⅱ. 매출원가	(기초재고 + 당기완성품제조원가 - 기말재고)
=	Ⅲ. 매출총손익	(매출액 - 매출원가)
-	Ⅳ. 판매비와관리비	(매출원가 외에 판매관리활동에서 발생하는 비용)
=	Ⅴ. 영업손익	(매출총손익 - 판매비와관리비)
+	Ⅵ. 영업외수익	
-	Ⅶ. 영업외비용	
=	Ⅷ. 법인세차감전순손익	(영업손익 + 영업외수익 - 영업외비용)
-	Ⅸ. 법인세비용	
=	Ⅹ. 당기순손익	(법인세차감전순이익 - 법인세비용)

I CAN 기출문제

다음 손익항목 중 영업이익을 산출하는데 반영되는 항목들의 합계액은?

• 상품매출원가:	10,000,000원	• 기부금:	400,000원
• 복리후생비:	300,000원	• 매출채권처분손실:	350,000원
• 접대비(기업업무추진비):	500,000원	• 이자비용:	150,000원

① 11,350,000원　② 11,200,000원
③ 10,800,000원　④ 10,300,000원

정답풀이

③ 영업이익 계산과정에는 매출원가와 판매관리비가 포함된다.
(10,000,000원 + 300,000원 + 500,000원 =10,800,000원)

01 수익

수익은 기업의 경영활동에서 재화의 판매 또는 용역의 제공 과정으로 획득된 경제적 가치로서 자산의 증가 또는 부채의 감소에 따라 자본의 증가를 초래하는 경제적 효익의 총유입을 의미하며, 매출액과 영업외수익이 해당된다.

1 매출액(영업수익)

1. 제품매출(상품매출)

기업의 경영활동에서 판매를 목적으로 외부에서 구입한 재화인 상품 및 제조공정의 완성제품에 일정한 이익을 가산하여 매출하게 되는데, 상품의 매출이 발생하면 상품매출(제품매출)계정 대변에 기입한다.

매출액은 기업의 주된 영업활동에서 발생하는 수익을 말하며, 총매출액에서 매출환입, 매출에누리, 매출할인을 차감한 금액을 순매출액이라 한다.

매출액(순매출액) = 총매출액 - 매출환입 - 매출에누리 - 매출할인

2. 매출에누리와 매출환입

매출에누리는 매출한 제품 중 하자나 파손이 있는 상품에 대해 값을 깎아 주는 것을 말하고, 매출환입은 매출한 제품 중 하자나 파손이 있는 제품에 대해 반품받는 것을 말하며, 매출액에서 차감한다.

• 매출한 제품 중 일부 제품에 불량이 발생하여 외상매출금 중 200,000원과 상계시켰다.

차 변	매출환입및에누리	200,000원	대 변	외상매출금	200,000원

3. 매출할인

매출할인은 외상매출금을 조기에 회수하는 경우 약정에 의해 할인해주는 금액을 말하며, 매출액에서 차감한다.

• 외상매출금 2,000,000원을 조기상환하여 약정에 따라 외상매출금 중 200,000원을 할인해 주고 나머지는 현금으로 수령하였다.

차 변	매출할인 현금	200,000원 1,800,000원	대 변	외상매출금	2,000,000원

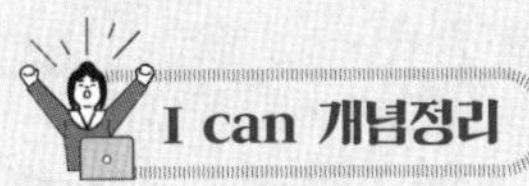

수익의 인식

일반적으로 수익은 판매시점에 인식하는데, 재화의 판매로 인한 수익은 다음 조건이 모두 충족될 때 인식한다.

1. 재화의 소유에 따른 유의적인 위험과 보상이 구매자에게 이전된다.
2. 판매자는 판매한 재화에 대하여 소유권이 있을 때 통상적으로 행사하는 정도의 관리나 효과적인 통제를 할 수 없다.
3. 수익금액을 신뢰성있게 측정할 수 있다.
4. 경제적 효익의 유입 가능성이 매우 높다.
5. 거래와 관련하여 발생했거나 발생할 원가를 신뢰성 있게 측정할 수 있다.

수익은 원칙적으로 실현주의에 의해 인식하고, 판매유형별로 수익을 인식하는 시점이 다를수 있으며 관련내용은 다음과 같다.

구분	내용
일반매출	할부매출을 포함한 일반적인 매출은 제품(또는 상품)을 인도하는 때
시용판매	구매자가 구매의사를 표시한 때
위탁판매	수탁자가 판매한 때
상품권	상품권을 사용하여 구입하는 때(상품권 판매한 때 아님. 상품권으로 판매한 대금은 선수금으로 부채에 해당됨)

참고 일반할부매출은 제품(또는 상품)을 인도하는 때 수익을 인식하지만, 1년이상의 장기할부매출은 상품(또는 제품)의 대가를 받기로 한 때 수익을 인식한다.

I CAN 기출문제

다음 중 일반기업회계기준에 따른 재화의 판매로 인한 수익을 인식하기 위하여 충족되어야 하는 조건이 아닌 것은?

① 재화의 소유에 따른 유의적인 위험과 보상이 구매자에게 이전된다.
② 진행률을 신뢰성 있게 측정할 수 있다.
③ 경제적 효익의 유입 가능성이 매우 높다.
④ 수익금액을 신뢰성 있게 측정할 수 있다.

정답풀이

② 진행율을 신뢰성 있게 측정할 수 있을 때 수익을 인식하는 것은 용역의 제공에 대한 설명이다.

I CAN 기출문제

다음의 거래형태별 수익 인식기준 중 옳지 않은 것은?

① 위탁판매: 위탁자가 수탁자에게 물건을 인도하는 시점
② 시용판매: 고객이 구매의사를 표시한 시점
③ 상품권 판매: 상품권을 회수하고 재화를 인도하는 시점
④ 할부판매: 재화를 고객에게 인도하는 시점

정답풀이

① 위탁판매는 수탁자가 위탁품을 판매하는 시점에 수익을 인식한다..

2 영업외수익

영업외수익이란 주된 영업활동 이외의 활동에서 발생한 수익을 말하며, 대표적인 예는 다음과 같다.

이자수익	금융기관 등에 대한 예금이나 대여금 등에 대하여 받은 이자
단기매매증권평가이익	결산 시 단기매매증권을 공정가치로 평가할 때 장부금액보다 공정가치가 높은 경우 그 차액
단기매매증권처분이익	단기매매증권을 처분할 때 장부금액보다 처분금액이 높은 경우 그 차액
매도가능증권처분이익	매도가능증권을 처분할 때 장부금액보다 처분금액이 높은 경우 그 차액
외환차익	외화자산 회수와 외화부채 상환 시 환율의 차이 때문에 발생하는 이익
수수료수익	용역을 제공하고 그 대가를 받은 경우
외화환산이익	결산 시 외화 자산과 외화 부채를 결산일 환율로 평가할 때 발생하는 이익
유형자산처분이익	유형자산을 장부금액(취득원가 - 감가상각누계액)보다 높은 금액으로 처분할 때 발생하는 이익
투자자산처분이익	투자자산을 장부금액보다 높은 금액으로 처분할 때 발생하는 이익
자산수증이익	타인으로부터 자산을 무상으로 증여받게 되는 경우 그 금액
채무면제이익	채무를 면제받는 경우의 그 금액
잡이익	영업활동 이외의 활동에서 발생한 금액이 적은 이익이나 빈번하지 않은 이익

02 비용

비용이란 재화의 판매 또는 용역의 제공 등에 따라 발생하는 자산의 유출이나 사용 또는 부채의 증가를 말한다. 비용에는 매출원가, 판매비와관리비, 영업외비용 등이 해당된다.

비용의 인식

비용은 원칙적으로 관련 수익이 인식되는 회계기간에 인식하는데, 이를 수익·비용 대응원칙이라 한다. 여기에는 직접대응과 간접대응이 있다.

구분		내용
직접대응		• 비용이 수익과 직접적인 인과관계가 있는 경우에 그 인과관계에 따라 수익과 같이 비용을 인식하는 것 • 매출원가, 판매수수료, 매출운임 등
간접대응	체계적이고 합리적인 배분	• 수익과 직접적인 관계는 없지만 해당 자산이 수익창출에 기여하는 기간 동안 비용을 배분하는 것 • 감가상각비, 무형자산상각비
	기간비용	• 수익과 직접적인 관계가 없고, 미래의 경제적 효익의 가능성이 불확실한 경우에 비용으로 인식하는 것 • 광고선전비, 도서인쇄비, 소모품비 등

I CAN 기출문제

다음 중 특정 수익에 직접 관련되어 발생하지는 않지만 일정기간 동안 수익창출활동에 기여할 것으로 판단하여 합리적이고 체계적으로 일정 기간에 배분하는 원가 또는 비용에 해당하는 것은?

① 판매수수료 ② 광고선전비 ③ 감가상각비 ④ 매출원가

③ 비용 배분은 수익·비용 대응원칙, 합리적이고 체계적인 방법, 당기비용 방법으로 인식한다. 합리적이고 체계적인 방법의 대표적인 비용이 감가상각비이다.

1 매출원가

매출원가란 매출에 직접 대응되는 비용을 말하며, 다음과 같이 계산한다.

- **매출원가 = 기초재고액 + 당기상품매입액(또는 제품제조원가) − 기말재고액**
- **당기상품매입액 = 총매입액 + 매입부대비용 − 할인·환출·에누리**

기말재고액이 결정되면 기초재고와 당기매입액을 더한 금액에서 기말재고를 차감한 금액을 매출원가로 처리한다.

• 상품의 기초재고액은 1,000,000원, 당기상품매입액은 10,000,000원, 기말재고는 800,000원이다.

차 변	매출원가	10,200,000원	대 변	상품	10,200,000원

※ 상품매출원가 = 판매가능한 상품(기초재고 + 상품매입) − 기말상품재고액

도·소매업과 제조업의 매출원가

매출총이익은 매출액에서 매출원가를 차감해서 계산한다. 여기서 업종에 따라 재고자산의 당기증가액을 다르게 표시하는데, 재고자산의 당기 증가액으로 도소매업에서는 당기상품매입액을, 제조업에서는 당기제품제조원가를 사용한다.

도소매업 손익계산서			제조업 손익계산서		
Ⅰ. 매출액		×××	Ⅰ. 매출액		×××
Ⅱ. 매출원가		×××	Ⅱ. 매출원가		×××
1. 기초상품재고액	×××		1. 기초제품재고액	×××	
2. 당기상품매입액	×××		**2. 당기제품제조원가**	×××	
3. 기말상품재고액	(×××)		3. 기말제품재고액	(×××)	
Ⅲ. 매출총손익		×××	Ⅲ. 매출총손익		×××

2 판매관리비

판매비와관리비는 제품, 상품 등의 판매활동과 기업의 관리활동에서 발생하는 비용으로서 매출원가에 속하지 않는 모든 영업비용을 포함하며, 대표적인 예는 다음과 같다.

구분	내용
급 여	종업원에 대한 급여와 제수당 등(급여, 임금, 잡급, 상여금 등으로 구분)
퇴직급여	종업원이 퇴직을 할 경우 발생하는 퇴직금이나 결산 시 퇴직급여충당부채를 설정할 경우의 퇴직금 등
복리후생비	종업원의 복리와 후생을 위한 비용으로 식대, 경조사비, 직장체육대회, 야유회비 등을 말하며, 또한 종업원을 위해 회사가 부담하는 건강보험료, 고용보험료, 산재보험료 등
여비교통비	종업원의 업무와 관련한 교통비와 출장 여비 등
접대비(기업업무추진비)	업무와 관련하여 거래처에 접대한 비용으로 식대, 경조사비, 선물대금 등
통신비	업무와 관련하여 발생한 전화, 핸드폰, 팩스, 인터넷 등의 요금 등

수도광열비	업무와 관련하여 발생한 수도, 가스, 난방 등의 요금 등
전력비	업무와 관련해서 발생한 전기요금 등
세금과공과	업무와 관련하여 발생한 세금인 재산세, 자동차세 등과 공과금인 대한상공회의소회비, 조합회비, 협회비 등
감가상각비	업무와 관련된 유형자산인 건물, 기계장치, 차량운반구 등의 감가상각금액
임차료	업무와 관련하여 발생한 토지, 건물, 기계장치, 차량운반구 등의 임차비용 등
수선비	업무와 관련하여 발생한 건물, 기계장치 등의 현상유지를 위한 수리비용을 말한다. 단, 차량운반구에 관련된 현상유지를 위한 수리비용은 차량유지비 등
보험료	업무와 관련된 유형자산(건물, 기계장치 등)과 재고자산 등에 대한 보험료
차량유지비	업무와 관련된 차량운반구의 유지, 수선(유류대, 오일교체비 등)을 위한 비용
운반비	상품을 매출하고 지출한 운송료
도서인쇄비	업무와 관련된 도서구입비, 신문과 잡지구독료, 인쇄비 등
소모품비	업무와 관련된 복사용지, 문구류 등 소모성 물품비 등
수수료비용	업무와 관련된 용역을 제공받고 그에 대한 대가를 지불한 것으로 은행의 송금수수료, 어음의 추심수수료, 청소와 경비용역비 등
광고선전비	업무와 관련하여 광고목적으로 신문, 방송, 잡지 등에 지출한 광고비용
대손상각비	매출채권(외상매출금, 받을어음)이 회수가 불가능하게 되었거나, 결산 시 대손에 대비하여 대손충당금을 설정하는 경우

3 영업외비용

이자비용	금융기관에 대한 차입금, 당좌차월 등 자금의 차입대가로 지불하는 이자
외환차손	외화자산의 회수와 외화부채의 상환시 환율의 차이 때문에 발생하는 손실
기부금	아무런 대가를 바라지 않고 무상으로 금전이나 물건 등을 기증한 경우
외화환산손실	결산 시 외화 자산과 외화 부채를 결산일 환율로 평가할 때 발생하는 손실
매출채권처분손실	받을어음의 만기가 되기 전에 은행에 어음을 할인할 경우 그 할인료 등
단기매매증권평가손실	결산 시 공정가치로 평가할 때 장부금액보다 공정가치가 낮은 경우 그 차액
단기매매증권처분손실	단기매매증권을 처분할 때 장부금액보다 처분금액이 낮은 경우 그 차액
매도가증증권처분손실	매도가능증권을 처분할 때 장부금액보다 처분금액이 낮은 경우 그 차액
재해손실	천재지변이나 도난 등의 예측치 못한 상황으로 발생한 손실
유형자산처분손실	유형자산을 장부금액(취득원가 - 감가상각누계액)보다 낮은 금액으로 처분할 때 발생하는 손실
투자자산처분손실	투자자산을 장부금액보다 낮은 금액으로 처분할 때 발생하는 손실
잡손실	영업활동 이외 활동에서 금액이 적은 비용이나 빈번하지 않은 지출

기타의 대손상각비	매출채권(외상매출금, 받을어음)이외의 채권의 회수가 불가능하게 되었거나, 결산 시 대손에 대비하여 대손충당금을 설정하는 경우
재고자산 감모손실	재고자산의 장부상 재고수량과 실제의 재고수량과의 차이가 조업과 무관하게 비정상적으로 발생하는 경우

참고 판매비와관리비는 영업이익에 영향을 주지만, 영업외수익은 영업이익에 영향을 주지 않는다.

I CAN 기출문제

제조업을 영위하는 ㈜I can의 비용관련 자료이다. 영업외비용 합계액은 얼마인가?

- 광고선전비: 1,000,000원
- 감가상각비: 1,000,000원
- 재고자산감모손실(비정상적 발생): 1,000,000원
- 기부금: 1,000,000원

① 1,000,000원　② 2,000,000원
③ 3,000,000원　④ 4,000,000원

정답풀이

② 광고선전비와 감가상각비는 판매비와관리비 이며, 비정상적인 재고자산감모손실과 기부금은 영업외비용으로 처리한다.

1. 이자수익 & 이자비용

- 대여금의 이자 10,000원이 보통예금통장에 이체되었다.

차 변	보통예금	10,000원	대 변	이자수익	10,000원

- 차입금의 이자 10,000원이 보통예금통장에서 이체되었다.

차 변	이자비용	10,000원	대 변	보통예금	10,000원

2. 자산수증이익 & 채무면제이익

- 대주주로부터 공정가치 7,000,000원인 토지를 무상 증여받았다.

차 변	토지	7,000,000원	대 변	자산수증이익	7,000,000원

- 거래처로부터 외상매입금 500,000원의 상환을 면제받았다.

차 변	외상매입금	500,000원	대 변	채무면제이익	500,000원

3. 재해손실 & 보험금수익

• 화재가 발생하여 건물 2,000,000원이 소실되었고, 이에 관련된 보험금을 청구하였다.

차 변	재해손실	2,000,000원	대 변	건물	2,000,000원

• 보험회사는 화재에 대하여 보험금 1,800,000을 지급하기로 결정하였다.

차 변	미수금	1,800,000원	대 변	보험금수익	1,800,000원

• 보험회사로부터 보험금 1,800,000을 보통예금으로 수령하였다.

차 변	보통예금	1,800,000원	대 변	미수금	1,800,000원

4. 단기매매증권 평가 및 처분손익

• 단기시세차익 목적으로 시장성 있는 주식 500주(액면금액 10,000원)를 주당 12,000원에 취득하면서 대가는 보통예금으로 이체하였다.

차 변	단기매매증권	6,000,000원	대 변	보통예금	6,000,000원

• 결산일에 상기주식의 공정가치가 주당 13,000원으로 평가되었다.

차 변	단기매매증권	500,000원	대 변	단기매매증권평가이익	500,000원

• 보유중인 주식 500주 중에서 200주를 주당 14,000원에 현금을 받고 처분하였다.

차 변	현금	2,800,000원	대 변	단기매매증권 단기매매증권처분이익	2,600,000원 200,000원

5. 외화환산이익 & 외화환산손실 & 외환차익 & 외환차손

외화자산 또는 외화부채가 발생할 때는 발생 시의 환율로 평가하고, 결산 시에는 결산시의 환율로 환산하고, 회수 또는 상환 시에는 상환 시의 환율을 적용한다.

발생시	거래 발생일의 기준환율로 계상
기말결산시	결산일의 기준환율로 평가 ➜ 외화환산이익, 외화환산손실
회수(상환)시	회수(상환)시 환율로 계상 ➜ 외환차익, 외환차손

I can 분개 외화평가 1

다음의 거래에 관하여 각 일자별로 분개를 하시오.

20×1.10.01. 제품을 수출하고 대금 1,000달러를 20×2. 1. 31. 받기로 하였다.
20×2.01.31. 외상매출금 1,000달러를 회수하여 원화로 환전하였다.
각 일자별 적용환율은 다음과 같다. 결산일은 12월 31일이다.

20×1.10.01. 적용환율: 1,000원/$
20×1.12.31. 적용환율: 1,100원/$
20×2.01.31. 적용환율: 1,200원/$

답안

일자	분개			
20×1.10.01.	(차) 외상매출금	1,000,000원	(대) 제품매출	1,000,000원
20×1.12.31.	(차) 외상매출금	100,000원	(대) 외화환산이익	100,000원
	✓ 외상매출금 장부금액 = 1,000,000원 ✓ 외상매출금 공정가치: 1,000달러 X 1,100원 = 1,100,000원 ✓ 외화환산이익: 100,000원(장부금액 〉 공정가치)			
20×2.01.31.	(차) 현금	1,200,000원	(대) 외상매출금 외환차익	1,100,000원 100,000원

I can 분개 외화평가 2

다음의 거래에 관하여 각 일자별로 분개를 하시오.

20×1.10.01. 상품을 수입하고 대금 1,000달러를 20×2. 1. 31. 지급하기로 하였다.
20×2.01.31. 외상매입금 1,000달러를 현금으로 지급하였다.
각 일자별 적용환율은 다음과 같으며, 결산일은 12월 31일이다.

20×1.10.01. 적용환율: 1,000원/$
20×1.12.31. 적용환율: 1,100원/$
20×2.01.31. 적용환율: 1,200원/$

답안

일자	차변	금액	대변	금액
20×1.10.01.	(차) 상품	1,000,000원	(대) 외상매입금	1,000,000원
20×1.12.31.	(차) 외화환산손실	100,000원	(대) 외상매입금	100,000원
	✓ 외상매입금 장부금액 = 1,000,000원 ✓ 외상매입금 공정가치: 1,000달러 X 1,100원 = 1,100,000원 ✓ 외화환산손실: 100,000원(장부금액 〈 공정가치)			
20×2.01.31.	(차) 외상매입금	1,100,000원	(대) 현금	1,200,000원
	외환차손	100,000원		

손익의 이연 & 손익의 발생

- 선급비용: 당기 지급한 비용중 차기에 속하는 금액이 포함 (비용의 이연)
- 선수수익: 당기에 받은 수익중 차기에 속하는 금액이 포함 (수익의 이연)
- 미수수익: 당기에 속하는 수익이지만 결산시 까지 받지 못한 금액 (수익의 발생)
- 미지급비용: 당기에 발생한 비용이지만 결산시 까지 지급하지 못한 금액 (비용의 발생)

구 분	차 변		대 변		결산조정결과
비용의 이연	선급비용	×××	이자비용	×××	비용의 감소 ➜ 이익의 증가
수익의 이연	이자수익	×××	선수수익	×××	수익의 감소 ➜ 이익의 감소
수익의 발생	미수수익	×××	이자수익	×××	수익의 증가 ➜ 이익의 증가
비용의 발생	이자비용	×××	미지급비용	×××	비용의 증가 ➜ 이익의 감소

손익계정에 대해 결산수정을 해야하는 이유

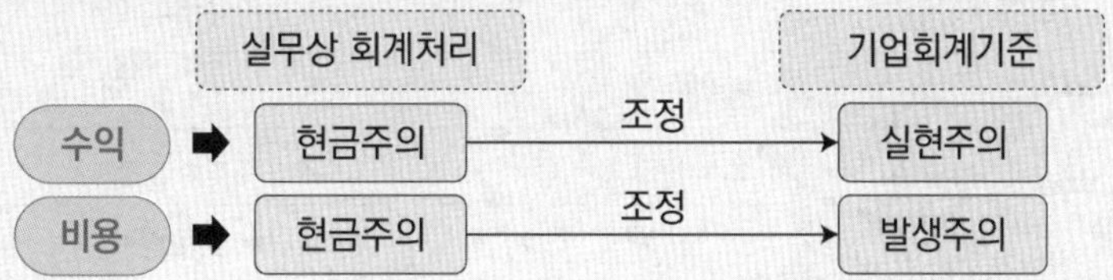

결산수정분개(참고)

기업은 인위적인 회계기간에 대하여 경영성과를 보고하게 된다. 당기의 경영성과를 정확하게 측정 하기 위해서는 발생기준에 의해서 당기에 실현된 수익과 발생된 비용이 정확하게 반영되어야 하지만, 실무상 회계처리는 현금의 수입 혹은 지출시에 처리하는 현금주의 기준에 의해서 수익과 비용을 기록하기 때문에 발생기준과의 차이가 생기게 된다.

수익과 비용을 실현주의(수익)와 발생주의(비용)에 의하여 정확하게 조정하기위해 수정분개를 하여야 한다. 이러한 수정분개에는 앞서 학습한 손익의 이연과 발생 이외에도 자산의 평가와 관련된 것과 결산시에 재무제표에 있을 수 있는 임시계정의 정리 분개가 있으며, 그 예는 다음과 같다.

구 분		차 변		대 변	
①	비용이 이연	선급비용	×××	비 용	×××
②	비용의 발생	비 용	×××	미지급비용	×××
③	수익의 이연	수 익	×××	선수수익	×××
④	수익의 발생	미수수익	×××	수 익	×××
⑤	소모품의 사용액 혹은 미사용액정리	소모품비	×××	소 모 품	×××
		소 모 품	×××	소모품비	×××
⑥	현금과부족 잔액의 정리	잡 손 실	×××	현금과부족	×××
		현금과부족	×××	잡 이 익	×××
⑦	단기매매증권의 평가	단기매매증권	×××	단기매매증권평가이익	×××
		단기매매증권평가손실	×××	단기매매증권	×××
⑧	외화금액의 환율평가	외화자산&부채	×××	외화환산이익	×××
		외화환산손실	×××	외화부채&자산	×××
⑨	유형자산의 감가상각 반영	감가상각비	×××	감가상각누계액	×××
⑩	매출채권의 대손충당금 설정	대손상각비	×××	대손충당금	×××
⑪	기말재고자산의 이용한 매출원가 처리	제품매출원가	×××	제 품	×××
⑫	퇴직급여충당부채 설정	퇴직급여	×××	퇴직급여충당부채	×××
⑬	법인세계상	법인세등	×××	선납세금 미지급세금	××× ×××

I can 실전문제(수익과 비용)

※ I can 실전문제에 수록된 문제들은 모두 전산세무 2급 시험에 다수 출제되었던 유형입니다.

01 **다음 중 손익계산서에 반영될 영업이익에 영향을 미치지 않는 경우는?**

① 무형자산으로 인식하고 있는 개발비에 대한 상각비의 인식
② 재산세 납부로 인한 세금과공과 계상
③ 종업원의 직무능력 향상을 위한 교육훈련비의 지급
④ 단기시세차익 목적으로 보유한 단기매매증권의 평가손실

02 **기부금을 영업외비용이 아닌 판매비와 관리비로 회계처리 한 경우 나타나는 현상으로 틀린 것은?**

① 매출총이익은 불변이다.
② 영업이익은 불변이다.
③ 법인세차감전순이익은 불변이다.
④ 매출원가는 불변이다.

03 **다음 자료를 이용하여 영업이익을 구하시오.**

• 매출액:	30,000,000원	• 매출원가:	20,000,000원
• 임원급여:	2,000,000원	• 직원급여:	2,000,000원
• 감가상각비:	800,000원	• 접대비(기업업무추진비):	500,000원
• 세금과공과:	200,000원	• 이자수익:	100,000원
• 이자비용:	300,000원		

① 10,000,000원 ② 6,000,000원
③ 4,500,000원 ④ 4,300,000원

04 **일반기업회계기준상 수익인식에 대한 설명으로 틀린 것은?**

① 용역의 제공으로 인한 수익은 용역제공거래의 성과를 신뢰성 있게 추정할 수 있을 때 완성기준에 따라 인식한다.
② 이자수익은 원칙적으로 유효이자율을 적용하여 발생기준에 따라 인식한다.
③ 배당금수익은 배당금을 받을 권리와 금액이 확정되는 시점에 인식한다.
④ 매출에누리와 할인 및 환입은 수익에서 차감한다.

05 **수익에 대한 다음 설명 중 잘못된 것은?**

① 수익은 재화의 판매, 용역의 제공이나 자산의 사용에 대하여 받았거나 또는 받을 대가의 공정가치로 측정한다.
② 용역제공거래의 성과를 신뢰성 있게 추정할 수 없고 발생한 원가의 회수가능성이 낮은 경우 발생한 비용의 범위 내에서만 수익을 인식한다.
③ 이자수익은 원칙적으로 유효이자율을 적용하여 발생기준에 따라 인식한다.
④ 성격과 가치가 유사한 재화나 용역간의 교환은 수익을 발생시키는 거래로 보지 않는다.

06 **수익인식에 대한 내용으로 옳지 않은 것은?**

① 경제적 효익의 유입 가능성이 매우 높은 경우에만 인식한다.
② 수익금액을 신뢰성 있게 측정할 수 있는 시점에 인식한다.
③ 거래 이후에 판매자가 관련 재화의 소유에 따른 유의적인 위험을 부담하는 경우 수익을 인식하지 않는다.
④ 관련된 비용을 신뢰성 있게 측정할 수 없어도 수익을 인식할 수 있다.

07 **당사는 기계설비제조업을 영위하고 있다. 거래처로부터 2월 1일에 설비납품주문을 받았고, 2월 20일에 납품하여 설치하였다. 계약조건대로 5일간의 시험가동 후 2월 25일에 매입의사표시를 받았으며, 2월 28일에 대금을 수취하였다. 이 설비의 수익 인식시기는 언제인가?**

① 2월 1일 ② 2월 20일
③ 2월 25일 ④ 2월 28일

08 **20×1년 4월 1일 다음의 조건으로 10,000,000원을 차입하였으며, 차입일에는 이자비용에 대한 회계처리를 하지 않았다. 20×1년 12월 31일 이자비용에 대한 결산분개를 누락한 경우 재무제표에 미치는 영향으로 올바른 것은?**

- 만기일: 20×2년 3월 31일
- 연이자율: 12%
- 원금 및 이자: 만기일에 전액 상환

① 자산 300,000원 과소 계상
② 부채 900,000원 과소 계상
③ 자본 300,000원 과대 계상
④ 비용 900,000원 과대 계상

09 **다음 중 사례의 회계처리에 관한 설명으로 가장 틀린 것은?**

20×1년 3월 1일: $10,000 상당의 제품을 해외에 외상으로 판매하였다.
(적용환율: 1,000원/1$)
20×1년 3월 31일: $10,000의 외상매출금이 보통예금에 입금되었다.
(적용환율: 1,050원/1$)

① 20×1.03.01. 차변에 외상매출금을 계정과목으로 한다.
② 20×1.03.01. 대변에 제품매출을 계정과목으로 한다.
③ 20×1.03.31. 차변에 보통예금을 계정과목으로 한다.
④ 20×1.03.31. 대변에 외상매출금의 감소와 외화환산이익의 발생이 나타난다.

10 **회계담당자가 결산시 미수임대료 4,000,000원을 다음과 같이 판매비와 관리비로 잘못 회계처리 하였다. 이러한 회계처리 오류가 손익계산서상 당기순이익에 미치는 영향에 대해 올바르게 나타내고 있는 것은?**

(차변) 임차료 4,000,000원 (대변) 미지급비용 4,000,000원

① 4,000,000원 과소계상
② 4,000,000원 과대계상
③ 8,000,000원 과소계상
④ 8,000,000원 과대계상

9. 회계변경과 오류수정

1 회계변경

회계변경이란 과거에 기업이 적용하였던 회계정책 또는 회계추정을 새로운 것으로 변경하는 것을 말하며, 회계변경은 그 회계변경이 정당한 경우에만 가능하며 그 사유는 다음과 같다.

① 합병, 사업양수도 등 기업환경의 중대한 변화에 의하여 종전의 회계정책을 적용할 경우 재무제표가 왜곡되는 경우
② 동종산업의 대부분의 기업이 채택한 회계정책 또는 추정방법으로 변경함에 있어서 종전보다 더 합리적인 방법으로 변경하는 경우
③ 일반기업회계기준의 제정, 개정 또는 새로운 해석에 따라 회계변경을 하는 경우

참고 ①, ②의 경우에는 회사가 그 정당성을 입증해야 하며, 세법의 변경은 정당한 사유가 될 수 없다.

1. 회계정책의 변경

회계정책의 변경이란 회계처리에 적용하던 정당한 회계정책을 다른 정당한 회계정책으로 바꾸는 것을 말하며, 이는 정당한 회계정책을 다른 정당한 회계정책으로 변경하는 것을 의미한다.

① 재고자산 단가산정 방법을 선입선출법을 평균법으로 변경함
② 유형자산 평가모형을 원가모형에서 재평가모형으로 변경함
③ 유가증권 단가산정방식을 총평균법에서 이동평균법으로 변경함

참고 회계정책의 변경은 일반기업회계기준 또는 관련법규의 개정이 있거나, 새로운 회계정책을 적용함으로써 회계정보의 유용성을 향상시킬 수 있는 경우에 한하여 허용한다.

2. 회계추정의 변경

회계추정의 변경은 새로운 정보의 획득, 새로운 상황의 전개 등에 따라 지금까지 사용해오던 회계적 추정치를 변경하는 것을 의미한다.

① 채권에 대한 대손율 추정
② 재고자산 진부화 판단
③ 감가상각자산의 내용연수 및 잔존가치 추정의 변경, 감가상각 방법 변경
④ 제품보증충당부채 추정치 변경

회계정책의 변경과 회계추정의 변경으로 구분하기 어려운 경우 → 회계추정의 변경으로 처리

3. 회계변경으로 보지 않는 경우

① 중요성의 판단에 따라 일반기업회계기준과 다르게 회계처리하던 항목들의 중요성이 커지게 되어 일반기업회계기준을 적용하는 경우. 예를 들면, 품질보증비용을 지출연도의 비용으로 처리하다가 중요성이 증대됨에 따라 충당부채 설정법을 적용하는 경우
② 과거에는 발생한 경우가 없는 새로운 사건이나 거래에 대하여 회계정책을 선택하거나 회계추정을 하는 경우

I CAN 기출문제

다음 중 회계추정의 변경사항에 해당하지 않는 것은?

① 금융자산의 공정가치의 변경
② 재고자산 단가결정방법의 변경
③ 감가상각자산의 내용연수 및 잔존가치의 변경
④ 매출채권에 대한 대손설정비율의 변경

정답풀이

② 재고자산 단가결정방법의 변경은 회계정책의 변경이고, 나머지는 회계추정의 변경 사항이다.

2 회계변경의 회계처리

회계변경의 회계처리 방식에는 소급법, 당기일괄처리법, 전진법이 있으며, 회계정책의 변경은 소급법을 적용하고, 회계추정의 변경은 전진법을 주로 적용한다.

소급법	• 회계변경에 따른 누적효과를 반영하여 전기의 재무제표를 재작성 ✓ 장점: 전기재무제표와 당기재무제표의 비교가능성이 높아짐 ✓ 단점: 전기재무제표를 재작성하므로 신뢰성 저하
당기일괄처리법	• 회계변경에 따른 누적효과를 당기손익으로 인식함 ✓ 장점: 전기재무제표를 재작성하지 않으므로 신뢰성이 유지됨 ✓ 단점: 회계정책 및 추정의 변경으로 비교가능성 저하 및 이익조작가능성 발생
전진법	• 회계변경의 누적효과를 계산하지 않고 당기 이후에만 변경사항 적용 ✓ 장점: 전기재무제표를 재작성하지 않으므로 신뢰성이 유지됨 ✓ 단점: 비교가능성 저하, 회계변경의 효과 파악 어려움

참고 회계정책의 변경과 회계추정의 변경이 동시에 일어나는 경우는 회계정책의 변경에 의한 누적효과를 먼저 적용한 후에 회계추정의 변경을 전진적으로 반영한다.

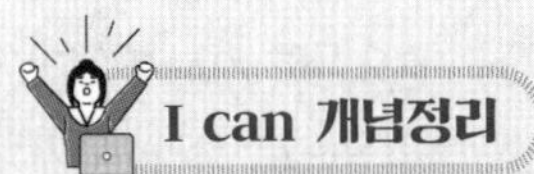

회계변경의 회계처리 방법 요약

구 분	소 급 법	당기 일괄처리법	전 진 법
회계처리	회계변경 효과를 이익잉여금에 반영	회계변경 효과를 당기손익에 반영	새로운 방법을 미래기간에만 반영 (회계변경 효과 없음)
과거의 재무제표	수정함	수정하지 않음	수정하지 않음
장 점	재무제표의 비교가능성 유지	재무제표의 신뢰성 유지	재무제표의 신뢰성 유지 이익조작가능성 방지
단 점	재무제표의 신뢰성 저해	재무제표의 비교가능성 저해 및 이익조작가능성	재무제표의 비교가능성 및 변경효과 파악곤란
기업회계기준의 회계처리방법	회계정책의 변경	-	회계추정의 변경

3 오류수정

오류수정이란 잘못된 회계처리를 올바른 회계처리로 수정하는 것을 말한다. 새로운 사건의 발생으로 인한 추가적인 정보를 바탕으로 과거의 추정치를 변경하는 것은 오류수정이 아니라 회계추정의 변경에 해당한다.

1. 당기순이익에 영향을 미치지 않는 오류

계정과목을 잘못 분류하는 경우의 오류가 여기에 해당되는데, 이러한 오류는 오류가 발생한 당기의 재무제표를 왜곡할 수 있으나, 차기 이후의 재무제표를 왜곡하지는 않는다. 따라서 해당 계정과목을 적절하게 수정만 하면 된다.

2. 당기순이익에 영향을 미치는 오류

재무상태표와 손익계산서에 동시에 영향을 미치는 오류를 말하며, 재고자산의 과대(과소)계상, 감가상각비 과대(과소)계상 등 자산 · 부채 계정과 수익 · 비용 계정에 동시에 오류가 발생하는 경우가 여기에 해당된다.

자동조정적 오류	• 두 회계기간에 걸쳐서 자동으로 오류가 조정됨 • 오류가 발생한 연도의 다음 연도에 정확히 정 반대의 오류가 발생하여 서로 상쇄됨 ✓ 재고자산 과대(과소)계상, 선수수익, 선급비용, 미수수익, 미지급비용 등에 관련된 오류
비자동조정적 오류	• 두 회계기간이 지나도 오류가 자동으로 조정되지 않고, 이후 연도에 영향을 미치는 오류 • 주로 비유동자산 또는 비유동부채와 관련됨 ✓ 감가상각비 과대(과소)계상, 자본적지출과 수익적지출 분류오류 등

I CAN 기출문제

다음 회계처리 내용 중 오류수정으로 볼 수 없는 것은?

① 전기 미수수익의 과다계상
② 이동평균법에서 총평균법으로 유가증권 평가방법의 변경
③ 전기 기말재고자산의 과다계상
④ 전기 상품매출의 누락

정답풀이

② 유가증권 평가방법의 변경은 회계정책의 변경이다.

I CAN 기출문제

다음의 회계적 오류 중 발생한 다음 연도에 자동적으로 오류가 상쇄되지 않는 오류는?

① 감가상각비의 과대계상 오류
② 선수수익의 계상 누락 오류
③ 미지급비용의 계상 누락 오류
④ 기말재고자산의 과소계상 오류

① 감가상각비가 과대계상된 경우, 별도의 수정절차를 취하지 않는 한 회계기간이 경과되더라도 발생한 오류가 자동상쇄되지 않는다.

3. 오류수정의 회계처리

당기에 발견한 전기 또는 그 이전 기간의 오류는 당기 손익계산서에 영업외손익 중 전기오류수정손익으로 보고하여야 한다. 다만, 그 오류가 재무제표의 신뢰성을 손상할 수 있는 중대한 오류는 소급법을 적용하여 이익잉여금을 수정한다.

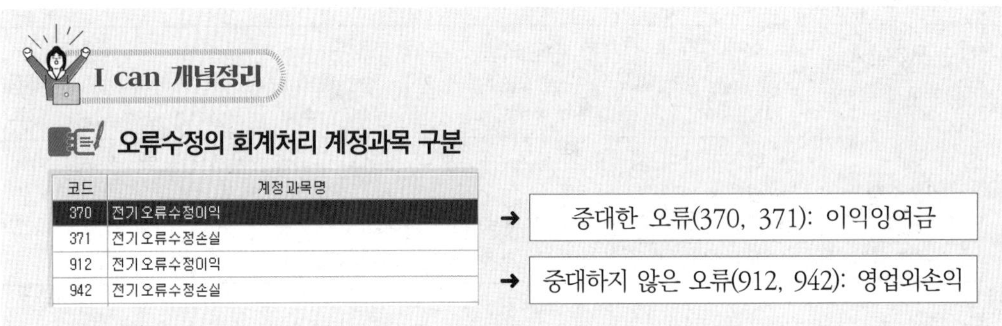

코드	계정과목명
370	전기오류수정이익
371	전기오류수정손실
912	전기오류수정이익
942	전기오류수정손실

• 전기말에 현금과부족에 대하여 원인 불명으로 임직원등단기채권 계정으로 처리한 사항이 전기에 직원 회식비로 지출한 현금 400,000원을 40,000원으로 잘못처리 하였음을 발견하였으며, 오류의 내용은 중대하지 않은 것으로 판단한다.

차 변	전기오류수정손실(영업외비용)	360,000원	대 변	임직원등단기채권	360,000원

• 전기에 건물에 대한 감가상각비 5,000,000원을 결산에 미반영 하였음을 당기초에 발견하였으며, 당사는 오류의 내용이 재무제표의 신뢰성을 손상할 수 있는 중대한 오류라고 판단한다.

차 변	전기오류수정손실(이익잉여금)	5,000,000원	대 변	감가상각누계액(건물)	5,000,000원

I can 실전문제(회계변경과 오류수정)

※ I can 실전문제에 수록된 문제들은 모두 전산세무 2급 시험에 다수 출제되었던 유형입니다.

01 **다음 중 회계추정의 변경에 대한 설명으로 틀린 것은?**

① 회계추정의 변경효과는 변경 전에 사용하였던 손익계산서 항목과 동일한 항목으로 처리한다.

② 감가상각방법의 변경은 회계추정의 변경에 해당한다.

③ 회계추정의 변경은 전진적으로 처리하여 그 효과를 당기와 당기 이후 기간에 반영한다.

④ 회계변경이 회계정책의 변경인지 회계추정의 변경인지 구분하기가 어려운 경우에는 이를 회계정책의 변경으로 본다.

02 **다음 중 오류수정에 대한 설명으로 가장 옳지 않은 것은?**

① 당기에 발견한 전기 또는 그 이전 기간의 중대하지 않은 오류는 당기 손익계산서에 영업외손익 중 전기오류수정손익으로 반영한다.

② 전기 또는 그 이전 기간에 발생한 중대한 오류의 수정은 전기이월이익잉여금에 반영하고 관련 계정잔액을 수정한다.

③ 비교재무제표를 작성하는 경우 중대한 오류의 영향을 받는 회계기간의 재무제표 항목은 재작성한다.

④ 충당부채로 인식했던 금액을 새로운 정보에 따라 보다 합리적으로 추정한 금액으로 수정한 것도 오류수정에 해당한다.

03 **다음 중 회계변경에 관한 설명으로 옳지 않은 것은?**

① 일반기업회계기준에서 회계정책의 변경을 요구하는 경우 회계정책을 변경할 수 있다.

② 회계정책의 변경을 반영한 재무제표가 더 신뢰성 있고 목적적합한 정보를 제공하는 경우 회계정책을 변경할 수 있다.

③ 회계추정의 변경은 소급하여 적용하며, 전기 또는 그 이전의 재무제표를 비교 목적으로 공시할 경우 소급적용에 따른 수정사항을 반영하여 재작성한다.

④ 회계변경의 속성상 그 효과를 회계정책의 변경효과와 회계추정의 변경효과로 구분하기 불가능한 경우 이를 회계추정의 변경으로 본다.

04 **회계변경에 대한 다음의 설명 중 틀린 것은?**

① 매출채권의 대손추정률을 변경하는 것은 회계추정의 변경에 해당한다.
② 회계정책의 변경과 회계추정의 변경이 동시에 이루어지는 경우는 회계정책의 변경에 의한 누적효과를 먼저 적용한다.
③ 회계정책의 변경과 회계추정의 변경을 구분하기가 불가능한 경우에는 이를 회계정책의 변경으로 본다.
④ 이익조정을 주된 목적으로 한 회계변경은 정당한 회계변경으로 보지 아니한다.

05 **회계변경과 관련한 다음 설명 중 잘못된 것은?**

① 회계추정은 기업환경의 불확실성하에서의 미래의 재무적 결과를 사전적으로 예측하는 것이다.
② 유가증권 취득단가 산정방법의 변경은 회계추정 변경에 해당한다.
③ 회계정책 변경을 전진적으로 처리하는 경우에는 그 변경의 효과를 당해 회계연도 개시일부터 적용한다.
④ 회계정책의 변경과 회계추정의 변경이 동시에 이루어지는 경우에는 회계정책의 변경에 의한 누적효과를 먼저 계산한다.

06 **일반기업회계기준의 회계정책 또는 회계추정의 변경과 관련한 다음 설명 중 잘못된 것은 어느 것인가?**

① 일반 기업회계기준에서 회계정책의 변경을 요구하는 경우 회계정책을 변경할 수 있다.
② 변경된 회계정책은 원칙적으로 소급하여 적용한다.
③ 회계정책의 변경과 회계추정의 변경이 동시에 이루어지는 경우 회계정책의 변경에 의한 누적효과를 먼저 계산한다.
④ 세법과의 마찰을 최소화하기 위해 세법의 규정을 따르기 위한 회계변경도 정당한 회계변경으로 본다.

07 **일반기업회계기준의 회계정책 또는 회계추정의 변경과 관련한 다음 설명 중 잘못된 것은?**

① 일반 기업회계기준에서 회계정책의 변경을 요구하는 경우 회계정책을 변경할 수 있다.
② 감가상각방법의 변경은 회계정책의 변경에 해당한다.
③ 회계정책의 변경과 회계추정의 변경이 동시에 이루어지는 경우 회계정책의 변경에 의한 누적효과를 먼저 계산한다.
④ 재고자산의 진부화 여부에 대한 판단과 평가는 회계추정의 변경에 해당한다.

2장

원가회계 이론

I Can!

전산세무 2급

1. 원가회계의 개념

01 원가의 개념

1 원가와 비용의 이해

원가란 제조기업이 제품을 생산하는데 사용한 모든 원재료, 노동력, 기계나 건물 등의 생산설비 및 전기, 가스 등의 소비액을 말하며, 일반적으로 원가(Cost)는 "원래의 가격"으로 표현되며, 취득원가 (Acquisition Cost)와 제조원가(Maunfacturing Cost)로 구분할수 있다.
원가와 비용(expense)이 같은 뜻으로 사용되기도 하지만 비용은 취득된 재화나 용역이 수익을 얻기 위하여 소비되는 가치를 의미하고, 원가는 재화나 용역을 취득한 대가로 지급한 금액이므로 엄격히 다르다고 할 수 있다.

2 상기업과 제조기업의 구분

기업 외부에서 완성된 제품을 구입하여 판매하는 기업이 상기업인 반면, 제품 제조에 필요한 생산설비를 갖추고 원재료를 구입 가공함으로써 제품을 생산하여 외부에 판매하는 것을 목적으로 하는 기업을 제조기업이라 한다.
상기업이 제조업체나 도매상으로부터 상품을 구입할 때 지불한 대가를 취득원가라고 하며, 제조기업이 원재료를 가공하여 제품을 제조하는 과정에서 발생하는 원가를 제조원가라고 한다.

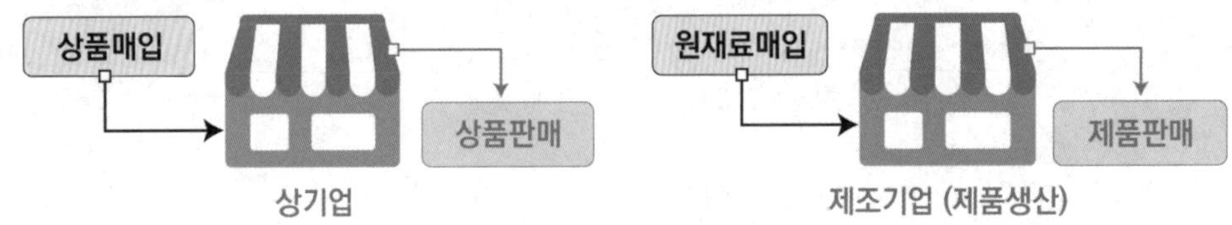

[상기업과 제조기업의 비교]

3 원가회계의 목적

원가회계는 재무제표를 작성하는데 필요한 원가자료를 제공하고, 경영자의 의사 결정에 필요한 원가정보를 제공하는 것을 목적으로 한다.

- 재무제표작성: 손익계산서의 제품매출원가 결정을 위해 제품원가계산 필요
- 원가관리 및 통제: 원가관리 및 원가통제를 위해 원가자료를 집계하고 관리
- 의사결정: 신제품 가격결정 등 경영의사결정에 필요한 원가정보 제공
- 업적평가: 제품별 또는 판매원별 업적평가 등에 필요한 정보제공

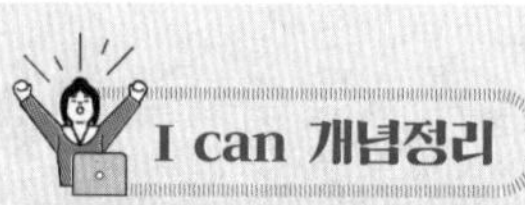

재무회계와 원가회계의 비교

구 분	재무회계(회계원리)	원가회계(관리회계)
특 성	결산보고 회계	의사결정 및 업적평가 회계
목 적	외부정보이용자의 의사결정에 필요한 정보제공 (외부보고 목적)	경영자의 관리적 의사결정에 필요한 정보제공 (내부보고 목적)
정보이용자	주주, 채권자, 세무당국, 정부, 소비자 등	경영자 등 기업내부 정보이용자
거 래	구매와 판매과정의 외부거래가 중심	제조과정의 내부거래가 중심
경제가치 소비	수익을 창출하기 위하여 사용된 가치를 비용으로 처리	제조과정에 발생하는 가치의 소비액을 원가로 처리
보고기간	분기, 반기, 1년	월, 분기, 반기 등
계정과목	재무상태표 계정과 손익계산서 계정	제조원가명세서 계정

회계정보 외부이용자 ← 재무회계 — 기업의 회계정보 — 관리회계 → 회계정보 내부이용자

I CAN 기출문제

다음 중에서 원가회계의 목적과 관련이 가장 적은 것은?

① 재무제표의 작성에 유용한 원가정보를 제공한다.
② 원가통제에 대한 유용한 원가정보를 제공한다.
③ 경영자에게 경영의사결정에 유용한 원가정보를 제공한다.
④ 투자자에게 합리적인 의사결정에 관한 정보제공을 목적으로 한다.

정답풀이

④ 투자자에게 정보를 제공하는 것은 재무회계와 관련된 내용이다.

02 원가의 분류

원가는 주로 재료비, 노무비, 경비 등의 3요소로 나누어 지며, 성격이나 관점에 따라 추적가능성, 원가구성, 원가행태, 제조활동과의 관련성, 소멸여부, 의사결정 등에 따라 분류할 수 있다.

1 추적가능성에 따른 분류

구 분	내 용
직접원가	특정 제품의 생산에 직접적으로 사용되어 명확하게 추적할수 있는 원가 예 직접재료비, 직접노무비
간접원가	특정 제품의 생산과 관련성은 있지만 실질적으로는 추적이 불가능한 원가로 합리적인 배부기준에 의하여 각각의 제품에 배부하여야 하는 원가 예 간접재료비, 간접노무비, 간접경비

2 원가구성에 따른 분류

직접원가	직접재료비 + 직접노무비
제조원가	직접원가 + 제조간접비(간접재료비 + 간접노무비 + 간접제조경비)
판매원가	제조원가 + 판매비와관리비
판매가격	판매원가 + 기대이익

			이 익	
		판매비와관리비		판매가격
	제조간접비		판매원가	
직접재료비		제조원가		
직접노무비	직접원가 (기본원가)			
직접제조경비				

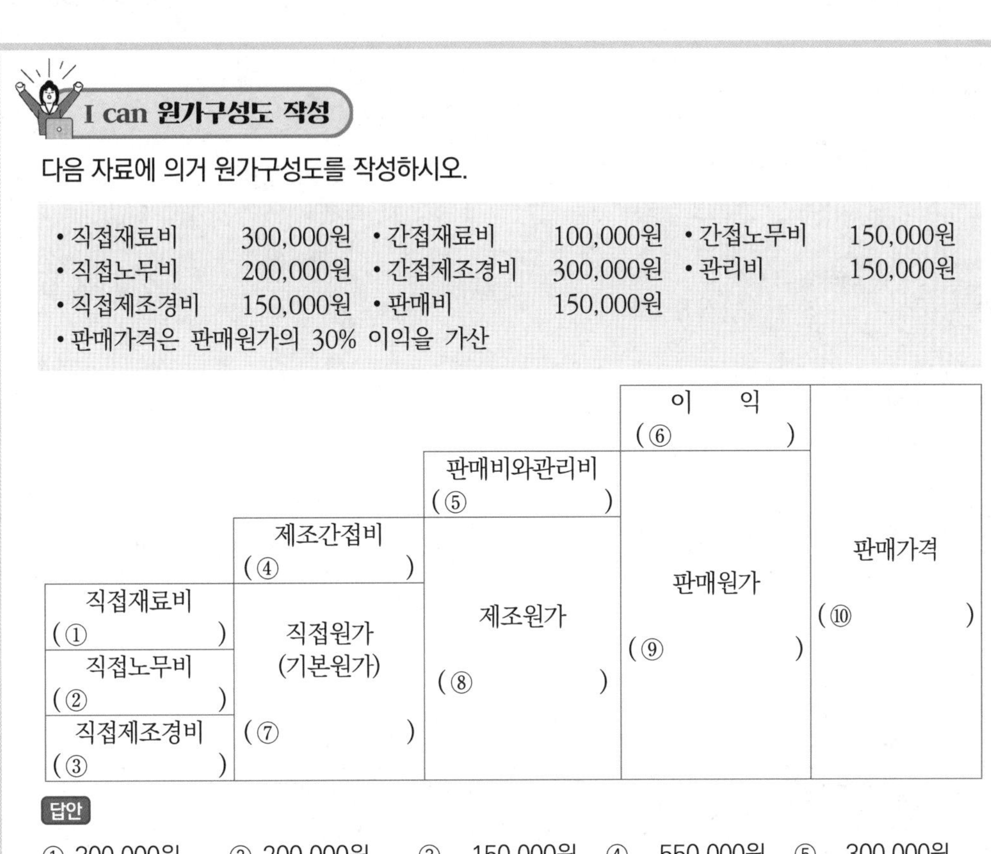

I can 원가구성도 작성

다음 자료에 의거 원가구성도를 작성하시오.

- 직접재료비 300,000원 • 간접재료비 100,000원 • 간접노무비 150,000원
- 직접노무비 200,000원 • 간접제조경비 300,000원 • 관리비 150,000원
- 직접제조경비 150,000원 • 판매비 150,000원
- 판매가격은 판매원가의 30% 이익을 가산

답안

① 300,000원 ② 200,000원 ③ 150,000원 ④ 550,000원 ⑤ 300,000원
⑥ 450,000원 ⑦ 650,000원 ⑧ 1,200,000원 ⑨ 1,500,000원 ⑩ 1,950,000원

I can 원가구성도 작성

다음 자료에 의거 원가구성도를 작성하시오.

- 직접재료비 820,000원 • 직접노무비 500,000원 • 직접제조경비 330,000원
- 판매비와 관리비는 제조원가의 20%
- 판매가격은 판매원가에 25% 이익가산
- 판매가격은 3,000,000원

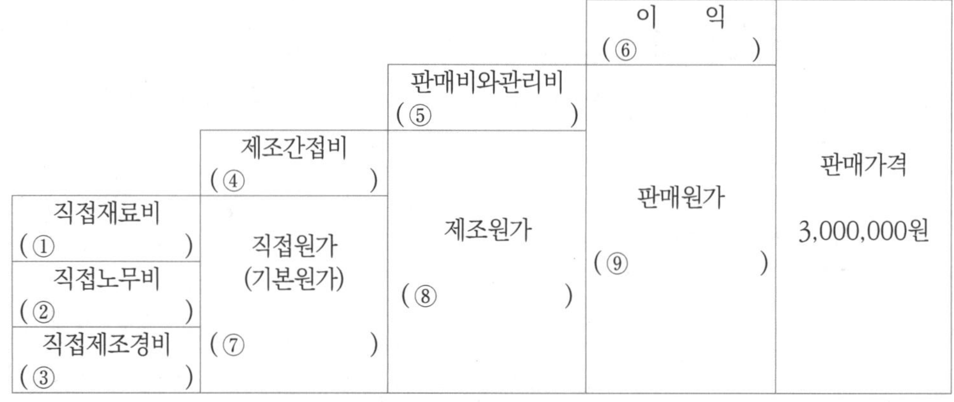

정답

① 820,000원 ② 500,000원 ③ 330,000원 ④ 350,000원 ⑤ 400,000원
⑥ 600,000원 ⑦ 1,650,000원 ⑧ 2,000,000원 ⑨ 2,400,000원

3 원가행태에 따른 분류

고정원가 (고정비)	조업도의 증감에 관계없이 총액이 일정하게 발생하는 원가 예 임차료, 감가상각비, 종업원의 고정급여 등
변동원가 (변동비)	조업도의 증감에 따라 원가 발생 총액이 비례적으로 증감하는 원가 예 직접재료비, 직접노무비 등
준변동원가	조업도의 증감에 관계없이 발생하는 고정원가와 조업도의 변화에 따라 원가가 변하는 변동원가의 특성을 모두 가지고 있는 원가 예 전력비, 통신비, 수도광열비 등
준고정원가 (계단원가)	특정 범위의 조업도 내에서는 총원가가 일정하지만, 조업도가 그 범위를 벗어나면 원가총액이 증가하는 원가 예 생산기계의 임차료 등

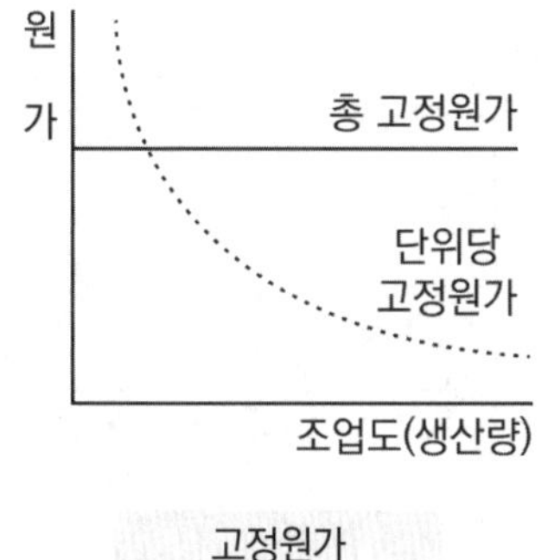

고정원가

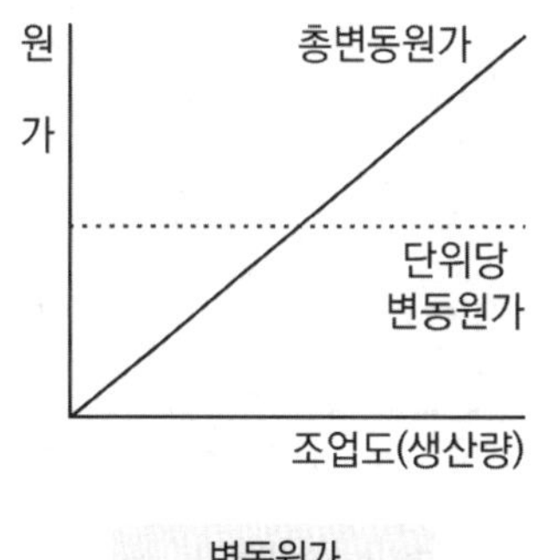

변동원가

I CAN 기출문제

다음 그래프의 원가행태를 모두 만족하는 원가는 무엇인가?

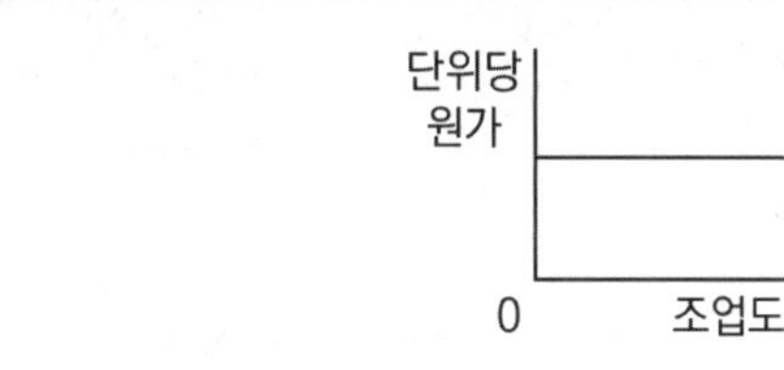

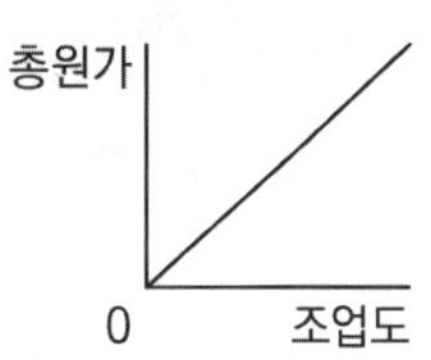

① 직접재료비　　② 관련범위 내의 제조간접비
③ 계단원가　　④ 공장건물 감가상각비

 **정답풀이**

① 총원가는 조업도에 비례해서 증가하지만, 단위당 원가는 일정한 변동원가에 대한 그래프이며, 직접재료비와 직접노무비 등이 해당된다.

I CAN 기출문제

원가행태에 따른 다음 설명에 해당되는 것은 무엇인가?

> 관련범위 내에서 인형 1,000개를 생산할 때와 2,000개 생산할 때의 총원가는 동일하다. 관련범위 내에서 조업도가 증가하는 경우, 단위당 원가는 감소한다.

① 고정비　　② 준고정비
③ 변동비　　④ 준변동비

 **정답풀이**

① 관련범위 내에서 고정비 총원가는 일정, 조업도 증가에 따라 단위당 원가는 감소한다.

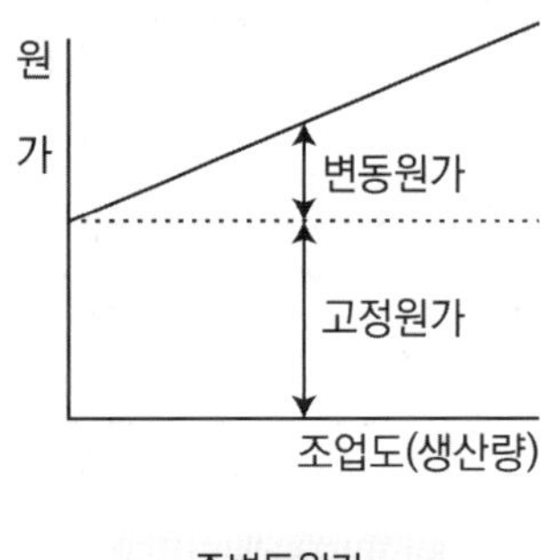

준변동원가

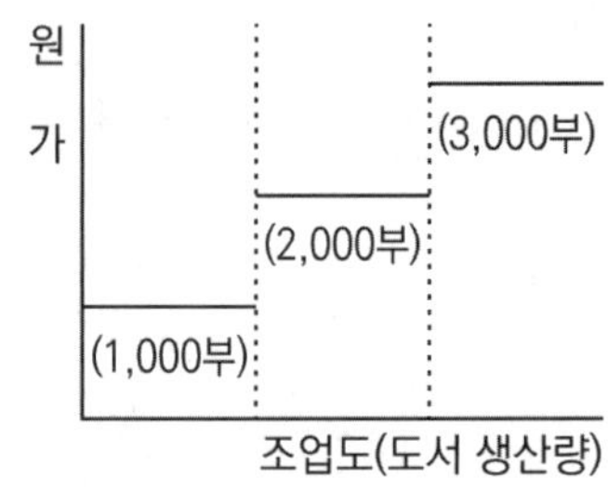

준고정원가

I CAN 기출문제

㈜I CAN상사는 기계장치 1대를 매월 100,000원에 임차하여 사용하고 있으며, 기계장치의 월 최대 생산량은 1,000단위이다. 당월 수주물량이 1,500단위여서 추가로 1대의 기계장치를 임차하기로 하였다. 이 기계장치에 대한 임차료의 원가행태는 무엇인가?

① 고정원가 ② 준고정원가 ③ 변동원가 ④ 준변동원가

 **정답풀이**

② 특정 범위의 조업도 내에서는 총원가가 일정하지만, 조업도가 그 범위를 벗어나면 원가총액이 증가하는 원가인 준고정비에 대한 설명이다.

I CAN 기출문제

원가행태에 대한 다음 설명 중 가장 옳지 않은 것은?

① 고정원가는 관련 조업도 내에서 일정하게 발생하는 원가를 말한다.
② 직접재료비와 직접노무비를 기초원가라 한다.
③ 간접원가란 특정한 원가직접대상에 직접 추적할 수 없는 원가를 말한다.
④ 제품생산량이 증가함에 따라 관련 범위 내에서 제품단위당 고정원가는 일정하다.

 **정답풀이**

④ 제품생산량이 증가함에 따라 제품단위당 고정원가는 감소한다.

4 제조활동과의 관련성에 따른 분류

제조원가	제품을 생산하기 위한 과정에서 발생하는 원가 (제조원가 =〉 매출원가)
비제조원가	제품의 제조활동과 직접적인 관련없이 관리 및 판매활동에서 발생하는 일반적인 원가 (판매관리비)

5 소멸여부에 따른 분류

소멸원가	제품 생산에 투입된 원가가 소멸되어 더 이상 경제적 효익을 창출할수 없는 원가로 수익창출에 기여되는 것은 비용, 수익창출에 기여하지 못하는 원가는 손실로 처리함
미소멸원가	제품 생산에 투입된 원가가 미래에 경제적 효익을 창출될 것으로 기대되는 자원에 해당하며 자산계정으로 처리함

6 기타 의사결정에 따른 분류

매몰원가	과거에 발생하여 현재 의사결정에 영향을 미치지 않는 비관련원가
기회비용 (기회원가)	최선의 한 대안을 선택함으로 인하여 포기된 차선의 대안에서 얻을 수 있는 최대 효익
관련원가	현재 의사결정에 필요한 원가 (의사결정에 필요하지 않은 과거 원가는 비관련원가)
회피가능원가	회피가 가능한 원가(피할 수 없는 원가는 회피불가능원가)

I CAN 기출문제

다음 원가의 개념에 대한 설명중 그 내용이 올바르지 않은 것은?

① 기회원가: 과거에 발생한 원가로서 의사결정에 고려되지 않는 원가
② 가공원가: 직접노무비와 제조간접비를 합한 금액
③ 통제가능원가: 특정부문의 경영자가 원가의 발생을 관리할 수 있으며, 부문경영자의 성과평가의 기준이 되는 원가
④ 변동원가: 조업도의 변동에 관계없이 단위당 원가는 일정하고, 총원가는 조업도의 변동에 비례하여 변하는 원가

정답풀이

① 기회원가는 여러 가지 대안 중 발생할 수 있는 최대금액으로 나타내며, 특정 의사결정에 반영되는 원가이다. 과거에 발생한 원가로서 의사결정에 고려되지 않는 원가는 매몰원가에 대한 설명이다.

I can 원가의 구성

다음의 원가의 구성을 참고하여 아래 물음에 답하시오.

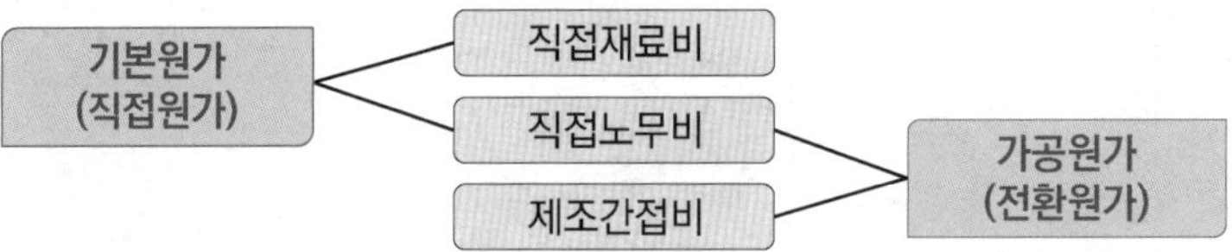

기본원가 570,000원, 가공원가 520,000원, 제조간접비가 200,000원이라고 가정할 경우 총 제조원가와 직접재료비는 각각 얼마인가?

답안

※ 총 제조원가: 기본원가(직접재료비 + 직접노무비) + 제조간접비 = 770,000원
※ 직접재료비 계산
✓ 가공원가(520,000원) - 제조간접비(200,000원) = 직접노무비(320,000원)
✓ 기본원가(570,000원) - 직접노무비(320,000원) = 직접재료비(250,000원)

※ 기본원가(직접원가): 직접재료비 + 직접노무비(직접경비는 실제적으로 발생하지 않음)
※ 가공원가: 직접노무비 + 제조간접비(직접재료비를 제외한 제조원가)
※ 직접노무비는 기본원가와 가공원가 모두에 해당됨

I CAN 기출문제

다음 원가의 개념에 대한 설명 중 그 내용이 올바르지 않은 것은?

① 회피불능원가란 선택이나 의사결정을 할 때 발생을 회피할 수 없는 원가를 의미한다.
② 직접재료비와 제조간접비의 합을 가공원가라고도 한다.
③ 직접원가와 제조간접비의 합이 제조원가이다.
④ 기회비용이란 여러 대체안 중에서 어느 하나를 선택함으로 인해 상실하게 되는 최대의 경제적 효익을 말한다.

정답풀이

② 가공원가는 직접노무비와 제조간접비의 합을 의미한다.

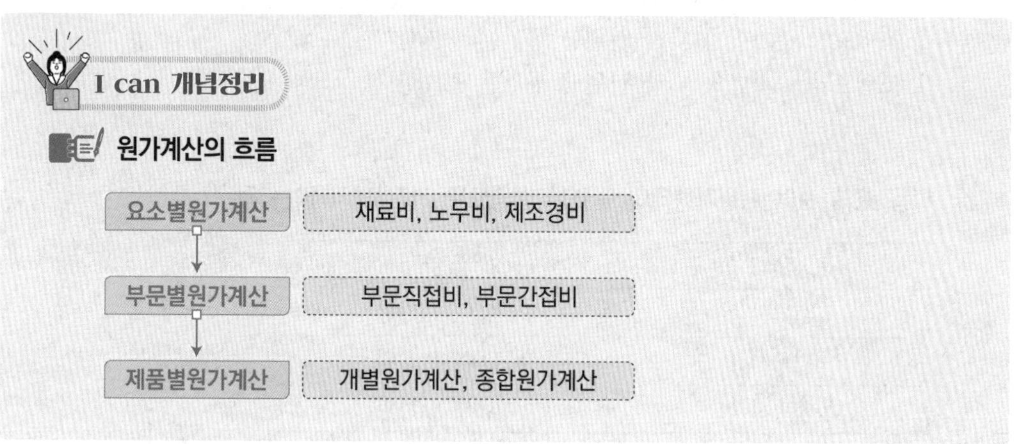

I CAN 기출문제

다음 중 일반적인 제조기업의 원가계산흐름을 바르게 설명한 것은?

① 부문별 원가계산 ➜ 요소별 원가계산 ➜ 제품별 원가계산
② 부문별 원가계산 ➜ 제품별 원가계산 ➜ 요소별 원가계산
③ 요소별 원가계산 ➜ 부문별 원가계산 ➜ 제품별 원가계산
④ 요소별 원가계산 ➜ 제품별 원가계산 ➜ 부문별 원가계산

정답풀이

③ 일반적인 제조기업의 원가계산 흐름은 요소별 ➜ 부문별 ➜ 제품별 원가계산 순서이다.

I can 실전문제(원가회계의 개념)

※ I can 실전문제에 수록된 문제들은 모두 전산세무 2급 시험에 다수 출제되었던 유형입니다.

01 **관련범위 내에서 단위당 변동원가의 형태에 대한 설명으로 옳은 것은?**

① 각 조업도수준에서 일정하다.
② 각 조업도수준에서 감소한다.
③ 조업도가 증가함에 따라 단위당 원가는 증가한다.
④ 조업도가 증가함에 따라 단위당 원가는 감소한다.

02 **다음 표에 보이는 원가행태와 관련한 설명으로 가장 옳지 않는 것은?**

조업도	총원가
100시간	3,000,000원
200시간	3,000,000원
300시간	3,000,000원

① 조업도가 증가해도 단위당 원가부담액은 일정하다.
② 위와 같은 원가행태를 보인 예로 임차료가 있다.
③ 조업도 수준에 상관없이 관련범위 내에서 원가총액은 일정하다.
④ 제품 제조과정에서 가공비로 분류한다.

03 **제조원가 중 원가행태가 다음과 같이 나타나는 경우로 보기 어려운 것은?**

조업도	100시간	500시간	1,000시간
총원가	10,000원	10,000원	10,000원

① 공장재산세　② 전기요금
③ 정액법에 의한 감가상각비　④ 임차료

04 **조업도가 '0(영)'일지라도 일정한 원가가 발생하고, 조업도가 증가할수록 비례적으로 원가가 발생하는 행태를 지닌 원가는?**

① 준고정비 ② 고정비
③ 변동비 ④ 준변동비

05 **회사는 생산능력이 100단위인 생산설비를 임차하여 사용하고 있다. 매년 수요량이 증가함에 따라 그때마다 생산설비를 추가 임차하고 있다. 생산설비 1대당 임차료는 500,000원이다. 이 설명에 맞는 그래프는 어느 것인가?**

①
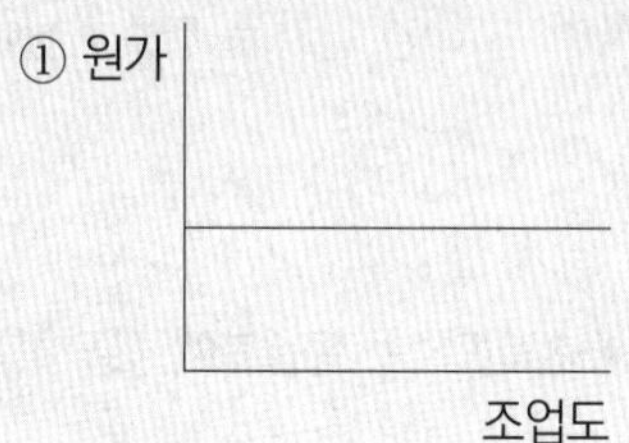

②
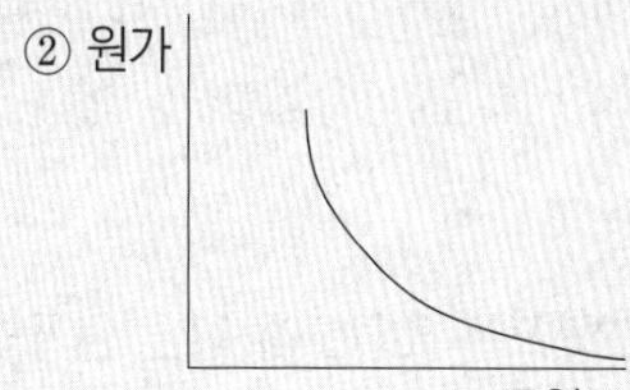

③
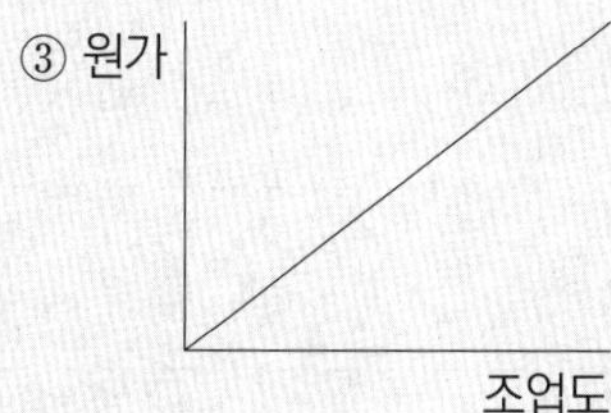

④
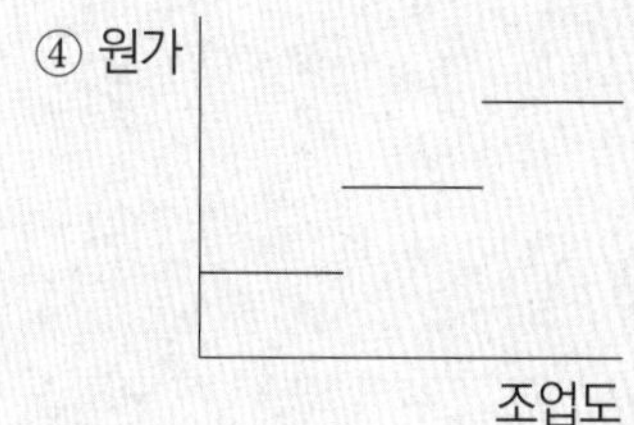

06 **다음에서 설명하는 원가행태로 맞는 것은?**

> 정부는 중·장기대책으로 이동통신음성데이터를 이용할 수 있는 '보편요금제'를 출시하도록 하는 방안을 추진키로 했다. 보편요금제는 월 요금 2만원에 기본 음성 200분, 데이터 1GB, 문자무제한 등을 이용할 수 있다. 음성·데이터 초과분에 대한 분당 요금은 이동통신사가 정하기로 했다.

① 변동비 ② 고정비
③ 준변동비 ④ 준고정비

07 다음 중 원가행태에 따른 분류로 볼 수 없는 것은?

① 고정비　　② 직접비
③ 변동비　　④ 준고정원가

08 원가에 대한 설명 중 가장 옳지 않은 것은?

① 직접재료비는 조업도에 비례하여 총원가가 증가한다.
② 조업도가 무한히 증가할 때 단위당 고정비는 1에 가까워진다.
③ 관련 범위내 변동비는 조업도의 증감에 불구하고 단위당 원가가 일정하다.
④ 제품원가는 조업도가 증가하면 고정비요소로 인하여 단위당 원가는 감소하나 단위당 변동비 이하로는 감소할 수 없다.

09 다음의 그래프는 조업도에 따른 원가의 변화를 나타낸 것이다. 변동원가에 해당하는 그래프만 짝지은 것은?

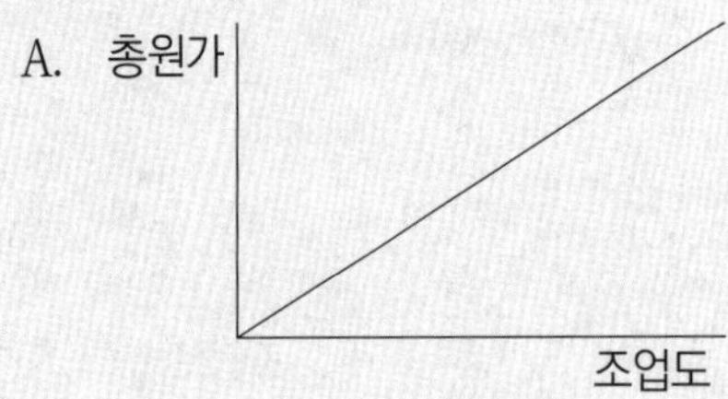

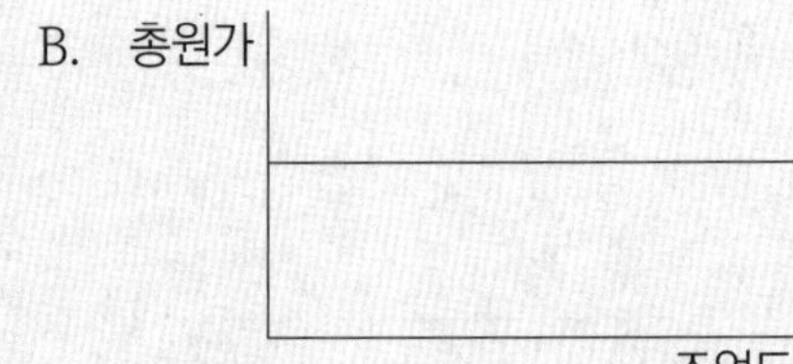

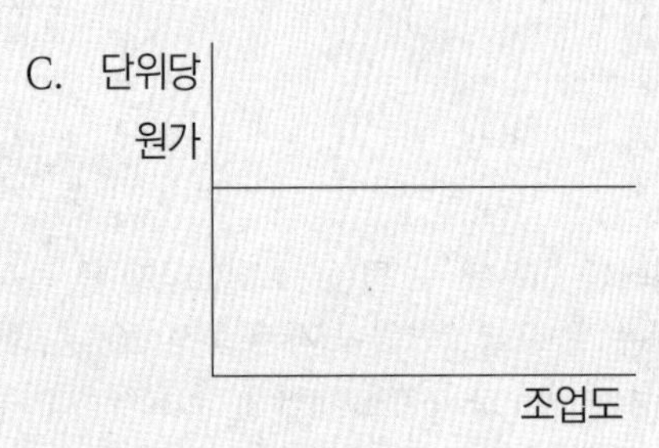

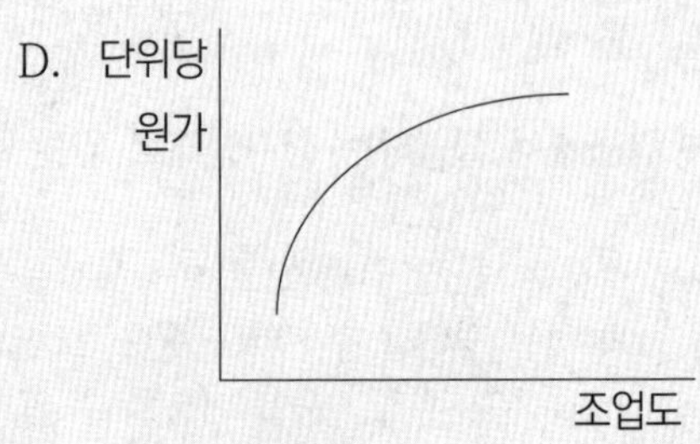

① A, C　　② A, D
③ B, C　　④ B, D

10 다음 중 제품의 제조원가를 구성하지 않는 것은?

① 공장직원의 식사대　　② 제품 홍보책자 인쇄비
③ 원재료 매입거래처에 대한 기업업무추진비　　④ 공장건물의 화재보험료

11 **다음 중 원가에 대한 설명으로 틀린 것은?**

① 직접재료비와 직접노무비는 기초원가에 해당한다.
② 특정제품 또는 특정부문에 직접적으로 추적가능한 원가를 직접비라 하고 추적불가능한 원가를 간접비라 한다.
③ 변동비 총액은 조업도에 비례하여 증가한다.
④ 가공비란 직접재료비와 직접노무비를 합계한 원가를 말한다.

12 **다음 중 원가에 대한 설명으로 옳은 것은?**

① 특정 원가대상에 명확하게 추적이 가능한 원가를 직접원가라 한다.
② 기회비용은 특정의사결정에 고려할 필요가 없는 원가이다.
③ 총원가가 조업도의 변동에 비례하여 변하는 원가를 고정원가라 한다.
④ 가공원가에는 직접재료비와 직접노무비가 있다.

13 **다음 중 원가의 추적가능성에 따른 분류로 가장 맞는 것은?**

① 직접원가와 간접원가　　② 고정원가와 변동원가
③ 실제원가와 표준원가　　④ 제조원가와 비제조원가

14 **다음 중 원가에 대한 설명으로 가장 틀린 것은?**

① 직접재료비는 기초원가에 포함되지만 가공원가에는 포함되지 않는다.
② 직접노무비는 기초원가와 가공원가 모두에 해당된다.
③ 기회비용(기회원가)은 현재 이 대안을 선택하지 않았을 경우 포기한 대안 중 최소 금액 또는 최소 이익이다.
④ 제조활동과 직접 관련없는 판매관리활동에서 발생하는 원가를 비제조원가라 한다.

15 **다음 중 원가의 개념설명이 옳지 않은 것은?**

① 통제가능원가: 경영자가 원가 발생액에 대하여 영향을 미칠 수 있는 원가
② 매몰원가: 과거의 의사결정으로 이미 발생한 원가로 의사결정에 고려되어서는 안 되는 원가
③ 기회원가: 재화·용역 또는 생산설비를 특정용도 이외의 다른 대체적인 용도로 사용한 경우에 얻을 수 있는 최대 금액
④ 관련원가: 여러 대안 사이에 차이가 나는 원가로서 의사결정에 간접적으로 관련되는 원가

16 다음 자료에 의한 기초재공품 수량은?

- 기초제품수량: 100개
- 기말제품수량: 50개
- 당기매출수량: 1,000개
- 당기착수수량: 800개
- 기말재공품 수량: 0개

① 100개
② 130개
③ 140개
④ 150개

17 20×1년 기간에 사용한 원재료는 1,000,000원이다. 20×1년 12월 31일 원재료재고액은 20×1년 1월 1일 원재료 재고액보다 200,000원이 더 많다. 20×1년 기간의 원재료 매입액은 얼마인가?

① 1,200,000원
② 800,000원
③ 1,400,000원
④ 1,100,000원

18 공장에 설치하여 사용하던 기계가 고장이 나서 처분하려고 한다. 취득원가는 2,000,000원, 고장시점까지의 감가상각누계액은 1,500,000원이다. 동 기계를 바로 처분하는 경우 600,000원에 처분 가능하며 100,000원의 수리비를 들여 수리하는 경우 800,000원에 처분할 수 있다. 이 때 매몰원가는 얼마인가?

① 100,000원
② 500,000원
③ 600,000원
④ 800,000원

2. 원가의 흐름과 기장

01 원가요소와 원가흐름

제조기업의 원가는 재료비와 노무비, 제조경비로 구성되며, 이를 원가의 3요소라 한다. 원가는 추적가능성에 따라 직접비와 간접비로 구분된다.

1 원재료와 재료비

제조활동에 사용할 주요재료, 보조재료, 부품 등의 원가를 기록하는 재고자산 계정을 원재료라고 하고, 제품의 제조과정에서 소비된 재료의 가치를 재료비 라고 한다. 재료비는 특정 제품의 제조에 소비된 직접재료비와 여러 제품의 제조에 공통으로 소비된 간접재료비로 구분된다.

원 재 료			
기초	100원	재료비	850원
매입	900원	기말	150원

재료소비액 (직접재료비 + 간접재료비)

당기 재료 소비액 = 기초재료재고액 + 당기재료매입액 – 기말재료재고액

참고 재료소비액은 원재료의 매입액이 아니라 사용액이다.

I CAN 기출문제

(주)I can 기업의 당월 직접재료비사용액은 13,000원이다. 당월말 직접재료는 월초에 비해 2,000원 감소한 경우, 직접재료 매입액은 얼마인가?

① 10,000원　② 11,000원
③ 12,000원　④ 13,000원

정답풀이

② 재료소비액(13,000원) = 기초재료(5,000원) + 재료매입(XXX) – 기말재료(3,000원)

2 임금과 노무비

제조활동에 투입된 직원의 인건비를 임금이라 하고, 제품의 제조과정에서 발생된 임금총액을 노무비 라고 한다. 노무비는 특정 제품의 제조에 소비된 직접노무비와 여러 제품의 제조에 공통으로 소비된 간접노무비로 구분된다.

임	금
지급액 900원	전월미지급 150원
당월미지급 100원	노무비 850원

임금소비액 (직접노무비 + 간접노무비)

당기 노무비 소비액 = 당기지급액 + 당월 미지급액 - 전월 미지급액

참고 노무비소비액은 임금의 지급액이 아니라 발생액이다.

I CAN 기출문제

다음 자료에 의하여 당월의 노무비 지급액을 구하면 얼마인가?

- 당월 노무비 발생액: 500,000원
- 전월말 노무비 미지급액: 20,000원
- 당월말 노무비 미지급액: 60,000원

① 440,000원 ② 460,000원 ③ 520,000원 ④ 540,000원

정답풀이

②

임		금	
당월지급액	460,000원	전월미지급액	20,000원
당월미지급액	60,000원	당월발생액	500,000원

3 제조경비

제조경비란 원가의 구성요소 중 재료비와 노무비를 제외한 기타의 모든 요소를 의미한다. 즉, 생산설비에 대한 감가상각비, 보험료, 임차료, 전력비, 가스수도비, 외주가공비 등 제조과정에서 발생한 경비의 소비액이다.
경비는 발생시점과 지급시점이 서로 다를 수 있으며, 경비의 소비액을 계산하기 위해서는 경비의 유형에 따라 지급액 이외에 전월선급, 전월미지급, 당월선급, 당월미지급 금액을 확인하여야 한다.

제조경비 소비액 = 당월 지급액 + 전월선급 + 당월미지급 - 당월선급 - 전월미지급

참고 제조경비는 대부분 직접비 없이 간접비에 해당한다.

4 제조간접비

제조간접비란 직접재료비와 직접노무비를 제외한 제조원가로써 간접재료비, 간접노무비, 간접제조경비 등이 해당되며, 변동제조간접비와 고정제조간접비로 나눌 수 있다.

제조간접비 = 간접재료비 + 간접노무비 + 간접제조경비

참고 제조간접비는 직접노무비와 함께 가공비의 구성요소에 포함된다.

I CAN 기출문제

원가구성요소의 분류상 해당항목에 포함되는 내용 중 틀린 것은?

	기본원가	가공비	제조원가
①	직접노무비	제조간접비	직접재료비
②	직접재료비	제조간접비	직접노무비
③	제조간접비	직접노무비	직접재료비
④	직접노무비	간접재료비	간접노무비

정답풀이

③ 기본원가는 직접재료비, 직접노무비, 가공비는 직접노무비와 제조간접비가 해당된다.

5 재공품과 제품

제조과정 중에 있는 미완성 제품을 표시하는 계정으로 완성품제조원가가 나타나는 재고자산 계정을 재공품이라 하고, 제조공정을 완전히 마친 완성품을 표시하는 계정으로 완성품의 제조원가와 판매된 매출제품원가가 나타나는 재고자산 계정을 제품이라 한다.

재공품

차변	금액	대변	금액
월 초	200원	제품(완성품)	1,900원
재료비(직접)	500원	월 말	300원
노무비(직접)	600원		
제조간접비	900원		
	2,200원		2,200원

제품

차변	금액	대변	금액
월 초	300원	매출원가	2,000원
재 공 품	1,900원	월 말	200원
	2,200원		2,200원

당기총제조원가	당기에 발생된 원가요소(직접재료비, 직접노무비, 제조간접비)를 모두 합한 금액을 당기총제조원가라고 하며, 재공품 차변에 기록한다.
당기제품제조원가	당기총제조원가와 기초재공품 중 제품으로 완성된 것은 당기제품제조원가(당기완성품제조원가)가 라고 하며, 재공품 대변에 기록한다.
매출원가	당기제품제조원가와 기초제품 중에서 매출된 것은 매출원가가 된다. (제품 매출원가 = 기초제품 + 당기완성품 - 기말제품)

I CAN 기출문제

다음 중 재공품계정의 대변에 기입되는 사항은?

① 제조간접비 배부액
② 직접재료비 소비액
③ 당기 제품제조원가
④ 재공품 전기이월액

정답풀이

③ 당기제품(완성품)제조원가는 재공품계정 대변, 당기총제조원가는 재공품계정 차변에 기록된다.

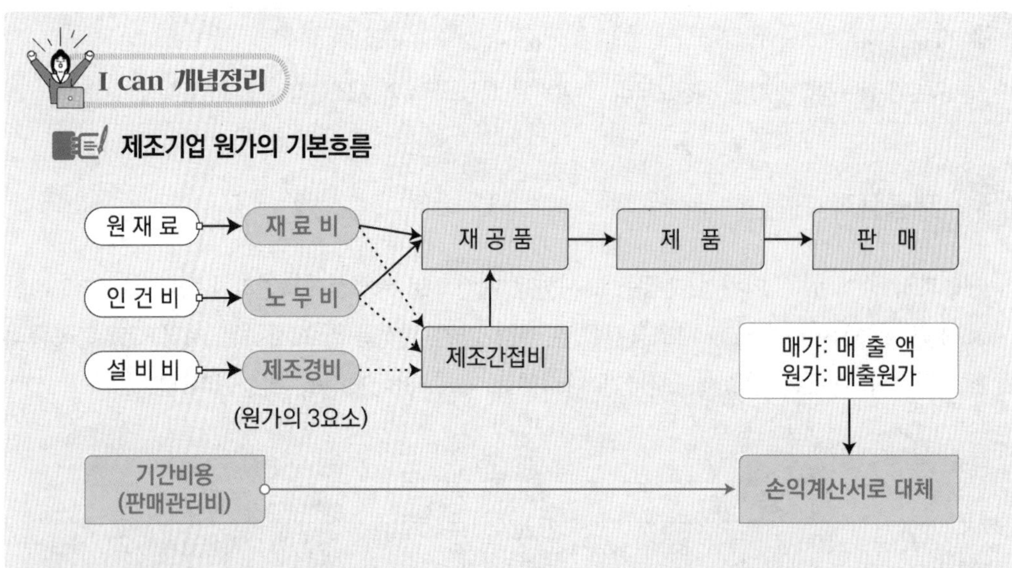

제조원가의 흐름에 관한 주요산식

- 직접재료비 = 기초재료재고액 + 당기재료매입액 - 기말재료재고액
- 당기총제조원가 = 직접재료비 + 직접노무비 + 제조간접비
- 당기제품제조원가 = 기초재공품 + 당기총제조원가 - 기말재공품
- 매출원가 = 기초제품 + 당기제품제조원가 - 기말제품

6 제조원가명세서

제조원가명세서는 당기제품제조원가를 계산하는 과정을 나타내는 명세서이다. 즉 원가흐름 중 재공품계정에 대한 내용을 서식으로 표현한 것으로 제품에 관한정보 즉, 기초제품, 기말제품, 매출원가 등에 대한 정보는 제공되지 않으며 부속세명세서일뿐 재무제표에 해당하는 것은 아니다.

※ 제조원가 명세서 ※ 재공품

적 요	금	액
Ⅰ 재 료 비		
1.기초재료재고액	×××	
2.당기재료매입액	(+) ×××	
(사용가능액)	×××	
3.기말재료재고액	(-) ×××	×××
Ⅱ 노 무 비		×××
Ⅲ 제조간접비		×××
Ⅳ 당기총제조원가		×××
Ⅴ 기초재공품		(+) ×××
Ⅵ 합 계		×××
Ⅶ 기말재공품		(-) ×××
Ⅷ 당기제품제조원가		×××

※ 손익계산서 ※ 제품

적 요	금	액
매 출 액		×××
매출원가(-)		×××
1 기초제품재고	×××	
2 당기제품제조원가	(+) ×××	×××
3.기말제품재고	(-) ×××	
매출총이익		×××
판매관리비(-)		×××
영업이익		×××
영업외수익(+)		×××
영업외비용(-)		×××
법인세차감전순이익		×××
법인세(-)		×××
당기순이익		×××

I CAN 기출문제

다음 중 제조원가명세서상 당기제품제조원가에 영향을 미치지 않는 회계상 오류는 무엇인가?

① 생산직 근로자의 인건비를 과대계상하였다.
② 당기에 투입된 원재료를 과소계상하였다.
③ 기말 제품원가를 과소계상하였다.
④ 기초 원재료를 과대계상하였다.

정답풀이

③ 기말 제품원가의 과소계상은 제조원가명세서상의 당기제품제조원가에 영향을 미치지 않고 손익계산서의 매출원가와 재무상태표의 기말재고자산에 영향을 미친다.

I can 원가의 흐름

다음 자료를 이용하여 매출제품의 원가를 계산하면 얼마인가?

- 직접재료 매입액　400,000원 (재료소비액은 전액 직접비라고 가정한다.)
- 직접노무비 발생액 800,000원
- 간접경비 발생액　700,000원
- 월초 및 월말 재고자산은 다음과 같다.

(구분)	(월초)	(월말)
재　료	140,000원	150,000원
재공품	150,000원	200,000원
제　품	250,000원	350,000원

재 공 품	

제　　품	

답안

※ 매출원가: 1,740,000원

재 공 품

차변	금액	대변	금액
월초재공품	150,000	제품	1,840,000
*재료비	390,000	월말재공품	200,000
노무비	800,000		
제조간접비	700,000		
	2,040,000		2,040,000

제　　품

차변	금액	대변	금액
월초제품	250,000	매출원가	1,740,000
재공품	1,840,000	월말제품	350,000
	2,090,000		2,090,000

* 재료비(재료소비액) = 월초재료 + 재료매입 − 월말재료

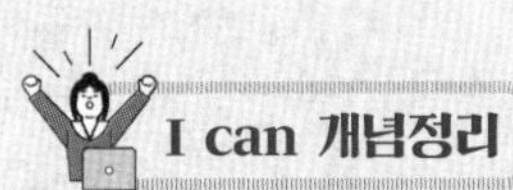

I can 개념정리

매출액과 매출원가

제조기업에서 완성된 제품을 판매할 경우, 매출원가에 이익을 가산해서 매출액을 결정하는 방법과 매출액의 일정비율을 이익으로 인식하는 방법이 있다. 제품을 동일하게 1,200,000원에 판매 하였을 경우 매출원가와 매출이익의 금액은 다음과 같다.

매 출 방 법	매출원가	매출이익
매출원가에 20%의 이익을 가산	1,000,000원	200,000원
매출총이익율 20%	960,000원	240,000원

I CAN 기출문제

(주)I can의 4월 기말재고액이 기초재고액 보다 200,000원 증가되었고, 4월 매출액은 2,700,000원으로 매출원가에 20% 이익을 가산한 금액이라 한다면, 당기 매입금액은?

① 2,150,000원　　② 2,250,000원
③ 2,350,000원　　④ 2,450,000원

정답풀이

④ 매출액 = 매출원가 × 1.2(매출원가에 20%이익을 가산하여 매출한다고 하였음)
매출원가: 매출액 ÷ 1.2 = 2,250,000원
매입액: 매출원가(2,250,000원) + 기말상품(200,000원) = 2,450,000원

상　품

기초상품재고액	0원(가정)	매출원가	(　　　)
매입액	(　　　)	기말상품	200,000원

I can 실전문제(원가의 흐름과 기장)

※ I can 실전문제에 수록된 문제들은 모두 전산세무 2급 시험에 다수 출제되었던 유형입니다.

01 **다음 중 재공품 및 제품에 관한 설명으로 틀린 것은?**

① 당기제품제조원가는 재공품계정의 대변에 기입한다.
② 매출원가는 제품계정의 대변에 기입한다.
③ 기말재공품은 손익계산서에 반영된다.
④ 직접재료비, 직접노무비, 제조간접비의 합계를 당기총제조원가라고 한다.

02 **다음 자료에 의한 제조간접비는 얼마인가?**

• 직접재료비:	300,000원	• 직접노무비:	650,000원
• 기계감가상각비:	25,000원	• 공장임차료:	450,000원
• 영업부사무실임차료:	300,000원	• 판매수수료:	80,000원
• 공장전력비:	180,000원		

① 1,215,000원　② 1,165,000원
③ 655,000원　④ 435,000원

03 **당기에 발생한 제조원가와 관련된 자료는 다음과 같다. 당기의 제조간접원가와 기말재공품 재고액은 얼마인가?**

• 직접재료원가:	5,000원	• 직접노무원가:	3,000원
• 제조간접원가:	(???)	• 당기총제조원가:	10,000원
• 기초재공품:	1,500원	• 당기제품제조원가:	9,000원

① 2,000원, 2,500원　② 2,000원, 1,500원
③ 1,000원, 1,500원　④ 1,000원, 2,500원

04 **다음 자료를 이용하여 당기 원재료매입액을 계산하면 얼마인가?**

- 기초 원재료 재고액: 4,000,000원
- 기말 원재료 재고액: 5,000,000원
- 당기 노무비 발생액: 10,000,000원
- 당기 제조경비 발생액: 5,000,000원
- 당기총제조원가는 가공원가의 200%이다.

① 13,000,000원 ② 14,000,000원
③ 15,000,000원 ④ 16,000,000원

05 **다음 자료에 의한 직접재료비는 얼마인가?**

- 기초재공품: 1,000,000원
- 당기제품제조원가: 5,500,000원
- 제조간접비: 당기제품제조원가의 40%
- 직접노무비: 제조간접비의 1.2배
- 기말재공품: 2,000,000원

① 1,200,000원 ② 1,550,000원
③ 1,660,000원 ④ 1,860,000원

06 **당사는 악기를 제조하고 있는 회사로써 당기 원가 자료는 다음과 같다. 당기말 제품재고액은 얼마인가?**

1. 재무상태표금액

구분	전기말	당기말
원재료	0원	0원
재공품	150,000원	110,000원
제 품	130,000원	( )

2. 제조원가명세서와 손익계산서상의 금액
- 직접노무비: 100,000원
- 제조간접비: 50,000원
- 직접재료비: 160,000원
- 제품매출원가: 280,000원

① 160,000원 ② 180,000원
③ 200,000원 ④ 220,000원

07 다음 자료를 이용하여 당기제품제조원가를 구하면 얼마인가?

- 기초원재료 재고액: 100,000원
- 기중원재료 매입액: 150,000원
- 제조간접비: 200,000원
- 기말재공품 재고액: 150,000원
- 기말제품 재고액: 200,000원
- 기말원재료 재고액: 30,000원
- 직접노무비: 200,000원
- 기초재공품 재고액: 10,000원
- 기초제품 재고액: 80,000원

① 340,000원 ② 360,000원
③ 480,000원 ④ 490,000원

08 다음은 제조원가 및 재고자산에 관한 자료이다. 매출원가는 얼마인가?

구분	기초재고	기말재고
재공품	500,000원	2,000,000원
제 품	1,000,000원	2,000,000원
※ 당기총제조원가는 10,500,000원이다.		

① 6,000,000원 ② 7,000,000원
③ 8,000,000원 ④ 9,000,000원

09 다음의 자료를 이용하여 당기 말 제품 재고액을 계산하면 얼마인가?

- 당기 말 재공품은 전기와 비교하여 45,000원이 증가하였다.
- 전기 말 제품 재고는 620,000원이었다.
- 직접재료비 360,000원
- 직접노무비 480,000원
- 제조간접비 530,000원
- 당기 손익계산서상 매출원가는 1,350,000원이다.

① 640,000원 ② 595,000원
③ 540,000원 ④ 495,000원

10 **다음 자료를 이용하여 당기총제조원가를 계산하면 얼마인가?**

• 기초재공품재고:	10,000원	• 기말재공품재고:	20,000원
• 기초제품재고:	60,000원	• 기말제품재고:	30,000원
• 매출원가:	270,000원		

① 250,000원 ② 240,000원
③ 220,000원 ④ 200,000원

11 **다음 자료를 이용하여 매출원가를 계산하면 얼마인가?**

• 기초재공품재고액:	500,000원	• 기말재공품재고액:	1,000,000원
• 당기총제조원가:	2,000,000원	• 기초제품재고액:	400,000원
• 기말제품재고액:	450,000원		

① 1,450,000원 ② 1,500,000원
③ 1,550,000원 ④ 1,600,000원

12 **다음 중 제조원가명세서에 표시될 수 없는 것은?**

① 당기 제품제조원가 ② 전기말 원재료재고액
③ 공장건물의 감가상각비 ④ 기초 제품재고액

3. 원가의 배부

01 원가의 배부

제품의 생산을 위하여 소비된 공통원가를 집계하여 인위적인 배부기준에 따라 제품 또는 제조부분, 보조부문 등의 원가배부 대상으로 배부하는 과정을 원가의 배부라고 하며, 그 목적은 다음과 같다.

- 경제적 의사결정을 합리적으로 수행
- 경영자에 대한 올바른 성과평가와 동기 부여
- 재무제표의 작성에 필요한 재고자산의 금액결정과 이익 측정
- 계약금액(판매금액) 결정

원가배부대상 선택 => 원가 집계 => 원가배부 방법선택 후 원가배부

1 원가배부의 기준

원가배부란 원가집합에 집계된 공통원가 또는 간접원가를 합리적인 배부기준에 의하여 원가대상으로 대응시키는 것으로, 공통원가 배부기준 중 가장 합리적인 기준을 선택하여야 하며, 대표적인 공통원가의 배부기준은 다음과 같다.

건물감가상각비	점유면적, 건물의 금액	기계감가상각비	기계장치의 금액, 사용시간
건물보험료/임차료	점유면적	재산세	자산의 금액
전력비	마력수, 마력수×사용시간	복리후생비	종업원 수
냉·난방비	점유면적, 건물의 면적	수선비	수선횟수, 수선시간
통신비	전화사용량	청소비 등	면적

제조간접비의 원가배부 기준은 인과관계기준, 수혜기준, 부담능력기준, 공정성과 공평성기준으로 나눌 수 있으며, 전력비의 경우 원가계산 대상에 사용한 전력량 즉, 원인과 명확한 결과에 의한 원가배부방법을 인과관계기준이라 하며, 가장 합리적인 배부방법에 해당한다.

참고 제조간접비는 그 구성항목이 다양하고, 항목별로 인과관계에 의한 배부기준을 찾는 것이 어려울 수 있다.

I CAN 기출문제

제조간접원가를 각 부문에 배무하는 기준으로 가장 적합하지 않은 것은?

① 건물관리부문: 사용면적　　② 노무관리부문: 종업원 수
③ 검사부문: 검사수량, 검사시간　　④ 구매부문: 기계시간

정답풀이

④ 구매부문은 주문횟수, 주문수량으로 배부하는 것이 합리적이다.

I CAN 기출문제

다음 제조간접비에 대한 설명으로서 틀린 것은?

① 제품에 배부되는 원가를 적접 추적할 수 없는 간접원가이다.
② 인과관계에 의한 배부기준 선택이 용이하다.
③ 실제원가배부법의 경우 동일한 제품에 매기 상이한 제품단위당 원가가 계산되는 단점이 있다.
④ 신속한 원가계산 및 제품판매가의 결정시 의사결정의 필요성에 따라 예정원가배부법이 적용된다.

정답풀이

② 제조간접비는 그 구성항목이 다양하고, 항목별로 인과관계에 의한 배부기준을 찾는 것이 어렵다.

02 제조간접비의 실제배부와 예정배부

간접재료비, 간접노무비, 간접제조경비 등과 같이 두 종류이상의 제품을 제조하기 위하여 공통적으로 발생하는 원가요소는 각 제품별로 추적부과가 불가능하기 때문에 일정 배부기준에 의하여 여러제품에 배부하게 되며, 제조간접비 배부방법은 실제배부법과 예정배부법으로 구분할 수 있다.

1 제조간접비 실제배부

제조간접비 실제배부는 원가계산 기말에 실제로 발생한 제조간접비를 각 제품에 배부하는 것으로, 사후배부라고도 하며, 정확한 결과를 얻을 수 있다는 장점이 있다.

1. 가액법(실제배부)

직접재료비법 (기준: 직접재료비)	배부율 = 1개월동안 제조간접비 총액 ÷ 동 기간의 직접재료비 총액
	배부액 = 특정 제품의 직접재료비 × 배부율
직접노무비법 (기준: 직접노무비)	배부율 = 1개월동안 제조간접비 총액 ÷ 동 기간의 직접노무비 총액
	배부액 = 특정 제품의 직접노무비 × 배부율
직접원가법 (기준: 직접원가)	배부율 = 1개월동안 제조간접비 총액 ÷ 동 기간의 직접원가 총액
	배부액 = 특정 제품의 직접비(직접원가) × 배부율

2. 시간법(실제배부)

직접노동시간법 (기준: 직접노동시간)	배부율 = 1개월동안 제조간접비 총액 ÷ 동 기간의 직접노동 총 시간수
	배부액 = 특정 제품의 직접재료비 × 배부율
기계작업시간법 (기준: 기계작업시간)	배부율 = 1개월동안 제조간접비 총액 ÷ 동 기간의 기계작업 총 시간수
	배부액 = 특정 제품의 직접노무비 × 배부율

원가배부 공식

$$\text{배부액} = \frac{(\text{ 배부할 금액 })}{(\text{ 배부기준의 합 })} \times \text{실제기준} = (\text{ 배부율 }) \times \text{실제기준}$$

I can 원가의 실제배부

다음은 I CAN상사의 생산공장 전체원가와 제조지시서(NO.1)에 대한 자료이다. 각각의 배부법에 따른 제조지시서(NO.1)의 제조간접비와 제조원가를 계산하시오. (원단위 미만은 버림)

✓ 직접재료비법, 직접노무비법, 직접원가법, 직접노동시간법, 기계작업시간법

구 분	생산공장 전체	제조지시서(No.1)	비 고
직접재료원가	500,000원	100,000원	
직접노무원가	1,000,000원	300,000원	
제조간접비	800,000원	(?)	
직접노동시간	400시간	150시간	
기계작업시간	500시간	200시간	

답안

제조지시서(NO.1)의 배부율, 제조간접비, 제조원가

구분	배부기준	배부율	NO.1 제조간접비	NO.1 제조원가
1	직접재료비법	800,000/500,000 = 1.6	160,000원	560,000원
2	직접노무비법	800,000/1,000,000 = 0.8	240,000원	640,000원
3	직접원가법	800,000/1,500,000 = 0.533...	213,333원	613,333원
4	직접노동시간법	800,000/400 = 2,000	300,000원	700,000원
5	기계작업시간법	800,000/500 = 1,600	320,000원	720,000원

I CAN 기출문제

I can 회계항공의 작업내용이다. 항공기 제작과 관련하여 8월 중에 발생한 원가자료는 다음과 같다. (나)항공기의 당기총제조원가는 얼마인가?

	(가)항공기	(나)항공기	(다)항공기
직접재료비	30,000원	30,000원	40,000원
직접노무비	60,000원	40,000원	100,000원

➜ 8월중 제조간접비 발생액은 160,000원이며, 직접노무비를 기준으로 제조간접비를 배부함.

① 32,000원 ② 80,000원 ③ 102,000원 ④ 150,000원

정답풀이

③ (나)항공기의 제조간접비 배부율: 제조간접비(160,000원) ÷ 직접노무비(200,000원) = 0.8

(나)항공기의 제조간접비 배부액: 제조간접비 배부율(0.8) × (나)항공기의 직접노무비(40,000원) = 32,000원

(나)항공기의 제조원가: 직접재료비(30,000원) + 직접노무비(40,000원) + 제조간접비(32,000원) = 102,000원

2 제조간접비 예정배부

계절별로 제품의 생산량에 큰 차이를 보이는 냉.난방기, 청량음료 등의 제품을 제조하는 회사에서는 제조간접비의 실제배부법의 적용시 많은 문제점이 있으므로, 연초에 미리 제조간접비 예정배부율을 산정해 두었다가 제품의 완성 시 그 제품의 제조에 실제 발생한 직접재료비나 직접노동시간을 파악한 후 예정배부율을 곱하여 계산한다.

- 제조간접비 예정배부율 = 제조간접비 연간 예상액 ÷ 배부기준의 연간 예상액
- 제조간접비 예정배부액 = 제품별 배부기준의 실제발생액 × 제조간접비 예정배부율

구분	차변	금액	대변	금액
제조간접비 예정배부	(차) 재 공 품	×××	(대) 제조간접비	×××
제조간접비 실제발생액	(차) 제조간접비	×××	(대) 재료비 노무비 제조경비	××× ××× ×××
제조간접비 배부차이 (실제발생 〉 예정배부)	(차) 제조간접비배부차이	×××	(대) 제조간접비	×××
배부차이 조정 (실제발생 〉 예정배부)	(차) 제조간접비	×××	(대) 제조간접비배부차이	×××

I CAN 기출문제

제조간접비를 예정배부하는 경우 예정배부액 계산식으로 옳은 것은?

① 배부기준의 예정발생액 × 예정배부율
② 배부기준의 예정발생액 × 실제배부율
③ 배부기준의 실제발생액 × 예정배부율
④ 배부기준의 실제발생액 × 실제배부율

정답풀이

③ 배부기준은 실제발생액을 사용한다.(예정배부액 = 배부기준의 실제발생액 X 예정배부율)

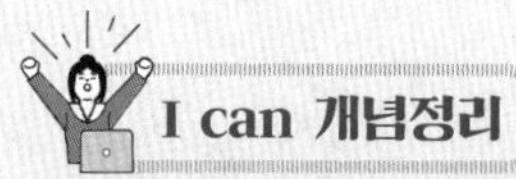

제조간접비 배부차이

재무제표는 실제원가계산에 의해 실제 소비된 원가를 근거로 작성되어야 한다. 따라서 예정원가에 의해서 계산된 원가의 제조간접비는 제조간접비 배부차이를 비례배분법, 매출원가조정법으로 조정해주어야 하는데, 배부차이를 매출원가에서 가감하는 것을 매출원가 조정법이라고 하며, 기말재공품, 기말제품, 매출원가의 총액을 기준으로 배부차이를 배분하여 조정하는 것을 비례배분법이라고 한다. 본 학습에서는 매출원가조정법에 대해서만 다루기로 한다.

- 예정배부액 〉 실제발생액 ➜ 과다배부
- 예정배부액 〈 실제발생액 ➜ 과소배부

영업외손익법	배부차이를 모두 영업외손익으로 처리
매출원가 조정법	배부차이를 모두 매출원가로 처리
총원가 비례배분법	배부차이를 기말재공품, 기말제품, 매출원가 총액의 비율에 따라 배분
원가요소별 비례배분법	배부차이를 기말재공품, 기말제품, 매출원가에 포함된 제조간접비의 비율에 따라 배분

I can 제조간접비

다음의 예정배부와 관련된 거래에 대해 분개하시오.

(1) 제조간접비 예정배부 합계액은 800,000원이다.
(2) 제조간접비의 실제발생액은 다음과 같다.
(간접재료비 350,000원, 간접노무비 230,000원, 간접제조경비 250,000원)
(3) 제조간접비배부차이가 확인되었다.
(4) 제조간접비배부차이를 매출원가에 대체하다.

답안

(1)	(차) 재공품	800,000원	(대) 제조간접비	800,000원
(2)	(차) 제조간접비	830,000원	(대) 재료비 노무비 제조경비	350,000원 230,000원 250,000원
	✓ 제조간접비 배부차이 발생: 30,000원(과소배부)			
(3)	(차) 제조간접비배부차이	30,000원	(대) 제조간접비	30,000원
(4)	(차) 매출원가	30,000원	(대) 제조간접비배부차이	30,000원
	✓ 제조간접비 배부차이(과소배부)로 인해 매출원가가 증가된다.			

I can 제조간접비 예정배부

직접노동시간을 기준으로 제조간접비를 예정배부하는 해당 기업의 1월 중 제조간접비 예정배부액과 1월 중 총제조원가를 계산하라.

- 연간 제조간접원가: 50,000원
- 연간 직접노동시간: 5,000시간
- 1월 중 발생원가
  - 직접재료비 10,000원　　- 직접노무비 4,000원　　- 직접노동시간 400시간

답안

- 제조간접비 예정배부액: 배부기준(실제조업도) × 제조간접비 배부율
- 총제조원가: 직접재료비 + 직접노무비 + 제조간접비
- 제조간접비 배부율 $= \dfrac{50{,}000\text{원}}{5{,}000\text{시간}} =$ 10(시간당 10원)
- 1월 중 제조간접비 예정배부액: 400시간 × 10원 = 4,000원
- 1월 중 총제조원가: 10,000원 + 4,000원 + 4,000원 = 18,000원

※ 이 문제에서 제조간접비 예정배부액이 4,000원이므로, 만약 실제 발생한 제조간접비가 5,000원이었다면 1,000원을 과소배부(예정〈실제)한 것이고, 반대로 실제 발생한 제조간접비가 3,000원이었다면 1,000원을 과다배부(예정〉실제)한 것이다.

I CAN 기출문제

제조간접비를 직접노무시간으로 배부한다. 당해연도 총 제조간접비 예상금액은 600,000원, 예상 직접노무시간은 20,000시간이다. 당기말 현재 실제제조간접비 발생액은 400,000원이고 실제 직접노무시간이 15,000시간일 경우 제조간접비 배부차이는 얼마인가?

① 과대배부　50,000원　　② 과소배부　50,000원
③ 과대배부 200,000원　　④ 과소배부 200,000원

정답풀이

① 예정배부율: 600,000원 ÷ 20,000시간 = 30원(시간당)
예정배부액: 15,000시간 × 30원 = 450,000원
배부차이: 예정배부(450,000원) 〉 실제발생(400,000원) = 50,000원(과다배부)

I can 실전문제(원가의 배부)

※ I can 실전문제에 수록된 문제들은 모두 전산세무 2급 시험에 다수 출제되었던 유형입니다.

01 제조간접비를 직접노무시간을 기준으로 배부하고 있다. 제조간접비 배부차이는 100,000원이 과대배부 되었다. 당기말 현재 실제 제조간접비 발생액은 500,000원이고, 실제 직접노무시간이 20,000시간일 경우 예정배부율은 얼마인가?

① 25원/시간　② 30원/시간
③ 40원/시간　④ 50원/시간

02 제조간접비를 직접노무시간을 기준으로 예정배부하고 있다. 당해 연도 초의 예상 직접노무시간은 70,000시간이다. 당기 말 현재 실제제조간접비 발생액이 2,150,000원이고 실제 직접노무시간이 75,000시간일 때 제조간접비 배부차이가 250,000원 과대배부된 경우 당해 연도초의 제조간접비 예상액은 얼마였는가?

① 1,900,000원　② 2,240,000원
③ 2,350,000원　④ 2,400,000원

03 제조간접비 예정배부율은 작업시간당 10,000원이다. 작업시간이 800시간이고, 제조간접비 배부차이가 1,000,000원 과소배부라면, 실제 제조간접비 발생액으로 맞는 것은?

① 6,000,000원　② 7,000,000원
③ 8,000,000원　④ 9,000,000원

04 ㈜ I can은 제조간접비를 직접노동시간을 기준으로 하여 배부하고 있다. 다음 자료에 의하여 10월의 제조간접비 배부차이를 구하면?

- 제조간접비 예산: 6,000,000원
- 예상직접노동시간: 120,000시간
- 10월 직접노동시간: 15,000시간
- 10월 실제 제조간접비 발생액: 1,000,000원

① 250,000원 과대배부
② 250,000원 과소배부
③ 300,000원 과대배부
④ 300,000원 과소배부

05 다음 자료에 의할 때 제조지시서#1의 제조간접비는 얼마인가? 단, 제조간접비는 직접재료비를 기준으로 배분한다.

분 류	제조지시서#1	총원가
직접재료비	50,000원	140,000원
직접노무비	30,000원	70,000원
제조간접비	( )	280,000원

① 15,000원
② 50,000원
③ 70,000원
④ 100,000원

06 다음 자료에 의할 때 제조지시서#2의 직접재료비는 얼마인가?(단, 제조간접비는 직접재료비를 기준으로 배분한다.)

분류	제조지시서#2	총원가
직접재료비	( )원	1,500,000원
직접노무비	1,500,000원	2,200,000원
제조간접비	1,000,000원	3,000,000원

① 500,000원
② 1,000,000원
③ 1,250,000원
④ 1,500,000원

07 **재공품 계정을 구성하는 자료가 다음과 같을 경우 당기 직접노무비는?**

• 직접재료비 10,000원 • 직접노무비는 가공비의 20% • 제조간접비 50,000원

① 10,000원 ② 12,500원
③ 15,000원 ④ 30,000원

08 **당기 직접재료비는 50,000원이고, 제조간접비는 45,000원이다. 직접노무비는 가공비의 20%에 해당하는 경우, 당기의 직접노무비는 얼마인가?**

① 9,000원 ② 10,000원
③ 11,250원 ④ 12,500원

09 **개별원가계산을 하고 있는 세원제약의 4월의 제조지시서와 원가자료는 다음과 같다. 4월의 실제 제조간접비 총액은 4,000,000원이고, 제조간접비는 직접노동시간당 2,700원의 배부율로 예정배부되며, 제조지시서 #101은 4월 중 완성되었고, #102는 미완성상태이다. 4월 말 생산된 제품의 단위당 원가는 얼마인가?**

	제조지시서	
	#101	#102
생 산 량	1,000단위	1,000단위
직접노동시간	600시간	600시간
직 접 재 료 비	1,350,000원	1,110,000원
직 접 노 무 비	2,880,000원	2,460,000원

① 5,900원 ② 5,850원
③ 5,520원 ④ 5,190원

10 **원가자료가 다음과 같을 때 당기의 직접재료비를 계산하면 얼마인가?**

• 당기총제조원가는 5,204,000원이다.
• 제조간접비는 직접노무비의 75%이다.
• 제조간접비는 당기총제조원가의 24%이다.

① 2,009,600원 ② 2,289,760원
③ 2,825,360원 ④ 3,955,040원

11 **선박 제작과 관련하여 9월 중에 발생한 원가 자료는 다음과 같다. A선박의 당기총제조원가는 얼마인가? 단, 9월 중 제조간접비 발생액은 160,000원이며, 직접노무비를 기준으로 제조간접비를 배부한다.**

구 분	A선박	B선박	합 계
직접재료비	30,000원	70,000원	100,000원
직접노무비	60,000원	140,000원	200,000원

① 102,000원　② 110,000원
③ 138,000원　④ 158,000원

12 **제조간접비예정배부율은 직접노동시간당 90원이고, 직접노동시간이 43,000시간이며, 제조간접비 배부차이가 150,000원 과소배부인 경우 제조간접비 실제발생액은 얼마인가?**

① 3,720,000원　② 3,870,000원
③ 4,020,000원　④ 4,170,000원

13 **제조간접비 관련 자료가 다음과 같을 경우 제조간접비 실제 발생액은?**

- 제조간접비 예정배부율: 기계작업시간당 200원
- 제조지시서의 기계작업시간: 60,000시간
- 제조간접비 과대배부: 300,000원

① 12,000,000원　② 11,700,000원
③ 12,300,000원　④ 60,000,000원

14 **다음 자료에 의한 기계작업시간당 제조간접비 예정배부율은 얼마인가?**

- 제조간접비 실제발생액: 25,000,000원
- 제조지시서의 실제 기계작업시간: 500시간
- 제조간접비 실제배부율: 기계작업시간당 50,000원
- 제조간접비 과소배부액: 1,000,000원

① 기계작업시간당 47,000원　② 기계작업시간당 48,000원
③ 기계작업시간당 50,000원　④ 기계작업시간당 52,000원

15 기초원가를 기준으로 제조간접비를 배부한다고 할 때 다음 자료에 의하여 작업지시서 NO.1에 배부할 제조간접비는 얼마인가?(기초 및 기말재고는 없다.)

구 분	공장전체 발생	작업지시서 NO.1
직 접 재 료 비	1,000,000원	500,000원
직 접 노 무 비	4,000,000원	1,500,000원
당기총제조비용	12,000,000원	-

① 2,000,000원 ② 2,800,000원
③ 3,000,000원 ④ 4,800,000원

16 다음의 자료는 선박제조와 관련하여 발생한 원가자료이다. 유람선B의 당기총제조원가는 얼마인가?(당기 제조간접비 발생액은 250,000원이며, 회사는 직접노무비를 기준으로 제조간접비를 배부하고 있다.)

구분	유람선A	유람선B	합계
직접재료비	400,000원	600,000원	1,000,000원
직접노무비	300,000원	200,000원	500,000원

① 900,000원 ② 950,000원
③ 1,000,000원 ④ 1,050,000원

17 예정(정상)개별원가계산을 적용하고 있다. 제조간접비 부족배부액 50,000원을 원가요소기준법에 의해 배부하는 경우, 매출원가에 배부되는 금액은?

구 분	재공품	제 품	매출원가
직접재료비	15,000원	25,000원	23,000원
직접노무비	35,000원	45,000원	47,000원
제조간접비	30,000원	20,000원	50,000원
합계	80,000원	90,000원	120,000원

① 25,000원 ② 35,000원
③ 75,000원 ④ 125,000원

4. 부문별 원가계산

01 부문별 원가계산

부문별 원가계산은 제품의 원가를 산정함에 있어 제조간접비(부문비)를 각 제품에 보다 더 엄격하게 배부하기 위해 우선적으로 그 발생 장소인 부문별로 분류 및 집계하는 절차로 원가의 관리 및 통제에 필요한 자료를 얻는데 유용하고, 특정 원가부문에서 불필요한 원가의 낭비나 비능률의 발생을 용이하게 파악 가능하다.

1 제조부문과 보조부문

부문별 원가계산이란 원가를 각 부문별로 계산하는 것를 말하며, 제조부문과 보조부문으로 구분된다.

제조부문	보조부문
직접 생산을 담당하는 부문 (절단부문, 조립부문, 주조부문 등)	제조부문의 활동을 지원하는 부문 (동력부문, 수선부문, 공장사무부문 등)

2 부문별 원가계산 방법

부문별 원가계산에서 보조부문원가를 제조부문에 배부하는 방법은 직접배부법, 단계배부법, 상호배부법 등이 있다.

1. 직접배부법

직접배부법은 각 보조부문 간의 용역수수 관계를 완전히 무시하는 배부 방법이다. 가장 간단하고 단순하지만 가장 부정확하다.

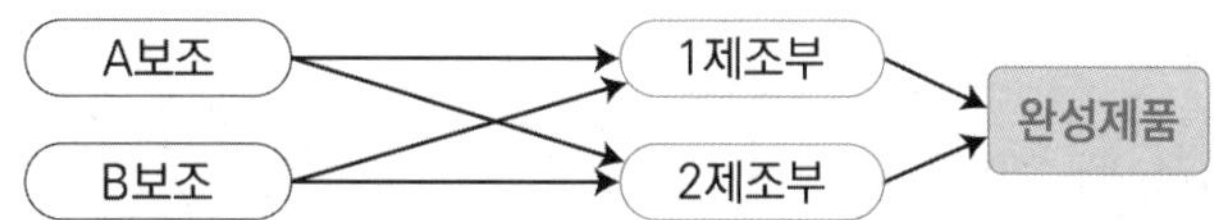

2. 단계배부법

단계배부법은 각 보조부문 간의 용역수수 관계를 일부만 고려하는 배부 방법이다. 보조부문의 배부 순서가 중요하며, 배부 순서에 따라 제조간접비의 배부액이 달라진다. 단계배부법은 직접배부법 보다 우수하지만, 배부 순서를 잘못 선정하는 경우에는 직접배부법 보다 부정확한 결과를 초래할 수도 있다.

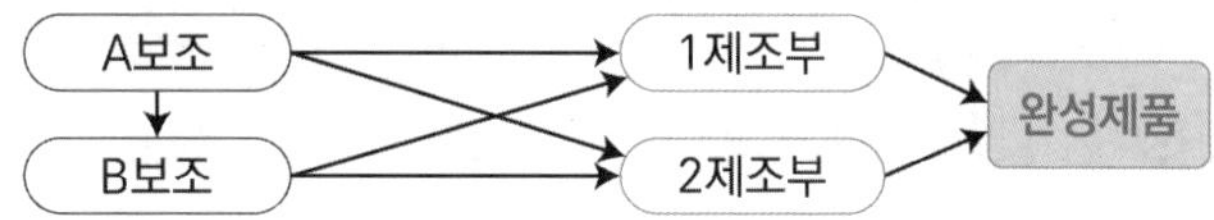

3. 상호배부법

상호배부법은 각 보조부문 간의 용역수수 관계를 완전히 고려하는 배부 방법이다. 가장 정확하지만, 비용이 많이 들고 복잡하다.

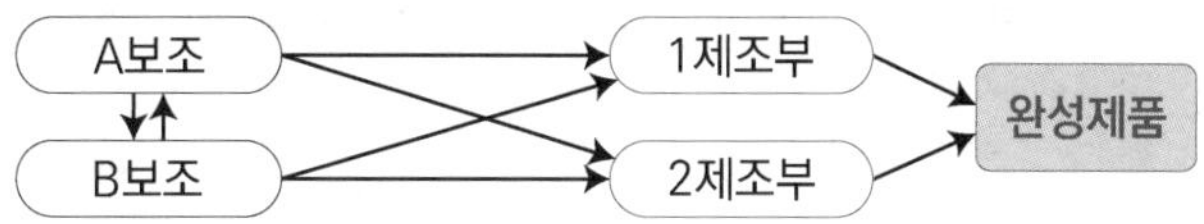

	장 점	단 점
직접배부법	• 절차가 매우 간단 • 상호간의 용역수수 정도가 중요치 않은 경우에 적당	• 보조부문상호간 용역수수가 많은 경우 정확성이 저하 • 부문간의 상호통제 목적을 달성하기에는 부적합
단계배부법	• 보조부문 상호간 용역관계 일부 인식 • 특정보조부문에서 다른 보조부문으로 용역제공이 많거나 보조부문이 제공하는 용역의 비율간에 상당한 차이가 있을 경우에 적합	• 배부순서가 잘못 결정되면 원가계산이 부정확 • 보조부문의 수가 많을 경우 배부순서의 결정과 계산 절차가 복잡하고 시간과 비용이 과다소요
상호배부법	• 보조부문 상호간의 용역을 완전 인식 • 보조부문의 배부순서를 고려할 필요성 없음 • 변동비에 대해서 적용하면, 보조부문에 제공하는 원가의 추정에 유용한 정보를 제공	• 배부방법이 복잡하여 정확한 자료를 얻기 위해서 많은 시간과 비용이 필요

I CAN 기출문제

다음의 부문별 원가계산에 대한 설명으로 옳지 않은 것은?

① 단계배부법은 보조부문 상호 간의 용역수수를 완전히 반영한다는 점에서 직접배부법보다 우수하다.
② 직접배부법은 계산이 간단하여 비용이 적게 든다.
③ 상호배부법은 원가배분절차가 복잡하여 정확한 자료를 얻으려면 많은 시간과 비용이 소요된다.
④ 단계배부법은 배분순서에 따라 원가계산 결과가 다르게 나타날 수 있다.

정답풀이

① 단계배부법은 보조부문 상호간의 용역수수를 완전히 반영하지 못한다.

I CAN 기출문제

보조부문 원가를 제조부문에 배부하는 방법에 대한 설명으로 틀린 것은?

① 직접배부법을 사용하는 경우에는 특정 보조부문 원가가 다른 보조부문에 배부되지 않는다.
② 단계배부법을 사용하는 경우에는 가장 먼저 배부되는 보조부문 원가는 다른 보조부문에 배부되지 않는다.
③ 상호배부법을 사용하는 경우에는 배부순서에 따라 특정 제조부문에 대한 배부액이 달라지지 않는다.
④ 상호배부법은 보조부문 상호간의 용역수수관계를 완전히 고려하는 방법이다.

정답풀이

② 단계배부법을 사용하는 경우에는 가장 먼저 배부되는 보조부문 원가는 다른 보조부문에 배부된다.

3 부문별 원가계산 예제

1. 직접배부법

■ 제조간접비 발생액

비 목		제조부문		보조부문		합 계
		절단부문	조립부문	동력부문	수선부문	
자기부문 발생액(원)		870,000	590,000	380,000	260,000	2,100,000
보조부문 제공용역	동력부문(kw/h)	16,000	16,000	-	6,000	38,000
	수선부문(시간)	1,500	1,100	400	-	3,000

■ 보조부문비 배부표 (직접배부법)

원가요소	배부기준	금 액	제조부문		보조부문	
			절단부문	조립부문	동력부문	수선부문
자기부문발생액(원)		2,100,000	870,000	590,000	380,000	260,000
보조부문비배부 동력부문비 수선부문비	Kw/h 시간		① ( ) ③ ( )	② ( ) ④ ( )		
보조부문비배부액			⑤ ( )	⑥ ( )		
제조부문비합계			⑦ ( )	⑧ ( )		

2. 단계배부법

■ 제조간접비 발생액

비 목		제조부문		보조부문		합 계
		절단부문	조립부문	동력부문	수선부문	
자기부문 발생액(원)		870,000	590,000	380,000	260,000	2,100,000
보조부문 제공용역	동력부문(kw/h)	2,400	1,600	-	1,000	5,000
	수선부문(시간)	1,300	1,100	200	-	2,600

■ 보조부문비 배부표 (단계배부법) - 보조부문 중 수선부문을 우선배부

원가요소	배부기준	제조부문		보조부문	
		절단부문	조립부문	동력부문	수선부문
자기부문발생액(원)		870,000	590,000	380,000	260,000
보조부문비배부 수선부문비 동력부문비	시간 Kw/h	① ( ) ③ ( )	② ( ) ④ ( )	( )	
보조부문비배부액		⑤ ( )	⑥ ( )		
제조부문비합계		⑦ ( )	⑧ ( )		

① 수선부문의 금액을 절단과 조립, 동력에 각각 배부

② 동력의 총액을 절단과 조립에 배부

I can 부문별(직접&단계) 원가계산 답안

1. 보조부문비 배부(직접배부법)

① 190,000원 ② 190,000원 ③ 150,000원 ④ 110,000원
⑤ 340,000원 ⑥ 300,000원 ⑦ 1,210,000원 ⑧ 890,000원

2. 보조부문비 배부(단계배부법)

① 130,000원 ② 110,000원 ③ 240,000원 ④ 160,000원
⑤ 370,000원 ⑥ 270,000원 ⑦ 1,240,000원 ⑧ 860,000원

I CAN 기출문제

(주)I CAN은 A, B 제조부문과 X, Y의 보조부문이 있다. 각 부문의 용역수수관계와 제조간접비 발생원가가 다음과 같다. 직접배부법에 의해 보조부문의 제조간접비를 배부한다면 B제조부문의 총제조간접비는 얼마인가?

	보조부문		제조부문		
	X	Y	A	B	합 계
자기부문발생액	150,000원	250,000원	300,000원	200,000원	900,000원
[제공한 횟수]					
X		200회	300회	700회	1,200회
Y	500회	-	500회	1,500회	2,500회

① 200,000원 ② 292,500원 ③ 492,500원 ④ 600,000원

 **정답풀이**

③ X 제조부문 배부액(105,000원) = 150,000원 × (700회/1,000회)
Y 제조부문 배부액(187,500원) = 250,000원 × (1,500회/2,000회)
B 보조부문 총제조간접비(492,500원) = 200,000원 + 105,000원 + 187,500원

I CAN 기출문제

(주)I CAN은 단계배부법을 이용하여 보조부문 제조간접비를 제조부문에 배부하고자 한다. 각 부문별 원가발생액과 보조부문의 용역공급이 다음과 같을 경우 수선부문에서 절단부문으로 배부될 제조간접비는 얼마인가?(단, 전력부문부터 배부한다고 가정함)

구 분	제조부문		보조부문	
	조립부문	절단부문	전력부문	수선부문
자기부문 제조간접비	200,000원	400,000원	200,000원	360,000원
전력부문 동력공급(kw)	300	100	-	100
수선부문 수선공급(시간)	10	40	50	-

① 160,000원 ② 200,000원 ③ 244,000원 ④ 320,000원

정답풀이

④ 단계배부법을 이용하여 전력부문부터 먼저 배부한다는 사실에 유의 할 것
전력부문(제조간접비 200,000원) 1차배부 =〉 조립(120,000원), 절단(40,000원), 수선(40,000원)
수선부분(제조간접비 360,000원 + 40,000원) 2차배부 =〉 조립(80,000원), 절단(320,000원)

3. 상호배부법

■ 제조간접비 발생액

비 목	제조부문		보조부문		합 계
	절단부문	조립부문	동력부문	수선부문	
자기부문 발생액(원)	2,000,000	2,800,000	860,000	400,000	6,060,000
동력부문 제공	50%	20%	-	30%	100%
수선부문 제공	20%	60%	20%	-	100%

I can 부문별(상호) 원가계산 답안

상호배부법은 보조부문 상호간에 용역수수를 모두 고려하여야 한다.

구 분	제조부문		보조부문		합계
	절단	조립	동력	수선	
발생액	2,000,000	2,800,000	860,000	400,000	6,060,000
동력제공	500,000*2	200,000*3	(x)	300,000*1	0
수선제공	140,000*5	420,000*6	140,000*4	(y)	0
합계	2,640,000	3,420,000	0	0	6,060,000

- x는 보조부문 동력의 860,000원과 보조부문 수선에서 동력으로 배부되는 금액을 합한 것이다.
- y는 보조부문 수선의 400,000원과 보조부문 동력에서 수선으로 배부되는 금액을 합한 것이다.
- 동력은 수선에 30%를 제공하고, 수선은 동력에 20%를 제공한다. 따라서 다음 산식이 성립한다.

x = 860,000원 + 0.2y
y = 400,000원 + 0.3x
이 방정식을 풀면 x = 1,000,000원, y = 700,000원
*1: 1,000,000원 × 30% = 300,000원 → 동력에서 수선으로 배부되는 금액
*2: 1,000,000원 × 50% = 500,000원 → 동력에서 절단으로 배부되는 금액
*3: 1,000,000원 × 20% = 200,000원 → 동력에서 조립으로 배부되는 금액
*4: 700,000원 × 20% = 140,000원 → 수선에서 동력으로 배부되는 금액
*5: 700,000원 × 20% = 140,000원 → 수선에서 절단으로 배부되는 금액
*4: 700,000원 × 60% = 420,000원 → 수선에서 조립으로 배부되는 금액

4 단일배부율과 이중배부율

1. 단일배부율

보조부문에서 발생한 총제조간접원가를 실제 조업도에 따라 하나의 배부기준을 적용하여 배부하는 방법을 단일배부율이라 한다.

2. 이중배부율

보조부문에서 발생한 총제조간접원가를 변동원가와 고정원가로 나누어서 변동원가는 실제조업도에 따라 배부하고 고정원가는 최대사용량을 기준으로 배부하는 방법을 이중배부율이라 한다.

변동원가는 조업도의 증감에 비례하여 발생하고, 고정원가는 조업도의 증감과 상관없이 최대금액이 발생한다. 따라서 변동원가는 조업도를 기준으로, 고정원가는 최대사용량을 기준으로 배부하는 것이다.

I can 개념정리

단일배부율과 이중배부율의 비교

단일배부율	• 실제조업도에 따라 하나의 배부기준을 적용해서 배분 • 간편하지만 부정확함
이중배부율	• 변동원가는 실제조업도에 따라 배분하고, 고정원가는 최대사용량을 기준으로 배분 • 복잡하지만 정확함

I can 실전문제(부문별 원가계산)

※ I can 실전문제에 수록된 문제들은 모두 전산세무 2급 시험에 다수 출제되었던 유형입니다.

01 **보조부문원가를 제조부문에 배부하는 기준으로 가장 적절한 것은 무엇인가?**

① 구매부: 근무시간
② 수선유지부: 매출액
③ 전력부: 전력사용량
④ 인사부: 점유면적

02 **다음 중 부문별 원가계산에 대하여 옳게 설명한 것은?**

① 직접배부법은 보조부문 상호간 용역수수를 가장 잘 반영한다.
② 단계배부법은 상호배부법보다는 우수하지만 주관적 판단에 따라 결과가 달라지는 단점이 있다.
③ 제조공장 임차료를 각 부문에 배부하는 기준으로는 각 부문의 작업인원 수가 가장 적당하다.
④ 직접배부법, 단계배부법, 상호배부법의 차이는 보조부문 상호간 용역수수 반영정도의 차이라고 할 수 있다.

03 **보조부문에서 발생한 원가도 생산과정에서 반드시 필요한 원가이므로 제품원가에 포함시키기 위하여 제조부문에 배분되어야 한다. 이때 보조부문 원가 행태에 따른 배분방법으로는 단일배분율법과 이중배분율법이 있다. 다음 중에서 이중배분율법의 장점만 짝지은 것은?**

A. 원가 배분절차가 복잡하지 않아 비용과 시간이 절약된다.
B. 원가부문 활동에 대한 계획과 통제에 더 유용한 정보를 제공할 수 있다.
C. 원가발생액과 원가대상 사이의 인과관계가 더 밀접해질 수 있다.
D. 배분과정에서 발생할 수 있는 불공정성이 감소하기 때문에 더 공정한 성과평가가 이루어질 수 있다.

① A, B, C
② A, C, D
③ B, C, D
④ A, B, C, D

04 **당사는 단계배부법을 이용하여 보조부문 제조간접비를 제조부문에 배부하고자 한다. 각 부문별 원가발생액과 보조부문의 용역공급이 다음과 같을 경우 수선부문에서 조립부문으로 배부될 제조간접비는 얼마인가?(단, 전력부문부터 배부한다고 가정함)**

구 분	제조부문		보조부문	
	조립부문	절단부문	전력부문	수선부문
자기부문 제조간접비	600,000원	500,000원	300,000원	450,000원
전력부문 동력공급(kw)	300	400	-	300
수선부문 수선공급(시간)	40	50	10	-

① 200,000원 ② 240,000원
③ 250,000원 ④ 300,000원

05 **직접배부법을 이용하여 보조부문 제조간접비를 제조부문에 배부하고자 한다. 보조부문 제조간접비를 배분한 후 절단부문의 총원가는 얼마인가?**

구 분	보 조 부 문		제 조 부 문	
	수선부문	전력부문	조립부문	절단부문
전력부문 공급(kw)	60	-	500	500
수선부문 공급(시간)	-	100	600	200
자기부문원가(원)	400,000원	200,000원	600,000원	500,000원

① 600,000원 ② 700,000원
③ 800,000원 ④ 900,000원

5. 제품별 원가계산

01 원가시스템의 종류

1 원가집계방식에 따른 분류

제품의 제조활동에서 발생한 원가를 원가요소별로 분류하고 수집 및 확인하여 정리하는 것을 원가집계라고 하는데, 이 원가집계를 어떠한 방식으로 하는지에 따라 개별원가계산과 종합원가계산으로 분류 할수 있다.

구 분	원가의 집계방법	제품의 생산형태
개별원가계산	특정제조지시서에 의한 개별작업별 원가집계	소량의 주문생산 방식 (선박, 항공기 등의 이종제품)
종합원가계산	공정별 제조원가보고서에 의한 공정별로 원가집계	대량생산 방식 (생필품 등의 동종제품)

2 측정방법에 따른 원가분류

제품의 제조원가계산을 위해 재공품계정에 집계되는 제조원가를 실제발생액으로 측정할 것인지 또는 표준금액에 해당하는 예정금액으로 측정할 것인지에 따라 실제원가계산, 정상원가계산, 표준원가계산 등으로 분류할수 있으며, 기본원가와 제조간접비의 구분이 중요하다.

구 분	직접재료비 및 직접노무비	제조간접비
실제원가계산	실제원가	실제원가
정상원가계산	실제원가	예정원가
표준원가계산	표준원가	표준원가

3 구성방법에 따른 원가분류

제품의 원가계산 시 고정제조간접비를 포함하느냐의 여부에 따라 전부원가계산과 변동원가계산으로 분류 할수 있다.

구 분	제품의 원가 구성
전부원가계산	고정제조간접비를 포함한 모든 원가를 계산 (직접재료비, 직접노무비, 변동제조간접비, 고정제조간접비)
변동원가계산	고정제조간접비를 제외(기간비용으로 처리)하고 원가를 계산 (직접재료비, 직접노무비, 변동제조간접비)

02 개별원가계산

개별원가계산이란 개별 제품별로 제조지시서에 의하여 원가를 계산하는 원가계산방식을 말한다. 각 제품별로 계산되므로 원가계산이 정확하지만 비용이 많이 들고 계산이 느린 단점이 있다. 따라서 개별원가계산은 고가의 제품을 개별 주문제작 방식으로 제조하는 제조업에 주로 적용된다. 조선업, 건설업, 항공기제조업 등이 여기에 해당된다.

1 개별원가계산의 특징

- 언제든지 원가계산 가능하며, 제조간접비의 배분이 가장 중요
- 제조직접비와 제조간접비 즉, 모든원가를 직접원가와 간접원가로 구분하여 집계함
- 인위적인 월말재공품의 평가문제가 생기지 않음
- 특정제조지시서에 따른 원가계산표가 작성

2 제조지시서와 작업원가표

제조지시서	주문받은 제품의 제조를 위하여 작업현장에서 지시하는 문서
작업원가표	개별 작업에서 발생하는 직접재료원가, 직접노무원가, 제조간접원가 등 제조원가를 작업별로 집계하기 위해 사용되는 표

I CAN 기출문제

개별원가계산에 대한 내용으로 옳지 않은 것은?

① 제품을 비반복적으로 생산하는 업종에 적합한 원가계산제도이다.
② 조선업, 건설업 등 주문생산에 유리하다.
③ 공장전체 제조간접비 배분율을 적용하는 것이 제조부문별 제조간접비 배분율을 적용하는 것보다 더 정확한 원가배분방법이다.
④ 제조간접비는 일정한 배분기준에 따라 배부하게 된다.

정답풀이

③ 부문별 제조간접비 배분율을 적용하는 것이 더 정확한 원가배분방법이다.

03 종합원가계산

종합원가계산은 연속적인 제조공정을 통해 동일 종류의 제품을 대량생산하는 업종에 적용하기에 적당한 원가계산방법이며, 공정별로 생산하는 업종에 유용하다. 주로 화학공업, 정유업, 제분업 등에 사용된다. 제품의 원가계산시 직접재료비, 직접노무비, 제조간접비 등으로 모든 원가를 직접비와 간접비로 구분하는 개별원가와 달리 종합원가는 직접재료비와 가공비(직접노무비 + 제조간접비)로 구분하여 제품의 원가를 계산한다.

개별원가계산	종합원가계산
직 접 재 료 비	직 접 재 료 비
직 접 노 무 비	가 공 비 (전 환 원 가)
제 조 간 접 비	

1 개별원가와 종합원가의 비교

구 분	개별원가계산	종합원가계산
생산형태	개별제품의 주문생산	동종제품의 연속대량생산
작용대상산업	건설업, 조선업, 항공업, 기계공업, 주문가구 제작	정유업, 철강업, 식품가공업, 제지업, 제화업
생산수량	주문의 소량생산	생산계획에 의한 연속대량생산
원가집계	개별(특정) 제조지시서, 작업원가표	공정별 제조원가보고서
원가분류	직접비와 간접비의 구분이 중요	직접재료비와 가공비의 구분이 중요

구 분	개별원가계산	종합원가계산
기말재공품의 평가	미완성된 작업의 작업원가표에 집계된 원가로 자동계산	완성품과 기말재공품에 배분하는 절차 필요
단위당 원가계산	완성된 작업의 작업원가표에 집계된 원가를 완성수량으로 나눔	일정기간의 완성품제조원가를 완성품 수량으로 나눔

I can 개념정리

개별원가와 종합원가의 장단점

구 분	개별원가계산	종합원가계산
장 점	• 보다 정확한 원가계산 가능 • 제품별로 손익분석 및 계산용이 • 제품별 원가표에 의해 효율성 있음	• 원가기록업무가 비교적 단순하여 경제적 • 전체적인 원가통제 및 책임회계적용 용이 • 제품별 회계기록에 소요되는 비용감소
단 점	• 상세한 기록이 필요(비용 및 시간 과다) • 작업원가의 기록이 복잡하여 오류발생 가능	• 원가가 비교적 부정확 • 제품별로 손익비교 어려움 • 제품별로 제공하는 정보량이 적음

I CAN 기출문제

다음 중 개별원가계산에 가장 적합한 업종은?

① 건설업 ② 휴대폰
③ 필기류 ④ 냉장고

 **정답풀이**

① 개별원가계산은 기업외부의 주문이나 계약에 따라 이루어지는 작업에 이용되며, 휴대폰, 필기류, 냉장고 등은 대량생산 품목으로 종합원가계산에 해당한다.

I CAN 기출문제

다음 중 개별원가계산에 대한 설명으로 틀린 것은?

① 다품종소량생산, 주문생산에 적합하다.
② 제조지시서를 통하여 개별제품별로 제조를 지시한다.
③ 작업원가표를 통하여 개별제품별로 제조원가가 집계된다.
④ 제조원가는 각 공정별로 집계된다.

정답풀이

④ 종합원가계산에 대한 설명이다.

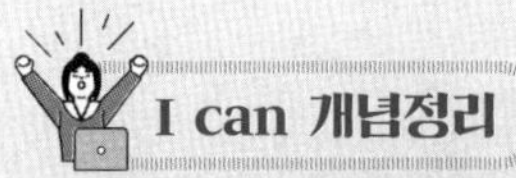

실제개별원가계산과 정상개별원가계산

실제개별원가계산은 실제 배부율을 사용하고, 정상개별원가계산에서는 예정배부율을 사용하며, 주의할 것은 배부할 때는 모두 실제 조업도를 사용한다는 것이다.

구분	실제개별원가계산	정상개별원가계산
개념	실제 발생한 원가를 기초로 원가배분	제조간접비 예산을 기초로 원가배분
배부율	$\frac{\text{실제 발생 제조간접비}}{\text{실제 조업도}}$	$\frac{\text{제조간접비 예산}}{\text{예정 조업도}}$
배부	실제 조업도 × 실제 배부율	실제 조업도 × 예정 배부율
특징	• 정확한 원가계산 • 계산결과가 늦게 나옴 • 계절별 또는 주기별 원가변동 가능	• 빠른 원가계산(부정확) • 실제 발생원가와의 배부차이가 발생하므로 이 차이를 조정해야함

정상개별원가계산시 제조간접비를 예정배부하면 실제 발생액과의 차이가 발생하는데 이 차이를 제조간접비 배부차이라 하며, 과소배부 또는 과다배부가 있다.

- 예정배부액 〈 실제발생액 → 과소배부
- 예정배부액 〉 실제발생액 → 과다배부

배부차이를 조정하여 예정배부된 제조간접비를 실제발생원가로 전환해야 하는데 이를 차이조정이라 하며, 과소배부된 금액은 해당 계정에 가산하고, 과다배부된 금액은 차감한다. 배부차이를 조정하는 방법은 다음과 같으며, 일반적으로 매출원가 조정법을 사용한다.

영업외손익법	배부차이를 모두 영업외손익으로 처리
매출원가 조정법	배부차이를 모두 매출원가로 처리
총원가 비례배분법	배부차이를 기말재공품, 기말제품, 매출원가 총액의 비율에 따라 배분
원가요소별 비례배분법	배부차이를 기말재공품, 기말제품, 매출원가에 포함된 제조간접비의 비율에 따라 배분

I CAN 기출문제

다음은 실제개별원가계산과 정상개별원가계산에 대한 설명이다. 올바르지 않은 것은?

① 실제개별원가계산과 정상개별원가계산 모두 직접재료비와 직접노무비는 실제발생액을 개별작업에 직접 부과한다.
② 실제개별원가계산은 일정기간 동안 실제 발생한 제조간접비를 동일기간의 실제 배부기준 총수로 나눈 실제배부율에 의하여 개별제품에 배부한다.
③ 정상개별원가계산은 개별작업에 직접 부과할 수 없는 제조간접비를 예정배부율을 이용하여 배부한다.
④ 원가계산이 지연되는 문제를 해결하고자 실제개별원가계산이 도입되었다.

정답풀이

④ 정상개별원가계산에 대한 설명이다.

2 종합원가계산의 종류

단일종합원가	단 하나의 제조공정만을 가지고 단일 제품을 연속적으로 대량 생산 (제빙업, 광산업, 벽돌제조업, 소금제조업 등)
공정별종합원가	하나의 제품을 2개 이상의 제조공정을 거쳐 대량 생산 (화학공업, 제당업, 제지업 등)
조별종합원가	종류가 다른 제품을 연속적으로 대량 생산 (식료품제조업, 제과업, 통조림제조업, 자동차제조업 등)
등급별종합원가	동일한 재료를 사용하여 동일 공정에서 계속적으로 생산되는 제품으로 규격, 중량, 품질, 순도등이 서로 다른 제품을 생산 (밀가루, 양조업 등)
연산품종합원가	동일한 재료를 동일 공정에서 제조시 상대적 판매가치의 차이가 없어 주산물과 부산물을 명확히 구분할 수 없는 두 종류 이상의 제품을 생산 (정유업의 휘발유.경유, 제련업의 금.은.구리, 우유에서 버터.치즈)

3 결합원가계산

결합원가계산은 연산품종합원가에서 주로 제품의 원가계산에 사용되며, 원재료에서 시작한 제품들이 개별 제품으로 인식되는 분리점까지의 결합원가에 분리점 이후의 추가가공원가(분리원가)를 합해서 제품의 원가를 계산하는 방법이다.

I can 결합원가

동일한 원재료를 투입하여 동일한 공정에서 각기 다른 갑, 을, 병 제품을 생산하고 있으며, 제품생산 시 결합원가가 2,600,000원이다. 갑, 을, 병 제품의 원가를 판매가치법과 물량기준법으로 계산할 경우 갑, 을, 병 제품 각각의 원가는 얼마인가?

제 품	생산량	판매가치
갑	40개	1,800,000원
을	60개	2,000,000원
병	30개	1,400,000원

답안

- 판매가치법에서의 원가 배부율: 2,600,000원 ÷ 5,200,000원 = 0.5
  - ✓ 갑: 900,000원(1,800,000원 × 0.5)
  - ✓ 을: 1,000,000원(2,000,000원 × 0.5)
  - ✓ 병: 700,000원(1,400,000원 × 0.5)

- 물량기준법에서의 원가 배부율: 2,600,000원 ÷ 130 = 20,000
  - ✓ 갑: 800,000원(40개 × 20,000)
  - ✓ 을: 1,200,000원(60개 × 20,000)
  - ✓ 병: 600,000원(30개 × 20,000)

I CAN 기출문제

다음 부산물과 공통원가 배부에 대한 설명 중 틀린 것은?

① 부산물이란 주산물의 제조과정에서 필연적으로 파생하는 물품을 말한다.
② 주산물과 부산물을 동시에 생산하는 경우 발생하는 공통원가는 각 제품을 분리하여 식별할 수 있는 시점이나 완성한 시점에서 개별 제품의 상대적 판매가치를 기준으로 하여 배부한다.
③ 주산물과 부산물의 공통원가는 생산량기준 등을 적용하는 것이 더 합리적이라고 판단되는 경우 그 방법을 적용할 수 있다.
④ 중요하지 않은 부산물이라 하더라도 순실현가능가치를 측정하여 반드시 주요제품과 구분하여 회계처리 하여야 한다.

정답풀이

④ 중요하지 않은 부산물은 순실현가능가치를 측정하여 동 금액을 주요제품과 구분하지 않고, 해당 원가에서 차감하는 형식으로 처리할 수 있다.

4 공손과 작업폐물

1. 공손품

제품을 제조하는 과정에서 작업종사자의 부주의나 재료, 설비, 기계 등의 결함으로 인해 발생하는 규격이나 품질이 표준에 미달하는 불합격품을 말하며, 보다 좋은 제품생산을 위한 과정에서 발생하는 불가피한 공손은 정상공손으로 판단하여 제품의 원가에 가산하지만, 작업자의 부주의나 생산계획의 미비로 발생하는 비정상공손은 제품원가에 포함시키지 않고 영업외비용으로 처리한다.

2. 작업폐물

제품의 제조과정에서 재료를 가공하는 도중에 발생하는 것으로, 제품의 일부분이 되지는 못하지만 비교적 적은 경제적 가치를 가지는 투입분을 말하며, 제조공정에서 작업폐물의 처분금액은 제조간접비계정의 감소로 처리한다.

I can 공손수량 계산

아래 자료를 이용해 당기에 발생한 비정상공손의 수량을 계산하면 얼마인가?

- 기초재공품 200개, 기말재공품 50개
- 당기착수량 800개, 당기완성수량 800개
  단, 정상공손은 완성품의 10%이다.

답안

비정상공손수량: 70개

완성품수량: 기초재공품(200개) + 당기착수량(800개) - 총 공손수량(***) - 기말재공품(50개)
= 800개 ➜ 총 공순수량은 150개

정상공손수량: 완성품(800개) x 10% = 80개 ➜ 비정상공손수량은 70개

I CAN 기출문제

다음은 공손에 대한 다음 설명 중 올바르지 않은 것은?

① 정상 공손이란 효율적인 생산과정에서 발생하는 공손을 말한다.
② 정상 및 비정상공손품원가는 발생기간의 손실로 영업외비용으로 처리한다.
③ 공손품은 정상품에 비하여 품질이나 규격이 미달되는 불합격품을 말한다.
④ 공손품은 원재료의 불량, 작업자의 부주의 등의 원인에 의해 발생한다.

정답풀이

② 정상공손품의 원가는 제품원가의 일부를 구성한다.

I CAN 기출문제

다음 중 종합원가계산에서 공손품 회계에 대한 설명으로 틀린 것은?

① 공손품의 의미는 재작업이 불가능한 불합격품을 의미한다.
② 공손품의 검사시점이 기말재공품의 완성도 이전인 경우에 공손품원가를 모두 완성품에만 부담시킨다.
③ 비정상공손원가는 영업외비용으로 처리한다.
④ 정상공손은 생산과정에서 불가피하게 발생하는 공손이다.

정답풀이

② 완성품과 기말재공품에 안분하여 부담시킨다.

04 종합원가계산의 기말재공품 평가

종합원가계산에서는 제조원가를 재료비와 가공비로 분류하며, 직접재료비·직접노무비·제조간접비로 분류하지 않으므로 제조간접비의 배부 문제가 중요하지 않다.
종합원가계산의 절차는 다음과 같이 5단계를 거치며, 기초재공품의 취급방법에 따라 평균법과 선입선출법으로 구분된다.

단계	평균법	선입선출법
① 물량의 흐름	완성된 제품 중 기초재공품을 구분하지 않음	완성된 제품 중 기초재공품을 구분함
② 완성품환산량	기말재공품의 완성도만 반영	기초재공품과 기말재공품의 완성도를 모두 반영
③ 원가발생액 요약	기초재공품의 원가를 구분하지 않고 당기발생원가와 합산함	기초재공품의 원가를 구분함
④ 완성품환산량 단위당원가	원가발생액을 완성품환산량으로 나눔	당기 원가발생액을 완성품환산량으로 나눔
⑤ 완성품과 기말재공품	완성품환산량과 완성품환산량 단위당원가를 곱함	완성품환산량과 완성품환산량 단위당원가를 곱한 후 완성품원가에 기초재공품원가를 합산

참고 종합원가계산에서 평균법과 선입선출법은 기초재공품의 취급방법에 따른 구분이므로, 기초재공품이 없는 경우에는 평균법과 선입선출법의 기말재공품 계산결과가 동일해 진다.

1 완성도와 완성품 환산량

완성도	공정에 투입되어 현재 생산 진행 중에 있는 제품이 어느 정도 완성되었는지를 수치로 나타내는 것으로 50% 혹은 70% 등으로 표현된다.
완성품 환산량	생산활동에 투입한 모든 노력을 제품을 완성하는 데에만 투입하였더라면 완성 되었을 완성품 수량으로 환산한 것으로 작업량을 기준으로 변형한 가상수치를 말한다.

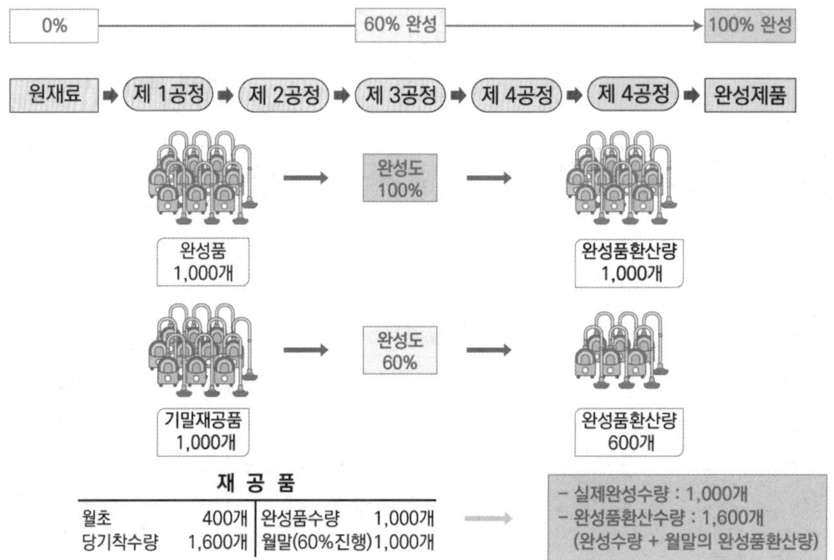

1. 평균법에 의한 기말재공품 평가

평균법은 기초재공품원가와 당기투입원가를 평균화하여 완성품에 대한 원가와 기말 재공품 원가를 계산하는 방법이다. 평균법은 기초재공품과 당기투입원가를 구분할 필요가 없다.

$$(\text{기초재공품원가} + \text{당기투입원가}) \times \frac{\text{기말재공품 환산수량}}{\text{완성품환산량(완성품수량 + 기말재공품 환산수량)}}$$

참고 평균법의 경우 기초재공품은 당기완성품과 기말재공품 모두에 반영된다.

2. 선입선출법에 의한 기말재공품 평가

선입선출법은 기초재공품이 먼저 완성되고, 그 이후에 투입되는 당기 투입량이 완성된다고 가정하여 원가계산을 하는 방법이다. 선입선출법은 기초재공품에 대해 전기에 작업한 작업량과 당기에 투입하여 생산된 작업량을 명확이 구분하여 계산한다.

선입선출법은 평균법에 비해 원가계산과정은 다소 복잡할 수 있지만, 정확성은 더 높아진다.

$$(\text{당기투입원가}) \times \frac{\text{기말재공품 환산수량}}{\text{완성품환산량(완성품수량 - 기초재공품 환산수량 + 기말재공품 환산수량)}}$$

참고 선입선출법의 경우 기초재공품은 당기완성품에만 반영되고, 기말재공품에는 반영되지 않는다.

I CAN 기출문제

종합원가계산하에서 평균법과 선입선출법에 대한 설명 중 틀린 것은?

① 선입선출법은 평균법에 비해 원가계산이 간단하여 정확하지 않다.
② 선입선출법은 기초재공품원가가 먼저 완성되는 것으로 가정하여 당기투입원가가 배분대상원가이다.
③ 평균법은 기초재공품을 당기투입원가와 같이 당기에 투입한 것으로 보므로 기초재공품에 대하여 완성도를 적용할 필요가 없다.
④ 평균법상 완성품환산량은 당기완성수량 + 기말재공품환산량이다.

정답풀이

① 선입선출법은 평균법에 비해 원가계산이 더 복잡하며, 정확성도 더 높다.

I can 완성품 환산량

1. 당월 중 처음으로 생산을 시작한 ㈜ I CAN의 다음 자료를 이용해 완성품 환산량을 계산하라.

- 당월제조 착수수량: 10,000개
- 당월 완성품 수량: 8,000개
- 월말 재공품수량: 2,000개(완성도: 직접재료비 100%, 가공비: 60%)

답안

재료비 완성품환산량: 10,000개(완성품 8,000개 + 기말재공품 완성품환산량 2,000개 X 100%)
가공비 완성품환산량: 9,200개(완성품 8,000개 + 기말재공품 완성품환산량 2,000개 X 60%)

2. 다음은 종합원가계산을 위한 자료이다. 관련자료를 확인하고 물음에 대한 적절한 답안을 표기하시오.

• 기초재공품수량: 5,000개(완성도 30%) • 당기착수량: 20,000개
• 기말재공품수량: 8,000개(완성도 50%) • 완성품수량: ***** 개

단, 재료는 공정 초기에 전량 투입되고, 가공비는 제조 공정중에 균등하게 투입된다.

구분	물량흐름	완성품환산량(재료비)	완성품환산량(가공비)
1	평 균 법	①	②
2	선입선출법	③	④

답안

(평균법)

• 재료비 완성품환산량: 완성품수량(17,000개) + 기말재공품환산량(8,000개 × 100%) = 25,000개
• 가공비 완성품환산량: 완성품수량(17,000개) + 기말재공품환산량(8,000개 × 50%) = 21,000개

(선입선출법)

• 재료비 완성품환산량: 완성품수량(17,000개) – 기초재공품환산량(5,000개 × 100%)
+ 기말재공품환산량(8,000개 × 100%) = 20,000개
• 가공비 완성품환산량: 완성품수량(17,000개) – 기초재공품환산량(5,000개 × 30%)
+ 기말재공품환산량(8,000개 × 50%) = 19,500개

I can 기말재공품 평가(평균법)

다음 자료를 활용하여 아래 물음의 답안을 계산하시오. 단, 월말재공품 평가는 평균법에 의한다.

• 월초재공품: 직접재료비 600,000원, 가공비 400,000원
• 당월제조비용: 직접재료비 5,000,000원, 가공비 2,000,000원
• 월초재공품: 1,000개(완성도 40%)
• 월말재공품: 1,600개(완성도 50%)
• 당월완성품 수량: 4,000개
• 재료는 제조 착수시 모두 소비되고, 가공비는 제조 진행에 따라 소비된다.

구 분	직접재료비	가 공 비
완성품환산량		
완성품환산량 단위당원가		
월말재공품원가		
당월제품제조원가		

답안

(완성품환산량)

• 재료비: 완성품수량(4,000개) + 월말재공품환산량(1,600개 × 100%) = 5,600개
• 가공비: 완성품수량(4,000개) + 월말재공품환산량(1,600개 × 50%) = 4,800개

(완성품환산량 단위당원가)

• 재료비: (월초재공품 600,000원 + 제조비용 5,000,000원) ÷ 완성품환산량(5,600개) = 1,000원
• 가공비: (월초재공품 400,000원 + 제조비용 2,000,000원) ÷ 완성품환산량(4,800개) = 500원

(월말재공품원가)

• 재료비: 월말재공품환산량(1,600개) × 완성품환산량 단위당원가(1,000원) = 1,600,000원
• 가공비: 월말재공품환산량(800개) × 완성품환산량 단위당원가(500원) = 400,000원

(당월제품제조원가)

• 월초재공품(1,000,000원) + 당월제조비용(7,000,000원) - 월말재공품(2,000,000원) = 6,000,000원

I can 기말재공품 평가(선입선출법)

다음 자료를 활용하여 아래 물음의 답안을 계산하시오. 단, 월말재공품 평가는 선입선출법에 의한다.

• 월초재공품: 직접재료비 250,000원, 가공비 120,000원
• 당월제조비용: 직접재료비 2,600,000원, 가공비 1,800,000원
• 월초재공품: 500개(완성도 40%)
• 월말재공품: 800개(완성도 50%)
• 당월완성품 수량: 1,000개
• 재료는 제조 착수시 모두 소비되고, 가공비는 제조 진행에 따라 소비된다.

구 분	직접재료비	가 공 비
완성품환산량		
완성품환산량 단위당원가		
월말재공품		
당월제품제조원가		

답안

(완성품환산량)

- 재료비: 완성품수량(1,000개) - 월초재공품환산량(500개 × 100%) + 월말재공품환산량(800개 × 100%) = 1,300개
- 가공비: 완성품수량(1,000개) - 월초재공품환산량(500개 × 40%) + 월말재공품환산량(800개 × 50%) = 1,200개

(완성품환산량 단위당원가)

- 재료비: (제조비용 2,600,000원) ÷ 완성품환산량(1,300개) = 2,000원
- 가공비: (제조비용 1,800,000원) ÷ 완성품환산량(1,200개) = 1,500원

(월말재공품)

- 재료비: 월말재공품환산량(800개) × 완성품환산량 단위당원가(2,000원) = 1,600,000원
- 가공비: 월말재공품환산량(400개) × 완성품환산량 단위당원가(1,500원) = 600,000원

(당월제품제조원가)

- 월초재공품(370,000원) + 당월제조비용(4,400,000원) - 월말재공품(2,200,000원) = 2,570,000원

I CAN 기출문제

종합원가계산하에서 평균법과 선입선출법에 대한 설명 중 가장 옳지 않은 것은?

① 선입선출법은 평균법보다 실제물량흐름을 반영하며 원가통제 등에 더 유용한 정보를 제공한다.
② 평균법은 완성품환산량 계산시 순수한 당기발생작업량만으로 계산한다.
③ 기초재공품원가에 대하여 평균법은 기말재공품에 배부하지만, 선입선출법은 기말재공품에 배부하지 아니한다.
④ 기초재공품이 없다면 선입선출법과 평균법의 결과는 차이를 보이지 않는다.

정답풀이

② 평균법은 완성품환산량 계산시 기초재공품도 당기에 착수하여 완성한 것으로 가정하여 계산한다.

I can 실전문제(제품별 원가계산)

※ I can 실전문제에 수록된 문제들은 모두 전산세무 2급 시험에 다수 출제되었던 유형입니다.

01 개별원가계산방법과 종합원가계산방법에 대한 내용으로 잘못 짝지어진 것은?

구 분	종합원가계산방법	개별원가계산방법
① 핵심과제	완성품환산량 계산	제조간접비 배부
② 생산형태	소품종 대량생산	다품종 소량생산
③ 장 점	정확한 원가계산	경제성 및 편리함
④ 원가집계	공정별 집계	개별작업별 집계

02 다음 중 개별원가계산과 종합원가계산에 대한 설명으로 틀린 것은?

① 개별원가계산은 제품을 비반복적으로 생산하는 업종에 적합하다.
② 종합원가계산은 직접비와 간접비의 구분이 중요하다.
③ 개별원가계산은 조선업, 건설업 등의 업종에 적합하다.
④ 종합원가계산이란 단일 종류의 제품을 연속적으로 대량 생산하는 경우 적합하다.

03 종합원가계산에 의하여 제품을 생산한다. 재료는 공정의 초기단계에 투입되며, 가공원가는 전체 공정에 고르게 투입된다. 다음 자료에서 평균법에 의한 재료비와 가공비의 당기 완성품 환산량은 얼마인가?

- 기초재공품: 5,000개(완성도 50%)
- 당기완성품: 30,000개
- 당기착수량: 35,000개
- 기말재공품의 완성도 40%

① 재료비: 35,000개 가공비: 31,500개
② 재료비: 40,000개 가공비: 34,000개
③ 재료비: 40,000개 가공비: 40,000개
④ 재료비: 35,000개 가공비: 34,000개

04 다음은 공손에 대한 설명이다. ( ) 안에 들어갈 말은?

- 정상공손: 제품을 생산하는데 불가피하게 발생한 것으로 (ㄱ)에 포함한다.
- 비정상공손: 비효율적 생산관리로 인하여 발생한 것으로 (ㄴ)로 처리한다.

① (ㄱ) 영업외비용 (ㄴ) 판매관리비
② (ㄱ) 제품제조원가 (ㄴ) 영업외비용
③ (ㄱ) 영업외비용 (ㄴ) 제품제조원가
④ (ㄱ) 판매관리비 (ㄴ) 영업외비용

05 다음에서 선입선출법과 평균법에 의한 재료비의 완성품환산량 차이는 얼마인가?

- 기초재공품: 200개(완성도 50%)
- 완성품수량: 2,600개
- 기말재공품: 500개(완성도 40%)
- 원재료는 공정초에 전량 투입되고, 가공비는 공정전반에 걸쳐 균등하게 발생된다.

① 100개 ② 200개 ③ 300개 ④ 400개

06 선입선출법에 의한 재료비와 가공비의 완성품환산량을 계산하면 얼마인가?

- 기초재공품: 500개(완성도 20%)
- 당기착수량: 2,000개
- 기말재공품: 300개(완성도 50%)
- 재료는 공정초에 전량 투입되고, 가공비는 공정전반에 걸쳐 균등하게 투입된다.

① 재료비: 2,000개, 가공비: 2,250개
② 재료비: 2,200개, 가공비: 1,990개
③ 재료비: 1,500개, 가공비: 1,740개
④ 재료비: 1,500개, 가공비: 1,990개

07 **다음 자료를 보고 평균법에 의한 재료비의 완성품환산량을 계산하면 얼마인가?**

- 기초재공품: 12,000단위(완성도: 60%)
- 기말재공품: 24,000단위(완성도: 40%)
- 착수량: 32,000단위
- 완성품수량: 20,000단위
- 원재료와 가공비는 공정전반에 걸쳐 균등하게 발생한다.

① 25,600단위　　② 29,600단위
③ 34,000단위　　④ 54,000단위

08 **선입선출법에 의한 직접재료비 및 가공비 완성품환산량을 계산하면 얼마인가?**

- 기초재공품: 10,000단위(완성도: 60%)
- 기말재공품: 20,000단위(완성도: 40%)
- 당기착수량: 40,000단위
- 완성품수량: 30,000단위
- 직접재료비는 공정 50%에서 전량 투입되고, 가공비는 공정전반에 걸쳐 균등하게 발생

	직접재료비	가공비
①	40,000단위	32,000단위
②	32,000단위	40,000단위
③	20,000단위	32,000단위
④	38,000단위	50,000단위

09 **기초재공품은 20,000개(완성도 20%), 당기완성품 수량은 170,000개, 기말재공품은 10,000개(완성도 40%)이다. 평균법과 선입선출법의 가공비에 대한 완성품환산량의 차이는 얼마인가? 단, 재료는 공정초에 전량 투입되고, 가공비는 공정전반에 걸쳐 균등하게 투입된다.**

① 4,000개　　② 5,000개
③ 6,000개　　④ 7,000개

10 **평균법에 의한 종합원가계산을 하고 있다. 재료비는 공정시작 시점에서 전량 투입되며, 가공원가는 공정 전반에 걸쳐 고르게 투입된다. 다음 자료를 통하여 완성품환산량으로 바르게 짝지어진 것은?**

- 기초재공품: 0개
- 착수수량: 500개
- 완성수량: 400개
- 기말재공품: 100개(완성도 50%)

	재료비 완성품환산량	가공비 완성품환산량
①	400개	450개
②	450개	500개
③	500개	450개
④	400개	500개

11 **종합원가계산을 이용하는 기업의 가공비 완성품환산량을 계산하면 얼마인가?**

- 기초재공품: 2,000개(완성도 30%)
- 당기착수량: 8,000개
- 당기완성품: 7,000개
- 기말재공품: 3,000개(완성도 30%)
- 재료는 공정초에 전량 투입되고, 가공비는 공정전반에 걸쳐 균등하게 투입된다.
- 원가흐름에 대한 가정으로 선입선출법을 사용하고 있다.

① 7,300개　② 7,400개
③ 7,500개　④ 8,000개

12 **다음 자료를 보고 평균법에 의한 가공비의 완성품환산량을 계산하면 얼마인가?**

- 기초재공품: 10,000단위(완성도 60%)
- 기말재공품: 20,000단위(완성도: 50%)
- 착 수 량: 30,000단위
- 완성품수량: 20,000단위
- 원재료는 공정초에 전량 투입되고, 가공비는 공정전반에 걸쳐 균등하게 발생한다.

① 10,000단위　② 20,000단위
③ 24,000단위　④ 30,000단위

13 선입선출법에 의한 종합원가계산 과정에서 완성품환산량 단위당 원가를 다음과 같이 계산하는 경우 '㉠'에 해당하는 것은?

$$\text{선입선출법에 의한 완성품환산량 단위당 원가} = \frac{㉠}{\text{완성품 환산량}}$$

① 기초재공품원가　　② 당기투입원가
③ 당기투입원가 - 기초재공품원가　　④ 기초재공품원가 + 당기투입원가

14 종합원가계산의 흐름을 바르게 나열한 것은?

가. 물량의 흐름을 파악한다.
나. 완성품과 기말재공품 원가를 계산한다.
다. 재료원가와 가공원가의 완성품환산량 단위당 원가를 구한다.
라. 재료원가와 가공원가의 기초재공품원가와 당기총제조원가를 집계한다.
마. 재료원가와 가공원가의 완성품환산량을 계산한다.

① 가 → 나 → 다 → 라 → 마　　② 가 → 마 → 라 → 다 → 나
③ 가 → 라 → 마 → 다 → 나　　④ 나 → 가 → 다 → 라 → 마

15 다음 중 공손품에 대한 설명으로 옳지 않은 것은?

① 공손품은 폐기되거나 정규가격 이하로 판매되는 품질표준 미달의 불합격 생산물을 말한다.
② 정상공손은 능률적인 작업조건하에서도 발생되는 공손을 말한다.
③ 비정상공손은 제조활동을 효율적으로 수행하면 방지할 수 있는 공손을 말한다.
④ 비정상공손의 허용한도는 품질검사를 기준으로 하여 품질검사에 합격한 합격품의 일정비율로 정한다.

16 **다음 자료를 이용하여 비정상공손 수량을 계산하면 얼마인가?(단, 정상공손은 당기 완성품의 5%로 가정한다.)**

- 기초재공품: 200개
- 기말재공품: 50개
- 당기착수량: 800개
- 당기완성량: 900개

① 5개
② 6개
③ 8개
④ 10개

17 **종합원가계산을 채택하고 있다. 재료비는 공정초기에 전량 투입되며, 가공비는 공정기간 동안 균등하게 투입이 될 경우에 선입선출법에 의하여 완성품환산량을 구하면 얼마인가?**

구 분	물 량	완성도	구 분	물 량	완성도
기초재공품	300개	70%	완성품	1,300개	-
당기투입	1,500개	-	기말재공품	500개	40%
계	1,800개	-	계	1,800개	-

	재료비	가공비
①	1,800개	1,290개
②	1,800개	1,410개
③	1,500개	1,290개
④	1,500개	1,410개

18 **다음 자료에 따른 평균법에 의한 완성품 단위당 제조원가는 얼마인가?(단, 모든 제조원가는 공정 전반에 걸쳐 균등하게 투입된다.)**

- 기초재공품원가: 직접재료비 300,000원, 노무비 700,000원, 경비 400,000원
- 당기제조원가: 직접재료비 4,000,000원, 노무비 3,000,000원, 경비 1,000,000원
- 완성품수량: 4,000개
- 기말재공품수량: 1,250개(완성도 80%)

① 1,880원
② 2,000원
③ 2,350원
④ 2,937원

19 **종합원가계산제도하에서 완성품 환산량의 계산에 선입선출법을 사용하여 당기에 실제 발생한 재료비와 가공비의 합계액을 계산하면 얼마인가?**

- 기초재공품: 1,000단위(완성도 30%)
- 기말재공품: 1,200단위(완성도 60%)
- 당기완성품: 4,000단위
- 재료비 완성품환산량 단위당원가: 1,000원
- 가공비 완성품환산량 단위당원가: 1,200원
- 재료비는 공정초기에 전량 투입, 가공비는 공정기간동안 균등 투입

① 9,264,000원
② 9,504,000원
③ 10,586,000원
④ 11,400,000원

20 **평균법에 의한 종합원가계산제도에서 다음의 자료를 통해 제품원가를 계산하시오.(재료비는 완성도 50% 시점에 투입되며, 가공비는 공정 전반에 걸쳐 균등하게 발생된다.)**

물량흐름				비용	기초재공품 원가	당기 제조원가
기초	100개 (완성도 50%)	완성	400개	재료비	80,000원	100,000원
착수	500개	기말	200개 (완성도 60%)	가공비	100,000원	160,000원

① 320,000원
② 280,000원
③ 260,000원
④ 180,000원

I Can!

전산세무 2급

3장

부가가치세 이론

I Can!

전산세무 2급

1. 부가가치세 총론

01 부가가치세 개요

1 부가가치세의 개념

부가가치세란 재화 또는 용역이 생산되거나 유통되는 모든 거래단계에서 발생된 부가가치에 대하여 과세되는 세금이다. 부가가치란 사업자가 생산활동 또는 유통과정을 통하여 새로이 창출한 가치의 순증가액을 말하는 것으로, 이는 매출액에서 원재료 등 외부로부터 매입한 물품의 매입액을 차감한 잔액을 말한다.

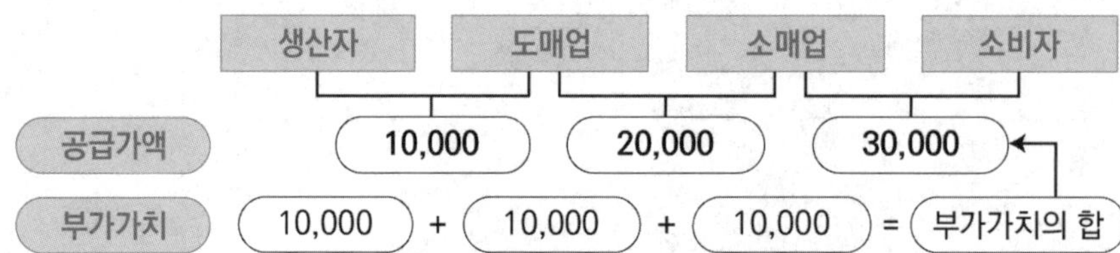

각 거래단계에서 발생한 부가가치의 합은 소비자가 부담하는 가격과 일치한다.

2 부가가치세 과세방법

가산법	• 임차료, 인건비 등 부가가치 구성요소를 합한 금액에 세율을 곱해서 부가가치세를 계산
전단계거래액공제법	• 과세기간의 매출액에서 매입액을 차감한 잔액에 세율을 곱해서 부가가치세를 계산 ➜ (매출액 − 매입액) × 세율 = 부가가치세
전단계세액공제법	• 매출액과 매입액에 각각의 세율을 곱한 매출세액에서 매입세액을 차감하여 부가가세세를 계산 ➜ (매출액 × 세율) − (매입액 × 세율) = 부가가치세

3 우리나라의 부가가치세 특징

일반소비세	원칙적으로 모든 재화·용역을 소비하는 단계에서 발생
국세	과세권이 국가에 있음
다단계거래세	모든 거래단계에서 과세되는 다단계거래세
간접세	세금을 부담하는 자(담세자)와 납부하는 자(납세자)가 다름
전단계세액공제법	매출세액에서 매입세액을 차감하여 납부세액을 계산
물세	인격체가 아닌 물건을 중심으로 과세
단일세율	단일 비례세율(10%)을 적용
소비지국과세원칙	재화 등을 소비하는 나라에서 과세

참고 부가가치세의 납세자는 사업자이지만, 담세자는 최종소비자이다.

I CAN 기출문제

다음 중 우리나라의 부가가치세법의 특징이 아닌 것은?

① 개별소비세　　② 소비지국 과세원칙

③ 간접세　　④ 전단계세액공제법

 **정답풀이**

① 부가가치세는 개별소비세가 아니라 일반소비세이다.

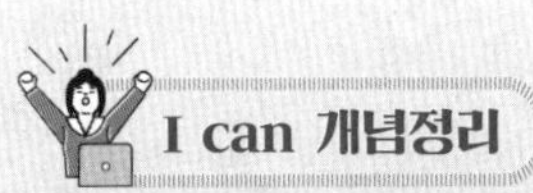

부가가치세 거래징수

부가가치세는 간접세이면서 소비세이므로 납세의무자는 사업자이나 담세자는 최종소비자이다. 따라서, 부가가치세의 부담을 최종소비자에게 전가시키기 위해 각 거래의 단계별로 납세의무자인 사업자가 재화, 용역을 공급하는 때에 공급받는자로부터 부가가치세를 징수하여야 하는데 이를 거래징수라 한다. 공급자(매출자)는 매출세액이 발생하고, 공급받는자(매입자)는 매입세액이 발생하게 된다.

02 부가가치세 신고와 납부

1 부가가치세 과세기간

사업자에 대한 부가가치세의 과세기간은 다음과 같이 6개월 단위로 제1기와 제2기로 나누어지며, 각각의 과세기간을 3개월 단위로 예정과 확정으로 구분하고 있다.

구 분	과세기간	예정신고기간(신고일)	확정신고기간(신고일)
제1기	01.01 ~ 06.30.	01.01 ~ 03.31.(04.25)	04.01. ~ 06.30.(07.25)
제2기	07.01 ~ 12.31.	07.01. ~ 09.30.(10.25)	10.01. ~ 12.31.(01.25)

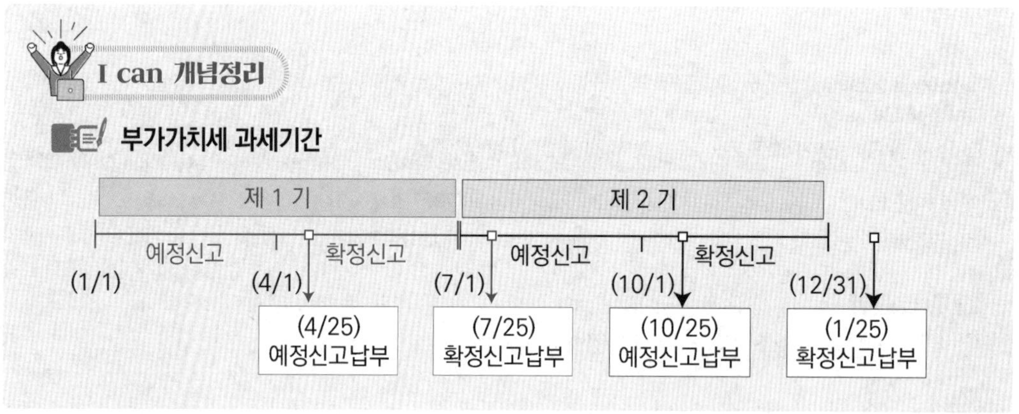

기타 과세기간

간이과세자	1월 1일 ~ 12월 31일(1년)
신규사업자	사업개시일 ~ 과세기간 종료일(단, 사업개시일 전 등록한 경우에는 그 등록일로부터 그 날이 속하는 과세기간의 종료일)
폐업자	과세기간 개시일 ~ 폐업일
합병으로 인한 소멸법인	과세기간 개시일 ~ 합병등기일

2 부가가치세 신고와 납부

1. 법인사업자

법인사업자는 각 예정신고기간에 대한 과세표준과 납부세액(환급세액)을 그 예정신고기간과 확정신고기간 종료 후 25일 이내에 관할세무서장에게 신고·납부하여야 한다.

제1기	예정	01월 01일부터 03월 31일까지(04월 25일까지 신고납부)
	확정	04월 01일부터 06월 30일까지(07월 25일까지 신고납부)
제2기	예정	07월 01일부터 09월 30일까지(10월 25일까지 신고납부)
	확정	10월 01일부터 12월 31일까지(01월 25일까지 신고납부)

참고 법인사업자는 일반적으로 부가가치세를 4번신고, 4번납부를 한다.

2. 개인사업자 및 소규모 법인사업자

개인사업자 및 직전 과세기간의 공급가액이 1억5천만원 미만인 법인사업자는 부가가치세의 예정신고의무가 면제되고, 관할세무서장이 직전 과세기간 납부세액의 50%를 결정하여 고지한다.(예정고지 납부)

제1기	예정	신고없이 고지납부
	확정	01월 01일부터 06월 30일까지(07월 25일까지 신고납부)
제2기	예정	신고없이 고지납부
	확정	07월 01일부터 12월 31일까지(01월 25일까지 신고납부)

참고 개인사업자 및 소규모 법인사업자는 부가가치세 예정신고는 하지 않고, 직전 과세기간의 50%를 고지납부하며, 확정신고시에 고지세액을 차감한다.

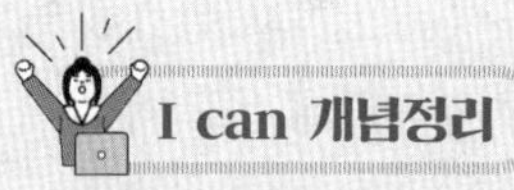

개인사업자 및 소규모 법인의 부가가치세 예정고지 면제

개인사업자 및 소규모 법인사업자중 다음과 같은 경우에는 예정고지징수가 면제된다.

- 징수금액이 50만원 미만인 경우
- 간이과세자에서 일반과세자로 변경된 경우
- 납세자가 재난·도난·사업에 현저한 손실·동거가족의 질병이나 중상해 또는 상중(喪中)인 경우 등의 사유로 납부할 수 없다고 인정되는 경우

개인사업자 및 소규모 법인의 부가가치세 예정신고&납부

개인사업자 및 소규모 법인사업자는 예정고지 납부를 하는 것이 원칙이지만, 다음에 해당되는 경우는 예정고지 되더라도 직접 신고·납부가 가능하다.

- 휴업이나 사업부진 등으로 예정신고기간의 공급가액 또는 납부세액이 직전과세기간의 1/3에 미달할 때
- 예정신고기간분에 대하여 조기환급을 받고자 할 때

3 부가가치세 환급

사업자는 과세기간동안 발생한 매출세액에서 매입세액을 차감한 납부세액에 대하여 신고·납부를 하여야 하지만, 매출세액보다 매입세액이 큰 경우 차액을 환급받게 된다. 일반적인 환급은 확정신고기한 경과 후 30일 이내에 환급되지만, 조기환급의 경우 신고기한 경과 후 15일 이내에, 경정으로 환급세액이 발생하는 경우는 지체 없이 환급되며, 조기환급 대상과 기간은 다음과 같다.

조기환급대상	• 영세율이 적용되는 경우 • 사업설비를 신설, 취득, 확장, 증축하는 경우 • 재무구조개선계획을 이행 중인 경우
조기환급기간	예정신고기간, 확정신고기간, 매월 또는 매 2월을 대상으로 조기환급신고를 할 수 있다. 따라서, 1월 또는 2월을 각각 조기환급대상으로 할 수도 있고, 1월과 2월을 묶어서 할 수도 있다.

4 부가가치세 납세의무자

부가가치세의 납세의무자는 사업자이다. "사업자"란 영리목적의 유무에 불구하고 사업상 독립적으로 재화나 용역을 공급하는자 이며, 국가 혹은 지방자치단체, 비영리단체 등도 부가가치세 납세의무가 발생할 수 있다. 단, 면세사업자로 지정된 경우는 납세의무가 없다.

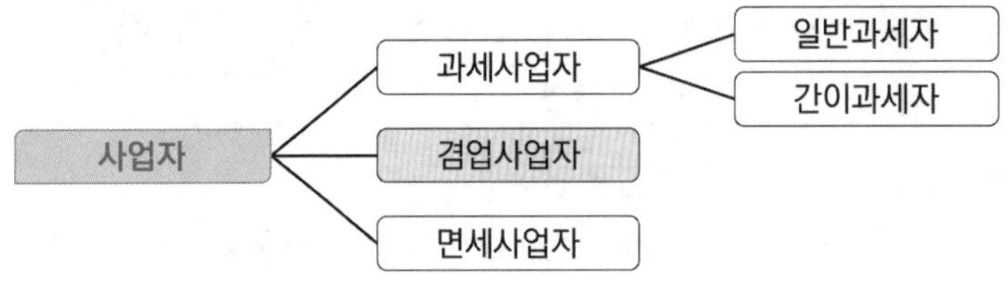

과세사업자	일반과세자 및 간이과세자
간이과세자	직전연도 공급대가(부가가치세포함)가 1억 4백만원에 미달하는 사업자
면세사업자	부가가치세법상 납세의무가 없음(부가가치세법상 사업자가 아님)

부가가치세 납세의무자 구분

구 분	납세의무자
재화 및 용역의 공급	재화 및 용역을 공급하는 사업자
재화의 수입	재화를 수입하는 자

참고 재화를 수입하는 경우 사업자 여부와 무관하게 세관장이 징수하는 관세법에 따라 부가가치세를 부담하며, 겸업(과세 + 면세)사업자는 과세사업자로 분류된다.

사업자의 요건

- 부가가치세법상 과세되는 재화 또는 용역의 공급
- 영리목적 여부는 불문(비영리 법인 및 국가·지방자치단체 등도 납세의무가 발생할 수 있음)
- 사업상 독립성(종업원 등은 독립성이 없으므로 사업자에 해당하지 않음)

5 부가가치세 납세지

납세지란 사업자가 신고·납부 등 의무를 이행하고, 과세관청이 부과·징수권을 행사하는 기준이 되는 장소를 말한다. 사업장 소재지가 부가가치세 납세지에 해당되고, 사업장 마다 신고납부를 하는 것이 원칙이며, 원칙적인 부가가치세의 납세지는 사업장 소재지 이다.
사업장 이란 사업자 또는 그 사용인이 상시 주재하여 거래의 전부 또는 일부를 행하는 장소를 말하며, 주요 업종별 사업장 판단 기준은 다음과 같다.

제 조 업	최종제품 완성장소
광 업	광업사무소 소재지
건설업/운수업/부동산매매업	법인(등기부상소재지), 개인(업무총괄장소)
부동산임대업	부동산 등기부소재지
비거주자/외국법인	국내사업장
무인판매기를 통한사업	업무총괄장소
기 타	직접 판매가 이루어지는 직매장은 사업장에 해당하지만, 물품보관 창고의 개념인 하치장은 사업장에 해당하지 않음(박람회 등 행사를 위한 임시사업장은 기존사업장에 포함)

I CAN 기출문제

다음 중 부가가치세법상 사업장의 범위에 대한 설명으로 옳지 않은 것은?

① 제조업: 최종제품을 완성하는 장소
② 건설업: 법인인 경우 법인의 등기부상 소재지
③ 부동산매매업: 개인인 경우 사업에 관한 업무를 총괄하는 장소
④ 부동산임대업: 사업에 관한 업무를 총괄하는 장소

정답풀이

④ 부동산임대업의 사업장 판단 기준은 부동산의 등기부상 소재지 이다.

6 주사업장총괄납부 및 사업자단위과세

주사업장총괄납부와 사업자단위과세는 사업장별 신고·납부 원칙의 예외에 해당되며, 주사업장총괄납부는 납부(또는 환급)만 주사업장에서 총괄한다.

주사업장총괄납부	• 납부(환급)만 주사업장에서 총괄 • 주된 사업장은 법인의 본점 또는 지점, 개인사업자는 주사무소
사업자단위과세	• 사업자등록, 세금계산서, 납부(환급) 등 모두 주사업장에서 총괄 • 주된 사업장은 법인의 본점, 개인사업자는 주사무소

주사업장총괄납부 또는 사업자단위과세를 신청하거나 포기하려면 해당 과세기간의 개시일 20일 전까지 관할세무서장에게 신고서를 제출하여야 한다.

참고 주사업장총괄납부(사업자단위과세)사업자의 직매장반출은 재화의 공급(자가공급)으로 보지 않음.

주사업장총괄납부와 사업자단위과세의 비교

구 분	주사업장 총괄납부	사업자단위과세
사업자등록	사업장별	본점 또는 주사무소
세금계산서 발급 및 수취		
과세표준 및 세액계산		
신고		
결정, 경정 및 징수		
납부	주사업장	
총괄사업장(주사업장)	• 법인: 본점 또는 지점 • 개인: 주사무소	• 법인: 본점 • 개인: 주사무소
신청	과세기간 개시 20일 전까지	과세기간 개시 20일 전까지
포기	과세기간 개시 20일 전까지	과세기간 개시 20일 전까지

참고 신규사업자가 주된 사업장에서 총괄납부를 하고자 하는 경우에는 주된 사업장의 사업자등록증을 받은 날로부터 20일 이내에 신청서를 주된 사업장의 관할 세무서에 제출하여야 한다.

03 사업자등록

1 사업자등록신청

사업자등록신청은 사업개시 20일 이내에 각 사업장마다 하여야 한다. 단, 신규사업자는 사업개시 전에도 신청이 가능하며, 사업자등록신청을 받은 세무서장은 신청일부터 2일 이내(조사 등의 필요가 있는 경우 5일 이내)에 사업자등록증을 발급하여야 한다.

2 사업자등록의 정정

사업자등록 이후 다음의 어느 하나에 해당하는 경우 지체 없이 사업자등록 정정신고를 하여야 하며, 신고를 받은 세무서장은 재발급기한 내에 사업자등록을 정정하여 재발급 하여야 한다.

사업자등록 정정사유	재발급기한
• 상호를 변경하는 때 • 통신판매업자가 사이버몰의 명칭 또는 인터넷 도메인이름을 변경하는 때	신청일 당일
• 법인(또는 1거주자로 보는 단체)의 대표자를 변경하는 때 • 사업의 종류에 변동이 있는 때 • 사업장을 이전하는 때 • 상속으로 인하여 사업자의 명의가 변경되는 때 • 공동사업자의 구성원 또는 출자지분의 변경이 있는 때 • 임대인, 임대차 목적물·그 면적, 보증금, 차임 또는 임대차기간의 변경이 있거나 새로이 상가건물을 임차한 때 • 사업자단위과세사업자가 사업자단위과세적용사업장을 변경하거나 종된 사업장을 신설(이전, 휴업, 폐업)할 때	신청일부터 2일 이내

참고 법인기업의 대표자 변경은 사업자등록 정정사유에 해당하지만, 개인기업의 대표자 변경은 정정 사유가 아니라 사업장의 폐업사유(상속의 경우는 제외)에 해당한다.

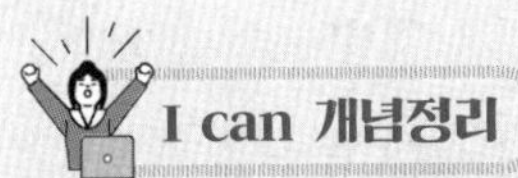

사업자 미등록시 불이익

- 사업자등록전 전의 매입세액은 매입세액 공제가 불가능함
  (단, 공급시기가 속하는 과세기간이 지난 후 20일 이내에 등록 신청한 경우 신청일부터 공급시기가 속하는 과세기간 기산일까지 역산한 기간 이내의 것은 공제가능함)
- 사업개시 20일 이내에 사업자 미등록시 미등록 가산세가 발생함(공급가액 × 1%)
- 사업개시 전 등록신청을 받은 세무서장은 사업개시 전 등록신청의 경우에 한해 신청자가 사실상 사업을 개시하지 아니할 것이라고 인정되는 경우에는 등록을 거부할 수 있음
- 신규로 사업을 개시하는 사업자가 사업자등록을 하지 않은 경우 관할세무서장이 조사하여 직권으로 등록시킬 수 있음

I CAN 기출문제

부가가치세법상 사업자등록에 대한 다음 설명 중 잘못된 것은?

① 사업자는 원칙적으로 사업장마다 사업개시일부터 20일 이내에 사업자등록을 하여야 한다.
② 신규로 사업을 시작하려는 자는 사업개시일 전에 사업자등록을 할 수 없다.
③ 사업장이 둘 이상인 사업자는 사업자 단위로 해당 사업자의 본점 또는 주사무소 관할 세무서장에게 등록을 신청할 수 있다.
④ 사업자는 사업자등록의 신청을 사업장 관할 세무서장이 아닌 다른 세무서장에게도 할 수 있다.

정답풀이

② 신규사업자는 사업개시일 전이라도 사업자등록을 할 수 있다.

I CAN 기출문제

다음 중 부가가치세법상 사업자등록의 정정사유가 아닌 것은?

① 사업의 종류를 변경 또는 추가하는 때
② 사업장을 이전하는 때
③ 법인의 대표자를 변경하는 때
④ 개인이 대표자를 변경하는 때

 **정답풀이**

④ 개인기업의 대표자 변경은 폐업사유에 해당한다.

I can 실전문제(부가가치세 총론)

※ I can 실전문제에 수록된 문제들은 모두 전산세무 2급 시험에 다수 출제되었던 유형입니다.

01 **다음 중 부가가치세법상 주사업장 총괄납부제도에 대한 설명으로 틀린 것은?**

① 사업장이 둘 이상 있는 경우에는 주사업장 총괄납부를 신청하여 주된 사업장에서 부가가치세를 일괄하여 납부하거나 환급받을 수 있다.
② 주된 사업장은 법인의 본점(주사무소를 포함한다) 또는 개인의 주사무소로 한다. 다만, 법인의 경우에는 지점(분사무소를 포함한다)을 주된 사업장으로 할 수 있다.
③ 주된 사업장에 한 개의 등록번호를 부여한다.
④ 납부하려는 과세기간 개시 20일 전에 주사업장 총괄 납부 신청서를 주된 사업장의 관할 세무서장에게 제출하여야 한다.

02 **다음은 부가가치세법상 사업자단위과세제도에 대한 설명이다. 틀린 것은?**

① 사업장이 둘 이상 있는 경우에는 사업자단위과세제도를 신청하여 주된 사업장에서 부가가치세를 일괄하여 신고와 납부, 세금계산서 수수를 할 수 있다.
② 주된 사업장은 법인의 본점(주사무소를 포함한다) 또는 개인의 주사무소로 한다. 다만, 법인의 경우에는 지점(분사무소를 포함한다)을 주된 사업장으로 할 수 있다.
③ 주된 사업장에 한 개의 사업자등록번호를 부여한다.
④ 사업장 단위로 등록한 사업자가 사업자 단위 과세 사업자로 변경하려면 사업자 단위 과세 사업자로 적용받으려는 과세기간 개시 20일 전까지 변경등록을 신청하여야 한다.

03 **다음은 부가가치세법상 사업자등록에 대한 설명이다. 가장 틀린 것은?**

① 사업자는 원칙적으로 사업장마다 사업개시일부터 20일 이내에 사업자등록을 신청하여야 한다.
② 신규로 사업을 시작하려는 자는 사업개시일 전에 사업자등록을 신청할 수 없다.
③ 사업장이 둘 이상인 사업자는 사업자 단위로 해당 사업자의 본점 또는 주사무소 관할 세무서장에게 등록을 신청할 수 있다.
④ 사업자 단위로 등록신청을 한 경우에는 원칙적으로 사업자 단위 과세 적용 사업장에 한 개의 등록번호가 부여된다.

04 **다음은 법인등기부등본상의 기재사항들이다. 부가가치세법상 사업자등록 정정사유가 아닌 것은?**

① ㈜회계에서 ㈜세무으로 상호변경
② ㈜회계의 대표이사를 A에서 B로 변경
③ ㈜회계의 자본금을 1억원에서 2억원으로 증자
④ ㈜회계의 사업종류에 부동산 임대업을 추가

05 **다음 중 부가가치세법에 대한 설명으로 잘못된 것은?**

① 재화란 재산 가치가 있는 물건과 권리를 말하며, 역무는 포함되지 않는다.
② 사업자란 사업 목적이 영리이든 비영리이든 관계없이 사업상 독립적으로 재화 또는 용역을 공급하는 자를 말한다.
③ 재화 및 용역을 일시적·우발적으로 공급하는 자는 부가가치세법상 사업자에 해당하지 않는다.
④ 간이과세자란 직전 연도의 공급대가 합계액이 5,000만원에 미달하는 사업자를 말한다.

2. 부가가치세 과세거래

01 부가가치세 과세대상

부가가치세가 과세되는 거래는 재화의 공급, 용역의 공급, 재화의 수입에 대하여 과세하며, 용역의 수입은 용역의 성질상 소비를 파악하기 어려우므로 과세대상에서 제외된다.

• 재화의 공급 • 용역의 공급 • 재화의 수입

참고 용역의 수입은 부가가치세 과세대상에 해당하지 않는다.

1 재화의 공급

재화란 재산가치가 있는 모든 유체물과 무체물을 말하며, 개념은 다음과 같다.

유체물	상품·제품·원료·기계·건물과 기타 모든 유형적 물건 포함
무체물	동력·열 기타 관리할 수 있는 자연력 및 권리 등으로서 재산적 가치가 있는 유체물 이외의 모든 것 포함(전기도 재화의 범위에 포함됨)

재화의 공급은 다음과 같이 계약상 또는 법률상의 모든 원인에 따라 재화를 인도하거나 양도하는 것으로 한다.

판매	현금판매, 외상판매, 할부판매, 조건부 판매, 위탁판매 등에 따라 재화를 인도하거나 양도하는 것
가공계약	자기가 주요자재의 전부 또는 일부를 부담하고 상대방으로부터 인도받은 재화를 가공하여 새로운 재화를 만드는 가공계약에 따라 재화를 인도하는 것
교환계약	재화의 인도 대가로서 다른 재화를 인도받거나 용역을 제공받는 교환계약에 따라 재화를 인도하거나 양도하는 것
경매 등	경매, 수용, 현물출자와 그 밖의 계약상 또는 법률상의 원인에 따라 재화를 인도하거나 양도하는 것

참고 수표, 어음, 상품권, 주식, 채권 등은 재화에 해당하지 않는다.

2 용역의 공급

용역의 공급이란 재화 이외의 재산가치가 있는 모든 역무 및 그 밖의 행위를 말한다. 용역의 공급에는 역무를 제공하는 것 또는 권리·재화·시설물을 사용하게 하는 것으로써 건설업, 부동산임대업 등이 해당된다.

가공무역	자기가 주요자재를 전혀 부담하지 아니하고 상대방으로부터 인도받은 재화를 단순히 가공만 해 주는 것
건설업	건설업의 경우 건설업자가 건설자재의 전부 또는 일부를 부담하는 것도 용역의 공급으로 봄
지식 등	산업상·상업상 또는 과학상의 지식·경험 또는 숙련에 관한 정보를 제공하는 것

참고 임대업 중 전·답·과수원·목장용지 등의 임대업은 부가가치세 과세대상이 아니다.

I can 개념정리

재화와 용역의 비교

구 분	무상공급	낮은대가
재 화	과세 O	과세 O
용 역	과세 X	과세 O

- 재화의 무상공급 혹은 낮은대가의 공급시 시가의 10%로 과세된다.
  (단, 특별재난지역에 무상공급하는 물품은 과세하지 않음)
- 용역의 무상공급은 과세되지 않으며, 낮은대가의 공급시에만 시가의 10%로 과세된다.
  (단, 특수관계자에게 사업용 부동산임대용역을 무상공급하는 경우 시가의 10%로 과세함)
- 고용관계에 의해 근로를 제공하는 경우는 용역의 공급에 해당하지 않는다.

I CAN 기출문제

다음 중 부가가치세 과세거래에 해당되는 것을 모두 고르면?

가. 재화의 수입	나. 용역의 수입
다. 용역의 무상공급	라. 고용관계에 의한 근로의 제공

① 가 ② 가, 나 ③ 가, 나, 다 ④ 가, 나, 다, 라

정답풀이

① 용역의 수입 및 용역의 무상공급, 고용관계에 의한 근로의 제공 등은 과세대상에 해당하지 않음.

3 재화의 수입

재화의 수입이란 다음에 해당하는 물품을 국내로 반입하는 것을 말한다.

- 외국에서 우리나라에 도착된 물품으로서 수입신고가 수리되기 전의 것
- 수출신고가 수리된 물품

참고 재화를 수입하는 경우 세관장 명의의 수입세금계산서가 교부된다.

재화의 공급과 용역의 공급은 공급자가 반드시 사업자인 경우에 과세된다. 하지만 재화를 수입하는 경우에는 수입하는 자가 사업자인지의 여부에 관계없이 과세대상이 된다.

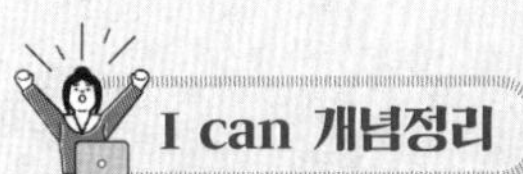

재화의 수입에 따른 회계처리

대금송금	(차) 미 착 품	×××	(대) 보통예금	×××
물품도착	(차) 원 재 료	×××	(대) 미 착 품	×××
세금계산서교부	(차) 부가세대급금	×××	(대) 현　　금	×××

※ 수입물품에 대해 세관장이 징수하는 부가가치세
(과세표준 = 관세의 과세가격 + 관세 + 개별소비세 + 교통세 + 교육세 등)

I can 재화의 수입시 과세표준

다음 자료에 의하여 재화의 수입에 따른 과세표준을 계산하면 얼마인가?

- 실지 결제한 수입가격: 230,000,000원
- 관세의 과세가격: 200,000,000원
- 관세: 50,000,000원
- 개별소비세: 3,000,000원
- 교육세 등: 2,000,000원

답안

※ 과세표준 = 255,000,000원

관세의 과세가격 + 관세 + 개별소비세·주세 + 교육세·농어촌특별세 + 교통·에너지·환경세

4 공급으로 보지않는 경우

담보제공, 사업의 포괄양도, 조세의 물납, 공매 및 경매, 수용, 하치장 반출 등은 재화의 공급으로 보지 않으므로, 부가가치세가 과세되지 않는다.

담보제공	질권, 저당권 또는 양도담보의 목적으로 동산, 부동산 및 부동산상의 권리를 제공하는 경우
사업의 포괄적 양도	사업에 관한 모든 권리와 의무를 포괄적으로 승계시키는 경우(미수금, 미지급금, 해당 사업과 관련 없는 토지 또는 건물에 관한 것은 승계하지 않아도 됨)
조세의 물납	사업용 자산을 상속세 및 증여세법, 지방세법, 종합부동산세법에 따라 물납하는 경우
공매·경매	공매 또는 강제경매에 의하여 인도·양도하는 경우
수용	도시 및 주거환경정비법 등 법률에 따라 토지 등이 수용되는 경우

사업자가 자기의 사업과 관련하여 생산하거나 취득한 재화를 자기의 과세사업을 위하여 사용 및 소비하는 경우에도 재화의 공급으로 보지 않으며, 그 유형은 다음과 같다.

- 다른 사업장에 원재료 등으로 소비하기 위하여 반출한 경우
- 당해 사업장의 기술개발을 위하여 시험용 등으로 사용 소비되는 경우
- 무료서비스를 제공키 위하여 사용되는 경우
- 불량품 교환 및 광고선전을 위한 상품진열 등 판매목적이 아닌 경우
- 수선비 등에 대체하여 사용하는 경우
- 국가 및 공공기관 등에 유상제공시 시가의 10%로 과세되며, 무상제공시 과세되지 않음
- 경조사 및 명절(설&추석), 창립기념일&생일 을 구분하여 각각 1인당 연간 10만원까지는 과세하지 않음 (3가지 항목 최대 연간 30만원 까지 적용가능하며, 항목별 연간 10만원 초과시 초과되는 금액은 과세)

5 재화의 간주공급

재화 혹은 용역을 매매, 가공, 교환 등 실질적인 계약상 또는 법률상 인도 또는 양도하는 것을 실질공급이라고 하고, 공급은 아니지만 공급한 것으로 간주하고 부가가치세를 과세(시가의 10%)하는 것을 간주공급 이라고 한다. 간주공급에는 재화에 대한 자가공급, 개인적공급, 사업상증여, 폐업시 잔존재화 등에 해당되며, 용역에는 간주공급을 적용하지 않는다.

1. 자가공급

사업자가 자기의 사업과 관련하여 생산하거나 취득한 재화를 자기의 사업을 위하여 직접 사용하거나 소비하는 것을 말한다.

구분	내용
면세사업전용	과세사업과 면세사업을 겸영하는 사업자가 과세사업과 관련하여 생산·취득한 재화를 자신의 면세사업을 위해 사용하는 것 (단, 매입세액 불공제분 제외)
비영업용 소형승용차	사업자가 자기가 생산·취득한 재화를 매입세액공제가 되지 아니하는 승용차(1,000cc 초과)로 사용·소비하거나 그 자동차의 유지를 위하여 사용·소비하는 것(단, 매입세액 불공제분 제외)
판매목적 타사업장 반출	2 이상의 사업장이 있는 사업자가 자기사업과 관련하여 생산·취득한 재화를 판매할 목적으로 다른 사업장에 반출하는 것(직매장 반출)

참고 판매목적 타사업장 반출시 시가가 아닌 원가의 10%로 과세된다.

2. 개인적공급

개인적 공급이란 자기 사업과 관련하여 생산·취득한 재화를 자신 또는 사용인의 개인적 목적 등에 사용·소비하는 것을 말한다. 단, 매입세액 불공제분과 작업복, 작업모, 작업화, 직장체육비, 직장연예비와 관련된 재화 등 실비변상적인 경우는 제외한다.

3. 사업상증여

사업상 증여란 자기 사업과 관련하여 생산·취득한 재화를 자기의 고객이나 불특정 다수인에게 증여하는 것을 말한다. 단, 매입세액 불공제분과 광고선전물, 견본품, 특별재난지역에 구호품을 지급하는 것은 제외한다.

참고 광고선전 목적의 배포 및 견본품, 특별재난지역에 전달하는 구호품은 과세되지 않는다.

4. 폐업시 잔존재화

폐업시 잔존재화란 사업자가 사업을 폐업하는 경우 남아 있는 재화를 말하며, 사업장의 폐업시 잔존재화에 대하여 시가의 10%(매입세액이 공제되지 않은 재화는 제외)로 과세된다.

참고 사업의 포괄양도시에는 과세되지 않는다.

I CAN 기출문제

다음 중 부가가치세법상 재화의 공급으로 보는 것은?

① 증여세를 건물로 물납하는 경우
② 사업의 포괄양수도
③ 차량을 담보목적으로 제공하는 경우
④ 폐업시 잔존재화

 **정답풀이**

④ 사업자가 사업을 폐업하는 경우 남아 있는 재화(매입세액이 공제되지 아니한 재화는 제외)는 자기에게 공급하는 것으로 본다.

I CAN 기출문제

다음 중 부가가치세법상 재화의 공급에 해당하는 것은?

① 자기의 다른 사업장에서 원료로 사용하기 위해 반출하는 경우
② 판매용 휘발유를 대표자의 개인용 차량에 사용하는 경우
③ 수선비로 대체하여 사용하는 경우
④ 광고선전을 위해 자기의 다른 사업장으로 반출하는 경우

 **정답풀이**

② 개인적공급에 해당되며, 나머지는 모두 재화의 공급에 해당되지 않는 경우에 해당한다.

I CAN 기출문제

다음 중 부가가치세법상 재화의 간주공급에 해당하지 않는 경우는?(단, 사업자가 자기 생산, 취득시 매입세액을 공제 받았다.)

① 면세사업을 위하여 직접 사용 또는 소비하는 경우
② 고객에게 무상으로 공급하는 경우(광고선전 목적이 아님)
③ 개인적 목적으로 사용 또는 소비하는 경우
④ 사업을 위하여 대가를 받지 아니하고 다른 사업자에게 인도하거나 양도하는 견본품

 **정답풀이**

④ 사업을 위하여 대가를 받지 아니하고 다른 사업자에게 인도하거나 양도하는 견본품의 경우에는 재화의 공급으로 보지 않는다.

I can 타계정 대체

다음의 타계정대체(간주공급 포함) 관련 거래에 대해 분개하시오.

1. 당사의 판매용 완성제품 2,000,000원(원가 1,500,000원)을 제품생산을 위한 기계수리에 사용하다.(수익적 지출)
2. 당사의 판매용 완성제품 2,000,000원(원가 1,500,000원)을 구청에 불우이웃돕기 일환으로 기증하였다.
3. 당사의 판매용 완성제품 2,000,000원(원가 1,500,000원)을 거래처에 견본으로 제공하였다.
4. 당사의 판매용 완성제품 2,000,000원(원가 1,500,000원)을 거래처에 선물로 제공하였다.

답안

1	(차) 수선비	1,500,000원	(대) 제품(적요 8.타계정으로 대체)	1,500,000원
2	(차) 기부금	1,500,000원	(대) 제품(적요 8.타계정으로 대체)	1,500,000원
3	(차) 견본비	1,500,000원	(대) 제품(적요 8.타계정으로 대체)	1,500,000원
4	(차) 기업업무추진비(접대비)	1,700,000원	(대) 제품(적요 8.타계정으로 대체) 부가세예수금	1,500,000원 200,000원

참고 ✓ 제품의 타계정대체(비정상 감소)시 금액은 장부상 원가로 감소한다.
✓ 제품의 수선비, 기부금, 견본비 등은 간주공급으로 보지 않아 과세되지 않지만, 거래처에 선물로 제공하는 경우는 사업사증여(간주공급)에 해당되므로, 시가의 10%로 과세된다.

02 공급시기(거래시기)

1 재화의 공급시기

공급시기(거래시기)란 세금계산서가 발행되는 시기를 의미하며, 부가가치세가 과세되는 시기를 의미한다. 원칙적인 재화의 공급시기는 다음과 같다.

㉠ 재화의 이동이 필요한 경우: 재화가 인도되는 때
㉡ 재화의 이동이 필요하지 아니한 경우: 재화가 이용 가능하게 되는 때
㉢ 위 ㉠, ㉡을 적용할 수 없는 경우: 재화의 공급이 확정되는 때

거래형태별로 재화의 공급시기는 다음에 따른다. 다만, 폐업 전에 공급한 재화의 공급시기가 폐업일 이후에 도래하는 경우에는 폐업일을 공급시기로 본다.

일반기준	이동 필요시	인도되는때
	이동 불필요시	이용가능한때
	기타	공급확정 되는때
현금, 외상, 할부판매	인도 되는때(이용가능 한 때)	
장기할부판매(2회이상 분할, 1년이상)	대가의 각 부분을 받기로 한 때	
완성도지급기준, 중간지급조건부	대가의 각 부분을 받기로 한 때	
공급단위를 구획할 수 없는 계속적공급	대가의 각 부분을 받기로 한 때	
조건부 및 기한부판매	조건성취 되는 때, 기한경과 되어 판매확정 시	
자가공급, 개인적공급, 사업상증여	사용 또는 소비되는 때	
폐업시 잔존재화	폐업하는 때	
무인판매기 대금	무인판매기에서 현금을 꺼내는 때	
수출재화	선적일	
보세구역 ➜ 보세구역 외	수입신고 수리일	
기 타	위탁매매, 대리인매매 (위탁자나 본인이 직접공급한 것으로 하고 수탁자나 대리인 공급기준으로 판단)	

2 용역의 공급시기

용역의 공급시기는 역무가 제공되거나 재화·시설물 또는 권리가 사용되는 때로 하며, 구체적인 공급시기는 다음과 같다. 단, 폐업 전에 공급한 용역의 공급시기가 폐업일 이후에 도래하는 경우에는 그 폐업일을 공급시기로 본다.

일반기준	역무 제공되는 때, 재화 등이 사용되는 때
통상적 공급	역무제공 완료되는 때
완성도지급기준, 중간지급, 장기할부, 계속적 공급	대가의 각 부분을 받기로 한 때
간주임대료	예정신고기간 또는 과세기간 종료일

3 거래장소

재화	• 이동이 필요한 경우: 이동이 개시되는 장소 • 이동이 필요하지 않은 경우: 공급시기에 재화가 소재하는 장소
용역	• 일반적인 경우: 역무가 제공되거나 재화·시설물·권리가 사용되는 장소 • 비거주자·외국법인의 국제운송용역: 여객탑승장소 또는 화물적재장소

I CAN 기출문제

다음 중 부가가치세법상 공급시기가 잘못된 것은?

① 폐업시 잔존재화의 경우: 재화가 사용 또는 소비되는 때
② 장기할부판매의 경우: 대가의 각 부분을 받기로 한 때
③ 무인판매기로 재화를 공급하는 경우: 무인판매기에서 현금을 꺼내는 때
④ 외상판매의 경우: 재화가 인도되거나 이용가능하게 되는 때

정답풀이

① 폐업시 잔존재화는 의제공급에 해당하는 것으로 공급시기는 폐업하는 때로 한다.

I CAN 기출문제

다음 중 재화 및 용역의 공급시기에 대한 설명으로 옳지 않은 것은?

① 완성도기준지급조건부: 대가의 각 부분을 받기로 한 때
② 폐업시 잔존재화: 폐업하는 때
③ 내국물품 외국반출(직수출): 수출재화의 공급가액이 확정되는 때
④ 부동산 전세금에 대한 간주임대료: 예정신고기간의 종료일 또는 과세기간의 종료일

정답풀이

③ 내국물품 외국반출(직수출)을 공급시기는 수출재화의 선적일 이다.

03 부수재화 및 부수용역

1 부수재화 및 부수용역의 공급시기

재화 또는 용역을 공급할 때 그 공급에 필수적으로 부수되어서 공급하는 재화 또는 용역이 있는데, 이를 부수재화 또는 용역이라 하고, 여기에는 주된 거래에 부수되는 재화·용역과 주된 사업에 부수되는 재화·용역이 있다.

2 주된 거래에 부수되는 재화 또는 용역

주된 거래에 부수되는 재화·용역은 주된 재화·용역의 공급에 포함되는 것으로 판단하므로, 독립된 거래에 해당하지 않는다.

- 주된 거래의 재화·용역이 과세이고, 부수 재화·용역이 면세인 경우: 모두 과세
- 주된 거래의 재화·용역이 면세이고, 부수 재화·용역이 과세인 경우: 모두 면세

사례 ✓ CD(과세대상) 속에 안내책자(면세대상)를 끼워서 파는 경우: 모두 과세
✓ 책(면세대상) 속에 CD(과세대상)를 끼워서 파는 경우: 모두 면세

3 주된 사업에 부수되는 재화 또는 용역

주된 사업에 부수되는 다음의 재화·용역의 공급은 별도의 공급으로 보며, 과세 및 면세 여부는 주된 사업의 과세 및 면세 여부를 따른다. 단, 부수 재화·용역이 면세대상인 경우에는 해당 부수 재화·용역은 면세된다.(면세우선원칙)

- 주된 사업이 과세이고, 부수재화 또는 용역이 면세인 경우: 부수 재화·용역은 면세
- 주된 사업이 면세이고, 부수재화 또는 용역이 과세인 경우: 모두 면세

사례 ✓ 자동차판매상(과세)이 사용하던 토지(면세)를 매각하는 경우 : 토지는 면세
✓ 은행(면세)에서 사업용 건물(과세대상)을 매각하는 경우: 건물은 면세

주된 사업에 부수되는 재화 및 용역의 공급

부수되는 재화·용역	주된사업	부수되는 재화·용역의 과세여부
면세 (토지공급)	과세(제조업)	면세
	면세(금융업)	면세
과세 (건물공급)	과세(제조업)	과세
	면세(금융업)	면세

참고 주된 사업에 부수되는 재화 또는 용역이 면세이면 주된 사업에 관계없이 면세이다. 그러나 주된 사업에 부수되는 재화 또는 용역이 과세이면 주된 사업의 과세여부에 따라 부수되는 재화 또는 용역의 과세 여부를 판단한다.

I can 실전문제(부가가치세 과세거래)

※ I can 실전문제에 수록된 문제들은 모두 전산세무 2급 시험에 다수 출제되었던 유형입니다.

01 **다음 중 부가가치세법상 재화의 간주공급에 해당하지 않은 것은?(단, 아래의 모든 재화, 용역은 매입시에 매입세액 공제를 받은 것으로 가정한다.)**

① 제조업을 운영하던 사업자가 폐업하는 경우 창고에 보관된 판매용 재화
② 직원의 결혼 선물로 시가 50만원 상당액의 판매용 재화를 공급한 경우
③ 자기의 과세사업을 위하여 구입한 재화를 자기의 면세사업에 사용한 경우
④ 주유소를 운영하는 사업자가 사업용 트럭에 연료를 무상으로 공급하는 경우

02 **다음 중 부가가치세법상 재화공급의 특례에 해당하지 않는 것은?(단, 아래의 보기에서는 모두 구입시 정상적으로 매입세액공제를 받았다고 가정한다.)**

① 자기의 과세사업을 위하여 구입한 재화를 자기의 면세사업에 사용하는 경우
② 직접 제조한 과세재화(1인당 연간 10만원 이내)를 직원 생일선물로 제공하는 경우
③ 과세사업자가 사업을 폐업할 때 잔존하는 재화
④ 특정거래처에 선물로 직접 제조한 과세재화를 제공하는 경우

03 **다음 중 부가가치세법상 과세대상인 재화의 공급으로 보는 것은?**

① 공장건물이 국세징수법에 따라 공매된 경우
② 자동차운전면허학원을 운영하는 사업자가 구입 시 매입세액공제를 받은 개별소비세과세대상 소형승용차를 업무목적인 회사 출퇴근용으로 사용하는 경우
③ 에어컨을 제조하는 사업자가 원재료로 사용하기 위해 취득한 부품을 동 회사의 기계장치 수리에 대체하여 사용하는 경우
④ 컨설팅회사를 운영하는 사업자가 고객에게 대가를 받지 않고 컨설팅용역을 제공하는 경우

04 다음 중 부가가치세법상 과세거래인 것은?

① 질권, 저당권 또는 양도담보 목적으로 동산, 부동산 및 부동산상의 권리를 제공하는 경우
② 사업자가 사업을 폐업하는 때 사업장에 잔존하는 재화
③ 상속세및증여세법, 지방세법, 종합부동산세법에 따라 조세를 물납하는 경우
④ 임치물을 수반하지 않는 창고증권의 양도

05 다음 중 부가가치세법상 용역의 공급에 해당하지 않는 것은?

① 상표권의 양도
② 부동산임대업의 임대
③ 특허권의 대여
④ 건설업의 건설용역

06 다음 중 부가가치세법상 재화 또는 용역의 공급으로 보지 않는 것은?

① 법률에 따라 조세를 물납하는 경우
② 사업자가 폐업할 때 당초매입세액이 공제된 자기생산·취득재화 중 남아있는 재화
③ 사업자가 당초 매입세액이 공제된 자기생산·취득재화를 사업과 직접적인 관계없이 자기의 개인적인 목적으로 사용하는 경우
④ 특수관계인에게 사업용 부동산 임대용역을 무상으로 제공하는 경우

07 다음 중 부가가치세법상 재화의 공급시기에 대한 내용이다. 틀린 것은?

① 원양어업 및 위탁판매수출: 수출재화의 공급가액이 확정되는 때
② 위탁가공무역방식의 수출: 위탁재화의 공급가액이 확정되는 때
③ 외국인도수출: 외국에서 해당재화가 인도되는 때
④ 내국물품을 외국으로 반출하는 경우: 수출재화의 선적일 또는 기적일

08 다음 중 부가가치세법상 재화와 용역의 공급시기에 대한 연결이 옳은 것은?

① 사업상 증여: 증여한 재화를 사용, 소비하는 때
② 전세금 또는 임대보증금을 받는 경우: 예정신고기간 또는 과세기간 종료일
③ 무인판매기를 이용하여 재화를 공급하는 경우: 재화가 인도되는 때
④ 판매목적으로 타사업장 반출시: 반출된 재화가 고객에게 인도되는 때

09 **다음 중 부가가치세법상 공급시기가 잘못된 것은?**

① 상품권 등을 현금 또는 외상으로 판매한 후 해당 상품권 등이 현물과 교환되는 경우: 재화가 실제로 인도되는 때
② 중간지급조건부로 재화를 공급하는 경우: 재화가 인도되거나 이용 가능하게 되는 때
③ 현금판매, 외상판매, 할부판매의 경우: 재화가 인도되거나 이용 가능하게 되는 때
④ 직수출 및 중계무역방식의 수출의 경우: 수출재화의 선(기)적일

10 **재화 또는 용역의 공급시기에 대한 설명으로 옳지 않은 것은?**

① 재화의 이동이 필요한 경우에는 재화가 인도되는 때가 재화의 공급시기이다.
② 상품권을 현금으로 판매하고 그 후 그 상품권 등이 현물과 교환되는 경우에는 재화가 실제로 인도되는 때가 재화의 공급시기이다.
③ 사업자가 폐업할 때 자기생산·취득재화 중 남아 있는 재화는 그 재화가 실제 판매될 때가 재화의 공급시기이다.
④ 중간지급조건부로 용역을 공급하는 경우에는 대가의 각 부분을 받기로 한 때를 용역의 공급시기로 본다.

3. 영세율과 면세

01 영세율

1 영세율의 개념

영세율이란 일정한 재화 또는 용역의 공급에 대하여 0(zero)의 세율을 적용함으로써 부가가치세 부담을 완전히 면제시켜주는 제도를 말한다. 즉, 영세율이 적용되면 당해 공급은 과세대상에는 포함하되, 세율은 0%가 적용되어 당해 매출세액은 0원이 되어 매입세액이 있는 경우 부가가치세를 환급 받을 수 있다.

영세율은 국제적 이중과세의 방지(소비지국 과세원칙)와 수출산업을 지원·육성하기 위한 제도이다.

2 영세율의 효과

완전면세	매출세액이 0원이므로 매입세액이 전액 환급된다. 따라서 부가가치세를 완전히 면제하는 효과가 있으며, 이와 대비되는 면세의 경우 불완전면세라고 한다.
국제적 이중과세 방지	국내생산 재화에 부가가치세 효과를 완전히 없애고, 재화를 소비하는 외국에서 과세하므로 소비지국과세원칙을 실현하게 된다. 결과적으로 국제적 이중과세를 방지하는 효과가 있다.
수출지원	주로 수출하는 기업에 영세율을 적용하여 부가가치세가 환급되므로 수출을 지원하는 효과가 있다.

참고 면세사업자의 경우 수출을 하더라도 영세율을 적용 받을 수 없으며, 면세포기(과세사업자로 전환)하는 경우 영세율 적용은 가능하지만 3년간 다시 면세로 환원될 수 없다.

3 영세율의 적용대상

영세율 적용 대상은 다음과 같이 수출 등 외화획득과 관련된 사업이다. 이 중에서 직수출은 세금계산서 발급의무가 없지만, 내국신용장 및 구매확인서에 의한 공급 등 국내거래에 해당되는 경우에는 세금계산서 발급의무가 있다.

수출 재화	내국물품의 외국반출(직수출), 내국신용장 또는 구매확인서에 의한 공급 중계무역수출, 위탁판매수출, 외국인도수출 등
국외제공용역	국외에서 공급하는 용역
국외항행용역	선박 또는 항공기가 국내에서 국외로, 국외에서 국내로, 또는 국외에서 국외로 운송하는 용역
기타 외화획득	수출은 아니지만 실질이 수출과 유사하거나, 기타 외화획득을 위한 재화 또는 용역의 공급

I CAN 기출문제

다음 중 부가가치세법상 영세율 적용대상이 아닌 것은?

① 사업자가 내국신용장 또는 구매확인서에 의하여 공급하는 수출용 재화
② 수출업자와 직접 도급계약에 의한 수출재화임가공용역
③ 국외에서 공급하는 용역
④ 수출업자가 타인의 계산으로 대행위탁수출을 하고 받은 수출대행수수료

정답풀이

④ 수출업자가 타인의 계산으로 대행위탁수출을 하고 받은 수출대행수수료는 세금계산서를 교부하여야 하며, 영세율 아닌 일반세율(10%) 적용한다.

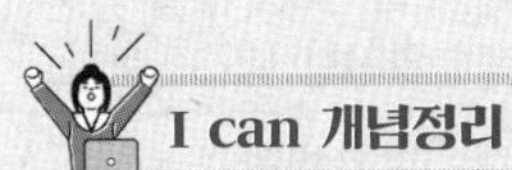

면세사업자 및 간이과세자의 영세율 적용

면세사업자	면세사업자가 영세율을 적용받기 위해서는 면세를 포기해야 한다.
간이과세자	간이과세자(직전연도 공급대가 4,800만원 미만의 세금계산서 미발행 대상)는 영세율 적용이 가능 하지만, 환급을 받을 수 없다.

02 면세

1 면세의 개념

면세란 일정한 재화, 용역의 공급과 재화의 수입에 대하여 부가가치세를 면제하는 것을 말한다. 면세제도는 거래징수당한 매입세액을 환급받지 못한다는 점에서 불완전면세라고 하며, 부가가치세의 역진성 완화를 위하여 생활필수품 등에 대해 부가가치세를 면세한다. 면세사업자는 부가가치세 신고납부의무가 없다.

2 면세대상 재화의 범위

구 분	면세 대상
기초생활 필수품	① 미가공 식료품 등 (식용으로 제공되는 농.축.수.임산품 포함)
	② 국내에서 생산되어 식용으로 제공되지않는 미가공 농.축.수.임산물 ➜ 외국산은 과세
	③ 수돗물 ➜ 생수는 과세
	④ 여성용 위생용품 및 영유아용 기저귀 및 분유
	⑤ 여객운송용역(시내버스 및 지하철) ➜ KTX 및 우등고속(29인승 이하), 전세버스, 택시는 과세
	⑥ 탄과 무연탄 ➜ 유연탄, 갈탄, 착화탄(연탄용 불쏘시개)은 과세
	⑦ 우표. 인지, 증지, 복권, 공중전화 ➜ 수집용 우표는 과세
	⑧ 판매가격 200원 이하의 담배 및 특수제조용 담배 중 영세율이 적용되지 않는 담배 ➜ 일반담배는 과세
	⑨ 주택과 이에 부수되는 토지의 임대용역 ➜ 상가의 임대 및 상가의 부수토지는 과세
국민후생 용역	① 의료보건용역과 혈액용역 (산후조리원 및 치료, 예방, 진단 목적으로 조제한 동물의 혈액 포함) ➜ 미용목적의 성형수술 등은 과세 ➜ 약국 등에서의 의약품 단순판매는 과세
	② 교육용역 ➜ 무허가 교육용역은 과세
문화관련 재화용역	① 도서 및 도서대여, 신문, 잡지, 관보, 뉴스통신 등 ➜ 신문, 방송 등의 광고는 과세
	② 예술창작품, 예술행사, 문화행사, 비직업운동경기 ➜ 프로 등 직업운동 경기는 과세
	③ 도서관, 과학관, 박물관, 미술관, 동물원, 식물원에의 입장 ➜ 놀이시설의 입장은 과세

구분	내용
부가가치 구성요소	① 금융, 보험용역
	② 토지의 공급
	③ 인적제공 용역 ➜ 변호사, 공인회계사, 세무사, 관세사 등의 인적용역은 과세
기타의 재화용역	① 종교, 자선, 구호, 기타 공익을 목적으로 하는 단체가 공급하는 재화 및 용역
	② 국가, 지방자치단체, 지방자치단체조합이 제공하는 재화, 용역
	③ 국가, 지방자치단체, 지방자치단체조합 또는 공익단체에 무상으로 재화, 용역의 제공 ➜ 무상이 아닌 유상공급은 과세
	④ 국민주택 및 해당 주택의 건설용역 및 국민주택 리모델링 용역
	⑤ 학술연구 및 기술연구 단체가 그 연구와 관련하여 실비 또는 무상으로 공급하는 재화&용역

다음 중 부가가치세법상 과세대상 재화에 해당하는 것으로 가장 적절한 것은?

① 무연탄　② 토지　③ 도서　④ 영업권

정답풀이

④ 영업권만 과세대상 재화이고, 나머지는 면세대상 재화에 해당한다.

3 부동산의 공급과 임대에 따른 면세구분

토지의 공급은 부가가치세를 면제 하지만 토지의 임대는 과세한다.

단. 주택부수토지의 임대는 면세하며, 주택을 제외한 건물의 임대 및 공급은 원칙적으로 과세한다.

구 분	공 급	임 대
토 지	면세	과세 (주택 부수토지는 면세)
주 택	과세 (국민주택규모는 면세)	면세
상 가	과세	과세

참고 ✓ 토지의 임대는 과세이지만, 과수원, 전답, 임야 등 기타 작물생산에 사용되는 경우는 면세한다.
✓ 주택의 공급은 과세이지만, 국민주택규모(85㎡) 이하의 주택의 경우는 면세한다.(건설용역 포함)

아래 보기 중 부가가치세가 면세되는 재화 또는 용역만을 고르시오.

① 과실류	② 상가임대용역	③ 일반건물 공급	④ 수돗물	⑤ KTX 여행권
⑥ 주택임대용역	⑦ 신문사 광고	⑧ 토지의 공급	⑨ 수집용 우표	⑩ 비직업운동경기
⑪ 도서 및 신문	⑫ 관공서등에 재화의 무상공급		⑬ 영·유아용 기저귀, 분유	

답안

①, ④, ⑥, ⑧, ⑩, ⑪, ⑫, ⑬은 면세 대상이며, 나머지는 과세대상이다.

4 면세사업자의 면세포기

면세사업자가 공급하는 재화 또는 용역이 수출 등에 해당되어 영세율 적용대상이 되는 경우에는 부분 면세제도인 면세를 포기하고 완전면세제도인 영세율을 선택함으로써 보다 유리한 방법으로 부가가치세의 납세의무를 이행할수 있다.

면세포기의 대상	• 영세율의 적용대상이 되는 것 • 학술연구단체 등의 학술연구 등과 관련된 것
면세포기의 기한	• 정해진 기한이 없으므로 언제라도 포기 가능
승인여부	• 과세관청의 승인을 얻을 필요 없음(신청만 하면 됨)
면세로 다시 전환	• 면세포기 후 3년간 면세사업자로 다시 전환할 수 없음

I CAN 기출문제

다음 중 부가가치세법상 면세 대상 재화나 용역에 해당하지 않는 것은?

① 가공되지 아니한 식료품
② 시내버스에 의한 여객운송용역
③ 성형수술을 위한 의료보건용역
④ 정부의 인허가를 받은 학원 등에서 제공하는 교육용역

정답풀이

③ 미용목적의 진료용역은 면세대상 의료보건 용역에서 제외한다.

영세율과 면세의 비교

구분	영세율	면세
취지	소비지국 과세원칙 실현	부가가치세의 역진성 완화
성격	완전면세(환급)	부분면세(환급 없음)
의무	일반과세자의 모든 의무 이행	부가가치세법상 의무 없음(매입처별세금계산서 제출의무 등 협력의무만 있음)
적용대상	• 수출재화 • 국외제공용역 • 선박·항공기의 외국항행 용역 • 기타 외화획득 재화·용역	• 기초생필품 • 국민후생·문화 • 부가가치 생산요소 • 기타 정책목적
포기	포기제도 없음	포기 가능

I CAN 기출문제

다음은 부가가치세법상 면세에 관한 설명이다. 틀린 것은?

① 면세제도는 부가가치세 부담이 전혀 없는 완전면세형태이다.
② 면세사업자는 부가가치세법상 사업자가 아니다.
③ 면세제도는 부가가치세의 역진성 완화에 그 취지가 있다.
④ 영세율 적용의 대상이 되는 경우 및 학술연구단체 또는 기술연구단체가 공급하는 경우에 한하여 면세포기를 할 수 있다.

 **정답풀이**

① 면세는 불완전면세, 영세율은 완전면세에 해당한다.

I CAN 기출문제

다음은 부가가치세법상 영세율과 면세에 대한 설명이다. 가장 틀린 것은?

① 재화의 공급이 수출에 해당하면 면세를 적용한다.
② 면세사업자는 부가가치세법상 납세의무가 없다.
③ 간이과세자는 간이과세를 포기하지 않아도 영세율을 적용받을 수 있다.
④ 토지를 매각하는 경우에는 부가가치세가 면제된다.

 **정답풀이**

① 재화의 공급이 수출에 해당하면 영세율을 적용한다.

수입금액명세서 제출

서비스업 중 변호사, 공인회계사, 세무사, 건축사, 변리사, 관세사, 감정평가사, 법무사, 수의사, 의료업, 골프장운영업, 예식장업, 자동차 세차업, 건강보직품업, 중고가구업, 사진용품, 모터사이클 수리업 등의 사업을 영위하는 사업자는 거래금액 10만원 이상 현금거래시 소비자의 요구가 없더라도 현금영수증을 의무발행 하고, 수입금액명세서(현금매출명세서)를 예정신고 및 확정신고시 제출하여야 한다.

I can 실전문제(영세율과 면세)

※ I can 실전문제에 수록된 문제들은 모두 전산세무 2급 시험에 다수 출제되었던 유형입니다.

01 다음 중 부가가치세법상 과세대상인 재화가 아닌 것끼리 짝지은 것은?

㉠ 지상권 ㉡ 영업권 ㉢ 특허권
㉣ 선하증권 ㉤ 상품권 ㉥ 주식

① ㉠, ㉡
② ㉢, ㉥
③ ㉤, ㉥
④ ㉡, ㉣

02 다음 중 면세대상에 해당하는 것은 모두 몇 개인가?

ⓐ 수돗물 ⓑ 도서, 신문 ⓒ 가공식료품
ⓓ 시내버스 운송용역 ⓔ 토지의공급 ⓕ 교육용역(허가, 인가받은 경우에 한함)

① 3개
② 4개
③ 5개
④ 6개

03 다음 중 부가가치세법상 과세 대상인 것은?

① 국내생산 비식용 미가공인 농·축·수·임산물
② 국민주택규모를 초과한 주택과 그 부수토지의 임대용역
③ 우표, 인지, 증지, 복권
④ 고속철도에 의한 여객운송용역

04 다음 중 부가가치세법상 면세대상이 아닌 것은?

① 국내에서 생산된 애완용 돼지
② 산후조리용역
③ 국민주택규모를 초과하는 주택의 임대
④ 상가부수토지의 임대용역

05 다음 중 부가가치세법상 과세여부에 대한 설명으로 맞는 것은?

① 국가, 지방자치단체, 지방자치단체조합 또는 대통령령으로 정하는 공익단체에 유상으로 공급하는 재화 또는 용역 ➜ 과세
② 전기 ➜ 면세
③ 국민주택 규모 초과 주택의 임대 ➜ 과세
④ 수돗물 ➜ 과세

06 다음 중 부가가치세법상 면세포기에 관한 설명으로 잘못된 것은?

① 영세율 적용대상인 재화 또는 용역을 공급하는 면세사업자도 면세포기를 함으로써 매입세액을 공제받을 수 있다.
② 면세의 포기를 신고한 사업자는 신고한 날로부터 3년간 면세 재적용을 받지 못한다.
③ 면세포기는 과세기간 종료일 20일 전에 면세포기신고서를 관할세무서장에게 제출하여야 한다.
④ 면세사업관련 매입세액은 공제받지 못할 매입세액으로 매입원가에 해당한다.

07 다음은 부가가치세법상 영세율에 대한 설명이다. 가장 틀린 것은?

① 영세율제도는 소비지국 국가에서 과세하도록 함으로써 국제적인 이중과세를 방지하고자 하기 위한 제도이다.
② 국외에서 공급하는 용역에 대해서는 영세율을 적용하지 아니한다.
③ 비거주자나 외국법인에 대해서는 영세율을 적용하지 아니함을 원칙으로 하되, 상호주의에 따라 영세율을 적용한다.
④ 국내거래도 영세율 적용 대상이 될 수 있다.

08 다음 중 부가가치세법상 영세율 적용 대상거래가 아닌 것은?

① 재화의 수출
② 국내사업자의 용역의 국외공급
③ 내국신용장에 의해서 공급하는 수출재화임가공용역
④ 국가·지방자치단체·지방자치단체조합이 공급하는 재화 또는 용역

09 **다음 중 부가가치세법상 영세율과 면세에 대한 설명으로 잘못된 것은?**

① 면세제도는 세부담의 누진성을 완화하기 위하여 주로 기초생활필수품 등에 적용하고 있다.
② 선박 또는 항공기에 의한 외국항행용역의 공급에 대하여는 영세율을 적용한다.
③ 영세율은 완전면세제도이고, 면세는 불완전면세제도이다.
④ 국내거래라도 영세율이 적용되는 경우가 있다.

10 **부가가치세법상 영세율과 면세제도에 관한 설명으로 옳지 않은 것은?**

① 국내거래도 영세율 적용대상이 될 수 있다.
② 면세사업자는 재화의 매입으로 부담한 매입세액을 환급받을 수 없다.
③ 면세의 포기를 신고한 사업자는 신고한 날부터 3년간 부가가치세를 면제받지 못한다.
④ 면세사업자가 영세율과 면세를 동시에 적용할 수 있는 재화를 공급하는 경우에는 영세율을 적용한다.

11 **다음은 부가가치세법상 영세율과 면세에 대한 설명이다. 옳지 않은 것은?**

① 재화의 공급이 수출에 해당하면 영의 세율을 적용한다.
② 면세사업자는 부가가치세법상 납세의무가 없다.
③ 간이과세자가 영세율을 적용 받기 위해서는 간이과세를 포기하여야 한다.
④ 토지를 매각하는 경우에는 부가가치세가 면제된다.

4. 세금계산서

01 세금계산서의 의의

1 세금계산서의 개념

사업자가 재화 또는 용역을 공급하면서 거래상대방으로부터 부가가치세를 받아서 납부하는데 이를 거래징수라 한다. 사업자는 거래징수를 통하여 부가가치세를 거래상대방에게 전가하는데, 세금계산서는 거래징수를 증명하는 대표적인 증빙이며, 세금계산서는 다음과 같은 기능을 한다.

송장, 영수증, 청구서, 상호대사를 통한 오류검증, 과세증빙 등

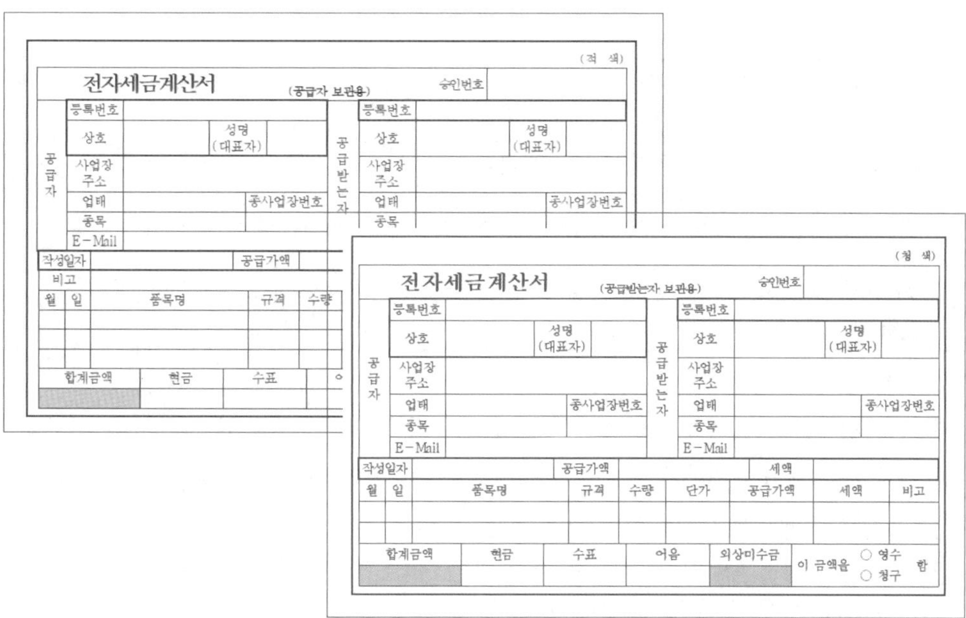

(적 색)

전자세금계산서 (공급자 보관용) 승인번호

공급자	등록번호				공급받는자	등록번호		
	상호		성명(대표자)			상호	성명(대표자)	
	사업장 주소					사업장 주소		
	업태		종사업장번호			업태	종사업장번호	
	종목					종목		
	E-Mail							
작성일자		공급가액						
비고								
월	일	품목명	규격	수량				
합계금액	현금	수표						

(청 색)

전자세금계산서 (공급받는자 보관용) 승인번호

공급자	등록번호			공급받는자	등록번호			
	상호	성명(대표자)			상호	성명(대표자)		
	사업장 주소				사업장 주소			
	업태	종사업장번호			업태	종사업장번호		
	종목				종목			
	E-Mail				E-Mail			
작성일자		공급가액			세액			
월	일	품목명	규격	수량	단가	공급가액	세액	비고
합계금액	현금	수표	어음	외상미수금	이 금액을 ○ 영수 ○ 청구 함			

2 세금계산서의 필요적 기재사항

세금계산서의 필요적 기재사항 중 하나라도 누락되거나 사실과 다를 경우 세금계산서의 효력이 인정되지 않기 때문에 이러한 세금계산서를 발급받은 자는 매입세액공제를 받을 수 없고, 이를 발급한 자는 세금계산서불성실가산세를 부담하게 되며, 세금계산서의 필요적 기재사항은 다음과 같다.

- 공급하는 사업자의 등록번호와 성명 또는 명칭
- 공급받는 자의 등록번호(고유번호, 주민등록번호 또는 사업자등록번호)
- 공급가액과 부가가치세액
- 작성연월일(공급연월일이 아님)

I CAN 기출문제

부가가치세법상 세금계산서의 필요적 기재사항으로 올바르지 않은 것은?

① 공급연월일 ② 공급자의 등록번호와 성명 또는 명칭
③ 공급받는 자의 등록번호 ④ 공급가액과 부가가치세액

정답풀이

① 공급연월일이 아니라 작성연월일이 필요적 기재사항이다.

3 세금계산서의 발급의무자

일반과세자 등	다음의 사업자가 재화·용역을 공급할 때 작성하여 거래상대방에게 세금계산서를 발급하여야 한다. • 사업자등록을 한 일반과세자 • 영세율사업자(내국신용장·구매확인서 등에 의한 공급) • 직전연도 공급대가가 4,800만원 이상인 간이과세자
세관장의 수입세금계산서	세관장은 수입된 재화에 대한 세금계산서(수입세금계산서)를 수입하는 자에게 발급하여야 한다.

영세율사업자도 세금계산서 발급의무가 있지만 외국으로 직수출하는 경우 등 세금계산서 발급의무가 면제되는 경우가 있으며, 내국신용장·구매확인서로 공급하는 경우 등 국내거래인 경우에는 세금계산서를 발급하여야 한다.

참고 내국신용장 등에 의한 재화의 공급, 한국국제협력단, 한국국제보건의료재단에 공급하는 재화, 수출재화의 임가공용역 등은 영세율세금계산서를 발급하여야 한다.

세금계산서를 발급할 수 없는 자

비사업자·면세사업자	사업자등록을 하지 않은 자(비사업자) 또는 면세사업자
간이과세자 중 일부	간이과세자 중에서 신규사업자 및 직전 사업연도의 공급대가가 4,800만원 미만인 자

4 세금계산서의 발급시기

세금계산서는 원칙적으로 재화 및 용역의 공급시기에 발급하여야 한다.

1. 세금계산서의 발급시기 특례(공급시기 전)

- 공급시기 전에 대가의 전부 또는 일부를 받고 세금계산서 발급 시 발급하는 때를 공급시기로 봄
- 공급시기 전에 세금계산서를 발급하고 발급일부터 7일 이내에 대가를 지급받으면 발급시기를 공급시기로 봄(단, 일정 요건 충족 시에는 7일 경과 후에 대가를 지급하더라도 세금계산서 발급시기를 공급시기로 봄)
- 장기할부판매 등 일정한 경우에는 공급시기 전에 세금계산서 발급 시 발급한 때를 공급시기로 봄

2. 세금계산서의 발급시기 특례(공급시기 후)

다음 어느 하나에 해당하는 경우에는 재화 또는 용역의 공급일이 속하는 달의 다음달 10일까지 세금계산서를 발급할 수 있다.

- 거래처별로 1역월의 공급가액을 합하여 해당 달의 말일을 작성 연월일로 하여 세금계산서를 발급하는 경우
- 거래처별로 1역월 이내에서 사업자가 임의로 정한 기간의 공급가액을 합하여 그 기간의 종료일을 작성 연월일로 하여 세금계산서를 발급하는 경우
- 관계 증명서류 등에 따라 실제거래사실이 확인되는 경우로서 해당 거래일을 작성 연월일로 하여 세금계산서를 발급하는 경우

I CAN 기출문제

다음 중 세금계산서의 원칙적인 발급시기로서 옳은 것은?

① 재화 또는 용역의 공급시기
② 재화 또는 용역의 공급시기가 속하는 달의 말일까지
③ 재화 또는 용역의 공급시기가 속하는 달의 다음달 10일까지
④ 재화 또는 용역의 공급시기가 속하는 달의 다음달 15일까지

정답풀이

① 세금계산서의 원칙적인 발급시기는 재화 또는 용역의 공급시기 이다.

02 전자세금계산서

1 전자세금계산서 발급의무자

세금계산서의 필요적 기재사항을 정보통신망에 의해 전송하고 이를 각종 전산매체에 5년간 보관하는 경우에는 적법한 세금계산서를 발급한 것으로 보며, 법인사업자 및 직전년도 공급가액(과세+면세) 8,000만원 이상인 개인사업자는 의무적으로 전자세금계산서를 공급일 익월 10일까지 발행한 후, 다음날 까지 국세청에 전송하여야 한다.

2 전자세금계산서 전송의무 및 혜택

전송	전자세금계산서를 발급하였을 때에는 발급일의 다음날까지 전자세금계산서 발급명세서를 국세청장에게 전송하여야 한다.
혜택	전자세금계산서 발급 시 다음과 같은 혜택이 있다. • 예정신고 및 확정신고 시 세금계산서 합계표 제출의무 면제 • 종이세금계산서는 5년간 보관해야 하지만, 전자세금계산서 발급 시 보관의무 면제

I CAN 기출문제

전자세금계산서를 의무적으로 발급해야 하는 사업자로 가장 적절한 것은?

① 휴대폰을 판매하는 법인사업자
② 음식점을 운영하는 직전 과세기간 매출액 3,000만원인 간이과세자
③ 배추를 재배해서 판매하는 영농조합법인
④ 입시학원을 운영하는 개인사업자

정답풀이

① 과세사업을 영위하는 법인은 모두 전자세금계산서 의무발행사업자임

03 세금계산서 등 발급의무 면제

1 영수증 발급대상 업종

소매업 등	공급받는 자가 요구하는 경우에는 세금계산서를 발급하여야 한다. (소매업, 음식점업, 숙박업, 양복점, 부동산중개업 등)
미용업 등	공급받는 자가 요구해도 세금계산서 발급를 할 수 없다. (미용·욕탕 및 유사서비스업, 자동차운전학원 등)

2 증빙 발급의무 면제

- 택시, 노점, 무인판매기
- 재화의 간주공급(판매목적 타사업장 반출 제외)
- 간주임대료 및 직수출
- 미용·욕탕 및 유사서비스업, 소매업(공급받는 자가 요구하는 경우에는 발급하여야 함)

참고 위 업종은 세금계산서뿐만 아니라 영수증도 발급의무가 면제된다.

3 간이과세자, 면세사업자

연간 공급대가가 4,800만원 미만인 간이과세자는 세금계산서를 발급할 수 없으며, 면세사업자는 세금계산서가 아닌 계산서를 발급할 수 있다. 다만, 신용카드매출전표 및 현금영수증 등은 모두 발급할 수 있다.

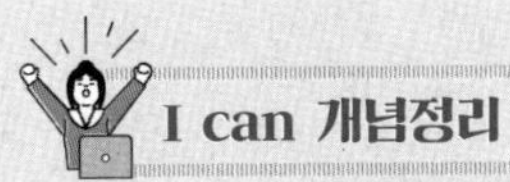

매입자발행세금계산서

개념	일반과세자가 재화·용역 공급 시 세금계산서를 발급하지 아니한 경우에 공급받는 사업자(면세사업자 포함)가 관할세무서장의 확인을 받아서 발급하는 세금계산서
발급	공급시기가 속하는 과세기간 종료일부터 1년 이내에 관할세무서장에게 확인을 받아서 발급하며, 건당 공급대가가 5만원 이상

I CAN 기출문제

다음 ( )안에 들어갈 용어는 무엇인가?

> 사업자가 재화·용역을 공급하고 세금계산서를 교부하지 아니한 경우 공급받은 자는 관할세무서무장의 확인을 받아 ( )발행 세금계산서를 발행할 수 있다.

① 사업자 ② 매입자 ③ 중개인 ④ 매출자

정답풀이

② 일반과세자가 재화·용역의 공급시 세금계산서를 발급하지 않을 경우, 매입자발행 세금계산서를 통해 부가가치세를 공제받을 수 있다.

I CAN 기출문제

다음 중 세금계산서 발급의무의 면제 대상이 아닌 것은?

① 택시운송 사업자가 공급하는 재화 또는 용역
② 미용, 욕탕 및 유사 서비스업을 경영하는 자가 공급하는 재화 또는 용역
③ 내국신용장 또는 구매확인서에 의하여 공급하는 수출용 재화
④ 부동산임대용역 중 간주임대료

정답풀이

③ 내국신용장 및 구매확인서에 의한 재화의 공급은 영세율세금계산서를 교부하여야 한다.

04 세금계산서의 수정발급

세금계산서 발급 후 세금계산서의 내용을 정정해야 할 사유가 발생한 경우에는 세금계산서를 수정해서 발급할 수 있으며, 사유별 작성일은 다음과 같다.

사 유	작성일
㉠ 공급한 재화가 환입된 경우	환입된 날
㉡ 계약의 해제로 재화·용역이 공급되지 아니한 경우	계약해제일
㉢ 공급가액에 추가되거나 차감되는 금액이 발생한 경우	증감 사유가 발생한 날
㉣ 공급 후 공급시기가 속하는 과세기간 종료 후 25일 이내에 내국신용장 등이 개설된 경우	처음 세금계산서 작성일 (당초 작성일)
㉤ 필요적 기재사항 등이 착오로 잘못 적힌 경우	처음 세금계산서 작성일 (당초 작성일)
㉥ 착오로 전자세금계산서를 이중으로 발급한 경우	처음 세금계산서 작성일 (당초 작성일)

I can 실전문제(세금계산서)

※ I can 실전문제에 수록된 문제들은 모두 전산세무 2급 시험에 다수 출제되었던 유형입니다.

01 **다음은 사업자 간의 거래내용이다. ㈜용감이 전자세금계산서를 발행하고자 할 때, 다음 내용에 추가적으로 반드시 있어야 하는 필요적 기재사항은 무엇인가?**

> ㈜용감(사업자 등록번호: 129-86-49875, 대표자: 신보라)은 ㈜강남스타일(사업자 등록번호: 124-82-44582, 대표자: 박재상)에게 소프트웨어 프로그램 2개를 10,000,000원(부가가치세 별도)에 공급하였다.

① 공급받는자의 사업장 주소 ② 작성연월일
③ 업태 및 종목 ④ 품목 및 수량

02 **다음 재화의 간주공급 중 세금계산서의 발급이 가능한 경우는 어느 것인가?**

① 직매장(타사업장)반출 ② 개인적공급
③ 사업상증여 ④ 폐업시 잔존재화

03 **수정(전자)세금계산서 발급사유와 발급절차에 관한 설명으로 잘못된 것은?**

① 상대방에게 공급한 재화가 환입된 경우 수정(전자)세금계산서의 작성일은 재화가 환입된 날을 적는다.
② 계약의 해제로 재화·용역이 공급되지 않은 경우 수정(전자)세금계산서의 작성일은 계약해제일을 적는다.
③ 계약의 해지 등에 따라 공급가액에 추가 또는 차감되는 금액이 발생한 경우 수정(전자)세금계산서의 작성일은 증감사유가 발생한 날을 적는다.
④ 재화·용역을 공급한 후 공급시기가 속하는 과세기간 종료 후 25일 이내에 내국신용장이 개설된 경우 수정(전자)세금계산서의 작성일은 내국신용장이 개설된 날을 적는다.

04 **부가가치세법상 수정(전자)세금계산서 작성일을 적고자 한다. 다음 중 작성일을 소급하여 처음에 발급한 (전자)세금계산서의 작성일을 적어야 하는 것은?**

① 계약의 해제로 공급가액에 감소되는 금액이 발생한 경우
② 처음에 공급한 재화가 환입된 경우
③ 세율을 잘못 적용한 경우
④ 계약의 해제로 재화가 공급되지 아니한 경우

05 **부가가치세법에 따른 수정세금계산서에 대한 다음의 설명 중 옳은 것은?**

① 수정세금계산서는 반드시 전자로 발급하여야 한다.
② 과세표준 또는 세액을 경정할 것을 미리 알고 있는 경우는 적법한 수정세금계산서의 발급사유에 해당하지 않는다.
③ 계약의 해제로 인한 발급의 경우 그 작성일은 처음 세금계산서 작성일로 한다.
④ 일반과세자에서 간이과세자로 과세유형이 전환되기 전에 공급한 재화 또는 용역에 수정발급 사유가 발생하는 경우의 작성일은 그 사유가 발생한 날을 작성일로 한다.

06 **다음 중 세금계산서를 발급해야하는 거래인 것은?**

① 소매업자가 공급하는 재화로서 상대방이 세금계산서 발급을 요구하지 않는 경우
② 판매목적 타사업장 반출을 제외한 재화의 간주공급
③ 국내사업장이 있는 비거주자 또는 외국법인에게 공급하는 외화획득용역
④ 부동산 임대에서 발생한 간주임대료에 대한 부가가치세를 임대인이 부담 하는 경우

07 **세금계산서 발급의무의 면제에 해당하지 않는 것은?(단, 과세사업자를 전제한다)**

① 미용, 욕탕 및 유사 서비스업을 경영하는 자가 공급하는 재화 또는 용역
② 부동산임대에 따른 간주임대료
③ 도매업을 영위하는 자가 공급하는 재화·용역
④ 무인판매기를 이용하여 재화와 용역을 공급하는 자

08 **다음 중 부가가치세법상 세금계산서 발급의무 면제대상이 아닌 것은?**

① 국외제공용역
② 보세구역내에서의 국내업체간의 재화공급
③ 무인판매기를 이용하여 재화를 공급하는 자
④ 부동산임대용역 중 전세금 또는 임대보증금에 대한 간주임대료

09 **다음 중 부가가치세법에서 정한 재화 또는 용역의 공급시기에 공급받는자가 사업자등록증을 제시하고 세금계산서 발급을 요구하는 경우에도 세금계산서를 발급할 수 없는 사업자는?**

① 소매업
② 음식점업
③ 전세버스운송사업
④ 항공여객운송사업

10 **부가가치세법상 재화 또는 용역의 공급이 아래와 같을 경우 세금계산서 발급 대상에 해당하는 공급가액의 합계액은 얼마인가?**

- 내국신용장에 의한 수출: 25,000,000원
- 외국으로의 직수출액: 15,000,000원
- 부동산임대보증금에 대한 간주임대료: 350,000원
- 견본품 무상제공(장부가액: 4,000,000원, 시가: 5,000,000원)

① 25,000,000원
② 25,350,000원
③ 30,000,000원
④ 30,350,000원

11 **부가가치세법에 따른 세금계산서 발급의무의 면제에 해당하지 않는 것은?**

① 재화를 직접수출
② 미용업을 경영하는 자가 공급하는 재화나 용역
③ 구매확인서에 의해 수출업자에게 재화를 공급
④ 공급의제에 해당하는 사업상 증여

12 **다음은 부가가치세법상 전자세금계산서에 대한 설명이다. 틀린 것은?**

① 전자세금계산서는 원칙적으로 발급일의 다음날까지 국세청에 전송해야 한다.
② 후발급특례가 적용되는 경우 재화나 용역의 공급일이 속하는 달의 다음달 10일까지 세금계산서를 발급할 수 있다.
③ 전자세금계산서 발급대상 사업자가 적법한 발급기한 내에 전자세금계산서 대신에 종이세금계산서를 발급한 경우 공급가액의 1%의 가산세가 적용된다.
④ 당해 연도의 사업장별 재화와 용역의 공급가액의 합계액이 8,000만원 이상인 개인사업자는 반드시 전자로 세금계산서를 발행하여야 한다.

5. 과세표준과 매출세액

01 과세표준

1 과세표준의 개념

재화 또는 용역의 공급에 대한 부가가치세의 과세표준은 당해 공급에 대한 대가 또는 시가의 합계액인 공급가액이며 그 공급가액에 부가가치세는 포함되지 아니한다. 과세표준에는 거래 상대방으로부터 받은 대금, 요금, 수수료 등 기타 명목 여하에 불구하고 대가 관계에 있는 모든 금전적 가치 있는 것을 포함한다.

- 공급가액: 부가가치세가 제외된 금액 (일반과세자의 과세표준)
- 공급대가: 부가가치세가 포함된 금액 (간이과세자의 과세표준)

2 과세표준의 범위

재화 또는 용역의 공급에 대한 다음의 합계액이며, 부가가치세는 포함하지 않는다.

① 금전으로 대가를 받는 경우 ➜ 그 대가

② 금전 외의 대가를 받는 경우 ➜ 자기가 공급한 재화 또는 용역의 시가

③ 재화의 공급에 대하여 부당하게 낮은 대가를 받거나 대가를 받지 아니하는 경우
➜ 자기가 공급한 재화의 시가

④ 용역의 공급에 대하여 부당하게 낮은 대가를 받는 경우 ➜ 자기가 공급한 용역의 시가

⑤ 폐업하는 경우의 재고 재화 ➜ 시가

1. 과세표준에 포함하는 금액

① 개별소비세 및 교통·에너지·환경세 또는 주세가 과세되는 경우에 당해 개별소비세, 주세, 교통·에너지·환경세, 교육세 및 농어촌특별세 상당액
② 할부판매 시 이자상당액
③ 대가의 일부로 받는 운송비·포장비·하역비·운송보험료·산재보험료 등
④ 사업자가 고객에게 매출액의 일정비율에 해당하는 마일리지를 적립해 주고 그 대가의 일부 또는 전부를 적립된 마일리지로 결제하는 경우 해당 마일리지 상당액

2. 과세표준에 포함하지 않는 금액

① 매출에누리액
② 환입된 재화의 가액
③ 공급받는 자에게 도달하기 전에 파손·훼손 또는 멸실된 재화의 가액
④ 재화 또는 용역의 공급과 직접 관련되지 않는 국고보조금과 공공보조금
⑤ 공급대가의 지급지연으로 인하여 지급받는 연체이자
⑥ 재화 또는 용역을 공급한 후 그 공급가액에 대한 할인액(매출할인)
→ 외상판매에 대한 공급대가를 결제하거나 약정기일 전에 영수하는 경우 일정액을 할인하는 금액
⑦ 음식·숙박·개인서비스 용역을 공급하고 영수증 등에 봉사료를 구분 기재한 후 종업원에게 지급한 봉사료
⑧ 반환조건부의 용기대금과 포장비용

I CAN 기출문제

다음 중 과세표준에 포함하지 않는 금액으로 틀린 것은?

① 부가가치세
② 매출에누리, 매출환입 및 매출할인
③ 공급자가 부담하는 원자재 등의 가액
④ 공급받는 자에게 도달하기 전에 파손·훼손 또는 멸실된 재화의 가액

정답풀이

③ 원자재 등의 가액은 과세표준에서 차감하지 않음

3. 과세표준에서 공제하지 않는 금액

대손금, 판매장려금, 하자보증금 등은 과세표준에서 공제하지 않는 항목이다.

대손금	채권에 대한 대손이 발생하는 경우, 대손금의 10/110에 해당하는 부가가치세는 과세표준에서 공제하지 않는다.(단, 대손세액공제대상이 되는 경우 대손세액공제를 적용 받을 수 있다.)
판매장려금	판매장려를 위한 판매장려금은 과세표준에서 공제하지 않는다. 단, 판매장려물품은 사업상증여(간주공급)로 과세한다. ➜ 시가의 10%
하자보증금	하자의 보증을 위해 수령하여 공급받는 자가 보관하는 하자보증금은 과세표준에서 공제하지 않는다.

I CAN 기출문제

다음 중 부가가치세의 과세표준에서 공제하지 않는 것은 어느 것인가?

① 대손금과 장려금 ② 환입된 재화의 가액
③ 매출할인 ④ 에누리액

정답풀이

① 대손금, 장려금, 하자보증금 등은 과세표준에서 공제하지 않는 항목이다.

3 재화의 수입시 과세표준

재화를 외국에서 수입할 때는 다음을 모두 합한 금액이 과세표준이다.

관세의 과세가격 + 관세 + 개별소비세·주세 + 교육세·농어촌특별세 + 교통·에너지·환경세

I CAN 기출문제

부가가치세법상 과세표준에 포함되지 않는 것은?

① 관세 ② 개별소비세
③ 할부거래에 따른 이자액 ④ 매출에누리

정답풀이

④ 매출에누리는 과세표준에 포함되지 않는 항목이다.

다음 중 부가가치세 과세표준에 포함하는 항목이 아닌 것은?

① 재화의 수입에 대한 관세, 개별소비세, 주세, 교육세, 농어촌특별세 상당액
② 할부판매, 장기할부판매의 경우 이자 상당액
③ 공급대가의 지급 지연으로 인하여 지급받는 연체이자
④ 대가의 일부로 받은 운송보험료

정답풀이

③ 대가의 지급 지연으로 받은 연체이자는 과세표준에 포함되지 않는 항목이다.

다음 중 부가가치세 과세표준에 포함되지 않는 것은?

① 할부판매 및 장기할부판매의 이자상당액
② 대가의 일부로 받은 운송보험료
③ 특수관계인에게 공급하는 재화 또는 부동산임대 용역
④ 공급받는 자에게 도달하기 전에 공급자의 귀책사유로 인하여 파손, 훼손 또는 멸실된 재화의 가액

정답풀이

④ 도착전에 파손·훼손·멸실된 재화는 과세표준에 포함되지 않는 항목이다.

세액이 표시되지 않은 경우의 과세표준

공급하고 받은 금액에 세액이 별도 표시되어 있지 않거나 부가가치세가 포함되어 있는지 불분명한 경우에는 다음 금액을 과세표준으로 한다.

$$\text{과세표준} = \text{거래금액(또는 영수액)} \times \frac{100}{110}$$

즉, 거래 금액에 부가가치세가 포함되어 있는 것으로 보고 공급가액을 계산한다.

4 재화의 간주공급 시 과세표준

재화의 간주공급 시 과세표준은 원칙적으로 제공하는 재화의 시가로 하며, 감가상각대상 자산의 경우 간주시가를 적용한다. 단, 판매목적의 타사업장 반출은 취득원가(취득가액에 일정액을 더하는 경우는 공급가액)를 과세표준으로 한다.

간주시가	감가상각자산은 다음 산식으로 계산한 간주시가를 과세표준으로 한다. • 간주시가 = 취득가액 × (1 − 체감률 × 경과된 과세기간 수) • 체감률: 건물과 구축물은 5%, 그 외의지산은 25%

I CAN 기출문제

부가가치세법상 간주공급(공급의제)의 과세표준 산출시 감가상각자산에 적용하는 상각률을 5%로 적용해야 하는 것은?

① 건물 ② 차량운반구
③ 비품 ④ 기계장치

정답풀이

① 건물과 구축물은 5%, 그 외의 감가상각대상 자산은 25%를 적용한다.

5 부동산임대용역의 과세표준

부동산임대용역의 과세표준은 임대료, 간주임대료 및 관리비를 모두 합한 금액이다.

간주임대료	간주임대료란 임대인이 받는 임대보증금에 다음 산식을 적용해서 계산한 금액을 부가가치세 과세표준으로 보고 과세하는 것을 말하며, 월세와 보증금의 과세형평성을 위해 과세한다. $$\text{간주임대료} = \text{임대보증금} \times \text{정기예금 이자율} \times \frac{\text{과세기간의 임대일 수}}{\text{365일(윤년 366일)}}$$
관리비	임대인이 임차인으로부터 받는 관리비는 과세표준에 포함된다. 단, 임차인이 부담하는 수도료·전기료 등 공과금을 관리비에 포함해서 징수하는 경우 그 금액은 제외한다.

참고 정기예금 이자율: 3.1%(시중은행의 평균이율 등을 고려하여 기획재정부 시행령으로 정함)

6 외화 환산 시 과세표준

대가를 외화로 받아 환가할 때에는 다음과 같은 금액을 과세표준으로 한다.

- 공급시기 도래 전에 지급받아서 환가하는 경우: 환가한 금액
- 공급시기 이후에 외화로 보관하거나 지급받는 경우: 공급시기의 기준환율 또는 재정환율로 계산한 금액

7 대손세액 공제

상대방의 파산 등으로 매출채권 등을 못받게 되는 것을 대손이라고 하며, 대손이 확정된 세액을 매출세액에서 차감할 수 있는데 이를 대손세액공제라 한다.

$$\text{대손세액공제액} = \text{대손금액} \times \frac{10}{110}$$

참고 대손금은 과세표준에서 공제하지 않고, 매출세액에서 가감한다.
(대손발생 ➜ 매출세액에서 차감, 대손금 회수 ➜ 매출세액에 가산)
(예정신고 시에는 적용되지 않고, 확정신고 시에만 적용)

대손세액공제 가능한 대상

① 공급받은 사업자의 사망, 파산, 강제집행, 회사정리, 소멸시효완성
② 수표 및 어음의 부도후 6개월 경과 시
③ 공급일로부터 10년이 경과하는 날이 속하는 과세기간 확정신고시 확정된 대손
④ 중소기업과의 거래에서 발생한 외상매출금이 회수기일로부터 2년 경과 시(특수관계자 제외)
⑤ 30만원 이내의 소액채권이 6개월 경과 시 대손세액공제 가능
⑥ 거래처에 대해 담보 및 저당권이 설정된 경우는 대손세액공제 불가능
⑦ 거래처의 부도시 부도일 이후 공급분에 대해서는 대손세액공제 불가능

I CAN 기출문제

다음은 부가가치세법에 따른 대손세액공제를 설명한 것이다. 틀린 것은?

① 재화나 용역을 공급한 후 그 공급일로부터 10년이 지난 날이 속하는 과세기간에 대한 확정신고기한까지 대손이 확정되어야 한다.
② 채무자의 파산·강제집행·사업의 폐지, 사망·실종·행방불명으로 인하여 회수할 수 없는 채권은 대손사유 요건을 충족하여 대손세액공제를 적용받을 수 있다.
③ 대손세액공제는 일반과세자에게만 적용되고 간이과세자는 적용하지 아니한다.
④ 부가가치세 확정신고서에 대손세액공제(변제)신고서와 대손사실 등을 증명하는 서류를 첨부하여 관할 세무서장에게 제출하면, 예정신고기간에도 공제 가능하다.

정답풀이

④ 예정신고기간에는 대손세액공제가 불가능하다.

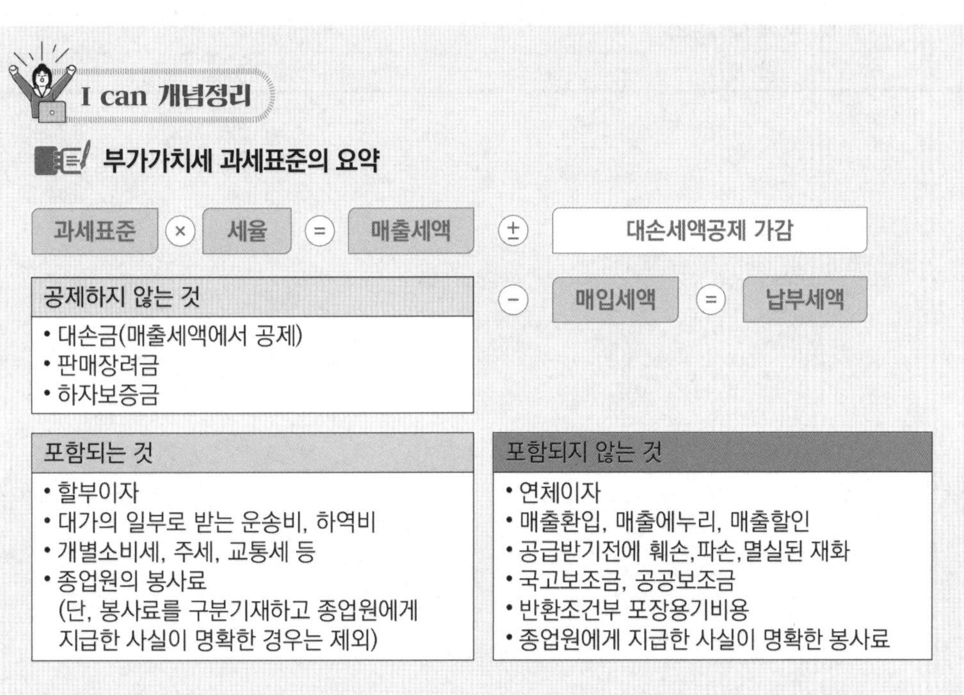

부가가치세 신고서(과세표준 및 매출세액)

<table>
<tr><th colspan="7">신 고 내 용</th></tr>
<tr><th colspan="4">구 분</th><th>금 액</th><th>세율</th><th>세 액</th></tr>
<tr><td rowspan="9">과세표준및매출세액</td><td rowspan="4">과세</td><td>세금계산서발급분</td><td>①</td><td></td><td>$\frac{10}{100}$</td><td></td></tr>
<tr><td>매입자발행세금계산서</td><td>②</td><td></td><td>$\frac{10}{100}$</td><td></td></tr>
<tr><td>신용카드·현금영수증발행분</td><td>③</td><td></td><td rowspan="2">$\frac{10}{100}$</td><td></td></tr>
<tr><td>기 타</td><td>④</td><td></td><td></td></tr>
<tr><td rowspan="2">영세율</td><td>세금계산서발급분</td><td>⑤</td><td></td><td>$\frac{0}{100}$</td><td></td></tr>
<tr><td>기 타</td><td>⑥</td><td></td><td>$\frac{0}{100}$</td><td></td></tr>
<tr><td colspan="2">예 정 신 고 누 락 분</td><td>⑦</td><td></td><td></td><td></td></tr>
<tr><td colspan="2">대 손 세 액 가 감</td><td>⑧</td><td></td><td></td><td></td></tr>
<tr><td colspan="2">합 계</td><td>⑨</td><td></td><td>㉮</td><td></td></tr>
</table>

I can 실전문제(과세표준과 매출세액) 

※ I can 실전문제에 수록된 문제들은 모두 전산세무 2급 시험에 다수 출제되었던 유형입니다.

01 **수출 대가를 외국통화 기타 외국환으로 수령한 경우 공급가액의 환산 기준으로 올바르지 않은 것은?**

① 공급시기 이후 대가 수령: 공급시기의 기준환율 또는 재정환율
② 공급시기 전 수령, 공급시기 전 환가: 공급시기의 기준환율 또는 재정환율
③ 공급시기 전 수령, 공급시기 후 환가: 공급시기의 기준환율 또는 재정환율
④ 공급시기 전 수령, 공급시기 후 계속 보유: 공급시기의 기준환율 또는 재정환율

02 **다음 중 부가가치세법상 과세표준의 산정방법이 옳지 않은 것은?**

① 재화의 공급에 대하여 부당하게 낮은 대가를 받는 경우: 공급한 재화의 시가
② 재화의 공급에 대하여 대가를 받지 아니하는 경우: 공급한 재화의 시가
③ 특수관계인에게 용역을 공급하고 부당하게 낮은 대가를 받는 경우: 공급한 용역의 시가
④ 특수관계 없는 자에게 용역을 공급하고 대가를 받지 아니하는 경우: 공급한 용역의 시가

03 **다음은 부가가치세법상 과세표준에 대한 설명이다. 틀린 것은?**

① 부가가치세 포함여부가 불분명한 대가의 경우 110분의 100을 곱한 금액을 공급가액(과세표준)으로 한다.
② 상가를 임대하고 받은 보증금에 대하여도 간주임대료를 계산하여 과세표준에 포함하여야 한다.
③ 대가의 지급지연으로 받는 연체이자도 과세표준에 포함한다.
④ 대가를 외국환으로 받고 받은 외국환을 공급시기 이전에 환가한 경우 환가한 금액을 과세표준으로 한다.

04 **제품을 외국에 수출하는 업체이다. 당사 제품 $50,000를 수출하기 위하여 20×1년 11월 20일에 선적하고 대금은 20×1년 12월 10일에 수령하였다. 수출관련 과세표준은 얼마인가?**

11월 20일 기준환율	1,000원/$	12월 10일 기준환율	1,100원/$
11월 20일 대고객매입율	1,050원/$	12월 10일 대고객매입율	1,200원/$

① 50,000,000원
② 55,000,000원
③ 50,500,000원
④ 60,000,000원

05 **다음은 20×1년 2기 확정신고기간의 자료이다. 부가가치세 과세표준은 얼마인가?**

구분	금액	비고
세금계산서 발급 제품매출	100,000,000원 (공급가액)	• 할부판매, 장기할부판매 이자 상당액 2,000,000원 포함 • 현금 지급한 판매장려금 1,000,000원 불포함 • 제품으로 지급한 판매장려금 시가 1,000,000원(공급가액) 불포함

① 99,000,000원
② 100,000,000원
③ 101,000,000원
④ 102,000,000원

06 **다음은 부가가치세법에 따른 대손세액공제를 설명한 것이다. 틀린 것은?**

① 재화나 용역을 공급한 후 그 공급일로부터 5년이 지난 날이 속하는 과세기간에 대한 확정신고기한까지 대손이 확정되어야 한다.
② 채무자의 파산·강제집행·사업의 폐지, 사망·실종·행방불명으로 인하여 회수할 수 없는 채권은 대손사유 요건을 충족하여 대손세액공제를 적용받을 수 있다.
③ 대손세액공제는 일반과세자에게만 적용되고 간이과세자는 적용하지 아니한다.
④ 부가가치세 확정신고서에 대손세액공제(변제)신고서와 대손사실 등을 증명하는 서류를 첨부하여 관할세무서장에게 제출하여야 한다.

6. 매입세액

1 매입세액의 범위

매입세액은 사업을 위하여 사용할 목적으로 공급받은 재화·용역 또는 재화의 수입에 대한 부가가치세액이며, 다음과 같은 것이 있다.

- 세금계산서를 수취한 매입세액
- 매입자발행 세금계산서 매입세액
- 신용카드매출전표·현금영수증·직불카드영수증 등 수령분 매입세액
- 의제매입세액 등

2 의제매입세액공제

의제매입세액공제란 과세사업자가 면세되는 농·축·수·임산물을 원료로 하여 제조·가공한 재화·용역이 과세되는 경우에 면세되는 농·축·수·임산물의 매입가액에서 일정한 공제율을 곱한 금액을 매입세액으로 공제하는 제도를 말한다.

의제매입세액공제액 = 면세되는 농·축·수·임산물의 매입가액 × 공제율

<table>
<tr><th>업 종 별 공 제 율</th><th>의제매입 공제시 적격증빙</th></tr>
<tr><td>제조업: 2/102(중소제조업 및 개인사업자: 4/104)</td><td rowspan="3">- 계산서(유형: 53번 면세매입)
- 신용카드영수증(유형: 58번 카드면세)
- 현금영수증(유형: 62번 현금면세)
- 농어민 직접구입(유형: 60번 면세건별)
✓ 일반영수증은 공제불가</td></tr>
<tr><td>음식점업: 6/106(법인)
8/108(과세표준 2억원 초과 개인)
9/109(과세표준 2억원 이하 개인)</td></tr>
<tr><td>과세유흥장소: 2/102(개인, 법인)</td></tr>
</table>

참고 최종소비자대상 개인사업자 중 과자점, 도정업, 떡방앗간의 경우 6/106 적용

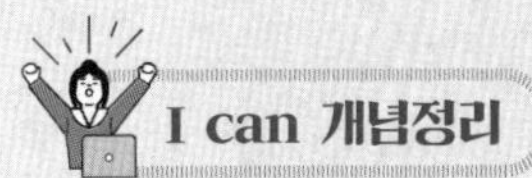

의제매입세액공제

부대비용	면세 농·축·수·임산물의 매입가액에 운반비 등 부대비용은 포함하지 않는다.
공제시점	농산물 등의 구입시점(예정신고기간 및 확정신고기간)에 공제한다.
정규증빙	반드시 계산서, 신용카드매출전표, 현금영수증 등 정규증빙을 수취해야 의제매입세액공제를 받을 수 있다. 단, 제조업자가 농어민으로부터 직접 구입한 경우에는 증빙이 없어도 무방하다.
미사용시	의제매입세액공제를 받은 면세농산물 등을 과세대상 재화·용역에 사용하지 않고, 그대로 양도하거나 면세사업에 사용하는 경우에는 공제한 의제매입세액공제를 추징한다.
간이과세자	간이과세자는 의제매입세액공제를 받을 수 없다.

I CAN 기출문제

다음 중 부가가치세법상 의제매입세액공제에 관한 내용으로 틀린 것은?

① 간이과세자는 의제매입세액공제를 받을 수 없다.
② 일반과세자인 음식점은 정규증빙 없이 농어민으로부터 구입시 의제매입세액공제를 받을 수 없다.
③ 의제매입세액의 공제대상이 되는 면세농산물 등의 매입가액은 운임 등의 부대비용을 포함하지 않는다.
④ 유흥주점 외 법인음식점의 의제매입세액 공제율은 8/108로 한다.

정답풀이

④ 유흥주점 외 법인음식점의 의제매입세액 공제율은 6/106이다.

3 공제받지못할 매입세액

① 세금계산서 미수취 또는 부실기재분	세금계산서 미수취 또는 필요적 기재사항 중 일부 누락했거나 사실과 다르게 기재된 경우(단, 착오로 잘못 기재된 것이 확인된 경우에는 공제가능)
② 매입처별 세금계산서 합계표 미제출·부실 기재분	매입처별 세금계산서 합계표 미제출 또는 기재사항 중 거래처별 등록번호와 공급가액 미기재의 경우(단, 착오로 잘못 기재된 것이 확인된 경우에는 공제가능)
③ 사업자등록신청 전 매입세액	사업자등록신청 전의 매입세액. 단, 공급시기가 속하는 과세기간이 끝난 후 20일 이내에 등록신청한 경우 등록신청일부터 공급시기가 속하는 과세기간 기산일까지는 공제가능

④ 토지 또는 면세사업 관련 매입세액	토지의 취득원가를 구성하는 지출과 관련된 매입세액 또는 면세사업과 관련된 매입세액
⑤ 사업과 직접 관련 없는 매입세액	사업과 직접 관련된 지출만 공제대상이 됨
⑥ 개별소비세법에 따른 비영업용 소형승용차 구입·임차·유지 관련 매입세액	비영업용 소형승용차는 사업과 직접 관련 없다고 봄 (단, 1,000cc 이하, 9인승이상의 승합차는 매입세액 공제가능)
⑦ 기업업무추진비(접대비) 관련 매입세액	기업업무추진비(접대비)·기밀비·교재비 등 유사비용

참고 매입세액이 공제가능한 차량은 택시, 랜트카 등 직접적인 매출을 일으키는 영업용 차량과 화물차(밴), 9인승 이상 승합차, 개별소비세가 부과되지 않는 경차 등이 해당되며, 일반적인 기업의 업무용 승용차는 비영업용 승용차에 해당하므로, 매입세액 공제가 불가능함

4 공통매입세액 안분계산과 정산

과세사업과 면세사업에 공통으로 사용하는 재화·용역에 대한 매입세액을 공통매입세액이라 하며, 공통매입세액 중에서 면세사업에 사용되는 부분을 매입세액불공제처리 하여야 한다. 예정신고시 공통매입세액을 안분계산하고 확정신고시 이를 정산한다.

공통매입세액 안분계산 (예정신고)	면세사업에 사용되는 부분에 대한 매입세액은 다음 산식으로 계산하여 매입세액불공제 한다. $$공통매입세액 \times \frac{해당\ 과세기간의\ 면세\ 공급가액}{해당\ 과세기간의\ 총공급가액}$$
공통매입세액 정산 (확정신고)	예정신고시 안분계산한 공통매입세액은 확정신고시 다음 산식으로 정산하여 해당 과세기간의 매입세액불공제액을 계산한다. $$공통매입세액 \times \frac{해당\ 과세기간의\ 면세\ 공급가액}{해당\ 과세기간의\ 총공급가액} - 기\ 불공제된\ 매입세액$$

참고 공통매입세액 안분계산은 예정신고기간을 대상으로 하지만, 정산계산은 예정기간과 확정기간을 포함하여 계산 후 예정신고기간의 불공제매입세액을 차감하여 납부세액을 정확하게 계산하는 과정이다.

다음 어느 하나에 해당하는 경우에는 해당 재화 또는 용역의 매입세액은 안분계산 없이 전액 매입세액공제 한다.

㉠ 해당 과세기간의 총공급가액 중 면세공급가액이 5퍼센트 미만인 경우의 공통매입세액. 다만, 공통매입세액이 5백만원 이상인 경우는 제외한다.
㉡ 해당 과세기간 중의 공통매입세액이 5만원 미만인 경우의 매입세액
㉢ 신규사업자가 해당 과세기간에 공급(매각)한 공통사용재화인 경우

I CAN 기출문제

다음 중 부가가치세법상 공통매입세액 안분계산의 배제사유에 해당하지 않는 것은?

① 공통매입세액이 500만원이면서 면세공급가액 비율이 3%인 경우
② 해당 과세기간 중의 공통매입세액이 5만원 미만인 경우
③ 해당 과세기간에 신규로 사업을 시작한 사업자가 해당 과세기간에 공급한 공통사용재화인 경우
④ 해당 과세기간의 공통매입세액이 500만원 미만이면서 면세공급가액 비율이 5% 미만인 경우

정답풀이

① 해당 과세기간의 총공급가액 중 면세공급가액이 5% 미만인 경우는 안분계산을 배제한다.
단, 공통매입세액이 500만원이상인 경우는 제외한다.

5 납부세액 재계산

매입 시 공통매입세액을 안분계산 하였던 감가상각자산의 면세사용비율이 5% 이상 증감되는 경우에는 당초에 안분한 매입세액을 다시 계산하여 납부세액에 가감하는데 이를 납부세액의 재계산 또는 환급세액의 재계산이라 한다.

구분	내용
산식	공통매입세액 × [1 - (체감률 × 경과된 과세기간의 수)] × 증감된 면세비율 • 체감률: 25%(건물·구축물은 5%) • 경과된 과세기간의 수: 취득하는 과세기간 포함, 신고하는 과세기간 불포함
요건	다음 요건을 모두 충족하는 경우에만 재계산한다. • 당초에 공통매입세액 안분계산으로 매입세액공제 받은 감가상각자산일 것 • 직전에 재계산 또는 안분계산한 면세비율보다 5% 이상 증감되었을 것

6 전자신고세액공제

부가가치세 확정신고 시 납세자가 직접 전자신고하는 경우에는 납부세액에서 1만원을 공제하거나 환급세액에 가산하며, 회계처리시 잡이익 계정으로 처리한다. 단, 예정신고 시에는 적용하지 않는다.

7 신용카드매출전표등 발행공제

부가가치세가 과세되는 재화 또는 용역을 공급하고 신용카드매출전표 등을 발급한 경우(법인 및 매출액 10억원 초과 개인사업자 제외)신용카드 매출전표 발행금액 집계표를 제출하고 신용카드매출전표 발행 세액공제를 받을 수 있다.

세액공제액 = MIN(① 신용카드 발행금액 X 1.3%, ② 연간 1,000만원)

참고 신용카드매출전표 등 발급에 대한 세액공제금액이 납부할 세액을 초과하면 그 초과하는 부분은 없는 것으로 본다.

8 전자세금계산서 발급 세액공제

직전연도 공급가액이 3억원 미만인 개인사업자 및 직전연도 공급가액 4,800만원 이상인 간이과세자가 전자세금계산서 또는 전자계산서를 발급하고 발급일의 다음날까지 국세청장에게 전송한 경우 다음 금액을 부가가치세액 또는 소득세액에서 공제한다.

세액공제액 = MIN(① 전자세금계산서(또는 전자계산서) 발급건수 X 200원, ② 연간 100만원)

부가가치세 신고서(매입세액)

신 고 내 용						
구 분				금 액	세율	세 액
매입세액	세금계산서 수 취 분	일 반 매 입	⑩			
		고정자산매입	⑪			
	예정신고 누락분		⑫			
	매입자발행세금계산서		⑬			
	그밖의 공제매입세액		⑭			
	합계(⑩+⑪+⑫+⑬+⑭)		⑮			
	공제받지못할매입세액		⑯			
	차 감 계(⑮-⑯)		⑰		㉯	

9 부가가치세신고서(기타)

신 고 내 용					
구 분			금 액	세율	세 액
경감 공제 세액	그 밖의 경감·공제세액	⑱			
	신용카드매출전표등 발행공제	⑲			
	합계	⑳			
소규모 개인사업자 부가가치세 감면세액		㉑			
예정신고미환급세액		㉒			
예정고지세액		㉓			
사업양수자의 대리납부 기납부세액		㉔			
신용카드업자의 대리납부 기납부세액		㉕			
가산세액계		㉖			
차가감납부할세액(환급받을세액)				㉗	

구 분		금 액	세율	세 액
18. 그 밖의 경감·공제 세액명세				
전자신고세액공제	54			
전자세금발급세액공제	55			
택시운송사업자경감세액	56			
대리납부세액공제	57			
현금영수증사업자세액공제	58			
기타	59			
합계	60			

I can 부가가치세신고서(기타)

- 예정신고미환급세액: 부가가치세 예정신고시 발생한 환급세액은 확정신고 시에 공제 받을 수 있다.
- 예정고지세액: 개인사업자(간이과세자 포함)가 예정신고 시에 부가가치세 신고없이 직전과세기간의 50%를 고지납부한 경우 확정신고 시 납부세액에서 차감한다.

I can 실전문제(매입세액)

※ I can 실전문제에 수록된 문제들은 모두 전산세무 2급 시험에 다수 출제되었던 유형입니다.

01 다음 중 부가가치세 납부세액 계산시 공제대상 매입세액에 해당되는 것은?

① 사업과 무관한 부가가치세 매입세액
② 공장부지 및 택지의 조성 등에 관련된 부가가치세 매입세액
③ 자동차판매업의 영업에 직접 사용되는 8인승 승용자동차 부가가치세 매입세액
④ 거래처 체육대회 증정용 과세물품 부가가치세 매입세액

02 다음 중 부가가치세 매입세액공제가 가능한 경우는?

① 토지의 취득에 관련된 매입세액
② 관광사업자의 비영업용 소형승용자동차(5인승 2,000cc) 취득에 따른 매입세액
③ 음식업자가 계산서를 받고 면세로 구입한 축산물의 의제매입세액
④ 소매업자가 사업과 관련하여 받은 영수증에 의한 매입세액

03 다음 설명 중 맞는 것은?

① 부가가치세 예정신고기간에 대손요건을 갖춘경우 예정신고시 반드시 대손세액공제 신고를 하여야 한다.
② 비영업용 소형승용차의 구입비용은 매입세액공제가 안되지만, 사업에 직접 사용이 입증된 임차와 유지비용은 매입세액공제대상이다.
③ 사업에 직접 사용이 입증된 기업업무추진비(접대비)는 매입세액공제 대상이다.
④ 토지의 조성 등을 위한 자본적 지출과 관련된 매입세액은 매입세액을 공제받지 못한다.

04 **부가가치세법상 일반과세사업자가 다음과 같이 과세사업용으로 수취한 매입세액 중 매입세액이 공제되지 않는 것은?**

① 일반과세사업자로부터 컴퓨터를 구입하고 법인카드로 결제한 후 공급가액과 세액을 별도로 기재한 신용카드매출전표를 받았다.
② 면세사업자로부터 소모품을 매입하고 공급가액과 세액을 별도로 기재한 사업자지출증빙용 현금영수증을 발급받았다.
③ 원재료를 6월 30일에 구입하고 공급가액과 세액을 별도로 기재한 세금계산서(작성일자 6월 30일)를 수취하였다.
④ 공장의 사업용 기계장치를 수리하고 수리비에 대하여 공급가액과 세액을 별도로 기재한 전자세금계산서를 받았다.

05 **부가가치세법상 납부세액 계산 시 공제대상 매입세액에 해당되는 것은?**

① 대표자의 개인적인 구입과 관련된 부가가치세 매입세액
② 공장부지 및 택지의 조성 등에 관련된 부가가치세 매입세액
③ 렌트카업의 영업에 직접 사용되는 승용자동차 부가가치세 매입세액
④ 거래처 체육대회 증정용 과세물품 부가가치세 매입세액

06 **다음 중 부가가치세법상 공제되는 매입세액이 아닌 것은?**

① 전자세금계산서 의무발급 사업자로부터 발급받은 전자세금계산서로서 국세청장에게 전송되지 아니하였으나 발급한 사실이 확인되는 경우 당해 매입세액
② 매입처별세금계산서합계표를 경정청구나 경정시에 제출하는 경우 당해 매입세액
③ 예정신고시 매입처별 세금계산서합계표를 제출하지 못하여 해당 예정신고기간이 속하는 과세기간의 확정신고시에 제출하는 경우 당해 매입세액
④ 공급시기 이후에 발급받은 세금계산서로서 해당 공급시기가 속하는 과세기간에 대한 확정신고기한 이 지난 후 발급받은 경우 당해 매입세액

07 **컴퓨터를 제조하여 판매하는 ㈜세무의 다음 자료를 이용하여 부가가치세법상 납부세액을 계산하면 얼마인가?**

- 매출처별세금계산서합계표상 공급가액은 10,000,000원이다.
- 매입처별세금계산서합계표상 공급가액은 5,000,000원이다. 이중 개별소비세 과세대상 소형 승용자동차 렌트비용 관련 공급가액은 100,000원이다.
- 모든 자료 중 영세율 적용 거래는 없다.

① 410,000원 ② 490,000원
③ 500,000원 ④ 510,000원

08 **다음의 일반과세사업자 자료에 대한 부가가치세액은 얼마인가? 단, 거래금액에는 부가가치세가 포함되어 있지 않다.**

• 외상판매액	: 20,000,000원
• 사장 개인사유로 사용한 제품(원가 800,000원, 시가 1,200,000원)	: 800,000원
• 비영업용 소형승용차(2,000cc) 매각대금	: 1,000,000원
• 화재로 인하여 소실된 제품	: 2,000,000원
합 계	: 23,800,000원

① 2,080,000원 ② 2,120,000원
③ 2,220,000원 ④ 2,380,000원

09 **일반과세사업자가 납부해야 할 부가가치세 금액은?**

- 전자세금계산서 교부에 의한 제품매출액: 28,050,000원(공급대가)
- 지출증빙용 현금영수증에 의한 원재료 매입액: 3,000,000원(부가가치세 별도)
- 신용카드에 의한 제품운반용 소형화물차 구입: 15,000,000원(부가가치세 별도)
- 신용카드에 의한 매출거래처 선물구입: 500,000원(부가가치세 별도)

① 700,000원 ② 750,000원
③ 955,000원 ④ 1,050,000원

10 **당기에 면세사업과 과세사업에 공통으로 사용하던 업무용 트럭 1대를 매각하였다. 다음 중 공급가액의 안분계산이 필요한 경우는?**

	공통사용재화 공급가액	직전과세기간 총공급가액	직전과세기간 면세공급가액	당기과세기간 총공급가액	당기과세기간 면세공급가액
①	490,000원	100,000,000원	50,000,000원	150,000,000원	10,000,000원
②	45,000,000원	신규사업개시로 없음		200,000,000원	150,000,000원
③	35,000,000원	300,000,000원	14,000,000원	500,000,000원	41,000,000원
④	55,000,000원	200,000,000원	9,000,000원	150,000,000원	20,000,000원

7. 신고·납부·환급

1 부가가치세 신고와 납부

1. 법인사업자의 예정신고와 납부

법인사업자는 각 예정신고 기간에 대한 과세표준과 납부세액(환급세액)을 그 예정신고 기간의 종료 후 25일 이내에 관할세무서장에게 신고·납부하여야 한다.

제1기 (01.01. ~ 06.30.)	01월 01일부터 03월 31일까지(04월 25일까지 신고납부)
제2기 (07.01. ~ 12.31.)	07월 01일부터 09월 30일까지(10월 25일까지 신고납부)

2. 개인사업자와 소규모 법인사업자에 대한 예정신고납부의무 면제

다음의 사업자는 예정신고의무가 면제되고, 관할세무서장이 직전 과세기간 납부세액의 50%를 결정하여 징수한다(예정고지징수).

- 개인사업자
- 직전 과세기간의 공급가액이 1억5천만원 미만인 법인사업자

다만, 다음의 경우에는 예정고지징수하지 아니한다.

- 징수금액이 50만원 미만인 경우
- 간이과세자에서 일반과세자로 변경된 경우
- 납세자가 재난·도난·사업에 현저한 손실·동거가족의 질병이나 중상해 또는 상중(喪中)인 경우 등의 사유로 납부할 수 없다고 인정되는 경우

3. 개인사업자와 소규모 법인사업자가 예정신고납부할 수 있는 경우

다음의 경우에는 개인사업자와 소규모 법인사업자가 예정신고납부할 수 있다. 이 경우에는 관할세무서장이 결정하여 고지한 것은 무효가 된다.

- 휴업이나 사업부진 등으로 예정신고기간의 공급가액 또는 납부세액이 직전과세기간의 1/3에 미달할 때
- 예정신고기간분에 대하여 조기환급을 받고자 할 때

4. 확정신고납부

제1기 과세기간 및 제2기 과세기간이 끝난 후 25일(폐업시는 폐업일이 속한 달의 다음달 25일) 이내에 확정신고납부를 하여야 하며, 예정신고 또는 조기환급신고 시 신고한 것은 확정신고 시 신고하지 아니하며, 예정신고 시 미환급세액 등은 확정신고 시 공제한다. 예정신고 또는 조기환급신고시 이미 제출한 첨부서류는 확정신고시 제출하지 않아도 된다.

2 부가가치세 환급

사업자는 과세기간동안 발생한 매출세액에서 매입세액을 차감한 납부세액에 대하여 신고·납부를 하여야 하지만, 매출세액보다 매입세액이 큰 경우 차액을 환급받게 된다. 일반적인 환급은 확정신고기한 경과 후 30일 이내에 환급되지만, 조기환급의 경우 신고기한 경과 후 15일 이내에, 경정으로 환급세액이 발생하는 경우는 지체 없이 환급된다.

1. 환급기한

일반적인 환급은 신고기한 경과 후 30일 이내에, 조기환급은 조기환급 신고기한 경과 후 15일 이내에, 경정으로 환급세액이 발생한 경우에는 지체없이 환급한다.

참고 신고기한'이 지난 후 30일(또는 15일) 이내에 환급한다는 것이다. 제1기 신고기간은 1월부터 6월말까지고, 그 신고기한은 7월 25일까지 이다. 환급은 7월 26일부터 30일 이내인 8월 24일 이내에 이루어진다.

2. 조기환급

일반적인 부가가치세 환급보다 빠른 시기에 환급해 주는 것을 조기환급이라고 하며, 조기환급의 대상 및 기간은 다음과 같다.

조기환급대상	• 영세율이 적용되는 경우 • 사업설비를 신설, 취득, 확장, 증축하는 경우 • 재무구조개선계획을 이행 중인 경우
조기환급기간	예정신고기간, 확정신고기간, 매월 또는 매 2월을 대상으로 조기환급신고를 할 수 있다. 따라서, 1월 또는 2월을 각각 조기환급대상으로 할 수도 있고, 1월과 2월을 묶어서 할 수도 있다.

I CAN 기출문제

다음 중 부가가치세법상 환급에 대한 설명으로 틀린 것은?

① 일반환급은 확정신고기한 경과 후 30일 이내에 환급하여야 한다.
② 재화 및 용역의 공급에 영세율이 적용되는 경우에는 조기환급이 가능하다.
③ 고정자산매입 등 사업설비를 신설하는 경우 조기환급이 가능하다.
④ 영세율 등 조기환급기간별로 당해 조기환급신고기한 경과 후 25일 이내에 환급해야 한다.

정답풀이

④ 조기환급 대상에 해당하는 경우 15일 이내에 환급해야 한다.

3 부가가치세 가산세

1. 사업자미등록등 가산세

구 분	유 형	가산세
미등록가산세	• 사업자등록을 하지 아니한 경우	공급가액의 1%
허위등록가산세	• 타인의 명의로 사업을 한 경우	공급가액의 2%

2. 세금계산서 불성실 가산세

구 분	유 형	가산세
세금계산서	• 세금계산서 미발급 (공급시기가 속하는 과세기간의 확정신고기한까지 발급하지 아니한 경우) • 재화·용역의 공급없이 가공세금계산서를 발급하거나 받은 경우 • 실제 공급자 또는 공급받는자가 아닌 명의의 위장세금계산서를 발급하거나 받은 경우	공급가액의 2% 공급가액의 3% 공급가액의 2%
	• 전자세금계산서 의무발급자가 종이로 발급한 경우	공급가액의 1%
	• 세금계산서 지연발급, 부실기재 (공급시기가 속하는 과세기간의 확정신고기한까지 발급한 경우)	공급가액의 1%
	• 매입세금계산서 지연수취	공급가액의 0.5%

3. 전자세금계산서 관련 가산세

구 분		유 형	가산세
전자 세금 계산서	미전송	• 전자세금계산서를 공급시기가 속하는 과세기간의 확정신고기한(25일)까지 전송하지 아니한 경우	공급가액의 0.5%
	지연 전송	• 전자세금계산서를 발급일의 다음 날이 지난 후 공급시기가 속하는 과세기간 확정신고기한(25일)까지 전송한 경우	공급가액의 0.3%

4. 세금계산서합계표 관련 가산세

구 분		유 형	가산세
세금계산서합계표	미제출	• 매출처별세금계산서합계표를 예정신고 또는 확정신고시에 제출하지 아니한 경우 (수정신고·경정청구시 제출은 미제출에 해당)	공급가액의 0.5% (1개월내 제출시 50%감면)
	지연 제출	• 매출처별세금계산서합계표를 예정신고시에 제출하지 않고 확정신고시 제출한 경우	공급가액의 0.3%
	부실 기재	• 매출처별세금계산서합계표와 기재사항이 기재되지 아니하거나 사실과 다르게 기재된 경우(다만, 거래사실이 확인되는 때에는 제외)	공급가액의 0.5%
	매입처별세금계산서합계표 불성실가산세	• 경정시 매입세액을 공제받는 경우 • 매입처별세금계산서합계표의 기재사항 중 공급가액을 사실과 다르게 과다하게 적어 신고한 경우(허위기재)	공급가액의 0.5%

참고 매입처별 세금계산서합계표를 제출하지 않을 경우 매입세액공제를 받을 수 없다. 다만, 매입처별 세금계산서합계표의 미제출 또는 지연제출에 대해서는 가산제가 발생하지 않는다.

5. 신고·납부 관련 가산세

구 분	유 형	가산세
신고불성실가산세	• 신고를 하지 않거나, 신고한 납부세액이 신고할 납부세액에 미달한 경우 또는 신고한 환급세액이 신고할 환급세액에 초과하는 경우	일반무신고 20% 일반과소신고 10% (부당행위 40%)
영세율과세표준 신고불성실가산세	• 영세율이 적용되는 사업자가 과세표준금액을 신고하지 않거나 적게 신고한 경우	과세표준의 0.5%
납부지연가산세 (초과환급 가산세)	• 납부하지 아니하거나, 납부할 세액에 미달하게 납부한 경우	미납세액 (초과환급세액)에 1일 0.022% 적용

참고 영세율과세표준 불성실 가산세는 영세율이 적용되는 과세표준을 신고하지 않았을 경우 뿐만 아니라 영세율 첨부서류를 제출하지 않은 경우에도 적용한다.

6. 중복적용 배제

우선 적용되는 가산세	적용배제 가산세
① 미등록 등(1%)	• 세금계산서불성실(지연발급, 부실기재) • 전자세금계산서 지연전송, 미전송가산세 • 매출세금계산서합계표불성실
② 세금계산서 미발급(2%)	• 미등록가산세 등 • 전자세금계산서 지연전송, 미전송가산세 • 세금계산서 불성실 가산세(부실기재) • 매출처별세금계산서합계표불성실가산세
③ 세금계산서 지연발급(1%)	• 전자세금계산서 지연전송, 미전송가산세 • 세금계산서 불성실 가산세(부실기재) • 매출처별세금계산서합계표불성실가산세
④ 세금계산서 지연전송(0.3%)·미전송(0.5%)	• 매출처별세금계산서합계표불성실가산세
⑤ 세금계산서 부실기재(1%)	• 전자세금계산서 지연전송, 미전송가산세 • 매출처별세금계산서합계표불성실가산세
⑥ 세금계산서 불성실외 (2%) (가공발급, 허위발급 등)	• 미등록 가산세 등 • 매출(입)처별세금계산서합계표불성실가산세

I can 개념정리

• 전자세금계산서 지연발급·미발급

공급시기	발급기한	지연발급(1%)	미발급(2%)
3월거래	04.10.	04.11. ~ 07.25.	07.25. 이후

• 전자세금계산서 지연전송·미전송

발급시기	전송기한	지연전송(0.3%)	미전송(0.5%)
05.09.	05.10.	05.11. ~ 07.25.	07.25. 이후

7. 가산세 감면대상 범위(신고불성실가산세, 영세율과세표준 신고불성실 가산세)

수정신고		기한후신고	
법정신고기한 경과 후	가산세 감면 비율	법정신고기한 경과 후	가산세 감면 비율
1개월 이내	90%	1개월 이내	50%
1개월 초과 ~ 3개월 이내	75%	1개월 초과 ~ 3월 이내	30%
3개월 초과 ~ 6개월 이내	50%	3개월 초과 ~ 6개월 이내	20%
6개월 초과 ~ 1년 이내	30%	-	-
1년 초과 ~ 1년 6개월 이내	20%	-	-
1년 6개월 초과 ~ 2년 이내	10%	-	-

I can 실전문제(신고·납부·환급)

※ I can 실전문제에 수록된 문제들은 모두 전산세무 2급 시험에 다수 출제되었던 유형입니다.

01 **다음 중 부가가치세법상 환급과 관련한 설명 중 틀린 것은?**

① 일반환급은 환급세액을 확정신고한 사업자에게 확정신고기한이 속한 달의 말일부터 30일 이내에 환급하는 것을 말한다.

② 조기환급은 수출 등 영세율사업자와 설비투자를 한 사업자가 부담한 부가가치세를 조기에 환급하여 자금부담을 덜어주고 수출과 투자를 촉진하는데 그 목적이 있다.

③ 조기환급기간은 예정신고기간 중 또는 과세기간 최종 3개월 중 매월 또는 매2월의 기간을 말한다.

④ 예정신고기간에 대한 조기환급은 예정신고기한 경과 후 15일 내에 환급한다.

02 **부가가치세법상 조기환급기간이라 함은 예정신고기간 중 또는 과세기간 최종 3개월 중 매월 또는 매 2월을 말한다. 다음 중 조기환급기간으로 적절하지 않은 것은?**

① 20×1년 7월

② 20×1년 7월 ~ 20×1년 8월

③ 20×1년 9월 ~ 20×1년 10월

④ 20×1년 11월

8. 간이과세자

1 간이과세자 적용기준

개인사업자 중에서 직전연도 공급대가의 합계액이 1억 4백만원에 미달하는 자는 간이과세자에 해당되며, 간이과세가 배제되는 경우는 다음과 같다.

- 법인사업자
- 간이과세가 적용되지 않는 다른 사업장을 보유한 자
- 둘 이상의 사업장이 있는 사업자가 그 둘 이상의 사업장의 공급대가의 합계액이 1억 4백만원 이상인 경우
- 광업, 제조업, 도매업, 부동산매매업, 변호사·세무사 등 전문직사업자, 일정한 과세유흥장소 등 간이과세 배제업종을 영위하는 경우

I CAN 기출문제

다음 중 부가가치세법상 간이과세자 적용배제 업종이 아닌 것은?

① 음식점업 ② 광업
③ 도매업(재생용 재료수집 및 판매업 제외) ④ 부동산매매업

정답풀이

① 음식점업은 부가가치세법상 간이과세 적용배제 업종에 해당하지 않는다.

2 간이과세자의 부가가치세액계산

공급대가 × 부가가치율 × 10%	• 공급대가 : 공급가액 + 부가가치세 • 부가가치율 : 업종별로 다르게 적용(15%~40%)
= 납부세액	• 납부세액 : 공급대가 × 부가가치율 × 10%
- 공제 + 가산세	• 세금계산서 매입액 × 0.5%, 신용카드매출전표 발행액 × 1.3% 등
= 자진납부세액	• 마이너스(-) 금액이 나와도 환급받을 수 없음

참고 간이과세자는 의제매입세액공제 및 대손세액공제를 받을 수 없다.

3 간이과세자의 신고·납부

간이과세자의 원칙적인 부가가치세 과세기간은 1월 1일부터 12월 31일까지이다. 1월1일부터 6월 30일까지는 예정부과기간이므로 관할세무서장이 예정고지를 원칙으로 한다.

과세기간	• 원칙: 1월 1일 ~ 12월 31일(다음 해 1월 25일까지 신고납부) • 개업 시: 사업개시일 부터 12월 31일까지 • 폐업 시: 1월 1일부터 폐업일 까지
예정고지	• 원칙: 관할세무서장이 1월부터 6월까지를 예정부과기간으로 납세고지 • 예정고지: 직전 과세기간 납부세액의 50%를 고지 • 소액부징수: 예정고지 시 50만원 미만은 징수하지 않는다.
예정신고·납부	• 세금계산서를 발급한 간이과세자는 예정부과기간(1월~6월)에 대하여 7월 25일까지 예정신고·납부를 하여야 한다. • 공급가액이 직전 예정부과기간의 3분의1 미달 시 예정신고·납부할 수 있다.

4 간이과세포기

포기신고	간이과세를 포기하고 일반과세자가 되기를 원하는 경우는 일반과세를 적용받으려는 달의 전달 마지막 날까지 간이과세 포기신고를 하여야 한다.
간이과세 회복	간이과세 포기신고를 한 사업자는 일반과세를 적용받는 달의 1일부터 3년이 되는 날이 속하는 과세기간까지는 간이과세 규정을 적용받지 못한다. (단, 2024년 7월 1일 이후 간이과세 포기신고 철회가능)

5 간이과세자의 납부의무 면제

공급대가	간이과세자의 해당 과세기간 공급대가의 합계액이 4,800만원 미만이면 납부의무를 면제한다.
가산세	납세의무가 면제되는 경우에도 신고의무는 있으며, 재고납부세액과 미등록가산세가 있는 경우에는 재고납부세액과 미등록가산세가 부과된다.

신규사업자의 경우 간이과세 적용

개인사업자가 사업을 시작할 때 해당 연도의 공급대가가 1억 4백만원에 미달될 것으로 예상되는 경우에는 사업자등록 시 간이과세적용신고서를 관할세무서장에게 제출하면 간이과세를 적용받을 수 있다.

일반과세자와 간이과세자의 비교

구분	일반과세	간이과세
계산구조	매출세액 - 매입세액	과세표준 × 업종별 부가율 × 10%
매입세액공제	매입액의 10% 공제	매입액(공급대가) × 0.5% 공제
대상 업종	모든 사업자	배제업종 이외의 업종
과세기간	1기(01.01. ~ 06.30.) 2기(07.01. ~ 12,31.)	01.01. ~ 12.31.
포기제도	없음	포기가능
세금계산서	발급가능	발급가능 (공급대가 4,800만원 미만 제외)
의제매입세액공제	업종제한 없이 적용 가능	적용 불가
대손세액공제	적용 가능	적용 불가
납부의무 면제	면제제도 없음	공급대가 4,800만원 미만 면제
영세율 적용	적용가능	적용가능하나, 환급받을 수 없다.

I can 실전문제(간이과세자)

※ I can 실전문제에 수록된 문제들은 모두 전산세무 2급 시험에 다수 출제되었던 유형입니다.

01 **다음 중 부가가치세법상 간이과세를 적용 받을 수 있는 사업자에 해당하는 것은? (단, 보기 외의 다른 소득은 없다.)**

① 당기에 사업을 개시한 패션 악세사리(재생용 아님) 도매 사업자 김정수씨
② 직전년도의 임대료 합계액이 3,000만원인 부동산 임대사업자 장경미씨
③ 직전년도의 공급대가가 1억 4백만원에 해당하는 의류 매장을 운영하는 박민철씨가 사업확장을 위하여 당기에 신규로 사업을 개시한 두 번째 의류 매장
④ 직전년도의 공급가액이 1억 4천만원인 한식당을 운영하는 이영희씨

02 **다음은 부가가치세법상 간이과세제도에 대한 설명이다. 틀린 것은?**

① 간이과세를 포기하고 일반과세자에 관한 규정을 적용받으려는 경우에는 일반과세를 적용받고자 하는 달의 전달 마지막 날까지 '간이과세포기신고서'를 제출하여야 한다.
② 간이과세를 포기하고 일반과세자가 되더라도 언제든지 간이과세자에 관한 규정을 적용받을 수 있다.
③ 당해 과세기간 공급대가가 4,800만원에 미달하는 경우 납부의무를 면제한다.
④ 간이과세자는 세금계산서를 발행할 수 있으나, 직전사업연도 공급가액이 4,800만원 미만인 경우에는 세금계산서를 발행할 수 없다.

03 **다음 중 일반과세자와 간이과세자의 비교 설명으로 틀린 것은?**

① 일반과세자의 과세표준은 공급가액이다.
② 간이과세자의 과세표준은 공급대가이다.
③ 일반과세자는 매입세액이 매출세액보다 클 경우 환급세액이 발생할 수도 있다.
④ 간이과세자는 공제세액이 매출세액보다 클 경우 환급세액이 발생할 수도 있다.

04 **다음 중 부가가치세법상 간이과세에 대한 설명으로 가장 올바르지 않은 것은?**

① 직전 연도의 공급대가 합계액이 4,800만원 이상인 간이과세자는 세금계산서를 교부하여야 한다.
② 직전 연도의 공급대가 합계액이 4,800만원 미만인 간이과세자는 납부의무가 면제된다.
③ 간이과세자가 면세농산물 등을 공급받는 경우 면세농산물 등의 가액에 업종별 공제율을 곱한 금액을 납부세액에서 공제한다.
④ 다른 사업자로부터 세금계산서 등을 발급받은 경우 공급대가의 0.5%를 납부세액에서 공제한다.

05 **다음의 부가가치세법상 일반과세자와 간이과세자에 대한 설명으로 올바르지 않은 것은?**

① 간이과세자도 예정부과기간에 예정신고를 하여야 하는 경우가 있다.
② 일반과세자는 세금계산서 관련 가산세를 부담할수 있지만, 간이과세자는 세금계산서 관련 가산세가 적용되는 경우가 없다.
③ 일반과세자는 매입세액이 매출세액을 초과하면 환급세액이 발생하지만, 간이과세자는 매입세액이 매출세액을 초과하더라도 환급세액은 발생하지 않는다.
④ 일반과세자와 간이과세자가 음식점업을 운영하는 경우 신용카드 등의 발급금액 또는 결재금액의 1.3%를 동일하게 납부세액에서 공제한다.

I Can!

전산회계 1급

4장

소득세 이론

1. 소득세 총론

01 소득세 개요

1 소득세의 개념

소득세는 개인의 소득에 대하여 과세하는 조세이다. 인세이며, 개인단위로 과세된다. 따라서 부부나 가족단위로 합산하지 않는 것을 원칙으로 하며, 다음과 같은 8가지 유형으로 구분된다.

이자소득·배당소득·사업소득·근로소득·연금소득·기타소득·양도소득·퇴직소득

참고 개인의 소득에 대해서는 소득세가 부과되며, 법인의 소득에 대해서는 법인세가 부과된다.

2 소득세 과세방법

소득세는 종합과세, 분리과세, 분류과세의 형태로 과세된다.

종합과세	다음의 6가지 소득은 합산하여 종합소득으로 과세한다. 이자소득·배당소득·사업소득·근로소득·연금소득·기타소득
분리과세	일부 소득은 종합과세되지 않고 원천징수로 과세가 종결된다.(예외)
분류과세	장기간에 걸쳐 발생하는 퇴직소득 및 양도소득은 다른 소득과 합산하지 않고 별도로 과세된다.

3 소득세 특징

소득원천설(열거주의)	소득세법은 원칙적으로 소득원천설에 의한 열거주의를 채택하고 있으며, 법령에 열거되지 않은 소득은 과세하지 않는다. 단, 예외적으로 이자소득과 금융소득은 유형별 포괄주의를 적용한다.
국세	과세권이 국가에 있음
개인단위과세	개인을 단위로 하여 과세하며, 예외적으로 동거하는 가족과 함께 공동사업을 운영하는 경우 손익분배비율을 허위로 정하는 사유가 있는 경우 가족의 소득을 합산하여 과세한다.
직접세	세금을 부담하는 자(담세자)와 납부하는 자(납세자)가 동일하다.
인세(인적공제)	여러 가지 공제제도를 적용하고 있다.
누진과세	소득재분배기능을 위하여 누진세율(6% ~ 45%)을 적용하고 있다.
신고납세주의	신고납세주의를 적용하고 있으므로, 납세의무자가 과세표준확정신고를 함으로써 소득세의 납세의무가 확정된다.

4 원천징수

원천징수란 소득을 지급하는 자가 소득을 지급하면서 그 소득에 대한 세금을 차감하고 지급하는 것을 말하며, 원천징수의무자는 당월에 발생한 원천징수 해당액을 익월 10일(월별납부)까지 원천징수이행상황신고서와 함께 신고·납부 하여야 한다.

예납적 원천징수	원천징수 후 종합소득에 합산하여 신고하여야 하는 것 ➜ 종합과세 [유형] 사업소득, 근로소득, 금융소득(2,000만원 초과), 기타소득 등
완납적 원천징수	원천징수만으로 모든 납세의무가 종결되는 것 ➜ 분리과세 [유형] 일용근로소득, 복권당첨소득 등

[참고] 원천징수 금액이 1,000원 미만인 경우 소액징수특례를 적용하여 원천징수를 하지 않는다.(이자소득 제외)

02 납세의무자

1 납세의무자의 구분

소득세법상 납세의무자는 소득을 얻은 개인이며, 다음과 같이 구분한다.

거주자	• 국내에 주소 또는 183일 이상 거소를 둔 개인 • 국내외 모든 소득에 대하여 납세의무 ➜ 무제한 납세의무
비거주자	• 거주자가 아닌 개인 • 국내 원천소득에 대하여만 납세의무 ➜ 제한 납세의무

2 주소의 판정

주소는 국내에서 생계를 같이 하는 가족 및 국내에 소재하는 자산의 유무 등 생활관계의 객관적 사실에 따라 판정하며, 거소는 주소지 외의 장소 중 상당기간에 걸쳐 거주하는 장소로서 주소와 같이 밀접한 일반적 생활관계가 형성되지 아니한 장소를 말한다.

다음의 경우에는 국내에 주소 등을 둔 것으로 보아 거주자로 판정한다.

① 계속하여 183일 이상 국내에 거주할 것을 통상 필요로 하는 직업을 가진 자
② 국내에 생계를 같이하는 가족이 있고, 그 직업 및 자산상태에 비추어 계속하여 183일 이상 국내에 거주할 것으로 인정되는 자
③ 외국을 항행하는 선박 또는 항공기의 승무원의 경우 그 승무원과 생계를 같이하는 가족이 거주하는 장소 또는 그 승무원이 근무기간 외의 기간 중 통상 체재하는 장소가 국내에 있는 자
④ 거주자나 내국법인의 국외사업장 또는 해외현지법인(내국법인이 발행주식총수 또는 출자지분의 100%를 직접 또는 간접 출자한 경우에 한정한다) 등에 파견된 임원 또는 직원이나 국외에서 근무하는 공무원

3 법인이 아닌 단체

구성원 간 이익의 분배방법이나 분배비율이 정하여져 있거나 사실상 이익이 분배되는 것으로 확인되는 경우	구성원이 공동으로 사업을 영위하는 것으로 보아 구성원별로 과세
구성원 간 이익의 분배방법이나 분배비율이 정하여져 있지 않거나 확인되지 않는 경우	단체를 1 거주자 또는 1 비거주자로 보아 과세

03 과세기간 및 납세지

1 소득세의 과세기간

소득세의 과세기간은 원칙적으로 1월 1일부터 12월 31일까지로 한다. 단, 거주자가 사망하는 경우와 해외로 출국하여 비거주자가 되는 경우는 예외로 하고 있다.

원칙적인 과세기간		1월 1일 ~ 12월 31일
예외	사망한 경우	1월 1일 ~ 사망일
	주소 등 국외 이전으로 비거주자가 되는 경우	1월 1일 ~ 출국일

참고 소득세의 과세기간은 개업이나 폐업 등과 무관하고, 과세기간을 임의로 변경할 수 없다.

2 소득세의 납세지

납세지란 납세자와 국가·지방자치단체간의 법률관계의 이행장소를 결정하는 장소적 기준을 말하며, 납세지는 납세자의 신고, 신청, 청구 및 납부 등의 행위의 상대방이 되는 과세관청을 결정할 때의 기준이 된다.

구분	납세지
거주자	• 원칙: 주소지 • 예외: 주소지가 없는 경우에는 거소지
비거주자	• 원칙: 국내사업장의 소재지 • 국내사업장이 둘 이상 있는 경우: 주된 국내사업장의 소재지 • 국내사업장이 없는 경우: 국내원천소득이 발생하는 장소
상속 등	• 피상속인·상속인 또는 납세관리인의 주소지나 거소지 중 신고하는 장소
납세관리인을 둔 경우	• 비거주자가 납세관리인을 둔 경우에 국내사업장의 소재지 또는 그 납세관리인의 주소지나 거소지 중 신고하는 장소

참고 ✓ 국세청장 등은 사업소득이 있는 거주자가 사업장 소재지를 납세지로 신청한 경우에는 사업장 소재지를 납세지로 지정할 수 있다.
✓ 납세지가 변경된 경우에는 변경된 날부터 15일 이내에 변경 후의 납세지 관할 세무서장에게 신고하여야 한다.

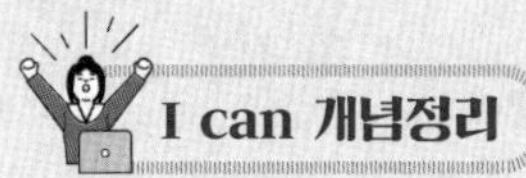

종합소득세 계산구조

총수입금액	비과세소득과 분리과세소득이 제외된 금액
(-)필요경비	이자소득: 필요경비 없음 배당소득: 필요경비 없이 귀속법인세를 가산함 사업소득: 필요경비 차감 근로소득: 근로소득공제(필요경비 없음) 연금소득: 연금소득공제(필요경비 없음) 기타소득: 필요경비 차감
➡종합소득금액	이자소득, 배당소득, 사업소득, 근로소득, 연금소득, 기타소득 합산(분리과세되는 부분 제외)
(-)종합소득공제	인적공제, 연금보험료공제, 특별소득공제 등
➡종합소득과세표준	
(×)세율	기본세율: 6% ~ 45%(초과누진세율)
➡종합소득산출세액	
(-)세액감면·공제	세액감면 → 이월공제 불가 세액공제 → 이월공제 가능 세액공제
➡종합소득결정세액	
(+)가산세	
➡종합소득총결정세액	
(-)기납부세액	중간예납세액, 원천납부세액, 수시부과세액, 예정신고납부세액
➡종합소득차감 납부세액	

I can 실전문제(소득세 총론)

※ I can 실전문제에 수록된 문제들은 모두 전산세무 2급 시험에 다수 출제되었던 유형입니다.

01 **다음 소득세법상 납세의무자에 대한 설명 중 옳지 않은 것은?**

① 소득세법상 거주자는 국내에 주소를 두거나 1년 이상 거소를 두어야 한다.
② 거주자는 국내외원천소득에 대한 납세의무가 있다.
③ 비거주자는 국내원천소득에 대한 납세의무가 있다.
④ 비거주자는 국외원천소득에 대한 납세의무가 없다.

02 **다음은 소득세법상 납세의무자에 관한 설명이다. 가장 틀린 것은?**

① 외국을 항행하는 선박 또는 항공기 승무원의 경우 생계를 같이하는 가족이 거주하는 장소 또는 승무원이 근무기간 외의 기간 중 통상 체재하는 장소가 국내에 있는 때에는 당해 승무원의 주소는 국내에 있는 것으로 본다.
② 국내에 거소를 둔 기간은 입국하는 날의 다음날부터 출국하는 날까지로 한다.
③ 거주자란 국내에 주소를 두거나 183일 이상의 거소를 둔 개인을 말한다.
④ 영국의 시민권자나 영주권자의 경우 무조건 비거주자로 본다.

03 **다음 중 소득세의 특징으로 옳지 않은 것은?**

① 소득세는 납세자와 담세자가 동일한 직접세에 해당한다.
② 소득세는 개인소득을 기준으로 과세하는 개인단위과세제도를 원칙으로 한다.
③ 소득세의 과세방법에는 종합과세, 분리과세, 분류과세가 있다.
④ 소득세는 소득금액과 관계없이 단일세율을 적용한다.

04 **다음 중 소득세법상 거주자의 종합소득에 해당하지 않는 것은?**

① 배당소득　　② 사업소득
③ 기타소득　　④ 퇴직소득

05 **다음 중 소득세법에 대한 설명으로 옳지 않은 것은?**

① 소득세 과세대상은 종합소득과 퇴직소득 및 양도소득이다.
② 소득세법상 납세의무자는 개인으로 거주자와 비거주자로 구분하여 납세의무의 범위를 정한다.
③ 소득세법은 열거주의 과세방식이나 이자소득, 배당소득, 연금소득 등은 유형별 포괄주의를 채택하고 있다.
④ 종합소득은 원칙적으로 종합과세하고 퇴직소득과 양도소득은 분리과세한다.

06 **다음 중 소득세법상 과세기간에 대한 설명으로 틀린 것은?**

① 일반적인 소득세의 과세기간은 1월 1일부터 12월 31일까지 1년으로 한다.
② 거주자가 사망한 경우의 과세기간은 1월 1일부터 사망한 날까지로 한다.
③ 신규사업자의 사업소득의 과세기간은 사업개시일부터 12월 31일까지로 한다.
④ 거주자가 주소 또는 거소를 국외로 이전하여 비거주자가 되는 경우의 과세기간은 1월 1일부터 출국한 날까지로 한다.

07 **다음 중 소득세법상 과세기간에 대한 설명으로 틀린 것은?**

① 일반적인 소득세의 과세기간은 1월 1일부터 12월 31일까지 1년으로 한다.
② 거주자가 사망한 경우의 과세기간은 1월 1일부터 사망한 날까지로 한다.
③ 폐업사업자의 사업소득의 과세기간은 1월 1일부터 폐업일까지로 한다.
④ 거주자가 주소 또는 거소를 국외로 이전하여 비거주자가 되는 경우의 과세기간은 1월 1일부터 출국한 날까지로 한다.

08 **다음 중 소득세법에 관한 설명으로 옳지 않은 것은?**

① 소득세의 과세기간은 1/1~12/31일을 원칙으로 하며, 사업자의 선택에 의하여 이를 변경할 수 없다.
② 사업소득이 있는 거주자의 소득세 납세지는 주소지로 한다.
③ 소득세법은 종합과세제도이므로 거주자의 모든 소득을 합산하여 과세한다.
④ 소득세의 과세기간은 사업개시나 폐업의 영향을 받지 않는다.

2. 이자소득과 배당소득

01 이자소득

1 이자소득의 범위

이자소득이란 해당 과세기간에 발생한 다음의 소득을 말한다.

① 국가나 지방자치단체, 내국법인, 외국법인의 국내지점 또는 국내영업소, 외국법인이 발행한 채권 또는 증권의 이자와 할인액
② 국내·외에서 받는 예금(적금·부금·예탁금 및 우편대체를 포함)의 이자
③ 상호저축은행법에 따른 신용계 또는 신용부금으로 인한 이익
④ 채권 또는 증권의 환매조건부 매매차익
⑤ 저축성보험의 보험차익
⑥ 직장공제회 초과 반환금
⑦ 비영업대금의 이익
⑧ 위의 소득과 유사한 소득으로서 금전 사용에 따른 대가로서의 성격이 있는 것
⑨ 위의 이자소득을 발생시키는 거래 또는 행위와 파생상품이 결합된 경우 해당 파생상품의 거래 또는 행위로부터의 이익

참고 ✓ 저축성보험이란 보험료 납입액보다 만기 보험금수령액이 더 큰 보험을 말하며, 보험료 납입액과 보험금 수령액의 차이를 이자로 보는 것이다.
✓ 저축성보험차익 중 보험계약기간이 10년 이상이고 일정 요건을 갖추면 비과세 된다.

I CAN 기출문제

다음 중 소득세법상 이자소득으로 볼 수 없는 것은?

① 사채이자
② 연금계좌에서 연금외 수령한 소득 중 운용수익
③ 채권, 증권의 환매조건부 매매차익
④ 비영업대금의 이익

정답풀이

② 연금계좌의 운용수익은 기타소득 또는 퇴직소득으로 과세된다.

2 비과세 이자소득

이자소득의 유형중 아래에 해당하는 것은 과세하지 않는다.

① 공익신탁법에 따른 공익신탁의 이익
② 농어가목돈마련저축에서 발생하는 이자소득(2025년 12월 31일까지 가입분에 한함)
③ 노인·장애인 등에 해당하는 거주자의 비과세 종합저축(1인당 5천만원 이하에 한함)에서 발생하는 이자소득(2025년 12월 31일까지 가입분에 한함)

3 이자소득에서 제외되는 것

이자소득의 유형중 아래에 해당하는 것은 과세하지 않는다.

연체이자	외상매출금 등의 회수지연 또는 지급기일 연장으로 받는 연체이자는 사업소득으로 본다. 단, 그 외상매출금 등을 소비대차로 전환함에 따라 받는 이자는 이자소득으로 본다.
손해배상금 법정이자	일반적인 손해배상금의 법정이자는 과세하지 않으며, 위약 또는 해약으로 받는 손해배상금 법정이자는 기타소득으로 과세한다.

4 이자소득금액

이자소득 총수입금액은 이자소득금액과 같다. 필요경비를 차감하지 않는다.

이자소득금액 = 이자소득 총수입금액(비과세·분리과세 제외)

5 이자소득의 수입시기

① 채권 등의 이자와 할인액	• 무기명 채권 등: 그 지급받은 날 • 기명 채권 등: 약정에 의한 지급일
② 보통예금, 정기예금, 적금, 부금의 이자	• 원칙: 실제로 이자를 지급받은 날 • 원본에 전입하는 특약이 있는 경우: 원본전입일 • 해약으로 인하여 지급되는 이자: 그 해약일 • 계약기간을 연장하는 경우: 그 연장하는 날
③ 통지예금의 이자	인출일
④ 채권·증권의 환매조건부 매매차익	• 원칙: 약정에 의한 환매수일 또는 환매도일 • 기일 전에 환매수·환매도하는 경우: 환매수·환매도일
⑤ 저축성 보험의 보험차익	• 원칙: 보험금 또는 환급금의 지급일 • 기일 전에 해지하는 경우: 그 해지일
⑥ 직장공제회 초과반환금	약정에 의한 공제회반환금의 지급일
⑦ 비영업대금의 이익	• 원칙: 약정에 의한 이자지급일 • 이자지급일의 약정이 없거나, 약정에 의한 이자지급일 전에 이자를 지급받는 경우, 또는 총수입금액 계산에서 제외하였던 이자를 지급받는 경우: 그 이자지급일
⑧ 이자소득이 발생하는 재산이 상속·증여되는 경우	상속개시일 또는 증여일

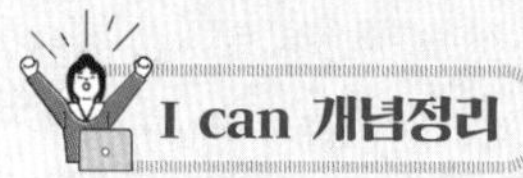

이자소득의 원천징수

이자소득을 지급할 때 지급액에서 다음의 세율만큼 원천징수한다.

- 일반적인 경우(은행이자·채권이자 등): 14%
- 비영업대금의 이익: 25%
- 비실명 이자소득: 45%(금융실명제 위반의 경우에는 90%)
- 직장공제회 초과반환금: 소득세 기본세율

I CAN 기출문제

다음 중 이자소득의 원칙적인 수입시기에 관한 설명으로 맞는 것은?

① 보통예금의 수입시기는 이자를 지급받기로 한 날이다.
② 통지예금의 이자는 통지한 날을 수입시기로 한다.
③ 정기적금의 이자는 실제로 이자를 지급받는 날을 수입시기로 한다.
④ 비영업대금의 이자는 실제로 이자를 지급받는 날을 수입시기로 한다.

정답풀이

③ 보통예금은 실제로 이자를 지급 받는날, 통지예금은 인출일, 비영업대금의 이익은 약정에 따른 이자지급일 비영업대금의 이익은 원칙적으로 약정에 의한 이자지급일이다.

I CAN 기출문제

다음 중 소득세법상 이자소득 총수입금액의 수입시기(귀속시기)에 대한 설명으로 가장 옳지 않은 것은?

① 저축성 보험의 보험차익은 보험금 또는 환급금의 지급일이며, 다만 기일 전에 해지하는 경우에는 그 해지일이다.
② 비영업대금의 이익은 약정일 이후 실제 이자지급일이 원칙이다.
③ 채권의 이자와 할인액은 무기명채권은 실제 지급받은 날, 기명채권의 이자와 할인액은 약정에 의한 지급일이다.
④ 금전의 사용에 따른 대가의 성격이 있는 이자와 할인액은 약정에 따른 상환일이다. 다만, 기일 전에 상환하는 때에는 그 상환일이다.

정답풀이

② 비영업대금의 이익은 원칙적으로 약정에 의한 이자지급일이다.

02 배당소득

1 배당소득의 범위

배당소득이란 해당 과세기간에 발생한 다음의 소득을 말한다.

① 내국법인으로부터 받는 이익이나 잉여금의 배당 또는 분배금
② 법인으로 보는 단체로부터 받는 배당금 또는 분배금
③ 의제배당
④ 법인세법에 따라 배당으로 처분된 금액
⑤ 국내 또는 국외에서 받는 집합투자기구로부터의 이익
⑥ 외국법인으로부터 받는 이익이나 잉여금의 배당 또는 분배금
⑦ 국제조세조정에 관한 법률에 따라 배당받은 것으로 간주된 금액
⑧ 공동사업에서 발생한 소득금액 중 출자공동사업자의 손익분배비율에 해당하는 금액
⑨ 위의 소득과 유사한 소득으로서 수익분배의 성격이 있는 것
⑩ 위의 배당소득을 발생시키는 거래 또는 행위와 파생상품이 결합된 경우 해당 파생상품의 거래 또는 행위로부터의 이익
⑪ 동업기업과세특례에 따른 동업자의 배당소득

2 비과세 배당소득

배당소득의 유형중 아래에 해당하는 것은 과세하지 않는다.

① 신탁법에 따른 공익신탁의 이익
② 노인·장애인 등에 해당하는 거주자의 비과세종합저축(1인당 5천만원 이하에 한함)에서 발생하는 배당소득(2025년 12월 31일까지 가입분에 한함)
③ 장기보유 우리사주의 배당소득

3 배당소득금액

배당소득 총수입금액은 필요경비를 차감하지 않는다.

배당소득금액 = 배당소득 총수입금액(비과세·분리과세 제외) + 배당가산액

배당소득의 원천징수

배당소득을 지급할 때 지급액에서 다음의 세율만큼 원천징수한다.

- 일반적인 경우: 14%
- 출자공동사업자의 배당소득: 25%
- 비실명 배당소득: 45%(금융실명제 위반의 경우에는 90%)

배당소득의 Gross-up 후 세액공제(이중과세 조정)

법인으로부터 배당을 받을 때 배당받는 금액은 이미 법인세가 과세된 금액이며, 이 금액을 배당소득으로 과세하면 동일한 재원에 이중과세되는 결과가 발생한다. 이러한 이중과세를 제거하기 위해 배당소득금액 계산시 이미 과세된 법인세액에 상당하는 금액(배당가산액 10%)을 배당소득에 합산하고, 추후 세액계산시 배당세액공제를 통해 이미 과세된 법인세 상당액을 제거하는 방법으로 과세한다.

소득금액 계산시	→	세액계산시
배당가산액(10%) 가산		배당세액공제

✓ 배당가산액을 '귀속법인세'라고도 한다.

배당소득 중 이중과세 조정 대상이 되는 경우는 다음음 요건을 모두 충족하여야 한다.

- 내국법인으로부터 받을 것
- 배당을 지급한 법인단계에서 법인세가 과세된 재원으로 배당한 것일 것
- 종합과세되는 배당일 것
- 기본세율이 적용되는 배당일 것

I CAN 기출문제

다음 중 소득세법상 배당소득 중 Gross-up 적용 대상이 아닌 것은?

① 내국법인으로부터 받는 배당
② 감자 · 해산 · 합병 · 분할로 인한 의제배당
③ 법인세법에 따라 배당으로 처분된 금액
④ 주식발행액면초과액을 재원으로 한 의제배당

정답풀이

④ 주식발행액면초과액은 법인세가 과세되지 않기 때문에 이를 재원으로 한 의제배당은 Gross-up 적용 대상이 아니다.

4 배당소득의 수입시기

실지배당	• 무기명주식의 이익배당: 실제지급일 • 기명주식의 이익배당: 잉여금처분결의일
의제배당	• 감자 등: 감자결의일, 퇴사·탈퇴일 • 해산: 잔여재산가액 확정일 • 합병: 합병등기익 • 분할: 분할등기일(또는 분할합병등기일) • 잉여금 자본전입: 자본금 전입 결정일
인정배당	당해 사업연도의 결산확정일

03 금융소득의 과세방법

금융소득이란 이자소득과 배당소득을 합한 것이며, 분리과세와 종합과세가 혼합 적용되며, 비과세 및 무조건 분리과세대상을 제외한 금융소득(무조건 종합과세 + 조건부 종합과세)을 합산하여 2천만원을 초과하면 종합과세하고 2천만원 이하이면 조건부 종합과세금융소득을 분리과세 된다.

1 금융소득의 분류와 원천징수세율

무조건 분리과세	실지 명의가 확인되지 않는 이자소득과 배당소득	45%
	금융실명법에 따른 비실명소득	90%
	직장공제회 초과반환금	기본세율
	법원보관금의 이자소득	14%
	조세특례제한법상 분리과세 되는 이자소득, 배당소득	5% ~ 14%
무조건 종합과세	원천징수 되지 않은 이자소득과 배당소득	-
	출자공동기업의 배당소득	25%
조건부 종합과세	일반적인 이자소득 배당소득	14%
	비영업대금의 이익	25%

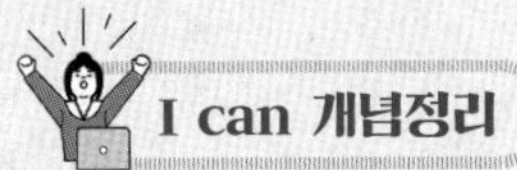

금융소득 종합과세

금융소득 중 무조건 종합과세 금융소득과 조건부 종합과세 금융소득의 합계액이 연 2,000만원을 초과하는 경우에는 조건부 종합과세 금융소득을 타 소득과 합산하여 종합과세 하는 것을 말하며, 조건부 금융소득의 과세방법은 다음과 같다.

- 무조건 종합과세 + 조건부 종합과세 〉 2,000만원: 종합과세
- 무조건 종합과세 + 조건부 종합과세 ≦ 2,000만원: 분리과세

✓ 2,000만원을 '금융소득종합과세 기준금액'이라고도 한다.
✓ 무조건 종합과세 항목은 2,000만원 초과 여부와 무관하게 언제나 종합과세 한다.
✓ 무조건 분리과세 항목은 2,000만원 초과 여부와 무관하게 언제나 분리과세 한다.

3. 사업소득

01 사업소득의 개요

1 사업소득의 개념

사업소득은 영리를 목적으로 자기의 계산과 책임 하에 계속적·반복적인 활동을 통해서 발생하는 소득을 말한다. 여기서 사업이란 영리를 목적으로 독립적인 지위에서 계속적·반복적으로 행하는 사회적 활동을 의미하며, 이러한 사업에서 발생하는 소득이 사업소득이다. 사업소득의 범위는 다음과 같다.

① 농업(작물재배업 중 곡물 및 기타 식량작물 재배업은 제외)·임업 및 어업에서 발생하는 소득
② 광업 및 제조에서 발생하는 소득
③ 전기, 가스, 증기 및 공기조절공급업에서 발생하는 소득
④ 건설업 및 수도, 하수 및 폐기물 처리, 원료 재생업에서 발생하는 소득
⑤ 도매 및 소매업, 운수 및 창고업에서 발생하는 소득에서 발생하는 소득
⑥ 정보통신업, 숙박 및 음식점업에서 발생하는 소득
⑦ 금융 및 보험업에서 발생하는 소득
⑧ 부동산업에서 발생하는 소득. 다만, 공익사업과 관련하여 지역권·지상권(지하 또는 공중에 설정된 권리를 포함한다)을 설정하거나 대여함으로써 발생하는 소득은 제외한다.
⑨ 전문, 과학 및 기술서비스업(연구개발업은 제외한다)에서 발생하는 소득
⑩ 보건업 및 사회복지서비스업에서 발생하는 소득
⑪ 예술, 스포츠 및 여가 관련 서비스업에서 발생하는 소득
⑫ 협회 및 단체, 수리 및 기타 개인서비스업에서 발생하는 소득
⑬ 교육서비스업, 사업시설관리, 사업 지원 및 임대 서비스업에서 발생하는 소득
⑭ 가구내 고용활동에서 발생하는 소득
⑮ 복식부기의무자가 차량 및 운반구 등 유형고정자산을 양도함으로써 발생하는 소득
다만, 토지 및 건물의 양도에 따른 소득은 제외한다.
⑯ 위의 소득과 유사한 소득으로서 영리를 목적으로 자기의 계산과 책임 하에 계속적·반복적으로 행하는 활동을 통하여 얻는 소득

2 사업소득으로 보지 않는 것

다음의 경우에는 사업소득으로 보지 않고, 과세되지 않는다.

① 농업 중 곡물 및 기타식량재배업
② 연구·개발업(단, 계약에 따라 대가를 받으면서 행해지는 것은 과세)
③ 유치원, 초중등교육법 및 고등교육법에 의한 학교, 직업능력개발훈련시설, 노인학교
④ 아동수용복지시설, 성인수용복지시설, 장애인수용복지시설 등 복지사업

참고 공익사업과 관련된 지상권과 지역권 대여소득은 기타소득으로 과세되고, 일반적인 지상권·지역권 대여소득은 사업소득으로 과세된다.

3 비과세 사업소득

다음의 경우에는 사업소득은 소득세가 과세되지 않는다.

① 논·밭을 작물 생산에 이용하게 함으로써 발생하는 소득
② 1개의 주택을 소유하는 자의 주택임대소득(기준시가가 12억원을 초과하는 주택 및 국외에 소재하는 주택의 임대소득은 제외)
③ 농어가부업소득
④ 전통주의 제조에서 발생하는 소득
⑤ 조림기간 5년 이상인 임지의 임목의 벌채 또는 양도로 발생하는 소득으로서 연 600만원 이하의 금액
⑥ 어로어업에서 발생하는 소득

02 사업소득금액

1 사업소득금액 계산

사업소득금액 = 사업소득 총수입금액 − 필요경비

2 사업소득 총수입금액

총수입금액 산입	① 매출액(할인, 에누리, 환입 제외) ② 사업관련 자산수증이익·채무면제이익(결손보전분은 총수입금액 불산입) ③ 거래상대방으로부터 받는 장려금 ④ 관세환급금 등 필요경비 산입된 세액의 환입액 ⑤ 재고자산을 가사용으로 소비하거나 타인에게 지급한 경우 시가 ⑥ 사업용 자산의 손실로 인한 보험차익
총수입금액 불산입	① 이자, 배당(이자소득, 배당소득으로 과세) ② 자산 평가차익(평가차손은 필요경비 불산입) ③ 전년도로부터 이월된 소득금액 ④ 부가가치세 매출세액 ⑤ 자기가 생산한 제품 등을 타 제품의 원재료로 사용한 것 ⑥ 소득세 및 지방소득세(소득분) 환급액 및 환급이자 ⑦ 총수입금액에 따라 납부하는 개별소비세, 교통·에너지·환경세, 주세

3 사업소득의 필요경비

필요경비 산입	① 매출원가 및 판매부대비용 ② 국민건강보험법·노인장기요양법 등에 따라 사용자가 부담하는 보험료 및 사용자 본인의 건강보험료 등 ③ 거래상대방에게 지급하는 장려금 ④ 감가상각비, 기업업무추진비(접대비), 기부금 등(한도를 초과하면 필요경비 불산입)
필요경비 불산입	① 대표자의 인건비 (종업원의 인건비 및 실제로 종사하는 대표자 가족의 인건비는 필요경비 산입) ② 소득세 및 지방소득세 소득분 ③ 업무무관경비(가사관련경비 등) ④ 일정한 지급이자 및 기업업무추진비(접대비), 기부금, 감가상각비, 대손충당금 한도초과액 ⑤ 비지정기부금(동창회, 새마을금고 등에 지출), 벌금, 과태료 등 ⑥ 개별소비세, 주세, 교통·에너지·환경세 ⑦ 부가가치 매입세액(매입세액 불공제된 것은 필요경비 산입)

03 사업소득의 과세방법

사업소득은 일반적으로 원천징수 없이 전액 종합과세 한다. 단, 일정한 경우에는 원천징수 후 종합과세 하는 경우도 있다.

1 원천징수하는 사업소득

원천징수가 적용되는 사업소득의 범위 및 원천징수세율은 다음과 같다.

구분	세율
의료보건용역	3%
부가가치세 면세대상 인적용역	3%
외국인 직업운동가의 사업소득	20%
봉사료 수입금액	5%
농축수산물 판매업자 및 노점상인의 소득	납세조합을 조직하여 조합원의 사업소득에 대한 소득세에서 납세조합공제(세액의 5%)를 차감한 금액을 매월 징수하여 다음달 10월까지 납부

2 연말정산하는 사업소득

다음에 해당하는 인적용역 중 간편장부대상자에게 사업소득을 지급하는 자는 해당 사업소득에 대하여 다음 해 2월에 연말정산 한다.

① 보험모집인 ② 방문판매원 ③ 음료배달원

참고 ✓ 연말정산하는 사업소득만 있는 자는 종합소득세 확정신고를 하지 않아도 된다.
✓ 위의 인적용역 중 간편장부대상자는 직전연도 총수입금액이 7,500만원 미만인 자를 말한다.

3 분리과세하는 사업소득

주택임대소득의 총수입금액이 2천만원 이하인 경우에는 14% 세율로 분리과세 선택이 가능하며, 그 이외의 사업소득은 원천징수를 하더라도 종합과세 된다.

4 사업소득의 수입시기

① 상품·제품 등 재고자산의 판매: 인도한 날
② 위 ① 이외의 자산의 매매: 대금청산일, 소유권이전등기일, 사용수익일 중 빠른 날
③ 시용판매: 구매자가 구입의사를 표시한 날
④ 위탁판매: 수탁자가 위탁품을 판매한 날
⑤ 장기할부판매: 인도한 날 또는 회수기일이 도래한 날
⑥ 용역의 제공: 용역의 제공을 완료한 날
⑦ 무인판매기에 의한 판매: 무인판매기에서 현금을 꺼낸 날(인취한 날)

I CAN 기출문제

다음 중 소득세법상 사업소득의 수입시기 중 잘못 연결된 것은?

① 상품, 제품 또는 그 밖의 생산품의 판매: 구매자에게 인도한 날
② 무인 판매기에 의한 판매: 무인판매기에서 현금을 인출한 날
③ 인적 용역의 제공: 용역대가를 지급받기로 한 날 또는 용역의 제공을 완료한 날 중 빠른 날
④ 상품 등의 위탁 판매: 그 상품 등을 수탁자에게 인도한 날

정답풀이

④ 상품 등의 위탁판매한 경우의 수입시기는 수탁자가 위탁물품을 판매한 날 이다.

I can 실전문제(사업소득)

※ I can 실전문제에 수록된 문제들은 모두 전산세무 2급 시험에 다수 출제되었던 유형입니다.

01 **소득세법상 사업소득의 수입시기 중 바르게 연결된 것은?**

① 상품, 제품 또는 그 밖의 생산품의 판매: 상대방이 구입의사를 표시한 날
② 무인 판매기에 의한 판매: 그 상품을 수취한 날
③ 인적 용역의 제공: 용역대가를 지급받기로 한 날 또는 용역의 제공을 완료한 날 중 빠른 날
④ 상품 등의 위탁 판매: 그 상품 등을 수탁자에게 인도한 날

02 **개인사업자 김나영은 인터넷쇼핑몰을 경영한 결과 당해 손익계산서상 당기순이익이 10,000,000원으로 확인되었다. 다음의 세무조정 사항을 반영하여 소득세법상 사업소득금액을 계산하면 얼마인가?**

- 총수입금액산입 세무조정항목: 1,000,000원
- 필요경비불산입 세무조정항목: 9,000,000원
- 필요경비산입 세무조정항목: 8,000,000원
- 총수입금액불산입 세무조정항목: 6,000,000원

① 5,000,000원 ② 6,000,000원
③ 11,000,000원 ④ 16,000,000원

03 **다음 중 소득세법상 소득세가 과세되는 것은?**

① 논·밭을 작물 생산에 이용하게 함으로써 발생하는 소득
② 고용보험법에 따라 받는 육아휴직급여
③ 연 1천만원의 금융소득(국내에서 받는 보통예금이자)
④ 고용보험법에 따라 받는 실업급여

04 다음 중 소득세법상 수입시기로 옳지 않은 것은?

① 잉여금의 처분에 의한 배당소득의 수입시기는 법인의 당해 사업연도 종료일이다.
② 비영업대금의 이익의 수입시기는 약정에 의한 이자지급일이다.
③ 무인판매기에 의한 판매의 경우에는 무인판매기에서 현금을 꺼낸 날이다.
④ 퇴직소득의 수입시기는 퇴직한 날로 한다.

05 다음 중 소득세법상 사업소득금액 계산시 필요경비에 산입되는 항목은?

① 면세사업자가 부담하는 부가가치세 매입세액
② 업무와 관련하여 고의 또는 중대한 과실로 타인의 권리를 침해한 경우에 지급되는 손해배상금
③ 초과인출금에 대한 지급이자
④ 선급비용

06 사업소득의 총수입금액에 대한 설명이다. 가장 틀린 것은?

① 환입된 물품의 가액과 매출에누리는 해당 과세기간의 총수입금액에 산입하지 아니한다.
② 부가가치세의 매출세액은 해당 과세기간의 소득금액을 계산할 때 총수입금액에 산입하지 아니한다.
③ 관세환급금등 필요경비에 지출된 세액이 환급되었거나 환입된 경우에 그 금액은 총수입금액에 이를 산입한다.
④ 거래상대방으로부터 받는 장려금 기타 이와 유사한 성질의 금액은 총수입금액에 이를 산입하지 아니한다.

07 소득세법에 따른 사업소득 필요경비에 해당하지 않는 것은?

① 해당 사업에 직접 종사하고 있는 사업자의 배우자 급여
② 판매한 상품 또는 제품의 보관료, 포장비, 운반비
③ 운행기록을 작성비치한 업무용승용차 관련비용 중 업무사용비율에 해당하는 금액(복식부기의무자)
④ 새마을금고에 지출한 기부금

4. 근로소득

01 근로소득의 개요

1 근로소득의 개념

근로소득이란 고용계약 등의 계약에 의하여 비독립적으로 근로를 제공하고 그 대가로 지급받는 소득을 말하며, 급여·상여·급료 등이 이에 해당된다. 근로소득은 해당 과세기간에 발생한 다음의 소득이 해당 된다.

① 기밀비(판공비를 포함)·교제비 기타 이와 유사한 명목으로 받는 것으로서 업무를 위하여 사용된 것이 분명하지 아니한 급여
② 종업원이 받는 공로금·위로금·개업축하금·학자금·장학금(종업원의 수학중인 자녀가 사용자로부터 받는 학자금·장학금을 포함) 기타 이와 유사한 성질의 급여
③ 근로수당·가족수당·전시수당·물가수당·출납수당·직무수당 기타 이와 유사한 성질의 급여
④ 급식수당·주택수당·피복수당 기타 이와 유사한 성질의 급여
⑤ 주택을 제공받음으로써 얻는 이익. 다만, 다음 어느 하나에 해당하는 사람이 사택을 제공받는 경우는 제외한다.
- 주주 또는 출자자가 아닌 임원, 소액주주인 임원
- 임원이 아닌 종업원(비영리법인 또는 개인의 종업원을 포함한다)
- 국가 또는 지방자치단체로부터 근로소득을 지급받는 사람

⑥ 종업원이 주택(주택에 부수된 토지를 포함)의 구입·임차에 소요되는 자금을 저리 또는 무상으로 대여 받음으로써 얻는 이익(중소기업 종업원의 주택 구입·임차자금 대여 이익은 제외)
⑦ 기술수당·보건수당 및 연구수당, 그밖에 이와 유사한 성질의 급여
⑧ 시간외근무수당·통근수당·개근수당·특별공로금 기타 이와 유사한 성질의 급여
⑨ 여비의 명목으로 받는 연액 또는 월액의 급여
⑩ 벽지수당·해외근무수당 기타 이와 유사한 성질의 급여
⑪ 법인의 임원 또는 종업원이 당해 법인 또는 당해 법인과 특수관계에 있는 법인으로부터 부여받은 주식매수선택권을 근무하는 기간 중 행사함으로써 얻은 이익

⑫ 종업원등 또는 대학의 교직원이 지급받는 직무발명보상금(다만, 연 700만원 이하금액은 비과세)
⑬ 법인의 주주총회·사원총회 또는 이에 준하는 의결기관의 결의에 따라 상여로 받는소득
⑭ 법인세법에 따라 상여로 처분된 금액
⑮ 퇴직함으로써 받는 소득으로서 퇴직소득에 속하지 아니하는 소득

2 근로소득으로 보지 않는 것

다음에 해당하는 항목은 근로소득으로 보지 않는다.

① 사회 통념상 타당하다고 인정되는 경조금
② 비출자임원(소액주주인 임원 포함)과 종업원이 사택을 제공받음으로써 얻는 이익
③ 사용자가 부담하는 단체순수보장성보험과 단체환급부보장성보험의 보험료 중 1인당 연 70만원 이하의 금액

3 비과세 근로소득

1. 실비변상적 급여

① 일직료·숙직료 또는 여비로서 실비변상정도의 금액
② 종업원 본인이 소유 또는 임차한 차량을 본인이 직접 운전하여 업무에 이용하고 소요된 실제 여비를 받는 대신에 지급기준에 따라 받는 금액(자가운전보조금) 중 월 20만원 이내의 금액
③ 일정한 교원 또는 연구원 등이 받는 연구보조비 또는 연구활동비 중 월 20만원 이내의 금액
④ 취재수당이나 벽지근무수당 중 월 20만원 이내의 금액
⑤ 천재지변 기타 재해로 인하여 받는 급여
⑥ 지방으로 이전하는 기관 종사자 등에게 지급하는 이주수당 중 월 20만원 이내의 금액

2. 식대 및 보육수당

① 사내급식 또는 이와 유사한 방법으로 제공받는 식사 기타 음식물
② 식사 기타 음식물을 제공받지 아니하는 자 받는 월 20만원 이하의 식사대
③ 근로자 또는 그 배우자의 출산이나 6세 이하 자녀의 보육과 관련하여 사용자로부터 받는 급여로서 월 20만원 이내의 금액
④ 지급규정이 있는 기업이 근로자 본인 또는 배우자의 출산과 관련해 출생일 이후 2년 이내에 지급한 출산지원금(2회 이내)은 한도없이 전액 비과세

3. 생산직근로자가 받은 야간 및 연장근로수당

월정급여액 210만원 이하이고, 직전 과세기간의 총급여액이 3,000만원 이하로서 공장·광산 등에서 일하는 생산직 근로자가 시간외근무·야간근무 등으로 통상 임금에 더하여 받는 급여는 다음의 금액을 한도로 비과세 한다.

① 광산근로자 및 일용근로자: 한도 없이 전액 비과세
② 기타 생산직 및 어업에 종사하는 근로자: 연 240만원을 한도로 비과세

4. 국외근로

① 국외지역에서 근로를 제공하고 받는 보수 중 월 100만원 이내의 금액(원양어업선박, 국외건설현장 등에서 근로하고 받는 보수는 월 500만원 이내의 금액)
② 공무원 등이 국외 또는 북한지역에서 근무하고 받는 수당 중 해당 근로자가 국내에서 근무할 경우에 지급받을 금액 상당액을 초과하여 받는 금액

5. 기타 비과세 근로소득

① 복무중인 병(兵)이 받는 급여
② 법률에 따라 동원된 사람이 그 동원된 직장에서 받는 급여
③ 실업급여·육아휴직급여·산전후 휴가급여·배우자 출산휴가급여·육아기 근로시간 단축급여
④ 국민건강보험법 등에 따라 사용자가 부담하는 보험료 등
⑤ 「발명진흥법」상 직무발명보상금 700만원 이하의 보상금
⑥ 기업의 규칙 등으로 정해진 근로자 본인의 업무관련 학자금(교육기간이 6개월 이상인 경우 해당 교육기간을 초과하여 근무하지 않을 경우 해당 학자금 반납 조건)
⑦ 국가 또는 지방자치단체가 지급하는 다음의 금액
- 보육교사의 처우개선을 위하여 지급하는 근무환경개선비
- 사립유치원 교사의 인건비
- 전공의에게 지급하는 수련보조수당

⑧ 비출자임원, 소액주주* 임원, 임원이 아닌 종업원(비영리법인 또는 개인의 종업원 포함), 국가·지방자치단체로부터 근로소득을 지급받는 사람이 사택을 제공받음으로써 얻는 이익
⑨ 중소기업 종업원이 주택(주택에 부수토지 포함)의 구입·임차에 소요되는 자금을 저리 또는 무상으로 대여 받음으로써 얻는 이익
⑩ 자사 및 계열사 종업원에게 재화 또는 용역을 시가보다 할인된 가격으로 공급하는 재화 또는 용역의 다음 3가지 요건을 충족하는 경우에는 일정한 금액을 비과세 한다.
- 종업원의 소비목적 구입, 일정기간 재판매 금지, 공통 지급기준에 따른 할인금액 적용
- 비과세 금액: Max(시가의 20%, 연 240만원)

I CAN 기출문제

다음 소득세법상 비과세근로소득에 대한 설명중 올바르지 않은 것은?

① 본인명의 차량의 회사업무 이용에 따른 자가운전보조금 – 월 20만원 이하의 금액
② 식사를 제공받지 않는 근로자가 받는 식대 – 월 10만원 이하의 금액
③ 6세이하 자녀에 대한 보육수당 – 월 20만원 이하의 금액
④ 직무발명보상금 – 연 700만원 이하의 금액

정답풀이

② 식사제공을 받지 않는 근로자가 받는 식대는 월 20만원까지 비과세 된다.

02 근로소득금액

1 근로소득금액 계산

근로소득금액 = 총급여액(비과세·분리과세 제외) – 근로소득공제

2 근로소득공제

1. 일반근로자

총급여액	근로소득공제액
500만원 이하	총급여액 × 70%
500만원 초과 1,500만원 이하	350만원 + 500만원을 초과하는 금액 × 40%
1,500만원 초과 4,500만원 이하	750만원 + 1,500만원을 초과하는 금액 × 15%
4,500만원 초과 1억원 이하	1,200만원 + 4,500만원을 초과하는 금액 × 5%
1억원 초과	1,475만원 + 1억원을 초과하는 금액 × 2%

참고 근로소득공제액이 2천만원을 초과하는 경우에는 2천만원을 한도로 공제한다

2. 일용근로자

일용근로자의 경우 총 급여액에서 1일 15만원을 공제한다.

3 근로소득의 수입시기

급여	근로를 제공한 날
잉여금처분에 의한 상여	당해 법인의 잉여금처분결의일
인정상여	해당 사업연도 중의 근로를 제공한 날
임원 퇴직소득 한도초과액	지급받거나 지급받기로 한 날
주식매수선택권	주식매수선택권을 행사한 날

03 근로소득의 과세방법

1 일반근로자의 원천징수 및 연말정산

국내에서 거주자나 비거주자에게 근로소득을 지급하는 자는 근로소득세를 원천징수 하여야 한다. 일반근로자에 급여지급시 간이세액표에 따른 소득세를 원천징수하고 다음 연도 2월분 급여지급 시 연말정산을 한다.

매월 급여 지급시	급여 지급 시 간이세액표에 의해 원천징수(다음달 10일까지 납부)
다음해 2월 연말정산	1년분 급여에 대하여 연말정산 (근로소득만 있는 경우에는 연말정산으로 납세의무 종결)
다음해 5월 확정신고	근로소득 이외의 소득이 있는 경우에는 확정신고시 다른 소득과 합산하여 신고(근로소득만 있는 경우에도 확정신고 가능)

참고 근로소득 이외에 다른 종합소득이 있을 경우 종합소득금액에 합산하여 과세표준 확정신고를 하여야 하지만, 근로소득외 다른 소득이 없을 경우 과세표준 확정신고 없이 연말정산만 실시한다.

2 일용근로자의 원천징수

일용근로자란 근로를 제공한 날 또는 시간에 따라 근로대가를 받는 사람으로서 동일한 고용주에게 3개월(건설공사 종사자는 1년)이상 계속하여 고용되어 있지 아니한 사람 말하며, 일용근로자의 소득은 종합소득에 합산하지 않고 다음에 의해 계산된 세액을 원천징수하는 것으로 납세의무가 종결된다.(완납적 원천징수, 분리과세)

과세표준	과세표준: 급여액(일당) - 소득공제(150,000원)
(×) 세율	세 율: 6%
➡ 산출세액	산출세액: 과세표준 × 6%
(-) 세액공제	세액공제: 산출세액 × 55%
= 원천징수세액	

3 원천징수대상이 아닌 근로소득

외국기관 등에서 받는 근로소득 등 원천징수대상이 아닌 것은 원천징수하지 않고 종합과세 된다.

04 연말정산

1 연말정산의 개념

근로소득을 지급할 때 근로소득 간이세액표에 의해 일정액을 원천징수하여 세금으로 납부한 후, 다음 해 2월 급여 지급 시 1년간 지급한 총 근로소득에 대해서 정확한 세금을 계산하여 추가납부 또는 환급하는 절차를 연말정산이라 한다.

매월급여 지급 시		다음 해 2월
매월 원천징수 다음달 10일까지 신고납부	→	연말정산 (추가납부 또는 환급)

2 연말정산대상 소득

연말정산 대상 소득은 다음과 같으며, 공적연금소득은 다음 해 1월에 연말정산을 하고, 그 외 다른 소득은 다음 해 2월에 연말정산 한다.

① 근로소득
② 공적연금소득(단, 공적연금소득외 다른 소득이 없을 경우 연말정산 후 종합소득세신고는 하지 않음)
③ 연말정산대상 사업소득(간편장부대상인 보험모집인·방문판매원·음료배달원)

3 근로소득의 원천징수 시기

근로소득의 원천징수는 매월 급여 지급 시에 하고, 다음 달 10일까지 신고납부하는 월별납부가 원칙이다.

반기별 납부	직전연도 상시고용인원 20인 이하인 경우에는 6개월 단위로 반기별 납부 가능하다.(1월~6월, 7월~12월)
지급시기 의제	• 1월부터 11월까지 급여를 지급하지 않은 경우에는 12월 31일에 지급한 것으로 보고 원천징수한다. • 12월 급여를 지급하지 않은 경우에는 다음 해 2월말에 지급한 것으로 보고 원천징수 한다. • 법인이 잉여금의 처분에 따라 지급해야 할 상여를 처분결정일부터 3개월까지 지급하지 아니한 때에는 그 3개월이 되는 날에 상여를 지급한 것으로 보아 원천징수한다.

I can 실전문제(근로소득)

※ I can 실전문제에 수록된 문제들은 모두 전산세무 2급 시험에 다수 출제되었던 유형입니다.

01 **다음 중 소득세법상 비과세 근로소득에 해당하지 않는 것은?**

① 고용보험법에 의한 육아휴직수당
② 근로기준법에 의한 연차수당
③ 국민연금법에 따라 받는 사망일시금
④ 국민건강보험법에 따라 사용자가 부담하는 건강보험료

02 **다음의 비과세 근로소득에 대한 내용 중 올바르지 않은 것은?**

① 자가운전보조금 - 월 20만원 이하의 금액
② 근로자가 제공받는 식대 - 식사를 제공받지 않으며 월 20만원 이하의 금액
③ 출산·보육수당 - 연 240만원 이하의 금액
④ 직무발명보상금 - 연 700만원 이하의 금액

03 **다음 중 과세되는 근로소득으로 보지 않는 것은?**

① 여비의 명목으로 받은 연액 또는 월액의 급여
② 법인세법에 따라 상여로 처분된 금액
③ 사업자가 그 종업원에게 지급한 경조금 중 사회통념상 타당하다고 인정되는 범위 내의 금액
④ 중소기업이 아닌 기업의 임원·사용인이 주택의 구입 · 임차에 소요되는 자금을 저리 또는 무상으로 대여 받음으로써 얻는 이익

04 **다음의 근로소득 중 소득세법상 비과세 대상이 아닌 것은?**

① 근로자가 제공받는 월 20만원 상당액의 현물식사
② 고용보험법에 따라 받는 실업급여, 육아휴직급여, 출산 전·후 휴가급여
③ 근로자가 6세 이하 자녀보육과 관련하여 받는 급여로서 월 20만원 이하의 금액
④ 본인차량을 소유하지 않은 임직원에게 지급된 자가운전보조금으로서 월 20만원 이내의 금액

05 **다음 중 소득세법상 근로소득의 범위에 해당하지 않는 것은?**

① 법인의 주주총회의 결의에 따라 상여로 받는 소득
② 법인세법에 따라 상여로 처분된 금액
③ 근로자가 회사로부터 주택의 구입·임차에 소요되는 자금을 무상으로 대여받는 이익
④ 법인의 임직원이 고용관계에 따라 부여받은 주식매수선택권을 퇴사 후에 행사함으로 얻은 이익

06 **다음 중 근로소득으로 보지 않는 것은?**

① 단체순수보장성보험과 단체환급부보장성보험의 보험료 중 1인당 연 70만원 이하의 금액
② 법인의 주주총회·사원총회 또는 이에 준하는 의결기관의 결의에 따라 상여로 받는 소득
③ 퇴직 전에 지급받는 직무발명보상금 중 700만원 초과금액
④ 근로를 제공함으로써 받는 봉급·급료·보수·세비·임금·상여·수당과 이와 유사한 성질의 급여

07 **다음 중 소득세법상 근로소득으로 보지 않는 금액은?**

① 법인세법에 의해 상여로 처분된 금액
② 종업원에게 지급하는 통근수당
③ 종업원이 사택을 제공받음으로써 얻는 이익
④ 종업원이 회사로부터 주택의 구입에 소요되는 자금을 무상으로 대여받음으로써 얻는 이익

08 **소득세법상 근로소득 원천징수시기의 특례에 대한 내용으로 틀린 것은?**

① 법인의 이익 또는 잉여금의 처분에 따라 지급하여야 할 상여를 그 처분을 결정한 날로부터 3개월이 되는 날까지 지급하지 아니한 경우에는 그 3개월이 되는 날에 그 상여를 지급한 것으로 보아 소득세를 원천징수한다.
② 원천징수의무자가 12월분의 근로소득을 다음 연도 2월 말일까지 지급하지 아니한 경우에는 그 근로소득을 다음 연도 2월 말일에 지급한 것으로 보아 소득세를 원천징수한다.
③ 원천징수의무자가 1월부터 11월까지의 근로소득을 해당 과세기간의 12월 31일까지 지급하지 아니한 경우에는 그 근로소득을 다음 연도 1월 말일에 지급한 것으로 보아 소득세를 원천징수한다.
④ 법인의 이익 또는 잉여금의 처분이 11월 1일부터 12월 31일까지의 사이에 결정된 경우에 다음 연도 2월 말일까지 그 상여를 지급하지 아니한 경우에는 그 상여를 다음 연도 2월 말일에 지급한 것으로 보아 소득세를 원천징수한다.

5. 연금소득

01 연금소득의 개요

1 연금소득의 개념

연금소득은 공적연금(국민연금 등)과 사적연금(연금저축 등)이 있으며, 연금을 납입 할 때에는 소득공제 또는 세액공제를 받고, 이를 수령할 때 연금소득으로 과세된다.

납입 시 소득공제 또는 세액공제	→	• 연금 형태로 수령: 연금소득 과세 • 일시금으로 수령: 퇴직소득으로 과세 • 자기불입분 및 운용수익: 기타소득으로 과세

1. 연금소득의 범위

공적 연금소득	공적연금 관련법(국민연금법, 공무원연금법, 군인연금법 등)에 따라 받는 각종 연금(2001.12.31. 이전 불입분에 대해서 연금 수령시 과세대상이 아님)
사적 연금소득	연금저축계좌 또는 퇴직연금계좌에서 일정한 연금 형태로 인출하는 연금

2. 비과세 연금소득

다음에 해당하는 연금소득은 과세하지 않는다.

① 공적연금 관련법(국민연금법 등)에 따라 받는 유족연금, 장애연금, 장해연금, 상이 연금, 연계노령유족연금 또는 연계퇴직유족연금
② 산업재해보상보험법에 따라 받는 각종 연금
③ 국군포로의 송환 및 대우 등에 관한 법률에 따른 국군포로가 받는 연금

02 연금소득금액

1 연금소득금액 계산

연금소득금액 = 총연금액(비과세·분리과세 제외) - 연금소득공제(900만원 한도)

총연금액이란 비과세소득과 분리과세소득을 제외한 해당 과세기간에 발생한 연금소득의 합계액을 말한다

참고 ✓ 공적연금소득은 무조건 종합과세 한다.(단, 다른 소득이 없을 경우 연말정산 후 종합소득세 신고는 하지 않음)
✓ 사적연금소득은 분리과세와 종합과세를 선택할 수 있으며, 사적연금을 중도에 해지하면서 수령한 금액은 기타소득(무조건 분리과세)으로 과세한다.

2 연금소득공제

총연금액	연금소득공제액
350만원 이하	총연금액
350만원 초과 700만원 이하	350만원 + 350만원을 초과하는 금액 × 40%
700만원 초과 1,400만원 이하	490만원 + 700만원을 초과하는 금액 × 20%
1,400만원 초과	630만원 + 1,400만원을 초과하는 금액 × 10%

참고 연금소득공제는 900만원을 한도로 한다.

3 연금소득의 수입시기

① 공적연금소득: 지급받기로 한 날
② 연금계좌에서 연금 수령한 연금소득: 수령한 날
③ 기타 연금소득: 지급받은 날

6. 기타소득

01 기타소득의 개요

1 기타소득의 범위

기타소득은 이자소득, 배당소득, 사업소득, 근로소득, 연금소득, 양도소득, 퇴직소득에 속하지 않은 소득으로서 세법에 열거된 것을 말한다.

1. 일시적 용역 제공 소득

① 고용관계 없이 다수인에게 강연을 하고 강연료 등 대가를 받는 용역
② 라디오·텔레비전 등을 통한 해설·계몽·연기심사 등을 하고 대가를 받는 용역
③ 변호사, 공인회계사, 세무사 등이 지식 등을 활용하여 대가를 받고 제공하는 용역
④ 기타 고용관계 없이 수당 또는 대가를 받고 제공하는 용역

2. 권리 등의 양도 또는 대여로 인한 소득

① 저작자·음반제작자 등 외의 자가 저작권 등을 양도하거나 대여하고 받는 금품
② 광업권·어업권·산업재산권 등을 양도하거나 대여하고 그 대가로 받는 금품
③ 물품 또는 장소를 일시적으로 대여하고 사용료로서 받는 금품
④ 공익사업과 관련하여 지역권·지상권 등을 설정하거나 대여하고 받는 금품

3. 상금 등

① 상금·현상금·포상금·보로금 또는 이에 준하는 금품
② 복권, 경품권, 그 밖의 추첨권에 당첨되어 받는 금품
③ 승마투표권, 승자투표권 등의 구매자가 받는 환급금
④ 슬롯머신 등의 당첨금품 및 배당금품 등
⑤ 계약의 위약 또는 해약으로 인하여 받는 위약금과 배상금
⑥ 유실물의 습득 또는 매장물의 발견으로 인하여 보상금을 받거나 새로 소유권을 취득하는 경우 그 보상금 또는 자산
⑦ 소유자가 없는 물건의 점유로 소유권을 취득하는 자산

3. 기타

① 특수관계인이 받는 경제적 이익으로서 급여·배당·증여로 보지 아니하는 금품
② 문예·학술·미술·음악 등 창작품에 대한 원작자가 받는 원고료 등(일시적인 것)
③ 재산권 알선수수료, 사례금, 법인세법에 따라 기타소득으로 처분된 소득
④ 뇌물, 알선수재 및 배임수재에 의하여 받는 금품
⑤ 서화·골동품의 양도로 발생하는 소득(생존해 있는 국내원작자의 작품은 제외)
⑥ 연금계좌에서 연금외 수령한 일정한 소득
⑦ 퇴직 전에 부여받은 주식매수 선택권을 퇴직 후에 행사하거나 고용관계 없이 주식매수선택권을 부여받아 이를 행사함으로써 얻는 이익
⑧ 종교인소득(근로소득으로 신고하는 경우 제외)
⑨ 종업원 등이 퇴직한 후 지급받는 직무발명보상금(연 700만원 이하는 비과세)

참고 일시적·우발적이면 기타소득으로 분류되며, 사업성(계속성·반복성)이 있는 경우 사업소득으로 분류된다.

2 비과세 기타소득

다음에 해당하는 기타소득은 과세하지 않는다.

① 국가유공자가 받는 보훈급여금·학습보조비 등
② 국가보안법 및 상훈법에 따라 받는 상금·보로금·부상
③ 종업원 등이 퇴직 후에 받는 직무발명보상금 중 500만원 이하의 금액
④ 국군포로가 받는 정착금과 그 밖의 금품
⑤ 국가지정문화재로 지정된 서화·골동품의 양도로 인한 소득
⑥ 서화·골동품을 박물관 또는 미술관에 양도함으로써 발생하는 소득
⑦ 종교인소득 중 일정한 금액

3 기타소득의 판정기준

저작권	저작권이 저작자 본인에게 귀속되면 사업소득, 저작자 이외의 자에게 귀속(상속 등)되면 기타소득이다. 또한 저작에 사업성이 없으면 저작자 본인에게 귀속되더라도 기타소득으로 분류된다.
강연료	고용관계가 있는 자가 강연하는 강연료는 근로소득이며, 고용관계가 없는 자가 일시적으로 강연하고 받는 강연료는 기타소득으로 분류된다.
원고료	근로자가 받는 원고료 등은 근로소득이지만, 업무와 관계없이 독립된 자격으로 원고를 게재하고 받는 대가는 기타소득으로 분류된다.
영업권	영업권을 사업용 고정자산과 함께 양도하면 양도소득이자만, 영업권만 양도하면 기타소득으로 분류된다.
손해배상이자	일반적인 손해배상금의 법정이자는 과세하지 않지만, 계약의 위약 또는 해약으로 받는 법정이자는 기타소득으로 분류된다.
직무발명보상금	재직 중에 받으면 근로소득, 퇴직 후에 받으면 기타소득으로 분류된다.

02 기타소득금액

1 기타소득금액 계산

기타소득금액 = 기타소득 총수입금액(비과세·분리과세 제외) − 필요경비

2 기타소득의 필요경비

1. 기타소득의 80%를 경비로 인정하는 경우

① 공익법인이 주무관청의 승인을 받아 시상하는 상금·부상
② 다수가 순위 경쟁하는 대회에서 입상자가 받는 상금·부상
③ 위약금과 배상금 중 주택입주지체상금
④ 서화·골동품의 양도로 발생하는 소득
(양도가액 1억원 이하 또는 보유기간 10년 이상은 필요경비 90% 적용)

참고 실제 경비가 기타소득의 80%를 초과하는 경우, 그 초과액까지 필요경비로 인정한다.

2. 기타소득의 60%를 경비로 인정하는 경우

① 공익사업과 관련하여 지역권·지상권 등을 설정하거나 대여하고 받는 금품
② 광업권·어업권·산업재산권 등을 양도하거나 대여하고 그 대가로 받는 금품
③ 일시적인 문예창작소득
④ 일시적인 인적용역 제공소득(강연료, 심사료 등)

참고 실제 경비가 기타소득의 60%를 초과하는 경우, 그 초과액까지 필요경비로 인정한다.

3. 그 외 기타소득의 필요경비

① 종교인소득: 종교관련 종사자가 받은 금액에 따라 20%~80%의 필요경비를 인정한다. 단, 실제 경비가 이를 초과하는 경우에는 그 초과액도 필요경비로 인정한다
② 승마투표권 등: 승마투표권·승자투표권 등의 구매자가 받는 환급금에 대하여는 그 구매자가 구입한 적중된 투표권의 단위투표금액을 필요경비로 한다.
③ 슬롯머신 등: 슬롯머신 등의 당첨금품 등에 대하여는 그 당첨금품 등의 당첨 당시에 슬롯머신 등에 투입한 금액을 필요경비로 한다.

참고 기타소득의 필요경비 항목에 제시되지 않은 항목의 경우 실제 발생한 비용을 필요경비로 인정한다.

03 기타소득의 과세방법

1 종합과세와 분리과세

무조건 분리과세	• 연금계좌에서 연금외 수령한 기타소득 • 서화 또는 골동품의 양도로 발생하는 소득 • 복권, 승마투표권, 슬롯머신 등의 환급금 또는 당첨금품 등
무조건 종합과세	• 뇌물 또는 알선수재 및 배임수재에 의하여 받는 금품 • 계약의 위약·해약으로 계약금이 위약금·배상금으로 대체되는 경우
선택적 분리과세	• 무조건 분리과세와 무조건 종합과세 이외의 기타소득금액이 300만원 이하인 경우에는 분리과세와 종합과세 중에서 선택할 수 있다.

2 기타소득의 원천징수

기타소득의 원천징수세율은 다음과 같다.

일반적인 경우	20%
복권 및 승마투표권 등의 환급금	20%(3억원 초과분은 30%)
연금계좌에서 연금외 수령한 기타소득	15%
뇌물 또는 알선수재 및 배임수재에 의한 금품	원천징수하지 않고 전액 종합과세
계약의 위약·해약으로 계약금이 위약금·배상금으로 대체되는 경우	

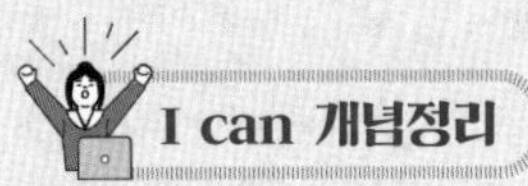

기타소득의 원천징수 방법

기타소득 총수입금액에서 필요경비를 차감한 기타소득금액에 세율을 곱한 금액을 원천징수하여 다음달 10일까지 납부한다.

기타소득금액 × 원천징수세율

기타소득의 원천징수 계산

60%의 필요경비가 인정되는 일시적 인적용역 제공소득인 강연료 1,000,000원을 지급하는 경우에는 1,000,000원에서 60%의 필요경비를 차감한 소득금액에 원천징수세율(20%)을 적용하여 다음과 같은 소득세를 원천징수한다.

소득세 원천징수액 = [1,000,000원 − (1,000,000원 × 60%)] × 20% = 80,000원

3 기타소득의 과세최저한

기타소득이 다음에 해당하는 경우 과세최저한을 적용해 과세하지 않는다.

① 승마투표권·승자투표권 등의 구매자가 받는 환급금 중 건별로 권면액의 합계액이 10만원 이하이고 다음 어느 하나에 해당되는 경우
- 환급금이 단위투표금액의 100배 이하이면서 개별 환급금이 200만원 이하인 경우
- 적중한 개별투표당 환급금이 10만원 이하인 경우

② 슬롯머신 등의 당첨금품이 건별로 200만원 이하인 경우

③ ①, ② 이외의 기타소득금액이 건별로 5만원 이하인 경우

기타소득의 과세최저한 계산

일시적인 문예창작소득(필요경비 60%) 120,000원을 지급하는 경우에 기타소득금액은 다음과 같이 계산되며, 기타소득금액이 50,000원 이하이므로 원천징수 없이 전액 지급한다.

기타소득금액 = [120,000원 − (120,000원 × 60%)] = 48,000원

4 기타소득의 수입시기

① 일반적인 경우: 지급받은 날(현금주의)
② 법인세법에 의해 처분된 기타소득: 당해 법인의 사업연도의 결산확정일
③ 광업권, 어업권 등 양도·대여하고 받은 기타소득: 인도일과 사용수익일 중 빠른 날

I can 개념정리

결손금과 이월결손금

필요경비가 총수입금액을 초과하는 경우 그 초과하는 금액을 결손금이라 하고, 결손금이 발생연도 이후의 연도로 이월되는 경우에 이를 이월결손금이라 한다. 결손금은 사업소득과 양도소득에서만 발생한다.

결손금의 공제

일반적인 결손금	부동산임대업 이외의 사업소득에서 결손금이 발생한 경우, 부동산임대업의 사업소득금액이 있다면 부동산임대업의 사업소득금액에서 먼저 공제한 후, 다음의 순서에 따라 다른 소득금액에서 공제한다. 근로소득금액 ➜ 연금소득금액 ➜ 기타소득금액 ➜ 이자소득금액 ➜ 배당소득금액
부동산임대업의 결손금	사업소득 중 부동산임대업에서 발생한 결손금은 다른 소득금액에서 공제하지 않고 이후의 과세기간으로 이월시킨다.

이월결손금의 공제

이월결손금은 해당 결손금이 발생한 과세기간의 종료일부터 15년(2019.12.31. 이전 발생분은 10년) 이내에 끝나는 과세기간의 소득금액 계산시 공제하며, 부동산임대업에서 발생한 이월결손금은 부동산임대업에서 발생한 소득금액에서만 공제하고, 부동산임대업 이외의 사업소득에서 발생한 이월결손금은 다음 순서에 따라 공제한다.

사업소득 ➜ 근로소득금액 ➜ 연금소득금액 ➜ 기타소득금액 ➜ 이자소득금액 ➜ 배당소득금액

참고
✓ 이월결손금이 있는데 결손금이 발생한 경우에는 결손금을 먼저 공제한다.
✓ 먼저 발생한 이월결손금부터 순차적으로 먼저 공제한다.
✓ 소득금액을 추계신고하거나 추계에 의해 결정하는 경우에는 이월결손금을 공제할 수 없다. 단, 천재지변 등의 사유로 추계하는 경우에는 공제할 수 있다.

I can 실전문제(기타소득 외)

※ I can 실전문제에 수록된 문제들은 모두 전산세무 2급 시험에 다수 출제되었던 유형입니다.

01 **다음 중 소득세법상의 소득구분으로 틀린 것은?**

① 공익사업관련 지역권 이외의 지역권을 설정하고 받는 금품 또는 소득 - 사업소득
② 일용근로자가 근로를 제공하고 받는 대가 - 근로소득
③ 주식출자임원(소액주주인 임원제외)이 사택을 제공받음으로써 얻는 이익 - 배당소득
④ 계약위반·해약등으로 인한 손해배상금 - 기타소득

02 **거주자 김나영이 교육청에서 주관한 1:100 퀴즈 대회에서 우승하여 그 원천징수세액이 40만원인 경우(지방세 제외) 소득세법상 기타소득총수입금액은 얼마인가?**

① 1,000만원 ② 200만
③ 400만원 ④ 800만원

03 **다음 중 소득세법상 총수입금액과 소득금액이 동일한 것은?**

① 사업소득 ② 기타소득
③ 근로소득 ④ 이자소득

04 **다음 중 소득세법상 소득의 구분이 다른 하나는 무엇인가?**

① 공장재단의 대여 ② 사무실용 오피스텔의 임대
③ 상가의 임대 ④ 산업재산권의 대여

05 **다음의 기타소득 중 과세방법이 다른 하나는?**

① 뇌물, 알선수재 및 배임수재에 의하여 받는 금품
② 복권당첨소득
③ 승마 투표권의 환급금
④ 연금계좌에서 연금 외 수령한 기타소득

06 **제조기업이 4월 15일에 외부강사를 초빙하여 임직원을 위한 특강을 하고 강사료를 4월 20일에 200만원을 지급하였다. 그 대가를 지급하면서 원천징수할 세액은 얼마인가?(단, 초빙강사의 강사료소득은 기타소득으로 보며, 지방소득세는 제외한다.)**

① 400,000원 ② 80,000원
③ 160,000원 ④ 20,000원

07 **다음 중 소득세법상 종합과세대상이 아닌 소득은?**

① 국외에서 받은 이자소득(원천징수대상이 아님)이 1,200만원 있는 경우
② 로또에 당첨되어 받은 3억원의 복권당첨금
③ 소득세법상 성실신고대상사업자가 업무용 차량을 매각하고 200만원의 매각차익이 발생한 경우
④ 회사에 근로를 제공한 대가로 받은 급여 2,000만원

08 **소득세법상 다음 자료에 의한 소득만 있는 거주자 김영민의 종합소득금액을 계산하면 얼마인가?(단, 이월결손금은 전기에 부동산임대업을 제외한 사업소득금액에서 이월된 금액이다.)**

- 부동산임대 이외의 사업소득금액: 25,000,000원
- 근로소득금액: 10,000,000원
- 부동산임대 사업소득금액: 15,000,000원
- 이월결손금: 40,000,000원

① 10,000,000원 ② 15,000,000원
③ 20,000,000원 ④ 25,000,000원

09 **다음은 소득세법상 결손금과 이월결손금에 관한 설명이다. 가장 틀린 것은?**

① 해당 과세기간의 소득금액에 대하여 추계신고를 하거나 추계조사 결정하는 경우에는 예외 없이 이월결손금공제규정을 적용하지 아니한다.
② 사업소득의 이월결손금은 사업소득, 근로소득, 연금소득, 기타소득, 이자소득, 배당소득의 순서로 공제한다.
③ 주거용 건물 임대 외의 부동산임대업에서 발생한 이월결손금은 타소득에서는 공제할 수 없다.
④ 결손금 및 이월결손금을 공제할 때 해당 과세기간에 결손금이 발생하고 이월결손금이 있는 경우에는 그 과세기간의 결손금을 먼저 소득금액에서 공제한다.

10 **다음 중 소득세법상 결손금과 이월결손금에 관한 내용으로 옳은 것은?**

① 사업소득의 이월결손금은 해당 이월결손금이 발생한 과세기간의 종료일부터 15년 이내에 끝나는 과세기간의 소득금액을 계산할 때 최근에 발생한 과세기간의 이월결손금부터 순서대로 공제한다.

② 사업소득의 이월결손금은 사업소득 → 근로소득 → 기타소득 → 연금소득 → 이자소득 → 배당소득의 순서로 공제한다.

③ 주거용 건물 임대 외의 부동산임대업에서 발생한 이월결손금은 타소득에서는 공제할 수 없다.

④ 결손금 및 이월결손금을 공제할 때 해당 과세기간에 결손금이 발생하고 이월결손금이 있는 경우에는 이월결손금을 먼저 소득금액에서 공제한다.

11 **다음 중 소득세법상 원천징수대상 소득이 아닌 것은?**

① 프리랜서 저술가 등이 제공하는 500,000원의 인적용역소득

② 일용근로자가 지급받은 200,000원의 일급여

③ 은행으로부터 지급받은 1,000,000원의 보통예금 이자소득

④ 공무원이 사업자로부터 받은 10,000,000원의 뇌물로서 국세청에 적발된 경우의 기타소득

7. 종합소득공제 및 세액공제

01 과세표준 및 세액의 계산구조

종합소득금액(이자·배당·사업·근로·연금·기타)에서 종합소득공제를 차감하여 종합소득과세표준을 계산한다.

종합소득 과세표준 = 종합소득금액 - 종합소득공제

종합소득공제는 인적공제와 물적공제(특별소득공제, 연금보험료공제, 주택담보노후연금 이자비용공제, 조세특례제한법상 소득공제)로 구성된다. 소득공제액이 거주자의 종합소득금액을 초과하는 경우 그 초과액은 없는 것으로 한다.

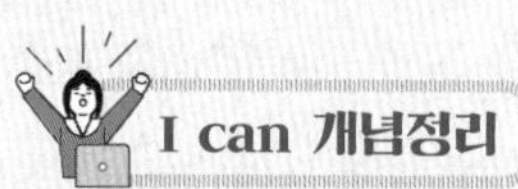

종합소득의 과세표준 및 세액 계산구조

	종합소득금액	
-	종합소득공제	인적공제, 특별소득공제, 기타공제, 조세특례제한법 소득공제
=	종합소득과세표준	
×	기본세율	
=	산출세액	
-	세액감면	
-	세액공제	소득세법 세액공제, 조세특례제한법 세액공제
=	결정세액	

02 종합소득공제

1 인적공제(기본공제 및 추가공제)

1. 기본공제(1인당 150만원)

기본공제 대상자는 다음에 해당되는 자를 말하며, 종합소득이 있는 거주자는 기본공제 대상자 1인당 150만원을 종합소득금액에서 공제한다.

구분		소득요건	나이요건
본인		미적용	미적용
배우자		소득금액 100만원	미적용
부양가족	직계존속	소득금액 100만원	60세 이상
	직계비속 (입양자 포함)	소득금액 100만원	20세 이하
	형제자매	소득금액 100만원	20세 이하, 60세 이상
	위탁아동	소득금액 100만원	18세 미만
	기초생활수급자	소득금액 100만원	나이요건 미적용
	장애인	소득금액 100만원	나이요건 미적용

소득요건 적용 시 비과세·분리과세·과세제외 소득은 제외하고, 양도소득금액과 퇴직소득금액을 포함한 연간소득금액 합계액이 100만원(근로소득만 있는 경우에는 총급여액 500만원) 이하여야 한다.

다음과 같은 경우에 다른 소득이 없다면 소득요건을 충족하는 것으로 본다.

① 금융소득(이자소득, 배당소득)이 2,000만원 이하인 경우(분리과세)
② 일용근로소득만 있는 경우(분리과세)
③ 사적연금소득이 1,500만원 이하이고 분리과세를 선택한 경우 또는 기타소득금액이 300만원 이하이고 분리과세를 선택한 경우(분리과세)
④ 곡물 및 식량작물재배업 소득만 있는 경우(과세제외)
⑤ 사업소득 총수입금액에서 필요경비를 차감한 금액이 100만원 이하인 경우

인적공제(기본공제) 기본 요건

- 소득요건은 연간소득금액 합계액이 100만원(근로소득만 있는 경우 총급여 500만원) 이하여야 한다.
- 연간소득금액 합계액은 퇴직소득금액, 양도소득금액 까지 포함한다.
- 나이요건은 당해연도에서 출생연도를 뺀 값이다.
  (2024년기준: 60세이상➜1964년, 20세이하➜2004년)
- 배우자와 장애인의 경우 나이요건은 적용하지 않으나, 소득요건은 충족하여야 한다.
- 기본공제 공제를 위해서는 해당 거주자와 생계를 같이해야 한다. 단, 직계비속 및 입양자는 주소(거소)에 무관하게 생계를 같이 하는 것으로 보며, 배우자 및 직계존속의 경우 주거 형편에 따라 별거중인 경우 생계를 같이 하는 것으로 본다.
- 며느리나 사위의 경우 기본공제 대상에 해당하지 않으며, 기본공제 대상 직계비속과 그 직계비속의 배우자가 모두 장애인일 경우 그 직계비속의 배우자도 공제 가능하다.
- 위탁아동의 경우 6개월 이상 직접 양육한 위탁아동(18세미만, 단, 보호기간이 연장된 경우 20세 까지)을 말하며, 직전 과세기간에 소득공제를 받지 않은 경우 직전 과세기간의 위탁기간을 포함하여 계산한다.
- 당해 연도에 이혼한 경우 그 배우자는 기본공제가 불가능 하다.
- 당해 연도에 사망 또는 장애가 치유된 경우에는 사망 전 또는 치유 전 기준으로 공제가 가능하다.

I CAN 기출문제

다음 소득세법상 종합소득공제 중 기본공제에 대한 설명으로 가장 옳지 않은 것은?

① 종합소득이 있는 거주자(자연인만 해당)에 대해서는 기본공제대상자 1명당 연 100만원을 곱하여 계산한 금액을 그 거주자의 해당 과세기간의 종합소득금액에서 공제한다.

② 거주자의 배우자로서 해당 과세기간의 양도소득금액 합계액이 100만원 이하인 사람은 기본공제대상자에 해당한다.

③ 거주자의 배우자로서 해당 과세기간에 총급여액 500만원 이하의 근로소득만 있는 배우자는 기본공제대상자에 해당한다.

④ 거주자의 형제자매(장애인 아님)가 기본공제대상자에 해당하기 위해서는 형제자매의 나이가 20세 이하이거나 60세 이상이어야 한다.

① 기본공제대상자 1명당 연 150만원이다.

2. 추가공제

기본공제대상자가 다음 어느 하나에 해당되는 경우에는 해당되는 사람 1인당 해당 금액을 추가로 공제한다.

구 분	공제금액	내 용
장애인공제	200만원	기본공제대상자가 장애인인 경우
경로우대공제	100만원	기본공제대상자가 70세 이상인 경우
부녀자공제	50만원	다음 중 하나에 해당하고, 종합소득금액이 3천만원 이하인 경우 ㉠ 배우자가 있는 여성 ㉡ 배우자가 없고, 기본공제대상 부양가족이 있는 세대주인 여성
한부모공제	100만원	배우자가 없고 기본공제대상인 직계비속 또는 입양자가 있는 세대주

참고 추가공제는 기본공제대상자에 해당하는 경우만 적용가능하며, 원칙적으로 중복하여 공제받을 수 있다. 단, 한부모공제와 부녀자공제가 동시 적용되는 경우 한부모공제만 적용한다.

2 인적공제 대상자의 범위

구 분	기본공제 대상 적용	기본공제 대상 적용 불가
배우자	• 현재 법적 혼인관계(당해 사망한 경우 포함) • 별거중 혹은 이혼소송중인 경우	• 당해 이혼한 경우 • 사실혼 관계에 있는 경우
직계비속 (입양자 포함)	• 자녀, 손자녀, 외손자녀 • 재혼시 전 배우자와 혼인 중 출생한 자녀	• 조카 며느리, 사위
직계존속	• 본인 및 배우자의 부모, 조부모, 외조부모, 증조부모, 증외조부모(당해 사망한 경우 포함)	• 삼촌, 외삼촌, 이모, 고모
형제자매	• 본인 및 배우자의 형제자매	• 형제자매의 배우자

3 소득금액 100만원의 범위

종류	소득금액계산	기본공제대상 여부	
근로소득	근로소득 - 근로소득공제	총급여 500만원 이하	○
		총급여 500만원 초과	×
		일용근로자(분리과세)	○
사업소득	총수입금액 - 필요경비공제	소득금액 100만원 이하	○
퇴직소득	비과세를 제외한 퇴직금 전액		
양도소득	양도가액 - 필요경비 - 장기보유특별공제		

연금소득	연금소득 - 연금소득공제	공적연금 516만원 이하	○
		사적연금 1,500만원 이하	○
		사적연금 1,500만원 초과 (선택적 분리과세)	△
기타소득	총수입금액 - 필요경비공제 ➜ 60% (강연료, 원고료 등), 80%, 90% 또는 실제필요경비	100만원 이하	○
		100만원 ~ 300만원 이하 (선택적 분리과세)	△
		300만원 초과	×
		복권 등(무조건 분리과세)	○
		뇌물 등(무조건 종합과세)	×
금융소득	필요경비 인정 안 됨	2,000만원 이하(분리과세)	○
		2,000만원 초과(종합과세)	×

참고 소득금액 계산 시 비과세·분리과세·과세제외 소득은 제외하고, 양도소득금액과 퇴직소득금액은 포함한다. 따라서 소득요건은 종합소득금액·양도소득금액·퇴직소득금액을 모두 합산한 금액이 100만원 이하인 경우에 충족 된다.

소득요건: 100만원 ≧ 종합소득금액 + 양도소득금액 + 퇴직소득금액

I CAN 기출문제

소득세법상 인적공제대상 여부의 판정에 대한 내용으로 옳지 않은 것은?

① 거주자의 추가공제대상자가 다른 거주자의 추가공제대상자에 해당하는 때에는 기본공제를 하는 거주자와 추가공제를 하는 거주자가 달라질 수 있다.
② 과세기간 종료일 전에 사망한 경우 사망일 전일의 상황에 따라 공제여부를 판정한다.
③ 거주자의 공제대상 배우자가 다른 거주자의 공제대상 부양가족에 해당하는 경우 공제대상 배우자로 한다.
④ 직계비속은 항상 생계를 같이하는 부양가족으로 본다.

정답풀이

① 거주자의 추가공제대상자가 다른 거주자의 추가공제대상자에 해당하는 때에는 기본공제를 하는 거주자의 추가공제대상자로 한다.

4 기타 소득공제

1. 연금보험료 소득공제

종합소득이 있는 거주자가 납입한 공적연금(국민연금, 공무원연금, 군인연금 등) 전액을 납입한 과세기간의 종합소득금액에서 공제한다.

2. 주택담보노후연금 이자비용 소득공제

연금소득이 있는 거주자가 주택담보 노후연금을 받은 경우 해당 과세기간에 발생한 이자비용 상당액과 연금소득금액 중 작은 금액을 200만원을 한도로 소득공제하며, 다음 셋 중 작은 금액을 적용한다.

㉠ 이자비용 상당액　　㉡ 연금소득금액　　㉢ 200만원

3. 특별소득공제(보험료 + 주택자금)

보험료 소득공제	근로소득이 있는 거주자가 지출한 건강보험료·고용보험료·노인장기요양보험료 전액
주택자금 소득공제	㉠ 주택마련저축(납입액의 40% 공제) ㉡ 주택임차 차입금 원리금 상환액(상환액의 40% 공제) ㉢ 장기주택 저당 차입금 이자 상환액(이자 상환액 공제)

주택자금 소득공제 적용기준

㉠ 주택마련저축	총급여액 7,000만원 이하인 무주택 근로자(세대주)가 청약저축 또는 주택청약종합저축에 납입한 금액(연 납입액 300만원 한도, 납입액의 40% 공제)	㉠+㉡ 한도 연 400만원
㉡ 주택임차차입금 원리금 상환액	무주택 근로자(세대주)가 국민주택규모의 주택을 임차하고 지출한 차입금의 원리금 상환(상환액의 40% 공제)	
㉢ 장기주택 저당차입금이자 상환액	무주택이거나 1주택 소유자(근로자, 세대주)가 기준시가 6억원 이하의 주택을 취득하기 위하여 저당권을 설정하고 차입한 차입금의 이자 상환액	㉠+㉡+㉢ 한도 연 600~2,000만원

4. 신용카드 등 사용금액(조세특례제한법상 소득공제)

근로소득이 있는 자 및 기본공제대상자가 총급여액의 25%를 초과하여 신용카드 등을 사용한 경우 그 사용액에서 일정액을 소득공제한다.

신용카드 등	신용카드, 직불카드, 현금영수증, 기명식 선불카드, 제로페이 등
공제 대상	• 본인 및 기본공제 대상자의 신용카드 등 사용액 • 기본공제 대상자에서 형제자매는 제외 • 기본공제 대상자 요건 중 나이요건은 적용하지 않음(소득요건만 적용)
공제 제외	• 국외사용금액 및 회사의 비용으로 계상한 금액 • 보험료, 공교육비, 기부금, 월세, 전기료, 가스료 등 공과금 • 아파트 관리비 및 각종 세금 납부 • 취득세가 부과되는 재산의 구입(중고자동차는 구입금액의 10% 공제) • 비정상적인 카드 사용행위(가공매출, 위장가맹점)

신용카드 등 소득공제 공제율

① 전통시장·대중교통 사용분: 40%
② 직불카드·현금영수증·제로페이 사용분: 30%
③ 도서·공연·박물관·신문·미술관 및 수영장·체력단련장 등 사용분: 30% ➡ 총급여 7천만원 이하
(단, 수영장·체력단련장은 25년 7월 이후 지출분부터 공제가능)
④ 일반 신용카드 사용분: 15%

신용카드 등 소득공제 한도

① 기본한도: Min[총급여액×20%, 300만원]
② 총급여액 7천만원 초과 1억 2천만원 이하: 250만원
③ 총급여액 1억 2천만원 초과: 200만원

• 한도를 초과하는 경우에 다음 분류 별로 각 100만원 한도로 추가 공제한다.

㉠ 전통시장사용　㉡ 대중교통사용　㉢ 도서·공연 등 사용(총급여 7천만원 이하)

신용카드 등 소득공제 중복적용

① 의료비를 신용카드로 결제한 경우에는 의료비세액공제와 신용카드소득공제를 중복해서 적용할 수 있다.
② 중고생의 교복구입비, 취학 전 아동에 대한 학원비 및 체육시설수강료를 신용카드로 결제한 경우에는 교육비세액공제와 신용카드소득공제를 중복해서 적용할 수 있다.
③ 초, 중, 고등학생의 학원비를 신용카드로 결제한 경우에는 신용카드소득공제만 적용하고 교육비세액공제는 적용하지 않는다.

5. 개인연금저축 소득공제

거주자가 본인 명의로 개인연금저축에 가입한 경우에는 불입액의 40%와 72만원 중 적은 금액을 소득공제한다.(2000. 12. 31. 이전 가입분에 한함)

6. 고용유지 중소기업 공제부금 소득공제

거주자가 소기업·소상공인 공제에 가입하여 납부하는 공제부금을 사업소득금액(법인의 대표자로서 해당 과세기간의 총급여액이 7천만원 이하인 거주자의 경우에는 근로소득금액)에서 공제한다.(사업소득 4천만원 이하: 500만원, 1억원 이하: 300만원, 1억원 초과: 200만원 한도)

7. 우리사주조합 출연금 소득공제

우리사주조합원이 자사주를 취득하기 위하여 우리사주조합에 출연한 금액을 소득공제한다.(연 400만원 한도, 단, 벤처기업 등의 우리사주조합원의 공제한도는 1천 500만원 이다.)

종합소득공제 한도(2,500만원)

소득세법상 특별소득공제(보험료 소득공제 제외), 조특법상 청약저축 등 소득공제, 신용카드 등 소득공제 등의 합계액이 2,500만원을 초과하는 경우 초과액은 없는 것으로 한다.

03 종합소득세액의 계산

1 종합소득산출세액의 계산

종합소득산출세액은 종합소득과세표준에 세율(6% ~ 45%, 8단계 누진세율)을 곱하여 계산한다.

과세표준	세 율
1,400만원 이하	과세표준의 6%
1,400만원 초과 ~ 5,000만원 이하	84만원 + 1,400만원 초과액 × 15%
5,000만원 초과 ~ 8,800만원 이하	624만원 + 5,000만원 초과액 × 24%
8,800만원 초과 ~ 1억5천만원 이하	1,536만원 + 8,800만원 초과액 × 35%
1억5천만원 초과 ~ 3억원 이하	3,706만원 + 1억5천만원 초과액 × 38%
3억원 초과 ~ 5억원 이하	9,406만원 + 3억원 초과액 × 40%
5억원 초과 ~ 10억원 이하	1억 7,406만원 + 5억원 초과액 × 42%
10억원 초과	3억 8,406만원 + 10억원 초과액 × 45%

종합소득세 계산절차

종합소득과세표준	
(×)세율	기본세율: 6% ~ 45% (초과누진세율)
= 종합소득산출세액	
(−)세액감면·공제	
= 종합소득결정세액	
(+)가산세	
= 종합소득총결정세액	
(−)기납부세액	중간예납세액, 원천납부세액, 수시부과세액
= 종합소득차감납부세액	

2 세액공제

1. 근로소득 세액공제

근로소득자의 산출세액에서 일정한도의 세액을 공제하며, 공제액은 다음과 같다.

산출세액	세액공제액
130만원 이하	근로소득산출세액 × 55%
130만원 초과	715,000원 + (근로소득산출세액 − 130만원) × 30%

참고 근로소득세액공제는 급여 구간별 공제한도(20만원 ~ 74만원)가 정해져 있으며, 일용근로자(55%)의 경우는 한도가 없다.

2. 자녀 세액공제

종합소득이 있는 거주자의 기본공제대상자에 해당하는 자녀 및 손자녀(입양자 및 위탁아동 포함)가 있는 경우 8세 이상의 자녀 및 손자녀에 대해서는 다음에 따른 금액을 종합소득산출세액에서 공제한다.

구분	내용
자녀 수	• 1명: 25만원 • 2명: 55만원(첫째 25만원, 둘째 30만원) • 3명 이상: 55만원 + 2명 초과인원수 × 40만원
출산·입양	출산(입양)시 첫째 30만원, 둘째 50만원, 셋째부터는 1인당 70만원

참고 7세 이하의 자녀는 아동수당을 수령하므로, 이중공제 배제의 일환으로 자녀세액공제 대상에서 제외된다.

3. 연금계좌 세액공제

종합소득이 있는 거주자가 연금계좌에 납입한 금액이 있는 경우 일정액을 세액공제 한다.

구분	내용
공제액	Min(①, ②) × 12% (종합소득금액 4천5백만원 이하 또는 총급여액 5천5백만원 이하는 15%) ① Min(연금저축계좌 납입액, 연 600만원) + 퇴직연금계좌 납입액 + ISA만기계좌 전환금액 ② 한도 • 연금저축계좌에 납입한 금액 중 600만원 이내의 금액 및 퇴직연금계좌 납입액: 900만원 • ISA만기계좌 전환금액: Min(전환금액×10%, 연 300만원)

4. 특별(보험료) 세액공제

근로자가 기본공제대상자를 피보험자로 하는 보장성보험료를 납입한 경우에 납입액의 12%(장애인전용보장성보험은 15%)를 종합소득세액에서 공제한다.

구분	내용
공제액	• 일반보장성보험 납입액(100만원 한도) × 12% • 장애인전용보장성보험 납입액(100만원 한도) × 15%

참고 ✓ 보험료 세액공제는 기본공제대상자(소득금액 및 나이제한)의 보험료만 공제가능하다.
✓ 저축성보험료 및 태아보험은 공제대상이 아니다.

5. 특별(의료비) 세액공제

근로자가 기본공제대상자(나이요건, 소득요건 불문)를 위해 의료비를 지출한 경우에는 일정액을 종합소득세액에서 공제한다.

공제대상	① 진찰, 진료, 입원비, 건강검진비 등(미용목적의 성형수술비 제외) ② 치료목적의 의약품(한약 포함) 구입비(건강보조식품 및 영양제 제외) ③ 의사, 한의사 등의 처방에 따른 의료기 구입 및 임차료 ④ 1인당 연 50만원 이내의 안경 및 콘택트렌즈 구입비 ⑤ 장애인보장구 구입 및 임차료, 보청기 구입비 ⑥ 산후조리원비(회당 200만원 한도) ⑦ 간병인비, 국외지출의료비 등은 공제대상에서 제외
공제구분	① 전액공제의료비: 본인, 장애인, 중증질환자의 의료비, 난임시술비, 미숙아·선천성 이상아, 경로우대자(65세 이상), 6세 이하 자녀를 위해 지출한 의료비 ② 일반의료비: 전액공제 의료비 이외의 의료비
공제액	아래 [① + ②] × 15% (난임시술비 30%, 미숙아선천성이상아 20%) ① 전액공제의료비 - 일반의료비가 급여액의 3%에 미달하는 금액 ② MIN[일반의료비 - 총급여액×3%, 700만원]

참고 ✓ 의료비를 신용카드로 결제하는 경우 신용카드 소득공제와 의료비 세액공제의 중복적용이 가능하다.
✓ 국외 의료기관에서 지출한비용, 미용목적의 성형수술비용, 건강기능식품구입비용, 의료기관이 아닌 특수교육원에서 지출한 언어치료비, 심리치료비, 간병비 등은 공제대상이 아니다.

6. 특별(교육비) 세액공제

근로자가 기본공제대상자(나이요건 불문)를 위해 교육비를 지출한 경우에는 일정액을 종합소득세액에서 공제한다.

공제 대상	① 근로자 본인의 대학원비 ② 유치원·어린이집·초중고등학교·대학교·국외교육기관의 수업료, 입학금, 육성회비, 급식비, 대학입학전형료, 수능응시료, 일정한 학자금대출 원리금 상환액 ③ 중고등학생의 교복구입비: 50만원 한도 ④ 초중고등학생의 체험학습비: 30만원 한도 ⑤ 방과후학교의 수업료 및 교재구입비
공제액	MIN[㉠, ㉡] × 15% ㉠ 교육비 - 장학금 ㉡ 한도: 대학생 1인당 900만원, 취학전아동 및 초중고등학생 1인당 300만원 본인교육비 및 장애인특수교육비는 한도 없이 전액

참고 ✓ 직계존속의 교육비는 공제 불가능 하다. 단, 장애인특수교육비의 경우는 소득금액 제한 없이 직계존속까지 공제가 가능하다.
✓ 대학원비는 본인만 공제 가능하며, 국외 어학연수비 및 학원비(미취학 아동제외)는 공제대상이 아니다.

7. 특별(기부금) 세액공제

거주자와 기본공제대상자(나이요건 불문)가 기부금을 지출한 경우에는 일정액을 종합소득세액에서 공제한다.

공제분류	㉠ 특례기부금 • 국가 또는 지방자치단체에 기부, 사회복지공동모금회에 기부 • 천재지변에 의한 이재민에게 기부, 대한적십자사에 기부 • 본인이 지출한 정치자금(10만원 이하의 금액은 정치자금 세액공제, 10만원을 초과하는 금액은 특례기부금으로 공제) • 주소지 이외의 지자체에 본인이 지출한 고향사랑기부금(10만원 이하의 금액은 세액공제, 10만원을 초과하는 금액은 특례기부금으로 공제) 등 ✓ 고향사랑기부금은 이월공제 되지 않으며, 연간 2,000만원을 한도로 한다. ㉡ 일반기부금 • 종교단체기부, 불우이웃돕기성금, 노동조합비 등
공제액	㉠ 한도 내의 기부금 × 15% (천만원 초과분 30%, 3천만원 초과분 40%) ㉡ 한도: 특례기부금은 소득금액 100% 일반기부금은 소득금액의 30% (종교단체기부금은 10%)

참고 ✓ 향우회, 동창회 등에 기부한 금액은 비지정기부금이므로 세액공제 대상이 아니다.
✓ 기부금 한도를 초과한 경우와 기부금세액공제를 받지 못한 경우에는 10년간 이월하여 공제할 수 있다.

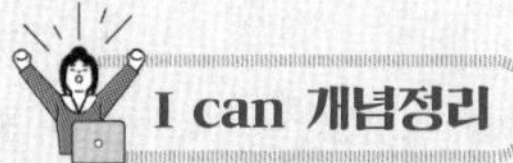

특별세액공제 적용 요건

보장성보험료 세액공제, 의료비 세액공제, 교육비 세액공제, 기부금 세액공제를 합해서 특별세액공제라고 한다.

- 보장성보험료: 나이요건, 소득요건 모두 적용(장애인은 나이요건 없음)
- 의료비: 나이요건, 소득요건 모두 적용하지 않음
- 교육비: 나이요건 없이 소득요건만 적용(장애인특수교육비는 소득요건 없음)
- 기부금: 나이요건 없이 소득요건만 적용

참고 신용카드 등 소득공제의 경우 나이요건은 적용하지 않고 소득요건만 적용되며, 주택자금, 개인연금 및 정치자금은 본인관련만 공제대상이 된다.

표준세액공제

특별소득공제와 특별세액공제를 신청하지 않을 경우, 다음과 같이 표준세액공제를 적용한다.

근로소득이 있는 거주자	근로소득이 없는 거주자
13만원	7만원(성실사업자는 12만원)

I CAN 기출문제

다음 중 소득세법상 특별세액공제에 대한 설명으로 가장 틀린 것은?

① 의료비 지출액이 총급여액의 3%를 초과 하더라도 의료비세액공제를 받지 못하는 경우가 있다.
② 일반보장성보험료 납입액과 장애인전용보장성보험료 납입액의 공제한도는 각각 100만원이다.
③ 직계존속의 장애인 특수교육비 세액공제는 교육비세액공제 대상이 아니다.
④ 근로소득이 있는 거주자가 항목별 특별소득공제·항목별 특별세액공제·월세세액공제를 신청하지 않은 경우 연 13만원의 표준세액공제를 적용한다.

정답풀이

③ 장애인특수교육비는 직계존속의 교육비도 세액공제 대상이 된다.

8. 월세 세액공제

총급여액 8,000만원 이하(종합소득금액 7,000만원 초과하는 경우 제외)인 무주택 세대주(근로자)가 국민주택규모 이하의 주택(고시원 및 오피스텔 포함) 또는 기준시가 4억원 이하의 주택을 임차하고 월세를 지급하는 경우 일정액을 종합소득세액에서 공제한다.

공제액	• 공제가능액: 월세 지급액 × 공제율 (연 1,000만원 한도) • 총급여 5,500만원(종합소득금액 4,500만원)이하: 공제율 17% • 총급여 5,500만원 초과 8,000만원 이하: 공제율 15% (종합소득금액 4,500만원 초과 7,000만원 이하)

9. 결혼 세액공제

거주자가 혼인신고를 한 경우 생애 1회(초혼 & 재혼 무관)에 한해 혼인신고를 한 해당 연도에 50만원을 종합소득세액에서 공제한다.

10. 기타 세액공제

외국납부세액공제	국외원천소득이 있는 경우에는 외국에서 납부한 세액 상당액을 세액공제 한다.
배당세액공제	법인세와 소득세의 이중과세방지를 위하여 배당소득금액에 배당가산액이 합산된 경우 일정액을 세액 공제한다.
기장세액공제	사업소득이 있는 간편장부의무자가 복식부기로 기장한 경우 산출세액의 20%를 공제한다.(한도 100만원)
재해손실세액공제	재해로 인하여 사업용 자산의 20% 이상 소실된 경우 산출세액에서 재해상실비율만큼 세액공제한다.

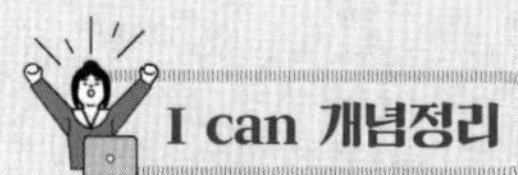

근로자가 아니어도 공제 가능한 항목

- 인적공제(기본공제, 추가공제)
- 자녀 세액공제, 정치자금 세액공제, 연금계좌 세액공제
- 연금보험료 소득공제
- 기부금 및 결혼 세액공제

8. 신고 및 납부

01 중간예납

관할세무서장은 종합소득이 있는 자에 대하여 중간예납기간(1월 1일부터 6월 30일까지)에 대한 소득세를 결정하여 징수하여야 한다. 원칙적으로 직전 과세기간에 납부한 세액의 50%를 결정하여 징수한다.

1 중간예납 의무자

사업자는 원칙적으로 중간예납의무가 있지만, 다음에 해당하는 경우는 중간예납의무가 없다.

① 신규사업자
② 다음의 소득만 있는 사업자
- 사업소득 중 속기, 타자 등 사무지원 서비스업에서 발생하는 소득
- 수시부과하는 사업소득
- 방문판매원 등 연말정산대상 사업소득으로서 원천징수의무자가 연말정산을 한 경우
- 납세조합이 그 조합원의 소득을 매달 원천징수하여 납부한 경우

2 중간예납 규정

중간예납기간	01/01 ~ 06/30
중간예납고지액	직전과세기간 소득세 × 50% (일정한 경우 신고납부)
중간예납고지·징수	고지(11/1 ~ 11/15), 징수(11/30 까지)
중간예납신고기한	11/1 ~ 11/30 • 중간예납기간의 소득세액이 전년도 납부세액의 30% 미만인 경우에는 중간예납추계액을 신고납부할 수 있다(임의규정). • 전년도 납부세액이 없는 경우에는 중간예납 신고납부 하여야 한다, • 신고납부한 경우에는 중간예납고지는 없는 것으로 본다.
소액부징수	중간예납세액이 50만원 미만인 경우에는 징수하지 않는다.

02 확정신고

종합소득금액·퇴직소득금액·양도소득금액이 있는 거주자는 그 종합소득 과세표준을 그 과세기간의 다음 연도 5월 1일부터 5월 31일까지(성실사업자는 6월 30일까지) 관할세무서장에게 신고하여야 한다. 과세표준이 없거나 결손금이 있는 때에도 동일하게 신고한다.

1 확정신고 면제

다음에 해당되는 자는 확정신고를 하지 않을 수 있다.

① 근로소득만 있는 자
② 퇴직소득만 있는 자
③ 공적연금소득만 있는 자
④ 연말정산되는 사업소득만 있는 자(보험모집인·방문판매원·음식배달원)
⑤ 근로소득과 퇴직소득만 있는 자
⑥ 퇴직소득과 공적연금소득만 있는 자
⑦ 퇴직소득과 연말정산되는 사업소득만 있는 자
⑧ 분리과세이자소득, 분리과세배당소득, 분리과세연금소득, 분리과세기타소득만 있는 자
⑨ 위 ①~⑦ 해당하면서 ⑧에 해당하는 자

2 분납과 물납

조세의 분납 (중간예납과 동일)	세액이 1천만원을 초과하면 2개월 이내에 분납 가능 • 세액 1천만원 초과 2천만원 이하: 1천만원 초과액을 분납 • 세액 2천만원 초과: 세액의 50%를 분납
조세의 물납	양도소득세는 물납이 가능하며, 물납이란 세금을 금전으로 납부하지 않고 물건으로 납부하는 것을 말한다.

3 제출서류

사업자 중에서 복식부기의무자는 확정신고 시 과세표준확정신고시 재무상태표, 손익계산서와 그 부속서류, 합계잔액시산표 및 조정계산서를 첨부하지 아니하면 무신고로 본다.

03 지급명세서 등

1 지급명세서 제출의무

소득세 납세의무가 있는 개인에게 국내에서 소득을 지급하는 자는 개인별 연간 지급액을 기록한 지급명세서를 다음의 기한까지 제출하여야 한다.

일반적인 경우	다음 해 2월 말일까지
근로소득, 퇴직소득, 원천징수대상 사업소득	다음 해 3월 10일까지
일용근로소득	지급일의 다음달 말일까지
폐업	폐업일이 속하는 달의 다음 달 말일까지

2 간이지급명세서 제출의무

원천징수대상 사업소득	지급일의 다음달 말일까지
근로소득	지급일이 속하는 반기의 마지막달의 말일까지 (01월~06월 지급분은 7월말, 07월~12월 지급분은 1월말)

3 사업장 현황신고

개인사업자 중 면세사업자는 해당 과세연도의 수입금액을 다음해 2월 10일까지 관할세무서장에게 신고해야 하는데 이를 사업장현황신고라 한다.

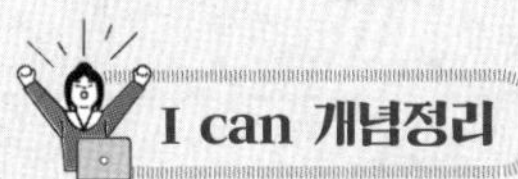

소득별 원천징수 비율

구분	내용
이자소득	• 일반적인 이자소득: 14% • 비영업대금이익: 25% • 장기채권이자 분리과세 신청분: 30% • 비실명 이자소득: 45%(또는 90%) • 직장공제회 초과반환금: 기본세율
배당소득	• 일반적인 배당소득: 14% • 비실명 배당소득: 45%(또는 90%) • 출자공동사업자의 배당소득: 25%
사업소득	• 일반적으로 원천징수하지 않지만 다음의 경우 원천징수 한다. - 부가가치세가 면세되는 의료보건용역 및 인적용역: 3% - 봉사료 : 5%
근로소득	• 원칙: 간이세액표에 의하여 원천징수 후 연말정산(다음 해 2월) • 일용근로자: 6%
연금소득	• 공적연금: 간이세액표에 의하여 원천징수 후 연말정산(다음 해 1월) • 사적연금(1,500만원 이하) 3%(80세 이상), 4%,(70세이상 80세 미만), 5%(70세 미만) 분리과세 • 사적연금(1,500만원 초과) 사적연금 전액 15% 분리과세 혹은 종합과세 선택가능
기타소득	• 일반: 20% • 복권당첨소득 중 3억원 초과금액: 30% • 연금계좌에서 연금외수령(일시금): 15%

원천징수 신고·납부(원천징수이행상황신고서 제출)

- 원칙: 원천징수한 달의 다음달 10일까지 신고납부
- 반기별 신고·납부: 상시고용인원 20인 이하인 경우에는 반기(01월~06월, 07월~12월)별로 신고납부 가능

I can 실전문제(신고 및 납부)

※ I can 실전문제에 수록된 문제들은 모두 전산세무 2급 시험에 다수 출제되었던 유형입니다.

01 다음 중 소득세법상 일반적인 지급명세서 제출시기가 다른 소득은?

① 근로소득(일용근로소득 제외) ② 이자소득
③ 원천징수 대상 사업소득 ④ 퇴직소득

02 다음 중 소득세법상 다음연도 5월 31일까지 반드시 종합소득 과세표준 확정신고를 해야하는 자는 누구인가?

① 근로소득금액 7,000만원과 복권당첨소득 1억원이 있는 자
② 퇴직소득금액 5,000만원과 양도소득금액 8,000만원이 있는 자
③ 국내 정기예금 이자소득금액 2,400만원과 일시적인 강연료 기타소득금액 330만원이 있는 자
④ 일용근로소득 1,500만원과 공적연금소득 1,000만원이 있는 자

03 다음 중 소득세법상 과세표준 확정신고를 하여야 하는 경우는?

① 퇴직소득만 있는 경우
② 근로소득과 퇴직소득이 있는 경우
③ 근로소득과 보통예금이자 150만원(14% 원천징수세율 적용대상)이 있는 경우
④ 근로소득과 사업소득이 있는 경우

04 다음 중 소득세법상 신고 및 납부에 대한 설명으로 가장 옳지 않은 것은?

① 소득세법상 중간예납은 원칙적으로 직전 과세기간의 실적을 기준으로 관할 세무서장이 납세고지서를 발급하여 징수한다.
② 소득세법상 분할납부는 납부할 세액이 1천만원을 초과하는 경우 중간예납과 확정신고시 모두 적용된다.
③ 모든 사업자는 과세표준확정신고시 재무상태표, 손익계산서와 그 부속서류, 합계잔액시산표 및 조정계산서를 첨부하지 아니하면 무신고로 본다.
④ 원천징수세액(이자소득 제외)이 1천원 미만인 경우와 중간예납시 중간예납세액이 50만원 미만인 경우에는 해당 소득세를 징수하지 아니한다.

05 다음 중 소득세법상 중간예납에 대한 설명으로 옳지 않은 것은?

① 과세기간 중 신규로 사업을 시작한 자는 중간예납 대상자가 아니다.
② 중간예납에 대한 고지를 받은 자는 11월 30일까지 고지된 세액을 납부하여야 한다.
③ 중간예납은 관할 세무서장의 고지에 따라 납부하는 것이 원칙이다.
④ 중간예납추계액이 중간예납기준액의 50%에 미달하는 경우 중간예납추계액을 중간예납세액으로 한다.

06 거주자 방탄남씨의 소득이 다음과 같을 경우 종합소득금액은 얼마인가?

• 양도소득금액: 20,000,000원	• 근로소득금액: 30,000,000원
• 배당소득금액: 22,000,000원	• 퇴직소득금액: 2,700,000원

① 30,000,000원 ② 52,000,000원
③ 54,700,000원 ④ 74,700,000원

07 다음 중 소득세법상 원천징수대상소득과 원천징수세율이 잘못 짝지어진 것은?

① 비영업대금의 이익: 14%
② 일용근로자: 6%
③ 복권당첨소득 중 3억 초과분: 30%
④ 퇴직소득: 기본세율(6%~45%)

08 다음 중 소득세법상 원천징수 신고납부절차에 대한 설명 중 옳지 않은 것은?

① 원천징수의무자는 원천징수한 소득세를 그 징수일이 속하는 달의 다음달 10일까지 신고 납부하여야 한다.
② 반기별 납부를 하는 소규모사업자는 해당 반기의 마지막 달의 다음달 10일까지 원천징수한 세액을 신고 납부할 수 있다.
③ 법인세법에 따라 처분된 배당, 상여, 기타소득에 대한 원천징수세액은 반기별 납부에서 제외된다.
④ 과세미달 또는 비과세로 인하여 납부할 세액이 없는 자는 원천징수이행상황신고서에 포함하지 않는다.

09 **다음 중 소득세법상 원천징수에 대한 설명으로 틀린 것은?**

① 원천징수의무자는 원칙적으로는 원천징수대상 소득을 지급하는 자이다.
② 모든 이자소득의 원천징수세율은 14%이다.
③ 신고기한 내에 원천징수이행상황신고를 못했더라도 신고불성실가산세는 없다.
④ 원천징수세액은 원천징수의무자가 납부한다.

10 **다음 중 소득세법상 원천징수대상소득이 아닌 것은?(단, 거주자의 소득으로 한정한다.)**

① 기타소득
② 퇴직소득
③ 근로소득
④ 양도소득

11 **다음 소득 중 원천징수 세액(지방소득세액을 제외함)이 가장 낮은 것부터 순서대로 나열한 것은?**

가. 비영업대금의 이익: 1,000,000원
나. 상장법인의 대주주로서 받은 배당: 2,500,000원
다. 원천징수대상 사업소득에 해당하는 봉사료 수입금액: 6,000,000원
라. 복권 당첨소득: 1,000,000원

① 가-라-나-다
② 나-가-라-다
③ 다-라-가-나
④ 라-가-다-나

I Can!

전산세무 2급

2부

케이렙[KcLep] 실무 따라하기

I Can!
전산세무 2급

I CAN 케이렙[KcLep] 프로그램의 시작

1 케이렙[KcLep] 프로그램 설치

(1) '한국세무사회 국가공인자격시험' 홈페이지(https://license.kacpta.or.kr) 왼쪽 하단의 '케이렙(수험용)' 프로그램을 다운받아 설치를 진행한다.

(2) 설치가 종료되면 바탕화면에 'KcLep교육용 세무사랑Pro' 바로가기 아이콘( )이 생성되며, 아이콘을 더블클릭하면 프로그램이 실행된다.

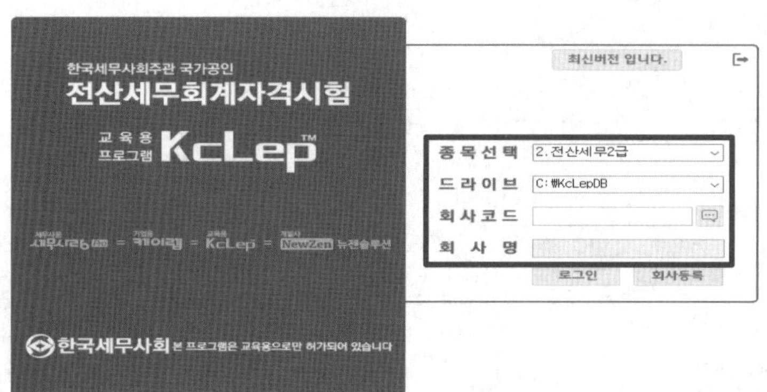

종목선택	시험응시 종목(전산세무2급)을 선택한다.(응시급수에 따라 메뉴가 다름)
드라이브	'C:₩KcLepDB'를 선택한다.(다른 드라이브를 선택하면 오류발생)
회사코드	클릭 후 등록된 회사명을 더블클릭 또는 Enter↵를 이용하여 선택한다. (최초의 회사는 회사등록 을 클릭하여 등록)

(3) 자격시험별 프로그램 구성

구 분	전산회계 2급	전산회계 1급	전산세무 2급	전산세무 1급
기업형태	개인기업 (도·소매업)	법인기업 (제조업)	법인기업 (제조업)	법인기업 (제조업)
회계범위	회계원리	재무회계	중급회계	고급회계
부가가치세	-	부가가치세기초	부가가치세실무	부가가치세신고
소득세	-	-	근로소득원천징수	원천징수 전체
법인세	-	-	-	법인세무조정실무

2 전산세무 2급 기본메뉴 구성

회계관리(재무회계)

I can 개념정리

① 회사: 작업중인 현재 회사에서 다른 회사를 선택하여 회사코드를 변경할 수 있다.(급수변경 불가)

② 기수: 기수, 원천 및 부가세 작업연도를 변경할 수 있다.

③ 검색: 검색기능을 이용하여 검색하고자 하는 메뉴 두글자 혹은 초성을 입력하여 작업하고자 하는 메뉴를 검색할 수 있다.

부가가치(신고서/부속명세)

회계관리 | 부가가치 | 원천징수

신고서/부속명세

부가가치세	부속명세서 I	부속명세서 II	부속명세서 III
부가가치세신고서	공제받지못할매입세액명세서	과세유흥장소과세표준신고서	과세표준및세액결정(경정)청구서
부가가치세신고서(간이과세자)	대손세액공제신고서	월별판매액합계표	과세표준수정신고서및추가자진납부
세금계산서합계표	부동산임대공급가액명세서	면세유류공급명세서	
계산서합계표	건물관리명세서	사업장별부가세납부(환급)신고서	
신용카드매출전표등수령명세서(갑)(을)	영세율첨부서류제출명세서	부동산임대등록	
신용카드매출전표등발행금액집계표	수출실적명세서	납부서	
매입자발행세금계산서합계표	내국신용장.구매확인서전자발급명세서		
	영세율매출명세서		
	의제매입세액공제신고서		
	재활용폐자원세액공제신고서		
	건물등감가상각자산취득명세서		
	현금매출명세서		
	스크랩등매입세액공제신고서		

전자신고			
전자신고			
국세청 홈택스 전자신고변환(교육용)			

검색 기수 회사 최근 변환

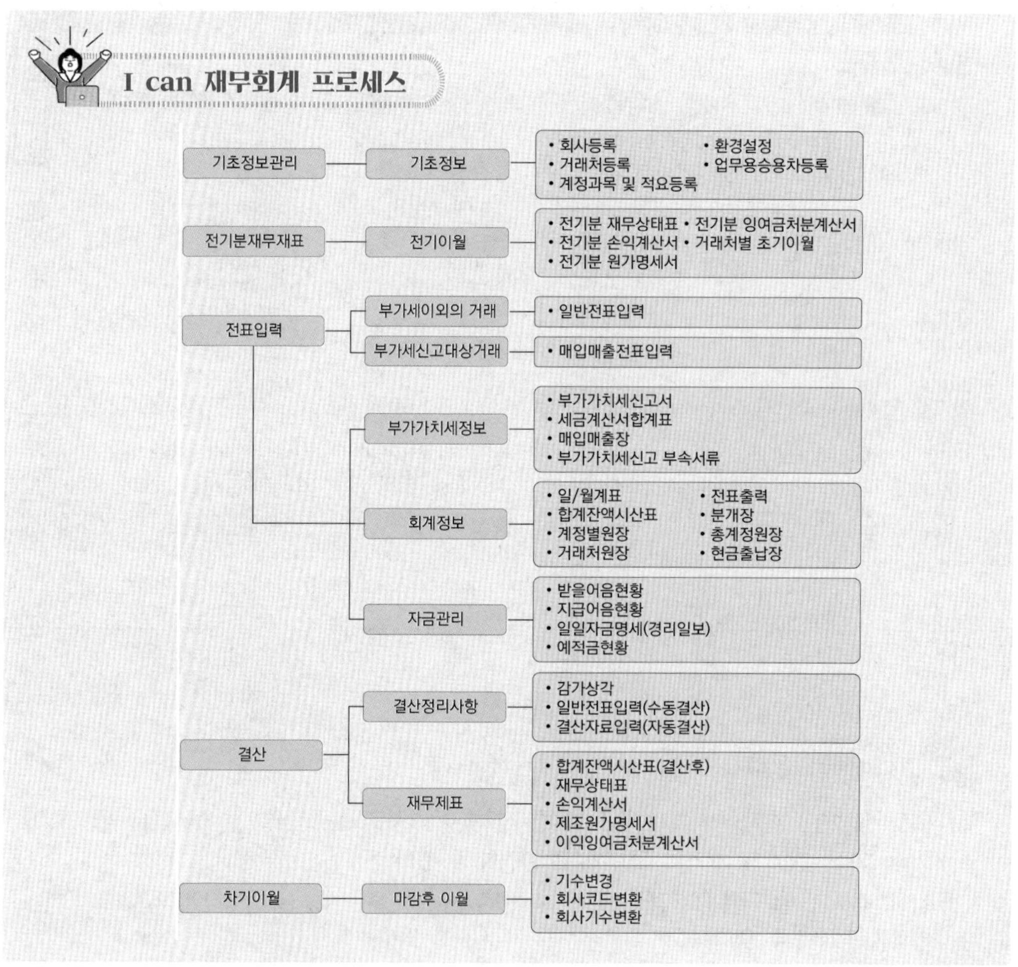

원천징수

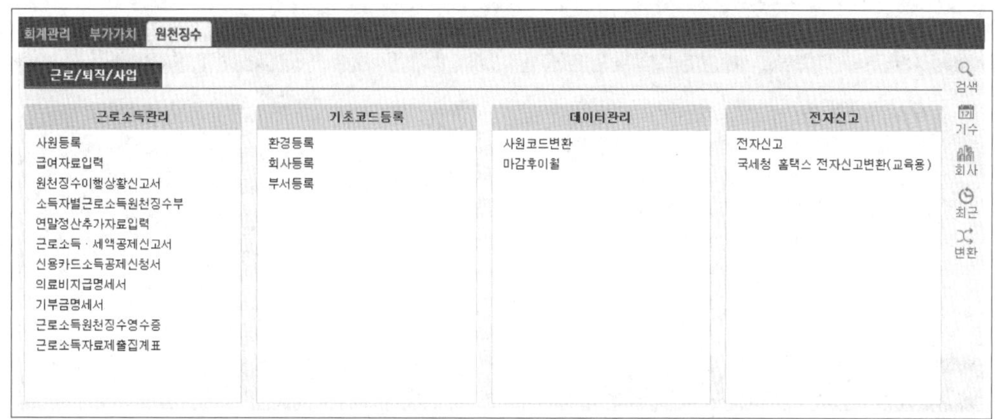

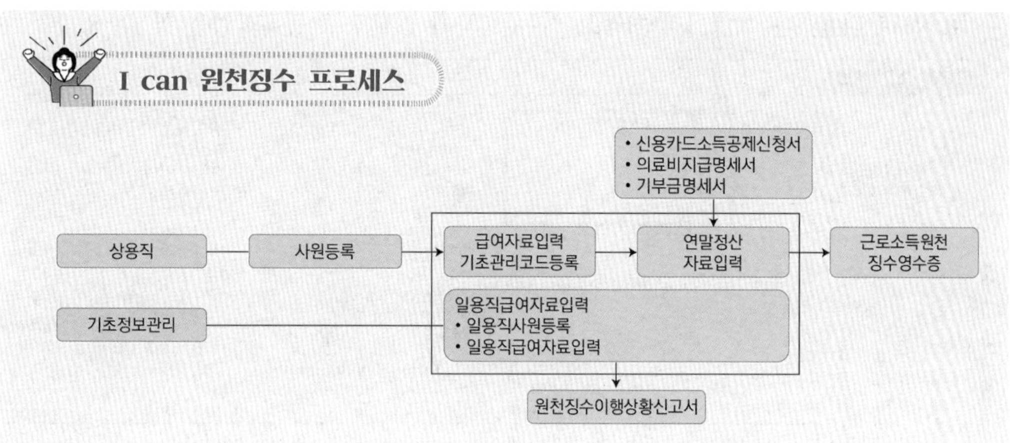

교재 백데이터 다운받고 설치하기

(1) '삼일아이닷컴 홈페이지(https://www.samili.com)'에 접속하여, 상단부 [제품몰]을 클릭한다.

(2) 왼쪽 메뉴 중 [전산세무회계수험서 자료실]을 클릭하여 [전산세무 2급 백데이터]를 다운받는다.

(3) 다운로드한 백데이터를 더블클릭하여 실행한다.

(4) 백데이터 설치가 완료되면 프로그램이 자동으로 실행된다.

(4) [전산세무 2급]을 선택한 후 하단 회사등록 을 클릭한다.

(5) [회사등록]화면 상단의 F4 회사코드재생성 을 클릭한다.

(6) 문제를 풀고자 하는 회사를 선택하여 로그인 을 클릭한다.

1. 기초정보관리

01 기초정보관리

기초정보관리에서는 회계처리 하려고 하는 회사의 기본정보 등록작업을 할 수 있다.

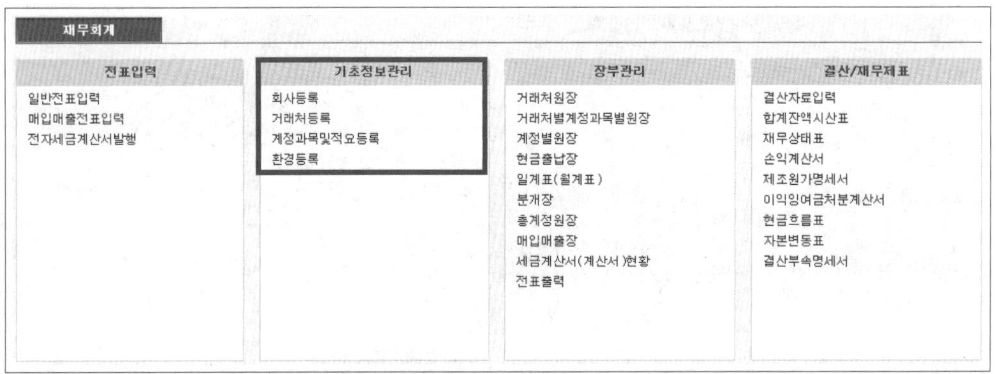

회사등록	• 사업자등록번호 등 회사의 기본적인 정보를 입력한다.
거래처등록	• 일반거래처: 매입거래처와 매출거래처를 정보를 입력한다. • 금융기관: 은행 등 금융기관 거래처를 정보를 입력한다. • 신용카드: 사업용 신용카드, 신용카드 가맹점 정보를 입력한다.
계정과목 및 적요등록	• 기본적으로 등록된 계정과목과 적요를 확인하고, 새로 입력하거나 수정할 계정과목과 현금적요 및 대체적요를 입력한다.
환경등록	• 케이렙[KcLep] 운용에 대한 기본적인 사항을 등록한다.

1 회사등록

회사등록은 회계처리를 하려고 하는 회사를 등록하는 작업으로 가장 기본적이고 우선되는 작업이다. 회사의 사업자등록증을 토대로 작성하며 등록된 내용이 각종 출력물의 회사 기본사항에 자동 표시되며, 각종 신고서에 관련 내용이 반영되므로 정확히 입력한다.

- 코드: 작성할 회사에 대한 코드를 부여하며, 101 ~ 9999까지 사용이 가능하다.
- 회사명: 사업자등록증에 기재된 상호명을 입력한다.
- 구분: 사업자등록증상 법인과 개인을 구분하여 입력한다.(법인 1, 개인 2)
- 회계연도: 해당연도의 사업년도를 의미하며 개업일로부터 해당연도까지의 사업년도에 대한 기수를 선택하고 회계기간을 입력한다.
- 사업자등록번호, 법인등록번호, 대표자명, 대표자주민번호, 사업장주소, 업태, 종목 등을 사업자등록증에 의하여 정확히 입력한다.
- 사업장관할세무서: 사업자등록증상의 사업장주소를 우편번호를 검색하여 입력하면 관할세무서가 자동으로 등록된다.
- 도움창을 불러오는 (또는 F2)를 클릭하면 관련 내용을 검색할 수 있다.
- 사업자등록번호의 구분코드 구성은 다음과 같다.

□□□ - □□ - □□□□□

세무서코드	개인과 법인의 구분			일련번호와 검증번호
일련번호	개인	01~79 80 89 90~99	• 과세사업자 • 아파트관리사무소 등 • 법인이 아닌 종교단체 • 면세사업자	-
	법인	81,86,87 85 82 84	• 영리법인의 본점 • 영리법인의 지점 • 비영리법인의 본·지점 • 외국법인의 본·지점	

2 거래처등록

관리하려고 하는 거래처의 기본정보를 등록하는 메뉴로 일반·금융·카드거래처로 구분되어 있다. 외상 거래로 채권·채무가 발생했을 경우 거래처별로 보조장부를 작성해야 하는데 이러한 거래처원장을 작성하기 위해서는 거래처등록 작업을 선행하여야 한다.

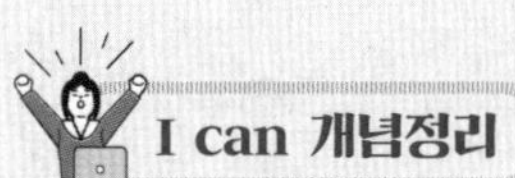

- 일반거래처: 일반거래처 코드(00101 ~ 97999), 거래처명, 사업자등록번호, 유형(1.매출, 2.매입, 3.동시), 대표자성명, 업종, 주소 등 거래처 사업자등록증 기본내용을 입력한다.
- 금융거래처: 금융거래처 코드(98000 ~ 99599), 거래처명, 계좌번호, 유형(1.보통예금, 2.당좌예금, 3.정기적금, 4.정기예금, 5.기타)등을 입력한다.

• 신용카드: 카드거래처 코드(99600 ~ 99999), 거래처명, 가맹점(카드)번호, 유형(1.매출, 2.매입)을 입력한다. 유형이 1.매출인 경우는 가맹점번호를, 2.매입인 경우는 카드번호(매입)를 입력한다.
• 전표입력 시 거래처코드를 작성해야 하는 계정과목

채권	외상매출금, 받을어음, 미수금, 선급금, 장&단기대여금, 가지급금, 임차보증금 등
채무	외상매입금, 지급어음, 미지급금, 선수금, 장&단기차입금, 유동성장기부채, 임대보증금 등

참고 예금 및 적금, 가수금 계정의 경우 시험문제에 별도의 표기가 있을 경우 반드시 입력해야 한다.

3 계정과목 및 적요등록

거래가 발생하여 전표를 작성할 때 해당 계정과목을 선택하여 입력하게 되는데 이렇게 전표를 입력하기 위한 계정과목을 등록시켜놓은 메뉴이며, 계정과목 코드체계에 의하여 수정하거나 추가하여 사용할 수 있다.

I can 계정과목 코드체계

재무상태표 계정과목	그 외 계정과목	참 고
당좌자산 : 0101-0145 재고자산 : 0146-0175 투자자산 : 0176-0194 유형자산 : 0195-0217 무형자산 : 0218-0230 기타비유동자산 : 0231-0250 유동부채 : 0251-0290 비유동부채 : 0291-0330 자본금 : 0331-0340 자본잉여금 : 0341-0350 자본조정 : 0381-0391 기타포괄손익 : 0392-0399 이익잉여금 : 0351-0380	매출 : 0401-0430 매출원가 : 0451-0470 제조원가 : 0501-0600 도급원가 : 0601-0650 보관원가 : 0651-0700 분양원가 : 0701-0750 운송원가 : 0751-0800 판매관리비 : 0801-0900 영업외수익 : 0901-0950 영업외비용 : 0951-0997 법인(소득) : 0998~0999 특수 계정 과목 : 1000~1010	• 500번대 경비 제조원가명세서를 구성하는 코드 • 600번대 경비 건설업의 도급원가명세서를 구성하는 코드 • 700번대 경비 건설업의 분양원가명세서를 구성하는 코드 • 800번대 경비 판매비와관리비를 구성하는 코드

참고 붉은색 계정의 수정은 Ctrl+F2을 누른 후 오른쪽 상단의 "계정코드(명)"을 수정한다.

4 환경등록

환경등록은 시스템환경을 설정하기 위한 메뉴이며, 회사의 특성에 맞춰 입력방법을 선택할 수 있다.

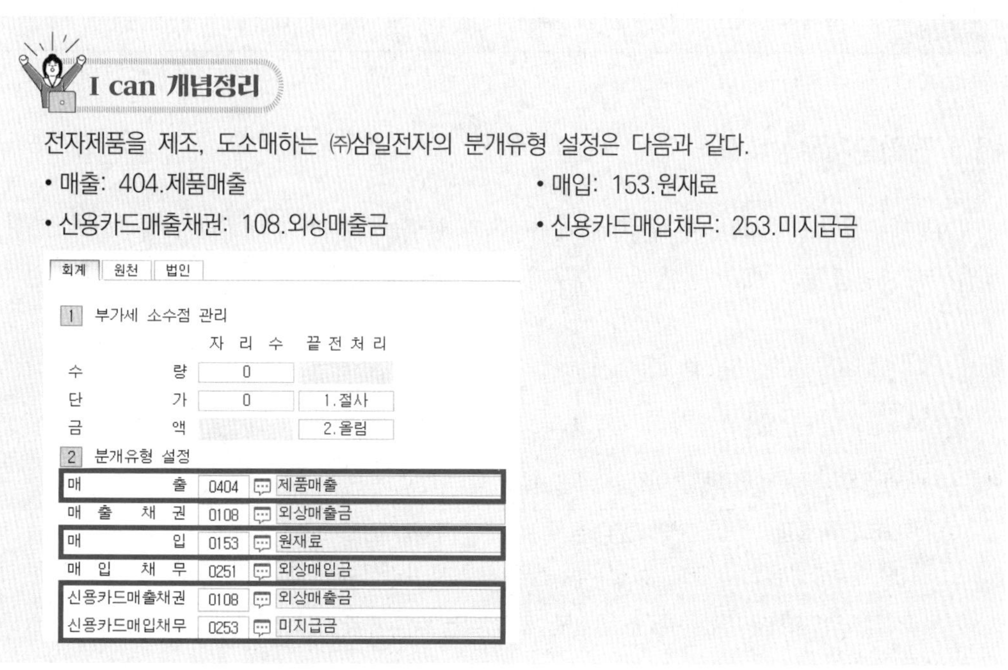

02 전기분재무제표

계속기업의 경우 전년도의 결산시 작성된 재무제표를 당기에 이월받아 비교식 재무제표를 제공한다.

재무회계

전기분재무제표	고정자산및감가상각	자금관리	데이터관리
전기분재무상태표	고정자산등록	받을어음현황	데이터백업
전기분손익계산서	미상각분감가상각비	지급어음현황	회사코드변환
전기분원가명세서	양도자산감가상각비	일일자금명세(경리일보)	회사기수변환
전기분잉여금처분계산서	고정자산관리대장	예적금현황	기타코드변환
거래처별초기이월			데이터체크
마감후이월			데이터저장및압축

전기분 재무제표	• 전기분재무상태표: 전기분 자료를 입력하여 자료를 이월받고, 비교식 재무상태표를 제공한다. • 전기분손익계산서: 전기분 자료를 입력하여 비교식 손익계산서를 제공한다. • 전기분원가명세서: 전기분 자료를 입력하여 비교식 원가명세서를 제공한다. • 전기분잉여금처분계산서: 전기분 자료를 입력하여 비교식 이익잉여금처분계산서를 제공한다.
거래처별 초기이월	• 거래처별 관리가 필요한 계정과목의 초기이월 자료를 입력한다.

1 전기분재무상태표

전기분재무상태표의 자산, 부채, 자본 계정과목과 금액을 입력하여 이월받아 작성하며, 제품, 원재료, 재공품 등의 재고자산은 다른 재무제표에도 영향을 미치므로 가장 먼저 작성하여야 한다.

• 자산의 차감계정은 해당계정 아래의 코드번호로 입력한다.

108.외상매출금	206.기계장치	208.차량운반구	212.비품
109.대손충당금	207.감가상각누계액	209.감가상각누계액	213.감가상각누계액

• 재무상태표의 '미처분이익잉여금'은 전기분 재무상태표 입력 시와 전표입력 시 '375.이월이익잉여금'으로 입력한다.

• 기말원재료 재고액 및 기말재공품 재고액은 전기분원가명세서에 반영되며, 기말제품 재고액은 전기분 손익계산서에 반영된다.

2 전기분손익계산서

전기분손익계산서의 비용, 수익 계정과목과 금액을 입력하여 이월받아 작성하며, 계속기업의 손익계산서 작성 자료를 제공함과 동시에 기업의 당기순이익을 산출하는 메뉴이다. 전기분손익계산서에서 산출된 당기순이익에 전기분잉여금처분계산서의 당기순이익에 반영된다.

3 전기분원가명세서

제조기업은 제조업 영위에 따른 원가적 구성요소로서의 원가명세서를 작성한다. 전기분원가명세서의 계정과목과 금액을 입력하여 이월받아 작성하며, 재료비, 노무비, 제조경비 등을 집계하여 당기제품제조원가를 산출하는 보고서이다.

4 전기분잉여금처분계산서

법인기업은 당기순이익과 전년도에서 이월된 이익잉여금 등을 주주총회를 통해 배당하거나 다른 용도로 처분하게 된다. 전년도 결산시 처분하였던 잉여금에 대한 내역을 입력하여 이월받아 작성하며, 당기순이익 및 잉여금의 처분내역을 입력하여 잉여금처분계산서를 작성할 수 있다.

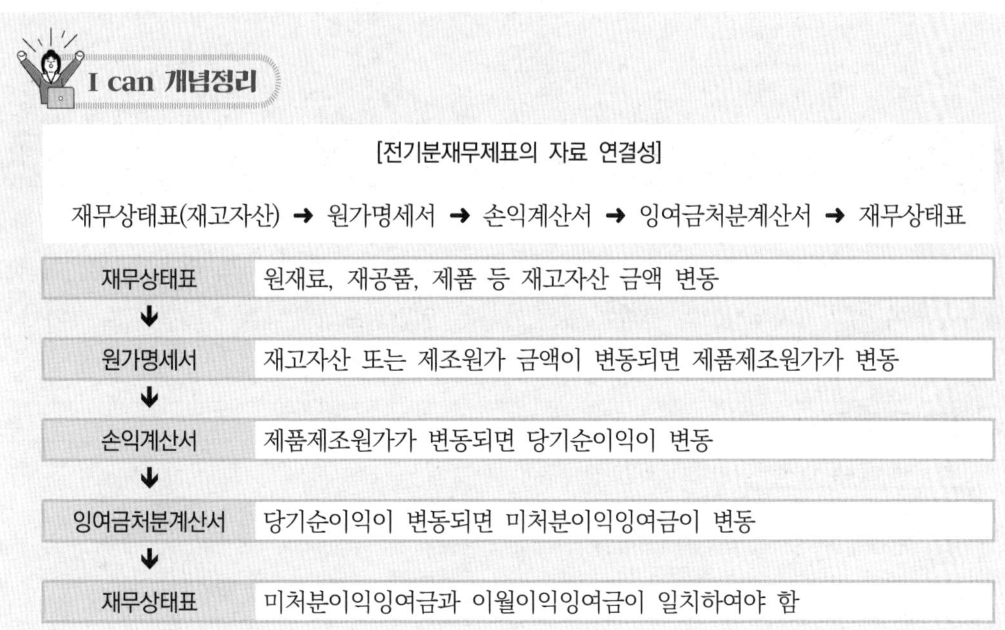

5 거래처별초기이월

채권·채무 등 거래처별 관리가 필요한 재무상태표 항목에 대해 [거래처원장]에 '전기이월'로 표기하면서 거래처별 전년도 데이터를 이월받기 위해 작성하는 메뉴이며, 전기분재무상태표 자료의 입력이 선행되어야 거래처별 초기이월자료를 입력할 수 있다.

6 마감후이월

재무상태표계정인 자산, 부채, 자본계정은 당기의 재무상태가 보고된 이후에도 잔액이 이월되어 차기의 재무상태에 영향을 미치게 된다. 이러한 재무상태표의 각 계정들을 마감하여 다음 회계기간으로 이월시키기 위한 메뉴이다.

참고 전산세무 2급 자격시험에 [기초정보관리]와 [전기분재무제표]에 관련된 전반적인 내용은 출제되지 않고 있으나, 일반전표입력 및 매입매출전표 입력 시 신규거래처 등록은 출제되고 있다.

2. 일반전표입력

01 일반전표입력

기업에서 발생하는 거래는 부가가치세와 관련있는 거래와 부가가치세와 관련이 없는 거래로 구분되며, 부가가치세신고와 관련이 없는 거래는 '일반전표입력'메뉴에 입력하고, 부가가치세신고와 관련이 있는 거래는 '매입매출전표'메뉴에 입력한다.

재무회계

전표입력	기초정보관리	장부관리	결산/재무제표
일반전표입력	회사등록	거래처원장	결산자료입력
매입매출전표입력	거래처등록	거래처별계정과목별원장	합계잔액시산표
전자세금계산서발행	계정과목및적요등록	계정별원장	재무상태표
	환경등록	현금출납장	손익계산서
		일계표(월계표)	제조원가명세서
		분개장	이익잉여금처분계산서
		총계정원장	현금흐름표
		매입매출장	자본변동표
		세금계산서(계산서)현황	결산부속명세서
		전표출력	

1 일반전표입력 시 유의사항

전산세무 2급 시험에서 요구하는 일반전표입력 시 유의사항은 다음과 같다.

〈입력 시 유의사항〉

- 일반적인 적요의 입력은 생략하지만, 타계정 대체거래는 적요번호를 선택하여 입력한다.
- 채권·채무와 관련된 거래는 별도의 요구가 없는 한 반드시 기 등록되어 있는 거래처코드를 선택하는 방법으로 거래처명을 입력한다.
- 제조경비는 500번대 계정코드를, 판매비와 관리비는 800번대 계정코드를 사용한다.
- 회계처리 시 계정과목은 별도 제시가 없는 한 등록되어 있는 계정과목 중 가장 적절한 과목으로 한다.

년 월 일 변경 현금잔액: 대차차액:

일	번호	구분	계정과목	거래처	적요	차변	대변
		합 계					

카드등사용여부

NO : ( ) 전표 일자 : 년 월 일

계정과목	적요	차변(출금)	대변(입금)
합	계		

전표 현재라인 인쇄

전표 선택일괄 인쇄[F9]

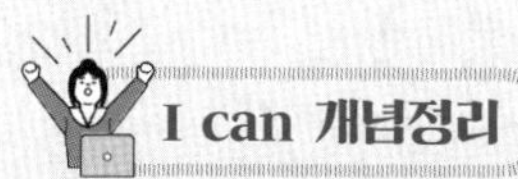

I can 개념정리

- 월: 입력하려고 하는 전표의 해당 월을 2자리 숫자로 입력하거나, 해당 월을 선택한다.
- 일: 거래 일자를 입력하며, 입력없이 엔터치면 선택일자만 입력하는 월 단위 입력이 가능하다.
- 번호: 전표번호는 일자별로 자동부여 되며, 상단 SF2.번호수정 메뉴를 통해 수정 가능하다.
- 구분: 거래의 전표유형을 입력할 수 있다.(1.출금, 2.입금, 3.차변, 4.대변, 5.결산차변, 6.결산대변))
- 계정과목: 계정과목의 코드 3자리를 직접 입력하거나 계정과목의 두글자 혹은 F2(조회) 기능을 통해 계정과목을 입력할 수 있다.
- 거래처: 채권·채무를 거래처별로 관리하기 위해 코드를 입력하며, 거래처명을 직접 입력하거나 F2(조회) 기능을 통해 거래처를 입력할 수 있다. "+"혹은 "00000"을 입력하여 신규거래처에 대한 정보를 간편등록할 수 있다.
- 금액: 거래금액을 입력하며, 금액란에서 "+"를 입력할 경우 천단위 "000"금액이 자동 입력된다.
- 적요: 거래에 대한 적요내용을 직접 입력하거나 F2(조회) 기능을 통해 입력할 수 있다.
- 전표삽입: 전표입력이 누락되어 전표라인을 추가하려고 할 경우, 상단 메뉴의 CF9.전표삽입 메뉴를 통해 전표의 삽입이 가능하다.

2 거래처코드를 입력해야 하는 계정과목

채권	외상매출금, 받을어음, 미수금, 선급금, 장&단기대여금, 가지급금, 임차보증금 등
채무	외상매입금, 지급어음, 미지급금, 선수금, 장&단기차입금, 유동성장기부채, 임대보증금 등

참고 예금 및 적금, 가수금 계정의 경우 시험문제에 별도의 표기가 있을 경우 반드시 입력해야 한다.

3 제조원가와 판매비와관리비의 구분

제조원가(제)	• 제품의 제조를 위해서 사용되는 원가를 말한다. • 공장, 제조, 생산 등의 제조와 관련된 경우는 제조원가로 입력한다. • 500번대 코드번호가 제조원가에 해당되며, 제조원가명세서에 반영된다.
판매관리비(판)	• 판매 또는 관리를 위해서 사용되는 비용을 말한다. • 영업, 관리, 판매 등의 판매관리와 관련된 경우는 판매관리비로 입력한다. • 800번대 코드번호가 판매관리비에 해당되며, 손익계산서에 반영된다.

02 출금전표, 입금전표, 대체전표

1 출금전표

현금 총액으로 지출된 거래는 출금전표로 작성한다. 구분 란에 '1'을 입력하면 대변에 '현금'이 자동으로 입력되며, 차변 계정과목만 입력하면 된다.

2 입금전표

현금 총액으로 입금된 거래는 입금전표로 작성한다. 구분 란에 '2'를 입력하면 차변에 '현금'이 자동으로 입력되며, 대변 계정과목만 입력하면 된다.

3 대체전표

거래 총액 중 현금이 일부 있거나, 현금 이외의 거래인 경우 대체전표로 작성한다. 구분 란에 차변은 '3'을 대변은 '4'를 입력하면 된다.

03 계정별 일반전표입력

부가가치세신고와 관련 없는 일반거래자료는 일반전표입력 메뉴에서 입력한다.

※ 회사코드 0201 ㈜삼일전자 회사로 로그인 ※

㈜삼일전자의 일반거래 자료를 일반전표입력 메뉴에 입력하시오.(단, 모든 거래는 부가가치세를 고려하지 말 것)

[1] 2월 1일: 국민은행 당좌예금 계좌를 개설하고 해당 계좌에 현금 20,000,000원을 입금하였다.

[2] 2월 13일: 명성전자㈜의 외상매입금 중 8,000,000원을 당좌예금 계좌에서 지급하였다.

[3] 2월 22일: 제품 매출처 ㈜일공공일에서 수취한 약속어음 5,000,000원을 시티은행에서 할인받고, 할인료를 차감한 잔액은 보통예금 통장에 입금하였다.
(단, 할인율 연 10%, 할인일수 50일, 원 단위 이하금액은 절사, 365일 기준)

[4] 2월 28일: 거래처 미소상사의 외상매입금 잔액 중 7,500,000원은 당좌수표를 발행하여 지급하였으며, 잔액은 탕감받았다.

[5] 3월 3일: 평택전자(주)의 파산으로 인해 외상매출금 3,000,000원이 회수가 불가능하게 되어 금일 대손처리 하였다.(대손충당금 잔액을 조회하여 처리할 것)

[6] 3월 15일: 매출처 ㈜보령전자에 대한 외상매출금 8,000,000원을 금일자로 연 7%의 이자율로 6개월간 대여하기로 하고, 이를 대여금으로 전환하였다.

[7] 3월 21일: 보통예금 통장에 결산이자 300,000원 중 법인세(지방소득세 포함) 원천징수액 49,500원을 차감한 잔액이 입금되었다.(원천징수액은 자산계정으로 처리할 것)

[8] 4월 1일: ㈜해마루에서 투자목적으로 토지 10,000,000원을 구입하고, 대금은 다음달 초에 지급하기로 하였다.

[9] 4월 19일: ㈜구일건설에 공장의 신축공사를 의뢰하고, 건설공사 계약금 8,000,000원을 현금으로 지급하였다.

[10] 5월 4일: 생산라인에 스마트팩토리 관련 신기술 도입을 위해 ㈜아이피아의 전문강사를 초빙하여 강의를 진행하고, 강사료 600,000원 중 원천세 19,800원을 차감한 잔액을 현금으로 지급하였다.

[11] 5월 8일: 해외영업부에서 법정단체에 해당하는 무역협회의 일반회비 300,000원을 현금으로 지급하였다.

[12] 5월 25일: 5월분 급여를 국민은행 보통예금 계좌에서 지급하였다.

(단위: 원)

부 서	급 여	건강보험료	소득세	지방소득세	공제계	차감지급액
생산팀	2,800,000	99,260	67,300	6,730	173,290	2,626,710
영업팀	3,000,000	106,350	84,850	8,480	199,680	2,800,320
계	**5,800,000**	**205,610**	**152,150**	**15,210**	**372,970**	**5,427,030**

[13] 6월 10일: 5월분 건강보험료 411,220원(회사부담분 205,610원, 본인부담금 205,610원)을 국민은행 보통예금 계좌에서 납부하였다.(회사부담분 건강보험료는 '복리후생비'로 처리할 것)

[14] 6월 15일: 외상매출금 계정으로 처리되어 있는 Sam-it의 외화외상매출금 2,000,000원($2,000)을 금일 현금으로 회수하였다.(현재 1$당 환율은 1,100원 이다.)

[15] 6월 25일: ㈜삼일전자는 확정급여형(DB) 퇴직연금제도를 설정하고 있으며, 퇴직연금 부담금 15,000,000원(제조 7,000,000원, 판관 8,000,000원)을 보통예금 계좌에서 하나금융 퇴직연금계좌로 이체하여 입금하였다.

[16] 7월 8일: 공장 기계장치의 고장으로 인해 원재료로 구입한 부품 350,000원을 기계장치의 수리에 사용하였다.

[17] 7월 12일: 유상증자를 위하여 신주 10,000주(액면 @10,000원)를 1주당 12,000원에 발행 하고 대금은 전액 당좌예입 하였으며, 주식발행과 관련된 비용 200,000원은 현금으로 지급하였다.

[18] 7월 15일: 전년도 결산에 대한 주주총회를 갖고 아래와 같이 잉여금을 처분하기로 결의 하였다. 전기분 잉여금처분계산서 작성은 생략하고, 처분에 대한 분개만 하시오.

- 현금배당: 10,000,000원
- 주식배당: 15,000,000원
- 이익준비금: 법정최소액

[19] 7월 25일: 주주총회에서 결의된 현금배당금 10,000,000원을 지급하면서 개인주주에 대한 소득세 150,000원을 차감한 잔액을 보통예금 계좌에서 지급하였다.

[20] 7월 31일: 자본금을 감자하기 위해 우리회사의 주식 2,000주(액면 @10,000원)를 주당 7,000원에 매입하여 소각하고, 대금은 보통예금 계좌에서 지급하였다.

계정별 일반전표입력 따라하기

- '회계관리 ➜ 재무회계 ➜ 전표입력 ➜ 일반전표입력' 메뉴에 출금, 입금, 대체전표를 입력한다.
- 거래처코드는 두 글자를 검색하거나 F2를 눌러 도움창을 이용하여 입력한다.

2월 거래

[1]	2월 1일	(차) 당좌예금 20,000,000원 (대) 현금 20,000,000원 ✓ 당좌거래개설보증금은 "특정현금과예금" 계정으로 처리한다.
[2]	2월 13일	(차) 외상매입금(명성전자㈜) 8,000,000원 (대) 당좌예금 8,000,000원
[3]	2월 22일	(차) 매출채권처분손실 68,493원 (대) 받을어음(㈜일공공일) 5,000,000원 보통예금 4,931,507원 ✓ 할인료: 5,000,000원 x 10% x 50일/365일 = 68,493원
[4]	2월 28일	(차) 외상매입금(미소상사) 8,000,000원 (대) 당좌예금 7,500,000원 채무면제이익 500,000원 ✓ 거래처원장에서 조회되는 미소상사의 외상매입금 잔액 ➜ 8,000,000원 잔액 | 내용 | 총괄잔액 | 총괄내용 기간 2025 년 1 월 1 일 ~ 2025 년 2 월 28 일 계정과목 0251 외상매입금 잔액 0 거래처분류 ~ 거래처 00109 미소상사 ~ 00109 미소상사 코드 | 거래처 | 등록번호 | 대표자명 | 전기이월 | 차변 | 대변 | 잔액 00109 | 미소상사 | 513-12-94725 | | 8,000,000 | | | 8,000,000

[2월거래 입력결과]

일	번호	구분	계정과목	거래처	적요	차변	대변
1	00002	출금	0102 당좌예금			20,000,000	(현금)
13	00004	차변	0251 외상매입금	00156 명성전자(주)		8,000,000	
13	00004	대변	0102 당좌예금				8,000,000
22	00005	차변	0956 매출채권처분손실			68,493	
22	00005	차변	0103 보통예금			4,931,507	
22	00005	대변	0110 받을어음	00139 (주)일공공일			5,000,000
28	00014	차변	0251 외상매입금	00109 미소상사		8,000,000	
28	00014	대변	0102 당좌예금				7,500,000
28	00014	대변	0918 채무면제이익				500,000

3월 거래

[5]	3월 3일	(차) 대손충당금(109) 590,000원 (대) 외상매출금(㈜평택전자) 3,000,000원 대손상각비 2,410,000원 ✓ 채권의 대손발생시 채권의 차감계정인 대손충당금 잔액을 우선 상계처리 한다.
[6]	3월 15일	(차) 단기대여금(㈜보령전자)8,000,000원 (대) 외상매출금(㈜보령전자) 8,000,000원
[7]	3월 21일	(차) 선납세금 49,500원 (대) 이자수익 300,000원 보통예금 250,500원

[3월거래 입력결과]

일	번호	구분	계정과목	거래처	적요	차변	대변
3	00002	차변	0109 대손충당금			590,000	
3	00002	차변	0835 대손상각비			2,410,000	
3	00002	대변	0108 외상매출금	00150 평택전자(주)			3,000,000
15	00006	차변	0114 단기대여금	00104 (주)보령전자		8,000,000	
15	00006	대변	0108 외상매출금	00104 (주)보령전자			8,000,000
21	00001	차변	0136 선납세금			49,500	
21	00001	차변	0103 보통예금			250,500	
21	00001	대변	0901 이자수익				300,000

4월 거래

[8]	4월 1일	(차) 투자부동산 10,000,000원 (대) 미지급금(㈜해마루) 10,000,000원 ✓ 투자목적으로 취득한 토지와 건물 등은 투자부동산(투자자산)으로 처리한다.
[9]	4월 19일	(차) 건설중인자산 8,000,000원 (대) 현금 8,000,000원 ✓ 건설공사와 관련된 계약금, 중도금, 대출이자 등은 건설중인자산 계정으로 처리한 후, 공사가 완료되면 건물 계정으로 대체한다.

[4월거래 입력결과]

일	번호	구분	계정과목	거래처	적요	차변	대변
1	00004	차변	0183 투자부동산			10,000,000	
1	00004	대변	0253 미지급금	00143 (주)해마루			10,000,000
19	00004	출금	0214 건설중인자산			8,000,000	(현금)

5월 거래

[10]	5월 4일	(차) 교육훈련비(제) 600,000원 (대) 예수금 19,800원 현금 580,200원
[11]	5월 8일	(차) 세금과공과(판) 300,000원 (대) 현금 300,000원 ✓ 법정단체의 일반회비: 세금과공과 ✓ 법정단체의 특별회비 및 임의단체의 일반회비: 기부금
[12]	5월 25일	(차) 임금(제) 2,800,000원 (대) 예수금 372,970원 급여(판) 3,000,000원 보통예금 5,427,030원

[5월거래 입력결과]

□	일	번호	구분	계 정 과 목		거 래 처		적 요		차 변	대 변
□	4	00005	차변	0525	교육훈련비					600,000	
□	4	00005	대변	0254	예수금						19,800
□	4	00005	대변	0101	현금						580,200
□	8	00003	출금	0817	세금과공과					300,000	(현금)
□	25	00009	차변	0504	임금					2,800,000	
□	25	00009	차변	0801	급여					3,000,000	
□	25	00009	대변	0254	예수금						372,970
□	25	00009	대변	0103	보통예금						5,427,030

6월 거래

[13]	6월 10일	(차) 예수금 205,610원 (대) 보통예금 411,220원 복리후생비(제) 99,260원 복리후생비(판) 106,350원
[14]	6월 15일	(차) 현금 2,200,000원 (대) 외상매출금(Sam-it) 2,000,000원 외환차익 200,000원
[15]	6월 25일	(차) 퇴직연금운용자산 15,000,000원 (대) 보통예금 15,000,000원 ✓ 확정기여형(DC) 퇴직연금: 퇴직급여 ✓ 확정급여형(DB) 퇴직연금: 퇴직연금운용자산

[6월거래 입력결과]

□	일	번호	구분	계 정 과 목		거 래 처		적 요		차 변	대 변
□	10	00005	차변	0254	예수금					205,610	
□	10	00005	차변	0511	복리후생비					99,260	
□	10	00005	차변	0811	복리후생비					106,350	
□	10	00005	대변	0103	보통예금						411,220
□	15	00003	차변	0101	현금					2,200,000	
□	15	00003	대변	0108	외상매출금	00165	Sam-it				2,000,000
□	15	00003	대변	0907	외환차익						200,000
□	25	00009	차변	0186	퇴직연금운용자산					15,000,000	
□	25	00009	대변	0103	보통예금						15,000,000

7월 거래

[16]	7월 8일	(차)	수선비(제)	350,000원	(대)	원재료(적요 8.타계정으로 대체)	350,000원
[17]	7월 12일	(차)	당좌예금	120,000,000원	(대)	자본금 현금 주식발행초과금	100,000,000원 200,000원 19,800,000원
		✓ 주식할증발행시 주식할인발행차금(자본조정)이 있을 경우 우선 상계하여야 한다.					
[18]	7월 15일	(차)	이월이익잉여금	26,000,000원	(대)	미지급배당금 미교부주식배당금 이익준비금	10,000,000원 15,000,000원 1,000,000원
		✓ 이익준비금 법정최소액은 현금배당액(미지급배당금)의 10% 이다.					
[19]	7월 25일	(차)	미지급배당금	10,000,000원	(대)	예수금 보통예금	150,000원 9,850,000원
[20]	7월 31일	(차)	자본금	20,000,000원	(대)	보통예금 감자차익	14,000,000원 6,000,000원

[7월거래 입력결과]

□	일	번호	구분	계 정 과 목	거 래 처	적 요	차 변	대 변
□	8	00002	차변	0520 수선비			350,000	
□	8	00002	대변	0153 원재료		8 타계정으로 대체액 원가		350,000
□	12	00001	차변	0102 당좌예금			120,000,000	
□	12	00001	대변	0331 자본금				100,000,000
□	12	00001	대변	0101 현금				200,000
□	12	00001	대변	0341 주식발행초과금				19,800,000
□	15	00007	차변	0375 이월이익잉여금			26,000,000	
□	15	00007	대변	0265 미지급배당금				10,000,000
□	15	00007	대변	0387 미교부주식배당금				15,000,000
□	15	00007	대변	0351 이익준비금				1,000,000
□	31	00001	차변	0331 자본금			20,000,000	
□	31	00001	대변	0103 보통예금				14,000,000
□	31	00001	대변	0342 감자차익				6,000,000

3. 매입매출전표입력

01 매입매출전표입력

부가가치세신고와 관련된 거래는 매입매출전표입력에 입력하며, 입력내용은 부가세신고서, 세금계산서합계표 등 부가가치세신고와 관련된 서식에 자동으로 반영된다.

재무회계

전표입력	기초정보관리	장부관리	결산/재무제표
일반전표입력	회사등록	거래처원장	결산자료입력
매입매출전표입력	거래처등록	거래처별계정과목별원장	합계잔액시산표
전자세금계산서발행	계정과목및적요등록	계정별원장	재무상태표
	환경등록	현금출납장	손익계산서
		일계표(월계표)	제조원가명세서
		분개장	이익잉여금처분계산서
		총계정원장	현금흐름표
		매입매출장	자본변동표
		세금계산서(계산서)현황	결산부속명세서
		전표출력	

1 매입매출전표입력 시 유의사항

전산세무 2급 시험에서 요구하는 매입매출전표입력 시 유의사항은 다음과 같다.

〈입력 시 유의사항〉

- 일반적인 적요의 입력은 생략하지만, 타계정 대체거래는 적요번호를 선택하여 입력한다.
- 별도의 요구가 없는 한 반드시 기 등록되어 있는 거래처코드를 선택하는 방법으로 거래처명을 입력한다.
- 제조경비는 500번대 계정코드를, 판매비와 관리비는 800번대 계정코드를 사용한다.
- 회계처리 시 계정과목은 별도 제시가 없는 한 등록되어 있는 계정과목 중 가장 적절한 과목으로 한다.
- 입력화면 하단의 분개까지 처리하고, 전자세금계산서는 '전자'입력으로 반영한다.

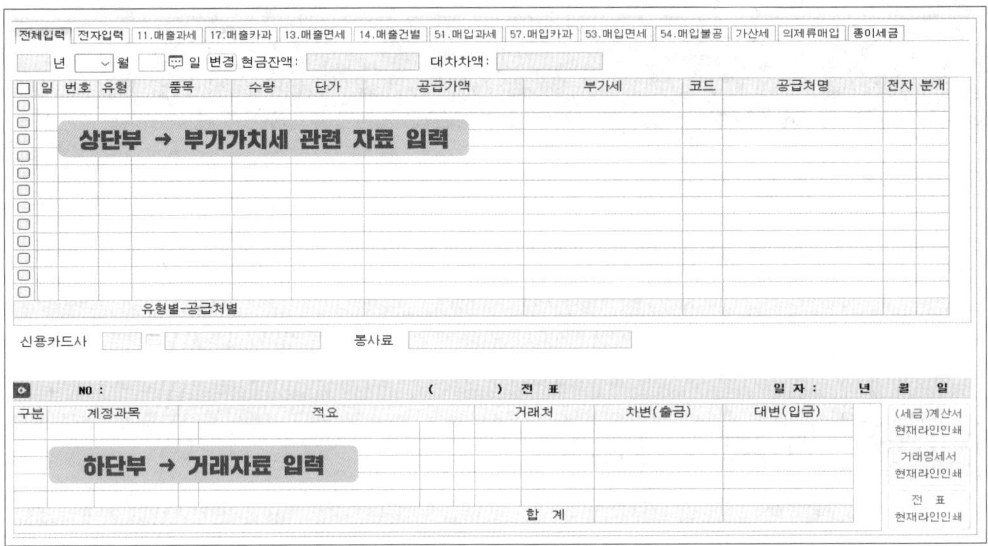

- 월: 입력하려고 하는 전표의 해당 월을 두자리 숫자로 입력하거나, 해당 월을 선택한다.
- 일: 거래 일자를 입력하며, 입력 없이 엔터치면 선택일자만 입력하는 월 단위 입력이 가능하다.
- 유형: 세금계산서와 계산서 등 부가가치세신고 대상자료에 따라 신고서의 작성위치 및 부속서류, 공급가액과 세액 등의 표시가 달라지므로 유형은 정확하게 선택하여야 한다.
- 품목: 세금계산서 등에 기재되는 품명을 직접 기재하며, 다수의 품명을 기재하는 경우 복수거래(F7) 메뉴를 통해 입력이 가능하다.
- 수량 및 단가: 수량과 단가를 입력하면 공급가액과 세액이 자동으로 계산되며, 수량과 단가를 생략하고 공급가액과 세액을 직접 입력할 수 있다.
- 거래처: 부가가치세대상 거래자료에 대해서 거래처코드를 입력해야 거래처코드별 세금계산서합계표를 작성할 수 있으며, 하단부 분개시 자동으로 거래처코드가 연동된다.
  - ✓ 채권·채무를 거래처별로 관리하기 위해 코드를 입력하며, 거래처명을 직접 입력하거나 F2(조회) 기능을 통해 거래처를 입력할 수 있다.
  - ✓ 신규 거래처 등록시 거래처코드란에 "⊞"키 또는 "00000"을 입력한 후 신규거래처를 등록한다.
  - ✓ 개인을 거래처로 등록하는 경우 주민등록번호 입력 후 주민등록기재분(1.여)을 선택하면 세금계산서합계표에 [주민기재분]으로 자동 반영된다.
- 전자: 전자(세금)계산서 여부를 구분하여 전자인 경우 '1.여'를 선택한다.
- 분개: 매입매출거래의 회계처리를 위한 입력란으로 해당 거래 유형에 따라 선택한다.
- 적요: 거래에 대한 적요내용을 직접 입력하거나 F2(조회) 기능을 통해 입력할 수 있다. 자격시험에서 적요의 입력은 생략하지만, 아래에 해당하는 경우는 반드시 입력하여야 한다.
  - ✓ 재고자산의 비정상감소에 해당하는 '타계정대체' 거래
  - ✓ 의제매입세액에 해당하는 거래 중 의제매입세액공제신고서에 자동 반영할 경우
  - ✓ 재활용폐자원매입세액에 해당하는 거래 중 재활용폐자원매입세액공제신고서에 자동 반영할 경우

2 부가세 유형

부 가 세 유 형

매출						매입					
11.과세	과세매출	16.수출	수출	21.전자	전자화폐	51.과세	과세매입	56.금전	금전등록	61.현과	현금과세
12.영세	영세율	17.카과	카드과세	22.현과	현금과세	52.영세	영세율	57.카과	카드과세	62.현면	현금면세
13.면세	계산서	18.카면	카드면세	23.현면	현금면세	53.면세	계산서	58.카면	카드면세		
14.건별	무증빙	19.카영	카드영세	24.현영	현금영세	54.불공	불공제	59.카영	카드영세		
15.간이	간이과세	20.면건	무증빙			55.수입	수입분	60.면건	무증빙		

매출 유형

코드	유형	내 용
11	과세	세금계산서(10%)를 발급한 경우
12	영세	영세율세금계산서(0%)를 발급한 경우(내국신용장 및 구매확인서)
13	면세	계산서를 발급한 경우(세금계산서는 과세, 계산서는 면세)
14	건별	정규증명서류가 없는 경우(간이영수증 발행, 간주공급, 증빙 미발행 등)
15	간이	간이과세자의 매출
16	수출	해외에 직수출한 경우(세금계산서 발급 없음)
17	카과	신용카드에 의한 과세 매출
18	카면	신용카드에 의한 면세 매출
19	카영	신용카드에 의한 영세율 매출(내국신용장 및 구매확인서)
20	면건	정규증명서류가 없는 면세 매출(일반영수증 발행 또는 증빙 미발행)
21	전자	전자화폐에 의한 매출
22	현과	현금영수증에 의한 과세 매출
23	현면	현금영수증에 의한 면세 매출
24	현영	현금영수증에 의한 영세율 매출(내국신용장 및 구매확인서)

매입 유형

코드	유형	내 용
51	과세	세금계산서(10%)를 수취한 경우(매입세액공제 대상인 것)
52	영세	영세율세금계산서(0%)를 수취한 경우
53	면세	계산서를 수취한 경우(세금계산서는 과세, 계산서는 면세)
54	불공	세금계산서(10%)를 수취한 매입 중에서 매입세액불공제 대상인 경우
55	수입	재화의 수입시 세관장으로부터 수입세금계산서(10%)를 수취한 경우
56	금전	금전등록기 영수증
57	카과	신용카드에 의한 과세 매입 중 매입세액공제 대상인 경우

코드	유형	내 용
58	카면	신용카드에 의한 면세 매입
59	카영	신용카드에 의한 영세율 매입
60	면건	정규증명서류가 없는 면세 매입(일반영수증 수취 또는 증빙 미수취)
61	현과	과세 매입 중 현금영수증을 수취한 경우
62	현면	면세 매입 중 현금영수증을 수취한 경우

3 분개 유형

코드	유형	내 용
0	분개 없음	매입매출전표 상단부만 입력하여 부가가치세신고 관련 내용만 반영하고 하단 회계처리는 하지 않는 경우
1	현금	전액 현금 입금거래, 현금 출금거래의 경우
2	외상	전액 외상 매출거래, 외상 매입거래의 경우
3	혼합	'1.현금, 2.외상, 4.카드'이외 거래의 경우
4	카드	카드매출과 카드매입 거래의 경우

02 유형별 매입매출전표입력

1 매출유형

부가가치세신고와 관련 있는 매출유형은 매입매출전표입력에 유형별로 입력하며, 유형코드를 다르게 선택하는 경우 부가가치세신고서 서식에 잘못된 자료가 반영되므로 매출유형과 자료를 정확하게 입력하여야 한다.

※ 회사코드 0201 ㈜삼일전자 회사로 로그인 ※

㈜삼일전자의 매출관련 거래자료를 매입매출전표입력 메뉴에 입력하시오.

11. 과세: 과세(10%) 세금계산서 매출

[01] 7월 2일: ㈜삼대설비에 제품(컴퓨터 10대 @2,000,000원, VAT 별도)을 판매하고 전자세금계산서를 발급하였으며, 대금은 전액 현금으로 회수하였다.

[02] 7월 4일: ㈜민석상사에 다음과 같이 제품을 매출하고 전자세금계산서를 발급하였다. 대금은 전액 외상으로 하였다.(복수거래로 입력할 것)

품 목	수량	단가	공급가액	부가가치세	비 고
제품 A	10	900,000	9,000,000	900,000	
제품 B	10	300,000	3,000,000	300,000	

[03] 7월 6일: ㈜민석상사에 판매한 제품 B중 1대(300,000원)를 불량으로 반품되어 회수 하고 전자수정세금계산서를 발급하였다. 대금은 외상매출금과 상계정리하였다. (회계처리는 음수로 할 것)

[04] 7월 8일: 제품운송용으로 사용하던 화물차(취득가액 15,000,000원, 감가상각누계액 8,000,000원)를 두리상사에 매각하고 매각대금은 한달후에 받기로 하였다. 매각대금 5,000,000원(부가세 별도)에 대한 전자세금계산서를 발급하였다.

[05] 7월 10일: 사업자가 아닌 개인 우영우(851212-2772914)에게 당사가 제조한 제품(공급가액 1,000,000원, 부가가치세 100,000원)를 판매하고 전자세금계산서를 발급하였으며, 대금은 전액 외상으로 하였다. (거래처코드 1300번으로 등록할 것)

12. 영세: 영세율(0%) 세금계산서 매출

[06] 7월 13일: 수출대행업체인 아메리칸테크㈜에 Local L/C에 의한 제품 15,000,000원을 외상으로 매출하고, 영세율전자금계산서를 발급하였다.

13.면세: 면세 계산서 매출

[07] 7월 15일: 금오전자에 상품인 컴퓨터 서적을 750,000원에 매출하고 전자계산서를 발급하였다. 대금은 전액 국민은행 보통예금 계좌로 입금되었다.

14.건별: 간주공급, 일반영수증, 무증빙 매출

[08] 7월 17일: 매출거래처에 판매용 제품(원가 1,200,000원, 시가 1,500,000원)을 선물로 제공하였다.

16.수출: 영세율(0%) 직수출 매출

[09] 7월 19일: 수출신고필증에 의해 제품 $20,000를 Sam-it에 직수출하고 대금은 전액 외상으로 하였다.(수출신고일 환율: 1$당 1,000원, 선적일 환율: 1$당 1,100원, 수출신고번호: 12906-20-400130x)

17.카과: 과세(10%) 신용카드매출전표 매출

[10] 7월 21일: 비사업자인 고아인에게 제품 1,650,000원(부가가치세 포함)을 판매하고 신용카드매출전표(비씨카드)를 발행하였다.

18.카면: 면세 신용카드매출전표 매출

[11] 7월 23일: 비사업자인 김민재에게 상품인 컴퓨터 서적을 150,000원에 매출하고 신용카드매출전표(비씨카드)를 발행하였다.

22.현과: 과세(10%) 현금영수증 매출

[12] 7월 25일: 황금상사에 제품 2,750,000원(부가가치세 포함)에 현금 판매하고 현금영수증을 발행하였다.

매출유형 전표입력 따라하기

- '회계관리 ➜ 재무회계 ➜ 전표입력 ➜ 매입매출전표입력' 메뉴에 '매출유형'을 구분하여 입력한다.

[01]	7월 2일	11.과세, 공급가액 20,000,000원, 부가세 2,000,0000원, ㈜삼대설비, 전자: 여, 현금
		(차) 현금 22,000,000원 (대) 부가세예수금 2,000,000원 제품매출 20,000,000원

□	일	번호	유형	품목	수량	단가	공급가액	부가세	코드	공급처명	사업/주민번호	전자	분개
□	2	50001	과세	컴퓨터	10	2,000,000	20,000,000	2,000,000	00153	(주)삼대설비	126-81-23513	여	현금
□	2												
				유형별-공급처별 [1]건			20,000,000	2,000,000					

신용카드사 봉사료

NO : 50001 (입 금) 전 표

구분	계정과목		적요	거래처		차변(출금)	대변(입금)
입금	0255	부가세예수금	컴퓨터 10X2000000	00153	(주)삼대설비	(현금)	2,000,000
입금	0404	제품매출	컴퓨터 10X2000000	00153	(주)삼대설비	(현금)	20,000,000
					합 계	22,000,000	22,000,000

(세금)계산서 현재라인인쇄 / 거래명세서 현재라인인쇄 / 전 표 현재라인인쇄

[02]	7월 4일	11.과세, 공급가액 12,000,000원, 부가세 1,200,0000원, ㈜민석상사, 전자: 여, 외상
		(차) 외상매출금 13,200,000원 (대) 부가세예수금 1,200,000원 제품매출 12,000,000원

No	품목	규격	수량	단가	공급가액	부가세	합계	비고
1	제품 A		10	900,000	9,000,000	900,000	9,900,000	
2	제품 B		10	300,000	3,000,000	300,000	3,300,000	

참고 복수품목 거래자료의 입력은 복수거래(F7) 메뉴를 통해 입력한다.

□	일	번호	유형	품목	수량	단가	공급가액	부가세	코드	공급처명	사업/주민번호	전자	분개
□	4	50003	과세	제품 A외			12,000,000	1,200,000	00149	(주)민석상사	125-81-03208	여	외상
□	4												
				유형별-공급처별 [1]건			12,000,000	1,200,000					

신용카드사 봉사료

NO : 50003 (대 체) 전 표

구분	계정과목		적요	거래처		차변(출금)	대변(입금)
차변	0108	외상매출금	제품 A외	00149	(주)민석상사	13,200,000	
대변	0255	부가세예수금	제품 A외	00149	(주)민석상사		1,200,000
대변	0404	제품매출	제품 A외	00149	(주)민석상사		12,000,000
					합 계	13,200,000	13,200,000

(세금)계산서 현재라인인쇄 / 거래명세서 현재라인인쇄 / 전 표 현재라인인쇄

<table>
<tr><td rowspan="2">[03]</td><td rowspan="2">7월 6일</td><td>11.과세, 공급가액 -300,000원, 부가세 -30,0000원, ㈜민석상사, 전자: 여, 외상</td></tr>
<tr><td>(차) 외상매출금 -330,000원 (대) 부가세예수금 -30,000원
제품매출 -300,000원</td></tr>
</table>

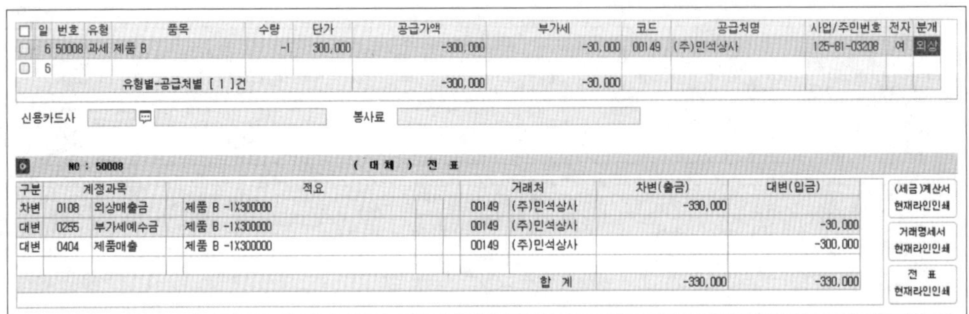

일	번호	유형	품목	수량	단가	공급가액	부가세	코드	공급처명	사업/주민번호	전자	분개
6	50008	과세	제품 B	-1	300,000	-300,000	-30,000	00149	(주)민석상사	125-81-03208	여	외상
6												
			유형별-공급처별 [1]건			-300,000	-30,000					

신용카드사 봉사료

NO : 50008 (대 체) 전 표

구분	계정과목		적요	거래처		차변(출금)	대변(입금)
차변	0108	외상매출금	제품 B -1X300000	00149	(주)민석상사	-330,000	
대변	0255	부가세예수금	제품 B -1X300000	00149	(주)민석상사		-30,000
대변	0404	제품매출	제품 B -1X300000	00149	(주)민석상사		-300,000
					합 계	-330,000	-330,000

(세금)계산서 현재라인인쇄 / 거래명세서 현재라인인쇄 / 전 표 현재라인인쇄

참고 반품 세금계산서의 입력은 수량에 (-)를 입력하면 공급가액과 세액이 음수로 기재되며, 수량을 기재하지 않을 경우, 공급가액에 (-)를 입력한다.

<table>
<tr><td rowspan="2">[04]</td><td rowspan="2">7월 8일</td><td>11.과세, 공급가액 5,000,000원, 부가세 500,0000원, 두리상사, 전자: 여, 혼합</td></tr>
<tr><td>(차) 감가상각누계액 8,000,000원 (대) 부가세예수금 500,000원
미수금 5,500,000원 차량운반구 15,000,000원
유형자산처분손실 2,000,000원</td></tr>
</table>

일	번호	유형	품목	수량	단가	공급가액	부가세	코드	공급처명	사업/주민번호	전자	분개
8	50001	과세	화물차			5,000,000	500,000	00112	두리상사	252-73-00018	여	혼합
8												
			유형별-공급처별 [1]건			5,000,000	500,000					

신용카드사 봉사료

NO : 50001 (대 체) 전 표

구분	계정과목		적요	거래처		차변(출금)	대변(입금)
대변	0208	차량운반구	화물차	00112	두리상사		15,000,000
차변	0209	감가상각누계액	화물차	00112	두리상사	8,000,000	
차변	0120	미수금	화물차	00112	두리상사	5,500,000	
차변	0970	유형자산처분손실	화물차	00112	두리상사	2,000,000	
					합 계	15,500,000	15,500,000

(세금)계산서 현재라인인쇄 / 거래명세서 현재라인인쇄 / 전 표 현재라인인쇄

[05]	7월 10일	11.과세, 공급가액 1,000,000원, 부가세 100,0000원, 우영우, 전자: 여, 외상
		(차) 외상매출금 1,100,000원 (대) 부가세예수금 100,000원 제품매출 1,000,000원

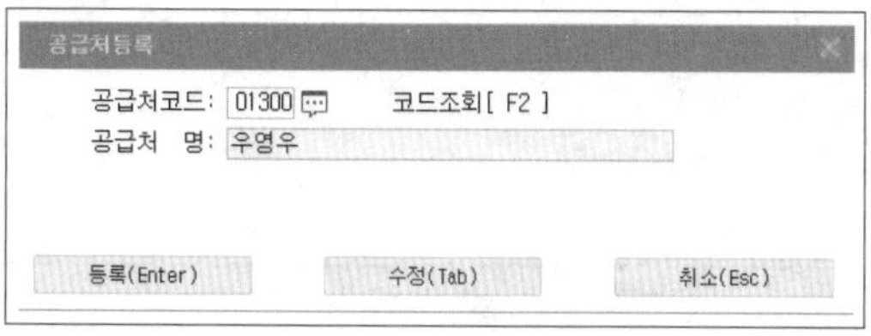

공급처등록

공급처코드: 01300 코드조회[F2]
공급처 명: 우영우

등록(Enter) 수정(Tab) 취소(Esc)

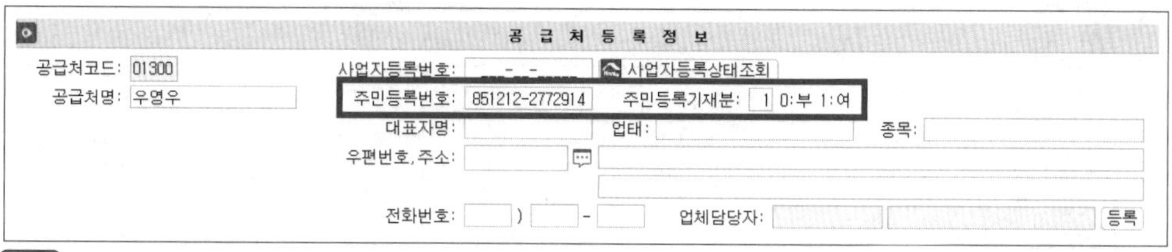

공 급 처 등 록 정 보

공급처코드: 01300 사업자등록번호: ___-__-_____ 사업자등록상태조회
공급처명: 우영우 주민등록번호: 851212-2772914 주민등록기재분: 1 0:부 1:여
대표자명: 업태: 종목:
우편번호,주소:
전화번호:) - 업체담당자: 등록

참고 신규거래처등록: 거래처코드 란에 숫자키보드의 '+' 또는 '00000'을 입력한 후 '공급처등록'화면에서 공급처코드와 공급처명을 입력하고 '수정'을 클릭한 후, 하단 '공급처등록정보'에 주민등록번호를 입력한다. (주민등록기재분: 1.여)

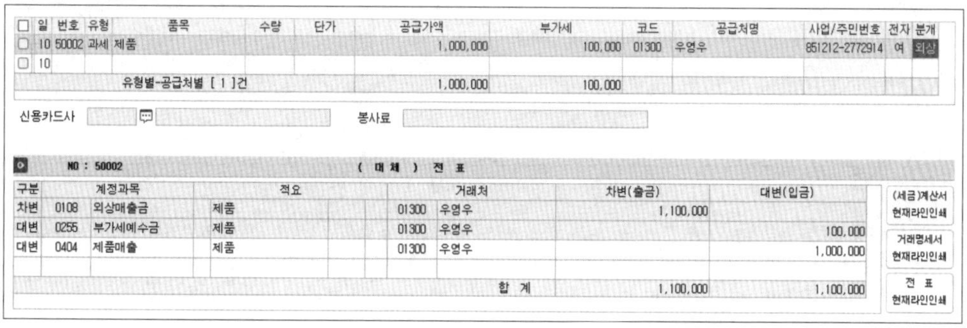

일	번호	유형	품목	수량	단가	공급가액	부가세	코드	공급처명	사업/주민번호	전자	분개
10	50002	과세	제품			1,000,000	100,000	01300	우영우	851212-2772914	여	외상
10												
			유형별-공급처별 [1]건			1,000,000	100,000					

신용카드사 봉사료

NO : 50002 (대 체) 전 표

구분	계정과목		적요	거래처		차변(출금)	대변(입금)
차변	0108	외상매출금	제품	01300	우영우	1,100,000	
대변	0255	부가세예수금	제품	01300	우영우		100,000
대변	0404	제품매출	제품	01300	우영우		1,000,000
					합 계	1,100,000	1,100,000

(세금)계산서 현재라인인쇄 / 거래명세서 현재라인인쇄 / 전 표 현재라인인쇄

[06]	7월 13일	12.영세, 공급가액 15,000,000원, 아메리칸테크㈜, 전자: 여, 외상 영세율구분: 3.내국신용장·구매확인서에 의하여 공급하는 재화
		(차) 외상매출금 15,000,000원 (대) 제품매출 15,000,000원

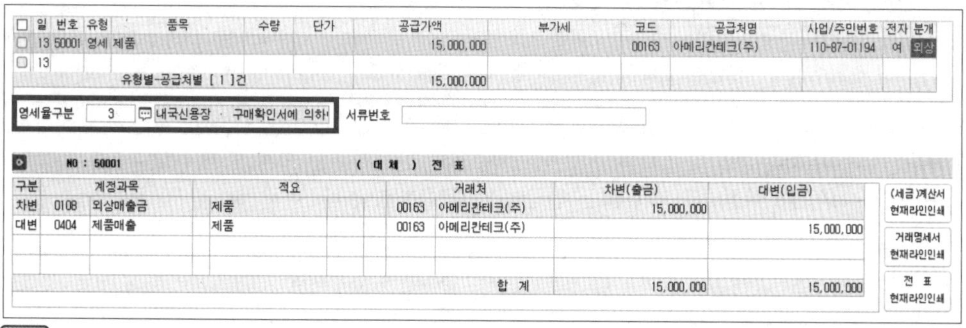

일	번호	유형	품목	수량	단가	공급가액	부가세	코드	공급처명	사업/주민번호	전자	분개
13	50001	영세	제품			15,000,000		00163	아메리칸테크(주)	110-87-01194	여	외상
13												
			유형별-공급처별 [1]건			15,000,000						

영세율구분 3 내국신용장 · 구매확인서에 의하 서류번호

NO : 50001 (대 체) 전 표

구분	계정과목		적요	거래처		차변(출금)	대변(입금)
차변	0108	외상매출금	제품	00163	아메리칸테크(주)	15,000,000	
대변	0404	제품매출	제품	00163	아메리칸테크(주)		15,000,000
					합 계	15,000,000	15,000,000

(세금)계산서 현재라인인쇄 / 거래명세서 현재라인인쇄 / 전 표 현재라인인쇄

참고 영세매출 거래자료 입력 시 영세율구분은 '3.내국신용장·구매확인서에 의하여 공급하는 재화'를 선택한다.

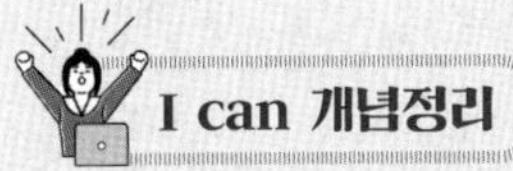

- 12.영세매출: Local L/C 또는 구매확인서에 의한 국내공급으로 영세율세금계산서가 발급된다.
- 16.수출매출: 국내물품을 외국으로 반출하는 것으로, 유·무상에 관계없이 외국으로 반출하는 재화는 모두 영세율을 적용하며, 세금계산서 발급의무가 없다.

[07]	7월 15일	13.면세, 공급가액 750,000원, 금오전자, 전자: 여, 혼합
		(차) 보통예금 750,000원 (대) 상품매출 750,000원

□	일	번호	유형	품목	수량	단가	공급가액	부가세	코드	공급처명	사업/주민번호	전자	분개
□	15	50001	면세	컴퓨터 서ㅓ			750,000		00162	금오전자	513-02-57056	여	혼합
□	15												
				유형별-공급처별 [1]건			750,000						

신용카드사　　봉사료

NO : 50001　(대 체) 전 표

구분	코드	계정과목	적요	거래처코드	거래처	차변(출금)	대변(입금)
대변	0401	상품매출	컴퓨터 서ㅓ	00162	금오전자		750,000
차변	0103	보통예금	컴퓨터 서ㅓ	00162	금오전자	750,000	
					합 계	750,000	750,000

(세금)계산서 현재라인인쇄 / 거래명세서 현재라인인쇄 / 전 표 현재라인인쇄

[08]	7월 17일	14.건별, 공급가액 1,500,000원, 부가세 150,000원, 혼합
		(차) 기업업무추진비(판) 1,350,000원 (대) 부가세예수금 150,000원
		제품(적요 8.타계정으로 대체) 1,200,000원

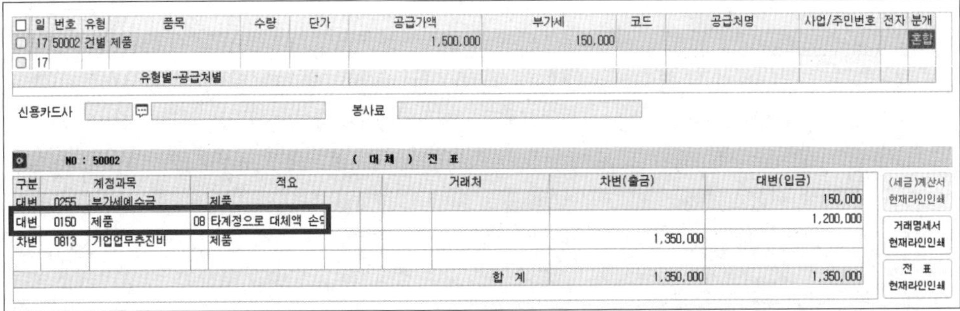

□	일	번호	유형	품목	수량	단가	공급가액	부가세	코드	공급처명	사업/주민번호	전자	분개
□	17	50002	건별	제품			1,500,000	150,000					혼합
□	17												
				유형별-공급처별									

신용카드사　　봉사료

NO : 50002　(대 체) 전 표

구분	코드	계정과목	적요	거래처	차변(출금)	대변(입금)
대변	0255	부가세예수금	제품			150,000
대변	0150	제품	08 타계정으로 대체액 손ㅇ			1,200,000
차변	0813	기업업무추진비	제품		1,350,000	
				합 계	1,350,000	1,350,000

(세금)계산서 현재라인인쇄 / 거래명세서 현재라인인쇄 / 전 표 현재라인인쇄

참고 ✓ 간주공급에 해당하므로 부가세는 시가의 10%로 과세되며, 제품은 원가로 감소한다.
✓ 제품이 판매가 아닌 다른 계정으로 대체되었으므로 적요(8. 타계정으로 대체)관리를 하여야 한다.
✓ 14.건별 유형 입력 시 금액은 공급대가를 입력하면, 공급가액과 세액이 자동으로 반영된다.

[09]	7월 18일	16.수출, 공급가액 22,000,000원, Sam-it, 외상 영세율구분: 1.직접수출(대행수출 포함), 수출신고번호: 12906-20-400130x
		(차) 외상매출금 22,000,000원 (대) 제품매출 22,000,000원

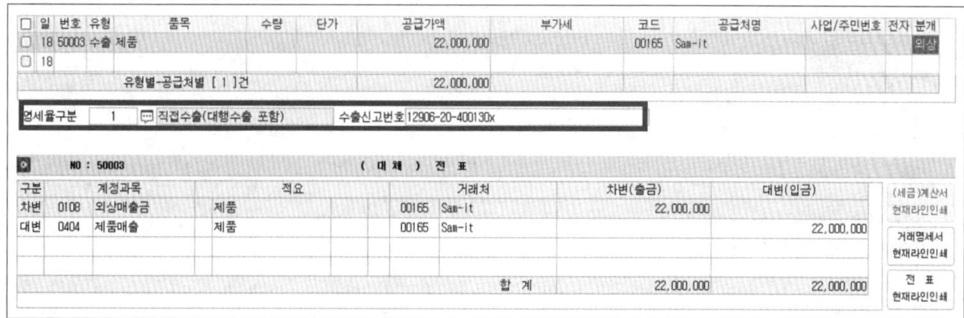

일	번호	유형	품목	수량	단가	공급가액	부가세	코드	공급처명	사업/주민번호	전자	분개
18	50003	수출	제품			22,000,000		00165	Sam-it			외상
18												
			유형별-공급처별 [1]건			22,000,000						

영세율구분 1 직접수출(대행수출 포함) 수출신고번호 12906-20-400130x

NO : 50003 (대 체) 전 표

구분	계정과목		적요	거래처		차변(출금)	대변(입금)
차변	0108	외상매출금	제품	00165	Sam-it	22,000,000	
대변	0404	제품매출	제품	00165	Sam-it		22,000,000
					합 계	22,000,000	22,000,000

(세금)계산서 현재라인인쇄 / 거래명세서 현재라인인쇄 / 전표 현재라인인쇄

참고 직수출 거래자료 입력 시 영세율구분은 '1.직접수출(대행수출 포함)'을 선택하여야 한다.

I can 개념정리

- 수출시 환율은 선적일자의 기준환율을 적용하여 매출금액을 환산하여야 한다.
- 수출거래에서 환율적용시 유의사항은 다음과 같다.
  - ✓ 재화 또는 용역의 공급시기 도래 전에 원화로 환가한 경우에는 그 환가한 금액
  - ✓ 재화 또는 용역의 공급시기 이후에 외국통화 기타 외국환의 상태로 보유하거나, 지급받는 경우에는 재화 또는 용역의 공급시기의 기준환율 또는 재정환율에 의하여 계산한 금액

[10]	7월 21일	17.카과, 공급가액 1,500,000원, 부가세 150,000원, 고아인, 카드 신용카드사: 비씨카드
		(차) 외상매출금(비씨카드) 1,650,000원 (대) 부가세예수금 150,000원 제품매출 1,500,000원

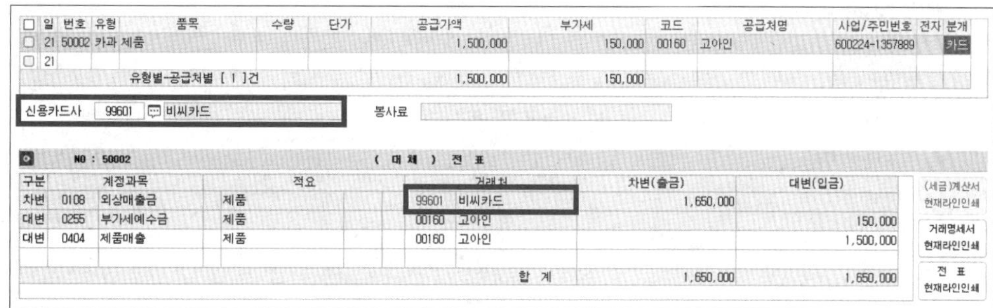

일	번호	유형	품목	수량	단가	공급가액	부가세	코드	공급처명	사업/주민번호	전자	분개
21	50002	카과	제품			1,500,000	150,000	00160	고아인	600224-1357889		카드
21												
			유형별-공급처별 [1]건			1,500,000	150,000					

신용카드사 99601 비씨카드 봉사료

NO : 50002 (대 체) 전 표

구분	계정과목		적요	거래처		차변(출금)	대변(입금)
차변	0108	외상매출금	제품	99601	비씨카드	1,650,000	
대변	0255	부가세예수금	제품	00160	고아인		150,000
대변	0404	제품매출	제품	00160	고아인		1,500,000
					합 계	1,650,000	1,650,000

(세금)계산서 현재라인인쇄 / 거래명세서 현재라인인쇄 / 전표 현재라인인쇄

참고 ✓ 17.카과 유형 입력 시 공급가액란에 공급대가를 입력하면, 공급가액과 세액이 자동으로 반영된다.
✓ 신용카드사(비씨카드)를 입력하면, 외상매출금 계정의 카드거래처가 자동으로 반영된다.

[11]	7월 23일	18.카면, 공급가액 150,000원, 김민재, 카드 신용카드사: 비씨카드
		(차) 외상매출금(비씨카드) 150,000원 (대) 상품매출 150,000원

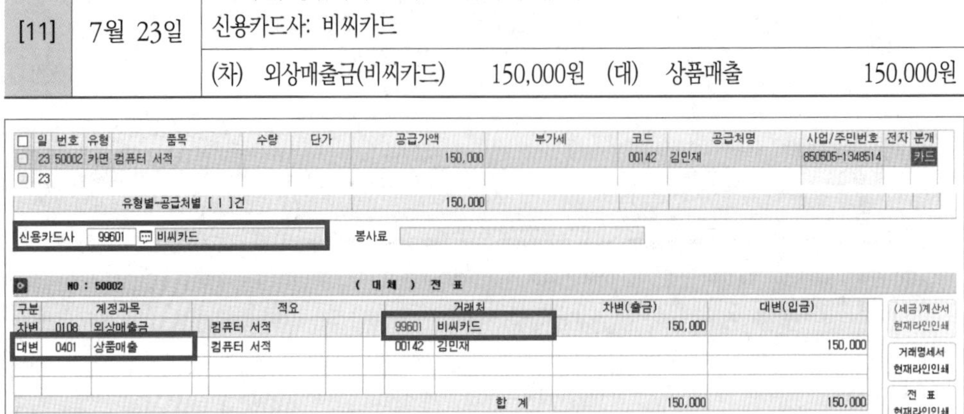

일	번호	유형	품목	수량	단가	공급가액	부가세	코드	공급처명	사업/주민번호	전자	분개
23	50002	카면	컴퓨터 서적			150,000		00142	김민재	850505-1348514		카드
23												
			유형별-공급처별 [1]건			150,000						

신용카드사 99601 비씨카드 봉사료

NO : 50002 (대 체) 전 표

구분	계정과목		적요	거래처		차변(출금)	대변(입금)
차변	0108	외상매출금	컴퓨터 서적	99601	비씨카드	150,000	
대변	0401	상품매출	컴퓨터 서적	00142	김민재		150,000
					합 계	150,000	150,000

(세금)계산서 현재라인인쇄 / 거래명세서 현재라인인쇄 / 전표 현재라인인쇄

[12]	7월 25일	22.현과, 공급가액 2,500,000원, 부가세 250,000원, 황금상사, 현금
		(차) 현금 2,750,000원 (대) 제품매출 2,750,000원

일	번호	유형	품목	수량	단가	공급가액	부가세	코드	공급처명	사업/주민번호	전자	분개
25	50001	현과	제품			2,500,000	250,000	00108	황금상사	280-04-01016		현금
25												
			유형별-공급처별 [1]건			2,500,000	250,000					

신용카드사 봉사료

NO : 50001 (입 금) 전 표

구분	계정과목		적요	거래처		차변(출금)	대변(입금)
입금	0255	부가세예수금	제품	00108	황금상사	(현금)	250,000
입금	0404	제품매출	제품	00108	황금상사	(현금)	2,500,000
					합 계	2,750,000	2,750,000

(세금)계산서 현재라인인쇄 / 거래명세서 현재라인인쇄 / 전표 현재라인인쇄

참고 22.현과 유형 입력 시 공급가액란에 공급대가를 입력하면, 공급가액과 세액이 자동으로 반영된다.

7월 매출거래

일	번호	유형	품목	수량	단가	공급가액	부가세	코드	공급처명	사업/주민번호	전자	분개
2	50001	과세	컴퓨터	10	2,000,000	20,000,000	2,000,000	00153	(주)삼대설비	126-81-23513	여	현금
4	50003	과세	제품 A외			12,000,000	1,200,000	00149	(주)민석상사	125-81-03208	여	외상
6	50008	과세	제품 A	-1	300,000	-300,000	-30,000	00149	(주)민석상사	125-81-03208	여	외상
8	50001	과세	화물차			5,000,000	500,000	00112	두리상사	252-73-00018	여	혼합
10	50004	과세	제품			1,000,000	100,000	01300	우영우	851212-2772914	여	외상
13	50001	영세	제품			15,000,000		00163	아메리칸테크(주)	110-87-01194	여	외상
15	50001	면세	컴퓨터 서적			750,000		00162	금오전자	513-02-57056	여	혼합
17	50002	건별	제품			1,500,000	150,000					혼합
19	50009	수출	제품			22,000,000		00165	Sam-it			외상
21	50002	카과	제품			1,500,000	150,000	00160	고아인	600224-1357889		카드
23	50002	카면	컴퓨터 서적			150,000		00142	김민재	850505-1348514		카드
25	50001	현과	제품			2,500,000	250,000	00108	황금상사	280-04-01016		현금

7월 매출거래 부가가치세신고서 반영 결과

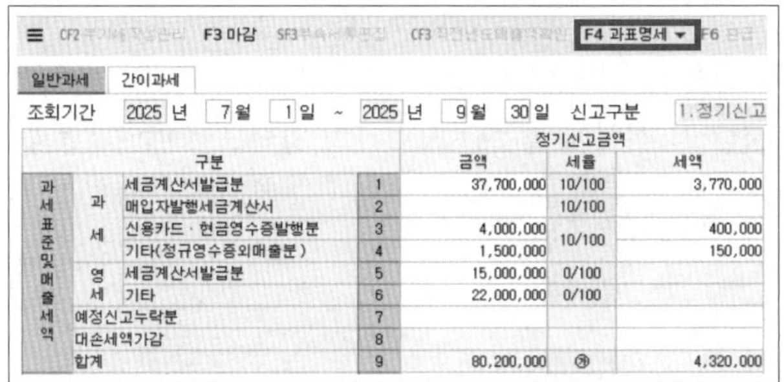

F3 마감 | F4 과표명세 | F6

일반과세 | 간이과세

조회기간 2025 년 7 월 1 일 ~ 2025 년 9 월 30 일 신고구분 1.정기신고

구분				정기신고금액 금액	세율	세액
과세표준및매출세액	과세	세금계산서발급분	1	37,700,000	10/100	3,770,000
		매입자발행세금계산서	2		10/100	
		신용카드 · 현금영수증발행분	3	4,000,000	10/100	400,000
		기타(정규영수증외매출분)	4	1,500,000		150,000
	영세	세금계산서발급분	5	15,000,000	0/100	
		기타	6	22,000,000	0/100	
	예정신고누락분		7			
	대손세액가감		8			
	합계		9	80,200,000	㉮	4,320,000

과세표준명세

신고구분 : 1 (1.예정 2.확정 3.영세율 조기환급 4.기한후과세표준)
국세환급금계좌신고 | 은행 | 지점
계좌번호 :
폐업일자 : ----.--.-- 폐업사유 :

	과세표준명세 업태	종목	코드	금액
28	제조 및 도.소매	전자제품	381004	73,700,000
29				
30				
31	수입금액제외		381004	5,000,000
32	합계			78,700,000

	면세사업수입금액 업태	종목	코드	금액
81	제조 및 도.소매	전자제품	381004	900,000
82				
83	수입금액제외			
84	합계			900,000
계산서발급 및 수취명세		85.계산서발급금액		750,000
		86.계산서수취금액		

세무대리인정보
성명 | 사업자번호 ---.--.----- | 전화번호
신고년월일 2025-10-27 | 핸드폰 | 생년월일 ----.--.--
e-Mail

참고 ✓ 매출유형에 따라 부가가치세신고서에 반영되는 과세표준과 세액이 달라진다.
✓ F4.과표명세 메뉴를 통해 과세표준명세 및 면세사업수입금액을 확인할 수 있다.
✓ 부가가치세 신고서상 수입금액제외는 고정자산매각, 직매장공급 등 수입금액에서 제외되는 금액이 반영된다.

매출전표의 입력 시 부가세신고서 반영

신 고 내 용						
구 분				금 액	세율	세 액
과세표준및매출세액	과세	세금계산서발급분	①	11.과세	10/100	
		매입자발행세금계산서	②		10/100	
		신용카드·현금영수증발행분	③	17.카과, 22.현과	10/100	
		기타(정규영수증외매출분)	④	14.건별		
	영세율	세금계산서발급분	⑤	12.영세	0/100	
		기 타	⑥	16.수출	0/100	
	예 정 신 고 누 락 분		⑦			
	대 손 세 액 가 감		⑧			
	합 계		⑨		㉮	

참고 자격시험에 출제되는 매출전표의 다양한 유형은 뒤편 유형별 연습문제와 기출문제에서 반복학습하여야 한다.

2 매입유형

부가가치세신고와 관련있는 매입유형은 매입매출전표입력에 유형별로 입력하며, 유형코드를 다르게 선택하는 경우 부가가치세신고서 서식에 잘못된 자료가 반영되므로 매입유형과 자료를 정확하게 입력하여야 한다.

※ 회사코드 0201 ㈜삼일전자 회사로 로그인 ※

㈜삼일전자의 매입관련 거래자료를 매입매출전표입력 메뉴에 입력하시오.

51.과세: 과세(10%) 세금계산서 매입

[01] 8월 2일: ㈜문경기업에서 원재료인 전자부품을 매입하고 전자세금계산서를 수취하였다. 대금 중 부가가치세는 국민은행 보통예금 계좌에서 지급하고, 잔액은 외상으로 하였다.

<table>
<tr><td colspan="6">전자세금계산서</td><td colspan="2">승인번호</td><td colspan="4">20250802-52130024-19043314</td></tr>
<tr><td rowspan="5">공급자</td><td>등록번호</td><td colspan="2">314-81-08666</td><td>종사업장번호</td><td></td><td rowspan="5">공급받는자</td><td>등록번호</td><td colspan="2">211-81-44645</td><td>종사업장번호</td><td></td></tr>
<tr><td>상호(법인명)</td><td colspan="2">(주)문경기업</td><td>성명</td><td>문경진</td><td>상호(법인명)</td><td colspan="2">(주)삼일전자</td><td>성명</td><td>김삼일</td></tr>
<tr><td>사업장주소</td><td colspan="4">세종특별자치시 가름로 194 (어진동)</td><td>사업장주소</td><td colspan="4">서울특별시 강남구 도산대로 152 (논현동, 영동빌딩) 901호</td></tr>
<tr><td>업태</td><td>제조</td><td>종목</td><td colspan="2">전자제품</td><td>업태</td><td>제조 및 도소매</td><td>종목</td><td colspan="2">전자제품</td></tr>
<tr><td>이메일</td><td colspan="4">moon@naver.com</td><td>이메일</td><td colspan="4">samili@naver.com</td></tr>
<tr><td colspan="2">작성일자</td><td colspan="2">공급가액</td><td colspan="2">세액</td><td colspan="2">수정사유</td><td colspan="4">비고</td></tr>
<tr><td colspan="2">2025-8-2</td><td colspan="2">8,000,000</td><td colspan="2">800,000</td><td colspan="2">해당없음</td><td colspan="4"></td></tr>
<tr><td>월</td><td>일</td><td colspan="2">품목</td><td>규격</td><td>수량</td><td colspan="2">단가</td><td colspan="2">공급가액</td><td>세액</td><td>비고</td></tr>
<tr><td>8</td><td>2</td><td colspan="2">전자부품</td><td></td><td>200</td><td colspan="2">40,000</td><td colspan="2">8,000,000</td><td>800,000</td><td></td></tr>
<tr><td></td><td></td><td colspan="2"></td><td></td><td></td><td colspan="2"></td><td colspan="2"></td><td></td><td></td></tr>
<tr><td colspan="2">합계금액</td><td colspan="2">현금</td><td colspan="2">수표</td><td colspan="2">어음</td><td colspan="2">외상미수금</td><td colspan="2" rowspan="2">이 금액을 (청구) 함</td></tr>
<tr><td colspan="2">8,800,000</td><td colspan="2"></td><td colspan="2"></td><td colspan="2"></td><td colspan="2"></td></tr>
</table>

[02] 8월 4일: ㈜좋은기계에서 제품 포장용 기계 5,000,000원(부가세 별도)을 구입하고 전자세금계산서를 수취하고, 주문시 지급한 계약금 500,000원을 제외한 잔액은 약속어음을 발행하여 지급하였다.

52. 영세: 영세율(0%) 세금계산서 매입

[03] 8월 6일: ㈜동행기업으로부터 Local L/C에 의해 원재료를 4,500,000원에 매입하고, 영세율전자금계산서를 수취하였으며, 당좌예금 계좌에서 이체하여 지급하였다.

53. 면세: 면세 계산서 매입

[04] 8월 10일: 무궁화유통에서 판매목적 상품(컴퓨터 서적)을 800,000원에 매입하고 전자계산서를 수취하였으며, 대금은 전액 외상으로 하였다.

54. 불공: 과세(10%) 세금계산서 매입 중 매입세액불공제 대상인 경우

매입세액불공제 대상

- 세금계산서 미수령 및 필요적 기재사항 불분명분 매입세액
- 매입처별세금계산서합계표 미제출 및 부실기재분 매입세액
- 사업과 직접 관련이 없는 지출에 대한 매입세액
- 개별소비세법에 따른 자동차 구입·유지와 관련된 매입세액[1,000cc 이하, 9인승이상은 제외]
- 기업업무추진비(접대비) 및 이와 유사한 비용과 관련된 매입세액
- 면세사업 관련 매입세액
- 토지조성 등을 위한 자본적지출 관련 매입세액
- 사업자등록 전의 매입세액(단, 사업자등록일로부터 역산하여 20일 이내는 공제가능)

참고 반드시 세금계산서 수취분만 매입매출전표에 54.불공으로 입력하며, 신용카드영수증 및 현금영수증을 수취한 경우의 매입세액불공제 대상은 일반전표에 입력한다.

[05] 8월 13일: 매출거래처 선물(건강보조 식품)을 미소상사에서 외상으로 구입하고, 종이세금계산서(공급가액 500,000원, 부가가치세 50,000원)를 수취하였다.

[06] 8월 17일: 본사 건물의 주차장으로 사용하기 위해 취득한 토지의 평탄작업을 ㈜구일건설에 의뢰하고, 6,000,000원(부가가치세 별도)을 국민은행 보통예금계좌에서 지급하고 전자세금계산서를 수취하였다.

[07] 8월 19일: ㈜아이세이버에서 대표이사(김삼일)의 개인 골프채(공급가액 3,000,000원, 부가가치세 300,000원)를 현금 구입하고, 전자세금계산서를 수취하였다.

57.카과: 과세(10%) 신용카드매출전표 매입

[08] 8월 22일: 영업팀에서 사용할 종이컵(소모품)을 커피프린스에서 55,000원(부가가치세 포함)에 구입하고, 국민카드(법인)로 결제하였다.(비용으로 처리할 것)

58.카면: 면세 신용카드매출전표 매입

[09] 8월 23일: 당사 영업부 직원의 결혼 축하용으로 사용할 화환 100,000원을 ㈜아이즈플라워에서 구입하고, 국민카드(법인)로 결제하였다.

61.현과: 과세(10%) 현금영수증 매입

[10] 8월 24일: 생산팀 직원용 간식을 커피프린스에서 77,000원(부가가치세 포함)에 구입하고, 현금영수증(지출증빙용)을 수취하였다.

55.수입: 과세(10%) 수입세금계산서 매입

[11] 8월 30일: 원자재를 수입하면서 부평세관으로부터 수입전자세금계산서(공급가액 8,000,000원, 부가가치세 800,000원)을 수취하고, 부가가치세와 통관수수료 120,000원을 현금으로 지급하였다.(단, 부가가치세에 대해서만 회계처리한다.)

매입유형 전표입력 따라하기

- '회계관리 ➜ 재무회계 ➜ 전표입력 ➜ 매입매출전표입력' 메뉴에 '매입유형'을 구분하여 입력한다.

[01]	8월 2일	51.과세, 공급가액 8,000,000원, 부가세 800,000원, ㈜문경기업, 전자: 여, 혼합				
		(차)	부가세대급금	800,000원	(대) 보통예금	800,000원
			원재료	8,000,000원	외상매입금	8,000,000원

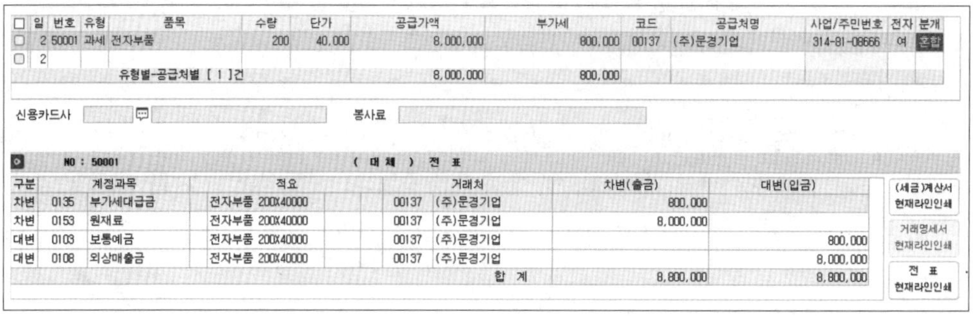

□	일	번호	유형	품목	수량	단가	공급가액	부가세	코드	공급처명	사업/주민번호	전자	분개
□	2	50001	과세	전자부품	200	40,000	8,000,000	800,000	00137	(주)문경기업	314-81-08666	여	혼합
□	2												
				유형별-공급처별 [1]건			8,000,000	800,000					

신용카드사　　　봉사료

NO : 50001　　(대 체) 전 표

구분	계정과목		적요	거래처		차변(출금)	대변(입금)
차변	0135	부가세대급금	전자부품 200X40000	00137	(주)문경기업	800,000	
차변	0153	원재료	전자부품 200X40000	00137	(주)문경기업	8,000,000	
대변	0103	보통예금	전자부품 200X40000	00137	(주)문경기업		800,000
대변	0108	외상매출금	전자부품 200X40000	00137	(주)문경기업		8,000,000
					합 계	8,800,000	8,800,000

(세금)계산서 현재라인인쇄
거래명세서 현재라인인쇄
전 표 현재라인인쇄

[02]	8월 4일	51.과세, 공급가액 5,000,000원, ㈜좋은기계, 전자: 여, 혼합
		(차) 부가세대급금 500,000원 (대) 선급금 500,000원 기계장치 5,000,000원 미지급금 5,000,000원

□	일	번호	유형	품목	수량	단가	공급가액	부가세	코드	공급처명	사업/주민번호	전자	분개
□	4	50004	과세	포장용 기계			5,000,000	500,000	00152	(주)좋은기계	136-81-16907	여	혼합
□	4												
				유형별-공급처별 [1]건			5,000,000	500,000					

신용카드사 봉사료

NO : 50004 (대 체) 전 표

구분		계정과목	적요		거래처		차변(출금)	대변(입금)
차변	0135	부가세대급금	포장용 기계		00152	(주)좋은기계	500,000	
차변	0206	기계장치	포장용 기계		00152	(주)좋은기계	5,000,000	
대변	0131	선급금	포장용 기계		00152	(주)좋은기계		500,000
대변	0253	미지급금	포장용 기계		00152	(주)좋은기계		5,000,000
						합 계	5,500,000	5,500,000

(세금)계산서 현재라인인쇄 / 거래명세서 현재라인인쇄 / 전 표 현재라인인쇄

참고 일반적인 상거래가 아니므로, 약속어음은 미지급금 계정으로 처리한다.

[03]	8월 6일	52.영세, 공급가액 4,500,000원, ㈜동행기업, 전자: 여, 혼합
		(차) 원재료 4,500,000원 (대) 당좌예금 4,500,000원

□	일	번호	유형	품목	수량	단가	공급가액	부가세	코드	공급처명	사업/주민번호	전자	분개
□	6	50002	영세	원재료			4,500,000		00141	(주)동행기업	302-86-05851	여	혼합
□	6												
				유형별-공급처별 [1]건			4,500,000						

신용카드사 봉사료

NO : 50002 (대 체) 전 표

구분		계정과목	적요		거래처		차변(출금)	대변(입금)
차변	0153	원재료	원재료		00141	(주)동행기업	4,500,000	
대변	0102	당좌예금	원재료		00141	(주)동행기업		4,500,000
						합 계	4,500,000	4,500,000

(세금)계산서 현재라인인쇄 / 거래명세서 현재라인인쇄 / 전 표 현재라인인쇄

[04]	8월 10일	53.면세, 공급가액 800,000원, 무궁화유통, 전자: 여, 외상
		(차) 상품 800,000원 (대) 외상매입금 800,000원

□	일	번호	유형	품목	수량	단가	공급가액	부가세	코드	공급처명	사업/주민번호	전자	분개
□	10	50001	면세	컴퓨터 서적			800,000		00135	무궁화유통	513-12-28128	여	외상
□	10												
				유형별-공급처별 [1]건			800,000						

신용카드사 봉사료

NO : 50001 (대 체) 전 표

구분		계정과목	적요		거래처		차변(출금)	대변(입금)
대변	0251	외상매입금	컴퓨터 서적		00135	무궁화유통		800,000
차변	0146	상품	컴퓨터 서적		00135	무궁화유통	800,000	
						합 계	800,000	800,000

(세금)계산서 현재라인인쇄 / 거래명세서 현재라인인쇄 / 전 표 현재라인인쇄

[05]	8월 13일	54.불공, 공급가액 500,000원, 부가세 50,000원, 미소상사, 혼합 불공제사유: 4.기업업무추진비 및 이와 유사한 비용 관련
		(차) 기업업무추진비(판) 550,000원 (대) 미지급금 550,000원

일	번호	유형	품목	수량	단가	공급가액	부가세	코드	공급처명	사업/주민번호	전자	분개
13	50004	불공	건강보조 식품			500,000	50,000	00109	미소상사	513-12-94725		혼합
13												
			유형별-공급처별 [1]건			500,000	50,000					

불공제사유 4 ④기업업무추진비 및 이와 유사한 비용 관련

NO : 50004 (대 체) 전 표

구분	계정과목		적요	거래처		차변(출금)	대변(입금)
차변	0813	기업업무추진비	건강보조 식품	00109	미소상사	550,000	
대변	0253	미지급금	건강보조 식품	00109	미소상사		550,000
					합 계	550,000	550,000

(세금)계산서 현재라인인쇄 / 거래명세서 현재라인인쇄 / 전 표 현재라인인쇄

참고 ✓ 54.불공 유형 입력 시 상단에 입력한 부가가치세는 하단의 기업업무추진비 계정에 자동으로 포함된다.
✓ 종이세금계산서이므로 전자(1.여)는 표기하지 않는다.

[06]	8월 17일	54.불공, 공급가액 6,000,000원, 부가세 600,000원, ㈜구일건설, 전자: 여, 혼합 불공제사유: 6.토지의 자본적 지출 관련
		(차) 토지 6,600,000원 (대) 보통예금 6,600,000원

일	번호	유형	품목	수량	단가	공급가액	부가세	코드	공급처명	사업/주민번호	전자	분개
17	50002	불공	토지 평탄작업			6,000,000	600,000	00121	(주)구일건설	305-81-08605	여	혼합
17												
			유형별-공급처별 [1]건			6,000,000	600,000					

불공제사유 6 ⑥토지의 자본적 지출 관련

NO : 50002 (대 체) 전 표

구분	계정과목		적요	거래처		차변(출금)	대변(입금)
차변	0201	토지	토지 평탄작업	00121	(주)구일건설	6,600,000	
대변	0103	보통예금	토지 평탄작업	00121	(주)구일건설		6,600,000
					합 계	6,600,000	6,600,000

(세금)계산서 현재라인인쇄 / 거래명세서 현재라인인쇄 / 전 표 현재라인인쇄

참고 54.불공 유형 입력 시 상단에 입력한 부가가치세는 하단의 토지 계정에 자동으로 포함된다.

[07]	8월 19일	54.불공, 공급가액 3,000,000원, 부가세 300,000원, ㈜아이세이버, 전자: 여, 현금 불공제사유: 2.사업과 직접 관련 없는 지출
		(차) 가지급금 3,300,000원 (대) 현금 3,300,000원

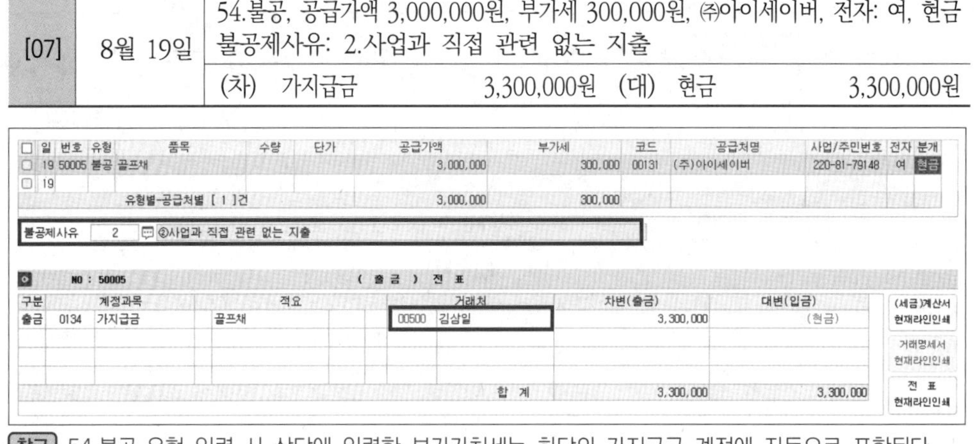

일	번호	유형	품목	수량	단가	공급가액	부가세	코드	공급처명	사업/주민번호	전자	분개
19	50005	불공	골프채			3,000,000	300,000	00131	(주)아이세이버	220-81-79148	여	현금
19												
			유형별-공급처별 [1]건			3,000,000	300,000					

불공제사유 2 ②사업과 직접 관련 없는 지출

NO : 50005 (출 금) 전 표

구분	계정과목		적요	거래처		차변(출금)	대변(입금)
출금	0134	가지급금	골프채	00500	김삼일	3,300,000	(현금)
					합 계	3,300,000	3,300,000

(세금)계산서 현재라인인쇄 / 거래명세서 현재라인인쇄 / 전 표 현재라인인쇄

참고 54.불공 유형 입력 시 상단에 입력한 부가가치세는 하단의 가지급금 계정에 자동으로 포함된다.

- 매입거래에서 54.불공 유형 입력 시 불공제사유를 정확하게 선택하면 부가가치세신고와 관련되는 '공제받지못할매입세액명세서'가 자동으로 작성된다.
- [부가가치] - [공제받지못할매입세액명세서] 공제받지못할매입세액내역 탭에서 과세기간 중 공제받지못할매입세액의 불공제 사유별 세금계산서 매수, 공급가액 및 매입세액을 확인 할 수 있다.

조회기간 2025 년 07 월 ~ 2025 년 09 월 구분 2기 예정

공제받지못할매입세액내역 | 공통매입세액안분계산내역 | 공통매입세액의정산내역 | 납부세액또는환급세액재계산

매입세액 불공제 사유	세금계산서 매수	공급가액	매입세액
①필요적 기재사항 누락 등			
②사업과 직접 관련 없는 지출	1	3,000,000	300,000
③개별소비세법 제1조제2항제3호에 따른 자동차 구입 · 유지			
④기업업무추진비 및 이와 유사한 비용 관련	1	500,000	50,000
⑤면세사업등 관련			
⑥토지의 자본적 지출 관련	1	6,000,000	600,000
⑦사업자등록 전 매입세액			

[08]	8월 22일	57.카과, 공급가액 50,000원, 부가세 5,000원, 커피프린스, 카드 신용카드사: 국민카드(법인)
		(차) 부가세대급금 5,000원 (대) 미지급금[국민카드(법인)] 55,000원 소모품비(판) 50,000원

일	번호	유형	품목	수량	단가	공급가액	부가세	코드	공급처명	사업/주민번호	전자	분개
22	50004	카과	종이컵			50,000	5,000	00144	커피프린스	106-62-61190		카드
22												
			유형별-공급처별 [1]건			50,000	5,000					

신용카드사 99602 국민카드(법인) 봉사료

NO : 50004 (대 체) 전 표

구분	계정과목		적요	거래처		차변(출금)	대변(입금)
대변	0253	미지급금	종이컵	99602	국민카드(법인)		55,000
차변	0135	부가세대급금	종이컵	00144	커피프린스	5,000	
차변	0830	소모품비	종이컵	00144	커피프린스	50,000	
					합 계	55,000	55,000

(세금)계산서 현재라인인쇄 / 거래명세서 현재라인인쇄 / 전 표 현재라인인쇄

참고 57.카과 유형 입력 시 금액은 공급대가를 입력하면, 공급가액과 세액이 자동으로 반영된다.

[09]	8월 23일	58.카면, 공급가액 100,000원, ㈜아이즈플라워, 카드
		(차) 복리후생비(판) 100,000원 (대) 미지급금[국민카드(법인)] 100,000원

일	번호	유형	품목	수량	단가	공급가액	부가세	코드	공급처명	사업/주민번호	전자	분개
23	50002	카면	화환			100,000		00114	(주)아이즈플라워	117-85-16904		카드
23												
			유형별-공급처별 [1]건			100,000						

신용카드사 99602 국민카드(법인) 봉사료

NO : 50002 (대 체) 전 표

구분	계정과목		적요	거래처		차변(출금)	대변(입금)
대변	0253	미지급금	화환	99602	국민카드(법인)		100,000
차변	0811	복리후생비	화환	00114	(주)아이즈플라워	100,000	
					합 계	100,000	100,000

(세금)계산서 현재라인인쇄 / 거래명세서 현재라인인쇄 / 전 표 현재라인인쇄

[10]	8월 24일	61.현과, 공급가액 70,000원, 부가세 7,000원, 커피프린스, 현금
		(차) 부가세대급금 7,000원 (대) 현금 77,000원 복리후생비(제) 70,000원

일	번호	유형	품목	수량	단가	공급가액	부가세	코드	공급처명	사업/주민번호	전자	분개
24	50001	현과	간식			70,000	7,000	00144	커피프린스	106-62-61190		현금
24												
			유형별-공급처별 [1]건			70,000	7,000					

신용카드사 　 봉사료

NO : 50001 (출금) 전 표

구분	계정과목		적요	거래처		차변(출금)	대변(입금)
출금	0135	부가세대급금	간식	00144	커피프린스	7,000	(현금)
출금	0511	복리후생비	간식	00144	커피프린스	70,000	(현금)
					합 계	77,000	77,000

(세금)계산서 현재라인인쇄 / 거래명세서 현재라인인쇄 / 전 표 현재라인인쇄

참고 61.현과 유형 입력 시 금액은 공급대가를 입력하면, 공급가액과 세액이 자동으로 반영된다.

[11]	8월 30일	55.수입, 공급가액 8,000,000원, 부가세 800,000원, 부평세관, 전자: 여, 혼합
		(차) 부가세대급금 800,000원 (대) 현금 920,000원 원재료 120,000원

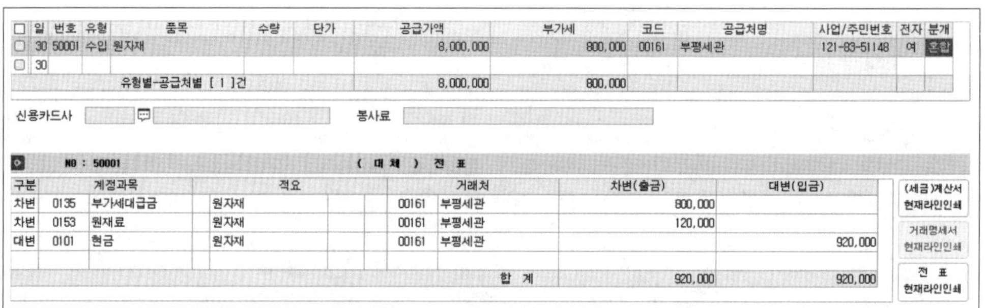

일	번호	유형	품목	수량	단가	공급가액	부가세	코드	공급처명	사업/주민번호	전자	분개
30	50001	수입	원자재			8,000,000	800,000	00161	부평세관	121-83-51148	여	혼합
30												
			유형별-공급처별 [1]건			8,000,000	800,000					

신용카드사 　 봉사료

NO : 50001 (대 체) 전 표

구분	계정과목		적요	거래처		차변(출금)	대변(입금)
차변	0135	부가세대급금	원자재	00161	부평세관	800,000	
차변	0153	원재료	원자재	00161	부평세관	120,000	
대변	0101	현금	원자재	00161	부평세관		920,000
					합 계	920,000	920,000

(세금)계산서 현재라인인쇄 / 거래명세서 현재라인인쇄 / 전 표 현재라인인쇄

참고 ✓ 수입세금계산서는 세관장이 발급하므로, 거래처는 세관을 입력한다.
✓ 55.수입 유형 입력 시 부가가치세와 통관수수료(매입제비용)를 현금으로 지급하더라도, 분개유형은 1.현금 대신 3.혼합을 선택하여야 원재료 계정을 추가 입력할 수 있다.

8월 매입거래

일	번호	유형	품목	수량	단가	공급가액	부가세	코드	공급처명	사업/주민번호	전자	분개
2	50001	과세	전자부품	200	40,000	8,000,000	800,000	00137	(주)문경기업	314-81-08666	여	혼합
4	50004	과세	포장용 기계			5,000,000	500,000	00152	(주)좋은기계	136-81-16907	여	혼합
6	50002	영세	원재료			4,500,000		00141	(주)동행기업	302-86-05851	여	혼합
10	50001	면세	컴퓨터 서적			800,000		00135	무궁화유통	513-12-28128	여	외상
13	50004	불공	건강보조 식품			500,000	50,000	00109	미소상사	513-12-94725		혼합
17	50002	불공	평탄작업			6,000,000	600,000	00121	(주)구일건설	305-81-08605	여	혼합
19	50004	불공	골프채			3,000,000	300,000	00131	(주)아이세이버	220-81-79148	여	현금
22	50004	카과	종이컵			50,000	5,000	00144	커피프린스	106-62-61190		카드
23	50002	카면	화환			100,000		00114	(주)아이즈플라워	117-85-16904		카드
24	50001	현과	간식			70,000	7,000	00144	커피프린스	106-62-61190		현금
30	50001	수입	원자재			8,000,000	800,000	00161	부평세관	121-83-51148	여	혼합

8월 매입거래 부가가치세신고서 반영 결과

일반과세 | 간이과세

조회기간 2025 년 7 월 1 일 ~ 2025 년 9 월 30 일 신고구분 1.정기신고

구분				정기신고금액		
				금액	세율	세액
과세표준및매출세액	과세	세금계산서발급분	1	37,700,000	10/100	3,770,000
		매입자발행세금계산서	2		10/100	
		신용카드 · 현금영수증발행분	3	4,000,000	10/100	400,000
		기타(정규영수증외매출분)	4	1,500,000		150,000
	영세	세금계산서발급분	5	15,000,000	0/100	
		기타	6	22,000,000	0/100	
	예정신고누락분		7			
	대손세액가감		8			
	합계		9	80,200,000	㉮	4,320,000
매입세액	세금계산서수취분	일반매입	10	30,000,000		2,550,000
		수출기업수입분납부유예	10-1			
		고정자산매입	11	5,000,000		500,000
	예정신고누락분		12			
	매입자발행세금계산서		13			
	그 밖의 공제매입세액		14	120,000		12,000
	합계(10)-(10-1)+(11)+(12)+(13)+(14)		15	35,120,000		3,062,000
	공제받지못할매입세액		16	9,500,000		950,000
	차감계 (15-16)		17	25,620,000	㉯	2,112,000
납부(환급)세액(매출세액㉮-매입세액㉯)					㉰	2,208,000

14.그 밖의 공제매입세액					
신용카드매출수령금액합계표	일반매입	41	120,000		12,000
	고정매입	42			
의제매입세액		43		뒤쪽	
재활용폐자원등매입세액		44		뒤쪽	
과세사업전환매입세액		45			
재고매입세액		46			
변제대손세액		47			
외국인관광객에대한환급세액		48			
합계		49	120,000		12,000

참고 ✓ 매입유형에 따라 부가가치세신고서에 반영되는 금액이 달라진다.
✓ 54.불공 유형 입력 시 세금계산서수취분(10란, 11란)과 공제받지못할매입세액(16란)에 동시에 반영된다.
✓ 과세재화를 신용카드 혹은 현금영수증으로 매입하는 경우 '그 밖의 공제매입세액(14란)'에 반영된다.

매입전표의 입력 시 부가세신고서 반영

신고내용						
구분				금액	세율	세액
매입세액	세금계산서 수취분	일반매입	⑩	51.과세, 52.영세 54.불공, 55.수입		
		고정자산매입	⑪			
	예정신고 누락분		⑫			
	매입자발행세금계산서		⑬			
	그밖의 공제매입세액		⑭	57.카과, 61.현과		
	합계(⑩+⑪+⑫+⑬+⑭)		⑮			
	공제받지못할매입세액		⑯	54.불공		
	차 감 계(⑮-⑯)		⑰		㉯	

참고 자격시험에 출제되는 매입전표의 다양한 유형은 뒤편 유형별 연습문제와 기출문제에서 반복학습하여야 한다.

3 부가가치세 정리 및 납부 분개

부가가치세는 매출세액(부가세예수금)에서 매입세액(부가세대급금)을 차감하여 납부하며, 부가가치세 신고기간 종료일에 정리분개를 한다. 납부세액 산출시 납부기한까지 납부하고 환급세액 산출시 환급받게 된다.

구분		차변			대변		
납부 관련	정리분개	(차)	부가세예수금	×××	(대)	부가세대급금	×××
						잡이익	×××
						미지급세금	×××
	납부시	(차)	미지급세금	×××	(대)	보통예금	×××
환급 관련	정리분개	(차)	부가세예수금	×××	(대)	부가세대급금	×××
			미수금	×××		잡이익	×××
	환급시	(차)	보통예금	×××	(대)	미수금	×××

I can 개념정리

- 부가가치세 확정신고 시 홈택스에서 전자신고를 할 경우 전자신고세액공제가 적용되며, [54.전자신고 및 전자고지세액]란에 10,000원을 입력하고 '잡이익' 계정으로 처리한다.

구분				정기신고금액 금액	세율	세액
과세표준및매출세액	과세	세금계산서발급분	1	37,700,000	10/100	3,770,000
	과세	매입자발행세금계산서	2		10/100	
	과세	신용카드 · 현금영수증발행분	3	4,000,000	10/100	400,000
	과세	기타(정규영수증외매출분)	4	1,500,000		150,000
	영세	세금계산서발급분	5	15,000,000	0/100	
	영세	기타	6	22,000,000	0/100	
	예정신고누락분		7			
	대손세액가감		8			
	합계		9	80,200,000	㉮	4,320,000
매입세액	세금계산서 수취분	일반매입	10	30,000,000		2,550,000
	세금계산서 수취분	수출기업수입분납부유예	10-1			
	세금계산서 수취분	고정자산매입	11	5,000,000		500,000
	예정신고누락분		12			
	매입자발행세금계산서		13			
	그 밖의 공제매입세액		14	120,000		12,000
	합계(10)-(10-1)+(11)+(12)+(13)+(14)		15	35,120,000		3,062,000
	공제받지못할매입세액		16	9,500,000		950,000
	차감계 (15-16)		17	25,620,000	㉯	2,112,000
납부(환급)세액(매출세액㉮-매입세액㉯)					㉰	2,208,000
경감공제세액	그 밖의 경감 · 공제세액		18			10,000
	신용카드매출전표등 발행공제등		19	4,400,000		
	합계		20		㉱	10,000
소규모 개인사업자 부가가치세 감면세액			20-1		㉲	
예정신고미환급세액			21		㉳	
예정고지세액			22		㉴	
사업양수자의 대리납부 기납부세액			23		㉵	
매입자 납부특례 기납부세액			24		㉶	
신용카드업자의 대리납부 기납부세액			25		㉷	
가산세액계			26		㉸	
차가감하여 납부할세액(환급받을세액)㉰-㉱-㉲-㉳-㉴-㉵-㉶-㉷+㉸					27	2,198,000
총괄납부사업자가 납부할 세액(환급받을 세액)						

구분		금액	세율	세액
16.공제받지못할매입세액				
공제받지못할 매입세액	50	9,500,000		950,000
공통매입세액면세등사업분	51			
대손처분받은세액	52			
합계	53	9,500,000		950,000
18.그 밖의 경감·공제세액				
전자신고 및 전자고지 세액공제	54			10,000
전자세금계산서발급세액공제	55			
택시운송사업자경감세액	56			
대리납부세액공제	57			
현금영수증사업자세액공제	58			
기타	59			
합계	60			10,000

참고 전자신고 세액공제는 확정신고 시에만 적용된다.

- 부가가치세신고시 가산세 등은 세금과공과 계정으로 처리한다.
- 신용카드매출전표등 발행공제: 개인사업자 및 간이과세자가 신용카드 및 현금영수증 매출 시 부가가치세의 일정액을 공제받을 수 있다.
- 예정신고미환급세액: 부가가치세 예정신고시 발생한 환급세액은 확정신고시에 차감할 수 있다.
- 예정고지세액: 예정신고시에 부가가치세 신고 없이 직전과세기간의 50%를 고지납부한 경우 확정신고 납부세액에서 차감한다.

※ 회사코드 0201 ㈜삼일전자 회사로 로그인 ※

[01] 9월 30일: ㈜삼일전자의 제2기 부가가치세 예정신고기간의 부가가치세 정리분개를 하시오.(매출세액은 4,320,000원 이고 매입세액은 2,112,000원 이다. 납부세액은 미지급세금 계정으로, 환급세액은 미수금 계정으로 처리하며 거래처 입력은 생략한다.)

[02] 10월 25일: ㈜삼일전자의 제2기 부가가치세 예정신고기간의 부가가치세를 보통예금 통장에서 이체하여 납부하였다.

부가가치세 정리 및 납부 따라하기

• '회계관리 ➜ 재무회계 ➜ 전표입력 ➜ 일반전표입력' 메뉴에 차변은 '3', 대변은 '4'를 입력하여 대체전표를 입력한다.

[1]	9월 30일	(차) 부가세예수금	4,320,000원	(대) 부가세대급금 미지급세금	2,112,000원 2,208,000원

□	일	번호	구분	계정과목	거래처	적요	차변	대변
□	30	00001	차변	0255 부가세예수금			4,320,000	
□	30	00001	대변	0135 부가세대급금				2,112,000
□	30	00001	대변	0261 미지급세금				2,208,000

[2]	10월 25일	(차) 미지급세금	2,208,000원	(대) 보통예금	2,208,000원

□	일	번호	구분	계정과목	거래처	적요	차변	대변
□	25	00001	차변	0261 미지급세금			2,208,000	
□	25	00001	대변	0103 보통예금				2,208,000

참고 실무와 자격시험에서는 '미지급세금'계정에 세무서를 거래처로 관리하는 경우도 있다.

4. 부가가치세신고 부속서류

전산세무 2급 자격시험에 부가가치세 신고관련 부속서류를 작성하는 문제는 총 2문제가 출제되며, 부가가치세신고와 관련된 개별서식을 작성하는 문제와 부가가치세신고서를 직접 작성하는 문제와 함께 최근 전자신고와 관련된 내용까지 출제되고 있다. 개별서식의 작성방법에 대해 반복적인 학습을 하여야 한다.

회계관리 부가가치 원천징수 [0211] (주)삼일전자 법인 8기 2023-01-01~2023-12-31 부가세 2023 원

신고서/부속명세

부가가치세	부속명세서 I	부속명세서 II	부속명세서 III
부가가치세신고서	공제받지못할매입세액명세서	과세유흥장소과세표준신고서	과세표준및세액결정(경정)청구서
부가가치세신고서(간이과세자)	대손세액공제신고서	월별판매액합계표	과세표준수정신고서및추가자진납부
세금계산서합계표	부동산임대공급가액명세서	면세유류공급명세서	
계산서합계표	건물관리명세서	사업장별부가세납부(환급)신고서	
신용카드매출전표등수령명세서(갑)(을)	영세율첨부서류제출명세서	부동산임대등록	
신용카드매출전표등발행금액집계표	수출실적명세서	납부서	
매입자발행세금계산서합계표	내국신용장.구매확인서전자발급명세서		
	영세율매출명세서		
	의제매입세액공제신고서		
	재활용폐자원세액공제신고서		
	건물등감가상각자산취득명세서		
	현금매출명세서		
	스크랩등매입세액공제신고서		

전자신고
전자신고
국세청 홈택스 전자신고변환(교육용)

01 부가가치세신고서

부가가치세신고시 반드시 작성해야할 서식으로 매입매출전표입력에서 입력된 자료와 조회하고자하는 기간입력에 의해 자동으로 작성된다. 유형별로 입력한 자료의 대상기간별 합계금액을 검토할 수 있다.

참고 부가가치세신고서는 전산세무 2급 자격시험에서 가장 핵심적이며 중요한 내용으로 예정신고 및 확정신고서 작성, 예정누락분 및 확정신고에 대한 수정신고와 그에 따른 가산세 계산 관련 내용의 출제빈도가 매우 높다.

1 사업장명세

음식점업, 숙박업, 기타서비스업의 매출이 있는 경우 작성하며, 사업장의 현황에 대한 내역을 입력한다.

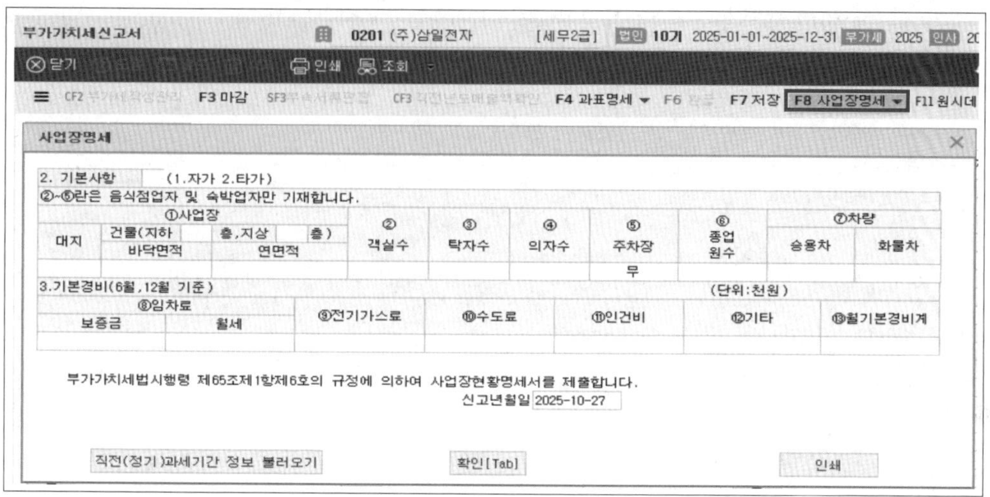
부가가치세신고서 | 0201 (주)삼일전자 | [세무2급] 법인 10기 2025-01-01~2025-12-31 부가세 2025 인사 20

⊗ 닫기 | 인쇄 | 조회

CF2 부가세작성관리 | F3 마감 | SF3 부속서류반영 | CF3 직전년도매출액확인 | F4 과표명세 | F6 작성 | F7 저장 | F8 사업장명세 | F11 원시데

사업장명세

2. 기본사항 (1.자가 2.타가)

②~⑥란은 음식점업자 및 숙박업자만 기재합니다.

①사업장			② 객실수	③ 탁자수	④ 의자수	⑤ 주차장	⑥ 종업원수	⑦차량	
대지	건물(지하 층,지상 층) 바닥면적	연면적						승용차	화물차
						무			

3.기본경비(6월,12월 기준) (단위:천원)

⑧임차료		⑨전기가스료	⑩수도료	⑪인건비	⑫기타	⑬월기본경비계
보증금	월세					

부가가치세법시행령 제65조제1항제6호의 규정에 의하여 사업장현황명세서를 제출합니다.

신고년월일 2025-10-27

직전(정기)과세기간 정보 불러오기 | 확인[Tab] | 인쇄

2 부가가치세신고서(신고내용)

매입매출전표입력에서 입력된 거래자료를 과세대상 기간별로 자동으로 반영된다.

일반과세 | 간이과세

조회기간 2025 년 7 월 1 일 ~ 2025 년 9 월 30 일 신고구분 1.정기신고 신고차수 부가율 62.44 예정

구분				정기신고금액 금액	세율	세액
과세표준및매출세액	과세	세금계산서발급분	1	37,700,000	10/100	3,770,000
		매입자발행세금계산서	2		10/100	
		신용카드·현금영수증발행분	3	4,000,000	10/100	400,000
		기타(정규영수증외매출분)	4	1,500,000		150,000
	영세	세금계산서발급분	5	15,000,000	0/100	
		기타	6	22,000,000	0/100	
	예정신고누락분		7			
	대손세액가감		8			
	합계		9	80,200,000	㉮	4,320,000
매입세액	세금계산서수취분	일반매입	10	30,000,000		2,550,000
		수출기업수입분납부유예	10-1			
		고정자산매입	11	5,000,000		500,000
	예정신고누락분		12			
	매입자발행세금계산서		13			
	그 밖의 공제매입세액		14	120,000		12,000
	합계(10)-(10-1)+(11)+(12)+(13)+(14)		15	35,120,000		3,062,000
	공제받지못할매입세액		16	9,500,000		950,000
	차감계 (15-16)		17	25,620,000	㉯	2,112,000
납부(환급)세액(매출세액㉮-매입세액㉯)					㉰	2,208,000
경감공제세액	그 밖의 경감·공제세액		18			
	신용카드매출전표등 발행공제등		19	4,400,000		
	합계		20		㉱	
소규모 개인사업자 부가가치세 감면세액			20-1		㉲	
예정신고미환급세액			21		㉳	
예정고지세액			22		㉴	
사업양수자의 대리납부 기납부세액			23		㉵	
매입자 납부특례 기납부세액			24		㉶	
신용카드업자의 대리납부 기납부세액			25		㉷	
가산세액계			26		㉸	
차가감하여 납부할세액(환급받을세액)㉰-㉱-㉲-㉳-㉴-㉵-㉶-㉷+㉸					27	2,208,000
총괄납부사업자가 납부할 세액(환급받을 세액)						

25.가산세명세				
사업자미등록등		61		1/100	
세금계산서	지연발급 등	62		1/100	
	지연수취	63		5/1,000	
	미발급 등	64		뒤쪽참조	
전자세금발급명세	지연전송	65		3/1,000	
	미전송	66		5/1,000	
세금계산서합계표	제출불성실	67		5/1,000	
	지연제출	68		3/1,000	
신고불성실	무신고(일반)	69		뒤쪽	
	무신고(부당)	70		뒤쪽	
	과소·초과환급(일반)	71		뒤쪽	
	과소·초과환급(부당)	72		뒤쪽	
납부지연		73		뒤쪽	
영세율과세표준신고불성실		74		5/1,000	
현금매출명세서불성실		75		1/100	
부동산임대공급가액명세서		76		1/100	
매입자납부특례	거래계좌 미사용	77		뒤쪽	
	거래계좌 지연입금	78		뒤쪽	
신용카드매출전표등수령명세서미제출·과다기재		79		5/1,000	
합계		80			

3 세금계산서합계표

과세사업자가 발행한 세금계산서와 매입 시 교부받은 세금계산서를 집계하는 표로서 부가가치세신고서에 반드시 첨부하여 관할세무서에 제출하여야 한다.

조회기간에 발행 혹은 교부받은 거래처별로 발행매수, 매출처수, 매입처수, 총 매수 및 공급가액, 세액을 구분하여 조회할 수 있다.

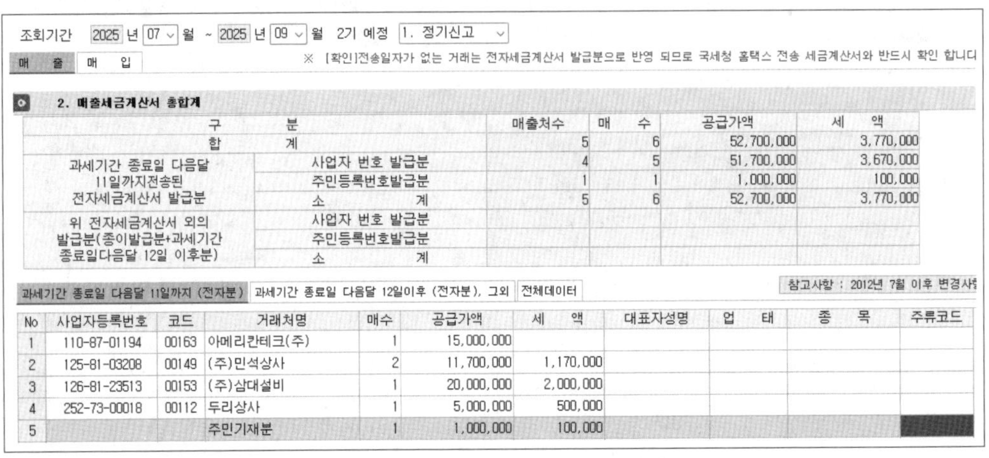

조회기간 2025 년 07 월 ~ 2025 년 09 월 2기 예정 1. 정기신고

매 출 | 매 입

※ [확인]전송일자가 없는 거래는 전자세금계산서 발급분으로 반영 되므로 국세청 홈택스 전송 세금계산서와 반드시 확인 합니다

2. 매출세금계산서 총합계

구 분		매출처수	매 수	공급가액	세 액
합 계		5	6	52,700,000	3,770,000
과세기간 종료일 다음달 11일까지전송된 전자세금계산서 발급분	사업자 번호 발급분	4	5	51,700,000	3,670,000
	주민등록번호발급분	1	1	1,000,000	100,000
	소 계	5	6	52,700,000	3,770,000
위 전자세금계산서 외의 발급분(종이발급분+과세기간 종료일다음달 12일 이후분)	사업자 번호 발급분				
	주민등록번호발급분				
	소 계				

과세기간 종료일 다음달 11일까지 (전자분) | 과세기간 종료일 다음달 12일이후 (전자분), 그외 | 전체데이터

참고사항 : 2012년 7월 이후 변경사항

No	사업자등록번호	코드	거래처명	매수	공급가액	세 액	대표자성명	업 태	종 목	주류코드
1	110-87-01194	00163	아메리칸테크(주)	1	15,000,000					
2	125-81-03208	00149	(주)민석상사	2	11,700,000	1,170,000				
3	126-81-23513	00153	(주)삼대설비	1	20,000,000	2,000,000				
4	252-73-00018	00112	두리상사	1	5,000,000	500,000				
5			주민기재분	1	1,000,000	100,000				

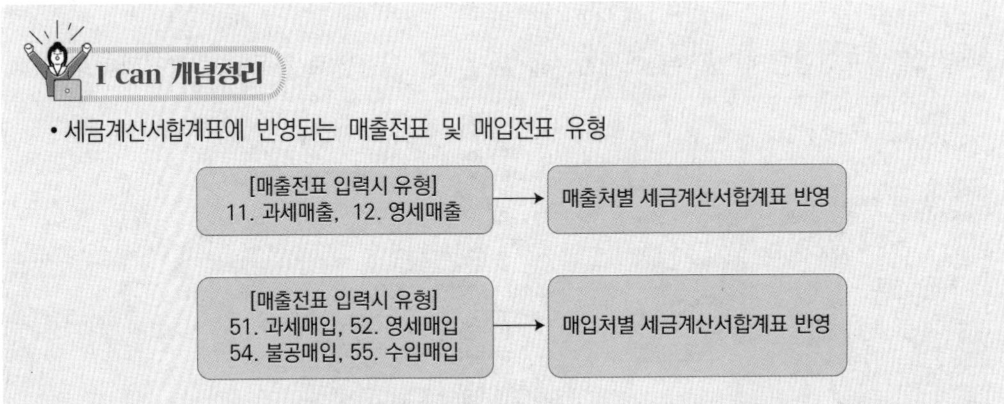

• 전자적으로 발급하고 기한 내에 국세청에 전송된 전자세금계산서는 [전자분]탭에서 조회되고, 종이로 발급되거나 기한 내에 국세청에 전송되지 못한 전자세금계산서는 [그 외]탭에서 조회된다.

4 계산서합계표

과세사업자가 발급한 계산서와 매입시 수취한 계산서를 집계하는 표로서 부가가치세신고서에 반드시 첨부하여 관할세무서에 제출하여야 한다.

조회기간에 발급 혹은 수취한 거래처별로 발급매수, 매출처수, 매입처수, 총 매수 및 공급가액, 세액을 구분하여 조회할 수 있다.

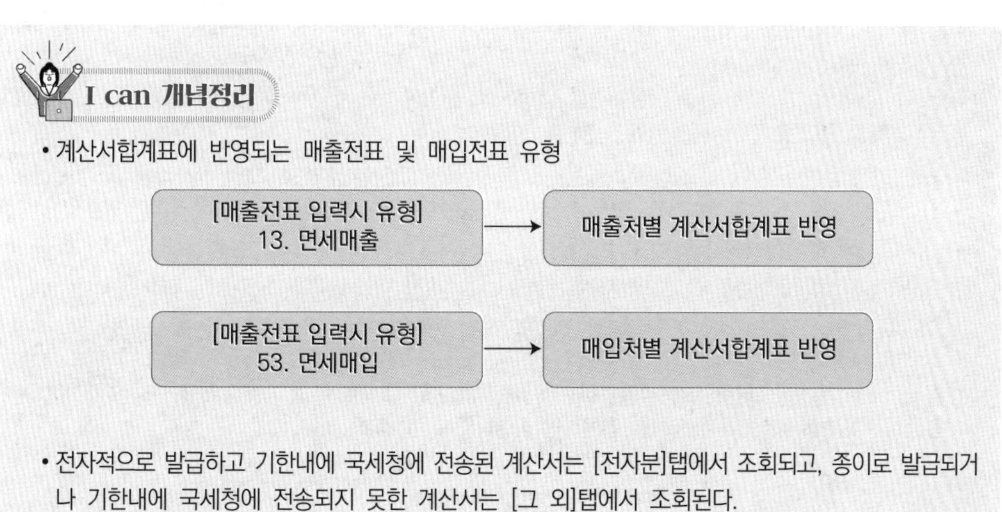

조회기간 2025 년 07 월 ~ 2025 년 09 월 2기 예정

매 출 | 매 입

2. 매출계산서 총합계

구분		매출처수	매 수	공급가액
합 계		1	1	750,000
과세기간 종료일 다음달 11일까지 전송된 전자계산서 발급분	사업자 번호 발급분	1	1	750,000
	주민등록번호발급분			
	소 계	1	1	750,000
위 전자계산서 외 의 발급분 (종이발급분+ 과세기간 종료일 다음달 12일 이후분)	사업자 번호 발급분			
	주민등록번호발급분			
	소 계			

과세기간 종료일 다음달 11일까지 (전자분) | 과세기간 종료일 다음달 12일이후 (전자분), 그외 | 전체데이터

No	사업자등록번호	거래처명	매 수	공급가액	대표자성명	업 태	종 목
1	513-02-57056	금오전자	1	750,000			
		합 계	1	750,000			
		마 감 합 계					

I can 개념정리

- 계산서합계표에 반영되는 매출전표 및 매입전표 유형

[매출전표 입력시 유형] 13. 면세매출 → 매출처별 계산서합계표 반영

[매출전표 입력시 유형] 53. 면세매입 → 매입처별 계산서합계표 반영

- 전자적으로 발급하고 기한내에 국세청에 전송된 계산서는 [전자분]탭에서 조회되고, 종이로 발급되거나 기한내에 국세청에 전송되지 못한 계산서는 [그 외]탭에서 조회된다.

5 신용카드매출전표등수령명세서

사업자가 일반과세자(목욕, 이발, 미용업, 여객운송업, 입장권을 발행하여 영위하는 사업, 영수증발급대상 간이과세자 제외)로부터 재화 또는 용역을 공급받으면서, 부가가치세액이 별도로 구분 표시된 신용카드매출전표(현금영수증)등을 수취하고 신용카드매출전표수취명세서를 제출할 경우 부가가치세액을 공제받을 수 있다.

I can 개념정리

- 매입매출전표에서 57.카과, 61.현과 유형으로 입력 시 자동 반영되어 신용카드 및 현금영수증 매입액이 집계되며, 해당 매입세액을 공제받을 수 있다.
- 다음에 해당하는 경우 매입세액공제를 받을 수 없다.(신용카드매출전표등수령명세서 미작성)
  - ✓ 직전연도 공급대가 4,800만원 미만 간이과세자(세금계산서 발급 대상 아님) 및 면세사업자 매입분
  - ✓ 목욕, 이발, 미용업 및 여객운송업(전세버스 제외) 사업자 매입분
  - ✓ 입장권을 발행하여 영위하는 사업자 매입분
  - ✓ 매입세액불공제 사유(접대비, 사업무관 지출 등) 매입분
  - ✓ 타인명의 신용카드 사용액(단, 종업원 등의 신용카드를 사업과 관련된 항목에 사용한 것을 객관적으로 확인되는 경우 공제 가능함)
- 세금계산서와 신용카드매출전표를 동시에 수취한 경우 전표유형을 51.과세로 선택하고 분개유형을 [4.카드]로 처리하며, 이 경우 '신용카드매출전표등수령명세서'에는 반영되지 않는다.
- 조회기간에 부가가치세 신고 대상기간을 입력하고, [F4.불러오기] 메뉴를 통해 매입매출전표에 입력된 자료를 불러오거나 직접 입력도 할 수 있다.
- 구분: 1.현금(현금영수증), 2.복지(화물운전자 복지카드), 3.사업(법인 및 개인의 사업용카드), 4.신용(임직원의 개인카드) 중 해당되는 유형을 선택한다.(국세청 현금영수증홈페이지에 등록된 카드의 경우 3.사업용카드를 선택한다)
- 공급자(공급자등록번호): 상호 및 사업자등록번호를 직접 입력하거나, F2(조회) 메뉴를 이용한다.
- 카드회원번호: 공급받는자의 신용카드 번호를 직접 입력하거나, F2(조회) 메뉴를 이용한다.

참고 실무적으로 '신용카드매출전표등수령명세서'는 매입매출전표 입력을 통해 자동으로 작성되는 서식이지만, 전산세무 2급 자격시험에서는 직접 입력하여 작성하도록 출제되고 있다.

I can 신용카드매출전표등수령명세서

※ 회사코드 0201 ㈜삼일전자 회사로 로그인 ※

다음 자료를 이용하여 ㈜삼일전자의 제1기 확정기간의 신용카드매출전표등수령명세서를 작성하시오.(단, 아래 거래 내역만 있다고 가정하며 전표입력 및 부가가치세신고서 반영은 생략할 것)

거래처명	사업자 등록번호	거래 일자	발행금액 (VAT포함)	공급자업종 (과세유형)	거 래 내 용
둘리슈퍼	132-81-25554	4.11	220,000원	소매업 (일반과세)	거래처 선물구입대
국일생갈비	123-02-12439	4.20	330,000원	음식점업 (일반과세)	직원회식대 (복리후생)
제일문구	105-21-12543	4.23	440,000원	소매업 (간이과세)	사무비품 구입 (세금계산서 발급대상 아님)
조선호텔	105-31-21115	5.10	550,000원	숙박업 (일반과세)	지방출장 숙박비
한국철도공사	314-82-10024	5.20	660,000원	서비스업 (일반과세)	지방출장 승차권대
성일상사	132-36-56585	5.25	770,000원	도매업 (일반과세)	업무용 소모품구입 ※세금계산서 수취분
파리바게트	105-91-52209	5.30	880,000원	소매업 (과세사업자)	생산직 야식대 (지출 증빙용 현금영수증수취)

※ 신용카드(사업용): 현대카드(5531-4200-0425-9704)

신용카드매출전표등수령명세서 따라하기

'부가가치 ➜ 부가가치세 ➜ 신용카드매출전표등수령명세서' 조회기간(04월 ~ 06월) 입력 후 작성한다.

조회기간 : 2025 년 04 월 ~ 2025 년 06 월 구분 1기 확정

2. 신용카드 등 매입내역 합계

구분	거래건수	공급가액	세액
합 계	3	1,600,000	160,000
현금영수증	1	800,000	80,000
화물운전자복지카드			
사업용신용카드	2	800,000	80,000
그 밖의 신용카드			

3. 거래내역입력

No	□	월/일	구분	공급자	공급자(가맹점) 사업자등록번호	카드회원번호	그 밖의 신용카드 등 거래내역 합계		
							거래건수	공급가액	세액
1	□	04-20	사업	국일생갈비	123-02-12439	5531-4200-0452-9704	1	300,000	30,000
2	□	05-10	사업	조선호텔	105-31-21115	5531-4200-0452-9704	1	500,000	50,000
3	□	05-30	현금	파리바게트	105-91-52209		1	800,000	80,000
4	□								
				합계			3	1,600,000	160,000

✓ 둘리슈퍼: 기업업무추진비 관련 매입이므로 매입세액 공제 불가
✓ 제일문구: 세금계산서 발급대상 사업장(간이과세자)이 아니므로 공제 불가
✓ 한국철도공사: 여객운송업에 해당하므로 공제 불가
✓ 성일상사: 세금계산서 발급 거래이므로 세금계산서합계표에 반영

6 신용카드매출전표등발행금액집계표

부가가치세가 과세되는 재화 또는 용역을 공급하고 신용카드매출전표 등을 발행한 경우(법인 및 매출액 10억원 초과 개인사업자 제외)신용카드 매출전표 발행금액 집계표를 제출하고 신용카드매출전표 발행 세액공제를 받을 수 있다.

세액공제액 = MIN(① 신용카드 발행금액 X 1.3%, ② 연간 1,000만원)

I can 개념정리

- 매입매출전표에서 17.카과, 18.카면, 19.카영, 22.현과, 23.현면, 24.현영 유형으로 입력 시 자동 반영되어 신용카드 및 현금영수증 매출액이 집계된다.
- 세금계산서와 신용카드매출전표가 동시에 발행된 경우 전표유형은 11.과세를 선택하고 분개유형을 [4.카드]를 선택하면, 신용카드매출전표등발행금액집계표의 신용카드등 사용분과 하단 세금계산서발급 금액에 자동 반영된다.
- 조회기간에 부가가치세 신고 대상기간을 입력하고, [F4.불러오기] 메뉴를 통해 매입매출전표에 입력된 자료를 불러오거나 직접 입력할 수도 있다.

참고 실무적으로 '신용카드매출전표등수령명세서'는 매입매출전표 입력을 통해 자동으로 작성되는 서식이지만, 전산세무 2급 자격시험에서는 직접 입력하여 작성하도록 출제되고 있다.

I can 신용카드매출전표등발행금액집계표

※ 회사코드 0201 ㈜삼일전자 회사로 로그인 ※

다음 자료를 이용하여 ㈜삼일전자의 제1기 확정기간의 신용카드매출전표등발행금액집계표를 작성하시오.(단, 아래 거래 내역만 있다고 가정하며 전표입력 및 부가가치세신고서 반영은 생략할 것)

일 자	거 래 내 역
4월 12일	비사업자인 고아인에게 제품 3,300,000원(공급대가)을 매출하고 신용카드로 결제하였다.
5월 13일	매출처인 금오전자에 제품 2,200,000원(부가가치세 포함)을 현금매출하고 현금영수증을 발행하였다.
6월 22일	㈜민석상사에 제품 2,000,000원(부가가치세 별도)을 매출하고 전자세금계산서를 발급하였으며, 대금은 전액 신용카드로 결제하였다.

신용카드매출전표등발행금액집계표 따라하기

'부가가치 ➜ 부가가치세 ➜ 신용카드매출전표등발행금액집계표' 조회기간(04월 ~ 06월) 입력 후 작성한다.

조회기간 2025 년 04 월 ~ 2025 년 06 월 구분 1기 확정

1. 인적사항

상호[법인명]	(주)삼일전자 [세무2급]	성명[대표자]	김삼일	사업등록번호	211-81-44645
사업장소재지	서울특별시 강남구 도산대로 152 (논현동, 영동빌딩)				

2. 신용카드매출전표 등 발행금액 현황

구 분	합 계	신용·직불·기명식 선불카드	현금영수증	직불전자지급 수단 및 기명식선불 전자지급수단
합 계	7,700,000	5,500,000	2,200,000	
과세 매출분	7,700,000	① 5,500,000	② 2,200,000	
면세 매출분				
봉 사 료				

3. 신용카드매출전표 등 발행금액중 세금계산서 교부내역

세금계산서발급금액	③ 2,200,000	계산서발급금액	

✓ 4월 12일: 신용카드 과세매출분 반영 (①)
✓ 5월 13일: 현금영수증 과세매출분 반영 (②)
✓ 6월 22일: 신용카드 과세매출분과 세금계산서발급금액 동시반영 (①, ③)

7 공제받지못할매입세액명세서

(1) 공제받지못할매입세액내역

사업자가 매입거래에서 수취한 세금계산서 중 자기의 사업을 위하여 사용되었거나 사용될 재화 또는 용역의 공급 및 재화의 수입에 대한 매입세액은 공제 가능하지만, 일정한 거래에 대해서는 매입세액을 공제받을 수 없으며, 매입매출전표 입력 시 유형을 [54.불공]으로 선택하여야 한다.

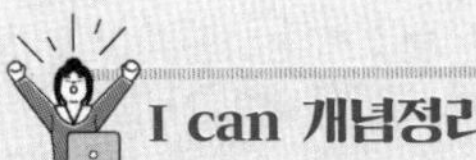

- 매입매출전표에서 54.불공(불공제사유 선택 필수) 유형으로 입력 시 자동 반영된다.
- 조회기간에 부가가치세 신고 대상기간을 입력하고, [F4.불러오기] 메뉴를 통해 매입매출전표에 입력된 자료를 불러오거나 직접 입력도 할 수 있다.

- 매입세액불공제 대상은 다음과 같다.
  - ✓ 세금계산서 미수취 및 필요적 기재사항 불분명분 매입세액
  - ✓ 매입처별세금계산서합계표 미제출 및 부실기재분 매입세액
  - ✓ 사업과 직접 관련이 없는 지출에 대한 매입세액
  - ✓ 개별소비세법에 따른 자동차 구입·유지와 관련된 매입세액[1,000cc 이하, 9인승이상은 제외]
  - ✓ 기업업무추진비(접대비) 및 이와 유사한 비용과 관련된 매입세액
  - ✓ 면세사업 관련 매입세액
  - ✓ 토지조성 등을 위한 자본적지출 관련 매입세액
  - ✓ 사업자등록 전의 매입세액(단, 사업자등록일로부터 역산하여 20일 이내는 공제가능)
- 공제받지못할매입세액내역: 매입세액 불공제사유 선택시 불공제 사유별 건수와 금액이 자동반영
- 공통매입세액안분계산: 겸영사업자가 과세와 면세에 공통으로 사용할 재와・용역을 매입한 경우 매입세액공제가 불가능한 면세사업분을 계산(예정신고시 적용)
- 공통매입세액정산내역: 예정신고시 안분계산한 공통매입세액을 확정신고시에 정산하여 다시 계산
- 납부세액또는환급세액재계산: 매입시 공통매입세액을 안분계산 하였던 감가상각대상 자산에 대해서 면세비율이 5%이상 증감하는 경우, 당초에 안분계산한 매입세액을 다시 계산하여 납부세액에서 가감

참고 실무적으로 '매입세액불공제내역'은 매입매출전표 입력을 통해 자동으로 작성되는 서식이지만, 전산세무 2급 자격시험에서는 직접 입력하여 작성하도록 출제되고 있다.

I can 공제받지못할매입세액내역

※ 회사코드 0201 ㈜삼일전자 회사로 로그인 ※

다음 자료를 이용하여 ㈜삼일전자의 제1기 확정기간의 공제받지못할매입세액명세서를 작성하시오.(단, 모든 거래는 세금계산서를 정상 수취 하였으며, 아래 거래 내역만 있다고 가정하며 전표입력 및 부가가치세신고서 반영은 생략할 것)

① 휴대폰을 10대(4,000,000원, 부가가치세 별도) 구입하여 전량 거래처에 무상으로 제공하였다.
② 회사의 업무용승용차(1,600cc)의 고장으로 인해 이의 수리비 100,000원(부가세 별도)을 오토자동차에 지출하였다.
③ 면세사업에만 사용할 목적으로 난방기를 온방산업에서 250,000원(부가가치세 별도)에 구입하고 당기 소모품비로 처리하였다.
④ 대표이사의 개인적인 용도로 골프채 500,000원(부가가치세 별도)을 구입하였다.
⑤ 거래처의 원재료 매입시 수취한 세금계산서의 일부 내용 중 부가가치세 누락(공급가액 800,000원) 되었다.
⑥ 거래처에서 사무용품을 구입하고 교부받은 세금계산서 중 당사의 회사명과 주소의 오류를 확인하였다.(공급가액 700,000원)
⑦ 기린상사로부터의 상품매입액 2,000,000원 세금계산서합계표상의 공급받는자의 등록번호가 착오로 일부 오류기재가 확인되었다.(세금계산서는 정확히 기재됨)

공제받지못할매입세액내역 따라하기

'부가가치 ➜ 부속명세서I ➜ 공제받지못할매입세액명세서' 조회기간(04월 ~ 06월) 입력 후 [공제받지못할매입세액내역] 탭에서 작성한다.

조회기간 2025 년 04 월 ~ 2025 년 06 월 구분 1기 확정

공제받지못할매입세액내역 | 공통매입세액안분계산내역 | 공통매입세액의정산내역 | 납부세액또는환급세액재계산

매입세액 불공제 사유	세금계산서		
	매수	공급가액	매입세액
①필요적 기재사항 누락 등	1	800,000	80,000
②사업과 직접 관련 없는 지출	1	500,000	50,000
③개별소비세법 제1조제2항제3호에 따른 자동차 구입 · 유지	1	100,000	10,000
④기업업무추진비 및 이와 유사한 비용 관련	1	4,000,000	400,000
⑤면세사업등 관련	1	250,000	25,000
⑥토지의 자본적 지출 관련			
⑦사업자등록 전 매입세액			
⑧금 · 구리 스크랩 거래계좌 미사용 관련 매입세액			

① 기업업무추진비(접대비) 관련으로 매입세액 공제 불가
② 개별소비세가 부과되는 1,000cc 초과의 승용차 수리이므로 매입세액 공제 불가
③ 면세사업에 사용할 목적으로 구입하였으므로 매입세액 공제 불가
④ 대표이사의 개인적 물품 구입(사업과 무관한 지출)에 해당하여 매입세액 공제 불가
⑤ 세금계산서의 필요적기재 사항에 해당하는 부가가치세가 누락되었으므로 매입세액 공제 불가
⑥ 공급받는자의 회사명과 주소는 필요적 기재사항에 해당하지 않으므로 매입세액 공제 가능
⑦ 세금계산서합계표에 오류가 있더라도 세금계산서만 정확하다면 매입세액 공제 가능

(2) 공통매입세액안분계산(예정신고)

과세사업과 면세사업에 공통으로 사용하는 재화·용역에 대한 매입세액을 공통매입세액이라 하며, 공통매입세액 중에서 면세사업에 사용되는 부분을 산식으로 안분계산하여 매입세액에서 불공제 한다.

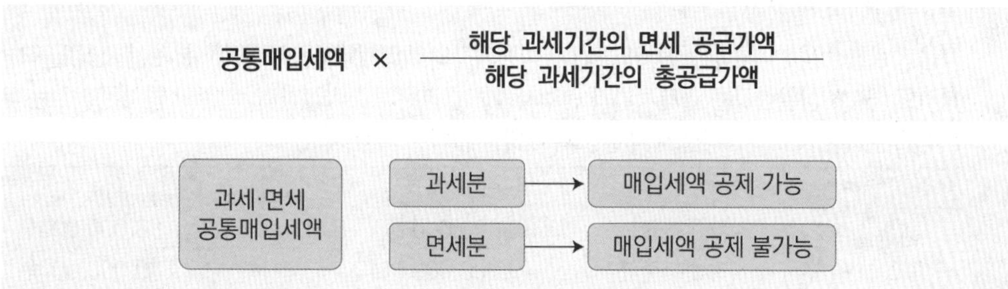

참고 공통매입세액 안분계산은 과세사업과 면세사업에 공통으로 발생한 매입세액을 과세사업분과 면세사업분으로 나누어 면세사업에 해당되어 매입세액 공제가 불가능한 금액을 계산하는 과정이다.

- 다음 어느 하나에 해당하는 경우 해당 재화 또는 용역의 매입세액은 안분계산을 하지 않고, 전액 매입세액 공제가 가능하다.
  - ✓ 해당 과세기간의 총공급가액 중 면세공급가액이 5% 미만인 경우의 공통매입세액 (단, 공통매입세액이 5백만원 이상인 경우는 제외)
  - ✓ 해당 과세기간의 공통매입세액이 5만원 미만인 경우의 공통매입세액
  - ✓ 해당 과세기간에 신규로 사업을 개시한 경우
- 산식: 과세와 면세의 공급가액이 있을 경우 '1.당해과세기간의 공급가액기준'을 선택하며, 공급가액이 없는 경우 '2.매입가액기준', '3.예정공급가액기준', '4.예정사용면적기준' 순으로 선택한다.
- 구분: 안분계산과 관련 내용을 작성하며, 필수입력 사항이 아니므로 대부분 생략한다.
- 과세·면세 공통매입: 예정신고기간에 과세 및 면세의 공통매입세액을 입력한다. 매입매출전표에서 54.불공(사유: 9.공통매입세액안분계산)유형으로 입력한 자료를 [F4.불러오기] 메뉴를 통해 불러올 수 있으나, 대부분 직접 입력한다.
- 면세비율: 예정신고기간의 총공급가액과 면세공급가액 입력 시 자동 계산된다.
- 불공제매입세액: 공통매입세액 중 면세비율에 해당하는 금액으로 매입세액 불공제 대상이 되며, 저장시 부가가치세신고서 [16.공제받지못할매입세액] - [51.공통매입세액면세등사업분] 란에 자동 반영된다.

I can 공통매입세액안분계산

※ 회사코드 0201 ㈜삼일전자 회사로 로그인 ※

다음 자료를 이용하여 ㈜삼일전자의 제1기 예정기간의 매입세액불공제내역(안분계산 서식)을 작성하시오.(단, ㈜삼일전자는 과세사업과 면세사업을 겸영한다고 가정하며, 기존의 입력된 자료는 무시하고 주어진 자료외의 매입세액 불공제 내역은 없다고 가정한다.)

구 분		공급가액	세액	합계액
매출내역 (01.01. ~ 03.31.)	과세매출분	80,000,000원	8,000,000원	88,000,000원
	면세매출분	40,000,000원	-	40,000,000원
	합계	120,000,000원	8,000,000원	128,000,000원

※ 제1기 예정기간 중 원재료 공통매입사용분: 공급가액 20,000,000원, 세액 2,000,000원

공통매입세액안분계산 따라하기

'부가가치 ➜ 부속명세서I ➜ 공제받지못할매입세액명세서' 조회기간(01월 ~ 03월) 입력 후 [공통매입세액안분계산내역] 탭에서 작성한다.

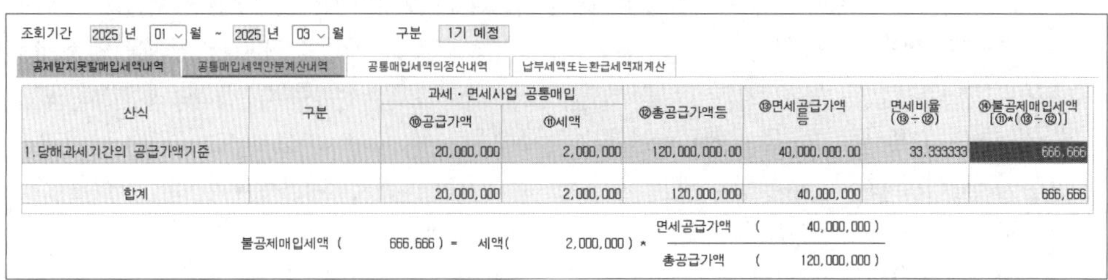

조회기간 2025 년 01 월 ~ 2025 년 03 월 구분 1기 예정

공제받지못할매입세액내역 | 공통매입세액안분계산내역 | 공통매입세액의정산내역 | 납부세액또는환급세액재계산

산식	구분	과세・면세사업 공통매입		⑫총공급가액등	⑬면세공급가액등	면세비율 (⑬÷⑫)	⑭불공제매입세액 [⑪*(⑬÷⑫)]
		⑩공급가액	⑪세액				
1.당해과세기간의 공급가액기준		20,000,000	2,000,000	120,000,000.00	40,000,000.00	33.333333	666,666
합계		20,000,000	2,000,000	120,000,000	40,000,000		666,666

불공제매입세액 (666,666) = 세액(2,000,000) * 면세공급가액 (40,000,000) / 총공급가액 (120,000,000)

✓ 산식: 1.당해과세기간의 공급가액기준 선택
✓ 과세·면세사업 공통매입: 예정기간의 공통매입사용분 입력(공급가액 20,000,000원, 세액 2,000,000원)
✓ 면세비율: 총공급가액과 면세공급가액 입력 시 면세비율 지동계산
✓ 불공제매입세액: 공통매입세액 중 면세사업분에 해당하는 금액으로 매입세액 공제가 불가능한 금액이며, 저장시 부가가치세신고서에 자동 반영됨

구분		금액	세율	세액
16.공제받지못할매입세액				
공제받지못할 매입세액	50			
공통매입세액면세등사업분	51	6,666,660		666,666
대손처분받은세액	52			
합계	53	6,666,660		666,666

(3) 공통매입세액의정산내역(확정신고)

과세사업과 면세사업에 대한 공통매입세액을 사업자가 예정신고기간에 안분 계산한 경우 해당 재화의 취득으로 인해 과세사업과 면세사업의 공급가액이 확정되는 과세기간에 대한 납부세액을 확정신고시에 정산하여야 한다.

$$\text{공통매입세액} \times \frac{\text{해당 과세기간의 면세 공급가액}}{\text{해당 과세기간의 총공급가액}} - \text{기 불공제된 매입세액}$$

참고 공통매입세액 안분계산은 예정기간을 대상으로 하지만, 정산계산은 예정기간과 확정기간을 포함하여 계산한 후 예정기간의 불공제매입세액을 차감하여 납부세액을 정확하게 계산하는 과정이다.

- 산식: 예정신고시 안분계산한 방법으로 확정신고시 정산한다.
- 구분: 안분계산과 관련 내용을 작성하며, 필수 입력 사항이 아니므로 대부분 생략한다.
- 총공통매입세액: 과세기간(1기: 1월 ~ 6월, 2기: 7월 ~ 12월) 전체의 공통매입세액을 입력한다.
- 면세 사업확정 비율: 과세기간(1기: 1월 ~ 6월, 2기: 7월 ~ 12월) 전체의 총공급가액과 면세공급가액을 입력하여 과세시간 전체의 면세비율을 자동 계산한다.
- 불공제매입세액총액: 공통매입세액중 면세비율에 해당하는 불공제매입세액 총액이 계산된다.
- 기불공제매입세액: 예정신고기간에 기 불공제된 매입세액을 입력한다.
- 가산 또는 공제되는 매입세액: 과세기간(1기: 1월 ~ 6월, 2기: 7월 ~ 12월) 전체의 불공제매입세액 중 예정신고기간의 불공제 매입세액을 제외한 금액이 반영되며, 저장시 부가가치세신고서 [16.공제받지못할매입세액] - [51.공통매입세액면세등사업분] 란에 자동 반영된다.

I can 공통매입세액정산계산

※ 회사코드 0201 ㈜삼일전자 회사로 로그인 ※

다음 자료를 이용하여 ㈜삼일전자의 제1기 확정기간의 매입세액불공제내역(정산계산 서식)을 작성하시오.(단, ㈜삼일전자는 과세사업과 면세사업을 겸영한다고 가정하며, 기존의 입력된 자료는 무시하고 주어진 자료외의 매입세액 불공제 내역은 없다고 가정한다.)

구 분		공급가액	세액	합계액
매출내역 (01.01. ~ 03.31.)	과세분	80,000,000원	8,000,000원	88,000,000원
	면세분	40,000,000원	-	40,000,000원
매출내역 (04.01. ~ 06.30.)	과세분	60,000,000원	6,000,000원	66,000,000원
	면세분	20,000,000원	-	20,000,000원

※ 제1기(예정 + 확정) 기간중 원재료 공통매입사용분: 공급가액 50,000,000원, 세액 5,000,000원
※ 제1기 예정신고시 기 불공제매입세액: 666,666원

공통매입세액정산계산 따라하기

'부가가치 ➜ 부속명세서I ➜ 공제받지못할매입세액명세서' 조회기간(04월 ~ 06월) 입력 후 [공통매입세액의정산내역] 탭에서 작성한다.

조회기간 2025 년 04 월 ~ 2025 년 06 월　　구분 1기 확정

공제받지못할매입세액내역 | 공통매입세액안분계산내역 | 공통매입세액의정산내역 | 납부세액또는환급세액재계산

산식	구분	(15)총공통매입세액	(16)면세 사업확정 비율			(17)불공제매입세액총액((15)*(16))	(18)기불공제매입세액	(19)가산또는공제되는매입세액((17)-(18))
			총공급가액	면세공급가액	면세비율			
1.당해과세기간의 공급가액기준		5,000,000	200,000,000.00	60,000,000.00	30.000000	1,500,000	666,666	833,334
합계		5,000,000	200,000,000	60,000,000		1,500,000	666,666	833,334

가산또는공제되는매입세액 (833,334) = 총공통매입세액(5,000,000) * 면세비율(%)(30.000000) - 기불공제매입세액(666,666)

✓ 산식: 1.당해과세기간의 공급가액기준 선택
✓ 총 공통매입세액: 과세기간 전체의 공통매입세액(5,000,000원) 입력
✓ 면세 사업확정 비율: 총공급가액과 면세공급가액 입력 시 면세비율 자동계산
✓ 기 불공제매입세액: 예정신고기간의 불공제 매입세액(666,666원) 입력
✓ 가산 또는 공제되는 매입세액 과세기간 전체 공통매입세액 중 확정신고기간의 면세사업분에 해당하는 금액으로 매입세액 공제가 불가능한 금액이며, 저장시 부가가치세 신고서에 자동 반영됨

구분		금액	세율	세액
16.공제받지못할매입세액				
공제받지못할 매입세액	50			
공통매입세액면세등사업분	51	8,333,340		833,334
대손처분받은세액	52			
합계	53	8,333,340		833,334

참고 1기 공통매입세액 5,000,000원 중 면세사업에 해당하는 매입세액은 면세비율(30%)의 1,500,000원이며, 예정신고시 공제받지 못한 666,666원을 제외한 833,334원이 확정신고시 매입세액 불공제 대상이 된다.

(4) 납부세액 또는 환급세액 재계산

매입 시 공통매입세액을 안분계산 하였던 감가상각자산의 면세사용비율이 5% 이상 증감되는 경우에는 당초에 안분한 매입세액을 다시 계산하여 납부세액에 가감하는데 이를 납부세액 또는 환급세액의 재계산이라 한다.

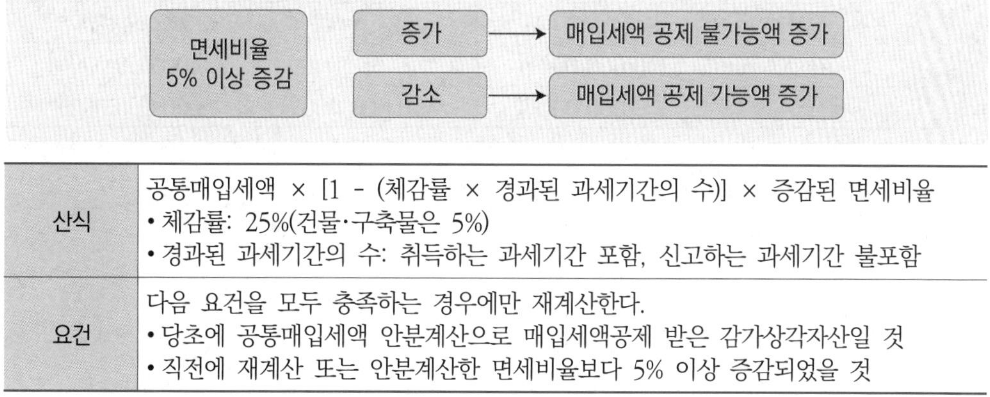

산식	공통매입세액 × [1 - (체감률 × 경과된 과세기간의 수)] × 증감된 면세비율 • 체감률: 25%(건물·구축물은 5%) • 경과된 과세기간의 수: 취득하는 과세기간 포함, 신고하는 과세기간 불포함
요건	다음 요건을 모두 충족하는 경우에만 재계산한다. • 당초에 공통매입세액 안분계산으로 매입세액공제 받은 감가상각자산일 것 • 직전에 재계산 또는 안분계산한 면세비율보다 5% 이상 증감되었을 것

I can 개념정리

- 자산: [1.건물, 구축물], [2.기타자산]중 선택하며, 자산에 따라 체감율이 자동 반영된다.
- 해당재화의 매입세액: 재계산 대상 자산의 매입세액을 입력한다.
- 경감률: 취득년월 입력 시 경과과세간이 자동반영되며, 체감률에 따른 경감률이 자동반영 된다.
- 증가 또는 감소된 면세공급가액(사용면적) 비율: 당기와 직전기의 총공급가액과 면세공급가액을 입력하며, 면세비율의 증감률이 5% 미만일 경우 재계산 하지 않는다.
  - ✓ 면세비율 증가(양수): 면세비율이 5% 이상 증가한 경우 공제 불가능한 매입세액 증가
  - ✓ 면세비율 감소(음수): 면세비율이 5% 이상 감소한 경우 공제가능한 매입세액 증가
    ➜ 공제 불가능한 매입세액 감소
  - ✓ 증감되는 면세비율 계산시 당기와 직전기의 면세비율을 비교하여야 한다.

I can 납부세액 또는 환급세액 재계산

※ 회사코드 0201 ㈜삼일전자 회사로 로그인 ※

다음 자료를 이용하여 ㈜삼일전자의 제1기 확정기간의 매입세액불공제내역(납부세액 재계산 서식)을 작성하시오.(단, ㈜삼일전자는 과세사업과 면세사업을 겸영한다고 가정하며, 기존의 입력된 자료는 무시하고 주어진 자료외의 매입세액 불공제 내역은 없다고 가정한다.)

- 과세사업과 면세사업에 공통으로 사용되는 자산의 구입내역

계정과목	취득일자	공급가액	부가가치세	비고
토 지	2023.11.25.	100,000,000원	-	
건 물	2024.12.05.	150,000,000원	15,000,000원	
기계장치	2024.01.12.	50,000,000원	5,000,000원	

- 2024년 및 2025년의 공급가액 내역

구 분	2024년 제1기	2024년 제2기	2025년 제1기
과세사업	200,000,000원	-	400,000,000원
면세사업	300,000,000원	350,000,000원	600,000,000원

납부세액또는환급세액재계산 따라하기

'부가가치 ➜ 부속명세서I ➜ 공제받지못할매입세액명세서' 조회기간(04월 ~ 06월) 입력 후 [납부세액또는환급세액재계산] 탭에서 작성한다.

조회기간 2025 년 04 월 ~ 2025 년 06 월 구분 1기 확정

공제받지못할매입세액내역 | 공통매입세액안분계산내역 | 공통매입세액의정산내역 | 납부세액또는환급세액재계산

자산	(20)해당재화의 매입세액	(21)경감률[1-(체감률*경과된과세기간의수)]				(22)증가 또는 감소된 면세공급가액(사용면적)비율					(23)가산또는 공제되는 매입세액 (20)*(21)*(22)
		취득년월	체감률	경과 과세기간	경감률	당기 총공급	당기 면세공급	직전 총공급	직전 면세공급	증가율	
1.건물,구축물	15,000,000	2024-12	5	1	95	1,000,000,000.00	600,000,000.00	350,000,000.00	350,000,000.00	-40.000000	-5,700,000
2.기타자산	5,000,000	2024-01	25	2	50	1,000,000,000.00	600,000,000.00	350,000,000.00	350,000,000.00	-40.000000	-1,000,000
합계											-6,700,000

가산또는공제되는매입세액 (-1,000,000) = 해당재화의매입세액(5,000,000) * 경감률(%)(50) * 증가율(%)(-40.000000)

✓ 토지는 감가상각대상 자산이 아니므로, 납부세액재계산 대상이 아니다.
✓ 자산: 건물(1.건물, 구축물), 기계장치(2.기타자산)의 자산유형을 선택한다.
✓ 경감률: 자산의 취득년월 입력 시 체감률 반영된 경감률이 자동계산
✓ 증가 또는 감소된 면세공급가액비율: 당기와 직전기의 총공급가액과 면세공급가액 입력 시 면세 증감율 자동계산(증가율의 -40은 면세비율이 40% 감소하였음을 의미한다.)
✓ 가산 또는 공제되는 매입세액: 면세비율 증감률에 따라 자동계산

8 대손세액공제신고서

대손세액공제란 사업자가 공급한 재화 또는 용역에 대한 외상매출금, 받을어음 또는 기타채권이 대손되어 관련 부가가치세를 거래징수하지 못한 경우 대손이 확정된 날이 속하는 과세기간의 매출세액에서 해당 세액을 차감하여 공제 가능하도록 해주는 제도이며, 이 경우 반대로 거래상대방은 매입세액을 공제받지 못하게 되는데 이를 대손처분받은 세액이라 한다. 대손처분받은 세액은 차후 변제하였을 경우 변제한 날이 속하는 과세기간의 매입세액으로 공제받게 되며 이를 대손세액변제라고 한다. 대손의 발생 또는 대손변제시 작성 및 제출하는 서류가 대손세액공제신고서이다.

구 분	대손이 확정된 경우	대손금을 회수 혹은 변제한 경우
공 급 자	대손이 확정된 날이 속하는 과세기간의 매출세액에서 대손세액을 차감 (대손세액공제)	회수한 날이 속하는 과세기간의 매출세액에서 회수한 대손세액을 가산 (대손세액가산)
공급받는자	매입세액공제를 받고 동 대손이 폐업전에 확정되는 경우에는 그 확정된 날이 속하는 과세기간의 매입세액에서 대손세액 차감 (대손처분받은 세액)	대손세액을 매입세액에서 차감한 후 대손금을 변제한 경우에는 변제일이 속하는 과세기간의 매입세액에 변제한 대손세액을 가산 (대손세액변제)

참고 사업자는 대손이 확정된 날이 속하는 과세기간의 매출세액에서 대손세액을 차감할 수 있으며, 대손세액공제를 받기 위해서는 부가가치세 확정신고시에 대손세액공제신고서와 대손사실을 입증할 수 있는 서류를 첨부하여 관할세무서장에게 제출하여야 한다.(예정신고시에는 대손세액공제를 받을 수 없다.)

공제액	대손세액공제액 = 대손금액 × $\frac{10}{110}$
대손사유	• 공급받은 사업자의 사망, 파산, 강제집행, 회사정리, 소멸시효완성 • 부도발생일로부터 6개월 경과한 부도발생일 이전의 수표 또는 어음채권 • 6개월 이상 경과 채권 중 채무자별 채권합계 30만원 이하 소액채권 • 회수기일 2년 이상 경과한 중소기업의 외상매출금(특수관계인과의 거래 제외) • 거래처에 대해 담보 및 저당권이 설정된 경우는 대손세액공제 불가능 • 거래처의 부도시 부도일 이후 공급분에 대해서는 대손세액공제 불가능
시기	• 확정신고시에만 적용(예정신고시에는 적용불가)
공제기한	• 재화·용역을 공급한 날부터 10년이 경과한 날이 속하는 과세기간에 대한 확정신고기한까지
대손금 회수시	• 대손세액공제를 받은 후 대손금의 전부 또는 일부를 회수한 경우에는 회수액에 포함된 부가가치세를 회수일이 속하는 과세기간의 매출세액에 가산

대손발생 대손변제

조회기간 2025 년 월 ~ 2025 년 월

당초공급일	대손확정일	대손금액	공제율	대손세액	거래처	대손사유
합 계						

성명		사업자등록번호	___-__-_____
소재지		주민등록번호	______-_______

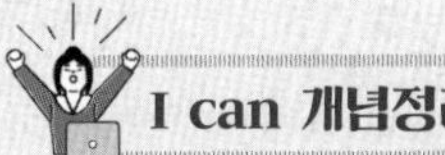

- 대손발생 탭: 채권의 대손발생 및 대손금회수시 입력
  - ✓ 대손 발생시: 대손세액 공제분을 양수로 입력 ➜ 부가가치세신고서 매출세액 (-)
  - ✓ 대손금 회수시: 대손세액 회수분을 음수로 입력 ➜ 부가가치세신고서 매출세액 (+)
- 대손변제 탭: 채무에 대해 대손처분받거나 대손변제시 입력
- 대손금액 입력 시 대손세액(10/110)은 자동반영되며, 거래처는 [F2.조회]를 통해 입력한다.
- 대손사유는 명확히 선택하며, 대손금 회수시에는 [7.직접입력]을 통해 입력한다.

I can 분개 대손세액공제

다음의 연속된 거래를 분개하시오.

20×5.05.10 거래처에 자사의 완성제품 2,200,000원(부가가치세 포함)을 외상으로 매출하고 전자세금계산서를 발급하였다.
20×5.07.25 거래처의 파산으로 상기 외상매출금이 회수불가능하게되어 대손처리후 대손세액공제신고서를 작성하였다.(대손일 현재 합계잔액시산표상 대손충당금 잔액은 1,500,000원 이다.)
20×5.08.25 전기에 대손 처리한 외상매출금 550,000원이 현금으로 회수되었다.
(전기 대손발생시 대손세액공제신고서를 작성하고, 대손세액공제를 받았다.)

답안

일자	분개
20×5.05.10	(차) 외상매출금 2,200,000원 (대) 부가세예수금 200,000원 제품매출 2,000,000원
20×5.07.25	(차) 부가세예수금 200,000원 (대) 외상매출금 2,200,000원 대손충당금(외상) 1,500,000원 대손상각비 500,000원 **참고** 대손발생시 대손세액공제가 가능한 경우, 대손세액공제신고서를 작성하여 부가가치세신고서(매출세액 차감)에 반영하여야 한다.
20×5.08.25	(차) 현금 550,000원 (대) 부가세예수금 50,000원 대손충당금 500,000원 **참고** 대손세액공제를 받은 대손금을 회수하는 경우 대손세액공제신고서를 작성하여 부가가치세신고서(매출세액 가산)에 반영하여야 한다.

I can 대손세액공제신고서

※ 회사코드 0201 ㈜삼일전자 회사로 로그인 ※

다음 자료를 이용하여 ㈜삼일전자의 제1기 확정기간의 대손세액공제신고서를 작성하시오.
(단, 전표입력과 부가가치세신고서의 반영은 생략한다.)

당초공급일	대손확정일	공급받는자	대손(회수)금액	대손사유
2023.07.01	2025.04.15	청솔상사	1,100,000원	부도(6개월경과)
2024.06.30	2025.05.31	그린상사	550,000원	파산
2024.01.20	2025.06.12	마루기업	660,000원	대손금 회수

※ 마루기업의 대손금은 대손확정(24.12.30.)시 대손세액공제를 받은 금액을 전액 현금으로 회수한 것이다.

대손세액공제신고서 따라하기

'부가가치 ➜ 부속명세서I ➜ 대손세액공제신고서' 조회기간(04월 ~ 06월) 입력 후 [대손발생] 탭에서 작성한다.

대손발생 | 대손변제

조회기간 2025 년 04 월 ~ 2025 년 06 월 1기 확정

당초공급일	대손확정일	대손금액	공제율	대손세액	거래처		대손사유
2023-07-01	2025-04-15	1,100,000	10/110	100,000	청솔상사	5	부도(6개월경과)
2024-06-30	2024-05-31	550,000	10/110	50,000	그린상사	1	파산
2024-01-20	2025-06-12	-660,000	10/110	-60,000	마루기업	7	대손금 회수

✓ 대손금회수(마루기업)는 대손금액란에 음수로 입력한다.
✓ 대손세액공제신고서는 대손세액공제가 가능한 경우만 입력한다.
✓ 대손발생세액(150,000원) - 대손금회수세액(60,000원) = 매출세액차감(90,000원)
✓ 대손세액공제신고서 저장시 부가가치세신고서 [대손세액가감]란에 자동반영 된다.

및 매출세	영세	세금계산서발급분	5	0/100	
		기타	6	0/100	
	예정신고누락분		7		
	대손세액가감		8		-90,000

9 부동산임대공급가액명세서

사업자가 부동산임대용역(주택분은 제외)을 공급하고 받은 전세금 또는 임대보증금은 금전 이외의 대가를 받은 것으로 보아 보증금에 대한 간주임대료를 과세표준으로 하여 부가가치세를 신고 납부하여야 한다. 부동산임대공급가액명세서는 간주임대료 계산 및 성실신고여부등을 판단하는 자료이므로 임대사업자는 부동산임대차 계약서와 함께 필히 제출해야 할 서식이다.

부동산 임대용역의 과세표준 = 임대료 + 관리비 + 간주임대료

구분	내용
임대료	임차인으로부터 지급받는 임대료는 당연히 과세표준에 포함된다.
관리비	임대인이 임차인으로부터 받는 관리비는 과세표준에 포함된다. 단, 임차인이 부담하는 수도료·전기료 등 공과금을 관리비에 포함해서 징수하는 경우에 그 금액은 제외한다.
간주임대료	간주임대료란 임대인이 받는 임대보증금에 일정한 산식을 적용해서 계산한 금액을 부가가치세 과세표준으로 보고 과세하는 것을 말한다.

닫기 | 도움 | 코드 | 삭제 | 인쇄 | 조회

F3 엑셀작업 | 불러오기 | SF4 사업장등록 | F6 이자율 | F7 | CF7 이월받기 | F8 | F11 저장

조회기간 2025 년 01 월 ~ 2025 년 03 월 1기 예정 | 일수확인 | 적용이자율 3.1%

No	코드	거래처명(임차인)	동	층	호
1					

이자율 설정

적용이자율 3.1

적용이자율은 [F6.이자율] 메뉴를 통해 수정가능하다.

등록사항

1.사업자등록번호 ___-__-_____ 2.주민등록번호 ______-_______

3.면적(㎡) ㎡ 4.용도

5.임대기간에 따른 계약 내용

No	계약갱신일	임대기간

6.계 약 내 용	금 액	당해과세기간계
보 증 금		
월 세		
관 리 비		
7.간주 임대료		일
8.과 세 표 준		

소 계			
월 세		관 리 비	
간주임대료		과 세 표 준	

전 체 합 계					
월세등		간주임대료		과세표준(계)	

$$\text{간주임대료} = \text{임대보증금} \times \text{정기예금 이자율} \times \frac{\text{과세대상기간의 일수}}{\text{365(윤년은 366)}}$$

참고 정기예금 이자율: 3.1%(시중은행의 평균이율 등을 고려하여 기획재정부 시행령으로 정함)

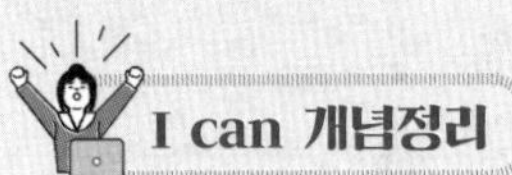

- 간주임대료에 대한 부가가치세 회계처리
  - ✓ 임대인이 부담: (차) 세금과공과 ××× (대) 부가세예수금 ×××
  - ✓ 임차인이 부담: (차) 보통예금 등 ××× (대) 부가세예수금 ×××
  - ✓ 간주임대료는 과세기간 종료일을 기준으로 과세된다.
- 조회기간: 해당 과세기간을 입력한다.
- 거래처명(임차인): 계약건별 임차인과 임차인이 사용하는 동, 층, 호를 기재한다.
  (동은 일반적으로 생략하고, 지하층은 반드시 "B"로 구분하여 입력한다.)
- 계약갱신일: 과세기간 내에 계약기간의 연장, 보증금, 월세의 변동이 있을 경우 입력한다.
- 보증금: 보증금 혹은 전세금을 입력하면 간주임대료가 자동 계산된다.
- 월세 및 관리비: 월임대료와 관리비를 입력하며 관리비도 기본적으로 과세표준에 포함된다.
- 과세표준 합계금액 중 간주임대료 총액은 부가가치세 신고서 '과세 - 기타'란에 반영되어야 한다.
- 간주임대료의 매입매출전표입력 시 유형은 '14.건별'로 입력한다.

I can 부동산임대공급가액명세서

※ 회사코드 0201 ㈜삼일전자 회사로 로그인 ※

다음 자료를 이용하여 ㈜삼일전자의 제1기 확정기간의 부동산임대공급가액명세서를 작성하고, 매입매출전표에 간주임대료를 입력하여 부가가치세신고에 반영까지 하시오.
(단, 정기예금이자율은 3.1%로 입력한다.)

층	호수	상 호 (사업자등록번호)	면적 (㎡)	용도	임대계약 기간	보증금	월 세	관리비
B1	101	여상기업 (121-12-68940)	150	창고	2024.10.15. ~ 2026.10.14.	10,000,000원	500,000원	80,000원
1	102	단디마트 (122-11-17845)	100	점포	2024.08.16. ~ 2026.08.15.	8,000,000원	300,000원	80,000원
2	202	뚜기상사 (124-47-55126)	50	사무실	2023.05.01. ~ 2025.04.30.	6,000,000원	100,000원	80,000원

※ 월세와 관리비에 대해서는 정상적으로 세금계산서를 발급하였으며, 간주임대료는 임대인이 부담한다.
※ 뚜기상사는 계약기간이 만료되어 2025.05.01. ~ 2027.04.30.까지 2년간 5월 1일에 재계약 하였다.

부동산임대공급가액명세서 따라하기

'부가가치 ➜ 부속명세서I ➜ 부동산임대공급가액명세서' 조회기간(04월 ~ 06월) 입력 후 계약건별 내용을 작성한다.(적용이자율: 3.1%)

[1411.여상기업]

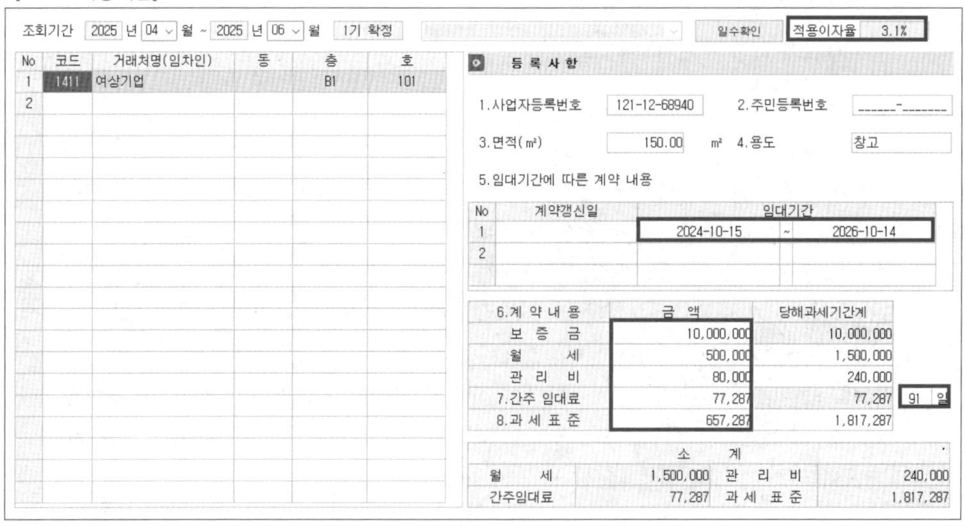

참고 ✓ 간주임대료 계산 일수는 임대기간에 따라 자동 적용된다.
✓ 간주임대료: 10,000,000원 × 3.1% × 91일/365일 = 77,287원

[1412.단디마트]

조회기간 2025 년 04 월 ~ 2025 년 06 월 1기 확정 일수확인 적용이자율 3.1%

No	코드	거래처명(임차인)	동	층	호
1	1411	여상기업		B1	101
2	1412	단디마트		1	102
3					

등 록 사 항

1.사업자등록번호 122-11-17845 2.주민등록번호 ______-_______

3.면적(㎡) 100.00 ㎡ 4.용도 점포

5.임대기간에 따른 계약 내용

No	계약갱신일	임대기간		
1		2024-08-16	~	2026-08-15
2				

6.계 약 내 용	금 액	당해과세기간계	
보 증 금	8,000,000	8,000,000	
월 세	300,000	900,000	
관 리 비	80,000	240,000	
7.간주 임대료	61,830	61,830	91 일
8.과 세 표 준	441,830	1,201,830	

소 계			
월 세	900,000	관 리 비	240,000
간주임대료	61,830	과 세 표 준	1,201,830

참고 간주임대료: 8,000,000원 × 3.1% × 91일/365일 = 61,830원

[1413.뚜기상사]

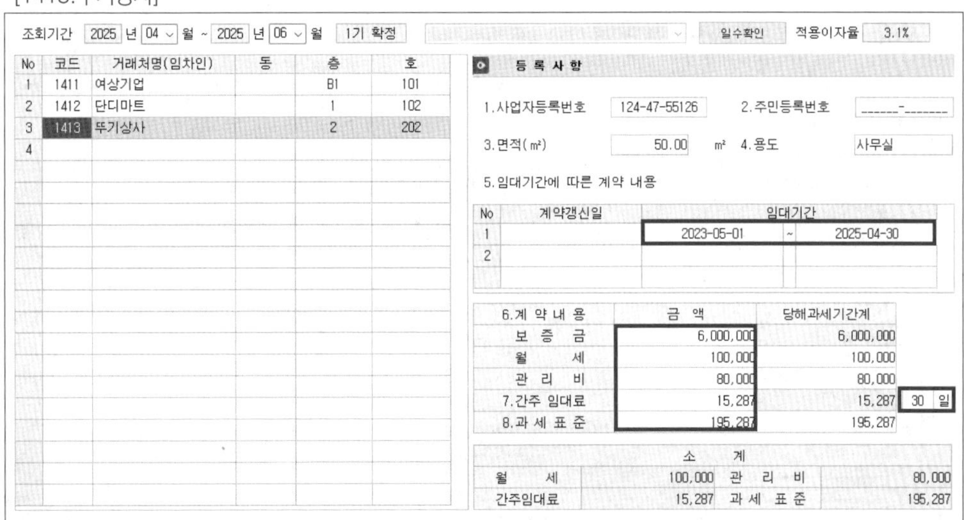

조회기간 2025 년 04 월 ~ 2025 년 06 월 1기 확정 일수확인 적용이자율 3.1%

No	코드	거래처명(임차인)	동	층	호
1	1411	여상기업		B1	101
2	1412	단디마트		1	102
3	1413	뚜기상사		2	202
4					

등 록 사 항

1.사업자등록번호 124-47-55126 2.주민등록번호 ______-_______

3.면적(㎡) 50.00 ㎡ 4.용도 사무실

5.임대기간에 따른 계약 내용

No	계약갱신일	임대기간		
1		2023-05-01	~	2025-04-30
2				

6.계 약 내 용	금 액	당해과세기간계	
보 증 금	6,000,000	6,000,000	
월 세	100,000	100,000	
관 리 비	80,000	80,000	
7.간주 임대료	15,287	15,287	30 일
8.과 세 표 준	195,287	195,287	

소 계			
월 세	100,000	관 리 비	80,000
간주임대료	15,287	과 세 표 준	195,287

참고 ✓ 간주임대료(갱신전): 6,000,000원 × 3.1% × 30일/365일 = 15,287원

[1413.뚜기상사(갱신)]

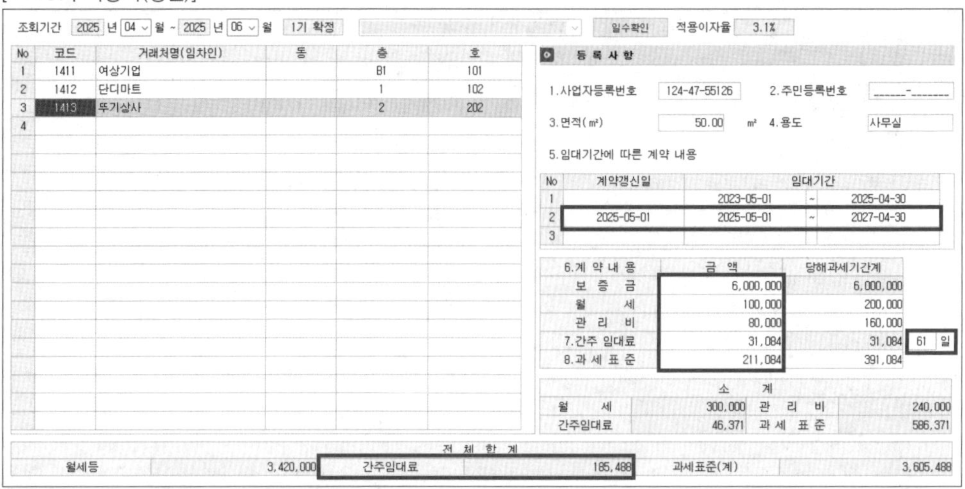

참고 ✓ 간주임대료(갱신후): 6,000,000원 × 3.1% × 61일/365일 = 31,084원
✓ 과세기간 종료일(06.30.)에 간주임대료 총액(185,488원)에 대해 매입매출전표에 14.건별 유형으로 입력하여 18,548원을 매출세액으로 과세한다.

간주임대료 회계처리 따라하기

- '회계관리 ➜ 재무회계 ➜ 전표입력 ➜ 매입매출전표입력' 메뉴에 '매출유형'을 구분하여 입력한다.

6월 30일	14.건별, 공급가액 185,488원, 부가세 18,548원, 혼합
	(차) 세금과공과(판) 18,548원 (대) 부가세예수금 18,548원

간주임대료 부가가치세신고서 조회 따라하기

- '부가가치 ➜ 부가가치세 ➜ 부가가치세신고서' 조회기간(4월 1일 ~ 6월 30일) 조회 후 [과세] - [기타(정규영주증외매출분)]란 확인

조회기간 2025 년 4 월 1 일 ~ 2025 년 6 월 30 일 신고구분 1.정기신고

구분				정기신고금액		
				금액	세율	세액
과세표준및매출	과세	세금계산서발급분	1		10/100	
		매입자발행세금계산서	2		10/100	
		신용카드 · 현금영수증발행분	3		10/100	
		기타(정규영수증외매출분)	4	185,488		18,548
	영세	세금계산서발급분	5		0/100	
		기타	6		0/100	

참고 실무적으로 부동산임대공급가액명세서 작성 후, 간주임대료에 대한 회계처리와 부가가치세 신고서 반영까지 해야 하지만, 전산세무 2급 자격시험에서는 부동산임대공급가액명세서만 작성하거나, 부동산임대공급가액명세서 작성 후 회계처리 없이 부가가치세신고서에 직접 입력하여 작성하는 문제가 주로 출제되고 있다.

10 영세율첨부서류제출명세서

사업자가 영세율이 적용되는 수출거래 등에서 영세율을 적용받기 위해서 부가가치세신고시에 제출하는 근거서류를 영세율 첨부서류라고 하며, 외화입금증명서가 대표적이다.

- 조회기간: 해당 과세기간을 입력한다.
- 서류명: 개별소비세신고 시 제출한 서류의 명칭을 입력한다.
- 발급자: 코드도움(F2)을 이용해서 해당서류의 발급자(은행)를 입력한다.
- 발급일자, 선적일자: 해당 서류의 발급일자와 선적일자(매입매출전표 공급시기)를 입력한다.
- 통화코드: 코드도움(F2)을 이용해서 해당 통화코드를 검색하여 입력한다.
- 환율: 수출재화의 공급시기의 기준환율을 입력한다.
- 당기제출금액: 외화수출액을 입력하면 환율이 적용되어 원화금액이 자동 반영된다.
- 당기신고해당분: 영세율신고와 관련된 외화금액을 입력하면 환율이 적용되어 원화금액이 자동 반영된다.
- 과세유형: 매입매출전표에 입력되는 '유형'을 입력한다.
- 영세율구분: 코드도움(F2)을 통해 '영세율매출명세서'에 반영되는 영세율구분을 입력한다.

I can 영세율첨부서류제출명세서

※ 회사코드 0201 ㈜삼일전자 회사로 로그인 ※

다음 자료를 이용하여 ㈜삼일전자의 제1기 확정기간의 영세율첨부서류제출명세서를 작성하시오. (단, 제출서류는 우리은행에서 발급 받았으며, 16.수출 유형으로 매입매출전표에 회계처리는 생략한다.)

입금일자	발급일자	수출금액(외화)	선적일자	선적일환율	신고일환율
2025.05.25.	2025.06.30.	$10,000	2025.05.25	1,040/$	1,050/$

※ 외화입금증명서가 제출되었으며, 중계무역방식으로 처리한다.

영세율첨부서류제출명세서 따라하기

'부가가치 ➜ 부속명세서I ➜ 영세율첨부서류제출명세서' 조회기간(04월 ~ 06월) 입력 후 관련 내용을 작성한다.

조회기간 2025 년 04 월 ~ 2025 년 06 월 구분 1기 확정 과세기간별입력

No	□	(10)서류명	(11)발급자		(12)발급일자	(13)선적일자	(14)통화코드	(15)환율	당기제출금액		당기신고해당분		과세유형	영세율구분	
									(16)외화	(17)원화	(18)외화	(19)원화		코드	구분명
1	□	외화입금증명서	98004	우리은행	2025-06-30	2025-05-25	USD	1,040.0000	10,000.00	10,400,000	10,000.00	10,400,000	수출	2	중계무역 · 위탁판매

11 수출실적명세서

사업자가 내국물품 등을 해외로 직수출하는 경우 작성해야 하는 부가가치세 신고 서식이다.

- 조회기간: 해당 과세기간을 입력한다.
- ⑩수출재화: 수출신고필증에 의해 직수출하는 경우 수출한 건수, 외화금액, 원화금액이 하단의 입력내용에 의해 자동반영 된다.
- ⑪기타영세율적용: 수출재화 이외의 영세율(국외제공용역)으로 세금계산서를 발급하지 않은 건에 대해 건수, 외화금액, 원화금액을 입력한다.
- 수출신고번호: 신출신고필증(신고서)의 신고번호를 입력한다.
- 선(기)적일자: 부가가치세법상 공급시기를 입력한다.
- 통화코드: 코드도움(F2)을 이용하여 해당 통화코드를 검색하여 입력한다.
- 환율: 수출재화의 선적일자에 해당하는 기준환율(재정환율)을 입력한다. 다만, 선적일 이전에 환가한 경우에는 환가한 날의 환율을 입력한다.

※ 회사코드 0201 ㈜삼일전자 회사로 로그인 ※

다음 자료를 이용하여 ㈜삼일전자의 제1기 확정기간의 수출실적명세서를 작성하시오.(단, 수출대금은 모두 해당국가의 통화로 직접 받았으며, 거래 자료의 전표입력은 생략한다.)

상대국	수출신고번호	선적일	환전일	수출액	적용환율	
					선적시 기준환율	환전시 적용환율
미국	13041-20-044589X	2025.04.10.	2025.04.13.	$30,000	1,100/$	1,000/$
일본	13055-10-011460X	2025.05.01.	2025.05.15.	¥100,000	950/100¥	1,000/100¥
미국	13064-25-147041X	2025.05.25.	2025.05.20.	$15,000	1,400/$	1,300/$
독일	-	2025.06.01.	2025.06.20.	$10,000	1,250/$	1,240/$

※ 수출신고필증상의 수출액과 실제 수출액은 일치하며, 수출신고번호가 없는 거래는 국외제공용역이다.

수출실적명세서 따라하기

'부가가치 ➜ 부속명세서I ➜ 수출실적명세서' 조회기간(04월 ~ 06월) 입력 후 관련 내용을 작성한다.

조회기간 2025 년 04 월 ~ 2025 년 06 월 구분 : 1기 확정 과세기간별입력

구분	건수	외화금액	원화금액	비고
⑨합계	4	155,000.00	65,950,000	
⑩수출재화[=⑫합계]	3	145,000.00	53,450,000	
⑪기타영세율적용	1	10,000.00	12,500,000	

No	□	(13)수출신고번호	(14)선(기)적일자	(15)통화코드	(16)환율	금액 (17)외화	금액 (18)원화	전표정보 거래처코드	전표정보 거래처명
1	□	13041-20-044599X	2025-04-10	USD	1,100.0000	30,000.00	33,000,000		
2	□	13055-10-011460X	2025-05-01	JPY	9.5000	100,000.00	950,000		
3	□	13064-25-147041X	2025-05-20	USD	1,300.0000	15,000.00	19,500,000		
4	□								
		합계				145,000	53,450,000		

① 미국: 선적일(2025.04.10.), 통화코드(USD), 환율(1,100/$)
② 일본: 선적일(2025.05.01.), 통화코드(JPN), 환율(9.5/1￥)
➜ 일본 엔화의 경우 1￥당 금액으로 환산된 환율을 입력한다.
③ 미국: 선적일(2025.05.25.), 통화코드(USD), 환율(1,300/$)
➜ 선적일보다 환전일이 더 빠르므로 환전일에 환가한 금액을 과세표준으로 한다.
④ 독일: 수출신고번호가 없는 국외제공용역이므로, 상단 '기타영세율적용'란에 입력한다.

12 내국신용장·구매확인서전자발급명세서

- 조회기간: 해당 과세기간을 입력한다.
- 구분: 내국신용장 혹은 구매확인서 중 해당항목을 선택한다.
- 서류번호: 내국신용장 혹은 구매확인서의 발급번호를 입력한다.
- 발급일: 내국신용장 혹은 구매확인서의 발급일을 입력한다.
- 거래처정보: 영세율세금계산서의 공급받는자를 선택한다.
- 금액: 영세율세금계산서 발급금액을 입력한다.
- 전표일자: 매입매출전표에 입력된 공급시기를 입력한다.

I can 내국신용장·구매확인서전자발급명세서

※ 회사코드 0201 ㈜삼일전자 회사로 로그인 ※

다음 자료를 이용하여 거래자료를 입력하고 ㈜삼일전자의 제1기 확정기간의 내국신용장·구매확인서전자발급명세서를 작성하시오. ㈜동진컬렉션에 제품을 6월 1일에 납품하고 내국신용장에 의해 영세율전자세금계산서를 발급하고, 대금은 전액 외상으로 처리하고 향후 NEGO를 진행 하기로 하였다.

- 공급시기: 2025. 06. 01.
- 신용장발급일: 2025. 06. 01.
- 서류번호: KJWCAN1234567
- 수출액: 8,000,000원

영세율거래자료 회계처리 따라하기

- '회계관리 ➜ 재무회계 ➜ 전표입력 ➜ 매입매출전표입력' 메뉴에 '매출유형'을 구분하여 입력한다.

<table>
<tr><td rowspan="2">6월 1일</td><td colspan="4">12.영세, 공급가액 8,000,000원, ㈜동진컬렉션, 전자: 여, 외상
영세율구분: 3.내국신용장·구매확인서에 의하여 공급, 서류번호: KJWCAN1234567</td></tr>
<tr><td>(차) 외상매출금</td><td>8,000,000원</td><td>(대) 제품매출</td><td>8,000,000원</td></tr>
</table>

2025 년 06 월 1 일 변경 현금잔액: 151,419,800 대차차액: 매출

□	일	번호	유형	품목	수량	단가	공급가액	부가세	코드	공급처명	사업/주민번호	전자	분개
□	1	50004	영세	제품			8,000,000		00155	(주)동진컬렉션	124-86-24170	여	외상
□	1												
				유형별-공급처별 [1]건			8,000,000						

영세율구분 3 내국신용장 · 구매확인서에 의하 서류번호 KJWCAN1234567

NO : 50004 (대 체) 전 표 일 자 : 2025 년 6 월 1 일

구분	계정과목		적요	거래처		차변(출금)	대변(입금)
차변	0108	외상매출금	제품	00155	(주)동진컬렉션	8,000,000	
대변	0404	제품매출	제품	00155	(주)동진컬렉션		8,000,000
					합 계	8,000,000	8,000,000

(세금)계산서 현재라인인쇄 / 거래명세서 현재라인인쇄 / 전 표 현재라인인쇄

내국신용장·구매확인서전자발급명세서 따라하기

'부가가치 ➜ 부속명세서I ➜ 내국신용장·구매확인서전자발급명세서' 조회기간(04월 ~ 06월) 입력 후 관련 내용을 작성한다.

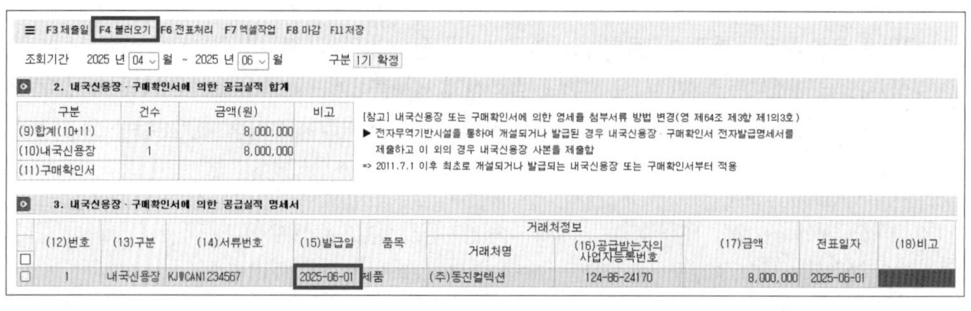

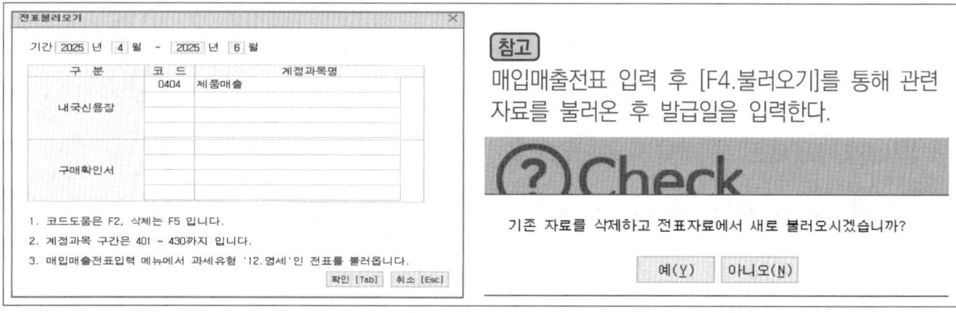

참고
매입매출전표 입력 후 [F4.불러오기]를 통해 관련 자료를 불러온 후 발급일을 입력한다.

13 영세율매출명세서

영세율이 적용된 거래가 발생한 사업자는 영세율매출명세서를 제출하여야 하며, 부가가치세 신고서의 [과세표준명세] - [영세]의 합계금액과 일치한다.

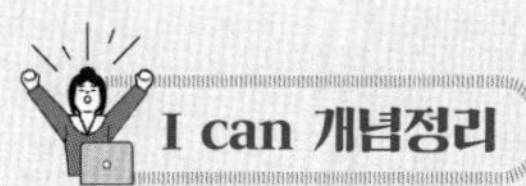

- 조회기간: 해당 과세기간을 입력한다.
- 매입매출전표에 입력된 12.영세, 16.수출 유형의 거래자료가 자동 반영된다.

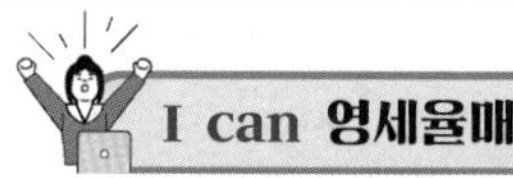

※ 회사코드 0201 ㈜삼일전자 회사로 로그인 ※

㈜삼일전자의 제2기 예정기간의 영세율매출명세서를 작성하시오.

영세율매출명세서 따라하기

'부가가치 ➜ 부속명세서I ➜ 영세율매출명세서' 조회기간(07월 ~ 09월) 입력 후 관련 내용을 조회한다.

조회기간 2025 년 07 월 ~ 2025 년 09 월 2기 예정

부가가치세법 | 조세특례제한법

(7)구분	(8)조문	(9)내용	(10)금액(원)
부가가치세법	제21조	직접수출(대행수출 포함)	22,000,000
		중계무역·위탁판매·외국인도 또는 위탁가공무역 방식의 수출	
		내국신용장·구매확인서에 의하여 공급하는 재화	15,000,000
		한국국제협력단 및 한국국제보건의료재단에 공급하는 해외반출용 재화	
		수탁가공무역 수출용으로 공급하는 재화	
	제22조	국외에서 제공하는 용역	
	제23조	선박·항공기에 의한 외국항행용역	
		국제복합운송계약에 의한 외국항행용역	
	제24조	국내에서 비거주자·외국법인에게 공급되는 재화 또는 용역	
		수출재화임가공용역	
		외국항행 선박·항공기 등에 공급하는 재화 또는 용역	
		국내 주재 외교공관, 영사기관, 국제연합과 이에 준하는 국제기구, 국제연합군 또는 미국군에게 공급하는 재화 또는 용역	
		「관광진흥법 시행령」에 따른 일반여행업자가 외국인관광객에게 공급하는 관광알선용역	
		외국인전용판매장 또는 주한외국군인 등의 전용 유흥음식점에서 공급하는 재화 또는 용역	
		외교관 등에게 공급하는 재화 또는 용역	
		외국인환자 유치용역	
(11) 부가가치세법에 따른 영세율 적용 공급실적 합계			37,000,000
(12) 조세특례제한법 및 그 밖의 법률에 따른 영세율 적용 공급실적 합계			
(13) 영세율 적용 공급실적 총 합계(11)+(12)			37,000,000

일반과세 | 간이과세

조회기간 2025 년 7 월 1 일 ~ 2025 년 9 월 30 일 신고구분 1.정기신고

구분				정기신고금액 금액	세율	세액
과세표준및매출세액	과세	세금계산서발급분	1	37,700,000	10/100	3,770,000
		매입자발행세금계산서	2		10/100	
		신용카드·현금영수증발행분	3	4,000,000	10/100	400,000
		기타(정규영수증외매출분)	4	1,500,000		150,000
	영세	세금계산서발급분	5	15,000,000	0/100	
		기타	6	22,000,000	0/100	
	예정신고누락분		7			
	대손세액가감		8			
	합계		9	80,200,000	㉮	4,320,000

참고 부가가치세신고서의 [영세]란 과세표준의 금액과 영세율매출명세서에 반영되는 금액이 일치한다.

14 의제매입세액공제신고서

사업자가 면세 농·축·수산물 등을 원재료로 하여 제조, 가공 또는 창출한 용역의 공급이 과세되는 경우에는 그 면세농산물 등의 가액의 일정액의 부가가치세를 공제할 수 있다. 부가가치세공제를 받기 위해서는 세금계산서(또는 신용카드영수증 등)를 발급받아 제출하여야 하지만 면세농산물 등에 대하여 세금계산서 등이 없이도 일정한 금액을 매입세액으로 의제(간주)하는 것을 의제매입세액공제라고 하며, 부가가치세신고시에 의제매입세액공제신고서를 작성하여야 한다.

의제매입세액 공제한도 = 해당 과세기간의 과세표준(면세농산물 매출) × 한도비율

<table>
<tr><th>업 종 별 공 제 율</th><th>의제매입 공제시 적격증빙</th></tr>
<tr><td>제조업: 2/102(중소제조업 및 개인사업자: 4/104)</td><td rowspan="3">- 계산서(유형: 53번 면세매입)
- 신용카드영수증(유형: 58번 카드면세)
- 현금영수증(유형: 62번 현금면세)
- 농어민 직접구입(유형: 60번 면세건별)
✓ 일반영수증은 공제불가</td></tr>
<tr><td>음식점업: 6/106(법인)
8/108(과세표준 2억원 초과 개인)
9/109(과세표준 2억원 이하 개인)</td></tr>
<tr><td>과세유흥장소: 2/102(개인, 법인)</td></tr>
</table>

참고 최종소비자대상 개인사업자 중 과자점, 도정업, 떡방앗간의 경우 6/106 적용

의제매입세액공제의 한도액 계산은 확정신고시에만 적용되며, 한도비율은 다음과 같다.

<table>
<tr><th colspan="3">구 분</th><th>음식점</th><th>기 타</th></tr>
<tr><td rowspan="3">개인사업자</td><td rowspan="3">일반과세자</td><td>과세표준 1억원 이하</td><td>75%</td><td>65%</td></tr>
<tr><td>과세표준 1억원 ~ 2억원</td><td>70%</td><td>65%</td></tr>
<tr><td>과세표준 2억원 초과</td><td>60%</td><td>55%</td></tr>
<tr><td colspan="3">법인사업자</td><td colspan="2">과세표준 × 50%</td></tr>
</table>

I can 개념정리

- 간이과세자의 경우는 의제매입세액공제가 불가능하다.
- 제조업의 경우에는 증빙 없이 농어민으로부터 직접 구입분을 공제받을 수 있으나, 음식점업은 매입세액 공제가 불가능 하다.
- 의제매입세액공제는 원재료의 사용시점과 무관하게 매입시점에서 예정 및 확정신고 구분 없이 공제가 가능하다.

- 면세농산물의 구입시점에서 원재료 계정에 대해 '적요.6(의제매입세액공제신고서 자동반영)'을 선택할 경우 의제매입세액공제신고서가 자동 작성된다.
- 공급자: [F2.조회] 기능을 이용해 해당 거래처를 입력한다.
- 취득일자: 사용과 무관하게 원재료 구입일을 입력한다.
- 구분: 면세매입과 관련된 증빙(1.계산서, 2.신용카드, 3.농어민매입)을 선택한다.
- 물품명, 수량(필수입력), 매입가액 등 관련정보를 입력한다.
- 공제율: 업종별 공제율을 선택하면 의제매입세액이 자동 계산된다.
- 확정신고시 과세표준(예정 및 확정)을 입력하면 한도액과 공제대상금액을 확인할 수 있다.
- 의제매입세액공제 적용시 원재료 차감에 대한 회계처리는 다음과 같다.

(차) 부가세대급금	×××	(대) 원재료(적요 8.타계정으로 대체액)	×××

참고 실무적으로 '의제매입세액공제'는 매입매출전표 입력을 통해 자동으로 작성되는 서식이다. 전산세무 2급 자격시험에서는 대부분 전표입력 없이 직접 입력하여 작성하도록 출제되고 있으나, 매입과 관련된 회계처리와 의제매입세액공제에 대한 회계처리까지 반복적으로 학습하여야 한다.

I can 의제매입세액공제신고서

※ 회사코드 0201 ㈜삼일전자 회사로 로그인 ※

다음 자료를 이용하여 ㈜삼일전자의 제1기 확정기간의 의제매입세액공제신고서를 작성하시오. (단, 본문제에 한해 당사는 국산 보리와 밀을 주원료로 하여 과세재화를 생산하는 중소제조법인이며, 매입과 관련된 전표입력은 생략한다.)

구분	일자	상호 (성명)	사업자번호 (주민번호)	매입가격	수량	품명
계산서 매입 (현금거래)	04.06.	그린상사	109-07-95759	3,120,000원	500kg	보리
신용카드 매입 (현대카드)	05.02.	㈜다옴	501-81-18905	900,000원	2회	방역비
	06.03.	두리상사	252-73-00018	1,456,000원	250kg	보리
농어민 매입 (현금거래)	04.01.	김흥수	880713-1017517	3,432,000원	400kg	밀

※ 6월 30일자로 의제매입세액공제에 대한 회계처리를 하시오.
※ 제1기 예정기간 과세표준은 60,000,000원 이고, 확정기간 과세표준은 80,000,000원이라 가정한다.
※ 제1기 예정기간은 면세품목에 대한 매입이 없어 의제매입세액공제를 받지 않았다.

의제매입세액공제신고서 따라하기

‘부가가치 ➜ 부속명세서I ➜ 의제매입세액공제신고서’ 조회기간(04월~06월) 입력 후 [관리용]탭에서 관련 내용을 작성한다.

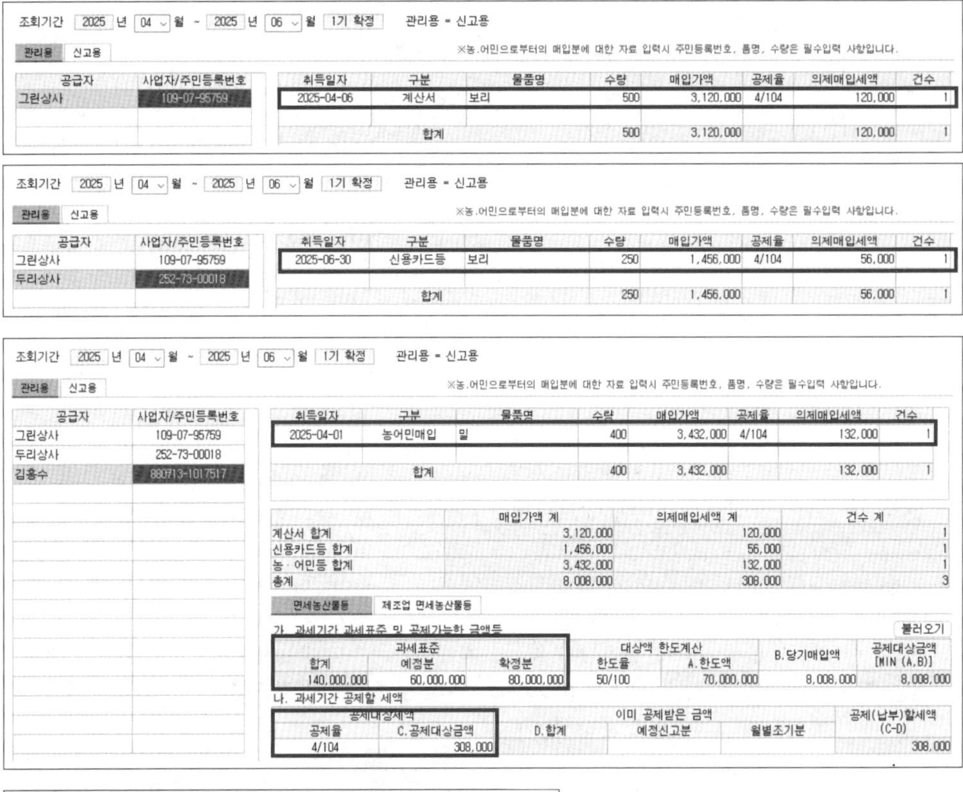

조회기간 2025 년 04 월 ~ 2025 년 06 월 1기 확정 관리용 ▪ 신고용

관리용 신고용 ※농.어민으로부터의 매입분에 대한 자료 입력시 주민등록번호, 품명, 수량은 필수입력 사항입니다.

공급자	사업자/주민등록번호
그린상사	109-07-95759

취득일자	구분	물품명	수량	매입가액	공제율	의제매입세액	건수
2025-04-06	계산서	보리	500	3,120,000	4/104	120,000	1
	합계		500	3,120,000		120,000	1

조회기간 2025 년 04 월 ~ 2025 년 06 월 1기 확정 관리용 ▪ 신고용

관리용 신고용 ※농.어민으로부터의 매입분에 대한 자료 입력시 주민등록번호, 품명, 수량은 필수입력 사항입니다.

공급자	사업자/주민등록번호
그린상사	109-07-95759
두리상사	252-73-00018

취득일자	구분	물품명	수량	매입가액	공제율	의제매입세액	건수
2025-06-30	신용카드등	보리	250	1,456,000	4/104	56,000	1
	합계		250	1,456,000		56,000	1

조회기간 2025 년 04 월 ~ 2025 년 06 월 1기 확정 관리용 ▪ 신고용

관리용 신고용 ※농.어민으로부터의 매입분에 대한 자료 입력시 주민등록번호, 품명, 수량은 필수입력 사항입니다.

공급자	사업자/주민등록번호
그린상사	109-07-95759
두리상사	252-73-00018
김홍수	880913-1017517

취득일자	구분	물품명	수량	매입가액	공제율	의제매입세액	건수
2025-04-01	농어민매입	밀	400	3,432,000	4/104	132,000	1
	합계		400	3,432,000		132,000	1

	매입가액 계	의제매입세액 계	건수 계
계산서 합계	3,120,000	120,000	1
신용카드등 합계	1,456,000	56,000	1
농·어민등 합계	3,432,000	132,000	1
총계	8,008,000	308,000	3

면세농산물등 제조업 면세농산물등

가. 과세기간 과세표준 및 공제가능한 금액등 불러오기

과세표준			대상액 한도계산		B.당기매입액	공제대상금액 [MIN (A,B)]
합계	예정분	확정분	한도율	A.한도액		
140,000,000	60,000,000	80,000,000	50/100	70,000,000	8,008,000	8,008,000

나. 과세기간 공제할 세액

공제대상세액		이미 공제받은 금액			공제(납부)할세액 (C-D)
공제율	C.공제대상금액	D.합계	예정신고분	월별조기분	
4/104	308,000				308,000

14.그 밖의 공제매입세액					
신용카드매출	일반매입	41			
수령금액합계표	고정매입	42			
의제매입세액		43	8,008,000	뒤쪽	308,000
재활용폐자원등매입세액		44		뒤쪽	
과세사업전환매입세액		45			
재고매입세액		46			
변제대손세액		47			
외국인관광객에대한환급세액		48			
합계		49	8,008,000		308,000

참고 확정신고시 과세표준(예정 및 확정)을 입력하면 한도액과 공제대상금액이 자동 계산되며, 저장 시 부가가치세신고서 [그 밖의 공제매입세액] - [의제매입세액]란에 자동 반영된다.

의제매입세액공제액 회계처리 따라하기

- '회계관리 ➜ 재무회계 ➜ 전표입력 ➜ 일반전표입력' 메뉴에 입력한다.

6월 30일	(차) 부가세대급금 308,000원	(대) 원재료(적요 8.타계정으로 대체) 308,000원

2025 년 06 월 30 일 변경 현금잔액: 153,619,800 대차차액:

일	번호	구분	계정과목	거래처	적요	차변	대변
30	00008	차변	0135 부가세대급금			308,000	
30	00008	대변	0153 원재료		8 타계정으로 대체액 원가		308,000
30							
			합계			308,000	308,000

카드등사용여부

NO : 8 (대체) 전표 일자 : 2025 년 6 월 30 일

	계정과목	적요	차변(출금)	대변(입금)
0135	부가세대급금		308,000	
0153	원재료	8 타계정으로 대체액 원가명세서 반영분		308,000
		합계	308,000	308,000

전표 현재라인 인쇄

전표 선택일괄 인쇄[F9]

15 재활용폐자원세액공제신고서

폐자원이나 중고품을 수집하여 재생 판매하는 사업자가 수집시 부가가치세를 부담하지 않은 경우에도 그 구입가격의 일정률(재활용폐자원 3/103, 중고자동차 10/110)을 매입세액으로 간주하여 매출세액에서 공제해 주고 있는데, 이렇게 재활용폐자원 및 중고품 매입세액공제를 받기 위해서는 예정신고 또는 확정신고와 함께 재활용폐자원 및 중고품 매입세액 공제신고서를 제출해야 한다.

재활용폐자원 및 중고품을 수집하는 사업자가 부가가치세 일반과세자가 아닌 자 즉, 세금계산서를 교부할 수 없는 자로부터 수집하는 경우에만 적용대상이 된다.

재활용폐자원 매입세액 = 공제대상 매입가액 × 3/103 [중고자동차 10/110]
(공제한도: 공급가액 × 80% – 세금계산서수취분 매입가액)

I can 개념정리

- 공급자: [F2.조회] 기능을 이용해 해당 거래처를 입력한다.
- 거래구분: 영수증과 계산서 중 해당 서류를 선택한다.
- 품명, 수량, 차량번호(차대번호), 취득금액 등 관련정보를 입력한다.
- 공제율: 일반매입은 3/103, 중고자동차의 경우는 10/110을 선택한다.
- 확정신고시 과세표준(예정 및 확정)을 입력하면 한도액과 공제대상금액을 확인할 수 있다.
- 재활용폐자원세액공제 적용시 원재료 차감에 대한 회계처리는 다음과 같다.

(차) 부가세대급금	×××	(대) 원재료(적요 8.타계정으로 대체액)	×××

I can 재활용폐자원세액공제신고서

※ 회사코드 0201 ㈜삼일전자 회사로 로그인 ※

다음 자료를 이용하여 ㈜삼일전자의 제1기 확정기간의 재활용폐자원세액공제신고서를 작성하시오.(단, 매입과 관련된 전표입력은 생략하며, 예정신고기간 중 재활용폐자원 신고내용은 없다.)

구분	일자	상호 (성명)	사업자번호 (주민번호)	매입가격	수량	품명
계산서 매입 (현금거래)	04.06.	㈜프랫기업	120-86-68012	4,650,000원	300k	고철

※ 6월 30일자로 재활용폐자원세액공제에 대한 회계처리(원재료 차감)를 하시오.
※ 제1기 과세기간 중 재활용관련 매출액과 세금계산서 매입액은 다음과 같다.

구분	매출액	매입공급가액(세금계산서)
예정분	24,000,000원	15,000,000원
확정분	31,000,000원	18,000,000원

참고 상단 [F4.매출액] 메뉴를 통해 상품매출 및 제품매출에 대한 매출액을 자동으로 반영할 수 있으나, 전산세무 2급 자격시험에서는 금액을 제시하고 직접입력하는 방식으로 출제되고 있다.

재활용폐자원세액공제신고서 따라하기

'부가가치 ➜ 부속명세서I ➜ 재활용폐자원세액공제신고서' 조회기간(04월 ~ 06월) 입력 후 [관리용]탭에서 내용을 작성한다.

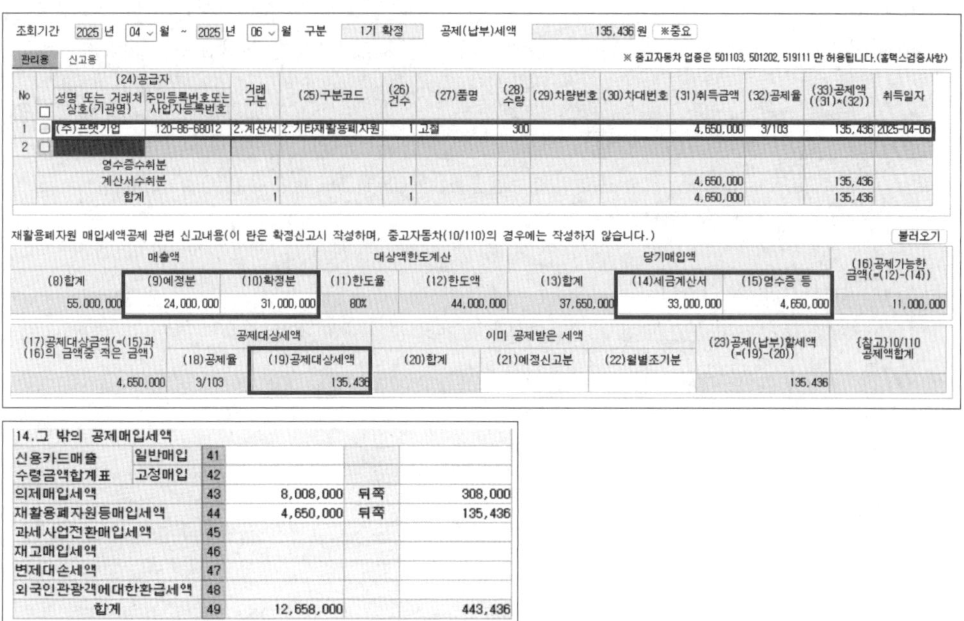

조회기간 2025 년 04 월 ~ 2025 년 06 월 구분 1기 확정 공제(납부)세액 135,436 원 ※중요

관리용 | 신고용 ※ 중고자동차 업종은 501103, 501202, 519111 만 허용됩니다.(홈텍스검증사항)

No	성명 또는 거래처 상호(기관명)	주민등록번호또는 사업자등록번호	거래구분	(25)구분코드	(26)건수	(27)품명	(28)수량	(29)차량번호	(30)차대번호	(31)취득금액	(32)공제율	(33)공제액((31)*(32))	취득일자
1	(주)프랫기업	120-86-68012	2.계산서	2.기타재활용폐자원	1	고철	300			4,650,000	3/103	135,436	2025-04-06
2													
	영수증수취분												
	계산서수취분		1		1					4,650,000		135,436	
	합계		1		1					4,650,000		135,436	

재활용폐자원 매입세액공제 관련 신고내용(이 란은 확정신고시 작성하며, 중고자동차(10/110)의 경우에는 작성하지 않습니다.) 불러오기

매출액			대상액한도계산		당기매입액			(16)공제가능한 금액(=(12)-(14))
(8)합계	(9)예정분	(10)확정분	(11)한도율	(12)한도액	(13)합계	(14)세금계산서	(15)영수증 등	
55,000,000	24,000,000	31,000,000	80%	44,000,000	37,650,000	33,000,000	4,650,000	11,000,000

(17)공제대상금액(=(15)과 (16)의 금액중 적은 금액)	공제대상세액		이미 공제받은 세액			(23)공제(납부)할세액 (=(19)-(20))	{참고}10/110 공제액합계
	(18)공제율	(19)공제대상세액	(20)합계	(21)예정신고분	(22)월별조기분		
4,650,000	3/103	135,436				135,436	

14.그 밖의 공제매입세액

신용카드매출 수령금액합계표	일반매입	41			
	고정매입	42			
의제매입세액		43	8,008,000	뒤쪽	308,000
재활용폐자원등매입세액		44	4,650,000	뒤쪽	135,436
과세사업전환매입세액		45			
재고매입세액		46			
변제대손세액		47			
외국인관광객에대한환급세액		48			
합계		49	12,658,000		443,436

참고 매출액(예정: 24,000,000원, 확정: 31,000,000원)과 당기매입액(세금계산서: 33,000,000원, 영수증 등(계산서): 4,650,000원) 입력 시 공제한도와 공제대상세액이 자동계산 되며, 저장 시 부가가치세신고서 [그 밖의 공제매입세액] - [재활용폐자원등매입세액]란에 자동 반영된다.

재활용폐자원세액공제액 회계처리 따라하기

- '회계관리 ➜ 재무회계 ➜ 전표입력 ➜ 일반전표입력' 메뉴에 입력한다.

6월 30일	(차) 부가세대급금 135,436원 (대) 원재료(적요 8.타계정으로 대체) 135,436원

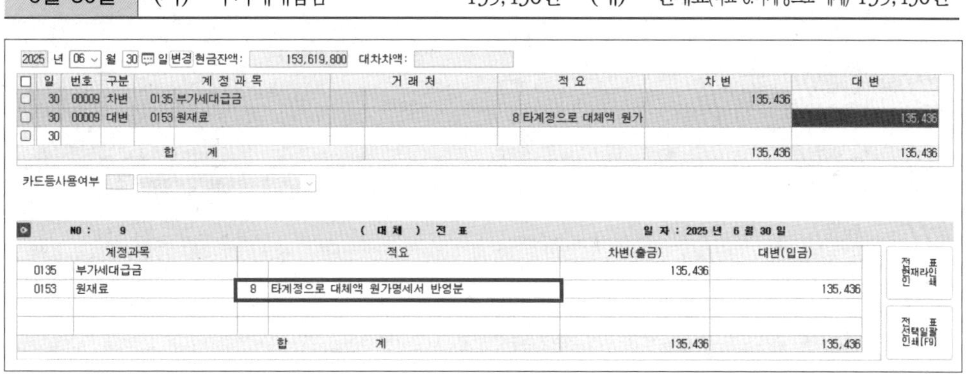

2025 년 06 월 30 일 변경 현금잔액: 153,619,800 대차차액:

일	번호	구분	계정과목	거래처	적요	차변	대변
30	00009	차변	0135 부가세대급금			135,436	
30	00009	대변	0153 원재료		8 타계정으로 대체액 원가		135,436
30							
			합계			135,436	135,436

카드등사용여부

NO : 9 (대체) 전표 일자 : 2025 년 6 월 30 일

계정과목		적요	차변(출금)	대변(입금)
0135	부가세대급금		135,436	
0153	원재료	8 타계정으로 대체액 원가명세서 반영분		135,436
		합계	135,436	135,436

전표인쇄 / 선택일괄인쇄[F9]

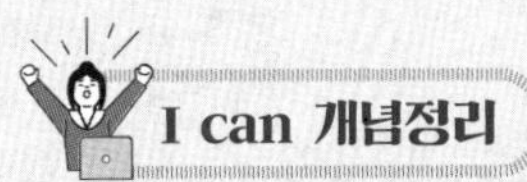

매입매출전표 입력을 통한 재활용폐자원세액공제신고서 작성

다음 자료를 이용하여 ㈜삼일전자의 제1기 확정기간의 재활용폐자원세액공제신고서를 작성하시오.(단, 매입과 관련된 전표입력은 생략하며, 예정신고기간 중 재활용폐자원 신고내용은 없다.)

구분	일자	상호 (성명)	사업자번호 (주민번호)	매입가격	수량	품명
계산서 매입 (현금거래)	04.06.	㈜프랫기업	120-86-68012	4,650,000원	300k	고철

• 매입매출전표 입력

4월 6일	53.면세, 공급가액 4,650,000원, ㈜프랫기업, 전자: 여, 현금
	(차) 원재료(적요 7.재활용폐자원) 4,650,000 (대) 현금 4,650,000원

2025 년 04 월 6 일 변경 현금잔액: 160,300,000 대차차액: 매입

일	번호	유형	품목	수량	단가	공급가액	부가세	코드	공급처명	사업/주민번호	전자	분개
6	50002	면세	고철			4,650,000		00130	(주)프랫기업	120-86-68012	여	현금
6												
			유형별-공급처별 [1]건			4,650,000						

신용카드사 봉사료

NO : 50002 (출 금) 전 표 일 자 : 2025 년 4 월 6 일

구분	계정과목		적요	거래처		차변(출금)	대변(입금)
출금	0153	원재료	07 재활용폐자원매입세액공제신고서 자동반영분	00130	(주)프랫기업	4,650,000	(현금)
					합 계	4,650,000	4,650,000

(세금)계산서 현재라인인쇄 / 거래명세서 현재라인인쇄 / 전 표 현재라인인쇄

참고 원재료 계정에 대해 '적요 7(재활용폐자원매입세액공제신고서 자동반영분)'을 등록하면 재활용폐자원매입세액공제신고서의 [F6. 불러오기]메뉴 실행시 관련 내용이 자동 반영된다.

• 재활용폐자원매입세액공제신고서 작성(자동)

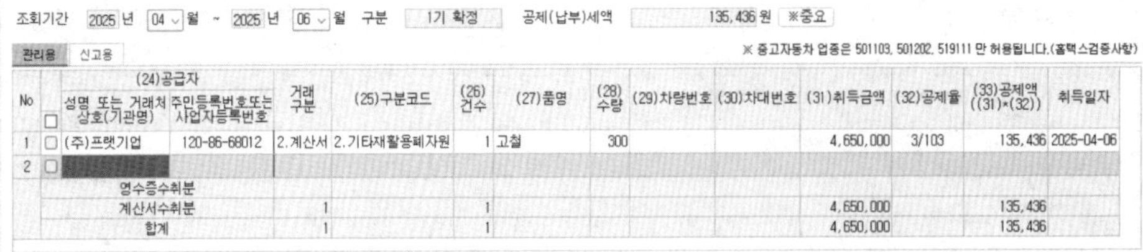

조회기간 2025 년 04 월 ~ 2025 년 06 월 구분 1기 확정 공제(납부)세액 135,436 원 ※중요

관리용 신고용 ※ 중고자동차 업종은 501103, 501202, 519111 만 허용됩니다.(홈택스검증사항)

No	(24)공급자 성명 또는 거래처 상호(기관명)	(24)공급자 주민등록번호또는 사업자등록번호	거래구분	(25)구분코드	(26)건수	(27)품명	(28)수량	(29)차량번호	(30)차대번호	(31)취득금액	(32)공제율	(33)공제액((31)*(32))	취득일자
1	(주)프랫기업	120-86-68012	2.계산서	2.기타재활용폐자원	1	고철	300			4,650,000	3/103	135,436	2025-04-06
2													
	영수증수취분												
	계산서수취분		1		1					4,650,000		135,436	
	합계		1		1					4,650,000		135,436	

16 건물등감가상각자산취득명세서

건물등 감가상각취득명세서는 사업설비를 신설·취득·확장 또는 증축하는 경우 그 감가상각 의제기간이 건물·구축물은 10년, 기계장치 등은 2년으로서 이를 사후관리(안분계산 및 납부세액재계산)하기 위한 목적과 조기환급시 첨부서류로 제출하는 서식이다.

I can 개념정리

- 하단의 거래처별 감가상각자산 취득내역을 입력하면 상단은 자동 작성된다.
- 월/일 입력 후, 상호(사업자등록번호)는 [F2.조회] 메뉴를 통해 입력하며, 직접 입력도 가능하다.
- 자산구분(1.건물, 구축물, 2.기계장치, 3.차량운반구, 4.기타)중 해당자산을 선택한다.
- 공급가액, 세액 등 취득자산의 관련 내용을 입력한다.
- 매입세액 불공제 항목(업무용 승용차 등)도 입력하여야 한다.

I can 건물등감가상각자산취득명세서

※ 회사코드 0201 ㈜삼일전자 회사로 로그인 ※

다음 자료를 이용하여 ㈜삼일전자의 제1기 확정기간의 건물등감가상각자산취득명세서를 작성하시오.(단, 거래자료의 전표입력은 생략하며, 모든 거래는 전자세금계산서를 수취하였다.)

일자	내 역	공급가액	부가가치세	상호	비고
06.10.	영업부서에서 사용할 승용차(2,000cc) 구입	28,000,000원	2,800,000원	㈜청주자동차	
06.15.	제조부서에서 사용할 기계 구입	13,000,000원	1,300,000원	㈜일공공일	
06.20.	영업부서에서 사용할 복사기 구입	1,800,000원	180,000원	성규상사	

참고 실무적으로 '감가상각자산취득명세서'는 매입매출전표 입력을 통해 자동으로 작성되는 서식이다. 과세기간을 입력하고 [F4.불러오기] 를 실행하면 표시된 자산별 계정과목을 등록한 다음 [확인]을 실행하면 매입매출전표 입력메뉴에 등록된 매입자료 중 유형자산, 무형자산으로 등록된 자료를 조회하여 자동 작성된다. 전산세무 2급 자격시험에서는 대부분 작성하도록 출제되고 있다.

건물등감가상각자산취득명세서 따라하기

'부가가치 ➜ 부속명세서I ➜ 건물등감가상각자산취득명세서' 조회기간(04월~06월) 입력 후 관련 내용을 작성한다.

조회기간 2025 년 04 월 ~ 2025 년 06 월 구분 1기 확정

취득내역

감가상각자산종류	건수	공급가액	세 액	비 고
합 계	3	42,800,000	4,280,000	
건물 · 구축물				
기 계 장 치	1	13,000,000	1,300,000	
차 량 운 반 구	1	28,000,000	2,800,000	
기타감가상각자산	1	1,800,000	180,000	

거래처별 감가상각자산 취득명세

No	월/일	상호	사업자등록번호	자산구분	공급가액	세액	건수
1	06-10	(주)청주자동차	126-87-10121	차량운반구	28,000,000	2,800,000	1
2	06-15	(주)일공공일	189-87-00298	기계장치	13,000,000	1,300,000	1
3	06-20	성규상사	513-14-38654	기타	1,800,000	180,000	1
4							
		합 계			42,800,000	4,280,000	3

02 부가가치세신고서 작성과 가산세

1 부가가치세신고서 작성

부가가치세신고서는 매입매출전표에서 입력한 전표유형에 따라 자동 작성된다. 부가가치세신고서 작성과 관련된 학습을 통해 부가가치세신고서 전체에 대한 추가적인 이해가 필요하다.

부가가치세신고서 작성시 참고사항

신고내용				금액	세율	세액
구분				금액	세율	세액
과세표준및매출세액	과세	세금계산서발급분	(1)	11.과세	10/100	
		매입자발행세금계산서	(2)		10/100	
		신용카드·현금영수증발행분	(3)	17.카과, 19.현금과세	10/100	
		기타(정규영수증외매출분)	(4)	14.건별		
	영세율	세금계산서발급분	(5)	12.영세	0/100	
		기타	(6)	16.수출, 19.현금영세, 카드영세	0/100	
	예정신고누락분		(7)	예정시고누락분명세서 반영		
	대손세액가감		(8)			대손세액신고서에서 반영
	합계		(9)		㉮	
매입세액	세금계산서수취분	일반매입	(10)	21.과세, 22.영세, 24.불공, 25.수입 중 고정자산으로 분개되지 않은 자료		
		고정자산매입	(11)	21.과세, 22.영세, 24.불공 중 고정자산으로 분개된 자료		
	예정신고누락분		(12)	예정신고누락분명세서 반영		
	매입자발행세금계산서		(13)			
	그 밖의 공제매입세액명세 반영		(14)			
	합계(⑩+⑪+⑫+⑬+⑭)		(15)			
	공제받지못할매입세액		(16)	공제받지못할매입명세 반영		
	차감계(⑮-⑯)		(17)		㉯	
납부(환급)세액 (매출세액㉮-매입세액㉯)					㉰	
경감·공제세액	그 밖의 경감·공제세액		(18)			
	신용카드매출전표등발행공제등		(19)			
	합계		(20)		㉱	
소규모 개인사업자 부가가치세 감면세액			20-1		㉲	
예정신고미환급세액			(21)		㉳	
예정고지세액			(22)		㉴	
사업양수자의 대리납부 기납부세액			(23)		㉵	
매입자 납부특례 기납부세액			(24)		㉶	
신용카드업자의 대리납부 기납부세액			(25)		㉷	
가산세액계			(26)		㉸	가산세명세서 반영
차가감하여 납부할 세액(환급받을 세액)(㉰-㉱-㉲-㉳-㉴-㉵-㉶-㉷+㉸)					(27)	
총괄납부사업자 납부할 세액(환급받을 세액)						

		구분			금액	세율	세액
예정신고 누락분 명세	⑦ 매출	과세	세금계산서	(33)		10/100	
			기타	(34)		10/100	
		영세율	세금계산서	(35)		0/100	
			기타	(36)		0/100	
		합계		(37)			
	⑫ 매입	세금계산서		(38)			
		그 밖의 공제매입세액		(39)			
		합계		(40)			

	구분			금액	세율	세액
⑭ 그 밖의 공제 매입세액 명세	신용카드매출전표등 수령명세서 제출분	일반매입	(41)	신용카드매출전표수취명세서에서 반영		
		고정자산매입	(42)			
	의제매입세액		(43)	의제매입세액공제신청서에서 반영	뒤쪽참조	
	재활용폐자원등매입세액		(44)	재활용폐자원공제신고서에서 반영	뒤쪽참조	
	과세사업전환매입세액		(45)			
	재고매입세액		(46)			
	변제대손세액		(47)			대손세액변제신청서에서 반영
	외국인관광객환급세액		(48)			
	합계		(49)			

	구분		금액	세율	세액
⑯ 공제받지 못할 매입세액명세	공제받지 못할 매입세액	(50)	24.불공		
	공통매입세액 면세사업분	(51)	매입세액불공제내역에서 반영		
	대손처분받은세액	(52)	직접 입력		
	합계	(53)			

	구분		금액	세율	세액
⑱ 그밖의 경감·공제 세액 명세	전자신고세액공제	(54)			
	전자세금계산서 발급세액 공제	(55)			
	택시운송사업자경감세액	(56)			
	대리납부세액공제	(57)			
	현금영수증사업자세액공제	(58)			
	기타	(59)			
	합계	(60)			

	구분		금액	세율	세액
㉖ 가산세 명세	사업자미등록등	(61)		1/100	
	세금계산서지연발급등	62-64		2/100	
	전자세금계산서미전송	65-66		1/100	
	세금계산서합계표제출불성실	67-68		뒤쪽참조	
	신고불성실	69-72		뒤쪽참조	
	납부지연	(73)		뒤쪽참조	
	영세율과세표준신고불성실	(74)		5/1,000	
	현금매출명세서 불성실	(75)		1/100	
	부동산임대공급가액명세서 불성실	(76)			
	매입자 납부특례(미사용·지연입금)	77-78			
	신용카드매출전표 등 수령명세서 미제출·과다기재	(79)			
	합계	(80)			

	업태	종목	코드번호	금액
면세사업 수입금액	(81)			
	(82)			
	(83) 수입금액제외			
			합계(84)	

계산서 발급 및 수취 명세	(85) 계산서 발급금액	13.면세(매출)
	(86) 계산서 수취금액	23.면세(매입)

I can 부가가치세신고서 작성(매출)

※ 회사코드 0201 ㈜삼일전자 회사로 로그인 ※

다음 자료는 ㈜삼일전자의 제2기 확정기간의 매출관련 자료이다. 이를 반영하여 제2기 부가가치세 확정신고서를 작성하시오.(단, 아래 거래자료만 있는 것으로 가정하고, 전표입력은 생략한다.)

매출	① 전자세금계산서 발급분 제품매출: 40,000,000원(부가가치세 별도) ② 신용카드매출전표발행 제품매출: 33,000,000원(부가가치세 포함) ③ 영수증발행 제품매출: 2,200,000원(부가가치세 포함) ④ 제품의 하치장반출: 시가 7,000,000원(원가 5,000,000원) ⑤ 자사 판매용제품 거래처 선물지급: 시가 3,000,000원(원가 2,500,000원) ⑥ 거래처에 매출홍보를 위한 견본품 제공: 시가 7,000,000원(원가 5,000,000원) ⑦ 판매목적에 의한 제품 직매장 반출: 시가 4,000,000원(원가 3,000,000원) (단, 총괄납부사업자가 아니며, 세금계산서는 정상적으로 발급 하였음) ⑧ 내국신용장에 의한 제품수출: 10,000,000원(영세율전자세금계산서 발행) ⑨ 제품의 직수출: 5,000,000원 ⑩ 매출처 파산으로 인한 매출채권 대손금: 6,600,000원(부가가치세 포함)

부가가치세신고서작성(매출) 따라하기

'부가가치 ➜ 부가가치세 ➜ 부가가치세신고서' 조회기간(10월 ~ 12월) 조회 후 매출자료를 작성한다.

구분				정기신고금액 금액	세율	세액
과세표준및매출세액	과세	세금계산서발급분	1	43,000,000	10/100	4,300,000
		매입자발행세금계산서	2		10/100	
		신용카드 · 현금영수증발행분	3	30,000,000	10/100	3,000,000
		기타(정규영수증외매출분)	4	5,000,000		500,000
	영세	세금계산서발급분	5	10,000,000	0/100	
		기타	6	5,000,000	0/100	
	예정신고누락분		7			
	대손세액가감		8			-600,000
	합계		9	93,000,000	㉮	7,200,000

참고 매출자료는 금액(공급가액) 입력 시 세액(부가가치세)이 자동 반영된다.

구분	설　　명	신고서
①	전자세금계산서 발급분 제품매출	1란
②	신용카드발행분 (공급대가임에 유의)	3란
③	영수증발행분(정규증빙은 아니지만 과세 되므로 과세-기타 란에 입력)	4란
④	하치장은 사업장에 해당하지 않으므로 과세되지 않음	-
⑤	홍보&광고 목적의 자산제공은 과세되지 않지만 거래처레 선물로 제공되는 기업업무추진비(접대비)는 간주공급에 해당하여 시가의 10%로 과세 (증빙은 없음)	4란
⑥	거래처에 견본품 제공은 과세되지 않음	-
⑦	직매장반출은 원가의 10%로 과세(세금계산서 발급)	1란
⑧	영세율전자세금계산서 발급분 제품매출	5란
⑨	직수출은 세금계산서 발급대상이 아님	6란
⑨	매출채권의 대손 발생 시 총액의 10/110 대손세액공제 가능함	8란

I can 부가가치세신고서 작성(매입)

※ 회사코드 0201 ㈜삼일전자 회사로 로그인 ※

다음 자료는 ㈜삼일전자의 제2기 확정기간의 매입관련 자료이다. 이를 반영하여 제2기 부가가치세 확정신고서를 작성하시오.(단, 아래 거래자료만 있는 것으로 가정하고, 전표입력은 생략한다.)

구분	내용
매입	① 전자세금계산 수취 원재료매입: 30,000,000원(부가가치세 별도) ② 신용카드매출전표 수취 원재료매입: 22,000,000원(부가가치세 포함) ③ 영수증수취 비품 구입: 3,000,000원(부가가치세 별도) ④ 전자세금계산서 수취 기업업무추진비 관련 매입: 7,700,000원(부가가치세 포함) ⑤ 신용카드매출전표 수취 기업업무추진비 관련 매입: 880,000원(부가가치세 포함) ⑥ 전자세금계산서 수취 기계장치 구입: 11,000,000원(부가가치세 포함) ⑦ 계산서 수취 원재료 매입액중 의제매입세액 공제대상액 10,400,000원이 있다. (당사는 중소제조업이라 가정한다.) ⑧ 전자세금계산서 수취 원재료 매입액 중 10,000,000원은 면세사업과 공통사용분이다. (과세공급가액 300,000,000원, 면세공급가액 200,000,000원)

부가가치세신고서작성(매입) 따라하기

'부가가치 ➜ 부가가치세 ➜ 부가가치세신고서' 조회기간(10월 ~ 12월) 조회 후 매입자료를 작성한다.

구분			번호	금액		세액
매입세액	세금계산서 수취분	일반매입	10	37,000,000		3,700,000
		수출기업수입분납부유예	10			
		고정자산매입	11	10,000,000		1,000,000
	예정신고누락분		12			
	매입자발행세금계산서		13			
	그 밖의 공제매입세액		14	30,400,000		2,400,000
	합계(10)-(10-1)+(11)+(12)+(13)+(14)		15	77,400,000		7,100,000
	공제받지못할매입세액		16	11,000,000		1,100,000
	차감계 (15-16)		17	66,400,000	ⓛ	6,000,000

14.그 밖의 공제매입세액

구분		번호	금액		세액
신용카드매출 수령금액합계표	일반매입	41	20,000,000		2,000,000
	고정매입	42			
의제매입세액		43	10,400,000	뒤쪽	400,000
재활용폐자원등매입세액		44		뒤쪽	
과세사업전환매입세액		45			
재고매입세액		46			
변제대손세액		47			
외국인관광객에대한환급세액		48			
합계		49	30,400,000		2,400,000

16.공제받지못할매입세액

구분	번호	금액		세액
공제받지못할 매입세액	50	7,000,000		700,000
공통매입세액면세등사업분	51	4,000,000		400,000
대손처분받은세액	52			
합계	53	11,000,000		1,100,000

참고 매입자료는 금액(공급가액)과 세액(부가가치세)을 구분하여 별도로 입력하여야 한다.

구분	설　　명	신고서
①	전자세금계산서 수취 원재료 매입	10란
②	신용카드매출전표 수취 원재료 매입	14란_41란
③	영수증 수취분 매입세액은 일반전표에 입력	-
④	기업업무추진비 관련 매입세액 이므로 부가가치세 불공제 거래에 해당 (세금계산서 수취분과 불공제매입세액 동시입력)	10란 16란_50란
⑤	부가가치세 불공제(기업업무추진비 관련) 거래를 신용카드로 결제한 경우 일반전표에 입력	-
⑥	전자세금계산서 수취 고정자산(기계장치) 매입에 해당	11란
⑦	중소제조업이므로 의제매입세액공제 대상액 중 4/104 공제 적용	14란_43란
⑧	공통매입세액 1,000,000원 중 면세비율(40%)에 해당하는 금액은 부가가치세 공제가 불가능 함(면세비율: 면세공급가액/총공급가액)	16란_51란

I can 부가가치세신고서 작성(기타)

※ 회사코드 0201 ㈜삼일전자 회사로 로그인 ※

다음 자료는 ㈜삼일전자의 제2기 확정기간의 자료이다. 이를 반영하여 제2기 부가가치세 확정신고서를 작성하시오.

기타	① ㈜삼일전자는 홈택스에서 직접 전자신고를 하였다. ② 2기 예정신고시 미환급세액 250,000원이 있다고 가정한다.

부가가치세신고서작성(기타) 따라하기

'부가가치 ➜ 부가가치세 ➜ 부가가치세신고서' 조회기간(10월 ~ 12월) 조회 후 매입자료를 작성한다.

경감공제세액	그 밖의 경감 · 공제세액	18			10,000
	신용카드매출전표등 발행공제등	19			
	합계	20		㉣	10,000
소규모 개인사업자 부가가치세 감면세액		20		㉤	
예정신고미환급세액		21		㉥	250,000
예정고지세액		22		㉦	

18.그 밖의 경감·공제세액				
전자신고 및 전자고지 세액공제	54			10,000
전자세금계산서발급세액공제	55			
택시운송사업자경감세액	56			
대리납부세액공제	57			
현금영수증사업자세액공제	58			
기타	59			
합계	60			10,000

구분	설 명	신고서
①	부가가치세 확정신고를 전자신고방법에 따라 신고하는 경우 해당 납부세액에서 10,000원의 금액을 세액공제 하거나 환급세액에 가산한다.	18란_54란
②	부가가치세 예정신고시 환급사유발생시 환급해주지 않고 확정신고시에 공제해 준다.	21란

참고 예정고지세액은 개인사업자와 영세법인사업자(직전 과세기간 1.5억원미만)의 경우 관할세무서장이 각 예정신고기간마다 직전 과세기간에 대한 납부세액의 50%에 상당하는 금액을 고지하고 납부한 경우, 확정신고시에 예정고지세액을 공제하는 경우 입력한다.

2 부가가치세신고 누락분 신고서 반영

부가가치세 예정신고 시 누락된 자료는 확정신고 시 추가하여야 하며, 확정신고 시 누락된 자료는 확정신고된 내용을 수정하여 신고하여야 한다.

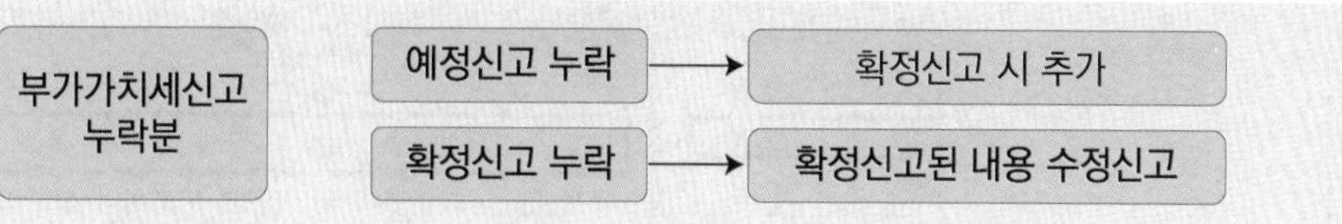

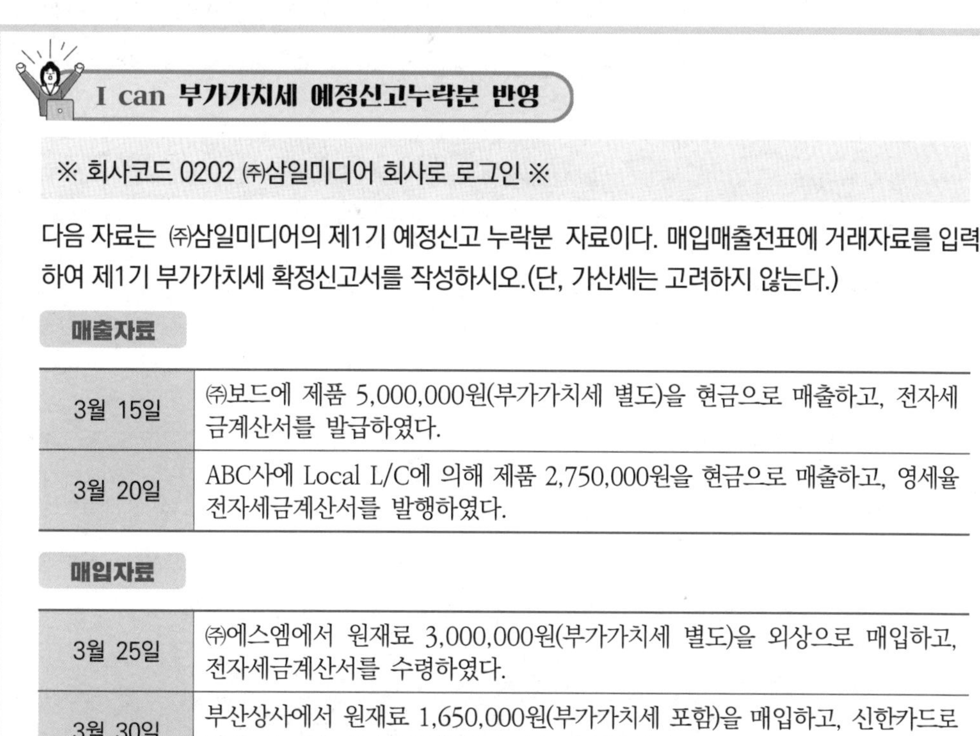

I can 부가가치세 예정신고누락분 반영

※ 회사코드 0202 ㈜삼일미디어 회사로 로그인 ※

다음 자료는 ㈜삼일미디어의 제1기 예정신고 누락분 자료이다. 매입매출전표에 거래자료를 입력하여 제1기 부가가치세 확정신고서를 작성하시오.(단, 가산세는 고려하지 않는다.)

매출자료

3월 15일	㈜보드에 제품 5,000,000원(부가가치세 별도)을 현금으로 매출하고, 전자세금계산서를 발급하였다.
3월 20일	ABC사에 Local L/C에 의해 제품 2,750,000원을 현금으로 매출하고, 영세율 전자세금계산서를 발행하였다.

매입자료

3월 25일	㈜에스엠에서 원재료 3,000,000원(부가가치세 별도)을 외상으로 매입하고, 전자세금계산서를 수령하였다.
3월 30일	부산상사에서 원재료 1,650,000원(부가가치세 포함)을 매입하고, 신한카드로 결제 후 신용카드매출전표영수증을 수령하였다.

예정신고 누락분 전표입력 따라하기(매출자료)

- '회계관리 ➔ 재무회계 ➔ 전표입력 ➔ 매입매출전표입력' 메뉴에 '매출유형'을 구분하여 입력한다.

[3월 15일]	11.과세, 공급가액 5,000,000원, 부가세 500,0000원, ㈜보드, 전자: 여, 현금				
	(차) 현금	5,500,000원	(대)	부가세예수금 제품매출	500,000원 5,000,000원

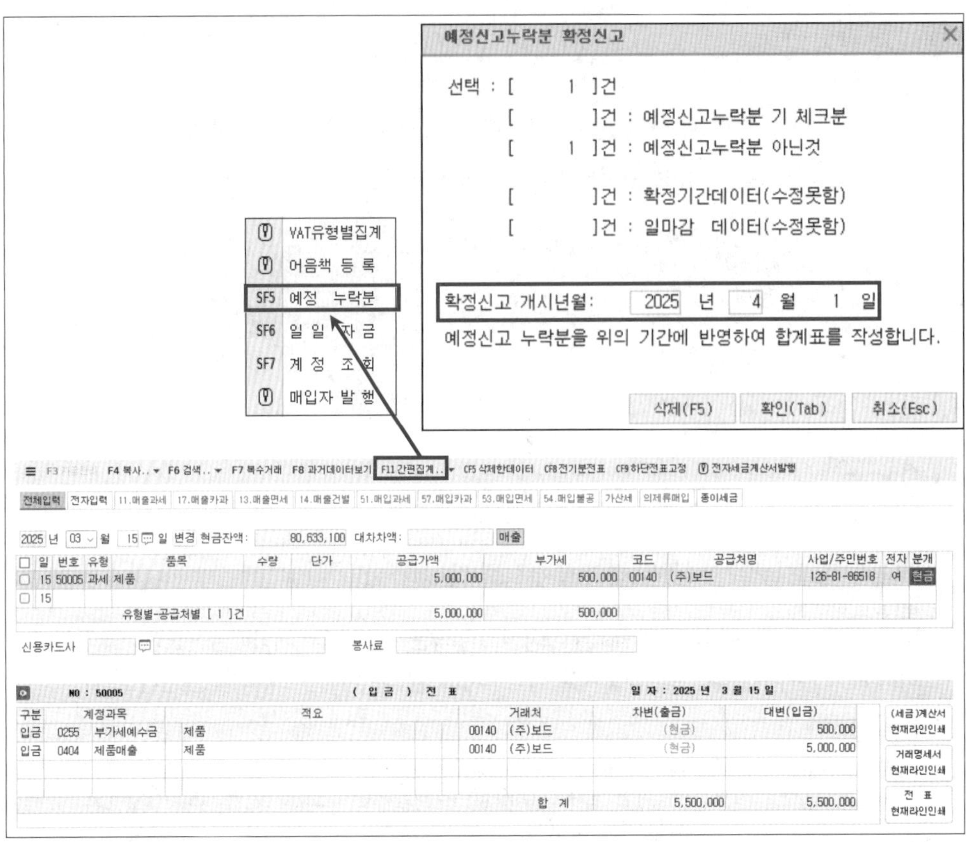

• 전표입력 후 [F11.간편집계] ➜ [SF5.예정 누락분] ➜ [예정신고누락분 확정신고] 메뉴에서 확정신고 개시년월(2025년 4월) 입력 후 [확인]메뉴 실행 시 예정신고 누락전표로 변경된 전표상태[누락]를 확인할 수 있으며, 관련 내용은 부가가치세신고서에 자동반영 된다.

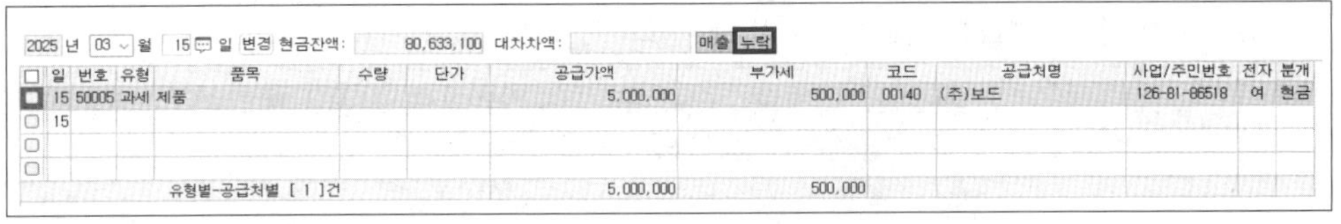

<table>
<tr><td rowspan="2">[3월 20일]</td><td colspan="4">12.영세, 공급가액 2,750,000원, ABC사, 전자: 여, 현금
영세율구분: 3.내국신용장·구매확인서에 의하여 공급하는 재화</td></tr>
<tr><td>(차) 현금</td><td>2,750,000원</td><td>(대) 제품매출</td><td>2,750,000원</td></tr>
</table>

• 전표입력 후 [F11.간편집계] ➜ [SF5.예정 누락분] ➜ 확정신고 개시년월(2025년 4월)을 입력하여 예정신고 누락분을 반영한다.

2025 년 03 월 20 일 변경 현금잔액: 83,878,100 대차차액: 매출 누락

일	번호	유형	품목	수량	단가	공급가액	부가세	코드	공급처명	사업/주민번호	전자	분개
20	50006	영세	제품			2,750,000		00164	ABC사		여	현금
20												
			유형별-공급처별 [1]건			2,750,000						

영세율구분 3 내국신용장 · 구매확인서에 의하 서류번호

NO : 50006 (입금) 전 표 일 자 : 2025 년 3 월 20 일

구분	계정과목		적요	거래처		차변(출금)	대변(입금)
입금	0404	제품매출	제품	00164	ABC사	(현금)	2,750,000
					합 계	2,750,000	2,750,000

(세금)계산서 현재라인인쇄 / 거래명세서 현재라인인쇄 / 전 표 현재라인인쇄

예정신고 누락분 매출자료의 부가가치세신고서 자동반영

일반과세 간이과세

조회기간 2025 년 4 월 1 일 ~ 2025 년 6 월 30 일 신고구분 1.정기신고 신고차수 부가율 11.68 확정

구분				정기신고금액 금액	세율	세액
과세표준및매출세액	과세	세금계산서발급분	1	264,000,000	10/100	26,400,000
		매입자발행세금계산서	2		10/100	
		신용카드 · 현금영수증발행분	3		10/100	
		기타(정규영수증외매출분)	4			
	영세	세금계산서발급분	5		0/100	
		기타	6		0/100	
	예정신고누락분		7	7,750,000		500,000
	대손세액가감		8			
	합계		9	271,750,000	㉮	26,900,000

구분				금액	세율	세액
7.매출(예정신고누락분)						
예정누락분	과세	세금계산서	33	5,000,000	10/100	500,000
		기타	34		10/100	
	영세	세금계산서	35	2,750,000	0/100	
		기타	36		0/100	
	합계		37	7,750,000		500,000
12.매입(예정신고누락분)						
예	세금계산서		38			
	그 밖의 공제매입세액		39			
	합계		40			

예정신고 누락분 전표입력 따라하기(매입자료)

• '회계관리 ➜ 재무회계 ➜ 전표입력 ➜ 매입매출전표입력' 메뉴에 '매입유형'을 구분하여 입력한다.

<table>
<tr><td rowspan="3">[3월 25일]</td><td colspan="6">51.과세, 공급가액 3,000,000원, 부가세 300,000원, ㈜에스엠, 전자: 여, 외상</td></tr>
<tr><td>(차)</td><td>부가세대급금</td><td>300,000원</td><td>(대)</td><td>외상매입금</td><td>3,300,000원</td></tr>
<tr><td></td><td>원재료</td><td>3,000,000원</td><td></td><td></td><td></td></tr>
</table>

• 전표입력 후 [F11.간편집계] ➜ [SF5.예정 누락분] ➜ 확정신고 개시년월(2025년 4월) 입력하여 예정신고 누락분을 반영한다.

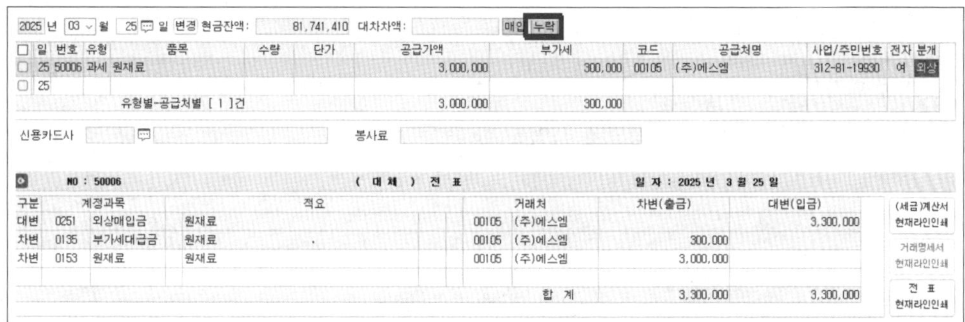

2025 년 03 월 25 일 변경 현금잔액: 81,741,410 대차차액: 매입 누락

일	번호	유형	품목	수량	단가	공급가액	부가세	코드	공급처명	사업/주민번호	전자	분개
25	50006	과세	원재료			3,000,000	300,000	00105	(주)에스엠	312-81-19930	여	외상
25												
			유형별-공급처별 [1]건			3,000,000	300,000					

신용카드사 봉사료

NO : 50006 (대체) 전 표 일 자 : 2025 년 3 월 25 일

구분	계정과목		적요	거래처		차변(출금)	대변(입금)
대변	0251	외상매입금	원재료	00105	(주)에스엠		3,300,000
차변	0135	부가세대급금	원재료	00105	(주)에스엠	300,000	
차변	0153	원재료	원재료	00105	(주)에스엠	3,000,000	
					합 계	3,300,000	3,300,000

(세금)계산서 현재라인인쇄 / 거래명세서 현재라인인쇄 / 전 표 현재라인인쇄

[3월 30일]	57.카과, 공급가액 1,500,000원, 부가세 150,000원, 부산상사, 카드(외상)
	(차) 부가세대금금 150,000원 (대) 외상매입금(신한카드) 1,650,000원 원재료 1,500,000원

- 전표입력 후 [F11.간편집계] ➜ [SF5.예정 누락분] ➜ 확정신고 개시년월(2025년 4월) 입력하여 예정신고 누락분을 반영한다.

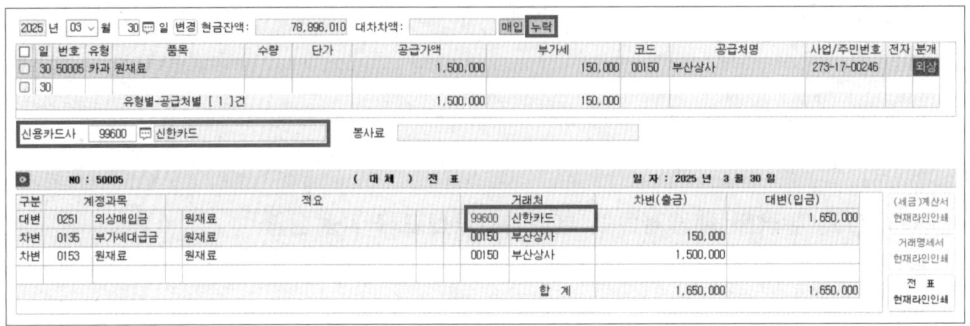

예정신고 누락분 매입자료의 부가가치세신고서 자동반영

구분			번호	금액		세액
매입세액	세금계산서 수취분	일반매입	10	240,000,000		24,000,000
		수출기업수입분납부유예	10-1			
		고정자산매입	11			
	예정신고누락분		12	4,500,000		450,000
	매입자발행세금계산서		13			
	그 밖의 공제매입세액		14			
	합계(10)-(10-1)+(11)+(12)+(13)+(14)		15	244,500,000		24,450,000
	공제받지못할매입세액		16			
	차감계 (15-16)		17	244,500,000	ⓓ	24,450,000

12.매입(예정신고누락분)

	구분	번호	금액	세액
예	세금계산서	38	3,000,000	300,000
	그 밖의 공제매입세액	39	1,500,000	150,000
	합계	40	4,500,000	450,000

참고 실무적으로 예정신고누락분의 확정신고 반영 시 매입매출전표를 입력하여야 하지만, 전산세무 2급 자격시험에서는 대부분 전표입력 없이 예정신고누락분의 내용을 부가가치세신고서에 직접 입력한 후 가산세를 계산하는 방법으로 출제되고 있다.

3 부가가치세 가산세

1. 사업자미등록등 가산세

구 분	유 형	가산세
미등록가산세	• 사업자등록을 하지 아니한 경우	공급가액의 1%
허위등록가산세	• 타인의 명의로 사업을 한 경우	공급가액의 2%

2. 세금계산서 불성실 가산세

구 분	유 형	가산세
세금계산서	• 세금계산서 미발급 (공급시기가 속하는 과세기간의 확정신고기한까지 발급하지 아니한 경우)	공급가액의 2%
	• 재화·용역의 공급 없이 가공세금계산서를 발급하거나 받은 경우	공급가액의 3%
	• 실제 공급자 또는 공급받는자가 아닌 명의의 위장세금계산서를 발급하거나 받은 경우	공급가액의 2%
	• 전자세금계산서 의무발급자가 종이로 발급한 경우	공급가액의 1%
	• 세금계산서 지연발급, 부실기재 (공급시기가 속하는 과세기간의 확정신고기한까지 발급한 경우)	공급가액의 1%
	• 매입세금계산서 지연수취	공급가액의 0.5%

3. 전자세금계산서 관련 가산세

구 분		유 형	가산세
전자세금계산서	미전송	• 전자세금계산서를 공급시기가 속하는 과세기간의 확정신고기한(25일)까지 전송하지 아니한 경우	공급가액의 0.5%
	지연전송	• 전자세금계산서를 발급일의 다음 날이 지난 후 공급시기가 속하는 과세기간 확정신고기한(25일)까지 전송한 경우	공급가액의 0.3%

4. 세금계산서합계표 관련 가산세

구 분		유 형	가산세
세금계산서합계표	미제출	• 매출처별세금계산서합계표를 예정신고 또는 확정신고 시에 제출하지 아니한 경우 (수정신고·경정청구 시 제출은 미제출에 해당)	공급가액의 0.5% (1개월내 제출 시 50%감면)
	지연제출	• 매출처별세금계산서합계표를 예정신고 시에 제출하지 않고 확정신고 시 제출한 경우	공급가액의 0.3%
	부실기재	• 매출처별세금계산서합계표와 기재사항이 기재되지 아니하거나 사실과 다르게 기재된 경우(다만, 거래사실이 확인되는 때에는 제외)	공급가액의 0.5%
	매입처별세금계산서합계표 불성실가산세	• 경정시 매입세액을 공제받는 경우 • 매입처별세금계산서합계표의 기재사항 중 공급가액을 사실과 다르게 과다하게 적어 신고한 경우(허위기재)	공급가액의 0.5%

참고 매입처별 세금계산서합계표를 제출하지 않을 경우 매입세액공제를 받을 수 없다. 다만, 매입처별 세금계산서합계표의 미제출 또는 지연제출에 대해서는 가산제가 발생하지 않는다.

5. 신고·납부 관련 가산세

구 분	유 형	가산세
신고불성실 가산세	• 신고를 하지 않거나, 신고한 납부세액이 신고할 납부세액에 미달한 경우 또는 신고한 환급세액이 신고할 환급세액에 초과하는 경우	일반무신고 20% 일반과소신고 10% (부당행위 40%)
영세율과세표준 신고불성실가산세	• 영세율이 적용되는 사업자가 과세표준금액을 신고하지 않거나 적게 신고한 경우	과세표준의 0.5%
납부지연가산세 (초과환급 가산세)	• 납부하지 아니하거나, 납부할 세액에 미달하게 납부한 경우	미납세액 (초과환급세액)에 1일 0.022% 적용

참고 영세율과세표준 불성실 가산세는 영세율이 적용되는 과세표준을 신고하지 않았을 경우 뿐만 아니라 영세율 첨부서류를 제출하지 않은 경우에도 적용한다.

6. 중복적용 배제

우선 적용되는 가산세	적용배제 가산세
① 미등록 등(1%)	• 세금계산서불성실(지연발급, 부실기재) • 전자세금계산서 지연전송, 미전송가산세 • 매출세금계산서합계표불성실
② 세금계산서 미발급(2%)	• 미등록가산세 등 • 전자세금계산서 지연전송, 미전송가산세 • 세금계산서 불성실 가산세(부실기재) • 매출처별세금계산서합계표불성실가산세
③ 세금계산서 지연발급(1%)	• 전자세금계산서 지연전송, 미전송가산세 • 세금계산서 불성실 가산세(부실기재) • 매출처별세금계산서합계표불성실가산세
④ 세금계산서 지연전송(0.3%)·미전송(0.5%)	• 매출처별세금계산서합계표불성실가산세
⑤ 세금계산서 부실기재(1%)	• 전자세금계산서 지연전송, 미전송가산세 • 매출처별세금계산서합계표불성실가산세
⑥ 세금계산서 불성실 외 (2%) (가공발급, 허위발급 등)	• 미등록 가산세 등 • 매출(입)처별세금계산서합계표불성실가산세

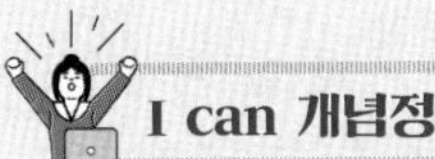

• 전자세금계산서 지연발급·미발급

공급시기	발급기한	지연발급(1%)	미발급(2%)
3월거래	04.10.	04.11. ~ 07.25.	07.25. 이후

• 전자세금계산서 지연전송·미전송

발급시기	전송기한	지연전송(0.3%)	미전송(0.5%)
05.09.	05.10.	05.11. ~ 07.25.	07.25. 이후

7. 가산세 감면대상 범위(신고불성실가산세, 영세율과세표준 신고불성실 가산세)

수정신고		기한후신고	
법정신고기한 경과 후	가산세 감면 비율	법정신고기한 경과 후	가산세 감면 비율
1개월 이내	90%	1개월 이내	50%
1개월 초과 ~ 3개월 이내	75%	1개월 초과 ~ 3월 이내	30%
3개월 초과 ~ 6개월 이내	50%	3개월 초과 ~ 6개월 이내	20%
6개월 초과 ~ 1년 이내	30%	-	-
1년 초과 ~ 1년 6개월 이내	20%	-	-
1년 6개월 초과 ~ 2년 이내	10%	-	-

I can 부가가치세 가산세 계산(예정신고 누락)

※ 회사코드 0202 ㈜삼일미디어 회사로 로그인 ※

다음 자료는 ㈜삼일미디어의 제2기 예정신고시 누락된 자료이다. 아래 자료를 반영하여 제2기 확정 부가가치세 신고서(가산세 반영)를 작성하시오.(단, 부가가치세 신고서 이외의 부속서류 및 과세표준명세와 전표입력은 생략하고, 세부담이 최소화되도록 작성할 것)

매출자료

① 제품을 판매하고 발행한 전자세금계산서(공급가액 5,000,000원, 부가세별도), 지연발급
② 제품을 매출하고 신용카드로 결제하였으나 예정신고 시 누락한 공급대가 2,200,000원
③ 제품을 거래처에 선물로 증정(원가 3,000,000원, 시가 4,000,000원)
④ 내국신용장에 의한 제품 매출대금(공급가액 10,000,000원), 정상발급 및 정상전송
⑤ 제품 직수출 대금 15,000,000원

매입자료

⑥ 원재료를 매입하고 수령한 전자세금계산서(공급가액 1,000,000원, 부가세별도), 지연수취
⑦ 업무용 PC(비품) 신용카드 구입대금 예정신고 누락분 1,100,000원(부가가치세 포함)

※ 당초납부기한: 2025년 10월 25일, 실제납부일(신고일): 2026년 1월 25일

부가가치세 가산세 계산(예정신고 누락)

- '회계관리 → 부가가치 → 부가가치세 → 부가가치세신고서' 조회기간(7월1일 ~ 9월 30일) 입력 후 예정신고누락분 반영 및 가산세명세를 작성한다.

1. 예정신고 누락분(매출) 반영

7.매출(예정신고누락분)						
예정누락분	과세	세금계산서	33	5,000,000	10/100	500,000
		기타	34	6,000,000	10/100	600,000
	영세	세금계산서	35	10,000,000	0/100	
		기타	36	15,000,000	0/100	
		합계	37	36,000,000		1,100,000

✓ ① 과세(세금계산서) 33번란 ➜ 5,000,000원, 500,000원
✓ ② 과세(기타) 34번란 ➜ 2,000,000원, 200,000원
✓ ③ 과세(기타) 34번란 ➜ 4,000,000원, 400,000원(간주공급은 시가로 과세)
✓ ④ 영세(세금계산서) 35번란 ➜ 10,000,000원
✓ ⑤ 영세(기타) 36번란 ➜ 15,000,000원

2. 예정신고 누락분(매입) 반영

12.매입(예정신고누락분)						
예정	세금계산서		38	1,000,000		100,000
	그 밖의 공제매입세액		39	1,000,000		100,000
	합계		40	2,000,000		200,000
	신용카드매출 수령금액합계	일반매입				
		고정매입		1,000,000		100,000

✓ ⑥ 세금계산서 38번란 ➜ 1,000,000원, 100,000원
✓ ⑦ 그 밖의 공제매입세액(고정매입) 39번란 ➜ 1,000,000원, 100,000원

3. 예정누락분에 대한 가산세명세 작성

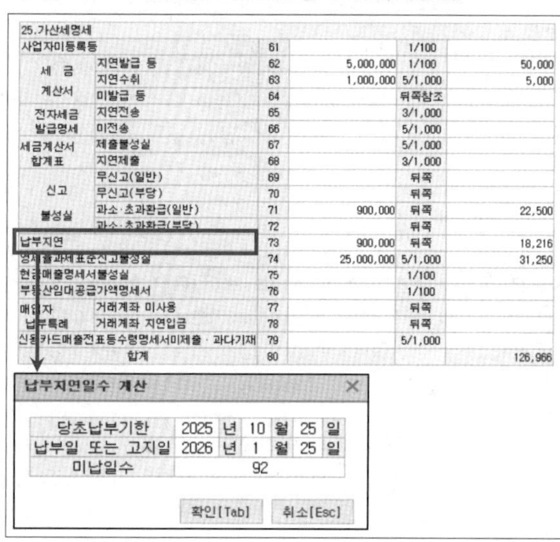

25.가산세명세					
사업자미등록등		61		1/100	
세금계산서	지연발급 등	62	5,000,000	1/100	50,000
	지연수취	63	1,000,000	5/1,000	5,000
	미발급 등	64		뒤쪽참조	
전자세금 발급명세	지연전송	65		3/1,000	
	미전송	66		5/1,000	
세금계산서 합계표	제출불성실	67		5/1,000	
	지연제출	68		3/1,000	
신고불성실	무신고(일반)	69		뒤쪽	
	무신고(부당)	70		뒤쪽	
	과소·초과환급(일반)	71	900,000	뒤쪽	22,500
	과소·초과환급(부당)	72		뒤쪽	
납부지연		73	900,000	뒤쪽	18,216
영세율과세표준신고불성실		74	25,000,000	5/1,000	31,250
현금매출명세서불성실		75		1/100	
부동산임대공급가액명세서		76		1/100	
매입자 납부특례	거래계좌 미사용	77		뒤쪽	
	거래계좌 지연입금	78		뒤쪽	
신용카드매출전표등수령명세서미제출·과다기재		79		5/1,000	
합계		80			126,966

납부지연일수 계산

당초납부기한	2025	년	10	월	25	일
납부일 또는 고지일	2026	년	1	월	25	일
미납일수	92					

확인[Tab] 취소[Esc]

✓ 지연발급(5,000,000원) 및 지연수취(1,000,000원) 가산세는 금액 입력 시 자동계산
✓ 신고불성실(일반과소): 미납세액(900,000원) × 10% × 25% = 22,500원
(3개월 이내 수정신고시 75% 감면)
✓ 납부지연: 미납세액(900,000원) × 92일 × 0.022% = 18,216원
✓ 영세율과세표준신고불성실: 25,000,000원(영세매출 + 직수출) × 0.5% × 25%
= 31,250원(3개월 이내 수정신고시 75% 감면)

I can 개념정리(확정신고후 수정신고-참고)

- 부가가치세 제2기 확정신고의 수정신고(과세표준명세서 작성은 생략)를 하고자 한다. 전표입력은 생략하고 일반과소신고에 해당하며, 수정신고일은 다음연도 2월 10일이다.

누락된사항

① 제품을 판매하고 발행한 전자세금계산서(공급가액 10,000,000원)
② 제품 직수출 대금(공급가액 5,000,000원)
③ 원재료 매입관련 전자세금계산서(공급가액 3,000,000원)
④ 원재료 매입관련 종이세금계산서가 이중으로 신고되어 매입세액을 과다하게 공제받은 사실을 확인(공급가액 2,000,000원)

[참고] 부가가치세 수정신고 시 기존에 신고서가 저장되어 있어야 수정신고를 선택할 수 있다.

1. 부가가치세 수정신고서 작성

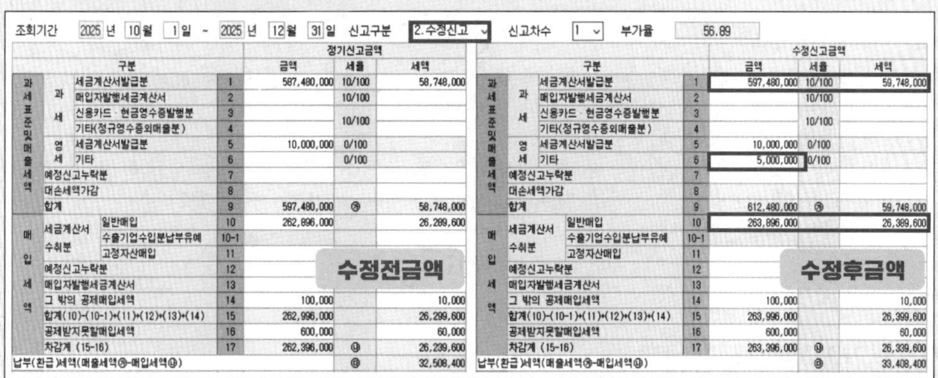

조회기간 2025 년 10 월 1 일 ~ 2025 년 12 월 31 일 신고구분 2.수정신고 신고차수 1 부가율 56.89

구분				정기신고금액 금액	세율	세액	수정신고금액 금액	세율	세액
과세표준및매출세액	과세	세금계산서발급분	1	587,480,000	10/100	58,748,000	597,480,000	10/100	59,748,000
		매입자발행세금계산서	2		10/100			10/100	
		신용카드 · 현금영수증발행분	3		10/100			10/100	
		기타(정규영수증외매출분)	4						
	영세	세금계산서발급분	5	10,000,000	0/100		10,000,000	0/100	
		기타	6		0/100		5,000,000	0/100	
	예정신고누락분		7						
	대손세액가감		8						
	합계		9	597,480,000	㉮	58,748,000	612,480,000	㉮	59,748,000
매입세액	세금계산서수취분	일반매입	10	262,896,000		26,289,600	263,896,000		26,389,600
		수출기업수입분납부유예	10-1						
		고정자산매입	11						
	예정신고누락분		12						
	매입자발행세금계산서		13						
	그 밖의 공제매입세액		14	100,000		10,000	100,000		10,000
	합계(10)-(10-1)+(11)+(12)+(13)+(14)		15	262,996,000		26,299,600	263,996,000		26,399,600
	공제받지못할매입세액		16	600,000		60,000	600,000		60,000
	차감계 (15-16)		17	262,396,000	㉯	26,239,600	263,396,000	㉯	26,339,600
납부(환급)세액(매출세액㉮-매입세액㉯)					㉰	32,508,400		㉰	33,408,400

수정전금액 / 수정후금액

- '회계관리 ➜ 부가가치 ➜ 부가가치세 ➜ 부가가치세신고서' 조회기간(10월1일 ~ 12월 31일)입력 ➜ 신고구분(2.수정신고) 선택 ➜ 정기신고 금액에 수정신고내역 반영하여 수정신고금액 작성

✓ ① 매출-과세(세금계산서발급분) 1번란 금액 수정: (+) 10,000,000원, 1,000,000원
✓ ② 매출-영세(기타) 6번란 금액 수정: (+) 5,000,000원
✓ ③ 매입-세금계산서수취분(일반매입) 10번란 금액 수정: (+) 3,000,000원, 300,000원
✓ ④ 매입-세금계산서수취분(일반매입) 10번란 금액 수정: (-) 2,000,000원, 200,000원

2. 가산세 명세서 작성

25.가산세명세					
사업자미등록등		61		1/100	
세 금 계산서	지연발급 등	62		1/100	
	지연수취	63		5/1,000	
	미발급 등	64		뒤쪽참조	
전자세금 발급명세	지연전송	65		3/1,000	
	미전송	66		5/1,000	
세금계산서 합계표	제출불성실	67		5/1,000	
	지연제출	68		3/1,000	
신고 불성실	무신고(일반)	69		뒤쪽	
	무신고(부당)	70		뒤쪽	
	과소·초과환급(일반)	71		뒤쪽	
	과소·초과환급(부당)	72		뒤쪽	
납부지연		73		뒤쪽	
영세율과세표준신고불성실		74		5/1,000	
현금매출명세서불성실		75		1/100	
부동산임대공급가액명세서		76		1/100	
매입자 납부특례	거래계좌 미사용	77		뒤쪽	
	거래계좌 지연입금	78		뒤쪽	
신용카드매출전표등수령명세서미제출·과다기재		79		5/1,000	
합계		80			

25.가산세명세					
사업자미등록등		61		1/100	
세 금 계산서	지연발급 등	62		1/100	
	지연수취	63		5/1,000	
	미발급 등	64		뒤쪽참조	
전자세금 발급명세	지연전송	65		3/1,000	
	미전송	66		5/1,000	
세금계산서 합계표	제출불성실	67	2,000,000	5/1,000	10,000
	지연제출	68		3/1,000	
신고 불성실	무신고(일반)	69		뒤쪽	
	무신고(부당)	70		뒤쪽	
	과소·초과환급(일반)	71	900,000	뒤쪽	9,000
	과소·초과환급(부당)	72		뒤쪽	
납부지연		73	900,000	뒤쪽	3,168
영세율과세표준신고불성실		74	5,000,000	5/1,000	2,500
현금매출명세서불성실		75		1/100	
부동산임대공급가액명세서		76		1/100	
매입자 납부특례	거래계좌 미사용	77		뒤쪽	
	거래계좌 지연입금	78		뒤쪽	
신용카드매출전표등수령명세서미제출·과다기재		79		5/1,000	
합계		80			24,668

납부지연일수 계산

당초납부기한	2026	년	1	월	25	일
납부일 또는 고지일	2026	년	2	월	10	일
미납일수	16					

확인[Tab] 취소[Esc]

✓ 세금계산서합계표 제출불성실(과다공제): 2,000,000원 × 0.5% = 10,000원
✓ 신고불성실(일반과소): 미납세액(900,000원) × 10% × 10% = 9,000원
(1개월 이내 수정신고시 90% 감면)
✓ 납부지연: 미납세액(900,000원) × 16일 × 0.022% = 3,168원
✓ 영세율과세표준신고불성실: 5,000,000원(직수출) × 0.5% × 10% = 2,500원
(1개월 이내 수정신고시 90% 감면)

3 부가가치세 전자신고

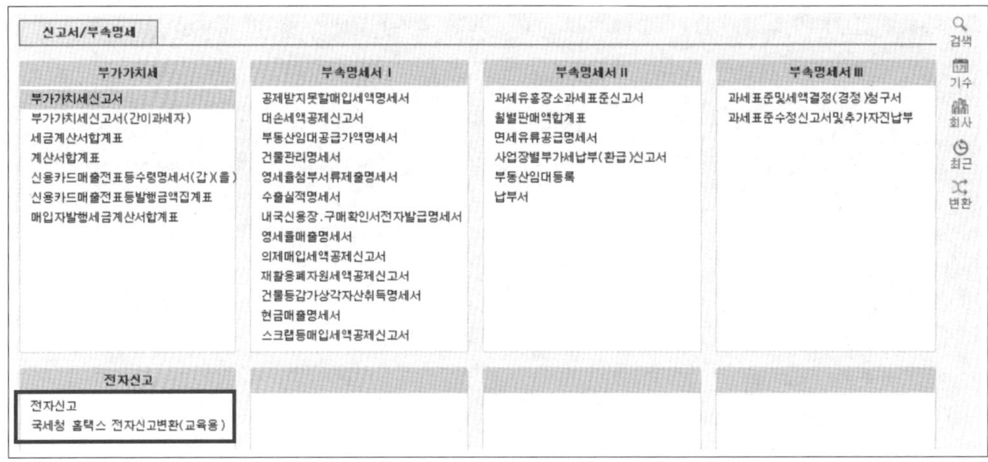

부가가치세 전자신고 메뉴는 KcLep교육용 프로그램에서 부가가치세 전자신고를 위한 파일 변환 및 전자신고를 경험해 볼 수 있는 메뉴이며, 전산세무 2급 자격시험에는 2022년 4월시험부터 출제되고 있는 내용으로 신고서 작성 및 전자신고 프로세스는 다음과 같다.

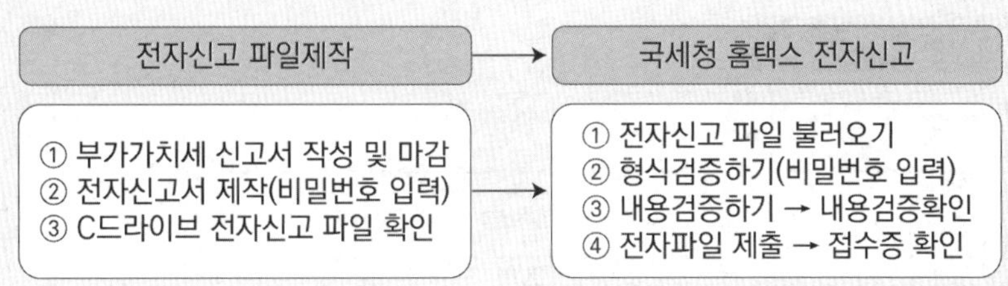

I can 부가가치세 전자신고

※ 회사코드 0202 ㈜삼일미디어 회사로 로그인 ※

㈜삼일미디어의 제1기 예정신고기간의 부가가치세신고와 관련된 관련된 부속서류의 전자신고를 하시오.

① 부가가치세신고서와 관련 부속서류는 마감되어 있다.
② [전자신고] → [국세청 홈택스 전자신고변환(교육용)] 순으로 진행한다.
③ 전자신고용 전자파일 제작 시 신고인 구분은 2.납세자 자진신고로 선택하고, 비밀번호는 "12341234"로 입력한다.
④ 전자신고용 전자파일 저장경로는 로컬디스크(C:)이며, 파일명은 "enc작성연월일.101.v1378187797"이다.
⑤ 최종적으로 국세청 홈택스에서 [전자파일 제출하기]를 완료한다.

부가가치세 전자신고 따라하기

- '회계관리 ➜ 부가가치 ➜전자신고 ➜ 전자신고' 메뉴실행

1. 전자신고 파일제작

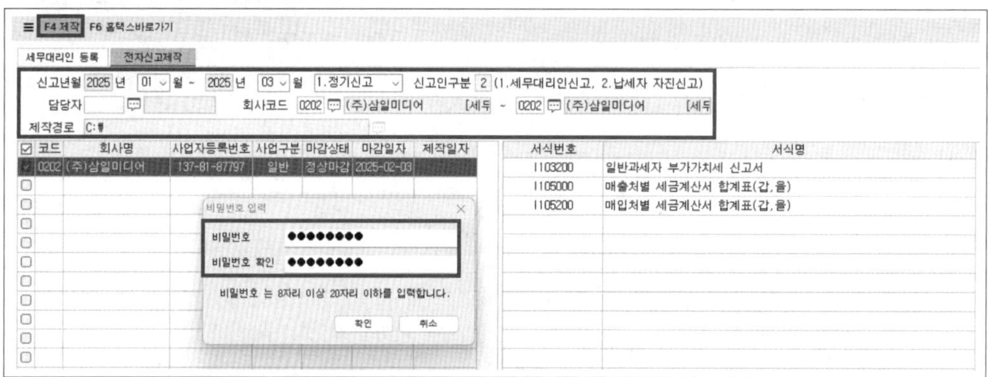

① [부가가치세] ➜ [전자신고] ➜ [전자신고]
- 전자신고 탭, 신고년월 2025년 1월 ~ 3월(1.정기신고), 신고인구분(2.납세자 자진신고)
- 회사코드(0202.(주)삼일미디어), 제작경로: C드라이브 선택 확인
- 상단 [F4.제작] ➜ 비밀번호(12341234) 입력 후 확인

2. 국세청 홈택스 전자신고

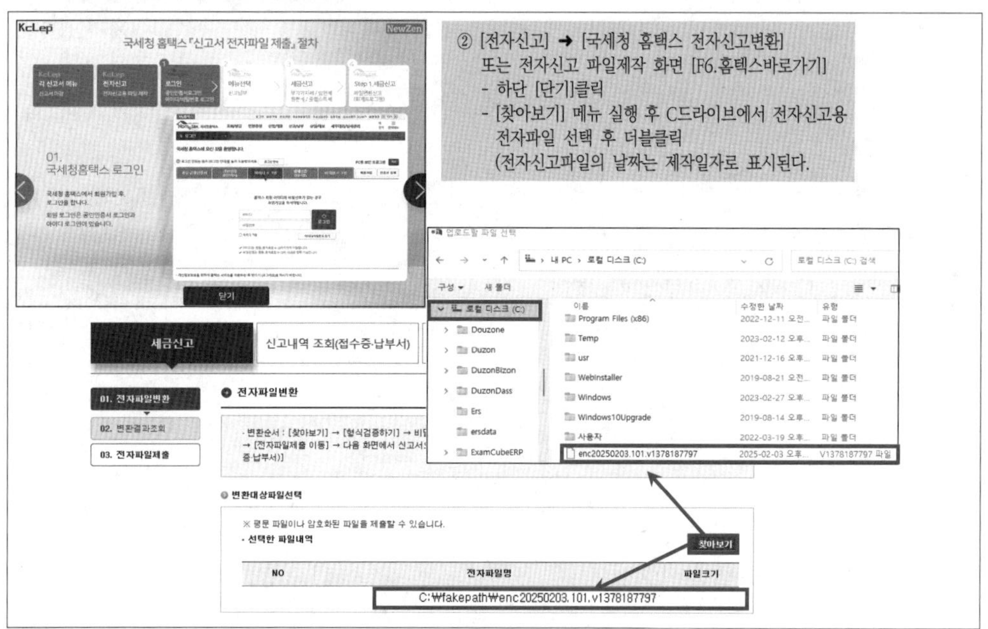

② [전자신고] ➜ [국세청 홈택스 전자신고변환]
또는 전자신고 파일제작 화면 [F6.홈텍스바로가기]
- 하단 [단기]클릭
- [찾아보기] 메뉴 실행 후 C드라이브에서 전자신고용 전자파일 선택 후 더블클릭
(전자신고파일의 날짜는 제작일자로 표시된다.

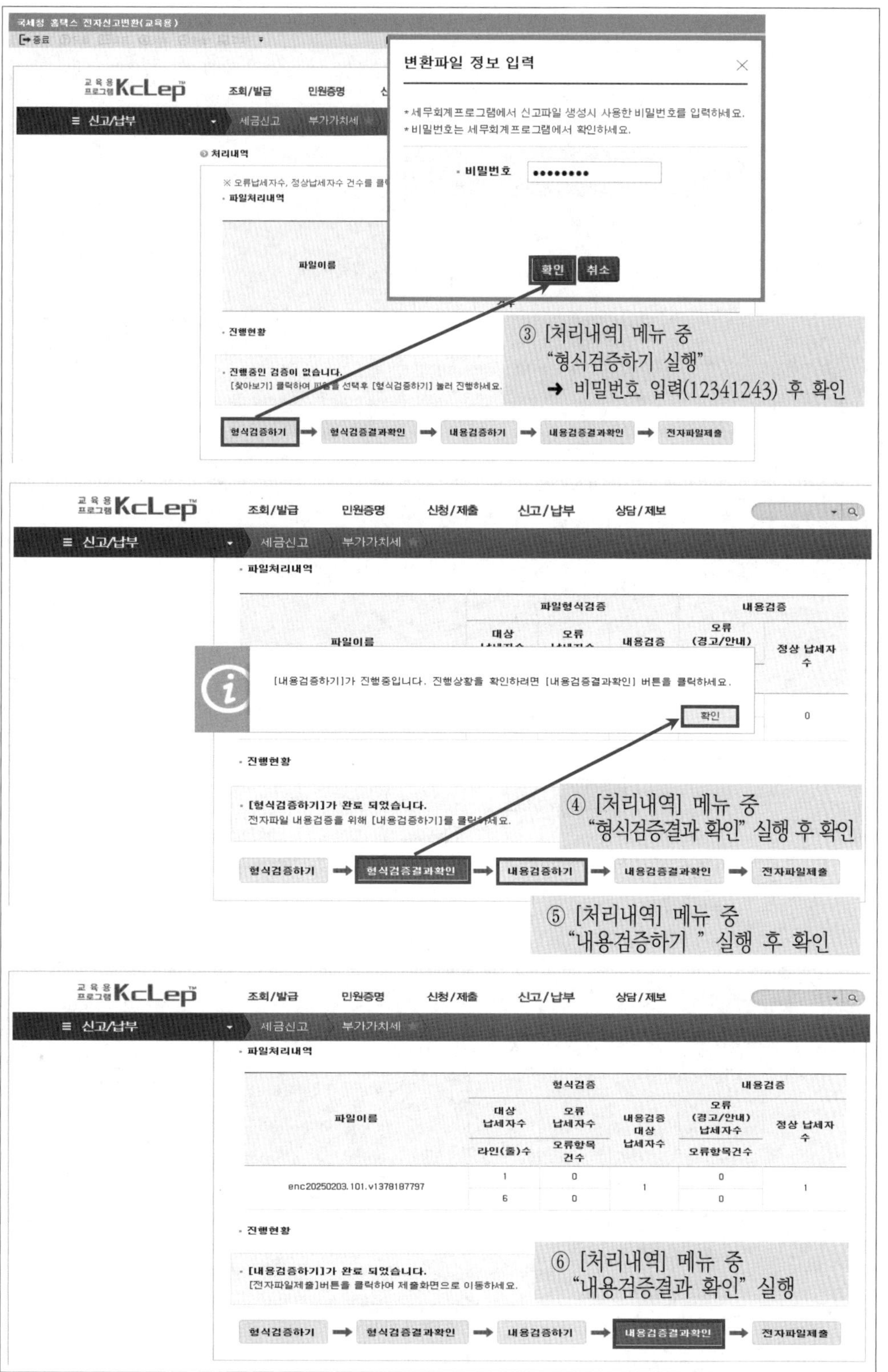
변환파일 정보 입력
*세무회계프로그램에서 신고파일 생성시 사용한 비밀번호를 입력하세요.
*비밀번호는 세무회계프로그램에서 확인하세요.
비밀번호
확인 취소
③ [처리내역] 메뉴 중
"형식검증하기 실행"
➜ 비밀번호 입력(12341243) 후 확인
형식검증하기 형식검증결과확인 내용검증하기 내용검증결과확인 전자파일제출
[내용검증하기]가 진행중입니다. 진행상황을 확인하려면 [내용검증결과확인] 버튼을 클릭하세요.
④ [처리내역] 메뉴 중
"형식검증결과 확인" 실행 후 확인
[형식검증하기]가 완료 되었습니다.
전자파일 내용검증을 위해 [내용검증하기]를 클릭하세요.
⑤ [처리내역] 메뉴 중
"내용검증하기 " 실행 후 확인
enc20250203.101.v1378187797
[내용검증하기]가 완료 되었습니다.
[전자파일제출]버튼을 클릭하여 제출화면으로 이동하세요.
⑥ [처리내역] 메뉴 중
"내용검증결과 확인" 실행

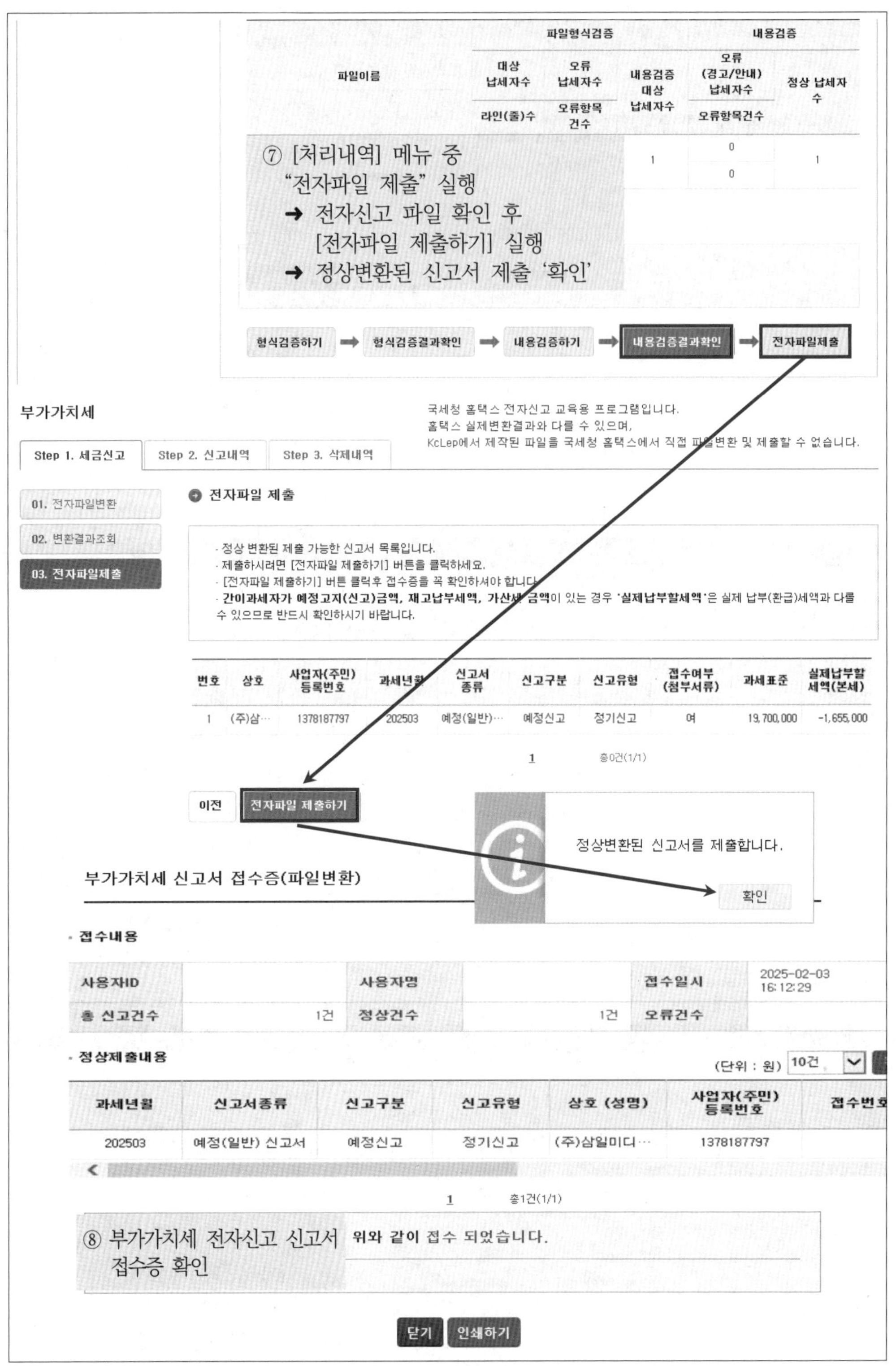

파일이름
파일형식검증
대상 납세자수
라인(줄)수
오류 납세자수
오류항목 건수
내용검증
내용검증 대상 납세자수
오류 (경고/안내) 납세자수
오류항목건수
정상 납세자수
1
0
0
1
⑦ [처리내역] 메뉴 중 "전자파일 제출" 실행
➜ 전자신고 파일 확인 후 [전자파일 제출하기] 실행
➜ 정상변환된 신고서 제출 '확인'
형식검증하기
형식검증결과확인
내용검증하기
내용검증결과확인
전자파일제출
부가가치세
국세청 홈택스 전자신고 교육용 프로그램입니다.
홈택스 실제변환결과와 다를 수 있으며,
KcLep에서 제작된 파일을 국세청 홈택스에서 직접 파일변환 및 제출할 수 없습니다.
Step 1. 세금신고
Step 2. 신고내역
Step 3. 삭제내역
01. 전자파일변환
02. 변환결과조회
03. 전자파일제출
전자파일 제출
· 정상 변환된 제출 가능한 신고서 목록입니다.
· 제출하시려면 [전자파일 제출하기] 버튼을 클릭하세요.
· [전자파일 제출하기] 버튼 클릭후 접수증을 꼭 확인하셔야 합니다.
· 간이과세자가 예정고지(신고)금액, 재고납부세액, 가산세 금액이 있는 경우 '실제납부할세액'은 실제 납부(환급)세액과 다를 수 있으므로 반드시 확인하시기 바랍니다.
번호
상호
사업자(주민) 등록번호
과세년월
신고서 종류
신고구분
신고유형
접수여부 (첨부서류)
과세표준
실제납부할 세액(본세)
1
(주)삼…
1378187797
202503
예정(일반)…
예정신고
정기신고
여
19,700,000
-1,655,000
1
총0건(1/1)
이전
전자파일 제출하기
정상변환된 신고서를 제출합니다.
확인
부가가치세 신고서 접수증(파일변환)
· 접수내용
사용자ID
사용자명
접수일시
2025-02-03 16:12:29
총 신고건수
1건
정상건수
1건
오류건수
· 정상제출내용
(단위 : 원)
10건
과세년월
신고서종류
신고구분
신고유형
상호 (성명)
사업자(주민) 등록번호
접수번호
202503
예정(일반) 신고서
예정신고
정기신고
(주)삼일미디…
1378187797
1
총1건(1/1)
⑧ 부가가치세 전자신고 신고서 접수증 확인
위와 같이 접수 되었습니다.
닫기
인쇄하기

5. 결산과 재무제표

기업은 경영활동에서 발생한 거래를 분개장에 분개하고 총계정원장에 전기하며 기중의 거래를 기록한다. 이렇게 기록한 각종 장부를 회계 기간 말에 정리하고 마감하여 기업의 재무상태와 경영성과를 정확하게 파악하는 절차를 결산(Closing)이라고 한다.

전산세무회계프로그램에서 결산분개는 수동결산(일반전표에 분개)과 자동결산(결산자료입력에 입력)으로 구성되며, 또한 결산을 진행하기 전에 고정자산등록과 관련된 감가상각비를 계상하여 결산에 반영하여야 한다.

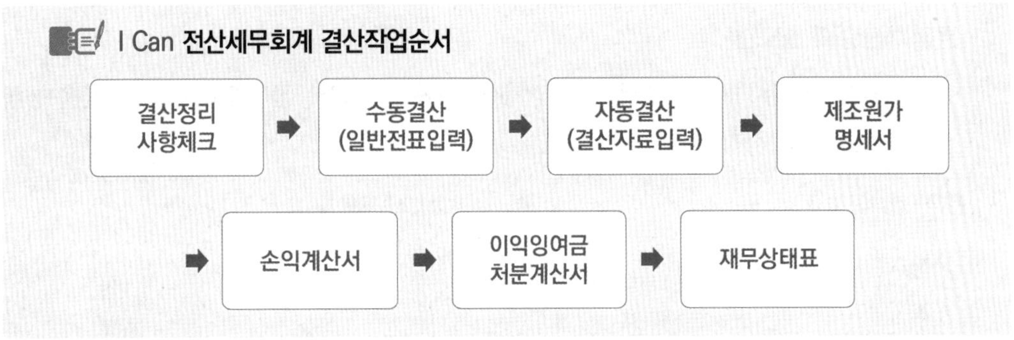

01 고정자산과 감가상각

기업이 영업활동이나 제조활동을 위하여 구입한 유형자산, 무형자산과 같은 고정자산은 이를 사용하거나 시간이 경과함에 따라 그 가치가 점점 감소하게 되는데 이를 장부상에 반영하는 절차가 감가상각이다.

※ 회사코드 0202 ㈜삼일미디어 회사로 로그인 ※

㈜삼일미디어의 고정자산내역은 다음과 같다. 고정자산등록메뉴에 등록하여 감가상각비를 계상하시오.

계정과목	자산코드	자산명	취 득 일	기초가액	감가상각누계액	상각방법	내용연수	사용부서	업종코드
건물	101	공장건물	2024.12.31.	110,000,000	0	정액법	20년	생산팀	03
기계장치	201	조립기계	2022.11.30.	15,000,000	5,000,000	정률법	8년	생산팀	13
차량운반구	301	화물차4140	2023.10.01.	20,000,000	4,500,000	정액법	5년	생산팀	01
차량운반구	302	승용차9590	2025.08.18.	22,000,000	0	정액법	5년	영업팀	01

고정자산등록 따라하기

- '회계관리 ➜ 재무회계 ➜ 고정자산및감가상각 ➜ 고정자산등록' 메뉴에 고정자산을 등록한 후 당기 감가상각비를 확인한다.

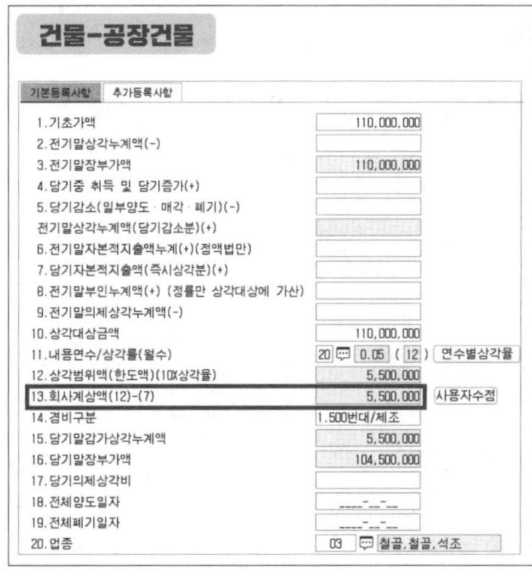

건물-공장건물

기본등록사항 | 추가등록사항

1.기초가액	110,000,000
2.전기말상각누계액(-)	
3.전기말장부가액	110,000,000
4.당기중 취득 및 당기증가(+)	
5.당기감소(일부양도 · 매각 · 폐기)(-)	
전기말상각누계액(당기감소분)(+)	
6.전기말자본적지출액누계(+)(정액법만)	
7.당기자본적지출액(즉시상각분)(+)	
8.전기말부인누계액(+) (정률만 상각대상에 가산)	
9.전기말의제상각누계액(-)	
10.상각대상금액	110,000,000
11.내용연수/상각률(월수)	20 0.05 (12) 연수별상각율
12.상각범위액(한도액)(10X상각율)	5,500,000
13.회사계상액(12)-(7)	5,500,000 사용자수정
14.경비구분	1.500번대/제조
15.당기말감가상각누계액	5,500,000
16.당기말장부가액	104,500,000
17.당기의제상각비	
18.전체양도일자	____-__-__
19.전체폐기일자	____-__-__
20.업종	03 철골,철골,석조

기계장치-조립기계

기본등록사항 | 추가등록사항

1.기초가액	15,000,000
2.전기말상각누계액(-)	5,000,000
3.전기말장부가액	10,000,000
4.당기중 취득 및 당기증가(+)	
5.당기감소(일부양도 · 매각 · 폐기)(-)	
전기말상각누계액(당기감소분)(+)	
6.전기말자본적지출액누계(+)(정액법만)	
7.당기자본적지출액(즉시상각분)(+)	
8.전기말부인누계액(+) (정률만 상각대상에 가산)	
9.전기말의제상각누계액(-)	
10.상각대상금액	10,000,000
11.내용연수/상각률(월수)	8 0.313 (12) 연수별상각율
12.상각범위액(한도액)(10X상각율)	3,130,000
13.회사계상액(12)-(7)	3,130,000 사용자수정
14.경비구분	1.500번대/제조
15.당기말감가상각누계액	8,130,000
16.당기말장부가액	6,870,000
17.당기의제상각비	
18.전체양도일자	____-__-__
19.전체폐기일자	____-__-__
20.업종	13 제조업

참고 경비구분(제조, 판관)을 정확이 작성해야 결산 시 감가상각(제조경비와 판매관리비)자료에 자동 반영된다.

차량-화물차 4140

기본등록사항 | 추가등록사항

1.기초가액	20,000,000
2.전기말상각누계액(-)	4,500,000
3.전기말장부가액	15,500,000
4.당기중 취득 및 당기증가(+)	
5.당기감소(일부양도 · 매각 · 폐기)(-)	
전기말상각누계액(당기감소분)(+)	
6.전기말자본적지출액누계(+)(정액법만)	
7.당기자본적지출액(즉시상각분)(+)	
8.전기말부인누계액(+) (정률만 상각대상에 가산)	
9.전기말의제상각누계액(-)	
10.상각대상금액	20,000,000
11.내용연수/상각률(월수)	5 0.2 (12) 연수별상각율
12.상각범위액(한도액)(10X상각율)	4,000,000
13.회사계상액(12)-(7)	4,000,000 사용자수정
14.경비구분	1.500번대/제조
15.당기말감가상각누계액	8,500,000
16.당기말장부가액	11,500,000
17.당기의제상각비	
18.전체양도일자	----\-\-\-\--
19.전체폐기일자	----\-\-\-\--
20.업종	01 차량및운반구

차량-승용차 9590

기본등록사항 | 추가등록사항

1.기초가액	
2.전기말상각누계액(-)	
3.전기말장부가액	
4.당기중 취득 및 당기증가(+)	22,000,000
5.당기감소(일부양도 · 매각 · 폐기)(-)	
전기말상각누계액(당기감소분)(+)	
6.전기말자본적지출액누계(+)(정액법만)	
7.당기자본적지출액(즉시상각분)(+)	
8.전기말부인누계액(+) (정률만 상각대상에 가산)	
9.전기말의제상각누계액(-)	
10.상각대상금액	22,000,000
11.내용연수/상각률(월수)	5 0.2 (5) 연수별상각율
12.상각범위액(한도액)(10X상각율)	1,833,333
13.회사계상액(12)-(7)	1,833,333 사용자수정
14.경비구분	6.800번대/판관비
15.당기말감가상각누계액	1,833,333
16.당기말장부가액	20,166,667
17.당기의제상각비	
18.전체양도일자	----\-\-\-\--
19.전체폐기일자	----\-\-\-\--
20.업종	1 차량및운반구

참고 당기중 취득한 자산의 경우 '4.당기중 취득 및 당기증가(+)' 란에 기초가액을 입력한다.

02 수동결산과 자동결산

결산은 일반전표입력메뉴에 12월 31일자로 결산대체분개를 직접 입력하는 수동결산과 결산자료입력 메뉴에 해당금액을 입력한 후 [F3.전표추가]키를 이용하여 전표를 자동생성하는 자동결산으로 나뉜다.

1 수동결산 내용

(1) 수익·비용의 이연과 예상

① 수익의 이연(선수수익)

당기 중 이미 받은 수익 중 차기분에 속하는 금액은 당기의 수익에서 차감하여 선수수익계정 대변에 대체하여 차기로 이월하는 것을 '수익의 이연'이라 한다. 이러한 수익의 선수분은 선수수익계정에 표기한다. 선수수익에는 선수이자, 선수임대료, 선수수수료 등이 있다.

차 변	수익계정	×××	대 변	선수수익	×××

② 비용의 이연(선급비용)

당기에 이미 지급한 비용 중 차기에 속하는 금액은 당기 비용에서 차감하여 자산계정인 선급비용계정 차변에 대체하여 차기로 이월하여야 하는데 이것을 '비용의 이연'이라고 한다. 선급비용은 차기에 해당 비용 계정 차변에 다시 대체하여야 한다. 선급임차료, 선급보험료, 선급이자 등이 있다.

차 변	선급비용	×××	대 변	비용계정	×××

③ 수익의 발생(미수수익)

당기에 속하는 수익이 결산일까지 아직 수입되지 아니한 금액은 해당 수익계정 대변에 기입하여 당기의 수익에 포함시키고, 미수수익계정 차변에 기입하여 차기로 이월한다. 이것을 '수익의 발생'이라 한다. 미수이자, 미수임대료 등이 있다.

차 변	미수수익	×××	대 변	수익계정	×××

④ 비용의 발생(미지급비용)

당기에 속하는 비용이 결산일까지 아직 지급되지 않은 금액은 해당 비용 계정의 차변에 기입하여 당기 비용으로 계상하고 동일 금액을 미지급비용계정의 대변에 기입하여 차기로 이월하여야 한다. 이것을 '비용의 발생'이라 한다. 미지급이자, 미지급임차료, 미지급수수료 계정 등이 있다.

차 변	비용계정	×××	대 변	미지급비용	×××

(2) 소모품의 정리

소모품은 당기의 사용액만큼만 당기에 비용처리되어야 하나 구입 시 자산으로 처리할 수도 있고 구입 시 비용처리할 수도 있다. 결산 시에는 자산으로 처리된 경우는 사용액을 비용으로 처리하고, 비용으로 처리된 경우는 미사용액을 자산으로 대체하는 회계처리가 필요하다.

① 자산처리법: 결산 시 소모품 사용액을 소모품비로 대체분개

• 구입(자산처리):	(차) 소 모 품	×××	(대) 현 금	×××
• 결산 시:(사용액)	(차) 소모품비	×××	(대) 소 모 품	×××

② 비용처리법: 결산 시 소모품 미사용액을 소모품으로 대체분개

• 구입(비용처리):	(차) 소모품비	×××	(대) 현 금	×××
• 결산 시:(미사용액)	(차) 소 모 품	×××	(대) 소모품비	×××

(3) 현금과부족 정리

장부상 현금잔액과 현금의 실제잔액이 일치하지 않을 경우 원인 판명시까지만 사용되는 임시계정을 현금과부족이라고 한다.

① 현금과부족의 정리

'현금과부족' 계정은 일종의 미결산계정이므로 과부족의 원인을 조사하여 원인이 밝혀지면 정확한 계정으로 대체하여야 한다. 따라서 결산일까지 과부족의 원인이 밝혀지지 않으면 부족액은 현금과부족계정에서 잡손실계정에 대체하고 과잉액은 잡이익계정에 대체하여 정리한다.

결산정리:	부족액의 경우	(차) 잡 손 실	×××	(대) 현금과부족	×××
	과잉액의 경우	(차) 현금과부족	×××	(대) 잡 이 익	×××

② 결산일의 현금불일치

결산일에 장부상 현금잔액과 현금실제액이 불일치하는 경우에는 다음과 같이 정리한다.

- 현금부족액: (차) 잡 손 실 ××× (대) 현 금 ×××
- 현금과잉액: (차) 현 금 ××× (대) 잡 이 익 ×××

(4) 유가증권평가(단기매매증권, 매도가능증권)

결산 시 유가증권은 공정가치로 평가하여야 한다.

종 류	장부금액 > 공정가치	장부금액 < 공정가치
단기매매증권	(차) 단기매매증권평가손실 (대) 단기매매증권	(차) 단기매매증권 (대) 단기매매증권평가이익
매도가능증권	(차) 매도가능증권평가손실 (대) 매도가능증권	(차) 매도가능증권 (대) 매도가능증권평가이익

(5) 가지급금·가수금의 정리

그 성질에 맞는 과목으로 적절하게 정리 분개한다.

차 변	해당계정과목 가수금	××× ×××	대 변	가지급금 해당계정과목	××× ×××

(6) 외화자산·부채의 환산

외화자산, 부채 중 화폐성외화자산, 부채는 재무상태표일 현재의 기준환율로 환산한 금액을 계상하여야 한다. 이 경우 발생하는 외화환산손실 또는 외화환산이익은 당기손익으로 처리한다.

종 류	장부금액 > 평가액	장부금액 < 평가액
외화자산 (예금등)	(차) 외화환산손실 (대) 외화예금등	(차) 외화예금등 (대) 외화환산이익
외화부채 (차입금등)	(차) 외화차입금등 (대) 외화환산이익	(차) 외화환산손실 (대) 외화차입금등

(7) 채권의 대손상각

결산 시 매출채권의 내용을 검토하여 회수가 불확실한 채권에 대하여 합리적이고 객관적인 기준에 따라 산출한 대손추인액과 회수불가능한 채권은 대손상각비로 처리한다. 일반적 상거래 이외의 기타채권에 대한 대손상각은 영업외비용(기타의대손상각비)으로 기재한다. 대손이 발생한 때에는 대손충당금과 상계하고 대손충당금이 부족한 경우 그 부족액을 대손상각비로 계상한다.

보충법	대손충당금 잔액이 없을 경우				자동결산
	(차) 대손상각비	×××	(대) 대손충당금	×××	
	대손예상액 > 대손충당금 잔액(차액만큼)				자동결산
	(차) 대손상각비	×××	(대) 대손충당금	×××	
	대손예상액 < 대손충당금 잔액(차액만큼)				수동결산
	(차) 대손충당금	×××	(대) 대손충당금환입	×××	
환입법	대손충당금 잔액 전체를 대손충당금으로 대체				수동결산
	(차) 대손충당금	×××	(대) 대손충당금환입	×××	
기타의 채권	대손예상액 > 대손충당금 잔액(차액만큼)				수동결산
	(차) 기타의대손상각비	×××	(대) 대손충당금	×××	

(8) 비유동부채의 유동성 대체

결산일 기준으로 1년 이내에 상환될 비유동부채(장기차입금 등)는 유동부채로 대체 하여야 한다.

차 변	장기차입금	×××	대 변	유동성장기부채	×××

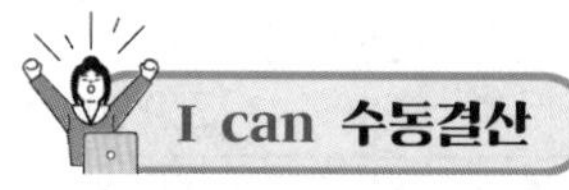

※ 회사코드 0202 ㈜삼일미디어 회사로 로그인 ※

㈜삼일미디어의 기말정리사항은 다음과 같다. 결산 작업을 완료하시오.

[1] 당사 공장건물에 대한 화재보험을 가입하고 자산(선급비용)처리한 1,200,000원 중 당기분 700,000에 대한 기말 수정분개를 하시오.

[2] 기업은행에 가입한 정기예금에 대한 자료는 다음과 같다. 당기분 경과이자를 계상하시오. (단, 이자수익은 월할계산할 것)

• 정기예금 금액: 10,000,000원	• 가입연월일: 2025년 7월 1일
• 만기: 3년	• 정기예금 이율: 연 5%
• 만기일: 2028년 6월 30일	• 이자지급조건: 만기 일시지급

[3] 장기차입금 계정에는 스타상사의 외화장기차입금 50,000,000원(미화 $50,000)이 계상되어 있다. 결산일 현재 기준환율은 1$당 1,050원으로 확인되었다.

[4] 기말 결산일 현재 장기투자목적으로 보유중인 매도가능증권(1,000주)의 평가 현황은 아래와 같다.

구 분	2024년 취득원가	2024년 공정가치	2025년 공정가치
㈜삼성미디어	15,000,000원	14,800,000원	15,500,000원

결산자료입력(수동결산) 따라하기

'회계관리 ➜ 재무회계 ➜ 전표입력 ➜ 일반전표입력' 메뉴에 수동결산분개를 입력한다.

[1] 선급비용중 당기분 보험료 700,000원에 대한 전표를 입력한다.

12월 31일	(차) 보험료(제) 700,000원	(대) 선급비용 700,000원

일	번호	구분	계정과목	거래처	적요	차변	대변
31	00001	차변	0521 보험료			700,000	
31	00001	대변	0133 선급비용				700,000

[2] 이자 미수분(10,000,000 × 5% × 6개월/12개월 = 250,000원)에 대한 전표를 입력한다.

12월 31일	(차) 미수수익 250,000원 (대) 이자수익 250,000원

일	번호	구분	계 정 과 목	거 래 처	적 요	차 변	대 변
31	00002	차변	0116 미수수익			250,000	
31	00002	대변	0901 이자수익				250,000

[3] 장부상 장기차입금(50,000,000원)보다 결산시 장기차입금($10,000 × 1$당 1,050원 = 52,500,000원)이 크므로 외화환산손실액에 대한 전표를 입력한다.

12월 31일	(차) 외화환산손실 2,500,000원 (대) 장기차입금(스타상사) 2,500,000원

일	번호	구분	계 정 과 목	거 래 처	적 요	차 변	대 변
31	00003	차변	0955 외화환산손실			2,500,000	
31	00003	대변	0293 장기차입금	00103 스타상사			2,500,000

[4] 매도가능증권의 장부금액(14,800,000원) 보다 결산시 금액(15,500,000원)이 크므로, 매도가능증권 평가이익에 대한 전표를 입력한다.

12월 31일	(차) 매도가능증권(178) 700,000원 (대) 매도가능증권평가손실 200,000원 매도가능증권평가이익 500,000원

일	번호	구분	계 정 과 목	거 래 처	적 요	차 변	대 변
31	00004	차변	0178 매도가능증권			700,000	
31	00004	대변	0395 매도가능증권평가손실				200,000
31	00004	대변	0394 매도가능증권평가이익				500,000

참고 매도가능증권평가이익 발생 시 매도가능증권평가손실 계정이 계상되어 있다면 우선 상계하여야 한다.

2 자동결산 내용

(1) 재고자산의 기말재고액 입력 (2) 감가상각비 입력 (3) 퇴직급여전입액 입력

(4) 대손상각비의 입력 (5) 법인세등의 입력

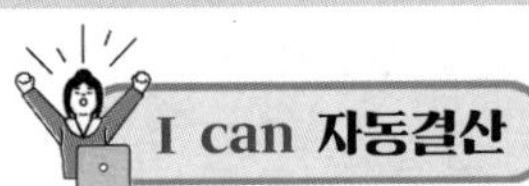

※ 회사코드 0202 ㈜삼일미디어 회사로 로그인 ※

㈜삼일미디어의 기말정리사항은 다음과 같다. 결산 작업을 완료하시오.

[1] 재고자산의 기말재고액은 다음과 같다.

원재료	재공품	제품
21,300,000원	31,800,000원	54,000,000원

[2] 유형자산에 대한 당기 감가상각비 계상액은 고정자산등록메뉴에 입력된 자료를 조회하여 계상하시오

[3] 전기분 재무상태표에 계상되어있는 개발비 5,000,000원에 대한 감가상각을 계상하시오. (개발비는 전년도부터 정액법으로 상각하였으며, 내용연수는 발생 당시 6년이다.)

[4] 매출채권(외상매출금, 받을어음)잔액에 대하여 1%의 대손상각비를 계상하시오.(보충법)

[5] 당사는 일반기업회계기준에 의하여 퇴직급여충당부채를 설정하고 있으며, 관련 자료는 다음과 같다.

구 분	결산전 퇴직급여충당부채	퇴직급여 추계액
생산직 사원	10,000,000원	15,000,000원
사무직 사원	5,000,000원	8,500,000원

[6] 당기 법인세등 추산액은 49,000,000원이다. 선납세금 계정에 법인세 중간예납세액 및 원천징수세액이 계상되어 있다.

결산자료입력(자동결산) 따라하기

'회계관리 ➜ 재무회계 ➜ 결산/재무제표 ➜ 결산자료입력' 메뉴(기간: 1월 ~ 12월)에 해당 사항의 금액을 입력한 후 [F3.전표추가] 메뉴를 이용하여 결산대체분개를 자동 생성한다.

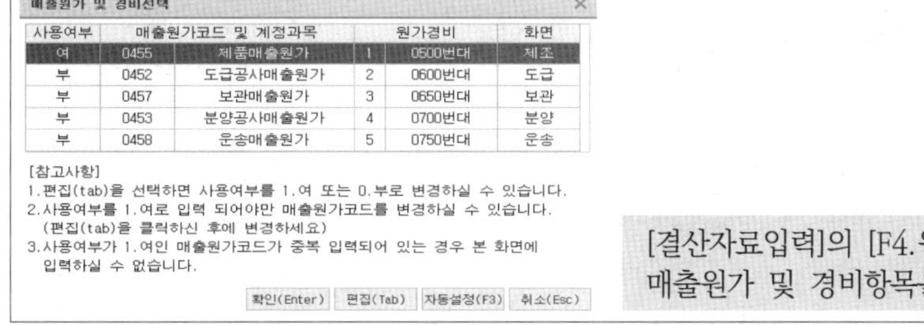

[결산자료입력]의 [F4.원가설정] 메뉴에서 매출원가 및 경비항목을 선택할 수 있다.

[1] 재고자산 금액을 각 란에 입력한다.
• 원재료 21,300,000원 • 재공품 31,800,000원 • 제품 54,000,000원

	1)원재료비		1,175,306,000	
0501	원재료비		1,175,306,000	
0153	① 기초 원재료 재고액		29,500,000	
0153	② 당기 원재료 매입액		1,145,806,000	
0153	⑩ 기말 원재료 재고액			21,300,000

0455	8)당기 총제조비용		1,928,616,150	
0169	① 기초 재공품 재고액		25,000,000	
0169	⑩ 기말 재공품 재고액			31,800,000
0150	9)당기완성품제조원가		1,953,616,150	
0150	① 기초 제품 재고액		45,500,000	
0150	⑩ 기말 제품 재고액			54,000,000

[2] 감가상각비는 상단 **F7 감가상각**을 클릭한 후 '결산반영'을 누르면 고정자산등록메뉴에서 선택한 경비구분(제조, 판관)에 따라 해당금액이 제조경비와 판매관리비에 각각 반영된다.

감가상각

코드	계정과목명	경비구분	고정자산등록 감가상각비	감가상각비 X (조회기간월수/내용월수)	고정자산등록 보조금상계액	보조금상계액 X (조회기간월수/내용월수)	결산반영금액
0202	건물	제조	5,500,000	5,500,000			5,500,000
0206	기계장치	제조	3,130,000	3,130,000			3,130,000
0208	차량운반구	제조	4,000,000	4,000,000			4,000,000
0208	차량운반구	판관	1,833,333	1,833,333			1,833,333
	감가상각비(제조)합계		12,630,000	12,630,000			12,630,000
	감가상각비(판관)합계		1,833,333	1,833,333			1,833,333

새로불러오기 결산반영 취소(Esc)

0518	2). 일반감가상각비			12,630,000
0202	건물			5,500,000
0206	기계장치			3,130,000
0208	차량운반구			4,000,000
0210	공구와기구			
0212	비품			

0818	4). 감가상각비			1,833,333
0202	건물			
0206	기계장치			
0208	차량운반구			1,833,333
0210	공구와기구			
0212	비품			

[3] 개발비의 당기 무형자산상각비: 전기이월된금액(5,000,000원) / 내용연수(5년) = 1,000,000원
(전기 취득당시 내용연수 6년이므로 당기 내용연수는 5년이다. 무형자산은 직접법(정액법)으로 상각한다.)

0840	6). 무형자산상각비			1,000,000
0219	특허권			
0226	개발비			1,000,000

[4] 대손상각비는 상단 **F8 대손상각**을 클릭한 후 '결산반영'을 누르면 금액이 반영된다.

대손상각

대손율(%) 1.00

코드	계정과목명	금액	설정전 충당금 잔액			추가설정액(결산반영) [(금액x대손율)-설정전충당금잔액]	유형
			코드	계정과목명	금액		
0108	외상매출금	872,696,500	0109	대손충당금	1,540,000	7,186,965	판관
0110	받을어음	38,480,000	0111	대손충당금		384,800	판관
0114	단기대여금	2,500,000	0115	대손충당금			영업외
0116	미수수익	250,000	0117	대손충당금			영업외
0120	미수금	13,200,000	0121	대손충당금			영업외
	대손상각비 합계					7,571,765	판관

새로불러오기 | 결산반영 | 취소(Esc)

0835	5). 대손상각			7,571,765
0108	외상매출금			7,186,965
0110	받을어음			384,800

참고 대손율(1%) 확인 후 매출채권 이외의 계정에 대한 금액은 삭제한다.

[5] 퇴직급여는 상단 **CF8 퇴직충당**을 틀릭한 후 퇴직급여추계액 란에 금액을 입력한 후 '결산반영'을 누르면 추가설정액이 반영된다.

퇴직충당부채

코드	계정과목명	퇴직급여추계액	설정전 잔액				추가설정액(결산반영) (퇴직급여추계액-설정전잔액)	유형
			기초금액	당기증가	당기감소	잔액		
0508	퇴직급여	15,000,000	10,000,000			10,000,000	5,000,000	제조
0806	퇴직급여	8,500,000	5,000,000			5,000,000	3,500,000	판관

새로불러오기 | 결산반영 | 취소(Esc)

	3)노 무 비		495,000,000	5,000,000
	1). 임금 외		495,000,000	
0504	임금		345,000,000	
0505	상여금		150,000,000	
0508	2). 퇴직급여(전입액)			5,000,000
0806	2). 퇴직급여(전입액)			3,500,000

참고 퇴직급여 계상액 = 결산시 퇴직급여추계액 - 결산전 퇴직급여충당부채
생산부 퇴직급여: 15,000,000원 - 10,000,000원 = 5,000,000원
사무직 퇴직급여: 8,500,000원 - 5,000,000원 = 3,500,000원

[6] 법인세 추가계상액 34,000,000원(법인세추산액 49,000,000원 - 선납세금 15,000,000원)을 추가계상액란에 입력한다.

0998	9. 법인세등			49,000,000
0136	1). 선납세금		15,000,000	15,000,000
0998	2). 추가계상액			34,000,000

참고 선납세금 금액과 추가계상을 입력하여 9.법인세등 금액을 법인세추산액과 일치시켜야 한다.

결산자료입력(자동결산) 전표추가 따라하기

[결산자료입력] 메뉴의 자동결산은 반드시 F3 전표추가를 실행해야 결산 자동분개가 일반전표입력 메뉴에 자동으로 반영된다. 결산분개항목에 대한 자동분개 후 반드시 [자동 결산분개 완료]라는 메시지를 확인하여야 한다.

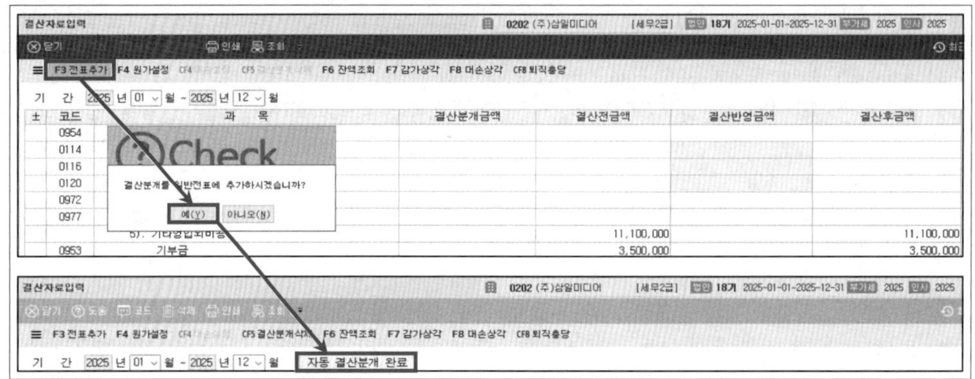

결산 자동분개 일반전표입력결과

일	번호	구분	계정과목	거래처	적요	차변	대변
31	00015	결차	0806 퇴직급여		1 퇴직충당금 당기분전입액	3,500,000	
31	00015	결대	0295 퇴직급여충당부채		7 퇴직급여충당부채당기설		3,500,000
31	00016	결차	0818 감가상각비			1,833,333	
31	00016	결대	0209 감가상각누계액				1,833,333
31	00017	결차	0835 대손상각비			7,571,765	
31	00017	결대	0109 대손충당금				7,186,965
31	00017	결대	0111 대손충당금				384,800
31	00018	결차	0840 무형자산상각비			1,000,000	
31	00018	결대	0226 개발비				1,000,000
31	00019	결차	0998 법인세등			15,000,000	
31	00019	결대	0136 선납세금				15,000,000
31	00020	결차	0998 법인세등			34,000,000	
31	00020	결대	0261 미지급세금				34,000,000

I can 개념정리(참고)

• 재고자산의 기말재고액은 다음과 같다.

원재료	재공품	제품
5,300,000원	3,800,000원	5,000,000원

원재료 금액 중 감모손실 300,000원이 확인되었으며, 영업외비용으로 처리하기로 한다.

답안

① 재고자산에 감모가 발생한 경우 감모손실에 대한 수동분개를 먼저 입력하여야 한다.

12월 31일	(차) 재고자산감모손실 300,000원 (대) 원재료(적요 8.타계정으로 대체) 300,000원

② [결산자료입력] 메뉴에서 기말재고자산 항목에 해당 금액을 입력한다.

• 원재료 5,000,000원 • 재공품 3,800,000원 • 제품 5,000,000원

③ [결산자료입력] 메뉴에서 F3 전표추가를 실행하여 결산을 완료한다.

참고 결산분개에 수동결산과 자동결산이 동시에 있는 경우 수동결산을 먼저 완료하고, 자동결산을 진행한다.

03 재무제표등 작성

제조업의 당기제품제조원가를 나타내는 제조원가명세서, 일정기간 동안 기업의 경영성과를 나타내는 손익계산서, 이익잉여금처분에 대한 이익잉여금처분계산서, 일정시점의 기업의 재무상태를 나타내는 재무상태표를 작성한다.

1 제조원가명세서

제조원가명세서는 제조업의 당기제품제조원가가 어떻게 산출되었는지를 기록한 명세서이며 당기제품제조원가는 손익계산서의 제품매출원가 계산 근거가 된다.

2 손익계산서

손익계산서는 일정기간 동안 기업의 경영성과를 나타내는 결산보고서이며 당기순이익은 이익잉여금처분계산서에 반영된다.

3 이익잉여금처분계산서(또는 미처리결손금계산서)

이익잉여금처분계산서는 이익잉여금의 처분내역을 나타내는 것으로 상단 툴바의 **F6 전표추가**를 클릭하면 수익과 비용계정의 손익대체분개가 이루어진다.

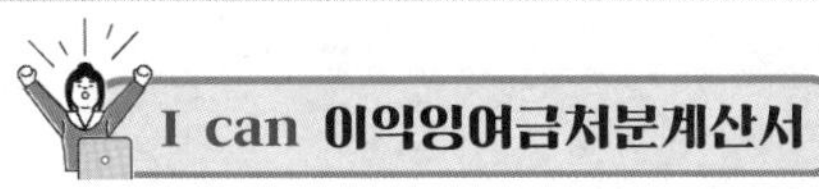

※ 회사코드 0202 ㈜삼일미디어 회사로 로그인 ※

㈜삼일미디어의 이익잉여금처분계산서를 작성하고 손익대체분개를 완료하시오.

- 처분확정일: 2026년 2월 27일(전기분 2025년 2월 27일)
- 처분내역: 현금배당금 7,000,000원, 주식배당 10,000,000원 이익준비금 700,000원

이익잉여금처분계산서 따라하기

'회계관리 ➜ 재무회계 ➜ 결산/재무제표 ➜ 이익잉여금처분계산서'를 조회(저장된데이터 ➜ 아니요)하여 처분내역을 입력한 후 상단 **F6 전표추가**를 클릭하여 손익대체분개를 한다.

당기처분예정일 2026 년 2 월 27 일 전기처분확정일 2025 년 2 월 27 일

과목	계정과목명		제 18(당)기 2025년01월01일~2025년12월31일	
			제 18기(당기)	
			금액	
I.미처분이익잉여금				762,366,092
1.전기이월미처분이익잉여금			467,364,900	
2.회계변경의 누적효과	0369	회계변경의누적효과		
3.전기오류수정이익	0370	전기오류수정이익		
4.전기오류수정손실	0371	전기오류수정손실		
5.중간배당금	0372	중간배당금		
6.당기순이익			295,001,192	
II.임의적립금 등의 이입액				
1.				
2.				
합계				762,366,092
III.이익잉여금처분액				17,700,000
1.이익준비금	0351	이익준비금	700,000	
2.재무구조개선적립금	0354	재무구조개선적립금		
3.주식할인발행차금상각액	0381	주식할인발행차금		
4.배당금			17,000,000	
가.현금배당	0265	미지급배당금	7,000,000	
주당배당금(률)		보통주		
		우선주		
나.주식배당	0387	미교부주식배당금	10,000,000	
주당배당금(률)		보통주		
		우선주		

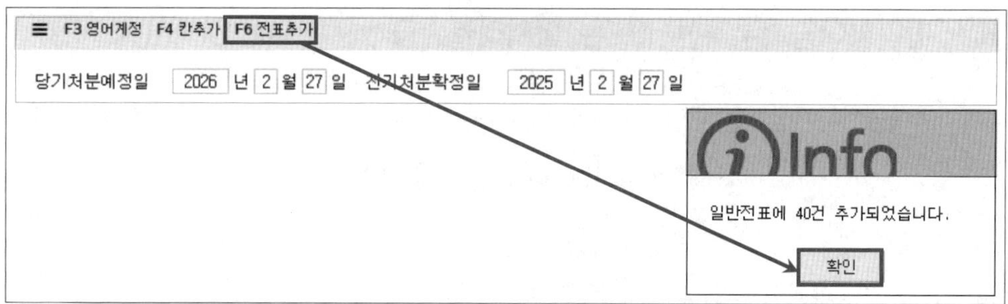

일반전표입력결과

일	번호	구분	코드	계정과목	적요	차변	대변
31	00052	대변	0951	이자비용	손익계정에 대체		22,000,000
31	00052	대변	0953	기부금	손익계정에 대체		3,500,000
31	00052	대변	0955	외화환산손실	손익계정에 대체		2,500,000
31	00052	대변	0970	유형자산처분손실	손익계정에 대체		5,000,000
31	00052	대변	0980	잡손실	손익계정에 대체		100,000
31	00052	대변	0998	법인세등	손익계정에 대체		49,000,000
31	00052	차변	0400	손익	비용에서 대체	2,496,948,808	
31	00053	차변	0400	손익	당기순손익 잉여금에 대:	295,001,192	
31	00053	대변	0377	미처분이익잉여금	당기순이익 잉여금에 대:		295,001,192
31	00053	차변	0375	이월이익잉여금	처분전 이익잉여금에 대:	467,364,900	
31	00053	대변	0377	미처분이익잉여금	이월이익잉여금에서 대체		467,364,900
31	00054	대변	0375	이월이익잉여금	처분전 이익잉여금에 대:		762,366,092
31	00054	차변	0377	미처분이익잉여금	이월이익잉여금에서 대체	762,366,092	

4 재무상태표

재무상태표는 일정시점의 기업의 재무상태를 나타내는 보고서이며, 입력된 자료에 의해 매월 말 또는 결산월의 재무상태표를 조회할 수 있으며, 관리용, 제출용, 표준용으로 구분하여 조회할 수 있다.

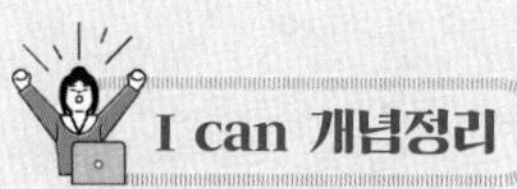

• 재무상태표(관리용)

기간 2025 년 12 월

관리용 | 제출용 | 표준용

과 목	제 18(당)기 2025년1월1일 ~ 2025년12월31일		제 17(전)기 2024년1월1일 ~ 2024년12월31일	
	금액		금액	
자산				
Ⅰ.유동자산		2,375,985,425		1,317,481,100
① 당좌자산		2,268,885,425		1,217,481,100
현금		26,024,820		20,000,000
당좌예금		149,960,000		350,000,000
보통예금		978,232,270		585,000,100

참고 회사관리용 재무상태표이며, 계정과목별 집계내용이 표시된다.

• 재무상태표(제출용)

기간 2025 년 12 월

관리용 | 제출용 | 표준용

과 목	제 18(당)기 2025년1월1일 ~ 2025년12월31일		제 17(전)기 2024년1월1일 ~ 2024년12월31일	
	금액		금액	
자산				
Ⅰ.유동자산		2,375,985,425		1,317,481,100
① 당좌자산		2,268,885,425		1,217,481,100
현금및현금성자산	1,154,217,090		955,000,100	
단기투자자산	52,500,000		32,500,000	
매출채권	911,176,500		231,521,000	
대손충당금	(9,111,765)		(1,540,000)	

참고 기업회계기준에 따른 재무상태표이며, 통합계정으로 표시된다.

• 재무상태표(표준용)

기간 2025 년 12 월 일반 법인용

관리용 | 제출용 | 표준용

당좌자산 | 재고자산 | 기타유동자산 | 투자자산 | 유형자산 | 무형자산 | 기타비유동자산 | 유동부채 | 비유동부채 | 자

차변잔액	차변합계	계 정 과 목	코드	대변합계	대변잔액
2,375,985,425	11,900,026,860	Ⅰ. 유동자산	01	9,524,041,435	
2,121,981,825	6,648,524,960	(1) 당좌자산	02	4,526,543,135	
1,154,217,090	4,302,092,960	1.현금 및 현금성자산	03	3,147,875,870	
10,000,000	10,000,000	2.단기예금	04		
40,000,000	40,000,000	3.유가증권	05		
40,000,000	40,000,000	가.단기매매증권	06		
		나.유동성매도가능증권	07		
		다.유동성만기보유증권	08		

참고 법인세(소득세) 전자신고서식의 재무상태표이다.

6. 근로소득 원천징수

전산세무 2급 자격시험에 출제되는 근로소득 원천징수 관련 메뉴는 [사원등록], [급여자료입력], [원천징수이행상황신고서], [연말정산추가자료입력] 등이 있으며, 주된 내용은 다음과 같다.

회계관리 부가가치 원천징수 [0202] (주)상일미디어 [세무2급] 법인 17기 2024-01-01~2024-12-31 부가세 2024 원천 2024

근로/퇴직/사업

근로소득관리	기초코드등록	데이터관리	전자신고
사원등록 급여자료입력 원천징수이행상황신고서 소득자별근로소득원천징수부 근로소득간이지급명세서 연말정산추가자료입력 근로소득·세액공제신고서 신용카드소득공제신청서 의료비지급명세서 기부금명세서 근로소득원천징수영수증 근로소득자료제출집계표	환경등록 회사등록 부서등록	사원코드변환 마감후이월	전자신고 국세청 홈택스 전자신고변환(교육용)

검색 기수 회사 최근 변환

사원등록	• 사원의 기본적인 인적사항 및 부양가족 공제사항 등록
급여자료입력	• 직원들의 수당 및 공제항목 등록 • 매월 급여자료 입력 및 공제금액 반영
원천징수이행상황신고서	• 입력된 급여자료에 의해 원천징수대상 소득을 집계
연말정산추가자료입력	• 중도퇴사자 및 계속근무자의 연말정산 (소득공제 및 세액공제 항목별 금액입력)

01 사원등록

사원등록은 사원들의 인적사항 및 세법에 의해 소득공제 및 세액공제가 되는 인적공제 사항과 현 근무지 관련 사항을 입력하는 메뉴이며, 급여 관련업무, 상용근로자의 급여지급 시 간이세액조견표에 의한 근로소득원천징수 및 연말정산, 퇴직소득 원천징수와 관련된 가장 기본적인 항목을 등록하는 중요한 메뉴이다.

1 사원등록(기본사항)

사번	성명	주민(외국인)번호	나이

기본사항 | 부양가족명세 | 추가사항

1.입사년월일 년 월 일
2.내/외국인
3.외국인국적 체류자격
4.주민구분 여권번호
5.거주구분 6.거주지국코드
7.국외근로제공 부 8.단일세율적용 부 9.외국법인 파견근로자 부
10.생산직등여부 부 연장근로비과세 부 전년도총급여
11.주소
12.국민연금보수월액 국민연금납부액
13.건강보험보수월액 건강보험산정기준
건강보험료경감 부 건강보험납부액
장기요양보험적용 부 건강보험증번호
14.고용보험적용 부 (대표자 여부 부)
고용보험보수월액 고용보험납부액
15.산재보험적용 부
16.퇴사년월일 년 월 일 (이월 여부 부) 사유

I can 개념정리

- 사번: 숫자 또는 문자를 10자 이내의 사원코드를 등록한다.
- 주민(외국인)번호: 내국인은 [1.주민등록번호]를 선택하여 주민등록번호를 입력하고, 외국인은 [2.외국인등록번호] 또는 [3.여권번호] 중 선택하여 해당 번호를 입력한다.
- 입사년월일: 해당 사원의 입사년월일을 입력한다.
- 내/외국인: 내국인은 "1", 외국인은 "2"를 선택한다.
- 거주구분 & 거주지국코드: 거주자는 "1", 비거주자는 "2"를 선택하며, 비거주자의 경우 거주지국코드를 선택한다.
- 국외근로제공: 국외근로 비과세 유형(1.일반: 월 100만원 비과세, 2.원양·외항 등: 월 500만원 비과세)을 선택하며, 비과세에 해당하지 않으면 "0"을 선택한다.
- 단일세율적용: 외국인근로자의 경우 단일세율 적용여부(0.부, 1.여)를 선택하며, "1.여" 선택 시 근로소득의 80%를 산출세액으로 계산한다.
- 생산직등여부: 연장근로 등이 비과세 적용(전년도 총급여 3,000만원 이하)되는 생산직근로자의 경우 '1'을 입력하고, [연장근로비과세]를 "1.여"로 선택한다. 생산직 이외의 사원의 경우 '0'을 입력한다.
- 주소: 사원의 주소를 코드도움을 이용하여 입력한다.
- 국민연금 & 건강보험료 & 고용보험료: 각 사회보험의 기준소득월액(보수월액)을 입력할 경우, [급여자료입력]메뉴의 사회보험 공제항목에 해당금액이 자동 반영된다.
- 산재보험적용: 산재보험 적용 대상자의 경우 선택하며, 사회보험보수총액에 자동 반영된다.
  (교육용 버전에서는 지원하지 않음)
- 퇴사년월일: 사원이 중도에 퇴사하는 경우 해당 "년, 월, 일"을 반드시 입력하여야 하며, 중도퇴사자 연말정산과 퇴직소득자료입력에 자동 반영된다.

I can 사원등록(기본사항)

※ 회사코드 0202 ㈜삼일미디어 회사로 로그인 ※

다음 제시된 자료를 이용하여 진도준(코드: 1001)부장의 사원등록 작업을 완료하시오.
(건강보험 및 장기요양보험 경감대상여부: 부)

입사년월일	내/외국인	거주지국	주민번호	단일세율 적용여부	거주구분	급여구분
2024.02.01.	내국인	KR	651010-1771119	부	거주자	월급
생산직여부	국외근로적용여부		주 소			퇴사년월일
부	부		서울시 영등포구 영등포로72길 3 (신길동)			-
산재보험 적용여부	국민연금 보수월액	건강보험 보수월액	건강보험증권번호	고용보험 보수월액	고용보험 적용여부	장기요양보험 적 용 여 부
여	5,000,000원	5,000,000원	생 략	5,000,000원	여	여

[진도준] 사원등록(기본사항) 따라하기

'원천징수 ➜ 근로소득관리 ➜ 사원등록' 사번, 성명, 주민등록번호 입력 후 기본사항을 등록한다.

참고 국민연금, 건강보험료, 고용보험료의 기준소득월액(보수월액)을 입력하지 않을 경우 [급여자료 입력] 메뉴에서 사회보험 공제항목의 금액을 직접 입력하여야 한다.

- 사원등록 메뉴에서 좌측의 나이는 현재 날짜 기준이며, 부양가족명세의 나이는 귀속연도 기준으로 나타나므로, 자료 입력·조회 시점에 따라 다르게 보일 수도 있다.

□	사번	성명	주민(외국인)번호	나이
□	1001	진도준	1 651010-1771119	59

기본사항 | 부양가족명세 | 추가사항

연말관계	성명	내/외국인	주민(외국인,여권)번호	나이	기본공제	부녀자	한부모	경로우대	장애인	자녀	출산입양	위탁관계
0	진도준	내	1 651010-1771119	60	본인							
3	정은희	내	1 660212-2111111	59	배우자							배우자
4	진영식	내	1 960725-1182814	29	부							자녀
4	진정식	내	1 061211-3111117	19	20세이하					○		자녀
1	진양철	내	1 390503-1771111	86	60세이상			○				부
1	박순실	내	1 430411-2222229	82	60세이상			○				모
6	전재철	내	1 670826-1771117	58	장애인				1			제

2 사원등록(부양가족명세)

소득자 본인을 포함한 부양가족에 대한 내용을 입력하며, 입력된 사항을 바탕으로 급여자료입력, 연말정산자료입력의 인적공제 내역에 반영된다.

참고 사원등록 메뉴에서 등록된 소득자 본인의 기본정보는 자동으로 표시된다.

- 연말관계: [F2.조회] 메뉴를 이용하거나 연말정산관계 코드번호를 직접 입력할 수 있다.
  0.소득자 본인, 1.소득자의 직계존속, 2.배우자의 직계존속, 3.배우자, 4. 직계비속(자녀+손자녀+입양자), 5.직계비속(4.제외), 6.형제자매, 7.수급자(1-6제외), 8.위탁아동(만 18세 미만)
- 세대주 구분: 세대주 여부에 따라 해당내용을 선택(1.세대주, 2.세대원)한다.
- 부녀자: 본인이 부녀자에 해당하는 경우 선택(1)한다.
- 한부모: 배우자가 없는 자로서, 기본공제대상자인 부양가족(20세 이하)가 있는 경우 선택(1.여)한다.
- 경로우대: 기본공제대상자가 만 70세 이상인 경우 선택(1)한다.
- 장애인: 본인 및 부양가족 중 [1.장애인복지법에 의한 장애인, 2.국가유공자등 근로능력이 없는자, 3.항시 치료를 요하는 중증환자]에 해당되는 내용이 있을 경우 선택(1)한다.
- 자녀: 기본공제대상 자녀 중 8세이상 20세이하의 자녀인 경우 선택(1)한다.
- 출산입양: 공제대상 자녀 중 당해연도에 출산 또는 입양 신고한 경우 선택(1)한다.
- 위탁관계: 부양가족에 대한 본인과의 관계를 [F2.조회] 메뉴를 통해 선택한다.

I can 기본공제대상자 소득요건 판단시 참고사항

종류	소득금액계산	기본공제대상 여부	
근로소득	근로소득 - 근로소득공제	총급여 500만원 이하	○
		총급여 500만원 초과	×
		일용근로자(분리과세)	○
사업소득	총수입금액 - 필요경비공제	소득금액 100만원 이하	○
퇴직소득	비과세를 제외한 퇴직금 전액		
양도소득	양도가액 - 필요경비 - 장기보유특별공제		
연금소득	연금소득 - 연금소득공제	공적연금 516만원 이하	○
		사적연금 1,500만원 이하	○
		사적연금 1,500만원 초과 (선택적 분리과세)	△
기타소득	총수입금액 - 필요경비공제 ➜ 60% (강연료, 원고료 등), 80%, 90% 또는 실제필요경비	100만원 이하	○
		100만원~300만원이하 (선택적 분리과세)	△
		300만원 초과	×
		복권 등(무조건 분리과세)	○
		뇌물 등(무조건 종합과세)	×
금융소득	필요경비 인정 안 됨	2,000만원 이하(분리과세)	○
		2,000만원 초과(종합과세)	×

* 소득금액 계산 시 비과세·분리과세·과세제외 소득은 제외하고, 양도소득금액과 퇴직소득금액은 포함한다. 따라서 소득요건은 종합소득금액·양도소득금액·퇴직소득금액을 모두 합산한 금액이 100만원 이하인 경우에 충족된다.

소득요건: 100만원 ≧ 종합소득금액 + 양도소득금액 + 퇴직소득금액

I can 인적공제대상 해당여부 판단시 참고사항

<table>
<tr><th colspan="2">구 분</th><th>공제금액·한도</th><th colspan="3">공 제 요 건</th></tr>
<tr><td colspan="2" rowspan="9">기본공제</td><td rowspan="9">1명당
150만원</td><td>구분</td><td>소득요건*</td><td>나이요건**</td></tr>
<tr><td>본인</td><td>×</td><td>×</td></tr>
<tr><td>배우자</td><td>○</td><td>×</td></tr>
<tr><td>직계존속</td><td>○</td><td>만 60세 이상</td></tr>
<tr><td>형제자매</td><td>○</td><td>만 20세 이하, 만 60세 이상</td></tr>
<tr><td>직계비속
(입양자 포함)</td><td>○</td><td>만 20세 이하</td></tr>
<tr><td>위탁아동</td><td>○</td><td>만 18세 미만
(보호기간이 연장된 경우로서 20세 이하인 위탁아동 포함)</td></tr>
<tr><td>수급자 등</td><td>○</td><td>×</td></tr>
<tr><td colspan="3">* 연간소득금액 합계액 100만원 이하
(근로소득만 있는 자는 총급여액 500만원 이하)
** 장애인의 경우 나이요건 적용하지 않음</td></tr>
<tr><td rowspan="4">추가공제</td><td>부녀자</td><td>50만원</td><td colspan="3">근로소득금액이 3천만원 이하자인 근로자가 다음 어느 하나에 해당하는 경우
• 배우자가 있는 여성 근로자
• 기본공제대상자가 있는 여성 근로자로서 세대주</td></tr>
<tr><td>한부모</td><td>100만원</td><td colspan="3">배우자가 없는 자로서 기본공제대상인 직계비속 또는 입양자가 있는 경우(부녀자 공제와 중복적용 배제)</td></tr>
<tr><td>경로우대</td><td>1명당 100만원</td><td colspan="3">기본공제대상자 중 만 70세 이상</td></tr>
<tr><td>장애인</td><td>1명당 200만원</td><td colspan="3">기본공제대상자 중 장애인</td></tr>
</table>

I can 사원등록(부양가족명세1)

※ 회사코드 0202 ㈜삼일미디어 회사로 로그인 ※

다음 제시된 자료를 이용하여 진도준(코드: 1001)부장의 부양가족등록 작업을 완료하시오.

- 본인과 부양가족은 모두 거주자이며, 기본공제 대상자가 아닌 경우 '부'로 표시하시오.
- 제시된 소득자료 이외의 소득은 없는 것으로 가정한다.

성명	주민등록번호	관계	동거여부	비 고
진도준	651010 - 1771119	본인	세대주	
정은희	660212 - 2111111	배우자	동거	근로소득 총급여액 5,000,000원
진영식	960725 - 1182814	자녀	동거	
진정식	061211 - 3111117	자녀	동거	
진양철	390503 - 1771111	부	주거형편상 별거	원고료수입 2,000,000원 (필요경비 60%)
박순실	430411 - 2222229	모	주거형편상 별거	일용근로소득 6,000,000원
진재철	670826 - 1771117	형제	동거	장애인복지법상 청각장애인

[진도준] 사원등록(부양가족명세) 따라하기

'원천징수 ➜ 근로소득관리 ➜ 사원등록' 메뉴의 [부양가족명세]탭에서 진도준 사원의 부양가족 현황을 등록한다.

기본사항 | 부양가족명세 | 추가사항

연말관계	성명	내/외국인	주민(외국인,여권)번호		나이	기본공제	부녀자	한부모	경로우대	장애인	자녀	출산입양	위탁관계
0	진도준	내	1	651010-1771119	60	본인							
3	정은희	내	1	660212-2111111	59	배우자							배우자
4	진영식	내	1	960725-1182814	29	부							자녀
4	진정식	내	1	061211-3111117	19	20세이하					○		자녀
1	진양철	내	1	390503-1771111	86	60세이상			○				부
1	박순실	내	1	430411-2222229	82	60세이상			○				모
6	전재철	내	1	670826-1771117	58	장애인				1			제

※ 연말관계 : 0.소득자 본인, 1.소득자의 직계존속, 2.배우자의 직계존속, 3.배우자, 4.직계비속(자녀+입양자)
5.직계비속(4 제외), 6. 형제자매, 7.수급자(1~6 제외),
8.위탁아동(만 18세 미만, 보호기간 연장 시 20세 이하/직접선택)

◆ 부양가족 공제 현황

1. 기본공제 인원 (세대주 구분 1 세대주)

본인	○	배우자	유	20세 이하	1	60세 이상	2

2. 추가공제 인원

경로 우대	2	장 애 인	1	부 녀 자	부
한 부 모	부	출산입양자			

3. 자녀세액공제 인원

자녀세액공제	1

◆ 자녀세액공제는 8세 이상 20세 이하의 자녀인 경우 공제 받을 수 있습니다.

✓ 진도준(본인): 본인은 소득금액과 무관하게 기본공제 대상에 해당하며, 추가공제 사항은 없다.
✓ 정은희(배우자): 근로소득이 500만원 이하이므로 기본공제 가능
(근로소득만 있는 경우 총급여 500만원까지는 기본공제 가능하며, 초과시는 공제 불가능)

✓ 진영식(자녀): 나이 제한(20세초과)으로 기본공제 불가능
✓ 진정식(자녀): 기본공제 및 자녀세액공제 가능
✓ 진양철(부): 기타소득금액이 100만원 이하이므로, 기본공제와 경로우대 공제 가능
(기타소득금액: 기타소득(원고료) 2,000,000원 – 필요경비(60%) 1,200,000원 = 800,000원)
✓ 박순실(모): 일용근로소득만 있으므로, 기본공제와 경로우대 공제 가능
(일용근로소득은 분리과세 소득으로 소득금액으로 산정되지 않음)
✓ 진재철(형제): 장애인은 나인제한이 없으므로, 기본공제와 장애인공제 가능
(장애인의 경우는 나이제한은 받지 않으며, 소득금액에 대한 제한만 받음)

참고 실무적으로는 부양가족명세 등록시 위탁관계를 입력하여야 하지만, 전산세무 2급 자격시험의 확정답안은 위탁관계를 표시하고 있지 않다.

I can 개념정리

• 자녀세액공제는 종합소득이 있는 거주자의 기본공제 대상자에 해당하는 8세 이상 자녀 및 손자녀(입양자 및 위탁 아동 포함)가 있는 경우 자녀 수에 따른 기본공제와 출산·입양에 따른 추가공제 항목이 있다.

구분	내용
자녀 수	기본공제 대상자에 해당하는 8세 이상의 자녀 및 손자녀가 있는 경우에는 다음 금액을 세액공제 • 1명: 25만원 • 2명: 55만원(첫째 25만원, 둘째 30만원) • 3명 이상: 55만원 + 2명 초과인원수 × 40만원
출산·입양	출산(입양)시 첫째 30만원, 둘째 50만원, 셋째부터는 1인당 70만원

※ 7세 이하의 자녀의 경우 매달 아동수당을 받으므로, 자녀세액공제 대상에서 제외된다.

I can 사원등록(부양가족명세2)

※ 회사코드 0202 ㈜삼일미디어 회사로 로그인 ※

다음 제시된 자료를 이용하여 채송화(코드: 2001)사원의 사원등록 및 부양가족등록 작업을 완료하시오.(건강보험 및 장기요양보험 경감대상여부: 부)

입사년월일	내/외국인	거주지국	주민번호	단일세율 적용여부	거주구분	급여구분
2024.02.01.	내국인	KR	750426-2111111	부	거주자	월급
산재보험 적용여부	국민연금 보수월액	건강보험 보수월액	건강보험증권번호	고용보험 보수월액	고용보험 적용여부	장기요양보험 적용 여부
여	3,700,000원	3,700,000원	생 략	3,700,000원	여	여
생산직여부	국외근로적용여부		주 소			퇴사년월일
부	부		서울시 강남구 강남대로2길 3 (양재동)			-

• 본인과 부양가족은 모두 거주자이며, 기본공제 대상자가 아닌 경우 '부'로 표시하시오.
• 제시된 소득자료 이외의 소득은 없는 것으로 가정한다.

성명	주민등록번호	관계	동거여부	비 고
채송화	750426 - 2111111	본인		근로소득금액 3,000만원 초과
이익준	731123 - 1111113	배우자	동거 (세대주)	사업소득 결손금 10,000,000원 (근로소득금액 8,000,000원)
이우주	070711-3111115	자녀	동거	
이세상	190101 - 4261457	자녀	동거	
채은철	810203 - 1222226	형제	동거	장애인복지법상 시각장애인 (이자소득 25,000,000원)
정아영	111109-4222220	위탁	동거	2025년 2월부터 위탁 중

[채송화] 사원등록(기본사항) 따라하기

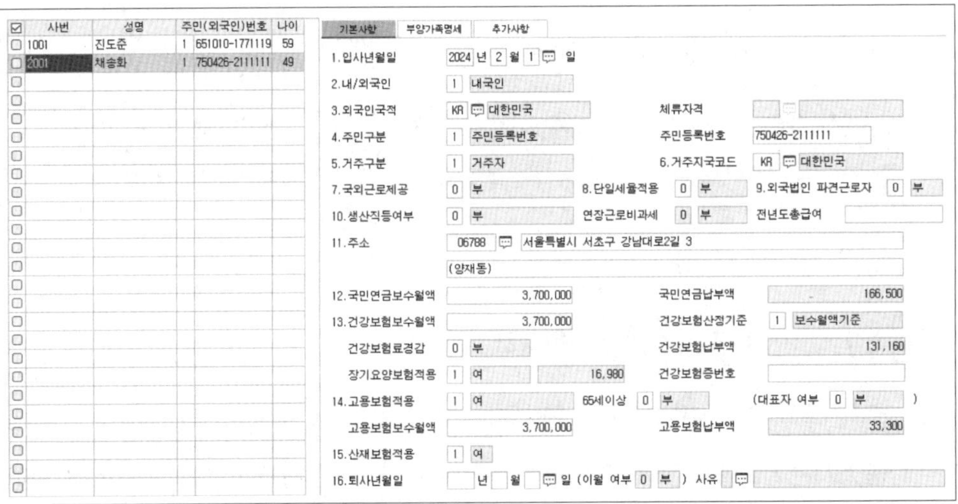

[채송화] 사원등록(부양가족명세) 따라하기

기본사항	부양가족명세	추가사항

연말관계	성명	내/외국인	주민(외국인,여권)번호	나이	기본공제	부녀자	한부모	경로우대	장애인	자녀	출산입양	위탁관계
0	채송화	내	1 750426-2111111	50	본인							
3	이익준	내	1 731123-1111113	52	배우자							배우자
4	이우주	내	1 070711-3111115	18	20세이하					○		자녀
4	이세상	내	1 190101-4261457	6	20세이하							자녀
6	채은철	내	1 810203-1222226	44	부							제
8	정아영	내	1 111109-4222220	14	20세이하					○		기타

※ 연말관계 : 0.소득자 본인, 1.소득자의 직계존속, 2.배우자의 직계존속, 3.배우자, 4.직계비속(자녀+입양자)
5.직계비속(4 제외), 6. 형제자매, 7.수급자(1~6 제외),
8.위탁아동(만 18세 미만, 보호기간 연장 시 20세 이하/직접선택)

◆ 부양가족 공제 현황

1. 기본공제 인원 (세대주 구분 2 세대원)

본인	○	배우자	유	20세 이하	3	60세 이상	

2. 추가공제 인원

경로 우대		장 애 인		부 녀 자	부
한 부 모	부	출산입양자			

3. 자녀세액공제 인원

자녀세액공제	2

◆ 자녀세액공제는 8세 이상 20세 이하의 자녀인 경우 공제 받을 수 있습니다.

✓ 채송화(본인): 세대주가 아니므로 세대주 구분을 세대원으로 수정
(근로소득금액이 3,000만원을 초과하므로 부녀자공제는 불가능)
✓ 이익준(배우자): 종합소득금액이 결손이므로 기본공제 가능
(사업소득 결손금 10,000,000원 - 근로소득금액 8,000,000원 = 종합소득 결손금 2,000,000원)
✓ 이우주(자녀), 이세상(자녀): 별도 소득이 없으므로 기본공제 및 자녀세액공제 가능
✓ 채은철(동생): 장애인 이지만, 금융소득 종합과세자(2천만원 초과)에 해당하여 기본공제 불가능
✓ 정아영(위탁): 위탁일로부터 6개월(만 18세미만)이상 양육하였으므로 기본공제 가능

I can 사원등록(부양가족명세3)

※ 회사코드 0202 ㈜삼일미디어 회사로 로그인 ※

다음 제시된 자료를 이용하여 주여정(코드: 3001)사원의 사원등록 및 부양가족등록 작업을 완료하시오.(건강보험 및 장기요양보험 경감대상여부: 부)

입사년월일	내/외국인	거주지국	주민번호	단일세율 적용여부	거주구분	급여구분
2025.12.01	내국인	KR	831003-1549757	부	거주자	월급
산재보험 적용여부	국민연금 보수월액	건강보험 보수월액	건강보험증권번호	고용보험 보수월액	고용보험 적용여부	장기요양보험 적 용 여 부
여	1,900,000원	1,900,000원	생 략	1,900,000원	여	여
생산직여부	국외근로적용여부		주 소			퇴사년월일
여	부		서울시 관악구 관천로10길 4(신림동)			-

- 본인과 부양가족은 모두 거주자이며, 기본공제 대상자가 아닌 경우 '부'로 표시하시오.
- 제시된 소득자료 이외의 소득은 없는 것으로 가정한다.

성명	주민등록번호	관계	동거여부	비 고
주여정	831003-1549757	본인	세대주	직전연도 총급여 27,000,000원
박연진	551224-2870987	모	동거	양도소득금액 2,000,000원
문동은	851120-2634568	배우자	동거	복권당첨소득 150,000,000원
주예솔	120505-4186453	자녀	동거	

[주여정] 사원등록(기본사항) 따라하기

✓ 연장근로 비과세요건(생산직, 직전연도 총급여 3,000만원 이하) 충족하므로, 연장근로비과세 여부(1.여)를 선택한다.

[주여정] 사원등록(부양가족명세) 따라하기

기본사항 | 부양가족명세 | 추가사항

연말관계	성명	내/외국인		주민(외국인,여권)번호	나이	기본공제	부녀자	한부모	경로우대	장애인	자녀	출산입양	위탁관계
0	주여정	내	1	831003-1549757	42	본인							
1	박연진	내	1	551224-2870987	70	부							모
3	문동은	내	1	851120-2634568	40	배우자							배우자
4	주예솔	내	1	120505-4186453	13	20세이하					○		자녀

※ 연말관계 : 0.소득자 본인, 1.소득자의 직계존속, 2.배우자의 직계존속, 3.배우자, 4.직계비속(자녀+입양자)
5.직계비속(4 제외), 6. 형제자매, 7.수급자(1~6 제외),
8.위탁아동(만 18세 미만, 보호기간 연장 시 20세 이하/직접선택)

◆ 부양가족 공제 현황

1. 기본공제 인원 (세대주 구분 1 세대주)

본인	○	배우자	유	20세 이하	1	60세 이상	

2. 추가공제 인원

경로 우대		장 애 인		부 녀 자	부
한 부 모	부	출산입양자			

3. 자녀세액공제 인원

자녀세액공제	1

◆ 자녀세액공제는 8세 이상 20세 이하의 자녀인 경우 공제 받을 수 있습니다.

✓ 박연진(모): 양도소득금액이 100만원을 초과하므로 기본공제 불가능
✓ 문동은(배우자): 복권당첨소득은 완납적 원천징수 대상이므로 기본공제 가능

3 사원등록(추가사항)

소득자의 기본사항 및 부양가족명세 이외의 급여처리와 관련된 정보를 등록한다.

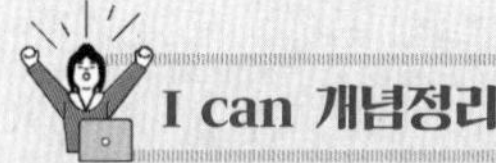

- 중소기업 취업자에 대한 소득세 감면
  ① 대상자: 청년(15세 이상 34세 이하), 60세 이상인 사람, 장애인 및 경력단절여성
  ② 감면기간: 취업일로부터 3년(청년의 경우 5년)
  ③ 감면율: 소득세의 70%(청년의 경우 90%)
  ④ 감면한도: 과세기간별로 200만원 한도
  ⑤ 중소기업 취업자 소득세 감면 제외 업종
    - 전문서비스업(법무 관련, 회계 및 세무 관련 서비스업)
    - 보건업(병원, 의원 등)
    - 금융보험업
    - 교육서비스업(기술 및 직업훈련 제외)
- 등록된 사원의 삭제
  [사원등록] 메뉴에는 별도의 삭제키가 없다. 급여자료의 입력 후 사원등록사항이 삭제되면 급여자료만 남게 되는 문제가 발생하기 때문이다. 단, 급여자료 입력전 혹은 급여자료를 삭제후 사원등록이 입력되어 있다면 커서를 왼쪽 코드란이나 성명란에서 F5키를 통해 삭제가 가능하다.

02 급여자료입력

[급여자료입력] 메뉴는 상용직근로자의 각 월별 급여자료 및 상여금 입력메뉴로 이는 [급여대장]과 [원천징수이행상황신고서]와 [연말정산 근로소득원천징수영수증]에 반영된다.

1 수당등록

수당등록은 사원들의 급여자료 입력 전 공제등록과 함께 선행되어야할 작업이며, 등록된 내용은 언제든지 수정도 가능하다. [급여자료입력]메뉴 상단의 [F4.수당공제]를 통해 등록할 수 있다. 단, 과세수당과 비과세수당을 정확하게 구분하여 등록하여야 한다.

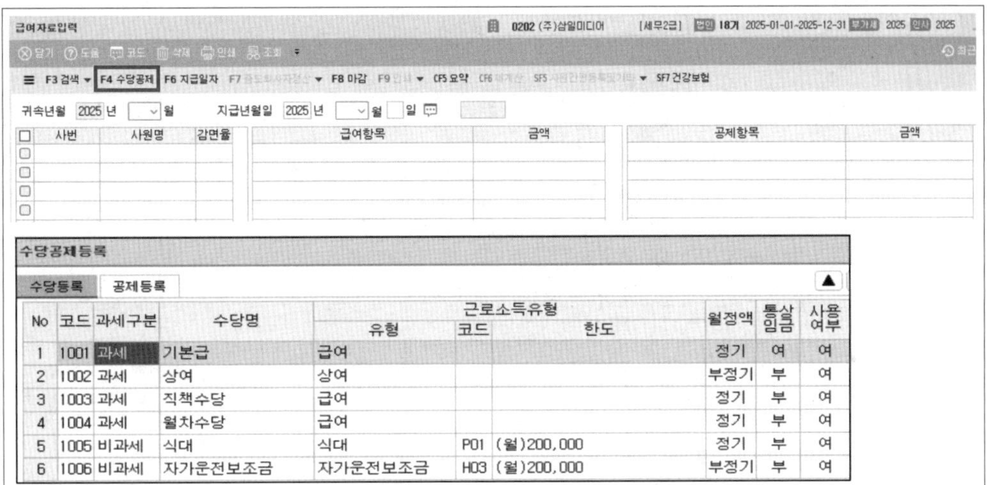

No	코드	과세구분	수당명	근로소득유형 유형	코드	한도	월정액	통상임금	사용여부
1	1001	과세	기본급	급여			정기	여	여
2	1002	과세	상여	상여			부정기	부	여
3	1003	과세	직책수당	급여			정기	부	여
4	1004	과세	월차수당	급여			정기	부	여
5	1005	비과세	식대	식대	P01	(월)200,000	정기	부	여
6	1006	비과세	자가운전보조금	자가운전보조금	H03	(월)200,000	부정기	부	여

참고 기본적인 과세수당과 비과세수당은 등록되어 있으며, 기 등록되어 있는 수당은 삭제할 수 없다. 만약 수당항목을 사용하지 않을 경우는 사용여부를 "부"로 선택하면 급여자료 입력 시 조회되지 않는다.

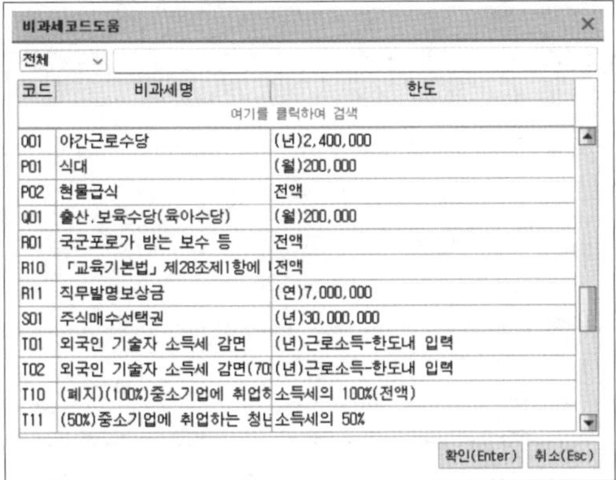

코드	비과세명	한도
001	야간근로수당	(년)2,400,000
P01	식대	(월)200,000
P02	현물급식	전액
Q01	출산.보육수당(육아수당)	(월)200,000
R01	국군포로가 받는 보수 등	전액
R10	「교육기본법」 제28조제1항에	전액
R11	직무발명보상금	(연)7,000,000
S01	주식매수선택권	(년)30,000,000
T01	외국인 기술자 소득세 감면	(년)근로소득-한도내 입력
T02	외국인 기술자 소득세 감면(70	(년)근로소득-한도내 입력
T10	(폐지)(100%)중소기업에 취업하	소득세의 100%(전액)
T11	(50%)중소기업에 취업하는 청나	소득세의 50%

참고 수당항목을 비과세로 등록시 과세구분에서 [2.비과세]를 선택하고, 비과세코드도움에서 비과세유형을 선택하여야 한다.

• 수당등록시 비과세수당 유형

종류	비과세유형	비고
생산직근로자의 연장·야간근로수당	야간근로수당 (O01)	• 연 240만원까지 비과세 • 생산직에 근로하면서 월정액급여 210만원 이하인 경우 비과세(직전연도 총급여 3,000만원 이하)
식대	식대 (P01)	• 월 20만원까지 비과세 • 식사를 제공받을 경우 식대는 과세
자가운전보조금	자가운전보조금 (H03)	• 월 20만원까지 비과세 • 종업원 본인 소유차량으로 회사 업무를 수행하고 지급기준에 의해 지급받는 것, 출장비 별도지급 시 과세
보육수당	보육수당(E01)	• 월 20만원까지 비과세 • 6세 이하의 자녀가 없는 경우는 과세
국외근로소득	국외근로 (M01)	• 월 100만원까지 비과세
국외근로소득	국외근로 (M04)	• 월 500만원까지 비과세(원양, 해외건설)
출산지원금	출산지원금(1회) (Q03)	• 지급규정이 있는 기업이 근로자 또는 배우자의 출산과 관련해 출생일 이후 지급한 출산지원금(한도없음) • 2회까지 적용
출산지원금	출산지원금(2회) (Q04)	
육아/산전휴가	육아(산전후) 휴가급여 (E01)	

참고 연장·야간근로수당의 경우 직종(사무직 및 생산직)에 따라 과세여부(과세 및 비과세)를 등록하지 않고 무조건 비과세로 등록한다. 연장·야간근로수당의 과세여부는 [사원등록]메뉴의 [10.생산직 및 연장근로비과세]설정에 따라 적용된다.

• 수당명: 회사에서 지급할 수당들의 항목을 입력한다.
• 과세구분: 수당의 과세 여부를 선택한다.
• 유형 및 한도: 과세수당은 항목명이 나타나고, 비과세수당은 항목명과 비과세유형과 한도가 표기된다.
• 월정액: 기본적으로 자동 입력되며, 1.정기(급여, 각종수당, 식대 등)와 2.부정기(자가운전보조금 등)를 구분하여 선택한다.
• 사용여부: 수당등록시 기본적으로 "여"로 표기되며, 사용하지 않을 경우 사용 여부를 "부"로 변경한다.
• 기본적으로 "비과세"로 등록되어 있는 식대를 "과세"로 등록할 경우 비과세 유형으로 등록된 식대 항목의 사용 여부를 "부"로 변경하고 추가로 과세유형의 식대항목을 등록하여야 한다.

1005	비과세	식대	식대	P01	(월)200,000	정기	부	부
1006	비과세	자가운전보조금	자가운전보조금	H03	(월)200,000	부정기	부	여
1007	비과세	야간근로수당	야간근로수당	001	(년)2,400,000	부정기	부	여
2001	과세	식대	급여			정기	부	여

• 수당공제등록 메뉴에서 비과세항목 입력화면 색깔표시 ▢를 선택하면 급여자료입력화면에서 비과세항목이 파란색으로 나타난다.

2 공제등록

사원들의 급여 지급 시 발생되는 공제항목을 등록하는 메뉴이며, 수당등록 작업과 함께 작업한다. 기본적인 공제항목은 등록되어 있으며, 필요시 추가등록하여 사용한다.

수당공제등록

수당등록 | 공제등록

No	코드	공제항목명	공제소득유형	사용여부
1	5001	국민연금	고정항목	여
2	5002	건강보험	고정항목	여
3	5003	장기요양보험	고정항목	여
4	5004	고용보험	고정항목	여
5	5005	학자금상환	고정항목	여

참고 전산세무 2급 자격시험에 수당등록 이외에 대출금 혹은 상조회비 등의 공제항목 추가등록 작업이 출제되기도 한다.

3 급여자료입력

수당공제 등록 이후 상용직 사원들의 월별 급여를 입력하는 메뉴이며, [사원등록]메뉴에서 등록된 사원과 [수당공제]등록 메뉴에서 등록한 내용이 반영된다.

I can 개념정리

- 귀속년월: 지급하는 급여 및 상여의 귀속 월을 입력한다. 1월 급여를 2월에 지급하는 경우 귀속연월은 1월로 입력하여야 한다.
- 지급년월일: 지급하는 급여의 지급연월일을 입력한다.
- 급여항목: [수당공제]등록 메뉴에서 등록된 항목이 조회되며 관련 금액을 입력한다.
- 공제항목: 사원등록시 기준소득월액(보수월액)이 입력된 상태에서 급여항목을 입력하면, 공제항목이 자동계산되며, 직접입력도 가능하다.
- 수당등록시 비과세유형으로 등록된 유형의 금액을 한도초과액으로 입력할 경우 그 초과액은 과세항목으로 반영된다. 예를들어 비과세 유형에 해당하는 식대(비과세한도: 20만원)를 30만원 지급하는 경우 비과세 한도 범위의 20만원까지는 비과세 처리되지만, 초과액 10만원은 과세로 처리된다.
- 지급일자: 귀속월별 급여자료를 확인할 수 있으며, 급여자료를 복사하거나 지급일자, 지급구분 등을 변경 및 삭제할 수 있다.
- 중도퇴자사정산: 사원의 중도퇴사시 [사원등록]메뉴에서 퇴사일을 입력한 후 [중도퇴사자정산]메뉴 ➜ [급여반영] 실행 시 중도퇴사자에 대한 연말정산이 반영 및 완료된다.
- 재계산: 과세 및 비과세금액이 변경되거나 사원의 부양가족 등 입력사항의 변경시 사용한다.
- 마감: 당월 급여 지급에 대한 입력을 완료한 경우 선택하며, 마감시 자료의 수정, 재계산, 삭제 등의 작업을 진행할 수 없다. 마감 이후 [마감취소]를 실행하면 마감이 취소된다.

※ 회사코드 0202 ㈜삼일미디어 회사로 로그인 ※

㈜삼일미디어의 급여(1월 ~ 11월)관련 자료는 다음과 같다. 다음 내용을 참고하여 1월부터 11월까지의 급여 자료를 입력하시오.

① 급여내역 중 비과세 적용을 받을 수 있는 모든 급여는 세법상의 비과세 요건을 충족하는 것으로 가정하며, 국민연금, 건강보험료, 고용보험료 등은 프로그램에서 자동계산되는 금액을 반영한다.
② 급여지급일은 매월 25일이다.

※ 급여대장(1월~11월)

구 분		진 도 준	채 송 화
수당	기본급	4,500,000원	3,400,000원
	상여		
	직책수당	500,000원	300,000원
	식대	200,000원	200,000원
	자가운전보조금		200,000원
	야간근로수당		
	보육수당		100,000원
	급여계	5,200,000원	4,200,000원
공제	상조회비	20,000원	20,000원

참고 전산세무 2급 자격시험에서 수당등록은 대부분 비과세수당의 비과세 여부를 직접 판단하고 등록하는 문제가 출제되고 있다.

- ✓ 식대의 경우 회사에서 별도 식사를 제공하는 경우는 과세
- ✓ 생산직사원이더라도 직전년도 총급여가 3,000만원을 초과하거나 월정급여 210만원을 초과하는 사원의 연장근로수당은 과세
- ✓ 본인소유 차량을 회사업무에 이용하지 않는 경우는 과세
- ✓ 6세이하의 자녀가 없는 경우 보육수당은 과세

1. 수당등록

급여자료입력(수당등록) 따라하기

'원천징수 ➜ 근로소득관리 ➜ 급여자료입력' 메뉴에서 [F4.수당공제]메뉴에서 수당항목(과세·비과세)을 추가 등록한다.

수당등록 | 공제등록

No	코드	과세구분	수당명	근로소득유형			월정액	통상임금	사용여부
				유형	코드	한도			
3	1003	과세	직책수당	급여			정기	부	여
4	1004	과세	월차수당	급여			정기	부	여
5	1005	비과세	식대	식대	P01	(월)200,000	정기	부	여
6	1006	비과세	자가운전보조금	자가운전보조금	H03	(월)200,000	부정기	부	여
7	1007	비과세	야간근로수당	야간근로수당	001	(년)2,400,000	부정기	부	여
8	2001	비과세	보육수당	보육수당	Q02	(월)200,000	정기	부	여

참고 수당항목 중 등록되어 있지 않은 '보육수당(비과세코드: Q02.보육수당)'을 추가 등록한다.

2. 공제등록

급여자료입력(공제등록) 따라하기

'원천징수 ➜ 근로소득관리 ➜ 급여자료입력' 메뉴에서 [F4.수당공제]메뉴에서 공재항목을 추가 등록한다.

수당등록 | 공제등록

No	코드	공제항목명	공제소득유형	사용여부
1	5001	국민연금	고정항목	여
2	5002	건강보험	고정항목	여
3	5003	장기요양보험	고정항목	여
4	5004	고용보험	고정항목	여
5	5005	학자금상환	고정항목	여
6	6001	상조회비	기타	여

참고 공제항목 중 등록되어 있지 않은 '상조회비(공제소득유형: 기타)'를 추가 등록한다.

3. 급여자료입력

급여자료입력(1월) 따라하기

'원천징수 ➜ 근로소득관리 ➜ 급여자료입력' 메뉴에서 귀속년월(2025년 1월), 지급년월일(2025년 1월 25일) 입력 후 1월의 급여자료를 입력한다.

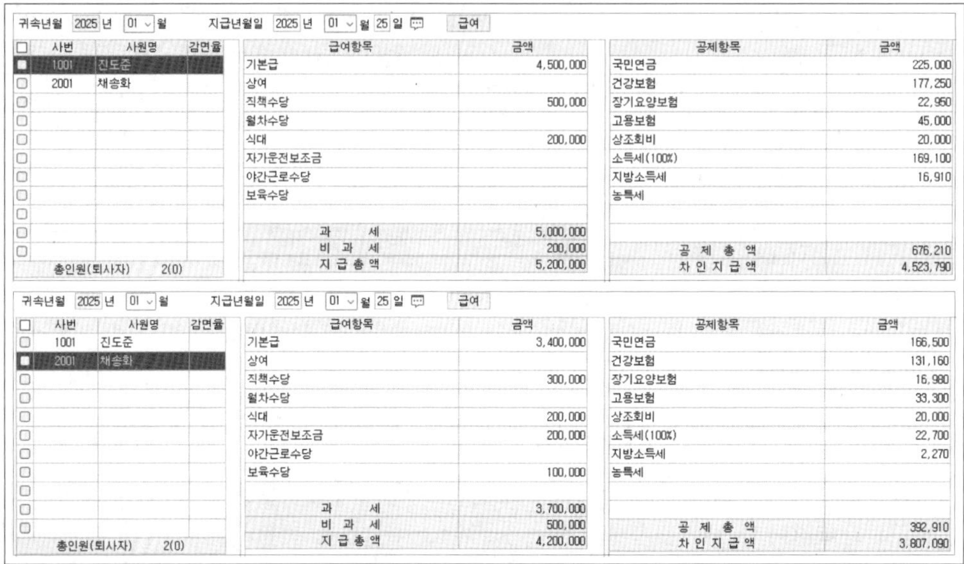

귀속년월 2025 년 01 월 지급년월일 2025 년 01 월 25 일 급여

사번	사원명	감면율
1001	진도준	
2001	채송화	
총인원(퇴사자)	2(0)	

급여항목	금액	공제항목	금액
기본급	4,500,000	국민연금	225,000
상여		건강보험	177,250
직책수당	500,000	장기요양보험	22,950
월차수당		고용보험	45,000
식대	200,000	상조회비	20,000
자가운전보조금		소득세(100%)	169,100
야간근로수당		지방소득세	16,910
보육수당		농특세	
과세	5,000,000		
비과세	200,000	공제총액	676,210
지급총액	5,200,000	차인지급액	4,523,790

귀속년월 2025 년 01 월 지급년월일 2025 년 01 월 25 일 급여

사번	사원명	감면율
1001	진도준	
2001	채송화	
총인원(퇴사자)	2(0)	

급여항목	금액	공제항목	금액
기본급	3,400,000	국민연금	166,500
상여		건강보험	131,160
직책수당	300,000	장기요양보험	16,980
월차수당		고용보험	33,300
식대	200,000	상조회비	20,000
자가운전보조금	200,000	소득세(100%)	22,700
야간근로수당		지방소득세	2,270
보육수당	100,000	농특세	
과세	3,700,000		
비과세	500,000	공제총액	392,910
지급총액	4,200,000	차인지급액	3,807,090

참고 세법개정으로 PG이 업데이트 된 경우 소득세 등 원천징수세액이 다르게 조회될 수 있다.

급여자료입력(2월~11월) 따라하기

'원천징수 ➜ 근로소득관리 ➜ 급여자료입력' 메뉴에서 귀속년월(2025년 2월), 지급년월일(2025년 2월 25일) 입력 후 1월의 급여자료를 복사하여 2월 급여자료를 입력한다.

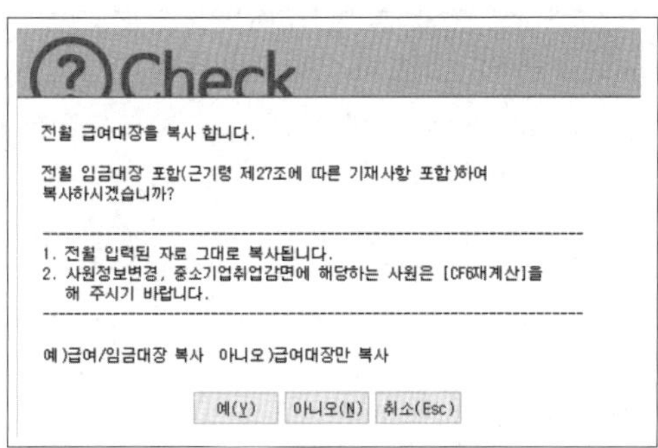

참고 해당 귀속월(3월~11월) 및 지급년월일 입력 후 전월 급여자료를 복사하여 급여자료를 입력하거나, 월별 급여자료를 직접 입력한다.

03 원천징수이행상황신고서

원천징수이행상황신고서는 원천징수의무자가 급여 등 소득을 지급하면서 소득세를 원천징수한 날의 다음달 10일까지 관할세무서에 제출해야 하는 서류이다.

I can 개념정리

- 귀속기간 및 지급기간을 입력하고 신고구분은 [1.정기신고, 2.수정신고, 3.기한후신고]를 선택한다.
- 각 소득에 대해 원천징수의무자가 소득자에게 원천징수한 세액을 확인할 수 있으며, 환급세액의 경우 (−)로 표시된다. 전산세무 2급 자격시험에는 근로소득만 출제되고 있다.
  - ✓ 간이세액: [급여자료입력]메뉴에 입력된 자료가 자동반영
  - ✓ 중도퇴사: 중도퇴사한 사원이 있는 경우 중도퇴자의 자료가 자동반영
  - ✓ 일용근로: [일용근로급여자료입력]메뉴에 입력된 자료가 자동반영(실무 버전만 적용)
  - ✓ 연말정산: 계속근무자에 대한 [연말정산추가자료입력]의 자료가 자동반영
  - ✓ 분납신청: 납부세액에 대해 분납신청을 한 경우 해당 금액을 입력
- 전월에 미환급세액이 있는 경우 [12.전월미환급세액]란에 반영하여야 한다.
- 원천징수액은 일반적으로 월별(매월) 납부하는 것이 원칙이지만, 20인 이하의 기업은 반기(6개월) 단위 납부도 가능하다.
- 원천징수이행상황신고서에 나타나는 [소득세 등] 금액은 지방소득세가 포함되지 않은 금액이다.

I can 출제유형

※ 회사코드 0202 ㈜삼일미디어 회사로 로그인 ※

㈜삼일미디어의 11월 급여자료에 대한 원천징수이행상황신고서(매월 작성)를 작성하시오.

① 10월에 미환급세액이 100,000원 있다고 가정한다.
② 급여지급일은 매월 25일이며, 정기신고에 해당하고, 환급신청은 별도로 하지 않는다.

원천징수이행상황신고서작성 따라하기

'원천징수 ➜ 근로소득관리 ➜ 원천징수이행상황신고서' 메뉴 실행 ➜ 귀속기간(2025년 11월) ~ 2025년 11월), 지급기간(2025년 11월 ~ 2025년 11월), 신고구분(1.정기신고)

귀속기간 2025 년 11 월 ~ 2025 년 11 월 지급기간 2025 년 11 월 ~ 2025 년 11 월 신고구분 1.정기신고 차수

신고구분	☑매월	☐반기	☐수정	☐연말	☐소득처분	☐환급신청	귀속년월	2025년 11월	지급년월	2025년 11월
일괄납부여부	부	사업자단위과세여부		부	부표 작성		환급신청서 작성		승계명세 작성	

원천징수명세및납부세액 | 원천징수이행상황신고서 부표 | 원천징수세액환급신청서 | 기납부세액명세서 | 전월미환급세액 조정명세서 | 차월이월환급세액 승계명세

소득자	소득구분	코드	소득지급 인원	소득지급 총지급액	징수세액 소득세 등	징수세액 농어촌특별세	징수세액 가산세	당월조정 환급세액	납부세액 소득세 등	납부세액 농어촌특별세
개인 거주자 비거주자 / 근로소득	간이세액	A01	2	9,200,000	191,800					
	중도퇴사	A02								
	일용근로	A03								
	연말정산	A04								
	(분납신청)	A05								
	(납부금액)	A06								
	가 감 계	A10	2	9,200,000	191,800			100,000	91,800	
퇴직소득	연금계좌	A21								
	그 외	A22								
	가 감 계	A20								
사업소득	매월징수	A25								
	연말정산	A26								
	가 감 계	A30								
기타소	연금계좌	A41								
	종교인매월	A43								
	종교인연말	A44								
	가상자산	A49								

전월 미환급 세액의 계산			당월 발생 환급세액				18.조정대상환급(14+15+16+17)	19.당월조정 환급세액계	20.차월이월 환급세액	21.환급신청액
12.전월미환급	13.기환급	14.차감(12-13)	15.일반환급	16.신탁재산	금융회사 등	합병 등				
100,000		100,000					100,000	100,000		

참고
- ✓ 귀속기간(귀속월)과 지급기간(지급월)이 다른 경우도 있으므로 확인하여야 한다.
  (당사는 당월의 급여를 당월에 지급하는 '당월귀속 당월지급'형태이다.)
- ✓ [급여자료입력메뉴]에 입력된 급여자료가 자동반영 된다.
- ✓ 전월미환급세액을 [12.전월미환급]란에 입력하면, 납부세액이 자동계산 된다.
- ✓ 11월 납부세액: 원친징수세액(191,800원) - 10월 미환급세액(100,000원) = 91,800원

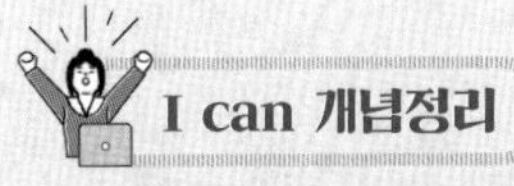

I can 개념정리

- 원천징수이행상황신고서에 반영되는 [간이세액]의 총지급액은 과세수당과 비과세소득(근로소득 지급명세서 미제출 대상 수당 제외)을 합한 금액이다.

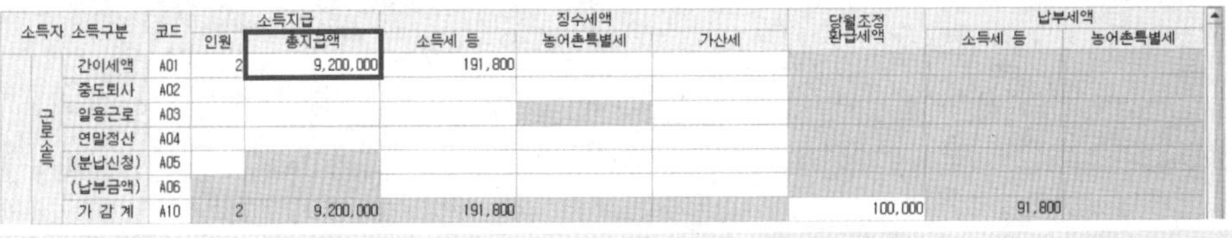

소득자	소득구분	코드	소득지급 인원	소득지급 총지급액	징수세액 소득세 등	징수세액 농어촌특별세	징수세액 가산세	당월조정 환급세액	납부세액 소득세 등	납부세액 농어촌특별세
근로소득	간이세액	A01	2	9,200,000	191,800					
	중도퇴사	A02								
	일용근로	A03								
	연말정산	A04								
	(분납신청)	A05								
	(납부금액)	A06								
	가 감 계	A10	2	9,200,000	191,800			100,000	91,800	

11월 급여자료

4.전체사원-현재	크게보기
지급총액	9,400,000
과세	8,700,000
총비과세	700,000
제출비과세	500,000
미제출비과세	200,000

✓ 11월 급여자료중 과세(8,700,000원)와 제출비과세(500,000원)의 합계액이 총지급액에 반영
✓ 근로소득 지급명세서 제출대상 비과세: 식대, 보육수당, 야간근로 및 국외근로, 연구수당 등
✓ 근로소득 지급명세서 미제출대상 비과세: 자가운전보조금 등

참고 식대는 미제출 대상이었으나 세법 개정으로 인해 제출대상으로 변경되었음.

I can 급여자료입력

※ 회사코드 0202 ㈜삼일미디어 회사로 로그인 ※

㈜삼일미디어의 12월 급여 관련 자료는 다음과 같다. 다음 내용을 참고하여 급여자료를 입력하고, 원천징수이행상황신고서를 작성하시오.

① 국민연금, 건강보험료, 고용보험료 등은 프로그램에서 자동계산되는 금액을 반영하고 수당 및, 공제등록 작업은 생략하고 기 등록된 자료를 활용한다.
② 급여지급일은 매월 25일이다.

※ 급여대장(12월)

구 분		진 도 준	채 송 화	주 여 정
수당	기본급	4,500,000원	3,400,000원	1,900,000원
	상여	5,000,000원	3,000,000원	
	직책수당	500,000원	300,000원	
	식대	200,000원	200,000원	200,000원
	자가운전보조금		200,000원	
	야간근로수당			800,000원
	보육수당		100,000원	
	급여계	10,200,000원	7,200,000원	2,900,000원
공제	상조회비	20,000원	20,000원	10,000원

급여자료입력(12월) 따라하기

'원천징수 ➜ 근로소득관리 ➜ 급여자료입력' 메뉴에서 귀속년월(2025년 12월), 지급년월일(2025년 12월 25일) 입력 ➜ 전월급여자료복사 메뉴에서 "아니요" 선택 후 12월의 급여자료를 입력한다.

귀속년월 2025 년 12 월 지급년월일 2025 년 12 월 25 일 급상여

사번	사원명	감면율	급여항목	금액	공제항목	금액
1001	진도준		기본급	4,500,000	국민연금(60세이상)	225,000
2001	채송화		상여	5,000,000	건강보험	177,250
3001	주여정		직책수당	500,000	장기요양보험	22,950
			월차수당		고용보험	90,000
			식대	200,000	상조회비	20,000
			자가운전보조금		소득세(100%)	1,152,020
			야간근로수당		지방소득세	115,200
			보육수당		농특세	
			과세	10,000,000		
			비과세	200,000	공제총액	1,802,420
총인원(퇴사자)	3(0)		지급총액	10,200,000	차인지급액	8,397,580

사번	사원명	감면율	급여항목	금액	공제항목	금액
1001	진도준		기본급	3,400,000	국민연금	166,500
2001	채송화		상여	3,000,000	건강보험	131,160
3001	주여정		직책수당	300,000	장기요양보험	16,980
			월차수당		고용보험	60,300
			식대	200,000	상조회비	20,000
			자가운전보조금	200,000	소득세(100%)	281,300
			야간근로수당		지방소득세	28,130
			보육수당	100,000	농특세	
			과세	6,700,000		
			비과세	500,000	공제총액	704,370
총인원(퇴사자)	3(0)		지급총액	7,200,000	차인지급액	6,495,630

사번	사원명	감면율	급여항목	금액	공제항목	금액
1001	진도준		기본급	1,900,000	국민연금	85,500
2001	채송화		상여		건강보험	67,350
3001	주여정		직책수당		장기요양보험	8,720
			월차수당		고용보험	17,100
			식대	200,000	상조회비	10,000
			자가운전보조금		소득세(100%)	
			야간근로수당	800,000	지방소득세	
			보육수당		농특세	
			과세	1,900,000		
			비과세	1,000,000	공제총액	188,670
총인원(퇴사자)	3(0)		지급총액	2,900,000	차인지급액	2,711,330

참고 세법개정으로 PG이 업데이트 된 경우 소득세 등 원천징수세액이 다르게 조회될 수 있다.

원천징수이행상황신고서작성 따라하기

'원천징수 ➜ 근로소득관리 ➜ 원천징수이행상황신고서' 메뉴 실행 ➜ 귀속기간(2025년 12월 ~ 2025년 12월), 지급기간(2025년 12월 ~ 2025년 12월), 신고구분(1.정기신고)

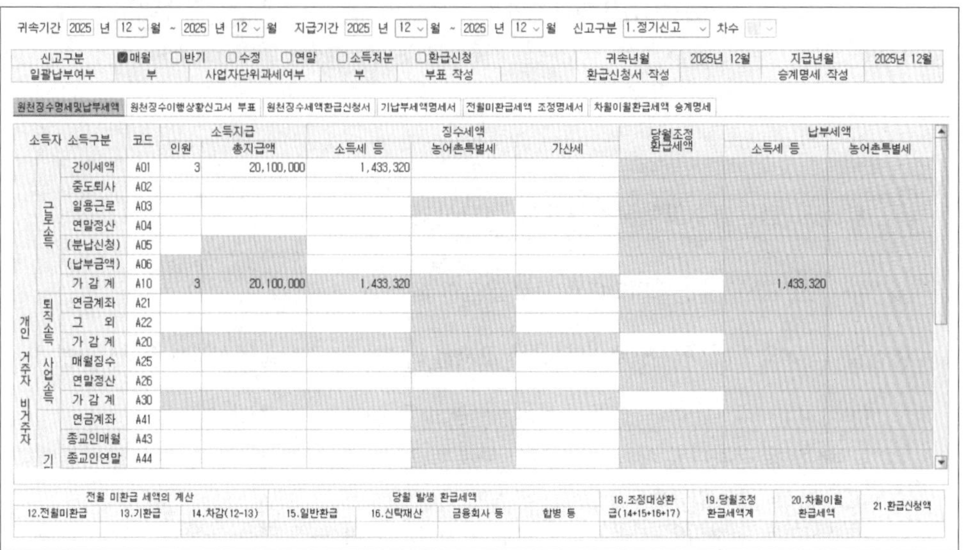

04 원천징수이행상황신고서 전자신고

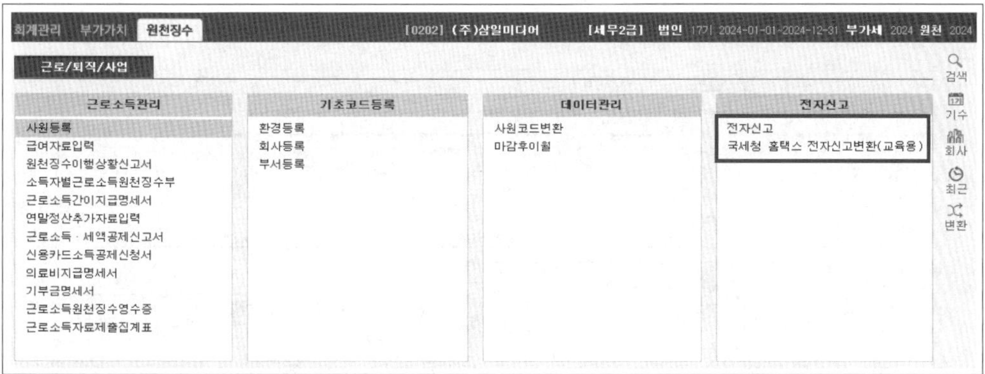

원천징수이행상황신고서 전자신고 메뉴는 KcLep교육용 프로그램에서 부가가치세 전자신고를 위한 파일변환 및 전자신고를 경험해 볼 수 있는 메뉴이며, 신고서 작성 및 전자신고 프로세스는 다음과 같다.

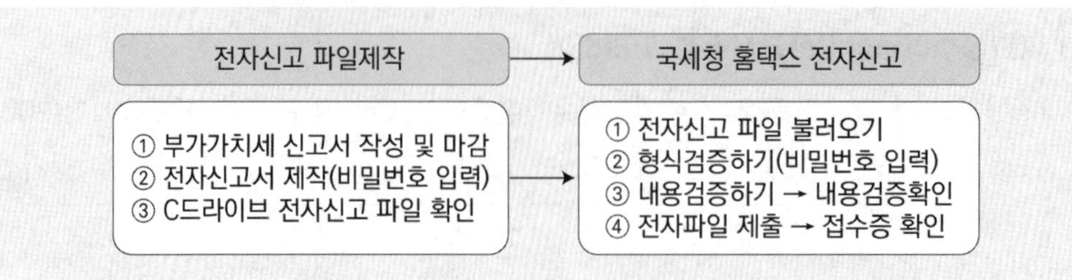

I can 원천징수이행상황신고서 전자신고

※ 회사코드 0202 ㈜삼일미디어 회사로 로그인 ※

㈜삼일미디어의 11월 원천징수이행상황신고서를 마감하고, 가상홈택스에서 전자신고를 하시오.

① [전자신고] → [국세청 홈택스 전자신고변환(교육용)] 순으로 진행한다.
② 전자신고용 전자파일 제작 시 신고인 구분은 2.납세자 자진신고로 선택하고, 비밀번호는 "12341234"로 입력한다.
③ 전자신고용 전자파일 저장경로는 로컬디스크(C:)이며, 파일명은 "작성연월일.01.t1378187797"이다.
④ 최종적으로 국세청 홈택스에서 [전자파일 제출하기]를 완료한다.

원천징수이행상황신고서 전자신고 따라하기

1. 원천징수이행상황신고서 마감

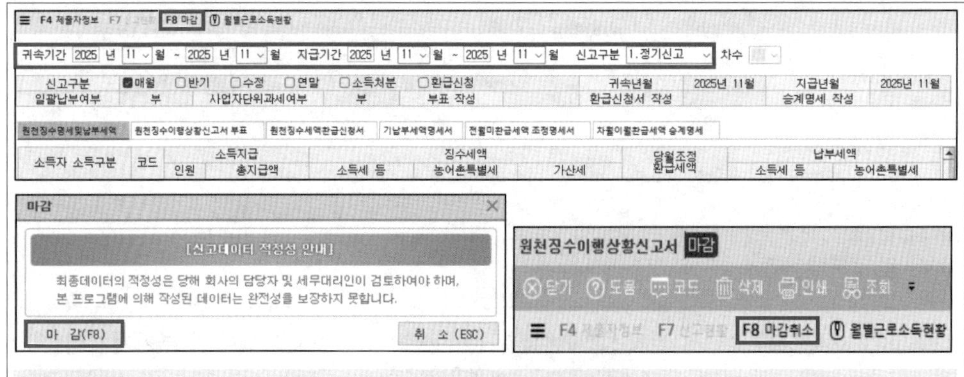

① [원천징수] ➜ [근로소득관리] ➜ [원천징수이행상황신고서]
- 귀속기간(2025년 11월 ~ 2025년 11월), 지급기간(2025년 11월 ~ 2025년 11월), 신고구분(1.정기신고) 조회 후 저장된 11월 원천징수이행상황신고서를 불러온다.
- 상단 [F8.마감] ➜ 마감 후 [F8.마감취소] 메뉴 확인

2. 전자신고 파일제작

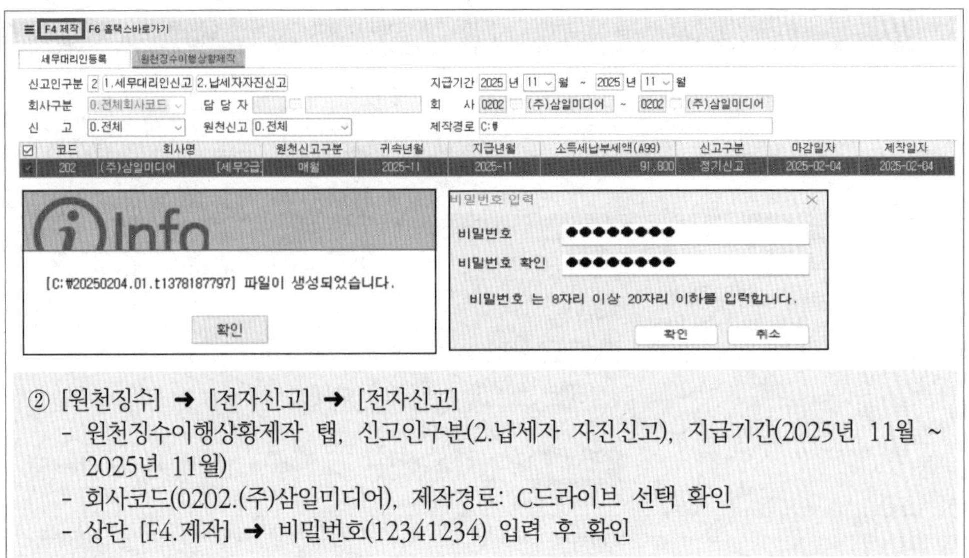

② [원천징수] ➜ [전자신고] ➜ [전자신고]
- 원천징수이행상황제작 탭, 신고인구분(2.납세자 자진신고), 지급기간(2025년 11월 ~ 2025년 11월)
- 회사코드(0202.(주)삼일미디어), 제작경로: C드라이브 선택 확인
- 상단 [F4.제작] ➜ 비밀번호(12341234) 입력 후 확인

3. 국세청 홈택스 전자신고

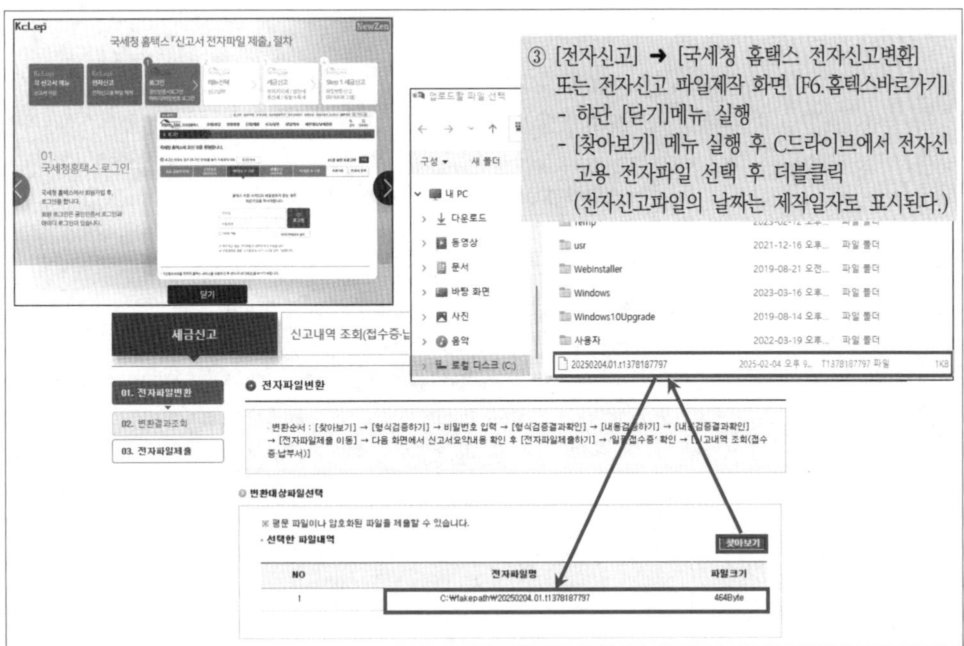

③ [전자신고] ➜ [국세청 홈택스 전자신고변환] 또는 전자신고 파일제작 화면 [F6.홈텍스바로가기]
- 하단 [닫기]메뉴 실행
- [찾아보기] 메뉴 실행 후 C드라이브에서 전자신고용 전자파일 선택 후 더블클릭 (전자신고파일의 날짜는 제작일자로 표시된다.)

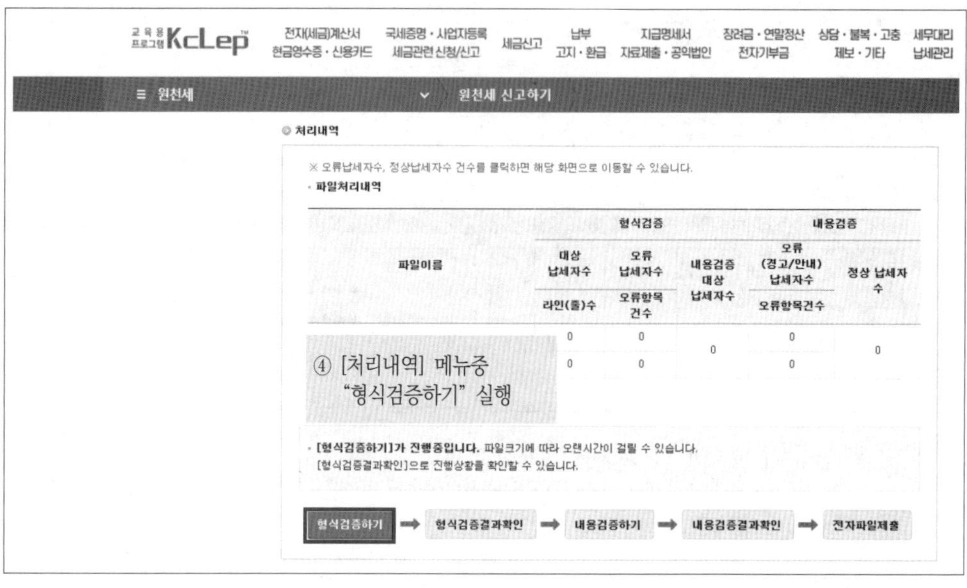

원천세
원천세 신고하기
처리내역
※ 오류납세자수, 정상납세자수 건수를 클릭하면 해당 화면으로 이동할 수 있습니다.
파일처리내역
④ [처리내역] 메뉴중 "형식검증하기" 실행
[형식검증하기]가 진행중입니다. 파일크기에 따라 오랜시간이 걸릴 수 있습니다.
[형식검증결과확인]으로 진행상황을 확인할 수 있습니다.
형식검증하기
형식검증결과확인
내용검증하기
내용검증결과확인
전자파일제출

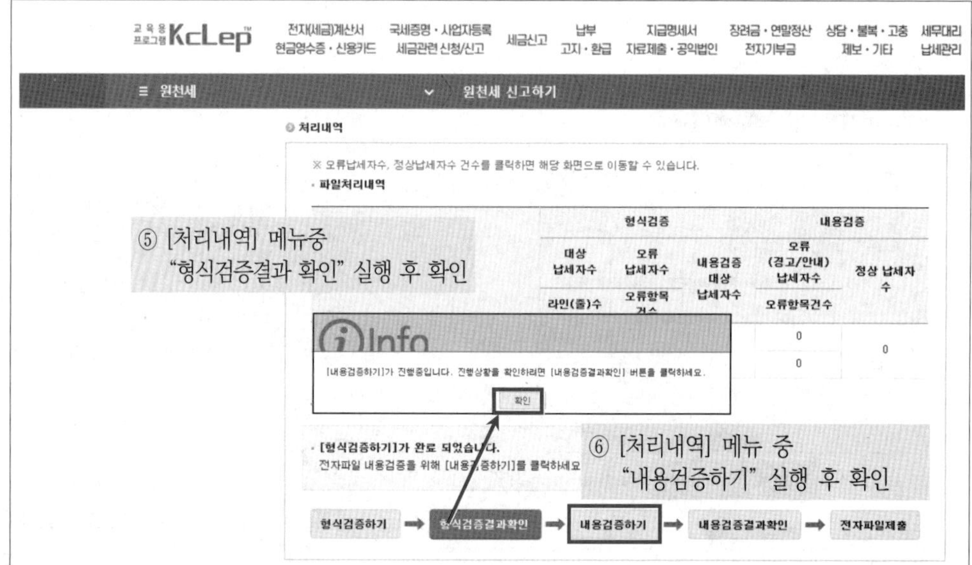

원천세
원천세 신고하기
처리내역
⑤ [처리내역] 메뉴중 "형식검증결과 확인" 실행 후 확인
Info
[내용검증하기]가 진행중입니다. 진행상황을 확인하려면 [내용검증결과확인] 버튼을 클릭하세요.
확인
[형식검증하기]가 완료 되었습니다.
⑥ [처리내역] 메뉴 중 "내용검증하기" 실행 후 확인
형식검증하기
형식검증결과확인
내용검증하기
내용검증결과확인
전자파일제출

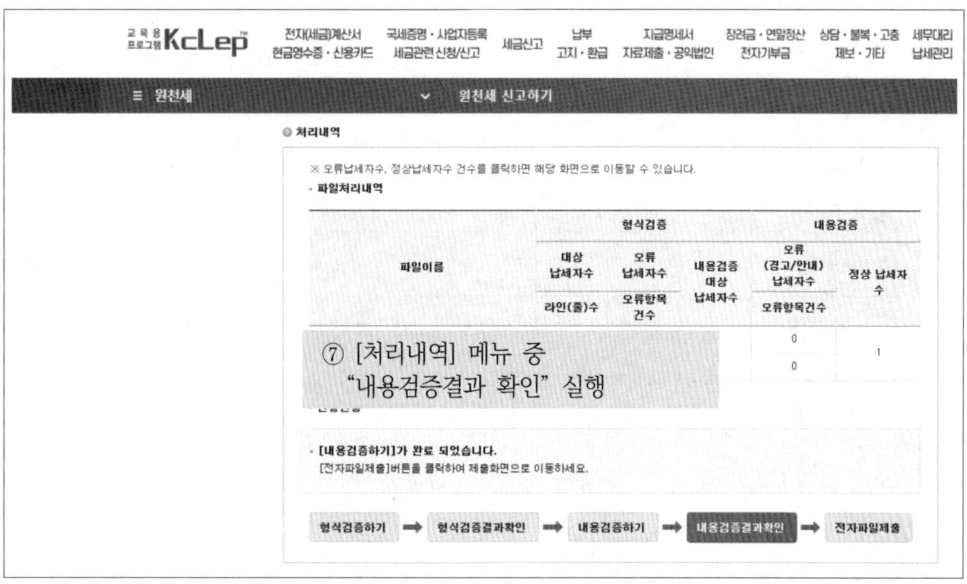

≡ 원천세
원천세 신고하기
처리내역
※ 오류납세자수, 정상납세자수 건수를 클릭하면 해당 화면으로 이동할 수 있습니다.
파일처리내역
⑦ [처리내역] 메뉴 중
"내용검증결과 확인" 실행
[내용검증하기]가 완료 되었습니다.
[전자파일제출]버튼을 클릭하여 제출화면으로 이동하세요.
형식검증하기
형식검증결과확인
내용검증하기
내용검증결과확인
전자파일제출

진행현황
[내용검증하기]가 완료 되었습니다.
[전자파일제출]버튼을 클릭하여 제출화면으로 이동하세요.
⑧ [처리내역] 메뉴 중
"전자파일 제출" 실행
➜ 전자신고 파일 확인 후
[전자파일 제출하기] 실행
➜ 정상변환된 신고서 제출 '확인'
형식검증하기
형식검증결과확인
내용검증하기
내용검증결과확인
전자파일제출

≡ 원천세
원천세 신고하기
원천세 신고
세금신고
신고내역 조회(접수증·납부서)
신고부속·증빙서류 제출
삭제내역 조회
01. 전자파일변환
02. 변환결과조회
03. 전자파일제출
전자파일 제출
Info
정상변환된 신고서를 제출합니다.
확인
1 (주)삼일… 1378187797 202511 원천징수이… 정기(확정) 정기신고 미제출(0종) 9,200,000
이전
전자파일 제출하기

원천세 신고서 접수증(파일변환)

⑨ 원천징수이행상황신고서 전자신고 접수증 확인

· 접수내용

사용자ID		사용자명		접수일시	2025-02-04 21:53:05
총 신고건수	1건	정상건수	1건	오류건수	0건

· 정상제출내용

(단위 : 원) 10건 확인

과세년월	신고서종류	신고구분	신고유형	상호 (성명)	사업자(주 등록번호
202511	원천징수이행상황…	정기(확정)	정기신고	(주)삼일미디어 [세…	13781877

1 총1건(1/1)

위와 같이 접수 되었습니다.

⑨ 원천징수이행상황신고서 전자신고 접수증 확인

닫기 인쇄하기

05 연말정산추가자료입력

연말정산이란 원천징수의무자가 근로자(일용근로자 제외)의 해당 과세기간 근로소득금액 또는 중도에 퇴직하는 경우에는 퇴직한 달까지의 해당 과세기간 근로소득금액에 대해 그 근로자가 제출한 소득공제신고서 등의 내용에 따라 부담하여야 할 소득세액을 확정하는 제도이다. 원천징수의무자가 다음 연도 2월분의 급여(퇴직하는 달의 급여)를 지급하는 때에 1년간의 총급여액에 대한 근로소득세액을 매월 급여 지급시 근로소득세액조견표에 따라 원천징수한 세액과 비교하여 돌려주거나 부족한 경우 추가 징수하는 것으로 그 유형은 다음과 같다.

계속근무자	다음연도 2월 급여 지급시에 연말정산을 진행한다. • [연말정산추가자료입력] ➜ [F3.전체사원] 메뉴실행 후 입력
2곳 이상의 근무지가 있는 경우	근무처가 2곳 이상인 근로자는 주된 근무지와 종된 근무지를 정하여 근무지(변동)신고서를 주된 근무지의 원천징수의무자를 통하여 관할세무서장에게 제출해야 한다. 또한 주된 근무지 원천징수의무자는 종된 근무지 원천징수의무자에게 그 사실을 통보하여야 한다. • [연말정산추가자료입력] ➜ [소득명세]탭 ➜ 종(전)근무지에 자료입력

중도입사자 (재취업자)	해당 과세기간 중도에 퇴직하고 새로운 근무지에 취직한 근로소득자가 종전 근무지에서 해당 과세기간의 1월부터 퇴직한 날이 속하는 달까지 받은 근로소득을 포함하여 근로소득자 소득공제신고서를 제출한 때에는 현근무지 원천징수의무자는 전근무지의 근로소득과 합산하여 연말정산을 하여 소득세를 원천징수한다. • [연말정산추가자료입력] ➜ [소득명세]탭 ➜ 종(전)근무지에 자료입력
중도퇴사자	사업연도 중에 근로자가 퇴사하는 경우 퇴사한 달의 급여를 지급할 때 중도퇴사자에 대한 연말정산을 진행한다. • [사원등록] ➜ [기본사항]탭 ➜ 16.퇴사년월일 메뉴에 퇴사일 입력 • [연말정산추가자료입력] ➜ [중도]탭 ➜ 해당사원의 연말정산자료 입력

1 연말정산추가자료입력

연말정산 추가자료입력 메뉴에는 [사원등록] 메뉴에서 등록한 부양가족명세에 따른 인적공제와 자녀세액공제 내용 및 [급여자료입력] 메뉴에서 등록된 사회보험료 등의 원천징수내역이 자동 반영되며, 소득공제와 세액공제와 관련된 내용을 추가할 수 있는 메뉴이다.

- 전체사원: 사원등록 메뉴에 등록된 모든 사원을 불러올 경우 사용하며, 사원은 사번에서 [F2.조회] 메뉴를 통해서도 등록 가능하다.
- 세로확대 및 세로축소: [연말정산추가자료입력]메뉴의 화면 세로크기를 확대 혹은 축소할 수 있다.
- 급여자료갱신: 현사원에 대한 변경된 사원정보 및 급여정보를 반영한다.
- 추가공제갱신: 사원 및 부양가족의 주민등록번호를 기준으로 추가공제를 자동표시해 준다.
- 부양가족탭불러오기: [부양가족]탭에 입력된 보험료, 의료비, 신용카드, 기부금 등의 지출액을 연말정산입력탭에 자동 반영해준다.
- 전년도기부금불러오기: 이월기부금이 있는 경우 [기부금]탭에 입력된 전년도 이월결손금을 자동 반영해준다.
- 소득공제신고서불러오기: [신용카드소득공제신청서] 및 [근로소득공제신고서]의 지출액을 반영하여 공제금액을 재계산 할 수 있다.
- 정산년월: 연말정산을 하는 년월을 입력하며, 계속근무자의 연말정산은 2025년 2월로 관리된다.
- 귀속기간: [사원등록]메뉴에 입력된 입사년월과 퇴사년월이 자동반영 된다.

1. 계속 & 중도 & 정산

계속근무자의 연말정산일 경우 [계속]탭을 선택하고, 중도퇴사자의 정산데이터를 반영할 경우 [중도]탭을 선택한다. [전체]탭 에서는 계속근무자와 중도퇴사자 모두를 조회하고 작업할 수 있다.

2. 소득명세 탭

[급여자료입력] 메뉴에 입력한 급여내용이 자동으로 나타나며, 중도입사자 또는 2이상 근무지가 있는 경우 종(전)근무지의 소득자료를 입력할 수 있다.

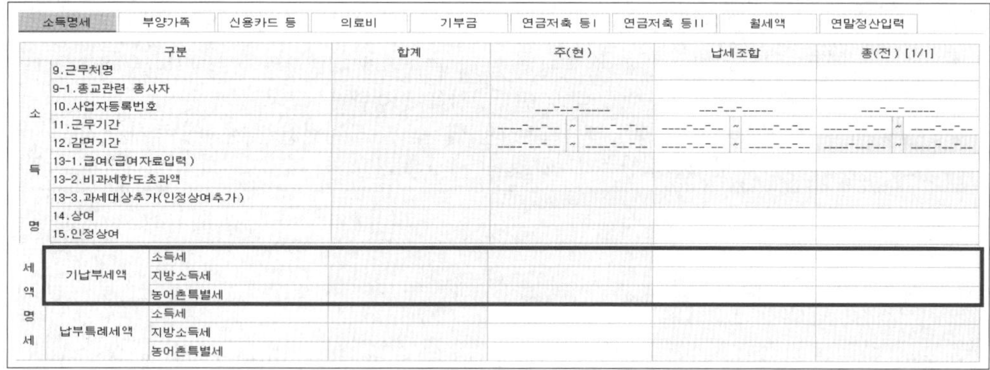

소득명세 | 부양가족 | 신용카드 등 | 의료비 | 기부금 | 연금저축 등I | 연금저축 등II | 월세액 | 연말정산입력

구분			합계	주(현)	납세조합	종(전) [1/1]
소득명세	9.근무처명					
	9-1.종교관련 종사자					
	10.사업자등록번호			---·--·-----	---·--·-----	---·--·-----
	11.근무기간			----·--·-- ~ ----·--·--	----·--·-- ~ ----·--·--	----·--·-- ~ ----·--·--
	12.감면기간			----·--·-- ~ ----·--·--	----·--·-- ~ ----·--·--	----·--·-- ~ ----·--·--
	13-1.급여(급여자료입력)					
	13-2.비과세한도초과액					
	13-3.과세대상추가(인정상여추가)					
	14.상여					
	15.인정상여					
세액명세	기납부세액	소득세				
		지방소득세				
		농어촌특별세				
	납부특례세액	소득세				
		지방소득세				
		농어촌특별세				

참고 종(전)근무지 자료 입력 시 기납부세액(세액명세)란은 기납부세액이 아닌, 결정세액을 입력하여야 한다.

3. 부양가족 탭

[사원등록] 메뉴에 입력한 부양가족과 관련된 인적공제 내용이 자동으로 반영되며, 직접입력할 수도 있으며, 공제항목별 입력방법은 아래와 같다.

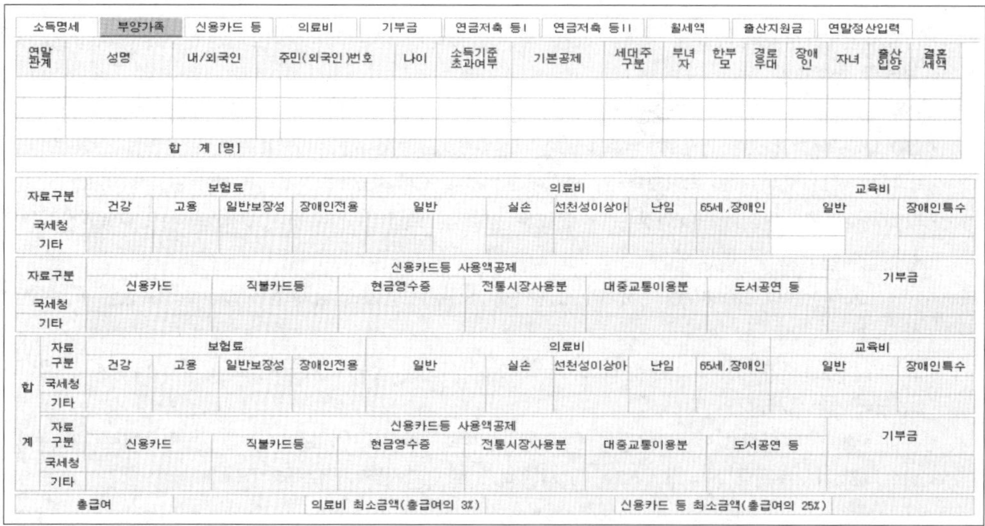

소득명세 | 부양가족 | 신용카드 등 | 의료비 | 기부금 | 연금저축 등I | 연금저축 등II | 월세액 | 출산지원금 | 연말정산입력

연말관계	성명	내/외국인	주민(외국인)번호	나이	소득기준초과여부	기본공제	세대주구분	부녀자	한부모	경로우대	장애인	자녀	출산입양	결혼세액
	합 계 [명]													

자료구분	보험료				의료비					교육비	
	건강	고용	일반보장성	장애인전용	일반	실손	선천성이상아	난임	65세,장애인	일반	장애인특수
국세청											
기타											

자료구분	신용카드등 사용액공제						기부금
	신용카드	직불카드등	현금영수증	전통시장사용분	대중교통이용분	도서공연 등	
국세청							
기타							

합계	자료구분	보험료				의료비					교육비	
		건강	고용	일반보장성	장애인전용	일반	실손	선천성이상아	난임	65세,장애인	일반	장애인특수
	국세청											
	기타											
	자료구분	신용카드등 사용액공제						기부금				
		신용카드	직불카드등	현금영수증	전통시장사용분	대중교통이용분	도서공연 등					
	국세청											
	기타											

총급여		의료비 최소금액(총급여의 3%)		신용카드 등 최소금액(총급여의 25%)	

- ✓ 보험료: 공제대상자 선택 ➜ [보험료] 더블클릭 후 공제대상 보장성보험료 입력
- ✓ 의료비: 공제대상자 선택 ➜ [의료비] 더블클릭 후 [의료비]탭에서 대상자별 지급명세서 내용 입력
- ✓ 교육비: 공제대상자 선택 ➜ 지출액 입력 후 교육비 구분 선택
- ✓ 신용카드: 공제대상자 선택 ➜ [신용카드] 더블클릭 후 [신용카드 등]탭에서 대상자별 지출액 입력
- ✓ 기부금: 공제대상자 선택 ➜ [기부금] 더블클릭 후 [기부금]탭에서 대상자별 지출액 입력

참고 보험료와 교육비는 국세청신고분과 기타분을 구분하여 입력하여야 하며, 전산세무 2급 자격시험에는 국세청신고분으로 출제되고 있다.

4. 신용카드등 탭

신용카드 사용액을 부양가족별(나이무관, 소득제한) 사용액을 입력하며, [신용카드 등]탭에 입력된 금액은 [부양가족]탭과 [연말정산입력]탭에 자동반영(F8.부양가족 불러오기)된다.

소득명세 | 부양가족 | 신용카드 등 | 의료비 | 기부금 | 연금저축 등 I | 연금저축 등 II | 월세액 | 출산지원금 | 연말정산입력

☐	성명 생년월일	자료구분	신용카드	직불,선불	현금영수증	도서등 신용	도서등 직불	도서등 현금	전통시장	대중교통	합계
☐											
☐											
☐											

참고 도서등신용·도서등직불·도서등현금: 총급여액 7,000만원 이하자로 도서, 신문, 공연, 박물관, 미술관, 영화관람 등의 지출액이 있는 경우 입력한다.

5. 의료비 탭

기본공제대상자(나이무관, 소득무관)를 위해 지출한 의료비가 있을 경우 F2(조회)를 이용하여 공제대상자를 선택 후 해당 금액을 입력하며, [의료비]탭에 입력된 금액은 [부양가족]탭과 [연말정산입력]탭에 자동반영(F8.부양가족 불러오기)된다.

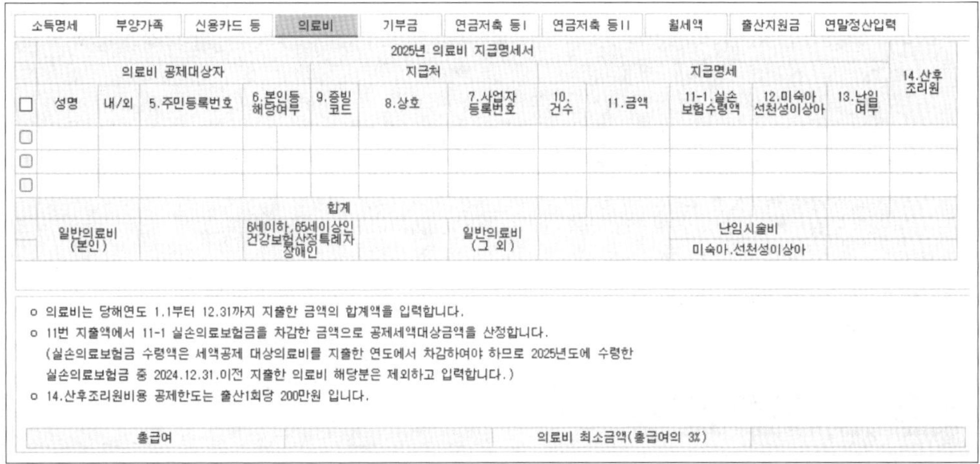

소득명세 | 부양가족 | 신용카드 등 | 의료비 | 기부금 | 연금저축 등 I | 연금저축 등 II | 월세액 | 출산지원금 | 연말정산입력

2025년 의료비 지급명세서

의료비 공제대상자					지급처			지급명세					14.산후조리원
☐	성명	내/외	5.주민등록번호	6.본인등 해당여부	9.증빙코드	8.상호	7.사업자 등록번호	10.건수	11.금액	11-1.실손 보험수령액	12.미숙아 선천성이상아	13.난임 여부	
☐													
☐													
☐													

합계

일반의료비 (본인)		6세이하,65세이상인 건강보험산정특례자 장애인		일반의료비 (그 외)		난임시술비 / 미숙아.선천성이상아	

o 의료비는 당해연도 1.1부터 12.31까지 지출한 금액의 합계액을 입력합니다.
o 11번 지출액에서 11-1 실손의료보험금을 차감한 금액으로 공제세액대상금액을 산정합니다.
(실손의료보험금 수령액은 세액공제 대상의료비를 지출한 연도에서 차감하여야 하므로 2025년도에 수령한 실손의료보험금 중 2024.12.31.이전 지출한 의료비 해당분은 제외하고 입력합니다.)
o 14.산후조리원비용 공제한도는 출산1회당 200만원 입니다.

총급여		의료비 최소금액(총급여의 3%)	

✓ 본인등 해당여부: 부양가족에 따라 전액공제대상 및 일정공제대상한도로 자동설정되며 수정도 가능하다.

✓ 지급처: 증빙코드를 입력하며, [1.국세청장]을 선택한 경우 상호, 사업자등록번호, 건수는 입력하지 않으며, 그 이외의 증빙코드는 상호, 사업자등록번호, 건수 등을 입력한다.

✓ 지급명세: 의료비 지출액을 금액란에 입력하며, 실손보험수령액이 있는 경우 의료비 지출액 전액을 입력하고 실손보험수령액을 함께 입력한다.(미숙아 및 선천성이상아, 난임 시술비의 지출액이 있을 경우 해당란에 [1.해당]을 선택한다.)

✓ 산후조리원: 출산 1회당 200만원을 한도로 금액란에 입력하고, [1.해당]을 선택한다.

6. 기부금 탭

기본공제대상자(나이무관, 소득제한)가 지출한 기부금이 있을 경우 F2(조회)를 이용하여 공제대상자를 선택 후 해당 금액을 입력하며, [기부금]탭에 입력된 금액은 [부양가족]탭과 [연말정산입력]탭에 자동반영(F8.부양가족 불러오기)된다.

✓ 기부금 유형: F2(조회)를 이용하여 기부금 코드를 선택하며, 기부처에 따른 유형은 아래와 같다.
- 국가나 지방자치단체, 학교 등에 기부한 기부금 ➜ 10.특례기부금
- 본인 명의의 정치자금 ➜ 20.정치자금기부금
  (10만원 이하는 100/110의 금액은 세액공제, 초과분은 특례기부금으로 세액공제)
- 종교단체 이외의 일반기부금 단체에 지출한 기부금 ➜ 40.일반기부금
- 종교단체 기부금 ➜ 41.일반기부금
- 본인(비조합원)이 우리사주조합에 지출한 기부금 ➜ 42.우리사주조합 기부금
- 본인이 지출한 고향사랑기부금 ➜ 43.고향사랑 기부금

✓ 기부금명세서 작성순서: [기부금 입력]탭 ➜ [기부금 조정]탭 ➜ [공제금액계산]선택 후 불러오기 ➜ 공제금액 반영 ➜ 저장 ➜ 종료

7. 연금저축 등 I II 탭

구 분	내 용
① 연금계좌 세액공제	근로자퇴직연금보장법에 따른 근로자 부담금이 있을 경우 입력하며, [연말정산입력]탭의 "연금계좌(59.근로자퇴직연금)"란에 자동반영 된다.
② 연금계좌 세액공제	개인연금저축과 연금저축 불입액이 있을 경우 입력하며, [연말정산입력]탭의 "연금계좌(38.개인연금저축, 60.연금저축)"란에 자동반영 된다.
③ 연금계좌 세액공제	개인종합자산관리계좌(ISA) 만기시 연금계좌로 전환한 금액이 있는 경우 입력하며, [연말정산입력]탭의 "연금계좌(60-1.ISA연금계좌전환)"란에 자동반영 된다.
④ 주택마련저축 공제	청약저축 혹은 주택청약종합저축이 있는 경우 입력하며, [연말정산입력]탭의 "40.주택마련저축소득공제"란에 자동반영 된다.

✓ 장기집합투자액이 있는 경우, 중소기업창업투자조합 등에 출자 또는 투자한 경우, 청년 장기집합투자증권저축이 있는 경우 [연금저축 등 II]탭의 해당란에 각각 입력한다.

8. 월세액 탭

총급여 8,000만원 이하인 근로자와 기본공제대상자의 월세 지출액이 있는 경우 임차인의 정보를 입력하며, [월세액]탭에 입력된 금액은 [연말정산입력]탭의 "70.월세액"란에 자동반영 된다.

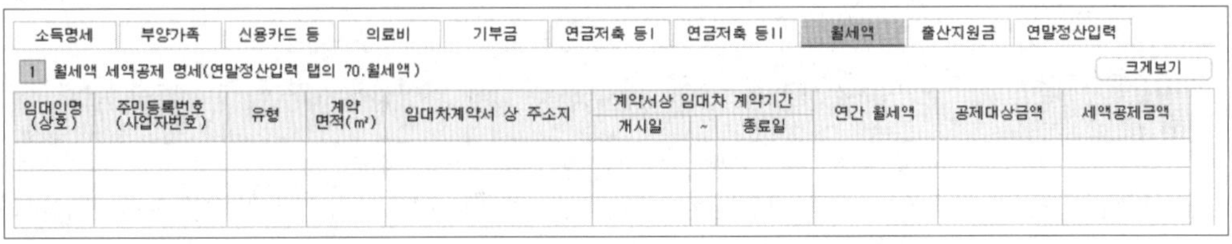

소득명세 | 부양가족 | 신용카드 등 | 의료비 | 기부금 | 연금저축 등I | 연금저축 등II | 월세액 | 출산지원금 | 연말정산입력

1 월세액 세액공제 명세(연말정산입력 탭의 70.월세액) 크게보기

임대인명 (상호)	주민등록번호 (사업자번호)	유형	계약 면적(㎡)	임대차계약서 상 주소지	계약서상 임대차 계약기간			연간 월세액	공제대상금액	세액공제금액
					개시일	~	종료일			

9. 출산지원금 탭

지급규정이 있는 기업이 근로자 본인 또는 배우자의 출산과 관련해 출생일 이후 2년 이내에 지급한 출산지원금(2회 이내, 한도없이 전액 비과세)을 입력하며, [출산지원금]탭에 입력된 금액은 [소득명세]탭의 "비과세소득(출산지원금)"란에 자동반영 된다.

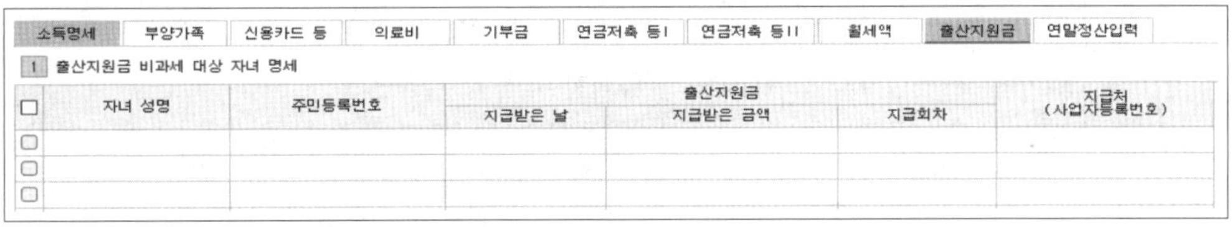

소득명세 | 부양가족 | 신용카드 등 | 의료비 | 기부금 | 연금저축 등I | 연금저축 등II | 월세액 | 출산지원금 | 연말정산입력

1 출산지원금 비과세 대상 자녀 명세

□	자녀 성명	주민등록번호	출산지원금			지급처 (사업자등록번호)
			지급받은 날	지급받은 금액	지급회차	
□						
□						
□						

10. 연말정산입력 탭

[종합소득공제 및 특별소득공제]

구 분		내 용
기본공제 및 추가공제		[사원등록]메뉴에서 등록된 공제대상 부양가족내용에 따라 자동으로 반영
연금보험료 공제		[급여자료입력]에서 입력된 매월「연금보험료」공제액이 자동 집계되어 반영
건강보험료		[급여자료입력]에서 입력된 매월「건강·요양보험료」공제액이 자동 집계되어 반영
고용보험료		[급여자료입력]에서 입력된 매월「고용보험료」공제액이 자동 집계되어 반영
특별소득공제	주택임차 차입금 원리금상환액	주택임차 차입금에 대한 원금과 이자의 연간 상환액 합계를 입력하며 대출기관의 차입금과 거주자로부터 차입한 차입금은 구분하여 입력 • 무주택 세대의 세대주가 국민주택규모의 주택(주거용 오피스텔 포함)을 임차하기 위하여 금융회사 등으로부터 차입한 차입금의 원리금상환액 공제 • 원리금 상환액의 40%공제
	장기주택저당 차입금 이자상환액	장기주택저당차입금의 이자상환액을 차입시기, 금리종류 및 상환종류에 따라 구분하여 입력(한도액 달라짐) • 무주택 이거나 1주택 소유자(근로자, 세대주)가 기준시가 6억원 이하의 주택을 취득하기 위하여 저당권을 설정하고 차입한 차입금의 이자 상환액 공제 • 주택차입금이자세액공제 대상은 세액공제란에 입력

[그 밖의 소득공제]

구　분	내　용
개인연금저축 소득공제	[연금저축 등 Ⅰ]탭에서 입력한 내용이 자동반영 • 본인 명의의 불입액만 공제 가능 • 불입액의 40% 공제(연 72만원 한도)
소기업등 공제부금소득공제	소기업·소상공인 공제(노란우산공제)에 가입하여 납부한 공제부금 입력
주택마련저축 소득공제	[연금저축 등 Ⅰ]탭에서 입력한 내용이 자동반영 • 총급여액이 7천만원 이하인 무주택세대주(또는 3억원 이하의 국민주택을 1채 만 소유한 세대주)인 경우 공제 가능 • 불입액의 40% 공제
투자조합출자액	[연금저축 등 Ⅱ]탭에서 입력한 내용이 자동반영 거주자 본인이 투자조합 등 출자(투자)의 범위에 해당하는 직접 출자 또는 투자액이 있는 경우에 투자액
우리사주조합 출연금	우리사주조합원이 우리사주를 취득하기 위하여 우리사주 조합에 출자한 금액을 입력
고용유지중소기업 소득공제	[연금저축 등 Ⅱ]탭에서 입력한 내용이 자동반영 고용유지중소기업 상시근로자의 임금삭감액
장기집합투자 증권저축	[연금저축 등 Ⅱ]탭에서 입력한 내용이 자동반영 요건을 갖춘 장기집합투자증권저축 불입액
신용카드 등 소득공제	[신용카드 등]탭에서 입력한 내용이 자동반영 • 공제금액: 총급여 25% 초과 신용카드 등 사용금액 • 공제율 - 15%: 신용카드: - 30%: 체크·직불카드·현금영수증·제로페이·총급여 7천만원 이하자의 도서·공연·박물관·신문·미술관 및 수영장·체력단련장 등 (단, 수영장·체력단련장은 25년 7월 이후 지출분부터 공제가능) - 40%: 전통시장·대중교통비 • 공제한도 - 총급여액 7천만원 이하: 총급여액의 20%와 300만원 중 적은 금액 - 총급여액 7천만원 초과: 250만원 - 총급여액 1억2천만원 초과: 200만원 - 전통시장·대중교통비·도서공연비는 각각 100만원 한도 추가 • 부양가족 사용분은 소득금액 제한은 있으나 나이제한이 없음 • 형제자매의 신용카드 사용액은 공제 불가능 • 무기명 선불카드의 사용액은 공제 불가능 • 위장가맹점과 거래분은 공제 불가능 • 부양가족 중 기본공제는 다른 사람이 받고 신용카드사용액만 본인이 받을 수 없음 • 사업관련 경비로 처리된 종업원명의의 신용카드사용액은 공제 불가능

[세액감면]

구　분	내　용
중소기업취업청년 소득세 감면	중소기업 취업 청년에 대한 소득세 감면금액을 입력
외국인기술자에 대한 소득세 감면	외국인 기술자에 대한 근로소득세 감면금액을 입력

[세액공제]

구 분			내 용
근로소득 세액공제			[급여자료입력]에서 입력된 급여 금액에 따라 자동으로 반영
결혼세액공제			[부양가족]탭에서 본인의 [결혼세액]란을 "1.여"로 선택하면 [연말정산입력]탭의 "58.결혼세액공제"란에 자동으로 반영 ✓ 거주자가 혼인신고를 한 경우 생애 1회(초혼 & 재혼 무관) ✓ 혼인신고를 한 해당연도에 공제(50만원)
자녀세액공제			[사원등록] 메뉴에서 등록된 공제대상 부양가족내용에 따라 자동으로 반영
특별세액공제	연금 계좌		[연금저축 등]탭에서 입력한 내용이 자동반영
			• 본인 명의의 불입액만 공제 가능
	보장성보험	[부양가족]탭에서 입력한 내용이 자동반영	
		보장성보험	건강보험료와 고용보험료를 제외한 보장성 보험료 입력 (납입액의 12% 공제)
		장애인전용 보장성보험료	장애인전용보장성보험료(납입액의 15% 공제)
		참고사항	• 기본공제대상자(소득금액 및 나이 제한)의 보험료만 공제 가능 • 저축성보험료, 태아보험료는 공제대상 아님 • 보장성보험료 12%, 장애인보장성보험료 15%(각 연 100만원 한도)
	의료비	[의료비]탭에서 입력한 내용이 자동반영	
		본인·장애인 ·중증질환 등 ·65세 이상자 의료비	기본공제대상자 중 본인, 장애인, 중증질환자 등, 경로우대자(65세 이상), 6세 이하 자녀를 위하여 지출한 의료비
		미숙아 및 선천성이상아 의료비	
		난임시술자 의료비	
		그 밖의 공제대상자 의료비	기본공제대상자(연령 및 소득금액의 제한을 받지 아니함)를 위하여 당해 근로자가 직접 부담한 의료비 중 본인, 장애인, 건강보험산정특례자, 65세 이상자, 6세 이하 자녀, 난임시술자를 제외한 의료비
		참고사항	• 공제대상의료비 = 의료비지출액 - 총급여액 × 3% ✓ 전액공제대상 의료비 제외 연 700만원 ✓ 그 밖의 공제대상의료비가 총급여 3% 미달시 전액공제에서 제외 • 부양가족의 소득금액 및 나이제한 없음 • 안경·콘텍트렌즈구입비는 1인당 50만원 한도 입력(P/G에서 한도체크 안됨) • 산후조리원 비용은 200만원 한도내 공제가능 • 총의료비와 실손의료보험금을 별도 입력하면 순지출액을 기준으로 세액공제 금액이 계산됨 • 공제 불가능한 의료비 ✓ 국외 의료기관의 의료비 ✓ 미용·성형수술비, 건강기능식품구입비용 ✓ 의료기관이 아닌 특수교육원의 언어치료비·심리치료비 ✓ 간병인에게 지급된 비용

<table>
<tr><th colspan="3">구 분</th><th>내 용</th></tr>
<tr><td rowspan="18">특별세액공제</td><td rowspan="7">교육비</td><td colspan="2">[교육비]탭에서 입력한 내용이 자동반영</td></tr>
<tr><td>본인</td><td>본인의 교육비 지출액
(대학원, 직업능력개발훈련 수강료, 학자금대출 원리금상환액 포함)</td></tr>
<tr><td>배우자</td><td>배우자의 교육비 지출액</td></tr>
<tr><td>자녀등 취학전 아동 초·중·고등 ·대학생</td><td>직계비속이나 형제자매를 위한 교육비 지출액</td></tr>
<tr><td>장애인</td><td>기본공제 대상자인 장애인(소득금액의 제한을 받지 아니함) 재활을 위하여 사회복지시설 및 비영리법인 등에 지급하는 특수 교육비
• 소득금액 제한 없으며 직계존속도 공제 가능</td></tr>
<tr><td>참고사항</td><td>• 영·유치원, 초중고생: 1인당 300만원 한도, 대학생: 900만원 한도
• 부양가족의 소득금액 제한은 있으나 나이제한 없음
• 직계존속의 교육비는 공제 불가능
• 대학원교육비는 본인만 공제 가능
• 취학전 아동의 학원비는 공제 가능하나 초·중·고등학생의 학원비는 불가능
• 학교급식비, 방과후수업료, 교복구입비, 교과서구입비 공제 가능
• 대학입학전형료, 수능응시료 공제 가능
• 학교버스이용료, 기숙사비는 공제 불가능
• 외국대학부설 어학연수과정의 수업료는 공제 불가능
• 공제가능액: 교육비 공제대상액 × 15%
(본인 및 장애인 교육비는 한도 없음)</td></tr>
<tr><td rowspan="10">기부금</td><td colspan="2">[기부금]탭에서 입력한 내용이 자동반영</td></tr>
<tr><td>정치자금
(10만원 이하)</td><td>본인이 지출한 정당, 후원회, 선거관리위원회에 기부한 금액 중 10만원
(100/110 세액공제)</td></tr>
<tr><td>정치자금
(10만원 초과)</td><td>본인이 지출한 정치자금 중 10만원을 초과하는 금액</td></tr>
<tr><td>고향사랑기부금
(10만원 이하)</td><td>본인의 주소지 이외의 지자체에 지출한 고향사랑기부금액 중 10만원
(100/110 세액공제)</td></tr>
<tr><td>고향사랑기부금
(10만원 초과)</td><td>본인이 지출한 고향사랑기부금액 중 10만원을 초과한 금액
(연간 2,000만원 한도)</td></tr>
<tr><td>특례기부금</td><td>국가 또는 지방자치단체 및 한국장학재단에 기부한 금품, 국방헌금과 위문금품, 천재·지변으로 인한 이재민구호금품, 특별재난지역의 복구를 위하여 자원 봉사한 경우 그 용역의 가액</td></tr>
<tr><td>우리사주
기부금</td><td>우리사주조합원이 아닌 근로자가 우리사주조합에 기부하는 기부금</td></tr>
<tr><td>일반기부금
(종교단체)</td><td>종교단체 기부금</td></tr>
<tr><td>일반기부금
(종교단체외)</td><td>사회·복지·문화·예술·교육·자선 등 공익성 기부금</td></tr>
</table>

구 분			내 용
		참고사항	• 부양가족의 소득금액 제한은 있으나 나이제한은 없음 • 정치자금 및 고향사랑기부금은 본인 지출분만 공제 가능 • 한도초과시 이월공제 가능(고향사랑기부금 제외) • [기부금]탭에서 입력한 자료가 자동반영
주택차입이자 상환액			무주택 세대주 또는 1주택만을 소유한 세대주인 근로자가 1995. 11. 1. ~ 1997. 12. 31. 기간 중 (구)조세감면규제법 제67조의 2의 규정에 의한 미분양주택의 취득과 직접 관련하여 1995. 11. 1. 이후 국민주택기금 등으로부터 차입한 대출금의 이자상환액을 입력 ※ 주택차입금이자세액공제 대상만 입력하여야 함. (주택자금공제와 혼돈될 수 있음)
월세액			[월세액]탭에서 입력한 내용이 자동반영 총급여 8천만원(종합소득금액 7,000만원) 이하인 무주택 세대주가 지출한 월세액이 반영 • 공제가능액: 월세 지급액 × 공제율 (연 1,000만원 한도) • 총급여 5,500만원(종합소득금액 4,500만원 이하): 공제율 17% • 총급여 5,500만원초과 8,000만원(종합소득금액 4,500만원 초과 7,000만원 이하): 공제율 15%

참고 [연말정산입력] 메뉴의 대부분 항목은 직접 입력하지 않고, [F8.부양가족탭불러오기]메뉴를 실행하여 부양가족의 소득공제 및 의료비 등 각 탭에서 입력한 자료를 불러와 반영한다.

1. 부양가족의 소득(세액)공제 여부 판단 시 참고사항!

구분	기본공제대상자의 요건		근로기간 지출한 비용만 공제	비고
	나이요건	소득요건		
보험료	○	○	○	
기부금	×	○	×	정치자금 및 고향사랑기부금은 본인 지출분만 공제 가능
교육비	×	○	○	직계존속의 교육비는 공제 불가능
신용카드	×	○	○	형제자매 사용분은 공제 불가능
의료비	×	×	○	
주택자금	-	-	○	본인 명의 지출분만 공제 가능
연금저축	-	-	×	본인 명의 지출분만 공제 가능

참고 교육비 중 장애인특수교육비는 소득, 나이 상관없이 공제 가능(직계존속 포함)

2. 신용카드 등 소득공제와 특별세액공제 중복적용 여부!

구분		특별세액공제 항목	신용카드공제
신용카드로 결제한 의료비		의료비 세액공제 가능	○
신용카드로 결제한 보장성 보험료		보험료 세액공제 가능	×
신용카드로 결제한 학원비	취학전아동	교육비 세액공제 가능	○
	그외	교육비 세액공제 불가	
신용카드로 결제한 교복구입비		교육비 세액공제 가능	○
신용카드로 결제한 기부금		기부금 세액공제 가능	×

I can 연말정산추가자료입력

※ 회사코드 0202 ㈜삼일미디어 회사로 로그인 ※

㈜삼일미디어의 진도준 사원의 연말정산 관련자료이다. 연말정산추가자료입력 메뉴의 부양가족 탭, 신용카드 등 탭, 의료비 탭, 기부금 탭, 연말정산입력 탭에 입력하시오.(단, 모든자료는 국세청간소화자료에 해당하고, 진도준의 소득에서 지출되었으며, 세부담이 최소화 되도록 입력한다.)

구분	내용
보험료	• 본인 저축성보험료: 1,200,000원 • 배우자(정은희) 자동차보험료: 550,000원 • 배우자(정은희) 보장성보험료: 720,000원 • 자녀(진영식) 보장성보험료: 240,000원
의료비	• 본인 보약구입(건강증진목적): 700,000원 • 모친(박순실) 질병치료목적 병원비: 2,200,000원(진도준 신용카드로 결제)
교육비	• 본인 대학원비: 6,000,000원 • 배우자(정은희) 대학원비: 6,000,000원 • 모친(박순실) 노인대학등록금: 400,000원 • 자녀(진영식) 대학교 등록금: 4,500,000원 • 자녀(진정식) 영어학원비: 1,000,000원
기부금	• 본인 정치자금 500,000원 및 배우자 정치자금 100,000원 • 배우자(정은희) 종교단체 기부금: 2,400,000원 "단체명: 우리교회, 사업자등록번호: 106-82-99369"
신용카드 등 사용액	• 본인 신용카드: 13,050,000원 - 의료비 항목 중 신용카드로 결제한 모친 병원비 2,200,000원 포함 - 전통시장 사용액 1,100,000원 및 대중교통 이용분 900,000원 포함 • 배우자(정은희) 현금영수증: 7,000,000원 - 전통시장 사용액 3,000,000원 및 제세공과금 1,000,000원 포함

[진도준] 연말정산추가자료입력 따라하기

'원천징수 ➜ 근로소득관리 ➜ 연말정산추가자료입력' 메뉴 실행 ➜ [계속]탭 ➜ [F3.전체사원]메뉴 실행 ➜ 진도준 사원 선택

[보험료] 부양가족 탭에서 입력

✓ 저축성보험은 공제대상에 해당하지 않음
✓ 자녀(진영식)은 기본공제대상자가 아니므로 보험료 공제 불가능
✓ 보험료공제대상액: 배우자(정은희) 자동차보험 및 보장성보험 = 1,270,000원
✓ [부양가족]탭에서 배우자 선택 ➜ [보험료] 더블클릭 ➜ [보장성보험-일반] "국세청간소화"란에 공제대상금액입력

① 부양가족중 배우자(정은희) 선택

소득명세 | 부양가족 | 신용카드 등 | 의료비 | 기부금 | 연금저축 등I | 연금저축 등II | 월세액 | 출산지원금 | 연말정산입력

연말관계	성명	내/외국인		주민(외국인)번호	나이	소득기준초과여부	기본공제	세대주구분	부녀자	한부모	경로우대	장애인	자녀	출산입양	결혼세액
3	정은희	내	1	660212-2111111	59		배우자								

② 공제항목 중 [보험료] 더블클릭

자료구분	보험료			
	건강	고용	일반보장성	장애인전용
국세청				
기타				

③ [보장성보험-일반] "국세청 간소화"란에 공제대상 보험료 입력

보험료 등 공제대상금액

자료구분	국세청간소화	급여/기타	정산	공제대상금액
국민연금_직장				
국민연금_지역				
합 계				
건강보험료-보수월액				
장기요양보험료-보수월액				
건강보험료-소득월액(납부)				
기요양보험료-소득월액(납투				
합 계				
고용보험료				
보장성보험-일반	1,270,000			1,270,000
보장성보험-장애인				
합 계	**1,270,000**			**1,270,000**

[의료비] 부양가족 탭에서 입력

✓ 보약구입비용은 의료비 공제대상에 해당하지 않음
✓ 의료비공제대상액: 모친(박순실) 질병 치료목적 병원비 2,200,000원
✓ [의료비] 더블클릭 ➜ [의료비] 탭 ➜ F2(조회) 메뉴를 통해 모친(박순실) 선택 후 공제금액 입력

의료비				
일반	실손	선천성이상아	난임	65세,장애인

소득명세 | 부양가족 | 신용카드 등 | 의료비 | 기부금 | 연금저축 등I | 연금저축 등II | 월세액 | 출산지원금 | 연말정산입력

2025년 의료비 지급명세서

의료비 공제대상자						지급처				지급명세				14.산후조리원
성명	내/외	5.주민등록번호	6.본인등해당여부		9.증빙코드	8.상호	7.사업자등록번호	10.건수	11.금액	11-1.실손보험수령액	12.미숙아선천성이상아	13.난임여부		
박순실	내	430411-2222229	2	0	1				2,200,000		X	X		X
					합계				2,200,000					
일반의료비(본인)			6세이하,65세이상인건강보험산정특례자장애인			2,200,000	일반의료비(그 외)			난임시술비				
										미숙아.선천성이상아				

[교육비] 부양가족 탭에서 입력

✓ 대학원비는 본인만 공제가능하므로, 배우자(정은희) 대학원비는 공제 불가능
✓ 직계존속 교육비는 공제대상이 아니므로, 모친(박순실) 교육비는 공제 불가능

✓ 학원비는 미취학아동에 대해서만 공제가능하므로, 자녀(진정식)의 영어학원비는 공제 불가능
✓ 교육비공제대상액: 본인 대학원비(6,000,000원). 자녀(진영식) 대학교 등록금(4,500,000원)
✓ [부양가족]탭에서 본인 및 자녀(진영식) 선택 ➜ [교육비] 클릭 ➜ 공제대상 금액 입력

소득명세 | 부양가족 | 신용카드 등 | 의료비 | 기부금 | 연금저축 등I | 연금저축 등II | 월세액 | 출산지원금 | 연말정산입력

연말관계	성명	내/외국인	주민(외국인)번호	나이	소득기준초과여부	기본공제	세대주구분	부녀자	한부모	경로우대	장애인	자녀	출산입양	결혼세액
0	진도준	내	1 651010-1771119	60		본인	세대주							

자료구분	보험료 건강	고용	일반보장성	장애인전용	의료비 일반	실손	선천성이상아	난임	65세,장애인	교육비 일반		장애인특수
국세청										6,000,000	4.본인	
기타	2,402,400	585,000										

소득명세 | 부양가족 | 신용카드 등 | 의료비 | 기부금 | 연금저축 등I | 연금저축 등II | 월세액 | 출산지원금 | 연말정산입력

연말관계	성명	내/외국인	주민(외국인)번호	나이	소득기준초과여부	기본공제	세대주구분	부녀자	한부모	경로우대	장애인	자녀	출산입양	결혼세액
4	진영식	내	1 960725-1182814	29		부								

자료구분	보험료 건강	고용	일반보장성	장애인전용	의료비 일반	실손	선천성이상아	난임	65세,장애인	교육비 일반		장애인특수
국세청										4,500,000	3.대학생	
기타												

1. 취학전아동(연300만원/1인)
2. 초중고(연300만원/1인)
3. 대학생(연900만원/1인)
4. 본인

[기부금] 기부금 탭에서 입력

✓ 정치자금은 본인만 공제가능 하므로, 배우자(정은희) 정치자금은 공제 불가능
✓ 기부금공제대상액: 본인 정치자금(500,000원). 배우자 종교단체 기부금(2,400,000원)
✓ [기부금]탭에서 본인 및 배우자(정은희) 선택 ➜ [기부금 입력]탭에서 기부처 및 기부명세 작성 ➜ [기부금 조정]탭 "공제금액 계산" 버튼 클릭 ➜ [불러오기] - [공제금액반영] -[저장] - [종료]

① [기부금] - [기부금 입력]탭에서 공제대상 기부금의 기부처 및 기부명세 작성

기부금 입력 | 기부금 조정

12.기부자 인적 사항(F2)

주민등록번호	관계코드	내·외국인	성명
651010-1771119	거주자(본인)	내국인	진도준

7.유형	8.코드	9.기부내용		노조회비여부	10.상호(법인명)	11.사업자번호 등	건수	13.기부금합계금액(14+15)	14.공제대상기부금액	15.기부장려금신청 금액	자료구분
정치자금	20	금전		부	필수 입력	필수 입력	1	500,000	500,000		국세청

참고 정치자금의 경우 기부처의 상호 및 사업자등록번호의 입력은 생략한다.

소득명세 | 부양가족 | 신용카드 등 | 의료비 | 기부금 | 연금저축 등I | 연금저축 등II | 월세액 | 연말정산입력

기부금 입력 | 기부금 조정

12.기부자 인적 사항(F2)

주민등록번호	관계코드	내·외국인	성명
651010-1771119	거주자(본인)	내국인	진도준
660212-2111111	배우자	내국인	정은희

7.유형	8.코드	9.기부내용		10.상호(법인명)	11.사업자번호 등	건수	13.기부금합계금액(14+15)	14.공제대상기부금액	15.기부장려금신청 금액	자료구분
종교	41	금전		우리교회	106-82-99369	1	2,400,000	2,400,000		국세청

참고 공제가능한 정치자금은 [기부금]탭에서 총액을 입력하고, [기부금 조정]탭에서 "공제금액' 계산 후 [연말정산입력]탭에 반영시 10만원 이하와 10만원 초과분으로 자동반영 된다.

② [기부금] - [기부금 조정]탭에서 '공제금액계산' 실행

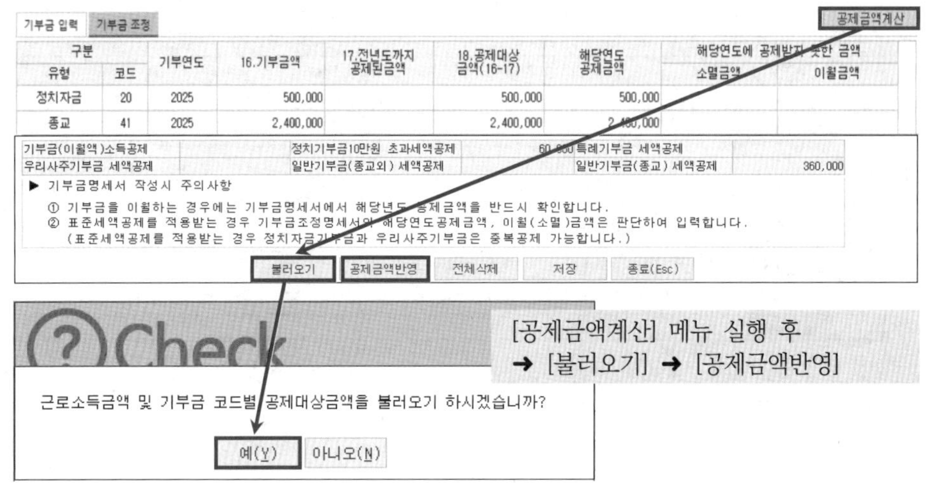

기부금 입력 | 기부금 조정 | 공제금액계산

구분 유형	코드	기부연도	16.기부금액	17.전년도까지 공제된금액	18.공제대상 금액(16-17)	해당연도 공제금액	해당연도에 공제받지 못한 금액 소멸금액	이월금액
정치자금	20	2025	500,000		500,000	500,000		
종교	41	2025	2,400,000		2,400,000	2,400,000		

기부금(이월액)소득공제		정치기부금10만원 초과세액공제	60,000	특례기부금 세액공제	
우리사주기부금 세액공제		일반기부금(종교외) 세액공제		일반기부금(종교) 세액공제	360,000

▶ 기부금명세서 작성시 주의사항
① 기부금을 이월하는 경우에는 기부금명세서에서 해당년도 공제금액을 반드시 확인합니다.
② 표준세액공제를 적용받는 경우 기부금조정명세서의 해당연도공제금액, 이월(소멸)금액은 판단하여 입력합니다.
(표준세액공제를 적용받는 경우 정치자금기부금과 우리사주기부금은 중복공제 가능합니다.)

③ [기부금] - [기부금 조정]탭 '공제금액계산' 메뉴에서 공제금액반영

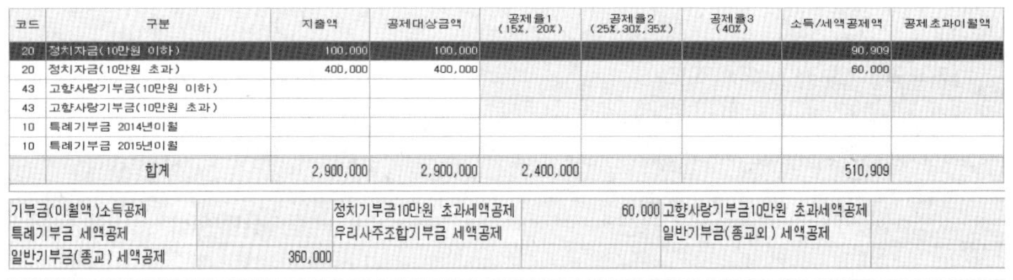

코드	구분	지출액	공제대상금액	공제율1 (15%, 20%)	공제율2 (25%,30%,35%)	공제율3 (40%)	소득/세액공제액	공제초과이월액
20	정치자금(10만원 이하)	100,000	100,000				90,909	
20	정치자금(10만원 초과)	400,000	400,000				60,000	
43	고향사랑기부금(10만원 이하)							
43	고향사랑기부금(10만원 초과)							
10	특례기부금 2014년이월							
10	특례기부금 2015년이월							
	합계	2,900,000	2,900,000	2,400,000			510,909	

기부금(이월액)소득공제		정치기부금10만원 초과세액공제	60,000	고향사랑기부금10만원 초과세액공제	
특례기부금 세액공제		우리사주조합기부금 세액공제		일반기부금(종교외) 세액공제	
일반기부금(종교) 세액공제	360,000				

▶ 기부금명세서 작성시 주의사항
① 기부금을 이월하는 경우에는 기부금명세서에서 해당년도 공제금액을 반드시 확인합니다.
② 표준세액공제를 적용받는 경우 기부금조정명세서의 해당연도공제금액, 이월(소멸)금액은 판단하여 입력합니다.
(표준세액공제를 적용받는 경우 정치자금기부금과 우리사주기부금은 중복공제 가능합니다.)

불러오기 | 공제금액반영 | 전체삭제 | 저장 | 종료(Esc)

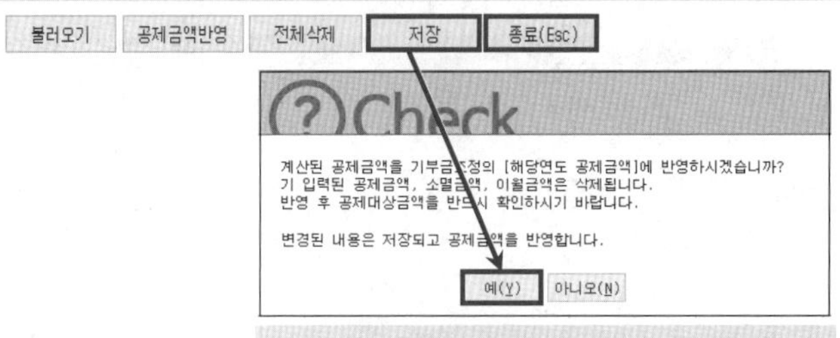

④ [기부금] - [기부금 조정]텝 공제금액 반영 결과 확인

기부금 입력 | 기부금 조정 | 공제금액계산

구분 유형	코드	기부연도	16.기부금액	17.전년도까지 공제된금액	18.공제대상 금액(16-17)	해당연도 공제금액	해당연도에 공제받지 못한 금액 소멸금액	이월금액
정치자금	20	2025	500,000		500,000	500,000		
종교	41	2025	2,400,000		2,400,000	2,400,000		

[신용카드] 신용카드 등 탭에서 입력

✓ 의료비를 신용카드로 결제한 경우 의료비공제와 신용카드 이중공제 가능함
✓ 배우자(정은희) 현금영수증 사용액 중 제세공과금 1,000,000원은 공제대상에 해당하지 않음
✓ 본인 신용카드 공제가능액: 11,050,000원(사용액에서 전통시장과 대중교통 이용분 별도입력으로 제외)
✓ 배우자(정은희) 현금영수증 공제가능액: 3,000,000원(전통시장은 별도입력, 제세공과금은 공제불가)
✓ [신용카드 등]탭에서 본인 및 배우자(정은희) 선택 ➜ 항목별 공제가능액 입력

소득명세 | 부양가족 | 신용카드 등 | 의료비 | 기부금 | 연금저축 등I | 연금저축 등II | 월세액 | 연말정산입력

내/외 관계	성명 생년월일	자료구분	신용카드	직불,선불	현금영수증	도서등 신용	도서등 직불	도서등 현금	전통시장	대중교통
내	진도준	국세청	11,050,000						1,100,000	900,000
0	1965-10-10	기타								
내	진양철	국세청								
1	1939-05-03	기타								
내	박순실	국세청								
1	1943-04-11	기타								
내	정은희	국세청			3,000,000				3,000,000	
3	1966-02-12	기타								

[부양가족]탭에 반영된 공제대상 금액

소득명세 | 부양가족 | 신용카드 등 | 의료비 | 기부금 | 연금저축 등I | 연금저축 등II | 월세액 | 출산지원금 | 연말정산입력

연말관계	성명	내/외국인	주민(외국인)번호		나이	소득기준 초과여부	기본공제	세대주 구분	부녀자	한부모	경로우대	장애인	자녀	출산입양	결혼세액
0	진도준	내	1	651010-1771119	60		본인	세대주							
	합 계 [명]						6				2	1	1		

자료구분	보험료				의료비					교육비		
	건강	고용	일반보장성	장애인전용	일반	실손	선천성이상아	난임	65세,장애인	일반		장애인특수
국세청										4,500,000	3.대학생	
기타												

자료구분	신용카드등 사용액공제						기부금
	신용카드	직불카드등	현금영수증	전통시장사용분	대중교통이용분	도서공연 등	
국세청							
기타							

합계 자료구분	보험료				의료비					교육비	
	건강	고용	일반보장성	장애인전용	일반	실손	선천성이상아	난임	65세,장애인	일반	장애인특수
국세청			1,270,000						2,200,000	10,500,000	
기타	2,402,400	585,000									

합계 자료구분	신용카드등 사용액공제						기부금
	신용카드	직불카드등	현금영수증	전통시장사용분	대중교통이용분	도서공연 등	
국세청	11,050,000		3,000,000	4,100,000	900,000		2,900,000
기타							

총급여	65,000,000	의료비 최소금액(총급여의 3%)	1,950,000	신용카드 등 최소금액(총급여의 25%)	16,250,000

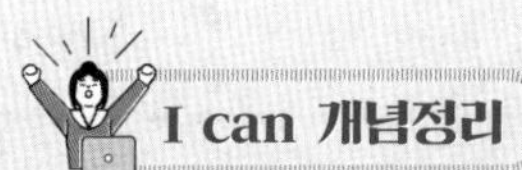

※ 공제항목별 입력방법

구 분	입력탭		연말정산입력 탭
보험료	부양가족	➜	[F8.부양가족탭불러오기] 메뉴를 통해 자동변영
교육비	부양가족		
기부금	기부금		
신용카드	신용카드 등		
의료비	의료비		
연금저축	연금저축 등		
월세	월세액		
위 항목을 제외한 항목			[연말정산입력]에서 직접입력

참고 [기부금]탭에 기부금입력 후 [기부금조정]탭에서 공제금액반영 작업 진행 필수

[연말정산입력]탭에 공제금액 반영

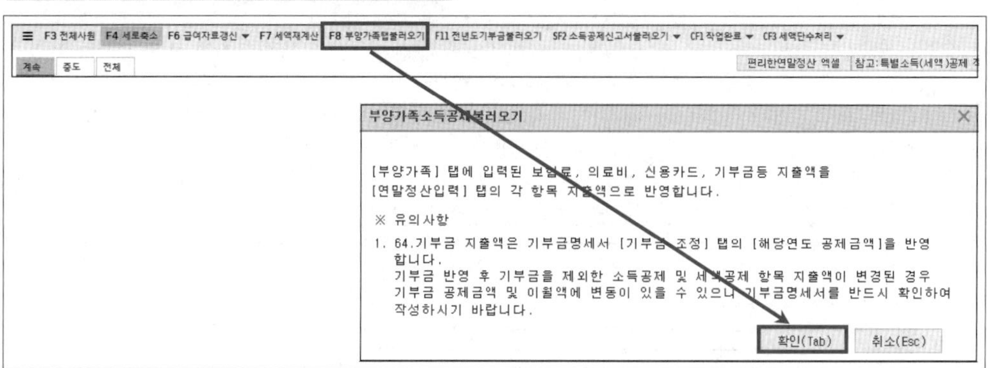

소득명세 | 부양가족 | 신용카드 등 | 의료비 | 기부금 | 연금저축 등I | 연금저축 등II | 월세액 | 출산지원금 | 연말정산입력

정산(지급)년월 2026 년 2 월 귀속기간 2025 년 1 월 1 일 ~ 2025 년 12 월 31 일 영수일자 2026 년 2 월 28 일

구분			지출액	공제금액
공제	특별소득공제	33.보험료	2,987,400	2,987,400
		건강보험료	2,402,400	2,402,400
		고용보험료	585,000	585,000
		34.주택차입금 원리금상환액 – 대출기관		
		34.주택차입금 원리금상환액 – 거주자		
		34.장기주택저당차입금이자상		
		35.특별소득공제 계		2,987,400
36.차감소득금액				33,312,600
그 밖의 소득공제	37.개인연금저축			
	38.소기업,소상공인 공제부금	2015년이전가입		
		2016년이후가입		
	39.주택마련저축 소득공제	청약저축		
		주택청약		
		근로자주택마련		
	40.투자조합출자 등 소득공제			
	41.신용카드 등 사용액		19,050,000	1,120,000
	42.우리사주조합 출연금	일반 등		
		벤처 등		
	43.고용유지중소기업근로자			
	44.장기집합투자증권저축			
	45.청년형장기집합투자증권저축			
	46.그 밖의 소득공제 계			1,120,000
47.소득공제 종합한도 초과액 ▶				

구분				지출액	공제대상금액	공제금액
세액공제	계좌	60.연금저축				
		60-1.ISA연금계좌전환				
	특별세액공제	61.보장성보험 일반	1,270,000	1,270,000	1,000,000	120,000
		61.보장성보험 장애인				
		62.의료비	2,200,000	2,200,000	250,000	37,500
		63.교육비	10,500,000	10,500,000	10,500,000	1,575,000
		64.기부금	2,900,000	2,900,000	2,900,000	510,909
		1)정치자금 기부금 10만원이하		100,000	100,000	90,909
		1)정치자금 기부금 10만원초과		400,000	400,000	60,000
		2)고향사랑 기부금 10만원이하				
		2)고향사랑 기부금 10만원초과				
		3)특례기부금(전액)				
		4)우리사주조합기부금				
		5)일반기부금(종교단체외)				
		6)일반기부금(종교단체)		2,400,000	2,400,000	360,000
		65.특별세액공제 계				2,243,409
	66.표준세액공제					
	67.납세조합공제					
	68.주택차입금					
	69.외국납부 ▶					
	70.월세액					
	71.세액공제 계					3,153,409
72.결정세액((49)-(54)-(71))						415,481
82.실효세율(%) [(72/21)]X100						0.6

구분		소득세	지방소득세	농어촌특별세	계
73.결정세액		415,481	41,548		457,029
기납부세액	74.종(전)근무지				
	75.주(현)근무지	3,012,120	301,210		3,313,330
76.납부특례세액					
77.차감징수세액		-2,596,630	-259,660		-2,856,290

참고 세법개정으로 PG이 업데이트 된 경우 결정세액 등 세액이 다르게 조회될 수 있다.

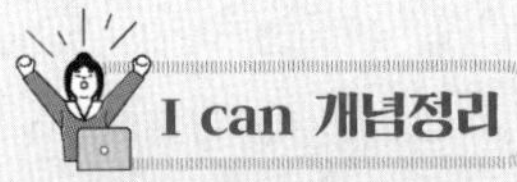

• 근로소득영수일자: 계속근무자의 경우 자동입력(다음연도 2월말일) 되지만, 중도퇴사자의 경우 해당 일자(퇴사시 원천징수액의 영수일 또는 지급일)를 입력하여야 한다.

• [CF1.작업완료]메뉴 실행시 해당사원의 연말정산 완료 표시가 나타나며, 수정하고자 할 경우는 [CF2.작업취소]메뉴를 실행한다. 전산세무 2급 자격시험에서 별도의 지시사항이 없다면 연말정산의 작업완료 작업은 하지 않아도 된다.

□	사번	사원명	완료
■	1001	진도준	○

I can 연말정산추가자료입력 2

※ 회사코드 0202 ㈜삼일미디어 회사로 로그인 ※

㈜삼일미디어의 채송화 사원의 연말정산 관련자료이다. 연말정산추가자료입력 메뉴의 부양가족 탭, 신용카드 등 탭, 의료비 탭, 기부금 탭, 연말정산입력 탭에 입력하시오.(단, 모든자료는 국세청간소화자료에 해당하고, 채송화의 소득에서 지출되었으며, 세부담이 최소화 되도록 입력한다.)

구분	내용
보험료	• 본인 운전자보험 600,000원 및 상해보험 400,000원 • 형제(채은철) 장애인전용보장성보험료: 1,500,000원
의료비	• 본인 치료목적 수술비용: 2,000,000원(실손의료보험금 1,800,000원 수령) • 배우자(이익준)의 건강기능식품 구입: 400,000원 • 형제(채은철) 병원 진료비: 1,200,000원
교육비	• 본인 영어학원비: 1,200,000원(업무관련성 없음) • 자녀(이우주) 교복구입비용: 650,000원
기부금	• 본인 동창회 후원금 800,000원 • 본인 특례(법정)기부금 1,000,000원 "단체명: 대한적십자사, 사업자등록번호: 203-82-00639" • 배우자(이익준) 정치자금: 100,000원
신용카드 등 사용액	• 본인 신용카드 총 사용액: 13,500,000원 - 중고자동차 구입비용: 6,000,000원 포함 - 본인 운전자보험 및 상해보험료 신용카드납부: 1,000,000원 포함 - 전통시장 사용분 1,500,000원 포함 - 위 항목이외의 금액은 생활용품 구입비용에 해당함
퇴직연금	• 당해연도 본인납부액: 2,000,000원 - ㈜신한은행(108-81-26***), 계좌번호: 123-45-024578

 [채송화] 연말정산추가자료입력 따라하기

[보험료] 부양가족 탭에서 입력

✓ 형제(채은철)의 보장성보험료는 기본공제대상자가 아니므로 공제 불가능
✓ 보험료공제대상액: 본인 운전자보험 및 상해보험 1,000,000원
✓ [부양가족]탭에서 본인 선택 ➜ [보험료] 더블클릭 ➜ [공제성보험-일반] "국세청간소화"란에 공제대상금액입력

① 부양가족 중 본인 선택

소득명세	부양가족	신용카드 등	의료비	기부금	연금저축 등I	연금저축 등II	월세액	출산지원금	연말정산입력

연말관계	성명	내/외국인		주민(외국인)번호	나이	소득기준초과여부	기본공제	세대주구분	부녀자	한부모	경로우대	장애인	자녀	출산입양	결혼세액
0	채송화	내	1	750426-2111111	50		본인	세대원							
합 계 [명]							5						2		

자료구분	보험료				의료비						교육비	
	건강	고용	일반보장성	장애인전용	일반		실손	선천성이상아	난임	65세,장애인	일반	장애인특수
국세청			1,000,000			1.전액						
기타	1,777,680	426,600										

② [보험료] 더블클릭 후 [보장성보험 - 일반] "국세청간소화"란에 공제대상 금액 입력

보험료 등 공제대상금액

자료구분	국세청간소화	급여/기타	정산	공제대상금액
국민연금_직장		1,998,000		1,998,000
국민연금_지역				
합 계		1,998,000		1,998,000
건강보험료-보수월액		1,573,920		1,573,920
장기요양보험료-보수월액		203,760		203,760
건강보험료-소득월액(납부)				
기요양보험료-소득월액(납				
합 계		1,777,680		1,777,680
고용보험료		426,600		426,600
보장성보험-일반	1,000,000			1,000,000
보장성보험-장애인				
합 계	1,000,000			1,000,000

[의료비] 부양가족 탭에서 입력

✓ 배우자(이익준)의 건강기능식품 구입비용은 공제 불가능
✓ 의료비공제대상액: 본인 수술비용(2,000,000원 - 실손의료보험금 1,800,000원) 형제(채은철)의 재활병원 진료비(1,200,000원) 공제가능(의료비는 나이와 소득제한을 받지 않음)
✓ [의료비] 더블클릭 ➜ [의료비] 탭 ➜ F2(조회) 메뉴를 통해 본인 및 형제(채은철) 선택 후 공제금액 입력

의료비					
일반		실손	선천성이상아	난임	65세,장애인

소득명세	부양가족	신용카드 등	의료비	기부금	연금저축 등I	연금저축 등II	월세액	출산지원금	연말정산입력

2025년 의료비 지급명세서

의료비 공제대상자					지급처			지급명세					14.산후조리원
성명	내/외	5.주민등록번호	6.본인등해당여부		9.증빙코드	8.상호	7.사업자등록번호	10.건수	11.금액	11-1.실손보험수령액	12.미숙아선천성이상아	13.난임여부	
채송화	내	750426-2111111	1	0	1				2,000,000	1,800,000	X	X	X
채은철	내	810203-1222226	3	X	1				1,200,000		X	X	X
					합계				3,200,000	1,800,000			
일반의료비(본인)		2,000,000	6세이하,65세이상인 건강보험산정특례자 장애인				일반의료비(그 외)		1,200,000	난임시술비 / 미숙아.선천성이상아			

참고 실손의료보험금수령액이 있을 경우 공제대상 의료비와 실손보험수령액 모두 입력한다.

[교육비] 부양가족 탭에서 입력

✓ 본인 영어학원비는 공제 불가능
✓ 교육비공제대상액: 자녀(이우주) 교복구입비용 500,000원(초중고 교복구입비용은 50만원이 공제한도임)
✓ [부양가족]탭에서 자녀(이우주) 선택 ➜ [교육비] 클릭 ➜ 공제대상 금액 입력

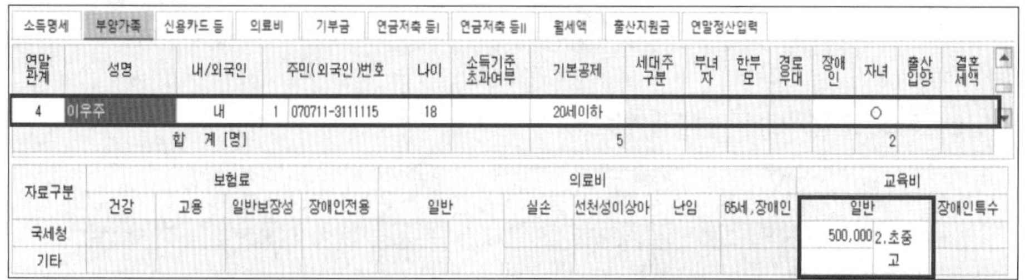

소득명세 | 부양가족 | 신용카드 등 | 의료비 | 기부금 | 연금저축 등I | 연금저축 등II | 월세액 | 출산지원금 | 연말정산입력

연말관계	성명	내/외국인		주민(외국인)번호	나이	소득기준초과여부	기본공제	세대주구분	부녀자	한부모	경로우대	장애인	자녀	출산입양	결혼세액
4	이우주	내	1	070711-3111115	18		20세이하						○		
	합 계 [명]						5						2		

자료구분	보험료				의료비					교육비		
	건강	고용	일반보장성	장애인전용	일반	실손	선천성이상아	난임	65세,장애인	일반		장애인특수
국세청										500,000	2.초중고	
기타												

1. 취학전아동(연300만원/1인)
2. 초중고(연300만원/1인)
3. 대학생(연900만원/1인)
4. 본인

[기부금] 기부금 탭에서 입력

✓ 본인 동창회 후원금은 공제대상이 아니므로 공제 불가능
✓ 정치자금은 본인만 공제가능 하므로, 배우자(이익준) 정치자금은 공제 불가능
✓ 기부금 공제대상액: 본인 특례기부금(1,000,000원)
✓ [기부금]탭에서 본인 선택 ➜ [기부금 입력]탭에서 기부처 및 기부명세 작성 ➜ [기부금 조정]탭 "공제금액 계산" 버튼 클릭 ➜ [불러오기] - [공제금액반영] -[저장] - [종료]

① [기부금] - [기부금 입력]탭에서 공제대상 기부금의 기부처 및 기부명세 작성

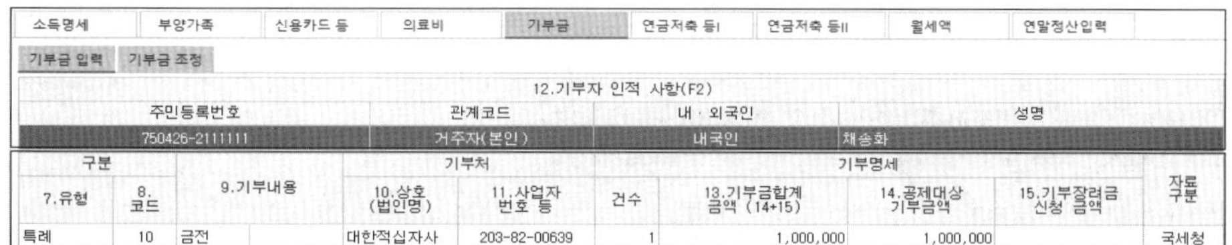

소득명세 | 부양가족 | 신용카드 등 | 의료비 | 기부금 | 연금저축 등I | 연금저축 등II | 월세액 | 연말정산입력

기부금 입력 | 기부금 조정

12.기부자 인적 사항(F2)

주민등록번호	관계코드	내·외국인	성명
750426-2111111	거주자(본인)	내국인	채송화

구분		9.기부내용	기부처		기부명세				자료구분
7.유형	8.코드		10.상호(법인명)	11.사업자번호 등	건수	13.기부금합계금액(14+15)	14.공제대상기부금액	15.기부장려금신청 금액	
특례	10	금전	대한적십자사	203-82-00639	1	1,000,000	1,000,000		국세청

② [기부금] - [기부금 조정]텝에서 '공제금액계산' 실행 ➜ [불러오기]

코드	구분	지출액	공제대상금액	공제율1 (15%, 20%)	공제율2 (25%,30%,35%)	공제율3 (40%)	소득/세액공제액	공제초과이월액
10	특례기부금 당기	1,000,000	1,000,000	1,000,000			150,000	
42	우리사주조합기부금							
40	일반기부금(종교외) 2015년이월							
40	일반기부금(종교외) 2016년이월							
	합계	1,000,000	1,000,000	1,000,000			150,000	

정치기부금10만원 초과세액공제		고향사랑기부금10만원 초과세액공제			
특례기부금 세액공제	150,000	우리사주조합기부금 세액공제		일반기부금(종교외) 세액공제	
일반기부금(종교) 세액공제					

▶ 기부금명세서 작성시 주의사항
① 기부금을 이월하는 경우에는 기부금명세서에서 해당년도 공제금액을 반드시 확인합니다.
② 표준세액공제를 적용받는 경우 기부금조정명세서의 해당연도공제금액, 이월(소멸)금액은 판단하여 입력합니다.
(표준세액공제를 적용받는 경우 정치자금기부금과 우리사주기부금은 중복공제 가능합니다.)

불러오기 | 공제금액반영 | 전체삭제 | 저장 | 종료(Esc)

③ [기부금] - [기부금 조정]텝 ➜ [공제금액반영] ➜ [저장] ➜ [종료] 후 [기부금 조정]탭 공제금액 반영 결과 확인

소득명세 | 부양가족 | 신용카드 등 | 의료비 | 기부금 | 연금저축 등I | 연금저축 등II | 월세액 | 출산지원금 | 연말정산입력

기부금 입력 | 기부금 조정 | 공제금액계산

구분		기부연도	16.기부금액	17.전년도까지 공제된금액	18.공제대상 금액(16-17)	해당연도 공제금액	해당연도에 공제받지 못한 금액	
유형	코드						소멸금액	이월금액
특례	10	2025	1,000,000		1,000,000	1,000,000		

[신용카드] 신용카드 등 탭에서 입력

✓ 중고자동차의 신용카드 구입비용은 구입금액의 10%만 공제가능
✓ 보험료로 공제받은 항목을 신용카드로 결제하는 경우 신용카드공제는 불가능
✓ 본인 신용카드 공제가능액: 생활용품 5,000,000원 + 중고자동차 600,000원(구입비 10%) = 5,600,000원(전통시장 사용분 별도입력으로 제외)
✓ [신용카드 등]탭에서 본인 선택 ➜ 항목별 공제 가능액 입력

소득명세 | 부양가족 | 신용카드 등 | 의료비 | 기부금 | 연금저축 등I | 연금저축 등II | 월세액 | 출산지원금 | 연말정산입력

성명 / 생년월일	자료구분	신용카드	직불,선불	현금영수증	도서등 신용	도서등 직불	도서등 현금	전통시장	대중교통
채송화	국세청	5,600,000						1,500,000	
1975-04-26	기타								

[퇴직연금] 연금저축 등Ⅰ 탭에서 입력

✓ 구분(1.퇴직연금), 금융회사, 계좌번호, 납입금액 등 관련내용 입력

소득명세 | 부양가족 | 신용카드 등 | 의료비 | 기부금 | 연금저축 등I | 연금저축 등II | 월세액 | 연말정산입력

1 연금계좌 세액공제 - 퇴직연금계좌(연말정산입력 탭의 58.과학기술인공제, 59.근로자퇴직연금) 크게보기

퇴직연금 구분	코드	금융회사 등	계좌번호(증권번호)	납입금액	공제대상금액	세액공제금액
1.퇴직연금	308	(주) 신한은행	123-45-024578	2,000,000	2,000,000	300,000
퇴직연금				2,000,000	2,000,000	300,000
과학기술인공제회						

[부양가족]탭에 반영된 공제대상 금액

소득명세 | 부양가족 | 신용카드 등 | 의료비 | 기부금 | 연금저축 등I | 연금저축 등II | 월세액 | 출산지원금 | 연말정산입력

연말관계	성명	내/외국인	주민(외국인)번호		나이	소득기준초과여부	기본공제	세대주구분	부녀자	한부모	경로우대	장애인	자녀	출산입양	결혼세액
0	채송화	내	1	750426-2111111	50		본인	세대원							
		합 계 [명]					5						2		

자료구분	보험료				의료비						교육비	
	건강	고용	일반보장성	장애인전용	일반		실손	선천성이상아	난임	65세,장애인	일반	장애인특수
국세청			1,000,000		2,000,000	1.전액	1,800,000					
기타	1,777,680	426,600										

자료구분	신용카드등 사용액공제						기부금
	신용카드	직불카드등	현금영수증	전통시장사용분	대중교통이용분	도서공연 등	
국세청	5,600,000			1,500,000			1,000,000
기타							

합계	자료구분	보험료				의료비					교육비	
		건강	고용	일반보장성	장애인전용	일반	실손	선천성이상아	난임	65세,장애인	일반	장애인특수
	국세청			1,000,000		3,200,000	1,800,000				500,000	
	기타	1,777,680	426,600									

합계	자료구분	신용카드등 사용액공제						기부금
		신용카드	직불카드등	현금영수증	전통시장사용분	대중교통이용분	도서공연 등	
	국세청	5,600,000			1,500,000			1,000,000
	기타							

총급여	47,400,000	의료비 최소금액(총급여의 3%)	1,422,000	신용카드 등 최소금액(총급여의 25%)	11,850,000

[연말정산입력]탭에 공제금액 반영

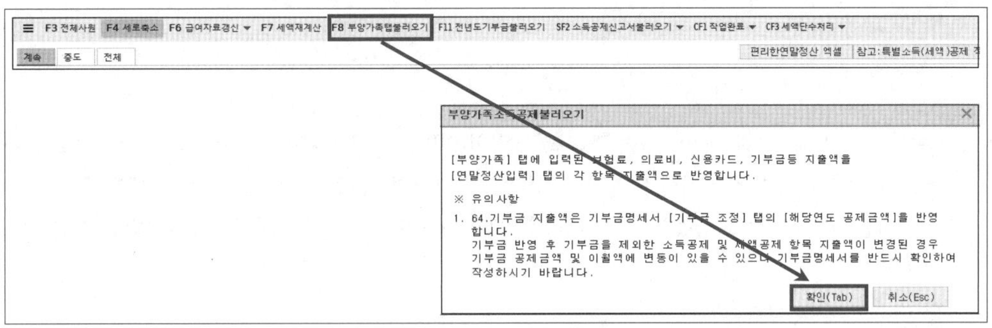

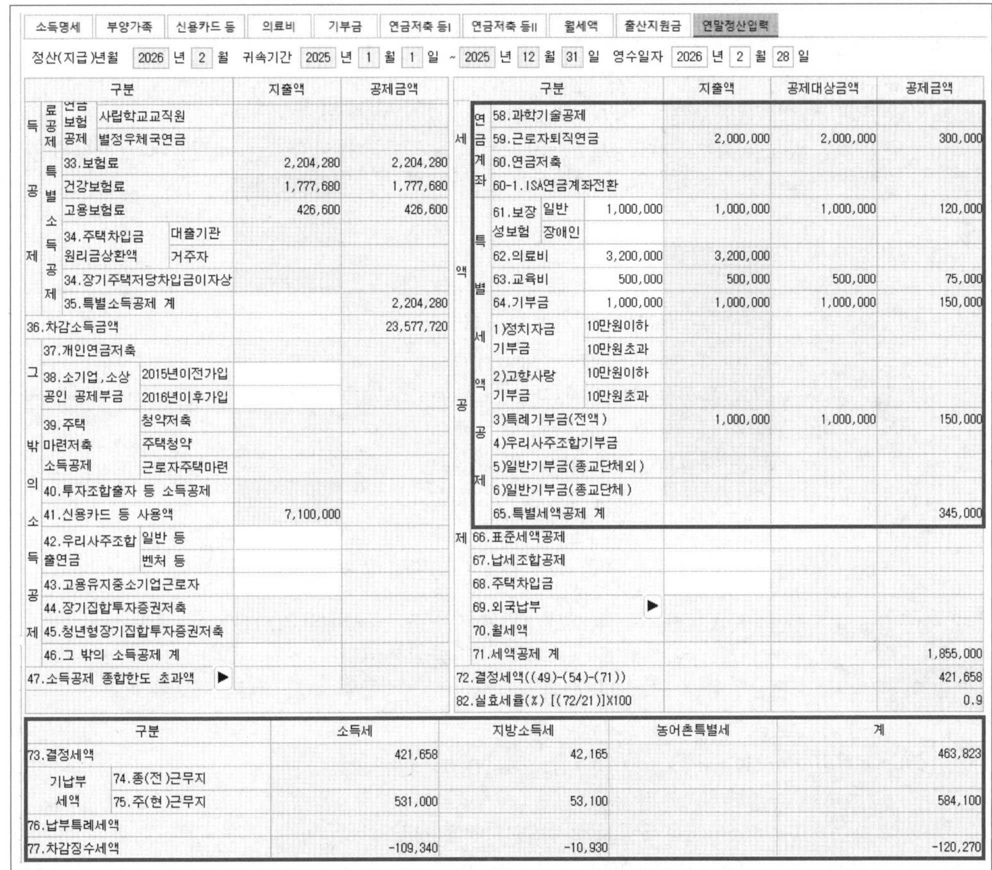

소득명세 | 부양가족 | 신용카드 등 | 의료비 | 기부금 | 연금저축 등I | 연금저축 등II | 월세액 | 출산지원금 | 연말정산입력

정산(지급)년월 2026 년 2 월 귀속기간 2025 년 1 월 1 일 ~ 2025 년 12 월 31 일 영수일자 2026 년 2 월 28 일

구분		지출액	공제금액
연금보험료공제 사립학교교직원			
별정우체국연금			
특별소득공제 33.보험료		2,204,280	2,204,280
건강보험료		1,777,680	1,777,680
고용보험료		426,600	426,600
34.주택차입금 원리금상환액	대출기관		
	거주자		
34.장기주택저당차입금이자상			
35.특별소득공제 계			2,204,280
36.차감소득금액			23,577,720
그 밖의 소득공제 37.개인연금저축			
38.소기업,소상공인 공제부금	2015년이전가입		
	2016년이후가입		
39.주택마련저축 소득공제	청약저축		
	주택청약		
	근로자주택마련		
40.투자조합출자 등 소득공제			
41.신용카드 등 사용액		7,100,000	
42.우리사주조합 출연금	일반 등		
	벤처 등		
43.고용유지중소기업근로자			
44.장기집합투자증권저축			
45.청년형장기집합투자증권저축			
46.그 밖의 소득공제 계			
47.소득공제 종합한도 초과액 ▶			

구분		지출액	공제대상금액	공제금액
세액공제 연금계좌 58.과학기술공제				
59.근로자퇴직연금		2,000,000	2,000,000	300,000
60.연금저축				
60-1.ISA연금계좌전환				
특별세액공제 61.보장성보험 일반	1,000,000	1,000,000	1,000,000	120,000
61.보장성보험 장애인				
62.의료비	3,200,000	3,200,000		
63.교육비	500,000	500,000	500,000	75,000
64.기부금	1,000,000	1,000,000	1,000,000	150,000
1)정치자금 기부금	10만원이하			
	10만원초과			
2)고향사랑 기부금	10만원이하			
	10만원초과			
3)특례기부금(전액)		1,000,000	1,000,000	150,000
4)우리사주조합기부금				
5)일반기부금(종교단체외)				
6)일반기부금(종교단체)				
65.특별세액공제 계				345,000
66.표준세액공제				
67.납세조합공제				
68.주택차입금				
69.외국납부 ▶				
70.월세액				
71.세액공제 계				1,855,000
72.결정세액((49)-(54)-(71))				421,658
82.실효세율(%) [(72/21)]X100				0.9

구분		소득세	지방소득세	농어촌특별세	계
73.결정세액		421,658	42,165		463,823
기납부세액	74.종(전)근무지				
	75.주(현)근무지	531,000	53,100		584,100
76.납부특례세액					
77.차감징수세액		-109,340	-10,930		-120,270

참고 신용카드 등 사용액은 최저사용액(총급여 25%) 미달로 공제금액이 발생하지 않는다. 세법개정으로 PG이 업데이트 된 경우 결정세액 등 세액이 다르게 조회될 수 있다.

I can 연말정산추가자료입력 3

※ 회사코드 0202 ㈜삼일미디어 회사로 로그인 ※

㈜삼일미디어에 12월 1일 입사한 주여정 사원의 연말정산 관련자료이다. 연말정산추가자료입력 메뉴의 부양가족 탭, 신용카드 등 탭, 의료비 탭, 기부금 탭, 연말정산입력 탭에 입력하시오.(단, 모든 자료는 국세청간소화자료에 해당하고, 주여정의 소득에서 지출되었으며, 세부담이 최소화 되도록 입력한다.)

■ 전근무지 급여자료

- 회사명: ㈜조은상사(사업자등록번호: 114-86-06122)
- 근무기간: 2025.01.01. ~ 2025.11.30.
- 총급여: 20,000,000원(급여 18,000,000원, 상여 2,000,000원)
- 건강보험: 785,000원, 장기요양보험: 49,600원, 고용보험: 134,000원, 국민연금: 960,000원
- 결정세액: 소득세: 245,876원. 지방소득세: 24,587원

■ 국세청 연말정산 간소화 자료

구분	내용
보험료	• 모(박연진) 암보험: 1,200,000원
의료비	• 모(박연진) 병원 진료비: 600,000원 • 배우자(문동은) 병원 진료비: 3,400,000원(미용목적 성형수술비 3,000,000원 포함) • 자녀(주예솔) 안경구입비: 700,000원
교육비	• 자녀(주예솔) 체험학습비: 500,000원
기부금	• 모(박연진) 종교 후원금: 2,000,000원(기부처 입력은 생략 할 것)
신용카드 등 사용액 (본인카드)	• 신용카드 사용액: 4,200,000원(자녀 안경구비용 700,000원 포함) • 직불카드 사용액: 1,500,000원(대중교통 300,000원 포함) • 현금영수증 1,200,000원(도서공연 등 지출액 400,000원 포함)
월세	• 주택 월세 납부액: 400,000원 - 계약기간: 2025.12.01. ~ 2027.11.30. - 주택계약면적: 88.00m^2(다가구주택) - 주소: 서울특별시 관악구 관천로10길 4 - 임대인: 이주택(651124-1655497) (주여정은 무주택 세대주에 해당한다.)

[주여정] 연말정산추가자료입력 따라하기

[전근무지 급여자료] 소득명세 탭 에서 입력

소득명세 | 부양가족 | 신용카드 등 | 의료비 | 기부금 | 연금저축 등I | 연금저축 등II | 월세액 | 출산지원금 | 연말정산입력

	구분			합계	주(현)		납세조합		종(전) [1/2]	
소득명세	9.근무처명				(주)삼일미디어	[세무			(주)조은상사	
	9-1.종교관련 종사자				부				부	
	10.사업자등록번호				137-81-87797		---‑--‑-----		114-86-06122	
	11.근무기간				2025-12-01 ~	2025-12-31	----‑--‑-- ~	----‑--‑--	2025-01-01 ~	2025-11-30
	12.감면기간				----‑--‑-- ~	----‑--‑--	----‑--‑-- ~	----‑--‑--	----‑--‑-- ~	----‑--‑--
	13-1.급여(급여자료입력)			19,900,000		1,900,000				18,000,000
	13-2.비과세한도초과액									
	13-3.과세대상추가(인정상여추가)									
	14.상여			2,000,000						2,000,000
	15.인정상여									
	15-1.주식매수선택권행사이익									
	15-2.우리사주조합 인출금									
	15-3.임원퇴직소득금액한도초과액									
	15-4.직무발명보상금									
	16.계			21,900,000		1,900,000				20,000,000
	18.국외근로									
	18-1.야간근로(연240만원)		001	800,000		800,000				
	18-2.보육수당		Q02							
	18-3.출산지원금(1회)		Q03							
	18-3.출산지원금(2회)		Q04							
	18-4.연구보조비(월20만원)									
	18-39.중견핵심인력성과기금(청년50%)		T43							
	18-40.비과세식대		P01	200,000		200,000				
	19.전공의수련보조수당		Y22							
	20.비과세소득 계			1,000,000		1,000,000				
	20-1.감면소득 계									
공제보험료명세	직장	건강보험료(직장)(33)		852,350		67,350				785,000
		장기요양보험료(33)		58,320		8,720				49,600
		고용보험료(33)		151,100		17,100				134,000
		국민연금보험료(31)		1,045,500		85,500				960,000
	공적연금보험료	공무원 연금(32)								
		군인연금(32)								
		사립학교교직원연금(32)								
		별정우체국연금(32)								
세액명세	기납부세액	소득세		245,876						245,876
		지방소득세		24,587						24,587
		농어촌특별세								
	납부특례세액	소득세								
		지방소득세								
		농어촌특별세								

참고 전근무지 급여자료 입력 시 결정세액을 기납부세액란에 입력한다.

[보험료] 부양가족 탭에서 입력

✓ 모(박연진) 암보험은 기본공제대상자(소득제한)가 아니므로 공제 불가능

[의료비] 부양가족 탭에서 입력

✓ 의료비는 나이무관, 소득무관하게 공제되므로, 모(박연진) 병원 진료비도 공제가능
✓ 미용목적의 성형수술비용은 의료비 공제대상이 아니며, 안경구입비용은 연간 50만원 한도적용
✓ 의료비공제대상액: 모(박연진) 병원진료비 600,000원, 배우자(문동은) 병원진료비 400,000원, 자녀(주예솔) 안경구입비용 500,000원(한도적용)
✓ [의료비] 더블클릭 ➜ [의료비] 탭 ➜ F2(조회) 메뉴를 통해 모(박연진), 배우자(문동은), 자녀(주예솔) 선택 후 공제금액 입력

소득명세 | 부양가족 | 신용카드 등 | 의료비 | 기부금 | 연금저축 등I | 연금저축 등II | 월세액 | 출산지원금 | 연말정산입력

2025년 의료비 지급명세서

의료비 공제대상자					지급처			지급명세					14.산후조리원
성명	내/외	5.주민등록번호	6.본인등 해당여부		9.증빙코드	8.상호	7.사업자 등록번호	10.건수	11.금액	11-1.실손 보험수령액	12.미숙아 선천성이상아	13.난임 여부	
박연진	내	551224-2870987	2	0	1				600,000		X	X	X
문동은	내	851120-2634568	3	X	1				400,000		X	X	X
주예솔	내	120505-4186453	3	X	1				500,000		X	X	X
			합계						1,500,000				
일반의료비 (본인)			6세이하,65세이상인 건강보험산정특례자 장애인			600,000	일반의료비 (그 외)		900,000	난임시술비 / 미숙아.선천성이상아			

[교육비] 부양가족 탭에서 입력

✓ 체험학습비는 연간 30만원 한도적용
✓ 교육비공제대상액: 자녀(주예솔) 체험학습비 300,000원(한도적용)
✓ [부양가족]탭에서 자녀(주예솔) 선택 ➜ [교육비] 클릭 ➜ 공제대상 금액 입력

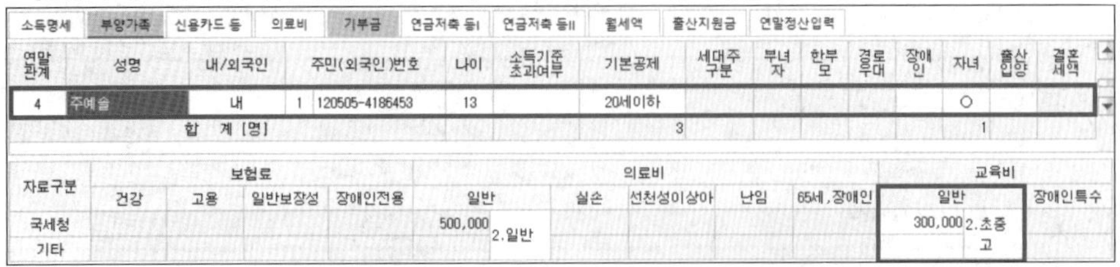

소득명세 | 부양가족 | 신용카드 등 | 의료비 | 기부금 | 연금저축 등I | 연금저축 등II | 월세액 | 출산지원금 | 연말정산입력

연말관계	성명	내/외국인		주민(외국인)번호	나이	소득기준초과여부	기본공제	세대주구분	부녀자	한부모	경로우대	장애인	자녀	출산입양	결혼세액
4	주예솔	내	1	120505-4186453	13		20세이하						○		
	합 계 [명]						3						1		

자료구분	보험료				의료비						교육비		
	건강	고용	일반보장성	장애인전용	일반		실손	선천성이상아	난임	65세,장애인	일반		장애인특수
국세청					500,000	2.일반					300,000	2.초중고	
기타													

1. 취학전아동(연300만원/1인)
2. 초중고(연300만원/1인)
3. 대학생(연900만원/1인)
4. 본인

[기부금] 부양가족 탭에서 입력

✓ 모(박연진) 종교 후원금은 기본공제대상자가 아니므로 공제 불가능

[신용카드] 신용카드 등 탭에서 입력

✓ 신용카드 공제가능액: 4,200,000원(의료비 "안경구입비용"은 신용카드 공제와 이중공제 가능)
✓ 직불카드 공제가능액: 1,200,000원(대중교통 300,000원 별도 입력)
✓ 현금영수증 공제가능액: 800,000원(도서공연 400,000원 별도 입력)
✓ [신용카드 등]탭에서 본인 선택 ➜ 항목별 공제가능액 입력

소득명세 | 부양가족 | 신용카드 등 | 의료비 | 기부금 | 연금저축 등I | 연금저축 등II | 월세액

□	성명 / 생년월일	작료구분	신용카드	직불,선불	현금영수증	도서등 신용	도서등 직불	도서등 현금	전통시장	대중교통
□	주여정	국세청	4,200,000	1,200,000	800,000			400,000		300,000
	1983-10-03	기타								

참고 도서·공연·박물관·미술관·영화관람 등 지출액은 총급여 7,000만원 이하인 자만 공제가능

[월세] 월세액 탭에서 입력

✓ 임대인, 주민등록번호, 주소, 계약기간 등 월세관련 내용 입력

소득명세 | 부양가족 | 신용카드 등 | 의료비 | 기부금 | 연금저축 등I | 연금저축 등II | 월세액 | 출산지원금 | 연말정산입력

1 월세액 세액공제 명세(연말정산입력 탭의 70.월세액) 원래크기(Esc

임대인명(상호)	주민등록번호(사업자번호)	유형	계약면적(㎡)	임대차계약서 상 주소지	계약서상 임대차 계약기간			연간 월세액	공제대상금액	세액공제금액
					개시일	~	종료일			
이주택	651124-1655497	다가구	88.00	서울특별시 관악구 관천로10길	2025-12-01	~	2027-11-30	400,000	400,000	

■ 무주택자 해당 여부 √ 여, 부

□ 참고-세액공제대상
1. 과세기간 종료일 현재 주택을 소유하지 아니한 세대의 세대주(단독세대주 포함, 세대주가 공제를 받지 않은 경우 세대원도 공제가능)
2. 근로소득자가 국민주택규모 또는 기준시가 4억원 이하의 주택을 임차하기 위해 지출한 월세액
3. 해당 과세기간의 총급여액이 8천만원 이하인 근로소득자
4. 공제대상 월세액 한도 : 연 1,000만원

□ 월세액 공제 [2024년 귀속]
1. 월세 세액공제대상금액의 15%(총급여가 5,500만원 이하자의 경우 17%)
2. 세액공제한도 : 1,500,000원(1,700,000원)

참고 월세 세액공제는 무주택 세대주이며, 총급여 8,000만원 이하인 경우 공제가능함

[부양가족]탭에 반영된 공제대상 금액

소득명세 | 부양가족 | 신용카드 등 | 의료비 | 기부금 | 연금저축 등I | 연금저축 등II | 월세액 | 출산지원금 | 연말정산입력

연말관계	성명	내/외국인	주민(외국인)번호		나이	소득기준초과여부	기본공제	세대주구분	부녀자	한부모	경로우대	장애인	자녀	출산입양	결혼세액
0	주여정	내	1	831003-1549757	42		본인	세대주							
합 계 [명]							3						1		

자료구분	보험료				의료비					교육비	
	건강	고용	일반보장성	장애인전용	일반	실손	선천성이상아	난임	65세,장애인	일반	장애인특수
국세청											
기타	910,670	151,100									

자료구분	신용카드등 사용액공제						기부금
	신용카드	직불카드등	현금영수증	전통시장사용분	대중교통이용분	도서공연 등	
국세청	4,200,000	1,200,000	800,000		300,000	400,000	
기타							

합계	자료구분	보험료				의료비					교육비	
		건강	고용	일반보장성	장애인전용	일반	실손	선천성이상아	난임	65세,장애인	일반	장애인특수
	국세청					900,000				600,000	300,000	
	기타	910,670	151,100									

합계	자료구분	신용카드등 사용액공제						기부금
		신용카드	직불카드등	현금영수증	전통시장사용분	대중교통이용분	도서공연 등	
	국세청	4,200,000	1,200,000	800,000		300,000	400,000	
	기타							

총급여	21,900,000	의료비 최소금액(총급여의 3%)	657,000	신용카드 등 최소금액(총급여의 25%)	5,475,000

[연말정산입력]탭에 공제금액 반영

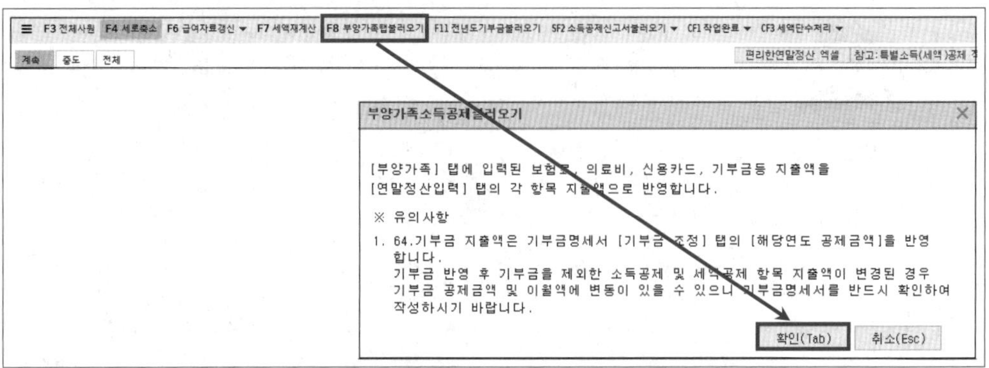

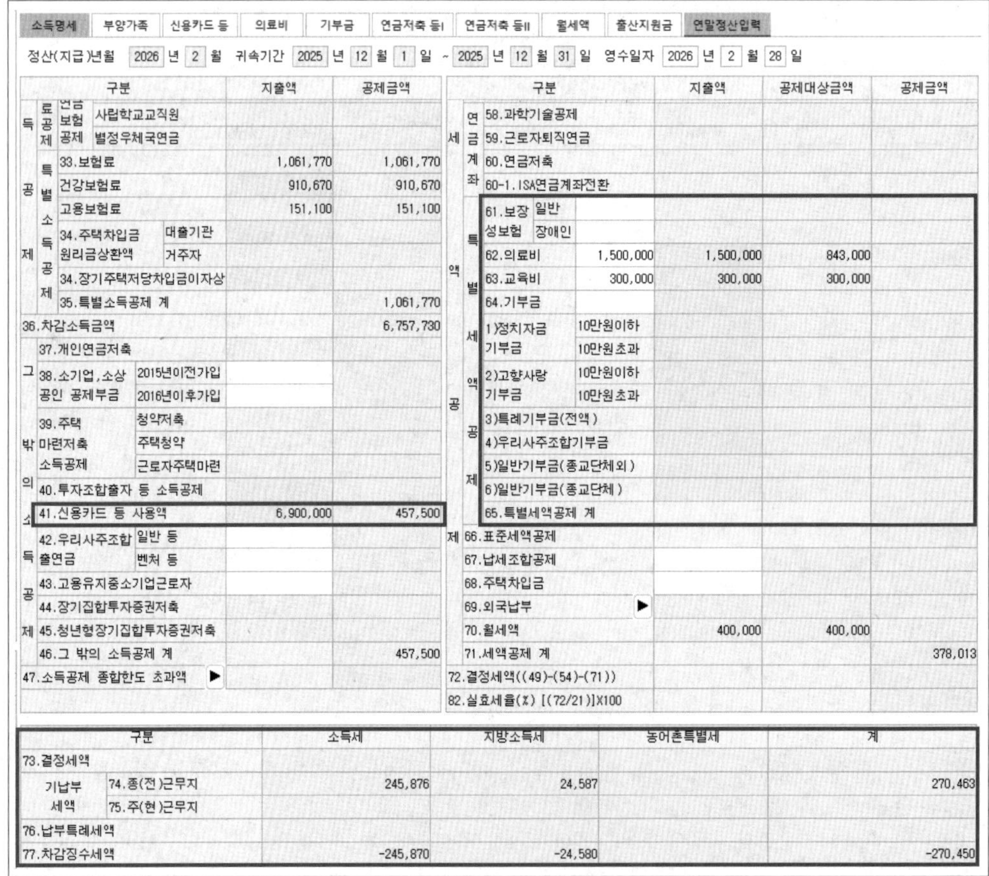
소득명세 | 부양가족 | 신용카드 등 | 의료비 | 기부금 | 연금저축 등I | 연금저축 등II | 월세액 | 출산지원금 | 연말정산입력

정산(지급)년월 2026 년 2 월 귀속기간 2025 년 12 월 1 일 ~ 2025 년 12 월 31 일 영수일자 2026 년 2 월 28 일

구분		지출액	공제금액
연금보험료공제 사립학교교직원			
연금보험료공제 별정우체국연금			
특별소득공제 33.보험료		1,061,770	1,061,770
건강보험료		910,670	910,670
고용보험료		151,100	151,100
34.주택차입금 원리금상환액	대출기관		
	거주자		
34.장기주택저당차입금이자상			
35.특별소득공제 계			1,061,770
36.차감소득금액			6,757,730
그 밖의 소득공제 37.개인연금저축			
38.소기업,소상공인 공제부금	2015년이전가입		
	2016년이후가입		
39.주택마련저축소득공제	청약저축		
	주택청약		
	근로자주택마련		
40.투자조합출자 등 소득공제			
41.신용카드 등 사용액		6,900,000	457,500
42.우리사주조합출연금	일반 등		
	벤처 등		
43.고용유지중소기업근로자			
44.장기집합투자증권저축			
45.청년형장기집합투자증권저축			
46.그 밖의 소득공제 계			457,500
47.소득공제 종합한도 초과액			

구분		지출액	공제대상금액	공제금액
세액공제 연금계좌 58.과학기술공제				
59.근로자퇴직연금				
60.연금저축				
60-1.ISA연금계좌전환				
특별세액공제 61.보장성보험	일반			
	장애인			
62.의료비		1,500,000	1,500,000	843,000
63.교육비		300,000	300,000	300,000
64.기부금				
1)정치자금 기부금	10만원이하			
	10만원초과			
2)고향사랑 기부금	10만원이하			
	10만원초과			
3)특례기부금(전액)				
4)우리사주조합기부금				
5)일반기부금(종교단체외)				
6)일반기부금(종교단체)				
65.특별세액공제 계				
66.표준세액공제				
67.납세조합공제				
68.주택차입금				
69.외국납부				
70.월세액			400,000	400,000
71.세액공제 계				378,013
72.결정세액((49)-(54)-(71))				
82.실효세율(%) [(72/21)]X100				

구분		소득세	지방소득세	농어촌특별세	계
73.결정세액					
기납부세액	74.종(전)근무지	245,876	24,587		270,463
	75.주(현)근무지				
76.납부특례세액					
77.차감징수세액		-245,870	-24,580		-270,450

참고 세법개정으로 PG이 업데이트 된 경우 결정세액 등 세액이 다르게 조회될 수 있다.

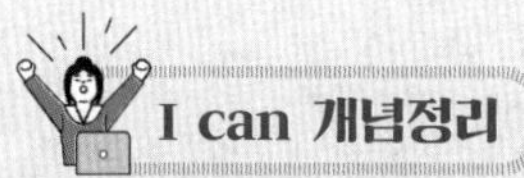

- 중도퇴사자 연말정산 프로세스

① [사원등록] 메뉴에서 해당 사원을 선택하고 [기본사항]탭에서 "퇴사년월일"을 입력한다.

16.퇴사년월일	년	월	일 (이월 여부	0	부	)

② [급여자료입력] 메뉴에서 퇴사자의 급여자료를 입력한다.

③ [급여자료입력] 메뉴에서 급여자료 입력 후 [F7.중도퇴사자정산]메뉴를 선택하고, 연말정산 추가자료가 있는 경우 입력한 후 "영수일자" 확인 후 [급여반영]메뉴를 실행한다.

④ [원천징수이행상황신고서]메뉴에서 중퇴자에 대한 원천징수이행상황신고서를 작성한다.

참고 중도퇴사자의 연말정산 예제는 [유형별 연습문제]에서 추가학습 하기로 하겠습니다.

- 연말정산추가자료 입력 시 법인세법상 소득처분 받은 인정상여가 있을 경우 이는 근로소득에 해당하므로, [연말정산추가자료입력]메뉴의 [소득명세]탭 "주(현)"근무지 항목 중 "13-13.과세대상추가(인정상여)"란에 입력하여야 한다.

소득명세 | 부양가족 | 신용카드 등 | 의료비 | 기부금 | 연금저축 등I | 연금저축 등II | 월세액 | 출산지원금 | 연말정산입력

	구분	합계	주(현)	납세조합	종(전) [1/2]
소	9.근무처명		(주)삼일미디어 [세무		(주)조은상사
	9-1.종교관련 종사자		부		부
	10.사업자등록번호		137-81-87797	----------	114-86-06122
	11.근무기간		2025-12-01 ~ 2025-12-31	----\-\-\-\- ~ ----\-\-\-\-	2025-01-01 ~ 2025-11-30
	12.감면기간		----\-\-\-\- ~ ----\-\-\-\-	----\-\-\-\- ~ ----\-\-\-\-	----\-\-\-\- ~ ----\-\-\-\-
득	13-1.급여(급여자료입력)	19,900,000	1,900,000		18,000,000
	13-2.비과세한도초과액				
	13-3.과세대상추가(인정상여추가)				
명	14.상여	2,000,000			2,000,000
	15.인정상여				
	15-1.주식매수선택권행사이익				
	15-2.우리사주조합 인출금				
세	15-3.임원퇴직소득금액한도초과액				
	15-4.직무발명보상금				
	16.계	21,900,000	1,900,000		20,000,000

13-3.과세대상추가(인정상여추가분)

과세대상추가분

인정상여추가분

합 계

확인(Tab) 취소(Esc)

I Can!

전산세무 2급

3부 실무문제 유형별 연습

I Can! 전산세무 2급

구분	실무 문제	문항	점수	총점
문제1	일반전표입력	5문항	3점	15점
문제2	매입매출전표입력	5문항	3점	15점
문제3	부가가치세	3문항	3점, 5점, 2점	10점
문제4	결산정리	5문항	3점	15점
문제5	원천징수	2문항	5점, 10점	15점
실무 합계		-	-	70점

교재 백데이터 다운받고 설치하기

(1) '삼일아이닷컴 홈페이지(https://www.samili.com)'에 접속하여, 상단부 [제품몰]을 클릭한다.
(2) 왼쪽 메뉴 중 [전산세무회계수험서 자료실]을 클릭하여 [전산세무 2급 백데이터]를 다운받는다.
(3) 다운로드한 백데이터를 더블클릭하여 실행한다.
(4) 백데이터 설치가 완료되면 프로그램이 자동으로 실행된다.
(4) [전산세무 2급]을 선택한 후 하단 회사등록 을 클릭한다.
(5) 문제를 풀고자 하는 회사를 선택하여 로그인 을 클릭한다.

1. 일반전표입력

기업에서 발생하는 거래는 부가가치세와 관련있는 거래와 부가가치세와 관련이 없는 거래로 구분되며, 부가가치세신고와 관련이 없는 거래를 '일반전표입력'메뉴에 입력하고, 부가가치세신고와 관련이 있는 거래는 '매입매출전표'메뉴에 입력한다.
전산세무 2급 시험에서 요구하는 일반전표입력 시 유의사항은 다음과 같다.

〈입력 시 유의사항〉

- 일반적인 적요의 입력은 생략하지만, 타계정 대체 거래는 적요번호를 선택하여 입력한다.
- 채권·채무와 관련된 거래는 별도의 요구가 없는 한 반드시 기 등록되어 있는 거래처코드를 선택하는 방법으로 거래처명을 입력한다.
- 제조경비는 500번대 계정코드를, 판매비와 관리비는 800번대 계정코드를 사용한다.
- 회계처리 시 계정과목은 별도 제시가 없는 한 등록되어 있는 계정과목 중 가장 적절한 과목으로 한다.

㈜아이캔 01은 전자제품을 제조하는 법인기업이다. 다음의 거래자료를 [일반전표입력] 메뉴를 이용하여 입력하시오.

※ 회사코드 0211 ㈜아이캔 01 회사로 로그인 ※

1 채권·채무

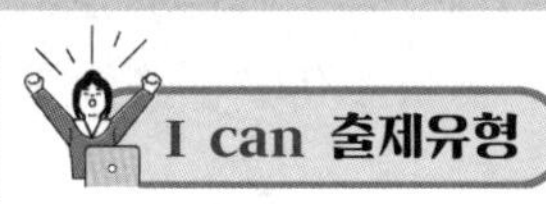

[기존 백데이터는 고려하지 말고 제시된 자료만 이용하여 회계 처리하시오.]

[1] 2월 1일 평화상사에 대한 외상매입금 2,000,000원을 거래처 ㈜서울상사가 발행한 받을어음으로 배서양도하여 결제하였다.

[2] 2월 2일 제품을 매출하고 수령한 ㈜서울상사 발행 약속어음12,000,000원이 만기가 도래하여 우리은행에 추심의뢰 하였다. 이에 대하여 우리은행으로부터 추심수수료 70,000원을 차감한 잔액을 당좌예금 계좌에 입금하였다는 통지를 받았다.

[3] 2월 3일 부족한 운영자금 문제를 해결하기 위해 보유중인 대전상사의 받을어음 1,000,000원을 한국은행에 현금으로 매각하였다.(만기일 7월 3일, 할인율 연 12%, 월할 계산, 매각거래로 처리 하시오.)

[4] 2월 4일 운전자금 확보를 위해 주거래처인 제주상사로부터 매출대금으로 받은 약속어음 30,000,000원을 우리은행에서 할인받고 할인료 500,000원 및 추심수수료 20,000원을 차감한 잔액을 현금으로 수령하였다. 단, 어음할인은 매각거래로 간주한다.

[5] 2월 5일 광주상사에 대한 외상매출금 4,700,000원을 금일자로 연 8% 이자율로 동점에 3개월간 대여하기로 하고 이를 대여금으로 전환하였다.

[6] 2월 6일 평화상사에 대한 외상매입금 10,000,000원 중 5,000,000원은 보통예금 계좌에서 이체하였고, 나머지 금액은 다음과 같은 내용의 금전대차 거래로 전환하였다.

- 이 자 율: 연 12%(단, 원리금 상환지체시 연 30% 추가)
- 원금상환기한: 차용일로부터 10개월
- 이자지급기한: 원금 상환시 일시지급

[7] 2월 7일 부실상사에 대한 외상매출금 33,000,000원의 소멸시효가 완성되어 대손처리하였다.(대손충당금은 조회하여 처리하고, 부가가치세는 고려하지 않는다.)

[8] 2월 8일 당사는 무전기업에 대여한 단기대여금 10,000,000원을 회수불능채권으로 보아 전액 대손처리하였다.(대손충당금은 조회하여 처리할 것)

[9] 2월 9일 전기에 대손처리한 개성상사에 대한 외상매출금 2,000,000원이 한국은행 보통예금 계좌로 입금되었다. 단, 전기의 회계처리는 아래와 같고, 부가가치세법상 대손세액공제는 적용하지 않았다.

(차) 대손상각비	1,000,000원	(대) 외상매출금	2,000,000원
대손충당금	1,000,000원	(개성상사)	

[10] 2월 10일 전기에 평양상사의 외상매출금 4,400,000원(부가가치세 포함)을 회수불능채권으로 대손처리하였으나 당일 전액 현금으로 회수되었다. 단, 상기금액은 전년도 제1기 부가가치세 확정신고시 대손요건 충족으로 대손세액공제를 받은 바 있다. (대손세액공제신고서작성은 생략한다.)

[11] 2월 11일 당사는 전기에 삼일상사에게 대여한 단기대여금 5,000,000원을 회수불능채권으로 보아 전기말 결산시 대손 처리하였으나, 금일 삼일상사로부터 전액을 현금으로 회수하였다. 단, 전기 대손처리는 모두 대손충당금과 상계하였다.

출제유형 답안

[1]	2월 1일	(차) 외상매입금(평화상사) 2,000,000원 (대) 받을어음(㈜서울상사) 2,000,000원
[2]	2월 2일	(차) 당좌예금 11,930,000원 (대) 받을어음(㈜서울상사) 12,000,000원 수수료비용(판) 70,000원
[3]	2월 3일	(차) 현금 950,000원 (대) 받을어음(대전상사) 1,000,000원 매출채권처분손실 50,000원 ✓ 할인료: 1,000,000원 × 12% × 5/12 = 50,000원
[4]	2월 4일	(차) 현금 29,480,000원 (대) 받을어음(제주상사) 30,000,000원 매출채권처분손실 520,000원 ✓ 어음할인 시 추심수수료는 매출채권처손실에 포함하여 회계처리한다.
[5]	2월 5일	(차) 단기대여금(광주상사) 4,700,000원 (대) 외상매출금(광주상사) 4,700,000원
[6]	2월 6일	(차) 외상매입금(평화상사) 10,000,000원 (대) 보통예금 5,000,000원 단기차입금(평화상사) 5,000,000원
[7]	2월 7일	(차) 대손충당금(109) 10,000,000원 (대) 외상매출금(부실상사) 33,000,000원 대손상각비 23,000,000원
[8]	2월 8일	(차) 대손충당금(115) 100,000원 (대) 단기대여금(무전기업) 10,000,000원 기타의대손상각비 9,900,000원 ✓ 일반적인 상거래에서 발생하는 매출채권(외상매출금, 받을어음) 이외의 채권(미수금, 대여금 등)에 대한 대손액은 기타의대손상각비(영업외비용)로 처리한다.
[9]	2월 9일	(차) 보통예금 2,000,000원 (대) 대손충당금(109) 2,000,000원
[10]	2월 10일	(차) 현금 4,400,000원 (대) 대손충당금(109) 4,000,000원 부가세예수금 400,000원
[11]	2월 11일	(차) 현금 5,000,000원 (대) 대손충당금(115) 5,000,000원

2 정부보조금

[1] 2월 16일 제조설비를 취득하는 조건으로 상환의무가 없는 정부보조금 30,000,000원을 보통예금 계좌로 수령하였다.

[2] 2월 20일 (주)하나기계로부터 자동포장기를 50,000,000원에 구입하고 대금은 기 수령한 정부보조금 30,000,000원을 포함하여 보통예금 계좌에서 이체하여 지급하였다.(부가가치세는 고려하지 않는다.)

출제유형 답안

[1]	2월 16일	(차)	보통예금	30,000,000원	(대)	정부보조금(104)	30,000,000원
[2]	2월 20일	(차)	기계장치 정부보조금(104)	50,000,000원 30,000,000원	(대)	보통예금 정부보조금(217)	50,000,000원 30,000,000원

3 비유동자산

[1] 2월 21일 공장부지로 사용할 토지를 다음과 같이 매입하였다. 그 중 토지취득 관련세액과 중개수수료는 현금으로 납부하고, 토지매입대금은 보통예금 계좌에서 이체하였다.

• 토지	50,000,000원
• 취득세등	2,300,000원
• 취득에 관련된 중개수수료	300,000원

[2] 2월 22일 주자창으로 사용할 토지를 ㈜한국토건으로부터 구입하고, 이와 관련하여 아래와 같은 지출이 발생하였다.

- 토지금액 50,000,000원(선 지급한 계약금 5,000,000원을 제외한 잔액 45,000,000원은 보통예금 계좌에서 이체)
- 중개수수료 800,000원(기타소득 원천징수세액 20,000원을 차감한 잔액 780,000원을 현금으로 지급)

[3] 2월 23일 제품 창고 건설을 위하여 건물이 있는 부지를 구입하고 동시에 건물을 철거하였다. 건물이 있는 부지의 구입비로 100,000,000원을 보통예금 계좌에서 이체하고, 철거비용 5,000,000원은 현금으로 지급하였다.

[4] 2월 24일 사용중인 공장건물을 새로 신축하기 위하여 기존건물을 철거하였다. 철거당시의 기존건물의 취득금액 및 감가상각누계액의 자료는 다음과 같다.

- 건물의 취득금액: 100,000,000원
- 철거당시 감가상각누계액: 80,000,000원(철거 시점까지 상각완료 가정)
- 건물철거비용: 3,000,000원(현금으로 지급)

[5] 2월 25일 보유중인 사업용 토지 일부분을 평화상사에 40,000,000원(장부금액 23,000,000원)에 매각하고 대금은 평화상사의 전기이월 외상매입금 15,000,000원과 상계처리하고 잔액은 보통예금 계좌에 입금되었다.

[6] 2월 26일 전년도말로 내용연수가 경과하여 운행이 불가능한 승용차(취득금액 8,500,000원, 감가상각누계액 8,499,000원)를 폐차대행업체를 통해 폐차시키고, 당해 폐차대행업체로부터 고철비 명목으로 10,000원을 현금으로 받았다.(단, 부가가치세는 고려하지 않는다.)

[7] 2월 27일 공장을 건설하기 위하여 소요되는 자금을 조달하기 위하여 하나은행에서 차입한 차입금에 대한 이자 2,500,000원이 발생하여 보통예금 계좌에서 이체하였다. 당기 차입금에 대한 이자는 회계기준상 자본화대상요건을 충족하였고 공장은 현재 건설중이다.

[8] 2월 28일 업무용 차량에 화재가 발생하여 완전히 소실되었다. 소실전 감가상각비가 반영된 차량의 장부금액은 다음과 같다.

- 차량운반구의 취득금액: 20,000,000원
- 감가상각누계액: 2,000,000원

출제유형 답안

[1]	2월 21일	(차)	토지	52,600,000원	(대)	현금 보통예금	2,600,000원 50,000,000원
[2]	2월 22일	(차)	토지	50,800,000원	(대)	보통예금 선급금((주)한국토건) 현금 예수금	45,000,000원 5,000,000원 780,000원 20,000원
[3]	2월 23일	(차)	토지	105,000,000원	(대)	보통예금 현금	100,000,000원 5,000,000원
[4]	2월 24일	(차)	감가상각누계액(203) 유형자산처분손실	80,000,000원 23,000,000원	(대)	건물 현금	100,000,000원 3,000,000원
			✓ 자산을 매각 또는 처분하면서 발생하는 부대비용은 처분손익에 포함하여 처리한다. 건물(100,000,000원) − 감가상각누계액(80,000,000원) = 순장부금액(20,000,000원) 순장부금액(20,000,000원) + 철거비용(3,000,000원) = 처분손실(23,000,000원)				
[5]	2월 25일	(차)	보통예금 외상매입금(평화상사)	25,000,000원 15,000,000원	(대)	토지 유형자산처분이익	23,000,000원 17,000,000원
[6]	2월 26일	(차)	현금 감가상각누계액(209)	10,000원 8,499,000원	(대)	차량운반구 유형자산처분이익	8,500,000원 9,000원
			✓ 자산을 매각 또는 처분하면서 발생하는 부대비용은 처분손익에 포함하여 처리한다. 차량운반구(8,500,000원) − 감가상각누계액(8,499,000원) = 처분손실(1,000원) 고철비수입(10,000원) − 처분손실(1,000원) = 처분이익(9,000원)				
[7]	2월 27일	(차)	건설중인자산	2,500,000원	(대)	보통예금	2,500,000원
[8]	2월 28일	(차)	감가상각누계액(209) 재해손실	2,000,000원 18,000,000원	(대)	차량운반구	20,000,000원

4 유가증권

[기존 백데이터는 고려하지 말고 제시된 자료만 이용하여 회계 처리하시오.]

[1] 3월 11일 당사는 단기매매증권으로 분류되는 ㈜청아의 주식 5,000주를 1주당 10,000원에 매입하였다. 매입수수료는 매입가액의 1%이고 매입관련 대금은 모두 현금으로 지급하였다.

[2] 3월 12일 업무용 차량 구입시 법령에 의하여 액면금액 1,000,000원의 공채를 액면금액에 현금으로 매입하였다. 단, 공채의 매입당시 공정가치는 750,000원으로 평가되며 단기매매증권으로 분류한다.

[3] 3월 13일 공장건설을 위한 토지를 매입하면서 법령에 의하여 액면금액 2,000,000원의 공채를 액면금액에 현금으로 매입하였다. 공채의 매입당시 공정가치는 1,750,000원으로 평가되며 단기매매증권으로 분류하도록 한다.

[4] 3월 14일 단기간 매매차익 목적으로 구입하였던 상장법인 (주)우리상사의 주식 300주(장부금액 3,000,000원)를 한국증권거래소에서 1주당 9,000원에 처분하고, 수수료 80,000원을 차감한 잔액을 한국은행 보통예금 계좌로 이체 받았다.

[5] 3월 15일 단기보유목적으로 전년도 12월 5일에 구입한 시장성이 있는 (주)세진의 주식 1,000주를 15,000,000원에 처분하였다. 처분대금은 거래수수료 10,000원을 차감한 잔액이 보통예금 계좌에 입금되었으며, 증권거래세 45,000원은 현금으로 납부하였다.

- 전년도 취득내역: 2,000주(주당 18,000원), 취득부대비용 67,000원
- 전년도 12월 31일 시가: 주당 16,000원

[6] 3월 16일 단기매매증권인 (주)우리전자의 주식 500주를 주당 13,000원에 매각하고, 매각수수료 250,000원을 제외한 매각대금을 한국은행 보통예금으로 송금 받았다. (주)우리전자 주식에 대한 거래현황은 다음 자료 이외에는 없다고 가정하며, 단가의 산정은 이동평균법에 의한다.

취득일자	주식수	취득단가	취득금액
1월 7일	300주	13,200원	3,960,000원
1월 26일	400주	12,500원	5,000,000원

[7] 3월 17일 단기매매증권인 기흥전자(주)의 주식 300주를 주당 22,000원에 매각하고 수수료 50,000원을 차감한 잔액은 현금으로 받았다. 기흥전자(주)의 주식은 모두 1월 10일에 주당 19,000원에 400주를 취득한 것으로서 취득 시에 수수료 등 제비용이 70,000원 지출되었다. 주식 매각 시 분개를 하시오.

[8] 3월 18일 당사는 (주)진우산업이 발행한 다음의 사채를 2년 후 매각할 목적으로 현금 취득하였다.

- 만기: 2028년 9월 30일(발행일: 2025년 3월 18일)
- 액면이자율: 8%(시장이자율: 10%)
- 액면금액: 10,000,000원(발행금액: 9,502,580원)

[9] 3월 19일 대표이사가 업무용으로 사용할 3,000cc 승용차 구입 시 의무적으로 구입해야 하는 액면금액 1,000,000원, 공정가치 700,000원인 채권(만기보유증권으로 분류된다)을 액면금액으로 취득하면서 채권에 대한 대가는 현금으로 지급하였다.

[10] 3월 20일 당사가 보유중인 매도가능증권(당기에 처분의도가 없음)을 다음과 같은 조건으로 처분하고 현금을 회수하였으며, 전년도 기말 평가는 일반기업회계기준에 따라 처리하였다.

취득금액	기말공정가치	처분금액	비고
취득일 전년도 1월 31일	전년도 12월 31일		
10,000,000원	15,000,000원	12,000,000원	시장성 있음

[11] 3월 21일 당사가 장기투자 목적으로 보유하던 상장주식(투자회사에 대한 지분율이 1% 미만임)을 다음과 같은 조건으로 처분하고 처분대금은 한국은행 보통예금 계좌로 입금하였다. 단, 전년도에 해당 상장주식에 대한 기말 평가는 일반기업회계기준에 따라 적절하게 회계처리 하였다.

취득금액	시가	처분금액
취득일 전년도 1월 31일	전년도 12월 31일	
7,000,000원	5,000,000원	6,000,000원

출제유형 답안

[1]	3월 11일	(차) 단기매매증권 50,000,000원 (대) 현금 50,500,000원 수수료비용(영업외비용) 500,000원 ✓ 단기매매증권(당기손익인식금융자산) 취득을 위한 거래원가는 즉시 비용처리한다.
[2]	3월 12일	(차) 단기매매증권 750,000원 (대) 현금 1,000,000원 차량운반구 250,000원 ✓ 유형자산 취득시 구입한 공채는 공정가액으로 기록하고, 구입가액과의 차액은 해당 자산의 취득원가에 가산한다.
[3]	3월 13일	(차) 단기매매증권 1,750,000원 (대) 현금 2,000,000원 토지 250,000원
[4]	3월 14일	(차) 보통예금 2,620,000원 (대) 단기매매증권 3,000,000원 단기매매증권처분손실 380,000원 ✓ 단기매매증권 처분 시 수수료는 처분손익에 포함한다. 장부금액(3,000,000원) − 처분금액(2,700,000원) = 손실(300,000원) 손실(300,000원) + 수수료(80,000원) = 처분손실(380,000원)
[5]	3월 15일	(차) 보통예금 14,990,000원 (대) 단기매매증권 16,000,000원 단기매매증권처분손실 1,055,000원 현금 45,000원 ✓ 장부금액(16,000,000원) − 처분금액(15,000,000원) = 손실(1,000,000원) 손실(1,000,000원) + 거래세 및 수수료(55,000원) = 처분손실(1,055,000원)
[6]	3월 16일	(차) 보통예금 6,250,000원 (대) 단기매매증권 6,400,000원 단기매매증권처분손실 150,000원 ✓ 장부금액: (3,960,000원 + 5,000,000원) × 500주/700주 = 6,400,000원 처분금액(500주 × 13,000원) − 장부금액(6,400,000원) = 이익(100,000원) 이익(100,000원) − 수수료(250.000원) = 처분손실(150,000원)
[7]	3월 17일	(차) 현금 6,550,000원 (대) 단기매매증권 5,700,000원 단기매매증권처분이익 850,000원 ✓ 장부금액: 19,000원 × 300주 = 5,700,000원 처분금액(6,600,000원) − 장부금액(5,700,000원) = 이익(900,000원) 이익(900,000원) − 수수료(50,000원) = 처분이익(850,000원)
[8]	3월 18일	(차) 매도가능증권(178) 9,502,580원 (대) 현금 9,502,580원 ✓ 사채 발행회사(상대방) 회계처리 (차) 현금 9,502,580원 (대) 사채 10,000,000원 사채할인발행차금 497,420원
[9]	3월 19일	(차) 차량운반구 300,000원 (대) 현금 1,000,000원 만기보유증권(181) 700,000원

<table>
<tr><td>[10]</td><td>3월 20일</td><td>(차) 현금 12,000,000원 (대) 매도가능증권(178) 15,000,000원
매도가능증권평가이익 5,000,000원 매도가능증권처분이익 2,000,000원

✓ 전년도 결산시 회계처리
(차) 매도가능증권 5,000,000원 (대) 매도가능증권평가이익 5,000,000원
매도가능증권평가이익 계정은 자본항목이므로 이월되어 관리됨

✓ 단기매매증권이라고 가정하면
[결산시]
단기매증권 5,000,000원 (대) 단기매매증권평가이익 5,000,000원
[처분시]
(차) 현금 12,000,000원 (대) 단기매증권 15,000,000원
단기매매증권처분손실 3,000,000원
단기매매증권평가이익은 수익계정으므로 처분 시 고려하지 않아도 됨</td></tr>
<tr><td>[11]</td><td>3월 21일</td><td>(차) 보통예금 6,000,000원 (대) 매도가능증권(178) 5,000,000원
매도가능증권처분손실 1,000,000원 매도가능증권평가손실 2,000,000원

✓ 전년도 결산시 회계처리
(차) 매도가능증권평가손실 2,000,000원 (대) 매도가능증권 2,000,000원
매도가능증권 처분시 매도가능증권평가손익을 우선 상계처리후 처분손익을 인식하여야 한다.</td></tr>
</table>

5 잉여금처분

[1] 3월 22일 다음은 이익잉여금처분계산서 내역의 일부이다. 현금배당은 2025년 3월 25일에 지급할 예정이다. 처분확정일의 회계처리를 하시오.

이익잉여금처분계산서

2024년 1월 1일부터 2024년 12월 31일까지

처분확정일 2025년 03월 22일 (단위: 원)

과 목	금 액	
- 중간 생략 -		
Ⅲ.이익잉여금 처분액		41,000,000
1. 이익준비금	1,000,000	
2. 재무구조개선적립금	0	
3. 배당금	30,000,000	
가. 현금배당	10,000,000	
나. 주식배당	20,000,000	
4. 사업확장적립금	10,000,000	

[2] 3월 25일 전기분 이익잉여금처분계산서대로 주주총회에서 확정(배당결의일 3월 22일)된 배당액을 지급하였다. 원천징수세액 1,540,000원을 제외한 8,460,000원을 현금으로 지급하였고, 주식배당 20,000,000원은 주식을 발행(액면발행)하여 교부하였다.

출제유형 답안

[1]	3월 22일	(차)	이월이익잉여금	41,000,000원	(대)	이익준비금	1,000,000원
						미지급배당금	10,000,000원
						미교부주식배당금	20,000,000원
						사업확장적립금	10,000,000원
		✓ 이익준비금은 일반적으로 금전배당(현금배당)의 10%(법정최소액)을 적립하며, 자본전입과 결손금처분에만 사용가능하다.					
[2]	3월 25일	(차)	미지급배당금	10,000,000원	(대)	현금	8,460,000원
			미교부주식배당금	20,000,000원		예수금	1,540,000원
						자본금	20,000,000원

6 기타 자산·부채

[기존 백데이터는 고려하지 말고 제시된 자료만 이용하여 회계 처리하시오.]

[1] 3월 26일 ㈜대호전자로부터 투자목적으로 사용할 토지를 200,000,000원에 현금으로 매입하였다. 당일 취득세 10,000,000원은 현금 납부하였다.

[2] 3월 30일 삼일상사에 투자목적으로 구입한 토지(210,000,000원)를 250,000,000원에 매각하면서 대금은 전자어음(만기 1년 이내)을 받았다.

[3] 3월 31일 제1기 예정 부가가치세 신고기간의 부가세대급금(9,100,000원)과 부가세예수금(46,900000원)을 상계 회계 처리하시오.(단, 납부할 세액은 미지급세금으로 환급받을 세액은 미수금 계정으로 처리한다.)

[4] 3월 31일 미납된 부가가치세 5,000,000원(전년도 제2기 확정분)과 이에 대한 가산세 24,000원을 보통예금 계좌에서 납부하였다.(단, 미납된 부가가치세는 미지급세금 계정으로 처리되어 있으며, 가산세는 세금과공과(판) 계정으로 회계처리하기로 한다.)

출제유형 답안

번호	일자	차변	금액	대변	금액
[1]	3월 26일	(차) 투자부동산	210,000,000원	(대) 현금	210,000,000원
[2]	3월 30일	(차) 미수금(삼일상사)	250,000,000원	(대) 투자부동산 투자자산처분이익	210,000,000원 40,000,000원
		✓ 일반적인상거래 이외의 거래에서 발생한 어음은 미수금(미지급금)으로 처리한다.			
[3]	3월 31일	(차) 부가세예수금	46,900,000원	(대) 부가세대급금 미지급세금	9,100,000원 37,800,000원
[4]	3월 31일	(차) 미지급세금 세금과공과(판)	5,000,000원 24,000원	(대) 보통예금	5,024,000원

7 외화자산·부채

[기존 백데이터는 고려하지 말고 제시된 자료만 이용하여 회계 처리하시오.]

[1] 4월 1일 미국 뉴욕은행의 단기차입금 13,000,000원($10,000)에 대하여 현금을 외화($)로 환전하여 상환하였다.(단, 상환당시 환율은 1$당 1,200원이었으며. 환전수수료 등 기타 부대비용은 없다고 가정한다.)

[2] 4월 2일 전달 30일(선적일) 미국 블랙홀사에 외상으로 수출한 제품의 수출대금 $120,000을 금일 달러화로 송금 받은 후, 즉시 원화로 환전하여 한국은행 보통예금 계좌에 입금하였다.

- 수출당시 적용환율: 1,300원/$
- 금일 적용환율: 1,320원/$

[3] 4월 3일 당사는 전년도 12월 9일에 일본에 소재한 교토상사로부터 원재료 ¥1,000,000을 구매하면서 이를 외상매입금으로 처리하였고, 금일 동 외상매입금 전액을 현금으로 상환하였다. 단, 전기말 외화자산부채와 관련해서는 적절하게 평가하였다.

일자	환율
전년도 12. 09.	1,000원/100¥
전년도 12. 31.	900원/100¥
상환시	950원/100¥

[4] 4월 4일 뉴욕은행으로부터 차입한 외화장기차입금 $10,000(외화장기차입금 계정)와 이자 $200에 대해 거래은행에서 원화현금을 달러로 환전하여 상환하였다.

- 장부상 회계처리 적용환율: $1당 1,000원
- 상환시 환전한 적용환율: $1당 1,100원

출제유형 답안

<table>
<tr><td>[1]</td><td>4월 1일</td><td>(차) 단기차입금(뉴욕은행) 13,000,000원 (대) 현금 12,000,000원
외환차익 1,000,000원

✓ 상환액: ($10,0000 × 1,200원) = 12,000,000원
차입액(13,000,000원) 보다 상환액(12,000,000원)이 작으므로,
외환차익(1,000,000원) 발생</td></tr>
<tr><td>[2]</td><td>4월 2일</td><td>(차) 보통예금 158,400,000원 (대) 외상매출금(블랙홀) 156,000,000원
외환차익 2,4000,00원

✓ 수출당시 외상매출금: $120,000 × 1,300원 = 156,000,000원
대금회수시 외상매출금: $120,000 × 1,320원 = 158,400,000원
수출당시 보다 회수시 외상매출금이 더 크므로, 외환차익(2,400,000원) 발생</td></tr>
<tr><td>[3]</td><td>4월 3일</td><td>(차) 외상매입금(교토상사) 9,000,000원 (대) 현금 9,500,000원
외환차손 500,000원

✓ 전년도 회계처리
[외상매입금 발생시]
(차)원재료 10,000,000원 (대) 외상매입금 10,000,000원
[결산시]
(차)외상매입금 1,000,000원 (대) 외화환산이익 1,000,000원
따라서 현재 외상매입금 장부 잔액은 9,000,000원

✓ 장부상 외상매입금: ￥1,000,000 × 900원/100￥ = 9,000,000원
상환시 외상매입금: ￥1,000,000 × 950원/100￥ = 9,500,000원
장부상 금액보다 상환시 외상매입금이 더 크므로, 외한차손(500,000원) 발생</td></tr>
<tr><td>[4]</td><td>4월 4일</td><td>(차) 외화장기차입금(뉴욕은행) 10,000,000원 (대) 현금 11,220,000원
외환차손 1,000,000원
이자비용 220,000원</td></tr>
</table>

8 사채발행 및 상환

[기존 백데이터는 고려하지 말고 제시된 자료만 이용하여 회계 처리하시오.]

[1] 4월 5일 당사는 만기 3년, 액면금액 100,000,000원의 사채를 발행하였으며, 발행금액은 보통예금 계좌로 입금되었다. 유효이자율법에 의한 사채발행금액은 95,000,000원이다.

[2] 4월 6일 사채 1,000,000원을 발행하면서 발행금액 1,200,000원은 보통예금 계좌로 입금되다. 사채발행 관련 법무사수수료 300,000원이 현금으로 지급되다. 하나의 전표로 입력하시오.

[3] 4월 7일 액면금액 50,000,000원인 사채 중 액면금액 20,000,000원을 20,330,000원에 보통예금 계좌에서 이체하여 조기에 상환하였다. 당사의 다른 사채 및 사채할인발행차금 등 사채 관련 계정금액은 없었다.

[4] 4월 8일 액면금액 30,000,000원인 사채 중 액면금액 15,000,000원 상당액을 12,800,000원에 중도상환하기로 하고, 상환대금은 보통예금 계좌에서 이체하다. 상환일 현재 상각 후 총 사채할인발행차금 잔액은 5,000,000원이며, 다른 사채발행금액은 없는 것으로 한다.

[5] 4월 9일 액면금액 200,000,000원인 사채 중 액면금액 150,000,000원을 132,000,000원에 중도 상환하기로 하고 상환대금은 우리은행 앞 당좌수표로 지급하다. 상환일 현재 사채할인발행차금 잔액은 20,000,000원이며 다른 사채발행금액은 없는 것으로 가정한다.

[6] 4월 10일 당사가 발행한 사채의 액면금액은 300,000,000원이고 만기는 2026년 2월 9일이지만 자금사정의 회복으로 인하여 이중 액면금액 100,000,000원의 사채를 금일 중도상환하기로 하고 상환대금 110,000,000원을 전액 우리은행 앞 당좌수표를 발행하여 지급하다. 상환 전 사채할증발행차금 잔액은 12,000,000원이다.

출제유형 답안

번호	일자	분개
[1]	4월 5일	(차) 보통예금 95,000,000원 (대) 사채 100,000,000원 사채할인발행차금 5,000,000원
[2]	4월 6일	(차) 보통예금 1,200,000원 (대) 사채 1,000,000원 사채할인발행차금 100,000원 현금 300,00원 ✓ 사채발행시 부대비용은 사채할인발행차금에 가산 또는 사채할증발행차금에서 차감하여 회계처리한다. 발행금액 1,200,000원 − 액면금액 1,000,000원 = 사채할증발행차금 200,000원 사채할증발행차금 200,000원 − 법무사수수료 300,000원 = 사채할인발행차금 100,000원
[3]	4월 7일	(차) 사채 20,000,000원 (대) 보통예금 20,330,000원 사채상환손실 330,000원
[4]	4월 8일	(차) 사채 15,000,000원 (대) 보통예금 12,800,000원 사채상환손실 300,000원 사채할인발행차금 2,500,000원 ✓ 사채 상환시 사채할인발행차금 잔액도 사채상환비율만큼 함께 상계처리하여야 한다. (사채 50% 상환)
[5]	4월 9일	(차) 사채 150,000,000원 (대) 당좌예금 132,000,000원 사채할인발행차금 15,000,000원 사채상환이익 3,000,000원 ✓ 사채할인발행차금 상각액: 20,000,000원 × 150,000,000원/200,000,000원 = 15,000,000원
[6]	4월 10일	(차) 사채 100,000,000원 (대) 당좌예금 110,000,000원 사채할증발행차금 4,000,000원 사채상환손실 6,000,000원 ✓ 사채할증발행차금 상각액: 12,000,000원 × 100,000,000원/300,000,000원 = 4,000,000원

9 자본

[기존 백데이터는 고려하지 말고 제시된 자료만 이용하여 회계 처리하시오.]

[1] 4월 11일 유상증자를 위하여 신주 1,000주(액면 @10,000원)를 1주당 12,000원에 발행하고 대금은 전액 당좌예금 계좌에 입금하였으며, 주식발행과 관련한 법무사수수료 200,000원은 현금으로 지급되었다.

[2] 4월 12일 주주총회의 특별결의로 보통주 8,000주(액면금액 1주당 5,000원)를 1주당 4,800원에 발행하고 납입액은 전액 보통예금에 예입하였으며, 주식발행에 관련된 법무사수수료 등 500,000원은 현금으로 별도 지급하였다.(주식발행초과금 잔액은 없다고 가정하며, 하나의 전표로 입력할 것)

[3] 4월 13일 당사는 유상증자를 위해 보통주 10,000주(1주당 액면금액 10,000원)를 1주당 8,000원으로 발행하였고, 주금은 금일 보통예금으로 입금받았다. 단, 이와 관련한 주식발행비용(제세공과금 등) 2,000,000원은 즉시 보통예금에서 지급하였다.(주식발행초과금계정 잔액 20,000,000원 가정)

[4] 4월 14일 신주 10,000주(액면금액 1주당 5,000원)를 1주당 6,000원에 발행하고 납입대금 전액을 보통예금에 입금하였으며, 신주발행비 4,500,000원은 당좌수표를 발행하여 지급하였다.(주식할인발행차금 잔액 2,000,000원 가정)

[5] 4월 15일 회사가 보유한 하나은행의 장기차입금 30,000,000원을 출자전환하기로 하고 주식 2,000주(액면금액 10,000원)를 발행하여 교부하였으며 자본증자 등기를 마쳤다.

[6] 4월 16일 당사는 주식 3,000주(액면 @5,000원)를 1주당 4,000원으로 매입소각하고 대금은 보통예금 계좌에서 이체하여 지급하였다.

[7] 4월 17일 전년도에 취득한 자기주식 3,000,000원을 5,000,000원에 매각하고 대금은 전액 삼일상사 발행 약속어음으로 수령하였다.

[8] 4월 18일 보유중인 자기주식(취득원가: 300,000원)을 240,000원에 현금 처분하였다. (단, 자기주식처분이익계정 잔액 50,000원 가정)

[9] 4월 19일 전년도에 취득한 자기주식 500주(주당 10,000원) 중 250주를 주당 12,000원에 현금을 받고 매각하였다.(단, 자기주식처분손실계정 잔액 200,000원 가정)

[10] 4월 20일 전년도에 취득한 자기주식 3,000,000원(액면금액은 2,000,000원)을 전부 소각하였다.

[11] 4월 21일 전년도에 취득한 액면금액 5,000원인 자기주식을 1주당 6,000원에 1,000주를 소각하였다.(단, 감자차익계정 잔액 500,000원 가정)

출제유형 답안

<table>
<tr><td rowspan="2">[1]</td><td rowspan="2">4월 11일</td><td>(차) 당좌예금 12,000,000원 (대) 자본금 10,000,000원
현금 200,000원
주식발행초과금 1,800,000원</td></tr>
<tr><td>✓ 주식발행비용은 별도항목으로 인식하지 않고, 주식할인발행차금에 가산하거나 주식발행초과금에서 차감한다.
발행금액: 12,000원 × 1,000주 = 12,000,000원
액면금액: 10,000원 × 1,000주 = 10,000,000원
발행금액(12,000,000원) - 액면금액(10,000,000원) = 할증발행(2,000,000원)
할증발행(2,000,000원) - 법무사수수료(200,000원) = 주식발행초과금(1,800,000원)</td></tr>
<tr><td rowspan="2">[2]</td><td rowspan="2">4월 12일</td><td>(차) 보통예금 38,400,000원 (대) 자본금 40,000,000원
주식할인발행차금 2,100,000원 현금 500,000원</td></tr>
<tr><td>✓ 액면금액(40,000,000원) - 발행금액(38,400,000원) = 할인발행(1,600,000원)
할인발행(1,600,000원) + 법무사수수료(500,000원) = 주식할인발행차금(2,100,000원)</td></tr>
<tr><td rowspan="2">[3]</td><td rowspan="2">4월 13일</td><td>(차) 보통예금 78,000,000원 (대) 자본금 100,000,000원
주식발행초과금 20,000,000원
주식할인발행차금 2,000,000원</td></tr>
<tr><td>✓ 주식할인발행시 주식발행초과금 잔액이 있는 경우 해당 계정을 상계처리 후 회계처리하여야 한다.
액면금액(100,000,000원) - 발행금액(80,000,000원) = 할인발행(20,000,000원)
할인발행(20,000,000원) + 주식발행비용(2,000,000원) = 주식할인발행차금(22,000,000원)</td></tr>
</table>

<table>
<tr><td>[4]</td><td>4월 14일</td><td>(차) 보통예금 60,000,000원 (대) 자본금 50,000,000원
당좌예금 4,500,000원
주식할인발행차금 2,000,000원
주식발행초과금 3,500,000원
✓ 주식할증발행시 주식할인발행차금 잔액이 있는 경우 해당 계정을 상계처리 후 회계 처리하여야 한다.
발행금액(60,000,000원) - 액면금액(50,000,000원) = 할증발행(10,000,000원)
할증발행(10,000,000원) - 주식발행비용(4,500,000원) = 주식발행초과금(5,500,000원)</td></tr>
<tr><td>[5]</td><td>4월 15일</td><td>(차) 장기차입금(하나은행) 30,000,000원 (대) 자본금 20,000,000원
주식발행초과금 10,000,000원</td></tr>
<tr><td>[6]</td><td>4월 16일</td><td>(차) 자본금 15,000,000원 (대) 보통예금 12,000,000원
감자차익 3,000,000원</td></tr>
<tr><td>[7]</td><td>4월 17일</td><td>(차) 미수금(삼일상사) 5,000,000원 (대) 자기주식 3,000,000원
자기주식처분이익 2,000,000원</td></tr>
<tr><td>[8]</td><td>4월 18일</td><td>(차) 현금 240,000원 (대) 자기주식 300,000원
자기주식처분이익 50,000원
자기주식처분손실 10,000원
✓ 자기주식처분손실 발생시 자기주식처분이익 잔액이 있는 경우 해당 계정을 우선 상계처리 후 회계처리하여야 한다.</td></tr>
<tr><td>[9]</td><td>4월 19일</td><td>(차) 현금 3,000,000원 (대) 자기주식 2,500,000원
자기주식처분손실 200,000원
자기주식처분이익 300,000원
✓ 자기주식처분이익 발생시 자기주식처분손실 잔액이 있는 경우 해당 계정을 우선 상계처리 후 회계처리하여야 한다.</td></tr>
<tr><td>[10]</td><td>4월 20일</td><td>(차) 자본금 2,000,000원 (대) 자기주식 3,000,000원
감자차손 1,000,000원</td></tr>
<tr><td>[11]</td><td>4월 21일</td><td>(차) 자본금 5,000,000원 (대) 자기주식 6,000,000원
감자차익 500,000원
감자차손 500,000원
✓ 감자차손 발생시 감자차익 잔액이 있는 경우 해당 계정을 우선 상계처리 후 회계처리하여야 한다.</td></tr>
</table>

10 수익·비용

[기존 백데이터는 고려하지 말고 제시된 자료만 이용하여 회계 처리하시오.]

[1] 5월 1일 당사는 신한금융과 확정급여형(DB형) 퇴직연금으로 매년 말에 퇴직금 추계액의 60%를 적립하고 적립액의 1%를 적립수수료로 지급하기로 계약하였다. 계약에 따라 올해 퇴직연금 부담금 30,000,000원과 적립수수료 300,000원을 보통예금 계좌에서 이체하였다.

[2] 5월 2일 퇴직연금 자산에 이자 300,000원이 입금되다. 당사는 전임직원의 퇴직금 지급 보장을 위하여 신한금융에 확정급여형(DB) 퇴직연금에 가입되어 있다.

[3] 5월 3일 당사는 확정기여형 퇴직연금제도를 설정하고 있으며, 퇴직연금의 부담금(기여금) 1,500,000원(제조 1,000,000원, 관리 500,000원)을 은행에 현금 납부하였다.

[4] 5월 4일 사무직원 홍길동씨가 퇴사하여 퇴직금을 보통예금 통장에서 지급하였다. 퇴직급여명세서의 내용은 다음과 같다.(단, 홍길동씨의 퇴사 직전 회사의 퇴직급여충당부채 잔액은 2,000,000원 이었고, 퇴직연금에 가입한 내역은 없다.)

내역	금액
퇴직급여	12,000,000원
퇴직소득세, 지방소득세	400,000원
차감지급액	11,600,000원

[5] 5월 5일 확정급여형 퇴직연금제도를 실시하는 당사는 생산직 직원 김수현의 퇴직시 보통예금에서 20,000,000원과 퇴직연금운용사(신한금융)에서 6,000,000원을 지급하였다. 퇴직일 현재 퇴직급여충당부채의 잔액은 49,000,000원이다.(퇴직소득에 대한 원천징수는 생략한다.)

[6] 5월 6일 무역협회(법정단체임) 일반회비로 200,000원을 현금으로 지급하였다. 그리고 오퍼정보협회(임의단체)에 일반회비 100,000원을 현금으로 지급하였다. 세법상 처리로 분개하시오.

[7] 5월 7일 회사는 대표이사의 주소가 변경됨으로 인해서, 법인등기부등본을 변경등기하고 이에 대한 등록세로 120,000원을 현금지출하고, 등록관련 수수료로 100,000원을 현금으로 지급하였다.

[8] 5월 8일 당사에서 구입했던 상품을 수재민을 도와주기 위해 서울시에 기부하였다. 상품의 구입 원가는 1,000,000원이며, 시가는 1,200,000원이다.

[9] 5월 9일 경리직원의 개정세법 교육을 위하여 외부강사를 초빙하여 수강 후 강의료를 보통예금 계좌로 송금함과 동시에 다음의 기타소득에 관한 원천징수영수증을 발급하였다.

- 강의료지급총액 500,000원
- 필요경비 300,000원
- 소득금액 200,000원
- 소득세원천징수세액 40,000원(지방소득세별도)

[10] 5월 10일 장기성예금으로 처리되어 있던 외환은행 정기적금이 금일 만기가 도래하여 원금 5,000,000원과 이자 1,000,000원 중 원천징수세액 140,000원을 제외한 잔액은 한국은행 보통예금에 대체하였다. 다만, 이자소득에 대한 원천징수세액은 자산계정으로 회계처리한다.

[11] 5월 11일 당사는 전월 제일상사에 일시적으로 대여한 자금 5,000,000원과 이에 대한 이자를 합하여 총 5,430,000원(원천징수세액 70,000원 차감 후 금액임)을 금일 보통예금계좌로 입금받았다. 단, 이자소득에 대한 원천징수세액은 자산계정으로 회계처리한다.

[12] 5월 12일 보통예금에 대한 3개월분 이자 100,000원(전기에 미수수익으로 계상해두었던 금액 81,000원 포함) 중 원천징수세액 14,000원을 제외한 금액이 보통예금 계좌에 입금되다. 단, 원천징수세액은 자산계정으로 처리한다.

[13] 5월 13일 대표이사 최민철로부터 시가 100,000,000원의 건물을 증여받았다. 당일 소유권 이전비용으로 취득세 5,000,000원을 현금으로 지출하였다.

[14] 5월 14일 당사의 최대주주인 김대표로부터 업무용 토지를 기증받았다. 본 토지에 대한 취득세로 15,000,000원이 현금으로 은행에 납부하였다. 김대표가 실제 취득한 토지의 금액은 200,000,000원 이었으며, 수증일 현재의 공정가치는 300,000,000원 이다.

[15] 5월 15일 유성상사에 지급할 외상매입금 3,000,000원 중에서 50%는 우리은행 당좌예금 계좌에서 송금하였고 나머지 50%는 채무를 면제받았다.

[16] 5월 16일 보유중인 우수상사의 주식에 대해 1,500,000원의 중간배당이 결정되어 보통예금에 입금되었다.(원천세는 고려하지 말 것)

[17] 5월 17일 당사가 보유중인 유가증권(보통주 1,000주, 액면금액: 1주당 5,000원, 장부금액: 1주당 10,000원)에 대하여 현금배당액(1주당 800원)과 주식배당액을 아래와 같이 당일 수령하였다.

구분	수령액	공정가치(1주당)	발행금액(1주당)
현금배당	현금 800,000원		
주식배당	보통주 100주	9,000원	8,000원

[18] 5월 18일 본사건물에 대해 전년도에 납부한 전기료 중 과오납부한 금액인 200,000원이 당사 보통예금으로 입금되어 오류를 수정하였다.(중대한 오류가 아니다.)

[19] 5월 19일 매출처인 ㈜서울상사로부터 일시적으로 차입하였던 30,000,000원과 이에 대한 이자 2,000,000원 중 이자소득에 대한 원천징수세액 500,000원을 차감한 전액을 보통예금 계좌에서 송금하여 상환하였다.

[20] 5월 20일 회사는 전기에 퇴직급여충당부채 10,000,000원이 미 계상된 점을 발견하고 일반기업회계기준에 따라 즉시 퇴직급여충당부채를 추가로 계상하였다.(중대한 오류가 아니다.)

출제유형 답안

[1]	5월 1일	(차) 퇴직연금운용자산(신한금융) 30,000,000원 / 수수료비용(판) 300,000원 (대) 보통예금 30,300,000원 ✓ 확정급여형(DB) 퇴직연금: 퇴직연금운용자산 ➜ 회사에서 관리 확정기여형(DC) 퇴직연금: 퇴직급여(비용) ➜ 직원개인이 직접관리
[2]	5월 2일	(차) 퇴직연금운용자산(신한금융) 300,000원 (대) 퇴직연금운용수익 300,000원
[3]	5월 3일	(차) 퇴직급여(제) 1,000,000원 / 퇴직급여(판) 500,000원 (대) 현금 1,500,000원
[4]	5월 4일	(차) 퇴직급여충당부채 2,000,000원 / 퇴직급여(판) 10,000,000원 (대) 보통예금 11,600,000원 / 예수금 400,000원 ✓ 퇴직금 지급시 퇴직급여충당부채 잔액이 있는 경우 해당계정을 우선 상계처리 하여야 한다.
[5]	5월 5일	(차) 퇴직급여충당부채 26,000,000원 (대) 퇴직연금운용자산(신한금융) 6,000,000원 / 보통예금 20,000,000원
[6]	5월 6일	(차) 세금과공과(판) 200,000원 / 기부금 100,000원 (대) 현금 300,000원 ✓ 법정단체의 일반회비: 세금과공과 법정단체의 특별회비 및 임의단체의 일반회비: 기부금
[7]	5월 7일	(차) 세금과공과(판) 120,000원 / 수수료비용(판) 100,000원 (대) 현금 220,000원
[8]	5월 8일	(차) 기부금 1,000,000원 (대) 상품(적요.8) 1,000,000원
[9]	5월 9일	(차) 교육훈련비(판) 500,000원 (대) 예수금 44,000원 / 보통예금 456,000원
[10]	5월 10일	(차) 보통예금 5,860,000원 / 선납세금 140,000원 (대) 장기성예금 5,000,000원 / 이자수익 1,000,000원 ✓ 급여 등을 지급하면서 원천징수를 하는 경우: 예수금(부채) 이자수익을 등을 수령하면서 원천징수를 당하는 경우: 선납세금(자산)
[11]	5월 11일	(차) 보통예금 5,430,000원 / 선납세금 70,000원 (대) 단기대여금(제일상사) 5,000,000원 / 이자수익 500,000원
[12]	5월 12일	(차) 보통예금 86,000원 / 선납세금 14,000원 (대) 미수수익 81,000원 / 이자수익 19,000원

[13]	5월 13일	(차) 건물 105,000,000원 (대) 자산수증이익 100,000,000원 현금 5,000,000원
[14]	5월 14일	(차) 토지 315,000,000원 (대) 자산수증이익 300,000,000원 현금 15,000,000원
[15]	5월 15일	(차) 외상매입금(유성상사) 3,000,000원 (대) 당좌예금 1,500,000원 채무면제이익 1,500,000원
[16]	5월 16일	(차) 보통예금 1,500,000원 (대) 배당금수익 1,500,000원
[17]	5월 17일	(차) 현금 800,000원 (대) 배당금수익 800,000원 ✓ 주식배당은 수익이 실현된 것이 아니므로 회계처리 하지 않는다.
[18]	5월 18일	(차) 보통예금 200,000원 (대) 전기오류수정이익(912) 200,000원 (영업외수익)
[19]	5월 19일	(차) 단기차입금((주)서울상사) 30,000,000원 (대) 보통예금 31,500,000원 이자비용 2,000,000원 예수금 500,000원
[20]	5월 20일	(차) 전기오류수정손실(962) 10,000,000원 (대) 퇴직급여충당부채 10,000,000원 (영업외비용)

2. 매입매출전표입력

부가가치세신고와 관련된 거래는 매입매출전표입력에 입력하며, 입력내용은 부가세신고서, 세금계산서합계표 등 부가가치세신고와 관련된 서식에 자동으로 반영되며, 전산세무 2급 시험에서 요구하는 매입매출전표입력 시 유의사항은 다음과 같다.

〈입력 시 유의사항〉

- 일반적인 적요의 입력은 생략하지만, 타계정 대체 거래는 적요번호를 선택하여 입력한다.
- 별도의 요구가 없는 한 반드시 기 등록되어 있는 거래처코드를 선택하는 방법으로 거래처명을 입력한다.
- 제조경비는 500번대 계정코드를, 판매비와 관리비는 800번대 계정코드를 사용한다.
- 회계처리 시 계정과목은 별도 제시가 없는 한 등록되어 있는 계정과목 중 가장 적절한 과목으로 한다.
- 입력화면 하단의 분개까지 처리하고, 전자세금계산서는 전자입력으로 반영한다.

㈜아이캔 02는 사무용가구를 제조하는 법인기업이다. 다음의 거래자료를 [매입매출전표입력] 메뉴를 이용하여 입력하시오.

※ 회사코드 0212 ㈜아이캔 02 회사로 로그인 ※

1 매출과세

과세: 과세(10%) 세금계산서 매출

[1] 7월 1일 ㈜서울상사에 제품(공급가액 30,000,000원, 부가가치세 별도)을 판매하고 전자세금계산서를 발급하였다. 대금은 6월 25일에 수령한 계약금을 제외하고 동사가 발행한 약속어음(만기 5개월)으로 받았다.

[2] 7월 2일 ㈜제주상사 제품 500개(판매단가 100,000원/개, 부가가치세 별도)를 판매하고 전자세금계산서를 발급하였다. 대금은 ㈜세진이 발행한 약속어음(3개월 만기)을 배서양도 받았다.

[3] 7월 3일 ㈜울산상사에 공급했던 제품 중 일부가 품질에 문제가 있어 반품을 받고 반품(공급가액 1,000,000원, 부가가치세 별도)에 대한 전자세금계산서를 발급하였다. 대금은 외상매출금 계정과 상계하여 처리하기로 하였다.

[4] 7월 4일 본사에서 사용하던 건물을 ㈜세진에 44,000,000(부가가치세 포함)에 매각하고, 전자세금계산서를 발행하였다. 대금은 ㈜전주상사에 대한 원재료 외상매입액 30,000,000원을 ㈜세진에서 대신 변제하기로하고, 나머지 잔액은 보통예금으로 입금받았다. 해당 건물 취득원가는 100,000,000원이며 처분시까지 감가상각누계액은 40,000,000원이다.

[5] 7월 5일 당사는 보유중인 특허권(장부금액 30,000,000원)을 25,000,000원(부가가치세 별도)에 ㈜우주상사에 처분하고 전자세금계산서를 발행하였다. 관련 판매대금 전액은 당일에 보통예금으로 송금받았다.

[6] 7월 6일 정부보조금에 의하여 취득한 다음의 기계장치가 노후화되어 대명기업에 외상(매각대금 15,000,000원, 부가가치세별도)으로 처분하고, 전자세금계산서를 발급하였다.(처분된 기계장치는 취득 후 감가상각을 하지 않았으며, 감가상각누계액은 고려하지 않는다.)

- 기계장치 60,000,000원
- 정부보조금(자산차감) 22,000,000원

[7] 7월 7일 ㈜청주상사에 다음과 같이 제품을 할부판매하고, 전자세금계산서를 발급하였다. 할부금은 약정기일에 보통예금에 입금되었다
인도일: 2025년 7월 7일(총 공급가액 40,000,000원, 총 세액 4,000,000원)

구 분	1차할부	2차할부	3차할부	4차할부
약정기일	2025. 7. 7.	2025. 8. 7.	2025. 9. 7.	2025.10. 7.
공급가액	10,000,000원	10,000,000원	10,000,000원	10,000,000원
세 액	1,000,000원	1,000,000원	1,000,000원	1,000,000원

[8] 7월 8일 비수출업체인 ㈜서울상사와 다음과 같은 임가공계약 내용에 의해 제품을 납품하고 세법에 적합한 전자세금계산서를 발급하였다. 대금은 6월 30일에 현금으로 입금된 착수금을 상계한 잔액을 한국은행 보통예금 계좌로 받았다. 다만, 착수금에 대해서는 전자세금계산서를 발급한 바 있다.

계약내용(공급가액)		
계 약 일 자	6월 30일	
총계약 금액	35,000,000원	
착 수 금	7월 1일	5,000,000원
납품기일 및 금액	7월 8일	30,000,000원

[9] 7월 9일 ㈜대전상사에 제품(공급가액 300,000,000원 부가세 30,000,000원)납품계약을 체결함에 있어 다음과 같은 조건으로 대금을 수령하기로 하였고 동 제품의 공급과 관련하여 부가가치세법에 따라 정상적으로 전자세금계산서를 발급하였으며, 대금은 지급약정일에 정상적으로 현금으로 수령하였다. 2025년에 발급된 전자세금계산서에 대한 회계처리를 하시오.

구 분	계약금	1차 중도금	2차 중도금	잔금
지급약정일	2025. 7. 9.	2026. 1. 5.	2026. 3. 5.	2026. 5.20.
지 급 액	55,000,000원	110,000,000원	110,000,000원	55,000,000원

출제유형 답안

번호	일자	답안
[1]	7월 1일	11.과세, 공급가액 30,000,000원, 부가세 3,000,000원, ㈜서울상사, 전자: 여, 혼합 (차) 선수금 3,000,000원 (대) 제품매출 30,000,000원 받을어음 30,000,000원 부가세예수금 3,000,000원 ✓ 일반전표입력 6월 25일을 조회하여 선수금 3,000,000원을 확인한다.
[2]	7월 2일	11.과세, 공급가액 50,000,000원, 부가세 5,000,000원, ㈜제주상사, 전자: 여, 혼합 (차) 받을어음(㈜세진) 55,000,000원 (대) 제품매출 50,000,000원 부가세예수금 5,000,000원 ✓ 받을어음의 거래처를 ㈜세진으로 변경한다.
[3]	7월 3일	11.과세, 공급가액 -1,000,000원, 부가세 -100,000원, ㈜울산상사, 전자: 여, 외상 (차) 외상매출금 -1,100,000원 (대) 제품매출 -1,000,000원 부가세예수금 -100,000원
[4]	7월 4일	11.과세, 공급가액 40,000,000원, 부가세 4,000,000원, ㈜세진, 전자: 여, 혼합 (차) 감가상각누계액(203) 40,000,000원 (대) 건물 100,000,000원 외상매입금(㈜전주상사) 30,000,000원 부가세예수금 4,000,000원 보통예금 14,000,000원 유형자산처분손실 20,000,000원 ✓ 외상매입금의 거래처를 ㈜전주상사로 변경한다.
[5]	7월 5일	11.과세, 공급가액 25,000,000원, 부가세 2,500,000원, ㈜우주상사, 전자: 여, 혼합 (차) 보통예금 27,500,000원 (대) 특허권 30,000,000원 무형자산처분손실 5,000,000원 부가세예수금 2,500,000원
[6]	7월 6일	11.과세, 공급가액 15,000,000원, 부가세 1,500,000원, 대명기업, 전자: 여, 혼합 (차) 유형자산처분손실 23,000,000원 (대) 기계장치 60,000,000원 정부보조금(217) 22,000,000원 부가세예수금 1,500,000원 미수금 16,500,000원
[7]	7월 7일	11.과세, 공급가액 40,000,000원, 부가세 4,000,000원, ㈜청주상사, 전자: 여, 혼합 (차) 보통예금 11,000,000원 (대) 제품매출 40,000,000원 외상매출금 33,000,000원 부가세예수금 4,000,000원
[8]	7월 8일	11.과세, 공급가액 30,000,000원, 부가세 3,000,000원, ㈜서울상사, 전자: 여, 혼합 (차) 선수금 5,000,000원 (대) 제품매출 35,000,000원 보통예금 33,000,000원 부가세예수금 3,000,000원
[9]	7월 9일	11.과세, 공급가액 50,000,000원, 부가세 5,000,000원, ㈜대전상사, 전자: 여, 현금 (차) 현금 55,000,000원 (대) 선수금 50,000,000원 부가세예수금 5,000,000원 ✓ 중간지급조건부에 해당하며, 부가가치세법상 공급시기 및 세금계산서 발급 시기는 대가의 각 부분을 받기로 한때이므로 계약금에 해당하는 부분만 2025년 귀속으로 처리한다. 단, 일반기업회계기준상 매출액은 인도기준이므로 잔금지급약정일인 2026년 5월20일에 인식하므로 계약금 및 각 중도금에 대한 부분은 선수금으로 처리한다.

2 매출영세

영세: 영세율(0%) 세금계산서 매출

[1] 7월 11일 ㈜대신무역으로부터 내국신용장을 발급받고, 제품 2,000개를 20,000,000원에 납품하고, 영세율전자세금계산서를 발급하였다. 대금 중 15,000,000원은 보통예금으로 받고, 나머지는 ㈜울산상사가 발행한 약속어음을 배서 받다.

[2] 7월 12일 ㈜제주상사에 구매확인서에 의하여 제품 40,000,000원을 납품하고 영세율 전자세금계산서를 발급하였다. 대금 중 30%는 자기앞수표로 받고, 나머지 잔액은 ㈜제주상사 발행 당좌수표로 수령하였다.

출제유형 답안

[1]	7월 11일	12.영세, 공급가액 20,000,000원, 부가세 0원, ㈜대신무역, 전자: 여, 혼합 3.내국신용장·구매확인서에 의하여 공급하는 재화
		(차) 보통예금 15,000,000원 (대) 제품매출 20,000,000원 받을어음(㈜울산상사) 5,000,000원 ✓ 받을어음의 거래처를 ㈜울산상사로 변경한다.
[2]	7월 12일	12.영세, 공급가액 40,000,000원, 부가세 0원, ㈜제주상사, 전자: 여, 현금 3.내국신용장·구매확인서에 의하여 공급하는 재화
		(차) 현금 40,000,000원 (대) 제품매출 40,000,000원 ✓ 타인발행 당좌수표 수취시 현금으로 회계처리한다.

3 매출건별

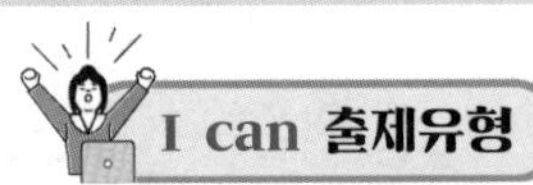

간주공급, 일반영수증, 무증빙 매출

[1] 7월 14일 개인 김영철에게 제품을 132,000원(공급대가)에 소매로 판매하고, 대금은 현금으로 받고 간이영수증을 발급해 주었다.

[2] 7월 15일 개인 김수원에게 제품을 550,000원(공급대가)에 공급하고, 대금은 현금으로 받고 거래명세서를 발급해 주었다.

[3] 7월 16일 보통예금계좌에 330,000원이 입금되었음을 확인한 바, 동 금액은 개인 김민국에게 제품을 판매한 것으로 해당 거래에 대하여 별도의 세금계산서나 현금영수증을 발급하지 않았음을 확인하였다.

[4] 7월 17일 ㈜대구상사의 매출실적이 당초 목표를 초과하여 본사와의 약정에 따라 판매장려 정책의 일환으로 본사의 제품(원가: 15,000,000원, 시가: 20,000,000원)을 제공하였다.(판매장려금계정으로 처리하시오.)

출제유형 답안

[1]	7월 14일	14.건별, 공급가액 120,000원, 부가세 12,000원, 김영철, 현금 (차) 현금 132,000원 (대) 제품매출 120,000원 부가세예수금 12,000원 ✓ 공급가액란에 공급대가(부가세포함)를 입력하면 공급가액과 세액이 자동으로 나누어 입력된다.
[2]	7월 15일	14.건별, 공급가액 500,000원, 부가세 50,000원, 김수원, 현금 (차) 현금 550,000원 (대) 제품매출 500,000원 부가세예수금 50,000원
[3]	7월 16일	14.건별, 공급가액 300,000원, 부가세 30,000원, 김민국, 혼합 (차) 보통예금 330,000원 (대) 제품매출 300,000원 부가세예수금 30,000원

<table>
<tr><td rowspan="2">[4]</td><td rowspan="2">7월 17일</td><td>14.건별, 공급가액 20,000,000원, 부가세 2,000,000원, ㈜대구상사, 혼합</td></tr>
<tr><td>(차) 판매장려금(판) 17,000,000원 (대) 제품(적요.8) 15,000,000원
부가세예수금 2,000,000원
✓ 판매장려금을 금전으로 지급하는 경우에는 재화의 공급에 해당하지 아니하며, 판매장려 물품을 현물로 지급하는 경우에는 "사업상 증여"에 해당하므로 현물의 시가를 과세표준에 포함한다.</td></tr>
</table>

4 매출수출

수출: 영세율(0%) 직수출 매출

※ 모든 수출거래에 대해 수출신고번호는 생략하기로 한다.

[1] 7월 18일 제임스상사에 제품을 $20,000에 직수출(수출신고일: 7월 16일, 선적일: 7월 18일)하고, 수출대금 전액을 7월 25일에 미국달러화로 받기로 하였다. 수출과 관련된 내용은 다음과 같다.

일자	7월 16일	7월 18일	7월 25일
기준환율	$1 = 1,150원	$1 = 1,100원	$1 = 1,200원

[2] 7월 19일 당사는 제품 제조에 사용하던 기계장치를 중국의 ㈜베이징에 수출하고, 매각대금은 다음달 말일까지 받기로 하였다. 매각자산의 당기 감가상각비는 고려하지 않기로 한다.

- 매각대금: 60,000위안(적용환율: 1위안당 180원)
- 취득가액: 20,000,000원
- 전기말 감가상각누계액: 12,000,000원

[3] 7월 20일 선적지인도조건으로 제임스상사에 제품을 직수출하기 위해 선적완료 하였다. 선적일의 기준환율은 1$당 1,300원이고 수출 대금은 6개월 후에 지급받기로 하였다. 수출신고필증의 결제내역은 다음과 같다.

총신고가격(FOB)	$59,500
결제금액	CIF-$60,000

[4] 7월 21일 영국 ABC상사로부터 주문받은 제품(USD $50,000)을 오늘 선적하였다. 대금은 7월 15일 받은 선수금(USD $40,000로 원화로 실제 환전한 금액은 38,000,000원이다.)과 7월말에 수령하기로 한 잔액(USD $10,000)이다. 대금수수내역 및 기준환율은 다음과 같고, 동 거래에 대하여 부가가치세법상 과세표준으로 선적일의 회계처리를 하시오.

일자	7월 15일	7월 21일	7월 31일
기준환율	$1 = 960원	$1 = 1,200원	$1 = 1,100원
매입율	$1 = 950원		

[5] 7월 22일 제임스상사에 총 $25,000에 수출하기로 계약한 제품을 7월 22일 선적하고, 7월 20일에 수취한 계약금 $2,500을 제외한 나머지 대금은 7월 31일에 받기로 하다. 단, 7월 20일에 외화예금 통장으로 수취한 계약금은 나머지 대금을 수령한 후 일시에 원화로 환가하기로 하였다.

일자	7월 20일	7월 22일	7월 31일
기준환율	$1 = 1,000원	$1 = 1,100원	$1 = 1,150원

[6] 7월 23일 ABC상사에 제품200개(총금액 US $9,500)를 직수출하기 위해 선적하였다. 계약서상 선적일로부터 7일후에 대금을 수취하기로 되어 있으나, 실제는 선적일로부터 3일전에 입금되어(7월 20일 입금) 원화로 환가하였다. 관련 자료는 다음과 같다.

일자	입금일 7월 20일	선적일 7월 23일	입금약정일 7월 30일
실제매입율	910원	930원	940원
매매기준율	890원	900원	920원
평균환율	850원	850원	850원

[7] 7월 24일 일본 야마다교역에 제품을 수출(선적)하였다. 수출대금은 이미 7월 20일에 일본 엔화로 송금받아 즉시 원화로 환전하여 당사의 보통예금에 입금하였다. 단, 수출과 관련된 내용은 다음과 같으며, 회계처리는 일반기업회계기준에 따른다.

- 수출신고일: 7월 22일
- 선적일: 7월 24일
- 수출가격: ¥10,000,000

일자	7월 20일 매입환율	7월 22일 기준환율	7월 24일 기준환율
환율	1,000원/100¥	1,100원/100¥	1,150원/100¥

출제유형 답안

[1]	7월 18일	16.수출, 공급가액 22,000,000원, 부가세 0원, 제임스상사, 외상 1.직접수출(대행수출 포함) (차) 외상매출금 22,000,000원 (대) 제품매출 22,000,000원 ✓ 수출액($20,000) × 선적일기준환율(1,100원) = 매출액(22,000,000원)
[2]	7월 19일	16.수출, 공급가액 10,800,000원, 부가세 0원, ㈜베이징, 혼합 1.직접수출(대행수출 포함) (차) 미수금 10,800,000원 (대) 기계장치 20,000,000원 감가상각누계액(207) 12,000,000원 유형자산처분이익 2,800,000원 ✓ 수출액(60,000위안) × 환율(180원) = 매출액(10,800,000원)
[3]	7월 20일	16.수출, 공급가액 78,000,000원, 부가세 0원, 제임스상사, 외상 1.직접수출(대행수출 포함) (차) 외상매출금 78,000,000원 (대) 제품매출 78,000,000원 ✓ 수출액($60,000) × 선적일기준환율(1,300원) = 매출액(78,000,000원)
[4]	7월 21일	16.수출, 공급가액 50,000,000원, 부가세 0원, ABC상사, 혼합 1.직접수출(대행수출 포함) (차) 선수금 38,000,000원 (대) 제품매출 50,000,000원 외상매출금 12,000,000원 ✓ 과세표준: 38,000,000원 + ($10,000 × 1,200원) = 50,000,000원 수출의 경우 공급시기는 선적일이며 과세표준은 선적일의 기준환율 또는 재정환율을 적용하여 계산한다. 단, 공급시기 도래 전에 원화로 환가한 경우에는 그 환가한 금액이 과세표준이 된다.
[5]	7월 22일	16.수출, 공급가액 27,500,000원, 부가세 0원, 제임스상사, 혼합 1.직접수출(대행수출 포함) (차) 선수금 2,500,000원 (대) 제품매출 27,500,000원 외상매출금 25,000,000원 ✓ 과세표준: $25,000 × 1,100원 = 27,500,000원 공급시기 도래 전에 원화로 환가한 금액이 없으므로 과세표준은 전액 선적일 기준환율을 적용한다.
[6]	7월 23일	16.수출, 공급가액 8,645,000원, 부가세 0원, ABC상사, 혼합 1.직접수출(대행수출 포함) (차) 선수금 8,645,000원 (대) 제품매출 8,645,000원 ✓ 선수금: $9,500 × 910원(실제매입율) = 8,645,000원 공급시기 도래 전에 원화로 환가한 경우에는 그 환가한 금액이 과세표준이 된다.

		은행에서 외화를 매입하여 원화로 환전해주므로 실제매입율을 적용한다.
[7]	7월 24일	16.수출, 공급가액 100,000,000원, 부가세 0원, 야마다교역, 혼합 1.직접수출(대행수출 포함)
		(차) 선수금 100,000,000원 (대) 제품매출 115,000,000원 외환차손 15,000,000원 ✓ 수출일 이전에 환전한 경우, 그 환전액을 부가가치세 과세표준으로 하고, 회계처리는 선적일기준 환율을 적용한다.

5 매출카드과세

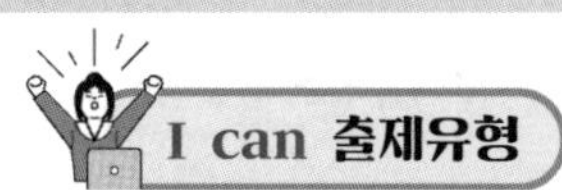

카과: 과세(10%) 신용카드매출전표 매출

[1] 7월 25일 개인 소비자 김영철에게 제품을 3,300,000원(부가가치세 포함)에 판매하고, 대금은 신용카드(비씨카드)로 결제하였다.(외상매출금으로 회계 처리하시오.)

출제유형 답안

[1]	7월 25일	17.카과, 공급가액 3,000,000원, 부가세 300,000원, 김영철, 카드
		(차) 외상매출금(비씨카드) 3,300,000원 (대) 제품매출 3,000,000원 부가세예수금 300,000원 ✓ 공급가액란에 공급대가(부가세포함)를 입력하면 공급가액과 세액이 자동으로 나누어 입력된다.

6 매출현금과세

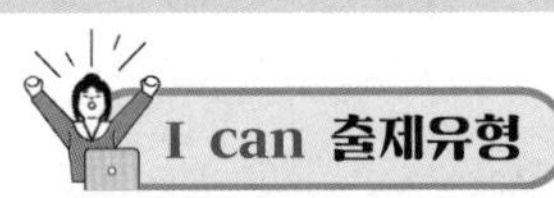

현과: 과세(10%) 현금영수증 매출

[1] 7월 26일 국내 거주자인 알렉스에게 제품 110,000원(공급대가)을 판매하고, 대금은 현금으로 수령하고 현금영수증을 발급하였다.

[2] 7월 27일 개인 김수원에게 비품을 330,000원(부가가치세 포함)에 판매하고 대금을 전액 현금으로 수령한 후 소득공제용 현금영수증을 발급하였다. 비품 판매 직전의 장부금액은 취득원가 1,200,000원, 감가상각누계액 1,000,000원이다.(단, 하나의 전표로 입력할 것)

출제유형 답안

<table>
<tr><td rowspan="2">[1]</td><td rowspan="2">7월 26일</td><td>22.현과, 공급가액 100,000원, 부가세 10,000원, 알렉스, 현금</td></tr>
<tr><td>(차) 현금 110,000원 (대) 제품매출 100,000원
부가세예수금 10,000원
✓ 공급가액란에 공급대가(부가세포함)를 입력하면 공급가액과 세액이 자동으로 나누어 입력된다.</td></tr>
<tr><td rowspan="2">[2]</td><td rowspan="2">7월 27일</td><td>22.현과, 공급가액 300,000원, 부가세 30,000원, 김수원, 혼합</td></tr>
<tr><td>(차) 현금 330,000원 (대) 비품 1,200,000원
감가상각누계액(213) 1,000,000원 부가세예수금 30,000원
유형자산처분이익 100,000원</td></tr>
</table>

7 매입과세

과세: 과세(10%) 세금계산서 매입

[1] 8월 1일 보성상사로부터 원재료 8,500,000원(부가가치세 별도)을 매입하고 전자세금계산서를 발급받았으며, 7월 23일에 지급한 계약금 1,500,000원을 제외한 잔액은 외상으로 하였다.

[2] 8월 2일 ㈜제일기획에 사무직 신입사원 채용공고를 게재후 수수료 200,000원(부가가치세 별도)을 보통예금에서 지급하고, 전자세금계산서를 발급받았다.

[3] 8월 3일 ㈜한국기업 기계장치를 50,000,000원(부가가치세 별도)에 10개월 할부로 구매하고 전자세금계산서를 발급받았다. 할부대금은 익월부터 지급하기로 하였다.

[4] 8월 4일 중앙전자로부터 업무용 빔프로젝터를 5,000,000원(부가가치세 별도)에 구입하고 전자세금계산서를 발급받았다. 대금 중 550,000원은 8월 2일 계약금으로 지급하였고, 2,000,000원은 보통예금에서 지급하고, 잔액은 법인카드(국민카드)로 결제하였다

[5] 8월 7일 광고를 목적으로 ㈜가양상사에서 8월 1일 매입한 판촉용 수건에 하자가 있어 반품하고 수정전자세금계산서(공급가액 -100,000원, 부가가치세 -10,000원)를 발급 받았으며, 대금은 미지급금과 상계처리 하였다.

[6] 8월 8일 대표이사가 업무를 위해 제주도에 방문하여 업무용승용차(998cc)를 ㈜한국렌트카에서 3일간 렌트하고(렌트대금 500,000원, 부가가치세 별도) 전자세금계산서를 발급받았다. 대금은 다음달 10일에 지급하기로 하였다.

[7] 8월 9일 ㈜영남부동산으로부터 건물 50,000,000원(부가가치세별도)에 구입하고, 전자세금계산서를 발급받았다. 회사는 자금사정이 어려워 대금지급 대신 보유 중인 자기주식 8,000주(1주당 취득금액 5,000원) 전부를 지급하였고, 부가가치세는 보통예금에서 지급하였다.

출제유형 답안

<table>
<tr><td rowspan="3">[1]</td><td rowspan="3">8월 1일</td><td colspan="6">51.과세, 공급가액 8,500,000원, 부가세 850,000원, 보성상사, 전자: 여, 혼합</td></tr>
<tr><td>(차)</td><td>원재료</td><td>8,500,000원</td><td>(대)</td><td>선급금</td><td>1,500,000원</td></tr>
<tr><td></td><td>부가세대급금</td><td>850,000원</td><td></td><td>외상매입금</td><td>7,850,000원</td></tr>
<tr><td rowspan="3">[2]</td><td rowspan="3">8월 2일</td><td colspan="6">51.과세, 공급가액 200,000원, 부가세 20,000원, ㈜제일기획, 전자: 여, 혼합</td></tr>
<tr><td>(차)</td><td>수수료비용(판)</td><td>200,000원</td><td>(대)</td><td>보통예금</td><td>220,000원</td></tr>
<tr><td></td><td>부가세대급금</td><td>20,000원</td><td></td><td></td><td></td></tr>
<tr><td rowspan="3">[3]</td><td rowspan="3">8월 3일</td><td colspan="6">51.과세, 공급가액 50,000,000원, 부가세 5,000,000원, ㈜한국기업, 전자: 여, 혼합</td></tr>
<tr><td>(차)</td><td>기계장치</td><td>50,000,000원</td><td>(대)</td><td>미지급금</td><td>55,000,000원</td></tr>
<tr><td></td><td>부가세대급금</td><td>5,000,000원</td><td></td><td></td><td></td></tr>
<tr><td rowspan="5">[4]</td><td rowspan="5">8월 4일</td><td colspan="6">51.과세, 공급가액 5,000,000원, 부가세 500,000원, 중앙전자, 전자: 여, 혼합</td></tr>
<tr><td>(차)</td><td>비품</td><td>5,000,000원</td><td>(대)</td><td>선급금</td><td>550,000원</td></tr>
<tr><td></td><td>부가세대급금</td><td>500,000원</td><td></td><td>보통예금</td><td>2,000,000원</td></tr>
<tr><td></td><td></td><td></td><td></td><td>미지급금(국민카드)</td><td>2,950,000원</td></tr>
<tr><td colspan="6">✓ 미지급금의 거래처를 국민카드로 변경한다.</td></tr>
<tr><td rowspan="3">[5]</td><td rowspan="3">8월 7일</td><td colspan="6">51.과세, 공급가액 -100,000원, 부가세 -10,000원, ㈜가양상사, 전자: 여, 혼합</td></tr>
<tr><td>(차)</td><td>광고선전비(판)</td><td>-100,000원</td><td>(대)</td><td>미지급금</td><td>-110,000원</td></tr>
<tr><td></td><td>부가세대급금</td><td>-10,000원</td><td></td><td></td><td></td></tr>
<tr><td rowspan="3">[6]</td><td rowspan="3">8월 8일</td><td colspan="6">51.과세, 공급가액 500,000원, 부가세 50,000원, ㈜한국렌트카, 전자: 여, 혼합</td></tr>
<tr><td>(차)</td><td>임차료(판)</td><td>500,000원</td><td>(대)</td><td>미지급금</td><td>550,000원</td></tr>
<tr><td></td><td>부가세대급금</td><td>50,000원</td><td></td><td></td><td></td></tr>
<tr><td rowspan="4">[7]</td><td rowspan="4">8월 9일</td><td colspan="6">51.과세, 공급가액 50,000,000원, 부가세 5,000,000원, ㈜영남부동산, 전자: 여, 혼합</td></tr>
<tr><td>(차)</td><td>건물</td><td>50,000,000원</td><td>(대)</td><td>자기주식</td><td>40,000,000원</td></tr>
<tr><td></td><td>부가세대급금</td><td>5,000,000원</td><td></td><td>자기주식처분이익</td><td>10,000,000원</td></tr>
<tr><td></td><td></td><td></td><td></td><td>보통예금</td><td>5,000,000원</td></tr>
</table>

8 매입영세

영세: 영세율(0%) 세금계산서 매입

[1] 8월 11일 덕수상사로부터 내국신용장(Local L/C)에 의하여 원재료 30,000,000원을 공급받고 영세율 전자세금계산서를 발급 받았으며, 대금 중 50%는 어음으로 지급하고 나머지 금액은 보통예금에서 이체하였다.

[2] 8월 12일 구매확인서에 의해 수출용 제품에 대한 원재료 22,000,000원을 보성상사로부터 매입하고 영세율전자세금계산서를 발급받았다. 매입대금 중 15,000,000원은 ㈜마산으로부터 받아 보관 중인 약속어음을 배서양도하고, 나머지 금액은 2개월 만기의 당사 발행 약속어음으로 지급하였다.

[3] 8월 13일 덕수상사로부터 원재료 40,000,000원을 매입하고, 영세율전자세금계산서를 발급받았다. 대금은 덕수상사에 대한 대여금(상환기한 2025.12.13.)과 상계하기로 하였다

출제유형 답안

<table>
<tr><td rowspan="2">[1]</td><td rowspan="2">8월 11일</td><td colspan="4">52.영세, 공급가액 30,000,000원, 부가세 0원, 덕수상사, 전자: 여, 혼합</td></tr>
<tr><td>(차) 원재료</td><td>30,000,000원</td><td>(대) 지급어음
보통예금</td><td>15,000,000원
15,000,000원</td></tr>
<tr><td rowspan="3">[2]</td><td rowspan="3">8월 12일</td><td colspan="4">52.영세, 공급가액 22,000,000원, 부가세 0원, 보성상사, 전자: 여, 혼합</td></tr>
<tr><td>(차) 원재료</td><td>22,000,000원</td><td>(대) 받을어음((주)마산)
지급어음</td><td>15,000,000원
7,000,000원</td></tr>
<tr><td colspan="4">✓ 받을어음의 거래처를 ㈜마산으로 변경한다</td></tr>
<tr><td rowspan="2">[3]</td><td rowspan="2">8월 13일</td><td colspan="4">52.영세, 공급가액 40,000,000원, 부가세 0원, 덕수상사, 전자: 여, 혼합</td></tr>
<tr><td>(차) 원재료</td><td>40,000,000원</td><td>(대) 단기대여금</td><td>40,000,000원</td></tr>
</table>

9 매입면세

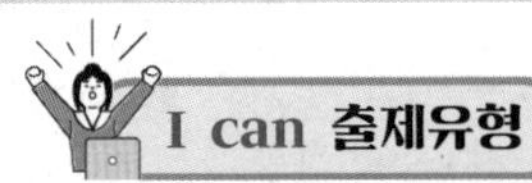

면세: 면세 계산서 매입

[1] 8월 14일 본사 영업부에서 야유회 때 직원들 식사로 제공할 생고기를 ㈜싱싱마트에서 구입하고, 대금 500,0000원은 현금으로 지급하였으며 전자계산서를 발급받았다.

[2] 8월 15일 마케팅부서의 업무관련 서적을 ㈜교보서적으부터 구입하고 대금 800,000원을 보통예금에서 지급하고 전자계산서를 발급받았다.

[3] 8월 16일 생산직 사원 교육을 ㈜동아컨설팅으로부터 제공받고, 전자계산서 3,300,000원을 발급받았다. 대금은 전액 보통예금에서 이체하였다.

[4] 8월 17일 업무용 승용차를 ㈜파이낸셜코리아로부터 운용리스 조건으로 리스하여 영업팀에서 사용하고 리스료 3,000,0000원에 대하여 전자계산서를 발급받았다. 대금은 다음 달에 지급하기로 하였다.

[5] 8월 18일 영업부 사무실의 수도요금 100,000원에 대하여 영남기업으로부터 종이계산서를 발급받았으며, 대금은 이달 말일에 지급하기로 하였다.

[6] 8월 19일 ㈜영남부동산으로부터 공장건물 신축용 토지를 80,000,000원에 매입하고 전자계산서를 발급받았다. 대금 중 20,000,000원은 당사 보통예금 계좌에서 이체하여 지급하고, 잔액은 5개월 후에 지급하기로 하였다.

[7] 8월 20일 ㈜싱싱마트에서 생산부 거래처에 선물할 굴비세트를 9,000,000원에 구입하고 전자계산서를 발급받았다. 대금 중 2,000,000원은 현금으로 지급하고 잔액은 약속어음을 발행하여 지급하였다.

출제유형 답안

<table>
<tr><td rowspan="2">[1]</td><td rowspan="2">8월 14일</td><td colspan="6">53.면세, 공급가액 500,000원, 부가세 0원, ㈜싱싱마트, 전자: 여, 현금</td></tr>
<tr><td>(차)</td><td>복리후생비(판)</td><td>500,000원</td><td>(대)</td><td>현금</td><td>500,000원</td></tr>
<tr><td rowspan="2">[2]</td><td rowspan="2">8월 15일</td><td colspan="6">53.면세, 공급가액 800,000원, 부가세 0원, ㈜교보서적, 전자: 여, 혼합</td></tr>
<tr><td>(차)</td><td>도서인쇄비(판)</td><td>800,000원</td><td>(대)</td><td>보통예금</td><td>800,000원</td></tr>
<tr><td rowspan="2">[3]</td><td rowspan="2">8월 16일</td><td colspan="6">53.면세, 공급가액 3,300,000원, 부가세 0원, ㈜동아컨설팅, 전자: 여, 혼합</td></tr>
<tr><td>(차)</td><td>교육훈련비(제)</td><td>3,300,000원</td><td>(대)</td><td>보통예금</td><td>3,300,000원</td></tr>
<tr><td rowspan="2">[4]</td><td rowspan="2">8월 17일</td><td colspan="6">53.면세, 공급가액 3,000,000원, 부가세 0원, ㈜파이낸셜코리아, 전자: 여, 혼합</td></tr>
<tr><td>(차)</td><td>임차료(판)</td><td>3,000,000원</td><td>(대)</td><td>미지급금</td><td>3,000,000원</td></tr>
<tr><td rowspan="2">[5]</td><td rowspan="2">8월 18일</td><td colspan="6">53.면세, 공급가액 100,000원, 부가세 0원, 영남기업, 혼합</td></tr>
<tr><td>(차)</td><td>수도광열비(판)</td><td>100,000원</td><td>(대)</td><td>미지급금</td><td>100,000원</td></tr>
<tr><td rowspan="3">[6]</td><td rowspan="3">8월 19일</td><td colspan="6">53.면세, 공급가액 80,000,000원, 부가세 0원, ㈜영남부동산, 전자: 여, 혼합</td></tr>
<tr><td>(차)</td><td>토지</td><td>80,000,000원</td><td>(대)</td><td>보통예금</td><td>20,000,000원</td></tr>
<tr><td></td><td></td><td></td><td></td><td>미지급금</td><td>60,000,000원</td></tr>
<tr><td rowspan="4">[7]</td><td rowspan="4">8월 20일</td><td colspan="6">53.면세, 공급가액 9,000,000원, 부가세 0원, ㈜싱싱마트, 전자: 여, 혼합</td></tr>
<tr><td>(차)</td><td>기업업무추진비(접대비)(제)</td><td>9,000,000원</td><td>(대)</td><td>현금</td><td>2,000,000원</td></tr>
<tr><td></td><td></td><td></td><td></td><td>미지급금</td><td>7,000,000원</td></tr>
<tr><td colspan="6">✓ 면세대상인 재화를 공급받고 계산서를 수취하였으므로 54.불공유형을 선택하면 안된다. 54.불공유형은 세금계산서를 수취하고 매입세액공제대상이 아닌 경우 선택하여야 한다. 53.면세는 계산서합계표로 반영이 되고, 54.불공은 세금계산서합계표에 반영된다.
일반적인 상거래에 해당하지 않으므로 지급어음이 아닌 미지급금으로 회계처리 한다.</td></tr>
</table>

10 매입불공

불공: 과세(10%) 세금계산서 매입 중 매입세액불공제 대상인 경우

- 세금계산서 미수령 및 필요적 기재사항 불분명분 매입세액
- 매입처별세금계산서합계표 미제출 및 부실기재분 매입세액
- 사업과 직접 관련이 없는 지출에 대한 매입세액
- 개별소비세법 제1조제2항제3호에 따른 자동차 구입·유지 및 임차와 관련된 매입세액(1,000cc 이하, 9인승 이상은 제외)
- 기업업무추진비 및 이와 유사한 비용과 관련된 매입세액
- 면세사업 관련 매입세액
- 토지조성 등을 위한 자본적지출 관련 매입세액
- 사업자등록 전의 매입세액

주의 반드시 세금계산서 수취분만 매입매출전표에 54.불공으로 입력하며, 신용카드영수증 및 현금영수증을 수취한 경우의 매입세액불공제 대상은 일반전표에 입력한다.

[1] 8월 21일 대표이사 김대표의 자택에서 사용할 냉장고 5,000,000원(부가가치세 별도)를 중앙전자로부터 구입하고, 당사 명의로 전자세금계산서를 발급받았다. 대금은 당좌수표를 발행하여 지급하였으며, 대신 지급한 대금은 대표이사의 가지급금으로 처리한다.

[2] 8월 22일 중앙전자에서 구청 주민센터에 기증할 목적으로 컬러프린트기 2,000,000원(부가가치세 별도)를 구입하고 전자세금계산서를 발급받았다. 대금은 전액 외상으로 하였다.(본 거래는 업무와 무관하다).

[3] 8월 23일 업무용 승용차(4,500cc)를 ㈜전진자동차에서 30,000,000원(부가가치세 별도)에 구입하고, 전자세금계산서를 발급받았으며 대금은 전액 현금지급하였다.

[4] 8월 24일 대표이사가 영업용으로 사용하는 법인소유 승용차(2,000cc)에 대한 부품을 ㈜현대카센터에서 교환하고, 부품교환비(차량유지비) 800,000원(부가가치세 별도)은 전자세금계산서를 발급받고 전액 본사 삼성카드로 결제하였다.

[5] 8월 25일 영업부에서 거래처의 신축 공장건물 준공식에 선물로 제공하기 위해 냉난방기 3,500,000원(부가가치세 별도)를 중앙전자로부터 구입하고, 전자세금계산서를 발급받았다. 대금은 보통예금에서 이체하여 지급하였다.

[6] 8월 26일 면세사업에 사용할 원재료 10,000,000원(부가가치세 별도)을 동양에서 외상으로 구입하고 전자세금계산서를 발급 받았다.

[7] 8월 27일 당사는 제품 야적장으로 사용할 목적으로 취득한 농지를 야적장 부지에 적합하도록 부지정리작업을 하고, 동 부지정리작업을 대행한 우현상사로부터 전자세금계산서를 발급았다. 대금 7,700,000원(부가가치세 포함)은 금일자로 당사발행 약속어음으로 지급하였다.

[8] 8월 28일 당사는 공장을 신축할 목적으로 토지를 구입하여 토지 위에 있는 건축물을 ㈜동국개발과 철거계약을 하고 즉시 철거한 후 전자세금계산서를 발급받았다. 철거비용은 8,000,000원(부가가치세 별도)이 소요 되었는데, 5,000,000원은 당좌수표로 지급하고 나머지는 외상으로 하였다.

출제유형 답안

<table>
<tr><td rowspan="2">[1]</td><td rowspan="2">8월 21일</td><td>54.불공, 공급가액 5,000,000원, 부가세 500,000원, 중앙전자, 전자: 여, 혼합
불공제사유: 2.사업과 직접 관련 없는 지출</td></tr>
<tr><td>(차) 가지급금(김대표) 5,500,000원 (대) 당좌예금 5,500,000원
✓ 가지급금의 거래처를 김대표로 변경한다.</td></tr>
<tr><td rowspan="2">[2]</td><td rowspan="2">8월 22일</td><td>54.불공, 공급가액 2,000,000원, 부가세 200,000원, 중앙전자, 전자: 여, 혼합
불공제사유: 2.사업과 직접 관련 없는 지출</td></tr>
<tr><td>(차) 기부금 2,200,000원 (대) 미지급금 2,200,000원</td></tr>
<tr><td rowspan="2">[3]</td><td rowspan="2">8월 23일</td><td>54.불공, 공급가액 30,000,000원, 부가세 3,000,000원, ㈜전진자동차, 전자: 여, 현금
불공제사유: 3.개별소비세법 제1조제2항제3호에 따른 자동차 구입·유지 및 임차</td></tr>
<tr><td>(차) 차량운반구 33,000,000원 (대) 현금 33,000,000원</td></tr>
<tr><td rowspan="2">[4]</td><td rowspan="2">8월 24일</td><td>54.불공, 공급가액 800,000원, 부가세 80,000원, ㈜현대카센터, 전자: 여, 카드
불공제사유: 3.개별소비세법 제1조제2항제3호에 따른 자동차 구입·유지 및 임차</td></tr>
<tr><td>(차) 차량유지비(판) 880,000원 (대) 미지급금(삼성카드) 880,000원
✓ 미지급금의 거래처를 삼성카드로 변경한다.</td></tr>
</table>

[5]	8월 25일	54.불공, 공급가액 3,500,000원, 부가세 350,000원, 중앙전자, 전자: 여, 혼합 불공제사유: 4.기업업무추진비 및 이와 유사한 비용 관련
		(차) 기업업무추진비(판) 3,850,000원 (대) 보통예금 3,850,000원
[6]	8월 26일	54.불공, 공급가액 10,000,000원, 부가세 1,000,000원, 동양, 전자: 여, 외상 불공제사유: 5.면세사업 관련
		(차) 원재료 11,000,000원 (대) 외상매입금 11,000,000원
[7]	8월 27일	54.불공, 공급가액 7,000,000원, 부가세 700,000원, 우현상사, 전자: 여, 혼합 불공제사유: 6.토지의 자본적 지출 관련
		(차) 토지 7,700,000원 (대) 미지급금 7,700,000원
[8]	8월 28일	54.불공, 공급가액 8,000,000원, 부가세 800,000원, ㈜동국개발, 전자: 여, 혼합 불공제사유: 6.토지의 자본적 지출 관련
		(차) 토지 8,800,000원 (대) 당좌예금 5,000,000원 미지급금 3,800,000원

11 매입수입

수입: 과세(10%) 수입세금계산서 매입

[1] 9월 11일 해외거래처인 헤라상사으로부터 수입한 원재료(공급가액 $10,000, 환율 1,000원/$)와 관련하여, 인천세관으로부터 전자수입세금계산서를 발급받아 동 부가가치세액 1,000,000원을 현금으로 완납하였다.(부가가치세에 대한 회계처리만 할 것)

[2] 9월 12일 중국에서 기계장치를 수입하고 수입전자세금계산서(공급가액 50,000,000원, 세액 5,000,000원)를 인천세관장으로부터 발급받았으며, 당일 부가가치세를 보통예금 계좌에서 납부하였다.(부가가치세에 대한 회계처리만 할 것.)

출제유형 답안

[1]	9월 11일	55.수입, 공급가액 10,000,000원, 부가세 1,000,000원, 인천세관, 전자: 여, 현금
		(차) 부가세대급금 1,000,000원 (대) 현금 1,000,000원
[2]	9월 12일	55.수입, 공급가액 50,000,000원, 부가세 5,000,000원, 인천세관, 전자: 여, 혼합
		(차) 부가세대급금 5,000,000원 (대) 보통예금 5,000,000원

12 매입카드과세

카과: 과세(10%) 신용카드매출전표 매입

[1] 9월 13일 중앙전자로부터 영업부서에서 사용할 컴퓨터를 구입하고 대금 1,650,000원(부가가치세 포함)을 국민카드로 결제하였다.(매입세액공제요건을 모두 충족함)

[2] 9월 14일 공장용 화물차에 넣을 경유를 알뜰주유소에서 주유하고, 165,000원(부가가치세 포함)을 국민카드로 결제하였다.(매입세액공제요건을 모두 충족함)

[3] 9월 15일 회사에서 사용할 정수기 2,200,000원(부가가치세 포함)을 중앙전자로부터 구입하고 삼성카드로 결제하였다.(매입세액공제요건을 모두 충족함)

출제유형 답안

[1]	9월 13일	57.카과, 공급가액 1,500,000원, 부가세 150,000원, 중앙전자, 카드
		(차) 비품 1,500,000원 (대) 미지급금(국민카드) 1,650,000원 부가세대급금 150,000원 ✓ 공급가액란에 공급대가(부가세포함)를 입력하면 공급가액과 세액이 자동으로 나누어 입력된다. 미지급금의 거래처를 국민카드로 변경한다.
[2]	9월 14일	57.카과, 공급가액 150,000원, 부가세 15,000원, 알뜰주유소, 카드
		(차) 차량유지비(제) 150,000원 (대) 미지급금(국민카드) 165,000원 부가세대급금 15,000원 ✓ 미지급금의 거래처를 국민카드로 변경한다.
[3]	9월 15일	57.카과, 공급가액 2,000,000원, 부가세 200,000원, 중앙전자, 카드
		(차) 비품 2,000,000원 (대) 미지급금(삼성카드) 2,200,000원 부가세대급금 200,000원 ✓ 미지급금의 거래처를 삼성카드로 변경한다.

13 매입카드면세

카면: 면세 신용카드매출전표 매입

[1] 9월 16일 매출 거래처에 접대하기 위하여 ㈜싱싱마트로부터 한우갈비세트를 800,000원에 면세로 구입하고 국민카드로 결제하였다.

출제유형 답안

[1]	9월 16일	58.카면, 공급가액 800,000원, 부가세 0원, ㈜싱싱마트, 카드
		(차) 기업업무추진비(접대비)(판) 800,000원 (대) 미지급금(국민카드) 800,000원 ✓ 미지급금의 거래처를 국민카드로 변경한다.

14 매입현금과세

현과: 과세(10%) 현금영수증 매입

[1] 9월 17일 보성상사로부터 생산부서의 원재료로 사용할 자재를 33,000,000원(부가가치세 포함)에 구입하였다. 대금은 현금으로 지급하였고, 관련증빙으로 현금영수증(지출증빙용)을 발급받았다.

[2] 9월 18일 생산부서 직원용으로 사용하기 위하여 ㈜싱싱마트에서 생수를 550,000원(부가가치세 포함)에 구입하였다. 대금은 현금으로 결제하였으며 현금영수증(지출증빙용)을 발급받았다.

[3] 9월 19일 경리팀에서 사용할 복사용지 880,000원(부가가치세 포함)을 ㈜가양상사에서 현금으로 매입하고, 현금영수증(지출증빙용)을 발급받았다.(자산계정으로 회계처리 할 것)

출제유형 답안

[1]	9월 17일	61.현과, 공급가액 30,000,000원, 부가세 3,000,000원, 보성상사, 현금 (차) 원재료 30,000,000원 (대) 현금 33,000,000원 부가세대급금 3,000,000원 ✓ 공급가액란에 공급대가(부가세포함)를 입력하면 공급가액과 세액이 자동으로 나누어 입력된다.
[2]	9월 18일	61.현과, 공급가액 500,000원, 부가세 50,000원, ㈜싱싱마트, 현금 (차) 복리후생비(제) 500,000원 (대) 현금 550,000원 부가세대급금 50,000원
[3]	9월 19일	61.현과, 공급가액 800,000원, 부가세 80,000원, ㈜가양상사, 현금 (차) 소모품 800,000원 (대) 현금 880,000원 부가세대급금 80,000원

15 매입현금면세

현면: 면세 현금영수증 매입

[1] 9월 20일 생산부서 직원들의 식당에서 사용할 메뚜기쌀을 ㈜싱싱마트에서 구입하고 현금으로 1,200,000원을 결제하면서 현금영수증(지출증빙용)을 발급 받았다.

출제유형 답안

[1]	9월 20일	62.현면, 공급가액 1,200,000원, 부가세 0원, ㈜싱싱마트, 현금 (차) 복리후생비(제) 1,200,000원 (대) 현금 1,200,000원

3. 부가가치세신고 부속서류

전산세무 2급 자격시험에 부가가치세 관련 서식을 작성하는 문제는 총 2문제가 출제되며, 부가가치세신고와 관련된 개별서식을 작성하는 문제와 부가가치세신고서를 직접 작성하는 문제와 함께 최근 전자신고와 관련된 내용까지 출제되고 있다. 개별서식의 작성방법에 대해 반복적인 학습을 하여야 한다.

I can 개념정리

[부가가치세신고와 관련되어 출제되는 부가가치세신고 서식]

- 신용카드매출전표등수령명세서
- 신용카드매출전표등발행금액집계표
- 공제받지못할매입세액명세서
- 대손세액공제신고서
- 부동산임대공급가액명세서
- 수출실적명세서
- 의제매입세액공제신고서
- 재활용폐자원세액공제신고서
- 건물등감가상각자산취득명세서
- 부가가치세신고서(가산세 포함)
- 전자신고

1 신용카드매출전표등수령명세서

※ 회사코드 0213 ㈜아이캔 03 회사로 로그인 ※

다음 자료를 이용하여 제1기 예정 신고기간의 '신용카드매출전표등수령명세서'를 작성하시오.(단, 아래의 거래 내역만 있고 전표입력은 생략할 것.)

- 모든 거래는 일반과세자와의 거래이며, 매입매출전표입력은 생략한다.
- 현금지출은 사업자번호를 기재한 지출증빙용 현금영수증을 수령하였다.
- 사업용신용카드는 국민카드(카드번호: 2224-1222-1014-1345)를 사용한다.

일자	증빙	공급자	사업자 등록번호	공급가액 (원)	세액 (원)	내용
1.02.	종업원 신철수 비씨카드	다사소	101-20-45671	45,000	4,500	사무실 청소용품 구매
1.03.	현금영수증	강남돼지집	109-60-22227	250,000	25,000	영업팀 회식비 지출
1.04.	사업용카드	㈜스마트	138-86-01157	8,000,000	800,000	원재료구입 시 법인카드 결제(세금계산서 수취함)
1.05.	사업용카드	별난횟집	102-20-21110	380,000	38,000	거래처 식사 접대 지출
1.06.	사업용카드	오일뱅크	110-40-13133	70,000	7,000	업무용자동차(2,000cc, 5인승), 주유비 결제
1.07.	사업용카드	무신렌트	212-18-93257	200,000	20,000	개별소비세 과세대상 승용차 임차료
1.08.	사업용카드	남서울랜드	108-30-28333	150,000	15,000	놀이동산 입장권 (직원 야유회 목적) 구입
1.09.	사업용카드	진헤어샵	214-06-93696	200,000	20,000	광고모델인 김미인의 미용비
1.10.	사업용카드	행복탕	610-81-16502	50,000	5,000	직원 야근 목욕비용
1.11.	사업용카드	신성택시	409-21-73215	100,000	10,000	직원출장 택시요금
1.12.	사업용카드	코레일	204-85-22637	80,000	8,000	출장목적 KTX승차권
1.13.	사업용카드	보람항공	123-81-45672	800,000	80,000	출장목적 항공권
1.14.	사업용카드	동양고속버스	301-81-90419	20,000	2,000	출장목적 고속버스 승차권
1.15.	사업용카드	대성식당	109-02-51284	300,000	30,000	영업팀 회식비 지출 직전연도 공급대가 4,800만원 미만 간이과세자에 해당
1.16.	사업용카드	대한의원	124-91-12343	200,000	0	직원 건강검진비

출제유형 답안

[신용카드매출전표등수령명세서] 조회기간: 1월 ~ 3월

2. 신용카드 등 매입내역 합계

구분	거래건수	공급가액	세액
합 계	2	295,000	29,500
현금영수증	1	250,000	25,000
화물운전자복지카드			
사업용신용카드			
그 밖의 신용카드	1	45,000	4,500

3. 거래내역입력

No	□	월/일	구분	공급자	공급자(가맹점) 사업자등록번호	카드회원번호	그 밖의 신용카드 등 거래내역 합계		
							거래건수	공급가액	세액
1	□	01-02	신용	다사소	101-20-45671	1234-1111-2222-3333	1	45,000	4,500
2	□	01-03	현금	강남돼지집	109-60-22227		1	250,000	25,000

- ✓ (주)스마트: 세금계산서를 발급받았으므로 세금계산서로 공제받음
- ✓ 별난횟집: 기업업무추진비(접대비)는 매입세액공제 대상이 아님
- ✓ 오일뱅크, 무신렌트: 개별소비세 과세대상 승용차의 유지와 임차 관련비용은 매입세액공제 대상이 아님
- ✓ 남서울랜드: 입장권을 발행하는 사업이므로 매입세액공제 대상이 아님
- ✓ 진헤어샵, 행복당: 목욕업, 이발·미용업은 영수증발행업종이므로 매입세액공제 대상이 아님
- ✓ 신성택시, 코레일, 보람항공, 동양고속버스: 여객운송용역은 매입세액공제 대상이 아님
- ✓ 대성식당: 세금계산서 발급이 불가능한 간이과세자에 해당므로 매입세액공제 대상이 아님
- ✓ 대한의원: 면세업에 해당하므로 매입세액공제 대상이 아님

2 신용카드매출전표등발행금액집계표

※ 회사코드 0213 ㈜아이캔 03 회사로 로그인 ※

다음 자료를 이용하여 제1기 예정 신고기간의 '신용카드매출전표등발행금액집계표'를 작성하시오.(단, 아래의 거래 내역만 있고 전표입력은 생략할 것.)

일자	거래내역
02.07.	영남상사에 제품 6,600,000원(부가가치세 포함)을 공급하고 전자세금계산서를 발급하였다. 대금은 자금 사정으로 인해 10일 후에 신용카드로 결제를 받았다.
03.13.	비사업자인 박상준씨에게 제품 880,000원(부가가치세 포함)을 판매하고 대금 중 절반은 신용카드로 결제를 받고 나머지 절반은 현금영수증을 발급하였다.

출제유형 답안

[신용카드매출전표등발행금액집계표] 조회기간: 1월 ~ 3월

- 과세매출분

- 신용카드등: 영남상사(6,600,000) + 박상준(880,000 × 50%) = 7,040,000원
- 현금영수증: 박상준(880,000 × 50%) = 440,000원

- 세금계산서 발급금액: 6,600,000원(신용카드매출전표를 발행한 금액 중세금계산서 발급 금액)

2. 신용카드매출전표 등 발행금액 현황

구 분	합 계	신용 · 직불 · 기명식 선불카드	현금영수증	직불전자지급 수단 및 기명식선불 전자지급수단
합 계	7,480,000	7,040,000	440,000	
과세 매출분	7,480,000	7,040,000	440,000	
면세 매출분				
봉 사 료				

3. 신용카드매출전표 등 발행금액중 세금계산서 교부내역

세금계산서발급금액	6,600,000	계산서발급금액	

3 공제받지못할매입세액명세서

※ 회사코드 0213 ㈜아이캔 03 회사로 로그인 ※

다음 자료를 이용하여 제1기 예정 신고기간의 '공제받지못할매입세액명세서'를 작성하시오.
(단, 기존에 입력된 자료는 무시할 것.)

일자	거래내역
02.07.	상품 3,000,000원(부가가치세 별도)을 구입하고 세금계산서를 수취하였으나, 세금계산서에 공급받는자의 상호 및 공급받는자의 대표자 성명이 누락되는 오류가 있었다.
02.10.	대표이사가 사업과 상관없이 개인적으로 사용할 노트북을 1,000,000원(부가가치세 별도)에 구입하고 회사를 공급받는자로 하여 세금계산서를 수취하였다.
02.15.	회사의 업무용으로 사용하기 위하여 차량(배기량 2,500cc, 승용)을 21,500,000원(부가가치세 별도)에 구입하고 세금계산서를 수취하였다.
03.12.	회사의 업무용으로 사용하기 위하여 차량(배기량 800cc, 승용)을 12,000,000원(부가가치세 별도)에 구입하고 세금계산서를 수취하였다.
03.15.	매출 거래처에 선물용으로 공급하기 위해서 우산(단가 10,000원, 수량 200개, 부가가치세 별도)을 구입하고 세금계산서를 수취하였다.
03.20.	면세사업에 사용할 목적으로 비품을 3,000,000원(부가가세 별도) 구입하고 세금계산서를 수취하였다.
03.22.	회사의 공장건물을 신축하기 위하여 회사보유 토지를 평탄하게 하는 공사(자본적 지출임)를 하기 위하여 (주)일성건설에 10,000,000원(부가가치세 별도)에 외주를 주어 공사를 완료하고 세금계산서를 수취하였다.(동 공사는 건물의 자본적지출이 아님).

출제유형 답안

[공제받지못할매입세액명세서] 조회기간: 1월 ~ 3월

공제받지못할매입세액내역 | 공통매입세액안분계산내역 | 공통매입세액의정산내역 | 납부세액또는환급세액재계산

매입세액 불공제 사유	세금계산서		
	매수	공급가액	매입세액
①필요적 기재사항 누락 등			
②사업과 직접 관련 없는 지출	1	1,000,000	100,000
③개별소비세법 제1조제2항제3호에 따른 자동차 구입·유지	1	21,500,000	2,150,000
④기업업무추진비 및 이와 유사한 비용 관련	1	2,000,000	200,000
⑤면세사업등 관련	1	3,000,000	300,000
⑥토지의 자본적 지출 관련	1	10,000,000	1,000,000
⑦사업자등록 전 매입세액			

✓ 공급받는자의 상호 및 성명 등은 필요적 기재사항이 아니므로 매입세액공제가 가능
✓ 경차(1,000cc 미만의 개별소비세 비부과 대상차량)는 매입세액공제 대상임

※ 회사코드 0213 ㈜아이캔 03 회사로 로그인 ※

다음 자료를 이용하여 제1기 예정 신고기간의 '공제받지못할매입세액명세서'의 [공통매입세액 안분계산내역]을 작성하시오.(단, 기존에 입력된 자료는 무시하고 제시된 자료를 이용하여 계산할 것)

1. 과세기간의 공급가액 내역

구분	2025.1.1. ~ 2025.3.31.
과세매출	600,000,000원
면세매출	200,000,000원
합계	800,000,000원

2. 공통매입내역

일자	품목	공급가액	세액	거래처	비고
02.25.	원재료	60,000,000원	6,000,000원	명진물산	

출제유형 답안

[공제받지못할매입세액명세서] 조회기간: 1월 ~ 3월

공제받지못할매입세액내역 | 공통매입세액안분계산내역 | 공통매입세액의정산내역 | 납부세액또는환급세액재계산

산식	구분	과세・면세사업 공통매입		⑫총공급가액등	⑬면세공급가액등	면세비율 (⑬÷⑫)	⑭불공제매입세액 [⑪×(⑬÷⑫)]
		⑩공급가액	⑪세액				
1.당해과세기간의 공급가액기준		60,000,000	6,000,000	800,000,000.00	200,000,000.00	25.000000	1,500,000

※ 회사코드 0213 ㈜아이캔 03 회사로 로그인 ※

다음 자료를 이용하여 제1기 확정 신고기간의 '공제받지못할매입세액명세서'의 [공제매입세액의 정산내역]을 작성하시오.(단, 기존에 입력된 자료는 무시하고 제시된 자료를 이용하여 계산할 것)

1. 과세와 면세사업을 겸영하는 사업자이고, 아래 제시된 자료만 있는 것으로 가정한다.
2. 1기 예정신고 시 반영된 공통매입세액 불공제분은 3,750,000원이다.
3. 공통매입세액안분계산은 공급가액기준으로 한다.
4. 1기 과세기간의 공급가액은 다음과 같다.

구분		1기 예정신고기간(1월~3월)		1기 확정신고기간(4월~6월)	
		공급가액	세액	공급가액	세액
공통매입세액		100,000,000원	10,000,000원	80,000,000원	8,000,000원
매출	과세	250,000,000원	25,000,000원	200,000,000원	20,000,000원
	면세	150,000,000원	-	150,000,000원	-
	합계	400,000,000원	25,000,000원	350,000,000원	20,000,000원

출제유형 답안

[공제받지못할매입세액명세서] 조회기간: 1월 ~ 3월

공제받지못할매입세액내역 | 공통매입세액안분계산내역 | 공통매입세액의정산내역 | 납부세액또는환급세액재계산

산식	구분	(15)총공통매입세액	(16)면세 사업확정 비율			(17)불공제매입세액총액((15)*(16))	(18)기불공제매입세액	(19)가산또는공제되는매입세액((17)-(18))
			총공급가액	면세공급가액	면세비율			
1.당해과세기간의 공급가액기준		18,000,000	750,000,000.00	300,000,000.00	40.000000	7,200,000	3,750,000	3,450,000

※ 회사코드 0213 ㈜아이캔 03 회사로 로그인 ※

다음 자료를 이용하여 제2기 확정 신고기간의 '공제받지 못할 매입세액명세서'의 [납부세액 또는 환급세액 재계산]을 작성하시오.(단, 제시된 자료 이외에 공통으로 사용되는 자산은 없고, 각 과세기간마다 명세서를 적절히 작성했다고 가정하며, 기장된 자료는 무시하고 제시된 자료를 이용하여 계산할 것.)

1. 과세사업과 면세사업에 공통으로 사용되는 자산의 취득내역

자산내역	취득일자	공급가액	세액
건물	2024.08.08.	200,000,000원	20,000,000원
원재료	2024.11.24.	3,000,000원	300,000원

2. 공급가액 내역

구분	2024년 2기	2025년 1기	2026년 2기
과세사업	300,000,000원	300,000,000원	600,000,000원
면세사업	200,000,000원	300,000,000원	200,000,000원
합계액	500,000,000원	600,000,000원	800,000,000원

출제유형 답안

[공제받지못할매입세액명세서] 조회기간: 10월 ~ 12월

공제받지못할매입세액내역 | 공통매입세액안분계산내역 | 공통매입세액의정산내역 | 납부세액또는환급세액재계산

자산	(20)해당재화의 매입세액	(21)경감률[1-(체감률*경과된과세기간의수)]				(22)증가 또는 감소된 면세공급가액(사용면적)비율					(23)가산또는 공제되는 매입세액 (20)*(21)*(22)
		취득년월	체감률	경과 과세기간	경감률	당기 총공급	당기 면세공급	직전 총공급	직전 면세공급	증가율	
1.건물,구축물	20,000,000	2024-08	5	2	90	800,000,000.00	200,000,000.00	600,000,000.00	300,000,000.00	-25.000000	-4,500,000

✓ 감가상각대상 자산만 해당하므로 원재료는 계산 대상이 아님
✓ 면세증가율 2025년 1기(50%) → 2025년 2기(25%) = 25% 감소

4 대손세액공제신고서

※ 회사코드 0213 ㈜아이캔 03 회사로 로그인 ※

다음 자료를 이용하여 제1기 확정 신고기간의 '대손세액공제신고서'를 작성하시오.

1. 2023년 7월 27일 당사에서 사용하던 비품(냉난방기)을 신라상사에 3,300,000원(공급대가)에 대한 세금계산서를 발급하고 외상으로 판매하였다. 2025년 6월 1일 현재 신라상사의 대표자가 실종되어 비품(냉난방기) 대금을 회수할 수 없음이 객관적으로 확인되었다.
2. 2022년 3월 15일 ㈜강림상사에 제품을 판매한 매출채권 11,000,000원(공급대가)을 받기 위해 법률상 회수 노력을 하였으나 회수하지 못하고 2025년 3월 15일자로 상기 매출채권의 소멸시효가 완성 되었다.
3. 2025년 1월 9일 ㈜용진물산에 판매하고 받은 약속어음 22,000,000원(부가가치세 포함)이 2025년 6월 11일 최종 부도 처리되었다.
4. 2024년 7월 1일채무자의 파산을 근거로 하여 대손세액공제를 받았던 ㈜서울상사에 대한 매출채권 77,000,000원(부가가치세 포함) 중 23,100,000원(부가가치세 포함)을 2025년 5월 31일 보통예금통장으로 수령하였다. 당사는 해당 채권액에 대하여 2024년 제2기 부가가치세 확정신고 시 대손세액공제를 적용받았다. (대손사유는 '7. 대손채권 일부회수'로 직접입력)

출제유형 답안

[대손세액공제신고서] 조회기간: 4월 ~ 6월

대손발생 | 대손변제

조회기간 2025 년 04 월 ~ 2025 년 06 월 1기 확정

당초공급일	대손확정일	대손금액	공제율	대손세액	거래처	대손사유	
2023-07-07	2025-06-01	3,300,000	10/110	300,000	신라상사	3	사망,실종
2022-03-15	2025-03-15	11,000,000	10/110	1,000,000	(주)강림상사	6	소멸시효완성
2024-07-01	2025-05-31	-23,100,000	10/110	-2,100,000	(주)서울상사	7	대손채권 일부회수
합 계		-8,800,000		-800,000			

✓ 신라상사의 외상매출금 ➜ 대표자의 사망·실종으로 대손세액공제 가능
✓ ㈜강림상사의 매출채권 ➜ 매출채권의 소멸시효 완성으로 대손세액공제 가능
✓ ㈜용진물산의 약속어음 ➜ 부도발생일로부터 6개월이 경과하지 않아 대손세액공제 불가능
✓ ㈜서울상사의 매출채권 ➜ 매출채권 회수로 (-) 금액 입력

※ 회사코드 0214 ㈜아이캔 04 회사로 로그인 ※

다음 자료를 이용하여 제2기 확정 신고기간의 '대손세액공제신고서'를 작성하시오.

채권	거래일자	대손금액 (VAT포함)	거래처	비고
받을어음	2023.07.31.	7,700,000원	㈜세모	부도발생일 2025.4.30.
외상매출금	2023.05.31.	5,500,000원	㈜삼한	2025.10.1.에 법원으로부터 파산 확정판결을 받음
외상매출금	2022.02.22.	1,100,000원	㈜서울	2025.12.22.에 채권소멸시효가 완성
장기대여금	2022.12.12.	2,200,000원	㈜대구	2025.12.1.에 법원으로부터 파산 확정 판결을 받음
미수금 (비품 판매대금)	2023.07.10.	8,800,000원	㈜정리	2025.11.5. 대손 처리함 (특수관계자와의 거래임)
미수금 (기계장치 판매대금)	2024.12.10.	5,500,000원	세원상사	2025.11.9. 대손 처리함 (해당 법인이 채무자의 재산에 대하여 저당권을 설정하고 있음)

출제유형 답안

[대손세액공제신고서] 조회기간: 10월 ~ 12월

대손발생 | 대손변제

조회기간 2025 년 10 월 ~ 2025 년 12 월 2기 확정

당초공급일	대손확정일	대손금액	공제율	대손세액	거래처		대손사유
2023-07-31	2025-11-01	7,700,000	10/110	700,000	(주)세모	5	부도(6개월경과)
2023-05-31	2025-10-01	5,500,000	10/110	500,000	(주)삼한	1	파산
2022-02-22	2025-12-22	1,100,000	10/110	100,000	(주)서울	6	소멸시효완성

✓ ㈜세모의 대손확정일은 부도발생일(2025.4.30.)로부터 6개월 경과이후 이므로 공제 가능
✓ ㈜대구의 장기대여금은 재화 및 용역의 공급과 관련이 없는 채권이므로 공제 불가능
✓ ㈜정리의 미수금은 특수관계자와의 거래이므로 공제 불가능
✓ 세원상사의 미수금은 저당권을 설정하고 있으므로 공제 불가능

5 부동산임대공급가액명세서

※ 회사코드 0214 ㈜아이캔 04 회사로 로그인 ※

다음 자료를 이용하여 제1기 예정 신고기간의 '부동산임대공급가액명세서'를 작성하시오.

1. 적용이자율은 3.1%로 계산한다.
2. ㈜삼한의 계약갱신일은 2025. 2. 1.이다.

임차인	동/층/호	사업자 등록번호	면적	용도	임대기간	보증금(원)	월세(원)
신라상사	1/1/101	122-31-98701	100㎡	상가	2025.01.01.~ 2026.12.31.	50,000,000	2,000,000
㈜삼한	1/2/201	133-81-26371	90㎡	사무실	2023.02.01.~ 2025.1.31.	20,000,000	1,000,000
					2025.02.01.~ 2027.01.31.	40,000,000	1,000,000

출제유형 답안

[부동산임대공급가액명세서] 조회기간: 1월 ~ 3월

조회기간 2025 년 01 월 ~ 2025 년 03 월 1기 예정 일수확인 적용이자율 3.1%

No	코드	거래처명(임차인)	동	층	호
1	0135	신라상사	1	1	101
2					

등록사항

1.사업자등록번호 122-31-98701　2.주민등록번호 ______-_______

3.면적(㎡) 100.00 ㎡　4.용도 상가

5.임대기간에 따른 계약 내용

No	계약갱신일	임대기간		
1		2025-01-01	~	2026-12-31
2				

6.계약내용	금액	당해과세기간계	
보증금	50,000,000	50,000,000	
월세	2,000,000	6,000,000	
관리비			
7.간주 임대료	382,191	382,191	90 일
8.과세표준	2,382,191	6,382,191	

소계			
월세	6,000,000	관리비	
간주임대료	382,191	과세표준	6,382,191

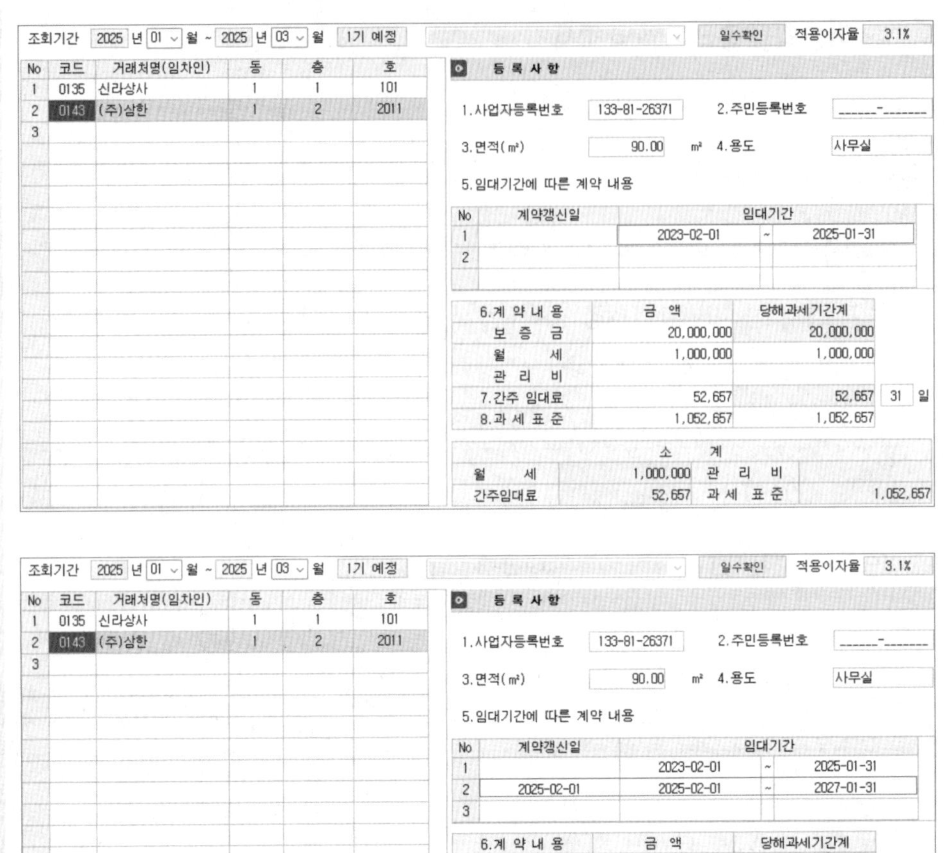

조회기간 2025 년 01 월 ~ 2025 년 03 월 1기 예정 | 일수확인 | 적용이자율 3.1%

No	코드	거래처명(임차인)	동	층	호
1	0135	신라상사	1	1	101
2	0143	(주)삼한	1	2	2011
3					

등 록 사 항

1.사업자등록번호 133-81-26371 2.주민등록번호 ______-_______

3.면적(㎡) 90.00 ㎡ 4.용도 사무실

5.임대기간에 따른 계약 내용

No	계약갱신일	임대기간		
1		2023-02-01	~	2025-01-31
2				

6.계 약 내 용	금 액	당해과세기간계	
보 증 금	20,000,000	20,000,000	
월 세	1,000,000	1,000,000	
관 리 비			
7.간주 임대료	52,657	52,657	31 일
8.과 세 표 준	1,052,657	1,052,657	

소 계			
월 세	1,000,000	관 리 비	
간주임대료	52,657	과 세 표 준	1,052,657

조회기간 2025 년 01 월 ~ 2025 년 03 월 1기 예정 | 일수확인 | 적용이자율 3.1%

No	코드	거래처명(임차인)	동	층	호
1	0135	신라상사	1	1	101
2	0143	(주)삼한	1	2	2011
3					

등 록 사 항

1.사업자등록번호 133-81-26371 2.주민등록번호 ______-_______

3.면적(㎡) 90.00 ㎡ 4.용도 사무실

5.임대기간에 따른 계약 내용

No	계약갱신일	임대기간		
1		2023-02-01	~	2025-01-31
2	2025-02-01	2025-02-01	~	2027-01-31
3				

6.계 약 내 용	금 액	당해과세기간계	
보 증 금	40,000,000	40,000,000	
월 세	1,000,000	2,000,000	
관 리 비			
7.간주 임대료	200,438	200,438	59 일
8.과 세 표 준	1,200,438	2,200,438	

소 계			
월 세	3,000,000	관 리 비	
간주임대료	253,095	과 세 표 준	3,253,095

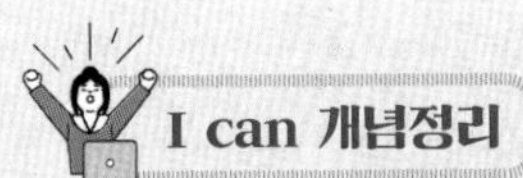

• 간주임대료에 대한 부가가치세 회계처리

✓ 임대인이 부담: (차) 세금과공과 ××× (대) 부가세예수금 ×××

✓ 임차인이 부담: (차) 보통예금 등 ××× (대) 부가세예수금 ×××

✓ 간주임대료는 과세기간 종료일을 기준으로 과세된다.

6 수출실적명세서

※ 회사코드 0214 ㈜아이캔 04 회사로 로그인 ※

다음 자료를 이용하여 제1기 확정 신고기간의 '수출실적명세서'를 작성하시오.
(단, 거래처코드와 거래처명은 입력하지 말 것.)

국가	수출신고번호	선적일	환가일	통화	수출액	기준환율	
						선적일	환가일
일본	13041-20-044589X	2025.04.06.	2025.04.15.	JPY	¥300,000	994/¥100	997/¥100
미국	13055-10-011460X	2025.05.18.	2025.05.12.	USD	$60,000	1,040/$	1,080/$
영국	13064-25-147041X	2025.06.30.	2025.07.08.	GBP	$75,000	1,110/$	1,090/$

출제유형 답안

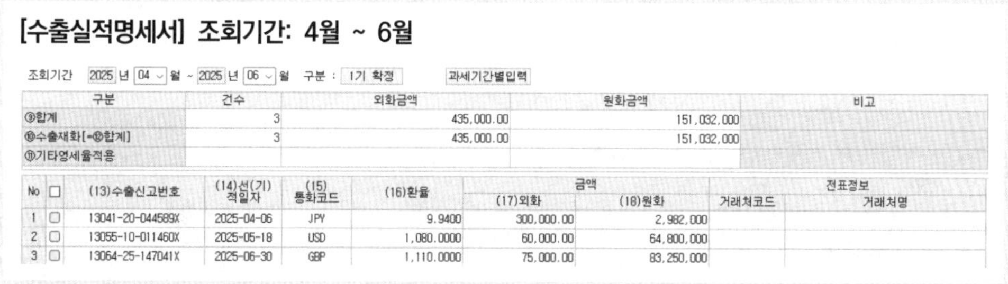

[수출실적명세서] 조회기간: 4월 ~ 6월

조회기간 2025 년 04 월 ~ 2025 년 06 월 구분 : 1기 확정 과세기간별입력

구분	건수	외화금액	원화금액	비고
⑨합계	3	435,000.00	151,032,000	
⑩수출재화[=⑫합계]	3	435,000.00	151,032,000	
⑪기타영세율적용				

No	□	(13)수출신고번호	(14)선(기)적일자	(15)통화코드	(16)환율	금액		전표정보	
						(17)외화	(18)원화	거래처코드	거래처명
1	□	13041-20-044589X	2025-04-06	JPY	9.9400	300,000.00	2,982,000		
2	□	13055-10-011460X	2025-05-18	USD	1,080.0000	60,000.00	64,800,000		
3	□	13064-25-147041X	2025-06-30	GBP	1,110.0000	75,000.00	83,250,000		

✓ 일본은 ￥100당 994원이므로 ￥1당 금액인 9.94(994÷100)로 입력
✓ 선적일과 환가일 중 빠른 날의 환율 입력(미국 환가일 1,080원 적용)

7 의제매입세액공제신고서

※ 회사코드 0214 ㈜아이캔 04 회사로 로그인 ※

다음 자료를 이용하여 제1기 예정 신고기간의 '의제매입세액공제신고서'를 작성하시오. (당사는 중소제조업에 해당한다.)

공급자	사업자등록번호 (주민등록번호)	매입일	물품명	수량	매입금액	증빙서류
㈜경기농산	135-81-22221	01.05.	배추	100	10,000,000원	전자계산서
김갑동 (농어민)	620202-1103222	01.20.	양파	50	300,000원	계약서
㈜하나	129-81-66753	02.20.	수도요금		160,000원	전자계산서

출제유형 답안

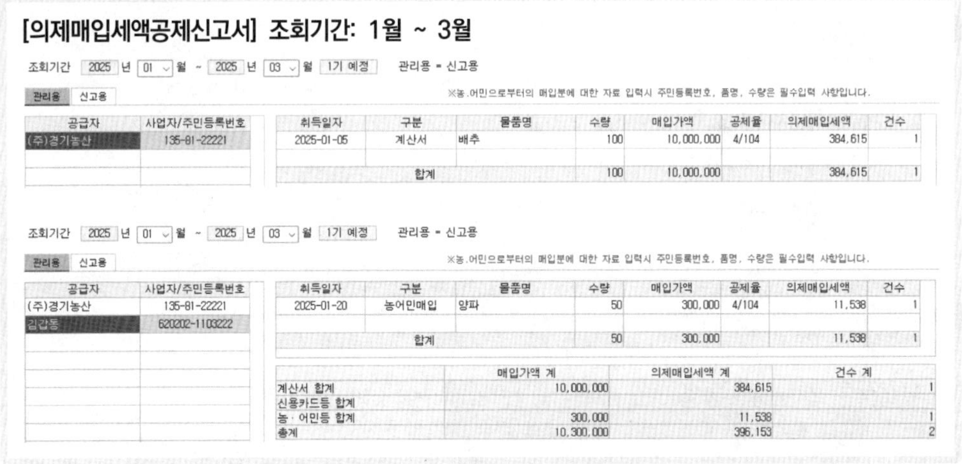

[의제매입세액공제신고서] 조회기간: 1월 ~ 3월

조회기간 2025 년 01 월 ~ 2025 년 03 월 1기 예정 관리용 = 신고용

관리용 신고용 ※농.어민으로부터의 매입분에 대한 자료 입력시 주민등록번호, 품명, 수량은 필수입력 사항입니다.

공급자	사업자/주민등록번호
(주)경기농산	135-81-22221

취득일자	구분	물품명	수량	매입가액	공제율	의제매입세액	건수
2025-01-05	계산서	배추	100	10,000,000	4/104	384,615	1
	합계		100	10,000,000		384,615	1

조회기간 2025 년 01 월 ~ 2025 년 03 월 1기 예정 관리용 = 신고용

관리용 신고용 ※농.어민으로부터의 매입분에 대한 자료 입력시 주민등록번호, 품명, 수량은 필수입력 사항입니다.

공급자	사업자/주민등록번호
(주)경기농산	135-81-22221
김갑동	620202-1103222

취득일자	구분	물품명	수량	매입가액	공제율	의제매입세액	건수
2025-01-20	농어민매입	양파	50	300,000	4/104	11,538	1
	합계		50	300,000		11,538	1

	매입가액 계	의제매입세액 계	건수 계
계산서 합계	10,000,000	384,615	1
신용카드등 합계			
농·어민등 합계	300,000	11,538	1
총계	10,300,000	396,153	2

✓ 의제매입세액공제는 원재료를 대상으로 하므로, 수도요금은 의제매입세액공제 대상이 아님

※ 회사코드 0214 ㈜아이캔 04 회사로 로그인 ※

다음 자료를 이용하여 제1기 확정 신고기간의 '의제매입세액공제신고서'를 작성하시오.
(당사는 중소제조업에 해당한다.)

공급자	사업자등록번호	매입일	물품명	수량	매입금액	증빙서류
한솔청과	123-45-67891	05.31.	사과	1,000	10,000,000원	계산서
두솔청과	101-21-34564	06.10.	복숭아	800	8,000,000원	신용카드
㈜마트	109-81-01232	06.20.	배	100	500,000원	영수증

2. 제1기 예정시 과세표준은 15,000,000원이며, 확정시 과세표준은 20,000,000원(기계공급가액 5,000,000원은 제외한 것임)이다.

3. 예정신고시(1월 ~ 3월) 의제매입세액 396,153원을 공제받았다.

출제유형 답안

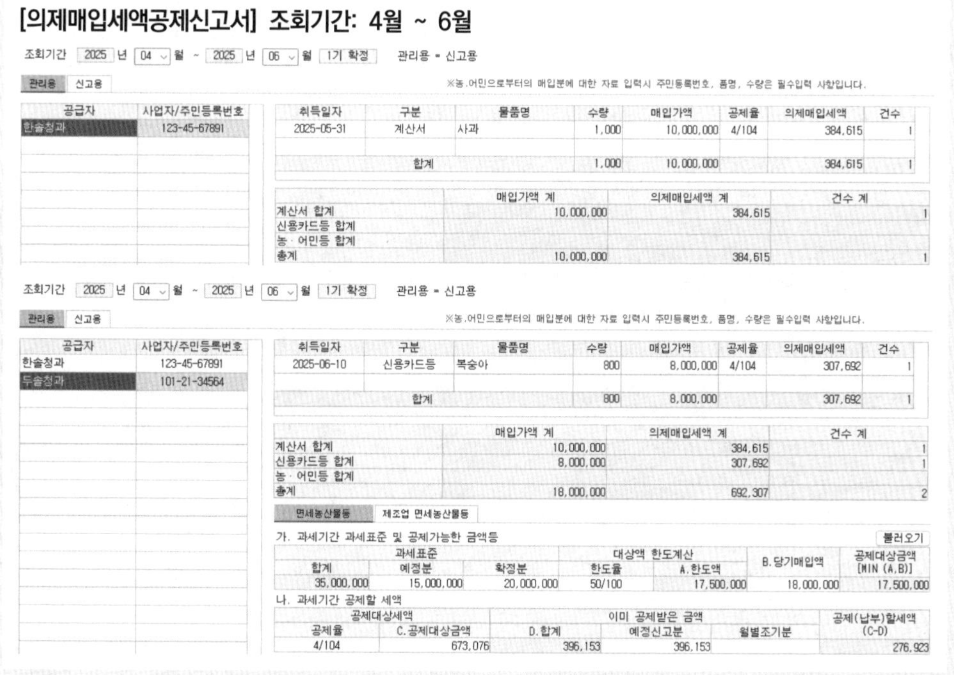

[의제매입세액공제신고서] 조회기간: 4월 ~ 6월

조회기간 2025 년 04 월 ~ 2025 년 06 월 1기 확정 관리용 = 신고용

관리용 신고용 ※농.어민으로부터의 매입분에 대한 자료 입력시 주민등록번호, 품명, 수량은 필수입력 사항입니다.

공급자	사업자/주민등록번호
한솔청과	123-45-67891

취득일자	구분	물품명	수량	매입가액	공제율	의제매입세액	건수
2025-05-31	계산서	사과	1,000	10,000,000	4/104	384,615	1
합계			1,000	10,000,000		384,615	1

	매입가액 계	의제매입세액 계	건수 계
계산서 합계	10,000,000	384,615	1
신용카드등 합계			
농 · 어민등 합계			
총계	10,000,000	384,615	1

조회기간 2025 년 04 월 ~ 2025 년 06 월 1기 확정 관리용 = 신고용

관리용 신고용 ※농.어민으로부터의 매입분에 대한 자료 입력시 주민등록번호, 품명, 수량은 필수입력 사항입니다.

공급자	사업자/주민등록번호
한솔청과	123-45-67891
두솔청과	101-21-34564

취득일자	구분	물품명	수량	매입가액	공제율	의제매입세액	건수
2025-06-10	신용카드등	복숭아	800	8,000,000	4/104	307,692	1
합계			800	8,000,000		307,692	1

	매입가액 계	의제매입세액 계	건수 계
계산서 합계	10,000,000	384,615	1
신용카드등 합계	8,000,000	307,692	1
농 · 어민등 합계			
총계	18,000,000	692,307	2

면세농산물등 제조업 면세농산물등

가. 과세기간 과세표준 및 공제가능한 금액등 불러오기

과세표준			대상액 한도계산		B.당기매입액	공제대상금액 [MIN (A,B)]
합계	예정분	확정분	한도율	A.한도액		
35,000,000	15,000,000	20,000,000	50/100	17,500,000	18,000,000	17,500,000

나. 과세기간 공제할 세액

공제대상세액		이미 공제받은 금액			공제(납부)할세액 (C-D)
공제율	C.공제대상금액	D.합계	예정신고분	월별조기분	
4/104	673,076	396,153	396,153		276,923

✓ 영수증 수취분은 의제매입세액공제 대상이 아님

※ 회사코드 0214 ㈜아이캔 04 회사로 로그인 ※

다음 자료를 이용하여 제2기 예정 신고기간의 '의제매입세액공제신고서'를 작성하시오.
(단, 음식점을 영위하는 법인으로 가정한다.)

공급자	사업자등록번호 (주민등록번호)	매입일	물품명	수량	매입금액	증빙서류
김마늘 (농어민)	521201-1235121	07.05.	마늘	100	600,000원	계약서
㈜홈마트	234-81-04078	08.20.	음식물 쓰레기봉투	50	10,000원	현금영수증
㈜사과농장	137-81-99992	09.20.	사과	20	212,000원	전자계산서

출제유형 답안

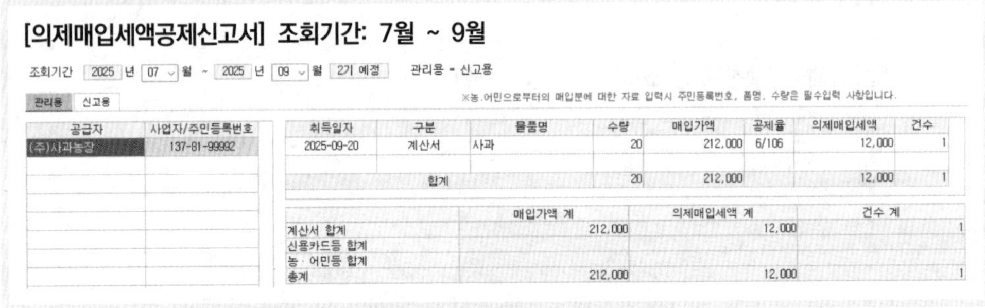

[의제매입세액공제신고서] 조회기간: 7월 ~ 9월

조회기간 2025 년 07 월 ~ 2025 년 09 월 2기 예정 관리용 - 신고용

관리용 신고용

※농.어민으로부터의 매입분에 대한 자료 입력시 주민등록번호, 품명, 수량은 필수입력 사항입니다.

공급자	사업자/주민등록번호
(주)사과농장	137-81-99992

취득일자	구분	물품명	수량	매입가액	공제율	의제매입세액	건수
2025-09-20	계산서	사과	20	212,000	6/106	12,000	1
	합계		20	212,000		12,000	1

	매입가액 계	의제매입세액 계	건수 계
계산서 합계	212,000	12,000	1
신용카드등 합계			
농·어민등 합계			
총계	212,000	12,000	1

✓ 음식점의 경우 농어민으로부터 구입한 계약서 수취분은 의제매입세액공제 대상이 아님
✓ 음식물 쓰레기봉투는 의제매입세액공제 대상이 아님

8 재활용폐자원세액공제신고서

※ 회사코드 0214 ㈜아이캔 04 회사로 로그인 ※

다음 자료를 이용하여 제2기 예정 신고기간의 '재활용폐자원공제신고서'를 작성하시오.
(단, 기존에 입력된 자료는 무시하고 제시된 자료를 이용 할 것)

공급자	사업자등록번호 (주민등록번호)	매입일	물품명	수량	매입금액	증빙서류
한신바이오	125-25-11115	07.15.	고철	300	3,948,000원	계산서
㈜효성정밀	305-12-33336	07.22.	비철	200	1,590,000원	세금계산서
홍만규	640410-1256667	08.26.	고철	100	795,000원	영수증

출제유형 답안

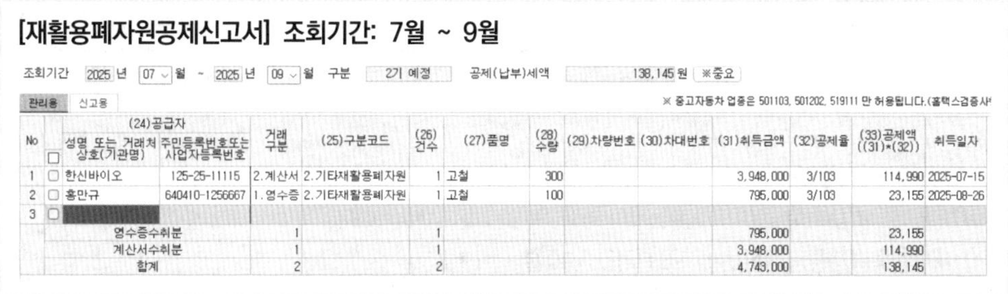

[재활용폐자원공제신고서] 조회기간: 7월 ~ 9월

조회기간 2025 년 07 월 ~ 2025 년 09 월 구분 2기 예정 공제(납부)세액 138,145 원 ※중요

관리용 신고용 ※ 중고자동차 업종은 501103, 501202, 519111 만 허용됩니다.(홈택스검증사

No	□	(24)공급자 성명 또는 거래처 상호(기관명)	(24)공급자 주민등록번호또는 사업자등록번호	거래구분	(25)구분코드	(26)건수	(27)품명	(28)수량	(29)차량번호	(30)차대번호	(31)취득금액	(32)공제율	(33)공제액((31)*(32))	취득일자
1	□	한신바이오	125-25-11115	2.계산서	2.기타재활용폐자원	1	고철	300			3,948,000	3/103	114,990	2025-07-15
2	□	홍만규	640410-1256667	1.영수증	2.기타재활용폐자원	1	고철	100			795,000	3/103	23,155	2025-08-26
3	□													
		영수증수취분		1		1					795,000		23,155	
		계산서수취분		1		1					3,948,000		114,990	
		합계		2		2					4,743,000		138,145	

✓ 부가가치세 과세사업을 영위하지 않는 자 또는 간이과세자로부터 매입한 경우만 공제 가능하므로 ㈜효성정밀의 세금계산서 수취분은 공제 대상이 아님

※ 회사코드 0214 ㈜아이캔 04 회사로 로그인 ※

다음 자료를 이용하여 제2기 확정 신고기간의 '재활용폐자원공제신고서'를 작성하시오.
(단, 기존에 입력된 자료는 무시하고 제시된 자료를 이용 할 것)

1. 매입자료

공급자	사업자등록번호	매입일	물품명	수량	매입금액	증빙서류
왕고물상	101-02-21108	10.06.	고철	200	4,650,000원	영수증

2. 추가자료

- 왕고물상은 간이과세사업자이다.
- 매입매출전표입력은 생략하며, 예정신고기간 중의 재활용폐자원 신고내역은 없다.
- 제2기 과세기간 중 재활용관련 매출액과 세금계산서 매입액은 다음과 같다.

구분	매출액	매입액(세금계산서)
예정분	58,000,000원	43,000,000원
확정분	63,000,000원	52,000,000원
합계	121,000,000원	95,000,000원

출제유형 답안

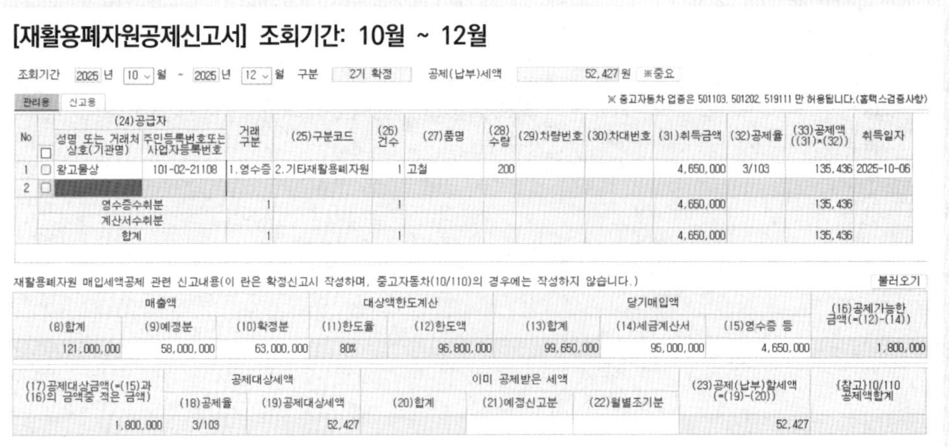

[재활용폐자원공제신고서] 조회기간: 10월 ~ 12월

조회기간 2025 년 10 월 ~ 2025 년 12 월 구분 2기 확정 공제(납부)세액 52,427 원 ※중요

관리용 신고용

※ 중고자동차 업종은 501103, 501202, 519111 만 허용됩니다.(홈택스검증사항)

No	(24)공급자 성명 또는 거래처 상호(기관명)	(24)공급자 주민등록번호또는 사업자등록번호	거래구분	(25)구분코드	(26)건수	(27)품명	(28)수량	(29)차량번호	(30)차대번호	(31)취득금액	(32)공제율	(33)공제액((31)*(32))	취득일자
1	왕고물상	101-02-21108	1.영수증	2.기타재활용폐자원	1	고철	200			4,650,000	3/103	135,436	2025-10-06
2													
	영수증수취분		1		1					4,650,000		135,436	
	계산서수취분												
	합계		1		1					4,650,000		135,436	

재활용폐자원 매입세액공제 관련 신고내용(이 란은 확정신고시 작성하며, 중고자동차(10/110)의 경우에는 작성하지 않습니다.) 불러오기

매출액			대상액한도계산		당기매입액			(16)공제가능한 금액(=(12)-(14))
(8)합계	(9)예정분	(10)확정분	(11)한도율	(12)한도액	(13)합계	(14)세금계산서	(15)영수증 등	
121,000,000	58,000,000	63,000,000	80%	96,800,000	99,650,000	95,000,000	4,650,000	1,800,000

(17)공제대상금액(=(15)과 (16)의 금액중 적은 금액)	공제대상세액		이미 공제받은 세액			(23)공제(납부)할세액(=(19)-(20))	{참고}10/110 공제액합계
	(18)공제율	(19)공제대상세액	(20)합계	(21)예정신고분	(22)월별조기분		
1,800,000	3/103	52,427				52,427	

9 건물등감가상각자산취득명세서

※ 회사코드 0214 ㈜아이캔 04 회사로 로그인 ※

다음 자료를 이용하여 제1기 확정 신고기간의 '건물등감가상각자산취득명세서'를 작성하시오. (단, 기존에 입력된 자료는 무시하고 제시된 자료를 이용 할 것)

- 자산 취득내역

일자	내역	공급가액	세액	상호	사업자등록번호
04.15.	영업부의 업무용 승용차(2,000cc) 구입 (전자세금계산서 수취)	30,000,000원	3,000,000원	㈜한세모터스	204-81-12349
04.18.	공장에서 사용할 포장용 기계 구입 (전자세금계산서 수취)	25,000,000원	2,500,000원	㈜한세기계	201-81-98746
04.30.	영업부 환경개선을 위해 에어컨 구입 (법인카드 결제)	3,000,000원	300,000원	㈜한세전자	203-81-55457

출제유형 답안

[감가상각자산취득명세서] 조회기간: 4월 ~ 6월

조회기간 2025 년 04 월 ~ 2025 년 06 월 구분 1기 확정

취득내역

감가상각자산종류	건수	공급가액	세 액	비 고
합 계	3	58,000,000	5,800,000	
건물 · 구축물				
기 계 장 치	1	25,000,000	2,500,000	
차 량 운 반 구	1	30,000,000	3,000,000	
기타감가상각자산	1	3,000,000	300,000	

No	거래처별 감가상각자산 취득명세						
	월/일	상호	사업자등록번호	자산구분	공급가액	세액	건수
1	04-15	(주)한세모터스	204-81-12349	차량운반구	30,000,000	3,000,000	1
2	04-18	(주)한세기계	201-81-98746	기계장치	25,000,000	2,500,000	1
3	04-30	(주)한세전자	203-81-55457	기타	3,000,000	300,000	1

10 부가가치세신고서 작성

※ 회사코드 0215 ㈜아이캔 05 회사로 로그인 ※

다음 자료를 이용하여 제1기 예정신고기간(1.1.~ 3.31.)에 대한 부가가치세 신고서(가산세 반영)를 작성하시오. 단, 부가가치세 신고서 이외의 부속서류 및 과세표준명세 입력은 생략하며(신고서 작성을 위한 전표입력도 생략), 세부담이 최소화되도록 작성하시오.

구분	내 역
매출	• 신용카드매출전표의 발행: 27,500,000원(부가가치세 포함) • 현금매출: 2,200,000원(부가가치세 포함) ※ 전액 현금영수증 미발행(소비자와의 거래로서 현금영수증 의무발행업종이 아님) • 전자세금계산서 발급: 250,000,000원(부가가치세 별도), 이 중 공급가액 30,000,000원(공급시기: 2월 15일)은 발급시기를 경과하여 3월 20일에 전자세금계산서를 발급하였다.
매입	• 세금계산서 수취분: 공급가액 180,000,000원, 부가세 18,000,000원[이 중에는 업무용소형승용차(1,500cc, 5인승)의 공급가액 25,000,000원, 부가세 2,500,000원과 기계장치의 공급가액 13,000,000원, 부가세 1,300,000원이 포함된 금액이다.]

출제유형 답안

[부가가치세신고서] 조회기간: 1월 1일 ~ 3월 31일

구분				정기신고금액 금액	세율	세액
과세표준및매출세액	과세	세금계산서발급분	1	250,000,000	10/100	25,000,000
	과세	매입자발행세금계산서	2		10/100	
	과세	신용카드 · 현금영수증발행분	3	25,000,000	10/100	2,500,000
	과세	기타(정규영수증외매출분)	4	2,000,000		200,000
	영세	세금계산서발급분	5		0/100	
	영세	기타	6		0/100	
	예정신고누락분		7			
	대손세액가감		8			
	합계		9	277,000,000	㉮	27,700,000
매입세액	세금계산서수취분	일반매입	10	142,000,000		14,200,000
	세금계산서수취분	수출기업수입분납부유예	10-1			
	세금계산서수취분	고정자산매입	11	38,000,000		3,800,000
	예정신고누락분		12			
	매입자발행세금계산서		13			
	그 밖의 공제매입세액		14			
	합계(10)-(10-1)+(11)+(12)+(13)+(14)		15	180,000,000		18,000,000
	공제받지못할매입세액		16	25,000,000		2,500,000
	차감계 (15-16)		17	155,000,000	㉯	15,500,000
납부(환급)세액(매출세액㉮-매입세액㉯)					㉰	12,200,000
경감공제세액	그 밖의 경감 · 공제세액		18			
	신용카드매출전표등 발행공제등		19	27,500,000		
	합계		20		㉱	
소규모 개인사업자 부가가치세 감면세액			20-1		㉲	
예정신고미환급세액			21		㉳	
예정고지세액			22		㉴	
사업양수자의 대리납부 기납부세액			23		㉵	
매입자 납부특례 기납부세액			24		㉶	
신용카드업자의 대리납부 기납부세액			25		㉷	
가산세액계			26		㉸	300,000
차가감하여 납부할세액(환급받을세액)㉰-㉱-㉲-㉳-㉴-㉵-㉶-㉷+㉸					27	12,500,000
총괄납부사업자가 납부할 세액(환급받을 세액)						

구분		금액	세율	세액
16.공제받지못할매입세액				
공제받지못할 매입세액	50	25,000,000		2,500,000
공통매입세액면세등사업분	51			
대손처분받은세액	52			
합계	53	25,000,000		2,500,000
18.그 밖의 경감 · 공제세액				
전자신고세액공제	54			
전자세금계산서발급세액공제	55			
택시운송사업자경감세액	56			
대리납부세액공제	57			
현금영수증사업자세액공제	58			
기타	59			
합계	60			

25.가산세명세					
사업자미등록등		61		1/100	
세금계산서	지연발급 등	62	30,000,000	1/100	300,000
	지연수취	63		5/1,000	
	미발급 등	64		뒤쪽참조	

[가산세 계산내역]

세금계산서 지연발급 가산세: 30,000,000원 × 1% = 300,000원

✓ 현금영수증 의무발행 업종이 아닌 경우에는 소비자와의 거래 시 정규증빙을 발행하지 않아도 가산세가 없다.

구분	내역	공급가액	세액	비고
매출 자료	신용카드매출전표 발행	25,000,000원	2,500,000원	3란
	현금매출	2,000,000원	200,000원	4란
	전자세금계산서 발급	250,000,000원	25,000,000원	1란
	합계	277,000,000원	27,700,000원	
매입 자료	일반매입	142,000,000원	14,200,000원	10란
	고정자산매입(승용차)	25,000,000원	2,500,000원	11란, 16란_50란
	고정자산매입(기계장치)	13,000,000원	1,300,000원	11란
	합계	180,000,000원	18,000,000원	
기타	가산세(지연발급)			26란_62란

✓ 11란: 25,00000원 + 13,000,000원 = 38,000,000원

✓ 신용카드매출전표 등 발행공제 등[19란]에 입력된 27,500,000원은 매출 중에서 신용카드매출분(부가가치세 포함)이 입력된 것이다. 법인은 신용카드매출전표 등 발행 세액공제를 받을 수 없으므로 이 금액은 입력해도 되고 입력하지 않아도 된다.

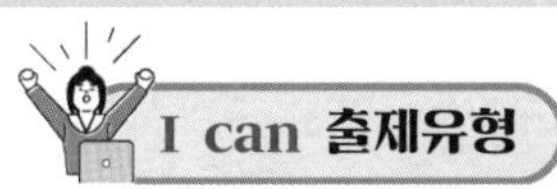

※ 회사코드 0215 ㈜아이캔 05 회사로 로그인 ※

다음 자료를 이용하여 제1기 확정신고기간(4.1.~ 6.30.)에 대한 부가가치세 신고서를 작성하시오. 단, 부가가치세 신고서 이외의 부속서류 및 과세표준명세 입력은 생략하며(신고서 작성을 위한 전표 입력도 생략), 세부담이 최소화되도록 작성하시오.

비고	내역	공급가액	세액	비고
매출 자료	제품매출	200,000,000원	20,000,000원	전자세금계산서 발급
	신용카드로 결제한 제품매출	60,000,000원	6,000,000원	전자세금계산서 미발급
	내국신용장에 의한 재화공급	50,000,000원		영세율전자세금계산서 발급
	재화의 직수출액	120,000,000원		영세율, 전자세금계산서 미발급
	대손확정된 매출채권	20,000,000원	2,000,000원	대손세액공제 요건 충족

비고	내역	공급가액	세액	비고
매입 자료	원재료 매입	150,000,000원	15,000,000원	전자세금계산서 수취
	법인카드로 구입한 원재료 매입	8,000,000원	800,000원	세금계산서 미수취, 매입세액공제 요건 충족
	거래처 접대용 선물세트 매입	7,700,000원	770,000원	전자세금계산서 수취, 고정 자산 아님
	원재료 매입	9,000,000원	900,000원	예정신고 누락분이며, 전자세금계산서는 정상적으로 수취
기타	• 부가가치세 신고는 홈택스에서 전자신고하기로 한다. • 전자세금계산서 발급 시 국세청 전송도 정상적으로 이뤄졌다.			

출제유형 답안

[부가가치세신고서] 조회기간: 4월 1일 ~ 6월 30일

구분			번호	정기신고금액 금액	세율	세액
과세표준및매출세액	과세	세금계산서발급분	1	200,000,000	10/100	20,000,000
		매입자발행세금계산서	2		10/100	
		신용카드 · 현금영수증발행분	3	60,000,000	10/100	6,000,000
		기타(정규영수증외매출분)	4			
	영세	세금계산서발급분	5	50,000,000	0/100	
		기타	6	120,000,000	0/100	
	예정신고누락분		7			
	대손세액가감		8			-2,000,000
	합계		9	430,000,000	㉮	24,000,000
매입세액	세금계산서수취분	일반매입	10	157,700,000		15,770,000
		수출기업수입분납부유예	10-1			
		고정자산매입	11			
	예정신고누락분		12	9,000,000		900,000
	매입자발행세금계산서		13			
	그 밖의 공제매입세액		14	8,000,000		800,000
	합계(10)-(10-1)+(11)+(12)+(13)+(14)		15	174,700,000		17,470,000
	공제받지못할매입세액		16	7,700,000		770,000
	차감계 (15-16)		17	167,000,000	㉯	16,700,000
납부(환급)세액(매출세액㉮-매입세액㉯)					㉰	7,300,000
경감공제세액	그 밖의 경감 · 공제세액		18			10,000
	신용카드매출전표등 발행공제등		19	66,000,000		
	합계		20		㉱	10,000
소규모 개인사업자 부가가치세 감면세액			20-1		㉲	
예정신고미환급세액			21		㉳	
예정고지세액			22		㉴	
사업양수자의 대리납부 기납부세액			23		㉵	
매입자 납부특례 기납부세액			24		㉶	
신용카드업자의 대리납부 기납부세액			25		㉷	
가산세액계			26		㉸	
차가감하여 납부할세액(환급받을세액)㉰-㉱-㉲-㉳-㉴-㉵-㉶-㉷+㉸					27	7,290,000
총괄납부사업자가 납부할 세액(환급받을 세액)						

구분			번호	금액	세율	세액
7.매출(예정신고누락분)						
예정누락분	과세	세금계산서	33		10/100	
		기타	34		10/100	
	영세	세금계산서	35		0/100	
		기타	36		0/100	
	합계		37			
12.매입(예정신고누락분)						
예정누락분	세금계산서		38	9,000,000		900,000
	그 밖의 공제매입세액		39			
	합계		40	9,000,000		900,000
	신용카드매출수령금액합계	일반매입				
		고정매입				
	의제매입세액					
	재활용폐자원등매입세액					
	과세사업전환매입세액					
	재고매입세액					
	변제대손세액					
	외국인관광객에대한환급세액					
	합계					
14.그 밖의 공제매입세액						
신용카드매출수령금액합계표	일반매입		41	8,000,000		800,000
	고정매입		42			
의제매입세액			43		뒤쪽	
재활용폐자원등매입세액			44		뒤쪽	
과세사업전환매입세액			45			
재고매입세액			46			
변제대손세액			47			
외국인관광객에대한환급세액			48			
합계			49	8,000,000		800,000

구분	번호	금액	세율	세액
16.공제받지못할매입세액				
공제받지못할 매입세액	50	7,700,000		770,000
공통매입세액면세등사업분	51			
대손처분받은세액	52			
합계	53	7,700,000		770,000
18.그 밖의 경감 · 공제세액				
전자신고 및 전자고지 세액공제	54			10,000
전자세금계산서발급세액공제	55			
택시운송사업자경감세액	56			
대리납부세액공제	57			
현금영수증사업자세액공제	58			
기타	59			
합계	60			10,000

비고	내역	공급가액	세액	비고
매출 자료	제품매출	200,000,000원	20,000,000원	1란
	신용카드 매출	60,000,000원	6,000,000원	3란
	내국신용장 재화공급	50,000,000원		5란
	재화의 직수출액	120,000,000원		6란
	대손확정된 매출채권	20,000,000원	2,000,000원	8란
매입 자료	세금계산서(원재료)	150,000,000원	15,000,000원	10란
	법인카드(원재료)	8,000,000원	800,000원	14란_41란
	세금계산서 (기업업무추진비))	7,700,000원	770,000원	10란, 16란_50란
	예정신고누락분	9,000,000원	900,000원	12란_38란
기타	홈택스 전자신고			18란_54란

✓ 대손세액공제 대상액은 8란 세액에만 마이너스 금액으로 입력한다.

✓ 거래처 접대용 선물세트 매입분 7,700,000원은 일반매입 150,000,000원과 합산하여 10란에 입력하고 공제받지못할매입세액 16란_50란에도 입력한다.

✓ 신용카드매출전표 등 발행공제 등[19란]에 입력된 66,000,000원은 매출 중에서 신용카드매출분(부가가치세 포함)이 입력된 것이다. 법인은 신용카드매출전표 등 발행 세액공제를 받을 수 없으므로 이 금액은 입력해도 되고 입력하지 않아도 된다.

※ 회사코드 0215 ㈜아이캔 05 회사로 로그인 ※

다음 자료를 이용하여 제2기 확정신고기간(10.1.~ 12.31.)에 대한 부가가치세 신고서(가산세 반영)를 작성하시오. 단, 부가가치세 신고서 이외의 부속서류 및 과세표준명세 입력은 생략하며(신고서 작성을 위한 전표입력도 생략), 세부담이 최소화되도록 작성하시오.

<table>
<tr><th>구분</th><th colspan="2">내역</th><th>공급가액</th><th>세액</th><th>비고</th></tr>
<tr><td rowspan="3">매출
자료</td><td colspan="2">전자 세금계산서 발급</td><td>350,000,000원</td><td>35,000,000원</td><td></td></tr>
<tr><td colspan="2">종이 세금계산서 발급</td><td>25,000,000원</td><td>2,500,000원</td><td></td></tr>
<tr><td colspan="2">합계</td><td>375,000,000원</td><td>37,500,000원</td><td></td></tr>
<tr><td rowspan="3">매입
자료</td><td colspan="2">전자 세금계산서 수취(일반매입)</td><td>290,000,000원</td><td>29,000,000원</td><td></td></tr>
<tr><td colspan="2">법인카드 사용(일반매입)</td><td>21,000,000원</td><td>2,100,000원</td><td></td></tr>
<tr><td colspan="2">합계</td><td>311,000,000원</td><td>31,100,000원</td><td></td></tr>
<tr><td rowspan="3">추가
고려
사항</td><td>매출</td><td colspan="4">• 9월 25일 비사업자 김대웅씨에게 제품을 현금으로 매출하고 발급한 현금영수증 4,070,000원(부가가치세 포함) 누락분 반영</td></tr>
<tr><td>매입</td><td colspan="4">• 9월 16일 ㈜샘물에게 원재료를 현금으로 매입하면서 수취한 종이 세금계산서 1,700,000원(부가가치세 별도) 누락분 반영</td></tr>
<tr><td>기타</td><td colspan="4">• 법인카드 사용액은 모두 매입세액공제 요건을 충족하였다.
• 부가가치세 2기 예정신고일로부터 3개월 이내인 다음해 1월 23일에 2기 확정신고를 한다고 가정하고, 납부지연가산세 미납일수는 90일이다.</td></tr>
</table>

출제유형 답안

[부가가치세신고서] 조회기간: 10월 1일 ~ 12월 31일

구분			번호	정기신고금액 금액	세율	세액
과세표준및매출세액	과세	세금계산서발급분	1	375,000,000	10/100	37,500,000
	과세	매입자발행세금계산서	2		10/100	
	과세	신용카드·현금영수증발행분	3		10/100	
	과세	기타(정규영수증외매출분)	4			
	영세	세금계산서발급분	5		0/100	
	영세	기타	6		0/100	
	예정신고누락분		7	3,700,000		370,000
	대손세액가감		8			
	합계		9	378,700,000	㉮	37,870,000
매입세액	세금계산서수취분	일반매입	10	290,000,000		29,000,000
	세금계산서수취분	수출기업수입분납부유예	10-1			
	세금계산서수취분	고정자산매입	11			
	예정신고누락분		12	1,700,000		170,000
	매입자발행세금계산서		13			
	그 밖의 공제매입세액		14	21,000,000		2,100,000
	합계(10)-(10-1)+(11)+(12)+(13)+(14)		15	312,700,000		31,270,000
	공제받지못할매입세액		16			
	차감계 (15-16)		17	312,700,000	㉯	31,270,000
납부(환급)세액(매출세액㉮-매입세액㉯)					㉰	6,600,000
경감공제세액	그 밖의 경감·공제세액		18			
	신용카드매출전표등 발행공제등		19	4,070,000		
	합계		20		㉱	
소규모 개인사업자 부가가치세 감면세액			20-1		㉲	
예정신고미환급세액			21		㉳	
예정고지세액			22		㉴	
사업양수자의 대리납부 기납부세액			23		㉵	
매입자 납부특례 기납부세액			24		㉶	
신용카드업자의 대리납부 기납부세액			25		㉷	
가산세액계			26		㉸	258,960
차가감하여 납부할세액(환급받을세액)㉰-㉱-㉲-㉳-㉴-㉵-㉶-㉷+㉸					27	6,858,960
총괄납부사업자가 납부할 세액(환급받을 세액)						

구분			번호	금액	세율	세액
7.매출(예정신고누락분)						
예정누락분	과세	세금계산서	33		10/100	
	과세	기타	34	3,700,000	10/100	370,000
	영세	세금계산서	35		0/100	
	영세	기타	36		0/100	
	합계		37	3,700,000		370,000
12.매입(예정신고누락분)						
예정누락분	세금계산서		38	1,700,000		170,000
	그 밖의 공제매입세액		39			
	합계		40	1,700,000		170,000
	신용카드매출수령금액합계	일반매입				
	신용카드매출수령금액합계	고정매입				
	의제매입세액					
	재활용폐자원등매입세액					
	과세사업전환매입세액					
	재고매입세액					
	변제대손세액					
	외국인관광객에대한환급세액					
	합계					
14.그 밖의 공제매입세액						
신용카드매출수령금액합계표	일반매입		41	21,000,000		2,100,000
신용카드매출수령금액합계표	고정매입		42			
의제매입세액			43		뒤쪽	
재활용폐자원등매입세액			44		뒤쪽	
과세사업전환매입세액			45			
재고매입세액			46			
변제대손세액			47			
외국인관광객에대한환급세액			48			
합계			49	21,000,000		2,100,000

25.가산세명세					
사업자미등록등		61		1/100	
세 금 계산서	지연발급 등	62		1/100	
	지연수취	63		5/1,000	
	미발급 등	64	25,000,000	뒤쪽참조	250,000
전자세금 발급명세	지연전송	65		3/1,000	
	미전송	66		5/1,000	
세금계산서 합계표	제출불성실	67		5/1,000	
	지연제출	68		3/1,000	
신고 불성실	무신고(일반)	69		뒤쪽	
	무신고(부당)	70		뒤쪽	
	과소·초과환급(일반)	71	200,000	뒤쪽	5,000
	과소·초과환급(부당)	72		뒤쪽	
납부지연		73	200,000	뒤쪽	3,960
영세율과세표준신고불성실		74		5/1,000	
현금매출명세서불성실		75		1/100	
부동산임대공급가액명세서		76		1/100	
매입자 납부특례	거래계좌 미사용	77		뒤쪽	
	거래계좌 지연입금	78		뒤쪽	
신용카드매출전표등수령명세서미제출 · 과다기재		79		5/1,000	
합계		80			258,960

[가산세 계산내역]

① 세금계산서 미발급 가산세

25,000,000원 × 1% = 250,000원

✓ 법인사업자가 종이세금계산서를 발급한 경우 세금계산서 미발급 등에 대한 가산세 1%가 적용된다.

② 신고불성실 가산세(일반과소신고)

(370,000원 − 170,000원) × 10% − 15,000원(75% 감면, 3개월 이내) = 5,000원

③ 납부지연 가산세

200,000원 × 2.2/10,000 × 90일 = 3,960원

가산세 합계: 258,960원

구분	내역	공급가액	세액	비고
매출 자료	전자 세금계산서 발급	350,000,000원	35,000,000원	1란
	종이 세금계산서 발급	25,000,000원	2,500,000원	1란(가산세 대상)
	합계	375,000,000원	37,500,000원	

구분	내역		공급가액	세액	비고
매입 자료	전자 세금계산서 수취(일반매입)		290,000,000원	29,000,000원	10란
	법인카드 사용(일반매입)		21,000,000원	2,100,000원	14란_41란
	합계		311,000,000원	31,100,000원	
추가 고려 사항	매출	예정신고누락분	3,700,000원	370,000원	7란_34란
	매입	예정신고누락분	1,700,000원	170,000원	12란_38란
	기타	가산세			26란_64란,71란,73란

✓ 1란: 350,00000원 + 25,000,000원 = 375,000,000원

✓ 신용카드매출전표 등 발행공제 등[19란]에 입력된 4,070,000원은 매출 중에서 예정신고누락 현금영수증매출분(부가가치세 포함)이 입력된 것이다. 법인은 신용카드매출전표 등 발행 세액공제를 받을 수 없으므로 이 금액은 입력해도 되고 입력하지 않아도 된다.

※ 회사코드 0216 ㈜아이캔 06 회사로 로그인 ※

다음 자료를 이용하여 제1기 확정신고기간(4.1.~ 6.30.)에 대한 부가가치세 신고서(가산세 반영)를 작성하시오. 단, 부가가치세 신고서 이외의 부속서류 및 과세표준명세 입력은 생략하며(신고서 작성을 위한 전표입력도 생략), 세부담이 최소화되도록 작성하시오.

구분	내 역
매출	• 매출처별 세금계산서합계표상의 금액은 공급가액 250,000,000원, 세액 25,000,000원이다. • 신용카드 매출 6,600,000원, 현금영수증 매출 3,300,000원, 정규영수증외 매출 1,100,000원이 발생하였다.(모두 부가가치세가 포함된 금액임) • 선적된 베트남 수출액은 $30,000(수출신고일 1,800원/$, 선적일 1,750원/$)이다.
매입	• 매입처별 세금계산서합계표상의 금액(일반매입분)은 공급가액 145,000,000원, 세액 14,500,000원이다. • 매입처별 세금계산서합계표에는 기업업무추진비 관련 공급가액 30,000,000원, 세액 3,000,000원이 포함되어 있다. • 신용카드로 매입한 중고승용차(매입세액 공제대상임) 공급가액 3,500,000원, 세액 350,000원이 있다.
기타	• 1기 예정신고기간에 정상적으로 발급·전송된 전자세금계산서(공급가액 3,000,000원, 세액 300,000원)가 1기 예정신고 시 신고·납부가 누락되어 있다. • 1기 예정신고기한은 4월 25일이고, 1기 확정신고는 7월 18일에 신고·납부하는 것으로 가정 한다.

출제유형 답안

[부가가치세신고서] 조회기간: 4월 1일 ~ 6월 30일

구분			번호	정기신고금액 금액	세율	세액
과세표준및매출세액	과세	세금계산서발급분	1	250,000,000	10/100	25,000,000
	과세	매입자발행세금계산서	2		10/100	
	과세	신용카드 · 현금영수증발행분	3	9,000,000	10/100	900,000
	과세	기타(정규영수증외매출분)	4	1,000,000		100,000
	영세	세금계산서발급분	5		0/100	
	영세	기타	6	52,500,000	0/100	
	예정신고누락분		7	3,000,000		300,000
	대손세액가감		8			
	합계		9	315,500,000	㉮	26,300,000
매입세액	세금계산서수취분	일반매입	10	145,000,000		14,500,000
	세금계산서수취분	수출기업수입분납부유예	10-1			
	세금계산서수취분	고정자산매입	11			
	예정신고누락분		12			
	매입자발행세금계산서		13			
	그 밖의 공제매입세액		14	3,500,000		350,000
	합계(10)-(10-1)+(11)+(12)+(13)+(14)		15	148,500,000		14,850,000
	공제받지못할매입세액		16	30,000,000		3,000,000
	차감계 (15-16)		17	118,500,000	㉯	11,850,000
납부(환급)세액(매출세액㉮-매입세액㉯)					㉰	14,450,000
경감공제세액	그 밖의 경감 · 공제세액		18			
	신용카드매출전표등 발행공제등		19	9,900,000		
	합계		20		㉱	
소규모 개인사업자 부가가치세 감면세액			20-1		㉲	
예정신고미환급세액			21		㉳	
예정고지세액			22		㉴	
사업양수자의 대리납부 기납부세액			23		㉵	
매입자 납부특례 기납부세액			24		㉶	
신용카드업자의 대리납부 기납부세액			25		㉷	
가산세액계			26		㉸	13,044
차가감하여 납부할세액(환급받을세액)㉰-㉱-㉲-㉳-㉴-㉵-㉶-㉷+㉸					27	14,463,044
총괄납부사업자가 납부할 세액(환급받을 세액)						

구분			번호	금액	세율	세액
7.매출(예정신고누락분)						
예정누락분	과세	세금계산서	33	3,000,000	10/100	300,000
	과세	기타	34		10/100	
	영세	세금계산서	35		0/100	
	영세	기타	36		0/100	
	합계		37	3,000,000		300,000
12.매입(예정신고누락분)						
예정누락분	세금계산서		38			
	그 밖의 공제매입세액		39			
	합계		40			
	신용카드매출수령금액합계	일반매입				
	신용카드매출수령금액합계	고정매입				
	의제매입세액					
	재활용폐자원등매입세액					
	과세사업전환매입세액					
	재고매입세액					
	변제대손세액					
	외국인관광객에대한환급세액					
	합계					
14.그 밖의 공제매입세액						
신용카드매출수령금액합계표	일반매입		41			
신용카드매출수령금액합계표	고정매입		42	3,500,000		350,000
의제매입세액			43		뒤쪽	
재활용폐자원등매입세액			44		뒤쪽	
과세사업전환매입세액			45			
재고매입세액			46			
변제대손세액			47			
외국인관광객에대한환급세액			48			
합계			49	3,500,000		350,000

구분	번호	금액	세율
16.공제받지못할매입세액			
공제받지못할 매입세액	50	30,000,000	
공통매입세액면세등사업분	51		
대손처분받은세액	52		
합계	53	30,000,000	
18.그 밖의 경감·공제세액			
전자신고 및 전자고지 세액공제	54		
전자세금계산서발급세액공제	55		
택시운송사업자경감세액	56		
대리납부세액공제	57		
현금영수증사업자세액공제	58		

25.가산세명세		번호	금액	세율	세액
사업자미등록등		61		1/100	
세금계산서	지연발급 등	62		1/100	
	지연수취	63		5/1,000	
	미발급 등	64		뒤쪽참조	
전자세금발급명세	지연전송	65		3/1,000	
	미전송	66		5/1,000	
세금계산서합계표	제출불성실	67		5/1,000	
	지연제출	68		3/1,000	
신고불성실	무신고(일반)	69		뒤쪽	
	무신고(부당)	70		뒤쪽	
	과소·초과환급(일반)	71	300,000	뒤쪽	7,500
	과소·초과환급(부당)	72		뒤쪽	
납부지연		73	300,000	뒤쪽	5,544
영세율과세표준신고불성실		74		5/1,000	
현금매출명세서불성실		75		1/100	
부동산임대공급가액명세서		76		1/100	
매입자납부특례	거래계좌 미사용	77		뒤쪽	
	거래계좌 지연입금	78		뒤쪽	
신용카드매출전표등수령명세서미제출 · 과다기재		79		5/1,000	
합계		80			13,044

[가산세 계산내역]

① 신고불성실 가산세(일반과소신고)
300,000원 × 10% - 22,500원(75% 감면, 3개월 이내) = 7,500원

② 납부지연가산세
300,000원 × 2.2/10,000 × 84일 = 5,544원
가산세 합계: 13,044원

구분	내역	공급가액	세액	비고
매출자료	세금계산서합계표 매출	250,000,000원	25,000,000원	1란
	신용카드 매출	6,000,000원	600,000원	3란
	현금영수증 매출	3,000,000원	3000,000원	3란
	정규영수증외 매출	1,000,000원	100,000원	4란
	직수출	52,500,000원		6란
매입자료	세금계산합계표 매입 (기업업무추진비 해당액)	145,000,000원 (30,000,000원)	14,500,000원 (300,000원)	10란 16란_50란
	신용카드 매입	3,500,000원	350,000원	14란_42란
기타	예정신고누락분			7란_33란

✓ 3란: 6,000,000원 + 3,000,000원 = 9,000,0000원
✓ 6란: $30,000 × 1,750원(선적일 기준) = 52,500,000원
✓ 신용카드매출전표 등 발행공제 등[19란]에 입력된 9,900,000원은 매출 중에서 신용카드+현금영수증 매출분(부가가치세 포함)이 입력된 것이다. 법인은 신용카드매출전표 등 발행 세액공제를 받을 수 없으므로 이 금액은 입력해도 되고 입력하지 않아도 된다.

4. 결산정리사항

결산은 수동결산과 자동결산으로 구분되며, 대표적인 항목은 다음과 같다.

수동결산	일반전표입력메뉴에 12월 31일자로 결산대체분개를 직접 입력 예 손익의 이연과 예상, 현금과부족 및 가계정 정리, 소모품의 정리, 유가증권 평가, 외화자산 및 부채의 평가, 장기차입금의 유동성대체 등
자동결산	결산자료입력메뉴에 해당 자료 입력후 [F3.전표추가]를 통해 자동 입력 예 기말재고자산의 평가, 감가상각비 계상, 채권의 대손설정, 퇴직급여계상, 법인세등의 반영

참고 결산작업 시 수동결산을 완료하고 자동결산 작업을 진행하며, 전산세무 2급 자격시험에서 자동결산과 관련된 문제가 출제되지 않은 경우 수동결산 작업만 완료하면 된다.

1 결산정리사항(수동결산)

※ 회사코드 0217 ㈜아이캔 07 회사로 로그인 ※

㈜아이캔 07의 결산정리사항은 다음과 같다. 해당 메뉴에 입력하시오.

[기존 백데이터는 고려하지 말고 제시된 자료만 이용하여 회계 처리하시오.]

[1] 영업부에서 홍보목적으로 회사로고가 새겨진 볼펜을 구입하여 광고선전비로 계상하였으나, 기말 현재 미사용된 금액 1,300,000원을 소모품으로 대체하고자 한다.

[2] 12월 25일 ~ 27일까지 부산으로 업무차 출장갔던 영업사원 박상준에 대한 출장비지급액과 정산 후 반납액이 결산일 현재 각각 가지급금계정 잔액 300,000원과 가수금계정 잔액 75,000원이 계상되어 있다. 결산일에 정산분개를 하며, 출장비는 전액 여비교통비로 처리한다.

[3] 장부상 현금보다 실제 현금이 부족하여 현금과부족 계정으로 처리해 두었던 금액 40,000원 중 32,000원은 판매직원의 시내교통비 누락분으로 밝혀졌으며, 잔액은 업무상 사용되었으나 결산일까지 그 내역을 알 수 없는 상황이다.

[4] 회사는 국민은행으로부터 시설자금 500,000,000원을 2024년 5월 1일 차입하여 2026년부터 5년간 균등액으로 분할상환 하고자 한다. 2025년 결산일에 해당금액에 대한 유동성대체 분개를 하시오.

[5] 보험료 납부시 전액 비용으로 처리한 화재보험료에 대한 내용을 결산에 반영하시오. (단, 월할 계산하기로 한다.)

구분	분개처리일	대상기간	금액	비고
화재보험료	2025. 7. 1.	2025. 7. 1. ~ 2027. 6. 30.	4,000,000원	본사건물

[6] 6월 1일에 1년분 사무실 임차료 3,600,000원을 선불로 납부하고 선급비용으로 처리하였다. 기말 결산 시 필요한 회계처리를 행하시오.(월할계산할 것)

[7] 이자수익에는 차기에 속하는 이자수익이 1,000,000원 포함되어 있다.

[8] 결산일 현재 정기예금과 장기차입금에 대한 내용이다. 일반기업회계기준에 따라 회계처리를 하시오. 단, 이자계산은 월할계산으로 하되 1월 미만은 1월로 한다.

과목	거래처	발생일자	만기일자	금액	이자율	이자지급일
정기예금	국민은행	2025.7.10.	2026.7.10.	10,000,000	6%	2026.7.10.
장기차입금	신한은행	2025.10.1.	2027.9.30.	50,000,000	7%	매년 4월 1일과 10월 1일에 6개월분씩 지급(후지급함)

[9] 단기매매증권에 대하여 일반기업회계기준에 따라 기말평가를 반영하시오. 단 현재까지 일반기업회계기준에 따라 정상적으로 회계처리를 하였다.

구분	취득원가	2024년말 공정가치	2025년말 공정가치
단기매매증권	10,000,000원	9,000,000원	9,500,000원

[10] 기말현재 단기매매목적으로 보유하고 있는 단기매매증권의 공정가치는 다음과 같다. 종목별로 회계 처리하시오.

회사명	평가전장부금액	기말공정가치
A사 보통주	22,000,000원	24,000,000원
B사 보통주	55,000,000원	53,500,000원

[11] 다음의 매도가능증권에 대한 기말결산분개를 하시오. 2024년말 매도가능증권평가손익에 대한 회계처리는 적절하게 처리되었다.

취득금액	2024년말 공정가치	2025년말 공정가치
8,500,000원	8,700,000원	9,600,000원

[12] 다음 자료에 의하여 2024년 10월 1일에 취득하여 보유중인 매도가능증권에 대한 결산 회계처리를 하시오. 결산일 이전의 회계처리는 올바르게 이루어진 상태이다.

취득금액	2024년말 공정가치	2025년말 공정가치
5,000,000원	4,800,000원	5,100,000원

[13] 전기에 평가이익을 계상했던 매도가능증권은 결산일의 공정가치가 36,000,000원이 되었다.(장부상 매도가능증권잔액 40,000,000원, 매도가능증권평가이익 3,000,000원)

[14] 회사가 보유한 화폐성 외화부채는 다음과 같다. 외화 관련 손익을 인식하도록 한다.

계정과목	거래처	금액	발생일	발생일 환율	결산일 환율
장기차입금	외국은행	$15,000	9월 10일	1,350원/$	1,400원/$

[15] 결산일 현재 외화장기차입금은 전액 실버사에서 2024년 10월 1일에 3년 후 일시상환조건으로 차입한 외화장기차입금 US $10,000이다.

계정과목	발생일 환율	2024년 12월 31일 환율	2025년 12월 31일 환율
외화장기차입금	1,100원	1,120원	1,170원

[16] 결산일 현재 다음의 외화자산에 대하여 적절한 회계처리를 하시오.
(12월 31일 환율 ¥100 = 1,120원)

- 계정과목: 보통예금(세종은행)
- 외화금액: ¥3,180,000
- 장부금액: 34,662,000원

[17] 다음 자료를 이용하여 12월 31일에 부가세대급금과 부가세예수금을 정리하는 분개를 입력하시오. (납부세액은 미지급세금으로 계상하고 환급세액은 미수금으로 계상하시오.)
- 부가세대급금: 14,000,000원
- 부가세예수금: 20,000,000원
- 2기 예정신고미환급세액: 4,000,000원(9월 30일자 일반전표를 조회할 것.)
- 전자신고세액공제: 10,000원

출제유형 답안

[회계관리] - [재무회계] - [전표입력] - [일반전표입력] 메뉴에서 12월 31일자로 입력

[1]	(차)	소모품	1,300,000원	(대)	광고선전비(판)	1,300,000원
[2]	(차)	가수금(박상준) 여비교통비(판)	75,000원 225,000원	(대)	가지급금(박상준)	300,000원
[3]	(차)	여비교통비(판) 잡손실	32,000원 8,000원	(대)	현금과부족	40,000원
[4]	(차)	장기차입금(국민은행)	100,000,000원	(대)	유동성장기부채(국민은행)	100,000,000원
	✓ 1년 이내 상환기일이 도래하는 1억원(5억원/5년)을 비유동부채에서 유동부채로 대체한다.					
[5]	(차)	선급비용	3,000,000원	(대)	보험료(판)	3,000,000원
	✓ 선급비용: 4,000,000× 18월/24월 = 3,000,000원					
[6]	(차)	임차료(판)	2,100,000원	(대)	선급비용	2,100,000원
	✓ 당기분 임차료(7개월): 3,6000,000원 × 7/12 = 2,100,000원 지급시 선급비용(자산)으로 처리하였으므로, 당기분을 임차료로 대체한다.					
[7]	(차)	이자수익	1,000,000원	(대)	선수수익	1,000,000원
[8]	(차)	미수수익 이자비용	300,000원 875,000원	(대)	이자수익 미지급비용	300,000원 875,000원
	✓ 정기예금 이자 미수분: 10,000,000원 × 6% × 6/12 = 300,000원 장기차입금 이자 미지급분: 50,000,000원 × 7% × 3/12 = 875,000원					
[9]	(차)	단기매매증권	500,000원	(대)	단기매매증권평가이익	500,000원
[10]	(차)	단기매매증권 단기매매증권평가손실	2,000,000원 1,500,000원	(대)	단기매매증권평가이익 단기매매증권	2,000,000원 1,500,000원
[11]	(차)	매도가능증권(178)	900,000원	(대)	매도가능증권평가이익	900,000원
	✓ 2024년 결산시 (차) 매도가능증권 200,000원 (대) 매도가능증권평가이익 200,000원					

<table>
<tr><td>[12]</td><td>(차) 매도가능증권(178) 300,000원 (대) 매도가능증권평가손실 200,000원
매도가능증권평가이익 100,000원
✓ 2024년 결산시
(차) 매도가능증권평가손실 200,000원 (대) 매도가능증권 200,000원</td></tr>
<tr><td>[13]</td><td>(차) 매도가능증권평가이익 3,000,000원 (대) 매도가능증권 4,000,000원
매도가능증권평가손실 1,000,000원
✓ 매도가능증권평가이익부터 먼저 상계처리 후 매도가능증권평가손실을 인식한다.
2024년 결산시
(차) 매도가능증권 3,000,000원 (대) 매도가능증권평가이익 3,000,000원</td></tr>
<tr><td>[14]</td><td>(차) 외화환산손실 750,000원 (대) 장기차입금(외국은행) 750,000원</td></tr>
<tr><td>[15]</td><td>(차) 외화환산손실 500,000원 (대) 외화장기차입금(실버사) 500,000원
✓ 장부상 외화장기차입금: $10,000 × 1,120원 = 11,200,000원
결산일 외화장기차입금: $10,000 × 1,170원 = 11,700,000원</td></tr>
<tr><td>[16]</td><td>(차) 보통예금 954,000원 (대) 외화환산이익 954,000원
✓ 장부상 보통예금 = 34,662,000원
결산일 보통예금: ¥31,800 × 1,120원 = 35,616,000원</td></tr>
<tr><td>[17]</td><td>(차) 부가세예수금 20,000,000원 (대) 부가세대급금 14,000,000원
미수금 4,000,000원
잡이익 10,000원
미지급세금 1,990,000원</td></tr>
</table>

2 결산정리사항(자동결산)

※ 회사코드 0217 ㈜아이캔 07 회사로 로그인 ※

㈜아이캔 07의 결산정리사항은 다음과 같다. 결산자료입력메뉴를 이용하여 결산을 완료하시오.

[1] 결산시 재고자산의 기말재고액은 다음과 같다.

구분	재고자산 장부상 금액	재고자산 실제금액
원재료	72,000,000원	70,000,000원
재공품	60,000,000원	60,000,000원
제 품	80,000,000원	80,000,000원

- 원재료 감모는 모두 비정상감모에 해당한다.

[2] 당기 감가상각비 계상액은 다음과 같다.

계정과목	당기 감가상각비	사용부서
차량운반구	2,000,000원	영업부
비품	600,000원	공장 제품생산
기계장치	12,000,000원	공장 제품생산

[3] 당사는 기업회계기준에 의하여 퇴직급여충당부채를 설정하고 있으며, 기말 현재 퇴직급여추계액 및 당기 퇴직급여충당부채 설정 전의 퇴직급여충당부채 잔액은 다음과 같다. 결산시 회계 처리하시오.

부서	설정전 퇴직급여충당부채 잔액	기말현재 퇴직급여추계액
제조부	22,000,000원	24,000,000원
영업부	28,000,000원	31,000,000원

[4] 당기 법인세등 추산액은 15,500,000원 이다.(단, 중간예납세액 4,500,000원이 선납세금으로 계상되어 있다.)

[5] 당기 이익잉여금 처분은 다음과 같이 결의되었다. 이익잉여금처분계산서를 작성하시오.
(단, 저장된 데이터는 사용하지 않는다.)

- 당기 처분 예정일: 2026년 3월 15일
- 전기 처분 확정일: 2025년 2월 28일
- 보통주 현금배당: 20,000,000원
- 보통주 주식배당: 20,000,000원
- 이익준비금: 현금배당액의 10%
- 사업확장적립금: 5,000,000원

출제유형 답안

[회계관리] - [재무회계] - [결산/재무제표] - [결산자료입력(기간: 1월 ~ 12월)]메뉴에 해당금액 입력 후 F3 전표추가 를 클릭하여 자동결산분개 생성

[1] 기말재고자산

[일반전표입력 12월 31일]
(차) 재고자산감모손실 2,000,000원 (대) 원재료(적요 8.타계정으로 대체) 2,000,000원

✓ 비정상적인 감모손실은 영업외비용으로 처리한다.

[결산자료 입력메뉴] 기말재고액 입력
원재료 70,000,000원
재공품 60,000,000원
제 품 80,000,000원 입력

[2] 당기 감가상각계상액

[결산자료 입력메뉴] 감가상각비 입력

제조경비(비품)	600,000원
제조경비(기계장치)	12,000,000원
판매비와일반관리비(차량운반구)	2,000,000원

[3] 퇴직급여충당부채

[결산자료 입력메뉴] 퇴직급여(전입액) 입력
제조부: 24,000,000원 - 22,000,000원 = 2,000,000원 퇴직급여(제) 입력
영업부: 31,000,000원 - 28,000,000원 = 3,000,000원 퇴직급여(판)

[4] 법인세등 추가계상액 반영

[결산자료 입력메뉴] 법인세 등
선납세금: 4,500,000원
추가계상액: 11,000,000원(15,500,000원 - 4,500,000원) 입력

9. 법인세등			15,500,000
1). 선납세금		4,500,000	4,500,000
2). 추가계상액			11,000,000

✓ 결산자료입력 대신 12월 31일 일반전표입력에 수동입력도 가능하다.

(차) 법인세등 15,500,000원 (대) 선납세금 4,500,000원
미지급세금 11,000,000원

※ 자동결산자료 입력 후 **F3 전표추가** 를 클릭하여 자동결산분개를 생성한다.

[5] 이익잉여금처분 내역 입력

[이익잉여금처분계산서], 이익잉여금처분액 입력

이익준비금: 2,000,000원(현금배당액의 10%)

현금배당: 20,000,000원

주식배당: 20,000,000원

사업확장적립금: 5,000,000원

당기처분예정일 2026 년 3 월 15 일 전기처분확정일 2025 년 2 월 28 일 < F4 삽입

과목	계정과목명		제 9(당)기 2025년01월01일~2025년12월31일 제 9기(당기) 금액	
III.이익잉여금처분액				47,000,000
1.이익준비금	0351	이익준비금	2,000,000	
2.재무구조개선적립금	0354	재무구조개선적립금		
3.주식할인발행차금상각액	0381	주식할인발행차금		
4.배당금			40,000,000	
가.현금배당	0265	미지급배당금	20,000,000	
주당배당금(률)		보통주		
		우선주		
나.주식배당	0387	미교부주식배당금	20,000,000	
주당배당금(률)		보통주		
		우선주		
5.사업확장적립금	0356	사업확장적립금	5,000,000	
6.감채적립금	0357	감채적립금		
7.배당평균적립금	0358	배당평균적립금		

※ **F6 전표추가** 를 클릭하여 손익대체분개를 생성한다

I can 개념정리

- 결산자동분개는 [일반전표입력] 12월 31일 전표에서 확인할 수 있다.
- 전산세무 2급 자격시험 중 결산 자동분개후 수정사항이 있을 경우, [결산자료입력] 메뉴에서 결산분개 삭제 후 다시 작업할 수 있다.
- 결산자동분개 항목을 자동분개 처리하지 않고 일반전표입력 메뉴에서 12월 31일로 직접 입력하여도 무방하다.
- 대손설정 분개의 경우 매출채권과 관련된 전표입력에 오류가 발생해 매출채권의 잔액 금액이 정답과 다르더라도, 매출채권의 잔액에 대해 대손율을 정확히 적용할 경우 정답으로 처리된다.

3 결산정리사항(재고자산 관련유형 정리)

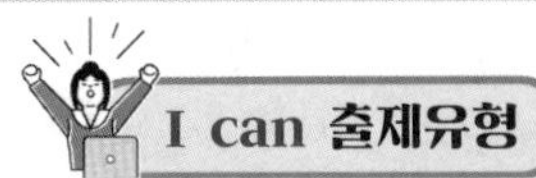

다음의 재고자산 관련 유형은 기출문제에 자주 출제된 유형으로 전산입력을 생략하고, 출제유형을 검토만 하기로 한다.

[1] 기말 현재 재고자산은 다음과 같다.

• 원재료: 13,000,000원	• 재공품: 11,000,000원	• 제품: 7,000,000원

※ 기말제품 중에는 구매자가 구매의사를 표시한 시송품 1,000,000원이 포함되어 있다.

[2] 기말 현재 재고자산은 다음과 같다.

• 원재료: 1,500,000원	• 재공품: 2,200,000원	• 제품: 1,850,000원

※ 원재료에는 기말현재 해외로부터 도착지 인도기준으로 운송 중인 금액 350,000원이 포함되어 있지 않다.

[3] 기말 현재 재고자산은 다음과 같다.

• 원재료: 2,000,000원	• 재공품: 3,000,000원	• 제품: 4,000,000원

※ 단, 원재료 기말재고액 중에는 도착지 인도기준에 의해 운송 중인 원재료 500,000원이 포함되어 있다.

[4] 기말 현재 재고자산은 다음과 같다.

• 재공품: 24,650,000원	• 제품: 27,300,000원	• 상품: 31,200,000원

※ 회사는 실지재고조사법에 의하여 재고수량을 파악하고 있으며, 상기 상품 금액에는 선적지인도조건에 의해 구입하였으나 기말 현재 운송 중인 2,000,000원이 포함되어 있지 않다.

[5] 기말 현재 재고자산은 다음과 같다. 단, 제품 금액에는 판매용으로 제작하였으나 당사에서 제품 제조시 사용하기로 한 기계장치 50,000,000원이 포함되어 있으므로 타계정대체를 일반전표입력 메뉴에서 처리하고 결산자료입력을 하시오.

• 원재료: 320,000,000원	• 재공품: 170,000,000원	• 제품: 281,000,000원

[6] 결산일을 기준으로 상품 재고자산에 대하여 실사를 한 결과 장부상의 수량(10,000개)과 실제수량(8,500개)의 차이가 발생하였다. 그 차이 원인을 확인한 결과 80%는 원가성이 있으나 나머지는 원가성이 전혀 없는 것으로 밝혀졌다. 동 상품의 장부상 단위당 금액은 3,000원이며 이는 기말 현재 공정가치와 일치한다.

출제유형 답안

[1] [결산자료입력]

원재료: 13,000,000원, 재공품: 11,000,000원, 제품: 6,000,000원 입력 후 전표추가

✓ 기말제품 중 시송품 1,000,000원을 차감한 6,000,000원만 입력한다.

[2] [결산자료입력]

원재료: 1,500,000원, 재공품: 2,200,000원, 제품: 1,850,000원 입력 후 전표추가

✓ 운송 중인 원재료는 도착 전이므로 포함시킬 필요가 없다.

[3] [결산자료입력]

원재료: 1,500,000원, 재공품: 3,000,000원, 제품: 4,000,000원 입력 후 전표추가

✓ 운송 중인 원재료는 도착 전이므로 제외하여야 한다.

[4] [결산자료입력]

재공품: 24,650,000원, 제품: 27,300,000원, 상품: 33,200,000원 입력 후 전표추가

✓ 운송 중인 상품 2,000,000원은 포함하여야 한다.

[5] [일반전표입력] 12월 31일

(차) 기계장치 50,000,000원 (대) 제품(적요8. 타계정으로 대체) 50,000,000원

[결산자료입력]

원재료: 320,000,000원, 재공품: 170,000,000원, 제품: 231,000,000원 입력 후 전표추가

✓ 제품재고액 중 타계정대체분 50,000,000원은 제외한다.

[6] [일반전표입력] 12월 31일

(차) 재고자산감모손실 900,000원 (대) 상품(적요8. 타계정으로 대체) 900,000원

✓ (10,000개 − 8,500개) = 1,500개
1,500개 × 20%(비정상감모) = 300개
300개 × @3,000 = 900,000원

[결산자료입력]

상품: 25,500,000원 입력 후 전표추가

✓ 8,500개 × 3,000원 = 25,500,000원
재고자산은 이를 판매하여 수익을 인식한 기간에 매출원가로 인식한다. 재고자산의 시가가 장부금액 이하로 하락하여 발생한 평가손실은 재고자산의 차감계정으로 표시하고 매출원가에 가산한다. 재고자산의 장부상 수량과 실제 수량과의 차이에서 발생하는 감모손실의 경우 정상적으로 발생한 감모손실은 매출원가에 가산하고 비정상적으로 발생한 감모손실은 영업외비용으로 분류한다.

4 결산 연습문제(수동결산 & 자동결산)

※ 회사코드 0218 ㈜아이캔 08 회사로 로그인 ※

㈜아이캔 08 (회사코드: 0218)의 결산정리사항은 다음과 같다. 수동결산은 일반전표입력메뉴에 입력하고, 자동결산은 결산자료입력메뉴를 이용하여 결산을 완료하시오.

[1] 아래에 제시된 자료를 토대로 당초에 할증발행된 사채의 이자비용에 대한 회계처리를 하시오. (단, 전표는 하나로 입력할 것.)

- 당기 귀속 사채의 액면이자는 550,000원으로 보통예금에서 이체되었다. (이자지급일: 12월 31일)
- 당기 귀속 사채할증발행차금상각액은 215,300원이다.

[2] 기말 현재 재고자산은 다음과 같다.

구 분	재고자산 장부상 금액	재고자산 실제금액	재고자산 시가 (순실현가능가치)
상 품	20,000,000원	20,000,000원	18,000,000원
원재료	30,000,000원	30,000,000원	30,000,000원
재공품	50,000,000원	50,000,000원	50,000,000원
제 품	35,000,000원	35,000,000원	35,000,000원

※ 재고자산의 시가(순실현가능가치)는 일반기업회계기준상 저가법의 사유로 인하여 발생된 것이다.

[3] 결산일 현재 외상매출금 잔액과 미수금 잔액의 3%에 대하여 대손을 예상하고 대손충당금을 보충법에 의해 설정하시오.

[4] 영업권(내용연수 5년, 정액법)의 당기초(1월 1일) 잔액은 15,000,000원이다. 영업권은 2023년 1월에 취득하였으며 매년 법정상각범위액을 전부 무형자산상각비로 인식하였다. 당해연도 영업권의 무형자산상각비를 인식하시오.

[5] 당해연도 법인세등은 35,000,000원이며, 중간예납세액 4,5000,000원과 이자소득에 대한 원천징수세액 500,000원은 선납세금으로 계상되어 있다.(이외의 다른 자료는 무시한다.)

출제유형 답안

[1] 사채 이자비용

[일반전표입력] 12월 31일

(차) 이자비용 334,700원 (대) 보통예금 550,000원
사채할증발행차금 215,300원

[2] 기말재고자산

[일반전표입력] 12월 31일

(차) 재고자산평가손실 2,000,000원 (대) 재고자산평가충당금(관계코드146) 2,000,000원
상품: 20,000,000원, 원재료: 30,000,000원,
재공품: 50,000,000원, 제품: 35,000,000원 입력

[3] 대손충당금 입력

[결산자료 입력메뉴] F8 대손상각 을 클릭하여 입력

대손율 3%입력, 받을어음, 선급금 설정액은 0원으로 수정후 결산반영 클릭

대손상각

대손율(%) 3.00

코드	계정과목명	금액	설정전 충당금 잔액			추가설정액(결산반영) [(금액x대손율)-설정전충당금잔액]	유형
			코드	계정과목명	금액		
0108	외상매출금	381,125,000	0109	대손충당금	500,000	10,933,750	판관
0110	받을어음	57,850,000	0111	대손충당금	158,000		판관
0120	미수금	3,740,000	0121	대손충당금		112,200	영업외
0131	선급금	6,500,000	0132	대손충당금			영업외
	대손상각비 합계					10,933,750	판관
	기타의 대손상각비					112,200	영업외

- 대손충당금(외상매출금): 381,125,000원 × 3% - 500,000원 = 10,933,750원
- 대손충당금(미수금): 3,740,000원 × 3% = 112,200원

✓ 결산자료입력 대신 12월 31일 일반전표입력에 수동입력 가능하다.
(차) 대손상각비 10,933,750원 (대) 대손충당금(109) 10,933,750원
기타의대손상각비 112,200원 대손충당금(121) 112,200원

[4] 무형자산상각비 입력

[결산자료 입력메뉴] 영업권

취득할당시 내용연수가 5년이고, 2년 지났으므로 내용연수는 3년으로 계상한다.

15,000,000원 / 3년 = 5,000,000원 입력

[5] 법인세등 추가계상액 반영

[결산자료 입력메뉴] 법인세 등

선납세금: 5,000,000원

추가계상액: 30,000,000원(35,000,000원 - 5,000,000원) 입력

9. 법인세등			35,000,000
1). 선납세금		5,000,000	5,000,000
2). 추가계상액			30,000,000

※ F3전표추가를 클릭하여 자동결산분개를 생성한다.

5. 원천징수

1 사원등록

(1) 본인공제

- 나이, 소득 상관없이 공제 가능
- 배우자가 없는 자로서, 기본공제 대상 직계비속 또는 입양자가 있는 경우 한부모공제 가능
  (단, 여성의 경우 부녀자 추가공제와 중복되는 경우 한부모공제를 적용)
- 다음에 해당하는 경우 부녀자공제 가능
  ① 배우자가 있는 여성인 경우
  ② 배우자가 없는 여성으로서, 기본공제대상자인 부양가족이 있는 세대주인 경우
  (단, 종합소득금액 3,000만원 이하)
- 본인이 장애인에 해당하는 경우 장애인공제, 70세 이상에 해당하는 경우 경로우대공제 가능

사례

나이	내 용	기본공제	추가공제
38	이혼 후 혼자 자녀를 부양하고 있다.	○	한부모
45	장애인복지법에 의한 장애인에 해당하며, 총급여액은 3,000만원 이하의 여성이며, 배우자가 있다.	○	부녀자 장애인
40	여성이며, 이혼 후 소득이 없는 모(70세)를 부양하고 있다. 세대주이며 총급여액은 3,000만원 이하이다. ✓ 직계비속이 없으므로 한부모공제는 불가능	○	부녀자

(2) 배우자 공제

- 나이 상관없이 소득금액이 100만원 이하인 경우 공제 가능
- 배우자가 장애인에 해당하는 경우 장애인공제, 70세 이상에 해당하는 경우 경로우대공제 가능
- 배우자가 주거 형편에 따라 별거하고 있는 경우 생계를 같이하는 것으로 봄

사례

나이	내 용	기본공제	추가공제
70	근로능력이 없는 국가유공자이다.	○	장애인 경로우대
42	배우자 이승현은 2025년 9월 15일에 사망하였으며, 사망일까지 별도의 소득은 없다. ✓ 사망일 전일로 판단하므로 공제 가능	○	
40	일용근로소득 30,000,000원이 있다. ✓ 일용근로소득은 분리과세 되므로 공제 가능	○	
42	해당 연도 11월에 취업이 되어 총급여 5,000,000원이 있다 ✓ 근로소득만 있는 경우 총급여 500만원까지 공제 가능	○	
40	근로소득금액 4,000,000원, 사업소득금액 결손금 6,000,000원이 있다. ✓ 종합소득금액이 결손이므로 기본공제 가능 사업소득금결손금(6,000,000원) + 근로소득금액(4,000,000원) = 소득금액(- 2,000,000원)	○	
40	기타소득(문예창작소득) 2,000,000원(필요경비 60%)이 있다. ✓ 기타소득금액 100만원 이하이므로 공제 가능 기타소득(2,000,000원) - 필요경비(1,200,000원) = 기타소득금액(800,000원)	○	
40	복권당첨소득 7,000,000원이 있다. ✓ 복권당첨금은 분리과세소득이므로 금액 상관없이 공제 가능	○	
40	복권당첨소득 20,000,000원과 기타소득 2,500,000원(분리과세 선택)이 있다. ✓ 복권당첨소득은 분리과세 대상, 기타소득금액은 분리과세를 선택하였으므로 공제 가능	○	
45	장애인복지법에 따른 장애인으로 등록되었으며 이자소득 19,000,000원이 있다. ✓ 금융소득 2,000만원 이하는 분리과세소득이므로 공제 가능	○	장애인
45	항시 치료를 요하는 암환자(중증환자)로서 현재 타지역의 요양시설에서 생활하고 있으며 소득이 없다.	○	장애인
45	배우자는 소득이 없으며, 별거 중이다. ✓ 배우자는 별거 중이거나 이혼소송 중인 경우라도 공제 가능(이혼은 불가)	○	
50	배우자와 2025년 12월 21일에 이혼하였다. ✓ 이혼하였으므로 공제 불가능	×	

나이	내 용	기본공제	추가공제
50	양도소득금액이 30,000,000원이 있다. ✓ 소득금액 100만원을 초과하므로 공제 불가능	×	
50	근로소득 총급여액 30,000,000원이 있다. ✓ 총급여액이 500만원을 초과하므로 공제 불가능	×	
50	이자소득 7,500,000원과 배당소득 13,500,000원이 있다.(이자소득과 배당소득은 원천징수되었다.) ✓ 금융소득이 2,000만원을 초과하여 종합과세 되므로 공제 불가능	×	
45	배우자와 작년에 사별하였다. ✓ 작년까지 공제 가능, 당해 연도는 공제 불가능	×	
45	보험모집인으로 연간 소득금액 2,400,000원이 있다. ✓ 사업소득금액이 100만원을 초과하므로 기본공제 불가능	×	
50	2025년 1월에 퇴직하면서 급여 3,000,000원과 퇴직금 12,000,000원을 받았고, 이후 가사에 전념하고 있다. ✓ 퇴직소득이 100만원을 초과하므로 공제 불가능	×	
52	서울신문사의 신춘문예에 응모하여 당선되었으며, 상금으로 수령한 금액이 10,000,000원 이다. ✓ 기타소득금액이 100만원이 초과되고 선택적 분리과세 대상인 300만원도 초과하므로 공제 불가능 기타소득(1,000만원) − 필요경비(600만원"60%") = 기타소득금액(400만원)	×	

(3) 부양가족 공제(직계존속)

- 만 60세 이상에 해당하며, 소득금액이 100만원 이하인 경우 공제 가능
- 대상: 부모, 배우자의 부모(장인, 장모, 시부모), 조부모, 외조부모, 시조부모 등
- 직계존속이 장애인에 해당하는 경우 장애인공제, 70세 이상에 해당하는 경우 경로우대공제 가능
- 직계존속이 주거의 형편에 따라 별거하고 있는 경우 생계를 같이하는 것으로 봄

사례

나이	내 용	기본공제	추가공제
70	일용근로소득 4,000,000원이 있다. ✓ 일용근로소득은 무조건 분리과세 되므로 금액 상관없이 공제 가능	○	경로우대
62	당해 연도에 사망을 하였으나, 일용근로소득 7,500,000원이 있다. ✓ 당해 사망, 일용근로소득은 무조건 분리과세 되므로 금액 상관없이 공제 가능	○	
70	복권당첨금 30,000,000원이 있다. ✓ 복권당첨소득은 분리과세소득이므로 공제 가능	○	경로우대

나이	내 용	기본공제	추가공제
70	기초노령연금을 월 180,000원씩 지급받고 있다. ✓ 기초생활수급금 및 기초연금은 연금소득 과세대상이 아니므로 공제 가능	○	경로우대
72	총급여액 15,000,000원이 있으며, 장애인복지법에 따른 장애인이다. ✓ 근로소득이 500만원을 초과하므로 공제 불가능	×	
70	노인일자리복지 사업에 참여하여 매월 300,000원의 급여를 수령하였다. ✓ 총급여액이 500만원 이하이므로 공제 가능	○	경로우대
60	양도소득금액 1,000,000원이 있다. ✓ 양도소득금액이 100만원 이하이므로 공제 가능	○	
74	양도소득금액 3,000,000원이 있다. ✓ 양도소득금액이 100만원을 초과하므로 공제 불가능	×	
78	사업소득금액이 5,000,000원 있으며, 생활비의 일부를 부담하고 있다. ✓ 사업소득금액 100만원 초과로 공제 불가능	×	
71	개인사업자이며, 사업소득 결손금 1,000,000원이 있다. ✓ 사업소득 결손금이 있으므로 공제 가능	○	경로우대
79	기타소득금액 2,000,000원이 있다.(분리과세 선택) ✓ 소득금액이 100만원을 초과하지만 분리과세를 선택하였으므로 공제 가능 (기타소득금액 300만원까지 분리과세 선택 가능)	○	경로우대
77	일시적인 문예창작소득 2,000,000원(필요경비 60%)이 있다. ✓ 기타소득금액 100만원 이하이므로 공제 가능 기타소득(2,000,000원) − 필요경비(1,200,000원) = 기타소득금액 (800,000원)	○	경로우대
78	소득세법에 따라 원천징수된 이자소득 10,000,000원과 배당소득 9,000,000원이 있고 그 외 소득은 없다. ✓ 금융소득합계액이 2,000만원 이하로서 분리과세 대상이므로 공제 가능	○	경로우대
75	항시 치료를 요하는 치매(중증환자)이며, 소득세법에 따라 원천징수된 이자소득 6,000,000원과 배당소득 8,000,000원이 있다. ✓ 금융소득합계액이 2,000만원 이하로서 분리과세 대상이므로 공제 가능	○	장애인 경로우대
70	사적연금소득 15,000,000원이 있다.(분리과세 선택) ✓ 사적연금소득 1,500만원 이하는 분리과세이므로 공제 가능	○	경로우대
70	과세대상 공적연금액 5,000,000원이 있다. ✓ 연금소득금액이 100만원 이하이므로 공제 가능 총연금액(5,000,000원) − 연금소득공제(4,100,000원) = 연금소득금액(900,000원)	○	경로우대
90	시조모 김영숙은 주거형편상 별거 중이며 소득이 없다. ✓ 직계존속은 주거형편상 별거는 공제 가능	○	경로우대
70	주거형편상 별거하고 있으며, 생활비 400,000원을 매월 부담해주고 있다. ✓ 직계존속은 주거형편상 별거는 공제 가능	○	경로우대
72	항시 치료를 요하는 중증환자로서, 현재 타지역의 요양시설에서 생활하고 있으며 소득이 없다.	○	장애인 경로우대

나이	내　　용	기본공제	추가공제
65	장애인복지법에 의한 장애인으로 현재 타지역의 요양시설에서 생활하고 있으며 소득이 없다.	○	장애인
62	당해 연도에 사망하였으며, 사망 당시 장애인복지법에 따른 장애인이다. ✓ 사망일 전일로 판단하므로 공제 가능	○	장애인

(4) 부양가족 공제(직계비속·동거입양자)

- 만 20세 이하에 해당하며, 소득금액이 100만원 이하인 경우 공제 가능
- 대상: 자녀, 손자·손녀, 위탁아동
- 직계비속(동거입양자)이 장애인에 해당하는 경우 장애인공제 가능
- 직계비속(동거입양자)은 주소와 관계없이 생계를 같이하는 것으로 봄

사례

나이	내　　용	기본공제	추가공제
18	타지역에서 기숙사 생활을 하고 있으며 소득은 없다. ✓ 주소와 관계없이 생계를 같이하는 것으로 보고 공제 가능	○	
18	금융소득금액 10,000,000원이 있다. ✓ 금융소득금액이 2,000만원 이하인 경우 분리과세가 가능하기 때문에 공제 가능	○	
15	1인 미디어 콘텐츠 창작자(유튜버)로서 사업소득금액 900,000원이 있다. ✓ 사업소득금액이 100만원 이하이므로 공제 가능	○	
10	소득이 없으며 장애인 복지법에 따른 장애인이다.	○	장애인
20	대학에 재학 중이고, 총급여액 연 3,000,000원의 소득이 있다. ✓ 총급여액이 500만원 이하이므로 공제 가능	○	
20	대학에 재학 중이고, 개인사업자로서 연 1,000,000원의 사업소득금액이 있다. ✓ 사업소득금액이 100만원 이하에 해당하므로 기본공제 가능	○	
20	대학에 재학 중이고, 일용근로소득 10,000,000원이 있다. ✓ 일용근로소득은 분리과세 되므로 공제 가능	○	
15	교내 성악대회에서 장려상을 받고 상금 1,200,000원을 수령하였으며, 분리과세를 선택하였다. ✓ 교내 대회는 불특정 다수가 경쟁하는 대회가 아니므로 필요경비 인정 안됨 소득금액이 100만원을 초과하지만 분리과세를 선택하였으므로 공제 가능 (기타소득금액 300만원까지 분리과세 선택가능)	○	

나이	내 용	기본공제	추가공제
16	교육부가 승인하여 어린이재단(공익법인)이 시행한 어린이 미술대회에서 입상하여 상금 2,000,000원을 수령하였다. ✓ 주무관청이 승인한 공익법인에서 수령한 상금 및 불특정 다수가 순위 경쟁하는 대회에서 입상자가 받는 상금과 부상은 필요경비 80%인정 기타소득금액이 100만원 이하이므로 공제 가능 기타소득(2,000,000원) − 필요경비(1,600,000원"80%") = 기타소득금액(400,000원)	○	
15	세무실무경진대회에서 대상을 받고 상금 1,000,000원을 받았다. [영어말하기경진대회, 청소년로봇발명대회, 과학경진대회 등] ✓ 기타소득이 100만원 이하이므로 공제 가능 기타소득(1,000,000원) − 필요경비(800,000원"80%") = 기타소득금액 (2000,000원)	○	
17	모친으로부터 상속받은 재산 100,000,000원 외 다른 소득은 없다. ✓ 상속받은 재산은 소득요건 대상이 아니므로 공제 가능	○	
21	장애인복지법에 의한 청각장애인에 해당하며 총급여액 6,000,000원이 있다. ✓ 장애인은 나이제한은 없지만 총급여액이 500만원을 초과하여 공제 불가능	×	
21	대학교를 자퇴하였으며 소득은 없다. ✓ 나이제한으로 공제 불가능	×	
22	군복무(병장) 중에 있으며 별도의 소득은 없다. ✓ 나이제한으로 공제 불가능	×	
10	은행이자소득 25,000,000원이 있다. ✓ 금융소득 합계액이 2,000만원을 초과하므로 공제 불가능	×	
2	김사랑은 당해연도에 입양하였다. ✓ 해당 연도 입양자녀로 기본공제 및 자녀세액공제(출산입양공제) 가능	○	
10	9월에 위탁받은 위탁아동을 부양하고 있다. ✓ 양육기간이 6개월 이하이므로 공제 불가능	×	
10	손녀 김지혜는 별도의 소득이 없다. ✓ 기본공제 및 자녀세액공제 가능	○	
32	자 김장남은 지적 장애인이며, 별도의 소득이 없다. 며느리 이예빈은 지적장애인이며, 별도의 소득이 없다. ✓ 아들과 며느리 모두 장애인인 경우 며느리도 공제 가능 아들은 자녀세액공제가 가능하나 며느리는 자녀세액공제 불가능	○	장애인

(5) 부양가족 공제(형제자매)

- 만 20세 이하 또는 만 60세 이상에 해당하며, 소득금액이 100만원 이하인 경우 공제 가능
- 대상: 본인의 형제자매, 배우자의 형제자매(처제, 처남, 시동생, 시누이)

  ※ 형제자매의 배우자(형수 등), 직계존속의 형제자매(고모, 이모, 삼촌, 외삼촌)는 공제 불가능

- 형제자매가 장애인에 해당하는 경우 장애인공제, 70세 이상에 해당하는 경우 경로우대공제 가능
- 기본공제 대상자가 장애인인 경우 소득요건이 있으나, 나이 제한은 없다.

사례

나이	내　용	기본공제	추가공제
32	동생 김윤영은 장애인복지법에 따른 시각장애인이며, 소득은 없다. ✓ 장애인이며 소득이 없으므로 나이 상관없이 공제 가능	○	장애인
30	국가유공자 등 예우 및 지원에 관한 법률에 의한 상이자이며, 소득은 없다. ✓ 국가유공자로서 소득이 없으므로 공제 가능	○	장애인
30	장애인 복지법에 의한 장애인으로, 지역 평생학습교육관에서 강연을 하고 받은 기타소득 2,500,000원이 있다.(필요경비 60%) ✓ 기타소득금액 100만원 이하이므로 공제 가능 기타소득(2,500,000원) – 필요경비(1,500,000원"60%") = 기타소득금액 (1,000,000원)	○	장애인
30	항시 치료를 요하는 중증환자였으나 해당연도 12월 2일자로 완치 판정을 받았다. ✓ 질병이 완치되었으나 해당 연도 중 중증환자이므로 공제 가능	○	장애인
35	시각장애인(장애인복지법에 따른 장애인)이며, 근로소득 3,000,000원이 있다. ✓ 근로소득이 500만원 이하이므로 공제 가능	○	장애인
20	대학생으로 일용근로소득 1,100,000원이 있다. ✓ 일용직근로소득은 분리과세이므로 공제 가능	○	
30	일시적인 문예창작소득으로 1,000,000원이 있다. ✓ 나이제한으로 공제 불가능	×	
35	6월 30일자로 퇴직하여 현재 재취업을 준비하고 있으며 실업급여 2,000,000원을 받았다. ✓ 실업급여 200만원은 비과세 근로소득이지만, 나이제한으로 공제 불가능	×	
35	장애인복지법에 따른 장애인이며, 7월 31일자로 퇴직하여 현재 재취업을 준비하고 있으며 퇴직소득금액 2,000,000원이 있다. ✓ 퇴직소득금액이 100만원을 초과하므로 공제 불가능	×	
30	총급여 15,000,000원이 있다. ✓ 총급여액이 500만원을 초과하므로 공제 불가능	×	
30	청각장애인이며, 사업소득금액 15,000,000원이 있다. ✓ 장애인이지만 사업소득금액이 100만원을 초과하므로 공제 불가능	×	
30	장애인복지법에 따른 장애인이며 근로소득 6,000,000원이 있다. ✓ 근로소득이 500만원을 초과하므로 공제 불가능	×	
60	형수 김영숙은 별도의 소득이 없다. ✓ 형제자매의 배우자는 공제 불가능, 사원등록에 입력하지 않는다.	×	
68	이모 김귀남은 간암으로 투병 중이며 소득이 없다. ✓ 직계존속의 형제자매는 공제 불가능, 사원등록에 입력하지 않는다.	×	
72	고모 김경희는 별도의 소득이 없으며, 시각장애인이다. ✓ 직계존속의 형제자매는 공제 불가능, 사원등록에 입력하지 않는다.	×	
80	이모 강창숙은 소득이 없는 청각장애인으로 집안의 모든 가사일을 전담하고 있다. ✓ 직계존속의 형제자매는 공제 불가능하며, 사원등록에 입력하지 않는다.	×	

※ 회사코드 0219 ㈜아이캔 09 회사로 로그인 ※

다음은 ㈜아이캔 09의 사원등록에 필요한 내용이다. 사원등록메뉴의 '부양가족명세' 에 부양가족을 등록한 후 세부담이 최소화 되도록 공제여부를 입력하시오.(단, 기본공제 대상자가 아닌 경우 기본공제 여부에 '부'로 표시할 것.)

[1003. 박민해]

성명	주민등록번호	관계	동거여부	비고
박민해	751003-2549756	본인	세대주	연간 총급여액 2,900만원 배우자 있음
박노현	471224-1870981	아버지	미국 거주	소득 없음
김영광	791120-1634566	배우자	동거	양도소득금액 500만원
김예찬	051214-3143578	아들	동거	소득 없음
김예슬	060105-4186452	딸	미국 유학중	소득 없음
박민호	730112-1549722	오빠	동거	퇴직소득금액 90만원

출제유형 답안

[1003. 박민해의 부양가족명세]

연말관계	성명	내/외국인	주민(외국인,여권)번호		나이	기본공제	부녀자	한부모	경로우대	장애인	자녀	출산입양
0	박민해	내	1	751003-2549756	50	본인	○					
1	박노현	내	1	471224-1870981	78	부						
3	김영광	내	1	791120-1634566	46	부						
4	김예찬	내	1	051214-3143578	20	20세이하					○	
4	김예슬	내	1	060105-4186452	19	20세이하					○	
6	박민호	내	1	730112-1549722	52	부						

◆ 부양가족 공제 현황

1. 기본공제 인원 (세대주 구분 1 세대주)

본인	○	배우자	무	20세 이하	2	60세 이상	

2. 추가공제 인원

경로 우대		장 애 인		부 녀 자	여
한 부 모	부	출산입양자			

3. 자녀세액공제 인원

자녀세액공제	2

◆ 자녀세액공제는 8세 이상 20세 이하의 자녀인 경우 공제 받을 수 있습니다.

- 박민해: 연간 총급여 3천만원 이하, 배우자 있는 여성이므로 부녀자공제 가능
- 박노현: 소득이 없지만 외국 거주 직계존속은 기본공제 불가능
- 김영광: 양도소득금액이 100만원 초과하므로 기본공제 불가능
- 김예찬: 기본공제 및 자녀세액공제 가능
- 김예슬: 기본공제 및 자녀세액공제 가능

✓ 직계비속은 유학 목적으로 국외 거주 시 기본공제 가능하지만, 직계존속의 경우는 기본공제 불가능

- 박민호: 나이요건 불충족으로 공제 불가능

[1004. 신나라]

성명	주민등록번호	관계	동거여부	비고
신나라	750420-1234560	본인	세대주	세대주
박순례	481228-2346415	본인의 어머니	동거	총급여 3,000,000원
오연지	800320-2951358	배우자	동거	복권당첨금 100,000,000원
신아름	050508-3145182	자녀	동거	일용근로소득금액 10,000,000원
신보름	250120-4665159	자녀	동거	2025년 출생(둘째)
신기해	781124-2514617	동생	동거	장애인 퇴직소득금액 40,000,000원

출제유형 답안
[1004. 신나라의 부양가족명세]

연말관계	성명	내/외국인		주민(외국인,여권)번호	나이	기본공제	부녀자	한부모	경로우대	장애인	자녀	출산입양
0	신나라	내	1	750420-1234560	50	본인						
1	박순례	내	1	481228-2346415	77	60세이상			○			
3	오연지	내	1	800320-2951358	45	배우자						
4	신아름	내	1	050508-3145182	20	20세이하					○	
4	신보름	내	1	250120-4665159	0	20세이하						둘째
6	신기해	내	1	781124-2514617	47	부						

◆ 부양가족 공제 현황

1. 기본공제 인원 (세대주 구분 1 세대주)

본인	○	배우자	유	20세 이하	2	60세 이상	1

2. 추가공제 인원

경로 우대	1	장 애 인		부 녀 자	부
한 부 모	부	출산입양자	1		

3. 자녀세액공제 인원

자녀세액공제	1

◆ 자녀세액공제는 8세 이상 20세 이하의 자녀인 경우 공제 받을 수 있습니다.

- 박순례: 총급여액이 500만원 이하이므로 기본공제, 경로우대공제 가능
- 오연지: 복권당첨금은 분리과세소득이므로 기본공제 가능
- 신아름: 일용근로소득은 분리과세소득이므로 기본공제, 자녀세액공제 가능
- 신보름: 기본공제, 출산입양공제 가능
- 신기해: 퇴직소득금액이 100만원을 초과하므로 기본공제 불가능

2 급여자료입력 및 원천징수이행신고서 작성

수당등록 사례

수당항목	과세구분	비과세종류	내 용
연장근로수당 [야간근로수당] [시간외근무수당]	비과세	연장근로	정상적인 근로시간을 초과하여 근무할 경우 연장근로수당을 지급하고 있으며 사무직은 과세, 생산직은 비과세를 적용하고 있다.
휴일근로수당	비과세	연장근로	휴일에 근무할 경우 지급하고 있다.
식대 [중식대]	비과세	식대	매월 지급하고 있으며, 별도의 음식물은 제공하고 있지 않다.
	과세		• 회사에서 식당을 운영하며, 식사를 제공하고 있다. • 회사는 근로자들에게 중식을 제공하고 있다.

수당항목	과세구분	비과세종류	내 용
자가운전보조금 [차량보조금]	비과세	자가운전	• 종업원 본인 소유 차량으로 회사 업무를 수행하고 지급기준에 의해 지급하고 있다.(실비변상 성격임.) • 시내 출장과 관련하여 별도의 차량유류대는 지급하지 않고 있다. • 본인과 배우자 공동명의의 차량으로 회사업무에 사용하고 있으며, 회사의 지급규정에 의하여 지급받고 있다.
	과세		• 차량을 소유하고 있는 직원에게 자가운전보조금을 지급하고 있으며, 시내출장 시 별도의 출장비를 지급하고 있다. • 차량을 소유하고 있는 직원에게 자가운전보조금을 지급하고 있으며, 차량유류대를 별도 지급하고 있다.
국외근로수당	비과세	(M01) 국외근로 100만원	해외지사에 파견되어 근무하는 사무직 근로자에게 지급하고 있다.
국외근로수당	비과세	(M04) 국외근로 500만원	해외지사에 파견되어 근무하는 건설현장 근로자에게 지급하고 있다. [원양어업선박, 건설현장 등에서 근무(설계 및 감리업무 포함)]
보육수당	비과세	보육수당	출산 및 6세 이하 자녀를 양육하는 경우 매월 고정적으로 지급하고 있다.
출산지원금	비과세	출산지원금	지급규정이 있는 기업이 근로자 또는 배우자의 출산과 관련해 출생일 이후 지급한 출산지원금 (한도 없으며, 2회까지 적용)
육아/산전휴가	비과세	육아(산전후) 휴가급여	
직무발명보상금	비과세	직무발명 보상금	회사에서는 기계장치 성능 개선 관련 아이디어 제안공모에 따라 채택된 사원에게 「발명진흥법」에 따른 직무발명 보상금을 지급하고 있다.
연구보조비	비과세	연구개발비	• 당사는 중소기업으로서 기업부설연구소 직원들에게 매월 고정적으로 연구보조비를 지급하고 있다. • 벤처기업으로 연구개발 전담부서에서 연구활동에 직접 종사하는 직원에게 매월 지급하고 있다.
일 직 료	비과세	일직료/ 숙직료등	일직 근무자에게 일괄적으로 지급하고 있다.
직책수당	과세		급여지급 기준에 따라 직책별로 일정금액을 지급하고 있다.
자녀수당	과세		초·중·고등학생 자녀가 있는 경우 일정금액을 지급하고 있다.
건강수당	과세		흡연자들이 금연을 하는 경우 건강수당으로 지급하고 있다.
가족수당	과세		부양가족에 대하여 일정금액을 지급하고 있다.

수당항목	과세구분	비과세종류	내 용
자격수당	과세		업무 관련 자격증 취득자에게 지급하고 있다. 회계관련 국가공인자격증 소지자에 한해 매월 지급하고 있다.
문화수당	과세		복지정책의 일환으로 전체 근로자들에게 일괄 지급하고 있다.
출제수당	과세		회사에서는 신입직원을 대상으로 하는 OJT에서 시험문제를 출제하는 팀장에게 수당을 지급하고 있다.
교 육 비	과세		회사에서는 대학생 자녀가 있는 임직원을 대상으로 사내 지급규정에 따라 일정액을 지급하고 있다.
근속수당	과세		근속연수에 따라 차등 지급하고 있다.
교통보조금	과세		출퇴근 보조금액으로 실제여비와 상관없이 전직원에게 매월 고정적으로 지급하고 있다.
안전수당	과세		생산직 근로자들에게 일괄 지급하고 있다.
연차수당	과세		회사는 매년 3월 직전연도 연월차 미사용자에 한하여 그 해당액을 급여에 포함하여 지급하고 있다.

※ 회사코드 0211 ㈜아이캔 01회사로 로그인 ※

㈜아이캔 01의 사원 김최고(코드: 3001, 사무직, 배우자와 부양가족은 없음)는 3월 31일에 퇴사하였다. 김최고 사원은 퇴사일에 3월분 급여를 받았고 이에 대한 자료는 아래와 같다. 퇴사에 관련된 [급여자료입력]을 입력하고, 중도퇴사에 대한 연말정산을 실행하여 4월 10일에 신고해야 할 [원천징수이행상황신고서]를 작성하시오.(단, 퇴사년월일은 입력되어 있으며, 그 외의 사원은 없는 것으로 가정한다.)

1. 김최고 사원의 비과세 소득은 모두 비과세요건을 충족하며, 수당 및 공제항목은 추가등록 없이 기등록된 내용을 사용한다.
2. 급여 지급일: 3월 31일

이름	김최고	지급일	3월 31일
기본급	3,500,000원	국민연금	157,500원
식대	200,000원	건강보험	124,070원
자가운전보조금	200,000원	장기요양보험	15,890원
야간근로수당	300,000원	고용보험	34,200원
급여합계	4,200,000원		

출제유형 답안

[사원등록] 메뉴에서 퇴사년월일 확인

16.퇴사년월일	2025 년 3 월 31 일

참고 중도퇴사자의 연말정산 시 [사원등록]메뉴에 퇴사년월일을 반드시 입력하여야 한다.

[급여입력] 귀속연월: 3월, 지급년월일: 2025년 3월 31일

귀속년월 2025 년 03 월 지급년월일 2025 년 03 월 31 일 급여

사번	사원명	감면율
3001	김최고(퇴사자)	
총인원(퇴사자)	1(1)	

급여항목	금액
기본급	3,500,000
식대	200,000
자가운전보조금	200,000
야간근로수당	300,000
과세	3,800,000
비과세	400,000
지급총액	4,200,000

공제항목	금액
국민연금	157,500
건강보험	124,070
장기요양보험	15,890
고용보험	34,200
소득세(100%)	184,260
지방소득세	18,420
농특세	
공제총액	534,340
차인지급액	3,665,660

[중도퇴사 연말정산] 급여자료 입력 후 "F7.중도퇴사자정산" 메뉴 실행

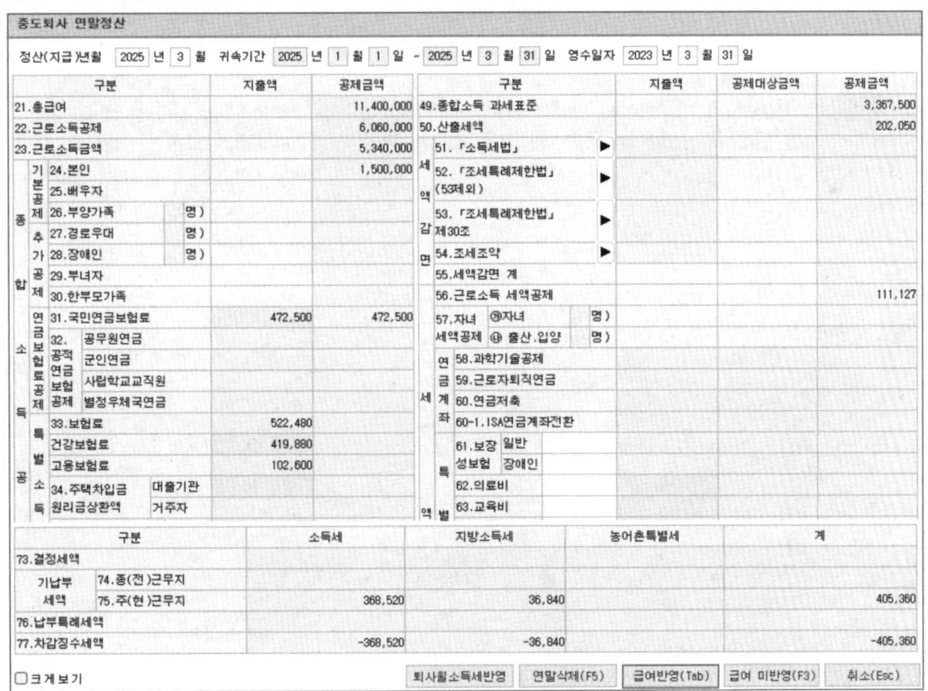

중도퇴사 연말정산

정산(지급)년월 2025 년 3 월 귀속기간 2025 년 1 월 1 일 ~ 2025 년 3 월 31 일 영수일자 2023 년 3 월 31 일

구분	지출액	공제금액
21.총급여		11,400,000
22.근로소득공제		6,060,000
23.근로소득금액		5,340,000
종합소득공제 기본공제 24.본인		1,500,000
25.배우자		
26.부양가족 명)		
추가공제 27.경로우대 명)		
28.장애인 명)		
29.부녀자		
30.한부모가족		
연금보험료공제 31.국민연금보험료	472,500	472,500
32.공적연금보험공제 공무원연금		
군인연금		
사립학교교직원		
별정우체국연금		
특별소득공제 33.보험료	522,480	
건강보험료	419,880	
고용보험료	102,600	
34.주택차입금 원리금상환액 대출기관		
거주자		

구분	지출액	공제대상금액	공제금액
49.종합소득 과세표준			3,367,500
50.산출세액			202,050
세액감면 51.「소득세법」			
52.「조세특례제한법」(53제외)			
53.「조세특례제한법」제30조			
54.조세조약			
55.세액감면 계			
56.근로소득 세액공제			111,127
57.자녀세액공제 ㉮자녀 명)			
㉯ 출산.입양 명)			
연금계좌 58.과학기술공제			
59.근로자퇴직연금			
60.연금저축			
60-1.ISA연금계좌전환			
특별 61.보장성보험 일반			
장애인			
62.의료비			
63.교육비			

구분		소득세	지방소득세	농어촌특별세	계
73.결정세액					
기납부세액	74.종(전)근무지				
	75.주(현)근무지	368,520	36,840		405,360
76.납부특례세액					
77.차감징수세액		-368,520	-36,840		-405,360

☐크게보기 퇴사월소득세반영 연말삭제(F5) 급여반영(Tab) 급여 미반영(F3) 취소(Esc)

[급여입력] 급여반영 결과 확인

귀속년월 2025 년 03 월 지급년월일 2025 년 03 월 31 일 급여 중도정산적용함

사번	사원명	감면율
3001	김최고(퇴사자)	
총인원(퇴사자)	1(1)	

급여항목	금액	공제항목	금액
기본급	3,500,000	국민연금	157,500
식대	200,000	건강보험	124,070
자가운전보조금	200,000	장기요양보험	15,890
야간근로수당	300,000	고용보험	34,200
		소득세(100%)	
		지방소득세	
		농특세	
		중도정산소득세	-368,520
과세	3,800,000	중도정산지방소득세	-36,840
비과세	400,000	공제총액	-73,700
지급총액	4,200,000	차인지급액	4,273,700

[원천징수이행상황신고서] 귀속기간: 3월~3월 지급기간: 3월~3월

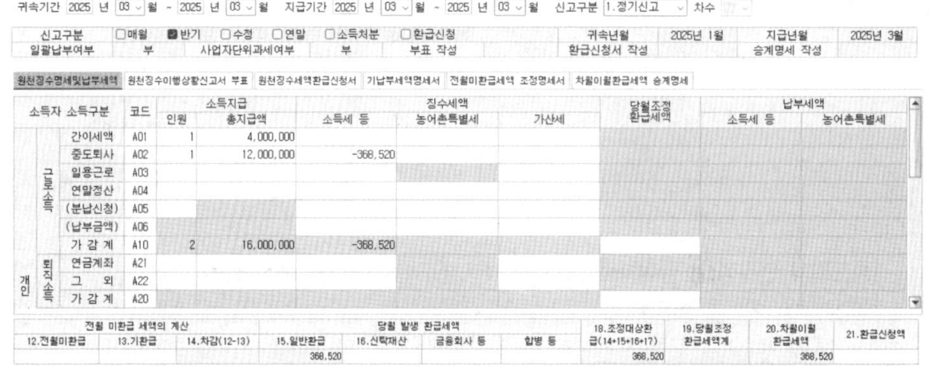

귀속기간 2025 년 03 월 ~ 2025 년 03 월 지급기간 2025 년 03 월 ~ 2025 년 03 월 신고구분 1.정기신고 차수

신고구분	□매월 ☑반기 □수정 □연말 □소득처분 □환급신청	귀속년월	2025년 1월	지급년월	2025년 3월
일괄납부여부	부 / 사업자단위과세여부 부 / 부표 작성	환급신청서 작성		승계명세 작성	

원천징수명세및납부세액 | 원천징수이행상황신고서 부표 | 원천징수세액환급신청서 | 기납부세액명세서 | 전월미환급세액 조정명세서 | 차월이월환급세액 승계명세

소득자 소득구분			코드	소득지급 인원	소득지급 총지급액	징수세액 소득세 등	징수세액 농어촌특별세	징수세액 가산세	당월조정 환급세액	납부세액 소득세 등	납부세액 농어촌특별세
개인	근로소득	간이세액	A01	1	4,000,000						
		중도퇴사	A02	1	12,000,000	-368,520					
		일용근로	A03								
		연말정산	A04								
		(분납신청)	A05								
		(납부금액)	A06								
		가 감 계	A10	2	16,000,000	-368,520					
	퇴직소득	연금계좌	A21								
		그 외	A22								
		가 감 계	A20								

전월 미환급 세액의 계산			당월 발생 환급세액				18.조정대상환급(14+15+16+17)	19.당월조정 환급세액계	20.차월이월 환급세액	21.환급신청액
12.전월미환급	13.기환급	14.차감(12-13)	15.일반환급	16.신탁재산	금융회사 등	합병 등				
			368,520				368,520		368,520	

참고 중도퇴사자의 연말정산시 [사원등록]메뉴에 퇴사년월일을 반드시 입력하여야 한다.
세법개정으로 PG이 업데이트 된 경우 소득세 등 원천징수세액이 다르게 조회될 수 있다.

※ 회사코드 0212 ㈜아이캔 02 회사로 로그인 ※

㈜아이캔 02의 다음 자료를 이용하여 이영미(코드: 2002)사원의 5월분 [급여자료입력]과 [원천징수이행상황신고서]를 작성하시오.(단, 전월미환급세액은 63,000원이며, 급여지급일은 다음달 10일이다. 소득세 감면율은 무시한다.)

1. 수당등록 및 공제항목은 불러온 자료는 무시하고 아래 자료에 따라 입력하며, 사용하는 수당 이외의 항목은 '부'로 체크하기로 한다.
2. 원천징수이행상황신고서는 매월 작성하며, 이영미씨의 급여내역만 반영하고 환급신청은 하지 않기로 한다.
3. 급여내역은 다음과 같다
   - 식대: 별도의 식사를 제공하고 있지 않다.
   - 자가운전보조금: 당사는 본인 명의의 차량을 업무목적으로 사용한 직원에게만 자가운전보조금을 지급하고 있으며, 유류대를 별도로 지급하고 있다.
   - 당사는 기업(부설)연구소의 법적 요건을 충족하며, [기업연구소]연구보조비는 비과세요건을 충족한다.
   - 보육수당: 만 6세이하의 자녀가 있으며, 자녀 1인당 20만원씩 출산보육수당을 지급받고 있다.

이름	이영미	지급일	6월 10일
기본급	2,000,000원	국민연금	112,500원
식대	200,000원	건강보험	88,620원
자가운전보조금	200,000원	장기요양보험	11,470원
연구보조비	300,000원	고용보험	20,700원
보육수당	200,000원		
급여합계	2,900,000원		

출제유형 답안

[수당등록 및 공제등록]

수당등록 | 공제등록

No	코드	과세구분	수당명	근로소득유형 유형	근로소득유형 코드	근로소득유형 한도	월정액	통상임금	사용여부
5	1005	비과세	식대	식대	P01	(월)200,000	정기	부	여
6	1006	비과세	자가운전보조금	자가운전보조금	H03	(월)200,000	부정기	부	부
7	1007	비과세	야간근로수당	야간근로수당	001	(년)2,400,000	부정기	부	부
8	2001	과세	자가운전보조금	급여			부정기	부	여
9	2002	비과세	연구보조비	[기업연구소]연구보	H10	(월)200,000	부정기	부	여
10	2003	비과세	보육수당	보육수당	Q02	(월)200,000	정기	부	여

✓ 식대 및 보육수당: 비과세 요건 충족

✓ 자가운전보조금: 유류대를 별도 지급하고 있으므로 과세
기본 설정이 비과세로 되어있으므로 [사용여부]를 "부"로 변경하고, 과세되는 자가운전보조금 항목을 추가입력

✓ 연구보조비: 비과세 요건 충족(비과세 200,000원, 과세 100,000원)

수당등록 | 공제등록

No	코드	공제항목명	공제소득유형	사용여부
1	5001	국민연금	고정항목	여
2	5002	건강보험	고정항목	여
3	5003	장기요양보험	고정항목	여
4	5004	고용보험	고정항목	여
5	5005	학자금상환	고정항목	부

[급여입력] 귀속연월: 5월, 지급년월일: 6월 10일

급여항목	금액	공제항목	금액
기본급	2,000,000	국민연금	112,500
식대	200,000	건강보험	88,620
자가운전보조금	200,000	장기요양보험	11,470
연구보조비	300,000	고용보험	20,700
보육수당	200,000	소득세(100%)	22,160
		지방소득세	2,210
		농특세	
과세	2,300,000		
비과세	600,000	공제총액	257,660
지급총액	2,900,000	차인지급액	2,642,340

[원천징수이행상황신고서] 귀속기간: 5월~5월 지급기간: 6월~6월

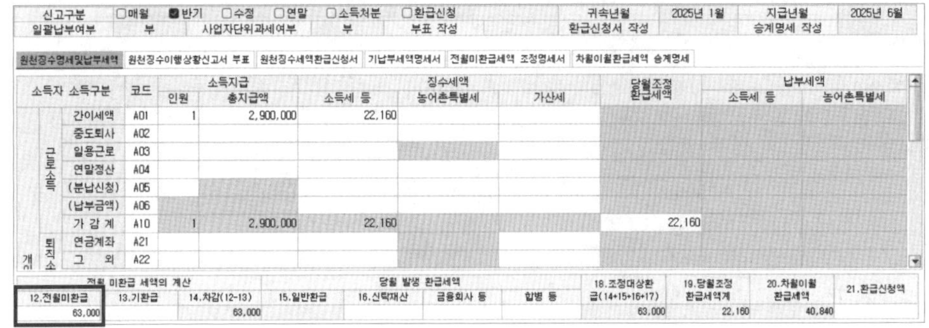

신고구분	□매월 ■반기 □수정 □연말 □소득처분 □환급신청	귀속년월	2025년 1월	지급년월	2025년 6월
일괄납부여부	부 / 사업자단위과세여부 부 / 부표 작성	환급신청서 작성		승계명세 작성	

원천징수명세및납부세액 | 원천징수이행상황신고서 부표 | 원천징수세액환급신청서 | 기납부세액명세서 | 전월미환급세액 조정명세서 | 차월이월환급세액 승계명세

소득자 소득구분		코드	소득지급 인원	소득지급 총지급액	징수세액 소득세 등	징수세액 농어촌특별세	징수세액 가산세	당월조정 환급세액	납부세액 소득세 등	납부세액 농어촌특별세
근로소득	간이세액	A01	1	2,900,000	22,160					
	중도퇴사	A02								
	일용근로	A03								
	연말정산	A04								
	(분납신청)	A05								
	(납부금액)	A06								
	가감계	A10	1	2,900,000	22,160			22,160		
퇴직소득	연금계좌	A21								
	그 외	A22								

전월 미환급 세액의 계산			당월 발생 환급세액				18.조정대상환급(14+15+16+17)	19.당월조정 환급세액계	20.차월이월 환급세액	21.환급신청액
12.전월미환급	13.기환급	14.차감(12-13)	15.일반환급	16.신탁재산	금융회사 등	합병 등				
63,000		63,000					63,000	22,160	40,840	

✓ [12.전월미환급] 63,000원 입력

참고 세법개정으로 PG이 업데이트 된 경우 소득세 등 원천징수세액이 다르게 조회될 수 있다.

3 연말정산

(1) 종전근무지 입력

사례

<table>
<tr><th>구분</th><th>내 용</th></tr>
<tr><td rowspan="4">비과세 수당 입력</td><td>국외근로 있는 경우</td></tr>
<tr><td>야간근로수당 있는 경우</td></tr>
<tr><td>
<table>
<tr><td rowspan="9">II 비과세 및 감면 소득명세</td><td>⑱ 국외근로</td><td></td><td></td></tr>
<tr><td>⑱-1 야간근로수당</td><td>001</td><td></td></tr>
<tr><td>⑱-2 보육수당</td><td>Q02</td><td></td></tr>
<tr><td>⑱-3 출산지원금(1회)</td><td>Q03</td><td></td></tr>
<tr><td>⑱-3 출산지원금(2회)</td><td>Q04</td><td></td></tr>
<tr><td>⑱-4 연구보조비</td><td></td><td></td></tr>
<tr><td>⑲ 전공의 수련보조수당</td><td>Y22</td><td></td></tr>
<tr><td>⑳ 비과세소득 계</td><td></td><td></td></tr>
<tr><td>⑳-1 감면소득 계</td><td></td><td></td></tr>
</table>
</td></tr>
<tr><td>✓ 비과세 및 감면소득명세의 비과세 해당란에 입력</td></tr>
<tr><td rowspan="5">소득세 등 입력</td><td>결정세액 0원, 기납부세액, 환급세액 있는 경우</td></tr>
<tr><td>결정세액, 기납부, 환급세액 있는 경우</td></tr>
<tr><td>결정세액, 기납부, 납부세액 있는 경우</td></tr>
<tr><td>
<table>
<tr><td rowspan="8">III 세액명세</td><td colspan="4">구 분</td><td>소 득 세</td><td>지방소득세</td><td>농어촌특별세</td></tr>
<tr><td colspan="4">결 정 세 액</td><td>120,000</td><td>12,000</td><td></td></tr>
<tr><td rowspan="4">기납부 세 액</td><td rowspan="3">종(전)근무지 (결정세액란의 세액 기재)</td><td rowspan="3">사업자 등록 번호</td><td></td><td></td><td></td><td></td></tr>
<tr><td></td><td></td><td></td><td></td></tr>
<tr><td></td><td></td><td></td><td></td></tr>
<tr><td colspan="3">주(현)근무지</td><td>320,000</td><td>32,000</td><td></td></tr>
<tr><td colspan="4">납부특례세액</td><td></td><td></td><td></td></tr>
<tr><td colspan="4">차 감 징 수 세 액</td><td>-200,000</td><td>-200,000</td><td></td></tr>
</table>
</td></tr>
<tr><td>✓ 종전근무지 영수증에서 결정세액란의 소득세, 지방소득세 금액을 확인하고 입력, 기납부세액 및 차감징수세액란은 무시</td></tr>
</table>

(2) 주택자금공제

• 공제대상: 무주택 세대주(장기주택저당차입금은 1주택을 보유한 세대주도 가능)로서 주택 구입 또는 주택임차를 위해 차입한 차입금의 이자 등을 상환하거나 지급한 경우
• 주택자금공제 종류: 주택임차차입금 원리금상환액, 장기주택저당차입금 이자상환액

사례

구분	내 용
주택임차차입금 원리금상환액	✓ 무주택 세대주인지 확인
장기주택 저당차입금 이자상환액	차입시기, 금리종류 및 상환종류에 따라 한도액 달라짐 ✓ 무주택 이거나 1주택 소유자(근로자, 세대주)가 기준시가 6억원 이하의 주택을 취득하기 위하여 저당권을 설정하고 차입한 차입금의 이자 상환액

(3) 주택마련저축

• 공제대상: 총급여액 7천만원 이하의 무주택 세대주인 근로자가 본인 명의로 해당 연도에 「주택마련저축」에 납입한 금액
• 주택마련저축 종류: 청약저축, 주택청약종합저축, 근로자주택마련저축

사례

구분	내 용
청약저축 주택청약저축 근로자주택마련저축	✓ 총급여 7천만원 이하, 무주택 세대주인지 확인

(4) 신용카드 공제

• 종류: 신용카드, 직불·선불카드, 현금영수증, 전통시장사용분, 대중교통이용분, 도서·공연, 수영장 및 체력단련장 등 사용분(단, 수영장 및 체력단련장은 2025년 7월 지출분부터 공제)

구분	부양가족 지출액 요건		근로기간 지출한 비용만 공제	비고
	나이요건	소득요건		
신용카드	×	○	○	형제자매 사용분은 공제 불가능

사례

구분	내 용	공제여부
본인 사용액	본인 사용액 중 교복구입비 포함(이중공제 가능)	○
	본인 사용액 중 의료비 지출액 포함(이중공제 가능)	○
	본인 사용액 중 회사 업무 관련 비용	×
배우자	소득금액 100만원 이하 배우자의 사용액	○
	소득금액 100만원 초과 배우자의 사용액	×
직계존속	소득금액 100만원 이하 직계존속의 사용액	○
	소득금액 100만원 초과 직계존속의 사용액	×
	✓ 나이 상관없이 소득금액만 검토	
직계비속 (자녀 등)	소득금액 100만원 이하 직계비속의 사용액	○
	소득금액 100만원 초과 직계비속의 사용액	×
	✓ 나이 상관없이 소득금액만 검토	
형제자매	소득금액 100만원 이하 사용액	×
	소득금액 100만원 초과 사용액	×
	소득금액 100만원 이하 장애인 형제자매의 신용카드 사용액	×
	✓ 나이, 소득 상관없이 무조건 공제 불가능	

• 신용카드 등 소득공제와 특별세액공제 중복적용 여부!

구분		특별세액공제 항목	신용카드공제
신용카드로 결제한 의료비		의료비 세액공제 가능	○
신용카드로 결제한 보장성 보험료		보험료 세액공제 가능	×
신용카드로 결제한 학원비	취학전아동	교육비 세액공제 가능	○
	그외	교육비 세액공제 불가	
신용카드로 결제한 교복구입비		교육비 세액공제 가능	○
신용카드로 결제한 기부금		기부금 세액공제 가능	×

(5) 연금계좌 세액공제

- 공제대상: 본인이 불입한 금액
- 배우자 등 부양가족 명의의 연금저축 납입액은 공제 불가능
- 종류: 연금저축, 퇴직연금, 과학기술인공제회

사례

구분	내 용	공제여부
본인	본인 연금저축 불입액	○
	본인 퇴직연금 불입액	○
부양가족 (배우자, 직계존속, 직계비속, 형제자매)	소득금액 100만원 이하 부양가족의 불입액	×
	소득금액 100만원 초과 부양가족의 불입액	×
	✓ 나이, 소득 상관없이 본인 불입 금액만 공제 가능	

(6) 보험료 세액공제

구분	부양가족 지출액 요건		근로기간 지출한 비용만 공제	비고
	나이요건	소득요건		
보험료	○	○	○	저축성보험료 공제 불가능

- 종류: 보장성보험료, 장애인보장성보험료

사례

구분	내 용	공제여부
본인	본인 지출액	○
배우자	소득금액 100만원 이하 배우자의 지출액	○
	소득금액 100만원 초과 배우자의 지출액	×
직계존속	나이 60세 이상, 소득금액 100만원 이하 직계존속의 지출액	○
	나이 60세 이상, 소득금액 100만원 초과 직계존속의 지출액	×
	나이 60세 미만 직계존속의 지출액	×
	✓ 나이요건, 소득요건 두 가지 모두 충족해야 공제 가능	
직계비속 (자녀 등)	나이 20세 이하, 소득금액 100만원 이하 직계비속의 지출액	○
	나이 20세 이하, 소득금액 100만원 초과 직계비속의 지출액	×
	나이 20세 초과 직계비속의 지출액	×
	✓ 나이요건, 소득요건 두 가지 모두 충족해야 공제 가능	

구분	내　　용	공제여부
형제자매	나이 20세 이하 또는 60세 이상, 소득금액 100만원 이하 형제의 지출액	○
	나이 20세 이하 또는 60세 이상, 소득금액 100만원 초과 형제의 지출액	×
	나이 20세 초과 또는 60세 미만 형제의 지출액	×
	✓ 나이요건, 소득요건 두 가지 모두 충족해야 공제 가능	
저축성보험	✓ 저축성보험은 무조건 공제 불가능	

(7) 의료비 세액공제

구분	부양가족 지출액 요건		근로기간 지출한 비용만 공제	비고
	나이요건	소득요건		
의료비	×	×	○	

- 종류: 일반의료비, 안경 또는 콘텍트렌즈 구입비, 산후조리원비용
- 의료비 지출액 중 실손의료보험금, 국민건강보험공단으로부터 '본인부담금상한제 사후환급금'을 받는 경우, 사내근로복지기금으로부터 지급받은 의료비는 공제 불가능

사례

구분	내　　용	공제여부
일반의료비	✓ 본인, 배우자, 직계존속, 직계비속, 형제자매의 소득 및 나이 상관없이 공제 가능	
	소득금액 100만원 초과 직계존속 의료비	○
	60세 미만 직계존속 의료비	○
	당해 사망한 직계존속의 의료비	○
	소득금액 100만원 초과 배우자 의료비	○
	소득금액 100만원 초과 배우자 화상치료목적 성형수술비	○
	소득금액 100만원 이하, 20세 초과 형제자매 의료비	○
	소득금액 100만원 초과, 20세 초과 형제자매 의료비	○
	소득금액 100만원 이하, 20세 초과 자녀의 의료비	○
	소득금액 100만원 초과, 20세 초과 자녀의 의료비	○
안경 구입비	✓ 한도액이 50만원이므로 50만원까지만 입력	
	연말정산 간소화 서비스자료	○
	일반 영수증 ✓ 사용자의 성명 및 시력교정용임을 안경사가 확인한 영수증인지 확인 거래상대방 인적사항 입력	○

구분	내　　용	공제여부
산후조리원	산후조리원에 지출한 비용 공제 가능 (출산 1회당 200만원 한도)	○
건강증진을 위한 의약품 구입비용	건강 증진을 위한 보약, 건강기능식품 구입비용은 공제 불가능	×
미용·성형수술을 위한 비용	미용·성형수술을 위한 지출액은 공제 불가능	×
실손의료보험금 등	실손의료보험금은 공제 대상 의료비에서 차감하여 공제	
	의료비 지출액 3,000,000원 중 1,000,000원은 국민건강보험공단에서 지급받는 본인부담금 상한액을 초과하여 환급받은 금액으로 실손의료보험금에 해당된다.	
	의료비 지출내역은 직원체육대회에서 어깨부상을 입고 치료받은 내역이다. (단, 회사가 근로자를 피보험자로 하여 가입한 단체상해보험에서 보험금을 수령하였다)	
	✓ 의료비 총 지출액과 실손의료보험금을 각각 입력하면 차감되어 계산됨	

(8) 교육비 세액공제

구분	부양가족 지출액 요건		근로기간 지출한 비용만 공제	비고
	나이요건	소득요건		
교육비	×	○	○	직계존속의 교육비는 공제 불가능

- 종류
  - 취학전 아동의 어린이집, 유치원, 학원 및 체육시설 교육비
  - 초·중·고등·대학교 교육비
  - 교과서 구입비(초·중·고등학생만 해당)
  - 교복구입비(중·고등학생만 해당, 1인당 50만원 한도)
  - 현장체험학습비(초·중·고등학생만 해당, 학생 1명당 30만원 한도)
  - 방과후 학교나 방과후 과정 등의 수업료 및 특별활동비
- 대학원 교육비는 본인 지출분만 공제 가능
- 장애인 특수교육비는 소득, 나이 상관없이 공제 가능(직계존속도 포함)

사례

<table>
<tr><th>구분</th><th>내 용</th><th>공제여부</th></tr>
<tr><td rowspan="4">대학원</td><td>본인 대학원 교육비</td><td>○</td></tr>
<tr><td>배우자의 대학원 교육비</td><td>×</td></tr>
<tr><td>자녀의 대학원 교육비</td><td>×</td></tr>
<tr><td colspan="2">✓ 대학원 교육비는 본인 지출분만 공제 가능</td></tr>
<tr><td rowspan="4">대학</td><td>소득금액 100만원 이하, 20세 초과 자녀의 교육비</td><td>○</td></tr>
<tr><td>소득금액 100만원 초과, 20세 초과 자녀의 교육비</td><td>×</td></tr>
<tr><td>소득금액 100만원 초과, 20세 이하 자녀의 교육비</td><td>×</td></tr>
<tr><td colspan="2">✓ 소득요건만 충족하면 공제 가능, 나이요건은 없음</td></tr>
<tr><td rowspan="3">초·중·고등</td><td>소득금액 100만원 이하, 20세 이하 자녀의 교육비</td><td>○</td></tr>
<tr><td>소득금액 100만원 초과, 20세 이하 자녀의 교육비</td><td>×</td></tr>
<tr><td colspan="2">✓ 소득금액 100만원을 초과하면 공제 불가능</td></tr>
<tr><td rowspan="3">유치원
어린이집</td><td>취학전 자녀의 유치원 교육비</td><td>○</td></tr>
<tr><td>취학전 자녀의 어린이집 교육비</td><td>○</td></tr>
<tr><td>취학전 자녀의 어린이집 방과후활동비</td><td>○</td></tr>
<tr><td>교복구입비</td><td>중·고등 교복구입비(50만원 한도)</td><td>○</td></tr>
<tr><td rowspan="3">현장체험학습비</td><td>초·중·고등학생 현장체험학습비(30만원 한도)</td><td>○</td></tr>
<tr><td>취학전 자녀의 현장체험학습비</td><td>×</td></tr>
<tr><td colspan="2">✓ 초·중·고등학생 현장체험학습비만 공제 가능
✓ 한도액이 30만원이므로 30만원까지만 입력</td></tr>
<tr><td>급식비</td><td>자녀의 초등학교 급식비</td><td>○</td></tr>
<tr><td rowspan="4">학원교육비</td><td>초·중·고등·대학교 학원교육비</td><td>×</td></tr>
<tr><td>취학전 자녀의 학원교육비</td><td>○</td></tr>
<tr><td>취학전 자녀의 태권도장 교육비</td><td>○</td></tr>
<tr><td colspan="2">✓ 취학전 자녀의 학원교육비만 공제 가능</td></tr>
<tr><td rowspan="4">장애인
특수교육비</td><td>소득금액 100만원 초과 부양가족(배우자, 형제자매, 직계비속)
장애인특수교육비</td><td>○</td></tr>
<tr><td>소득금액 100만원 초과 직계존속의 장애인특수교육비</td><td>○</td></tr>
<tr><td>소득금액 100만원 이하 직계존속의 장애인특수교육비</td><td>○</td></tr>
<tr><td colspan="2">✓ 장애인 특수교육비는 소득 및 나이의 제한을 받지 않으며, 직계존속도 공제 가능</td></tr>
</table>

(9) 기부금 세액공제

구분	부양가족 지출액 요건		근로기간 지출한 비용만 공제	비고
	나이요건	소득요건		
기부금	×	○	×	정치자금은 본인 지출분만 공제 가능

사례

구분	내 용	공제여부
정치자금 기부금 고향사랑 기부금	본인의 정치자금(선거관리위원회) 기부금 본인의 고향사랑 기부금	○
	부양가족(배우자, 직계존속, 형제자매, 직계비속)의 정치자금 기부금 부양가족(배우자, 직계존속, 형제자매, 직계비속)의 고향사랑 기부금	×
특례기부금 일반기부금 종교단체기부금	본인 지출 특례기부금(특별재해지역 자원봉사용역, 사회복지공동모금회 등)	○
	소득금액 100만원 이하 부양가족 지출 (배우자, 직계존속, 형제자매, 직계비속)	○
	소득금액 100만원 초과 부양가족 지출 (배우자, 직계존속, 형제자매, 직계비속)	×
	✓ 나이는 상관없으나 소득금액 제한은 있음	

(10) 월세 세액공제

- 공제대상: 총급여액 8천만원 이하의 무주택 세대주인 근로자가 국민주택규모의 주택 또는 기준시가 4억원 이하 주택을 임차하기 위하여 지급하는 월세액

사례

구분	내 용	공제여부
월세 세액공제	무주택 세대주, 총급여 초과자 월세 지출	×
	국민주택 규모 이하 주택 임차	○
	국민주택 규모 초과 주택, 기준시가 4억원 이하	○
	✓ 국민주택규모의 주택 또는 기준시가 4억원 이하의 주택에 대하여 지출한 월세는 월세 세액공제 대상에 해당	

(11) 결혼 세액공제

- 거주자가 혼인신고를 한 경우 생애 1회(초혼 & 재혼 무관)에 한해 혼인신고를 한 해당 연도에 50만원을 종합소득세액에서 공제한다.

참고 [연말정산추가자료입력] 메뉴의 [부양가족]탭에서 본인의 [결혼세액] 항목을 "1.여"로 선택하면, [연말정산입력]탭의 "56.결혼세액공제"란에 자동 반영

※ 회사코드 0220 ㈜아이캔 10 회사로 로그인 ※

다음 자료를 이용하여 연말정산을 완료하시오.(단, 근로자 본인의 세부담이 최소화 되도록 한다.)

[1001. 최민상]

관계	성명	연령	소득	비고
본인	최민상	48		세대주
모	김말숙	73	부동산 임대소득 24,000,000원	
배우자	김미영	42	소득없음	
자녀	최호영	6	소득없음	취학전

구분	내용
신용카드 등 사용액 (국세청 자료)	• 본인 신용카드: 13,050,000원(의료비 항목 중 신용카드로 결제한 모친 병원비 2,200,000원, 대중교통 이용분 900,000원, 전통시장 사용액 90,000원 포함) • 배우자(김미영) 신용카드: 7,000,000원(대중교통이용분 150,000원, 전통시장사용분 910,000원 포함)
보험료 (국세청 자료)	• 본인 저축성보험료: 1,200,000원 • 본인 자동차보험료: 550,000원 • 배우자(김미영) 보장성보험료: 720,000원 • 자녀(최호영) 보장성보험료: 240,000원
의료비 (국세청 자료)	• 본인 보약구입(건강증진목적): 700,000원 • 모(김말숙) 질병치료: 2,200,000원(최민상 신용카드 결제됨) • 배우자(김미영) 임플란트 시술비: 2,000,000원
교육비 (국세청 자료)	• 본인 대학원 교육비: 6,000,000원 • 배우자(김미영) 대학원 교육비: 7,000,000원 • 모(김말숙) 노인대학등록금: 400,000원 • 자녀(최호영) 유치원비: 1,000,000원
기부금 (국세청 자료)	• 본인 종교단체 기부금: 3,000,000원 • 배우자(김미영) 정치자금 기부금: 100,000원 ※ 기부처 입력은 생략하기로 한다

출제유형 답안

[1001. 최민상 연말정산]

'원천징수 ➜ 근로소득관리 ➜ 연말정산추가자료입력' 메뉴 실행 ➜ [계속]탭 ➜ [F3.전체사원]메뉴 실행 ➜ 최민상 사원 선택

[부양가족]

소득명세 | 부양가족 | 신용카드 등 | 의료비 | 기부금 | 연금저축 등Ⅰ | 연금저축 등Ⅱ | 월세액 | 출산지원금 | 연말정산입력

연말관계	성명	내/외국인		주민(외국인)번호	나이	소득기준초과여부	기본공제	세대주구분	부녀자	한부모	경로우대	장애인	자녀	출산입양	결혼세액
0	최민상	내	1	771001-1234563	48		본인	세대주							
1	김말숙	내	1	521010-2123455	73	○	부								
3	김미영	내	1	831212-1234561	42		배우자								
4	최호영	내	1	191215-3234564	6		20세이하								

✓ 모(김말숙)은 소득금액이 100만원을 초과하므로 기본공제 불가능

[신용카드] 신용카드 등 탭에서 입력

✓ 의료비를 신용카드로 결제한 경우 의료비공제와 신용카드 이중공제 가능함
✓ 본인 신용카드 공제 가능액: 12,060,000원(대중교통 900,000원 및 전통시장 90,000원 별도입력)
✓ 배우자(김미영) 신용카드 공제 가능액: 5,940,000원
(대중교통 150,000원 및 전통시장 910,000원 별도입력)
✓ [신용카드 등]탭에서 본인 및 부양가족 선택 ➜ 항목별 공제 가능액 입력

소득명세 | 부양가족 | 신용카드 등 | 의료비 | 기부금 | 연금저축 등Ⅰ | 연금저축 등Ⅱ | 월세액 | 출산지원금 | 연말정산입력

성명 / 생년월일	자료구분	신용카드	직불,선불	현금영수증	도서등 신용	도서등 직불	도서등 현금	전통시장	대중교통	합계
최민상	국세청	12,060,000						90,000	900,000	13,050,000
1977-10-01	기타									
김말숙	국세청									
1952-10-10	기타									
김미영	국세청	5,940,000						910,000	150,000	7,000,000
1983-12-12	기타									
최호영	국세청									
2019-12-15	기타									

[보험료] 부양가족 탭에서 입력

✓ 저축성 보험은 공제불가능함
✓ 보험료 공제대상액: 본인 자동차보험 550,000원, 배우자(김미영) 보장성보험 720,000원, 자녀(최호영) 보장성보험료 240,000원
✓ [부양가족]탭에서 본인 및 부양가족 선택 ➜ [보험료] 더블클릭 ➜ [보장성보험-일반] "국세청간소화"란에 공제대상금액입력

[최민상]

자료구분	보험료			
	건강	고용	일반보장성	장애인전용
국세청			550,000	
기타	2,354,280	540,000		

[김미영]

자료구분	보험료			
	건강	고용	일반보장성	장애인전용
국세청			720,000	
기타				

[최호영]

자료구분	보험료			
	건강	고용	일반보장성	장애인전용
국세청			240,000	
기타				

[의료비] 부양가족 탭에서 입력

✓ 본인 보약 구입비는 공제 불가능함
✓ 의료비는 나이 및 소득의 제한을 받지 않으며, 신용카드 결제 시 이중공제 가능함
✓ 의료비공제대상액: 모(김말숙) 질병치료비 2,200,000원, 배우자(김미영) 임플란트 시술비 2,000,000원
✓ [의료비] 더블클릭 ➜ [의료비] 탭 ➜ F2(조회) 메뉴를 통해 부양가족 선택 후 관련 내용 입력

소득명세	부양가족	신용카드 등	의료비	기부금	연금저축 등I	연금저축 등II	월세액	연말정산입력

2024년 의료비 지급명세서														
의료비 공제대상자						지급처			지급명세					14.산후조리원
☐	성명	내/외	5.주민등록번호	6.본인등 해당여부		9.증빙코드	8.상호	7.사업자등록번호	10.건수	11.금액	11-1.실손보험수령액	12.미숙아 선천성이상아	13.난임여부	
☐	김말숙	내	521010-2123455	2	0	1				2,200,000		X	X	X
☐	김미영	내	831212-1234561	3	X	1				2,000,000		X	X	X

		합계			4,200,000		
일반의료비(본인)		6세이하,65세이상인 건강보험산정특례자 장애인	2,200,000	일반의료비(그 외)	2,000,000	난임시술비	
						미숙아.선천성이상아	

[교육비] 부양가족 탭에서 입력

✓ 대학원 교육비는 본인만 공제 가능하며, 직계존속의 교육비는 공제 불가능함
✓ 배우자(김미영)의 대학원 교육비와 모(김말숙)의 직계존속 교육비는 공제 불가능함
✓ 교육비공제대상액: 본인 대학원비 6,000,000원, 자녀(최호영) 유치원비 1,000,000원
✓ [부양가족]탭에서 본인 및 부양가족 선택 ➜ [교육비] 클릭 ➜ 공제대상 금액 입력

[최민상]

교육비		
일반		장애인특수
6,000,000	4.본인	

[최호영]

교육비		
일반		장애인특수
1,000,000	1.취학전	

[기부금] 기부금 탭에서 입력

✓ 기부금 공제대상액: 본인 종교단체 기부금(3,000,000원)
✓ 정치자금은 본인만 공제 가능하므로, 배우자(김미영) 정치자금은 공제 불가능함
✓ [기부금]탭에서 본인 선택 ➜ [기부금 입력]탭에서 기부명세 작성 ➜ [기부금 조정]탭 "공제금액 계산" 버튼 클릭 ➜ [불러오기] - [공제금액반영] - [저장] - [종료]

소득명세	부양가족	신용카드 등	의료비	기부금	연금저축 등I	연금저축 등II	월세액	출산지원금	연말정산입력

기부금 입력	기부금 조정

12.기부자 인적 사항(F2)			
주민등록번호	관계코드	내·외국인	성명
771001-1234563	거주자(본인)	내국인	최민상

구분		9.기부내용		기부처		기부명세				자료구분
7.유형	8.코드			10.상호(법인명)	11.사업자번호 등	건수	13.기부금합계 금액 (14+15)	14.공제대상 기부금액	15.기부장려금 신청 금액	
종교	41	금전		필수 입력	필수 입력	1	3,000,000	3,000,000		국세청

[연말정산입력] 탭 ➜ [F8.부양가족탭불러오기] 메뉴 실행 ➜ 연말정산자료 반영 결과 확인

※ 회사코드 0220 ㈜아이캔 10 회사로 로그인 ※

다음 자료를 이용하여 연말정산을 완료하시오.(단, 근로자 본인의 세부담이 최소화 되도록 한다.)

[1004. 강호성]

관계	성명	연령	비고
본인	강호성	41세	총급여 6,000만원, 무주택자 세대주
부	강민철	70세	양도소득금액 1,000만원(무직)
모	이금희	59세	일용근로소득 960만원(세법상 중증환자)
배우자	안윤정	41세	소득 없음(전업주부)
자녀	강지희	13세	소득 없음(초등학생)
자녀	강샘물	7세	소득 없음(취학전아동)
처남	안윤석	23세	소득 없음(대학생)

구분	내용
신용카드 등 사용금액 (국세청 자료)	• 신용카드: 25,000,000원(전통시장사용액 400,000원, 대중교통이용액 600,000원, 회사경비 사용금액 2,000,000원 포함) • 현금영수증: 중고자동차 구입비 10,000,000원, 미술학원 수업료 300,000원 (자녀 강샘물에 대한 교육비 지출액임) • 위 신용카드등사용액은 모두 본인이 지출한 것임
보험료 (국세청 자료)	• 보장성보험료(피보험자: 강민철, 계약자: 강호성) 600,000원 • 보장성보험료(피보험자: 강샘물, 계약자: 강호성) 400,000원
의료비 (국세청 자료)	• 모(이금희): 보청기구입비 1,000,000원, 질병치료용 한약구입비 500,000원 • 배우자(안윤정): 어깨수술비(미용·성형수술아님) 1,000,000원, 시력보정용 안경구입비 300,000원
교육비 (국세청 자료)	• 처남(안윤석): 대학교 교육비 4,000,000원(강호성이 납입함) • 자녀(강지희): 초등학교 현장체험학습비 600,000원, 방과후학교 수업료 300,000원 • 자녀(강샘물): 유치원수업료 2,400,000원, 미술학원 수업료 300,000원
기부금 (국세청 자료)	• 본인(강호성): 정치자금기부금 200,000원 • 배우자(안윤정): 정치자금기부금 300,000원 • 본인(강호성): 국군장병 위문금품 500,000원 ※ 기부처 입력은 생략하기로 한다

출제유형 답안

[1004.강호성 연말정산]

'원천징수 ➜ 근로소득관리 ➜ 연말정산추가자료입력' 메뉴 실행 ➜ [계속]탭 ➜ 강호성 사원 선택

[부양가족]

소득명세 | 부양가족 | 신용카드 등 | 의료비 | 기부금 | 연금저축 등I | 연금저축 등II | 월세액 | 출산지원금 | 연말정산입력

연말관계	성명	내/외국인		주민(외국인)번호	나이	소득기준초과여부	기본공제	세대주구분	부녀자	한부모	경로우대	장애인	자녀	출산입양	결혼세액
0	강호성	내	1	840823-1234563	41		본인	세대주							
1	강민철	내	1	551112-1234566	70		부								
1	이금희	내	1	660302-2123461	59		장애인					3			
3	안윤정	내	1	841215-2123453	41		배우자								
4	강지희	내	1	121111-4123457	13		20세이하						○		
4	강샘물	내	1	180823-3123451	7		20세이하								
6	안윤석	내	1	020408-3123457	23		부								

✓ 부(강민철)은 소득금액이 100만원을 초과하므로 기본공제 불가능
✓ 모(이금희)는 분리과세 소득이며, 세법상 장애인에 해당하므로 나이와 상관없이 기본공제 가능

[신용카드] 신용카드 등 탭에서 입력

✓ 회사경비로 처리한 신용카드 사용액은 신용카드공제 불가능함
✓ 미취학아동의 학원비는 교육비공제와 신용카드 이중공제 가능함
✓ 중고자동차의 신용카드 구입비용은 10%만 공제 가능함
✓ 공제 가능액: 본인(강호성) 신용카드 22,000,000원(회사경비 처리액 제외, 전통시장 400,000원 및 대중교통이용액 600,000원 별도입력), 현금영수증 1,300,000원
✓ [신용카드 등]탭에서 본인 선택 ➜ 신용카드 공제 가능액 입력

소득명세 | 부양가족 | 신용카드 등 | 의료비 | 기부금 | 연금저축 등I | 연금저축 등II | 월세액 | 출산지원금 | 연말정산입력

□	성명 / 생년월일	자료구분	신용카드	직불,선불	현금영수증	도서등신용	도서등직불	도서등현금	전통시장	대중교통	합계
□	강호성	국세청	22,000,000		1,300,000				400,000	600,000	24,300,000
	1984-08-23	기타									

[보험료] 부양가족 탭에서 입력

✓ 부(강민철)는 기본공제 대상자가 아니므로, 보험료공제 불가능함
✓ 보험료 공제대상액: 자녀(강샘물) 보장성보험 400,000원
✓ [부양가족]탭에서 부양가족 선택 ➜ [보험료] 더블클릭 ➜ [보장성보험-일반] "국세청간소화"란에 공제대상금액입력

[강샘물]

자료구분	보험료			
	건강	고용	일반보장성	장애인전용
국세청			400,000	
기타				

[의료비] 부양가족 탭에서 입력

✓ 건강증진용 한약구입비용은 의료비공제가 불가능하지만, 치료목적의 구입비용은 공제 가능함
✓ 의료비공제대상액: 모(이금희) 보청기구입비 및 질병치료 한약구입비 1,500,000원, 배우자(안윤정) 수술비용 및 안경구입비용 1,300,000원
✓ [의료비] 더블클릭 ➜ [의료비] 탭 ➜ F2(조회) 메뉴를 통해 부양가족 선택 후 관련 내용 입력

소득명세	부양가족	신용카드 등	의료비	기부금	연금저축 등I	연금저축 등II	월세액	출산지원금	연말정산입력

2025년 의료비 지급명세서														
의료비 공제대상자						지급처			지급명세					14.산후조리원
□	성명	내/외	5.주민등록번호	6.본인등해당여부		9.증빙코드	8.상호	7.사업자등록번호	10.건수	11.금액	11-1.실손보험수령액	12.미숙아선천성이상아	13.난임여부	
□	이금희	내	660302-2123461	2	0	1				1,500,000		X	X	X
□	안윤정	내	841215-2123453	3	X	1				1,300,000		X	X	X
□														
					합계					2,800,000				
	일반의료비(본인)			6세이하,65세이상인 건강보험산정특례자 장애인			1,500,000	일반의료비(그 외)		1,300,000	난임시술비 미숙아.선천성이상아			

[교육비] 부양가족 탭에서 입력

✓ 초·중·고 현장학습비는 300,000원까지 공제 가능하며, 미취학 아동은 학원비도 공제 가능함
✓ 교육비공제대상액: 처남(안윤석) 대학교 교육비 4,000,000원, 자녀(강지희) 현장학습비(300,000원 한도) 및 방과후 수업료 600,000원, 자녀(강샘물) 유치원수업료 및 미술학원 수업료 2,700,000원
✓ [부양가족]탭에서 부양가족 선택 ➜ [교육비] 클릭 ➜ 공제 대상 금액 입력

[안윤석]

교육비		
일반		장애인특수
4,000,000	3.대학생	

[강지희]

교육비		
일반		장애인특수
600,000	2.초중고	

[강샘물]

교육비		
일반		장애인특수
2,700,000	1.취학전	

[기부금] 기부금 탭에서 입력

✓ 정치자금은 본인 지출분만 공제 가능함
✓ 기부금공제대상액: 본인 정치자금 200,000원 및 국군장병 위문금품 500,000원
✓ [기부금]탭에서 본인 선택 ➜ [기부금 입력]탭에서 기부명세 작성 ➜ [기부금 조정]탭 "공제금액 계산" 버튼 클릭 ➜ [불러오기] - [공제금액반영] - [저장] - [종료]

소득명세	부양가족	신용카드 등	의료비	기부금	연금저축 등I	연금저축 등II	월세액	출산지원금	연말정산입력

기부금 입력 | 기부금 조정

12.기부자 인적 사항(F2)			
주민등록번호	관계코드	내·외국인	성명
840823-1234563	거주자(본인)	내국인	강호성

구분				기부처		기부명세				자료구분
7.유형	8.코드	9.기부내용		10.상호(법인명)	11.사업자번호 등	건수	13.기부금합계 금액 (14+15)	14.공제대상 기부금액	15.기부장려금 신청 금액	
정치자금	20	금전				1	200,000	200,000		국세청
특례	10			필수 입력	필수 입력	1	500,000	500,000		국세청
		합계					700,000	700,000		

소득명세	부양가족	신용카드 등	의료비	기부금	연금저축 등I	연금저축 등II	월세액	출산지원금	연말정산입력

기부금 입력 | 기부금 조정 | 공제금액계산

구분		기부연도	16.기부금액	17.전년도까지 공제된금액	18.공제대상 금액(16-17)	해당연도 공제금액	해당연도에 공제받지 못한 금액	
유형	코드						소멸금액	이월금액
특례	10	2025	500,000		500,000	500,000		
정치자금	20	2025	200,000		200,000	200,000		
	합계		700,000		700,000	700,000		

[연말정산입력] 탭 ➜ [F8.부양가족탭불러오기] 메뉴 실행 ➜ 연말정산자료 반영 결과 확인

4부

최신 기출문제 (106~117회)

I Can!

전산세무 2급

교재 백데이터 다운받고 설치하기

(1) '삼일아이닷컴 홈페이지(https://www.samili.com)'에 접속하여, 상단부 [제품몰]을 클릭한다.

(2) 왼쪽 메뉴 중 [전산세무회계수험서 자료실]을 클릭하여 [전산세무 2급 백데이터]를 다운받는다.

(3) 다운로드한 백데이터를 더블클릭하여 실행한다.

(4) 백데이터 설치가 완료되면 프로그램이 자동으로 실행된다.

(4) [전산세무 2급]을 선택한 후 하단 회사등록 을 클릭한다.

(5) [회사등록]화면 상단의 F4 회사코드재생성 을 클릭한다.

(6) 문제를 풀고자 하는 회사를 선택하여 로그인 을 클릭한다.

제106회 기출문제

이론시험

다음 문제를 보고 알맞은 것을 골라 [이론문제 답안작성] 메뉴에 입력하시오. (객관식 문항당 2점)

기본전제

문제에서 한국채택국제회계기준을 적용하도록 하는 전제조건이 없는 경우, 일반기업회계기준을 적용한다.

01 **다음 중 재무제표 작성과 표시에 대한 설명으로 틀린 것은?**

① 자산과 부채는 1년을 기준으로 하여 유동자산 또는 비유동자산, 유동부채 또는 비유동부채로 구분하는 것을 원칙으로 한다.
② 중요하지 않은 항목이라도 성격이나 기능이 유사한 항목과 통합하여 표시할 수 없다.
③ 자산과 부채는 유동성이 높은 항목부터 배열하는 것을 원칙으로 한다.
④ 자본은 자본금, 자본잉여금, 자본조정, 기타포괄손익누계액, 이익잉여금(또는 결손금)으로 분류된다.

02 **다음 중 현금 및 현금성 자산으로 분류되는 것은?**

① 사용 제한 기간이 1년 이내인 보통예금
② 취득 당시 만기가 1년 이내에 도래하는 금융상품
③ 당좌차월
④ 3개월 이내 환매 조건을 가진 환매채

03 다음 자료를 이용하여 유동부채에 포함될 금액을 구하면 얼마인가?

• 외상매입금	100,000,000원	• 퇴직급여충당부채	500,000,000원
• 선수금	5,000,000원	• 사채	50,000,000원
• 미지급금	3,000,000원		

① 655,000,000원 ② 158,000,000원 ③ 108,000,000원 ④ 58,000,000원

04 다음 중 유가증권에 대한 설명으로 틀린 것은?

① 단기매매증권에 대한 미실현보유손익은 기타포괄손익누계액으로 처리한다.
② 단기매매증권이 시장성을 상실한 경우에는 매도가능증권으로 분류하여야 한다.
③ 매도가능증권에 대한 미실현보유손익은 기타포괄손익누계액으로 처리한다.
④ 만기가 확정된 채무증권으로서 상환금액이 확정되었거나 확정이 가능한 채무증권을 만기까지 보유할 적극적인 의도와 능력이 있는 경우에는 만기보유증권으로 분류한다.

05 다음 중 자본에 영향을 미치는 거래에 해당하지 않는 것은?

① 보통주 500주를 1주당 500,000원에 신규발행하여 증자하였다.
② 정기주주총회에서 현금배당 1,000,000원을 지급하는 것으로 결의하였다.
③ 영업부에서 사용할 비품을 1,500,000원에 구입하고 대금은 현금으로 지급하였다.
④ 직원들에게 연말 상여금 2,000,000원을 현금으로 지급하였다.

06 다음 중 원가 집계과정에 대한 설명으로 틀린 것은?

① 당기제품제조원가(당기완성품원가)는 재공품 계정의 차변으로 대체된다.
② 당기총제조원가는 재공품 계정의 차변으로 대체된다.
③ 당기제품제조원가(당기완성품원가)는 제품 계정의 차변으로 대체된다.
④ 제품매출원가는 매출원가 계정의 차변으로 대체된다.

07 다음 중 의사결정과의 관련성에 따른 원가에 대한 설명으로 틀린 것은?

① 매몰원가 : 과거의 의사결정으로 이미 발생한 원가로서 어떤 의사결정을 하더라도 회수할 수 없는 원가
② 기회원가 : 자원을 현재 용도 이외에 다른 용도로 사용했을 경우 얻을 수 있는 최대 금액
③ 관련원가 : 의사결정 대안 간에 차이가 나는 원가로 의사결정에 영향을 주는 원가
④ 회피불능원가 : 어떤 의사결정을 하더라도 절약할 수 있는 원가

08 **다음의 그래프가 나타내는 원가에 대한 설명으로 가장 옳은 것은?**

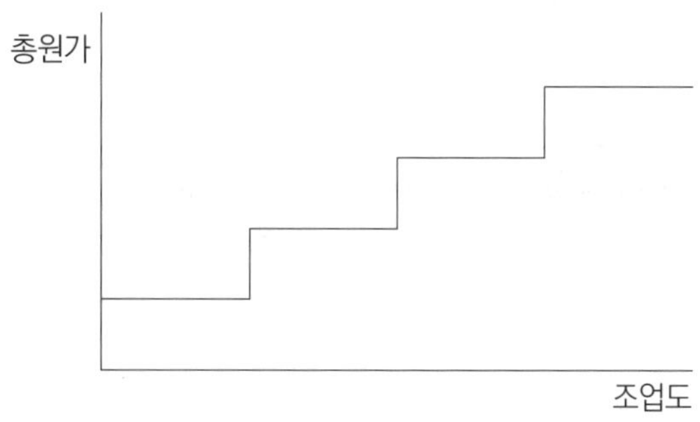

① 변동원가와 고정원가가 혼합된 원가이므로 혼합원가(Mixed Costs)라고도 한다.
② 일정한 범위의 조업도 내에서는 총원가가 일정하지만 조업도 구간이 달라지면 총액(총원가)이 달라진다.
③ 대표적인 예로는 전기요금, 수도요금 등이 있다.
④ 조업도의 변동과 관계없이 일정하게 발생하는 고정원가와 조업도의 변동에 따라 비례하여 발생하는 변동원가의 두 가지 요소를 모두 가지고 있다.

09 **㈜한양은 직접노무시간을 기준으로 제조간접원가를 예정배부하고 있다. 제조간접원가예산 총액은 3,000,000원이며, 예정 직접노무시간과 실제 직접노무시간은 30,000시간으로 동일하다. 제조간접원가가 100,000원 과소배부되었을 경우 실제 제조간접원가 발생액은 얼마인가?**

① 2,900,000원 ② 3,000,000원 ③ 3,100,000원 ④ 3,200,000원

10 **다음은 제조회사인 ㈜가림의 원가 관련 자료이다. 아래의 자료를 바탕으로 구한 평균법에 의한 완성품 단위당 제조원가는 얼마인가? 단, 모든 제조원가는 공정 전반에 걸쳐 균등하게 투입된다.**

- 기초재공품원가 : 직접재료원가 500,000원, 가공원가 : 500,000원
- 당기제조원가 : 직접재료원가 7,000,000원, 가공원가 : 6,000,000원
- 완성품수량 : 5,000개
- 기말재공품수량 : 2,500개(완성도 80%)

① 1,500원 ② 1,700원 ③ 1,800원 ④ 2,000원

11 **다음 중 우리나라의 부가가치세법에 대한 설명으로 옳은 것은?**

> 가. 우리나라 부가가치세는 간접세이다.
> 나. 우리나라 부가가치세는 생산지국과세원칙을 적용하고 있다.
> 다. 우리나라 부가가치세는 지방세이다.
> 라. 우리나라 부가가치세는 전단계거래액공제법이다.

① 가 ② 가, 나 ③ 가, 다 ④ 가, 라

12 **다음 중 부가가치세법상 납세지에 대한 설명으로 틀린 것은? 단, 예외 사항은 없는 것으로 한다.**

① 광업 : 광업사무소의 소재지
② 제조업 : 최종제품을 완성하는 장소
③ 부동산임대업 : 사업에 관한 업무를 총괄하는 장소
④ 법인 건설업 : 법인의 등기부상 소재지

13 **다음 중 소득세법상 기본원칙에 대한 설명으로 가장 옳지 않은 것은?**

① 종합소득은 원칙적으로 종합과세하고, 퇴직소득과 양도소득은 분류과세한다.
② 사업소득이 있는 거주자의 종합소득세 납세지는 사업장의 소재지로 한다.
③ 소득세의 과세기간은 1월 1일부터 12월 31일까지를 원칙으로 한다.
④ 종합소득세 산출세액 계산 시 종합소득과세표준에 따라 6%~45%의 누진세율이 적용된다.

14 **소득세법상 아래의 자료에 의한 소득만 있는 거주자의 종합소득금액을 계산하면 얼마인가? 단, 이월결손금은 전년도의 부동산임대업을 제외한 사업소득에서 발생한 금액이다.**

> • 부동산임대 이외의 사업소득금액: 35,000,000원
> • 부동산(상가)임대 사업소득금액: 15,000,000원
> • 이월결손금: 50,000,000원
> • 근로소득금액 : 10,000,000원
> • 퇴직소득금액 : 70,000,000원

① 10,000,000원 ② 35,000,000원 ③ 60,000,000원 ④ 80,000,000원

15 **다음 중 소득세법에서 규정하고 있는 원천징수세율이 가장 낮은 소득은 무엇인가?**

① 복권당첨소득 중 3억원 초과분
② 비실명 이자소득
③ 이자소득 중 비영업대금이익
④ 일용근로자의 근로소득

실무시험

수원산업㈜(회사코드:1062)는 제조 및 도·소매업을 영위하는 중소기업으로, 당기(12기) 회계기간은 2025.1.1.~2025.12.31.이다. 전산세무회계 수험용 프로그램을 이용하여 다음 물음에 답하시오.

기본전제

- 문제에서 한국채택국제회계기준을 적용하도록 하는 전제조건이 없는 경우, 일반기업회계기준을 적용하여 회계처리 한다.
- 문제의 풀이와 답안작성은 제시된 문제의 순서대로 진행한다.

문제 1

[일반전표입력] 메뉴를 이용하여 다음의 거래자료를 입력하시오. (15점)

입력 시 유의사항

- 일반적인 적요의 입력은 생략하지만, 타계정 대체거래는 적요 번호를 선택하여 입력한다.
- 채권·채무와 관련된 거래는 별도의 요구가 없는 한 반드시 기등록된 거래처코드를 선택하는 방법으로 거래처명을 입력한다.
- 제조경비는 500번대 계정코드를, 판매비와관리비는 800번대 계정코드를 사용한다.
- 회계처리 시 계정과목은 별도의 제시가 없는 한 등록된 계정과목 중 가장 적절한 과목으로 한다.

[1] **03월 20일** 회사는 보유하고 있던 자기주식 300주(1주당 15,000원에 취득)를 모두 17,000원에 처분하고 대금은 보통예금 계좌로 수령하였다(단, 처분일 현재 자기주식처분손익 잔액을 조회하여 반영할 것). (3점)

[2] **03월 31일** 액면가액 100,000,000원(5년 만기)인 사채를 102,000,000원에 발행하였으며, 대금은 전액 보통예금 계좌로 받았다. (3점)

[3] **04월 30일** 다음은 4월 급여내역으로서 급여 지급일은 4월 30일이며, 보통예금 계좌에서 지급하였다(단, 하나의 전표로 처리할 것). (3점)

부서	성명	총급여	소득세 등 공제합계	차감지급액
영업부	박유미	2,400,000원	258,290원	2,141,710원
제조부	이옥섭	2,100,000원	205,940원	1,894,060원
합계		4,500,000원	464,230원	4,035,770원

[4] **05월 13일** ㈜진아로부터 외상매출금 50,000,000원을 조기 회수함에 따른 제품매출할인액(할인율 1%)을 차감한 나머지 금액을 보통예금 계좌로 입금받았다(단, 부가가치세는 고려하지 말 것). (3점)

[5] **08월 25일** 2025년 제1기 확정신고기간의 부가가치세 미납세액 5,000,000원(미지급세금으로 처리함)과 납부지연가산세 200,000원을 법인카드(국민카드)로 납부하였다. 국세 카드납부대행수수료는 결제금액의 2%가 부과된다. 단, 미지급 카드 대금은 미지급금, 가산세는 세금과공과(판), 카드수수료는 수수료비용(판)으로 처리하고, 하나의 전표로 회계처리하시오. (3점)

문제 2

[매입매출전표입력] 메뉴를 이용하여 다음의 거래자료를 입력하시오. (15점)

입력 시 유의사항

- 일반적인 적요의 입력은 생략하지만, 타계정 대체거래는 적요 번호를 선택하여 입력한다.
- 채권·채무 관련 거래는 별도의 요구가 없는 한 반드시 기등록된 거래처코드를 선택하는 방법으로 거래처명을 입력한다.
- 제조경비는 500번대 계정코드를, 판매비와관리비는 800번대 계정코드를 사용한다.
- 회계처리 시 계정과목은 등록된 계정과목 중 가장 적절한 과목으로 한다.
- 입력화면 하단의 분개까지 처리하고, 세금계산서 및 계산서는 전자 여부를 입력하여 반영한다.

[1] **01월 23일** 전기에 당사가 ㈜유진물산에 외상으로 판매한 제품(공급가액 5,000,000원, 세액 500,000원)에 관한 공급계약이 해제되어 현행 부가가치세법에 따라 아래와 같은 수정전자세금계산서를 발급하였다. (3점)

<table>
<tr><td colspan="5">수정전자세금계산서</td><td>승인번호</td><td colspan="4">20250123-15454645-58811886</td></tr>
<tr><td rowspan="5">공급자</td><td>등록번호</td><td>602-81-48930</td><td>종사업장번호</td><td></td><td rowspan="5">공급받는자</td><td>등록번호</td><td>150-81-21411</td><td>종사업장번호</td><td></td></tr>
<tr><td>상호(법인명)</td><td>수원산업㈜</td><td>성 명(대표자)</td><td>이준영</td><td>상호(법인명)</td><td>(주)유진물산</td><td>성 명</td><td>최유진</td></tr>
<tr><td>사업장주소</td><td colspan="3">경기도 수원시 장안구 파장천로44번길 30</td><td>사업장주소</td><td colspan="3">서울시 서초구 명달로 105</td></tr>
<tr><td>업 태</td><td>제조 외</td><td>종목</td><td>컴퓨터 및 주변장치 외</td><td>업 태</td><td>도소매</td><td>종목</td><td>전자제품</td></tr>
<tr><td>이메일</td><td colspan="3"></td><td>이메일</td><td colspan="3"></td></tr>
</table>

작성일자	공급가액	세액	수정사유	비고
2025-01-23	-5,000,000원	-500,000원	계약해제	

월	일	품 목	규격	수량	단 가	공급가액	세 액	비 고
1	23	제품				-5,000,000원	-500,000원	

<table>
<tr><td>합 계 금 액</td><td>현 금</td><td>수 표</td><td>어 음</td><td>외 상 미 수 금</td><td rowspan="2">위 금액을 (청구) 함</td></tr>
<tr><td>-5,500,000원</td><td></td><td></td><td></td><td>-5,500,000원</td></tr>
</table>

[2] **02월 01일** 업무용으로 사용할 목적으로 거래처 ㈜기대로부터 업무용승용차(990cc)를 중고로 구입하였다. 대금은 한 달 후에 지급하기로 하고, 다음의 종이세금계산서를 발급받았다. (3점)

세금계산서(공급받는 자 보관용)				책번호	권 호
				일련번호	-

구분	항목	내용	항목	내용
공급자	등록번호	106-81-56311		
공급자	상호(법인명)	㈜기대	성 명(대표자)	정현우
공급자	사업장 주소	경기도 성남시 중원구 성남대로 99		
공급자	업 태	제조,도소매	종 목	전자제품
공급받는자	등록번호	602-81-48930		
공급받는자	상호(법인명)	수원산업㈜	성 명(대표자)	이준영
공급받는자	사업장 주소	경기도 수원시 장안구 파장천로44번길 30		
공급받는자	업 태	도소매	종 목	컴퓨터 외

작성일자 연	월	일	빈칸수	공급가액 조	천	백	십	억	천	백	십	만	천	백	십	일	세액 천	백	십	억	천	백	십	만	천	백	십	일	비고
25	02	01	5						1	0	0	0	0	0	0	0						1	0	0	0	0	0	0	

월	일	품 목	규격	수량	단 가	공 급 가 액	세 액	비 고
02	01	승용차				10,000,000원	1,000,000원	

합 계 금 액	현 금	수 표	어 음	외상미수금	위 금액을 (청구) 함
11,000,000원				11,000,000원	

[3] **03월 24일** 정상적인 구매확인서에 의하여 수출업체인 ㈜상도무역에 제품을 납품하고 다음의 영세율 전자세금계산서를 발급하였다. 대금은 다음 달에 지급받기로 하였다(단, 서류번호 입력은 생략할 것). (3점)

수정전자세금계산서		승인번호	20250324-15454645-58811886

구분	항목	내용	항목	내용
공급자	등록번호	602-81-48930	종사업장 번호	
공급자	상호(법인명)	수원산업㈜	성 명(대표자)	이준영
공급자	사업장 주소	경기도 수원시 장안구 파장천로44번길 30		
공급자	업 태	제조 외	종목	컴퓨터 및 주변장치 외
공급자	이메일			
공급받는자	등록번호	130-81-55668	종사업장 번호	
공급받는자	상호(법인명)	㈜상도무역	성 명	김영수
공급받는자	사업장 주소	서울시 서초구 강남대로 253		
공급받는자	업 태	도소매,무역	종목	전자제품
공급받는자	이메일			

작성일자	공급가액	세액	수정사유	비고
2025-03-24	30,000,000원	0원	해당 없음	구매확인서

월	일	품 목	규격	수량	단 가	공급가액	세 액	비 고
3	24	제품	SET	10	3,000,000원	30,000,000원	0원	

합 계 금 액	현 금	수 표	어 음	외 상 미 수 금	위 금액을 (청구) 함
30,000,000원				30,000,000원	

[4] **04월 01일** 판매한 제품을 배송하기 위하여 ㈜장수운송(일반과세자)에 운반비를 현금으로 지급하고 현금영수증(지출증빙용)을 발급받았다. (3점)

인터넷 납세서비스 Hometax. **현금영수증**

•거래정보

거래일시	2025-04-01 13:06:22
승인번호	G00260107
거래구분	승인거래
거래용도	지출증빙
발급수단번호	602-81-48930

●거래금액

공급가액	부가세	봉사료	총 거래금액
500,000	50,000	0	550,000

●가맹점 정보

상호	㈜장수운송
사업자번호	114-81-80641
대표자명	남재안
주소	서울시 송파구 문정동 101-2

●익일 홈택스에서 현금영수증 발급 여부를 반드시 확인하시기 바랍니다.
●홈페이지 (http://www.hometax.go.kr)
- 조회/발급>현금영수증 조회>사용내역(소득공제) 조회
>매입내역(지출증빙) 조회
●관련문의는 국세상담센터(☎126-1-1)

[5] **05월 20일** 생산부 직원들이 온리푸드에서 회식을 하고 식사비용 495,000원(부가가치세 포함)을 법인카드인 국민카드로 결제하였다(단, 카드매입에 대한 부가가치세 매입세액 공제요건은 충족하며, 미결제 카드대금은 미지급금으로 처리할 것). (3점)

문제 3

부가가치세신고와 관련하여 다음 물음에 답하시오. (10점)

[1] 다음 자료를 바탕으로 제2기 확정신고기간(2025.10.01.~2025.12.31.)의 부동산임대공급가액명세서를 작성하시오(단, 간주임대료에 대한 정기예금 이자율은 3.1%로 가정한다). (2점)

동수	층수	호수	면적(㎡)	용도	임대기간	보증금(원)	월세(원)	관리비(원)
1	2	201	120	사무실	2023.12.01.~2025.11.30.	30,000,000	1,700,000	300,000
					2025.12.01.~2027.11.30.	50,000,000	1,700,000	300,000

- 위 사무실은 세무법인 우람(101-86-73232)에게 2023.12.01. 최초로 임대를 개시하였으며, 2년 경과 후 계약기간이 만료되어 2025.12.01. 임대차계약을 갱신하면서 보증금만 인상하기로 하였다.
- 월세와 관리비에 대해서는 정상적으로 세금계산서를 발급하였으며, 간주임대료에 대한 부가가치세는 임대인이 부담하고 있다.

[2] 다음의 자료만을 이용하여 2025년 제2기 확정신고기간(10월 1일~12월 31일)의 [부가가치세신고서]를 직접 입력하여 작성하시오(부가가치세신고서 외의 기타 부속서류의 작성은 생략하며, 불러온 데이터 값은 무시하고 새로 입력할 것). (6점)

구분	내용
매출자료	• 전자세금계산서 매출액 : 공급가액 250,000,000원, 세액 25,000,000원 - 영세율 매출은 없음 • 신용카드 매출액 : 공급가액 30,000,000원, 세액 3,000,000원 - 신용카드 매출액은 전자세금계산서 발급분(공급가액 10,000,000원, 세액 1,000,000원)이 포함되어 있음
매입자료	• 전자세금계산서 매입액 : 공급가액 180,000,000원, 세액 18,000,000원 - 전자세금계산서 매입액은 업무용승용차(5인승, 2,000cc) 매입액(공급가액 30,000,000원, 세액 3,000,000원)이 포함되어 있으며, 나머지는 원재료 매입액임 • 신용카드 매입액 : 공급가액 25,000,000원, 세액 2,500,000원 - 전액 직원 복리후생 관련 매입액임
예정신고 누락분	• 전자세금계산서 과세 매출액 : 공급가액 20,000,000원, 세액 2,000,000원 - 부당과소신고에 해당하지 않음
기타	• 예정신고 누락분은 확정신고 시 반영하기로 한다. • 2025년 제2기 예정신고 시 당초 납부기한은 2025.10.25.이며, 2025년 제2기 확정신고 및 납부일은 2026.01.25.이다. • 국세청 홈택스를 통해 전자신고하고 전자신고세액공제를 받기로 한다. • 전자세금계산서의 발급 및 전송은 정상적으로 이뤄졌다.

[3] 다음의 자료를 이용하여 2025년 제2기 부가가치세 예정신고기간(7월~9월)의 [부가가치세신고서]와 관련 부속서류를 전자신고하시오. (2점)

1. 부가가치세신고서와 관련 부속서류는 마감되어 있다.
2. [전자신고] → [국세청 홈택스 전자신고변환(교육용)] 순으로 진행한다.
3. 전자신고용 전자파일 제작 시 신고인 구분은 2.납세자 자진신고로 선택하고, 비밀번호는 "12341234"로 입력한다.
4. 전자신고용 전자파일 저장경로는 로컬디스크(C:)이며, 파일명은 "enc작성연월일.101.v6028148930"이다.
5. 최종적으로 국세청 홈택스에서 [전자파일 제출하기]를 완료한다.

문제 4

다음 결산자료를 입력하여 결산을 완료하시오. (15점)

[1] 영업부가 7월에 구입한 소모품 800,000원 중 결산일까지 미사용한 소모품은 500,000원이다. 당사는 소모품 구입 시 전액 자산으로 계상하였다(단, 자산에 대한 계정과목은 소모품을 사용할 것). (3점)

[2] 전기에 하나은행에서 차입한 $10,000가 당기 결산일 현재 외화장기차입금으로 남아 있으며, 일자별 기준환율은 다음과 같다. (3점)

• 차입일 현재 환율 : 1,500원/$ • 전기말 현재 환율 : 1,575원/$ • 당기말 현재 환율 : 1,545원/$

[3] 일반기업회계기준에 따라 2025년말 현재 보유 중인 매도가능증권(2024년 중 취득)에 대하여 결산일 회계처리를 하시오(단, 매도가능증권은 비유동자산으로 가정함). (3점)

주식명	주식수	1주당 취득원가	2024년말 1주당 공정가치	2025년말 1주당 공정가치
㈜세모전자	100주	2,000원	3,300원	3,000원

[4] 매출채권(외상매출금, 받을어음) 잔액에 대하여 대손율 1%의 대손충당금을 보충법으로 설정하시오. (3점)

[5] 기말 현재 당기분 법인세(지방소득세 포함)는 20,000,000원으로 산출되었다. 단, 당기분 법인세 중간예납세액 8,300,000원과 이자소득 원천징수세액 700,000원은 선납세금으로 계상되어 있다. (3점)

문제 5

2025년 귀속 원천징수자료와 관련하여 다음의 물음에 답하시오. (15점)

[1] 다음 자료를 바탕으로 [사원등록] 메뉴를 이용하여 사무직 사원 강하나(내국인, 거주자, 여성, 세대주, 배우자 없음)의 [부양가족명세] 탭을 알맞게 수정하고, [수당공제] 등록과 5월의 [급여자료입력]을 수행하시오. (5점)

1. 부양가족 명세

성명	관계	주민등록번호	내/외국인	동거여부	비고
강하나	본인	810630-2548757	내국인	세대주	근로소득 총급여액 3,000만원
강인우	본인의 아버지	510420-1434568	내국인	주거형편상 별거	양도소득금액 90만원
유지인	본인의 어머니	560928-2870981	내국인	주거형편상 별거	근로소득 총급여액 500만원
이민주	본인의 딸	051002-4120111	내국인	동거	소득 없음
이자유	본인의 아들	060505-3123451	내국인	동거	소득 없음
강하늘	본인의 언니	780112-2434522	내국인	동거	소득 없음, 장애인(중증환자)

※ 본인 및 부양가족의 소득은 위의 소득이 전부이다.

2. 5월분 급여자료

이름	강하나	지급일	5월 31일
기본급	2,000,000원	소득세	19,520원
식대	100,000원	지방소득세	1,950원
자가운전보조금	200,000원	국민연금	85,500원
		건강보험	59,280원
		장기요양보험	7,670원
		고용보험	16,000원
급여계	2,300,000원	공제합계	189,920원
		지급총액	2,110,080원

• 식대 : 당 회사는 현물 식사를 별도로 제공하고 있지 않다.
• 자가운전보조금 : 당사는 본인 명의의 차량을 업무 목적으로 사용한 직원에게만 자가운전보조금을 지급하고 있으며, 실제 발생한 교통비를 별도로 지급하지 않는다.

※ 수당등록 시 월정액 및 통상임금은 고려하지 않으며, 사용하는 수당 이외의 항목은 사용 여부를 "부"로 체크한다.

※ 급여자료입력 시 공제항목의 불러온 데이터는 무시하고 직접 입력하여 작성한다.

[2] 2025년 6월 10일에 입사한 사원 문지율(사번 : 125, 남성, 세대주) 씨의 2025년 귀속 연말정산 관련 자료는 다음과 같다. [연말정산추가자료입력] 메뉴를 이용하여 전(前)근무지 관련 근로소득원천징수영수증은 [소득명세] 탭에 입력하고, 나머지 자료에 따라 [부양가족] 탭 및 [의료비지급명세서(부양가족 탭)]와 [연말정산입력] 탭을 입력하시오(단, 제시된 소득 이외의 소득은 없으며, 세부담 최소화를 가정한다). (10점)

1. 전(前)근무지 근로소득원천징수영수증
- 근무기간 : 2025.01.01.~2025.06.01.
- 근무처 : 주식회사 영일전자(사업자등록번호 : 603-81-01281)
- 급여 : 16,200,000원, 상여 : 3,000,000원

세액명세	소득세	지방소득세	공제보험료 명세	건강보험료	113,230원
결정세액	100,000원	10,000원		장기요양보험료	13,890원
기납부세액	300,000원	30,000원		고용보험료	25,920원
차감징수세액	-200,000원	-20,000원		국민연금보험료	145,800원

2. 가족사항 : 모두 생계를 같이함

성명	관계	주민번호	비고
문지율	본인	721010-1187511	총급여액 5,000만원
김민성	배우자	750101-2843110	일용근로소득금액 1,200만원
문가영	자녀	051027-4842411	소득 없음
문가빈	자녀	051027-4845114	소득 없음

※ 기본공제대상자가 아닌 경우도 기본공제 "부"로 입력할 것

3. 연말정산추가자료(모두 국세청 연말정산간소화서비스에서 조회한 자료임)

항목	내용
보험료	• 문지율(본인) : 자동차운전자보험료 120만원 • 문가영(자녀) : 일반보장성보험료 50만원
의료비	※ 의료비는 의료비지급명세서(부양가족 탭)에 반영할 것 • 김민성(배우자) : 질병 치료비 200만원 (실손의료보험금 수령액 50만원, 문지율의 신용카드로 결제) • 문가빈(자녀) : 콘택트렌즈 구입 비용 60만원(문지율의 신용카드로 결제)
교육비	• 문지율(본인) : 대학원 등록금 1,000만원 • 문가영(자녀) : 고등학교 교복 구입비 70만원, 체험학습비 20만원 • 문가빈(자녀) : 고등학교 교복 구입비 50만원, 영어학원비 100만원
신용카드 등 사용액	• 문지율(본인) 신용카드 3,200만원(아래의 항목이 포함된 금액임) - 전통시장 사용분 150만원 - 대중교통 사용분 100만원 - 도서공연등 사용분 100만원 - 배우자 및 자녀의 의료비 지출액 260만원 • 문지율(본인) 현금영수증 : 300만원 • 김민성(배우자) 현금영수증 : 150만원

제107회 기출문제

이론시험

다음 문제를 보고 알맞은 것을 골라 [이론문제 답안작성] 메뉴에 입력하시오. (객관식 문항당 2점)

기본전제

문제에서 한국채택국제회계기준을 적용하도록 하는 전제조건이 없는 경우, 일반기업회계기준을 적용한다.

01 **다음 중 재고자산의 취득원가에 포함되지 않는 것은?**

① 부동산매매업자가 부동산(재고자산)을 취득하기 위하여 지출한 취득세
② 컴퓨터를 수입하여 판매하는 소매업자가 컴퓨터를 수입하기 위하여 지출한 하역료
③ 가전제품 판매업자가 가전제품을 홍보하기 위하여 지출한 광고비
④ 제품 제조과정에서 발생하는 직접재료원가

02 **다음 중 아래 자료의 거래로 변동이 있는 자본 항목끼리 바르게 짝지어진 것은?**

> ㈜한국은 자기주식 300주(주당 액면금액 500원)를 주당 600원에 취득하여 200주는 주당 500원에 매각하고, 나머지 100주는 소각하였다. ㈜한국의 자기주식 취득 전 자본 항목은 자본금뿐이다.

① 자본금, 자본잉여금　　② 자본잉여금, 자본조정
③ 자본금, 자본조정　　④ 자본조정, 기타포괄손익누계액

03 **아래의 자료를 이용하여 2025년 매도가능증권처분손익을 구하면 얼마인가?**

- 2024년 03월 01일 : 매도가능증권 1,000주를 주당 7,000원에 취득하였다.
- 2024년 12월 31일 : 매도가능증권 1,000주에 대하여 기말 공정가치로 평가하고, 매도가능증권평가이익 2,000,000원을 인식하였다.
- 2025년 03월 01일 : 매도가능증권 100주를 주당 6,000원에 처분하였다.
- 위 거래 이외에 매도가능증권 관련 다른 거래는 없었다.

① 매도가능증권처분이익 100,000원　② 매도가능증권처분손실 100,000원
③ 매도가능증권처분이익 200,000원　④ 매도가능증권처분손실 200,000원

04 **다음 중 충당부채에 대한 설명으로 가장 옳지 않은 것은?**

① 충당부채의 명목금액과 현재가치의 차이가 중요한 경우에는 의무를 이행하기 위해 예상되는 지출액의 미래가치로 평가한다.
② 충당부채는 최초의 인식시점에서 의도한 목적과 용도로만 사용해야 한다.
③ 충당부채로 인식하기 위해서는 과거 거래의 결과로 현재 의무가 존재하여야 하고, 그 의무를 이행하기 위해 자원이 유출될 가능성이 매우 높아야 한다.
④ 충당부채로 인식하는 금액은 현재의무를 이행하는데 소요되는 지출에 대한 보고기간말 현재 최선의 추정치여야 한다.

05 **2025년 12월 31일 ㈜순양은 영업부가 사용하던 승합자동차를 중고차 매매 중개사이트를 이용하여 8,000,000원에 처분하고, 중고차 매매 중개사이트의 중개수수료 150,000원을 차감한 후 7,850,000원을 지급받았다. 다음은 처분한 승합자동차 관련 자료로 아래의 감가상각방법에 의하여 감가상각하였다. 아래의 자료를 이용하여 계산한 유형자산처분손익은 얼마인가?**

구분	사용부서	취득가액	잔존가액	취득일	감가상각방법	내용연수
승합자동차	영업부	15,000,000원	0원	2024.01.01.	정액법	5년

① 유형자산처분이익 1,000,000원　② 유형자산처분이익 850,000원
③ 유형자산처분손실 1,000,000원　④ 유형자산처분손실 1,150,000원

06 **다음 중 손익계산서에서 확인할 수 있는 항목을 고르시오.**

① 당기원재료사용액　② 제조간접원가사용액
③ 당기제품제조원가　④ 기말재공품재고액

07 **다음 중 변동원가에 대한 설명으로 옳지 않은 것은?**

① 조업도가 증가하면 단위당 변동원가도 증가한다.
② 조업도가 감소하면 총변동원가도 감소한다.
③ 직접재료원가는 대표적인 변동원가이다.
④ 일반적으로 단위당 변동원가에 조업도를 곱하여 총변동원가를 계산한다.

08 **다음 중 종합원가계산의 특징으로 가장 옳은 것은?**

① 직접원가와 간접원가로 나누어 계산한다.
② 단일 종류의 제품을 연속적으로 대량 생산하는 경우에 적용한다.
③ 고객의 주문이나 고객이 원하는 형태의 제품을 생산할 때 사용되는 방법이다.
④ 제조간접원가는 원가대상에 직접 추적할 수 없으므로 배부기준을 정하여 배부율을 계산하여야 한다.

09 **다음 자료를 이용하여 직접노무원가를 계산하면 얼마인가?**

• 직접원가(기초원가) 400,000원 • 가공원가 500,000원 • 당기총제조원가 800,000원

① 100,000원 ② 200,000원 ③ 300,000원 ④ 400,000원

10 **각 부문의 용역수수관계와 원가 발생액이 다음과 같을 때, 단계배분법(가공부문의 원가부터 배분)에 따라 보조부문원가를 제조부문에 배분한 후 3라인에 집계되는 제조원가를 구하시오.**

소비부문 / 제공부문	보조부문		제조부문	
	가공부문	연마부문	3라인	5라인
가공부문	-	50%	30%	20%
연마부문	20%	-	35%	45%
발생원가	400,000원	200,000원	500,000원	600,000원

① 690,000원 ② 707,500원 ③ 760,000원 ④ 795,000원

11 **다음 중 부가가치세법상 신용카드매출전표 등 발급에 대한 세액공제에 관한 설명으로 틀린 것은?**

① 법인사업자와 직전 연도의 재화 또는 용역의 공급가액의 합계액이 사업장별로 10억원을 초과하는 개인사업자는 적용 대상에서 제외한다.
② 신용카드매출전표 등 발급에 대한 세액공제금액은 각 과세기간마다 500만원을 한도로 한다.
③ 공제대상 사업자가 현금영수증을 발급한 금액에 대해서도 신용카드매출전표 등 발급에 대한 세액공제를 적용한다.
④ 신용카드매출전표 등 발급에 대한 세액공제금액이 납부할 세액을 초과하면 그 초과하는 부분은 없는 것으로 본다.

12 **다음은 일반과세자인 ㈜한성의 2025년 제1기 매출 관련 자료이다. 부가가치세 매출세액은 얼마인가?**

• 총매출액 : 20,000,000원	• 매출에누리액 : 3,000,000원	• 판매장려금 : 1,500,000원

① 150,000원 ② 300,000원 ③ 1,550,000원 ④ 1,700,000원

13 **다음 중 부가가치세법상 의제매입세액공제에 대한 설명으로 옳은 것은?**

① 법인 음식점은 의제매입세액공제를 받을 수 없다.
② 간이과세자는 의제매입세액공제를 받을 수 없다.
③ 면세농산물 등을 사용한 날이 속하는 예정신고 또는 확정신고 시 공제한다.
④ 일반과세자인 음식점은 농어민으로부터 정규증빙 없이 농산물 등을 구입한 경우에도 공제받을 수 있다.

14 **주어진 자료에 의하여 아래의 일용근로자의 근로소득에 대하여 원천징수할 세액은 얼마인가?**

• 근로소득	일당 200,000원×4일=800,000원
• 근로소득공제	1일 150,000원
• 근로소득세액공제	근로소득에 대한 산출세액의 100분의 55

① 48,000원 ② 39,000원 ③ 12,000원 ④ 5,400원

15 **다음은 접대비(기업업무추진비)에 관한 설명이다. 아래의 빈칸에 각각 들어갈 금액으로 올바르게 짝지어진 것은?**

> 사업자가 한 차례의 접대에 지출한 접대비(기업업무추진비) 중 경조금의 경우 (가), 그 외의 경우 (나)을 초과하는 적격 증빙 미수취 접대비(기업업무추진비)는 각 과세기간의 소득금액을 계산할 때 필요경비에 산입하지 아니한다.

	가	나
①	100,000원	10,000원
②	100,000원	30,000원
③	200,000원	10,000원
④	200,000원	30,000원

실무시험

㈜파쇄상회(회사코드:1072)는 제조 및 도·소매업을 영위하는 중소기업으로, 당기(14기) 회계기간은 2025.1.1.~2025.12.31.이다. 전산세무회계 수험용 프로그램을 이용하여 다음 물음에 답하시오.

기본전제

- 문제에서 한국채택국제회계기준을 적용하도록 하는 전제조건이 없는 경우, 일반기업회계기준을 적용하여 회계처리 한다.
- 문제의 풀이와 답안작성은 제시된 문제의 순서대로 진행한다.

문제 1

[일반전표입력] 메뉴를 이용하여 다음의 거래자료를 입력하시오. (15점)

입력 시 유의사항

- 일반적인 적요의 입력은 생략하지만, 타계정 대체거래는 적요 번호를 선택하여 입력한다.
- 채권·채무와 관련된 거래는 별도의 요구가 없는 한 반드시 기등록된 거래처코드를 선택하는 방법으로 거래처명을 입력한다.
- 제조경비는 500번대 계정코드를, 판매비와관리비는 800번대 계정코드를 사용한다.
- 회계처리 시 계정과목은 별도의 제시가 없는 한 등록된 계정과목 중 가장 적절한 과목으로 한다.

[1] **01월 31일** ㈜오늘물산의 1월 31일 현재 외상매출금 잔액이 전부 보통예금 계좌로 입금되었다(단, 거래처원장을 조회하여 입력할 것). (3점)

[2] **03월 15일** 정기주주총회에서 주식배당 10,000,000원, 현금배당 20,000,000원을 실시하기로 결의하였다(단, 이월이익잉여금(코드번호 0375) 계정을 사용하고, 현금배당의 10%를 이익준비금으로 적립한다). (3점)

[3] **04월 21일** 외상매출금으로 계상한 해외 매출처인 CTEK의 외화 외상매출금 $23,000 전액을 회수와 동시에 즉시 원화로 환가하여 보통예금 계좌에 입금하였다. 환율은 다음과 같다. (3점)

- 2025년 01월 03일 선적일(외상매출금 인식 시점) 적용 환율 : 1,280원/$
- 2025년 04월 21일 환가일(외상매출금 입금 시점) 적용 환율 : 1,220원/$

[4] **08월 05일** 단기매매차익을 얻을 목적으로 보유하고 있는 ㈜망고의 주식 100주를 1주당 10,000원에 처분하고 대금은 수수료 등 10,000원을 차감한 금액이 보통예금 계좌로 입금되었다(단, ㈜망고의 주식 1주당 취득원가는 5,000원이다). (3점)

[5] **09월 02일** 사무실을 임차하기 위하여 ㈜헤리움과 08월 02일에 체결한 임대차계약의 보증금 잔액을 보통예금 계좌에서 이체하여 지급하였다. 다음은 임대차계약서의 일부이다. (3점)

부동산임대차계약서

제 1 조 위 부동산의 임대차계약에 있어 임차인은 보증금 및 차임을 아래와 같이 지불하기로 한다.

보증금	일금 일천만원정 (₩ 10,000,000)
계약금	일금 일백만원정 (₩ 1,000,000)은 계약 시에 지불하고 영수함.
잔금	일금 구백만원정 (₩ 9,000,000)은 2025년 09월 02일에 지불한다.

문제 2

[매입매출전표입력] 메뉴를 이용하여 다음의 거래자료를 입력하시오. (15점)

입력 시 유의사항

- 일반적인 적요의 입력은 생략하지만, 타계정 대체거래는 적요 번호를 선택하여 입력한다.
- 채권·채무 관련 거래는 별도의 요구가 없는 한 반드시 기등록된 거래처코드를 선택하는 방법으로 거래처명을 입력한다.
- 제조경비는 500번대 계정코드를, 판매비와관리비는 800번대 계정코드를 사용한다.
- 회계처리 시 계정과목은 등록된 계정과목 중 가장 적절한 과목으로 한다.
- 입력화면 하단의 분개까지 처리하고, 세금계산서 및 계산서는 전자 여부를 입력하여 반영한다.

[1] **01월 15일** 회사 사옥을 신축하기 위해 취득한 토지의 중개수수료에 대하여 부동산중개법인으로부터 아래의 전자세금계산서를 수취하였다. (3점)

<table>
<tr><td colspan="6">전자세금계산서</td><td>승인번호</td><td colspan="3">20250115-10454645-53811338</td></tr>
<tr><td rowspan="5">공급자</td><td>등록번호</td><td>211-81-41992</td><td>종사업장번호</td><td></td><td rowspan="5">공급받는자</td><td>등록번호</td><td>301-81-59626</td><td>종사업장번호</td><td></td></tr>
<tr><td>상호(법인명)</td><td>㈜동산</td><td>성 명</td><td>오미진</td><td>상호(법인명)</td><td>㈜파쇄상회</td><td>성 명</td><td>이미숙</td></tr>
<tr><td>사업장주소</td><td colspan="3">서울시 금천구 시흥대로 198-11</td><td>사업장주소</td><td colspan="3">서울시 영등포구 선유동1로 1</td></tr>
<tr><td>업 태</td><td>서비스</td><td>종 목</td><td>부동산중개</td><td>업 태</td><td>제조 외</td><td>종 목</td><td>전자제품</td></tr>
<tr><td>이메일</td><td colspan="3">ds114@naver.com</td><td>이메일</td><td colspan="3">jjsy77@naver.com</td></tr>
<tr><td colspan="2">작성일자</td><td>공급가액</td><td colspan="2">세액</td><td colspan="2">수정사유</td><td colspan="3">비고</td></tr>
<tr><td colspan="2">2025-01-15</td><td>10,000,000원</td><td colspan="2">1,000,000원</td><td colspan="2">해당 없음</td><td colspan="3"></td></tr>
<tr><td>월</td><td>일</td><td>품 목</td><td>규격</td><td>수량</td><td colspan="2">단 가</td><td>공급가액</td><td>세 액</td><td>비 고</td></tr>
<tr><td>01</td><td>15</td><td>토지 중개수수료</td><td></td><td></td><td colspan="2"></td><td>10,000,000원</td><td>1,000,000원</td><td></td></tr>
<tr><td></td><td></td><td></td><td></td><td></td><td colspan="2"></td><td></td><td></td><td></td></tr>
<tr><td></td><td></td><td></td><td></td><td></td><td colspan="2"></td><td></td><td></td><td></td></tr>
<tr><td colspan="2">합계금액</td><td>현 금</td><td colspan="2">수 표</td><td>어 음</td><td>외상미수금</td><td colspan="3" rowspan="2">위 금액을 (청구) 함</td></tr>
<tr><td colspan="2">11,000,000원</td><td></td><td colspan="2"></td><td></td><td>11,000,000원</td></tr>
</table>

[2] **03월 30일** 외국인(비사업자)에게 제품을 110,000원(부가가치세 포함)에 판매하고 대금은 현금으로 수령하였다(단, 구매자는 현금영수증을 요청하지 않았으나 당사는 현금영수증 의무발행사업자로서 적절하게 현금영수증을 발행하였다). (3점)

[3] **07월 20일** ㈜굳딜과 제품 판매계약을 체결하고 판매대금 16,500,000원(부가가치세 포함)을 보통예금 계좌로 입금받은 후 전자세금계산서를 발급하였다. 계약서상 해당 제품의 인도일은 다음 달 15일이다. (3점)

전자세금계산서					승인번호	20250720-000023-123547			
공급자	등록번호	301-81-59626	종사업장번호		공급받는자	등록번호	101-81-42001	종사업장번호	
	상호(법인명)	㈜파쇄상회	성 명	이미숙		상호(법인명)	㈜굳딜	성 명	전소민
	사업장주소	서울시 영등포구 선유동1로 1				사업장주소	경기 포천시 중앙로 8		
	업 태	제조 외	종 목	전자제품		업 태	제조업	종 목	자동차부품
	이메일	jjsy77@naver.com				이메일			

작성일자	공급가액	세액	수정사유	비고
2025-07-20	15,000,000원	1,500,000원	해당 없음	

월	일	품 목	규격	수량	단 가	공급가액	세 액	비 고
07	20	제품 선수금				15,000,000원	1,500,000원	

합계금액	현 금	수 표	어 음	외상미수금	위 금액을 **(청구)** 함
16,500,000원	16,500,000원				

[4] **08월 20일** 미국에 소재한 해외 매출거래처인 몽키에게 제품을 5,000,000원에 직수출하고 판매대금은 3개월 후에 받기로 하였다(단, 수출신고번호 입력은 생략한다). (3점)

[5] **09월 12일** 다음은 영업부 사무실의 임대인으로부터 받은 전자세금계산서이다. 단, 세금계산서상에 기재된 품목별 계정과목으로 각각 회계처리하시오. (3점)

<table>
<tr><td colspan="5">전자세금계산서</td><td>승인번호</td><td colspan="3">20250912-31000013-44346111</td></tr>
<tr><td rowspan="5">공급자</td><td>등록번호</td><td>130-55-08114</td><td>종사업장번호</td><td></td><td rowspan="5">공급받는자</td><td>등록번호</td><td>301-81-59626</td><td>종사업장번호</td><td></td></tr>
<tr><td>상호(법인명)</td><td>미래부동산</td><td>성 명</td><td>편미선</td><td>상호(법인명)</td><td>㈜파쇄상회</td><td>성 명</td><td>이미숙</td></tr>
<tr><td>사업장주소</td><td colspan="3">경기도 부천시 길주로 1</td><td>사업장주소</td><td colspan="3">서울시 영등포구 선유동1로 1</td></tr>
<tr><td>업 태</td><td>부동산업</td><td>종 목</td><td>부동산임대</td><td>업 태</td><td>제조 외</td><td>종 목</td><td>전자제품</td></tr>
<tr><td>이메일</td><td colspan="3">futureland@estate.com</td><td>이메일</td><td colspan="3">jjsy77@naver.com</td></tr>
</table>

<table>
<tr><td>작성일자</td><td>공급가액</td><td>세액</td><td>수정사유</td><td>비고</td></tr>
<tr><td>2025-09-12</td><td>2,800,000원</td><td>280,000원</td><td>해당 없음</td><td></td></tr>
</table>

월	일	품 목	규격	수량	단 가	공급가액	세 액	비 고
09	12	임차료				2,500,000원	250,000원	
09	12	건물관리비				300,000원	30,000원	

<table>
<tr><td>합계금액</td><td>현 금</td><td>수 표</td><td>어 음</td><td>외상미수금</td><td rowspan="2">위 금액을 (청구) 함</td></tr>
<tr><td>3,080,000원</td><td></td><td></td><td></td><td>3,080,000원</td></tr>
</table>

문제 3

부가가치세신고와 관련하여 다음 물음에 답하시오. (10점)

[1] 아래 자료만을 이용하여 2025년 제1기 부가가치세 확정신고기간(04.01.~06.30.)의 [부가가치세신고서]를 작성하시오(단, 기존에 입력된 자료 또는 불러온 자료는 무시하고, 부가가치세 신고서 외의 부속서류 작성은 생략할 것). (6점)

<table>
<tr><td rowspan="6">매출자료</td><td colspan="4">• 전자세금계산서 발급분 과세 매출액 : 600,000,000원(부가가치세 별도)
• 신용카드매출전표 발급분 과세 매출액 : 66,000,000원(부가가치세 포함)
• 현금영수증 발급분 과세 매출액 : 3,300,000원(부가가치세 포함)
• 중국 직수출액 : 400,000위안</td></tr>
<tr><td rowspan="2">일자별 환율</td><td>4월 10일 : 수출신고일</td><td>4월 15일 : 선적일</td><td>4월 20일 : 환가일</td></tr>
<tr><td>180원/위안</td><td>170원/위안</td><td>160원/위안</td></tr>
<tr><td colspan="4">• 대손세액공제 요건을 충족한 소멸시효 완성 외상매출금 : 11,000,000원(부가가치세 포함)</td></tr>
<tr><td>매입자료</td><td colspan="4">• 세금계산서 수취분 매입액(일반매입) : 공급가액 400,000,000원, 세액 40,000,000원
- 이 중 접대 물품 관련 매입액(공급가액 8,000,000원, 세액 800,000원)이 포함되어 있으며, 나머지는 과세 재고자산의 구입액이다.
• 정상적으로 수취한 종이세금계산서 예정신고 누락분 : 공급가액 5,000,000원, 부가가치세 500,000원</td></tr>
<tr><td>기타자료</td><td colspan="4">• 매출자료 중 전자세금계산서 지연발급분 : 공급가액 23,000,000원, 세액 2,300,000원
• 부가가치세 신고는 신고기한 내에 당사가 직접 국세청 홈택스에서 전자신고한다.
• 세부담 최소화를 가정한다.</td></tr>
</table>

[2] 다음 자료를 이용하여 제2기 확정신고기간의 [공제받지못할매입세액명세서](「공제받지못할매입세액 내역」 및 「공통매입세액의정산내역」)를 작성하시오(단, 불러온 자료는 무시하고 직접 입력할 것). (4점)

1. 매출 공급가액에 관한 자료

구분	과세사업	면세사업	합계
07월~12월	450,000,000원	150,000,000원	600,000,000원

2. 매입세액(세금계산서 수취분)에 관한 자료

구분	① 과세사업 관련			② 면세사업 관련		
	공급가액	매입세액	매수	공급가액	매입세액	매수
10월~12월	225,000,000원	22,500,000원	11매	50,000,000원	5,000,000원	3매

3. 제2기(07.01.~12.31.) 총공통매입세액 : 15,000,000원
4. 제2기 예정신고 시 공통매입세액 중 불공제매입세액 : 250,000원

문제 4

다음 결산자료를 입력하여 결산을 완료하시오. (15점)

[1] 2023년 7월 1일에 개설한 푸른은행의 정기예금 100,000,000원의 만기일이 2026년 6월 30일에 도래한다. (3점)

[2] 2025년 4월 1일 우리㈜에게 70,000,000원을 대여하고 이자는 2026년 3월 31일 수령하기로 하였다(단, 약정이자율은 연 6%, 월할 계산할 것). (3점)

[3] 당기 중 현금 시재가 부족하여 현금과부족으로 처리했던 623,000원을 결산일에 확인한 결과 내용은 다음과 같다(단, 하나의 전표로 입력하고, 항목별로 적절한 계정과목을 선택할 것). (3점)

내용	금액
불우이웃돕기 성금	500,000원
생산부에서 발생한 운반비(간이영수증 수령)	23,000원
영업부 거래처 직원의 결혼 축의금	100,000원

[4] 결산일 현재 재고자산을 실사 평가한 결과는 다음과 같다. 기말재고자산 관련 결산분개를 하시오(단, 각 기말재고자산의 시가와 취득원가는 동일한 것으로 가정한다). (3점)

구분	취득단가	장부상 기말재고	실사한 기말재고	수량 차이 원인
원재료	1,500원	6,500개	6,200개	정상감모
제품	15,500원	350개	350개	
상품	10,000원	1,500개	1,000개	비정상감모

[5] 당사는 기말 현재 보유 중인 외상매출금, 받을어음, 단기대여금의 잔액(기타 채권의 잔액은 제외)에 대해서만 1%의 대손충당금을 보충법으로 설정하고 있다(단, 원 단위 미만은 절사한다). (3점)

문제 5

2025년 귀속 원천징수자료와 관련하여 다음의 물음에 답하시오. (15점)

[1] 다음은 생산직 근로자인 이현민(사번 : 105)의 3월분 급여 관련 자료이다. 아래 자료를 이용하여 3월분 [급여자료입력]과 [원천징수이행상황신고서]를 작성하시오(단, 전월미환급세액은 420,000원이다). (5점)

1. 유의사항
   - 수당등록 및 공제항목은 불러온 자료는 무시하고 아래 자료에 따라 입력하며, 사용하는 수당 및 공제 이외의 항목은 "부"로 체크하고, 월정액 여부와 정기·부정기 여부는 무시한다.
   - 원천징수이행상황신고서는 매월 작성하며, 이현민의 급여 내역만 반영하고 환급신청은 하지 않는다.
2. 급여명세서 및 급여 관련 자료

2025년 3월 급여명세서

㈜파쇄상회

이름	이현민	지급일	2025.03.31.
기본급	2,600,000원	소득세	10,230원
상여	600,000원	지방소득세	1,020원
식대	200,000원	국민연금	126,000원
자가운전보조금	200,000원	건강보험	98,270원
야간근로수당	200,000원	장기요양보험	12,720원
월차수당	300,000원	고용보험	29,600원
급여합계	4,100,000원	공제합계	277,840원
귀하의 노고에 감사드립니다.		차인지급액	3,822,160원

- 식대 : 당 회사는 현물 식사를 별도로 제공하지 않는다.
- 자가운전보조금 : 직원 본인 명의의 차량을 소유하고 있고, 그 차량을 업무수행에 이용하는 경우에 자가운전보조금을 지급하고 있으며, 별도의 시내교통비 등을 정산하여 지급하지 않는다.
- 야간근로수당 : 생산직 근로자가 받는 시간외근무수당으로서 이현민 사원의 기본급은 매월 동일한 것으로 가정한다.

[2] 다음은 강희찬(사번 : 500) 사원의 2025년 귀속 연말정산 관련 자료이다. 아래의 자료를 이용하여 [연말정산추가자료입력] 메뉴의 [부양가족](인별 보험료 및 교육비 포함) 탭을 수정하고, [신용카드 등] 탭, [의료비] 탭, [기부금] 탭을 작성하여 연말정산을 완료하시오. (10점)

1. 가족사항

관계	성명	나이	소득	비고
본인	강희찬	41세	총급여액 6,000만원	세대주
배우자	송은영	43세	양도소득금액 500만원	
아들	강민호	10세	소득 없음	첫째, 2025년에 입양 신고함
동생	강성찬	38세	소득 없음	장애인복지법에 따른 장애인

2. 연말정산 자료 : 다음은 근로자 본인이 결제하거나 지출한 금액으로서 모두 국세청 홈택스 연말정산간소화서비스에서 수집한 자료이다.

구분	내용
신용카드등 사용액	• 본인 : 신용카드 20,000,000원 - 재직 중인 ㈜파쇄상회의 비용을 본인 신용카드로 결제한 금액 1,000,000원, 자녀 미술학원비 1,200,000원, 대중교통이용액 500,000원이 포함되어 있다. • 아들 : 현금영수증 700,000원 - 자녀의 질병 치료목적 한약구입비용 300,000원, 대중교통이용액 100,000원이 포함되어 있다.
보험료	• 본인 : 생명보험료 2,400,000원(보장성 보험임) • 동생 : 장애인전용보장성보험료 1,700,000원
의료비	• 본인 : 2,700,000원(시력보정용 안경 구입비 600,000원 포함) • 배우자 : 2,500,000원(전액 난임시술비에 해당함) • 아들 : 1,200,000원(현금영수증 수취분 질병 치료목적 한약구입비용 300,000원 포함) • 동생 : 3,100,000원(전액 질병 치료목적으로 지출한 의료비에 해당함)
교육비	• 아들 : 초등학교 수업료 500,000원, 미술학원비 1,200,000원(본인 신용카드 사용분에 포함)
기부금	• 본인 : 종교단체 기부금 1,200,000원(모두 당해연도 지출액임)

3. 근로자 본인의 세부담이 최소화되도록 하고, 제시된 가족들은 모두 생계를 같이하는 동거 가족이다.

제108회 기출문제

이론시험

다음 문제를 보고 알맞은 것을 골라 이론문제 답안작성 메뉴에 입력하시오. (객관식 문항당 2점)

기본전제

문제에서 한국채택국제회계기준을 적용하도록 하는 전제조건이 없는 경우, 일반기업회계기준을 적용한다.

01 다음 중 회계정책, 회계추정의 변경 및 오류에 대한 설명으로 틀린 것은?

① 회계추정 변경의 효과는 당해 회계연도 개시일부터 적용한다.
② 변경된 새로운 회계정책은 원칙적으로 전진적으로 적용한다.
③ 매기 동일한 회계추정을 사용하면 비교가능성이 증대되어 재무제표의 유용성이 향상된다.
④ 매기 동일한 회계정책을 사용하면 비교가능성이 증대되어 재무제표의 유용성이 향상된다.

02 다음 중 주식배당에 대한 설명으로 가장 옳지 않은 것은?

① 주식발행 회사의 순자산은 변동이 없으며, 주주 입장에서는 주식 수 및 단가만 조정한다.
② 주식발행 회사의 입장에서는 배당결의일에 미처분이익잉여금이 감소한다.
③ 주식의 주당 액면가액이 증가한다.
④ 주식발행 회사의 자본금이 증가한다.

03 **비용의 인식이란 비용이 귀속되는 보고기간을 결정하는 것을 말하며, 관련 수익과의 대응 여부에 따라 수익과 직접대응, 합리적인 기간 배분, 당기에 즉시 인식의 세 가지 방법이 있다. 다음 중 비용인식의 성격이 나머지와 다른 하나는 무엇인가?**

① 감가상각비 ② 급여 ③ 광고선전비 ④ 접대비(기업업무추진비)

04 **다음 중 재무상태표와 손익계산서에 모두 영향을 미치는 오류에 해당하는 것은?**

① 만기가 1년 이내에 도래하는 장기채무를 유동성대체하지 않은 경우
② 매출할인을 영업외비용으로 회계처리한 경우
③ 장기성매출채권을 매출채권으로 분류한 경우
④ 감가상각비를 과대계상한 경우

05 **아래의 자료에서 기말재고자산에 포함해야 할 금액은 모두 얼마인가?**

- 선적지인도조건으로 매입한 미착상품 1,000,000원
- 도착지인도조건으로 판매한 운송 중인 상품 3,000,000원
- 담보로 제공한 저당상품 5,000,000원
- 반품률을 합리적으로 추정가능한 상태로 판매한 상품 4,000,000원

① 4,000,000원 ② 8,000,000원 ③ 9,000,000원 ④ 13,000,000원

06 **제조부서에서 사용하는 비품의 감가상각비 700,000원을 판매부서의 감가상각비로 회계처리할 경우, 해당 오류가 당기손익에 미치는 영향으로 옳은 것은? (단, 당기에 생산한 제품은 모두 당기 판매되고, 기초 및 기말재공품은 없는 것으로 가정한다.)**

① 제품매출원가가 700,000원만큼 과소계상된다.
② 매출총이익이 700,000원만큼 과소계상된다.
③ 영업이익이 700,000원만큼 과소계상된다.
④ 당기순이익이 700,000원만큼 과소계상된다.

07 **다음의 ㈜광명의 원가 관련 자료이다. 당기의 가공원가는 얼마인가?**

- 직접재료 구입액 : 110,000원
- 직접재료 기말재고액 : 10,000원
- 직접노무원가 : 200,000원
- 고정제조간접원가 : 500,000원
- 변동제조간접원가는 직접노무원가의 3배이다.

① 900,000원 ② 1,100,000원 ③ 1,300,000원 ④ 1,400,000원

08 **다음의 자료에서 설명하는 원가행태의 예시로 가장 올바른 것은?**

- 조업도가 '0'이라도 일정한 원가가 발생하고 조업도가 증가할수록 원가도 비례적으로 증가한다.
- 혼합원가(Mixed Costs)라고도 한다.

① 직접재료원가 ② 임차료 ③ 수선비 ④ 전기요금

09 **종합원가계산제도하의 다음 물량흐름 자료를 참고하여 ㉠과 ㉡의 차이를 구하면 얼마인가?**

- 재료원가는 공정 초에 전량 투입되며, 가공원가는 공정 전반에 걸쳐 균등하게 발생한다.
- 기초재공품 : 300개(완성도 40%)
- 기말재공품 : 200개(완성도 50%)
- 당기착수량 : 700개
- 당기완성품 : 800개
- 평균법에 의한 가공원가의 완성품환산량은 (㉠)개이다.
- 선입선출법에 의한 가공원가의 완성품환산량은 (㉡)개이다.

① 100개 ② 120개 ③ 150개 ④ 200개

10 다음 중 공손 및 작업폐물의 회계처리에 대한 설명으로 틀린 것은?

① 정상적이면서 모든 작업에 공통되는 공손원가는 공손이 발생한 제조부문에 부과하여 제조간접원가의 배부과정을 통해 모든 작업에 배부되도록 한다.

② 비정상공손품의 제조원가가 80,000원이고, 처분가치가 10,000원이라면 다음과 같이 회계처리한다.

(차)	공손품	10,000원	(대)	재공품	80,000원
	공손손실	70,000원			

③ 작업폐물이 정상적이면서 모든 작업에 공통되는 경우에는 처분가치를 제조간접원가에서 차감한다.

④ 작업폐물이 비정상적인 경우에는 작업폐물의 매각가치를 제조간접원가에서 차감한다.

11 다음 중 부가가치세법에 따른 과세거래에 대한 설명으로 틀린 것은?

① 자기가 주요자재의 일부를 부담하는 가공계약에 따라 생산한 재화를 인도하는 것은 재화의 공급으로 본다.

② 사업자가 위탁가공을 위하여 원자재를 국외의 수탁가공 사업자에게 대가 없이 반출하는 것은 재화의 공급으로 보지 아니한다.

③ 주된 사업과 관련하여 용역의 제공 과정에서 필연적으로 생기는 재화의 공급은 주된 용역의 공급에 포함되는 것으로 본다.

④ 사업자가 특수관계인에게 사업용 부동산의 임대용역을 제공하는 것은 용역의 공급으로 본다.

12 다음 중 부가가치세법에 따른 신고와 납부에 대한 설명으로 틀린 것은?

① 모든 사업자는 예정신고기간의 과세표준과 납부세액을 관할 세무서장에게 신고해야 한다.

② 간이과세자에서 해당 과세기간 개시일 현재 일반과세자로 변경된 경우 예정고지가 면제된다.

③ 조기에 환급을 받기 위하여 신고한 사업자는 이미 신고한 과세표준과 납부한 납부세액 또는 환급받은 세액은 신고하지 아니한다.

④ 폐업하는 경우 폐업일이 속한 달의 다음 달 25일까지 과세표준과 세액을 신고해야 한다.

13 **다음 중 세금계산서에 대한 설명으로 가장 올바르지 않은 것은?**

① 소매업을 영위하는 사업자가 영수증을 발급한 경우, 상대방이 세금계산서를 요구할지라도 세금계산서를 발행할 수 없다.
② 세관장은 수입자에게 세금계산서를 발급하여야 한다.
③ 면세사업자도 재화를 공급하는 경우 계산서를 발급하여야 한다.
④ 매입자발행세금계산서 발급이 가능한 경우가 있다.

14 **다음 중 소득세법상 비과세되는 근로소득이 아닌 것은?**

① 근로자가 출장여비로 실제 소요된 비용을 별도로 지급받지 않고 본인 소유의 차량을 직접 운전하여 업무수행에 이용한 경우 지급하는 월 20만원 이내의 자가운전보조금
② 회사에서 현물식사를 제공하는 대신에 별도로 근로자에게 지급하는 월 20만원의 식대
③ 근로자가 6세 이하 자녀보육과 관련하여 받는 급여로서 월 10만원 이내의 금액
④ 대주주인 출자임원이 사택을 제공받음으로써 얻는 이익

15 **소득세법상 다음 자료에 의한 소득만 있는 거주자의 2025년 귀속 종합소득금액은 모두 얼마인가?**

• 사업소득금액(도소매업) : 25,000,000원
• 사업소득금액(음식점업) : △10,000,000원
• 사업소득금액(비주거용 부동산임대업) : △7,000,000원
• 근로소득금액 : 13,000,000원
• 양도소득금액 : 20,000,000원

① 21,000,000원 ② 28,000,000원 ③ 41,000,000원 ④ 48,000,000원

실무시험

㈜세아산업(회사코드:1082)은 제조 및 도·소매업을 영위하는 중소기업으로, 당기(12기) 회계기간은 2025.1.1.~2025.12.31.이다. 전산세무회계 수험용 프로그램을 이용하여 다음 물음에 답하시오.

기본전제

- 문제에서 한국채택국제회계기준을 적용하도록 하는 전제조건이 없는 경우, 일반기업회계기준을 적용하여 회계처리 한다.
- 문제의 풀이와 답안작성은 제시된 문제의 순서대로 진행한다.

문제 1

[일반전표입력] 메뉴를 이용하여 다음의 거래자료를 입력하시오. (15점)

입력 시 유의사항

- 일반적인 적요의 입력은 생략하지만, 타계정 대체거래는 적요 번호를 선택하여 입력한다.
- 채권·채무와 관련된 거래는 별도의 요구가 없는 한 반드시 기등록된 거래처코드를 선택하는 방법으로 거래처명을 입력한다.
- 제조경비는 500번대 계정코드를, 판매비와관리비는 800번대 계정코드를 사용한다.
- 회계처리 시 계정과목은 별도의 제시가 없는 한 등록된 계정과목 중 가장 적절한 과목으로 한다.

[1] **02월 11일** 영업부의 거래처 직원인 최민영의 자녀 돌잔치 축의금으로 100,000원을 보통예금 계좌에서 이체하였다. (3점)

[2] **03월 31일** 제조공장의 직원을 위해 확정기여형(DC) 퇴직연금에 가입하고 당월분 납입액 2,700,000원을 보통예금 계좌에서 퇴직연금 계좌로 이체하였다. (3점)

[3] **05월 30일** 당사는 유상증자를 통해 보통주 5,000주를 주당 4,000원(주당 액면가액 5,000원)에 발행하고, 증자대금은 보통예금 계좌로 입금되었다. 유상증자일 현재 주식발행초과금 잔액은 2,000,000원이다. (3점)

[4] **07월 10일** 래인상사㈜로부터 제품 판매대금으로 수령한 3개월 만기 약속어음 20,000,000원을 하나은행에 할인하고, 할인수수료 550,000원을 차감한 잔액이 보통예금 계좌로 입금되었다(단, 차입거래로 회계처리 할 것). (3점)

[5] **12월 13일** 당사의 거래처인 ㈜서울로부터 기계장치를 무상으로 받았다. 동 기계장치의 공정가치는 3,800,000원이다. (3점)

문제 2

[매입매출전표입력] 메뉴를 이용하여 다음의 거래자료를 입력하시오. (15점)

입력 시 유의사항

- 일반적인 적요의 입력은 생략하지만, 타계정 대체거래는 적요 번호를 선택하여 입력한다.
- 채권·채무 관련 거래는 별도의 요구가 없는 한 반드시 기등록된 거래처코드를 선택하는 방법으로 거래처명을 입력한다.
- 제조경비는 500번대 계정코드를, 판매비와관리비는 800번대 계정코드를 사용한다.
- 회계처리 시 계정과목은 등록된 계정과목 중 가장 적절한 과목으로 한다.
- 입력화면 하단의 분개까지 처리하고, 세금계산서 및 계산서는 전자 여부를 입력하여 반영한다.

[1] **10월 08일** 수출업체인 ㈜상상에 구매확인서에 의하여 제품을 10,000,000원에 판매하고, 영세율전자세금계산서를 발급하였다. 판매대금은 당월 20일에 지급받는 것으로 하였다(단, 서류번호의 입력은 생략한다). (3점)

[2] **10월 14일** 제조공장에서 사용하는 화물용 트럭의 접촉 사고로 인해 파손된 부분을 안녕정비소에서 수리하고, 1,650,000원(부가가치세 포함)을 법인카드(㈜순양카드)로 결제하였다. 단, 지출비용은 차량유지비 계정을 사용한다. (3점)

카드매출전표

카드종류 : ㈜순양카드
카드번호 : 2224-1222-****-1347
거래일시 : 2025.10.14. 22:05:16
거래유형 : 신용승인
금　　액 : 1,500,000원
부 가 세 : 150,000원
합　　계 : 1,650,000원
결제방법 : 일시불
승인번호 : 71999995
은행확인 : 하나은행

가맹점명 : 안녕정비소
－이하생략－

[3] **11월 03일** ㈜바이머신에서 10월 1일에 구입한 기계장치에 하자가 있어 반품하고 아래와 같이 수정세금계산서를 발급받았으며 대금은 전액 미지급금과 상계처리하였다(단, 분개는 음수(-)로 회계처리할 것). (3점)

수정전자세금계산서						승인번호	20251103-00054021-00000086		
공급자	등록번호	105-81-72040	종사업장번호		공급받는자	등록번호	202-81-03655	종사업장번호	
	상호(법인명)	㈜바이머신	성 명	한만군		상호(법인명)	㈜세아산업	성 명	오세아
	사업장주소	경북 칠곡군 석적읍 강변대로 220				사업장주소	서울시 동대문구 겸재로 16		
	업 태	도소매	종 목	기타 기계 및 장비		업 태	제조,도소매	종 목	컴퓨터부품
	이메일					이메일			

작성일자	공급가액	세액	수정사유	비고
2025-11-03	-30,000,000원	-3,000,000원	재화의 환입	당초 작성일자(20251001), 당초 승인번호

월	일	품 목	규격	수량	단 가	공급가액	세 액	비 고
11	03	기계장치				-30,000,000원	-3,000,000원	

합계금액	현 금	수 표	어 음	외상미수금	위 금액을 **(청구)** 함
-33,000,000원				-33,000,000원	

[4] **11월 11일** 빼빼로데이를 맞아 당사의 영업부 직원들에게 선물하기 위해 미리 주문하였던 초콜릿을 ㈜사탕으로부터 인도받았다. 대금 2,200,000원(부가가치세 포함) 중 200,000원은 10월 4일 계약금으로 지급하였으며, 나머지 금액은 보통예금 계좌에서 지급하고 아래의 전자세금계산서를 수취하였다. (3점)

전자세금계산서						승인번호	20251111-15454645-58811886		
공급자	등록번호	178-81-12341	종사업장 번호		공급받는자	등록번호	202-81-03655	종사업장 번호	
	상호 (법인명)	㈜사탕	성 명	박사랑		상호 (법인명)	㈜세아산업	성 명	오세아
	사업장 주소	서울특별시 동작구 여의대방로 28				사업장 주소	서울시 동대문구 겸재로 16		
	업 태	소매업	종 목	과자류		업 태	제조,도소매	종 목	컴퓨터부품
	이메일					이메일			

작성일자	공급가액	세액	수정사유	비고
2025-11-11	2,000,000원	200,000원	해당 없음	계약금 200,000원 수령(2025년 10월 4일)

월	일	품 목	규격	수량	단 가	공급가액	세 액	비 고
11	11	힘내라 초콜렛 외			2,000,000원	2,000,000원	200,000원	

합계금액	현 금	수 표	어 음	외상미수금	위 금액을 **(청구)** 함
2,200,000원	200,000			2,000,000원	

[5] **12월 28일** 비사업자인 개인 소비자에게 사무실에서 사용하던 비품(취득원가 1,200,000원, 감가상각누계액 960,000원)을 275,000원(부가가치세 포함)에 판매하고, 대금은 보통예금 계좌로 받았다(별도의 세금계산서나 현금영수증을 발급하지 않았으며, 거래처 입력은 생략한다). (3점)

문제 3

부가가치세신고와 관련하여 다음 물음에 답하시오. (10점)

[1] 다음은 2025년 제2기 부가가치세 예정신고기간의 신용카드 매출 및 매입자료이다. 아래 자료를 이용하여 [신용카드매출전표등발행금액집계표]와 [신용카드매출전표등수령명세서(갑)]을 작성하시오(단, 매입처는 모두 일반과세자이다). (4점)

1. 신용카드 매출

거래일자	거래내용	공급가액	부가가치세	합계	비고
7월 17일	제품매출	4,000,000원	400,000원	4,400,000원	전자세금계산서를 발급하고 신용카드로 결제받은 3,300,000원이 포함되어 있다.
8월 21일	제품매출	3,000,000원	300,000원	3,300,000원	
9월 30일	제품매출	2,000,000원	200,000원	2,200,000원	

2. 신용카드 매입

거래일자	상 호	사업자번호	공급가액	부가가치세	비고
7월 11일	㈜가람	772-81-10112	70,000원	7,000원	사무실 문구구입 - 법인(신한)카드 사용
8월 15일	㈜기쁨	331-80-62014	50,000원	5,000원	거래처 선물구입 - 법인(신한)카드 사용
9월 27일	자금성	211-03-54223	10,000원	1,000원	직원 간식구입 - 직원 개인카드 사용

※ 법인(신한)카드 번호 : 7777-9999-7777-9999, 직원 개인카드 번호 : 3333-5555-3333-5555

[2] 다음의 자료를 이용하여 2025년 제1기 부가가치세 확정신고기간(2025년 4월~2025년 6월)에 대한 [대손세액공제신고서]를 작성하시오. (4점)

• 대손이 발생된 매출채권은 아래와 같다.

공급일자	거래상대방	계정과목	공급대가	비고
2025. 01. 05.	정성㈜	외상매출금	11,000,000원	부도발생일(2025. 03. 31.)
2024. 09. 01.	수성㈜	받을어음	7,700,000원	부도발생일(2024. 11. 01.)
2022. 05. 10.	금성㈜	외상매출금	5,500,000원	상법상 소멸시효 완성(2025. 05. 10.)
2024. 01. 15.	우강상사	단기대여금	2,200,000원	자금 차입자의 사망(2025. 06. 25.)

• 전기에 대손세액공제(사유 : 전자어음부도, 당초공급일 : 2024.01.05, 대손확정일자 : 2024.10.01.)를 받았던 매출채권(공급대가 : 5,500,000원, 매출처 : 비담㈜, 111-81-33339)의 50%를 2025.05.10.에 회수하였다.

[3] 당 법인의 2025년 제1기 예정신고기간의 부가가치세신고서를 작성 및 마감하여 부가가치세 전자신고를 수행하시오. (2점)

1. 부가가치세신고서와 관련 부속서류는 마감되어 있다.
2. [전자신고] → [국세청 홈택스 전자신고변환(교육용)] 순으로 진행한다.
3. 전자신고용 전자파일 제작 시 신고인 구분은 2.납세자 자진신고로 선택하고, 비밀번호는 "12341234"로 입력한다.
4. 전자신고용 전자파일 저장경로는 로컬디스크(C :)이며, 파일명은 "enc작성연월일.101.v2028103655"이다.
5. 최종적으로 국세청 홈택스에서 [전자파일 제출하기]를 완료한다.

문제 4

다음 결산자료를 입력하여 결산을 완료하시오. (15점)

[1] 2025년 6월 1일에 제조공장에 대한 화재보험료(보험기간 : 2025.06.01.~2026.05.31.) 3,000,000원을 전액 납입하고 즉시 비용으로 회계처리하였다(단, 음수(-)로 회계처리하지 말고, 월할계산할 것). (3점)

[2] 보통예금(우리은행)의 잔액이 (-)7,200,000원으로 계상되어 있어 거래처원장을 확인해보니 마이너스통장으로 확인되었다. (3점)

[3] 다음은 기말 현재 보유하고 있는 매도가능증권(투자자산)의 내역이다. 이를 반영하여 매도가능증권의 기말평가에 대한 회계처리를 하시오. (3점)

회사명	2024년 취득가액	2024년 기말 공정가액	2025년 기말 공정가액
㈜대박	159,000,000원	158,500,000원	135,000,000원

[4] 결산일 현재 외상매출금 잔액과 미수금 잔액에 대해서만 1%의 대손충당금(기타채권 제외)을 보충법으로 설정하고 있다. (3점)

[5] 기말 현재 보유 중인 감가상각 대상 자산은 다음과 같다. (3점)

- 계정과목 : 특허권
- 취득원가 : 4,550,000원
- 내용연수 : 7년
- 취득일자 : 2023.04.01.
- 상각방법 : 정액법

문제 5

2025년 귀속 원천징수자료와 관련하여 다음의 물음에 답하시오. (15점)

[1] 다음은 영업부 최철수 과장(사원코드 : 101)의 3월과 4월의 급여자료이다. 3월과 4월의 [급여자료입력]과 [원천징수이행상황신고서]를 작성하시오(단, 원천징수이행상황신고서는 각각 작성할 것). (5점)

1. 회사 사정으로 인해 3월과 4월 급여는 2025년 4월 30일에 일괄 지급되었다.
2. 수당 및 공제항목은 불러온 자료는 무시하고, 아래 자료에 따라 입력하되 사용하지 않는 항목은 "부"로 등록한다.
3. 급여자료

구 분	3월	4월	비 고
기본급	2,800,000원	3,000,000원	
식대	100,000원	200,000원	현물식사를 별도로 제공하고 있다.
지급총액	2,900,000원	3,200,000원	
국민연금	135,000원	135,000원	
건강보험	104,850원	115,330원	
장기요양보험	13,750원	14,930원	
고용보험	23,200원	25,600원	
건강보험료정산	-	125,760원	공제소득유형 : 5.건강보험료정산
장기요양보험정산	-	16,280원	공제소득유형 : 6.장기요양보험정산
소득세	65,360원	91,460원	
지방소득세	6,530원	9,140원	
공제총액	348,510원	533,500원	
차인지급액	2,551,490원	2,666,500원	

[2] 신영식 사원(사번 : 102, 입사일 : 2025년 05월 01일)의 2025년 귀속 연말정산과 관련된 자료는 다음과 같다. 아래의 자료를 이용하여 [연말정산추가자료입력] 메뉴의 [소득명세] 탭, [부양가족] 탭, [의료비] 탭, [기부금] 탭, [연금저축 등 I] 탭, [연말정산입력] 탭을 작성하여 연말정산을 완료하시오. 단, 신영식은 무주택 세대주로 부양가족이 없으며, 근로소득 이외에 다른 소득은 없다. (10점)

<table>
<tr><td>현근무지</td><td colspan="2">· 급여총액 : 24,800,000원(비과세 급여, 상여, 감면소득 없음)
· 소득세 기납부세액 : 747,200원(지방소득세 : 74,720원)
· 이외 소득명세 탭의 자료는 불러오기 금액을 반영한다.</td></tr>
<tr><td>전(前)근무지
근로소득
원천징수
영수증</td><td colspan="2">· 근무처 : ㈜진우상사(사업자번호 : 258-81-84442)
· 근무기간 : 2025.01.01.~2025.04.20.
· 급여총액 : 20,000,000원 (비과세 급여, 상여, 감면소득 없음)
· 건강보험료 : 419,300원
· 장기요양보험료 : 51,440원
· 고용보험료 : 108,000원
· 국민연금 : 540,000원
· 소득세 결정세액 : 200,000원(지방소득세 결정세액 : 20,000원)</td></tr>
<tr><td rowspan="7">2025년도
연말정산자료</td><td colspan="2">※ 안경구입비를 제외한 연말정산 자료는 모두 국세청 홈택스 연말정산간소화서비스 자료임</td></tr>
<tr><td>항목</td><td>내용</td></tr>
<tr><td>보험료
(본인)</td><td>· 일반 보장성 보험료 : 2,000,000원
· 저축성 보험료 : 1,500,000원
※ 계약자와 피보험자 모두 본인이다.</td></tr>
<tr><td>교육비
(본인)</td><td>· 대학원 교육비 : 7,000,000원</td></tr>
<tr><td>의료비
(본인)</td><td>· 질병 치료비 : 3,000,000원
(본인 현금 결제, 실손의료보험금 1,000,000원 수령)
· 시력보정용 안경 구입비 : 800,000원
(안경원에서 의료비공제용 영수증 수령)
· 미용 목적 피부과 시술비 : 1,000,000원
· 건강증진을 위한 한약 : 500,000원</td></tr>
<tr><td>기부금
(본인)</td><td>· 종교단체 금전 기부금 : 1,200,000원
· 사회복지공동모금회 금전 기부금 : 2,000,000원
※ 지급처(기부처) 상호 및 사업자번호 입력은 생략한다.</td></tr>
<tr><td>개인연금
저축
(본인)</td><td>· 개인연금저축 납입금액 : 2,000,000원
· KEB 하나은행, 계좌번호 : 253-660750-73308</td></tr>
</table>

제109회 기출문제

이론시험

다음 문제를 보고 알맞은 것을 골라 이론문제 답안작성 메뉴에 입력하시오. (객관식 문항당 2점)

기본전제

문제에서 한국채택국제회계기준을 적용하도록 하는 전제조건이 없는 경우, 일반기업회계기준을 적용한다.

01 다음 중 금융부채에 대한 설명으로 틀린 것은?

① 금융부채는 최초 인식 시 공정가치로 측정하는 것이 원칙이다.
② 양도한 금융부채의 장부금액과 지급한 대가의 차액은 기타포괄손익으로 인식한다.
③ 금융부채는 후속 측정 시 상각후원가로 측정하는 것이 원칙이다.
④ 금융채무자가 재화 또는 용역을 채권자에게 제공하여 금융부채를 소멸시킬 수 있다.

02 아래의 자료는 시장성 있는 유가증권에 관련된 내용이다. 이에 대한 설명으로 옳은 것은?

- 2024년 08월 05일 : A회사 주식 500주를 주당 4,000원에 매입하였다.
- 2024년 12월 31일 : A회사 주식의 공정가치는 주당 5,000원이다.
- 2025년 04월 30일 : A회사 주식 전부를 주당 6,000원에 처분하였다.

① 단기매매증권으로 분류할 경우 매도가능증권으로 분류하였을 때보다 2024년 당기순이익은 감소한다.
② 단기매매증권으로 분류할 경우 매도가능증권으로 분류하였을 때보다 2024년 기말 자산이 더 크다.
③ 매도가능증권으로 분류할 경우 처분 시 매도가능증권처분이익은 500,000원이다.
④ 매도가능증권으로 분류할 경우 단기매매증권으로 분류하였을 때보다 2025년 당기순이익은 증가한다.

03 **다음 중 회계변경으로 인정되는 정당한 사례로 적절하지 않은 것은?**

① 일반기업회계기준의 제·개정으로 인하여 새로운 해석에 따라 회계변경을 하는 경우
② 기업환경의 중대한 변화에 의하여 종전의 회계정책을 적용하면 재무제표가 왜곡되는 경우
③ 동종산업에 속한 대부분의 기업이 채택한 회계정책 또는 추정방법으로 변경함에 있어서 새로운 회계정책 또는 추정방법이 종전보다 더 합리적이라고 판단되는 경우
④ 정확한 세무신고를 위해 세법 규정을 따를 필요가 있는 경우

04 **다음 중 무형자산에 대한 설명으로 가장 옳지 않은 것은?**

① 개발비 중 연구단계에서 발생한 지출은 발생한 기간의 비용으로 인식한다.
② 합리적인 상각방법을 정할 수 없는 경우에는 정률법으로 상각한다.
③ 일반기업회계기준에서는 무형자산의 재무제표 표시방법으로 직접상각법과 간접상각법을 모두 허용하고 있다.
④ 무형자산의 내용연수는 법적 내용연수와 경제적 내용연수 중 짧은 것으로 한다.

05 **다음 중 자본에 대한 설명으로 틀린 것은?**

① 자본은 기업의 자산에서 모든 부채를 차감한 후의 잔여지분을 나타낸다.
② 주식의 발행금액이 액면금액보다 크면 그 차액을 주식발행초과금으로 하여 이익잉여금으로 회계처리한다.
③ 납입된 자본에 기업활동을 통해 획득하여 기업의 활동을 위해 유보된 금액을 가산하여 계산한다.
④ 납입된 자본에 소유자에 대한 배당으로 인한 주주지분 감소액을 차감하여 계산한다.

06 **㈜하나의 제조간접원가 배부차이가 250,000원 과대배부인 경우, 실제 제조간접원가 발생액은 얼마인가? 단, 제조간접원가 예정배부율은 작업시간당 3,000원이며, 작업시간은 1일당 5시간으로 총 100일간 작업하였다.**

① 1,000,000원 ② 1,250,000원 ③ 1,500,000원 ④ 1,750,000원

07 **㈜연우가 2025년에 사용한 원재료는 500,000원이다. 2025년 초 원재료 재고액이 2025년 말 원재료 재고액보다 50,000원 적을 경우, 2025년의 원재료 매입액은 얼마인가?**

① 450,000원 ② 500,000원 ③ 550,000원 ④ 600,000원

08 **다음 중 제조원가명세서를 작성하기 위하여 필요한 내용이 아닌 것은?**

① 당기 직접노무원가 발생액
② 당기 직접재료 구입액
③ 당기 기말제품 재고액
④ 당기 직접재료 사용액

09 **㈜푸른솔은 보조부문의 원가배분방법으로 직접배분법을 사용한다. 보조부문 A와 B의 원가가 각각 1,500,000원과 1,600,000원으로 집계되었을 경우, 아래의 자료를 바탕으로 제조부문 X에 배분될 보조부문원가는 얼마인가?**

사용부문 / 제공부문	보조부문		제조부문		합계
	A	B	X	Y	
A	-	50시간	500시간	300시간	850시간
B	200시간	-	300시간	500시간	1,000시간

① 1,150,000원 ② 1,250,000원 ③ 1,332,500원 ④ 1,537,500원

10 **다음 중 종합원가계산에 대한 설명으로 틀린 것은?**

① 선입선출법은 실제 물량흐름을 반영하므로 평균법보다 더 유용한 정보를 제공한다.
② 평균법은 당기 이전에 착수된 기초재공품도 당기에 착수한 것으로 본다.
③ 선입선출법이 평균법보다 계산방법이 간편하다.
④ 기초재공품이 없다면 선입선출법과 평균법의 적용 시 기말재공품원가는 언제나 동일하다.

11 **다음 중 부가가치세법상 용역의 공급시기에 대한 설명으로 틀린 것은?**

① 임대보증금의 간주임대료는 예정신고기간 또는 과세기간의 종료일을 공급시기로 한다.
② 폐업 전에 공급한 용역의 공급시기가 폐업일 이후에 도래하는 경우 폐업일을 공급시기로 한다.
③ 장기할부조건부 용역의 공급의 경우 대가의 각 부분을 받기로 한 때를 공급시기로 한다.
④ 용역의 대가의 각 부분을 받기로 한 때 대가를 받지 못하는 경우 공급시기로 보지 않는다.

12 **다음 중 부가가치세법상 면세 대상이 아닌 것은?**

① 항공법에 따른 항공기에 의한 여객운송용역
② 도서, 신문
③ 연탄과 무연탄
④ 우표, 인지, 증지, 복권

13 **다음 중 부가가치세법상 재화의 공급에 해당하는 거래는?**

① 과세사업자가 사업을 폐업할 때 자기생산·취득재화가 남아있는 경우
② 사업장별로 그 사업에 관한 모든 권리와 의무를 포괄적으로 승계시키는 경우
③ 법률에 따라 조세를 물납하는 경우
④ 각종 법에 의한 강제 경매나 공매에 따라 재화를 인도하거나 양도하는 경우

14 **다음 중 소득세법상 과세방법이 다른 하나는?**

① 복권 당첨금
② 일용근로소득
③ 계약금이 위약금으로 대체되는 경우의 위약금이나 배상금
④ 비실명 이자소득

15 **다음 중 근로소득만 있는 거주자의 연말정산 시 산출세액에서 공제하는 세액공제에 대한 설명으로 틀린 것은?**

① 저축성보험료에 대해서는 공제받을 수 없다.
② 근로를 제공한 기간에 지출한 의료비만 공제 대상 의료비에 해당한다.
③ 직계존속의 일반대학교 등록금은 교육비세액공제 대상이다.
④ 의료비세액공제는 지출한 의료비가 총급여액의 3%를 초과하는 경우에만 적용받을 수 있다.

실무시험

㈜천부전자(회사코드:1092)는 제조 및 도·소매업을 영위하는 중소기업으로, 당기(제18기) 회계기간은 2025.1.1.~2025.12.31.이다. 전산세무회계 수험용 프로그램을 이용하여 다음 물음에 답하시오.

기본전제

- 문제에서 한국채택국제회계기준을 적용하도록 하는 전제조건이 없는 경우, 일반기업회계기준을 적용하여 회계처리 한다.
- 문제의 풀이와 답안작성은 제시된 문제의 순서대로 진행한다.

문제 1

[일반전표입력] 메뉴를 이용하여 다음의 거래자료를 입력하시오. (15점)

입력 시 유의사항

- 일반적인 적요의 입력은 생략하지만, 타계정 대체거래는 적요 번호를 선택하여 입력한다.
- 채권·채무와 관련된 거래는 별도의 요구가 없는 한 반드시 기등록된 거래처코드를 선택하는 방법으로 거래처명을 입력한다.
- 제조경비는 500번대 계정코드를, 판매비와관리비는 800번대 계정코드를 사용한다.
- 회계처리 시 계정과목은 별도의 제시가 없는 한 등록된 계정과목 중 가장 적절한 과목으로 한다.

[1] **01월 22일** ㈜한강물산에 제품을 8,000,000원에 판매하기로 계약하고, 판매대금 중 20%를 당좌예금 계좌로 송금받았다. (3점)

[2] **03월 25일** 거래처인 ㈜동방불패의 파산으로 외상매출금 13,000,000원의 회수가 불가능해짐에 따라 대손처리하였다(대손 발생일 직전 외상매출금에 대한 대손충당금 잔액은 4,000,000원이었으며, 부가가치세법상 대손세액공제는 고려하지 않는다). (3점)

[3] **06월 30일** 업무용 승용자동차(5인승, 2,000cc)의 엔진 교체 후 대금 7,700,000원을 보통예금 계좌에서 지급하고 현금영수증을 수령하였다(단, 승용자동차의 엔진 교체는 자본적지출에 해당한다). (3점)

[4] **07월 25일** 이사회에서 2025년 07월 12일에 결의한 중간배당(현금배당 100,000,000원)인 미지급배당금에 대하여 소득세 등 15.4%를 원천징수하고 보통예금 계좌에서 지급하였다(단, 관련 데이터를 조회하여 회계처리할 것). (3점)

[5] **11월 05일** 액면가액 10,000,000원(3년 만기)인 사채를 10,850,000원에 할증발행하였으며, 대금은 전액 보통예금 계좌로 입금되었다. (3점)

문제 2

[매입매출전표입력] 메뉴를 이용하여 다음의 거래자료를 입력하시오. (15점)

입력 시 유의사항

- 일반적인 적요의 입력은 생략하지만, 타계정 대체거래는 적요 번호를 선택하여 입력한다.
- 채권·채무 관련 거래는 별도의 요구가 없는 한 반드시 기등록된 거래처코드를 선택하는 방법으로 거래처명을 입력한다.
- 제조경비는 500번대 계정코드를, 판매비와관리비는 800번대 계정코드를 사용한다.
- 회계처리 시 계정과목은 등록된 계정과목 중 가장 적절한 과목으로 한다.
- 입력화면 하단의 분개까지 처리하고, 세금계산서 및 계산서는 전자 여부를 입력하여 반영한다.

[1] **07월 18일** 취득가액은 52,000,000원, 매각 당시 감가상각누계액은 38,000,000원인 공장에서 사용하던 기계장치를 ㈜로라상사에 매각하고 아래와 같이 전자세금계산서를 발급하였다(당기의 감가상각비는 고려하지 말고 하나의 전표로 입력할 것). (3점)

전자세금계산서					승인번호	20250718-000023-123547		
공급자	등록번호	130-81-25029	종사업장번호		공급받는자	등록번호	101-81-42001	종사업장번호	
	상호(법인명)	㈜천부전자	성 명	정지훈		상호(법인명)	㈜로라상사	성 명	전소민
	사업장주소	인천시 남동구 간석로 7				사업장주소	경기 포천시 중앙로 8		
	업 태	제조,도소매	종 목	전자제품		업 태	제조업	종 목	자동차부품
	이메일					이메일			

작성일자	공급가액	세액	수정사유	비고
2025.07.18.	11,000,000	1,100,000	해당 없음	

월	일	품 목	규격	수량	단 가	공급가액	세 액	비 고
07	18	기계장치 매각				11,000,000	1,100,000	

합계금액	현 금	수 표	어 음	외상미수금	위 금액을 **(청구)** 함
12,100,000				12,100,000	

[2] **07월 30일** 영업부에 필요한 비품을 ㈜소나무로부터 구입하고 법인 명의로 현금영수증을 발급받았다. 법인의 운영자금이 부족하여 대표자 개인 명의의 계좌에서 대금을 지급하였다(단, 가수금(대표자)으로 처리할 것). (3점)

인터넷 납세서비스 Hometax. **현금영수증**

•거래정보

거래일시	2025년 7월 30일 13:40:14
승인번호	1234567
거래구분	승인거래
거래용도	지출증빙
발급수단번호	130-81-25029

●거래금액

공급가액	부가세	봉사료	총 거래금액
600,000	60,000		660,000

●가맹점 정보

상호	㈜소나무
사업자번호	222-81-12347
대표자명	박무늬
주소	서울특별시 강남구 압구정동 14

● 익일 홈택스에서 현금영수증 발급 여부를 반드시 확인하시기 바랍니다.
● 홈페이지 (http://www.hometax.go.kr)
- 조회/발급>현금영수증 조회>사용내역(소득공제) 조회
>매입내역(지출증빙) 조회
● 관련문의는 국세상담센터(☎126-1-1)

[3] **08월 31일** 제2기 부가가치세 예정신고 시 누락한 제조부의 자재 창고 임차료에 대하여 아래와 같이 종이 세금계산서를 10월 30일에 수취하였다(단, 제2기 확정 부가가치세 신고서에 자동 반영되도록 입력 및 설정할 것). (3점)

세금계산서(공급받는 자 보관용)				책번호	권 호		
				일련번호	-		
공급자	등록번호	113-55-61448		공급받는자	등록번호	130-81-25029	
	상호(법인명)	오미순부동산	성명(대표자) 오미순		상호(법인명)	㈜천부전자	성명(대표자) 정지훈
	사업장 주소	경기도 부천시 신흥로 111			사업장 주소	인천시 남동구 간석로 7	
	업태	부동산업	종목 임대업		업태	제조 외	종목 전자제품

작성일자 연	월	일	빈칸수	공급가액	세액	비고
25	08	31	6	1500000	150000	

월	일	품목	규격	수량	단가	공급가액	세액	비고
08	31	자재창고 임차료				1,500,000	150,000	

합계금액	현금	수표	어음	외상미수금	위 금액을 (청구) 함
1,650,000				1,650,000	

[4] **09월 28일** 제품의 제작에 필요한 원재료를 수입하면서 인천세관으로부터 아래의 수입전자세금계산서를 발급받고, 부가가치세는 보통예금 계좌에서 지급하였다(단, 재고자산에 대한 회계처리는 생략할 것). (3점)

수입전자세금계산서					승인번호	20250928-16565842-11125669		
세관명	등록번호	13-82-12512	종사업장번호		수입자	등록번호	130-81-25029	종사업장번호	
	세관명	인천세관	성명	김세관		상호(법인명)	㈜천부전자	성 명	정지훈
	세관주소	인천광역시 미추홀구 항구로				사업장주소	인천시 남동구 간석로 7		
수입신고번호 또는 일괄발급기간(총건)						업 태	제조,도소매	종 목	전자제품

납부일자	과세표준	세액	수정사유	비고
2025.09.28.	20,000,000	2,000,000	해당 없음	

월	일	품 목	규격	수량	단 가	공급가액	세 액	비 고
09	28	수입신고필증 참조				20,000,000	2,000,000	

합계금액	22,000,000

[5] **09월 30일** 영업부에서 거래처에 추석선물로 제공하기 위하여 ㈜부천백화점에서 선물세트를 구입하고 아래의 전자세금계산서를 발급받았다. 대금 중 500,000원은 현금으로 결제하였으며, 잔액은 보통예금 계좌에서 지급하였다. (3점)

<table>
<tr><th colspan="5">전자세금계산서</th><th colspan="2">승인번호</th><th colspan="3">20250930-100156-956214</th></tr>
<tr><td rowspan="5">공급자</td><td>등록번호</td><td>130-81-01236</td><td>종사업장번호</td><td></td><td rowspan="5">공급받는자</td><td>등록번호</td><td>130-81-25029</td><td>종사업장번호</td><td></td></tr>
<tr><td>상호(법인명)</td><td>㈜부천백화점</td><td>성 명</td><td>안부천</td><td>상호(법인명)</td><td>㈜천부전자</td><td>성 명</td><td>정지훈</td></tr>
<tr><td>사업장주소</td><td colspan="3">경기도 부천시 길주로 280 (중동)</td><td>사업장주소</td><td colspan="3">인천시 남동구 간석로 7</td></tr>
<tr><td>업 태</td><td>소매</td><td>종 목</td><td>잡화</td><td>업 태</td><td>제조</td><td>종 목</td><td>전자제품</td></tr>
<tr><td>이메일</td><td colspan="3">bucheon@never.net</td><td>이메일</td><td colspan="3"></td></tr>
</table>

<table>
<tr><th>작성일자</th><th>공급가액</th><th>세액</th><th>수정사유</th><th>비고</th></tr>
<tr><td>2025.09.30.</td><td>2,600,000</td><td>260,000</td><td>해당 없음</td><td></td></tr>
</table>

월	일	품 목	규격	수량	단 가	공급가액	세 액	비 고
09	30	홍삼선물세트		10	260,000	2,600,000	260,000	

<table>
<tr><th>합계금액</th><th>현 금</th><th>수 표</th><th>어 음</th><th>외상미수금</th><td rowspan="2">위 금액을 (청구) 함</td></tr>
<tr><td>2,860,000</td><td>2,860,000</td><td></td><td></td><td></td></tr>
</table>

문제 3

부가가치세 신고와 관련하여 다음 물음에 답하시오. (10점)

[1] 아래의 자료를 이용하여 2025년 제1기 부가가치세 확정신고기간의 [수출실적명세서]를 작성하시오(단, 거래처코드와 거래처명은 조회하여 불러올 것). (3점)

거래처	수출신고번호	선적일	환가일	통화	수출액	기준환율	
						선적일	환가일
B&G	11133-77-100066X	2025.04.15.	2025.04.10.	USD	$80,000	₩1,350/$	₩1,300/$
PNP	22244-88-100077X	2025.05.30.	2025.06.07.	EUR	€52,000	₩1,400/€	₩1,410/€

[2] 다음의 자료만을 이용하여 2025년 제1기 부가가치세 확정신고기간(4월 1일~6월 30일)의 [부가가치세신고서]를 작성하시오(단, 기존에 입력된 자료 또는 불러온 자료는 무시하고, 부가가치세신고서 외의 부속서류 작성은 생략할 것). (5점)

구분	자 료
매출	1. 전자세금계산서 발급분 제품 매출액 : 200,000,000원(부가가치세 별도) 2. 신용카드로 결제한 제품 매출액 : 44,000,000원(부가가치세 포함) 3. 내국신용장에 의한 제품 매출액(영세율세금계산서 발급분) : 공급가액 40,000,000원 4. 수출신고필증 및 선하증권으로 확인된 수출액(직수출) : 5,000,000원(원화 환산액)
매입	1. 세금계산서 수취분 일반매입 : 공급가액 120,000,000원, 세액 12,000,000원 2. 세금계산서 수취분 9인승 업무용 차량 매입 : 공급가액 30,000,000원, 세액 3,000,000원 ※ 위 1번의 일반매입분과 별개이다. 3. 법인신용카드매출전표 수취분 중 공제 대상 일반매입 : 공급가액 10,000,000원, 세액 1,000,000원 4. 제1기 예정신고 시 누락된 세금계산서 매입 : 공급가액 20,000,000원, 세액 2,000,000원
비고	1. 제1기 예정신고 시 미환급세액은 1,000,000원이라고 가정한다. 2. 전자신고세액공제는 고려하지 않도록 한다.

[3] 다음의 자료를 이용하여 2025년 제1기 부가가치세 예정신고기간(1월 1일~3월 31일)의 [부가가치세신고서] 및 관련 부속서류를 전자신고하시오. (2점)

1. 부가가치세신고서와 관련 부속서류는 마감되어 있다.
2. [전자신고] → [국세청 홈택스 전자신고변환(교육용)] 순으로 진행한다.
3. [전자신고]의 [전자신고제작] 탭에서 신고인구분은 2.납세자 자진신고를 선택하고, 비밀번호는 "12341234"로 입력한다.
4. [국세청 홈택스 전자신고변환(교육용)] → 전자파일변환(변환대상파일선택) → 찾아보기 에서 전자신고용 전자파일을 선택한다.
5. 전자신고용 전자파일 저장경로는 로컬디스크(C:)이며, 파일명은 "enc작성연월일.101.v사업자등록번호"이다.
6. 형식검증하기 → 형식검증결과확인 → 내용검증하기 → 내용검증결과확인 → 전자파일제출 을 순서대로 클릭한다.
7. 최종적으로 전자파일 제출하기 를 완료한다.

문제 4

결산정리사항은 다음과 같다. 관련 메뉴를 이용하여 결산을 완료하시오. (15점)

[1] 기말 재고조사 결과 자산으로 처리하였던 영업부의 소모품 일부(장부가액 : 250,000원)가 제조부의 소모품비로 사용되었음을 확인하였다. (3점)

[2] 기말 재무상태표의 단기차입금 중에는 당기에 발생한 ㈜유성에 대한 외화차입금 26,000,000원이 포함되어 있다. 발생일 현재 기준환율은 1,300원/$이고, 기말 현재 기준환율은 1,400원/$이다. (3점)

[3] 대출금에 대한 이자지급일은 매월 16일이다. 당해연도분 미지급비용을 인식하는 회계처리를 하시오(단, 거래처 입력은 하지 않을 것). (3점)

대출 적용금리는 변동금리로 은행에 문의한 결과 2025년 12월 16일부터 2026년 1월 15일까지의 기간에 대하여 지급되어야 할 이자는 총 5,000,000원이며, 이 중 2025년도 12월 31일까지에 대한 발생이자는 2,550,000원이었다.

[4] 기존에 입력된 데이터는 무시하고 제2기 확정신고기간의 부가가치세와 관련된 내용이 다음과 같다고 가정한다. 12월 31일 부가세예수금과 부가세대급금을 정리하는 회계처리를 하시오. 단, 납부세액(또는 환급세액)은 미지급세금(또는 미수금)으로, 경감세액은 잡이익으로, 가산세는 세금과공과(판)로 회계처리한다. (3점)

- 부가세대급금 12,400,000원
- 부가세예수금 240,000원
- 전자신고세액공제액 10,000원
- 세금계산서지연발급가산세 24,000원

[5] 당기분 법인세가 27,800,000원(법인지방소득세 포함)으로 확정되었다. 회사는 법인세 중간예납세액과 이자소득원천징수세액의 합계액 11,000,000원을 선납세금으로 계상하고 있었다. (3점)

문제 5

2025년 귀속 원천징수자료와 관련하여 다음의 물음에 답하시오. (15점)

[1] 다음은 자재부 사원 김경민(사번 : 101)의 부양가족 자료이다. 부양가족은 모두 생계를 함께하고 있으며 세부담 최소화를 위해 가능하면 김경민이 모두 공제받고자 한다. [사원등록] 메뉴의 [부양가족명세]를 작성하시오(단, 기본공제대상자가 아닌 경우에는 입력하지 말 것). (5점)

성명	관계	주민등록번호	동거 여부	비고
김경민	본인	650213-1234567	세대주	총급여 : 50,000,000원
정혜미	배우자	630415-2215676	동거	퇴직소득금액 100만원
김경희	동생	700115-2157895	동거	일용근로소득 550만원, 장애인(장애인복지법)
김경우	부친	400122-1789545	주거형편상 별거	이자소득 2천만원
박순란	모친	400228-2156777	주거형편상 별거	소득없음
정지원	처남	690717-1333451	동거	양도소득금액 100만원, 장애인(중증환자)
김기정	아들	951111-1123456	주거형편상 별거	취업준비생, 일용근로소득 500만원
김지은	딸	051101-4035121	동거	사업소득금액 100만원

[2] 다음은 진도준(사번:15, 입사일:2025.01.02.) 사원의 2025년 귀속 연말정산 관련 자료이다. [연말정산추가자료입력]의 [부양가족(보험료, 교육비)] 탭, [신용카드] 탭, [의료비] 탭, [연금저축] 탭을 작성하고, [연말정산입력] 탭에서 연말정산을 완료하시오(단, 근로자 본인의 세부담이 최소화되도록 한다). (10점)

1. 가족사항(모두 동거하며, 생계를 같이한다. 아래 제시된 자료 외의 다른 소득은 없다.)

관계	성명	주민등록번호	소득	비고
본인	진도준	771030 - 1224112	총급여 8,000만원	세대주
어머니	박정희	490511 - 2148712	종합과세금융소득 2,400만원	
배우자	김선영	800115 - 2347238	분리과세 선택 기타소득 300만원	
아들	진도진	140131 - 3165610	소득 없음	초등학생
아들	진시진	180801-3165111	소득 없음	유치원생

※ 기본공제대상자가 아닌 경우 기본공제 "부"로 입력할 것

2. 연말정산 자료

※ 아래의 자료는 국세청 홈택스 및 기타 증빙을 통해 확인된 것으로, 별도의 언급이 없는 한 국세청 홈택스 연말정산간소화서비스에서 조회된 자료이다.

구분	내용
보험료	• 진도준 보장성보험료 : 2,200,000원 • 진도진 보장성보험료 : 480,000원 • 진시진 보장성보험료 : 456,000원
교육비	• 진도준 대학원 수업료 : 8,000,000원 • 박정희 사이버대학 수업료 : 2,050,000원 • 진도진 영어보습학원비 : 2,640,000원 • 진도진 태권도학원비 : 1,800,000원 • 진시진 축구교실학원비 : 1,200,000원 (진시진의 축구교실학원비는 국세청 홈택스 연말정산간소화서비스에서 조회한 자료가 아니며, 교육비세액공제 요건을 충족하지 못하는 것으로 확인되었다.)
의료비	• 진도준 질병 치료비 : 3,000,000원(진도준 신용카드 결제) • 진도준 시력보정용 렌즈 구입비용 : 600,000원(1건, 진도준 신용카드 결제) - 구입처 : 렌즈모아(사업자등록번호 105-68-23521) - 의료비증빙코드 : 기타영수증 • 박정희 질병 치료비 : 3,250,000원(진도준 신용카드 결제) - 보험업법에 따른 보험회사에서 실손의료보험금 2,000,000원 수령
신용카드 등 사용액	• 진도준 신용카드 사용액 : 32,000,000원(전통시장 사용분 2,000,000원 포함) • 진도준 현금영수증 사용액 : 3,200,000원(전통시장 사용분 200,000원 포함) • 진도준 체크카드 사용액 : 2,382,000원(대중교통 사용분 182,000원 포함) • 진도준 신용카드 사용액은 의료비 지출액이 모두 포함된 금액이다. • 제시된 내용 외 전통시장/대중교통/도서 등 사용분은 없다.
기타	• 진도준 연금저축계좌 납입액 : 2,400,000원(2025년도 납입분) - 삼성생명보험㈜ 계좌번호 : 153-05274-72339

제110회 기출문제

이론시험

다음 문제를 보고 알맞은 것을 골라 [이론문제 답안작성] 메뉴에 입력하시오. (객관식 문항당 2점)

기본전제

문제에서 한국채택국제회계기준을 적용하도록 하는 전제조건이 없는 경우, 일반기업회계기준을 적용한다.

01 다음 중 재무제표의 작성과 표시에 관한 설명으로 틀린 것은?

① 자산과 부채는 유동성이 낮은 항목부터 배열하는 것을 원칙으로 한다.
② 재무제표는 재무상태표, 손익계산서, 현금흐름표, 자본변동표로 구성되며, 주석을 포함한다.
③ 자산과 부채 및 자본은 총액에 의하여 기재함을 원칙으로 하고, 자산 항목과 부채 항목 또는 자본 항목을 상계하여 그 전부 또는 일부를 재무상태표에서 제외하면 안된다.
④ 자본거래에서 발생한 자본잉여금과 손익거래에서 발생한 이익잉여금을 구분하여 표시한다.

02 다음 자료를 이용하여 유동자산에 해당하는 금액의 합계액을 구하면 얼마인가?

• 매출채권	1,000,000원	• 상품	2,500,000원
• 특허권	1,500,000원	• 당좌예금	3,000,000원
• 선급비용	500,000원	• 장기매출채권	2,000,000원

① 5,500,000원 ② 6,000,000원 ③ 6,500,000원 ④ 7,000,000원

03 **다음 중 물가가 지속적으로 상승하는 상황에서 기말재고자산이 가장 크게 계상되는 재고자산의 평가방법은 무엇인가?**

① 선입선출법 ② 후입선출법 ③ 총평균법 ④ 이동평균법

04 **유형자산을 보유하고 있는 동안 발생한 수익적지출을 자본적지출로 잘못 회계처리한 경우, 재무제표에 미치는 효과로 가장 올바른 것은?**

① 자산의 과소계상
② 부채의 과대계상
③ 당기순이익의 과대계상
④ 매출총이익의 과소계상

05 **다음 중 자본에 대한 설명으로 가장 옳지 않은 것은?**

① 자본금은 기업이 발행한 발행주식총수에 1주당 액면금액을 곱한 금액이다.
② 자본잉여금은 주식발행초과금과 기타자본잉여금(감자차익, 자기주식처분이익 등)으로 구분하여 표시한다.
③ 매도가능증권평가손익은 자본조정 항목으로 계상한다.
④ 미처분이익잉여금은 배당 등으로 처분할 수 있는 이익잉여금을 말한다.

06 **다음 중 원가에 대한 설명으로 가장 옳지 않은 것은?**

① 직접원가란 특정원가집적대상에 직접 추적이 가능하거나 식별가능한 원가이다.
② 고정원가란 관련범위 내에서 조업도 수준과 관계없이 총원가가 일정한 원가 형태를 말한다.
③ 가공원가란 직접재료원가와 직접노무원가를 말한다.
④ 매몰원가란 과거 의사결정에 따라 이미 발생한 원가로 현재의 의사결정에 영향을 미치지 못하는 원가를 의미한다.

07 **다음의 원가 자료를 이용하여 직접재료원가를 계산하면 얼마인가?**

- 총제조원가 : 4,000,000원
- 직접노무원가 : 제조간접원가의 2배
- 제조간접원가 : 총제조원가의 25%

① 1,000,000원 ② 1,500,000원 ③ 2,000,000원 ④ 2,500,000원

08 **㈜한국은 직접노무시간을 기준으로 제조간접원가를 예정배부하고 있다. 당기 초 제조간접원가 예산은 2,000,000원이며, 예정 직접노무시간은 200시간이다. 당기 말 현재 실제 제조간접원가는 2,500,000원이 발생하였으며, 제조간접원가 배부차이가 발생하지 않았다면 실제 직접노무시간은 얼마인가?**

① 160시간 ② 200시간 ③ 250시간 ④ 500시간

09 **다음 중 공손에 관한 설명으로 옳지 않은 것은?**

① 정상적인 생산과정에서 필수불가결하게 발생하는 정상공손원가는 제조원가에 포함된다.
② 정상 공손이란 효율적인 생산과정에서 발생하는 공손을 말한다.
③ 작업자의 부주의 등에 의하여 발생하는 비정상공손원가는 발생한 기간의 영업외비용으로 처리한다.
④ 정상공손수량과 비정상공손수량은 원가흐름의 가정에 따라 다르게 계산된다.

10 **다음 중 가중평균법에 의한 종합원가계산방법을 적용하여 완성품 단위당 원가를 산정할 때 필요하지 않은 자료는 무엇인가?**

① 기말재공품의 완성도 ② 당기총제조원가
③ 완성품의 물량 ④ 기초재공품의 물량

11 **다음 중 부가가치세법상 재화의 공급의제(재화의 공급으로 보는 특례)에 해당하는 것은? 단, 일반과세자로서 매입 시 매입세액은 전부 공제받았다고 가정한다.**

① 자기의 다른 과세사업장에서 원료 또는 자재 등으로 사용·소비하기 위해 반출하는 경우
② 사용인에게 사업을 위해 착용하는 작업복, 작업모, 작업화를 제공하는 경우
③ 무상으로 견본품을 인도 또는 양도하거나 불특정다수에게 광고선전물을 배포하는 경우
④ 자동차 제조회사가 자기생산한 승용자동차(2,000㏄)를 업무용으로 사용하는 경우

12 **다음 중 부가가치세법상 영세율제도에 대한 설명으로 가장 옳지 않은 것은?**

① 부가가치세의 역진성 완화를 목적으로 한다.
② 완전 면세제도이다.
③ 면세사업자는 영세율 적용대상자가 아니다.
④ 비거주자 또는 외국법인의 경우에는 상호면세주의에 따른다.

13 **다음은 부가가치세법상 가산세에 대한 설명이다. 빈칸에 들어갈 내용으로 알맞은 것은?**

사업자가 재화 또는 용역을 공급하지 아니하고 세금계산서를 발급하는 경우 그 세금계산서에 적힌 공급가액의 (　　)를 납부세액에 더하거나 환급세액에서 뺀다.

① 1%　　② 2%　　③ 3%　　④ 10%

14 **다음 중 소득세법상 근로소득의 수입시기로 옳지 않는 것은?**

① 잉여금처분에 의한 상여 : 결산일
② 인정상여 : 해당 사업연도 중 근로를 제공한 날
③ 일반상여 : 근로를 제공한 날
④ 일반급여 : 근로를 제공한 날

15 **다음의 자료를 이용하여 소득세법상 복식부기의무자의 사업소득 총수입금액을 구하면 얼마인가?**

• 매출액	300,000,000원
• 차량운반구(사업용) 양도가액	30,000,000원
• 원천징수된 은행 예금의 이자수익	500,000원
• 공장건물 양도가액	100,000,000원

① 430,500,000원　　② 430,000,000원
③ 330,000,000원　　④ 300,000,000원

실무시험

㈜도원기업(회사코드:1102)은 전자제품의 제조 및 도·소매업을 주업으로 영위하는 중소기업으로, 당기(제20기)의 회계기간은 2025.1.1.~2025.12.31.이다. 전산세무회계 수험용 프로그램을 이용하여 다음 물음에 답하시오.

기본전제

- 문제에서 한국채택국제회계기준을 적용하도록 하는 전제조건이 없는 경우, 일반기업회계기준을 적용하여 회계처리 한다.
- 문제의 풀이와 답안작성은 제시된 문제의 순서대로 진행한다.

문제 1

[일반전표입력] 메뉴를 이용하여 다음의 거래자료를 입력하시오. (15점)

입력 시 유의사항

- 일반적인 적요의 입력은 생략하지만, 타계정 대체거래는 적요 번호를 선택하여 입력한다.
- 채권·채무와 관련된 거래는 별도의 요구가 없는 한 반드시 기등록된 거래처코드를 선택하는 방법으로 거래처명을 입력한다.
- 제조경비는 500번대 계정코드를, 판매비와관리비는 800번대 계정코드를 사용한다.
- 회계처리 시 계정과목은 별도의 제시가 없는 한 등록된 계정과목 중 가장 적절한 과목으로 한다.

[1] **01월 05일** 에코전자의 상장주식 100주를 단기 투자목적으로 1주당 60,000원에 취득하고 대금은 증권거래수수료 30,000원과 함께 보통예금 계좌에서 지급하였다. (3점)

[2] **03월 31일** 보유 중인 신한은행의 예금에서 이자수익 500,000원이 발생하여 원천징수세액을 제외한 423,000원이 보통예금 계좌로 입금되었다(단, 원천징수세액은 자산으로 처리할 것). (3점)

[3] **04월 30일** 본사 건물 신축공사를 위한 장기차입금의 이자비용 2,500,000원을 보통예금 계좌에서 지급하였다. 해당 지출은 차입원가 자본화 요건을 충족하였으며, 신축공사 중인 건물은 2026년 2월 28일에 완공될 예정이다. (3점)

[4] **07월 10일** 당사는 퇴직연금제도를 도입하면서 퇴직연금상품에 가입하였다. 생산부서 직원에 대해서는 확정급여형(DB형) 상품으로 10,000,000원, 영업부서 직원에 대해서는 확정기여형(DC형) 상품으로 7,000,000원을 보통예금 계좌에서 이체하여 납입하였다(단, 하나의 전표로 입력하고 기초 퇴직급여충당부채 금액은 고려하지 말 것). (3점)

[5] **07월 15일** ㈜지유로부터 공장에서 사용할 기계장치를 구입하기로 계약하고, 계약금 5,000,000원을 즉시 당좌수표를 발행하여 지급하였다. (3점)

문제 2

[매입매출전표입력] 메뉴를 이용하여 다음의 거래자료를 입력하시오. (15점)

입력 시 유의사항

- 일반적인 적요의 입력은 생략하지만, 타계정 대체거래는 적요 번호를 선택하여 입력한다.
- 채권·채무 관련 거래는 별도의 요구가 없는 한 반드시 기등록된 거래처코드를 선택하는 방법으로 거래처명을 입력한다.
- 제조경비는 500번대 계정코드를, 판매비와관리비는 800번대 계정코드를 사용한다.
- 회계처리 시 계정과목은 등록된 계정과목 중 가장 적절한 과목으로 한다.
- 입력화면 하단의 분개까지 처리하고, 세금계산서 및 계산서는 전자 여부를 입력하여 반영한다.

[1] **07월 07일** ㈜신화에서 영업부서의 매출처에 선물로 증정할 와인세트 10세트를 1세트당 50,000원(부가가치세 별도)에 구입하고 전자세금계산서를 발급받았다. 대금 550,000원은 현금으로 지급하고, 선물은 구입 즉시 모두 거래처에 전달하였다. (3점)

[2] **07월 20일** 공장에서 생산부서가 사용할 선풍기를 ㈜하나마트에서 현금으로 구입하고, 아래와 같이 현금영수증을 발급받았다(단, 소모품비로 처리할 것). (3점)

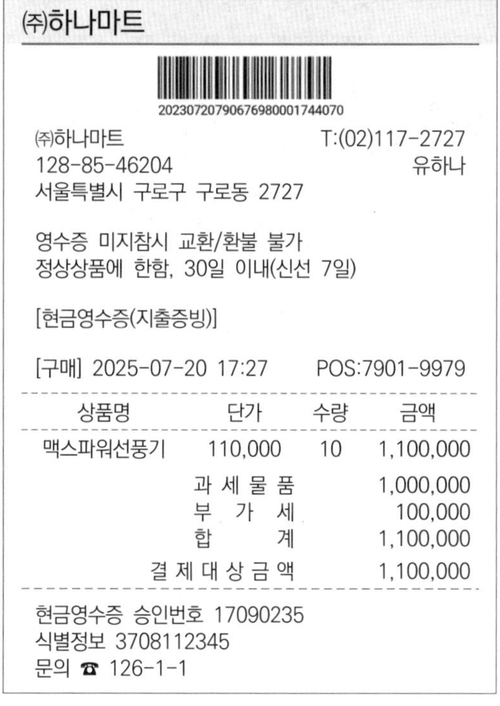

㈜하나마트

20230720790676980001744070

㈜하나마트 T:(02)117-2727
128-85-46204 유하나
서울특별시 구로구 구로동 2727

영수증 미지참시 교환/환불 불가
정상상품에 한함, 30일 이내(신선 7일)

[현금영수증(지출증빙)]

[구매] 2025-07-20 17:27 POS:7901-9979

상품명	단가	수량	금액
맥스파워선풍기	110,000	10	1,100,000
	과 세 물 품		1,000,000
	부 가 세		100,000
	합 계		1,100,000
	결 제 대 상 금 액		1,100,000

현금영수증 승인번호 17090235
식별정보 3708112345
문의 ☎ 126-1-1

[3] **08월 16일** 미국 UFC사에 제품을 $10,000에 해외 직수출하고, 8월 31일에 수출대금 전액을 달러($)로 받기로 하였다. 일자별 환율은 다음과 같다(단, 수출신고번호 입력은 생략할 것). (3점)

구분	8월 10일(수출신고일)	8월 16일(선적일)	8월 31일(대금회수일)
기준환율	1,150원/$	1,100원/$	1,200원/$

[4] **09월 30일** ㈜명학산업에 제품을 공급하고 아래와 같이 전자세금계산서를 발급하였다. 대금은 8월 31일에 기수령한 계약금 1,800,000원을 제외한 잔액을 ㈜명학산업이 발행한 당좌수표로 수령하였다. (3점)

전자세금계산서						**승인번호**	20250930-1547412-2014956		
공급자	**등록번호**	㈜도원기업	**종사업장번호**		**공급받는자**	**등록번호**	301-81-45665	**종사업장번호**	
	상호(법인명)	370-81-12345	**성 명**	이세종		**상호(법인명)**	㈜명학산업	**성 명**	김연동
	사업장주소	서울 구로구 안양천로539길 6				**사업장주소**	세종시 부강면 문곡리 128		
	업 태	제조등	**종 목**	전자부품		**업 태**	제조	**종 목**	가전제품
	이메일					**이메일**			

작성일자	**공급가액**	**세액**	**수정사유**	**비고**
2025/09/30	18,000,000	1,800,000		

월	**일**	**품 목**	**규격**	**수량**	**단 가**	**공급가액**	**세 액**	**비 고**
09	30	제품				18,000,000	1,800,000	

합계금액	**현 금**	**수 표**	**어 음**	**외상미수금**	위 금액을 **(영수)** 함
19,800,000	1,800,000	18,000,000			

[5] **10월 31일** 구매확인서에 의하여 ㈜크림으로부터 수출용 원재료(공급가액 6,000,000원)를 매입하고 영세율전자세금계산서를 발급받았다. 대금은 보통예금 계좌에서 지급하였다. (3점)

문제 3

부가가치세 신고와 관련하여 다음 물음에 답하시오. (10점)

[1] 다음의 자료를 이용하여 2025년 제2기 부가가치세 확정신고기간에 대한 [건물등감가상각자산 취득명세서]를 작성하시오(단, 아래의 자산은 모두 감가상각 대상에 해당함). (3점)

취득일	내용	공급가액 부가가치세액	상호 사업자등록번호	비고
10.04.	회계부서의 컴퓨터 및 프린터 교체	20,000,000원 2,000,000원	우리전산 102-03-52877	종이세금계산서 수취
11.11.	생산부서의 보관창고 신축공사비	100,000,000원 10,000,000원	㈜튼튼건설 101-81-25749	전자세금계산서 수취
11.20.	업무용승용차(1,500cc) 구입	15,000,000원 1,500,000원	㈜빠름자동차 204-81-96316	전자세금계산서 수취
12.14.	영업부서의 에어컨 구입	10,000,000원 1,000,000원	㈜시원마트 304-81-74529	법인 신용카드 결제

[2] 아래의 자료만을 이용하여 2025년 제1기 부가가치세 확정신고기간(4월~6월)의 [부가가치세 신고서]를 직접 입력하여 작성하시오(단, 부가가치세신고서 외의 부속서류와 과세표준명세의 작성은 생략하며, 불러온 데이터는 무시하고 새로 입력할 것). (5점)

<table>
<tr><td>매출자료</td><td colspan="4">• 전자세금계산서 매출액주1) : 공급가액 320,000,000원, 세액 30,000,000원
주1)영세율세금계산서 매출액(공급가액 20,000,000원)이 포함되어 있다.
• 해외 직수출 매출액 : 공급가액 15,000,000원
• 현금영수증 매출액 : 공급대가 11,000,000원</td></tr>
<tr><td rowspan="6">매입자료</td><td colspan="4">• 전자세금계산서를 수취한 매입액주2) : 공급가액 150,000,000원, 세액 15,000,000원
주2)운반용 화물자동차 매입액(공급가액 20,000,000원, 세액 2,000,000원)이 포함되어 있으며, 나머지 금액은 모두 재고자산 매입액이다.
• 신용카드 매입액은 다음과 같다.</td></tr>
<tr><td>구분</td><td>내용</td><td>공급가액</td><td>세액</td></tr>
<tr><td rowspan="2">일반매입</td><td>직원 복리후생 관련 매입</td><td>8,000,000원</td><td>800,000원</td></tr>
<tr><td>대표자 개인용 물품 매입</td><td>1,000,000원</td><td>100,000원</td></tr>
<tr><td>고정자산매입</td><td>제품 품질 테스트 기계설비 매입</td><td>6,000,000원</td><td>600,000원</td></tr>
<tr><td colspan="2">합 계</td><td>15,000,000원</td><td>1,500,000원</td></tr>
<tr><td>기타자료</td><td colspan="4">• 예정신고 미환급세액은 900,000원으로 가정한다.
• 전자신고세액공제 10,000원을 적용하여 세부담최소화를 가정한다.</td></tr>
</table>

[3] 2025년 제1기 예정신고기간(2025.01.01.~2025.03.31.)의 [부가가치세신고서]를 전자신고하시오. (2점)

1. 부가가치세신고서와 관련 부속서류는 마감되어 있다.
2. [전자신고] → [국세청 홈택스 전자신고변환(교육용)] 순으로 진행한다.
3. [전자신고] 메뉴의 [전자신고제작] 탭에서 신고인구분은 2.납세자 자진신고를 선택하고, 비밀번호는 "12341234"로 입력한다.
4. [국세청 홈택스 전자신고변환(교육용)] → 전자파일변환(변환대상파일선택) → 찾아보기 에서 전자신고용 전자파일을 선택한1다.
5. 전자신고용 전자파일 저장경로는 로컬디스크(C:)이며, 파일명은 "enc작성연월일.101.v3708112345"이다.
6. 형식검증하기 → 형식검증결과확인 → 내용검증하기 → 내용검증결과확인 → 전자파일제출 을 순서대로 클릭한다.
7. 최종적으로 전자파일 제출하기 를 완료한다.

문제 4

결산정리사항은 다음과 같다. 관련 메뉴를 이용하여 결산을 완료하시오. (15점)

[1] 다음은 2025년 제2기 확정신고기간의 부가가치세 관련 자료이다. 아래의 자료만을 이용하여 부가세대급금과 부가세예수금을 정리하는 회계처리를 하시오. 단 입력된 데이터는 무시하고, 납부세액은 미지급세금으로, 환급세액은 미수금으로, 가산세는 세금과공과(판)로, 공제세액은 잡이익으로 처리하시오. (3점)

- 부가세예수금 : 720,000원
- 부가세대급금 : 520,000원
- 전자세금계산서지연발급가산세 : 10,000원
- 전자신고세액공제 : 10,000원

[2] 돌담은행으로부터 차입한 장기차입금 중 100,000,000원은 2026년 6월 30일에 상환기일이 도래한다. (3점)

[3] 외상매출금 및 미수금에 대하여만 기말잔액에 1%의 대손율을 적용하여 보충법에 의해 대손충당금을 설정하시오. (3점)

[4] 기말 현재 보유하고 있는 무형자산 중 영업권의 전기 말 상각 후 미상각잔액은 16,000,000원이다. 해당 영업권의 취득일은 2024년 1월 1일이며, 회사는 영업권에 대하여 5년간 월할 균등상각하고 있다. (3점)

[5] 결산일 현재 재고자산은 다음과 같다. 결산자료입력을 이용하여 결산을 수행하시오. (3점)

구분	금액	비고
원재료	93,000,000원	선적지 인도기준(FOB)으로 매입하여 운송 중인 미착원재료 2,000,000원 미포함
재공품	70,000,000원	
제품	135,000,000원	수탁자가 보관 중인 위탁제품 5,000,000원 미포함

문제 5

2025년 귀속 원천징수와 관련된 다음의 물음에 답하시오. (15점)

[1] 다음은 ㈜도원기업의 사무직 사원 김우리(사원코드:100)의 6월 급여자료이다. 아래 자료를 이용하여 [사원등록]의 [부양가족명세] 탭의 부양가족에 대한 기본공제 및 추가공제 여부를 반영하고, [수당공제등록] 및 [급여자료입력]을 수행하시오(단, 근로자 본인의 세부담 최소화를 가정한다). (5점)

1. 부양가족 명세(모두 거주자인 내국인에 해당함)

성명	주민등록번호	관계	동거(생계) 여부	비고
김우리	801210-1127858	본인		세대주, 2025년 총급여액 5,200만원
이현진	821010-2145201	배우자	여	소득없음
김아현	190101-4928325	입양자녀	여	소득없음, 2025년 1월에 입양신고함

※ 제시된 자료 외의 다른 소득은 없다.

2. 6월분 급여자료

이름	김우리	지급일	2025년 07월 10일
기본급	3,000,000원	소득세	154,110원
식대	200,000원	지방소득세	15,410원
자가운전보조금	200,000원	국민연금	166,500원
출산보육수당	200,000원	건강보험	131,160원
야간근로수당	527,000원	장기요양보험	16,980원
		고용보험	33,540원
급여계	4,127,000원	공제합계	517,220원
		지급총액	3,609,300원

- 식대 : 당사는 현물식사와 식대를 함께 제공하고 있다.
- 자가운전보조금 : 당사는 본인 명의의 차량을 업무 목적으로 사용한 직원에게만 자가운전보조금을 지급하고 있으며, 실제 발생한 교통비를 별도로 지급하지 않는다.
- 출산보육수당 : 당사는 6세 이하 자녀(입양자녀 포함) 1명당 200,000원씩 출산보육수당을 지급하고 있다.

※ 수당등록 시 월정액 및 통상임금은 고려하지 않으며, 사용하는 수당 이외의 항목은 사용여부를 "부"로 반영한다.

※ 급여자료입력 시 공제항목의 불러온 데이터는 무시하고 직접 입력하여 작성한다.

[2] 다음은 회계부서에 재직 중인 김갑용(사원코드:101) 사원의 연말정산 관련 자료이다. 다음의 자료를 이용하여 [연말정산추가자료입력] 메뉴의 [부양가족] 탭 및 관련된 탭을 모두 작성하여 연말정산을 완료하시오(단, 근로자 본인의 세부담 최소화를 가정하고, [연말정산입력] 탭은 직접 입력하지 않음). (10점)

1. 가족사항(모두 거주자인 내국인에 해당함)

성명	관계	주민등록번호	동거여부	소득금액	비고
김갑용	본인	830505-1478521		65,000,000원	총급여액(근로소득 외의 소득없음), 세대주
강희영	배우자	840630-2547858	여	10,000,000원	근로소득금액
김수필	부친	561012-1587428	여	900,000원	부동산임대소득금액 : 총수입금액 20,000,000원 필요경비 19,100,000원
김정은	아들	140408-3852611	여	-	초등학생
김준희	딸	191104-4487122	여	-	취학 전 아동

2. 연말정산 관련 추가자료(모든 자료는 국세청에서 제공된 자료에 해당함)

내역	비고
보장성 보험료	• 김갑용(본인) : 자동차보험료 300,000원 • 강희영(배우자) : 보장성보험료 200,000원 • 김수필(부친) : 생명보험료 150,000원(만기까지 납입액이 만기환급액보다 큰 경우에 해당) • 김준희(딸) : 보장성보험료 350,000원
교육비	• 김갑용(본인) : 정규 교육 과정 대학원 교육비 5,000,000원 • 김정은(아들) : 국내 소재 사립초등학교(「교육법」상의 정규 교육기관) 수업료 8,000,000원, 바이올린 학원비 2,400,000원 • 김준희(딸) : 「영유아보육법」상의 어린이집 교육비 1,800,000원
의료비	• 김갑용(본인) : 시력보정용 안경 구입비용 650,000원 • 김수필(부친) : 질병 치료 목적 의료비 1,500,000원 • 김준희(딸) : 질병 치료 목적 의료비 250,000원
신용카드 사용액	• 김갑용(본인) : 신용카드 사용액 21,500,000원(국세청 자료) (신용카드사용분 중 전통시장/대중교통/도서 등 사용분은 없음)
연금저축	• 김갑용(본인) : 2025년 연금저축계좌 납입액 6,000,000원 (계좌번호 : 농협중앙회 301-02-228451, 당해연도에 가입함)

제111회 기출문제

이론시험

다음 문제를 보고 알맞은 것을 골라 이론문제 답안작성 메뉴에 입력하시오. (객관식 문항당 2점)

기본전제

문제에서 한국채택국제회계기준을 적용하도록 하는 전제조건이 없는 경우, 일반기업회계기준을 적용한다.

01 다음 중 재무제표의 기본가정에 대한 설명으로 가장 옳은 것은?

① 재무제표의 기본가정에는 기업실체의 가정, 계속기업의 가정, 수익·비용 대응의 가정이 있다.
② 기간별 보고의 가정은 자산과 부채의 분류표시를 유동성 순위에 따라 분류하여야 한다는 가정이다.
③ 기업실체의 가정은 기업실체를 소유주와는 독립적으로 보아 기업의 자산과 소유주의 자산을 분리하여 인식하여야 한다는 가정이다.
④ 계속기업의 가정은 기업실체의 지속적인 경제적 활동을 일정한 기간 단위로 분할하여 각 기간별로 재무제표를 작성하는 것을 말한다.

02 물가가 지속해서 상승하는 경제 상황을 가정할 때, 다음 중 당기순이익이 가장 적게 계상되는 재고자산 평가방법은 무엇인가?

① 선입선출법 ② 총평균법 ③ 이동평균법 ④ 후입선출법

03 2025년 10월 1일 ㈜한국은 기계장치를 5,000,000원에 취득하였다. 기계장치의 내용연수는 3년, 잔존가치는 500,000원으로 추정되었으며, 연수합계법으로 상각한다. ㈜한국이 결산일인 2025년 12월 31일에 계상하여야 할 감가상각비는 얼마인가? (단, 월할상각 할 것)

① 416,666원 ② 562,500원 ③ 625,000원 ④ 750,000원

04 다음 중 무형자산에 대한 설명으로 옳지 않은 것은?

① 무형자산의 재무제표 표시방법으로 직접법만을 허용하고 있다.
② 무형자산 상각 시 잔존가치는 원칙적으로 '0'인 것으로 본다.
③ 무형자산은 유형자산과 마찬가지로 매입가액에 취득 관련 부대 원가를 가산한 금액을 취득원가로 처리한다.
④ 무형자산의 상각기간은 독점적·배타적인 권리를 부여하고 있는 관계 법령이나 계약에 정해진 경우를 제외하고는 20년을 초과할 수 없다.

05 다음 중 자본 항목의 자본조정으로 분류하는 것은?

① 자기주식처분손실
② 주식발행초과금
③ 매도가능증권평가손익
④ 감자차익

06 다음 중 원가의 개념에 대한 설명으로 가장 옳지 않은 것은?

① 기회원가 : 자원을 다른 대체적인 용도로 사용할 경우 얻을 수 있는 최대금액
② 매몰원가 : 과거의 의사결정으로 이미 발생한 원가로서 의사결정에 고려하지 말아야 하는 원가
③ 회피가능원가 : 특정한 대체안을 선택하는 것과 관계없이 계속해서 발생하는 원가
④ 관련원가 : 여러 대안 사이에 차이가 나는 원가로서 의사결정에 직접적으로 관련되는 원가

07 다음 중 변동원가와 고정원가에 대한 설명으로 가장 옳지 않은 것은?

① 변동원가는 생산량이 증가함에 따라 총원가가 증가하는 원가이다.
② 고정원가는 생산량의 증감과는 관계없이 총원가가 일정한 원가이다.
③ 생산량의 증감과는 관계없이 제품 단위당 변동원가는 일정하다.
④ 생산량의 증감과는 관계없이 제품 단위당 고정원가는 일정하다.

08 다음 중 제조원가명세서에 대한 설명으로 가장 옳지 않은 것은?

① 제조원가명세서에는 기말 제품 재고액이 표시된다.
② 판매비와관리비는 제조원가명세서 작성과 관련이 없다.
③ 당기총제조원가는 직접재료원가, 직접노무원가, 제조간접원가의 합을 의미한다.
④ 제조원가명세서의 당기제품제조원가는 손익계산서의 당기제품제조원가와 일치한다.

09 **캠핑카를 생산하여 판매하는 ㈜붕붕은 고급형 캠핑카와 일반형 캠핑카 두 가지 모델을 생산하고 있다. 모델별 제조와 관련하여 당기에 발생한 원가는 각각 아래와 같다. ㈜붕붕은 직접재료원가를 기준으로 제조간접원가를 배부하고 있으며, 당기의 실제 제조간접원가는 2,400,000원이다. 일반형 캠핑카의 당기총제조원가는 얼마인가?**

구분	고급형 캠핑카	일반형 캠핑카	합계
직접재료원가	1,800,000원	1,200,000원	3,000,000원
직접노무원가	1,000,000원	600,000원	1,600,000원

① 2,700,000원 ② 2,760,000원 ③ 4,240,000원 ④ 4,300,000원

10 **다음 자료를 이용하여 평균법에 따른 종합원가계산을 적용할 경우, 가공원가의 완성품환산량 단위당 원가는 얼마인가?**

- 직접재료는 공정 개시 시점에 모두 투입하며, 가공원가는 공정 진행에 따라 균등하게 발생한다.
- 기초재공품 2,500개(완성도 30%), 당기투입량 30,000개, 기말재공품 4,000개(완성도 30%)
- 기초재공품원가 : 직접재료원가 200,000원, 가공원가 30,000원
- 당기제조원가 : 직접재료원가 2,400,000원, 가공원가 1,306,500원

① 25원 ② 37원 ③ 42원 ④ 45원

11 **다음 중 부가가치세법상 면세에 해당하는 것은 모두 몇 개인가?**

가. 시외우등고속버스 여객운송용역
나. 토지의 공급
다. 자동차운전학원에서 가르치는 교육용역
라. 식용으로 제공되는 외국산 미가공식료품
마. 형사소송법에 따른 국선변호인의 국선 변호
바. 제작 후 100년이 초과된 골동품

① 5개 ② 4개 ③ 3개 ④ 2개

12 **다음 중 부가가치세법상 대손세액공제에 대한 설명으로 가장 옳지 않은 것은?**

① 대손 사유에는 부도발생일부터 6개월 이상 지난 어음·수표가 포함된다.
② 회수기일이 6개월 이상 지난 채권 중 채권가액이 30만원 이하인 채권은 대손사유를 충족한다.
③ 재화를 공급한 후 공급일부터 15년이 지난 날이 속하는 과세기간에 대한 확정신고기한까지 대손사유로 확정되는 경우 대손세액공제를 적용한다.
④ 대손세액은 대손이 확정된 날이 속하는 과세기간의 매출세액에서 뺄 수 있다.

13 **다음 중 소득세의 특징으로 가장 옳은 것은?**

① 소득세의 과세기간은 사업자의 선택에 따라 변경할 수 있다.
② 거주자의 소득세 납세지는 거주자의 거소지가 원칙이다.
③ 소득세법은 종합과세제도에 의하므로 거주자의 모든 소득을 합산하여 과세한다.
④ 소득세는 개인별 소득을 기준으로 과세하는 개인 단위 과세제도이다.

14 **거주자 김민재 씨의 소득이 다음과 같을 경우, 종합소득금액은 얼마인가? 단, 이자소득금액은 모두 국내은행의 정기예금이자이다.**

• 양도소득금액 :	10,000,000원	• 근로소득금액 :	30,000,000원
• 이자소득금액 :	22,000,000원	• 퇴직소득금액 :	8,700,000원

① 30,000,000원 ② 52,000,000원 ③ 54,700,000원 ④ 74,700,000원

15 **다음 중 소득세법상 근로소득의 원천징수 시기가 틀린 것은?**

① 2025년 11월 귀속 근로소득을 2025년 12월 31일에 지급한 경우 : 2025년 12월 말일
② 2025년 11월 귀속 근로소득을 2026년 01월 31일에 지급한 경우 : 2026년 01월 말일
③ 2025년 12월 귀속 근로소득을 2026년 01월 31일에 지급한 경우 : 2026년 01월 말일
④ 2025년 12월 귀속 근로소득을 2026년 03월 31일에 지급한 경우 : 2026년 02월 말일

실무시험

㈜대동산업(회사코드:1112)은 컴퓨터 및 주변장치의 제조 및 도·소매업을 주업으로 영위하는 중소기업으로, 당기(17기)의 회계기간은 2025.1.1.~2025.12.31.이다. 전산세무회계 수험용 프로그램을 이용하여 다음 물음에 답하시오.

기본전제

- 문제에서 한국채택국제회계기준을 적용하도록 하는 전제조건이 없는 경우, 일반기업회계기준을 적용하여 회계처리 한다.
- 문제의 풀이와 답안작성은 제시된 문제의 순서대로 진행한다.

문제 1

[일반전표입력] 메뉴를 이용하여 다음의 거래자료를 입력하시오. (15점)

입력 시 유의사항

- 일반적인 적요의 입력은 생략하지만, 타계정 대체거래는 적요 번호를 선택하여 입력한다.
- 채권·채무와 관련된 거래는 별도의 요구가 없는 한 반드시 기등록된 거래처코드를 선택하는 방법으로 거래처명을 입력한다.
- 제조경비는 500번대 계정코드를, 판매비와관리비는 800번대 계정코드를 사용한다.
- 회계처리 시 계정과목은 별도의 제시가 없는 한 등록된 계정과목 중 가장 적절한 과목으로 한다.

[1] **01월 30일** 당사가 생산한 제품(원가 50,000원, 시가 80,000원)을 제조부 생산직 직원에게 복리후생 목적으로 제공하였다(단, 부가가치세법상 재화의 공급의제에 해당하지 아니함). (3점)

[2] **04월 01일** 미국 LA은행으로부터 차입한 외화장기차입금 $20,000와 이자 $800에 대해 보통예금으로 달러를 구입하여 원금과 이자를 지급하였다. 4월 1일의 기준환율은 ₩1,400/$이다(단, 외화장기차입금은 거래처원장을 조회하여 회계처리하고, 하나의 전표로 처리할 것). (3점)

[3] **05월 06일** 영업부 사무실로 사용하기 위하여 4월 2일에 아래와 같이 ㈜명당과 체결한 부동산임대차계약에 따라 임대차계약서상의 보증금 20,000,000원 중 잔금 18,000,000원을 보통예금 계좌에서 송금하여 지급하고, 사무실의 임차를 개시하였다(단, 관련 계정을 조회하여 처리할 것). (3점)

부동산임대차계약서

제1조 임대차계약에 있어 임차인은 보증금을 아래와 같이 계약금과 잔금으로 나누어 지급하기로 한다.

보증금	일금 이천만원정 (₩ 20,000,000)
계약금	일금 이백만원정 (₩ 2,000,000)은 계약 시에 지불하고 영수함.
잔금	일금 일천팔백만원정 (₩ 18,000,000)은 2025년 05월 06일에 지불한다.

[4] **08월 20일** 전기에 회수불능으로 대손처리한 외상매출금 2,750,000원(부가가치세 포함)을 회수하여 보통예금 계좌로 입금되었다(단, 당시 대손 요건을 충족하여 대손세액공제를 받았으며, 하나의 전표로 처리할 것). (3점)

[5] **09월 19일** 영업부에서 사용할 업무용 차량의 취득세 1,250,000원을 보통예금 계좌에서 납부하였다. (3점)

문제 1

[매입매출전표입력] 메뉴를 이용하여 다음의 거래자료를 입력하시오. (15점)

입력 시 유의사항

- 일반적인 적요의 입력은 생략하지만, 타계정 대체거래는 적요 번호를 선택하여 입력한다.
- 채권·채무 관련 거래는 별도의 요구가 없는 한 반드시 기등록된 거래처코드를 선택하는 방법으로 거래처명을 입력한다.
- 제조경비는 500번대 계정코드를, 판매비와관리비는 800번대 계정코드를 사용한다.
- 회계처리 시 계정과목은 등록된 계정과목 중 가장 적절한 과목으로 한다.
- 입력화면 하단의 분개까지 처리하고, 세금계산서 및 계산서는 전자 여부를 입력하여 반영한다.

[1] **04월 02일** 제품을 ㈜이레테크에 판매하고 다음과 같이 전자세금계산서를 발급하였다. 3월 2일에 받은 선수금 5,000,000원을 제외한 대금 중 30,000,000원은 ㈜이레테크가 발행한 어음으로 받고 나머지는 외상으로 하였다. (3점)

<table>
<tr><th colspan="4">전자세금계산서</th><th>승인번호</th><th colspan="3">20250402-000023123547</th></tr>
<tr><td rowspan="5">공급자</td><td>등록번호</td><td>128-81-59325</td><td>종사업장번호</td><td></td><td rowspan="5">공급받는자</td><td>등록번호</td><td>127-81-32505</td><td>종사업장번호</td><td></td></tr>
<tr><td>상호(법인명)</td><td>(주)대동산업</td><td>성 명</td><td>지민아</td><td>상호(법인명)</td><td>㈜이레테크</td><td>성 명</td><td>이진주</td></tr>
<tr><td>사업장주소</td><td colspan="3">서울시 서초구 서초대로12길 45</td><td>사업장주소</td><td colspan="3">부산시 사상구 대동로 307</td></tr>
<tr><td>업 태</td><td>제조 외</td><td>종 목</td><td>컴퓨터 및 주변장치</td><td>업 태</td><td>제조업</td><td>종 목</td><td>전자제품</td></tr>
<tr><td>이메일</td><td colspan="3">jjjj@daum.net</td><td>이메일</td><td colspan="3">sky@naver.com</td></tr>
</table>

작성일자	공급가액	세액	수정사유	비고
2025/04/02	50,000,000	5,000,000	해당 없음	

월	일	품 목	규격	수량	단 가	공급가액	세 액	비 고
04	02	제품				50,000,000	5,000,000	

합계금액	현 금	수 표	어 음	외상미수금	위 금액을 (청구) 함
55,000,000	5,000,000		30,000,000	20,000,000	

[2] **04월 09일** 해외 매출거래처인 BTECH에 제품을 3,000,000원에 직수출하고, 대금은 1개월 후에 받기로 하였다(단, 반드시 수출신고번호는 「1234500123456X」를 입력할 것). (3점)

[3] **05월 29일** 직원회식대로 제조부 660,000원과 영업부 440,000원을 지출하고 침산가든에서 제일카드(법인카드)로 결제하였다. (3점)

신용카드매출전표

카드종류		**카드번호**
제일카드		9435-2802-7580-0500
유효기간		**구매자명**
2026/09		
거래일시(취소일시)		**품명**
2025/05/29 21:32		
거래유형	**할부**	**승인번호**
신용승인		00360380

			백			천			원
금액/AMOUNT			1	0	0	0	0	0	0
부가세/V.A.T				1	0	0	0	0	0
합계/TOTAL			1	1	0	0	0	0	0

공급자정보	**카드사 가맹정보**
공급자 상호	**가맹점명**
침산가든	좌동
대표자명	**대표자명**
	좌동
사업자등록번호	**사업자등록번호**
106-62-61190	좌동
사업장 주소	**가맹점 주소**
서울 용산구 부흥로2가 15-2	좌동

서명
Semusa

[4] **06월 05일** ㈜한라상사로부터 과세사업에는 사용하지 않고 면세사업에만 사용하기 위한 기계장치를 공급가액 100,000,000원(세액 10,000,000원)에 취득하고, 전자세금계산서를 발급받았다. 대금은 보통예금 계좌에서 10,000,000원을 송금하고, 나머지는 당좌수표를 발행하여 지급하였다. (3점)

[5] **06월 15일** 제조부가 사용할 청소용품을 일진상사(일반과세자)에서 현금으로 구입하고, 현금영수증을 발급받았다(단, 소모품비로 회계처리할 것). (3점)

일진상사

211-11-10614 박일문
경기도 부천시 신흥로 110 TEL : 031-117-2727
홈페이지 http://www.kacpta.or.kr

현금영수증(지출증빙용)

구매 2025/06/15 17:27 거래번호 : 11511

상품명	수량	단가	공급가액
청소용품			200,000
		과 세 물 품 가 액	200,000원
		부 가 가 치 세 액	20,000원
		합 계	220,000원
		받 은 금 액	220,000원

문제 3

부가가치세 신고와 관련하여 다음 물음에 답하시오. (10점)

[1] 다음 자료를 보고 2025년 제1기 예정신고기간의 [수출실적명세서]와 [영세율매출명세서]를 작성하시오(단, 매입매출전표입력은 생략할 것). (4점)

거래처	수출신고번호	선적일	환가일	통화	수출액	적용환율	
						선적일	환가일
제임스사	13065-22-065849X	2025.01.31.	2025.01.25.	USD	$100,000	₩1,000/$	₩1,080/$
랜덤기업	13075-20-080907X	2025.02.20.	2025.02.23.	USD	$80,000	₩1,050/$	₩1,070/$
큐수상사	13889-25-148890X	2025.03.18.	-	JPY	¥5,000,000	₩800/100¥	-

[2] 다음은 2025년 제2기 부가가치세 확정신고기간 귀속 자료이다. 다음 자료만을 이용하여 [부가가치세신고서]를 작성하시오(단, 기존의 입력된 자료는 무시하고, 부가가치세신고서 외의 부속서류 및 과세표준명세 입력은 생략할 것). (6점)

구분	자 료
매출	1. 전자세금계산서 발급분(과세분) : 공급가액 500,000,000원, 세액 50,000,000원 2. 신용카드에 의한 매출액 : 공급가액 80,000,000원, 세액 8,000,000원 3. 직수출액 : 150,000,000원 4. 영세율세금계산서 발급분 : 50,000,000원(종이 세금계산서 발급) 5. 2024년 제2기 확정신고 시 대손세액공제 받은 외상매출금 33,000,000원을 전액 회수함.
매입	1. 세금계산서 수취분 일반매입 : 공급가액 550,000,000원, 세액 55,000,000원 (세금계산서 수취분 매입액 중 520,000,000원은 과세사업의 매출과 관련된 매입액이며, 나머지 30,000,000원은 거래처 접대와 관련된 매입액이다.) 2. 제2기 예정신고 시 누락된 종이 세금계산서 수취분 : 공급가액 20,000,000원, 세액 2,000,000원
기타	1. 예정신고 누락분은 확정신고 시 반영하기로 한다. 2. 홈택스에서 직접 전자신고하여 세액공제를 받기로 한다.

문제 4

결산정리사항은 다음과 같다. 관련 메뉴를 이용하여 결산을 완료하시오. (15점)

[1] 관리부가 2025년 9월 1일에 구입한 소모품 중 당기 말 현재까지 미사용한 소모품은 100,000원이다. (단, 비용에 대한 계정과목은 소모품비(판매관리비)를 사용하고, 반드시 해당 거래를 조회하여 적절한 회계처리를 할 것). (3점)

[2] 결산일 현재 보유 중인 매도가능증권(2024년 취득)에 대하여 일반기업회계기준에 따라 회계처리를 하시오(단, 매도가능증권은 비유동자산에 해당함). (3점)

주식명	주식 수	취득일	1주당 취득원가	2024년 12월 31일 1주당 공정가치	2025년 12월 31일 1주당 공정가치
㈜에코	100주	2024.05.23.	10,000원	8,300원	7,000원

[3] 2025년 12월 16일에 차입한 대출금에 대한 이자를 다음 달부터 매월 16일에 지급하기로 하였다. (3점)

> 2025년 12월 16일부터 2026년 1월 15일까지 1개월 동안 지급되어야 할 이자는 3,100,000원이었으며, 이 중 2025년도 12월 31일까지의 발생이자는 1,600,000원이었다.

[4] 당해연도 말 퇴직급여추계액은 생산직 75,000,000원, 관리직 35,000,000원이며, 이미 설정된 퇴직급여충당부채액은 생산직 50,000,000원과 관리직 28,000,000원이다. 당사는 퇴직급여추계액의 100%를 퇴직급여충당부채로 계상한다. (3점)

[5] 2025년 결산을 하면서 당해연도에 대한 법인세 45,000,000원, 법인지방소득세 6,000,000원을 확정하였다. 중간예납세액 23,000,000원, 이자수익에 대한 원천징수세액 3,080,000원이 자산으로 계상되어 있다. (3점)

문제 5

2025년 귀속 원천징수와 관련된 다음의 물음에 답하시오. (15점)

[1] 다음 자료는 인사부 박한별 사원(입사일 2025년 6월 1일, 국내 근무)의 부양가족과 관련된 내용이다. 제시된 자료만을 이용하여 [사원등록(사번 : 500)]을 하고, 부양가족을 모두 [부양가족명세]에 등록 후 박한별의 세부담이 최소화되도록 기본공제 및 추가공제 여부를 입력하시오. (6점)

• 박한별 사원 본인과 부양가족은 모두 내국인이며 거주자이다.
• 기본공제 대상자가 아닌 경우 '부'로 표시한다.

관계	성명	주민등록번호	동거(생계) 여부	장애인 여부	소득현황 및 기타사항
본인	박한별	810505-2027818	-	부	근로소득금액 2,500만원
배우자	김준호	800525-1056931	부	부	소득 없음, 주거형편상 별거
본인의 아버지	박인수	510725-1013119	여	부	「장애인복지법」상 장애인에 해당함, 소득 없음, 2025년 1월 31일에 사망
아들	김은수	050510-3212685	부	부	분리과세 기타소득 200만원, 국외 유학 중
딸	김아름	250928-4110210	여	부	소득 없음

[2] 2025년 7월 1일 입사한 김기웅(사번 : 600)의 연말정산 자료는 다음과 같다. [연말정산추가입력]에 전(前)근무지의 내용을 반영하여 [소득명세] 탭, [부양가족] 탭, [신용카드 등] 탭, [연금저축 등] 탭, [연말정산입력] 탭을 작성하시오. (9점)

1. 전(前) 근무지(㈜해탈상사)에서 받은 근로소득원천징수영수증 자료를 입력한다.
2. 2025년 7월에 직장 근처로 이사하면서 전세자금대출을 받았다.

〈김기웅의 전(前)근무지 근로소득원천징수영수증〉

	구 분		주(현)	종(전)	⑯-1 납세조합	합 계
Ⅰ 근무처별소득명세	⑨ 근 무 처 명		㈜해탈상사			
	⑩ 사업자등록번호		120-85-22227			
	⑪ 근무기간		2025.1.1.~2025.6.30.	~	~	~
	⑫ 감면기간		~	~	~	~
	⑬ 급 여		24,000,000			
	⑭ 상 여		3,000,000			
	⑮ 인 정 상 여					
	⑮-1 주식매수선택권 행사이익					
	⑮-2 우리사주조합인출금					
	⑮-3 임원 퇴직소득금액 한도초과액					
	⑯ 계		27,000,000			
Ⅱ 비과세및감면소득명세	⑱ 국외근로					
	⑱-1 야간근로수당	001				
	⑱-2 출산·보육수당	Q01	600,000			
	⑱-4 연구보조비					
	~					
	⑱-29					
	⑲ 수련보조수당	Y22				
	⑳ 비과세소득 계					
	⑳-1 감면소득 계					

	구 분			⑱ 소 득 세	⑲ 지방소득세	⑳ 농어촌특별세
Ⅲ 세액명세	⑫ 결 정 세 액			1,255,000	125,500	
	기납부세액	⑬ 종(전)근무지 (결정세액란의 세액을 적습니다)	사업자등록번호			
	기납부세액	⑭ 주(현)근무지		1,350,000	135,000	
	⑮ 납부특례세액					
	⑯ 차 감 징 수 세 액(⑫-⑬-⑭-⑮)			△95,000	△9,500	

(국민연금 1,610,000원 건강보험 1,388,000원 장기요양보험 189,000원 고용보험 235,600원)
위의 원천징수액(근로소득)을 정히 영수(지급)합니다.

〈김기웅의 2025년 연말정산자료 : 모든 자료는 국세청에서 제공된 자료에 해당함〉

항목	내용
보험료	• 본인 저축성보험료 : 800,000원
교육비	• 본인 야간대학원 등록금 : 3,000,000원
의료비	• 시력보정용 안경구입비 : 600,000원(본인 신용카드 결제) • 본인 질병치료비 : 2,500,000원(실손의료보험금 500,000원 수령)
신용카드 등 사용액	• 신용카드 사용액 : 21,200,000원(대중교통 1,200,000원 포함) • 직불카드 사용액 : 1,300,000원(전통시장 300,000원 포함) • 현금영수증 사용액 : 1,200,000원(도서·공연 200,000원 포함)
주택차입금 원리금상환액	• 이자상환액 : 300,000원 • 원금상환액 : 3,000,000원 ※ 주택임차차입금원리금 상환액 공제요건을 충족한다고 가정한다.

제112회 기출문제

이론시험

다음 문제를 보고 알맞은 것을 골라 [이론문제 답안작성] 메뉴에 입력하시오. (객관식 문항당 2점)

기본전제

문제에서 한국채택국제회계기준을 적용하도록 하는 전제조건이 없는 경우, 일반기업회계기준을 적용하여 회계처리 한다.

01 다음 중 유가증권에 대한 설명으로 옳지 않은 것은?

① 유가증권은 증권의 종류에 따라 지분증권과 채무증권으로 분류할 수 있다.
② 단기매매증권은 주로 단기간 내 매매차익을 목적으로 취득한 유가증권을 의미한다.
③ 지분증권은 단기매매증권과 매도가능증권으로 분류할 수 있으나, 만기보유증권으로
④ 분류할 수 없다.
보고기간 종료일로부터 1년 이내 만기가 도래하는 만기보유증권의 경우 단기매매증권으로 변경하여 유동자산으로 재분류하여야 한다.

02 다음의 회계상 거래가 2025년 재무제표에 미치는 영향으로 옳지 않은 것은?

> 영업부의 업무용 차량에 대한 보험료(보험기간 : 2025.07.01.~2026.06.30.)를 2025년 7월 1일에 지급하고 전부 비용으로 회계처리하였다. 2025년 12월 31일 결산일 현재 별도의 회계처리를 하지 않았다.

① 자산 과대 ② 비용 과대
③ 당기순이익 과소 ④ 부채 영향 없음

03 **다음 중 유형자산의 취득 이후 지출에 대한 설명으로 가장 옳지 않은 것은?**

① 유형자산의 인식기준을 충족하는 경우에는 자본적 지출로 처리하고, 충족하지 못한 경우에는 수익적 지출로 처리한다.
② 본래의 용도를 변경하기 위한 지출은 자본적 지출에 해당한다.
③ 자산의 원상회복, 수선유지를 위한 지출 등은 자본적 지출에 해당한다.
④ 건물 벽의 도장, 파손된 유리창 대체, 일반적인 소액 수선비는 수익적 지출에 해당한다.

04 **다음 중 용역의 제공으로 인한 수익인식의 조건에 대한 설명으로 틀린 것은?**

① 용역제공거래의 성과를 신뢰성 있게 추정할 수 있을 때 진행기준에 따라 인식한다.
② 이미 발생한 원가와 그 거래를 완료하기 위해 추가로 발생할 것으로 추정되는 원가의 합계액이 총수익을 초과하는 경우에는 그 초과액과 이미 인식한 이익의 합계액을 전액 당기손실로 인식한다.
③ 용역제공거래의 성과를 신뢰성 있게 추정할 수 없는 경우에는 발생한 비용의 범위 내에서 회수가능한 금액을 수익으로 인식한다.
④ 용역제공거래의 성과를 신뢰성 있게 추정할 수 없고 발생한 원가의 회수가능성이 낮은 경우에는 수익을 인식하지 않고 발생한 원가도 비용으로 인식하지 않는다.

05 **다음 중 일반기업회계기준상 보수주의에 대한 예시로 옳지 않은 것은?**

① 재고자산의 평가 시 저가주의에 따른다.
② 회계연도의 이익을 줄이기 위해 유형자산의 내용연수를 임의로 단축한다.
③ 물가 상승 시 재고자산평가방법으로 후입선출법을 적용한다.
④ 우발손실은 인식하나 우발이익은 인식하지 않는다.

06 **다음 중 원가행태(조업도)에 따른 분류에 대한 설명으로 가장 틀린 것은?**

① 고정원가는 조업도의 변동과 관계없이 일정하게 발생하는 원가이다.
② 조업도가 증가하면 총 변동원가도 증가한다.
③ 제조공장의 임차료는 대표적인 고정원가이다.
④ 조업도가 감소하면 단위당 변동원가는 증가한다.

07 **㈜한국은 제조간접원가를 직접노무시간 기준으로 배부하고 있으며 제조간접원가 배부율은 시간당 2,000원이다. 제조간접원가 실제 발생액이 18,000,000원이고, 실제 직접노무시간이 10,000시간이 발생한 경우 제조간접원가 배부차이는 얼마인가?**

① 2,000,000원 과대배부　　② 2,000,000원 과소배부
③ 3,000,000원 과소배부　　④ 배부차이 없음

08 **다음은 ㈜한국의 제조활동과 관련된 물량흐름 관련 자료이다. 이에 대한 설명으로 옳은 것은?**

• 기초재공품 : 500개	• 당기착수량 : 5,000개
• 기말재공품 : 300개	• 공손품수량 :　700개

① 완성품의 10%가 정상공손이면 완성품수량은 4,200개이다.
② 완성품의 10%가 정상공손이면 정상공손수량은 450개이다.
③ 완성품의 10%가 정상공손이면 비정상공손수량은 280개이다.
④ 완성품의 10%가 정상공손이면 정상공손수량은 420개이다.

09 **다음 중 개별원가계산에 대한 설명으로 옳지 않은 것은?**

① 작업원가표를 근거로 원가계산을 한다.
② 직접원가와 제조간접원가의 구분이 중요하다.
③ 공정별 제품원가 집계 후 해당 공정의 생산량으로 나누어 단위당 원가를 계산하는 방식이다.
④ 주문생산형태에 적합한 원가계산방식이다.

10 **아래의 자료를 이용하여 평균법에 의한 가공원가의 완성품환산량을 계산하면 얼마인가?**

구분	수량	완성도
기초재공품	1,000개	50%
당기착수	3,000개	
기말재공품	2,000개	40%

① 2,800개　　② 3,800개
③ 4,000개　　④ 4,300개

11 **다음 중 부가가치세법상 간이과세자에 대한 설명으로 가장 틀린 것은?**

① 간이과세자란 원칙적으로 직전 연도의 공급대가의 합계액이 8,000만원에 미달하는 사업자를 말한다.
② 직전 연도의 공급대가의 합계액이 4,800만원 이상인 부동산임대사업자는 간이과세자로 보지 않는다.
③ 간이과세자는 세금계산서를 발급받은 재화의 공급대가에 1%를 곱한 금액을 납부세액에서 공제한다.
④ 직전 연도의 공급대가의 합계액이 4,800만원 미만인 간이과세자는 세금계산서를 발급할 수 없다.

12 **다음 중 부가가치세법상 의제매입세액공제제도에 관한 내용으로 가장 틀린 것은?**

① 의제매입세액은 면세농산물 등을 공급받거나 수입한 날이 속하는 과세기간의 매출세액에서 공제한다.
② 의제매입세액공제는 사업자등록을 한 부가가치세 과세사업자가 적용대상자이며, 미등록자는 허용되지 않는다.
③ 면세농산물 등의 매입가액에는 운임 등의 직접 부대비용 및 관세를 포함한다.
④ 면세농산물 등에 대하여 세금계산서 없이도 일정한 금액을 매입세액으로 의제하여 공제하는 것이기 때문에 의제매입세액공제라고 한다.

13 **다음 중 소득세법상 근로소득과 관련된 내용으로 틀린 것은?**

① 식사나 기타 음식물을 제공받지 않는 근로자가 받는 월 20만원 이하의 식사대는 비과세 근로소득이다.
② 종업원이 지급받은 경조금 중 사회통념상 타당하다고 인정되는 범위 내의 금액은 근로소득으로 보지 않는다.
③ 고용관계에 의하여 지급받은 강연료는 근로소득이다.
④ 근로자의 가족에 대한 학자금은 비과세 근로소득이다.

14 **다음 중 소득세법상 과세표준 확정신고를 반드시 하여야 하는 경우는?**

① 퇴직소득만 있는 경우
② 근로소득과 사업소득이 있는 경우
③ 근로소득과 퇴직소득이 있는 경우
④ 근로소득과 보통예금이자 150만원(14% 원천징수세율 적용 대상)이 있는 경우

15 **다음 중 소득세법상 종합소득공제에 대한 설명으로 가장 옳지 않은 것은?**

① 근로소득금액 5,000,000원이 있는 40세 배우자는 기본공제 대상자에 해당한다(단, 다른 소득은 없다).

② 종합소득금액이 35,000,000원이고, 배우자가 없는 거주자로서 기본공제 대상자인 직계비속이 있는 자는 한부모공제가 가능하다.

③ 부녀자공제와 한부모공제가 중복되는 경우에는 한부모공제만 적용한다.

④ 기본공제 대상자가 아닌 자는 추가공제 대상자가 될 수 없다.

실무시험

㈜시완산업(회사코드:1122)은 전자제품의 제조 및 도·소매업을 주업으로 영위하는 중소기업으로, 당기(제14기)의 회계기간은 2025.1.1.~2025.12.31.이다. 전산세무회계 수험용 프로그램을 이용하여 다음 물음에 답하시오.

기본전제

- 문제에서 한국채택국제회계기준을 적용하도록 하는 전제조건이 없는 경우, 일반기업회계기준을 적용하여 회계처리 한다.
- 문제의 풀이와 답안작성은 제시된 문제의 순서대로 진행한다.

문제 1

[일반전표입력] 메뉴를 이용하여 다음의 거래자료를 입력하시오. (15점)

입력 시 유의사항

- 일반적인 적요의 입력은 생략하지만, 타계정 대체거래는 적요번호를 선택하여 입력한다.
- 채권·채무와 관련된 거래는 별도의 요구가 없는 한 반드시 기등록된 거래처코드를 선택하는 방법으로 거래처명을 입력한다.
- 제조경비는 500번대 계정코드를, 판매비와관리비는 800번대 계정코드를 사용한다.
- 회계처리 시 계정과목은 별도의 제시가 없는 한 등록된 계정과목 중 가장 적절한 과목으로 한다.

[1] **06월 12일** 단기매매증권으로 분류되는 ㈜단타의 주식 5,000주를 1주당 2,000원에 매입하였다. 매입수수료는 매입가액의 1%이고, 매입 관련 대금은 모두 보통예금 계좌에서 지급하였다. (3점)

[2] **07월 09일** 5월분 급여 지급 시 원천징수한 소득세 3,000,000원 및 지방소득세 300,000원을 보통예금 계좌에서 이체하여 납부하였다(단, 소득세와 지방소득세를 합하여 하나의 전표로 입력할 것). (3점)

[3] **07월 21일** 대주주로부터 업무용 토지(공정가치 350,000,000원)를 무상으로 기증받고, 같은 날에 토지에 대한 취득세 20,000,000원을 보통예금 계좌에서 납부하였다(단, 하나의 전표로 입력할 것). (3점)

[4] **09월 20일** 액면금액 35,000,000원(5년 만기)인 사채를 34,100,000원에 발행하고, 대금은 전액 보통예금 계좌로 입금받았다. (3점)

[5] **10월 21일** 전기에 발생한 ㈜도담의 외상매출금 $100,000를 회수하고 즉시 전액을 원화로 환가하여 보통예금 계좌에 입금하였다(단, 전기 결산일에 외화자산 및 부채의 평가는 적절히 반영되었으며, 계정과목은 외상매출금을 사용할 것). (3점)

2024년 12월 31일(전기 결산일) 기준환율	2025년 10월 21일(환가일) 적용환율
1,150원/$	1,250원/$

문제 2

[매입매출전표입력] 메뉴를 이용하여 다음의 거래자료를 입력하시오. (15점)

입력 시 유의사항

- 일반적인 적요의 입력은 생략하지만, 타계정 대체거래는 적요 번호를 선택하여 입력한다.
- 채권·채무 관련 거래는 별도의 요구가 없는 한 반드시 기등록된 거래처코드를 선택하는 방법으로 거래처명을 입력한다.
- 제조경비는 500번대 계정코드를, 판매비와관리비는 800번대 계정코드를 사용한다.
- 회계처리 시 계정과목은 등록된 계정과목 중 가장 적절한 과목으로 한다.
- 입력 화면 하단의 분개까지 처리하고, 세금계산서 및 계산서는 전자 여부를 입력하여 반영한다.

[6] **07월 02일** 기계장치의 내용연수를 연장시키는 주요 부품을 교체하고 16,500,000원(부가가치세 포함)을 대보상사에 당좌수표를 발행하여 지급하였다. 이에 대해 종이세금계산서를 수취하였다(단, 부품교체 비용은 자본적지출로 처리할 것). (3점)

[7] **07월 24일** 마케팅부서 직원의 야식을 참맛식당(일반과세자)에서 현금으로 구입하고, 현금영수증(지출증빙용)을 발급받았다. (3점)

인터넷 납세서비스 Hometax. **현금영수증**

•거래정보

거래일시	20250724
승인번호	G00260107
거래구분	승인거래
거래용도	지출증빙
발급수단번호	609-81-40259

●거래금액

공급가액	부가세	봉사료	총 거래금액
80,000	8,000	0	88,000

●가맹점 정보

상호	참맛식당
사업자번호	356-52-00538
대표자명	강연우
주소	서울시 강서구 가로공원로 74

● 익일 홈택스에서 현금영수증 발급 여부를 반드시 확인하시기 바랍니다.
● 홈페이지 (http://www.hometax.go.kr)
- 조회/발급>현금영수증 조회>사용내역(소득공제) 조회
>매입내역(지출증빙) 조회
● 관련문의는 국세상담센터(☎126-1-1)

[8] **08월 01일** 제품의 영업관리를 위하여 개별소비세 과세대상 승용차(1,500cc)를 ㈜빠름자동차에서 구입하였다. 대금은 보통예금 계좌에서 3,000,000원을 지급하고 나머지는 외상으로 하였으며, 다음과 같은 전자세금계산서를 발급받았다. (3점)

전자세금계산서					승인번호	20250801-410000012-7c00mk5		
공급자	사업자 등록번호	123-81-12147	종사업장 번호		공급받는자	사업자 등록번호	609-81-40259	종사업장 번호	
	상호 (법인명)	㈜빠름자동차	성 명	김빠름		상호 (법인명)	㈜시완산업	성 명	신서윤
	사업장 주소	서울 강남구 강남대로 256				사업장 주소	서울특별시 강서구 가로공원로 173		
	업 태	제조	종 목	자동차		업 태	제조,도소매	종 목	전자제품
	이메일					이메일			

작성일자	공급가액	세액	수정사유	비고
2025-08-01	25,000,000	2,500,000	해당없음	

월	일	품목	규격	수량	단가	공급가액	세액	비고
08	01	승용차(1,500cc)				25,000,000	2,500,000	

합계금액	현금	수표	어음	외상미수금	위 금액을 (영수 청구) 함

[9] **08월 17일** ㈜더뷰상사에게 제품 2,000개를 개당 20,000원(부가가치세 별도)에 판매하고 전자세금계산서를 발급하였다. 이와 관련하여 공급가액의 30%는 보통예금 계좌로 받고 나머지는 외상으로 하였다. (3점)

전자세금계산서						승인번호	202508172501-45121451215-4212445		
공급자	사업자 등록번호	609-81-40259	종사업장 번호		공급받는자	사업자 등록번호	606-81-95866	종사업장 번호	
	상호 (법인명)	㈜시완산업	성 명 (대표자)	신서윤		상호 (법인명)	㈜더뷰상사	성 명	김소인
	사업장 주소	서울특별시 강서구 가로공원로 173				사업장 주소	충북 청주시 흥덕구 청주역로 105		
	업 태	제조,도소매	종 목	전자제품		업 태	도소매	종 목	완구
	이메일					이메일			

작성일자	공급가액	세액	수정사유	비고
2025-08-17	40,000,000	4,000,000		

월	일	품 목	규 격	수 량	단 가	공 급 가 액	세 액	비 고
08	17	모니터 외		2,000	20,000	40,000,000	4,000,000	

합 계 금 액	현 금	수 표	어 음	외 상 미 수 금	위 금액을 **(영수 청구)** 함

[10] **11월 30일** 미국의 KYM사에 $60,000(수출신고일 11월 27일, 선적일 11월 30일)의 제품을 직수출하였다. 수출대금 중 $30,000는 11월 30일에 보통예금 계좌로 받았으며, 나머지 잔액은 12월 5일에 받기로 하였다. 일자별 기준환율은 다음과 같다(단, 수출신고필증은 정상적으로 발급받았으며, 수출신고번호는 고려하지 말 것). (3점)

일자	11월 27일	11월 30일	12월 05일
기준환율	1,350원/$	1,310원/$	1,295원/$

문제 3

부가가치세 신고와 관련하여 다음 물음에 답하시오. (10점)

[1] 다음 자료를 바탕으로 제2기 확정신고기간(2025.10.01.~2025.12.31.)의 [부동산임대공급가액명세서]를 작성하시오(단, 간주임대료에 대한 정기예금 이자율은 3.1%로 가정한다). (3점)

동수	층수	호수	면적(㎡)	용도	임대기간	보증금(원)	월세(원)	관리비(원)
2	1	103	100	사무실	2023.11.01.~2025.10.31.	50,000,000	2,000,000	500,000
					2025.11.01.~2027.10.31.	60,000,000	2,000,000	500,000

· 위 사무실은 ㈜삼정테크(502-86-56232)에게 2023.11.01. 최초로 임대를 개시하였으며, 계약기간 만료로 2025.11.01. 임대차계약을 갱신하면서 보증금만 인상하기로 하였다.
· 월세와 관리비 수입은 모두 정상적으로 세금계산서를 발급하였으며, 간주임대료에 대한 부가가치세는 임대인이 부담하고 있다.

[2] 다음 자료를 이용하여 2025년 제1기 예정신고기간(01.01.~03.31.)의 [부가가치세신고서]를 작성하시오(단, 기존에 입력된 자료 또는 불러오는 자료는 무시하고, 부가가치세 신고서 외의 부속서류 작성은 생략할 것). (5점)

구분	내용
매출자료	(1) 전자세금계산서 발급분 : 공급가액 350,000,000원 세액 35,000,000원 (2) 현금영수증 발급분 : 공급가액 12,000,000원 세액 1,200,000원 (3) [부동산임대공급가액명세서]에서 계산된 간주임대료 과세표준 금액 : 287,600원 (단, 임대료에 대한 전자세금계산서는 적법하게 발급되었음)
매입자료	(1) 전자세금계산서 수취분 일반매입 : 공급가액 110,000,000원 세액 11,000,000원 - 업무용 토지취득 관련 법무사비용 공급가액 350,000원 세액 35,000원이 포함되어 있다. (2) 전자세금계산서 수취분 고정자산매입 : 공급가액 40,000,000원 세액 4,000,000원 - 개별소비세 과세 대상 업무용승용차(5인승, 1,995㏄) 매입액이다. (3) 신용카드 일반매입액 : 공급가액 50,000,000원 세액 5,000,000원 - 접대 관련 카드사용분 공급가액 5,000,000원 세액 500,000원이 포함되어 있다.
기타자료	• 매출 및 매입에 대한 전자세금계산서는 적법하게 발급되었다. • 전자신고세액공제는 고려하지 않는다.

[3] 2025년 제1기 확정 부가가치세신고서의 [전자신고]를 수행하시오. (2점)

1. 부가가치세 신고서와 관련 부속서류는 마감되어 있다.
2. [전자신고]→[국세청 홈택스 전자신고변환(교육용)] 순으로 진행한다.
3. [전자신고]에서 전자파일 제작 시 신고인 구분은 2.납세자 자진신고로 선택하고, 비밀번호는 "13001300"으로 입력한다.
4. [국세청 홈택스 전자신고변환(교육용)]에서 전자파일변환(변환대상파일선택) > 찾아보기
5. 전자신고용 전자파일 저장경로는 로컬디스크(C:)이며, 파일명은 "enc작성연월일.101.v6098140259"이다.
6. 형식검증하기 → 형식검증결과확인 → 내용검증하기 → 내용검증결과확인 → 전자파일제출 을 순서대로 클릭한다.
7. 최종적으로 전자파일 제출하기 를 완료한다.

문제 4

다음 결산자료를 입력하여 결산을 완료하시오. (15점)

[1] 3월 22일에 장기 투자 목적으로 ㈜바른상사의 비상장주식 10,000주를 7,300,000원에 취득하였다. 결산일 현재 해당 주식의 시가는 1주당 850원이다. (3점)

[2] 12월 30일에 장부상 현금보다 실제 현금이 102,000원이 적은 것을 발견하여 현금과부족으로 회계 처리하였으나 기말까지 원인을 파악하지 못했다. (3점)

[3] 결산 시 거래처원장 중 보통예금(우리은행)의 잔액이 (-)35,423,800원임을 발견하였다. 보통예금(우리은행) 계좌는 마이너스 통장으로 확인되었다(단, 마이너스 통장은 단기차입금 계정을 사용하고, 음수(-)로 회계처리하지 말 것). (3점)

[4] 2025년 3월 1일에 영업부 사무실에 대한 화재보험료(보험기간 2025.03.01.~2026.02.29.) 1,200,000원을 전액 납입하고, 전액 비용으로 회계처리하였다(단, 음수(-)로 회계처리하지 말고, 월할계산 할 것). (3점)

[5] 퇴직급여추계액이 다음과 같을 때 퇴직급여충당부채를 설정하시오. 회사는 퇴직급여추계액의 100%를 퇴직급여충당부채로 설정하고 있다. (3점)

구분	퇴직금추계액	설정 전 퇴직급여충당부채 잔액
생산부서	300,000,000원	60,000,000원
마케팅부서	100,000,000원	20,000,000원

문제 5

2025년 귀속 원천징수자료와 관련하여 다음의 물음에 답하시오. (15점)

[1] 다음 자료를 이용하여 본사 기업부설연구소의 수석연구원으로 근무하는 박정수(사번:102)의 7월분 [급여자료입력]과 [원천징수이행상황신고서]를 작성하시오(단, 전월미환급세액은 150,000원이다). (5점)

※ 수당등록 시 월정액 및 통상임금은 고려하지 않으며, 사용하는 수당 이외의 항목은 사용 여부를 "부"로 체크한다.
※ 급여자료입력 시 공제항목의 불러온 데이터는 무시하고 직접 입력하여 작성한다.
※ 원천징수이행상황신고서의 귀속월과 지급월은 동일하게 매월 작성하여 신고하고 있으며, 박정수의 급여내역만 반영하고 환급신청은 하지 않기로 한다.
※ 비과세 요건에 해당하면 최대한 반영하기로 한다.

〈7월 급여내역〉

이름	박정수	지급일	7월 31일
기본급	2,000,000원	소득세	39,690원
직책수당	300,000원	지방소득세	3,960원
식대	200,000원	국민연금	112,500원
[기업연구소]연구보조비	200,000원	건강보험	88,620원
육아수당	200,000원	장기요양보험	11,350원
		고용보험	23,400원
급여계	2,900,000원	공제합계	279,520원
		지급총액	2,620,480원

• 식대 : 식대 이외에 현물식사도 함께 제공하고 있다.
• [기업연구소]연구보조비 : 연구활동에 직접 종사하는 자에게 지급하고 있다.
• 육아수당 : 사규에 따라 6세 이하 자녀의 보육과 관련하여 자녀 1인당 200,000원의 수당을 지급하고 있다.

[2] 2025년 9월 20일에 입사한 사원 김민수(사번:130, 세대주)의 2025년 귀속 연말정산 관련 자료는 다음과 같다. [연말정산추가자료입력] 메뉴에서 이전 근무지와 관련한 근로소득 원천징수영수증은 [소득명세] 탭, 나머지 연말정산 자료에 따라 [부양가족] 탭, [의료비] 탭에 입력하고, [연말정산입력] 탭을 완성하시오(단, 제시된 자료 외의 소득은 없으며, 본인의 세부담 최소화를 가정한다). (10점)

1. 가족사항 (단, 모두 생계를 같이 하며, 반드시 기본공제대상자가 아닌 경우에는 '부'로 입력할 것)

성명	관계	주민번호	비고
김민수	본인	780205-1884520	
여민지	배우자	810120-2118524	근로소득자(총급여액 : 5,000,000원)
김수지	자녀	100810-4988221	중학생, 일시적인 문예창작소득 50만원
김지민	자녀	120520-3118529	초등학생, 소득없음.
한미녀	모친	551211-2113251	「장애인복지법」상 장애인, 원천징수 대상 금융소득금액 1,000만원

2. 김민수의 전(前)근무지 근로소득 원천징수영수증

- 근무처 : ㈜강일전자(205-85-11389)
- 근무기간 : 2025.01.01.~2025.09.19.
- 급여 : 33,250,000원
- 상여 : 8,500,000원
- 국민연금보험료 : 1,822,500원
- 국민건강보험료 : 1,435,680원
- 장기요양보험료 : 183,870원
- 고용보험료 : 364,500원

구분		소득세	지방소득세
세액명세	결정세액	325,000원	32,500원
	기납부세액	370,000원	37,000원
	차감징수세액	-45,000원	-4,500원

3. 연말정산추가자료(모두 국세청 연말정산간소화서비스에서 조회한 자료임)

항목	내용
보험료	• 김민수 자동차 운전자보험료(보장성) : 1,150,000원 • 한미녀 장애인전용보장성 보험료 : 1,200,000원
의료비	• 여민지(배우자) : 국내에서 지출한 질병 치료비 3,000,000원(김민수의 신용카드로 결제함) ※ 실손의료보험금 수령액 1,000,000원 • 김수지(자녀) : 시력보정용 콘택트렌즈 구입비 600,000원(김민수 신용카드로 결제함)
교육비	• 김수지(자녀) : 중학교의 수업료 및 특별활동비 200,000원, 영어학원비 1,000,000원 • 김지민(자녀) : 초등학교 현장학습체험학습비 400,000원, 태권도학원비 700,000원 • 한미녀(모친) : 평생교육법에 따른 대학교 등록금 3,000,000원 (장애인특수교육비에 해당하지 않음)
신용카드등 사용액	• 김민수(본인) 신용카드 사용액 : 32,570,000원(아래의 항목이 포함된 금액임) [구분: 전통시장 5,200,000원 / 대중교통 7,500,000원] • 여민지(배우자) 직불카드 사용액 : 12,000,000원 • 한미녀(모친) 현금영수증 사용액 : 5,000,000원

신용카드등 사용액 내 세부 항목:

구분	금액
전통시장	5,200,000원
대중교통	7,500,000원

제113회 기출문제

이론시험

다음 문제를 보고 알맞은 것을 골라 이론문제 답안작성 메뉴에 입력하시오. (객관식 문항당 2점)

기본전제

문제에서 한국채택국제회계기준을 적용하도록 하는 전제조건이 없는 경우, 일반기업회계기준을 적용하여 회계처리 한다.

01 **다음 중 재무상태표의 구성요소에 대한 설명으로 틀린 것은?**

① 부채는 유동성에 따라 유동부채와 비유동부채로 구분한다.
② 자산과 부채는 유동성이 큰 항목부터 배열하는 것을 원칙으로 한다.
③ 자산은 유동자산과 비유동자산으로 구분하며 유동자산은 당좌자산과 투자자산으로 구분한다.
④ 자본은 자본금, 자본잉여금, 자본조정, 기타포괄손익누계액 및 이익잉여금(결손금)으로 구분한다.

02 **다음의 자료를 이용하여 기말 자본잉여금을 구하시오. 단, 기초 자본잉여금은 10,000,000원이다.**

당기에 발생한 자본 항목의 증감 내역은 아래와 같다.
- 주식발행초과금 증가 2,000,000원
- 자기주식처분이익 발생 300,000원
- 이익준비금 적립 3,000,000원
- 자본금 증가 5,000,000원

① 12,000,000원
② 12,300,000원
③ 15,000,000원
④ 17,000,000원

03 **다음 중 받을어음의 대손충당금을 과대 설정하였을 경우 재무제표에 미치는 영향으로 올바른 것은?**

① 자산의 과소계상
② 비용의 과소계상
③ 당기순이익 과대계상
④ 이익잉여금의 과대계상

04 **다음 중 일반기업회계기준에 따른 유형자산에 대한 설명으로 옳지 않은 것은?**

① 취득원가는 구입원가 또는 제작원가 및 경영진이 의도하는 방식으로 자산을 가동하는 데 필요한 장소와 상태에 이르게 하는 데 직접 관련되는 원가로 구성된다.
② 취득세, 등록면허세 등 유형자산의 취득과 직접 관련된 제세공과금은 당기비용으로 처리한다.
③ 새로운 상품과 서비스를 소개하는 데 소요되는 원가(예 : 광고 및 판촉활동과 관련된 원가)는 유형자산의 원가를 구성하지 않는다.
④ 건물을 신축하기 위하여 사용 중인 기존 건물을 철거하는 경우 그 건물의 장부금액은 제거하여 처분손실로 반영하고, 철거비용은 전액 당기비용으로 처리한다.

05 **다음 중 충당부채에 대한 설명으로 틀린 것은?**

① 과거사건에 의해 충당부채를 인식하기 위해서는 그 사건이 기업의 미래행위와 독립적이어야 한다.
② 충당부채는 보고기간말마다 그 잔액을 검토하고, 보고기간말 현재 최선의 추정치를 반영하여 증감조정한다.
③ 충당부채를 발생시킨 사건과 밀접하게 관련된 자산의 예상되는 처분차익은 충당부채 금액의 측정에 고려하지 아니한다.
④ 의무발생사건의 결과로 현재의무가 존재하면 자원의 유출 가능성이 낮더라도 충당부채로 인식해야 한다.

06 **㈜한국은 선입선출법에 의한 종합원가계산을 적용하고 있으며, 당기 생산 관련 자료는 아래와 같다. 품질검사는 완성도 30% 시점에서 이루어지며, 당기에 검사를 통과한 정상품의 3%를 정상공손으로 간주한다. 당기의 정상공손수량은 몇 개인가?**

〈물량흐름〉	기초재공품	500개	(완성도 70%)
	당기착수량	2,000개	
	당기완성량	2,000개	
	기말재공품	300개	(완성도 50%)

① 51개
② 54개
③ 60개
④ 75개

07 **다음 중 원가회계의 목적과 거리가 먼 것은?**

① 내부 경영 의사결정에 필요한 원가 정보를 제공하기 위함이다.
② 원가통제에 필요한 원가 정보를 제공하기 위함이다.
③ 손익계산서상 제품 원가에 대한 원가 정보를 제공하기 위함이다.
④ 이익잉여금처분계산서상 이익잉여금 처분 정보를 제공하기 위함이다.

08 **다음은 정상원가계산을 채택하고 있는 ㈜서울의 2025년 원가 관련 자료이다. ㈜서울은 직접노동시간에 비례하여 제조간접원가를 배부한다. 제조간접원가 배부액을 구하시오.**

- 제조간접원가 예산 : 39,690,000원
- 실제 제조간접원가 : 44,100,000원
- 예산 직접노동시간 : 90,000시간
- 실제 직접노동시간 : 70,000시간

① 30,870,000원
② 34,300,000원
③ 47,800,000원
④ 51,030,000원

09 **다음 중 제조원가의 분류로 잘못 구성된 것을 고르시오.**

① 추적가능성에 따른 분류 : 직접재료원가, 간접재료원가, 직접노무원가, 간접노무원가
② 제조원가의 요소에 따른 분류 : 직접재료원가, 직접노무원가, 제조간접원가
③ 원가행태에 따른 분류 : 재료원가, 노무원가, 제조간접원가
④ 발생형태에 따른 분류 : 재료원가, 노무원가, 제조경비

10 **다음 중 보조부문원가의 배분 방법에 대한 설명으로 옳은 것은?**

① 직접배분법은 보조부문 상호간의 용역수수관계를 전혀 인식하지 않아 항상 가장 부정확하다.
② 상호배분법은 보조부문 상호간의 용역수수관계를 가장 정확하게 배분하므로 가장 많이 이용된다.
③ 단계배분법은 보조부문 상호간의 용역수수관계를 일부 인식하며 배분 순서에 따라 결과가 달라진다.
④ 단계배분법은 우선순위가 낮은 부문의 원가를 우선순위가 높은 부문과 제조부문에 먼저 배분한다.

11 **다음 중 부가가치세법상 아래의 수정세금계산서 발급 방법에 대한 수정세금계산서 발급 사유로 옳은 것은?**

(수정세금계산서 발급 방법) 사유 발생일을 작성일로 적고 비고란에 처음 세금계산서 작성일을 덧붙여 적은 후 붉은색 글씨로 쓰거나 음의 표시를 하여 발급

① 착오로 전자세금계산서를 이중으로 발급한 경우
② 계약의 해제로 재화 또는 용역이 공급되지 아니한 경우
③ 필요적 기재사항 등이 착오 외의 사유로 잘못 적힌 경우
④ 면세 등 세금계산서 발급 대상이 아닌 거래 등에 대하여 세금계산서를 발급한 경우

12 **다음 중 부가가치세법상 공제하지 아니하는 매입세액이 아닌 것은?**

① 토지에 관련된 매입세액
② 사업과 직접 관련이 없는 지출에 대한 매입세액
③ 기업업무추진비 및 이와 유사한 비용 지출에 대한 매입세액
④ 세금계산서 임의적 기재사항의 일부가 적히지 아니한 지출에 대한 매입세액

13 **다음 중 부가가치세법상 환급에 대한 설명으로 가장 옳지 않은 것은?**

① 각 과세기간별로 그 과세기간에 대한 환급세액을 확정신고한 사업자에게 그 확정신고기한이 지난 후 25일 이내에 환급하여야 한다.
② 재화 및 용역의 공급에 영세율을 적용받는 경우 조기환급 신고할 수 있다.
③ 조기환급 신고의 경우 조기환급 신고기한이 지난 후 15일 이내에 환급할 수 있다.
④ 사업 설비를 신설·취득·확장 또는 증축하는 경우 조기환급 신고할 수 있다.

14 **다음 중 소득세법상 종합소득에 대한 설명으로 틀린 것은?**

① 이자소득은 총수입금액과 소득금액이 동일하다.
② 퇴직소득과 양도소득은 종합소득에 해당하지 않는다.
③ 사업소득, 근로소득, 연금소득, 기타소득에는 비과세 소득이 존재한다.
④ 금융소득(이자 및 배당)은 납세자의 선택에 따라 금융소득종합과세를 적용할 수 있다.

15 **다음 중 소득세법상 결손금과 이월결손금에 대한 설명으로 가장 옳지 않은 것은?**

① 비주거용 부동산 임대업에서 발생한 이월결손금은 타 소득에서 공제할 수 없다.
② 추계 신고 시에는 원칙적으로 이월결손금을 공제할 수 없다.
③ 해당 과세기간에 일반사업소득에서 결손금이 발생하고 이월결손금도 있는 경우에는 이월결손금을 먼저 다른 소득금액에서 공제한다.
④ 결손금의 소급공제는 중소기업에 한하여 적용 가능하다.

실무시험

㈜파도상회(회사코드 : 1132)는 전자제품의 제조 및 도·소매업을 주업으로 영위하는 중소기업으로, 당기(제14기)의 회계기간은 2025.1.1.~2025.12.31.이다. 전산세무회계 수험용 프로그램을 이용하여 다음 물음에 답하시오.

기본전제

- 문제에서 한국채택국제회계기준을 적용하도록 하는 전제조건이 없는 경우, 일반기업회계기준을 적용하여 회계처리 한다.
- 문제의 풀이와 답안작성은 제시된 문제의 순서대로 진행한다.

문제 1

[일반전표입력] 메뉴를 이용하여 다음의 거래자료를 입력하시오. (15점)

입력 시 유의사항

- 일반적인 적요의 입력은 생략하지만, 타계정 대체거래는 적요번호를 선택하여 입력한다.
- 채권·채무와 관련된 거래는 별도의 요구가 없는 한 반드시 기등록된 거래처코드를 선택하는 방법으로 거래처명을 입력한다.
- 제조경비는 500번대 계정코드를, 판매비와관리비는 800번대 계정코드를 사용한다.
- 회계처리 시 계정과목은 별도의 제시가 없는 한 등록된 계정과목 중 가장 적절한 과목으로 한다.

[1] **03월 21일** 정기 주주총회에서 이익배당을 결의하다. 다음은 정기 주주총회 의사록이며, 실제 배당금 지급일은 4월로 예정되었다(단, 이익배당과 관련된 회계처리를 이월이익잉여금(375) 계정을 사용하여 회계처리할 것). (3점)

제12기 정기 주주총회 의사록

㈜파도상회
1. 일시 : 2025년 3월 21일 16시
2. 장소 : 경기도 부천시 길주로 284, 515호 (중동, 신중동역 헤리움 메트로타워)
3. 출석상황

주주총수 : 5명	주식총수 : 100,000주
출석주주 : 5명	주식총수 : 100,000주
참 석 율 : 100%	100%

의장인 사내이사 이도진은 정관 규정에 따라 의장석에 등단하여 위와 같이 법정수에 달하는 주주가 출석하여 본 총회가 적법하게 성립되었음을 알리고 개회를 선언하다.

제1호 의안 : 제12기(2024년 1월 1일부터 2024년 12월 31일까지) 재무제표 승인의 건
의장은 본 의안을 2024년 결산기가 2024년 12월 31일자로 종료됨에 따라 재무상태표 및 손익계산서를 보고하고 이에 따른 승인을 구한바 참석주주 전원의 일치로 이를 승인가결하다.

제2호 의안 : 제12기 이익배당의 건
의장은 제12기(2024년) 배당에 관한 안건을 상정하고 의안에 대한 설명 및 필요성을 설명하고 그 승인을 구한바, 만장일치로 찬성하여 다음과 같이 승인 가결하다.
1) **배당에 관한 사항**
 가. **1주당 배당금 : 보통주 1,000원**
 나. **액면배당률 : 보통주 10%**
 다. **배당총액 : 100,000,000원**
2) **기타사항**
 가. **배당은 현금배당으로 하며, 이익배당액의 10%를 결의일에 이익준비금으로 적립한다.**

이상으로서 금일의 의안 전부를 심의 종료하였으므로 의장은 폐회를 선언하다.
위 결의를 명확히 하기 위해 이 의사록을 작성하고 의장과 출석한 이사 및 감사 아래에 기명 날인하다.

[2] **03월 28일** 남일상사에 대한 외상매입금 15,500,000원 중 7,000,000원은 보통예금 계좌에서 이체하여 지급하였으며 잔액은 대표자 개인 명의의 보통예금 계좌에서 이체하여 지급하였다(단, 가수금 계정을 사용하고, 거래처(00133)를 입력할 것). (3점)

[3] **06월 25일** 외부 강사를 초청하여 영업부 직원들의 CS교육을 실시하고 강사료 2,400,000원에서 원천징수세액(지방소득세 포함) 79,200원을 차감한 금액을 보통예금 계좌에서 지급하였다. (3점)

[4] **08월 10일** 단기매매차익을 얻을 목적으로 전기에 취득하여 보유하고 있던 ㈜연홍의 주식(취득가액 500,000원)을 모두 1,000,000원에 처분하고 대금에서 거래수수료 등 제비용 50,000원을 차감한 잔액이 보통예금 계좌로 입금되었다. (3점)

[5] **09월 05일** 제품 생산에 투입할 원재료로 사용하기 위해 구입하여 보관 중인 미가공식료품을 수재민을 도와주기 위하여 지방자치단체에 무상으로 기부하였다. 단, 취득원가는 2,000,000원이며, 시가는 2,100,000원이다. (3점)

문제 2

[매입매출전표입력] 메뉴를 이용하여 다음의 거래자료를 입력하시오. (15점)

입력 시 유의사항

- 일반적인 적요의 입력은 생략하지만, 타계정 대체거래는 적요번호를 선택하여 입력한다.
- 채권·채무와 관련된 거래는 별도의 요구가 없는 한 반드시 기등록된 거래처코드를 선택하는 방법으로 거래처명을 입력한다.
- 제조경비는 500번대 계정코드를, 판매비와관리비는 800번대 계정코드를 사용한다.
- 회계처리 시 계정과목은 별도의 제시가 없는 한 등록된 계정과목 중 가장 적절한 과목으로 한다.
- 입력 화면 하단의 분개까지 처리하고, 세금계산서 및 계산서는 전자 여부를 입력하여 반영한다.

[1] **07월 17일** 비사업자인 개인 소비자 추미랑에게 제품을 판매하고 대금은 현금으로 받아 아래의 현금영수증을 발급하였다. (3점)

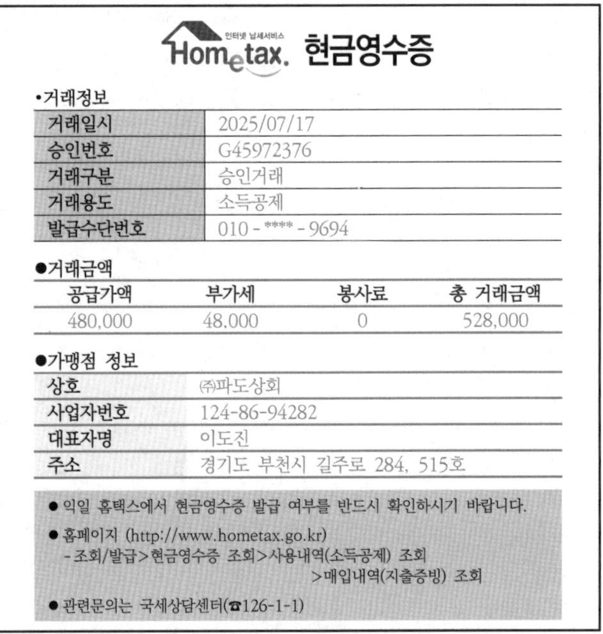

Hometax. 현금영수증

•거래정보

거래일시	2025/07/17
승인번호	G45972376
거래구분	승인거래
거래용도	소득공제
발급수단번호	010 - **** - 9694

●거래금액

공급가액	부가세	봉사료	총 거래금액
480,000	48,000	0	528,000

●가맹점 정보

상호	㈜파도상회
사업자번호	124-86-94282
대표자명	이도진
주소	경기도 부천시 길주로 284, 515호

● 익일 홈택스에서 현금영수증 발급 여부를 반드시 확인하시기 바랍니다.
● 홈페이지 (http://www.hometax.go.kr)
- 조회/발급>현금영수증 조회>사용내역(소득공제) 조회
>매입내역(지출증빙) 조회
● 관련문의는 국세상담센터(☎126-1-1)

[2] **07월 28일** 비사업자인 개인에게 영업부 사무실에서 사용하던 에어컨(취득원가 2,500,000원, 감가상각누계액 1,500,000원)을 1,100,000원(부가가치세 포함)에 판매하고, 대금은 보통예금 계좌로 받았다(단, 별도의 세금계산서나 현금영수증을 발급하지 않았으며, 거래처 입력은 생략할 것). (3점)

[3] **08월 28일** 해외거래처인 LQTECH로부터 제품 생산에 필요한 원재료를 수입하면서 인천세관으로부터 아래의 수입전자세금계산서를 발급받고, 부가가치세는 현금으로 납부하였다(단, 재고자산에 대한 회계처리는 생략할 것). (3점)

<table>
<tr><th colspan="6">수입전자세금계산서</th><th>승인번호</th><th colspan="4">20250828-11324560-11134567</th></tr>
<tr><td rowspan="4">세관명</td><td>등록번호</td><td>135-82-12512</td><td>종사업장 번호</td><td colspan="2"></td><td rowspan="5">공급받는자</td><td>사업자 등록번호</td><td>124-86-94282</td><td>종사업장 번호</td><td></td></tr>
<tr><td>세관명</td><td>인천세관</td><td>성 명 (대표자)</td><td colspan="2">김세관</td><td>상호 (법인명)</td><td>㈜파도상회</td><td>성 명</td><td>이도진</td></tr>
<tr><td>세관주소</td><td colspan="4">인천광역시 미추홀구 항구로</td><td>사업장 주소</td><td colspan="3">경기도 부천시 길주로 284, 515호</td></tr>
<tr><td rowspan="2">수입신고번호 또는 일괄발급기간 (총건)</td><td colspan="4" rowspan="2"></td><td>업 태</td><td>제조업</td><td>종 목</td><td>전자제품</td></tr>
<tr><td>이메일</td><td colspan="3"></td></tr>
<tr><td colspan="2">작성일자</td><td colspan="2">과세표준</td><td colspan="2">세액</td><td colspan="2">수정사유</td><td colspan="3">비고</td></tr>
<tr><td colspan="2">2025/08/28</td><td colspan="2">5,400,000</td><td colspan="2">540,000</td><td colspan="2">해당 없음</td><td colspan="3"></td></tr>
</table>

월	일	품 목	규 격	수 량	단 가	공급가액	세 액	비 고
08	28	수입신고필증 참조				5,400,000	540,000	
합 계 금 액	5,940,000							

[4] **09월 02일** 사내 행사를 위하여 영업부 직원들에게 제공할 다과류를 구입하고 법인카드(비씨카드)로 결제하였다. (3점)

과자나라㈜
2025.09.02.(화) 09 : 30 : 51

1,100,000원
정상승인 | 일시불

결제정보

카드	비씨카드(1234-5678-1001-2348)
승인번호	71942793
이용구분	일시불

결제금액	1,100,000원
공급가액	1,000,000원
부가세	100,000원
봉사료	0원

가맹점 정보

가맹점명	과자나라㈜
업종	도소매
사업자등록번호	123-86-12346
대표자명	오나라
전화번호	02-452-4512
주소	서울시 서초구 명달로 105

본 매출표는 신용카드 이용에 따른 증빙용으로 비씨카드사에서 발급한 것임을 확인합니다.

비씨카드주식회사

[5] **09월 11일** 공장에서 사용할 목적으로 지난 4월 2일 ㈜오성기계와 체결한 기계장치 공급계약에 따라 절단로봇을 인도받고 시험가동을 완료하였다. 잔금은 보통예금 계좌에서 지급하고 아래의 전자세금계산서를 발급받았다. (3점)

고압제트 절단로봇 공급계약서

(생략)

제 2 조 위 공급계약의 총 계약금액은 22,000,000원(VAT 포함)으로 하며, 아래와 같이 지불하기로 한다.

계약금	일금 이백만 원정 (₩ 2,000,000)은 계약 시에 지불한다.
잔금	일금 이천만 원정 (₩ 20,000,000)은 2025년 09월 30일 내에 제품 인도 후 시험가동이 완료된 때에 지불한다.

(이하 생략)

전자세금계산서						승인번호	20250911-31000013-443461111		
공급자	사업자 등록번호	130-81-08113	종사업장 번호		공급받는자	사업자 등록번호	124-86-94282	종사업장 번호	
	상호 (법인명)	㈜오성기계	성 명 (대표자)	유오성		상호 (법인명)	㈜파도상회	성 명	이도진
	사업장 주소	경기도 부천시 길주로 1				사업장 주소	경기도 부천시 길주로 284, 515호		
	업 태	제조	종 목	생산로봇		업 태	제조,도소매	종 목	전자제품
	이메일	osung@naver.com				이메일	wavestore@naver.com		

작성일자	공급가액	세액	수정사유	비고
2025/09/11	20,000,000	2,000,000		

월	일	품목	규격	수량	단가	공급가액	세액	비고
09	11	고압제트 절단 로봇	M701C			20,000,000	2,000,000	

합계금액	현금	수표	어음	외상미수금	위 금액을 **(영수 청구)** 함
22,000,000	22,000,000				

문제 3

부가가치세 신고와 관련하여 다음 물음에 답하시오. (10점)

[1] 이 문제에 한정하여 ㈜파도상회는 음식점업만을 영위하는 법인으로 가정한다. 다음 자료를 이용하여 2025년 제1기 확정신고기간(2025.04.01.~2025.06.30.)에 대한 의제매입세액공제신고서를 작성하시오. (4점)

1. 매입자료

취득일자	공급자	사업자등록번호 (주민등록번호)	물품명	수량	매입가액	구분
2025.04.10.	은성	752-06-02024	야채	250개	1,020,000원	계산서
2025.04.30.	㈜이두식자재	872-87-85496	생닭	300마리	1,830,000원	신용카드
2025.05.20.	김어부	650321-1548905	갈치	80마리	790,000원	농어민 매입

2. 제1기 예정분 과세표준은 80,000,000원이며, 확정분 과세표준은 95,000,000원이다.
3. 제1기 예정신고 시 의제매입세액 75,000원을 공제받았다.
4. 위 자료 1의 면세 매입 물품은 모두 과세사업인 음식점업에 직접 사용하였다.

[2] 다음의 자료를 이용하여 2025년 제2기 부가가치세 확정신고기간에 대한 [건물등감가상각자산취득명세서]를 작성하시오(단, 아래의 자산은 모두 감가상각 대상에 해당함). (4점)

취득일	내용	공급가액	상호	비고
		부가가치세액	사업자등록번호	
10.04.	영업부의 업무용승용차(2,000cc) 구입	31,000,000원	㈜원대자동차	전자세금계산서 수취
		3,100,000원	210-81-13571	
11.26.	제조부의 공장 건물 신축공사비 지급	50,000,000원	아름건설	종이세금계산서 수취
		5,000,000원	101-26-97846	
12.09.	제조부 공장에서 사용할 포장기계 구입	2,500,000원	나라포장	법인 신용카드 결제
		250,000원	106-02-56785	

[3] 2025년 제1기 예정신고기간(2025.01.01.~2025.03.31.)의 [부가가치세신고서]를 전자신고하시오. (2점)

1. 부가가치세신고서와 관련 부속서류는 마감되어 있다.
2. [전자신고] → [국세청 홈택스 전자신고변환(교육용)] 순으로 진행한다.
3. [전자신고] 메뉴의 [전자신고제작] 탭에서 신고인구분은 2.납세자 자진신고를 선택하고, 비밀번호는 "12341234"로 입력한다.
4. [국세청 홈택스 전자신고변환(교육용)] → 전자파일변환(변환대상파일선택) → 찾아보기 에서 전자신고용 전자파일을 선택한다.
5. 전자신고용 전자파일 저장경로는 로컬디스크(C :)이며, 파일명은 "enc작성연월일.101.v사업자등록번호"다.
6. 형식검증하기 → 형식검증결과확인 → 내용검증하기 → 내용검증결과확인 → 전자파일제출 을 순서대로 클릭한다.
7. 최종적으로 전자파일 제출하기 를 완료한다.

문제 4

결산정리사항은 다음과 같다. 관련 메뉴를 이용하여 결산을 완료하시오. (15점)

[1] 아래의 자료를 이용하여 정기예금의 당기분 경과이자에 대한 회계처리를 하시오(단, 월할 계산할 것). (3점)

- 정기예금액 : 30,000,000원
- 예금가입기간 : 2025.04.01.~2026.03.31.
- 연이자율 : 3.4%
- 이자는 만기일(2026.03.31.)에 일시 수령한다.

[2] 일반기업회계기준에 따라 2025년 말 현재 보유 중인 매도가능증권에 대하여 결산일의 적절한 회계처리를 하시오(단, 매도가능증권은 비유동자산이며, 2024년의 회계처리는 적절하게 되었다). (3점)

주식명	2024년 취득가액	2024년 말 공정가치	2025년 말 공정가치
㈜엔지	5,000,000원	6,000,000원	4,800,000원

[3] 2025년 11월 중 캐나다 ZF사에 수출한 외상매출금 $100,000은 2026년 1월 15일에 외화통장으로 회수될 예정이며, 일자별 기준환율은 다음과 같다. (3점)

구분	수출신고일 : 24.11.03.	선적일 : 24.11.10.	결산일 : 25.12.31.
기준환율	900원/$	920원/$	950원/$

[4] 기존에 입력된 데이터는 무시하고 2025년 제2기 확정신고기간의 부가가치세와 관련된 내용은 다음과 같다고 가정한다. 12월 31일 부가세예수금과 부가세대급금을 정리하는 회계처리를 하시오. 단, 납부세액(또는 환급세액)은 미지급세금(또는 미수금)으로, 경감세액은 잡이익으로, 가산세는 세금과공과(판)로 회계처리한다. (3점)

• 부가세대급금	6,400,000원	• 부가세예수금	8,240,000원
• 전자신고세액공제액	10,000원	• 세금계산서지연발급가산세	84,000원

[5] 결산일 현재 무형자산인 영업권의 전기 말 상각 후 미상각잔액은 200,000,000원으로 이 영업권은 작년 1월 초 250,000,000원에 취득한 것이다. 이에 대한 회계처리를 하시오. 단, 회사는 무형자산에 대하여 5년간 월할 균등 상각하고 있으며, 상각기간 계산 시 1월 미만은 1월로 간주한다. (3점)

문제 5

2025년 귀속 원천징수와 관련된 다음의 물음에 답하시오. (15점)

[1] 다음 자료를 이용하여 2025년 5월 귀속 [원천징수이행상황신고서]를 작성하시오. 단, 아래에 주어진 자료만을 이용하여 [원천징수이행상황신고서]를 직접 작성하고, [급여자료입력] 메뉴에서 불러오는 자료는 무시할 것. (5점)

[지급일자 : 2025년 6월 05일]			2025년 5월 귀속 급여대장					(단위: 원)
구분	급여내역상세					공제내역상세			
성명	기본급	자격수당	식대	자가운전 보조금	합계	4대보험	소득세	지방 소득세	합계
김성현	2,600,000	-	200,000	200,000	3,000,000	234,000	90,000	9,000	333,000
서지은	2,700,000	300,000	200,000	-	3,200,000	270,000	-200,000	-20,000	50,000
합계	5,300,000	300,000	400,000	200,000	6,200,000	504,000	-110,000	-11,000	383,000

1. 위 급여내역 중 식대 및 자가운전보조금은 비과세 요건을 충족한다.
2. 5월 귀속 급여 지급일은 2025년 6월 5일이다.
3. 서지은(중도퇴사자) 관련 사항
4. 2025년 5월 31일까지 근무 후 중도퇴사하였다.
5. 2025년 1월부터 4월까지의 총지급액은 12,000,000원이라고 가정한다.
6. 소득세 및 지방소득세는 중도퇴사자 정산이 반영된 내역이며, 5월분 급여에 대해서는 원천징수하지 않았다.

[2] 함춘식 대리(사번 : 301, 입사일 : 2025년 04월 21일)의 2025년 귀속 연말정산과 관련된 자료는 다음과 같다. 아래의 자료를 이용하여 [연말정산추가자료입력] 메뉴의 [소득명세] 탭, [부양가족] 탭, [의료비] 탭, [신용카드등] 탭, [월세액] 탭을 작성하고 [연말정산입력] 탭에서 연말정산을 완료하시오(단, 제시된 소득 이외의 소득은 없으며, 세부담 최소화를 가정한다). (10점)

<table>
<tr><td>현근무지</td><td>• 급여총액 : 40,600,000원(비과세 급여, 상여, 감면소득 없음)
• 소득세 기납부세액 : 2,368,370원(지방소득세 : 236,800원)
• 이외 소득명세 탭의 자료는 불러오기 금액을 반영한다.</td></tr>
<tr><td>전(前)근무지
근로소득
원천징수
영수증</td><td>• 근무처 : ㈜솔비공업사(사업자번호 : 956-85-02635)
• 근무기간 : 2025.01.01.~2025.04.20.
• 급여총액 : 12,200,000원(비과세 급여, 상여, 감면소득 없음)
• 건강보험료 : 464,810원
• 장기요양보험료 : 97,290원
• 고용보험료 : 134,320원
• 국민연금 : 508,700원
• 소득세 결정세액 : 398,000원(지방소득세 결정세액 : 39,800원)</td></tr>
<tr><td>가족사항</td><td>
<table>
<tr><th>성명</th><th>관계</th><th>주민번호</th><th>비고</th></tr>
<tr><td>함춘식</td><td>본인</td><td>900919 - 1668321</td><td>무주택 세대주임</td></tr>
<tr><td>함덕주</td><td>부</td><td>501223 - 1589321</td><td>일용근로소득금액 4,300만원</td></tr>
<tr><td>박경자</td><td>모</td><td>530807 - 2548718</td><td>복권 당첨소득 500만원</td></tr>
<tr><td>함경리</td><td>누나</td><td>881229 - 2509019</td><td>중증환자 등 장애인으로 소득 없음</td></tr>
</table>
• 기본공제대상자가 아닌 경우 기본공제 여부에 '부'로 표시할 것
• 위의 가족은 모두 내국인으로 생계를 같이 하는 것으로 한다.</td></tr>
<tr><td>2025년도
연말정산자료</td><td>
<table>
<tr><th>항목</th><th>내용</th></tr>
<tr><td>보험료</td><td>• 함덕주(부) : 일반 보장성 보험료 50만원
• 함춘식(본인) : 저축성 보험료 120만원
• 함경리(누나) : 장애인 전용 보장성 보험료 70만원</td></tr>
<tr><td>의료비</td><td>• 박경자(모) : 임플란트 비용 200만원
• 함덕주(부) : 보청기 구입비용 30만원
• 함경리(누나) : 치료를 위한 한약 30만원
※ 위 의료비는 모두 함춘식 본인의 신용카드로 결제하였고, 치료 목적으로 지출하였다.
※ 주어진 자료만 고려하여 입력한다.</td></tr>
<tr><td>신용카드등
사용액</td><td>• 함춘식(본인) 신용카드 사용액 : 2,100만원
- 대중교통 사용분 60만원, 아파트 관리비 100만원, 동거가족 의료비 260만원 포함
• 함덕주(부) 체크카드 사용액 : 800만원
- 전통시장 사용분 200만원 포함</td></tr>
<tr><td>월세액</td><td>• 임대인 : 이고동(주민등록번호 691126 - 1904701)
• 유형 및 면적 : 아파트, 84㎡
• 임대주택 주소지 : 경기도 안산시 단원구 중앙대로 620
• 임대차 기간 : 2025.01.01.~2026.12.31.
• 월세액 : 월 60만원</td></tr>
</table>
※ 위 보험료, 의료비, 신용카드 등 사용액은 모두 국세청 연말정산 간소화 서비스에서 조회된 자료이다.</td></tr>
</table>

제114회 기출문제

이론시험

다음 문제를 보고 알맞은 것을 골라 [이론문제 답안작성] 메뉴에 입력하시오. (객관식 문항당 2점)

기본전제

문제에서 한국채택국제회계기준을 적용하도록 하는 전제조건이 없는 경우, 일반기업회계기준을 적용하여 회계처리 한다.

01 다음 중 재무상태표의 목적을 설명한 것으로 옳지 않은 것은?

① 일정시점 현재 기업이 보유하고 있는 경제적 자원에 대한 정보를 제공한다.
② 회계정보이용자들이 기업의 유동성, 재무적 탄력성, 수익성과 위험을 평가하는데 정보를 제공한다.
③ 기업이 보유하고 있는 자산과 부채, 그리고 자본에 대한 정보를 제공한다.
④ 종업원의 실적을 측정하여 근무태도를 평가한다.

02 재고자산의 단가결정방법 중 후입선출법에 대한 설명으로 바르지 않은 것은?

① 실제 물량흐름과 원가흐름이 대체로 일치한다.
② 기말재고가 가장 오래 전에 매입한 상품의 단가로 계상된다.
③ 물가가 상승한다는 가정에는 이익이 과소계상된다.
④ 물가가 상승한다는 가정에는 기말재고가 과소평가된다.

03 **다음 중 일반기업회계기준상 거래형태별 수익 인식시점으로 가장 올바른 것은?**

① 배당금 수익 : 배당금을 수취한 날
② 상품권 판매 : 상품권을 발행한 날
③ 장기할부판매 : 판매가격을 기간별로 안분하여 수익으로 인식한다.
④ 건설형 공사계약 : 공사 진행률에 따라 진행기준에 의해 수익을 인식한다.

04 **다음 중 자본에 대한 설명으로 옳지 않은 것은?**

① 상법 규정에 따라 자본금의 1/2에 달할 때까지 금전에 의한 이익배당액의 1/10 이상의 금액을 이익준비금으로 적립하여야 한다.
② 주식배당을 하면 자본금 계정과 자본총액은 변하지 않는다.
③ 자본은 주주의 납입자본에 기업활동을 통하여 획득하고 기업의 활동을 위해 유보된 금액을 가산하고, 기업활동으로 인한 손실 및 소유자에 대한 배당으로 인한 주주지분
④ 감소액을 차감한 잔액이다.
현금으로 배당하는 경우에는 배당액을 이익잉여금에서 차감한다.

05 **다음은 시장성 있는 유가증권의 취득 및 처분에 대한 내역이다. 다음 중 아래의 자료에 대한 설명으로 틀린 것은?**

- 2024년 07월 12일 : 주식회사 한세의 주식 10주를 주당 20,000원에 매입하였다.
- 2024년 12월 31일 : 주식회사 한세의 공정가치는 주당 19,000원이다.
- 2025년 05월 09일 : 주식회사 한세의 주식 전부를 주당 21,000원에 처분하였다.

① 단기매매증권으로 분류할 경우, 2024년 기말 장부가액은 200,000원이다.
② 매도가능증권으로 분류할 경우, 처분 시 매도가능증권처분이익은 10,000원이다.
③ 단기매매증권으로 분류할 경우, 처분 시 단기매매증권처분이익은 20,000원이다.
④ 매도가능증권으로 분류할 경우, 단기매매증권으로 분류하였을 경우보다 2025년 당기순이익이 감소한다.

06 **다음 중 기본원가에 해당하면서 동시에 가공원가에 해당하는 것은?**

① 직접재료원가　　② 직접노무원가
③ 제조간접원가　　④ 직접재료원가와 직접노무원가

07 **㈜미르는 동일한 원재료를 투입하여 동일한 제조공정에서 제품 A, B, C를 생산하고 있다. 세 가지 제품에 공통적으로 투입된 결합원가가 400,000원일 때, 순실현가치법으로 결합원가를 배부하는 경우 제품 B의 제조원가는 얼마인가?**

제품	생산량	단위당 판매가격	추가가공원가(총액)
A	200㎏	@3,000원	없음
B	250㎏	@2,000원	125,000원
C	500㎏	@1,200원	75,000원

① 100,000원 ② 165,000원
③ 200,000원 ④ 225,000원

08 **다음 중 제조간접원가 배부차이 조정 방법에 해당하지 않는 것은?**

① 매출원가조정법 ② 단계배분법
③ 비례배분법 ④ 영업외손익법

09 **다음 중 개별원가계산에 대한 설명으로 옳지 않은 것은?**

① 제조간접원가는 원가대상에 직접 추적할 수 없으므로 배부기준을 정하여 배부율을 계산하여야 한다.
② 조선업이나 건설업 등에 적합한 원가계산 방법이다.
③ 단일 종류의 제품을 연속적으로 대량 생산하는 경우에 적용한다.
④ 실제개별원가계산에서는 제조간접원가를 기말 전에 배부할 수 없어 제품원가 계산이 지연된다는 단점이 있다.

10 **다음 중 공손에 대한 설명으로 틀린 것을 고르시오.**

① 정상품을 생산하는 과정에서 불가피하게 발생하는 계획된 공손을 정상공손이라고 한다.
② 정상공손은 예측이 가능하며 단기적으로 통제할 수 없다.
③ 비정상공손은 능률적인 생산조건 하에서는 발생하지 않을 것으로 예상되며 예측할 수 없다.
④ 비정상공손은 통제가능한 공손으로서 제품원가에 가산한다.

11 **다음 중 우리나라 부가가치세법의 특징에 대한 설명으로 옳지 않은 것은?**

① 전단계세액공제법 ② 간접세
③ 소비행위에 대하여 과세 ④ 생산지국 과세원칙

12 **다음 중 부가가치세법상 공통매입세액 안분 계산을 생략하는 경우를 고르시오.**

> 가. 해당 과세기간 중 공통매입세액이 5만원 미만인 경우
> 나. 해당 과세기간의 총공급가액 중 면세공급가액이 5% 미만이면서, 공통매입세액은 5백만원 이상인 경우
> 다. 해당 과세기간 중 공통매입세액이 없는 경우

① 가 ② 다
③ 가, 다 ④ 가, 나, 다

13 **다음 중 부가가치세법상 신고와 납부에 대한 설명으로 옳은 것은?**

① 예정신고를 한 사업자는 이미 신고한 과세표준과 납부한 납부세액 또는 환급받은 세액은 각 과세기간의 확정신고에 대한 과세표준과 납부세액 또는 환급세액을 신고할 때 신고하지 아니한다.
② 모든 법인사업자는 예정신고기간의 과세표준과 납부세액을 관할 세무서장에게 신고해야 한다.
③ 신규로 사업을 시작하는 자에 대한 최초의 예정신고기간은 그 날이 속하는 과세기간의 개시일로부터 사업 개시일까지로 한다.
④ 모든 개인사업자는 예정신고를 하고 예정신고기간의 납부세액을 납부할 수 있다.

14 **다음 중 소득세법상 과세 방법이 나머지와 다른 하나는 무엇인가?**

① Gross-Up 대상 배당소득 2,400만원
② 일용근로소득 5,000만원
③ 주택임대소득이 아닌 부동산 임대소득 100만원
④ 인적용역을 일시적으로 제공하고 받은 대가 800만원

15 **다음 중 소득세법상 사업소득 총수입금액에 산입하여야 하는 것은?**

① 부가가치세 매출세액
② 사업과 관련된 자산수증이익
③ 사업용 고정자산 매각액 (복식부기의무자가 아님)
④ 자가생산한 제품을 타 제품의 원재료로 사용한 경우 그 금액

실무시험

㈜효원상회(회사코드:1142)는 전자제품의 제조 및 도·소매업을 주업으로 영위하는 중소기업으로 당기(제12기)의 회계기간은 2025.1.1.~2025.12.31.이다. 전산세무회계 수험용 프로그램을 이용하여 다음 물음에 답하시오.

기본전제

- 문제에서 한국채택국제회계기준을 적용하도록 하는 전제조건이 없는 경우, 일반기업회계기준을 적용하여 회계처리 한다.
- 문제의 풀이와 답안작성은 제시된 문제의 순서대로 진행한다.

문제 1

[일반전표입력] 메뉴를 이용하여 다음의 거래자료를 입력하시오. (15점)

입력 시 유의사항

- 일반적인 적요의 입력은 생략하지만, 타계정 대체거래는 적요번호를 선택하여 입력한다.
- 채권·채무와 관련된 거래는 별도의 요구가 없는 한 반드시 기등록된 거래처코드를 선택하는 방법으로 거래처명을 입력한다.
- 제조경비는 500번대 계정코드를, 판매비와관리비는 800번대 계정코드를 사용한다.
- 회계처리 시 계정과목은 별도의 제시가 없는 한 등록된 계정과목 중 가장 적절한 과목으로 한다.

[1] **01월 25일** 미지급세금으로 계상되어 있는 2024년 제2기 확정 부가가치세 납부세액 8,500,000원을 국민카드로 납부하였다. 단, 납부대행수수료는 납부세액의 0.8%이며, 세금과공과(판)로 처리한다. (3점)

[2] **01월 31일** 제품 판매대금으로 수령한 약속어음을 하나은행에 할인하고, 할인수수료 85,000원을 차감한 잔액이 보통예금 계좌로 입금되었다(단, 매각거래로 회계처리 할 것). (3점)

전 자 어 음

㈜효원상회 귀하

금 일천만원정 10,000,000원

위의 금액을 귀하 또는 귀하의 지시인에게 지급하겠습니다.

지급기일	2025년 03월 31일	**발행일**	2024년 12월 31일
지 급 지	국민은행	**발행지 주 소**	경기도 부천시 길주로 284, 805호
지급장소	신중동역 종합금융센터	**발행인**	무인상사㈜

[3] **02월 04일** 액면가액 10,000,000원(5년 만기)인 사채를 9,800,000원에 할인발행하였으며, 대금은 전액 보통예금 계좌로 입금되었다. (3점)

[3] **06월 17일** 생산부에서 사용할 소모품을 현금으로 구입하고 아래의 간이영수증을 수령하였다(단, 당기 비용으로 처리할 것). (3점)

<table>
<tr><th colspan="6">영 수 증(공급받는자용)</th></tr>
<tr><td colspan="2">No.</td><td colspan="4">㈜효원상회 귀하</td></tr>
<tr><td rowspan="4">공급자</td><td>사업자등록번호</td><td colspan="4">150-45-51052</td></tr>
<tr><td>상 호</td><td>나래철물</td><td>성 명</td><td colspan="2">이나래 (인)</td></tr>
<tr><td>사업장소재지</td><td colspan="4">서울시 강남구 도곡동</td></tr>
<tr><td>업 태</td><td>도소매</td><td>종 목</td><td colspan="2">철물점</td></tr>
<tr><td colspan="2">작성년월일</td><td colspan="2">공급대가 총액</td><td colspan="2">비고</td></tr>
<tr><td colspan="2">2025.06.17.</td><td colspan="2">20,000원</td><td colspan="2"></td></tr>
<tr><td colspan="6">위 금액을 정히 영수(청구)함.</td></tr>
<tr><td>월일</td><td>품목</td><td>수량</td><td>단가</td><td colspan="2">공급가(금액)</td></tr>
<tr><td>06.17.</td><td>청소용품</td><td>2</td><td>10,000원</td><td colspan="2">20,000원</td></tr>
<tr><td></td><td></td><td></td><td></td><td colspan="2"></td></tr>
<tr><td></td><td></td><td></td><td></td><td colspan="2"></td></tr>
<tr><td></td><td></td><td></td><td></td><td colspan="2"></td></tr>
<tr><td></td><td></td><td></td><td></td><td colspan="2"></td></tr>
<tr><td colspan="3">합계</td><td colspan="3">20,000원</td></tr>
<tr><td colspan="6">부가가치세법시행규칙 제25조의 규정에 의한 (영수증)으로 개정</td></tr>
</table>

[4] **09월 13일** 매입처인 ㈜제주상사로부터 일시적으로 차입한 50,000,000원에 대하여 이자를 지급하였다. 이자 200,000원에 대한 원천징수세액은 55,000원이다. 당사는 이자에서 원천징수세액을 차감한 금액을 보통예금 계좌에서 송금하였다. (3점)

문제 2

[매입매출전표입력] 메뉴를 이용하여 다음의 거래자료를 입력하시오. (15점)

입력 시 유의사항

- 일반적인 적요의 입력은 생략하지만, 타계정 대체거래는 적요번호를 선택하여 입력한다.
- 채권·채무와 관련된 거래는 별도의 요구가 없는 한 반드시 기등록된 거래처코드를 선택하는 방법으로 거래처명을 입력한다.
- 제조경비는 500번대 계정코드를, 판매비와관리비는 800번대 계정코드를 사용한다.
- 회계처리 시 계정과목은 별도의 제시가 없는 한 등록된 계정과목 중 가장 적절한 과목으로 한다.
- 입력 화면 하단의 분개까지 처리하고, 세금계산서 및 계산서는 전자 여부를 입력하여 반영한다.

[1] **07월 08일** 내국신용장에 의하여 ㈜한빛에 제품을 22,000,000원에 판매하고, 영세율전자세금계산서를 발급하였다. 판매대금 중 계약금을 제외한 잔금은 ㈜한빛이 발행한 약속어음(만기 3개월)으로 수령하였으며, 계약금 7,000,000원은 작년 말에 현금으로 받았다(단, 서류번호 입력은 생략할 것). (3점)

[2] **07월 15일** 회사 사옥을 신축하기 위하여 취득한 토지의 부동산중개수수료에 대하여 ㈜다양으로부터 아래의 전자세금계산서를 수취하였다. (3점)

전자세금계산서						승인번호	20250715-10454645-53811338		
공급자	사업자 등록번호	211-81-41992	종사업장 번호		공급받는자	사업자 등록번호	651-81-00898	종사업장 번호	
	상호 (법인명)	㈜다양	성 명 (대표자)	오미인		상호 (법인명)	㈜효원상회	성 명	오미자
	사업장 주소	서울시 금천구 시흥대로 198-11				사업장 주소	경기도 용인시 처인구 경안천로 2-7		
	업 태	서비스	종 목	부동산중개		업 태	제조 외	종 목	전자제품
	이메일	ds114@naver.com				이메일	jjsy77@naver.com		

작성일자	공급가액	세액	수정사유	비고
2025/07/15	10,200,000	1,020,000	해당 없음	

월	일	품 목	규 격	수 량	단 가	공 급 가 액	세 액	비 고
07	15	토지 중개수수료				10,200,000	1,020,000	

합 계 금 액	현 금	수 표	어 음	외 상 미 수 금	위 금액을 **(청구)** 함
11,220,000				11,220,000	

[3] **08월 05일** 생산부 직원들의 단합을 위한 회식을 하고 식사비용 275,000원(부가가치세 포함)을 현금으로 지급하였으며, 일반과세자인 ㈜벽돌갈비로부터 지출증빙용 현금영수증을 적법하게 발급받았다. (3점)

인터넷 납세서비스 Hometax. **현금영수증**

•거래정보

거래일시	2025-08-05 20:12:55
승인번호	G00260107
거래구분	승인거래
거래용도	지출증빙
발급수단번호	651-81-00898

●거래금액

공급가액	부가세	봉사료	총 거래금액
250,000	25,000	0	275,000

●가맹점 정보

상호	㈜벽돌갈비
사업자번호	123-81-98766
대표자명	심재은
주소	서울시 송파구 방이동 12-2

● 익일 홈택스에서 현금영수증 발급 여부를 반드시 확인하시기 바랍니다.
● 홈페이지 (http://www.hometax.go.kr)
- 조회/발급>현금영수증 조회>사용내역(소득공제) 조회
>매입내역(지출증빙) 조회
● 관련문의는 국세상담센터(☎126-1-1)

[4] **08월 20일** 영업부에서 사용하던 업무용 승용자동차(12고1234)를 헤이중고차상사㈜에 5,500,000원(부가가치세 포함)에 처분하고 전자세금계산서를 발급하였다. 대금은 전액 보통예금 계좌로 지급받았으며, 해당 차량은 20,000,000원에 취득한 것으로 처분일 현재 감가상각누계액은 16,000,000원이다. (3점)

[5] **09월 12일** 제조공장의 임대인으로부터 다음의 전자세금계산서를 발급받았다. 단, 비용은 아래의 품목에 기재된 계정과목으로 각각 회계처리하시오. (3점)

<table>
<tr><td colspan="6">전자세금계산서</td><td>승인번호</td><td colspan="3">20250912-31000013-44346111</td></tr>
<tr><td rowspan="5">공급자</td><td>사업자 등록번호</td><td>130-55-08114</td><td>종사업장 번호</td><td></td><td rowspan="5">공급받는자</td><td>사업자 등록번호</td><td>651-81-00898</td><td>종사업장 번호</td><td></td></tr>
<tr><td>상호 (법인명)</td><td>건물주</td><td>성 명 (대표자)</td><td>편미선</td><td>상호 (법인명)</td><td>㈜효원상회</td><td>성 명</td><td>오미자</td></tr>
<tr><td>사업장 주소</td><td colspan="3">경기도 부천시 길주로 1</td><td>사업장 주소</td><td colspan="3">경기도 용인시 처인구 경안천로 2-7</td></tr>
<tr><td>업 태</td><td>부동산업</td><td>종 목</td><td>부동산임대</td><td>업 태</td><td>제조 외</td><td>종 목</td><td>전자제품</td></tr>
<tr><td>이메일</td><td colspan="3"></td><td>이메일</td><td colspan="3">jjsy77@naver.com</td></tr>
<tr><td colspan="2">작성일자</td><td colspan="2">공급가액</td><td colspan="2">세액</td><td>수정사유</td><td colspan="3">비고</td></tr>
<tr><td colspan="2">2025/09/12</td><td colspan="2">3,000,000</td><td colspan="2">300,000</td><td>해당 없음</td><td colspan="3"></td></tr>
</table>

월	일	품목	규격	수량	단가	공급가액	세액	비고
09	12	임차료				2,800,000	280,000	
09	12	건물관리비				200,000	20,000	

합계금액	현금	수표	어음	외상미수금	위 금액을 **(청구)** 함
3,300,000				3,300,000	

문제 3

부가가치세 신고와 관련하여 다음 물음에 답하시오. (10점)

[1] 아래의 자료를 이용하여 2025년 제1기 부가가치세 확정신고기간의 [수출실적명세서]를 작성하시오(단, 거래처코드와 거래처명은 등록된 거래처를 조회하여 사용할 것). (3점)

거래처	수출신고번호	선적일	환가일	통화	수출액	기준환율	
						선적일	환가일
BOB	12345-77-100066X	2025.06.15	2025.04.10	USD	$80,000	1,350원/$	1,300원/$
ORANGE	22244-88-100077X	2025.06.15	2025.06.30	EUR	€52,000	1,400원/€	1,410원/€

[2] 다음의 자료만을 이용하여 2025년 제2기 확정신고기간의 [부가가치세신고서]를 작성하시오 (단, 불러온 데이터 값은 무시하고 새로 입력할 것). (5점)

구분	자료
매출자료	1. 전자세금계산서 발급분 과세 매출액 : 공급가액 155,000,000원, 세액 15,500,000원 2. 종이세금계산서 발급분 과세 매출액 : 공급가액 12,500,000원, 세액 1,250,000원 3. 내국신용장에 의한 영세율 매출액 : 공급가액 100,000,000원, 세액 0원 4. 당기에 대손이 확정(대손세액 공제 요건 충족)된 채권 : 1,320,000원(VAT 포함)
매입자료	1. 전자세금계산서 수취분 매입내역 (아래 표 1) 2. 신용카드 사용분 매입내역 (아래 표 2)
기타	1. 당사는 법인으로 전자세금계산서 의무발급대상자이나 종이세금계산서 발급 1건이 있다. (위 매출자료의 '2. 종이세금계산서 발급분 과세 매출액') 2. 위 '기타 1.' 외 전자세금계산서의 발급 및 국세청 전송은 정상적으로 이루어졌다. 3. 예정신고누락분은 확정신고 시에 반영하기로 한다. 4. 전자신고세액공제를 받기로 한다.

1. 전자세금계산서 수취분 매입내역

구분	공급가액	세액
일반 매입	185,000,000원	18,500,000원
일반 매입(접대성 물품)	2,400,000원	240,000원
제조부 화물차 구입	28,000,000원	2,800,000원
합계	215,400,000원	21,540,000원

2. 신용카드 사용분 매입내역

구분	공급가액	세액
일반 매입	18,554,200원	1,855,420원
사업과 관련 없는 매입	1,363,637원	136,363원
비품(고정자산) 매입	2,545,455원	254,545원
예정신고누락분(일반 매입)	500,000원	50,000원
합계	22,963,292원	2,296,328원

[3] 다음의 자료를 이용하여 2025년 제1기 부가가치세 예정신고기간(1월 1일~3월 31일)의 [부가가치세신고서] 및 관련 부속서류를 전자신고하시오. (2점)

1. 부가가치세신고서와 관련 부속서류는 마감되어 있다.
2. [전자신고] → [국세청 홈택스 전자신고변환(교육용)] 순으로 진행한다.
3. [전자신고]의 [전자신고제작] 탭에서 신고인구분은 2.납세자 자진신고를 선택하고, 비밀번호는 "12345678"로 입력한다.
4. [국세청 홈택스 전자신고변환(교육용)] → 전자파일변환(변환대상파일선택) → 찾아보기 에서 전자신고용 전자파일을 선택한다.
5. 전자신고용 전자파일 저장경로는 로컬디스크(C :)이며, 파일명은 "enc작성연월일.101.v사업자등록번호"다.
6. 형식검증하기 → 형식검증결과확인 → 내용검증하기 → 내용검증결과확인 → 전자파일제출 을 순서대로 클릭한다.
7. 최종적으로 전자파일 제출하기 를 완료한다.

문제 4

결산정리사항은 다음과 같다. 관련 메뉴를 이용하여 결산을 완료하시오. (15점)

[1] 당기 중 현금 시재가 부족하여 현금과부족으로 처리했던 1,200,000원의 원인이 결산일 현재 다음과 같이 확인되었다(단, 항목별로 적절한 계정과목으로 처리하고, 하나의 전표로 입력할 것). (3점)

내용	금액
불우이웃돕기 성금	1,000,000원
영업부 거래처 직원의 결혼 축의금	200,000원

[2] 제조부의 제품 생산공장에 대한 화재보험료 전액을 납부일에 즉시 비용으로 처리하였다. 결산일에 필요한 회계처리를 하시오(단, 보험료는 월할 계산한다). (3점)

구분	보장기간	납부일	납부액
제조부 제품 생산공장 화재보험료	2025.06.01.~2026.05.31.	2025.06.01.	3,600,000원

[3] 대표자에게 대여한 20,000,000원(대여기간 : 2025.01.01.~2025.12.31.)에 대하여 당좌대출이자율(연 4.6%)로 계산한 이자 상당액을 보통예금 계좌로 입금받았다. (3점)

[4] 당사는 기말 현재 보유 중인 다음의 3가지 채권의 잔액에 대해서만 1%의 대손충당금을 보충법으로 설정하고 있다(단, 원 단위 미만은 절사한다). (3점)

구분	기말잔액	설정 전 대손충당금 잔액
외상매출금	548,550,000원	4,750,000원
받을어음	22,700,000원	20,000원
단기대여금	50,000,000원	0원

[5] 기말 현재 당기분 법인세(지방소득세 포함)는 8,400,000원으로 산출되었다. 단, 당기분 법인세 중간예납세액과 이자소득 원천징수세액의 합계액인 5,800,000원은 선납세금으로 계상되어 있다. (3점)

문제 5

2025년 귀속 원천징수와 관련된 다음의 물음에 답하시오. (15점)

[1] 다음은 영업부 대리 정기준(사번 : 33)의 급여 관련 자료이다. 필요한 [수당공제등록]을 하고 4월분 [급여자료입력]과 [원천징수이행상황신고서]를 작성하시오. (5점)

1. 4월의 급여 지급내역은 다음과 같다.

이름 : 정기준		지급일 : 2025년 04월 30일	
기본급	2,800,000원	국민연금	153,000원
직책수당	400,000원	건강보험	120,530원
야간근로수당	200,000원	장기요양보험	15,600원
(비과세) 식대	200,000원	고용보험	27,200원
(비과세) 자가운전보조금	200,000원	소득세	114,990원
(비과세) 출산보육수당	200,000원	지방소득세	11,490원
급여 합계	4,000,000원	공제합계	442,810원
		차인지급액	3,557,190원

2. 수당공제등록 시 다음에 주의하여 입력한다.
   - 수당등록 시 사용하는 수당 이외의 항목은 사용 여부를 "부"로 체크한다. (단, 월정액 여부와 통상임금 여부는 무시할 것)
   - 공제등록은 고려하지 않는다.
3. 급여자료입력 시 다음에 주의하여 입력한다.
   - 비과세에 해당하는 항목은 모두 비과세 요건을 충족하며, 최대한 반영하기로 한다.
   - 공제항목은 불러온 데이터를 무시하고 직접 입력하여 작성한다.
4. 원천징수는 매월하고 있으며, 전월 미환급세액은 601,040원이다.

[2] 다음은 2025.08.01. 홍보부에 입사한 홍상현(사원코드 : 1005, 세대주) 사원의 연말정산 관련 자료이다. 다음 자료를 이용하여 [연말정산추가자료입력] 메뉴의 [소득명세] 탭, [부양가족(보험료, 교육비)] 탭, [신용카드 등] 탭, [의료비] 탭을 작성하여 [연말정산입력] 탭에서 연말정산을 완료하시오(단, 근로자 본인의 세부담 최소화를 가정한다). (10점)

1. 전(前)근무지 근로소득원천징수영수증
 • 근무기간 : 2025.01.01.~2025.07.31.
 • 근무처 : 주식회사 두섬(사업자등록번호 : 103-81-62982)
 • 소득명세 : 급여 26,000,000원, 상여 1,000,000원(비과세 급여, 비과세 상여 및 감면소득 없음)

세액명세	소득세	지방소득세	공제보험료 명세	건강보험료	905,300원
결정세액	340,000원	34,000원		장기요양보험료	115,900원
기납부세액	460,000원	46,000원		고용보험료	243,000원
차감징수세액	-120,000원	-12,000원		국민연금보험료	1,170,000원

2. 가족사항 : 모두 동거하며, 생계를 같이함

성명	관계	주민번호	비고
홍상현	본인	860314-1287653	현근무지 총급여액 15,000,000원
이명지	배우자	860621-2044775	총급여액 6,000,000원
홍라율	자녀	190827-4842416	소득 없음
홍천운	부친	580919-1287035	소득 없음

※ 기본공제대상자가 아닌 경우, 기본공제 "부"로 입력할 것

3. 연말정산추가자료
(안경 구입비용을 제외한 연말정산 자료는 모두 국세청 홈택스 연말정산간소화서비스 자료임)

항목	내용
보험료	• 홍상현(본인) - 자동차운전자보험료 800,000원 • 이명지(배우자) - 보장성보험료 800,000원 • 홍라율(자녀) - 일반보장성보험료 500,000원
의료비	• 홍상현(본인) - 질병치료비 300,000원 - 시력보정용 안경 구입비용 700,000원 (상호 : 모든안경, 사업자등록번호 : 431-01-00574) • 홍라율(자녀) - 질병치료비 400,000원 • 홍천운(부친) - 질병치료비 8,000,000원
교육비	• 홍상현(본인) - 정규 교육 과정 대학원 교육비 7,000,000원 • 홍라율(자녀) - 「영유아보육법」상의 어린이집 교육비 2,400,000원
신용카드 등 사용액	• 홍상현(본인) - 신용카드 사용액 23,000,000원(대중교통 사용분 1,000,000원 포함) - 현금영수증 사용액 7,000,000원(전통시장 사용분 4,000,000원 포함) • 홍상현의 신용카드 사용액은 위 의료비 지출액이 모두 포함된 금액이다. • 제시된 내용 외 전통시장/대중교통/도서 등 사용분은 없다.

제115회 기출문제

이론시험

다음 문제를 보고 알맞은 것을 골라 [이론문제 답안작성] 메뉴에 입력하시오. (객관식 문항당 2점)

기본전제

문제에서 한국채택국제회계기준을 적용하도록 하는 전제조건이 없는 경우, 일반기업회계기준을 적용하여 회계처리 한다.

01 **다음 중 재무제표의 기본가정에 해당하지 않는 것은?**

① 기업실체를 중심으로 하여 기업실체의 경제적 현상을 재무제표에 보고해야 한다.
② 기업이 계속적으로 존재하지 않을 것이라는 반증이 없는 한, 기업실체의 본래 목적을 달성하기 위하여 계속적으로 존재한다.
③ 기업실체의 지속적인 경제적 활동을 인위적으로 일정 기간 단위로 분할하여 각 기간마다 경영자의 수탁책임을 보고한다.
④ 회계정보가 유용하기 위해서는 그 정보가 의사결정에 반영될 수 있도록 적시에 제공되어야 한다.

02 **다음의 자료를 통해 2025년 12월 31일 결산 후 재무제표에서 확인 가능한 정보로 올바른 것은?**

2023년 1월 1일 기계장치 취득

• 매입가액	20,000,000원
• 취득에 직접적으로 필요한 설치비	300,000원
• 2023년에 발생한 소모품 교체비	600,000원
• 2023년에 발생한 본래의 용도를 변경하기 위한 제조·개량비	4,000,000원

• 내용연수는 6년, 정액법으로 매년 정상적으로 상각함(월할계산할 것), 잔존가치는 없음.

① 기계장치의 취득원가는 24,000,000원으로 계상되어 있다.
② 손익계산서에 표시되는 감가상각비는 4,150,000원이다.
③ 재무상태표에 표시되는 감가상각누계액은 8,300,000원이다.
④ 상각 후 기계장치의 미상각잔액은 12,150,000원이다.

03 **다음 중 일반기업회계기준상 무형자산 상각에 대한 설명으로 옳지 않은 것은?**

① 무형자산의 상각대상 금액은 그 자산의 추정 내용연수 동안 체계적인 방법에 의하여 비용으로 배분된다.
② 제조와 관련된 무형자산의 상각비는 제조원가에 포함한다.
③ 무형자산의 상각방법으로는 정액법만 사용해야 한다.
④ 무형자산의 잔존가치는 없는 것을 원칙으로 한다.

04 **다음 중 사채에 대한 설명으로 가장 옳지 않은 것은?**

① 사채할인발행차금은 사채의 발행금액에서 차감하는 형식으로 표시한다.
② 액면이자율보다 시장이자율이 큰 경우에는 할인발행된다.
③ 사채할증발행차금은 사채의 액면금액에서 가산하는 형식으로 표시한다.
④ 액면이자율이 시장이자율보다 큰 경우에는 할증발행된다.

05 **다음 중 회계정책, 회계추정의 변경 및 오류에 대한 설명으로 옳지 않은 것은?**

① 회계정책의 변경은 기업환경의 변화, 새로운 정보의 획득 또는 경험의 축적에 따라 지금까지 사용해 오던 회계적 추정치의 근거와 방법 등을 바꾸는 것을 말한다.
② 회계추정의 변경은 전진적으로 처리하여 그 효과를 당기와 당기 이후의 기간에 반영한다.
③ 회계변경의 효과를 회계정책의 변경효과와 회계추정의 변경효과로 구분하는 것이 불가능한 경우 회계추정의 변경으로 본다.
④ 회계추정 변경의 효과는 당해 회계연도 개시일부터 적용한다.

06 **다음 중 원가 집계과정에 대한 설명으로 옳지 않은 것은?**

① 당기제품제조원가(당기완성품원가)는 원재료 계정의 차변으로 대체된다.
② 당기총제조원가는 재공품 계정의 차변으로 대체된다.
③ 당기제품제조원가(당기완성품원가)는 제품 계정의 차변으로 대체된다.
④ 제품매출원가는 매출원가 계정의 차변으로 대체된다.

07 **다음 중 개별원가계산과 종합원가계산에 대한 설명으로 옳지 않은 것은?**

① 개별원가계산은 주문받은 개별 제품별로 작성된 작업원가표에 집계하여 원가를 계산한다.
② 종합원가계산은 개별 제품별로 작업원가표를 작성하여 원가를 계산한다.
③ 개별원가계산은 각 제조지시별로 원가계산을 해야하므로 많은 시간과 비용이 발생한다.
④ 조선업, 건설업은 개별원가계산이 적합한 업종에 해당한다.

08 **다음 중 제조원가명세서와 손익계산서 및 재무상태표의 관계에 대한 설명으로 옳지 않은 것은?**

① 제조원가명세서의 기말원재료재고액은 재무상태표의 원재료 계정에 계상된다.
② 제조원가명세서의 기말재공품의 원가는 재무상태표의 재공품 계정으로 계상된다.
③ 제조원가명세서의 당기제품제조원가는 재무상태표의 매출원가에 계상된다.
④ 손익계산서의 기말제품재고액은 재무상태표의 제품 계정 금액과 같다.

09 **다음의 자료를 이용하여 직접노무시간당 제조간접원가 예정배부율을 구하시오.**

- 제조간접원가 실제 발생액 : 6,000,000원
- 제조간접원가 배부차이 : 400,000원(과대배부)
- 실제 직접노무시간 : 50,000시간

① 112원 ② 128원 ③ 136원 ④ 146원

10 **기초재공품은 1,000개이고 완성도는 30%이다. 당기투입수량은 6,000개이고 기말재공품은 800개일 경우 선입선출법에 의한 가공원가의 완성품환산량이 6,100개라면, 기말재공품의 완성도는 몇 %인가? (단, 가공원가는 전공정에 걸쳐 균등하게 발생한다.)**

① 10% ② 15% ③ 20% ④ 25%

11 **다음 중 부가가치세법상 과세기간에 대한 설명으로 옳지 않은 것은?**

① 일반과세자의 과세기간은 원칙상 1년에 2개가 있다.
② 신규로 사업을 개시하는 것은 과세기간 개시일의 예외가 된다.
③ 매출이 기준금액에 미달하여 일반과세자가 간이과세자로 변경되는 경우 그 변경되는 해에 간이과세자에 관한 규정이 적용되는 과세기간은 그 변경 이전 1월 1일부터 6월 30일까지이다.
④ 간이과세자가 간이과세자에 관한 규정의 적용을 포기함으로써 일반과세자로 되는 경우에는 1년에 과세기간이 3개가 될 수 있다.

12 **다음 중 부가가치세법상 재화의 공급에 해당하는 것은?**

① 담보의 제공
② 사업용 상가건물의 양도
③ 사업의 포괄적 양도
④ 조세의 물납

13 **다음 중 소득세법상 근로소득이 없는 거주자(사업소득자가 아님)가 받을 수 있는 특별세액공제는?**

① 보험료세액공제
② 의료비세액공제
③ 교육비세액공제
④ 기부금세액공제

14 **다음 중 소득세법상 수입시기로 가장 옳지 않은 것은?**

① 비영업대금의 이익 : 약정에 의한 이자 지급일
② 잉여금 처분에 의한 배당 : 잉여금 처분 결의일
③ 장기할부판매 : 대가의 각 부분을 받기로 한 날
④ 부동산 등의 판매 : 소유권이전등기일, 대금청산일, 사용수익일 중 빠른 날

15 **다음 중 소득세법상 기타소득에 대한 설명으로 가장 옳지 않은 것은?**

① 「공익법인의 설립·운영에 관한 법률」의 적용을 받는 공익법인이 주무관청의 승인을 받아 시상하는 상금 및 부상과 다수가 순위 경쟁하는 대회에서 입상자가 받는 상금 및 부상의 경우, 거주자가 받은 금액의 100분의 60에 상당하는 금액을 필요경비로 한다.

② 고용관계 없이 다수인에게 강연을 하고 강연료 등 대가를 받는 용역을 일시적으로 제공하고 받는 대가는 기타소득에 해당한다.

③ 이자소득·배당소득·사업소득·근로소득·연금소득·퇴직소득 및 양도소득 외의 소득으로서 재산권에 관한 알선수수료는 기타소득에 해당한다.

④ 이자소득·배당소득·사업소득·근로소득·연금소득·퇴직소득 및 양도소득 외의 소득으로서 상표권·영업권을 양도하거나 대여하고 받는 금품은 기타소득에 해당한다.

실무시험

㈜은마상사(회사코드:1152)는 전자제품의 제조 및 도·소매업을 주업으로 영위하는 중소기업으로 당기(제18기)의 회계기간은 2025.1.1.~2025.12.31.이다. 전산세무회계 수험용 프로그램을 이용하여 다음 물음에 답하시오.

기본전제

- 문제에서 한국채택국제회계기준을 적용하도록 하는 전제조건이 없는 경우, 일반기업회계기준을 적용하여 회계처리 한다.
- 문제의 풀이와 답안작성은 제시된 문제의 순서대로 진행한다.

문제 1

[일반전표입력] 메뉴를 이용하여 다음의 거래자료를 입력하시오. (15점)

입력 시 유의사항

- 일반적인 적요의 입력은 생략하지만, 타계정 대체거래는 적요번호를 선택하여 입력한다.
- 채권·채무와 관련된 거래는 별도의 요구가 없는 한 반드시 기등록된 거래처코드를 선택하는 방법으로 거래처명을 입력한다.
- 제조경비는 500번대 계정코드를, 판매비와관리비는 800번대 계정코드를 사용한다.
- 회계처리 시 계정과목은 별도의 제시가 없는 한 등록된 계정과목 중 가장 적절한 과목으로 한다.

[1] **04월 11일** 당사가 보유 중인 매도가능증권을 12,000,000원에 처분하고 처분대금은 보통예금 계좌로 입금받았다. 해당 매도가능증권의 취득가액은 10,000,000원이며, 2024년 말 공정가치는 11,000,000원이다. (3점)

[2] **06월 25일** 당사의 거래처인 ㈜은비로부터 비품을 무상으로 받았다. 해당 비품의 공정가치는 5,000,000원이다. (3점)

[3] **08월 02일** ㈜은마상사의 사옥으로 사용할 토지를 비사업자로부터 다음과 같이 매입하였다. 그 중 토지 취득 관련 지출은 다음과 같다. 취득세는 현금으로 납부하고 토지대금과 등기수수료, 중개수수료는 보통예금 계좌에서 이체하였다. (3점)

- 토지가액 300,000,000원
- 토지 관련 취득세 13,000,000원
- 토지 취득 관련 법무사 등기수수료 300,000원
- 토지 취득 관련 중개수수료 2,700,000원

[4] **08월 10일** 당기분 퇴직급여를 위하여 영업부서 직원에 대한 퇴직연금(DB형) 5,000,000원과 제조부서 직원에 대한 퇴직연금(DC형) 3,000,000원을 보통예금 계좌에서 이체하였다. (3점)

[5] **12월 13일** 자기주식(취득가액 : 주당 58,000원) 120주를 주당 65,000원에 처분하여 매매대금이 보통예금 계좌로 입금되었다. 처분일 현재 자기주식처분손실 200,000원이 계상되어 있다. (3점)

문제 2

[매입매출전표입력] 메뉴를 이용하여 다음의 거래자료를 입력하시오. (15점)

입력 시 유의사항

- 일반적인 적요의 입력은 생략하지만, 타계정 대체거래는 적요번호를 선택하여 입력한다.
- 채권·채무와 관련된 거래는 별도의 요구가 없는 한 반드시 기등록된 거래처코드를 선택하는 방법으로 거래처명을 입력한다.
- 제조경비는 500번대 계정코드를, 판매비와관리비는 800번대 계정코드를 사용한다.
- 회계처리 시 계정과목은 별도의 제시가 없는 한 등록된 계정과목 중 가장 적절한 과목으로 한다.
- 입력 화면 하단의 분개까지 처리하고, 세금계산서 및 계산서는 전자 여부를 입력하여 반영한다.

[1] **03월 12일** 싱가포르에 소재하는 ABC사에 제품을 \$30,000에 직수출하였다. 수출대금 중 \$20,000가 선적과 동시에 보통예금 계좌에 입금되었으며 나머지 \$10,000는 다음달 말일에 수취하기로 하였다(수출신고번호 입력은 생략할 것). (3점)

수출대금	대금수령일	기준환율	비고
\$20,000	2025.03.12.	1,300원/\$	선적일
\$10,000	2025.04.30.	1,250원/\$	잔금청산일

[2] **10월 01일** 무용으로 사용할 목적으로 거래처 달려요로부터 업무용승용차(990cc)를 중고로 구입하였다. 대금은 한 달 후에 지급하기로 하고, 다음의 종이세금계산서를 발급받았다. (3점)

세금계산서(공급받는자 보관용)	책번호	권	호
	일련번호	-	

구분	항목	내용	항목	내용	구분	항목	내용	항목	내용
공급자	사업자등록번호	106-11-56318			공급받는자	사업자등록번호	688-85-01470		
	상호(법인명)	달려요	성명(대표자)	정화물		상호(법인명)	㈜은마상사	성 명	박은마
	사업장주소	경기도 성남시 중원구 성남대로 99				사업장주소	경기도 평택시 가재길 14		
	업 태	서비스	종 목	화물		업 태	도소매	종 목	전자제품

연	월	일	공란수	공급가액 (백 십 억 천 백 십 만 천 백 십 일)	세액 (십 억 천 백 십 만 천 백 십 일)	비고
25	10	01	4	20000000	2000000	

월	일	품 목	규 격	수 량	단 가	공 급 가 액	세 액	비 고
10	01	승용차				20,000,000	2,000,000	

합 계 금 액	현 금	수 표	어 음	외 상 미 수 금	위 금액을 **(청구)** 함
22,000,000				22,000,000	

[3] **10월 29일** 업무용승용차를 ㈜월클파이낸셜로부터 운용리스 조건으로 리스하였다. 영업부서에서 사용하고 임차료 1,800,000원의 전자계산서를 발급받았다. 대금은 다음 달 5일에 지급하기로 하였다. (3점)

[4] **11월 01일** ㈜은마상사는 ㈜진산에 아래와 같은 전자세금계산서를 발급하였다. 제품 대금은 ㈜진산에게 지급해야할 미지급금(8,000,000원)과 상계하기로 상호 협의하였으며 잔액은 보통예금 계좌로 입금받았다. (3점)

<table>
<tr><td colspan="5">전자세금계산서</td><td>승인번호</td><td colspan="3">20251101-1547412-2014956</td></tr>
<tr><td rowspan="5">공급자</td><td>사업자
등록번호</td><td>688-85-01470</td><td>종사업장
번호</td><td></td><td rowspan="5">공급받는자</td><td>사업자
등록번호</td><td>259-81-15652</td><td>종사업장
번호</td><td></td></tr>
<tr><td>상호
(법인명)</td><td>㈜은마상사</td><td>성 명
(대표자)</td><td>박은마</td><td>상호
(법인명)</td><td>㈜진산</td><td>성 명</td><td>이진산</td></tr>
<tr><td>사업장
주소</td><td colspan="3">경기도 평택시 가재길 14</td><td>사업장
주소</td><td colspan="3">경기도 평택시 가재길 14</td></tr>
<tr><td>업 태</td><td>도소매</td><td>종 목</td><td>전자제품</td><td>업 태</td><td>건설업</td><td>종 목</td><td>인테리어</td></tr>
<tr><td>이메일</td><td colspan="3"></td><td>이메일</td><td colspan="3"></td></tr>
</table>

작성일자	공급가액	세액	수정사유	비고
2025.11.01	10,000,000	1,000,000		

월	일	품목	규격	수량	단가	공급가액	세액	비고
11	01	전자제품				10,000,000	1,000,000	

합계금액	현금	수표	어음	외상미수금	위 금액을 **(청구)** 함
11,000,000	3,000,000			8,000,000	

[5] **11월 20일** ㈜코스트코코리아에서 제조부 사원들을 위해 공장에 비치할 목적으로 온풍기를 1,936,000원(부가가치세 포함)에 구입하고, 대금은 보통예금 계좌에서 이체하여 지급한 후 현금영수증(지출증빙용)을 수취하였다(단, 자산으로 처리할 것). (3점)

인터넷 납세서비스 Hometax. **현금영수증**

•거래정보

거래일시	2025-11-20
승인번호	G45972376
거래구분	승인거래
거래용도	지출증빙
발급수단번호	688-85-01470

●거래금액

공급가액	부가세	봉사료	총 거래금액
1,760,000	176,000	0	1,936,000

●가맹점 정보

상호	㈜코스트코코리아
사업자번호	107-81-63829
대표자명	조만수
주소	경기도 부천시 길주로 284

● 익일 홈택스에서 현금영수증 발급 여부를 반드시 확인하시기 바랍니다.
● 홈페이지 (http://www.hometax.go.kr)
- 조회/발급>현금영수증 조회>사용내역(소득공제) 조회
>매입내역(지출증빙) 조회
● 관련문의는 국세상담센터(☎126-1-1)

문제 3

부가가치세 신고와 관련하여 다음 물음에 답하시오. (10점)

[1] 다음 자료를 보고 제2기 확정신고기간의 [공제받지못할매입세액명세서] 중 [공제받지못할매입세액내역] 탭과 [공통매입세액의정산내역] 탭을 작성하시오(단, 불러온 자료는 무시하고 직접 입력할 것). (4점)

1. 매출 공급가액에 관한 자료

구분	과세사업	면세사업	합계
7월~12월	350,000,000원	150,000,000원	500,000,000원

2. 매입세액(세금계산서 수취분)에 관한 자료

구분	① 과세사업 관련			② 면세사업 관련		
	공급가액	매입세액	매수	공급가액	매입세액	매수
10월~12월	245,000,000원	24,500,000원	18매	90,000,000원	9,000,000원	12매

3. 총공통매입세액(7월~12월) : 3,800,000원

※ 제2기 예정신고 시 공통매입세액 중 불공제매입세액 : 500,000원

[2] 다음의 자료를 이용하여 2025년 제1기 확정신고기간에 대한 [부가가치세신고서]를 작성하시오(단, 과세표준명세 작성은 생략한다). (6점)

구분	자료
매출	1. 전자세금계산서 발급 매출 공급가액 : 500,000,000원(세액 50,000,000원) (→지연발급한 전자세금계산서의 매출 공급가액 1,000,000원이 포함되어 있음) 2. 신용카드 매출전표 발급 매출 공급대가 : 66,000,000원 (→전자세금계산서 발급 매출 공급가액 10,000,000원이 포함되어 있음) 3. 해외 직수출에 따른 매출 공급가액 : 30,000,000원
매입	1. 전자세금계산서 수취 매입(일반) 공급가액 : 320,000,000원(세액 32,000,000원) 2. 신용카드 매입 공급대가 : 12,100,000원 (→에어컨 구입비 3,300,000원(공급대가)이 포함되어 있음) 3. 제1기 예정신고 시 누락된 세금계산서 매입(일반) 공급가액 : 10,000,000원(세액 1,000,000원)
비고	1. 지난해 11월에 발생한 매출채권(5,500,000원, 부가가치세 포함)이 해당 거래처의 파산으로 대손이 확정되었다. 2. 2025년 제1기 예정신고미환급세액 : 3,000,000원 3. 국세청 홈택스에 전자신고를 완료하였다.

문제 4

결산정리사항은 다음과 같다. 관련 메뉴를 이용하여 결산을 완료하시오. (15점)

[1] 전기에 은혜은행으로부터 차입한 장기차입금 20,000,000원의 만기일은 2025년 4월 30일이다. (3점)

[2] 10월 01일에 팝업스토어 매장 임차료 1년분 금액 3,000,000원을 모두 지불하고 임차료로 계상하였다. 기말 결산 시 필요한 회계처리를 행하시오(단, 임차료는 월할 계산한다). (3점)

[3] 아래의 차입금 관련 자료를 이용하여 결산일까지 발생한 차입금 이자비용에 대한 당해연도분 미지급비용을 인식하는 회계처리를 하시오(단, 이자는 만기 시에 지급하고, 월할 계산한다). (3점)

• 금융기관 : ㈜중동은행
• 대출기간 : 2025년 05월 01일~2026년 04월 30일
• 대출금액 : 300,000,000원
• 대출이자율 : 연 6.8%

[4] 결산 시 당기 감가상각비 계상액은 다음과 같다. 결산을 완료하시오. (3점)

계정과목	경비구분	당기 감가상각비 계상액
건물	판매및관리	20,000,000원
기계장치	제조	4,000,000원
영업권	판매및관리	3,000,000원

[5] 결산일 현재 재고자산은 다음과 같다. 아래의 정보를 반영하여 결산자료입력을 수행하시오. (3점)

1. 기말재고자산
   • 기말원재료 : 4,700,000원
   • 기말재공품 : 800,000원
   • 기말제품 : 16,300,000원
2. 추가정보(위 1.에 포함되지 않은 자료임)
   • 도착지 인도조건으로 매입하여 운송 중인 미착원재료 : 2,300,000원
   • 수탁자에게 인도한 위탁제품 14,000,000원 중에 수탁자가 판매 완료한 것은 9,000,000원으로 확인됨.

문제 5

2025년 귀속 원천징수와 관련된 다음의 물음에 답하시오. (15점)

[1] 다음은 영업부 사원 김필영(사번 : 1001)의 부양가족 자료이다. 부양가족은 모두 생계를 함께 하고 있으며 세부담 최소화를 위해 가능하면 김필영이 모두 공제받고자 한다. 본인 및 부양가족의 소득은 주어진 내용이 전부이다. [사원등록] 메뉴의 [부양가족명세] 탭을 작성하시오(단, 기본공제대상자가 아닌 경우도 기본공제 '부'로 입력할 것). (5점)

관계	성명	주민등록번호	동거 여부	비고
본인	김필영	820419-1234564	세대주	총급여 8,000만원
배우자	최하나	841006-2219118	동거	퇴직소득금액 100만원
아들	김이온	120712-3035892	동거	소득 없음
딸	김시온	190103-4035455	동거	소득 없음
부친	김경식	450103-1156778	주거형편상 별거	소득 없음, 「국가유공자법」에 따른 상이자로 장애인, 2025.03.08. 사망.
모친	이연화	490717-2155433	주거형편상 별거	양도소득금액 1,000만원, 장애인(중증환자)
장모	한수희	511111-2523454	주거형편상 별거	총급여 500만원
형	김필모	791230-1234574	동거	일용근로소득 720만원, 「장애인복지법」에 따른 장애인

[2] 다음은 회계부서에 재직 중인 이철수(사원코드 : 102) 사원의 연말정산 관련 자료이다. 아래의 자료를 이용하여 [연말정산추가자료입력] 메뉴의 [부양가족] 탭, [신용카드 등] 탭, [의료비] 탭을 입력하여 [연말정산입력] 탭을 완성하시오(단, 근로자 본인의 세부담 최소화를 가정한다). (10점)

1. 가족사항(모두 거주자인 내국인에 해당함)

성명	관계	주민등록번호	동거 여부	소득금액	비고
이철수	본인	830505-1478521		48,000,000원	총급여액(근로소득 외의 소득 없음), 세대주
강희영	배우자	840630-2547858	여	10,000,000원	양도소득금액
이명수	부친	561012-1587428	여	900,000원	부동산임대소득금액 : 총수입금액 20,000,000원 필요경비 19,100,000원
이현수	아들	140408-3852611	여	-	초등학생
이리수	딸	191104-4487122	여	-	취학 전 아동

※ 기본공제대상자가 아닌 경우도 기본공제 '부'로 입력할 것

2. 연말정산 관련 추가자료(모든 자료는 국세청에서 제공된 자료에 해당하며, 표준세액공제가 더 클 경우 표준세액공제를 적용한다.)

내역	비고
보장성 보험료	• 이철수(본인) : 자동차보험료 300,000원 • 강희영(배우자) : 보장성보험료 200,000원 • 이명수(부친) : 생명보험료 150,000원(만기까지 납입액이 만기환급액보다 큰 경우에 해당) • 이현수(아들) : 보장성보험료 350,000원
교육비	• 이철수(본인) : 정규 교육 과정 대학원 교육비 5,000,000원 • 이현수(아들) : 국내 소재 사립초등학교(「초·중등교육법」상의 정규 교육기관) 수업료 8,000,000원 바이올린 학원비 2,400,000원 • 이리수(딸) : 「영유아보육법」상의 어린이집 교육비 1,800,000원
의료비	• 이철수(본인) : 질병 치료 목적 의료비 1,050,000원 • 이명수(부친) : 질병 치료 목적 국외 의료비 1,500,000원 • 이리수(딸) : 질병 치료 목적 의료비 250,000원
신용카드 사용액	• 이철수(본인) : 신용카드 사용액 32,500,000원 (신용카드사용분 중 전통시장/대중교통/도서 등 사용분은 없음)

제116회 기출문제

이론시험

다음 문제를 보고 알맞은 것을 골라 [이론문제 답안작성] 메뉴에 입력하시오. (객관식 문항당 2점)

기본전제

문제에서 한국채택국제회계기준을 적용하도록 하는 전제조건이 없는 경우, 일반기업회계기준을 적용하여 회계처리 한다.

01 **다음 중 자본적 지출 항목을 수익적 지출로 잘못 회계처리한 경우 재무제표에 미치는 영향으로 옳은 것은?**

① 자산이 과소계상 된다.
② 당기순이익이 과대계상 된다.
③ 부채가 과소계상 된다.
④ 자본이 과대계상 된다.

02 **다음 중 당좌자산에 해당하지 않는 항목은 무엇인가?**

① 영업권
② 매출채권
③ 단기투자자산
④ 선급비용

03 **다음 중 회계추정의 변경에 해당하지 않는 것은 무엇인가?**

① 감가상각자산의 내용연수 변경
② 감가상각방법의 변경
③ 재고자산 평가방법의 변경
④ 재고자산의 진부화 여부에 대한 판단

04 **다음 중 자본에 대한 설명으로 옳지 않은 것은?**

① 유상증자 시 주식이 할인발행된 경우 주식할인발행차금은 자본조정으로 계상한다.
② 신주발행비는 손익계산서상의 당기 비용으로 처리한다.
③ 주식분할의 경우 주식수만 증가할 뿐 자본금에 미치는 영향은 발생하지 않는다.
④ 무상감자는 주식소각 대가를 주주에게 지급하지 않으므로 형식적 감자에 해당한다.

05 **다음의 자료를 이용하여 기말재고자산에 포함해야 할 총금액을 계산하면 얼마인가? 단, 창고 재고 금액은 고려하지 않는다.**

- 반품률이 높지만, 그 반품률을 합리적으로 추정할 수 없는 상태로 판매한 상품 : 2,000,000원
- 시용판매 조건으로 판매된 시송품 총 3,000,000원 중 고객이 구매의사표시를 한 상품 : 1,000,000원
- 담보로 제공한 저당상품 : 9,000,000원
- 선적지 인도조건으로 매입한 미착상품 : 4,000,000원

① 15,000,000원　　② 16,000,000원
③ 17,000,000원　　④ 18,000,000원

06 **다음 중 원가에 대한 설명으로 옳지 않은 것은?**

① 조업도(제품생산량)가 증가함에 따라 단위당 변동원가는 일정하고 단위당 고정원가는 감소한다.
② 제조원가는 직접재료원가, 직접노무원가, 제조간접원가를 말한다.
③ 가공원가란 직접재료원가와 직접노무원가만을 합한 금액을 말한다.
④ 고정원가란 관련범위 내에서 조업도 수준과 관계없이 총원가가 일정한 원가를 말한다.

07 **다음 중 개별원가계산과 종합원가계산에 대한 설명으로 옳지 않은 것은?**

① 개별원가계산은 개별적으로 원가를 추적해야 하므로 공정별로 원가를 통제하기가 어렵다.
② 종합원가계산 중 평균법은 기초재공품 모두를 당기에 착수하여 완성한 것으로 가정한다.
③ 종합원가계산을 적용할 때 기초재공품이 없다면 평균법과 선입선출법에 의한 계산은 차이가 없다.
④ 종합원가계산은 개별원가계산과 달리 기말재공품의 평가문제가 발생하지 않는다.

08 **다음 중 보조부문원가를 배분하는 방법에 대한 설명으로 옳지 않은 것은?**

① 상호배분법은 보조부문 상호 간의 용역수수관계를 완전히 반영하는 방법이다.
② 단계배분법은 보조부문 상호 간의 용역수수관계를 전혀 반영하지 않는 방법이다.
③ 직접배분법은 보조부문 상호 간의 용역수수관계를 전혀 반영하지 않는 방법이다.
④ 상호배분법, 단계배분법, 직접배분법 중 어떤 방법을 사용하더라도 보조부문의 총원가는 제조부문에 모두 배분된다.

09 **당사의 보험료를 제조부문에 80%, 영업부문에 20%로 배분하고 있다. 당월 지급액 100,000원, 전월 미지급액 30,000원, 당월 미지급액이 20,000원인 경우 당월 제조간접원가로 계상해야 하는 보험료는 얼마인가?**

① 64,000원　② 72,000원　③ 80,000원　④ 90,000원

10 **종합원가계산을 적용할 경우, 다음의 자료를 이용하여 평균법과 선입선출법에 따른 가공원가의 완성품환산량을 각각 계산하면 몇 개인가?**

- 기초재공품 : 300개(완성도 20%)
- 당기착수량 : 1,000개
- 당기완성량 : 1,100개
- 기말재공품 : 200개(완성도 60%)
- 원재료는 공정착수 시점에 전량 투입되며, 가공원가는 전체 공정에서 균등하게 발생한다.

	평균법	선입선출법
①	1,120개	1,060개
②	1,120개	1,080개
③	1,220개	1,180개
④	1,220개	1,160개

11 **다음 중 부가가치세법상 부가가치세가 과세되는 재화 또는 용역의 공급에 해당하는 것은?**

① 박물관에 입장하도록 하는 용역
② 고속철도에 의한 여객운송 용역
③ 도서 공급
④ 도서대여 용역

12 다음 중 부가가치세법상 매입세액공제가 가능한 경우는?

① 면세사업과 관련된 매입세액
② 기업업무추진비 지출과 관련된 매입세액
③ 토지의 형질변경과 관련된 매입세액
④ 제조업을 영위하는 사업자가 농민으로부터 면세로 구입한 농산물의 의제매입세액

13 다음 중 소득세법상 근로소득의 원천징수 시기로 옳지 않은 것은?

① 2025년 05월 귀속 근로소득을 2025년 05월 31일에 지급한 경우 : 2025년 05월 31일
② 2025년 07월 귀속 근로소득을 2025년 08월 10일에 지급한 경우 : 2025년 08월 10일
③ 2025년 11월 귀속 근로소득을 2026년 01월 31일에 지급한 경우 : 2025년 12월 31일
④ 2025년 12월 귀속 근로소득을 2026년 03월 31일에 지급한 경우 : 2025년 12월 31일

14 다음 중 소득세법상 사업소득에 대한 설명으로 가장 옳지 않은 것은?

① 간편장부대상자의 사업용 유형자산 처분으로 인하여 발생한 이익은 사업소득에 해당한다.
② 국세환급가산금은 총수입금액에 산입하지 않는다.
③ 거주자가 재고자산을 가사용으로 소비하는 경우 그 소비·지급한 때의 가액을 총수입금액에 산입한다.
④ 부동산임대와 관련 없는 사업소득의 이월결손금은 당해 연도의 다른 종합소득에서 공제될 수 있다.

15 다음 중 소득세법상 종합소득공제 및 세액공제에 대한 설명으로 옳지 않은 것은?

① 거주자의 직계존속이 주거 형편에 따라 별거하고 있는 경우에는 생계를 같이 하는 것으로 본다.
② 재학 중인 학교로부터 받은 장학금이 있는 경우 이를 차감한 금액을 세액공제 대상 교육비로 한다.
③ 배우자가 있는 여성은 배우자가 별도의 소득이 없는 경우에 한하여 부녀자공제를 받을 수 있다.
④ 맞벌이 부부 중 남편이 계약자이고 피보험자가 부부공동인 보장성보험의 보험료는 보험료 세액공제 대상이다.

실무시험

㈜선진테크(회사코드 : 1162)는 컴퓨터 및 주변장치의 제조 및 도·소매업을 주업으로 영위하는 중소기업으로서 당기(제12기)의 회계기간은 2025.1.1. ~ 2025.12.31.이다. 전산세무회계 수험용 프로그램을 이용하여 다음 물음에 답하시오.

기본전제

- 문제에서 한국채택국제회계기준을 적용하도록 하는 전제조건이 없는 경우, 일반기업회계기준을 적용하여 회계처리 한다.
- 문제의 풀이와 답안작성은 제시된 문제의 순서대로 진행한다.

입력 시 유의사항

- 일반적인 적요의 입력은 생략하지만, 타계정 대체거래는 적요번호를 선택하여 입력한다.
- 채권·채무와 관련된 거래는 별도의 요구가 없는 한 반드시 기등록된 거래처코드를 선택하는 방법으로 거래처명을 입력한다.
- 제조경비는 500번대 계정코드를, 판매비와관리비는 800번대 계정코드를 사용한다.
- 회계처리 시 계정과목은 별도의 제시가 없는 한 등록된 계정과목 중 가장 적절한 과목으로 한다.

문제 1

[일반전표입력] 메뉴를 이용하여 다음의 거래자료를 입력하시오. (15점)

[1] **01월 03일** 전기에 하남상회에게 제품을 판매하고 계상했던 외상매출금 총 3,400,000원 중 1,400,000원은 하남상회가 발행한 약속어음으로 받고, 나머지는 보통예금 계좌로 즉시 입금받았다. (3점)

[2] **01월 15일** 영업부에서 사용할 실무서적을 현금으로 구입하고, 다음의 영수증을 수취하였다. (3점)

NO.	영수증(공급받는자용) ㈜선진테크 귀하			
공급자	사업자등록번호	145-91-12336		
	상호	대일서점	성명	김대일
	사업장소재지	서울시 강동구 천호대로 1(천호동)		
	업태	도소매	종목	서적
작성일자		금액합계		비고
2025.01.15.		25,000원		
공급내역				
월/일	품명	수량	단가	금액
1/15	영업전략실무	1	25,000원	25,000원
합 계		₩ 25,000		
위 금액을 영수함				

[3] **08월 20일** 당사는 공장신축용 토지를 취득한 후 취득세 18,000,000원과 지방채 12,000,000원(액면가 12,000,000원, 공정가치 10,500,000원, 만기 5년, 무이자부)을 보통예금 계좌에서 지급하였다. (단, 지방채는 매도가능증권으로 분류할 것) (3점)

[4] **10월 25일** 다음의 제조부서 직원급여를 보통예금 계좌에서 이체하여 지급하였다. 예수금은 하나의 계정으로 처리하시오. (3점)

2025년 10월분 급여명세서

(단위 : 원)

사원코드 : 0008 부서 : 제조	사원명 : 김하나 직급 : 과장		입사일 : 2024.05.01
지 급 내 역	지 급 액	공 제 내 역	공 제 액
기 본 급	3,500,000	국민연금	265,500
상 여	3,000,000	건강보험	230,420
		고용보험	58,500
		장기요양보험료	29,840
		소득세	530,000
		지방소득세	53,000
		공제액계	1,167,260
지급액계	6,500,000	차인지급액	5,332,740

귀하의 노고에 감사드립니다. ㈜선진테크

[5] **12월 01일** 지난 9월 2일 공장에서 사용할 목적으로 ㈜은성기계에서 기계장치를 구매하고 아래의 전자세금계산서를 수취하면서 미지급금으로 회계처리를 했던 거래에 대하여 12월 1일에 법인카드(신한카드)로 결제하여 지급하였다(단, 카드 결제분은 미지급금으로 처리할 것). (3점)

전자세금계산서						승인번호	20250902-31000013-44346111		
공급자	사업자등록번호	180-81-41214	종사업장번호		공급받는자	사업자등록번호	130-81-53506	종사업장번호	
	상호(법인명)	㈜은성기계	성 명(대표자)	박은성		상호(법인명)	㈜선진테크	성 명	이득세
	사업장주소	서울특별시 성북구 장월로1길 28, 상가동 101호				사업장주소	경기도 부천 길주로 284, 105호(중동)		
	업 태	제조업	종 목	전자부품ㅂ		업 태	제조, 도소매 외	종 목	컴퓨터 및 주변장치 외
	이메일					이메일			

작성일자	공급가액	세액	수정사유	비고
2025/09/02	20,000,000	2,000,000	해당 없음	

월	일	품 목	규 격	수 량	단 가	공 급 가 액	세 액	비 고
09	02	기계장치				20,000,000	2,000,000	

합 계 금 액	현 금	수 표	어 음	외 상 미 수 금	위 금액을 **(청구)** 함
22,000,000				22,000,000	

문제 2

[매입매출전표입력] 메뉴를 이용하여 다음의 거래자료를 입력하시오. (15점)

입력 시 유의사항

- 일반적인 적요의 입력은 생략하지만, 타계정 대체거래는 적요번호를 선택하여 입력한다.
- 채권·채무와 관련된 거래는 별도의 요구가 없는 한 반드시 기등록된 거래처코드를 선택하는 방법으로 거래처명을 입력한다.
- 제조경비는 500번대 계정코드를, 판매비와관리비는 800번대 계정코드를 사용한다.
- 회계처리 시 계정과목은 별도의 제시가 없는 한 등록된 계정과목 중 가장 적절한 과목으로 한다.
- 입력 화면 하단의 분개까지 처리하고, 세금계산서 및 계산서는 전자 여부를 입력하여 반영한다.

[1] **01월 02일** 제조부문에서 사용하던 기계장치(취득원가 5,000,000원, 감가상각누계액 4,300,000원)를 미래전자에 1,000,000원(부가가치세 별도)에 매각하면서 전자세금계산서를 발급하였으며, 대금 중 부가가치세는 현금으로 받고, 나머지는 전액 미래전자가 발행한 약속어음으로 수취하였다. (3점)

[2] **02월 12일** 가공육선물세트를 구입하여 영업부 거래처에 접대를 목적으로 제공하고 아래의 전자세금계산서를 수취하면서 대금은 보통예금 계좌에서 지급하였다. (3점)

<table>
<tr><td colspan="6">전자세금계산서</td><td>승인번호</td><td colspan="4">20250212-100156-956214</td></tr>
<tr><td rowspan="5">공급자</td><td>사업자
등록번호</td><td>130-81-23545</td><td>종사업장
번호</td><td></td><td rowspan="5">공급받는자</td><td>사업자
등록번호</td><td>130-81-53506</td><td>종사업장
번호</td><td></td></tr>
<tr><td>상호
(법인명)</td><td>㈜롯데백화점 중동</td><td>성 명
(대표자)</td><td>이시진</td><td>상호
(법인명)</td><td>㈜선진테크</td><td>성 명</td><td>이득세</td></tr>
<tr><td>사업장
주소</td><td colspan="3">경기도 부천시 길주로 300 (중동)</td><td>사업장
주소</td><td colspan="3">경기도 부천시 길주로 284, 105호 (중동)</td></tr>
<tr><td>업 태</td><td>서비스</td><td>종 목</td><td>백화점</td><td>업 태</td><td>제조, 도소매</td><td>종 목</td><td>컴퓨터 및
주변장치 외</td></tr>
<tr><td>이메일</td><td colspan="3">fhdns@never.net</td><td>이메일</td><td colspan="3">1111@daum.net</td></tr>
<tr><td colspan="2">작성일자</td><td colspan="2">공급가액</td><td colspan="2">세액</td><td colspan="2">수정사유</td><td colspan="3">비고</td></tr>
<tr><td colspan="2">2025/02/12</td><td colspan="2">7,100,000</td><td colspan="2">710,000</td><td colspan="2"></td><td colspan="3"></td></tr>
<tr><td>월</td><td>일</td><td>품목</td><td>규 격</td><td>수 량</td><td>단 가</td><td>공 급 가 액</td><td>세 액</td><td colspan="3">비 고</td></tr>
<tr><td>02</td><td>12</td><td>가공육 선물세트 1호</td><td></td><td>100</td><td>71,000</td><td>7,100,000</td><td>710,000</td><td colspan="3"></td></tr>
<tr><td></td><td></td><td></td><td></td><td></td><td></td><td></td><td></td><td colspan="3"></td></tr>
<tr><td></td><td></td><td></td><td></td><td></td><td></td><td></td><td></td><td colspan="3"></td></tr>
<tr><td>합 계 금 액</td><td>현 금</td><td>수 표</td><td>어 음</td><td>외 상 미 수 금</td><td rowspan="2">위 금액을 (영수) 함</td></tr>
<tr><td>7,810,000</td><td>7,810,000</td><td></td><td></td><td></td></tr>
</table>

[3] **07월 17일** 당사는 수출회사인 ㈜봉산실업에 내국신용장에 의해 제품을 판매하고 영세율전자세금계산서를 발급하였다. 대금 중 1,800,000원은 현금으로 받고, 나머지는 외상으로 하였다. (3점)

<table>
<tr><td colspan="6">영세율전자세금계산서</td><td>승인번호</td><td colspan="4">20250717-1000000-0000415871</td></tr>
<tr><td rowspan="5">공급자</td><td>사업자
등록번호</td><td>130-81-53506</td><td>종사업장
번호</td><td></td><td rowspan="5">공급받는자</td><td>사업자
등록번호</td><td>130-81-55668</td><td>종사업장
번호</td><td></td></tr>
<tr><td>상호
(법인명)</td><td>㈜선진테크</td><td>성 명
(대표자)</td><td>이득세</td><td>상호
(법인명)</td><td>㈜봉산실업</td><td>성 명</td><td>안민애</td></tr>
<tr><td>사업장
주소</td><td colspan="3">경기도 부천시 길주로 284, 105호 (중동)</td><td>사업장
주소</td><td colspan="3">서울 강남구 역삼로 1504-20</td></tr>
<tr><td>업 태</td><td>제조</td><td>종 목</td><td>컴퓨터 및 주변장치 외</td><td>업 태</td><td>도소매</td><td>종 목</td><td>전자제품</td></tr>
<tr><td>이메일</td><td colspan="3">1111@daum.net</td><td>이메일</td><td colspan="3">semicom@naver.com</td></tr>
<tr><td colspan="2">작성일자</td><td colspan="2">공급가액</td><td colspan="2">세액</td><td colspan="2">수정사유</td><td colspan="3">비고</td></tr>
<tr><td colspan="2">2025/07/17</td><td colspan="2">18,000,000</td><td colspan="2">0</td><td colspan="2">해당 없음</td><td colspan="3"></td></tr>
<tr><td>월</td><td>일</td><td>품목</td><td>규 격</td><td>수 량</td><td>단 가</td><td>공 급 가 액</td><td>세 액</td><td colspan="3">비 고</td></tr>
<tr><td>07</td><td>17</td><td>제품</td><td>set</td><td>10</td><td>1,800,000</td><td>18,000,000</td><td>0</td><td colspan="3"></td></tr>
<tr><td></td><td></td><td></td><td></td><td></td><td></td><td></td><td></td><td colspan="3"></td></tr>
<tr><td></td><td></td><td></td><td></td><td></td><td></td><td></td><td></td><td colspan="3"></td></tr>
<tr><td>합 계 금 액</td><td>현 금</td><td>수 표</td><td>어 음</td><td>외 상 미 수 금</td><td rowspan="2">위 금액을 (영수) 함</td></tr>
<tr><td>18,000,000</td><td>1,800,000</td><td></td><td></td><td>16,200,000</td></tr>
</table>

[4] **08월 20일** ㈜하나로마트에서 한우갈비세트(부가가치세 면세 대상) 2,000,000원을 현금으로 결제하고 현금영수증(지출증빙용)을 수취하였다. 이 중 600,000원 상당은 복리후생 차원에서 당사 공장 직원에게 제공하였고, 나머지는 영업부서 직원에게 제공하였다. (3점)

[5] **09월 10일** 아래의 세금계산서를 2025년 제2기 부가가치세 예정신고 시 누락하였다. 반드시 2025년 제2기 부가가치세 확정신고서에 반영되도록 입력 및 설정한다. (3점)

세금계산서		**책번호**	권	호
		일련번호	-	

공급자	**사업자등록번호**	113-15-53127		**공급받는자**	**사업자등록번호**	130-81-53506	
	상호(법인명)	풍성철강	**성 명(대표자)** 이소희		**상호(법인명)**	㈜선진테크	**성 명** 이득세
	사업장주소	서울시 금천구 시흥대로 53			**사업장주소**	경기도 부천시 길주로 284, 105호 (중동)	
	업 태	도매업	**종 목** 철강		**업 태**	제조업	**종 목** 컴퓨터 및 주변장치 외

작성일자			**공급가액**												**세액**										**비고**
연	**월**	**일**	**공란수**	**백**	**십**	**억**	**천**	**백**	**십**	**만**	**천**	**백**	**십**	**일**	**십**	**억**	**천**	**백**	**십**	**만**	**천**	**백**	**십**	**일**	
2025	09	10						1	0	0	0	0	0	0					1	0	0	0	0	0	

월	**일**	**품 목**	**규 격**	**수 량**	**단 가**	**공 급 가 액**	**세 액**	**비 고**
09	10	원재료				1,000,000	100,000	

합 계 금 액	**현 금**	**수 표**	**어 음**	**외 상 미 수 금**	위 금액을 **(청구)** 함
1,100,000				1,100,000	

문제 3

부가가치세 신고와 관련하여 다음 물음에 답하시오. (10점)

[1] 다음의 자료를 토대로 2025년 제1기 부가가치세 확정신고기간의 [부가가치세신고서]를 작성하시오(단, 아래 제시된 자료만 있는 것으로 가정함). (6점)

구분	내용
매출자료	• 세금계산서 발급분 과세 매출 : 공급가액 200,000,000원, 세액 20,000,000원 - 종이(전자 외) 세금계산서 발급분(공급가액 50,000,000원, 세액 5,000,000원)이 포함되어 있다. - 그 외 나머지는 모두 전자세금계산서 발급분이다. • 당사의 직원인 홍길동(임원 아님)에게 경조사와 관련하여 연간 100,000원(시가) 상당의 제품(당사가 제조한 제품임)을 무상으로 제공하였다. • 대손이 확정된 외상매출금 1,650,000원(부가가치세 포함)에 대하여 대손세액공제를 적용한다.
매입자료	• 수취한 매입세금계산서는 공급가액 120,000,000원, 세액 12,000,000원으로 내용은 아래와 같다. - 승용자동차(배기량 : 999cc, 경차에 해당됨) 취득분 : 공급가액 20,000,000원, 세액 2,000,000원 - 거래처 접대목적으로 구입한 물품(고정자산 아님) : 공급가액 5,000,000원, 세액 500,000원 - 그 외 나머지는 일반 매입분이다.
유의사항	• 세부담 최소화를 가정한다. • 불러온 자료는 무시하고 문제에 제시된 자료만 직접 입력한다. • 해당 법인은 홈택스 사이트를 통해 전자적인 방법으로 부가가치세 신고를 직접 한다. • 부가가치세 신고서 이외의 과세표준명세 등 기타 부속서류의 작성은 생략한다.

[2] 다음의 자료는 2025년 제2기 확정신고 시의 대손 관련 자료이다. 해당 자료를 이용하여 2025년 제2기 확정신고 시의 [대손세액공제신고서]를 작성하시오(단, 모든 거래는 부가가치세 과세대상에 해당함). (4점)

대손 확정일	당초 공급일	계정과목	대손금	매출처 상호	대손사유
2025.10.5.	2024.5.3.	미수금 (유형자산매각대금)	11,000,000원	㈜가경	파산종결 결정공고
2025.10.24.	2022.10.10.	외상매출금	22,000,000원	㈜용암	소멸시효완성
2025.5.19. (부도발생일)	2025.4.8.	받을어음	16,500,000원	㈜개신	부도발생 (저당권설정 안 됨)
2025.12.19. (부도발생일)	2025.8.25.	받을어음	13,200,000원	㈜비하	부도발생 (저당권설정 안 됨)

문제 4

결산정리사항은 다음과 같다. 관련 메뉴를 이용하여 결산을 완료하시오. (15점)

[1] 기존에 입력된 데이터는 무시하고, 2025년 제2기 부가가치세 확정신고와 관련된 내용이 다음과 같다고 가정한다. 12월 31일 부가세예수금과 부가세대급금을 정리하는 회계처리를 하시오(단, 납부세액(또는 환급세액)은 미지급세금(또는 미수금)으로, 경감공제세액은 잡이익으로, 가산세는 세금과공과(판)로 회계처리한다). (3점)

- 부가세대급금 : 9,500,000원
- 부가세예수금 : 12,500,000원
- 전자신고세액공제액 : 10,000원
- 세금계산서 미발급가산세 : 240,000원

[2] 아래의 내용을 참고하여 2025년 말 현재 보유 중인 매도가능증권(비유동자산)에 대한 결산 회계처리를 하시오(단, 매도가능증권과 관련된 2024년의 회계처리는 적절하게 수행함). (3점)

주식명	2024년 취득가액	2024년 말 공정가치	2025년 말 공정가치
엔비디아듀	1,000,000원	800,000원	2,000,000원

[3] 9월 1일에 영업부 차량보험에 가입하고 1년치 보험료 1,200,000원을 납부하였다. 보험료 납부 당시 회사는 전액 보험료로 회계처리 하였다(단, 월할계산할 것). (3점)

[4] 당사는 2025년 1월 1일에 사채(액면가액 10,000,000원)를 발행하고 매년 결산일(12월 31일)에 이자비용을 보통예금 계좌에서 지급하고 있다. 만기 2026년 12월 31일, 액면이자율 10%, 시장이자율 7%이며 발행시점의 발행가액은 10,787,300원이다. 2025년 12월 31일 결산일에 필요한 회계처리를 하시오(단, 원단위 이하는 절사할 것). (3점)

[5] 다음은 ㈜선진테크의 유형자산 명세서이다. 기존에 입력된 데이터는 무시하며 다음의 유형자산만 있다고 가정하고 감가상각과 관련된 회계처리를 하시오. (3점)

유형자산 명세서					
계정과목	자산명	당기분 회사 계상 감가상각비	상각방법	내용 연수	사용 부서
건물	공장건물	10,000,000원	정액법	20년	제조부
기계장치	초정밀검사기	8,000,000원	정률법	10년	제조부
차량운반구	그랜져	7,000,000원	정액법	5년	영업부
비품	컴퓨터	3,000,000원	정률법	5년	영업부

문제 5

2025년 귀속 원천징수와 관련된 다음의 물음에 답하시오. (15점)

[1] 다음의 자료를 바탕으로 내국인이며 거주자인 생산직 사원 임하나(750128-2436815, 세대주, 입사일 : 2025.09.01.)의 세부담이 최소화 되도록 [사원등록] 메뉴의 [기본사항] 탭을 이용하여 아래의 내용 중에서 필요한 항목을 입력하고, 9월분 급여자료를 입력하시오(단, 급여지급일은 매월 말일이며, 사용하지 않는 수당항목은 '부'로 표시할 것). (6점)

※ 아래 〈자료〉를 통해 임하나의 [사원등록] 메뉴의 [기본사항] 탭에서 다음의 사항을 입력하고 9월분 급여자료를 입력하시오.

- 10.생산직등여부, 연장근로비과세, 전년도총급여
- 12.국민연금보수월액
- 13.건강보험보수월액
- 14.고용보험보수월액

〈자료〉

- 국민연금보수월액, 건강보험보수월액, 고용보험보수월액은 1,800,000원으로 신고하였다.
- 급여 및 제수당 내역은 다음과 같다.

급여 및 제수당	기본급	식대	시내교통비	출산·보육수당(육아수당)	야간근로수당
금액(원)	1,500,000	200,000	300,000	100,000	2,200,000

- 별도의 식사는 제공하지 않고 있으며, 식대로 매월 200,000원을 지급하고 있다.
- 출퇴근용 시내교통비로 매월 300,000원을 지급하고 있다.
- 출산·보육수당(육아수당)은 6세 이하 자녀를 양육하는 직원에게 지급하는 수당이다.
- 9월은 업무 특성상 야간근무를 하며, 이에 대하여 별도의 수당을 지급하고 있다.
  (→ 임하나 : 국내 근무, 월정액급여 1,800,000원, 전년도총급여 27,000,000원)
- 2025년 9월 1일 이전의 연장·야간근로수당으로서 비과세되는 금액은 없다.

[2] 다음은 퇴사자 우미영 사원(사번 : 301)의 2025년 3월 급여자료이다. [사원등록] 메뉴에서 퇴사년월일을 반영하고, 3월의 [급여자료입력]과 [원천징수이행상황신고서]를 작성하시오(단, 반드시 [급여자료입력]의 「F7 중도퇴사자정산」을 이용하여 중도퇴사자 정산 내역을 급여자료에 반영할 것). (6점)

• 퇴사일은 2025년 3월 31일이고, 3월 급여는 2025년 4월 5일에 지급되었다.
• 수당 및 공제항목은 중도퇴사자 정산과 관련된 부분을 제외하고 추가 및 변경하지 않기로 하며 사용하지 않는 항목은 그대로 둔다.
• 3월 급여자료(우미영에 대한 급여자료만 입력하도록 한다.)

급여 항목	금액	공제 항목	금액
기본급	2,700,000원	국민연금	121,500원
식대(비과세)	200,000원	건강보험	95,710원
		장기요양보험	12,390원
		고용보험	21,600원
		중도정산소득세	-96,500원
		중도정산지방소득세	-9,640원
		공제총액	145,060원
지급총액	2,900,000원	차인지급액	2,754,940원

[3] 다음 자료를 이용하여 이미 작성된 [원천징수이행상황신고서]를 조회하여 마감하고, 국세청 홈택스에 전자신고를 하시오. (3점)

〈전산프로그램에 입력된 소득자료〉

귀속월	지급월	소득구분	신고코드	인원	총지급액	소득세	비고
10월	10월	근로소득	A01	2명	7,000,000원	254,440원	매월(정기)신고

〈유의사항〉
1. 위 자료를 바탕으로 [원천징수이행상황신고서]가 작성되어 있다.
2. [원천징수이행상황신고서] 마감 → [전자신고] → [국세청 홈택스 전자신고 변환(교육용)] 순으로 진행한다.
3. [전자신고] 메뉴의 [원천징수이행상황제작] 탭에서 신고인구분은 2.납세자 자진신고를 선택하고, 비밀번호는 "123456789"를 입력한다.
4. [국세청 홈택스 전자신고 변환(교육용)] → 전자파일변환(변환대상파일선택) → 찾아보기 에서 전자신고용 전자파일을 선택한다.
5. 전자신고용 전자파일 저장경로는 로컬디스크(C :)이며, 파일명은 "작성연월일.01.t사업자등록번호"다.
6. 형식검증하기 → 형식검증결과확인 → 내용검증하기 → 내용검증결과확인 → 전자파일제출 을 순서대로 클릭한다.
7. 최종적으로 전자파일 제출하기 를 완료한다.

제117회 기출문제

이론시험

다음 문제를 보고 알맞은 것을 골라 [이론문제 답안작성] 메뉴에 입력하시오. (객관식 문항당 2점)

기본전제

문제에서 한국채택국제회계기준을 적용하도록 하는 전제조건이 없는 경우, 일반기업회계기준을 적용하여 회계처리 한다.

01 다음 중 자산, 부채의 분류가 잘못 연결된 것은?

① 임차보증금 - 비유동자산
② 사채 - 유동부채
③ 퇴직급여충당부채 - 비유동부채
④ 선급비용 - 유동자산

02 다음 중 무형자산에 대한 설명으로 옳은 것은?

① 무형자산 창출을 위한 내부 프로젝트를 연구단계와 개발단계로 구분할 수 없는 경우 그 프로젝트에서 발생한 지출은 모두 연구단계에서 발생한 것으로 본다.
② 내부적으로 창출한 영업권은 취득일의 공정가치로 자산으로 인식한다.
③ 연구단계에서 발생한 지출은 모두 무형자산으로 인식한다.
④ 무형자산의 상각기간은 어떠한 경우에도 20년을 초과할 수 없다.

03 다음 중 채무증권으로만 분류되는 유가증권은 무엇인가?

① 단기매매증권
② 매도가능증권
③ 만기보유증권
④ 지분법적용투자주식

04 다음 중 유형자산의 감가상각에 대한 설명으로 옳지 않은 것은?

① 감가상각은 자산이 사용 가능한 때부터 시작한다.
② 감가상각대상금액은 내용연수에 걸쳐 합리적이고 체계적인 방법으로 배분한다.
③ 내용연수 도중 사용을 중단하고 처분 예정인 유형자산은 사용을 중단한 시점의 장부금액으로 표시한다.
④ 감가상각방법 중 연수합계법은 자산의 내용연수 동안 감가상각액이 매 기간 증가하는 방법이다.

05 다음 중 일반기업회계기준상 오류수정에 대한 설명으로 옳지 않은 것은?

① 오류수정은 전기 또는 그 이전의 재무제표에 포함된 회계적 오류를 당기에 발견하여 수정하는 것을 말한다.
② 당기에 발견한 전기 또는 그 이전 기간의 오류 중 중대한 오류가 아닌 경우에는 영업외손익 중 전기오류수정손익으로 보고한다.
③ 전기 이전 기간에 발생한 중대한 오류의 수정은 발견 당시 회계기간의 재무제표 항목을 재작성한다.
④ 중대한 오류는 재무제표의 신뢰성을 심각하게 손상시킬 수 있는 매우 중요한 오류를 말한다.

06 다음 중 공장에서 사용하는 제품 제조용 전기요금에 대한 원가행태로 옳은 것은?

① 변동원가, 가공원가　　② 변동원가, 기초원가
③ 고정원가, 가공원가　　④ 고정원가, 기초원가

07 다음 중 제조원가명세서의 구성요소가 아닌 것은?

① 기초제품재고액　　② 기말원재료재고액
③ 당기제품제조원가　　④ 기말재공품재고액

08 다음 중 종합원가계산 제도에 대한 설명으로 옳지 않은 것은?

① 완성품환산량이란 일정기간에 투입한 원가를 그 기간에 완성품만을 생산하는 데 투입하였다면 완성되었을 완성품 수량을 의미한다.
② 동종제품, 대량생산, 연속생산의 공정에 적합한 원가계산제도이다.
③ 정유업, 화학공업, 시멘트공업에 적합하다.
④ 원가의 정확성이 높으며, 작업원가표를 주요 원가자료로 사용한다.

09 **다음의 자료를 이용하여 제조간접원가 배부액과 제조원가를 각각 계산하면 얼마인가? 단, 제조간접원가는 기계작업시간을 기준으로 예정배부한다.**

- 제조간접원가 총액(예정) : 5,000,000원
- 예정 기계작업시간 : 5,000시간
- 직접노무원가 : 4,000,000원
- 실제 기계작업시간 : 4,000시간
- 직접재료원가 : 2,000,000원

	제조간접원가 배부액	제조원가
①	6,250,000원	12,250,000원
②	6,250,000원	10,000,000원
③	4,000,000원	10,000,000원
④	4,000,000원	12,250,000원

10 **다음의 자료를 이용하여 직접배분법에 따라 보조부문의 제조간접원가를 배분한다면 제조부문 B에 배분된 보조부문원가는 얼마인가?**

구분		보조부문		제조부문		합계
		X	Y	A	B	
자기부문 발생액		100,000원	300,000원	500,000원	750,000원	1,650,000원
제공 횟수	X	-	100회	400회	600회	1,100회
	Y	400회	-	300회	300회	1,000회

① 210,000원
② 400,000원
③ 850,000원
④ 960,000원

11 **다음 중 부가가치세법상 영세율에 대한 설명으로 옳지 않은 것은?**

① 사업자가 비거주자인 경우에는 그 해당 국가에서 대한민국의 거주자에 대하여 동일하게 면세하는 경우에만 영세율을 적용한다.
② 영세율이 적용되는 사업자는 부가가치세 납세의무가 면제된다.
③ 국내에서 계약과 대가의 수령이 이루어지지만 영세율이 적용되는 경우도 있다.
④ 내국물품을 외국으로 반출하는 것은 수출에 해당하므로 영세율을 적용한다.

12 **다음 중 부가가치세법상 공급시기로 옳지 않은 것은?**

① 내국물품을 외국으로 수출하는 경우 : 수출 재화의 선적일
② 폐업 시 잔존재화의 경우 : 폐업하는 때
③ 위탁판매의 경우(위탁자 또는 본인을 알 수 있는 경우에 해당) : 위탁자가 판매를 위탁한 때
④ 무인판매기로 재화를 공급하는 경우 : 무인판매기에서 현금을 꺼내는 때

13 **다음 중 부가가치세법상 주사업장총괄납부와 사업자단위과세제도에 대한 설명으로 옳지 않은 것은?**

① 법인의 경우 총괄납부제도의 주사업장은 분사무소도 가능하다.
② 총괄납부의 신청은 납부하려는 과세기간 종료일 20일 전에 신청하여야 한다.
③ 사업자 단위로 본점 관할세무서장에게 등록신청한 경우 적용 대상 사업장에 한 개의 등록번호만 부여된다.
④ 사업자단위과세를 적용할 경우 직매장반출은 재화의 공급의제에서 배제된다.

14 **다음 중 소득세법상 근로소득과 사업소득이 발생한 경우, 근로소득에 대한 종합소득산출세액을 초과하여 공제받을 수 있는 특별세액공제는?**

① 교육비 세액공제
② 보험료 세액공제
③ 의료비 세액공제
④ 기부금 세액공제

15 **다음 중 소득세법상 과세표준의 확정신고와 납부에 대한 설명으로 옳은 것은?**

① 공적연금소득과 근로소득이 있는 자로서 각각의 소득을 연말정산한 자는 종합소득세 확정신고의무가 없다.
② 두 곳 이상의 직장에서 근로소득이 발생된 자가 이를 합산하여 한 곳의 직장에서 연말정산을 했다면 종합소득세 확정신고의무가 없다.
③ 근로소득이 있는 자에게 연말정산 대상 사업소득이 추가로 발생한 경우, 해당 사업소득을 연말정산 했다면 종합소득세 확정신고의무가 없다.
④ 금융소득만 3천만원이 있는 자는 종합소득세 확정신고의무가 없다.

실무시험

㈜어진상사(회사코드 : 1172)는 전자제품의 제조 및 도·소매업을 주업으로 영위하는 중소기업으로 당기(제18기)의 회계기간은 2025.1.1. ~2025.12.31.이다. 전산세무회계 수험용 프로그램을 이용하여 다음 물음에 답하시오.

기본전제

- 문제에서 한국채택국제회계기준을 적용하도록 하는 전제조건이 없는 경우, 일반기업회계기준을 적용하여 회계처리 한다.
- 문제의 풀이와 답안작성은 제시된 문제의 순서대로 진행한다.

입력 시 유의사항

- 일반적인 적요의 입력은 생략하지만, 타계정 대체거래는 적요번호를 선택하여 입력한다.
- 채권·채무와 관련된 거래는 별도의 요구가 없는 한 반드시 기등록된 거래처코드를 선택하는 방법으로 거래처명을 입력한다.
- 제조경비는 500번대 계정코드를, 판매비와관리비는 800번대 계정코드를 사용한다.
- 회계처리 시 계정과목은 별도의 제시가 없는 한 등록된 계정과목 중 가장 적절한 과목으로 한다.

문제 1

[일반전표입력] 메뉴를 이용하여 다음의 거래자료를 입력하시오. (15점)

[1] **01월 05일** ㈜대명으로부터 사옥을 구입하기 위한 자금 600,000,000원을 6개월 내 상환하는 조건에 차입하기로 약정하여 선이자 15,000,000원을 제외한 나머지 금액이 보통예금 계좌에 입금되었다(단, 하나의 전표로 입력할 것). (3점)

[2] **04월 20일** 주주총회에서 결의된 내용에 따라 유상증자를 실시하였다. 1주당 6,000원(액면가액 : 1주당 5,000원)에 10,000주를 발행하고, 대금은 보통예금으로 입금받았다(단, 주식할인발행차금을 확인하고, 회계처리 할 것). (3점)

[3] **07월 17일** 전기에 회수불능으로 대손처리한 외상매출금 11,000,000원(부가가치세 포함)을 보통예금으로 회수하였다(단, 당시 대손요건을 충족하여 대손세액공제를 받았음). (3점)

[4] **08월 01일** 정기예금 100,000,000원을 중도해지하여 은행으로부터 다음과 같은 내역서를 받고 이자를 포함한 전액을 당사의 보통예금 계좌로 입금받았다. 이자는 이자수익 계정으로 계상하며, 법인세와 지방소득세는 자산계정으로 처리하시오. (3점)

거래내역 확인증

계좌번호	103-9475-3561-31	거래일시	25.08.01.(15:12:59)
취급점	서울은행 강남지점	취급자	홍길동

※ 거래내용 : 중도해지 ※

· 예금주명 : ㈜어진상사 · 원금 : 100,000,000원 · 해지이자 : 300,000원 · 세후이자 : 253,800원 · 차감지급액 : 100,253,800원	· 법인세 : 42,000원 · 지방소득세 : 4,200원 · 세금 합계 : 46,200원

항상 저희 은행을 찾아주셔서 감사합니다.
계좌번호 및 거래내역을 확인하시기 바랍니다.

[5] **11월 01일** 제2기 예정분 부가가치세 고지금액을 가산세를 포함하여 보통예금 계좌에서 이체하여 납부하였다(단, 부가세예수금 계정을 사용하고 차액은 잡손실 계정으로 회계처리 한다. 이 문제에 한하여 해당 법인은 소규모 법인이라고 가정한다). (3점)

납부고지서 겸 영수증 (납세자용)

납부번호	분류기호	납부연월	결정구분	세목	발행번호	
	0126	2510	7	41	85521897	
성명(상호)	㈜어진상사		수입징수관 계좌번호		011756	
주민등록번호 (사업자등록번호)	571-85-01094	회계연도	2025	일반회계	기획재정부 소관	조세
		과세기간	202507			
주소(사업장)	서울시 구로구 안양천로 539길 6					

납부기한	2025 년 10월 25일 까지	
부가가치세	950,000	
계	950,000	
납기경과 2025. 10. 26.까지	납부지연가산세	28,500
	계	978,500
납기 후 납부시 우측〈납부일자별 납부할 금액〉을 참고하여 기재		
납기경과 2025. 10. 27.부터	납부할 금액	978,500

위 금액을 한국은행 국고(수납)대리점인 은행 또는 우체국 등에 납부하시기 바랍니다.
(인터넷 등에 의한 전자납부 가능)

2025년 10월 05일

구로 세무서장 (인)

위 금액을 정히 영수합니다.

년 월 일

은 행
우체국 등

수납인

문제 2

[매입매출전표입력] 메뉴를 이용하여 다음의 거래자료를 입력하시오. (15점)

입력 시 유의사항

- 일반적인 적요의 입력은 생략하지만, 타계정 대체거래는 적요번호를 선택하여 입력한다.
- 채권·채무와 관련된 거래는 별도의 요구가 없는 한 반드시 기등록된 거래처코드를 선택하는 방법으로 거래처명을 입력한다.
- 제조경비는 500번대 계정코드를, 판매비와관리비는 800번대 계정코드를 사용한다.
- 회계처리 시 계정과목은 별도의 제시가 없는 한 등록된 계정과목 중 가장 적절한 과목으로 한다.
- 입력 화면 하단의 분개까지 처리하고, 세금계산서 및 계산서는 전자 여부를 입력하여 반영한다.

[1] **01월 04일** 제조부문이 사용하는 시설장치의 원상회복을 위한 수선을 하고 수선비 330,000원을 전액 국민카드로 결제하고 다음의 매출전표를 수취하였다(부채계정은 미지급금으로 회계처리 할 것). (3점)

매 출 전 표

단말기번호 98758156 전표번호 123789

카드종류		거래종류	결제방법
국민카드		신용구매	일시불
회원번호(Card No)		취소시 원거래일자	
1234-5678-8888-9098			
유효기간		거래일시	품명
2026.12.01.		2025.01.04.	시설장치수선
전표제출	금 액 / AMOUNT		300,000
	부 가 세 / VAT		30,000
전표매입사	봉 사 료 / TIPS		
	합 계 / TOTAL		330,000
거래번호	승인번호/(Approval No.)		
	123789		
가 맹 점	시설수리전문여기야		
대 표 자	박수리	TEL	02-2673-0001
가맹점번호	123456	사업자번호	124-11-80005
주 소	서울시 송파구 충민로 66		
		서명(Signature)	

[2] **02월 03일** 생산공장에서 사용할 목적으로 플라스틱 사출기(기계장치)를 중국으로부터 인천세관을 통하여 수입하고, 수입전자세금계산서를 수취하였다. 부가가치세는 보통예금으로 지급하였다. 부가가치세와 관련된 회계처리만 입력하시오. (3점)

수입전자세금계산서						승인번호	20250203-1451412-203458		
세관명	등록번호	121-83-00561	종사업장 번호		공급받는자	사업자 등록번호	571-85-01094	종사업장 번호	
	세관명	인천세관	성 명 (대표자)	김통관		상호 (법인명)	㈜어진상사	성 명	김세종
	세관주소	인천광역시 중구 서해대로 339 (항동7가)				사업장 주소	서울 구로구 안양천로 539길 6		
	수입신고번호 또는 일괄발급기간 (총건)	20250203178528				업 태	제조, 도소매	종 목	전자제품
						이메일			
작성일자		과세표준	세액		수정사유		비고		
2025.02.03.		42,400,000	4,240,000						

월	일	품 목	규 격	수 량	단 가	공급가액	세 액	비 고
02	03	사출기(기계장치)		10	4,240,000	42,400,000	4,240,000	
합 계 금 액		46,640,000						

[3] **02월 15일** 영업부서 거래처 직원의 경조사가 발생하여 화환을 주문하고, 다음의 계산서를 발급받았다. (3점)

전자계산서						승인번호	20250215-90051116-10181237		
공급자	사업자 등록번호	123-90-11117	종사업장 번호		공급받는자	사업자 등록번호	571-85-01094	종사업장 번호	
	상호 (법인명)	풍성화원	성 명 (대표자)	오미숙		상호 (법인명)	㈜어진상사	성 명	김세종
	사업장 주소	경기도 화성시 양감면 은행나무로 22				사업장 주소	서울시 구로구 안양천로 539길 6		
	업 태	도소매업	종 목	화훼, 식물		업 태	제조, 도소매	종 목	전자제품
	이메일	miso7@naver.com				이메일	happy07@naver.com		
작성일자		공급가액	세액		수정사유		비고		
2025.02.15.		100,000							

월	일	품 목	규 격	수 량	단 가	공 급 가 액	세 액	비 고
02	15	화환		1	100,000	100,000		

합 계 금 액	현 금	수 표	어 음	외 상 미 수 금	위 금액을 **(청구)** 함
100,000				100,000	

[4] **02월 18일** 공장에서 사용하던 화물용 트럭(취득가액 18,000,000원, 감가상각누계액 6,000,000원)을 10,500,000원(부가가치세 별도)에 이배달씨(비사업자)에게 매각하고 전자세금계산서를 발급하였으며 매각 대금은 2월 15일에 선수금으로 1,800,000원을 받았고 잔액은 2월 18일에 보통예금 계좌로 입금받았다. (※ 2월 18일의 회계처리를 하시오.) (3점)

<table>
<tr><th colspan="5">전자세금계산서</th><th>승인번호</th><th colspan="3">20250218-410100012-7115861</th></tr>
<tr><td rowspan="5">공급자</td><td>사업자 등록번호</td><td>571-85-01094</td><td>종사업장 번호</td><td></td><td rowspan="5">공급받는자</td><td>사업자 등록번호</td><td>680101-1240854</td><td>종사업장 번호</td><td></td></tr>
<tr><td>상호 (법인명)</td><td>㈜어진상사</td><td>성 명 (대표자)</td><td>김세종</td><td>상호 (법인명)</td><td></td><td>성 명</td><td>이배달</td></tr>
<tr><td>사업장 주소</td><td colspan="3">서울 구로구 안양천로 539길 6</td><td>사업장 주소</td><td colspan="3"></td></tr>
<tr><td>업 태</td><td>제조, 도소매</td><td>종 목</td><td>전자제품</td><td>업 태</td><td></td><td>종 목</td><td></td></tr>
<tr><td>이메일</td><td colspan="3">happy07@naver.com</td><td>이메일</td><td colspan="3"></td></tr>
</table>

작성일자	공급가액	세액	수정사유	비고
2025.02.18.	10,500,000	1,050,000	해당 없음	

월	일	품목	규격	수량	단가	공급가액	세액	비고
02	18	화물용 트럭 판매		1	10,500,000	10,500,000	1,050,000	

합계금액	현금	수표	어음	외상미수금	위 금액을 **(영수)** 함
11,550,000	11,550,000				

[5] **03월 07일** 당사의 건물 인테리어 공사를 담당한 ㈜양주산업의 견적 내역은 다음과 같으며, 3월 7일 전자세금계산서 수취와 동시에 해당 금액은 전액 약속어음(만기일 24.12.31.)을 발행하여 결제 완료하였다. 계정과목은 건물로 계상하시오. (3점)

공사 구분	금액	비고
건물 내부 인테리어	100,000,000원	
1층 보안시스템 설치	10,000,000원	
합계	110,000,000원	부가가치세 별도

- ㈜어진상사는 1층 보안시스템의 설치로 물품 도난 사고 방지에 도움이 될 것으로 예상하며, 건물의 감정평가액이 높아질 것으로 기대하고 있다.

문제 3

부가가치세 신고와 관련하여 다음 물음에 답하시오. (10점)

[1] 다음 자료를 보고 제2기 부가가치세 확정신고 기간의 [공제받지못할매입세액명세서](「공제받지못할매입세액내역」 및 「공통매입세액의정산내역」)를 작성하시오(단, 불러온 자료는 무시하고 다음의 자료를 참고하여 직접 입력할 것). (4점)

1. 매출 공급가액에 관한 자료

구분	과세사업	면세사업	합계
7월~12월	200,000,000원	50,000,000원	250,000,000원

2. 매입세액(세금계산서 수취분)에 관한 자료

구분	① 과세사업 관련			② 면세사업 관련		
	공급가액	매입세액	매수	공급가액	매입세액	매수
10월~12월	180,000,000원	18,000,000원	20매	20,000,000원	2,000,000원	8매

3. 총공통매입세액(7월~12월) : 5,000,000원

※ 제2기 예정신고 시 공통매입세액 중 불공제된 매입세액 : 800,000원

[2] 다음은 2025년 제2기 부가가치세 예정신고기간(7월 1일~9월 30일)의 영세율 매출과 관련된 자료이다. [수출실적명세서] 및 [내국신용장·구매확인서전자발급명세서]를 작성하시오. (4점)

1. 홈택스에서 조회한 수출실적명세서 관련 내역

수출신고번호	선적일자	통화	환율	외화금액	원화환산금액
8123458123458X	2025년 7월 22일	USD	1,400원/$	$30,000	42,000,000원

※ 위 자료는 직접수출에 해당하며, 거래처명 입력은 생략한다.

2. 홈택스에서 조회한 구매확인서 및 전자세금계산서 관련 내역

(1) 구매확인서 전자발급명세서 내역

서류구분	서류번호	발급일	공급일	금액
구매확인서	PKT20250731555	2025년 8월 5일	2025년 7월 31일	70,000,000원

(2) 영세율전자세금계산서

<table>
<tr><td colspan="5">영세율전자세금계산서</td><td colspan="1">승인번호</td><td colspan="3">20250731-33000099-11000022</td></tr>
<tr><td rowspan="5">공급자</td><td>사업자 등록번호</td><td>571-85-01094</td><td>종사업장 번호</td><td></td><td rowspan="5">공급받는자</td><td>사업자 등록번호</td><td>551-85-12772</td><td>종사업장 번호</td><td></td></tr>
<tr><td>상호 (법인명)</td><td>㈜어진상사</td><td>성 명 (대표자)</td><td>김세종</td><td>상호 (법인명)</td><td>㈜최강전자</td><td>성 명</td><td>최강수</td></tr>
<tr><td>사업장 주소</td><td colspan="3">서울시 구로구 안양천로 539길 6</td><td>사업장 주소</td><td colspan="3">경기도 광명시 디지털로 5, 301호</td></tr>
<tr><td>업 태</td><td>제조업</td><td>종 목</td><td>전자제품</td><td>업 태</td><td>도매업</td><td>종 목</td><td>전자제품</td></tr>
<tr><td>이메일</td><td colspan="3">happy07@naver.com</td><td>이메일</td><td colspan="3">big99@naver.com</td></tr>
</table>

작성일자	공급가액	세액	수정사유	비고
2025.07.31.	70,000,000		해당 없음	

월	일	품 목	규 격	수 량	단 가	공 급 가 액	세 액	비 고
07	31	전자제품				70,000,000		

합 계 금 액	현 금	수 표	어 음	외 상 미 수 금	위 금액을 **(청구)** 함
70,000,000				70,000,000	

[3] 당사의 2025년 제1기 부가가치세 확정 신고서를 작성 및 마감하여 국세청 홈택스에서 부가가치세 신고를 수행하시오. (2점)

1. 부가가치세신고서와 관련 부속서류는 마감되어 있다.
2. [전자신고] → [국세청 홈택스 전자신고변환(교육용)] 순으로 진행한다.
3. 전자신고용 전자파일 제작 시 신고인 구분은 2.납세자 자진신고로 선택하고, 비밀번호는 “12341234”로 입력한다.
4. 전자신고용 전자파일 저장경로는 로컬디스크(C:)이며, 파일명은 “enc작성연월일.101.v5718501094”이다.
5. 최종적으로 국세청 홈택스에서 [전자파일 제출하기]를 완료한다.

문제 4

결산정리사항은 다음과 같다. 관련 메뉴를 이용하여 결산을 완료하시오. (15점)

[1] ㈜어진상사는 2025년 2월 1일에 국민은행으로부터 1년 갱신 조건으로 마이너스 보통예금 통장을 개설하였다. 2025년 12월 31일 현재 통장 잔액은 (-)5,700,000원이다(단, 음수(-)로 회계처리 하지 말 것). (3점)

[2] 미국에 소재한 거래처 INSIDEOUT과의 거래로 발생한 외상매입금 60,250,000원($50,000)이 계상되어 있다(결산일 현재 기준환율 : 1,390원/$). (3점)

[3] 당사는 생산부서의 원재료를 보관하기 위해 창고를 임차하고 임대차계약을 체결하였다. 당해연도 9월 1일에 임대인에게 1년분 임차료 18,000,000원(2025.9.1. ~ 2026.8.31.)을 보통예금 계좌에서 이체하여 지급하고 지급일에 1년분 임차료를 선급비용으로 회계처리하였다(단, 임차료는 월할계산할 것). (3점)

[4] 당사는 외상매출금과 받을어음에 대하여 기말채권잔액의 2%를 대손예상액으로 추정하여 대손충당금을 설정하기로 한다(단, 다른 채권에 대해서는 대손충당금을 설정하지 않음). (3점)

[5] 2025년 4월 15일에 취득한 영업권의 취득원가는 54,000,000원이다. 영업권에 대한 12월 말 결산 회계처리를 하시오. 회사는 무형자산에 대하여 5년간 월할 균등 상각하고 있으며, 상각기간 계산 시 1월 미만은 1월로 간주한다. (3점)

문제 5

2025년 귀속 원천징수와 관련된 다음의 물음에 답하시오. (15점)

[1] 다음은 영업부 김성민 과장(사번 : 300)의 11월 귀속 급여 및 상여와 관련된 자료이다. [급여자료입력]과 [원천징수이행상황신고서]를 작성하시오(단, [기초코드등록]→[환경등록]→[원천]→[5.급여자료입력 화면]에서 “2.구분별로 입력”으로 변경한 후 작성할 것). (5점)

1. 11월 귀속 급여 및 상여 자료

1) 급여 자료

급여 항목	금액	공제항목	금액
기본급	3,000,000원	국민연금	135,000원
식대(비과세)	200,000원	건강보험	106,350원
		장기요양보험	13,770원
		고용보험	24,000원
		소득세	74,350원
		지방소득세	7,430원
		공제총액	360,900원
지급총액	3,200,000원	차인지급액	2,839,100원

2) 상여 자료

상여 항목	금액	공제항목	금액
상 여	2,500,000원	고 용 보 험	20,000원
		소 득 세	207,020원
		지 방 소 득 세	20,700원
		공 제 총 액	247,720원
지 급 총 액	2,500,000원	차 인 지 급 액	2,252,280원

2. 급여의 지급시기는 2025년 11월 30일이고, 상여의 지급시기는 2026년 3월 15일이다.
3. 소득세법상 11월 귀속 근로소득이 12월까지 지급되지 않은 경우, 12월 31일에 지급한 것으로 보아 소득세를 원천징수한다.
4. 지급시기별로 각각의 [급여자료입력]과 [원천징수이행상황신고서]를 작성한다.

[2] 다음은 ㈜어진상사의 사무관리직원인 이태원(사원코드 : 202번)씨의 연말정산 관련 자료이다. [연말정산추가자료입력] 메뉴의 [소득명세] 탭, [부양가족] 탭, [연말정산입력] 탭을 작성하시오 (입력된 자료는 무시하고 다음의 자료만을 이용하여 입력할 것). (10점)

〈자료 1〉 근무지 현황(급여에는 기본급 외에는 없고, 급여일은 매달 말일임)

근무지	급여기간	월급여	연간 총급여
㈜경기 412-81-24785	2025.1.1.~2025.11.30.(퇴사)	4,500,000원	49,500,000원
	• 국민연금 : 2,400,000원, 고용보험 : 440,000원 • 건강보험 : 1,826,000원, 장기요양보험 : 187,000원 • 원천징수 소득세 : 2,580,000원, 지방소득세 : 258,000원		
근무지	**급여기간**	**월급여**	**연간 총급여**
㈜어진상사	2025.12.1.(입사)~2025.12.31.	5,500,000원	5,500,000원
	• 국민연금 : 218,700원, 고용보험 : 49,550원 • 건강보험 : 166,750원, 장기요양보험 : 17,090원 • 원천징수 소득세 : 289,850원, 지방소득세 : 28,980원		

〈자료 2〉 가족 현황

관계	성명	주민등록번호	비고
본인	이태원	731210-1254632	총급여 55,000,000원
배우자	김진실	771214-2458694	소득 없음
모	최명순	440425-2639216	소득 있음(장애인(주1))
아들	이민석	030505-3569879	대학생
딸	이채영	080214-4452141	고등학생

※ (주1)모친인 최명순씨는 상가임대소득에 대한 총수입금액 36,000,000원과 필요경비 16,000,000원이 있으며, 「장애인복지법」상 장애인에 해당함.

〈자료 3〉 연말정산자료

※ 단, 의료비, 보험료, 교육비 입력 시 국세청간소화에 입력하고, 의료비의 증빙코드는 1.국세청장으로 입력할 것.

(1) 보험료

• 본인(이태원)

- 자동차보험료 600,000원
- 보장성운전자보험료 240,000원

• 본인 외

- 모친의 장애인전용보장성보험료 960,000원
- 배우자의 저축성생명보험료 1,800,000원

(2) 교육비

• 본인(이태원) : 경영대학원 교육비 8,000,000원
• 배우자 : 정규야간전문대학 교육비 7,000,000원
• 아들 : 대학교 수업료 7,000,000원
• 딸 : 고등학교 수업료 2,000,000원, 교복구입비용 1,000,000원, 현장체험학습비 500,000원

(3) 의료비(단, 모두 근로자 본인(이태원)이 부담하였다.)

• 모친 : 상해사고 치료비 5,000,000원(실손보험 수령액 3,000,000원)
• 아들 : 시력보정용안경 300,000원
• 배우자 : 미용목적 성형수술비 2,000,000원

한국세무사회 KcLep(케이렙) 2025년 최신버전

I can! 전산 세무 2급

- 최신 출제경향을 반영한 유형별 연습문제 수록
- 최신 개정내용을 반영한 기출문제 12회 수록
  - 기본이론정리
  - KcLep(케이렙) 따라하기
  - 실무시험 출제유형별 연습문제
  - 기출문제(이론+실무)
  - 정답 및 해설
  - 저자들의 빠른 Q&A
  - **samili.com** 홈페이지 자료실
    한국세무사회 KcLep(케이렙) 프로그램 및 백데이터 다운로드

NCS 국가직무능력표준 National Competency Standards

한국세무사회 국가공인

I can!

전산세무

2급

2025년 최신버전 및 세법반영

정답 및 해설

written by 이원주 · 김진우
directed by 김윤주 · 김혜숙

SAMIL | 삼일회계법인 삼일인포마인

2025

5부
정답 및 해설

실전문제 풀이

1-1 재무회계 이론

회계의 기본개념

01	02	03	04
②	①	③	④

01	②	계속성의 원칙은 회계처리의 기간별 비교를 위해 필요하다.
02	①	재무정보가 적시에 제공되어야 한다는 것은 목적적합성 중 적시성에 대한 설명이다.
03	③	정보이용자의 당초 기대치를 확인 또는 수정할 수 있는 것은 피드백가치에 대한 설명이다.
04	④	보수주의는 논리적 일관성이 결여되어 이익조작의 가능성이 존재한다.

재무제표의 이해

01	02	03	04	05	06
①	①	①	④	④	③

01	①	② 일정기간의 경영성과에 대한 정보를 제공하는 것은 손익계산서의 특징이다. ③ 기타포괄손익누계액은 자본에 해당된다. ④ 자산과 부채는 총액으로 표시하여야 한다.
02	①	유동자산은 당좌자산과 재고자산으로 구분된다.
03	①	• 재무상태표 ➜ 일정시점의 재무적 정보(자산, 부채, 자본)제공 • 손익계산서 ➜ 일정기간의 경영성과에 대한 정보(비용, 수익)제공
04	④	자산과 부채는 '유동성배열법'에 따라 유동성이 큰 항목부터 배열하는 것을 원칙으로 한다.
05	④	특정 기간의 경영성과를 나타내는 보고서는 손익계산서에 대한 설명이다.
06	③	일반기업회계기준에서 규정하는 재무제표는 재무상태표, 손익계산서, 현금흐름표, 자본변동표, 주석이며, 제조원가명세서와 잉여금처분계산서 등은 재무제표에 해당하지 않는다.

회계의 순환과정

01	02	03	04
①	④	②	②

01	①	거래의 이중성에 대한 설명이다.
02	④	대차 어느 한 쪽의 전기를 누락한 경우에는 차변과 대변의 합계금액이 일치하지 않기 때문에 발견할 수 있는 오류이다. **시산표에서 검증할 수 있는 오류**: •차변과 대변의 금액이 불일치한 경우 •차변과 대변 중 한 쪽만 전기를 누락하거나 한 쪽만 전기한 경우 •시산표의 합계오류 **시산표에서 검증할 수 없는 오류**: •분개누락, 이중분개 •전기누락, 이중전기 •차변과 대변 모두 동일하게 잘못된 금액으로 분개하거나 전기한 경우 •계정과목을 잘못 기록한 경우
03	②	시산표등식: 기말자산 + 총비용 = 기말부채 + 기초자본 + 총수익
04	②	•소모품비를 복리후생비로 처리한 거래는 계정과목의 오류이므로 금액과는 무관하다. •차변에 기록할 미수금을 대변에 기록하였으므로, 23,500원을 차변에(+), 대변에(-) •상품재고가 누락 되었으므로, 50,000원을 차변에(+) ➜ 오류금액을 반영한 합계잔액시간표의 차변과 대변 금액은 동일하게 564,700원

1-2 유동자산

당좌자산

01	02	03	04	05
①	①	③	①	①

01	①	당좌차월은 당좌예금 잔액을 초과하여 당좌수표를 발행하였을 경우 처리하는 부채계정으로 결산시 단기차입금 계정으로 표기된다.
02	①	취득당시 만기가 3개월 이내에 도래하는 양도성예금증서(CD)는 현금및현금성자산에 해당한다.
03	③	결산일 기준이 아니라 취득당시 만기 3개월 이내에 해당하여야 한다.
04	①	사용이 제한된 예금은 사용이 제한된 기간에 따라 장기금융상품 또는 단기금융상품으로 분류한다.
05	①	•현금및현금성자산: 취득당시 만기 2개월인 채권(500,000원) + 타인발행 당좌수표(200,000원) + 보통예금(300,000원) = 1,000,000원 ➜ 당좌개설보증금은 특정현금과예금(장기금융상품), 당좌차월은 단기차입금으로 분류한다.

단기매매증권

01	02	03
②	②	②

01	②	• 단기매매차익 목적으로 주식을 취득하였으므로, 단기매매증권 계정으로 처리하며, 단기매매증권 취득시 발생하는 수수료는 취득원가에 가산하지 않고 별도 비용(영업외비용)으로 처리한다. (차) 단기매매증권 560,000원 (대) 보통예금 565,600원 수수료비용(영업외비용) 5,600원
02	②	03.01. (차) 단기매매증권 10,000,000원 (대) 현금 10,000,00원 06.30. (차) 현 금 2,700,000원 (대) 단기매매증권 3,000,000원 단기매매증권처분손실 300,000원 ✓ 처분시 단기매매증처분손실 300,000원이 발생하므로, 당기순이익 300,000원이 감소한다.
03	②	• 주식의 장부금액: (500주 × 10,000원) + (1,000주 × 7,000원) = 12,000,000원 • 결산시 평가금액: (1,500주 × 10,000원) = 15,000,000원 ✓ 결산시 평가금액이 장부금액 보다 크므로, 단기매매증권평가이익 3,000,000원 발생

매출채권과 대손

01	02	03	04	05	06	07	08	09
④	④	①	④	③	②	②	②	②

01	④	① 대손추산액(100,000원 × 1% = 1,000원) 보다 결산전 대손충당금(10,000원)이 크므로, 그 차액을 대손충당금환입(9,000원)으로 처리한다. ② 대손추산액(1,000,000원 × 1% = 10,000원)과 결산전 대손충당금(10,000원)이 동일 하므로, 대손관련 회계처리는 하지 않는다. ③ 대손추산액(1,100,000원 × 1% = 11,000원) 보다 결산전 대손충당금(10,000원)이 작으므로, 그 차액을 대손상각비(1,000원)로 처리한다. ④ 기타의대손상각비는 매출채권 이외의 미수금, 선급금, 대여금 등의 대손발생시에 사용하며, 영업외비용에 해당한다.
02	④	[매각거래] (차) 현금 등 9,500,000원 (대) 받을어음 10,000,000원 매출채권처분손실 500,000원 [차입거래] (차) 현금 등 9,500,000원 (대) 차입금 10,000,000원 이자비용 500,000원
03	①	매출채권 이외의 채권에서 발행한 대손처리 비용은 기타의대손상각비(영업외 비용)으로 처리한다.

문항	정답	해설
04	④	[7월 대손발생 회계처리] (차) 대손충당금 500,000원 (대) 매출채권 700,000원 대손상각비 200,000원 [기말 결산시 대손충당금 회계처리] (차) 대손상각비 1,000,000원 (대) 대손충당금 1,000,000원 ✓ 결산전 대손충당금: 결산전 잔액(0원) + 대손충당금 회수액(1,000,000원) = 1,000,000원 ✓ 결산시 대손충당금 계상: 매출채권(100,000,000원) × 2% - 대손충당금 잔액(1,000,000원) = 1,000,000원 • 대손상각비: 대손처리액(200,000원) + 기말추가설정액(1,000,000원) = 1,200,000원
05	③	• 기초 대손충당금 = 50,000원 • 외상매출금 대손발생(20,000원) 후 대손충당금 잔액 = 30,000원 • 전기 대손처리한 대손금(30,000원) 회수 후 대손충당금 잔액 = 60,000원 • 결산후 대손충당금(100,000원) = 결산전 대손충당금(60,000원) + 추가계상액(xxx) ∴ 당기 대손충당금 추가계상액 = 40,000원
06	②	[12월 1일 대손발생시 회계처리] (차) 대손충당금 1,000,000원 (대) 외상매출금 1,000,000원 ➜ 비용으로 처리되는 금액은 없다.
07	②	• 매출채권을 만기일이전에 [매각거래]로 처리하는 경우 ➜ 매출채권처분손실 발생 • 매출채권을 만기일이전에 [차입거래]로 처리하는 경우 ➜ 이자비용 발생
08	②	대손충당금을 과다설정한 것은 손익계산서에 계상될 대손상각비를 과대계상 되었다는 것이다. [(차) 대손상각비 xxx (대) 대손충당금 xxx] ➜ 비용이 과다계상 되므로, 당기순이익 및 이익잉여금, 자산은 과소계상 된다.
09	②	• 결산전 대손충당금 잔액: 기초 대손충당금(400,000원) - 대손발생액(320,000원) = 80,000원 • 결산 시 대손추산액: 미수금(45,000,000원) × 2% = 900,000원 • 결산 시 대손추가설정액: 대손추산액(900,000원) - 대손충당금 잔액(80,000원) = 820,000원 ➜ 매출채권(외상매출금, 받을어음) 이외의 채권이므로 기타의대손상각비(영업외비용)으로 처리한다. [12월 31일 결산 시 회계처리] (차) 기타의대손상각비 820,000원 (대) 대손충당금 820,000원

재고자산

01	02	03	04	05	06	07	08	09	10	11	12	13	14	15
②	③	③	④	①	②	①	③	②	③	②	④	②	④	①

01	②	후입선출법은 선입선출법에 비해 수익비용 대응이 원칙에 부합하며, 일반적으로 물가상승시 당기순이익을 과소계상하여 법인세를 이연하는 효과가 있고, 기말재고자산이 현시가를 반영하지 못한다.
02	③	후입선출법 하에서 물가가 지속적으로 하락시 선입선출법보다 이익을 크게 계상한다. [기말 재고자산의 평가 중 인플레이션(물가상승)시 인식되는 금액비교] • 기말재고액: 선입선출법 > 이동평균법 ≥ 총평균법 > 후입선출법 • 매출원가: 선입선출법 < 이동평균법 ≤ 총평균법 < 후입선출법 • 매출총이익: 선입선출법 > 이동평균법 ≥ 총평균법 > 후입선출법
03	③	선입선출법에 대한 설명이다.
04	④	개별법은 각 자산별로 매입원가 또는 제조원가를 결정하는 방법이므로, 수익비용대응에 가장 정확한 단위원가 결정방법이다.
05	①	선입선출법상 기말재고는 최근에 구입한 상품의 원가로 구성되므로 물가가 하락한 경우, 이동평균법보다 재고자산의 가격이 더 작게 평가된다.
06	②	①, ③, ④ 는 선입선출법에 대한 설명이다.
07	①	후입선출법은 과거의 자산이 기말 재고자산으로 남아있으므로, 기말재고의 현행가치를 잘 나타내지 못한다.
08	③	완성하거나 판매하는데 필요한 원가가 상승한 경우 저가법을 적용한다.
09	②	분실, 도난, 파손의 경우는 재고자산감모손실로 인식하며, 재고자산의 가치가 원가 이하로 하락한 경우 재고자산평가손실로 인식된다.
10	③	선적지 인도조건인 경우에는 상품이 선적된 시점에 소유권이 매입자에게 이전되기 때문에 미착상품은 매입자의 재고자산에 포함된다.
11	②	㉠: 매출원가, ㉡: 매출원가, ㉢: 매출원가, ㉣: 영업외비용
12	④	위탁판매중인 적송품은 수탁자가 판매하기 전까지는 위탁자의 재고자산에 속한다.
13	②	도착지 인도조건인 경우에는 상품이 도착된 시점에 소유권이 매입자에게 이전되기 때문에 미착상품은 매입자(판매회사)의 재고자산에 포함되지 않는다.
14	④	• 매입액: 500,000원 – 도착지 인도조건의 미착상품(30,000원) = 470,000원 • 기말재고액: 창고보유분(50,000원) + 소비자 구매의사 표시없는 시송품(20,000원) + 적송품 중 미판매분(40,000원) = 110,000원 • 매출원가: 기초재고액(100,000원) + 매입액(470,000원) – 기말재고액(110,000원) = 460,000원
15	①	• 매출총이익율 20%는 매출액 중 매출원가는 80%, 매출이익은 20% 라는 의미이다. • 매출원가: 매출액(800,000원) × 0.8 = 640,000원 • 장부상 기말재고: 기초자산(80,000원) + 당기매입(1,020,000원) – 매출원가(640,000원) = 460,000원 • 유실된 기말재고: 장부상 기말재고(460,000원) – 재고자산 실사금액(100,000원) = 360,000원

1-3 투자자산

유가증권

01	02	03	04	05	06	07	08	09
②	③	④	③	①	③	④	③	③

01	②	① 유가증권 중 채권은 단기매매증권, 매도가능증권, 만기보유증권 등으로 분류한다. ③ 단기매매증권과 매도가능증권은 공정가치로 평가하지만, 만기보유증권은 상각후원가로 평가한다. ④ 매도가능증권은 주로 투자목적으로 취득한다.
02	③	매도가능증권의 미실현보유손익은 자본항목(기타포괄손익누계액)으로 처리한다.
03	④	채무증권에 해당하는 경우에 한해 매도가능증권에서 만기보유증권으로, 혹은 만기보유증권에서 매도가능증권으로 재분류가 가능하다. [유가증권 재분류 요약] 단기매매증권 ➜ 매도가능증권, 만기보유증권 : 시장성을 상실한 경우 매도가능증권, 만기보유증권 ➜ 단기매매증권 : 불가(손익조작 방지 목적) 매도가능증권 ➜ 만기보유증권 : 채무증권인 경우 만기보유증권 ➜ 매도가능증권 : 채무증권인 경우
04	③	단기매매증권이 시장성을 상실한 경우에는 매도가능증권 또는 만기보유증권으로 분류한다.
05	①	만기보유증권이란 만기가 확정된 채무증권으로서 상환금액이 확정되었거나 확정이 가능한 채무증권을 만기까지 보유할 적극적인 의도와 능력이 있는 경우를 말한다.
06	③	만기보유증권으로 분류된 유가증권을 보고기간종료일로부터 1년 이내에 만기가 도래하는 경우 계정과목명을 단기매매증권으로 변경하는 것이 아니라, 유동자산의 만기보유증권으로 변경하여야 한다. • 만기보유증권(124) ➜ 유동자산 • 만기보유증권(181) ➜ 비유동자산
07	④	• 취득금액: 120주 × 60,000원 = 7,200,000원 • 결산 시 공정가치: 120주 × 50,000원 = 6,000,000원 ➜ 매도가능증평가손실(1,200,000원)이 발생하며, 자본항목으로 당기손익에 영향없음 • 처분시 회계처리 (차) 현금 6,000,000원 (대) 매도가능증권 6,000,000원 매도가능증권처분손실 1,200,000원 매도가능증권평가손실 1,200,000원 ✓ 매도가능증권처분시 매도가능증권평가손익(기타포괄손익누계액)을 우선 상계처리 후, 처분손익을 인식한다.

<table>
<tr><td>08</td><td>③</td><td>[단기매매증권으로 처리]
• 취득금액: (1,000주 × 5,000원) = 5,000,000원
• 결산 시 공정가치: (1,000주 × 5,500원) = 5,500,000원
➜ 영업외수익인 단기매매증권평가이익(500,000원) 발생
[매도가능증권으로 처리]
• 취득금액: (1,000주 × 5,000원) + 수수료비용(50,000원) = 5,050,000원
• 결산 시 공정가치: (1,000주 × 5,500원) = 5,500,000원
➜ 자본항목(기타포괄손익누계액)인 매도가능증권평가이익(450,000원) 발생
∴ 매도가능증권평가손익은 당기손익에 영향을 주지 않으므로, 결산 시 평가손익이 당기순이익에 영향을 주는 금액 차이는 500,000원</td></tr>
<tr><td>09</td><td>③</td><td>[단기매매증권으로 처리]
• 취득금액: (1,000주 × 6,000원) = 6,000,000원
• 결산 시 공정가치: (1,000주 × 7,000원) = 7,000,000원 ➜ 단기매매증권평가이익(1,000,000원)
• 처분 시 회계처리:
(차) 현금 7,500,000원 (대) 단기매매증권 7,000,000원
단기매매증권처분이익 500,000원

[매도가능증권으로 처리]
• 취득금액: (1,000주 × 6,000원) = 6,000,000원
• 결산 시 공정가치: (1,000주 × 7,000원) = 7,000,000원 ➜ 매도가능증권평가이익(1,000,000원)
• 처분 시 회계처리:
(차) 현금 7,500,000원 (대) 매도가능증권 7,000,000원
매도가능증권평가이익 1,000,000원 매도가능증권처분이익 1,500,000원
∴ 매도가능증권을 처분하는 경우 전기 결산 시에 당기손익에 영향을 주지않은 매도가능증권평가손익을 우선 상계처리 후 처분손익을 인식한다.</td></tr>
</table>

1-4 유형자산

01	02	03	04	05	06	07	08	09	10	11	12	13	14	15
②	②	②	③	③	②	③	①	④	②	④	②	④	②	④

01	②	상표권은 무형자산에 해당한다.
02	②	토지의 취득과 관련된 취득세 등 부대비용은 토지의 취득원가에 가산한다.
03	②	유형자산의 취득원가는 매입원가 또는 제작원가와 자산을 사용할 수 있도록 준비하는데 직접적으로 관련된 지출 등으로 구성이 된다. 재산세 및 자동차세는 취득과 관련되어 발생한 지출이 아니라 보유와 관련된 지출이므로 당기비용(세금과공과)으로 처리한다.
04	③	기계장치의 구입과 관련된 배송료, 설치비 등은 기계장치의 취득원가에 가산한다. ➜ 기계장치 취득원가: 구입금액 + 배송료 + 설치비 = 9,500,000원
05	③	유형자산과 관련된 재산세 및 자동차세는 취득원가에 가산하지 않고 당기비용(세금과공과)으로 처리한다.
06	②	새로운 건물을 신축하기 위하여 사용 중이던 기존건물을 철거하는 경우 기존건물의 장부가액은 제거하여 처분손실로 반영하고, 철거비용은 전액 당기비용으로 처리한다.
07	③	자본적지출은 자산의 증가로 처리 후, 감가상각을 통해 내용연수 동안 비용처리 한다.
08	①	이종자산간의 교환시에 취득자산의 원가는 제공한 자산의 공정가치로 측정한다.
09	④	손상차손누계액은 유형자산의 취득원가에서 차감하는 형태로 표시한다.
10	②	비용을 자산으로 계상하게 되면 자산과 당기순이익이 과대계상 되고 자본이 과대계상 된다. 그러나 현금의 유출액에는 영향을 미치지 않는다.
11	④	건물의 도색 등 자산의 현상유지를 위한 지출은 수익적 지출에 해당한다.
12	②	유형자산의 감가상각은 자산이 사용가능한 때부터 시작한다. 즉, 경영진이 의도하는 방식으로 자산을 가동하는 데 필요한 장소와 상태에 이른 때부터 시작한다.
13	④	• 정액법: (1,000,000원 – 100,000원) × 1/5 = 180,000원 • 정률법: (1,000,000원 – 400,000원 – 240,000원) × 0.4 = 144,000원 ✓ 1차년도: 1,000,000원 × 0.4 = 400,000원 ✓ 2차년도: (1,000,000원 – 400,000원) × 0.4 = 240,000원 • 연수합계법: (1,000,000원 – 100,000원) × 3/15 = 180,000원 ∴ 연수합계법(180,000원) = 정액법(180,000원) 〉 정률법(144,000원)
14	②	• 20×1년: 2,000,000원 × 0.1 = 200,000원 • 20×2년: (2,000,000원 – 200,000원) × 0.1 = 180,000원 ➜ 20×2년 감가상각비: 180,000원, 20×2년 감가상각누계액: 380,000원
15	④	정률법과 이중체감법, 연수합계법은 모두 가속상각법으로 초기에 비용을 많이 계상하므로 이익이 정액법보다 적게 계상된다.

1-5 무형자산 및 기타비유동자산

01	02	03	04	05
②	②	③	④	②

01	②	내부창출한 상표권은 신뢰성 있는 측정이 아니므로, 무형자산으로 인식하지 않는다.
02	②	무형자산의 공정가치가 증가하더라도 상각은 취득원가에 기초한다.
03	③	연구비는 무형자산이 아닌 발생한 기간의 비용(판매비와관리비)으로 인식한다.
04	④	무형자산은 합리적인 상각방법을 정할 수 없는 경우에는 정액법을 사용한다.
05	②	관계 법령에 정해진 경우에는 20년을 초과할 수 있다.

1-6 부채

01	02	03	04	05	06	07	08	09	10	11
②	③	③	③	③	①	①	④	①	③	④

01	②	사채는 장기차입금, 퇴직급여충당부채 함께 비유동부채로 분류된다.
02	③	보고기간종료일로부터 1년을 초과하는 부채는 비유동부채로 분류된다.
03	③	우발부채는 부채로 인식하지 아니한다. 의무를 이행하기 위하여 자원이 유출될 가능성이 아주 낮지 않는 한 주석으로 기재하며, 부채로 인식하지 않는다.
04	③	충당부채는 다음의 요건을 모두 충족하여야 한다. • 과거사건이나 거래의 결과로 현재의 의무가 존재한다. • 당해 의무를 이행하기 위하여 자원이 유출될 가능성이 매우 높다. • 그 의무를 이행하기 위하여 소요되는 금액을 신뢰성 있게 추정할 수 있다.
05	③	사채할증발행차금은 사채의 액면가액에 가산하는 형식으로 기재한다.
06	①	유효이자율법에 의해 계산된 사채할인발행차금 상각액은 매기 증가한다.
07	①	② 사채를 할인발행하는 경우 사채의 발행금액이 액면금액보다 작다. ③ 사채할인발행차금은 사채 액면금액에서 차감하는 형식으로 표기한다. ④ 사채를 할인발행하는 경우 장부에 계상되는 이자비용 금액은 매년 증가한다.
08	④	• 사채의 액면이자 총액: 5,000,000원 × 10% × 3년 = 1,500,000원 • 사채할인발행차금상각액: 액면금액(5,000,000원) − 발행금액(4,500,000원) = 500,000원 • 만기(3년)까지 인식되는 이자비용: 액면이자(1,500,000원) + 할인발행차금상각액(500,000원) = 2,000,000원

09	①	사채의 액면이율보다 유효(시장)이율이 더 크므로 할인발행된다.
10	③	사채가 할인발행 되었으며, 사채할인발행차금의 상각은 사채의 장부금액을 증가시키며, 당기순이익을 감소시킨다.
11	④	[20x1년 1월 1일 사채 발행시 회계처리] (차) 당좌예금 2,883,310원 (대) 사채 3,000,000원 사채할인발행차금 116,690원 [20x1년 12월 31일 이자 지급시 회계처리] (차) 이자비용 259,498원 (대) 사채 240,000원 사채할인발행차금 19,498원 ✓ 사채의 장부금액: 사채 발행금액(2,883,310원) + 사채할인발행차금상각액(19,498) = 2,902,808원

1-7 자본

01	02	03	04	05	06	07	08	09	10	11	12	13
①	②	③	①	②	④	④	①	③	③	①	②	②

01	①	이익잉여금은 손익거래(영업활동)의 결과로 발생한다.
02	②	미교부주식배당금은 자본조정에 해당된다.
03	③	주식배당 결의일의 회계처리는 아래와 같으며, 자본금은 증가하고, 이익잉여금은 감소한다. (차) 이익잉여금 ××× (대) 자본금 ×××
04	①	무상증자시 자본총액은 변화가 없다.
05	②	이익배당결의와 동시에 현금배당시 현금(자산)의 감소와 동시에 이익잉여금(자본)이 감소된다.
06	④	자기주식처분이익은 자본잉여금, 자기주식처분손실은 자본조정이다.
07	④	기타포괄손익누계액이 아닌 이익잉여금에 대한 설명이다.
08	①	자본금은 법정 납입자본금으로서 발행주식수에 액면금액을 곱한 금액을 말한다.
09	③	• 가. 주식배당 ➜ 자본금 증가(무상증자), 자본총액은 변화 없음 • 나. 주식발행 ➜ 자본금 증가(유상증자), 자본총액 증가 • 다. 중간배당금 현금배당 ➜ 자본금 변화없음, 잉여금 감소, 자본총액 감소 • 라. 이익준비금 자본전입 ➜ 자금증 증가(무상증자), 잉여금 감소, 자본총액은 변화 없음
10	③	① 주식발행 ➜ 자본금 증가(유상증자), 자본총액 증가 ② 자기주식처분 ➜ 자본잉여금(자기주식처분이익) 증가, 자본총액 증가 ③ 자가주식 소각 ➜ 자본금 감소, 자본조정(감자차손) 증가, 자본총액 감소 ④ 주식발행 ➜ 자본금 증가(유상증자), 자본총액 증가
11	①	미교부주식배당금은 자본으로 계상한다.
12	②	기말자본금: 주식수(30,000주 + 10,000주) × 액면금액(1,000원) = 40,000,000원
13	②	이익잉여금: 이익준비금(400,000원) + 임의적립금(150,000원) = 550,000원

1-8 수익과 비용

01	02	03	04	05	06	07	08	09	10
④	②	③	①	②	④	③	②	④	③

01	④	단기시세차익 목적으로 보유한 단기매매증권의 평가손실은 영업외비용으로 영업이익에 영향을 미치지 않는다.(영업이익 = 매출총이익 - 판매관리비)
02	②	영업외비용에 해당하는 기부금을 판매비와 관리비로 처리하면, 영업이익이 과소계상 되지만, 매출총이익, 매출원가, 법인세차감전순이익에는 변화가 없다.
03	③	• 매출총이익: 매출액(30,000,000원) - 매출원가(20,000,000원) = 10,000,000원 • 영업이익: 매출총이익(10,000,000원) - 판매관리비(5,500,000원) = 4,500,000원 • 판매관리비: 임원급여 + 직원급여 + 감가상각비 + 접대비(기업업무추진비) + 세금과공과 = 5,500,000원
04	①	용역제공으로 인한 수익인식은 진행기준이다.
05	②	용역제공거래의 성과를 신뢰성 있게 추정할 수 없고 발생한 원가의 회수가능성이 낮은 경우에는 수익을 인식하지 않고 발생한 원가를 비용으로 인식한다.
06	④	비용은 수익과 대응하여 인식한다.
07	③	조건부판매의 경우 조건이 성취되면 수익을 인식한다.
08	②	• 이자비용의 결산분개는 다음과 같다. (차) 이자비용(비용발생) ××× (대) 미지급비용(부채증가) ××× • 이자비용의 결산분개가 누락되면, 비용 및 부채가 과소계상 된다. ✓ 이자비용: 10,000,000원 × 12% × 9/12 = 900,000원
09	④	결산일이 아니므로 외화환산이익이 아니라 외환차익이 발생하며, 회계처리는 다음과 같다. • 20x1. 3. 1. (차) 이자비용 10,000,000원 (대) 제품매출 10,000,000원 • 20x1. 3.31. (차) 보통예금 10,500,000원 (대) 외상매출금 10,000,000원 외환차익 500,000원
10	③	• 올바른 회계처리: (차) 미수수익 4,000,000원 (대) 임대료 4,000,000원 ➜ 비용(임차료 4,000,000원) 과다계상, 수익(임대료 4,000,000원) 과소계상 ∴ 당기순이익 8,000,000원 과소계상

1-9 회계변경과 오류수정

01	02	03	04	05	06	07
④	④	③	③	②	④	②

01	④	회계변경이 회계정책의 변경인지 회계추정의 변경인지 구분하기가 어려운 경우에는 이를 회계추정의 변경으로 본다.
02	④	오류수정이 아니라 회계추정의 변경에 해당한다.
03	③	회계추정의 변경은 전진법을 적용하므로 전기 이전의 재무제표를 수정하지 않는다.
04	③	회계정책의 변경과 회계추정의 변경을 구분하기가 불가능한 경우에는 이를 회계추정의 변경으로 본다.
05	②	회계정책의 변경에 해당된다.
06	④	세법의 규정을 따르기 위한 회계변경은 정당한 회계변경으로 보지 않는다.
07	②	감가상각방법의 변경은 회계추정의 변경에 해당된다.

2-1 원가회계의 개념

01	02	03	04	05	06	07	08	09	10	11	12	13	14	15
①	①	②	④	④	③	②	②	①	②	④	①	①	③	④
16	17	18												
④	①	②												

01	①	각 조업도수준에서 총 변동원가는 증가하지만, 단위당 변동원가는 일정하다.
02	①	조업도와 변하더라도 총원가가 일정한 고정비의 원가형태이며, 조업도가 증가할수록 총 고정원가는 변하지 않지만, 단위당 원가는 생산량에 비례하여 감소한다.
03	②	고정비의 원가형태이며, 전기요금의 경우 혼합원가(준변동비)에 해당한다.
04	④	전기요금, 전화요금 등 기본요금이 존재하는 혼합원가(준변동비)에 대한 설명이다.
05	④	일정단위의 생산량까지는 동일한 원가가 발생하는 혼합원가(준고정비)의 형태이며, 계단형태의 그래프로 표현된다.
06	③	고정원가와 변동원가가 혼합된 원가인 준변동비에 대한 설명이다.
07	②	• 원가형태에 따른 분류 ➜ 고정비, 변동비, 준고정비, 준변동비 • 추적가능성에 따른 분류 ➜ 직접비, 간접비
08	②	조업도가 무한히 증가할 때 단위당 고정비는 0에 가까워진다.
09	①	B는 고정원가의 총원가 그래프이고, D는 변동원가와 고정원가에 해당하지 않는 그래프이다.
10	②	제품 홍보책자 인쇄비는 판매관리비에 해당하므로 제조원가를 구성하지 않는다.
11	④	직접재료비와 직접노비의 합은 직접원가(기본원가)에 해당하며, 가공비는 직접재료비를 제외한 모든 원가를 말한다.
12	①	② 특정의사결정에 고려할 필요가 없는 원가 ➜ 매몰원가 ③ 총원가가 조업도의 변동에 비례하여 변하는 원가 ➜ 변동원가 ④ 직접재료비와 직접노무비 ➜ 직접원가
13	①	추적가능한 원가인 직접원가와 추적이 불가능한 원가인 간접원가로 나뉜다.
14	③	기회비용(기회원가)은 현재 이 대안을 선택하지 않았을 경우 포기한 대안 중 최대 금액 또는 최대 이익이다.
15	④	관련원가는 여러 대안 사이에 차이가 나는 원가로서 의사결정에 직접적으로 관련되는 원가이다.
16	④	재공품(수량): 기초 xxx | 제품 (950); 당기착수 800 | 기말 0 제품(수량): 기초 100 | 매출원가 1,000; 재공품 (950) | 기말 50 ✓ 제품계정에서 완성품 수량을 계산 후, 재공품계정에서 기초재공품을 계산한다.
17	①	원재료(수량): 기초 0"가정" | 재료소비 1,000,000; 재료매입 (1,200,000) | 기말 200,000
18	②	매몰원가는 취득원가 2,000,000원에서 감가상각누계액 1,500,000원을 차감한 금액 이며, 의사결정에 영향을 주지 않는다.

2-2 원가의 흐름과 기장

01	02	03	04	05	06	07	08	09	10	11	12
③	③	①	④	③	③	③	③	②	①	①	④

01	③	기말재공품은 재고자산으로 기말원재료, 기말제품과 함께 재무상태표에 반영된다.
02	③	제조간접비: 기계감가상각비 + 공장임차료 + 공장전력비 = 655,000원
03	①	재공품 기초재공품 1,500 | 당기제품제조원가 9,000 당기총제조원가 10,000 | 기말재공품 (2,500) • 당기제품제조원가(9,000원) = 기초재공품(1,500원) + 당기총제조원가(10,000원) - 기말재공품 • 당기총제조원가(10,000원) = 직접재료비(5,000원) + 직접노무비(3,000원) + 제조간접비 ∴ 제조간접비 = 2,000원, 기말재공품 = 2,500원
04	④	• 당기총제조원가: 가공비(노무비 + 제조간접비) × 200% = 30,000,000원 • 당기총제조원가(30,000,000원) = 직접재료비 + 가공비(15,000,000원) ∴ 직접재료비 = 15,000,000원 • 직접재료비(15,000,000원): 기초재료(4,000,000원) + 재료매입 - 기말재료(5,000,000원) ∴ 재료매입액 = 16,000,000원
05	③	• 제조간접비: 당기제품제조원가(5,500,000원) × 40% = 2,200,000원 • 직접노무비: 제조간접비(2,200,000원) × 120% = 2,640,000원 재공품 기초재공품 1,000,000 | 당기제품제조원가 5,500,000 당기총제조원가 (6,500,000) | 기말재공품 2,000,000 • 당기총제조원가: 직접재료비(***) + 직접노무비(2,640,000원) + 제조간접비(2,200,000원) = 6,500,000원 ∴ 직접재료비 ➜ 1,660,000원
06	③	재공품 기초재공품 150,000 | 당기제품제조원가 (350,000) 당기총제조원가 (310,000) | 기말재공품 110,000 • 당기총제조원가: 직접재료비 + 직접노무비 + 제조간접비 = 310,000원 • 당기제품제조원가: 기초재공품 + 당기총제조원가 - 기말재공품 = 350,000원 제품 기초제품 130,000 | 당기제품매출원가 280,000 당기제품제조원가 350,000 | 기말재공품 (200,000)
07	③	• 원재료 소비액: 기초재료 + 재료매입 - 기말재료 = 220,000원 • 당기총제조원가: 원재료소비액 + 직접노무비 + 제조간접비 = 620,000원 • 당기제품제조원가: 기초재공품 + 당기총제조원가 - 기말재공품 = 480,000원

<table>
<tr><td>08</td><td>③</td><td>• 당기제품제조원가: 기초재공품 + 당기총제조원가 - 기말재공품 = 9,000,000원
• 당기제품매출원가: 기초제품 + 당기제품제조원가 - 기말제품 = 8,000,000원</td></tr>
<tr><td>09</td><td>②</td><td>• 재공품 계정에서 당기제품제조원가를 계산 후 제품 계정에서 기말제품을 계산한다.
재공품<table><tr><td>기초재공품</td><td>0'가정'</td><td>당기제품매출원가</td><td>1,325,000</td></tr><tr><td>당기총제조원가</td><td>(1,370,000)</td><td>기말재공품</td><td>45,000</td></tr></table>• 당기총제조원가: 직접재료비 + 직접노무비 + 제조간접비 = 1,370,000원
제품<table><tr><td>기초제품</td><td>620,000</td><td>당기제품매출원가</td><td>1,350,000</td></tr><tr><td>당기제품제조원가</td><td>(1,325,000)</td><td>기말제품</td><td>( )</td></tr></table>• 당기제품매출원가: 기초제품 + 당기제품제조원가 - 기말제품 = 1,350,000원
∴ 기말제품원가 ➜ 595,000원</td></tr>
<tr><td>10</td><td>①</td><td>• 제품매출원가: 기초제품(60,000원) + 당기제품제조원가(***) - 기말제품(30,000원)
= 270,000원
∴ 당기제품제조원가 ➜ 240,000원
• 당기제품제조원가: 기초재공품(10,000원) + 당기총제조원가(***) - 기말재공품(20,000원)
= 240,000원
∴ 당기총제조원가 ➜ 250,000원</td></tr>
<tr><td>11</td><td>①</td><td>• 당기제품제조원가: 기초재공품 + 당기총제조원가 - 기말재공품 = 1,500,000원
• 당기제품매출원가: 기초제품 + 당기제품제조원가 - 기말제품 = 1,450,000원</td></tr>
<tr><td>12</td><td>④</td><td>기초 제품재고액은 손익계산서에 표시된다.</td></tr>
</table>

2-3 원가의 배부

01	02	03	04	05	06	07	08	09	10	11	12	13	14	15
②	②	④	②	④	①	②	③	②	②	③	③	②	②	②
16	17													
①	①													

01	②	• 예정배부액 - 실제발생액(500,000원) = 100,000원(과대배부) ∴ 예정배부액 ➜ 600,000원 • 예정배부액(600,000원) = 실제직접노무시간(20,000시간) × 예정배부율 ∴ 예정배부율 ➜ 30원/시간
02	②	• 제조간접비 배부액: 2,150,000원 + 250,000원 = 2,400,000원 ∴ 제조간접비 예정배부율: 2,400,000원 ÷ 75,000시간(실제 노무시간) = 32원(시간당) ∴ 제조간접비 예상액: 70,000시간 × 32원(시간당) = 2,240,000원
03	④	• 예정배부액: 800시간 × 작업시간당 10,000원= 8,000,000원 ∴ 배부차이가 1,000,000원 과소배부 이므로, 제조간접비 실제 발생액은 9,000,000원
04	②	• 직접노동시간당 제조간접비예정배부율: 6,000,000원 ÷ 120,000시간 = 50원/시간 • 10월 제조간접비예정배부액: 15,000원 × 50원 = 750,000원 • 배부차이: 예정배부액(750,000원) 〈 실제 발생액(1,000,000원) ➜ 250,000원 과소배부
05	④	• 제조지시서#1의 제조간접비: 280,000원(제조간접비 총액) ÷ 140,000원(재료비 총액) × 50,000원(제조지시서#1의 재료비) = 100,000원
06	①	• 제조지시서#2의 제조간접비: 3,000,000원(제조간접비 총액) ÷ 1,500,000원(재료비 총액) × 제조지시서#2의 재료비 = 1,000,000원 ∴ 제조지시서 #2의 직접재료비 ➜ 500,000원
07	②	• 가공비 = 직접노무비 + 제조간접비 • 직접노무비 = (직접노무비 + 제조간접비) × 20% • 제조간접비 = (직접노무비 + 제조간접비) × 80% ➜ 50,000원 ∴ 가공비 ➜ 62,500원, 직접노무비 ➜ 12,500원
08	③	• 가공비 = 직접노무비 + 제조간접비 • 직접노무비 = (직접노무비 + 제조간접비) × 20% • 제조간접비 = (직접노무비 + 제조간접비) × 80% ➜ 45,000원 ∴ 가공비는 56,250원, 직접노무비는 11,250원
09	②	• #101은 완성되었으므로 제품이고, #102는 미완성이므로 재공품에 해당됨 • #101의 제조간접비 배부액: 600시간 × 2,700원 = 1,620,000원 • #101의 완성품원가: 재료비(1,350,000원) + 노무비(2,880,000원) + 제조간접비(1,620,000원) = 5,850,000원 • #101의 완성품단위당원가: 완성품원가(5,850,000원) ÷ 1,000단위 = 5,850원
10	②	• 제조간접비: 총제조원가(5,204,000원) × 24% = 1,248,960원 • 제조간접비는 직접노무비의 75% ➜ 직접노무비 × 75% = 1,248,960원 • 직접노무비: 제조간접비(1,248,960원) ÷ 75% = 1,665,280원 • 당기총제조원가(5,204,000원) = 직접재료비 + 직접노무비 + 제조간접비 ∴ 직접재료비 ➜ 2,289,760원

11	③	• 제조간접비 배부율: 제조간접비(160,000원) ÷ 총직접노무비(200,000원) = 0.8 • A선박 제조간접비: 직접노무비(60,000원) × 0.8 = 48,000원 • A선박 제조원가: 재료비(30,000원) + 노무비(60,000원) + 제조간접비(48,000원) = 138,000원
12	③	• 제조간접비 예정배부액: 노동시간당 90원(배부율) × 43,000시간(직접노동시간) = 3,870,000원 ∴ 150,000원 과소배부 이므로, 실제발생액은 4,020,000원
13	②	• 제조간접비 배부액: 200원(배부율) × 60,000시간(기계작업시간) = 12,000,000원 ∴ 300,000원 과대배부 이므로, 실제발생액은 11,700,000원
14	②	• 예정배부액: 25,000,000원(실제) - 1,000,000원(배부차이) = 24,000,000원 • 예정배부액(24,000,000원) = 예정배부율 × 500(기계작업시간) • 예정배부율: 24,000,000원 ÷ 500시간 = 시간당 48,000원
15	②	• 총제조간접비: 당기총제조비용(12,000,000원) - 공장전체기본원가(5,000,000원) = 7,000,000원 • 배부율: 총제조간접비(7,000,000원) ÷ 총기초원가(5,000,000원) = 1.4 • 배부액: 배부율(1.4) × NO.1기초원가(2,000,000원) = 2,800,000원
16	①	• 배부율: 총제조간접비(250,000원) ÷ 노무비총액(500,000원) = 0.5 • 배부액: 배부율(0.5) × 유람선B 노무비(200,000원) = 100,000원 • 유람선B 제조원가: 직접재료비(600,000원) + 직접노무비(200,000원) + 제조간접비(100,000원) = 900,000원
17	①	• 제조간접비 과소배부액 50,000원을 재공품과 제품, 매출원가 금액에 비례해서 배분한다. • 배부율: 제조간접비 부족액(50,000원) ÷ 100,000원(재공품 + 제품 + 매출원가) = 0.5 • 배부액(매출원가): 0.5(배부율) × 50,000원(매출원가 총액) = 25,000원

2-4 부문별 원가계산

01	02	03	04	05
③	④	③	②	②

01	③	전력부는 전력사용량을 기준으로 배부하는 것이 가장 바람직하다.
02	④	① 보조부문 상호간 용역수수를 가장 잘 반영하는 것은 상호배부법이다. ② 단계배부법은 직접배부법보다 우수하지만, 배부순서에 따라 결과가 달라질 수 있다. ③ 제조공장 임차료는 각 부문의 점유면적으로 배부하는 것이 가장 적당하다.
03	③	이중배분율법은 원가 배분절차가 복잡하여 비용과 시간이 절약되지는 않는다.
04	②	보조부문(전력, 수선)의 제조간접비를 제조부문(조립, 절단)으로 배부하는데, 전력부문(300,000원)부터 먼저 배부한다. • 전력부문에서 수선부문으로 배부 300,000원 × [300 ÷ (300 + 400 + 300)] = 90,000원 ∴ 수선부문의 제조간접비: 450,000원 + 90,000원 = 540,000원 • 수선부문에서 조립부문으로 배부: 540,000원 × [40 ÷ (40 + 50)] = 240,000원
05	②	• 수선부문의 제조간접비를 제조부분(조립, 절단)으로 배부 (조립으로 배부) 400,000원 × [600 ÷ (600 + 200)] = 300,000원 (절단으로 배부) 400,000원 × [200 ÷ (600 + 200)] = 100,000원 • 전력부문의 제조간접비를 제조부분(조립, 절단)으로 배부 (조립으로 배부) 200,000원 × [500 ÷ (500 + 500)] = 100,000원 (절단으로 배부) 200,000원 × [500 ÷ (500 + 500)] = 100,000원 • 절단부분의 총원가: 500,000원 + 수선배부(100,000원) + 전력배부(100,000원) = 700,000원

2-5 제품별 원가계산

01	02	03	04	05	06	07	08	09	10	11	12	13	14	15
③	②	②	②	②	①	②	③	①	③	①	④	②	②	④
16	17	18	19	20										
①	③	①	②	①										

01	③	경제성 및 편리함은 종합원가의 장점이고, 정확한 원가계산은 개별원가의 장점이다.
02	②	종합원가계산은 직접비와 간접비의 구분이 필요없는 대신 직접재료비와 가공비로 분류한다.
03	②	• 기말재공품수량: 기초재공품(5,000개) + 당기착수량(35,000개) - 당기완성품(30,000개) = 10,000개 • 완성품환산량(평균법) = 완성품수량 + 기말재공품환산량 ✓ 재료비: 완성품수량(30,000개) + 기말재공품환산량(10,000개 × 100%) = 40,000개 ✓ 가공비: 완성품수량(30,000개) + 기말재공품환산량(10,000개 × 40%) = 34,000개
04	②	정상공손은 제품제조원가, 비정상공손은 영업외비용으로 처리한다.
05	②	• 평균법과 선입선출법의 차이는 기초재공품의 포함여부 이다. • 기초재공품(200개 × 100%)의 환산량이 200개 이므로, 평균법과 선입선출법의 완성품환산량 차이는 200개이다. • 단, 가공비의 경우는 200개 × 50% 이므로 100개 이다.
06	①	• 완성품수량: 기초재공품(500개) + 당기착수량(2,000개) - 기말재공품(300개) = 2,200개 • 완성품환산량(선입선출법) = 완성품수량 - 기초재공품환산량 + 기말재공품환산량 ✓ 재료비: 완성품수량(2,200개) - 기초재공품환산량(500개 × 100%) + 기말재공품환산량 (300개 × 100%) = 2,000개 ✓ 가공비: 완성품수량(2,200개) - 기초재공품환산량(500개 × 20%) + 기말재공품환산량 (300개 × 50%) = 2,250개
07	②	기말재공품 완성품환산량: 완성품수량(20,000개) + 기말재공품환산량(24,000개 × 0.4) = 29,600개
08	③	• 완성품환산량(선입선출법) = 완성품수량 - 기초재공품환산량 + 기말재공품환산량 ✓ 재료비: 완성품수량(30,000개) - 기초재공품환산량(10,000개 × 100%) + 기말재공품환산량 (20,000개 × 0%) = 20,000개 ※ 직접재료비는 50% 시점에 전량 투입되므로, 현재 진척도가 40%인 직접재료비(기말)의 완성도 0%를 적용하여 기말재공품환산량은 0개이다. ✓ 가공비: 완성품수량(30,000개) - 기초재공품환산량(10,000개 × 60%) + 기말재공품환산량 (20,000개 × 40%) = 32,000개
09	①	• 평균법과 선입선출법의 차이는 기초재공품의 포함여부 이다. • 기초재공품(20,000개 × 20%)의 환산량이 4,000개 이므로, 평균법과 선입선출법의 완성품환산량 차이는 4,000개이다.
10	③	• 재료비 완성품환산량: 완성수량(400개) + 기말재공품환산량(100개 × 100%) = 500개 • 가공비 완성품환산량: 완성수량(400개) + 기말재공품환산량(100개 × 50%) = 450개

11	①	• 완성품환산량(선입선출법) = 완성품수량 - 기초재공품환산량 + 기말재공품환산량 ✓ 가공비: 완성품수량(7,000개) - 기초재공품환산량(2,000개 × 30%) + 기말재공품환산량 (3,000개 × 30%) = 7,300개
12	④	• 완성품환산량(평균법) = 완성품수량 + 기말재공품환산량 ✓ 가공비: 완성품수량(20,000개) + 기말재공품환산량(20,000개 × 50%) = 30,000개
13	②	• 선입선출법의 완성품환산량 단위당 원가: 당기투입원가 ÷ 완성품환산량 • 평균법의 완성품환산량 단위당 원가: (기초재공품 + 당기투입원가) ÷ 완성품환산량
14	②	종합원가계산의 흐름은 '가 → 마 → 라 → 다 → 나' 이다.
15	④	정상공손의 허용한도에 대한 설명이다.
16	①	• 공손수량: 기초재공품(200개) + 당기착수량(800개) - 완성수량(900개) - 기말재공품(50개) = 50개 • 정상공손수량: 완성품(900개) × 5% = 45개 ∴ 공손수량 50개 중 정상공선이 45개 이므로, 비정상공손수량은 5개
17	③	• 완성품환산량(선입선출법) = 완성품수량 - 기초재공품환산량 + 기말재공품환산량 ✓ 재료비: 완성품수량(1,300개) - 기초재공품환산량(300개 × 100%) + 기말재공품환산량(500개 × 100%) = 1,500개 ✓ 가공비: 완성품수량(1,300개) - 기초재공품환산량(300개 × 70%) + 기말재공품환산량(500개 × 40%) = 1,290개
18	①	• 완성품환산량(평균법) = 완성품수량 + 기말재공품환산량 ✓ 완성품수량(4,000개) + 기말재공품환산량(1,250개 × 80%) = 5,000개 • 총 제조원가: 기초재공품 총액 + 당기제조원가 총액 = 9,400,000원 • 완성품환산량 단위당원가: 총제조원가(9,400,000원) ÷ 완성품환산량(5,000개) = 1,880원
19	②	• 완성품환산량(선입선출법) = 완성품수량 - 기초재공품환산량 + 기말재공품환산량 ✓ 재료비: 완성품수량(4,000개) - 기초재공품환산량(1,000개 × 100%) + 기말재공품환산량(1,200개 × 100%) = 4,200개 ✓ 가공비: 완성품수량(4,000개) - 기초재공품환산량(1,000개 × 30%) + 기말재공품환산량(1,200개 × 60%) = 4,420개 • 당기 재료비: 재료비 단위당원가(1,000원) × 완성품환산량(4,200개) = 4,200,000원 • 당기 가공비: 가공비 단위당원가(1,200원) × 완성품환산량(4,420개) = 5,304,000원 • 당기 재료비와 가공비의 합: 재료비(4,200,000원) + 가공비(5,304,000원) = 9,504,000원
20	①	• 완성품환산량(평균법) = 완성품수량 + 기말재공품환산량 ✓ 재료비: 완성품수량(400개) + 기말재공품환산량(200개 × 100%) = 600개 ✓ 가공비: 완성품수량(400개) + 기말재공품환산량(200개 × 60%) = 520개 • 재료비 단위당원가: 180,000원 ÷ 600개 = 300원 • 가공비 단위당원가: 260,000원 ÷ 520개 = 500원 [기말 재공품 계산] • 재료비: 단위당원가(300원) × 기말재공품환산량(200개) = 60,000원 • 가공비: 단위당원가(500원) × 기말재공품환산량(120개) = 60,000원 [제품 제조원가 계산] • 제품원가: 기초재공품(180,000원) + 당기총제조원가(260,000원) - 기말재공품(120,000원) = 320,000원

3-1 부가가치세 총론

01	02	03	04	05
③	②	②	③	④

01	③	사업자단위과세제도에 대한 설명이다.
02	②	법인의 경우 본점만 주된 사업장이 가능하다.
03	②	신규로 사업을 시작하려는 자는 사업 개시일 이전이라도 사업자등록을 신청할 수 있다.
04	③	법인의 자본금 변동사항은 사업자등록을 정정해야할 사항은 아니며, 법인등기부등본만 변경하면 된다.
05	④	간이과세자는 개인사업자로서 직전 연도의 공급대가(부가가치세 포함)가 1억 4백만원에 미달하는 개인사업자를 말한다.

3-2 부가가치세 과세거래

01	02	03	04	05	06	07	08	09	10
④	②	②	②	①	①	②	②	②	③

01	④	개별소비세 과세대상 자동차가 아닌 사업 관련 트럭에 주유를 무상으로 하는 것은 간주공급(자가공급)에 해당되지 않는다.
02	②	• 1인당 연 10만원 이내의 경조사 관련 재화는 간주공급에 해당하지 않는다. • ① 자가공급, ③ 폐업시 잔존재화, ④ 사업상 증여 등은 간주공급에 해당하며, 시가의 10%로 과세된다.
03	②	① 공매는 공급으로 보지 않으므로 과세되지 않는다. ② 개인적공급에 해당되어 과세된다. ③ 자기의 과세사업에 재화를 사용하는 것으로 공급으로 보지 않으므로 과세되지 않는다. ④ 용역의 무상공급은 과세되지 않는다.
04	②	폐업 시 잔존재화에 해당되어 과세된다.
05	①	상표권의 양도는 재화의 공급이다.
06	①	법률에 따라 조세를 물납하는 것은 재화의 공급으로 보지 아니한다.
07	②	위탁가공무역방식의 수출은 외국에서 해당 재화가 인도되는 때
08	②	• 사업상증여: 재화를 증여할 때 • 무인판매기를 이용한 공급: 무인판매기에서 현금을 인취할 때 • 판매목적의 타사업장반출: 재화를 반출하는 때
09	②	중간지급조건부로 재화를 공급하는 경우에는 대가의 각 부분을 받기로 한 때이다.
10	③	폐업일을 재화의 공급시기로 보며, 폐업일의 익월 25일까지 부가가치세를 신고·납부 하여야 한다.

3-3 영세율과 면세

01	02	03	04	05	06	07	08	09	10	11
③	③	④	④	①	③	②	④	①	④	③

01	③	화폐대용증권(수표·어음 등), 지분증권(주식, 출자지분), 채무증권(회사채, 국공채), 상품권은 과세대상 재화로 보지 않는다.
02	③	가공식료품은 과세이고, 나머지 유형은 면세이다.
03	④	고속철도(KTX 등)는 과세 대상이다.
04	④	토지의 공급은 면세 이지만, 토지의 임대용역은 과세 대상이다.
05	①	국가 등에 유상으로 공급하면 과세 대상이며, 전기는 과세 대상이다.
06	③	면세포기는 과세기간 중 언제라도 할 수 있으며 승인절차가 필요하지 않다.
07	②	국외에서 공급하는 용역에 대해서는 영세율이 적용된다.
08	④	국가·지방자치단체·지방자치단체조합이 공급하는 재화 또는 용역은 면세대상에 해당한다.
09	①	면세제도는 세부담의 역진성을 완화하기 위한 것으로, 매입세액이 공제되지 않는 불완전 면세에 해당한다.
10	④	영세율의 적용 대상이 되는 부가가치세 면세 재화는 면세포기 절차에 의해서 영세율을 적용할 수 있다.
11	③	간이과세자도 기본적으로 영세율을 적용 받을 수 있으므로 간이과세를 포기해야만 영세율을 적용받는 것은 아니다.

3-4 세금계산서

01	02	03	04	05	06	07	08	09	10	11	12
②	①	④	③	②	③	③	②	④	①	③	④

01	②	필요적기재사항 중 작성연월일이 제시되지 않았다.
02	①	간주공급중 직매장(타사업장)반출의 경우 세금계산서를 발급하며, 원가의 10%로 과세된다.
03	④	공급시기가 속하는 과세기간 종료 후 25일 이내에 내국신용장이 개설된 경우 당초 세금계산서 작성일을 적는다.
04	③	① 계약의 해제로 공급가액이 감소 ➜ 증감사유가 발생한 날 ② 재화가 환입되는 경우 ➜ 재화가 환입된 날 ③ 세율을 잘 못 적용한 경우 ➜ 당초 작성일 ④ 계약의 해제로 공급하지 않는 경우 ➜ 계약 해제일
05	②	종이세금계산서도 수정세금계산서 발급이 가능하며, 계약 해제로 인한 발급 시 작성일은 계약해제일이며, 과세유형이 전환 전에 공급한 재화나 용역의 수정발급의 경우는 당초 세금계산서 작성일을 수정발급의 작성일로 한다.
06	③	국외제공용역은 용역을 제공받는 자가 국내에 사업장이 없는 비거주자 또는 외국법인인 경우에 한하여 세금계산서 발급의무가 면제된다.
07	③	도매업을 영위하는 자가 공급하는 재화 · 용역을 공급하는 경우 세금계산서를 발급하여야 한다.
08	②	보세구역 내에서의 재화공급은 국내거래이므로 세금계산서를 발행 하여야 한다.
09	④	항공운송사업 중 여객운송사업은 세금계산서를 발급할 수 없다.
10	①	외국으로의 직수출과 간주임대료는 세금계산서 발급 면제이고, 견본품의 제공은 재화의 공급으로 보지 아니한다.
11	③	내국신용장·구매확인서에 의한 공급은 영세율세금계산서 발급대상에 해당한다.
12	④	개인사업자의 전자세금계산서 의무발급 대상 기준은 당해 연도가 아니라 직전연도 기준이다.

3-5 과세표준과 매출세액

01	02	03	04	05	06
②	④	③	①	③	①

01	②	• 공급시기 도래 전에 원화로 환가한 경우에는 그 환가한 금액(환가일의 기준환율 또는 제정환율) • 공급시기 이후에 외국통화 기타 외국환의 상태로 보유하거나 지급받는 경우에는 공급 시기의 기준환율 또는 재정환율에 의하여 계산한 금액
02	④	일반적으로 용역의 무상공급은 용역의 공급으로 보지 않는다.
03	③	대가의 지급지연으로 받는 연체이자는 과세표준에 포함하지 않는다.
04	①	공급시기 이후에 외화 대금 수령 시 공급시기(선적일)의 기준환율을 적용한다. ✓ $50,000 × 1,000원/$(11월 20일 기준환율) = 50,000,000원
05	③	과세표준: 제품매출(100,000,000원) + 판매장려물품(1,000,000원) = 101,000,000원 ✓ 과세대상인 할부이자는 과세표준에 포함되어 있고, 판매장려금은 과세대상이 아니고, 판매장려물품은 시가로 과세된다.
06	①	5년이 아니고 10년이되는 날이 속하는 과세기간에 대한 확정신고기한까지 하여야 한다.

3-6 매입세액

01	02	03	04	05	06	07	08	09	10
③	③	④	②	③	④	④	③	②	④

01	③	자동차판매업의 영업에 직접 사용되는 승용자동차는 매입세액공제대상이다.
02	③	음식업자는 과세사업자이므로 면세로 구입한 축산물 원료는 의제매입세액공제 대상이 된다.
03	④	대손세액공제는 확정신고 시에만 적용 되며, 비영업용 소형승용차의 구입 및 유지 비용, 기업업무추진비(접대비)는 매입세액공제를 받지 못한다.
04	②	면세사업자로부터 매입한 물품은 매입세액공제를 받을 수 없다.
05	③	렌트카업의 영업에 직접 사용되는 승용자동차는 매입세액공제대상이다.
06	④	공급시기 이후에 발급받은 세금계산서로서 해당 공급시기가 속하는 과세기간의 확정신고 기한까지 발급받은 경우 당해 매입세액은 공제 가능하다.
07	④	• 매출세액: 1,000,000원(매출처별세금계산서합계표상 공급가액 × 10%) • 매입세액: 500,000원(매입처별세금계산서합계표상 공급가액 × 10%) － 10,000원(공제 불가능한 매입세액) = 490,000원 • 납부세액: 매출세액(1,000,000원) － 매입세액(490,000원) = 510,000원
08	③	• 재해손실은 재화의 공급으로 보지 아니하며, 간주공급은 시가로 과세한다. • 비영업용 소형승용차는 매입세액불공제의 대상일 뿐, 매각시에는 과세된다. ∴ (20,000,000원 + 1,200,000원 + 1,000,000원) × 10% = 2,220,000원
09	②	• 매출세액(2,550,000원) = 28,050,000원 × 10/110 • 매입세액(1,800,000원) = 300,000원 + 1,500,000원 [거래처 선물구입비는 불공제] ∴ 납부세액(750,000원) = 매출세액(2,550,000원) － 매입세액(1,800,000원)
10	④	① 공통매입세액이 5만원 미만인 경우는 안분계산 대상이 아니다. ② 신규사업자의 경우는 안분계산 대상이 아니다. ③ 면세비율이 5% 미만 이므로 안분계산 대상이 아니다. ④ 면세비율이 5% 미만 이지만, 공통매입세액이 5백만원 초과이므로 안분계산 대상이다.

3-7 신고·납부·환급

01	02
①	③

01	①	확정신고한 사업자는 확정신고기한 경과 후 30일 이내에 환급한다.
02	③	예정신고기간에 해당하는 20×1년 9월과 확정신고에 해당하는 20×1년 10월에 대하여 함께 조기환급신고를 할 수 없다.

3-8 간이과세자

01	02	03	04	05
②	②	④	③	②

01	②	개인사업자로서 직전 연도의 공급대가(부가가치세 포함)가 1억 4백만원에 미달하는 경우에는 간이과세 적용대상자가 된다. ✓ 법인사업자, 광업, 제조업, 도매업, 부동산매매업, 전문직사업자 등은 간이과세자가 될 수 없다.
02	②	간이과세자를 포기한 날부터 3년이 되는 날이 속하는 과세기간까지는 간이과세를 적용받지 못한다.
03	④	일반과세자와 달리 간이과세자는 환급세액이 발생하지 않는다.
04	③	간이과세자는 의제매입세액공제를 적용하지 않는다.
05	②	간이과세자중 직전연도 공급대가 합계액이 4,800만원을 초과하여 세금계산서 발급의무가 발생하는 경우, 일반과세자와 동일하게 세금계산서 발급 및 미수취 가산세 등이 적용된다

4-1 소득세 총론

01	02	03	04	05	06	07	08
①	④	④	④	④	③	③	③

01	①	국내에 주소를 두거나 183일 이상의 거소를 둔 개인을 거주자라 한다.
02	④	비거주자란 거주자가 아닌 개인을 말하며, 영주권자라 하더라도 국내에 183일 이상 거소를 둔 개인은 거주자로 본다.
03	④	소득세의 세율은 6% ~ 45%의 8단계 초과누진세율을 적용한다.
04	④	퇴직소득은 거주자의 종합소득에 해당하지 않으며, 분류과세에 해당한다.
05	④	퇴직소득과 양도소득은 분류과세한다.
06	③	소득세 과세기간은 거주자의 사망과 출국을 제외하고, 1월 1일 ~ 12월 31일 이다.
07	③	소득세의 과세기간은 사업개시나 폐업에 의하여 영향을 받지 않는다.
08	③	모든 소득을 합산과세하지는 않으며, 분리과세 또는 분류과세 되는 경우가 있다.

4-2 사업소득

01	02	03	04	05	06	07
③	②	③	①	①	④	④

01	③	① 인도한 날, ② 무인판매기에서 현금을 꺼내는 날, ④ 수탁자가 위탁품을 판매한 날
02	②	사업소득금액: 손익계산서상 당기순이익(10,000,000원) + 수입금액산입항목 및 경비불산입항목(10,000,000원) - 수입금액불산입항목 및 경비산입항목(14,000,000원) = 6,000,000원
03	③	금융소득이 2천만원 이하인 경우에는 분리과세로 소득세가 과세된다.
04	①	잉여금의 처분에 의한 배당소득의 수입시기는 당해 법인의 잉여금 처분결의일이다.
05	①	부가가치세법상 매입세액이 불공제된 부가가치세 매입세액은 소득세법상 필요경비에 산입함을 원칙으로 한다.
06	④	거래상대방으로부터 받는 장려금등은 총수입금액에 산입한다.
07	④	새마을금고에 지출한 기부금은 비지정기부금에 해당하며, 벌금 및 과태료 등과 함께 필요경비불산입항목이다.

4-3 근로소득

01	02	03	04	05	06	07	08
②	③	③	④	④	①	③	③

01	②	연차수당은 소득세가 과세되는 근로소득에 해당한다.
02	③	출산·보육수당은 월 10만원 이하의 금액이 비과세소득에 해당한다.
03	③	사회통념상 타당하다고 인정되는 범위의 경조금은 근로소득으로 보지 않는다.
04	④	본인차량을 소유하지 않은 임직원에게 지급된 자가운전보조금은 과세대상에 해당한다.
05	④	고용관계 없이 부여받은 주식매수선택권의 행사 또는 퇴사 후에 행사하여 얻은 이익에 대하여는 기타소득으로 과세한다.
06	①	근로소득으로 보지 않는 항목이다.
07	③	소액주주임원·비출자임원·종업원이 사택을 제공받음으로써 얻는 이익은 근로소득으로 보지 않는다.
08	③	원천징수의무자가 1월부터 11월까지의 근로소득을 해당 과세기간의 12월 31일까지 지급하지 아니한 경우에는 그 근로소득을 12월 31일에 지급한 것으로 보아 소득세를 원천징수한다.

4-4 기타소득 외

01	02	03	04	05	06	07	08	09	10	11
③	①	④	④	①	③	②	①	①	③	④

01	③	출자임원이 주택을 제공받음으로써 얻는 이익은 근로소득에 해당한다. 지역권 · 지상권의 설정 · 대여소득은 사업소득으로 과세된다.
02	①	대회시상금(기타소득)은 80%의 필요경비가 의제되며, 소득금액의 20%를 과세한다. ➜ (시상금 − (시상금 × 80%)) × 20% = 400,000원 ∴ 시상금은 10,000,000원
03	④	이자소득과 배당소득은 필요경비가 없으므로 총수입금액과 소득금액이 동일하다.
04	④	신업재산권의 대여, 점포임차권의 양도, 영업권의 대여 등은 기타소득이고, 공장재단의 대여, 상가 및 사무실용 오피스텔의 임대는 사업소득이다.
05	①	뇌물, 알선수재 및 배임수재에 의한 금품은 무조건 종합과세대상이며, 나머지는 무조건 분리과세 대상이다.
06	③	강사료소득(기타소득)은 60%의 필요경비가 의제되며, 소득금액의 20%를 과세한다. ➜[기타소득(2,000,000원) − (2,000,000원 × 60%)] × 20% = 160,000원
07	②	복권당첨금의 소득은 무조건분리과세 대상이다.
08	①	종합소득금액: 부동산임대 이외의 사업소득금액(25,000,000원) + 근로소득금액(10,000,000원) + 부동산임대 사업소득금액(15,000,000원) − 이월결손금(40,000,000원) = 10,000,000원 ✓ 부동산임대업을 제외한 사업소득에서 발생한 이월결손금은 모든 종합소득에서 통산한다.
09	①	소득금액을 추계신고하거나 추계에 의해 결정하는 경우에는 이월결손금을 공제할 수 없다. 단, 천재지변 등의 사유로 추계하는 경우에는 공제할 수 있다.
10	③	[일발적인 결손금] • 먼저 발생한 이월결손금부터 순차적으로, 사업, 근로, 연금, 기타, 이자, 배당소득의 순서로 공제하고 결손금과 이월결손금이 동시에 있는 경우에는 결손금부터 공제한다. [부동산임대업의 결손금] • 사업소득 중 부동산임대사업에서 발생한 결손금은 다른 소득금액에서 공제하지 않고 이후의 과세기간으로 이월시킨다. ✓ 결손금은 사업소득과 양도소득에서만 발생한다.
11	④	기타소득 중 뇌물 또는 알선수재 및 배임수재에 의하여 받는 금품은 원천징를 적용하지 않으며, 무조건 종합과세를 적용한다.

4-5 신고 및 납부

01	02	03	04	05	06	07	08	09	10	11
②	③	④	③	④	②	①	④	②	④	④

01	②	이자소득은 다음연도 2월말, 나머지 소득은 다음연도 3월 10일 이다.
02	③	국내 정기예금 이자소득은 2천만원 초과인 경우 종합과세하고, 일시적인 강연료 기타소득금액은 300만원 초과인 경우 종합과세 한다.
03	④	근로소득과 사업소득이 있는 경우 확정신고를 해야한다.
04	③	사업자 중에 복식부기의무자가 과세표준확정신고시 재무상태표, 손익계산서와 그 부속서류 등을 첨부하지 아니하면 무신고로 보지만, 간편장부대상자의 경우에는 간편장부소득금액 계산서를 제출하면 된다.
05	④	중간예납기준액의 30%에 미달하는 경우 중간예납추계액을 중간예납세액으로 한다.
06	②	양도소득과 퇴직소득은 분류과세되는 소득이다.
07	①	비영업대금 이익의 원천징수세율은 25% 이다.
08	④	원천징수이행상황신고서에는 원천징수하여 납부할 세액이 없는 자에 대한 것도 포함하여야 한다.
09	②	일반적인 이자소득은 14%의 세율이 적용되지만, 비영업대금 이익(25%), 장기채권이자 분리세 신청분(30%) 등 유형에 따라 상이한 세율이 적용된다.
10	④	거주자의 양도소득은 원천징수대상 소득이 아니다.
11	④	가. 비영업대금의 이익: 1,000,000원 × 25% = 250,000원 나. 상장법인의 대주주로서 받은 배당소득: 2,500,000원 × 14% = 350,000원 다. 사업소득에 해당하는 봉사료 수입금액: 6,000,000원 × 5% = 300,000원 라. 복권 당첨소득: 1,000,000원 × 20% = 200,000원

기출문제 풀이

제106회 이론

01	02	03	04	05	06	07	08	09	10	11	12	13	14	15
②	④	③	①	③	①	④	②	③	④	①	③	②	①	④

01	②	• 자산, 부채, 자본 중 중요한 항목은 재무상태표 본문에 별도 항목으로 구분하여 표시한다. • 중요하지 않은 항목은 성격 또는 기능이 유사한 항목에 통합하여 표시할 수 있으며, 통합할 적절한 항목이 없는 경우에는 기타항목으로 통합할 수 있다. 이 경우 세부 내용은 주석으로 기재한다.
02	④	현금및현금성자산은 통화 및 타인발행수표 등 통화대용증권과 당좌예금, 보통예금 및 큰 거래비용 없이 현금으로 전환이 용이하고, 이자율 변동에 따른 가치변동의 위험이 경미한 금융상품으로서 취득 당시 만기일(또는 상환일)이 3개월 이내인 것을 말한다.
03	③	• 퇴직급여충당부채, 사채 ➜ 비유동부채 • 유동부채: 외상매입금(100,000,000원) + 선수금(5,000,000원) + 미지급금(3,000,000원) = 108,000,000원
04	①	단기매매증권에 대한 미실현보유손익은 당기손익항목으로 처리한다.
05	③	① (차) 현금(자산 증가) (대) 자본금(자본 증가) ➜ 자본 증가 ② (차) 미처분이익잉여금(자본 감소) (대) 미지급배당금(부채 증가) ➜ 자본 감소 ③ (차) 비품(자산 증가) (대) 현금(자산 감소) ➜ 자본 영향 없음 ④ (차) 급여(비용 발생) (대) 현금(자산 감소) ➜ 자본 감소
06	①	당기제품제조원가(당기완성품원가)는 재공품 계정의 대변으로 대체된다.
07	④	회피가능원가에 대한 설명이다.
08	②	준고정원가에 대한 설명으로 계단원가라고도 한다. ①, ③, ④는 준변동원가에 대한 설명이다.
09	③	예정배부액이 3,000,000원이고 100,000원이 과소배부 되었으므로, 제조간접비 실제 발생액은 3,100,000원 이다.
10	④	• 완성품 환산량: 완성품수량(5,000개) + 기말재공품환산량(2,500개 x 80%) = 7,000개 • 총제조원가: 기초재공품(1,000,000원) + 당기제조원가(13,000,000원) = 14,000,000원 • 환산량 단위당원가: 총제조원가(14,000,000원) ÷ 완성품 환산량(7,000개) = 2,000원 ✓ 모든 제조원가가 공정 전반에 걸쳐 균등하게 투입되므로 재료비와 가공비를 구분하지 않는다.
11	①	부가가치세는 국세이며, 소비지국과세원칙을 적용하고 전단계세액공제법을 채택하고 있다.
12	③	부동산임대업의 납세지는 부동산의 등기부상 소재지이다.
13	②	사업소득이 있는 거주자의 종합소득세 납세지는 거주자의 주소지로 한다.
14	①	• 종합소득금액: 부동산임대외 사업소득(35,000,000원) + 근로소득금액(10,000,000원) + 부동산임대(15,000,000원) - 이월결손금(50,000,000원) = 10,000,000원 ✓ 부동산임대업을 제외한 사업소득에서 발생한 이월결손금은 모든 종합소득에서 통산한다. ✓ 퇴직소득금액은 종합소득금액과 무관한 분류과세대상 소득이다.
15	④	• 일용근로자의 근로소득 ➜ 6% • 복권당첨소득 중 3억원 초과분 ➜ 30% • 비실명이자소득 ➜ 45% • 이자소득 중 비영업대금이익 ➜ 25%

제106회 실무

문제 1 일반전표입력

번호	일자	분개
01	03월 20일	(차) 보통예금 5,100,000원 (대) 자기주식 4,500,000원 자기주식처분손실 300,000원 자기주식처분이익 300,000원
02	03월 31일	(차) 보통예금 102,000,000원 (대) 사채 100,000,000원 사채할증발행차금 2,000,000원
03	04월 30일	(차) 급여(판) 2,400,000원 (대) 예수금 464,230원 급여(제) 2,100,000원 보통예금 4,035,770원 (또는 임금(제))
04	05월 13일	(차) 보통예금 49,500,000원 (대) 외상매출금((주)진아) 50,000,000원 매출할인(406) 500,000원
05	08월 25일	(차) 미지급세금 5,000,000원 (대) 미지급금(국민카드) 5,304,000원 세금과공과(판) 200,000원 수수료비용(판) 104,000원

문제 2 매입매출전표입력

번호	일자	내용
01	01월 23일	11.과세, 공급가액 -5,000,000원, 부가세 -500,000원, ㈜유진물산, 전자: 여, 외상
		(차) 외상매출금 -5,500,000원 (대) 제품매출 -5,000,000원 부가세예수금 -500,000원
02	02월 01일	51.과세, 공급가액 10,000,000원, 부가세 1,000,000원, ㈜기대, 전자: 부, 혼합
		(차) 차량운반구 10,000,000원 (대) 미지급금 11,000,000원 부가세대급금 1,000,000원 ✓ 1,000cc 이하 경차는 매입세액공제가 가능하다.
03	03월 24일	12.영세, 공급가액 30,000,000원, 부가세 0원, ㈜상도무역, 전자: 여, 외상/혼합 영세율구분: 3.내국신용장·구매확인서에 의하여 공급하는 재화
		(차) 외상매출금 30,000,000원 (대) 제품매출 30,000,000원
04	04월 01일	61.현과, 공급가액 500,000원, 부가세 50,000원, ㈜장수운송, 현금/혼합
		(차) 운반비(판) 500,000원 (대) 현금 550,000원 부가세대급금 50,000원
05	05월 20일	57.카과, 공급가액 450,000원, 부가세 45,000원, 온리푸드, 카드/혼합
		(차) 복리후생비(제) 450,000원 (대) 미지급금(국민카드) 495,000원 부가세대급금 45,000원

문제 3 부가가치세신고

01

[부동산임대공급가액명세서]

• 조회기간: 2025년 10월~2025년 12월, 구분: 2기 확정, 적용 이자율: 3.1%

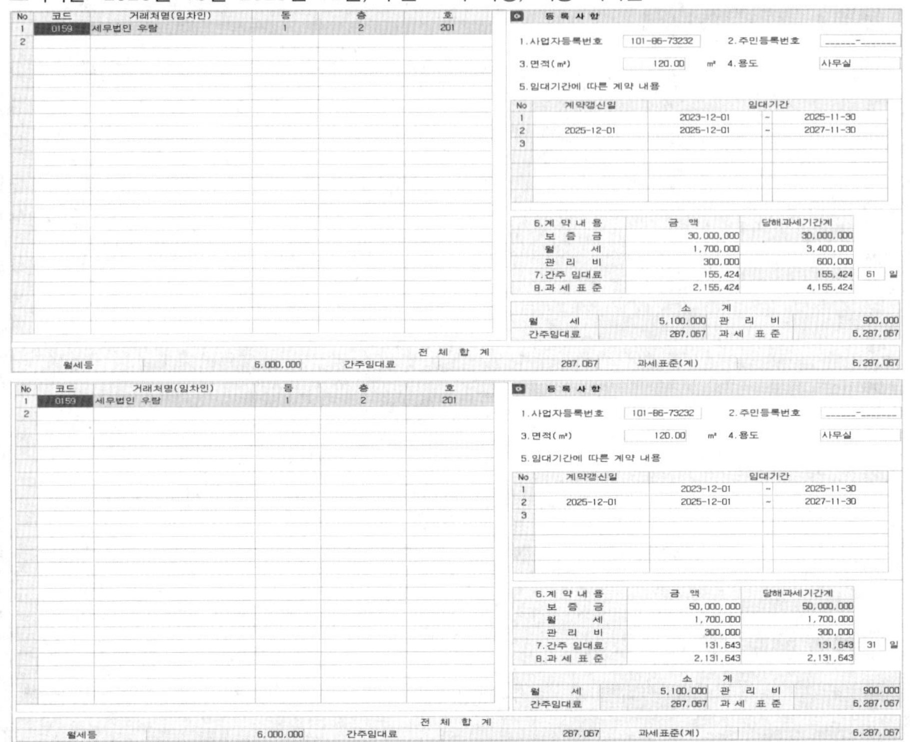

No	코드	거래처명(임차인)	동	층	호
1	0159	세무법인 우람	1	2	201
2					

등록사항

1.사업자등록번호 101-86-73232 2.주민등록번호 ______-_______

3.면적(m²) 120.00 m² 4.용도 사무실

5.임대기간에 따른 계약 내용

No	계약갱신일	임대기간		
1		2023-12-01	~	2025-11-30
2	2025-12-01	2025-12-01	~	2027-11-30
3				

6.계 약 내 용	금 액	당해과세기간계	
보 증 금	30,000,000	30,000,000	
월 세	1,700,000	3,400,000	
관 리 비	300,000	600,000	
7.간주 임대료	155,424	155,424	61 일
8.과 세 표 준	2,155,424	4,155,424	

소 계			
월 세	5,100,000	관 리 비	900,000
간주임대료	287,067	과 세 표 준	6,287,067

전 체 합 계					
월세등	6,000,000	간주임대료	287,067	과세표준(계)	6,287,067

No	코드	거래처명(임차인)	동	층	호
1	0159	세무법인 우람	1	2	201
2					

등록사항

1.사업자등록번호 101-86-73232 2.주민등록번호 ______-_______

3.면적(m²) 120.00 m² 4.용도 사무실

5.임대기간에 따른 계약 내용

No	계약갱신일	임대기간		
1		2023-12-01	~	2025-11-30
2	2025-12-01	2025-12-01	~	2027-11-30
3				

6.계 약 내 용	금 액	당해과세기간계	
보 증 금	50,000,000	50,000,000	
월 세	1,700,000	1,700,000	
관 리 비	300,000	300,000	
7.간주 임대료	131,643	131,643	31 일
8.과 세 표 준	2,131,643	2,131,643	

소 계			
월 세	5,100,000	관 리 비	900,000
간주임대료	287,067	과 세 표 준	6,287,067

전 체 합 계					
월세등	6,000,000	간주임대료	287,067	과세표준(계)	6,287,067

02

[부가가치세신고서]

• 조회기간: 2025년 10월 1일~2025년 12월 31일, 신고구분: 1.정기신고

구분				정기신고금액 금액	세율	세액
과세표준및매출세액	과세	세금계산서발급분	1	250,000,000	10/100	25,000,000
		매입자발행세금계산서	2		10/100	
		신용카드·현금영수증발행분	3	20,000,000	10/100	2,000,000
		기타(정규영수증외매출분)	4			
	영세	세금계산서발급분	5		0/100	
		기타	6		0/100	
	예정신고누락분		7	20,000,000		2,000,000
	대손세액가감		8			
	합계		9	290,000,000	㉮	29,000,000
매입세액	세금계산서수취분	일반매입	10	150,000,000		15,000,000
		수출기업수입분납부유예	10			
		고정자산매입	11	30,000,000		3,000,000
	예정신고누락분		12			
	매입자발행세금계산서		13			
	그 밖의 공제매입세액		14	25,000,000		2,500,000
	합계(10)-(10-1)+(11)+(12)+(13)+(14)		15	205,000,000		20,500,000
	공제받지못할매입세액		16	30,000,000		3,000,000
	차감계 (15-16)		17	175,000,000	㉯	17,500,000
납부(환급)세액(매출세액㉮-매입세액㉯)					㉰	11,500,000
경감공제세액	그 밖의 경감·공제세액		18			10,000
	신용카드매출전표등 발행공제등		19			
	합계		20		㉱	10,000
소규모 개인사업자 부가가치세 감면세액			20		㉲	
예정신고미환급세액			21		㉳	
예정고지세액			22		㉴	
사업양수자의 대리납부 기납부세액			23		㉵	
매입자 납부특례 기납부세액			24		㉶	
신용카드업자의 대리납부 기납부세액			25		㉷	
가산세액계			26		㉸	90,480
차가감하여 납부할세액(환급받을세액)㉰-㉱-㉲-㉳-㉴-㉵-㉶-㉷+㉸					27	11,580,480
총괄납부사업자가 납부할 세액(환급받을 세액)						

구분				금액	세율	세액
7.매출(예정신고누락분)						
예정누락분	과세	세금계산서	33	20,000,000	10/100	2,000,000
		기타	34		10/100	
	영세	세금계산서	35		0/100	
		기타	36		0/100	
	합계		37	20,000,000		2,000,000
12.매입(예정신고누락분)						
예정누락분	세금계산서		38			
	그 밖의 공제매입세액		39			
	합계		40			
	신용카드매출수령금액합계	일반매입				
		고정매입				
	의제매입세액					
	재활용폐자원등매입세액					
	과세사업전환매입세액					
	재고매입세액					
	변제대손세액					
	외국인관광객에대한환급/					
	합계					
14.그 밖의 공제매입세액						
신용카드매출수령금액합계표		일반매입	41	25,000,000		2,500,000
		고정매입	42			
의제매입세액			43		뒤쪽	
재활용폐자원등매입세액			44		뒤쪽	
과세사업전환매입세액			45			
재고매입세액			46			
변제대손세액			47			
외국인관광객에대한환급세액			48			
합계			49	25,000,000		2,500,000

02

• 공제받지못할매입세액

구분		금액	세율	세액
16.공제받지못할매입세액				
공제받지못할 매입세액	50	30,000,000		3,000,000
공통매입세액면세등사업분	51			
대손처분받은세액	52			
합계	53	30,000,000		3,000,000
18.그 밖의 경감·공제세액				
전자신고세액공제	54			10,000
전자세금계산서발급세액공제	55			
택시운송사업자경감세액	56			
대리납부세액공제	57			
현금영수증사업자세액공제	58			
기타	59			
합계	60			10,000

• 가산세명세

25.가산세명세					
사업자미등록등		61		1/100	
세 금 계산서	지연발급 등	62		1/100	
	지연수취	63		5/1,000	
	미발급 등	64		뒤쪽참조	
전자세금 발급명세	지연전송	65		3/1,000	
	미전송	66		5/1,000	
세금계산서 합계표	제출불성실	67		5/1,000	
	지연제출	68		3/1,000	
신고 불성실	무신고(일반)	69		뒤쪽	
	무신고(부당)	70		뒤쪽	
	과소·초과환급(일반)	71	2,000,000	뒤쪽	50,000
	과소·초과환급(부당)	72		뒤쪽	
납부지연		73	2,000,000	뒤쪽	40,480
영세율과세표준신고불성실		74		5/1,000	
현금매출명세서불성실		75		1/100	
부동산임대공급가액명세서		76		1/100	
매입자 납부특례	거래계좌 미사용	77		뒤쪽	
	거래계좌 지연입금	78		뒤쪽	
신용카드매출전표등수령 명세서미제출·과다기재		79		5/1,000	
합계		80			90,480

✓ 신고불성실 가산세: 예정신고 누락분 2,000,000원 × 10% × (1 - 75%) = 50,000원
✓ 납부지연 가산세: 예정신고 누락분 2,000,000원 × 2.2/10,000 × 92일 = 40,480원

03

[부가가치세신고서 및 부속서류 정상 마감]

• 조회기간: 2025년 7월 1일~2025년 9월 30일, 신고구분: 1.정기신고
- 부가가치세신고서를 조회하여 상단 부가가치세신고서 마감을 확인한다

[전자신고]

• 전자신고 메뉴 상단 F4 제작을 클릭한 후 비밀번호 숫자 8자리(12341234)를 입력하고 [확인]을 클릭한다.

[국세청 홈택스 전자신고변환(교육용)]

• 찾아보기를 클릭하여 'C드라이브'의 전자신고파일을 선택한다.
• 형식검증하기를 클릭하고 전자신고파일 비밀번호 숫자 8자리(12341234)를 입력한 후 화면 하단의 순서대로 (형식검증하기 → 형식검증결과확인 → 내용검증하기 → 내용검증결과확인 → 전자파일제출) 클릭하여 내용검증결과확인까지 진행한 후 전자파일제출 을 클릭한다.
• 최종적으로 전자파일 제출하기 를 클릭하여 정상변환된 신고서를 제출을 확인한다.

문제 4 결산자료

01	12월 31일	(차) 소모품비(판) 300,000원 (대) 소모품 300,000원 ✓ 800,0000원 – 500,000원 = 300,000원
02	12월 31일	(차) 외화장기차입금(하나은행) 300,000원 (대) 외화환산이익 300,000원 ✓ $10,000 × (1,575원 – 1,545원) = 300,000원
03	12월 31일	(차) 매도가능증권평가이익 30,000원 (대) 매도가능증권(178) 30,000원 ✓ 100주 × (3,000원 – 3,300원) = –30,000원 ✓ 매도가능증권평가이익 잔액이 있는 경우 우선 상계하여 회계처리한다.
	결산자료 입력	• F8대손상각을 이용하여 외상매출금 3,160,000원, 받을어음 1,077,600원을 결산반영한다. • 법인세등의 선납세금 9,000,000원, 추가계상액 11,000,000원을 입력한다. • F3전표추가를 클릭한다.
04	12월 31일	(차) 대손상각비(판) 4,237,600원 (대) 대손충당금(109) 3,160,000원 대손충당금(111) 1,077,600원
05	12월 31일	(차) 법인세등 20,000,000원 (대) 선납세금 9,000,000원 미지급세금 11,000,000원

문제 5 원천징수

01

[부양가족명세]

기본사항 | 부양가족명세 | 추가사항

연말관계	성명	내/외국인	주민(외국인,여권)번호		나이	기본공제	부녀자	한부모	경로우대	장애인	자녀	출산입양	위탁관계
0	강하나	내	1	810630-2548757	44	본인		○					
1	강인우	내	1	510420-1434568	74	60세이상			○				
1	유지인	내	1	560928-2870981	69	60세이상							
4	이민주	내	1	051002-4120111	20	20세이하					○		
4	이자유	내	1	060505-3123451	19	20세이하					○		
6	강하늘	내	1	780112-2434522	47	장애인				3			

✓ 기본공제대상자인 부양가족이 있는 세대주로 종합소득금액 3,000만원 이하인 배우자가 없는 여성인 경우 부녀자공제 대상에 해당하지만, 부녀자공제와 한부모공제 요건을 동시에 충족하는 경우 한부모공제 금액이 더 크므로 한부모공제를 적용한다.
✓ 아버지 강인우는 양도소득금액이 100만원 이하이고, 70세이상이므로 기본공제와 경로우대공제가 가능하다.
✓ 어머니 유지인은 총급여가 500만원 이하이므로 기본공제가 가능하다.
✓ 언니 강하늘은 장애인으로 나이요건의 제한은 없으며, 소득이 없으므로 기본공제와 장애인공제가 가능하다.

01

[급여자료입력(수당공제등록)]

수당등록 | 공제등록

No	코드	과세구분	수당명	근로소득유형 유형	코드	한도	월정액	통상임금	사용여부
1	1001	과세	기본급	급여			정기	여	여
2	1002	과세	상여	상여			부정기	부	부
3	1003	과세	직책수당	급여			정기	부	부
4	1004	과세	월차수당	급여			정기	부	부
5	1005	비과세	식대	식대	P01	(월)200,000	정기	부	여
6	1006	비과세	자가운전보조금	자가운전보조금	H03	(월)200,000	부정기	부	여
7	1007	비과세	야간근로수당	야간근로수당	001	(년)2,400,000	부정기	부	부

[급여자료입력(5월)] (강하나)

- 귀속년월: 2025년 05월, 지급년월일: 2025년 05월 31일

급여항목	금액	공제항목	금액
기본급	2,000,000	국민연금	85,500
식대	100,000	건강보험	59,280
자가운전보조금	200,000	장기요양보험	7,670
		고용보험	16,000
		소득세(100%)	19,520
		지방소득세	1,950
		농특세	
과세	2,000,000		
비과세	300,000	공제총액	189,920
지급총액	2,300,000	차인지급액	2,110,080

02

[연말정산추가자료입력]

① 소득명세: 종전근무지 내용 입력

소득명세 | 부양가족 | 신용카드 등 | 의료비 | 기부금 | 연금저축 등I | 연금저축 등II | 월세액 | 출산지원금 | 연말정산입력

	구분		합계	주(현)	납세조합	종(전) [1/2]
소득명세	9.근무처명			수원산업(주) 기출106 [세무		주식회사 영일전자
	9-1.종교관련 종사자			부		부
	10.사업자등록번호			___-__-_____	___-__-_____	603-81-01281
	11.근무기간			2025-06-10 ~ 2025-12-31	____-__-__ ~ ____-__-__	2025-01-01 ~ 2025-06-01
	12.감면기간			____-__-__ ~ ____-__-__	____-__-__ ~ ____-__-__	____-__-__ ~ ____-__-__
	13-1.급여(급여자료입력)		66,200,000	50,000,000		16,200,000
	13-2.비과세한도초과액					
	13-3.과세대상추가(인정상여추가)					
	14.상여		3,000,000			3,000,000
	15.인정상여					
	15-1.주식매수선택권행사이익					
	15-2.우리사주조합 인출금					
	15-3.임원퇴직소득금액한도초과액					
	15-4.직무발명보상금					
	16.계		69,200,000	50,000,000		19,200,000
공제보험료명세	직장	건강보험료(직장)(33)	1,860,730	1,747,500		113,230
		장기요양보험료(33)	228,250	214,360		13,890
		고용보험료(33)	433,920	408,000		25,920
		국민연금보험료(31)	2,395,800	2,250,000		145,800
	공적연금보험료	공무원 연금(32)				
		군인연금(32)				
		사립학교교직원연금(32)				
		별정우체국연금(32)				
세액	기납부세액	소득세	5,770,700	5,670,700		100,000
		지방소득세	577,070	567,070		10,000
		농어촌특별세				

02

② 부양가족 탭 수정

소득명세	부양가족	신용카드 등	의료비	기부금	연금저축 등I	연금저축 등II	월세액	출산지원금	연말정산입력

연말관계	성명	내/외국인		주민(외국인)번호	나이	소득기준초과여부	기본공제	세대주구분	부녀자	한부모	경로우대	장애인	자녀	출산입양
0	문지율	내	1	721010-1187511	53		본인	세대주						
3	김민성	내	1	750101-2843110	50		배우자							
4	문가영	내	1	051027-4842411	20		20세이하						○	
4	문가빈	내	1	051027-4845114	20		20세이하						○	

✓ 배우자 김민성은 분리과세대상 일용근로소득만 있으므로 기본공제가 가능하다.

③ 보험료: [부양가족]
[보험료] 란에 문지율 1,200,000원, 문가영 500,000원 입력

[문지율]

자료구분	보험료			
	건강	고용	일반보장성	장애인전용
국세청			1,200,000	
기타	2,088,980	433,920		

[문가영]

자료구분	보험료			
	건강	고용	일반보장성	장애인전용
국세청			500,000	
기타				

④ 의료비: [의료비] 탭
김민성 2,000,000원(실손보험 500,000원), 문가빈 500,000원 입력

의료비 공제대상자					지급처			지급명세					14.산후조리원
성명	내/외	5.주민등록번호	6.본인등해당여부		9.증빙코드	8.상호	7.사업자등록번호	10.건수	11.금액	11-1.실손보험수령액	12.미숙아선천성이상아	13.난임여부	
김민성	내	750101-2843110	3	X	1				2,000,000	500,000	X	X	X
문가빈	내	051027-4845114	3	X	1				500,000		X	X	X

✓ 시력보정용 콘텍트렌즈 구입 비용은 1인당 50만원까지 공제 가능하다.

⑤ 교육비: [부양가족] 탭
[교육비] 란에 문지율 10,000,000원, 문가영 700,000원, 문가빈 500,000원 입력

[문지율]

교육비		
일반		장애인특수
10,000,000	4.본인	

[문가영]

교육비		
일반		장애인특수
700,000	2.초중고	

[문가빈]

교육비		
일반		장애인특수
500,000	2.초중고	

✓ 본인은 대학원교육비 공제가 가능하며, 본인 교육비는 전액 공제 가능하다.
✓ 교복구입비는 1인당 50만원 한도로 공제 가능하며, 초중고 체험학습비는 1인당 30만원 한도로 공제 가능하다.
✓ 학원비는 미취학아동에 한해 공제 가능하다.

⑥ 신용카드 등: [신용카드 등] 탭

- 문지율: 신용카드 28,500,000원, 현금영수증 3,000,000원, 도서등신용 1,000,000원, 전통시장 1,500,000원, 대중교통 1,000,000원 입력
- 김민성: 현금영수증 1,500,000원 입력

소득명세	부양가족	신용카드 등	의료비	기부금	연금저축 등I	연금저축 등II	월세액	출산지원금	연말정산입력

□	성명 생년월일	자료구분	신용카드	직불,선불	현금영수증	도서등신용	도서등직불	도서등현금	전통시장	대중교통	합계
□	문지율	국세청	28,500,000		3,000,000	1,000,000			1,500,000	1,000,000	35,000,000
	1972-10-10	기타									
□	김민성	국세청			1,500,000						1,500,000
	1975-01-01	기타									

✓ 의료비와 신용카드는 중복공제 가능하다.

⑦ [연말정산입력] 탭의 [F8부양가족탭불러오기]를 클릭하여 반영된 내용 확인

제107회 이론

01	02	03	04	05	06	07	08	09	10	11	12	13	14	15
③	③	②	①	④	③	①	②	①	④	②	④	②	④	④

01	③	가전제품 판매업자가 가전제품을 홍보하기 위하여 지출한 광고비는 재고자산 취득 후에 발생하는 판매관리비 성격의 비용으로 취득원가에 포함되지 않는다.
02	③	[자기주식 관련 회계처리] (차) 자기주식 180,000원 (대) 현금 등 180,000원 (차) 현금 등 100,000원 (대) 자기주식 120,000원 자기주식처분손실 20,000원 (차) 자본금 50,000원 (대) 자기주식 60,000원 감자차손 10,000원 ✓ 변동이 있는 자본 항목은 자본금과 자본조정(자기주식, 자기주식처분손실, 감자차손)이다.
03	②	• 03.01.취득시 (차) 매도가능증권 7,000,000원 (대) 현금 등 7,000,000원 • 12.31.결산시 (차) 매도가능증권 2,000,000원 (대) 매도가능증권평가이익 2,000,000원 • 03.01.처분시 (차) 현금 등 600,000원 (대) 매도가능증권 900,000원 매도가능증권평가이익 200,000원 매도가능증권처분손실 100,000원 ✓ 매도가능증권처분손실: (취득원가(7,000원) - 처분가액(6,000원)) x 100주 = 100,000원
04	①	명목금액과 현재가치의 차이가 중요한 경우에는 의무를 이행하기 위하여 예상되는 지출액의 현재가치로 평가한다.
05	④	• 당기 감가상각비: (취득원가 15,000,000원 - 잔존가액 0원) x 2/5 = 6,000,000원 • 처분시 장부가액: 취득원가(15,000000원) - 감가상각누계액(6,000,000원) = 9,000,000원 • 처분손익: 장부가액(9,000,000원) - 매각대금(7,850,000원) = 처분손실(1,150,000원) • 유형자산의 제거 손익은 매각금액(수수료 제외)과 장부금액의 차액으로 산정하며, 손익계산서에서 당기손익으로 인식한다.
06	③	당기제품제조원가는 손익계산서 및 제조원가명세서에서 확인할 수 있다.
07	①	조업도가 증가하는 경우 총변동원가는 증가하지만, 단위당 변동원가는 변함이 없다.
08	②	종합원가계산은 단일 종류의 제품을 연속적으로 대량 생산하는 제품의 원가계산에 적합하다. ①, ③, ④ 는 개별원가계산에 대한 설명이다.
09	①	• 당기총제조원가(800,000원) = 직접재료비(***) + 가공원가(500,000원) ➜ 직접재료비 300,000원 • 직접원가(400,000원) = 직접재료비(300,000원) + 직접노무비(***) ➜ 직접노무비 100,000원

10	④	[가공부문 원가배부] • 연마부문: 가공부문 원가(400,000원) x 50/100 = 200,000원 • 3라인: 가공부문 원가(400,000원) x 30/100 = 120,000원 • 5라인: 가공부문 원가(400,000원) x 20/100 = 80,000원 [연마부문 원가배부] • 3라인: 연마부문 원가(400,000원) x 35/80 = 175,000원 • 5라인: 연마부문 원가(400,000원) x 45/80 = 225,000원 ➜ 3라인 원가: 3라인 발생액(500,000원) + 가공부문 배부액(120,000원) + 연마부문 배부액(175,000원) = 795,000원
11	②	신용카드매출전표등발행 세액공제는 발행금액의 1.3%를 연간 1,000만원 한도로 공제된다.
12	④	• 과세표준: 총매출액(20,000,000원) - 매출에누리(3,000,000원) = 17,000,000원 • 매출세액: 과세표준(17,000,000원) x 10% = 1,700,000원 ✓ 매출에누리는 과세표준에서 차감하는 항목이고, 판매장려금은 과세표준에서 공제하지 않는 항목이다.
13	②	• 법인 음식점은 의제매입세액 공제율 6/106을 적용한다. • 면세농산물 등을 사용한 시점이 아닌 구입한 날이 속하는 과세기간에 공제한다. • 농어민으로부터 정규증빙 없이 농산물 등을 구입한 경우는 제조업만 의제매입세액공제가 가능하다.
14	④	• 과세표준: 일당(200,000원) - 소득공제(150,000원) = 50,000원 • 산출세액: 과세표준(50,000원) x 6% = 3,000원 • 원천징수세액: 산출세액(3,000원) - 세액공제(3,000원 x 55%) x 4일 = 5,400원
15	④	사업자가 한 차례의 접대에 지출한 접대비(기업업무추진비) 중 경조금의 경우 20만원, 그 외의 경우 3만원을 초과하는 접대비(기업업무추진비)로서 적격증빙을 수취하지 아니한 접대비는 각 과세기간의 소득금액을 계산할 때 필요경비에 산입하지 아니한다.

제107회 실무

문제 1 일반전표입력

번호	일자	분개
01	01월 31일	(차) 보통예금 7,700,000원 (대) 외상매출금((주)오늘물산) 7,700,000원
02	03월 15일	(차) 이월이익잉여금(375) 32,000,000원 (대) 미교부주식배당금 10,000,000원 미지급배당금 20,000,000원 이익준비금 2,000,000원
03	04월 21일	(차) 보통예금 28,060,000원 (대) 외상매출금(CTEK) 29,440,000원 외환차손 1,380,000원 ✓ $23,000 × (1,220원 - 1,280원) = -1,380,000원
04	08월 05일	(차) 보통예금 990,000원 (대) 단기매매증권 500,000원 단기매매증권처분이익 490,000원 ✓ 100주 × (10,000원 - 5,000원) - 10,000원 = 490,000원
05	09월 02일	(차) 임차보증금((주)헤리움)10,000,000원 (대) 보통예금 9,000,000원 선급금((주)헤리움) 1,000,000원

문제 2 매입매출전표입력

번호	일자	내용
01	01월 15일	54.불공, 공급가액 10,000,000원, 부가세 1,000,000원, ㈜동산, 전자: 여, 혼합 불공제사유: 6.토지의 자본적 지출 관련
		(차) 토지 11,000,000원 (대) 미지급금 11,000,000원
02	03월 30일	22.현과, 공급가액 100,000원, 부가세 10,000원, 현금/혼합
		(차) 현금 110,000원 (대) 제품매출 100,000원 부가세예수금 10,000원
03	07월 20일	11.과세, 공급가액 15,000,000원, 부가세 1,500,000원, ㈜굳딜, 전자: 여, 혼합
		(차) 보통예금 16,500,000원 (대) 선수금 15,000,000원 부가세예수금 1,500,000원
04	08월 20일	16.수출, 공급가액 5,000,000원, 부가세 0원, 몽키, 외상/혼합 영세율구분: 1.직접수출(대행수출 포함)
		(차) 외상매출금 5,000,000원 (대) 제품매출 5,000,000원
05	09월 12일	51.과세, 공급가액 2,800,000원, 부가세 280,000원, 미래부동산, 전자: 여, 혼합
		(차) 임차료(판) 2,500,000원 (대) 미지급금 3,080,000원 건물관리비(판) 300,000원 (또는 미지급비용) 부가세대급금 280,000원

문제 3 부가가치세신고

01

[부가가치세신고서]

• 조회기간: 2025년 4월 1일~2025년 6월 30일, 신고구분: 1.정기신고

구분				정기신고금액 금액	세율	세액
과세표준및매출세액	과세	세금계산서발급분	1	600,000,000	10/100	60,000,000
		매입자발행세금계산서	2		10/100	
		신용카드 · 현금영수증발행분	3	63,000,000	10/100	6,300,000
		기타(정규영수증외매출분)	4			
	영세	세금계산서발급분	5		0/100	
		기타	6	68,000,000	0/100	
	예정신고누락분		7			
	대손세액가감		8			-1,000,000
	합계		9	731,000,000	㉮	65,300,000
매입세액	세금계산서 수취분	일반매입	10	400,000,000		40,000,000
		수출기업수입분납부유예	10-1			
		고정자산매입	11			
	예정신고누락분		12	5,000,000		500,000
	매입자발행세금계산서		13			
	그 밖의 공제매입세액		14			
	합계(10)-(10-1)+(11)+(12)+(13)+(14)		15	405,000,000		40,500,000
	공제받지못할매입세액		16	8,000,000		800,000
	차감계 (15-16)		17	397,000,000	㉯	39,700,000
납부(환급)세액(매출세액㉮-매입세액㉯)					㉰	25,600,000
경감공제세액	그 밖의 경감 · 공제세액		18			10,000
	신용카드매출전표등 발행공제등		19			
	합계		20		㉱	10,000
소규모 개인사업자 부가가치세 감면세액			20-1		㉲	
예정신고미환급세액			21		㉳	
예정고지세액			22		㉴	
사업양수자의 대리납부 기납부세액			23		㉵	
매입자 납부특례 기납부세액			24		㉶	
신용카드업자의 대리납부 기납부세액			25		㉷	
가산세액계			26		㉸	230,000
차가감하여 납부할세액(환급받을세액)㉰-㉱-㉲-㉳-㉴-㉵-㉶-㉷+㉸					27	25,820,000
총괄납부사업자가 납부할 세액(환급받을 세액)						

구분				금액	세율	세액
7.매출(예정신고누락분)						
예정누락분	과세	세금계산서	33		10/100	
		기타	34		10/100	
	영세	세금계산서	35		0/100	
		기타	36		0/100	
	합계		37			
12.매입(예정신고누락분)						
예정누락분	세금계산서		38	5,000,000		500,000
	그 밖의 공제매입세액		39			
	합계		40	5,000,000		500,000
	신용카드매출 수령금액합계	일반매입				
		고정매입				
	의제매입세액					
	재활용폐자원등매입세액					
	과세사업전환매입세액					
	재고매입세액					
	변제대손세액					
	외국인관광객에대한환급세액					
	합계					
14.그 밖의 공제매입세액						
신용카드매출 수령금액합계표	일반매입		41			
	고정매입		42			
의제매입세액			43		뒤쪽	
재활용폐자원등매입세액			44		뒤쪽	
과세사업전환매입세액			45			
재고매입세액			46			
변제대손세액			47			
외국인관광객에대한환급세액			48			
합계			49			

• 공제받지못할매입세액

구분		금액	세율	세액
16.공제받지못할매입세액				
공제받지못할 매입세액	50	8,000,000		800,000
공통매입세액면세등사업분	51			
대손처분받은세액	52			
합계	53	8,000,000		800,000
18.그 밖의 경감·공제세액				
전자신고 및 전자고지 세액공제	54			10,000
전자세금계산서발급세액공제	55			
택시운송사업자경감세액	56			
대리납부세액공제	57			
현금영수증사업자세액공제	58			
기타	59			
합계	60			10,000

• 가산세명세

25.가산세명세					
사업자미등록등		61		1/100	
세금계산서	지연발급 등	62	23,000,000	1/100	230,000
	지연수취	63		5/1,000	
	미발급 등	64		뒤쪽참조	

✓ 세금계산서 지연발급 가산세: 공급가액 23,000,000원 × 1% = 230,000원

02

[공제받지못할매입세액명세서]

(공제받지못할매입세액내역)

• 조회기간: 2025년 10월~2025년 12월, 구분: 2기 확정

공제받지못할매입세액내역 | 공통매입세액안분계산내역 | 공통매입세액의정산내역 | 납부세액또는환급세액재계산

매입세액 불공제 사유	세금계산서 매수	공급가액	매입세액
①필요적 기재사항 누락 등			
②사업과 직접 관련 없는 지출			
③개별소비세법 제1조제2항제3호에 따른 자동차 구입 · 유지			
④기업업무추진비 및 이와 유사한 비용 관련			
⑤면세사업등 관련	3	50,000,000	5,000,000
⑥토지의 자본적 지출 관련			
⑦사업자등록 전 매입세액			
⑧금 구리 스크랩 거래계좌 미사용 관련 매입세액			
합계	3	50,000,000	5,000,000

02

(공통매입세액의 정산내역)

공제받지못할매입세액내역 | 공통매입세액안분계산내역 | 공통매입세액의정산내역 | 납부세액또는환급세액재계산

산식	구분	(15)총공통매입세액	(16)면세 사업확정 비율			(17)불공제매입세액총액((15)*(16))	(18)기불공제매입세액	(19)가산또는공제되는매입세액((17)-(18))
			총공급가액	면세공급가액	면세비율			
1.당해과세기간의 공급가액기준		15,000,000	600,000,000.00	150,000,000.00	25.000000	3,750,000	250,000	3,500,000
합계		15,000,000	600,000,000	150,000,000		3,750,000	250,000	3,500,000

가산또는공제되는매입세액 (3,500,000) = 총공통매입세액(15,000,000) * 면세비율(%)(25.000000) - 기불공제매입세액(250,000)

문제 4 결산자료

01	12월 31일	(차) 정기예금 100,000,000원 (대) 장기성예금 100,000,000원
02	12월 31일	(차) 미수수익 3,150,000원 (대) 이자수익 3,150,000원 ✓ 70,000,000원 × 6% × 9/12 = 3,150,000원
03	12월 31일	(차) 기부금 500,000원 (대) 현금과부족 623,000원 운반비(제) 23,000원 기업업무추진비(접대비)(판) 100,000원
	결산자료 입력	• 기말 상품 재고액 10,000,000원, 기말 원재료 재고액 9,300,000원, 기말 제품 재고액 5,425,000원을 입력한다. • F8대손상각을 이용하여 외상매출금 2,426,480원, 받을어음 638,400원, 단기대여금 1,900,000원, 미수수익 0원, 선급금 0원을 결산반영한다. • F3전표추가를 클릭한다.
04	12월 31일	(차) 재고자산감모손실 5,000,000원 (대) 상품(적요.8) 5,000,000원 ✓ 정상감모는 매출원가에 가산하고, 비정상감모는 영업외비용으로 처리한다.
05	12월 31일	(차) 대손상각비 3,064,880원 (대) 대손충당금(109) 2,426,480원 기타의대손상각비 1,900,000원 대손충당금(111) 638,400원 대손충당금(115) 1,900,000원

문제 5 원천징수

01

[급여자료입력(수당공제등록)]

수당등록 | 공제등록

No	코드	과세구분	수당명	근로소득유형 유형	코드	한도	월정액	통상임금	사용여부
1	1001	과세	기본급	급여			정기	여	여
2	1002	과세	상여	상여			부정기	부	여
3	1003	과세	직책수당	급여			정기	부	부
4	1004	과세	월차수당	급여			정기	부	여
5	1005	비과세	식대	식대	P01	(월)200,000	정기	부	여
6	1006	비과세	자가운전보조금	자가운전보조금	H03	(월)200,000	부정기	부	여

[급여자료입력(3월)] (이현민)

• 귀속년월: 2025년 03월, 지급년월일: 2025년 03월 31일

급여항목	금액	공제항목	금액
기본급	2,600,000	국민연금	126,000
상여	600,000	건강보험	98,270
월차수당	300,000	장기요양보험	12,720
식대	200,000	고용보험	29,600
자가운전보조금	200,000	소득세(100%)	10,230
야간근로수당	200,000	지방소득세	1,020
		농특세	
과세	3,700,000		
비과세	400,000	공제총액	277,840
지급총액	4,100,000	차인지급액	3,822,160

✓ 월정액 급여가 210만원을 초과하므로 야간근로(연장근로)수당은 비과세를 적용받지 못한다.

[원천징수이행상황신고서]

• 귀속기간: 2025년 03월~03월, 지급기간: 2025년 03월~03월, 신고구분: 1.정기신고

원천징수명세및납부세액 | 원천징수이행상황신고서 부표 | 원천징수세액환급신청서 | 기납부세액명세서 | 전월미환급세액 조정명세서 | 차월이월환급세액 승계명세

소득자	소득구분	코드	소득지급 인원	소득지급 총지급액	징수세액 소득세 등	징수세액 농어촌특별세	징수세액 가산세	당월조정 환급세액	납부세액 소득세 등	납부세액 농어촌특별세
근로소득	간이세액	A01	1	3,800,000	10,230					
	중도퇴사	A02								
	일용근로	A03								
	연말정산	A04								
	(분납신청)	A05								
	(납부금액)	A06								
	가감계	A10	1	3,800,000	10,230			10,230		

전월 미환급 세액의 계산			당월 발생 환급세액				18.조정대상환급(14+15+16+17)	19.당월조정환급세액계	20.차월이월환급세액	21.환급신청액
12.전월미환급	13.기환급	14.차감(12-13)	15.일반환급	16.신탁재산	금융회사 등	합병 등				
420,000		420,000					420,000	10,230	409,770	

02

[연말정산추가자료입력]

① 부양가족: [부양가족] 탭 수정

소득명세 | 부양가족 | 신용카드 등 | 의료비 | 기부금 | 연금저축 등I | 연금저축 등II | 월세액 | 출산지원금 | 연말정산입력

연말관계	성명	내/외국인		주민(외국인)번호	나이	소득기준초과여부	기본공제	세대주구분	부녀자	한부모	경로우대	장애인	자녀	출산입양	결혼세액
0	강희찬	내	1	830130-1710614	42		본인	세대주							
3	송은영	내	1	810317-2141611	44		부								
4	강민호	내	1	141225-3014674	11		20세이하						○	첫째	
6	강성찬	내	1	860717-1714315	39		장애인					1			

✓ 배우자 송은영은 양도소득금액 500만원이 있으므로 기본공제가 불가능하다.

② 보험료: [부양가족] 탭

[보험료] 란에 강희찬 2,400,000원, 강성찬 1,700,000원 입력

[강희찬]

자료구분	보험료			
	건강	고용	일반보장성	장애인전용
국세청			2,400,000	
기타	2,399,400	480,000		

[강성찬]

자료구분	보험료			
	건강	고용	일반보장성	장애인전용
국세청				1,700,000
기타				

③ 의료비: [의료비] 탭

강희찬 2,600,000원, 송은영 2,500,000원, 강민호 1,200,000원, 강성찬 3,100,000원 입력

	의료비 공제대상자					지급처			지급명세					14.산후조리원
□	성명	내/외	5.주민등록번호	6.본인등 해당여부		9.증빙 코드	8.상호	7.사업자 등록번호	10.건수	11.금액	11-1.실손 보험수령액	12.미숙아 선천성이상아	13.난임 여부	
□	강희찬	내	830130-1710614	1	0	1				2,600,000		X	X	X
□	송은영	내	810317-2141611	3	X	1				2,500,000		X	0	X
□	강민호	내	141225-3014674	3	X	1				1,200,000		X	X	X
□	강성찬	내	860717-1714315	2	0	1				3,100,000		X	X	X

✓ 시력보정용 안경 구입 비용은 1인당 50만원까지 공제 가능하며, 치료 목적의 한약은 의료비 공제가 가능하다.

✓ 의료비는 소득요건과 연령요건의 제한을 받지 않으므로, 배우자 사용분도 공제 가능하다.

④ 교육비: [부양가족] 탭

[교육비] 란에 강민호 500,000원 입력

교육비		
일반		장애인특수
500,000	2.초중고	

✓ 학원비는 미취학아동에 한해 공제 가능하다.

⑤ 신용카드 등: [신용카드 등] 탭

• 강희찬: 신용카드 18,500,000원(사용액 20,000,000원 − 회사 비용 1,000,000원 − 대중교통 500,000원), 대중교통 500,000원 입력

• 강민호: 현금영수증 600,000원, 대중교통 100,000원 입력

소득명세 | 부양가족 | 신용카드 등 | 의료비 | 기부금 | 연금저축 등I | 연금저축 등II | 월세액 | 출산지원금 | 연말정산입력

□	성명 / 생년월일	자료구분	신용카드	직불,선불	현금영수증	도서등 신용	도서등 직불	도서등 현금	전통시장	대중교통	합계
□	강희찬	국세청	18,500,000							500,000	19,000,000
	1983-01-30	기타									
□	송은영	국세청									
	1981-03-17	기타									
□	강민호	국세청			600,000					100,000	700,000
	2014-12-25	기타									

✓ 법인의 비용을 결제한 신용카드 사용액은 신용카드 공제가 불가능하다.

✓ 초등학생의 학원비의 경우 교육비 공제는 불가능 하지만, 신용카드 공제는 가능하다.

✓ 의료비와 신용카드는 중복 공제 가능하다.

⑥ 기부금

[기부금] 탭의 [기부금 입력] 란에 강희찬 종교(41) 1,200,000원 입력

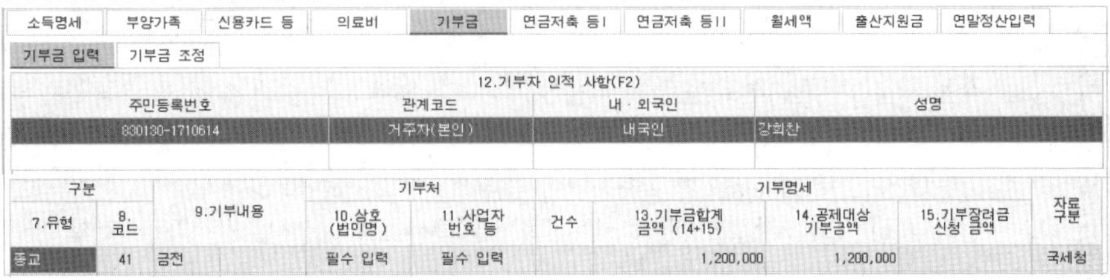

소득명세 | 부양가족 | 신용카드 등 | 의료비 | 기부금 | 연금저축 등I | 연금저축 등II | 월세액 | 출산지원금 | 연말정산입력

기부금 입력 | 기부금 조정

12.기부자 인적 사항(F2)			
주민등록번호	관계코드	내 · 외국인	성명
830130-1710614	거주자(본인)	내국인	강희찬

구분		9.기부내용	기부처		기부명세				자료구분
7.유형	8.코드		10.상호 (법인명)	11.사업자 번호 등	건수	13.기부금합계 금액 (14+15)	14.공제대상 기부금액	15.기부장려금 신청 금액	
종교	41	금전	필수 입력	필수 입력		1,200,000	1,200,000		국세청

✓ [기부금] 탭의 [기부금 조정] 란에 [공제금액계산] → [불러오기] → [공제금액반영]

⑦ [연말정산입력] 탭의 [F8부양가족탭불러오기]를 클릭하여 반영된 내용 확인

제108회 이론

01	02	03	04	05	06	07	08	09	10	11	12	13	14	15
②	③	①	④	③	①	③	④	②	④	③	①	①	④	②

01	②	• 변경된 새로운 회계정책은 소급하여 적용한다. • 전기 또는 그 이전의 재무제표를 비교목적으로 공시할 경우에는 소급적용에 따른 수정사항을 반영하여 재작성한다.
02	③	• 주식배당으로 주당 액면가액의 변동은 없다. • 주식발행 회사의 회계처리 : 미처분이익잉여금이 감소하고 자본금은 증가한다. 배당결의일 : (차) 미처분이익잉여금 xxx (대) 미교부주식배당금 xxx 배당지급일 : (차) 미교부주식배당금 xxx (대) 자본금 xxx • 주주의 회계처리는 없다. 주식배당은 주식발행 회사의 미처분이익잉여금의 감소와 자본금의 증가로 자본 구성항목의 변동만 있을 뿐 순자산 유출은 발생하지 않아 순자산은 변동이 없다.
03	①	감가상각비는 기간 배분에 따라 비용을 인식하지만, 나머지는 당기에 즉시 비용으로 인식한다.
04	④	①, ③은 재무상태표에만 영향을 미치는 오류이고, ②는 손익계산서에만 영향을 미치는 오류이다.
05	③	• 선적지인도조건으로 매입한 상품은 매입자의 재고자산에 해당 • 도착지인도조건으로 판매한 상품은 도착 전까지는 판매자의 재고자산에 해당 • 반품률을 합리적으로 추정가능한 상태로 판매한 상품은 매출(수익)로 인식 ➜ 기말 재고자산: 선적지인도조건(1,000,000원) + 도착지인도조건(3,000,000원) + 담보제공저당상품(5,000,000원) = 9,000,000원
06	①	제조부서의 감가상각비를 판매부서의 감가상각비로 회계처리 할 경우, 제품매출원가가 과소계상되어 매출총이익은 증가하고, 영업이익 및 당기순이익의 변동은 없다.
07	③	• 가공원가 = 직접노무원가 + 제조간접비(고정 + 변동) • 가공원가: 직접노무원가(200,000원) + 고정제조간접원가(500,000원) + 변동제조간접원가(200,000원 x 3배) = 1,300,000원
08	④	준변동원가에 대한 설명이다.
09	②	• 평균법에 의한 가공원가의 완성품환산량 ➜ 완성품환산량: 완성품수량(800개) + 기말재공품 완성품환산량(200개 x 50%) = 900개 • 선입선출법에 의한 가공원가의 완성품환산량 ➜ 완성품환산량: 완성품수량(800개) − 기초재공품 완성품환산량(300개 x 40%) + 기말재공품 완성품환산량(200개 x 50%) = 780개 ∴ 평균법의 완성품환산량(900개)와 선입선출법의 완성품환산량(780개) 차이는 120개
10	④	작업폐물이 비정상적인 경우에는 작업폐물의 매각가치를 기타수익으로 처리한다.
11	③	주된 사업과 관련하여 주된 재화의 생산 과정이나 용역의 제공 과정에서 필연적으로 생기는 재화의 공급은 별도의 공급으로 보되, 과세 및 면세 여부 등은 주된 사업의 과세 및 면세 여부 등을 따른다.
12	①	개인사업자와 직전 과세기간 공급가액의 합계액이 1억 5천만원 미만인 법인사업자는 각 예정신고기간마다 직전 과세기간에 대한 납부세액의 50퍼센트를 예정신고기간이 끝난 후 25일까지 고지징수한다.
13	①	소매업을 영위하는 사업자가 영수증을 발급한 경우에도 재화 또는 용역을 공급받는 자가 사업자등록증을 제시하고 세금계산서 발급을 요구하는 경우에는 세금계산서를 발급하여야 한다.

14	④	대주주인 출자임원이 사택을 제공받음으로써 얻는 이익은 근로소득으로 과세되며, 주주가 아닌 임원의 경우에는 과세 대상에서 제외된다.
15	②	• 양도소득은 분류과세되는 소득이며, 비주거용 부동산 임대업에서 발생한 결손금은 해당연도의 다른 소득금액에서 공제할 수 없다. • 종합소득금액: 사업소득금액(25,000,000원) - 사업소득결손금 결손금(10,000,000원) + 근로소득금액(13,000,000원) = 28,000,000원

제108회 실무

문제 1 일반전표입력

01	02월 11일	(차) 기업업무추진비(접대비)(판) 100,000원 (대) 보통예금 100,000원
02	03월 31일	(차) 퇴직급여(제) 2,700,000원 (대) 보통예금 2,700,000원
03	05월 30일	(차) 보통예금 20,000,000원 (대) 자본금 25,000,000원 주식발행초과금 2,000,000원 주식할인발행차금 3,000,000원 ✓ 주식발행초과금 잔액이 있는 경우 우선 상계하여 회계처리한다.
04	07월 10일	(차) 보통예금 19,450,000원 (대) 단기차입금(하나은행) 20,000,000원 이자비용 550,000원 ✓ 할인료는 차입거래의 경우는 이자비용으로, 매각거래의 경우는 매출채권처분손실로 회계처리한다.
05	12월 13일	(차) 기계장치 3,800,000원 (대) 자산수증이익 3,800,000원

문제 2 매입매출전표입력

01	10월 08일	12.영세, 공급가액 10,000,000원, 부가세 0원, ㈜상상, 전자: 여, 외상/혼합 영세율구분: 3.내국신용장·구매확인서에 의하여 공급하는 재화
		(차) 외상매출금 10,000,000원 (대) 제품매출 10,000,000원
02	10월 14일	57.카과, 공급가액 1,500,000원, 부가세 150,000원, 안녕정비소, 혼합/카드
		(차) 차량유지비(제) 1,500,000원 (대) 미지급금((주)순양카드) 1,650,000원 부가세대급금 150,000원 (또는 미지급비용)
03	11월 03일	51.과세, 공급가액 -30,000,000원, 부가세 -3,000,000원, ㈜바이머신, 전자: 여, 혼합
		(차) 기계장치 -30,000,000원 (대) 미지급금 -33,000,000원 부가세대급금 -3,000,000원
04	11월 11일	51.과세, 공급가액 2,000,000원, 부가세 200,000원, ㈜사탕, 전자: 여, 혼합
		(차) 복리후생비(판) 2,000,000원 (대) 선급금 200,000원 부가세대급금 200,000원 보통예금 2,000,000원
05	12월 28일	14.건별, 공급가액 250,000원, 부가세 25,000원, 혼합
		(차) 보통예금 275,000원 (대) 비품 1,200,000원 감가상각누계액(213) 960,000원 부가세예수금 25,000원 유형자산처분이익 10,000원

문제 3 부가가치세신고

01

[신용카드매출전표등발행금액집계표]

• 조회기간: 2025년 7월 1일~2025년 9월 30일, 구분: 2기 예정

2. 신용카드매출전표 등 발행금액 현황

구 분	합 계	신용·직불·기명식 선불카드	현금영수증	직불전자지급 수단 및 기명식선불 전자지급수단
합 계	9,900,000	9,900,000		
과세 매출분	9,900,000	9,900,000		
면세 매출분				
봉 사 료				

3. 신용카드매출전표 등 발행금액중 세금계산서 교부내역

세금계산서발급금액	3,300,000	계산서발급금액	

[신용카드매출전표등수령명세서(갑)]

• 조회기간: 2025년 7월 1일~2025년 9월 30일, 구분: 2기 예정

2. 신용카드 등 매입내역 합계

구분	거래건수	공급가액	세액
합 계	2	80,000	8,000
현금영수증			
화물운전자복지카드			
사업용신용카드	1	70,000	7,000
그 밖의 신용카드	1	10,000	1,000

3. 거래내역입력

No	□	월/일	구분	공급자	공급자(가맹점) 사업자등록번호	카드회원번호	그 밖의 신용카드 등 거래내역 합계 거래건수	공급가액	세액
1	□	07-11	사업	(주)가람	772-81-10112	7777-9999-7777-9999	1	70,000	7,000
2	□	09-27	신용	자금성	211-03-54223	3333-5555-3333-5555	1	10,000	1,000
3	□								
				합계			2	80,000	8,000

02

[대손세액공제신고서(대손발생)]

• 조회기간: 2025년 04월~2025년 06월, 1기 확정

대손발생 | 대손변제

조회기간 2025 년 04 월 ~ 2025 년 06 월 1기 확정

당초공급일	대손확정일	대손금액	공제율	대손세액	거래처	대손사유	
2024-09-01	2025-05-02	7,700,000	10/110	700,000	수성(주)	5	부도(6개월경과)
2022-05-10	2025-05-10	5,500,000	10/110	500,000	금성(주)	6	소멸시효완성
2024-01-05	2025-05-10	-2,750,000	10/110	-250,000	비담(주)		

✓ 정성(주) 외상매출금: 부도발생일로부터 6개월이 경과하지 않았으므로 공제가 불가능하다.
✓ 우강상사 단기대여금: 단기대여금은 부가가치세법상 대손세액공제가 불가능하다.

03

[부가가치세신고서 및 부속서류 정상 마감]

• 조회기간: 2025년 1월 1일~2025년 3월 31일, 신고구분: 1.정기신고
- 부가가치세신고서를 조회하여 상단 부가가치세신고서 마감을 확인한다

[전자신고]

• 전자신고 메뉴 상단 F4 제작을 클릭한 후 비밀번호 숫자 8자리(12341234)를 입력하고 [확인]을 클릭한다.

[국세청 홈택스 전자신고변환(교육용)]

- 찾아보기 를 클릭하여 'C드라이브'의 전자신고파일을 선택한다.
- 형식검증하기 를 클릭하고 전자신고파일 비밀번호 숫자 8자리(12341234)를 입력한 후 화면 하단의 순서대로 (형식검증하기 ➡ 형식검증결과확인 ➡ 내용검증하기 ➡ 내용검증결과확인 ➡ 전자파일제출) 클릭하여 내용검증결과확인 까지 진행한 후 전자파일제출 을 클릭한다.
- 최종적으로 전자파일 제출하기 를 클릭하여 정상변환된 신고서를 제출을 확인한다.

문제 4 결산자료

01	12월 31일	(차) 선급비용 1,250,000원 (대) 보험료(제) 1,250,000원 ✓3,000,000원 × 5/12 = 1,250,000원
02	12월 31일	(차) 보통예금 7,200,000원 (대) 단기차입금(우리은행) 7,200,000원
03	12월 31일	(차) 매도가능증권평가손실 23,500,000원 (대) 매도가능증권(178) 23,500,000원
04	결산자료 입력	• F8대손상각을 이용하여 외상매출금 4,540,500원, 미수금 2,480,000원, 단기대여금 0원을 결산반영한다. • 판매비와 일반관리비 무형자산상각비의 특허권 650,0000원을 결산반영한다. • F3전표추가를 클릭한다.
	12월 31일	(차) 대손상각비 4,540,500원 (대) 대손충당금(109) 4,540,500원 기타의대손상각비 2,480,000원 대손충당금(121) 2,480,000원
05	12월 31일	(차) 무형자산상각비 650,000원 (대) 특허권 650,000원 ✓4,550,000원 ÷ 7년 = 650,000원

문제 5 원천징수

01

[급여자료입력(수당공제등록)]

- 수당등록

수당등록 | 공제등록

No	코드	과세구분	수당명	근로소득유형 유형	코드	한도	월정액	통상임금	사용여부
1	1001	과세	기본급	급여			정기	여	여
2	1002	과세	상여	상여			부정기	부	부
3	1003	과세	직책수당	급여			정기	부	부
4	1004	과세	월차수당	급여			정기	부	부
5	1005	비과세	식대	식대	P01	(월)200,000	정기	부	부
6	1006	비과세	자가운전보조금	자가운전보조금	H03	(월)200,000	부정기	부	부
7	1007	비과세	야간근로수당	야간근로수당	001	(년)2,400,000	부정기	부	부
8	2001	과세	식대	급여			정기	부	여

- 공제등록

수당등록 | 공제등록

No	코드	공제항목명	공제소득유형	사용여부
1	5001	국민연금	고정항목	여
2	5002	건강보험	고정항목	여
3	5003	장기요양보험	고정항목	여
4	5004	고용보험	고정항목	여
5	5005	학자금상환	고정항목	부
6	6001	건강보험료정산	건강보험료정산	여
7	6002	장기요양보험정산	장기요양보험정산	여

[급여자료입력(3월, 4월)] (최철수)

• 귀속년월: 2025년 03월, 지급년월일: 2025년 04월 30일

급여항목	금액	공제항목	금액
기본급	2,800,000	국민연금	135,000
식대	100,000	건강보험	104,850
		장기요양보험	13,570
		고용보험	23,200
		건강보험료정산	
		장기요양보험료정산	
		소득세(100%)	65,360
과 세	2,900,000	지방소득세	6,530
비 과 세		공 제 총 액	348,510
지 급 총 액	2,900,000	차 인 지 급 액	2,551,490

• 귀속년월: 2025년 04월, 지급년월일: 2025년 04월 30일

급여항목	금액	공제항목	금액
기본급	3,000,000	국민연금	135,000
식대	200,000	건강보험	115,330
		장기요양보험	14,930
		고용보험	25,600
		건강보험료정산	125,760
		장기요양보험료정산	16,280
		소득세(100%)	91,460
과 세	3,200,000	지방소득세	9,140
비 과 세		공 제 총 액	533,500
지 급 총 액	3,200,000	차 인 지 급 액	2,666,500

01 **[원천징수이행상황신고서(3월, 4월)]**

• 귀속기간: 2025년 03월~03월, 지급기간: 2025년 04월~04월, 신고구분: 1.정기신고

원천징수명세및납부세액 | 원천징수이행상황신고서 부표 | 원천징수세액환급신청서 | 기납부세액명세서 | 전월미환급세액 조정명세서 | 차월이월환급세액 승계명세

소득자 소득구분		코드	소득지급		징수세액			당월조정환급세액	납부세액	
			인원	총지급액	소득세 등	농어촌특별세	가산세		소득세 등	농어촌특별세
근로소득	간이세액	A01	1	2,900,000	65,360					
	중도퇴사	A02								
	일용근로	A03								
	연말정산	A04								
	(분납신청)	A05								
	(납부금액)	A06								
	가 감 계	A10	1	2,900,000	65,360				65,360	
총 합 계		A99	1	2,900,000	65,360				65,360	

• 귀속기간: 2025년 04월~04월, 지급기간: 2025년 04월~04월, 신고구분: 1.정기신고

원천징수명세및납부세액 | 원천징수이행상황신고서 부표 | 원천징수세액환급신청서 | 기납부세액명세서 | 전월미환급세액 조정명세서 | 차월이월환급세액 승계명세

소득자 소득구분		코드	소득지급		징수세액			당월조정환급세액	납부세액	
			인원	총지급액	소득세 등	농어촌특별세	가산세		소득세 등	농어촌특별세
근로소득	간이세액	A01	1	3,200,000	91,460					
	중도퇴사	A02								
	일용근로	A03								
	연말정산	A04								
	(분납신청)	A05								
	(납부금액)	A06								
	가 감 계	A10	1	3,200,000	91,460				91,460	
총 합 계		A99	1	3,200,000	91,460				91,460	

[연말정산추가자료입력]

① 소득명세: 종전근무지 내용 입력

소득명세	부양가족	신용카드 등	의료비	기부금	연금저축 등I	연금저축 등II	월세액	출산지원금	연말정산입력

구분			합계	주(현)	납세조합	종(전) [1/2]
소득명세	9.근무처명			(주)세아산업 기출108 [세무		(주)진우상사
	9-1.종교관련 종사자			부		부
	10.사업자등록번호			202-81-03655	---‑--‑-----	258-81-84442
	11.근무기간			2025-05-01 ~ 2025-12-31	----‑--‑-- ~ ----‑--‑--	2025-01-01 ~ 2025-04-20
	12.감면기간			----‑--‑-- ~ ----‑--‑--	----‑--‑-- ~ ----‑--‑--	----‑--‑-- ~ ----‑--‑--
	13-1.급여(급여자료입력)		44,800,000	24,800,000		20,000,000
	13-2.비과세한도초과액					
	13-3.과세대상추가(인정상여추가)					
	14.상여					
	15.인정상여					
	15-1.주식매수선택권행사이익					
	15-2.우리사주조합 인출금					
	15-3.임원퇴직소득금액한도초과액					
	15-4.직무발명보상금					
	16.계		44,800,000	24,800,000		20,000,000
공제보험료명세	직장	건강보험료(직장)(33)	1,298,460	879,160		419,300
		장기요양보험료(33)	164,000	112,560		51,440
		고용보험료(33)	306,400	198,400		108,000
		국민연금보험료(31)	1,656,000	1,116,000		540,000
	공적연금보험료	공무원 연금(32)				
		군인연금(32)				
		사립학교교직원연금(32)				
		별정우체국연금(32)				
세액	기납부세액	소득세	947,200	747,200		200,000
		지방소득세	94,720	74,720		20,000
		농어촌특별세				

② 보험료: [부양가족] 탭

02 [보험료] 란에 신영식 2,000,000원 입력

자료구분	보험료			
	건강	고용	일반보장성	장애인전용
국세청			2,000,000	
기타	1,462,460	306,400		

✓ 저축성보험은 보험료 공제가 불가능하다.

③ 교육비: [부양가족] 탭

[교육비] 란에 신영식 7,000,000원 입력

교육비		
일반		장애인특수
7,000,000	4.본인	

✓ 본인은 대학원교육비 공제가 가능하며, 본인 교육비는 전액 공제 가능하다.

④ 의료비: [의료비] 탭

신영식 3,000,000원(실손보험 1,000,000원), 안경 500,000원 입력

의료비 공제대상자					지급처			지급명세					14.산후조리원
성명	내/외	5.주민등록번호	6.본인등해당여부		9.증빙코드	8.상호	7.사업자등록번호	10.건수	11.금액	11-1.실손보험수령액	12.미숙아선천성이상아	13.난임여부	
신영식	내	890801-1211112	1	0	1				3,000,000	1,000,000	X	X	X
신영식	내	890801-1211112	1	0	5			1	500,000		X	X	X

✓ 시력보정용 안경 구입 비용은 1인당 50만원까지 공제 가능하다.

✓ 미용 목적 피부과 시술비와 건강증진을 위한 한약은 공제가 불가능하다.

⑤ 기부금: [기부금] 탭
[기부금 입력] 란에 강희찬 종교(41) 1,200,000원, 특례(10) 2,000,000원 입력

소득명세 | 부양가족 | 신용카드 등 | 의료비 | 기부금 | 연금저축 등 I | 연금저축 등 II | 월세액 | 출산지원금 | 연말정산입력

기부금 입력 | 기부금 조정

12.기부자 인적 사항(F2)			
주민등록번호	관계코드	내·외국인	성명
890801-1211112	거주자(본인)	내국인	신영식

구분		9.기부내용	기부처		기부명세				자료구분
7.유형	8.코드		10.상호(법인명)	11.사업자번호 등	건수	13.기부금합계금액 (14+15)	14.공제대상기부금액	15.기부장려금신청 금액	
종교	41		필수 입력	필수 입력		1,200,000	1,200,000		국세청
특례	10		필수 입력	필수 입력		2,000,000	2,000,000		국세청

✓ [기부금] 탭의 [기부금 조정] 란에 [공제금액계산] → [불러오기] → [공제금액반영]

⑥ 연금저축과 퇴직연금: [연금저축 등 I] 탭
[2.연금계좌 세액공제]의 '1.개인연금저축'을 선택하여 2,000,000원 입력

2 연금계좌 세액공제 - 연금저축계좌(연말정산입력 탭의 38.개인연금저축, 60.연금저축) 크게보기

연금저축구분	코드	금융회사 등	계좌번호(증권번호)	납입금액	공제대상금액	소득/세액공제액
1.개인연금저축	305	KEB 하나은행(구. 주식회사	253-660750-73308	2,000,000		720,000
개인연금저축				2,000,000		720,000
연금저축						

⑦ [연말정산입력] 탭의 [F8부양가족탭불러오기]를 클릭하여 반영된 내용 확인

제109회 이론

01	02	03	04	05	06	07	08	09	10	11	12	13	14	15
②	④	④	②	②	②	③	③	④	③	④	①	①	③	③

01	②	양도한 금융부채의 장부금액과 지급한 대가의 차액은 당기손익으로 인식한다.
02	④	[단기매매증권으로 분류하는 경우] • 08.05. (차) 단기매매증권 2,000,000원 (대) 현금 2,000,000원 • 12.31. (차) 단기매매증권 500,000원 (대) 단기매매증권평가이익 500,000원 • 04.30. (차) 현금 3,000,000원 (대) 단기매매증권 2,500,000원 단기매매증권처분이익 500,000원 [매도가능증권으로 분류하는 경우] • 08.05. (차) 매도가능증권 2,000,000원 (대) 현금 2,000,000원 • 12.31. (차) 매도가능증권 500,000원 (대) 매도가능증권평가이익 500,000원 • 04.30. (차) 현금 3,000,000원 (대) 매도가능증권 2,500,000원 매도가능증권평가이익 500,000원 매도가능증권처분이익 1,000,000원 ✓ 매도가능증권 처분시 매도가능증권평가손익을 우선 상계처리 후 처분손익을 인식한다. ➜ 24년 결산일 기준 매도가능증권평가이익은 자본(기타포괄손익누계액)항목으로 당기순이익에 영향을 주지 않으므로, 단기매매증권으로 분류시 당기순이익이 매도가능증권으로 분류하는 경우보다 증가한다. ➜ 기말 장부가액은 동일하며, 매도가능증권처분이익은 1,000,000원이다.
03	④	세법 규정을 따르기 위한 회계변경은 정당한 사유에 해당하지 않는다.
04	②	합리적인 상각방법을 정할 수 없는 경우에는 정액법으로 상각한다.
05	②	주주로부터 현금을 수령하고 주식을 발행하는 경우에 주식의 발행금액이 액면금액보다 크다면 그 차액을 주식발행초과금(자본잉여금)으로 처리한다. • 주식할증발행: 액면금액 〈 발행금액 ➜ 주식발행초과금(자본잉여금) • 주식할인발행: 액면금액 〉 발행금액 ➜ 주식할인발행차금(자본조정)
06	②	• 예정배부액: (100일 x 5시간) x 예정배부율(시간당 3,000원) = 1,500,000원 • 실제발생액: 예정배부액(1,500,000원)이 과다배부(250,000원) ➜ 1,250,000원
07	③	원재료 기초 0"가정" | 소비액 500,000 매입액 (550,000) | 기말 50,000 ✓ 기초 원재료 재고액을 0원으로 가정할 경우, 기말 원재료 재고액은 50,000원이 된다.
08	③	당기 기말제품 재고액은 손익계산서에서 매출원가를 산출하는데 필요한 자료로 제조원가명세서와는 상관없는 자료이다.
09	④	[A부문에서 X부문으로 원가배부] • A부문 원가(1,500,000원) × 500시간/800시간 = 937,500원 [B부문에서 X부문으로 원가배부] • B부문 원가(1,600,000원) × 300시간/800시간 = 600,000 ➜ X부문에 배부될 원가: A부문 배부액(937,500원) + B부문 배부액(600,000원) = 1,537,500원
10	③	평균법은 당기 이전에 착수된 기초재공품도 당기에 착수한 것으로 가정하여 계산하므로 평균법이 선입선출법보다 계산이 편리할 수 있다.

11	④	용역의 대가의 각 부분을 받기로 한 때란 "받기로 약정된 날"을 의미하므로 대가를 받지 못하는 경우에도 공급시기로 본다.
12	①	항공법에 따른 항공기 및 고속철도, 우등고속에 의한 여객운송용역은 과세 대상에 해당한다.
13	①	폐업 시 잔존재화는 재화의 간주공급에 해당하며, 사업의 포괄양도와 조세의 물납, 강제 경매나 공매는 재화의 공급으로 보지 않는다.
14	③	①, ②, ④는 무조건 분리과세 대상에 해당하고, ③은 무조건 종합과세 대상이다.
15	③	직계존속의 일반대학교 등록금은 교육비세액공제 대상이 아니다.

제109회 실무

문제 1 일반전표입력

번호	일자	분개
01	01월 22일	(차) 당좌예금 1,600,000원 (대) 선수금((주)한강물산) 1,600,000원
02	03월 25일	(차) 대손충당금(109) 4,000,000원 (대) 외상매출금((주)동방불패) 13,000,000원 대손상각비 9,000,000원
03	06월 30일	(차) 차량운반구 7,700,000원 (대) 보통예금 7,700,000원 ✓ 유형자산의 자본적지출은 자산으로 회계처리한다.
04	07월 25일	(차) 미지급배당금 100,000,000원 (대) 예수금 15,400,000원 보통예금 84,600,000원
05	11월 05일	(차) 보통예금 10,850,000원 (대) 사채 10,000,000원 사채할증발행차금 850,000원

문제 2 매입매출전표입력

번호	일자	분개
01	07월 18일	11.과세, 공급가액 11,000,000원, 부가세 1,100,000원, ㈜로라상사, 전자: 여, 혼합 (차) 미수금 12,100,000원 (대) 기계장치 52,000,000원 감가상각누계액(207) 38,000,000원 부가세예수금 1,100,000원 유형자산처분손실 3,000,000원
02	07월 30일	61.현과, 공급가액 600,000원, 부가세 60,000원, ㈜소나무, 혼합 (차) 비품 600,000원 (대) 가수금(대표자) 660000원 부가세대급금 60,000원
03	08월 31일	51.과세, 공급가액 1,500,000원, 부가세 150,000원, 오미순부동산, 전자: 부, 혼합 (차) 임차료(제) 1,500,000원 (대) 미지급금 1,650,000원 부가세대급금 150,000원 ✓ Shift+F5 예정신고누락분 확정신고: 확정신고 개시연월: 2025년 10월
04	09월 28일	55.수입, 공급가액 20,000,000원, 부가세 2,000,000원, 인천세관, 전자: 여, 혼합 (차) 부가세대급금 2,000,000원 (대) 보통예금 2,000,000원
05	09월 30일	54.불공, 공급가액 2,600,000원, 부가세 260,000원, ㈜부천백화점, 전자: 여, 혼합 불공제사유: 4.기업업무추진비 및 이와 유사한 비용 관련 (차) 기업업무추진비(접대비)(판) 2,860,000원 (대) 현금 500,000원 보통예금 2,360,000원

문제 3 부가가치세신고

01

[수출실적명세서]

• 조회기간: 2025년 4월~2025년 6월, 구분: 1기 확정

구분	건수	외화금액	원화금액	비고
⑨합계	2	132,000.00	176,800,000	
⑩수출재화[=⑫합계]	2	132,000.00	176,800,000	
⑪기타영세율적용				

No	□	(13)수출신고번호	(14)선(기)적일자	(15)통화코드	(16)환율	금액 (17)외화	금액 (18)원화	전표정보 거래처코드	전표정보 거래처명
1	□	11133-77-100066X	2025-04-15	USD	1,300.0000	80,000.00	104,000,000	00159	B&G
2	□	22244-88-100077X	2025-05-30	EUR	1,400.0000	52,000.00	72,800,000	00160	PNP

02

[부가가치세신고서]

• 조회기간: 2025년 4월 1일~2025년 6월 30일, 신고구분: 1.정기신고

구분				정기신고금액 금액	세율	세액
과세표준및매출세액	과세	세금계산서발급분	1	200,000,000	10/100	20,000,000
		매입자발행세금계산서	2		10/100	
		신용카드 · 현금영수증발행분	3	40,000,000	10/100	4,000,000
		기타(정규영수증외매출분)	4			
	영세	세금계산서발급분	5	40,000,000	0/100	
		기타	6	5,000,000	0/100	
	예정신고누락분		7			
	대손세액가감		8			
	합계		9	285,000,000	㉮	24,000,000
매입세액	세금계산서수취분	일반매입	10	120,000,000		12,000,000
		수출기업수입분납부유예	10-1			
		고정자산매입	11	30,000,000		3,000,000
	예정신고누락분		12	20,000,000		2,000,000
	매입자발행세금계산서		13			
	그 밖의 공제매입세액		14	10,000,000		1,000,000
	합계(10)-(10-1)+(11)+(12)+(13)+(14)		15	180,000,000		18,000,000
	공제받지못할매입세액		16			
	차감계 (15-16)		17	180,000,000	㉯	18,000,000
납부(환급)세액(매출세액㉮-매입세액㉯)					㉰	6,000,000
경감공제세액	그 밖의 경감 · 공제세액		18			
	신용카드매출전표등 발행공제등		19			
	합계		20		㉱	
소규모 개인사업자 부가가치세 감면세액			20-1		㉲	
예정신고미환급세액			21		㉳	1,000,000
예정고지세액			22		㉴	
사업양수자의 대리납부 기납부세액			23		㉵	
매입자 납부특례 기납부세액			24		㉶	
신용카드업자의 대리납부 기납부세액			25		㉷	
가산세액계			26		㉸	
차가감하여 납부할세액(환급받을세액)㉰-㉱-㉲-㉳-㉴-㉵-㉶-㉷+㉸					27	5,000,000
총괄납부사업자가 납부할 세액(환급받을 세액)						

구분				금액	세율	세액
7.매출(예정신고누락분)						
예정누락분	과세	세금계산서	33		10/100	
		기타	34		10/100	
	영세	세금계산서	35		0/100	
		기타	36		0/100	
	합계		37			
12.매입(예정신고누락분)						
예정누락분	세금계산서		38	20,000,000		2,000,000
	그 밖의 공제매입세액		39			
	합계		40	20,000,000		2,000,000
	신용카드매출수령금액합계	일반매입				
		고정매입				
	의제매입세액					
	재활용폐자원등매입세액					
	과세사업전환매입세액					
	재고매입세액					
	변제대손세액					
	외국인관광객에대한환급세액					
	합계					
14.그 밖의 공제매입세액						
신용카드매출수령금액합계표	일반매입		41	10,000,000		1,000,000
	고정매입		42			
의제매입세액			43		뒤쪽	
재활용폐자원등매입세액			44		뒤쪽	
과세사업전환매입세액			45			
재고매입세액			46			
변제대손세액			47			
외국인관광객에대한환급세액			48			
합계			49	10,000,000		1,000,000

03

[부가가치세신고서 및 부속서류 정상 마감]

• 조회기간: 2025년 1월 1일~2025년 3월 31일, 신고구분: 1.정기신고
 - 부가가치세신고서를 조회하여 상단 부가가치세신고서 마감을 확인한다

[전자신고]

• 전자신고 메뉴 상단 F4 제작을 클릭한 후 비밀번호 숫자 8자리(12341234)를 입력하고 [확인]을 클릭한다.

[국세청 홈택스 전자신고변환(교육용)]

• 찾아보기를 클릭하여 'C드라이브'의 전자신고파일을 선택한다.

• 형식검증하기를 클릭하고 전자신고파일 비밀번호 숫자 8자리(12341234)를 입력한 후 화면 하단의 순서대로 (형식검증하기 ➡ 형식검증결과확인 ➡ 내용검증하기 ➡ 내용검증결과확인 ➡ 전자파일제출) 클릭하여 내용검증결과확인까지 진행한 후 전자파일제출을 클릭한다.

• 최종적으로 전자파일 제출하기를 클릭하여 정상변환된 신고서를 제출을 확인한다.

문제 4 결산자료

01	12월 31일	(차)	소모품비(제)	250,000원	(대) 소모품	250,000원
02	12월 31일	(차)	외화환산손실	2,000,000원	(대) 단기차입금((주)유성)	2,000,000원
		✓ $20,000 × (1,400원 − 1,300원) = 2,000,000원				
03	12월 31일	(차)	이자비용	2,550,000원	(대) 미지급비용	2,550,000원
04	12월 31일	(차)	부가세예수금 세금과공과(판) 미수금	240,000원 24,000원 12,146,000원	(대) 부가세대급금 잡이익	12,400,000원 10,000원
05	결산자료 입력	• 법인세등의 선납세금 11,000,000원, 추가계상액 16,800,000원을 입력한다. • F3전표추가를 클릭한다.				
	12월 31일	(차)	법인세등	27,800,000원	(대) 선납세금 미지급세금	11,000,000원 16,800,000원

문제 5 원천징수

01

[부양가족명세]

기본사항 | 부양가족명세 | 추가사항

연말관계	성명	내/외국인		주민(외국인,여권)번호	나이	기본공제	부녀자	한부모	경로우대	장애인	자녀	출산입양	위탁관계
0	김경민	내	1	650213-1234567	60	본인							
3	정혜미	내	1	630415-2215676	62	배우자							
6	김경희	내	1	700115-2157895	55	장애인				1			
1	김경우	내	1	400122-1789545	85	60세이상			○				
1	박순란	내	1	400228-2156777	85	60세이상			○				
6	정지원	내	1	690717-1333451	56	장애인				3			
4	김지은	내	1	051101-4035121	20	20세이하					○		

✓ 배우자 정혜미는 퇴직소득금액 100만원 이하이므로 기본공제가 가능하다.
✓ 동생 김경희는 분리과세대상 일용근로소득만 있고, 장애인이므로 기본공제가 가능하다.
✓ 부친 김경우는 이자소득이 2천만원 이하(분리과세 대상) 이므로 기본공제가 가능하다.
✓ 처남 정지원은 장애인으로 나이요건의 제한은 없으며, 양도소득금액이 100만원 이하이므로 기본공제가 가능하다.
✓ 아들 김기정은 나이요건(20세 초과)으로 인해 기본공제가 불가능하다.
✓ 딸 김지은은 사업소득금액 100만원 이하이므로 기본공제가 가능하다.

02

[연말정산추가자료입력]

① 부양가족: [부양가족] 탭 수정

소득명세 | 부양가족 | 신용카드 등 | 의료비 | 기부금 | 연금저축 등I | 연금저축 등II | 월세액 | 출산지원금 | 연말정산입력

연말관계	성명	내/외국인		주민(외국인)번호	나이	소득기준초과여부	기본공제	세대주구분	부녀자	한부모	경로우대	장애인	자녀	출산입양	결혼세액
0	진도준	내	1	771030-1224112	48		본인	세대주							
1	박정희	내	1	490511-2148712	76		부								
3	김선영	내	1	800115-2347238	45		배우자								
4	진도진	내	1	140131-3165610	11		20세이하						○		
4	진서진	내	1	180801-3165111	7		20세이하								

✓ 어머니 박정희는 금융소득이 2,000만원 초과하므로 기본공제가 불가능하다.

② 보험료: [부양가족] 탭
[보험료] 란에 진도준 2,200,000원, 진도진 480,000원, 진시진 456,000원 입력

[진도준]

자료구분	보험료			
	건강	고용	일반보장성	장애인전용
국세청			2,200,000	
기타	3,199,270	640,000		

[진도진]

자료구분	보험료			
	건강	고용	일반보장성	장애인전용
국세청			480,000	
기타				

[진시진]

자료구분	보험료			
	건강	고용	일반보장성	장애인전용
국세청			456,000	
기타				

③ 교육비: [부양가족] 탭
[교육비] 란에 진도준 8,000,000원 입력

교육비		
일반		장애인특수
8,000,000	4.본인	

✓ 본인은 대학원교육비 공제가 가능하며, 본인 교육비는 전액 공제 가능하다.
✓ 직계존속의 교육비는 공제가 불가능하다.
✓ 학원비는 미취학아동에 한해 공제 가능하다.
✓ 미취학 아동의 학원비는 공제 가능지만, 교육비세액공제 요건을 충족하지 못한 경우는 공제가 불가능하다.

④ 의료비: [의료비] 탭
진도준 3,500,000원, 박정희 3,250,000원(실손보험 2,000,000원) 입력

	의료비 공제대상자					지급처			지급명세				14.산후조리원
□	성명	내/외	5.주민등록번호	6.본인등 해당여부		9.증빙코드	8.상호	7.사업자 등록번호	10.건수	11.금액	11-1.실손 보험수령액	12.미숙아 선천성이상아	13.난임 여부	
□	진도준	내	771030-1224112	1	0	1				3,000,000		X	X	X
□	진도준	내	771030-1224112	1	0	5	렌즈모아	105-68-23521	1	500,000		X	X	X
□	박정희	내	490511-2148712	2	0	1				3,250,000	2,000,000	X	X	X

✓ 시력보정용 렌즈 구입 비용은 1인당 50만원까지 공제 가능하다.
✓ 의료비와 신용카드는 중복공제 가능하다.

⑤ 신용카드 등: [신용카드 등] 탭
진도준: 신용카드 30,000,000원, 직불,선불 2,200,000원, 현금영수증 3,000,000원, 전통시장 2,200,000원, 대중교통 182,000원 입력

소득명세 | 부양가족 | 신용카드 등 | 의료비 | 기부금 | 연금저축 등I | 연금저축 등II | 월세액 | 출산지원금 | 연말정산입력

□	성명 / 생년월일	자료구분	신용카드	직불,선불	현금영수증	도서등 신용	도서등 직불	도서등 현금	전통시장	대중교통	합계
□	진도준	국세청	30,000,000	2,200,000	3,000,000				2,200,000	182,000	37,582,000
	1977-10-30	기타									

✓ 의료비와 신용카드는 중복공제 가능하다.

⑥ 연금저축과 퇴직연금: [연금저축 등 I] 탭
[2.연금계좌 세액공제]의 '2.연금저축'을 선택하여 2,400,000원 입력

2 연금계좌 세액공제 - 연금저축계좌(연말정산입력 탭의 38.개인연금저축, 60.연금저축) 크게보기

연금저축구분	코드	금융회사 등	계좌번호(증권번호)	납입금액	공제대상금액	소득/세액공제액
2.연금저축	405	삼성생명보험 (주)	153-05274-72339	2,400,000	2,400,000	288,000
개인연금저축						
연금저축				2,400,000	2,400,000	288,000

⑥ [연말정산입력] 탭의 [F8부양가족탭불러오기]를 클릭하여 반영된 내용 확인

제110회 이론

01	02	03	04	05	06	07	08	09	10	11	12	13	14	15
①	④	①	③	③	③	①	③	④	④	④	①	③	①	③

01	①	자산, 부채는 유동성배열법에 의해 유동성이 높은 항목부터 배열하는 것을 원칙으로 한다.
02	④	• 특허권, 장기매출채권 ➜ 비유동자산 • 유동자산: 매출채권(1,000,000원) + 상품(2,500,000원) + 당좌예금(3,000,000원) + 선급비용(500,000원) = 7,000,000원
03	①	물가가 지속적으로 상승하는 경우, 기말재고자산 금액의 크기는 다음과 같다. ➜ 선입선출법 〉 이동평균법 〉 총평균법 〉 후입선출법
04	③	수익적지출을 자본적 지출로 잘못 회계처리하면 자산의 과대계상과 비용의 과소계상으로 인해 당기순이익과 자본이 과대계상 된다.
05	③	매도가능증권평가손익은 자본 항목 중 기타포괄손익누계액으로 분류된다.
06	③	가공원가란 직접재료비를 제외한 금액이며, 직접노무원가와 제조간접원가가 해당된다.
07	①	• 총제조원가 = 직접재료비 + 직접노무비 + 제조간접비 • 제조간접원가: 총제조원가(4,000,000원) x 0.25 = 1,000,000원 • 직접노무원가: 제조간접원가(1,000,000원) x 2 = 2,000,000원 • 총제조원가 : 직접재료원가(***) + 직접노무원가(2,000,000원) + 제조간접원가(1,000,000원) = 4,000,000원 ∴ 직접재료원가 ➜ 1,000,000원
08	③	• 예정배부율: 제조간접비 예산(2,000,000원) ÷ 예상 직접노무시간(200시간) = 10,000원/직접노무시간 • 예정배부액: 실제 제조간접원가(2,500,000원) ± (배부차이 0원) = 2,500,000원 • 예정배부액: 예정배부율(10,000원) x 실제 직접노무시간(***) = 2,500,000원 ∴ 실제노무시간 ➜ 250시간
09	④	원재료의 불량, 작업자의 부주의 등으로 발생하는 공손은 원가흐름과 무관하게 발생한다. • 정상공손: 정상적인 생산과정에서 부득이하게 발생 ➜ 제조원가에 가산 • 비정상공손: 작업자의 부주의 등으로 발생 ➜ 영업외비용으로 처리
10	④	평균법에 의한 종합원가계산의 경우, 완성품 단위당 원가의 산정 시 기초재공품의 물량에 대한 정보는 불필요하다. • 평균법(완성품환산량): 완성품수량 + 기말재공품 완성품환산량 • 선입선출법(완성품환산량): 완성품수량 - 기초재공품 완성품환산량 + 기말재공품 완성품환산량
11	④	사업자가 자기생산·취득재화를 비영업용 승용자동차(개별소비세 과세 대상)로 사용 또는 소비하거나 그 자동차의 유지를 위하여 사용 또는 소비하는 경우 재화의 공급으로 본다.
12	①	• 면세: 세부담의 역진성 완화가 주된 목적으로 매입세액 공제가 불가능한 불완전 면세에 해당하며, 영세율 적용이 불가능(면세포기 시 가능) 하다. • 영세: 소비지국과세원칙의 구현을 목적으로 하며, 매입세액 공제가 가능한 완전 면세에 해당한다.
13	③	사업자가 재화 또는 용역을 공급하지 아니하고 세금계산서 등을 발급한 경우 그 세금계산서 등에 적힌 공급가액의 3%가 가산세로 발생하여 납부세액에 더하거나 환급세액에서 차감한다.
14	①	잉여금처분에 의한 상여는 해당 법인의 잉여금처분 결의일을 수입시기로 한다.
15	③	• 사업소득 총수입금액: 매출액(300,000,000원) + 차량운반구 양도가액(30,000,000원) = 330,000,000원 ✓ 복식부기의무자가 차량 및 운반구 등 대통령령으로 정하는 사업용 유형자산을 양도함으로써 발생하는 소득은 사업으로 한다. 다만, 토지와 건물의 양도로 발생하는 양도소득에 해당하는 경우는 제외한다.

제110회 실무

문제 1 일반전표입력

01	01월 05일	(차) 단기매매증권 6,000,000원 (대) 보통예금 6,030,000원 수수료비용(984) 30,000원
02	03월 31일	(차) 보통예금 423,000원 (대) 이자수익 500,000원 선납세금 77,000원
03	04월 30일	(차) 건설중인자산 2,500,000원 (대) 보통예금 2,500,000원 ✓ 자본화대상인 차입원가는 유형자산의 취득원가에 가산한다.
04	07월 10일	(차) 퇴직연금운용자산 10,000,000원 (대) 보통예금 17,000,000원 퇴직급여(판) 7,000,000원 ✓ 퇴직급여 납부 시 확정기여형(DC)제도는 퇴직급여, 확정급여(DB)제도는 퇴직연금운용자산으로 회계처리한다.
05	07월 15일	(차) 선급금((주)지유) 5,000,000원 (대) 당좌예금 5,000,000원

문제 2 매입매출전표입력

01	07월 07일	54.불공, 공급가액 500,000원, 부가세 50,000원, ㈜신화, 전자: 여, 현금/혼합 불공제사유: 4.기업업무추진비 및 이와 유사한 비용 관련
		(차) 기업업무추진비(접대비)(판) 550,000원 (대) 현금 550,000원
02	07월 20일	61.현과, 공급가액 1,000,000원, 부가세 100,000원, ㈜하나마트, 현금/혼합
		(차) 소모품비(제) 1,000,000원 (대) 현금 1,100,000원 부가세대급금 100,000원
03	08월 16일	16.수출, 공급가액 11,000,000원, 미국 UFC사, 외상/혼합 영세율구분: 1.직접수출(대행수출 포함)
		(차) 외상매출금 11,000,000원 (대) 제품매출 11,000,000원 ✓ $10,000 × 1,100 = 11,000,000원
04	09월 30일	11.과세, 공급가액 18,000,000원, 부가세 1,800,000원, ㈜명학산업, 전자: 여, 혼합
		(차) 현금 18,000,000원 (대) 제품매출 18,000,000원 선수금 1,800,000원 부가세예수금 1,800,000원
05	10월 31일	52.영세, 공급가액 6,000,000원, ㈜크림, 전자: 여, 혼합
		(차) 원재료 6,000,000원 (대) 보통예금 6,000,000원

문제 3 부가가치세신고

01

[건물등감가상각자산취득명세서]

• 조회기간: 2025년 10월 1일~2025년 12월 31일, 구분: 2기 확정

취득내역

감가상각자산종류	건수	공급가액	세 액	비 고
합 계	4	145,000,000	14,500,000	
건물 · 구축물	1	100,000,000	10,000,000	
기 계 장 치				
차 량 운 반 구	1	15,000,000	1,500,000	
기타감가상각자산	2	30,000,000	3,000,000	

거래처별 감가상각자산 취득명세

No	월/일	상호	사업자등록번호	자산구분	공급가액	세액	건수
1	10-04	우리전산	102-03-52877	기타	20,000,000	2,000,000	1
2	11-11	(주)튼튼건설	101-81-25749	건물,구축물	100,000,000	10,000,000	1
3	11-20	(주)빠름자동차	204-81-96316	차량운반구	15,000,000	1,500,000	1
4	12-14	(주)시원마트	304-81-74529	기타	10,000,000	1,000,000	1
5							
		합 계			145,000,000	14,500,000	4

02

[부가가치세신고서]

• 조회기간: 2025년 4월 1일~2025년 6월 30일, 신고구분: 1.정기신고

구분			번호	정기신고금액 금액	세율	세액
과세표준및매출세액	과세	세금계산서발급분	1	300,000,000	10/100	30,000,000
		매입자발행세금계산서	2		10/100	
		신용카드 · 현금영수증발행분	3	10,000,000	10/100	1,000,000
		기타(정규영수증외매출분)	4			
	영세	세금계산서발급분	5	20,000,000	0/100	
		기타	6	15,000,000	0/100	
	예정신고누락분		7			
	대손세액가감		8			
	합계		9	345,000,000	㉮	31,000,000
매입세액	세금계산서수취분	일반매입	10	130,000,000		13,000,000
		수출기업수입분납부유예	10-1			
		고정자산매입	11	20,000,000		2,000,000
	예정신고누락분		12			
	매입자발행세금계산서		13			
	그 밖의 공제매입세액		14	14,000,000		1,400,000
	합계(10)-(10-1)+(11)+(12)+(13)+(14)		15	164,000,000		16,400,000
	공제받지못할매입세액		16			
	차감계 (15-16)		17	164,000,000	㉯	16,400,000
납부(환급)세액(매출세액㉮-매입세액㉯)					㉰	14,600,000
경감공제세액	그 밖의 경감 · 공제세액		18			10,000
	신용카드매출전표등 발행공제등		19			
	합계		20		㉱	10,000
소규모 개인사업자 부가가치세 감면세액			20-1		㉲	
예정신고미환급세액			21		㉳	900,000
예정고지세액			22		㉴	
사업양수자의 대리납부 기납부세액			23		㉵	
매입자 납부특례 기납부세액			24		㉶	
신용카드업자의 대리납부 기납부세액			25		㉷	
가산세액계			26		㉸	
차가감하여 납부할세액(환급받을세액)㉰-㉱-㉲-㉳-㉴-㉵-㉶-㉷+㉸					27	13,690,000
총괄납부사업자가 납부할 세액(환급받을 세액)						

구분			번호	금액	세율	세액
7.매출(예정신고누락분)						
예정누락분	과세	세금계산서	33		10/100	
		기타	34		10/100	
	영세	세금계산서	35		0/100	
		기타	36		0/100	
	합계		37			
12.매입(예정신고누락분)						
예정누락분	세금계산서		38			
	그 밖의 공제매입세액		39			
	합계		40			
	신용카드매출수령금액합계	일반매입				
		고정매입				
	의제매입세액					
	재활용폐자원등매입세액					
	과세사업전환매입세액					
	재고매입세액					
	변제대손세액					
	외국인관광객에대한환급세액					
	합계					
14.그 밖의 공제매입세액						
신용카드매출수령금액합계표		일반매입	41	8,000,000		800,000
		고정매입	42	6,000,000		600,000
의제매입세액			43		뒤쪽	
재활용폐자원등매입세액			44		뒤쪽	
과세사업전환매입세액			45			
재고매입세액			46			
변제대손세액			47			
외국인관광객에대한환급세액			48			
합계			49	14,000,000		1,400,000
18.그 밖의 경감·공제세액						
전자신고 및 전자고지 세액공제			54			10,000
전자세금계산서발급세액공제			55			
택시운송사업자경감세액			56			
대리납부세액공제			57			
현금영수증사업자세액공제			58			
기타			59			
합계			60			10,000

03

[부가가치세신고서 및 부속서류 정상 마감]

• 조회기간: 2025년 1월 1일~2025년 3월 31일, 신고구분: 1.정기신고

- 부가가치세신고서를 조회하여 상단 부가가치세신고서 마감을 확인한다

[전자신고]

• 전자신고 메뉴 상단 F4 제작을 클릭한 후 비밀번호 숫자 8자리(12341234)를 입력하고 [확인]을 클릭한다.

[국세청 홈택스 전자신고변환(교육용)]

• 찾아보기를 클릭하여 'C드라이브'의 전자신고파일을 선택한다.

• 형식검증하기를 클릭하고 전자신고파일 비밀번호 숫자 8자리(12341234)를 입력한 후 화면 하단의 순서대로 (형식검증하기 ➡ 형식검증결과확인 ➡ 내용검증하기 ➡ 내용검증결과확인 ➡ 전자파일제출) 클릭하여 내용검증결과확인 까지 진행한 후 전자파일제출 을 클릭한다.

• 최종적으로 전자파일 제출하기 를 클릭하여 정상변환된 신고서를 제출을 확인한다.

문제 4 결산자료

01	12월 31일	(차) 부가세예수금 720,000원 (대) 부가세대급금 520,000원 세금과공과(판) 10,000원 잡이익 10,000원 미지급세금 200,000원
02	12월 31일	(차) 장기차입금(돌담은행) 100,000,000원 (대) 유동성장기부채(돌담은행) 100,000,000원
	결산자료 입력	• F8대손상각을 이용하여 외상매출금 3,334,800원, 받을어음 0원, 미수금 230,000원, 선급금 0원을 결산반영한다. • 판매비와 일반관리비 무형자산상각비의 영업권 4,000,0000원을 결산반영한다. • 기말 원재료 재고액 95,000,000원, 재공품 재고액 70,000,000원, 기말 제품 재고액 140,000,000원을 입력하여 결산반영한다. • F3전표추가를 클릭한다.
03	12월 31일	(차) 대손상각비 3,334,800원 (대) 대손충당금(109) 3,334,800원 기타의대손상각비 230,000원 대손충당금(121) 230,000원
04	12월 31일	(차) 무형자산상각비 4,000,000원 (대) 영업권 4,000,000원
05	12월 31일	기말 원재료, 기말 재공품, 기말 제품이 반영된 결산분개가 생성된다.

문제 5 원천징수

01

[사원등록(부양가족명세)]

기본사항 | 부양가족명세 | 추가사항

연말관계	성명	내/외국인		주민(외국인,여권)번호	나이	기본공제	부녀자	한부모	경로우대	장애인	자녀	출산입양	위탁관계
0	김우리	내	1	801210-1127858	45	본인							
3	이현진	내	1	821010-2145201	43	배우자							
4	김아현	내	1	190101-4928325	6	20세이하						첫째	

✓ 입양자녀 김아현은 출산입양공제가 가능하며, 아동수당(7세이하) 수령대상으로 자녀세액공제는 불가능하다.

[급여자료입력(수당공제등록)]

• 수당등록

수당등록 | 공제등록

No	코드	과세구분	수당명	근로소득유형			월정액	통상임금	사용여부
				유형	코드	한도			
1	1001	과세	기본급	급여			정기	여	여
2	1002	과세	상여	상여			부정기	부	부
3	1003	과세	직책수당	급여			정기	부	부
4	1004	과세	월차수당	급여			정기	부	부
5	1005	비과세	식대	식대	P01	(월)200,000	정기	부	부
6	1006	비과세	자가운전보조금	자가운전보조금	H03	(월)200,000	부정기	부	여
7	1007	비과세	야간근로수당	야간근로수당	001	(년)2,400,000	부정기	부	여
8	2001	과세	식대	급여			정기	부	여
9	2002	비과세	출산보육수당	보육수당	Q02	(월)200,000	정기	부	여

✓ 현물식사를 제공받는 경우 식대는 과세이다.

✓ 6세 이하 자녀에 대한 출산보육수당은 월 20만원까지 비과세이다.

[급여자료입력(6월)] (김우리)

• 귀속년월: 2025년 06월, 지급년월일: 2025년 07월 10일

급여항목	금액	공제항목	금액
기본급	3,000,000	국민연금	166,500
자가운전보조금	200,000	건강보험	131,160
야간근로수당	527,000	장기요양보험	16,980
식대	200,000	고용보험	33,540
출산보육수당	200,000	소득세(100%)	154,110
		지방소득세	15,410
		농특세	
과세	3,727,000		
비과세	400,000	공제총액	517,700
지급총액	4,127,000	차인지급액	3,609,300

02

[연말정산추가자료입력]

① 부양가족: [부양가족] 탭 수정

소득명세 | 부양가족 | 신용카드 등 | 의료비 | 기부금 | 연금저축 등I | 연금저축 등II | 월세액 | 출산지원금 | 연말정산입력

연말관계	성명	내/외국인		주민(외국인)번호	나이	소득기준초과여부	기본공제	세대주구분	부녀자	한부모	경로우대	장애인	자녀	출산입양	결혼세액
0	김갑용	내	1	830505-1478521	42		본인	세대주							
1	김수필	내	1	561012-1587428	69		60세이상								
3	강희영	내	1	840630-2547858	41		부								
4	김정은	내	1	140408-3852611	11		20세이하						○		
4	김준희	내	1	191104-4487122	6		20세이하								

✓ 배우자 강희영은 근로소득금액이 150만원을 초과하므로 기본공제가 불가능하다.

✓ 부친 김수필은 임대소득금액이 100만원(수입금액 – 필요경비) 이하 이므로 기본공제가 가능하다.

② 보험료: [부양가족] 탭
[보험료] 란에 김갑용 300,000원, 김수필 150,000원, 김준희 350,000원 입력

[김갑용]

자료구분	보험료			
	건강	고용	일반보장성	장애인전용
국세청			300,000	
기타	2,599,350	520,000		

[김수필]

자료구분	보험료			
	건강	고용	일반보장성	장애인전용
국세청			150,000	
기타				

[김준희]

자료구분	보험료			
	건강	고용	일반보장성	장애인전용
국세청			350,000	
기타				

✓ 배우자 강희영은 기본공제대상자가 아니므로, 보험료 공제가 불가능하다.
✓ 부친 김수필의 생명보험료 납입액이 만기환급금보다 크므로 보장성보험에 해당되므로, 공제 가능하다.

③ 교육비: [부양가족] 탭
[교육비] 란에 김갑용 5,000,000원, 김정은 8,000,000원, 김준희 1,800,000원 입력

[김갑용]

교육비		
일반		장애인특수
5,000,000	4.본인	

[김정은]

교육비		
일반		장애인특수
8,000,000	2.초중고	

[김준희]

교육비		
일반		장애인특수
1,800,000	1.취학전	

✓ 본인은 대학원교육비 공제가 가능하며, 본인 교육비는 전액 공제 가능하다.
✓ 취학한 학생의 학원비는 공제가 불가능하다.

④ 의료비: [의료비] 탭
김갑용 500,000원, 김수필 1,500,000원, 김준희 250,000원 입력

소득명세 | 부양가족 | 신용카드 등 | 의료비 | 기부금 | 연금저축 등Ⅰ | 연금저축 등Ⅱ | 월세액 | 연말정산입력

2024년 의료비 지급명세서														
의료비 공제대상자						지급처				지급명세				14.산후조리원
□	성명	내/외	5.주민등록번호	6.본인등 해당여부		9.증빙코드	8.상호	7.사업자 등록번호	10.건수	11.금액	11-1.실손 보험수령액	12.미숙아 선천성이상아	13.난임여부	
□	김갑용	내	830505-1478521	1	0	1				500,000		X	X	X
□	김수필	내	561012-1587428	2	0	1				1,500,000		X	X	X
□	김준희	내	191104-4487122	2	0	1				250,000		X	X	X

✓ 시력보정용 안경 구입 비용은 1인당 50만원까지 공제 가능하다.

⑤ 신용카드 등: [신용카드 등] 탭
김갑용 신용카드 21,500,000원 입력

소득명세 | 부양가족 | 신용카드 등 | 의료비 | 기부금 | 연금저축 등Ⅰ | 연금저축 등Ⅱ | 월세액 | 출산지원금 | 연말정산입력

□	성명 생년월일	자료구분	신용카드	직불,선불	현금영수증	도서등 신용	도서등 직불	도서등 현금	전통시장	대중교통	합계
□	김갑용	국세청	21,500,000								21,500,000
	1983-05-05	기타									

⑥ 연금저축과 퇴직연금: [연금저축 등Ⅰ] 탭
[2.연금계좌 세액공제]의 '2.연금저축'을 선택하여 6,000,000원 입력

2 연금계좌 세액공제 - 연금저축계좌(연말정산입력 탭의 38.개인연금저축, 60.연금저축) 크게보기

연금저축구분	코드	금융회사 등	계좌번호(증권번호)	납입금액	공제대상금액	소득/세액공제액
2.연금저축	190	농협중앙회 및 산하기관	301-02-228451	6,000,000	6,000,000	720,000
개인연금저축						
연금저축				6,000,000	6,000,000	720,000

⑦ [연말정산입력] 탭의 [F8부양가족탭불러오기]를 클릭하여 반영된 내용 확인

제111회 이론

01	02	03	04	05	06	07	08	09	10	11	12	13	14	15
③	④	②	①	①	③	④	①	②	④	③	③	④	②	②

01	③	• 재무제표는 일정한 가정 하에서 작성되며, 그러한 기본가정으로는 기업실체, 계속기업 및 기간별 보고를 들 수 있다. • 기간별 보고의 가정이란 기업실체의 존속기간을 일정한 기간 단위로 분할하여 각 기간별로 재무제표를 작성하는 것을 말한다. • 계속기업의 가정이란 기업실체는 그 목적과 의무를 이행하기에 충분할 정도로 장기간 존속한다고 가정하는 것을 말한다.
02	④	물가가 지속해서 상승하는 경우 당기순이익이 가장 적게 계상되는 평가방법은 후입선출법이다. • 기말재고자산의 크기: 선입선출법 > 이동평균법 > 총평균법 > 후입선출법 • 매출원가의 크기: 선입선출법 < 이동평균법 < 총평균법 < 후입선출법 • 당기순이익의 크기: 선입선출법 > 이동평균법 > 총평균법 > 후입선출법
03	②	(취득원가 5,000,000원 − 잔존가치 500,000원) $\times \frac{3년}{(1년+2년+3년)} \times \frac{3개월}{12개월}$ = 562,500원 ✓ 10월에 취득하였하므로, 3개월분에 대한 감가상각을 인식한다.
04	①	무형자산의 재무제표 표시 방법으로 직접법과 간접법을 모두 허용하고 있다.
05	①	• 주식발행초과금, 감자차익 ➜ 자본잉여금 • 매도가능증권평가손익 ➜ 기타포괄손익누계액 ✓ 자본조정: 주식할인발행차금, 감자차손, 자기주식처분손실, 자기주식 등
06	③	회피불능원가에 대한 설명이다. 회피가능원가란 의사결정에 따라 회피할 수 있는 원가를 말한다.
07	④	생산량이 증감하는 경우 제품의 총 고정원가는 고정되지만, 제품의 단위당고정원가는 변동한다.
08	①	기말제품 재고액은 제조원가명세서에 표기되지 않고, 재무상태표에 표기되는 항목이다.
09	②	• 제조간접원가 배부율: 제조간접원가(2,400,000원) ÷ 총직접재료원가(3,000,000원) = 0.8 • 일반형 캠핑카 제조간접원가 배부액: 직접재료원가(1,200,000원) × 배부율(0.8) = 960,000원 • 일반형 캠핑카 당기총제조원가: 직접재료원가(1,200,000원) + 직접노무원가(600,000원) + 제조간접원가(960,000원) = 2,760,000원
10	④	• 가공원가 완성품환산량: 당기완성품수량(28,500개) + 기말재공품(4,000개 × 0.3) = 29,700개 • 가공원가 완성품환산량 단위당원가: (기초재공품 30,000원 + 가공원가 1,306,500원) ÷ 가공원가 완성품환산량(29,700개) = 45원
11	③	가, 다, 바 ➜ 과세, 나, 라, 마 ➜ 면세 ✓ 미가공식료품은 국내산, 외국산 불문하고 면세된다.
12	③	공급일부터 10년이 지난 날이 속하는 과세기간에 대한 확정신고기한까지 확정되는 대손세액에 대하여 대손세액공제를 적용받을 수 있다.
13	④	① 소득세의 과세기간은 사망 혹은 출국을 제외하면 모두 '1월 1일 ~ 12월 31일' 이다. ② 납세지는 주소지가 원칙이다. ③ 종합과대상 소득은 이자소득, 배당소득, 사업소득, 근로소득, 연금소득, 기타소득이다.

14	②	• 양도소득과 퇴직소득은 분류과세 대상 소득이다. • 종합소득금액: 근로소득금액(30,000,000원) + 이자소득금액(22,000,000원) = 52,000,000원
15	②	• 2025년 11월 귀속 근로소득을 2026년 1월에 지급한 경우 원천징수 시기는 2025년 12월 31일이다. • 1월~11월 귀속 근로소득을 12월 31일까지 지급하지 않은 경우, 그 근로소득은 12월 31일에 지급한 것으로 보아 소득세를 원천징수한다. • 12월 귀속 근로소득을 다음 연도 2월 말까지 지급하지 않은 경우, 그 근로소득은 다음 연도 2월 말에 지급한 것으로 보아 소득세를 원천징수한다.

제111회 실무

문제 1 일반전표입력

번호	일자	분개
01	01월 30일	(차) 복리후생비(제) 50,000원 (대) 제품(적요.8) 50,000원
02	04월 01일	(차) 외화장기차입금(미국 LA은행) 26,000,000원 (대) 보통예금 29,120,000원 이자비용 1,120,000원 외환차손 2,000,000원 ✓ ($20,000 + $800) × 1,400원 = 29,120,000원
03	05월 06일	(차) 임차보증금((주)명당) 20,000,000원 (대) 보통예금 18,000,000원 선급금((주)명당) 2,000,000원
04	08월 20일	(차) 보통예금 2,750,000원 (대) 대손충당금(109) 2,500,000원 부가세예수금 250,000원
05	09월 19일	(차) 차량운반구 1,250,000원 (대) 보통예금 1,250,000원

문제 2 매입매출전표입력

번호	일자	분개
01	04월 02일	11.과세, 공급가액 50,000,000원, 부가세 5,000,000원, ㈜이레테크, 전자: 여, 혼합 (차) 선수금 5,000,000원 (대) 제품매출 50,000,000원 받을어음 30,000,000원 부가세예수금 5,000,000원 외상매출금 20,000,000원
02	04월 09일	16.수출, 공급가액 3,000,000원, BTECH, 외상/혼합 영세율구분: 1.직접수출(대행수출 포함), 수출신고번호: 12345-00-123456X (차) 외상매출금 3,000,000원 (대) 제품매출 3,000,000원
03	05월 29일	57.카과, 공급가액 10,000,000원, 부가세 100,000원, 참신가든, 카드/혼합 (차) 복리후생비(제) 600,000원 (대) 미지급금(제일카드) 1,100,000원 복리후생비(판) 400,000원 (또는 미지급비용) 부가세대급금 100,000원
04	06월 05일	54.불공, 공급가액 100,000,000원, 부가세 10,000,000원, ㈜한라상사, 전자: 여, 혼합 불공제사유: 3.면세사업 관련 (차) 기계장치 110,000,000원 (대) 당좌예금 100,000,000원 보통예금 10,000,000원
05	06월 15일	61.현과, 공급가액 200,000원, 부가세 20,000원, 일신상사, 현금/혼합 (차) 소모품비(제) 200,000원 (대) 현금 220,000원 부가세대급금 20,000원

문제 3 부가가치세신고

01

[수출실적명세서]

• 조회기간: 2025년 01월~2025년 03월, 구분: 1기 예정

구분	건수	외화금액	원화금액	비고
⑨합계	3	5,180,000.00	232,000,000	
⑩수출재화[=⑫합계]	3	5,180,000.00	232,000,000	
⑪기타영세율적용				

No	□	(13)수출신고번호	(14)선(기)적일자	(15)통화코드	(16)환율	금액 (17)외화	금액 (18)원화	전표정보 거래처코드	전표정보 거래처명
1	□	13065-22-065849X	2025-01-31	USD	1,080.0000	100,000.00	108,000,000	00801	제임스사
2	□	13075-20-080907X	2025-02-20	USD	1,050.0000	80,000.00	84,000,000	00802	랜덤기업
3	□	13889-25-148890X	2025-03-18	JPY	8.0000	5,000,000.00	40,000,000	00901	큐수상사

✓ 선적일 이전에 원화로 환가한 경우 환가일 환율을 적용한다.

[영세율매출명세서]

• 조회기간: 2025년 01월~2025년 03월, 구분: 1기 예정

부가가치세법 | 조세특례제한법

(7)구분	(8)조문	(9)내용	(10)금액(원)
부가가치세법	제21조	직접수출(대행수출 포함)	232,000,000
		중계무역 · 위탁판매 · 외국인도 또는 위탁가공무역 방식의 수출	
		내국신용장 · 구매확인서에 의하여 공급하는 재화	
		한국국제협력단 및 한국국제보건의료재단에 공급하는 해외반출용 재화	
		수탁가공무역 수출용으로 공급하는 재화	
	제22조	국외에서 제공하는 용역	
	제23조	선박 · 항공기에 의한 외국항행용역	
		국제복합운송계약에 의한 외국항행용역	
(11) 부가가치세법에 따른 영세율 적용 공급실적 합계			232,000,000
(12) 조세특례제한법 및 그 밖의 법률에 따른 영세율 적용 공급실적 합계			
(13) 영세율 적용 공급실적 총 합계(11)+(12)			232,000,000

02

[부가가치세신고서]

• 조회기간: 2025년 10월 1일~2025년 12월 31일, 신고구분: 1.정기신고

구분		정기신고금액 금액	세율	세액
과세표준및매출세액 과세 세금계산서발급분	1	500,000,000	10/100	50,000,000
과세 매입자발행세금계산서	2		10/100	
과세 신용카드 · 현금영수증발행분	3	80,000,000	10/100	8,000,000
과세 기타(정규영수증외매출분)	4			
영세 세금계산서발급분	5	50,000,000	0/100	
영세 기타	6	150,000,000	0/100	
예정신고누락분	7			
대손세액가감	8			3,000,000
합계	9	780,000,000	㉮	61,000,000
매입세액 세금계산서수취분 일반매입	10	550,000,000		55,000,000
세금계산서수취분 수출기업수입분납부유예	10-1			
세금계산서수취분 고정자산매입	11			
예정신고누락분	12	20,000,000		2,000,000
매입자발행세금계산서	13			
그 밖의 공제매입세액	14			
합계(10)-(10-1)+(11)+(12)+(13)+(14)	15	570,000,000		57,000,000
공제받지못할매입세액	16	30,000,000		3,000,000
차감계 (15-16)	17	540,000,000	㉯	54,000,000
납부(환급)세액(매출세액㉮-매입세액㉯)			㉰	7,000,000
경감공제세액 그 밖의 경감 · 공제세액	18			10,000
신용카드매출전표등 발행공제등	19			
합계	20		㉱	10,000
소규모 개인사업자 부가가치세 감면세액	20-1		㉲	
예정신고미환급세액	21		㉳	
예정고지세액	22		㉴	
사업양수자의 대리납부 기납부세액	23		㉵	
매입자 납부특례 기납부세액	24		㉶	
신용카드업자의 대리납부 기납부세액	25		㉷	
가산세액계	26		㉸	500,000
차가감하여 납부할세액(환급받을세액)㉰-㉱-㉲-㉳-㉴-㉵-㉶-㉷+㉸			27	7,490,000
총괄납부사업자가 납부할 세액(환급받을 세액)				

구분		금액	세율	세액
7.매출(예정신고누락분)				
예정누락분 과세 세금계산서	33		10/100	
과세 기타	34		10/100	
영세 세금계산서	35		0/100	
영세 기타	36		0/100	
합계	37			
12.매입(예정신고누락분)				
예정누락분 세금계산서	38	20,000,000		2,000,000
그 밖의 공제매입세액	39			
합계	40	20,000,000		2,000,000
신용카드매출수령금액합계 일반매입				
신용카드매출수령금액합계 고정매입				
의제매입세액				
재활용폐자원등매입세액				
과세사업전환매입세액				
재고매입세액				
변제대손세액				
외국인관광객에대한환급세액				
합계				
14.그 밖의 공제매입세액				
신용카드매출수령금액합계표 일반매입	41			
신용카드매출수령금액합계표 고정매입	42			
의제매입세액	43		뒤쪽	
재활용폐자원등매입세액	44		뒤쪽	
과세사업전환매입세액	45			
재고매입세액	46			
변제대손세액	47			
외국인관광객에대한환급세액	48			
합계	49			

02

• 공제받지못할매입세액

구분		금액	세율	세액
16.공제받지못할매입세액				
공제받지못할 매입세액	50	30,000,000		3,000,000
공통매입세액면세등사업분	51			
대손처분받은세액	52			
합계	53	30,000,000		3,000,000
18.그 밖의 경감·공제세액				
전자신고 및 전자고지 세액공제	54			10,000
전자세금계산서발급세액공제	55			
택시운송사업자경감세액	56			
대리납부세액공제	57			
현금영수증사업자세액공제	58			
기타	59			
합계	60			10,000

• 가산세명세

25.가산세명세					
사업자미등록등		61		1/100	
세 금 계산서	지연발급 등	62		1/100	
	지연수취	63		5/1,000	
	미발급 등	64	50,000,000	뒤쪽참조	500,000

✓ 전자세금계산서 발급의무자가 종이세금계산서를 발급한 경우 가산세
: 공급가액 50,000,000원 × 1% = 500,000원

문제 4 결산자료

01	12월 31일	(차) 소모품비(판) 900,000원 (대) 소모품 900,000원
02	12월 31일	(차) 매도가능증권평가손실 130,000원 (대) 매도가능증권(178) 130,000원 ✓ (8,300원 − 7,000원) × 100주 = 130,000원
03	12월 31일	(차) 이자비용 1,600,000원 (대) 미지급비용 1,600,000원
	결산자료 입력	• Ctrl F8퇴직충당 퇴직급여추계액 508.퇴직급여 75,000,000원, 806.퇴직급여 35,000,000원을 입력하고 결산반영을 클릭한다. • 법인세등의 선납세금 26,080,000원, 추가계상액 24,920,000원을 입력한다. • F3전표추가를 클릭한다.
04	12월 31일	(차) 퇴직급여(제) 25,000,000원 (대) 퇴직급여충당부채 32,000,000원 퇴직급여(판) 7,000,000원
05	12월 31일	(차) 법인세등 51,000,000원 (대) 미지급세금 24,920,000원 선납세금 26,080,000원

문제 5 원천징수

01

[사원등록]

• 기본사항

기본사항 | 부양가족명세 | 추가사항

항목	내용	항목	내용
1.입사년월일	2025 년 6 월 1 일		
2.내/외국인	1 내국인		
3.외국인국적	KR 대한민국	체류자격	
4.주민구분	1 주민등록번호	주민등록번호	810505-2027818
5.거주구분	1 거주자	6.거주지국코드	KR 대한민국
7.국외근로제공	0 부	8.단일세율적용	0 부
9.외국법인 파견근로자	0 부		
10.생산직등여부	0 부	연장근로비과세	0 부
전년도총급여			

• 부양가족명세

기본사항 | 부양가족명세 | 추가사항

연말관계	성명	내/외국인		주민(외국인, 여권)번호	나이	기본공제	부녀자	한부모	경로우대	장애인	자녀	출산입양	위탁관계
0	박한별	내	1	810505-2027818	44	본인	○						
1	박민수	내	1	510725-1013119	74	60세이상			○	1			
3	김준호	내	1	800525-1056931	45	배우자							
4	김은수	내	1	050510-3212685	20	20세이하					○		
4	김아름	내	1	250928-4110210	0	20세이하						첫째	

✓ 배우자는 별거중이거나 이혼소송중인 경우라도 기본공제 가능(이혼은 불가)
✓ 직계비속은 항상 생계를 같이하는 부양가족으로 본다.

02

[연말정산추가자료입력]

① 소득명세: 종전근무지 내용 입력

소득명세 | 부양가족 | 신용카드 등 | 의료비 | 기부금 | 연금저축 등I | 연금저축 등II | 월세액 | 출산지원금 | 연말정산입력

구분			합계	주(현)	납세조합	종(전) [1/2]
소득명세	9.근무처명			(주)대동산업 기출111 [세무		(주)해탈상사
	9-1.종교관련 종사자			부		
	10.사업자등록번호			129-81-59325	---‐--‐-----	120-85-22227
	11.근무기간			2025-07-01 ~ 2025-12-31	----‐--‐-- ~ ----‐--‐--	2025-01-01 ~ 2025-06-30
	12.감면기간			----‐--‐-- ~ ----‐--‐--	----‐--‐-- ~ ----‐--‐--	----‐--‐-- ~ ----‐--‐--
	13-1.급여(급여자료입력)		66,000,000	42,000,000		24,000,000
	13-2.비과세한도초과액					
	13-3.과세대상추가(인정상여추가)					
	14.상여		3,000,000			3,000,000
	15.인정상여					
	15-1.주식매수선택권행사이익					
	15-2.우리사주조합 인출금					
	15-3.임원퇴직소득금액한도초과액					
	15-4.직무발명보상금					
	16.계		69,000,000	42,000,000		27,000,000
	18.국외근로					
	18-1.야간근로(연240만원)	001				
	18-2.보육수당	Q02	600,000			600,000
	20.비과세소득 계		600,000			600,000
	20-1.감면소득 계					
공제보험료명세	직장	건강보험료(직장)(33)	2,876,900	1,488,900		1,388,000
		장기요양보험료(33)	379,680	190,680		189,000
		고용보험료(33)	571,600	336,000		235,600
		국민연금보험료(31)	3,203,000	1,593,000		1,610,000
	공적 연금 보험료	공무원 연금(32)				
		군인연금(32)				
		사립학교교직원연금(32)				
		별정우체국연금(32)				
세액	기납부세액	소득세	5,651,200	4,396,200		1,255,000
		지방소득세	565,120	439,620		125,500
		농어촌특별세				

② 보험료

✓ 저축성 보험료는 공제가 불가능하다.

③ 교육비: [부양가족] 탭

[교육비] 란에 김기웅 3,000,000원 입력

교육비		
일반		장애인특수
3,000,000	4.본인	

✓ 본인은 대학원교육비 공제가 가능하며, 본인 교육비는 전액 공제 가능하다.

④ 의료비: [의료비] 탭

김기웅 500,000원, 2,500,000원(실손보험 500,000원) 입력

소득명세 | 부양가족 | 신용카드 등 | 의료비 | 기부금 | 연금저축 등I | 연금저축 등II | 월세액 | 연말정산입력

2024년 의료비 지급명세서

의료비 공제대상자						지급처			지급명세					
□	성명	내/외	5.주민등록번호	6.본인등 해당여부		9.증빙코드	8.상호	7.사업자등록번호	10.건수	11.금액	11-1.실손보험수령액	12.미숙아 선천성이상아	13.난임여부	14.산후조리원
□	김기웅	내	800706-1256785	1	0	1				500,000		X	X	X
□	김기웅	내	800706-1256785	1	0	1				2,500,000	500,000	X	X	X

✓ 시력보정용 안경 구입 비용은 1인당 50만원까지 공제 가능하다.

⑤ 신용카드 등: [신용카드 등] 탭

김기웅: 신용카드 20,000,000원, 직불.선불 1,000,000원, 현금영수증 1,000,000원, 도서등현금 200,000원, 전통시장 300,000원, 대중교통 1,200,000원 입력

소득명세 | 부양가족 | 신용카드 등 | 의료비 | 기부금 | 연금저축 등I | 연금저축 등II | 월세액 | 출산지원금 | 연말정산입력

□	성명 생년월일	자료구분	신용카드	직불,선불	현금영수증	도서등 신용	도서등 직불	도서등 현금	전통시장	대중교통	합계
□	김기웅	국세청	20,000,000	1,000,000	1,000,000			200,000	300,000	1,200,000	23,700,000
	1980-07-06	기타									

⑥ 주택차입금 원리금상환액: [연말정산입력] 탭

[34.주택차입금원리금상환액] 란을 더블클릭하고 주택임차차입금원리금상환액 납입/상환액에 3,300,000원 입력

주택자금

구분		공제한도	납입/상환액	공제금액
①청약저축_연납입액 300만원 한도		납입액의 40%		
②주택청약저축(무주택자)_연납입액 300만원 한도				
③근로자주택마련저축_월 납입 15만원, 연 납입 180만원				
1.주택마련저축공제계(①~③)		연 400만원 한도		
주택임차차입금 원리금상환액	①대출기관	납입액의 40%	3,300,000	1,320,000
	②거주자(총급여 5천만원 이하)			

⑦ [연말정산입력] 탭의 [F8부양가족탭불러오기]를 클릭하여 반영된 내용 확인

제112회 이론

01	02	03	04	05	06	07	08	09	10	11	12	13	14	15
④	①	③	④	②	④	①	②	③	①	③	③	④	②	①

01	④	보고기간 종료일로부터 1년 이내에 만기가 도래하는 만기보유증권(비유동자산)은 만기보유증권(유동자산)으로 재분류하여야 한다.
02	①	[결산일 미반영 회계처리] (차) 선급비용(자산) XXX (대) 보험료(비용) XXX ✓ 재무재표에 미치는 영향 ➜ 자산의 과소계상(자본의 과소), 비용의 과다계상(당기순이익 과소)
03	③	자산의 원상회복, 수선유지 등을 위한 지출은 수익적 지출에 해당하므로, 비용의 발생으로 처리한다.
04	④	용역제공거래의 성과를 신뢰성 있게 추정할 수 없고, 발생한 원가의 회수가능성이 낮은 경우, 수익은 인식하지 않지만 발생한 원가는 비용으로 인식하여야 한다.
05	②	보수주의란 이익이나 재무상태를 과대평가하지 않도록 하기 위한 개념이며, 회계연도의 이익을 줄이기 위해 유형자산의 내용연수를 임의로 단축하는 것은 회계처리의 오류에 해당한다.
06	④	총변동원가는 조업도에 따라 증감하지만, 단위당 변동원가는 조업도가 증감하더라도 변함이 없다.
07	①	• 예정배부액: 10,000시간 × 작업시간당 2,000원(예정배부율) = 20,000,000원 ∴ 예정배부액(20,000,000원) 〉 실제발생액(18,000,000원) = 과대배부(2,000,000원)
08	②	• 완성품수량: 기초재공품(500개) + 당기착수량(5,000개) - 기말재공품(300개) - 공손수량(700개) = 4,500개 • 정상공손: 완성품수량(4,500개) x 10% = 450개 • 비정상공손: 공손수량(700개) - 정상공손(450개) = 250개
09	③	종합원가에 대한 설명이다.
10	①	• 완성품환산량(평균법) = 완성품수량 + 기말재공품환산량 • 완성품수량: 기초재공품(1,000개) + 당기착수량(3,000개) - 기말재공품(2,000개) = 2,000개 ✓ 가공원가환산량: 완성품수량(2,000개) + (기말재공품 2,000개 x 40%) = 2,800개
11	③	간이과세자는 세금계산서를 발급받은 재화의 공급대가에 0.5%를 곱한 금액을 납부세액에서 공제한다.
12	③	면세 농·축·수·임산물의 매입가액에 운반비 등 부대비용은 포함하지 않으며, 간이과세자는 의제매입세액공제를 받을 수 없다.
13	④	근로자 본인에 대한 학자금은 일정한 요건을 만족하는 경우 비과세 되지만, 가족의 학자금은 과세된다.
14	②	근로소득과 사업소득(연말정산 대상 사업소득이 아닌 경우)이 있는 경우 소득세 확정신고를 하여야 한다.
15	①	부양가족은 총급여 5,000,000만원(근로소득금액 100만원)이하인 경우 기본공제 대상자가 적용된다.

제112회 실무

문제 1 일반전표입력

번호	일자	분개
01	06월 12일	(차) 단기매매증권 10,000,000원 (대) 보통예금 10,100,000원 수수료비용(984) 100,000원
02	07월 09일	(차) 예수금 3,300,000원 (대) 보통예금 3,300,000원
03	07월 21일	(차) 토지 370,000,000원 (대) 자산수증이익 350,000,000원 보통예금 20,000,000원
04	09월 20일	(차) 보통예금 34,100,000원 (대) 사채 35,000,000원 사채할인발행차금 900,000원
05	10월 21일	(차) 보통예금 125,000,000원 (대) 외상매출금((주)도담) 11,500,000원 외환차익 10,000,000원

문제 2 매입매출전표입력

번호	일자	내용
01	07월 02일	51.과세, 공급가액 15,000,000원, 부가세 1,500,000원, 대보상사, 전자: 부, 혼합
		(차) 기계장치 15,000,000원 (대) 당좌예금 16,500,000원 부가세대급금 1,500,000원
02	07월 24일	61.현과, 공급가액 80,000원, 부가세 8,000원, 참맛식당, 현금/혼합
		(차) 복리후생비 80,000원 (대) 현금 88,000원 부가세대급금 8,000원
03	08월 01일	54.불공, 공급가액 25,000,000원, 부가세 2,500,000원, ㈜빠름자동차, 전자: 여, 혼합 불공제사유: 3.개별소비세법 제1조제2항제3호에 따른 자동차 구입 · 유지 및 임차
		(차) 차량운반구 27,500,000원 (대) 보통예금 3,000,000원 미지급금 24,500,000원
04	08월 17일	11.과세, 공급가액 40,000,000원, 부가세 4,000,000원, ㈜더뷰상사, 전자: 여, 혼합
		(차) 보통예금 12,000,000원 (대) 제품매출 40,000,000원 외상매출금 32,000,000워 부가세예수금 4,000,000원
05	11월 30일	16.수출, 공급가액 78,600,000원, 부가세 0원, KYM사, 혼합 영세율구분: 1.직접수출(대행수출 포함)
		(차) 외상매출금 39,300,000원 (대) 제품매출 78,600,000원 보통예금 39,300,000원

문제 3 부가가치세신고

01

[부동산임대공급가액명세서]

• 조회기간: 2025년 10월~2025년 12월, 구분: 2기 확정, 적용 이자율: 3.1%

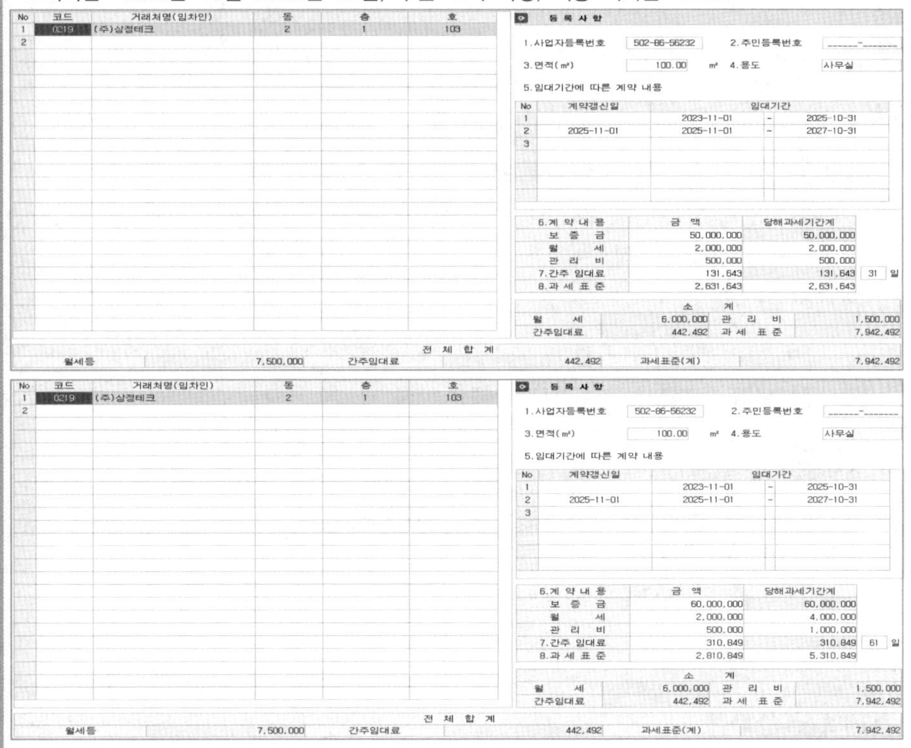

No	코드	거래처명(임차인)	동	층	호
1	0219	(주)삼정테크	2	1	103
2					

등록사항

1.사업자등록번호 502-86-56232 2.주민등록번호 ______-_______

3.면적(㎡) 100.00 ㎡ 4.용도 사무실

5.임대기간에 따른 계약 내용

No	계약갱신일	임대기간		
1		2023-11-01	~	2025-10-31
2	2025-11-01	2025-11-01	~	2027-10-31
3				

6.계약내용	금액	당해과세기간계	
보증금	50,000,000	50,000,000	
월세	2,000,000	2,000,000	
관리비	500,000	500,000	
7.간주 임대료	131,643	131,643	31 일
8.과세표준	2,631,643	2,631,643	

소계			
월세	6,000,000	관리비	1,500,000
간주임대료	442,492	과세표준	7,942,492

전체합계					
월세등	7,500,000	간주임대료	442,492	과세표준(계)	7,942,492

No	코드	거래처명(임차인)	동	층	호
1	0219	(주)삼정테크	2	1	103
2					

등록사항

1.사업자등록번호 502-86-56232 2.주민등록번호 ______-_______

3.면적(㎡) 100.00 ㎡ 4.용도 사무실

5.임대기간에 따른 계약 내용

No	계약갱신일	임대기간		
1		2023-11-01	~	2025-10-31
2	2025-11-01	2025-11-01	~	2027-10-31
3				

6.계약내용	금액	당해과세기간계	
보증금	60,000,000	60,000,000	
월세	2,000,000	4,000,000	
관리비	500,000	1,000,000	
7.간주 임대료	310,849	310,849	61 일
8.과세표준	2,810,849	5,310,849	

소계			
월세	6,000,000	관리비	1,500,000
간주임대료	442,492	과세표준	7,942,492

전체합계					
월세등	7,500,000	간주임대료	442,492	과세표준(계)	7,942,492

02

[부가가치세신고서]

• 조회기간: 2025년 1월 1일~2025년 3월 31일, 신고구분: 1.정기신고

구분				정기신고금액 금액	세율	세액
과세표준및매출세액	과세	세금계산서발급분	1	350,000,000	10/100	35,000,000
		매입자발행세금계산서	2		10/100	
		신용카드·현금영수증발행분	3	12,000,000	10/100	1,200,000
		기타(정규영수증외매출분)	4	287,600		28,760
	영세	세금계산서발급분	5		0/100	
		기타	6		0/100	
	예정신고누락분		7			
	대손세액가감		8			
	합계		9	362,287,600	㉮	36,228,760
매입세액	세금계산서수취분	일반매입	10	110,000,000		11,000,000
		수출기업수입분납부유예	10-1			
		고정자산매입	11	40,000,000		4,000,000
	예정신고누락분		12			
	매입자발행세금계산서		13			
	그 밖의 공제매입세액		14	45,000,000		4,500,000
	합계(10)-(10-1)+(11)+(12)+(13)+(14)		15	195,000,000		19,500,000
	공제받지못할매입세액		16	40,350,000		4,035,000
	차감계 (15-16)		17	154,650,000	㉯	15,465,000
납부(환급)세액(매출세액㉮-매입세액㉯)					㉰	20,763,760
경감공제세액	그 밖의 경감·공제세액		18			
	신용카드매출전표등 발행공제등		19			
	합계		20		㉱	
소규모 개인사업자 부가가치세 감면세액			20-1		㉲	
예정신고미환급세액			21		㉳	
예정고지세액			22		㉴	
사업양수자의 대리납부 기납부세액			23		㉵	
매입자 납부특례 기납부세액			24		㉶	
신용카드업자의 대리납부 기납부세액			25		㉷	
가산세액계			26		㉸	
차가감하여 납부할세액(환급받을세액)㉰-㉱-㉲-㉳-㉴-㉵-㉶-㉷+㉸					27	20,763,760
총괄납부사업자가 납부할 세액(환급받을 세액)						

구분				금액	세율	세액
7.매출(예정신고누락분)						
예정누락분	과세	세금계산서	33		10/100	
		기타	34		10/100	
	영세	세금계산서	35		0/100	
		기타	36		0/100	
	합계		37			
12.매입(예정신고누락분)						
예정누락분	세금계산서		38			
	그 밖의 공제매입세액		39			
	합계		40			
	신용카드매출수령금액합계	일반매입				
		고정매입				
	의제매입세액					
	재활용폐자원등매입세액					
	과세사업전환매입세액					
	재고매입세액					
	변제대손세액					
	외국인관광객에대한환급세액					
	합계					
14.그 밖의 공제매입세액						
신용카드매출수령금액합계표	일반매입		41	45,000,000		4,500,000
	고정매입		42			
의제매입세액			43		뒤쪽	
재활용폐자원등매입세액			44		뒤쪽	
과세사업전환매입세액			45			
재고매입세액			46			
변제대손세액			47			
외국인관광객에대한환급세액			48			
합계			49	45,000,000		4,500,000

✓ 간주임대료는 과세표준및매출세액의 과세 기타(정규영수증외매출분 4번 란)에 입력한다.

02

• 공제받지못할매입세액

16.공제받지못할매입세액				
공제받지못할 매입세액	50	40,350,000		4,035,000
공통매입세액면세등사업분	51			
대손처분받은세액	52			
합계	53	40,350,000		4,035,000
18.그 밖의 경감·공제세액				
전자신고 및 전자고지 세액공제	54			
전자세금계산서발급세액공제	55			
택시운송사업자경감세액	56			
대리납부세액공제	57			
현금영수증사업자세액공제	58			
기타	59			
합계	60			

03

[부가가치세신고서 및 부속서류 정상 마감]

• 조회기간: 2025년 4월 1일~2025년 6월 30일, 신고구분: 1.정기신고
 - 부가가치세신고서를 조회하여 상단 부가가치세신고서 마감을 확인한다

[전자신고]

• 전자신고 메뉴 상단 F4 제작을 클릭한 후 비밀번호 숫자 8자리(13001300)를 입력하고 [확인]을 클릭한다.

[국세청 홈택스 전자신고변환(교육용)]

• 찾아보기를 클릭하여 'C드라이브'의 전자신고파일을 선택한다.
• 형식검증하기를 클릭하고 전자신고파일 비밀번호 숫자 8자리(13001300)를 입력한 후 화면 하단의 순서대로 (형식검증하기 ➡ 형식검증결과확인 ➡ 내용검증하기 ➡ 내용검증결과확인 ➡ 전자파일제출) 클릭하여 내용검증결과확인까지 진행한 후 전자파일제출 을 클릭한다.
• 최종적으로 전자파일 제출하기 를 클릭하여 정상변환된 신고서를 제출을 확인한다.

문제 4 결산자료

01	12월 31일	(차) 매도가능증권(178)	1,200,000원	(대) 매도가능증권평가이익	1,200,000원
02	12월 31일	(차) 잡손실	102,000원	(대) 현금과부족	102,000원
03	12월 31일	(차) 보통예금	35,423,800원	(대) 단기차입금(우리은행)	35,423,800원
04	12월 31일	(차) 선급비용	200,000원	(대) 보험료(판)	200,000원
05	결산자료 입력	• Ctrl F8퇴직충당 퇴직급여추계액 508.퇴직급여 300,000,000원, 806.퇴직급여 100,000,000원을 입력하고 결산반영을 클릭한다. • F3전표추가를 클릭한다.			
	12월 31일	(차) 퇴직급여(제) 퇴직급여(판)	240,000,000원 80,000,000원	(대) 퇴직급여충당부채	320,000,000원

문제 5 원천징수

01

[급여자료입력(수당공제등록)]

수당등록 | 공제등록

No	코드	과세구분	수당명	근로소득유형			월정액	통상임금	사용여부
				유형	코드	한도			
1	1001	과세	기본급	급여			정기	여	여
2	1002	과세	상여	상여			부정기	부	부
3	1003	과세	직책수당	급여			정기	부	여
4	1004	과세	월차수당	급여			정기	부	부
5	1005	비과세	식대	식대	P01	(월)200,000	정기	부	부
6	1006	비과세	자가운전보조금	자가운전보조금	H03	(월)200,000	부정기	부	부
7	1007	비과세	야간근로수당	야간근로수당	001	(년)2,400,000	부정기	부	부
8	2001	비과세	[기업연구소]연구보조	[기업연구소]연구보	H10	(월)200,000	부정기	부	여
9	2002	비과세	육아수당	보육수당	Q02	(월)200,000	정기	부	여
10	2003	과세	식대	급여			정기	부	여

[급여자료입력(7월)] (박정수)

- 귀속년월: 2025년 07월, 지급년월일: 2025년 07월 31일

급여항목	금액	공제항목	금액
기본급	2,000,000	국민연금	112,500
직책수당	300,000	건강보험	88,620
[기업연구소]연구보조비	200,000	장기요양보험	11,350
육아수당	200,000	고용보험	23,400
식대	200,000	소득세(100%)	39,690
		지방소득세	3,960
		농특세	
과세	2,500,000		
비과세	400,000	공제총액	279,520
지급총액	2,900,000	차인지급액	2,620,480

[원천징수이행상황신고서]

- 귀속기간: 2025년 07월~07월, 지급기간: 2025년 07월~07월, 신고구분: 1.정기신고

원천징수명세및납부세액 | 원천징수이행상황신고서 부표 | 원천징수세액환급신청서 | 기납부세액명세서 | 전월미환급세액 조정명세서 | 차월이월환급세액 승계명세서

소득자 소득구분		코드	소득지급		징수세액			당월조정환급세액	납부세액	
			인원	총지급액	소득세 등	농어촌특별세	가산세		소득세 등	농어촌특별세
근로소득	간이세액	A01	1	2,900,000	39,690					
	중도퇴사	A02								
	일용근로	A03								
	연말정산	A04								
	(분납신청)	A05								
	(납부금액)	A06								
	가감계	A10	1	2,900,000	39,690			39,690		

전월 미환급 세액의 계산			당월 발생 환급세액				18.조정대상환급(14+15+16+17)	19.당월조정환급세액계	20.차월이월환급세액	21.환급신청액
12.전월미환급	13.기환급	14.차감(12-13)	15.일반환급	16.신탁재산	금융회사 등	합병 등				
150,000		150,000					150,000	39,690	110,310	

02

[연말정산추가자료입력]

① 부양가족: [부양가족] 탭 수정

소득명세 | 부양가족 | 신용카드 등 | 의료비 | 기부금 | 연금저축 등I | 연금저축 등II | 월세액 | 출산지원금 | 연말정산입력

연말관계	성명	내/외국인		주민(외국인)번호	나이	소득기준초과여부	기본공제	세대주구분	부녀자	한부모	경로우대	장애인	자녀	출산입양	결혼세액
0	김민수	내	1	780205-1884520	47		본인	세대주							
1	한미녀	내	1	551211-2113251	70		60세이상				○	1			
3	여민지	내	1	810120-2118524	44		배우자								
4	김수지	내	1	100810-4988221	15		20세이하						○		
4	김지민	내	1	120520-3118529	13		20세이하						○		
합계 [명]							5				1	1	2		

✓ 배우자 여민지는 총급여 500만원 이하이므로 기본공제가 가능하다.
✓ 자녀 김수지는 일시적인 문예창작소득(기타소득)이 50만원이므로 기본공제가 가능하다.
✓ 모친 한미녀는 원천징수 대상 금융소득 2,000만원 이하이므로 기본공제가 가능하다.

② 소득명세: 종전근무지 내용 입력

소득명세 | 부양가족 | 신용카드 등 | 의료비 | 기부금 | 연금저축 등Ⅰ | 연금저축 등Ⅱ | 월세액 | 출산지원금 | 연말정산입력

구분			합계	주(현)	납세조합	종(전) [1/2]
소득명세	9.근무처명			(주)시완산업 기출112 [세무		(주)강일전자
	9-1.종교관련 종사자			부		부
	10.사업자등록번호			609-81-40259	___-__-_____	205-85-11389
	11.근무기간			2025-09-20 ~ 2025-12-31	____-__-__ ~ ____-__-__	2025-01-01 ~ 2025-09-19
	12.감면기간			____-__-__ ~ ____-__-__	____-__-__ ~ ____-__-__	____-__-__ ~ ____-__-__
	13-1.급여(급여자료입력)		50,750,000	17,500,000		33,250,000
	13-2.비과세한도초과액					
	13-3.과세대상추가(인정상여추가)					
	14.상여		8,500,000			8,500,000
	15.인정상여					
	15-1.주식매수선택권행사이익					
	15-2.우리사주조합 인출금					
	15-3.임원퇴직소득금액한도초과액					
	15-4.직무발명보상금					
	16.계		59,250,000	17,500,000		41,750,000
공제보험료명세	직장	건강보험료(직장)(33)	2,056,052	620,372		1,435,680
		장기요양보험료(33)	263,310	79,440		183,870
		고용보험료(33)	504,500	140,000		364,500
		국민연금보험료(31)	2,610,000	787,500		1,822,500
	공적연금보험료	공무원 연금(32)				
		군인연금(32)				
		사립학교교직원연금(32)				
		별정우체국연금(32)				
세액	기납부세액	소득세	1,301,080	976,080		325,000
		지방소득세	130,100	97,600		32,500
		농어촌특별세				

③ 보험료: [부양가족] 탭
[보험료] 란에 김민수 일반보장성 1,150,000원, 한미녀 장애인전용 1,200,000원 입력

02

[김민수]

자료구분	보험료			
	건강	고용	일반보장성	장애인전용
국세청			1,150,000	

[한미녀]

자료구분	보험료			
	건강	고용	일반보장성	장애인전용
국세청				1,200,000

④ 교육비: [부양가족] 탭
[교육비] 란에 김수지 200,000원, 김지민 300,000원 입력

[김수지]

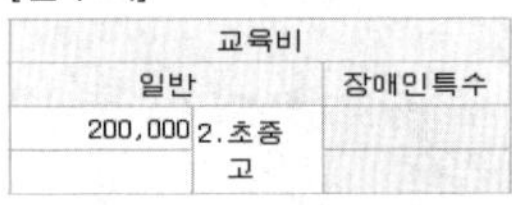

교육비		
일반		장애인특수
200,000	2.초중고	

[김지민]

교육비		
일반		장애인특수
300,000	2.초중고	

✓ 학원비는 미취학아동에 한해 공제 가능하다.
✓ 초등학교 체험학습비는 연 30만원 한도로 공제 가능하다.
✓ 직계존속의 교육비는 장애인 특수교육비 외에는 공제 대상이 아니다.

⑤ 신용카드 등: [신용카드 등] 탭
- 김민수: 신용카드 19,870,000원, 전통시장 5,200,000원, 대중교통 7,500,000원 입력
- 한미녀: 현금영수증 5,000,000원 입력
- 여민지: 직불,선불 12,000,000원 입력

소득명세 | 부양가족 | 신용카드 등 | 의료비 | 기부금 | 연금저축 등Ⅰ | 연금저축 등Ⅱ | 월세액 | 출산지원금 | 연말정산입력

□	성명 / 생년월일	자료구분	신용카드	직불,선불	현금영수증	도서등 신용	도서등 직불	도서등 현금	전통시장	대중교통	합계
□	김민수	국세청	19,870,000						5,200,000	7,500,000	32,570,000
	1978-02-05	기타									
□	한미녀	국세청			5,000,000						5,000,000
	1955-12-11	기타									
□	여민지	국세청		12,000,000							12,000,000
	1981-01-20	기타									

02

⑦ 의료비: [의료비] 탭
여민지 3,000,000원(실손 1,000,000원), 김수지 500,000원 입력

소득명세 | 부양가족 | 신용카드 등 | 의료비 | 기부금 | 연금저축 등I | 연금저축 등II | 월세액 | 출산지원금 | 연말정산입력

2025년 의료비 지급명세서														
의료비 공제대상자					지급처			지급명세					14.산후조리원	
☐	성명	내/외	5.주민등록번호	6.본인등해당여부		9.증빙코드	8.상호	7.사업자등록번호	10.건수	11.금액	11-1.실손보험수령액	12.미숙아선천성이상아	13.난임여부	
☐	여민지	내	810120-2118524	3	X	1				3,000,000	1,000,000	X	X	X
☐	김수지	내	100810-4988221	3	X	1				500,000		X	X	X

✓ 시력보정용 콘택트렌즈는 1인당 50만원 한도로 공제 가능하다.

⑧ [연말정산입력] 탭의 [F8부양가족탭불러오기]를 클릭하여 반영된 내용 확인

제113회 이론

01	02	03	04	05	06	07	08	09	10	11	12	13	14	15
③	②	①	②	④	②	④	①	③	③	②	④	①	④	③

01	③	자산은 유동자산과 비유동자산으로 분류되며, 투자자산은 비유동자산에 해당된다. • 유동자산: 당좌자산, 재고자산 • 비유동자산: 투자자산, 유형자산, 무형자산, 기타비유동자산
02	②	기말 자본잉여금: 기초 자본잉여금(10,000,000원) + 주식발행초과금(2,000,000원) + 주기주식처분이익(300,000원) = 12,300,000원 ✓ 이익준비금은 이익잉여금 항목이다.
03	①	[받을어음 대손충당금 설정 회계처리] (차) 대손상각비(비용의 과다계상) XXX (대) 대손충당금(받을어음 과소계상) XXX ✓ 대손상각비 과다계상 ➜ 비용의 과다계상으로 인한 당기순이익 과소계상 대손충당금 과다계상 ➜ 대손충당금은 자산의 차감 계정이므로, 자산(받을어음)의 과소계상
04	②	취득세, 등록면허세 등 유형자산의 취득과 직접 관련된 제세공과금은 유형자산의 취득원가에 가산하여야 한다.
05	④	충당부채는 과거의 사건이나 거래의 결과에 의한 현재의무로서, 지출의 시기 또는 금액이 불확실하지만 그 의무를 이행하기 위하여 자원이 유출될 가능성이 매우 높고, 당해 금액을 신뢰성 있게 추정할 수 있는 의무를 말한다.
06	②	• 완성품환산량(선입선출법): 완성품수량 + 기말재공품환산량 - 기초재공품환산량 • 검사통과한 정상품: 완성품수량(2,000개) + 기말재공품(300개) - 기초재공품(500개) = 1,800개 ✓ 완성도 30% 시점에서 품질검사가 이루어지므로, 기초재공품(50%)과 기말재공품(70%) 모두 검사대상이 된다. ∴ 정상공손수량: 검사통과한 정상품(1,800개) x 3% = 54개
07	④	이익잉여금처분은 주주에게 지급하는 배당 등을 의미하며 주주인 외부 이해관계자에게 제공하는 것은 재무회계의 목적에 해당한다.
08	①	• 제조간접비 예정배부율: 예정 제조간접비(39,690,000원) ÷ 예상 직접노동시간(90,000시간) = 441원/(직접노동시간당) • 제조간접비 예정배부액: 실제 직접노동시간(70,000시간) × 제조간접비 예정배부율(441원) = 30,870,000원
09	③	제조원가를 원가행태에 따라 분류하면 변동비(변동제조원가)와 고정비(고정제조원가)로 분류된다.
10	③	① 직접배분법은 보조부문 상호간의 용역수수관계를 전혀 인식하지 않는 것은 맞지만, 항상 가장 부정확하다고 할 수는 없다. ② 상호배분법은 보조부문 상호간의 용역수수관계를 모두 고려하여 가장 정확한 계산법은 맞지만 시간과 비용이 많이 소요되어 실무상 거의 사용되지 않는다. ④ 단계배분법은 우선순위가 높은 부문의 우순순위가 낮은 부분과 제조부문에 먼저 배부하는 방법이며, 배부순서에 따라 결과가 달라진다. 또한, 배부순서가 부적절한 경우 직접배분법보다 정확성이 떨어질 수도 있다.

11	②	[사유별 수정전자세금계산서 발급 방법] • 착오로 전자세금계산서 이중발급 ➜ 처음에 발급한 세금계산서 내용대로 음(-)의 표시 후 발급 • 계약의 해제로 재화 또는 용역이 공급되지 않는 경우 ➜ 사유 발생일을 작성일로 적고, 비고란에 당초 세금계산서의 작성일을 기록 후 음(-)의 표시후 발급 • 필요적 기재사항 등의 착오 이외의 사유로 잘못 기록한 경우 ➜ 당초 세금계산서 내용대로 음(-)의 표시 후 발급 후 수정세금계산서 발행 • 면세 등 세금계산서 발급 대상이 아닌 거래 등에 세금계산서를 발급하는 경우 ➜ 당초 세금계산서 내용대로 음(-)의 표시 후 발급
12	④	• 임의적 기재사항의 일부가 기록되지 않은 세금계산서 ➜ 매입세액 공제 가능 • 필요적 기재사항의 일부가 기록되지 않은 세금계산서 ➜ 매입세액 공제 불가능 [세금계산서의 필요적 기재사항] * 공급자 성명 또는 명칭 및 사업자등록번호 * 공급받는자 사업자등록번호, * 작성연월일(공급년월일 아님) * 공급가액과 부가가치세
13	①	납세지 관할 세무서장은 각 과세기간별로 그 과세기간에 대한 환급세액을 확정신고한 사업자에게 그 확정신고기한이 지난 후 30일 이내(조기환급에 해당되는 경우는 15일 이내)에 환급되며, 경정으로 인해 환급세액이 발급하는 경우는 지체 없이 환급된다.
14	④	금융소득(이자소득 및 배당소득)은 2천만원 이하이면 조건부 종합과세금융소득으로 분리과세 되며, 2천만원을 초과하는 경우 종합과세되므로 납세자가 선택할 수 있는 사항은 아니다.
15	③	• 필요경비가 총수입금액을 초과하는 경우 그 초과하는 금액을 결손금이라 하고, 결손금이 발생연도 이후의 연도로 이월되는 경우에 이를 이월결손금이라 한다. 결손금은 사업소득과 양도소득에서만 발생한다. • 부동산임대업 사업소득에서 발생한 결손금은 다른 소득금액에서 공제하지 않고 이후의 과세기간으로 이월시킨다. [부동산임대업 이외의 사업소득에서 발생한 결손금 공제순서] 사업소득 ➜ 근로소득금액 ➜ 연금소득금액 ➜ 기타소득금액 ➜ 이자소득금액 ➜ 배당소득금액

제113회 실무

문제 1 일반전표입력

01	03월 21일	(차)	이월이익잉여금	110,000,000원	(대)	미지급배당금 이익준비금	100,000,000원 10,000,000원
02	03월 28일	(차)	외상매입금(남일상사)	15,500,000원	(대)	보통예금 가수금(대표자)	7,000,000원 8,500,000원
03	06월 25일	(차)	교육훈련비(판)	2,400,000원	(대)	예수금 보통예금	79,200원 2,320,800원
04	08월 10일	(차)	보통예금	950,000원	(대)	단기매매증권 단기매매증권처분이익	500,000원 450,000원
05	09월 05일	(차)	기부금	2,000,000원	(대)	원재료(적요.8)	2,000,000원

문제 2 매입매출전표입력

01	07월 17일	22.현과, 공급가액 480,000원, 부가세 48,000원, 추미랑, 현금/혼합					
		(차)	현금	528,000원	(대)	제품매출 부가세예수금	480,000원 48,000원
02	07월 28일	14.건별, 공급가액 1,000,000원, 부가세 100,000원, 혼합					
		(차)	보통예금 감가상각누계액(213)	1,100,000원 1,500,000원	(대)	비품 부가세예수금	2,500,000원 100,000원
03	08월 28일	55.수입, 공급가액 5,400,000원, 부가세 540,000원, 인천세관, 전자: 여, 현금/혼합					
		(차)	부가세대급금	540,000원	(대)	현금	540,000원
04	09월 02일	57.카과, 공급가액 1,000,000원, 부가세 100,000원, 과자나라㈜, 카드/혼합					
		(차)	복리후생비(판) 부가세대급금	1,000,000원 100,000원	(대)	미지급금(비씨카드) (또는 미지급비용)	1,100,000원
05	09월 11일	51.과세, 공급가액 20,000,000원, 부가세 2,000,000원, ㈜오성기계, 전자: 여, 혼합					
		(차)	기계장치 부가세대급금	20,000,000원 2,000,000원	(대)	보통예금 선급금	20,000,000원 2,000,000원

문제 3 부가가치세신고

01

[의제매입세액신고서]

• 조회기간: 2025년 04월 ~ 2025년 06월, 1기 확정

((주)이두식자재)

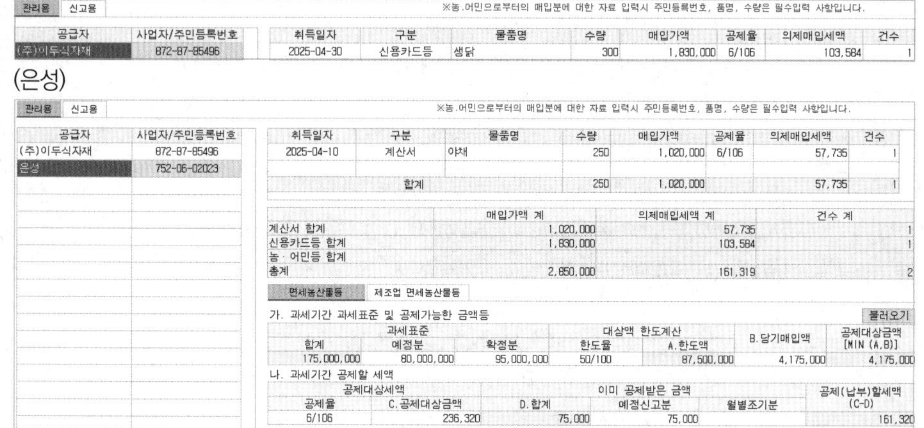

관리용 | 신고용 ※농.어민으로부터의 매입분에 대한 자료 입력시 주민등록번호, 품명, 수량은 필수입력 사항입니다.

공급자	사업자/주민등록번호
(주)이두식자재	872-87-85496

취득일자	구분	물품명	수량	매입가액	공제율	의제매입세액	건수
2025-04-30	신용카드등	생닭	300	1,830,000	6/106	103,584	1

(은성)

관리용 | 신고용 ※농.어민으로부터의 매입분에 대한 자료 입력시 주민등록번호, 품명, 수량은 필수입력 사항입니다.

공급자	사업자/주민등록번호
(주)이두식자재	872-87-85496
은성	752-06-02023

취득일자	구분	물품명	수량	매입가액	공제율	의제매입세액	건수
2025-04-10	계산서	야채	250	1,020,000	6/106	57,735	1
합계			250	1,020,000		57,735	1

	매입가액 계	의제매입세액 계	건수 계
계산서 합계	1,020,000	57,735	1
신용카드등 합계	1,830,000	103,584	1
농·어민등 합계			
총계	2,850,000	161,319	2

면세농산물등 | 제조업 면세농산물등

가. 과세기간 과세표준 및 공제가능한 금액등 불러오기

과세표준			대상액 한도계산		B.당기매입액	공제대상금액 [MIN (A,B)]
합계	예정분	확정분	한도율	A.한도액		
175,000,000	80,000,000	95,000,000	50/100	87,500,000	4,175,000	4,175,000

나. 과세기간 공제할 세액

공제대상세액		이미 공제받은 금액			공제(납부)할세액 (C-D)
공제율	C.공제대상금액	D.합계	예정신고분	월별조기분	
6/106	236,320	75,000	75,000		161,320

✓ 농어민으로부터 매입은 제조업의 경우 의제매입공제가 가능하다.

✓ 당기매입액(4,175,000원) = 예정신고기간의 매입액(75,000원 ≒ 6/106 = 1,325,000원)
+ 확정신고기간의 매입액(2,850,000원)

02

[건물등감가상각취득명세서]

• 조회기간: 2025년 10월~2025년 12월, 구분: 2기 확정

취득내역

감가상각자산종류	건수	공급가액	세 액	비 고
합 계	3	83,500,000	8,350,000	
건물 · 구축물	1	50,000,000	5,000,000	
기 계 장 치	1	2,500,000	250,000	
차 량 운 반 구	1	31,000,000	3,100,000	
기타감가상각자산				

No	거래처별 감가상각자산 취득명세						
	월/일	상호	사업자등록번호	자산구분	공급가액	세액	건수
1	10-04	(주)원대자동차	210-81-13571	차량운반구	31,000,000	3,100,000	1
2	11-26	아름건설	101-26-97846	건물,구축물	50,000,000	5,000,000	1
3	12-09	나라포장	106-02-56785	기계장치	2,500,000	250,000	1
4							
		합 계			83,500,000	8,350,000	3

03

[부가가치세신고서 및 부속서류 정상 마감]

• 조회기간: 2025년 1월 1일~2025년 3월 31일, 신고구분: 1.정기신고

- 부가가치세신고서를 조회하여 상단 부가가치세신고서 마감을 확인한다

[전자신고]

• 전자신고 메뉴 상단 F4 제작을 클릭한 후 비밀번호 숫자 8자리(12341234)를 입력하고 [확인]을 클릭한다.

[국세청 홈택스 전자신고변환(교육용)]

• 찾아보기를 클릭하여 'C드라이브'의 전자신고파일을 선택한다.

• 형식검증하기를 클릭하고 전자신고파일 비밀번호 숫자 8자리(12341234)를 입력한 후 화면 하단의 순서대로 (형식검증하기 ➡ 형식검증결과확인 ➡ 내용검증하기 ➡ 내용검증결과확인 ➡ 전자파일제출) 클릭하여 내용검증결과확인 까지 진행한 후 전자파일제출 을 클릭한다.

• 최종적으로 전자파일 제출하기 를 클릭하여 정상변환된 신고서를 제출을 확인한다.

문제 4 결산자료

01	12월 31일	(차) 미수수익 765,000원 (대) 이자수익 765,000원 ✓ 30,000,000원 × 3.4% × 9/12 = 765,000원
02	12월 31일	(차) 매도가능증권평가이익 1,000,000원 (대) 매도가능증권(178) 1,200,000원 매도가능증권평가손실 200,000원 ✓ 매도가능증권 처분시 매도가능증권평가손익(기타포괄손익누계액)을 우선 상계처리 후 처분손익을 인식한다.
03	12월 31일	(차) 외상매출금(캐나다 ZF사) 3,000,000원 (대) 외화환산이익 3,000,000원 ✓ $100,000원 × (950원 − 920원) = 3,000,000원
04	12월 31일	(차) 부가세예수금 8,240,000원 (대) 부가세대급금 6,400,000원 세금과공과(판) 84,000원 잡이익 10,000원 미지급세금 1,914,000원
05	결산자료 입력	• 판매비와 일반관리비 무형자산상각비의 영업권 5,000,0000원을 결산반영한다. • F3전표추가를 클릭한다.
	12월 31일	(차) 무형자산상각비 5,000,000원 (대) 영업권 5,000,000원

문제 5 원천징수

01

[원천징수이행상황신고서]

• 귀속기간: 2025년 05월~05월, 지급기간: 2025년 06월 ~ 06월, 신고구분: 1.정기신고

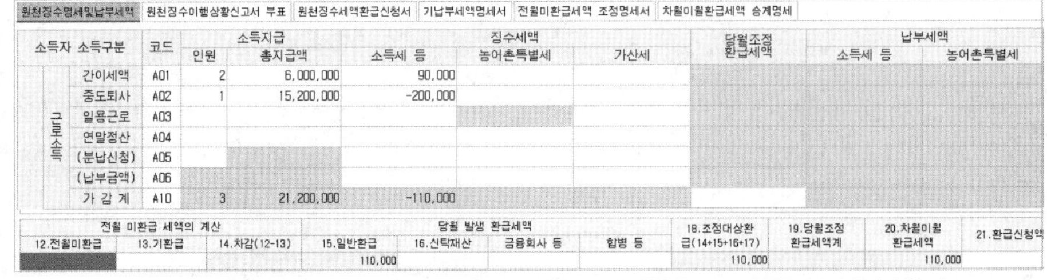

원천징수명세및납부세액 | 원천징수이행상황신고서 부표 | 원천징수세액환급신청서 | 기납부세액명세서 | 전월미환급세액 조정명세서 | 차월이월환급세액 승계명세

소득자 소득구분		코드	소득지급 인원	소득지급 총지급액	징수세액 소득세 등	징수세액 농어촌특별세	징수세액 가산세	당월조정 환급세액	납부세액 소득세 등	납부세액 농어촌특별세
근로소득	간이세액	A01	2	6,000,000	90,000					
	중도퇴사	A02	1	15,200,000	-200,000					
	일용근로	A03								
	연말정산	A04								
	(분납신청)	A05								
	(납부금액)	A06								
	가 감 계	A10	3	21,200,000	-110,000					

전월 미환급 세액의 계산 12.전월미환급	13.기환급	14.차감(12-13)	당월 발생 환급세액 15.일반환급	16.신탁재산	금융회사 등	합병 등	18.조정대상환급(14+15+16+17)	19.당월조정 환급세액계	20.차월이월 환급세액	21.환급신청액
			110,000				110,000		110,000	

✓ 식대는 제출 비과세 항목, 자가운전보조금은 미제출 비과세항목으로 원천징수이행상황신고서에는 제출 비과세 항목의 금액만 반영한다.

A01: 6,000,000원 = 기본급 5,300,000원 + 자격수당 300,000원 + 식대 400,000원

A02: 15,200,000원 = 1월~4월 12,000,000원 + 5월 3,200,000원

02

[연말정산추가자료입력]

① 부양가족: [부양가족] 탭 수정

소득명세 | 부양가족 | 신용카드 등 | 의료비 | 기부금 | 연금저축 등I | 연금저축 등II | 월세액 | 출산지원금 | 연말정산입력

연말관계	성명	내/외국인		주민(외국인)번호	나이	소득기준초과여부	기본공제	세대주구분	부녀자	한부모	경로우대	장애인	자녀	출산입양	결혼세액
0	함춘식	내	1	900919-1668321	35		본인	세대주							
1	함덕주	내	1	501223-1589321	75		60세이상				○				
1	박경자	내	1	530807-2548718	72		60세이상				○				
6	함경리	내	1	881229-2509019	37		장애인					3			
합 계 [명]							4				2	1			

✓ 부 함덕주은 분리과세대상 일용근로소득만 있으므로 기본공제가 가능하다.

✓ 모 박경자는 분리과세대상 복권당첨소득만 있으므로 기본공제가 가능하다.

✓ 누나 함경지는 장애인이고 소득이 없으므로 기본공제가 가능하다.

② 소득명세: 종전근무지 내용 입력

소득명세 | 부양가족 | 신용카드 등 | 의료비 | 기부금 | 연금저축 등I | 연금저축 등II | 월세액 | 출산지원금 | 연말정산입력

구분			합계	주(현)	납세조합	종(전) [1/2]
소득명세	9.근무처명			(주)파도상회 기출113 [세무		(주)솔비공업사
	9-1.종교관련 종사자			부		부
	10.사업자등록번호			124-86-94282	---\-\--\-----	956-85-02635
	11.근무기간			2025-04-21 ~ 2025-12-31	----\--\-- ~ ----\--\--	2025-01-01 ~ 2025-04-20
	12.감면기간			----\--\-- ~ ----\--\--	----\--\-- ~ ----\--\--	----\--\-- ~ ----\--\--
	13-1.급여(급여자료입력)		52,800,000	40,600,000		12,200,000
	13-2.비과세한도초과액					
	13-3.과세대상추가(인정상여추가)					
	14.상여					
	15.인정상여					
	15-1.주식매수선택권행사이익					
	15-2.우리사주조합 인출금					
	15-3.임원퇴직소득금액한도초과액					
	15-4.직무발명보상금					
	16.계		52,800,000	40,600,000		12,200,000
공제보험료명세	직장	건강보험료(직장)(33)	1,904,000	1,439,190		464,810
		장기요양보험료(33)	283,640	186,350		97,290
		고용보험료(33)	459,120	324,800		134,320
		국민연금보험료(31)	2,335,700	1,827,000		508,700
	공적연금보험료	공무원 연금(32)				
		군인연금(32)				
		사립학교교직원연금(32)				
		별정우체국연금(32)				
세액	기납부세액	소득세	2,766,370	2,368,370		398,000
		지방소득세	276,600	236,800		39,800
		농어촌특별세				

③ 보험료: [부양가족] 탭
[보험료] 란에 함덕주 일반보장성 500,000원, 함경리 장애인전용 700,000원 입력

[함덕주]

자료구분	보험료			
	건강	고용	일반보장성	장애인전용
국세청			500,000	

[함경리]

자료구분	보험료			
	건강	고용	일반보장성	장애인전용
국세청				700,000

✓ 저축성 보험료는 공제가 불가능하다.

④ 의료비: [의료비] 탭
박경자 2,000,000원, 함덕주 300,000원, 함경리 300,000원 입력

소득명세 | 부양가족 | 신용카드 등 | 의료비 | 기부금 | 연금저축 등I | 연금저축 등II | 월세액 | 출산지원금 | 연말정산입력

2025년 의료비 지급명세서														
의료비 공제대상자						지급처				지급명세				14.산후조리원
☐	성명	내/외	5.주민등록번호	6.본인등 해당여부		9.증빙코드	8.상호	7.사업자 등록번호	10.건수	11.금액	11-1.실손 보험수령액	12.미숙아 선천성이상아	13.난임 여부	
☐	박경자	내	530807-2548718	2	0	1				2,000,000		X	X	X
☐	함덕주	내	501223-1589321	2	0	1				300,000		X	X	X
☐	함경리	내	881229-2509019	2	0	1				300,000		X	X	X

⑤ 신용카드 등: [신용카드 등] 탭
- 함춘식: 신용카드 19,400,000원, 대중교통 600,000원 입력
- 함덕주: 직불,선불 6,000,000원, 전통시장 2,000,000원 입력

소득명세 | 부양가족 | 신용카드 등 | 의료비 | 기부금 | 연금저축 등I | 연금저축 등II | 월세액 | 출산지원금 | 연말정산입력

☐	성명 / 생년월일	자료구분	신용카드	직불,선불	현금영수증	도서등 신용	도서등 직불	도서등 현금	전통시장	대중교통	합계
☐	함춘식	국세청	19,400,000							600,000	20,000,000
	1990-09-19	기타									
☐	함덕주	국세청		6,000,000					2,000,000		8,000,000
	1950-12-23	기타									

✓ 신용카드로 결제한 의료비는 신용카드 소득공제, 의료비 세액공제가 모두 가능하다.
✓ 아파트 관리비는 신용카드 소득공제가 불가능하다.

⑥ 월세액: [월세액] 탭
월세 3,600,000원 입력

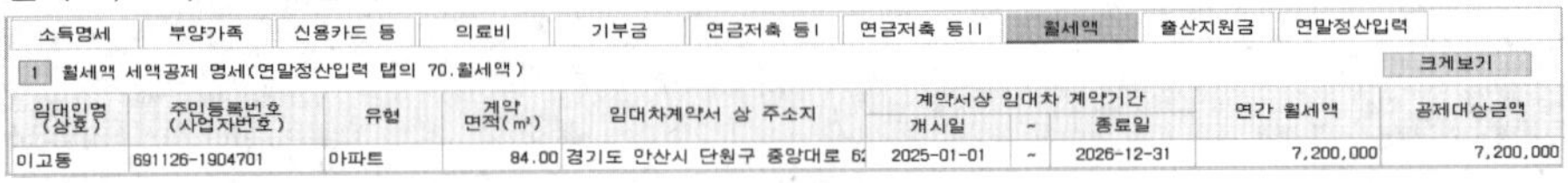

소득명세	부양가족	신용카드 등	의료비	기부금	연금저축 등I	연금저축 등II	월세액	출산지원금	연말정산입력

1 월세액 세액공제 명세(연말정산입력 탭의 70.월세액) 크게보기

임대인명 (상호)	주민등록번호 (사업자번호)	유형	계약 면적(㎡)	임대차계약서 상 주소지	계약서상 임대차 계약기간			연간 월세액	공제대상금액
					개시일	~	종료일		
이고동	691126-1904701	아파트	84.00	경기도 안산시 단원구 중앙대로 62	2025-01-01	~	2026-12-31	7,200,000	7,200,000

⑦ [연말정산입력] 탭의 [F8부양가족탭불러오기]를 클릭하여 반영된 내용 확인

제114회 이론

01	02	03	04	05	06	07	08	09	10	11	12	13	14	15
④	①	④	②	①	②	④	②	③	④	④	③	①	②	②

01	④	재무상태표는 기업의 일정시점 현재 기업이 보유 중인 재무적 정보를 제공하는 것이 목적이며, 종업원의 근무태도를 평가하는 것은 아니다.
02	①	재고자산의 실제 물량 흐름과 원가흐름이 일치하는 것은 선입선출법에 대한 설명이다.
03	④	• 배당금수익: 배당금을 받을 권리와 금액이 확정되는 날 • 상품권의 판매: 상품권을 회수하고 재화를 인도한 시점(상품권 판매시 ➜ 상품권 선수금) • 장기할부판매: 재화의 인도 시점
04	②	[주식배당 회계처리] (차) 이월이익잉여금(잉여금 감소) XXX (대) 자본금(자본금 증가) XXX ✓ 주식배당시 잉여금이 감소되면서 자본금이 증가하므로, 자본총액에는 변화가 없다.
05	①	• 단기매매증권으로 분류할 경우, 2024년 기말 장부가액은 190,000원 이다. [단기매매증권으로 분류] * 24년 취득시: (차) 단기매매증권 200,000원 (대) 현금 200,000원 * 24년 결산시: (차) 단기매매증권평가손실 10,000원 (대) 단기매매증권 10,000원 * 25년 처분시: (차) 현금 210,000원 (대) 단기매매증권 190,000원 단기매매증권처분이익 20,000원 [매도가능증권으로 분류] * 24년 취득시: (차) 매도가능증권 200,000원 (대) 현금 200,000원 * 24년 결산시: (차) 매도가능증권 평가손실 10,000원 (대) 매도가능증권 10,000원 * 25년 처분시: (차) 현금 210,000원 (대) 매도가능증권 190,000원 매도가능증권평가손실 10,000원 매도가능증권처분이익 10,000원
06	②	• 기본원가: 직접재료원가 + 직접노무원가 • 가공원가: 직접노무원가 + 제조간접원가 ∴ 기본원가와 가공원가에 모두 포함되는 것은 직접노무원가이다.
07	④	• 결합원가(400,000원)를 순실현가치를 기준으로 제품 B에 배부 ➜ 결합원가 배부율: 400,000원 / 순실현가치 합(1,500,000원) = 0.27 결합원가의 제품 B에 배부: 배부율(0.27) x 제품 B 순실현가치(375,000원) = 100,000원 ➜ 제품 B의 제조원가: 결합원가 배부액(100,000원) + 추가가공원가(125,000원) = 225,000원 [제품별 순실현가치] * 제품 A: 생산량(200) x 단위당 판매가격(3,000원) = 600,000원 * 제품 B: 생산량(250) x 단위당 판매가격(2,000원) - 추가원가(125,000원) = 375,000원 * 제품 C: 생산량(500) x 단위당 판매가격(1,200원) - 추가원가(75,000원) = 525,000원 * 순실현가치 합: 제품 A(600,000원) + 제품 B(375,000원) + 제품 C(525,000원) = 1,500,000원
08	②	제조간접비의 예정배부액과 실제발생액 사이에서 발생하는 배부차이를 조정하는 방법에는 영업외손익법, 매출원가 조정법, 총원가 비례배분법, 원가요소별 비례배분법 등이 있으며, 단계배분법은 직접배분법, 상호배분법과 함께 보조부문의 배분 방법에 해당한다.
09	③	단일 종류의 제품을 연속적으로 대량 생산하는 것은 종합원가 중 단일종합원가에 대한 설명이다.

10	④	제품을 제조하는 과정에서 작업종사자의 부주의나 재료, 설비, 기계 등의 결함으로 인해 발생하는 규격이나 품질 등이 표준에 미달하는 불합격품을 공손이라 하며, 제조과정에서 부득이하게 발생하는 정상공손은 제품의 원가에 가산하지만, 작업자의 부주의 등의 비정상공손은 제품원가에 가산하지 않고 영업외비용으로 처리한다.
11	④	우리나라의 부가가치세는 재화 등을 소비하는 나라에서 과세되는 소비지국 과세원칙을 채택하고 있다.
12	③	[공통매입세액에 대한 안분 계산을 배제하는 경우] • 해당 과세기간의 총급가액 중 면세공급가액이 5% 미만(단, 공통매입세액 5백만원 이상 제외) • 해당 과세기간의 공통매입세액이 5만원 미만인 경우 • 신규사업자가 해당 과세기간에 공급한 과세와 면세에 공통사용재화인 경우
13	①	② 법인사업자 중 직전 과세기간 공급가액의 합계액이 1억5천만원 미만인 경우는 예정신고를 하지 않고 직전과세기간의 50%를 고지 납부한다. ③ 신규사업자의 부가가치세 과세기간은 사업개시일부터 과세기간 종료일까지이다. ④ 개인사업자는 부가가치세 예정신고를 하지않고, 직전과시간의 50% 고지납하는 것이 일반적이며, 예정신고기간의 공급가액 또는 납부세액이 사업부진 등으로 직전과세기간의 1/3에 미달하는 하거나, 조기환급을 받고자 할 경우는 신고납부할 수 있다.
14	②	① Gross-Up 대상 배당소득 2,400만원 ➜ 종합과세 ② 일용근로소득 5,000만원 ➜ 분리과세(일용근로소득은 금액과 무관하게 무조건 분리과세) ③ 주택임대소득이 아닌 부동산 임대소득 100만원 ➜ 종합과세(사업소득에 해당) ④ 인적용역을 일시적으로 제공하고 받은 대가 800만원 ➜ 종합과세(기타소득으로 "필요경비 60%" 적용 시 기타소득금액 320만원)
15	②	사업과 관련된 자산수증이익은 사업소득 총수입금액에 산입하여야 한다. [사업소득 총수입금액 산입항목] • 매출액(할인, 에누리, 환입 제외) 및 사업관련 자산수증이익, 재무면제이익 • 거래상방으로부터 받은 장려금 및 관세환급금 등 필요경비 산입된 항목의 세액 환입액 • 재고자산을 가사용으로 소비하거나 타인 지급 시 시가, 사업용 자산의 손실로 인한 보험차익 [사업소득 총수입금액 불산입항목] • 이자 및 배당, 자산 평가차익, 부가가치세 매출세액 • 자기가 생산한 제품을 타제품의 원료로 사용한 경우 • 소득세 및 지방소득세 환급액 및 환급이자 • 총수입금액에 따라 납부하는 개별소비세, 교통·에너지·환경세, 주세

제114회 실무

문제 1 일반전표입력

01	01월 25일	(차) 미지급세금 8,500,000원 (대) 미지급금(국민카드) 8,568,000원 세금과공과(판) 68,000원 (또는 미지급비용)
02	01월 31일	(차) 보통예금 9,915,000원 (대) 받을어음(무인상사(주)) 10,000,000원 매출채권처분손실 85,000원
03	02월 04일	(차) 보통예금 9,800,000원 (대) 사채 10,000,000원 사채할인발행차금 200,000원
04	06월 17일	(차) 소모품비(제) 20,000원 (대) 현금 20,000원
05	09월 13일	(차) 이자비용 200,000원 (대) 예수금 55,000원 보통예금 145,000원

문제 2 매입매출전표입력

01	07월 08일	12.영세, 공급가액 22,000,000원, 부가세 0원, ㈜한빛, 전자: 여, 혼합 영세율구분: 3.내국신용장 · 구매확인서에 의하여 공급하는 재화
		(차) 선수금 7,000,000원 (대) 제품매출 22,000,000원 받을어음 15,000,000원
02	07월 15일	54.불공, 공급가액 10,200,000원, 부가세 1,020,000원, ㈜다양, 전자: 여, 혼합 불공제사유: 6.토지의 자본적 지출 관련
		(차) 토지 11,220,000원 (대) 미지급금 11,220,000원
03	08월 05일	61.현과, 공급가액 250,000원, 부가세 25,000원, ㈜벽돌갈비, 현금/혼합
		(차) 복리후생비(제) 250,000원 (대) 현금 275,000원 부가세대급금 25,000원
04	08월 20일	11.과세, 공급가액 5,000,000원, 부가세 500,000원, 헤이중고차상사㈜, 전자: 여, 혼합
		(차) 보통예금 5,500,000원 (대) 차량운반구 20,000,000원 감가상각누계액(209) 16,000,000원 부가세예수금 500,000원 유형자산처분이익 1,000,000원
05	09월 12일	51.과세, 공급가액 3,000,000원, 부가세 300,000원, 건물주, 전자: 여, 혼합
		(차) 임차료(제) 2,800,000원 (대) 미지급금 3,300,000원 건물관리비(제) 200,000원 (또는 미지급비용) 부가세대급금 300,000원

문제 3 부가가치세신고

01

[수출실적명세서]

• 조회기간: 2025년 4월~2025년 6월, 구분: 1기 확정

구분	건수	외화금액	원화금액	비고
⑨합계	2	132,000.00	176,800,000	
⑩수출재화[=⑫합계]	2	132,000.00	176,800,000	
⑪기타영세율적용				

No	□	(13)수출신고번호	(14)선(기)적일자	(15)통화코드	(16)환율	금액 (17)외화	금액 (18)원화	전표정보 거래처코드	전표정보 거래처명
1	□	12345-77-100066X	2025-06-15	USD	1,300.0000	80,000.00	104,000,000	00178	BOB
2	□	22244-88-100077X	2025-06-15	EUR	1,400.0000	52,000.00	72,800,000	00179	ORANGE

✓ 선적일 환율을 적용한다. 단, 선적일 이전에 원화로 환가를 하면 환가일 환율을 적용한다.

02

[부가가치세신고서]

• 조회기간: 2025년 10월 1일~2025년 12월 31일, 신고구분: 1.정기신고

구분				정기신고금액 금액	세율	세액
과세표준및매출세액	과세	세금계산서발급분	1	167,500,000	10/100	16,750,000
		매입자발행세금계산서	2		10/100	
		신용카드 · 현금영수증발행분	3		10/100	
		기타(정규영수증외매출분)	4			
	영세	세금계산서발급분	5	100,000,000	0/100	
		기타	6		0/100	
	예정신고누락분		7			
	대손세액가감		8			-120,000
	합계		9	267,500,000	㉮	16,630,000
매입세액	세금계산서수취분	일반매입	10	187,400,000		18,740,000
		수출기업수입분납부유예	10-1			
		고정자산매입	11	28,000,000		2,800,000
	예정신고누락분		12	500,000		50,000
	매입자발행세금계산서		13			
	그 밖의 공제매입세액		14	21,099,655		2,109,965
	합계(10)-(10-1)+(11)+(12)+(13)+(14)		15	236,999,655		23,699,965
	공제받지못할매입세액		16	2,400,000		240,000
	차감계 (15-16)		17	234,599,655	㉯	23,459,965
납부(환급)세액(매출세액㉮-매입세액㉯)					㉰	-6,829,965
경감공제세액	그 밖의 경감 · 공제세액		18			10,000
	신용카드매출전표등 발행공제등		19			
	합계		20		㉱	10,000
소규모 개인사업자 부가가치세 감면세액			20-1		㉲	
예정신고미환급세액			21		㉳	
예정고지세액			22		㉴	
사업양수자의 대리납부 기납부세액			23		㉵	
매입자 납부특례 기납부세액			24		㉶	
신용카드업자의 대리납부 기납부세액			25		㉷	
가산세액계			26		㉸	125,000
차가감하여 납부할세액(환급받을세액)㉰-㉱-㉲-㉳-㉴-㉵-㉶-㉷+㉸					27	-6,714,965
총괄납부사업자가 납부할 세액(환급받을 세액)						

구분				금액	세율	세액
7.매출(예정신고누락분)						
예정누락분	과세	세금계산서	33		10/100	
		기타	34		10/100	
	영세	세금계산서	35		0/100	
		기타	36		0/100	
	합계		37			
12.매입(예정신고누락분)						
예정누락분	세금계산서		38			
	그 밖의 공제매입세액		39	500,000		50,000
	합계		40	500,000		50,000
	신용카드매출수령금액합계	일반매입		500,000		50,000
		고정매입				
	의제매입세액					
	재활용폐자원등매입세액					
	과세사업전환매입세액					
	재고매입세액					
	변제대손세액					
	외국인관광객에대한환급세액					
	합계			500,000		50,000
14.그 밖의 공제매입세액						
신용카드매출수령금액합계표	일반매입		41	18,554,200		1,855,420
	고정매입		42	2,545,455		254,545
의제매입세액			43		뒤쪽	
재활용폐자원등매입세액			44		뒤쪽	
과세사업전환매입세액			45			
재고매입세액			46			
변제대손세액			47			
외국인관광객에대한환급세액			48			
합계			49	21,099,655		2,109,965

• 공제받지못할매입세액, 전자신고 및 전자고지 세액공제

구분		금액	세율	세액
16.공제받지못할매입세액				
공제받지못할 매입세액	50	2,400,000		240,000
공통매입세액면세등사업분	51			
대손처분받은세액	52			
합계	53	2,400,000		240,000
18.그 밖의 경감·공제세액				
전자신고 및 전자고지 세액공제	54			10,000
전자세금계산서발급세액공제	55			
택시운송사업자경감세액	56			
대리납부세액공제	57			
현금영수증사업자세액공제	58			
기타	59			
합계	60			10,000

• 가산세명세

25.가산세명세					
사업자미등록등		61		1/100	
세금계산서	지연발급 등	62		1/100	
	지연수취	63		5/1,000	
	미발급 등	64	12,500,000	뒤쪽참조	125,000

✓ 전자세금계산서 발급의무자가 종이세금계산서를 발급한 경우 가산세
: 공급가액 12,500,000원 × 1% = 125,000원

03	**[부가가치세신고서 및 부속서류 정상 마감]** • 조회기간: 2025년 1월 1일~2025년 3월 31일, 신고구분: 1.정기신고 - 부가가치세신고서를 조회하여 상단 부가가치세신고서 마감을 확인한다 **[전자신고]** • 전자신고 메뉴 상단 F4 제작을 클릭한 후 비밀번호 숫자 8자리(12345678)를 입력하고 [확인]을 클릭한다. **[국세청 홈택스 전자신고변환(교육용)]** • 찾아보기를 클릭하여 'C드라이브'의 전자신고파일을 선택한다. • 형식검증하기를 클릭하고 전자신고파일 비밀번호 숫자 8자리(12345678)를 입력한 후 화면 하단의 순서대로 (형식검증하기 → 형식검증결과확인 → 내용검증하기 → 내용검증결과확인 → 전자파일제출) 클릭하여 내용검증결과확인 까지 진행한 후 전자파일제출 을 클릭한다. • 최종적으로 전자파일 제출하기 를 클릭하여 정상변환된 신고서를 제출을 확인한다.

문제 4 결산자료

01	12월 31일	(차)	기부금 기업업무추진비(접대비)(판)	1,000,000원 200,000원	(대)	현금과부족	1,200,000원
02	12월 31일	(차)	선급비용	1,500,000원	(대)	보험료(제)	1,500,000원
		✓ 3,600,000원 × 5/12 = 1,500,000원					
03	12월 31일	(차)	보통예금	920,000원	(대)	이자수익	920,000원
		✓ 20,000,000원 × 4.6% = 920,000원					
	결산자료 입력	• F8상각을 이용하여 외상매출금 735,500원, 받을어음 207,000원, 단기대여금 500,000원을 결산반영한다. • 법인세등의 선납세금 5,800,000원, 추가계상액 2,600,000원을 입력한다. • F3전표추가를 클릭한다.					
04	12월 31일	(차)	대손상각비(판) 기타의대손상각비	942,500원 500,000원	(대)	대손충당금(109) 대손충당금(111) 대손충당금(115)	735,500원 207,000원 500,000원
05	12월 31일	(차)	법인세등	8,400,000원	(대)	선납세금 미지급세금	5,800,000원 2,600,000원

문제 5 원천징수

01

[급여자료입력(수당공제등록)]

수당등록 | 공제등록

No	코드	과세구분	수당명	근로소득유형 유형	코드	한도	월정액	통상임금	사용여부
1	1001	과세	기본급	급여			정기	여	여
2	1002	과세	상여	상여			부정기	부	부
3	1003	과세	직책수당	급여			정기	부	여
4	1004	과세	월차수당	급여			정기	부	부
5	1005	비과세	식대	식대	P01	(월)200,000	정기	부	여
6	1006	비과세	자가운전보조금	자가운전보조금	H03	(월)200,000	부정기	부	여
7	1007	비과세	야간근로수당	야간근로수당	001	(년)2,400,000	부정기	부	여
8	2001	비과세	출산보육수당	보육수당	Q02	(월)200,000	정기	부	여

[급여자료입력(4월)] (정기준)

• 귀속년월: 2025년 04월, 지급년월일: 2025년 04월 30일

급여항목	금액	공제항목	금액
기본급	2,800,000	국민연금	153,000
직책수당	400,000	건강보험	120,530
식대	200,000	장기요양보험	15,600
자가운전보조금	200,000	고용보험	27,200
야간근로수당	200,000	소득세(100%)	114,990
출산보육수당	200,000	지방소득세	11,490
		농특세	
과세	3,400,000		
비과세	600,000	공제총액	442,810
지급총액	4,000,000	차인지급액	3,557,190

[원천징수이행상황신고서]

• 귀속기간: 2025년 04월~04월, 지급기간: 2025년 04월~04월, 신고구분: 1.정기신고

원천징수명세및납부세액 | 원천징수이행상황신고서 부표 | 원천징수세액환급신청서 | 기납부세액명세서 | 전월미환급세액 조정명세서 | 차월이월환급세액 승계명세

소득자	소득구분	코드	소득지급 인원	총지급액	징수세액 소득세 등	농어촌특별세	가산세	당월조정 환급세액	납부세액 소득세 등	농어촌특별세
근로소득	간이세액	A01	1	3,800,000	114,990					
	중도퇴사	A02								
	일용근로	A03								
	연말정산	A04								
	(분납신청)	A05								
	(납부금액)	A06								
	가감계	A10	1	3,800,000	114,990			114,990		

전월 미환급 세액의 계산 12.전월미환급	13.기환급	14.차감(12-13)	당월 발생 환급세액 15.일반환급	16.신탁재산	금융회사 등	합병 등	18.조정대상환급(14+15+16+17)	19.당월조정 환급세액계	20.차월이월 환급세액	21.환급신청액
601,040		601,040					601,040	114,990	486,050	

02

[연말정산추가자료입력]

① 부양가족: [부양가족] 탭 수정

소득명세 | 부양가족 | 신용카드 등 | 의료비 | 기부금 | 연금저축 등I | 연금저축 등II | 월세액 | 출산지원금 | 연말정산입력

연말관계	성명	내/외국인		주민(외국인)번호	나이	소득기준 초과여부	기본공제	세대주 구분	부녀자	한부모	경로우대	장애인	자녀	출산입양	결혼세액
0	홍상현	내	1	860314-1287653	39		본인	세대주							
1	홍천운	내	1	580919-1287035	67		60세이상								
3	이명지	내	1	860621-2044775	39		부								
4	홍라율	내	1	190827-4842416	6		20세이하								
합계 [명]							3								

✓ 배우자 이명지는 총급여 500만원 초과이므로 기본공제가 불가능하다.

② 소득명세: 종전근무지 내용 입력

소득명세	부양가족	신용카드 등	의료비	기부금	연금저축 등 I	연금저축 등 II	월세액	출산지원금	연말정산입력

구분			합계	주(현)	납세조합	종(전) [1/2]
소득명세	9.근무처명			(주)효원상회 기출114 [세무		주식회사 두섬
	9-1.종교관련 종사자			부		부
	10.사업자등록번호			651-81-00898	___-__-_____	103-81-62982
	11.근무기간			2025-08-01 ~ 2025-12-31	____-__-__ ~ ____-__-__	2025-01-01 ~ 2025-07-31
	12.감면기간			____-__-__ ~ ____-__-__	____-__-__ ~ ____-__-__	____-__-__ ~ ____-__-__
	13-1.급여(급여자료입력)		41,000,000	15,000,000		26,000,000
	13-2.비과세한도초과액					
	13-3.과세대상추가(인정상여추가)					
	14.상여		1,000,000			1,000,000
	15.인정상여					
	15-1.주식매수선택권행사이익					
	15-2.우리사주조합 인출금					
	15-3.임원퇴직소득금액한도초과액					
	15-4.직무발명보상금					
	16.계		42,000,000	15,000,000		27,000,000
공제보험료명세	직장	건강보험료(직장)(33)	1,437,050	531,750		905,300
		장기요양보험료(33)	184,750	68,850		115,900
		고용보험료(33)	363,000	120,000		243,000
		국민연금보험료(31)	1,845,000	675,000		1,170,000
	공적연금보험료	공무원 연금(32)				
		군인연금(32)				
		사립학교교직원연금(32)				
		별정우체국연금(32)				
세액	기납부세액	소득세	711,750	371,750		340,000
		지방소득세	71,150	37,150		34,000
		농어촌특별세				

③ 보험료: [부양가족] 탭

[보험료] 란에 홍상현 일반보장성 800,000원, 홍라율 일반보장성 500,000원 입력

[홍상현]

자료구분	보험료			
	건강	고용	일반보장성	장애인전용
국세청			800,000	

[홍라율]

자료구분	보험료			
	건강	고용	일반보장성	장애인전용
국세청			500,000	

✓ 배우자 이명지는 총급여 500만원 초과로 보험료공제가 불가능하다.

④ 교육비: [부양가족] 탭

[교육비] 란에 홍상현 7,000,000원, 홍라율 2,400,000원 입력

[홍상현]

교육비		
일반		장애인특수
7,000,000	4.본인	

[홍라율]

교육비		
일반		장애인특수
2,400,000	2.초중고	

✓ 본인은 대학원교육비 공제가 가능하며, 본인 교육비는 전액 공제 가능하다.

⑥ 의료비: [의료비] 탭

홍상현 300,000원, 홍상현 안경 500,000원, 홍라율 400,000원, 홍천운 8,000,000원 입력

소득명세	부양가족	신용카드 등	의료비	기부금	연금저축 등 I	연금저축 등 II	월세액	출산지원금	연말정산입력

2025년 의료비 지급명세서

	의료비 공제대상자					지급처			지급명세					14.산후조리원
□	성명	내/외	5.주민등록번호	6.본인등 해당여부		9.증빙코드	8.상호	7.사업자 등록번호	10.건수	11.금액	11-1.실손 보험수령액	12.미숙아 선천성이상아	13.난임 여부	
□	홍상현	내	860314-1287653	1	0	1				300,000		X	X	X
□	홍상현	내	860314-1287653	1	0	5	모든안경	431-01-00574	1	500,000		X	X	X
□	홍라율	내	190827-4842416	2	0	1				400,000		X	X	X
□	홍천운	내	580919-1287035	2	0	1				8,000,000		X	X	X

✓ 신용카드로 결제한 의료비는 신용카드 소득공제, 의료비 세액공제가 모두 가능하다.

⑦ 신용카드 등: [신용카드 등] 탭

- 홍상현: 신용카드 22,000,000원, 현금영수증 3,000,000원, 전통시장 4,000,000원, 대중교통 1,000,000원 입력

소득명세	부양가족	신용카드 등	의료비	기부금	연금저축 등 I	연금저축 등 II	월세액	출산지원금	연말정산입력

□	성명 생년월일	자료구분	신용카드	직불,선불	현금영수증	도서등 신용	도서등 직불	도서등 현금	전통시장	대중교통	합계
□	홍상현	국세청	22,000,000		3,000,000				4,000,000	1,000,000	30,000,000
	1986-03-14	기타									

⑧ [연말정산입력] 탭의 [F8부양가족탭불러오기]를 클릭하여 반영된 내용 확인

제115회 이론

01	02	03	04	05	06	07	08	09	10	11	12	13	14	15
④	④	③	①	①	①	②	③	②	④	③	②	④	③	①

01	④	회계정보가 유용하기 위해서는 그 정보가 의사결정에 반영될 수 있도록 적시에 제공되어야 한다는 것은 회계정보의 질적특성 중 목적적합성(적시성)에 대한 설명이다. [재무제표의 기본가정] • 기업실체의 가정: 기업을 소유주와는 독립적으로 존재하는 회계단위로 간주 • 계속기업의 가정: 일반적으로 기업이 예상 가능한 기간 동안 영업을 계속할 것이라는 가정 • 기간별 보고의 가정: 기업실체의 존속기간을 일정한 기간 단위로 분할하여 재무제표를 작성
02	④	• 기계장치 취득원가: 매입가액(20,000,000원) + 설치비(300,000원) + 개량비(4,000,000원) = 24,300,000원(소모품 교체비는 수익적 지출에 해당하므로 비용처리) • 감가상각비: (취득원가 24,300,000원 - 잔존가액 0원) / 내용연수(6년) = 4,050,000원 ➔ 결산일기준 감가상각누계액 = 12,150,000원(4,050,000원 x 3년) • 결산일기준 미상각잔액: 취득원가(24,300,000원) - 감가상각누계액(12,150,000원) = 12,150,000원
03	③	무형자산의 상각방법은 합리적인 방법을 사용하며, 합리적인 상각방법을 정할 수 없는 경우에는 20년 범위내에서 정액법을 사용한다.
04	①	사채할인발행차금은 사채의 액면금액에서 차감하는 형식으로 표시된다.
05	①	• 회계적 추정치의 근거와 방법을 바꾸는 것은 회계추정의 변경에 대한 설명이다. [회계정책의 변경] 회계처리에 적용하던 정당한 회계정책을 다른 정당한 회계정책으로 변경 ➔ 재고자산 평가방법 변경, 유형자산 재평가모형 변경, 유가증권 단가산정방식 변경 등 [회계추정의 변경] 새로운 정보의 획득, 새로운 상황의 전개 등에 따라 지금까지 사용하던 회계적 추정치를 변경 ➔ 채권의 대손율 변경, 감가상각 방법 및 추정치 변경, 재고자산의 진부화 여부 판단 등
06	①	당기제품제조원가(당기완성품원가)는 재공품 계정의 대변에서 제품계정의 차변으로 대체된다.
07	②	제품별로 작업원가표를 작성하는 것은 개별원가에 대한 설명이다.
08	③	제조원가명세서에서 계산된 완성품에 대한 당기제품제조원가는 손익계산서의 매출원가에 반영된다.
09	②	• 제조간접비 실제 발생액이 6,000,000원 이고, 배부차이가 400,000원(과대배부)이므로 제조간접비 예정배부액은 6,400,000원 • 제조간접비 예정배부율: 제조간접비 예정배부액(6,400,000원) / 직접노무시간(50,000원) = 128원(직접노무시간당)
10	④	• 완성품환산량(선입선출법) = 완성품수량 + 기말재공품환산량 - 기초재공품환산량 • 완성품수량: 기초재공품(1,000개) + 당기투입량(6,000개) - 기말재공품(800개) = 6,200개 • 가공원가환산량(6,100개) = 완성품수량(6,200개) - (기초재공품 1,000개 x 30%) + (기말재공품 800개 x 기말재공품 완성도) ∴ 기말재공품 환산량이 200개 이므로, 기말재공품 완성도는 25%
11	③	일반과세자가 매출액이 기준금액에 미달하여 간이과세자로 변경되는 경우 그 변경되는 해의 간이과세자 적용 기간은 변경 이후 7월 1일부터 12월 31일까지이다.

12	②	사업용 상가건물의 양도는 재화의 공급에 해당하지만, 담보의 제공, 사업의 포괄적 양도, 조세의 물납 등은 재화의 공급으로 보지 않는다.
13	④	[근로자가 아니어도 공제 가능한 항목] • 인적공제(기본공제, 추가공제) • 연금보험료 공제, 기부금 및 결혼 세액공제 • 자녀 세액공제, 정치자금 세액공제, 연금계좌 세액공제
14	③	소득세법상 장기할부판매의 수입시기는 상품 등을 인도할 날이며, 부가가치세법상 장기할부판매의 공급시기는 대가의 각 부분을 받기로 한 때이다.
15	①	• 기타소득은 일정비율(60% 혹은 80%)을 적용하여 기타소득금액을 계산한다. • 기타소득 중 일시적인 문예창작소득 및 일시적인 인적용역 제공 소득 등 ➜ 60% • 기타소득 중 공익법인이 주무관청의 승인을 받아 시상하는 상금과 부상, 다수가 순위 경쟁하는 대회에서 입상자가 받는 상금과 부상, 주택입주지체상금 등 ➜ 80%

제115회 실무

문제 1 일반전표입력

번호	일자	분개
01	04월 11일	(차) 보통예금 12,000,000원 (대) 매도가능증권(178) 11,000,000원 매도가능증권평가이익 1,000,000원 매도가능증권처분이익 2,000,000원 ✓ 매도가능증권처분시 매도가능증권평가손익(기타포괄손익누계액)을 우선 상계처리 후 처분손익을 인식한다.
02	06월 25일	(차) 비품 5,000,000원 (대) 자산수증이익 5,000,000원
03	08월 02일	(차) 토지 316,000,000원 (대) 현금 13,000,000원 보통예금 303,000,000원
04	08월 10일	(차) 퇴직연금운용자산 5,000,000원 (대) 보통예금 8,000,000원 퇴직급여(제) 3,000,000원
05	12월 13일	(차) 보통예금 7,800,000원 (대) 자기주식 6,960,000원 자기주식처분손실 200,000원 자기주식처분이익 640,000원 ✓ 자기주식처분시 자기주식처분손실이 있으면 우선 상계처리 후 자기주식처분이익을 인식한다.

문제 2 매입매출전표입력

번호	일자	내용
01	03월 12일	16.수출, 공급가액 39,000,000원, 부가세 0원, ABC사, 혼합 영세율구분: 1.직접수출(대행수출 포함) (차) 보통예금 26,000,000원 (대) 제품매출 39,000,000원 외상매출금 13,000,000원
02	10월 01일	51.과세, 공급가액 20,000,000원, 부가세 2,000,000원, 달려요, 전자: 부, 혼합/외상 (차) 차량운반구 20,000,000원 (대) 미지급금 22,000,000원 부가세대급금 2,000,000원 ✓ 1,000cc 이하 경차는 매입세액공제가 가능하다.
03	10월 29일	53.면세, 공급가액 1,800,000원, 부가세 0원, ㈜월클파이낸셜, 전자: 여, 혼합 (차) 임차료(판) 1,800,000원 (대) 미지급금 1,800,000원 (또는 미지급비용)
04	11월 01일	11.과세, 공급가액 10,000,000원, 부가세 1,000,000원, ㈜진산, 전자: 여, 혼합 (차) 보통예금 3,000,000원 (대) 제품매출 10,000,000원 미지급금 8,000,000원 부가세예수금 1,000,000원
05	11월 20일	61.현과, 공급가액 1,760,000원, 부가세 176,000원, ㈜코스트코코리아, 혼합 (차) 비품 1,760,000원 (대) 보통예금 1,936,000원 부가세대급금 176,000원

문제 3 부가가치세신고

01

[공제받지못할매입세액명세서]

(공제받지못할매입세액내역)

• 조회기간: 2025년 10월~2025년 12월, 구분: 2기 확정

공제받지못할매입세액내역 | 공통매입세액안분계산내역 | 공통매입세액의정산내역 | 납부세액또는환급세액재계산

매입세액 불공제 사유	세금계산서 매수	공급가액	매입세액
①필요적 기재사항 누락 등			
②사업과 직접 관련 없는 지출			
③개별소비세법 제1조제2항제3호에 따른 자동차 구입 · 유지			
④기업업무추진비 및 이와 유사한 비용 관련			
⑤면세사업등 관련	12	90,000,000	9,000,000
⑥토지의 자본적 지출 관련			
⑦사업자등록 전 매입세액			
⑧금 · 구리 스크랩 거래계좌 미사용 관련 매입세액			
합계	12	90,000,000	9,000,000

(공통매입세액의 정산내역)

공제받지못할매입세액내역 | 공통매입세액안분계산내역 | 공통매입세액의정산내역 | 납부세액또는환급세액재계산

산식	구분	(15)총공통 매입세액	(16)면세 사업확정 비율			(17)불공제매입 세액총액 ((15)*(16))	(18)기불공제 매입세액	(19)가산또는 공제되는매입 세액((17)-(18))
			총공급가액	면세공급가액	면세비율			
1.당해과세기간의 공급가액기준		3,800,000	500,000,000.00	150,000,000.00	30.000000	1,140,000	500,000	640,000
합계		3,800,000	500,000,000	150,000,000		1,140,000	500,000	640,000

가산또는공제되는매입세액 (640,000) = 총공통매입세액(3,800,000) * 면세비율(%)(30.000000) - 기불공제매입세액(500,000)

02

[부가가치세신고서]

• 조회기간: 2025년 4월 1일 ~ 2025년 6월 30일, 신고구분: 1.정기신고

구분		정기신고금액 금액	세율	세액
과세표준및매출세액 과세 세금계산서발급분	1	500,000,000	10/100	50,000,000
과세표준및매출세액 과세 매입자발행세금계산서	2		10/100	
과세표준및매출세액 과세 신용카드 · 현금영수증발행분	3	50,000,000	10/100	5,000,000
과세표준및매출세액 과세 기타(정규영수증외매출분)	4			
과세표준및매출세액 영세 세금계산서발급분	5		0/100	
과세표준및매출세액 영세 기타	6	30,000,000	0/100	
예정신고누락분	7			
대손세액가감	8			-500,000
합계	9	580,000,000	㉮	54,500,000
매입세액 세금계산서수취분 일반매입	10	320,000,000		32,000,000
매입세액 세금계산서수취분 수출기업수입분납부유예	10-1			
매입세액 세금계산서수취분 고정자산매입	11			
예정신고누락분	12	10,000,000		1,000,000
매입자발행세금계산서	13			
그 밖의 공제매입세액	14	11,000,000		1,100,000
합계(10)-(10-1)+(11)+(12)+(13)+(14)	15	341,000,000		34,100,000
공제받지못할매입세액	16			
차감계 (15-16)	17	341,000,000	㉯	34,100,000
납부(환급)세액(매출세액㉮-매입세액㉯)			㉰	20,400,000
경감공제세액 그 밖의 경감 · 공제세액	18			10,000
경감공제세액 신용카드매출전표등 발행공제등	19			
경감공제세액 합계	20		㉱	10,000
소규모 개인사업자 부가가치세 감면세액	20-1		㉲	
예정신고미환급세액	21		㉳	3,000,000
예정고지세액	22		㉴	
사업양수자의 대리납부 기납부세액	23		㉵	
매입자 납부특례 기납부세액	24		㉶	
신용카드업자의 대리납부 기납부세액	25		㉷	
가산세액계	26		㉸	10,000
차가감하여 납부할세액(환급받을세액)㉰-㉱-㉲-㉳-㉴-㉵-㉶-㉷+㉸			27	17,400,000
총괄납부사업자가 납부할 세액(환급받을 세액)				

구분		금액	세율	세액
7.매출(예정신고누락분)				
예정누락분 과세 세금계산서	33		10/100	
예정누락분 과세 기타	34		10/100	
예정누락분 영세 세금계산서	35		0/100	
예정누락분 영세 기타	36		0/100	
합계	37			
12.매입(예정신고누락분)				
예정누락분 세금계산서	38	10,000,000		1,000,000
예정누락분 그 밖의 공제매입세액	39			
합계	40	10,000,000		1,000,000
신용카드매출수령금액합계 일반매입				
신용카드매출수령금액합계 고정매입				
의제매입세액				
재활용폐자원등매입세액				
과세사업전환매입세액				
재고매입세액				
변제대손세액				
외국인관광객에대한환급세액				
합계				
14.그 밖의 공제매입세액				
신용카드매출수령금액합계표 일반매입	41	8,000,000		800,000
신용카드매출수령금액합계표 고정매입	42	3,000,000		300,000
의제매입세액	43		뒤쪽	
재활용폐자원등매입세액	44		뒤쪽	
과세사업전환매입세액	45			
재고매입세액	46			
변제대손세액	47			
외국인관광객에대한환급세액	48			
합계	49	11,000,000		1,100,000

• 공제받지못할매입세액, 전자신고 및 전자고지 세액공제

구분		금액	세율	세액
18.그 밖의 경감·공제세액				
전자신고 및 전자고지 세액공제	54			10,000
전자세금계산서발급세액공제	55			
택시운송사업자경감세액	56			
대리납부세액공제	57			
현금영수증사업자세액공제	58			
기타	59			
합계	60			10,000

• 가산세명세

25.가산세명세					
사업자미등록등		61		1/100	
세금계산서	지연발급 등	62	1,000,000	1/100	10,000
세금계산서	지연수취	63		5/1,000	
세금계산서	미발급 등	64		뒤쪽참조	

✓ 전자세금계산서 지연발급 가산세: 공급가액 1,000,000원 × 1% = 10,000원

문제 4 결산자료

01	12월 31일	(차) 장기차입금(은혜은행) 20,000,000원 (대) 유동성장기부채(은혜은행) 20,000,000원
02	12월 31일	(차) 선급비용 2,250,000원 (대) 임차료(판) 2,250,000원 ✓ 3,000,000원 × 9/12 = 2,250,000원
03	12월 31일	(차) 이자비용 13,600,000원 (대) 미지급비용 13,600,000원 ✓ 300,000,000원 × 6.8% × 8/12= 13,600,000원
	결산자료 입력	• 제조경비 일반감가상각비 기계장치 4,000,000원, 판매비와 일반관리비 감가상각비 건물 20,000,000원, 무형자산상각비 영업권 3,000,000원을 입력한다. • 기말 원재료 재고액 4,700,000원, 기말 재공품 재고액 800,000원, 기말 제품 재고액 21,300,000원을 입력한다. • F3전표추가를 클릭한다.
04	12월 31일	(차) 감가상각비(판) 20,000,000원 (대) 감가상각누계액(203) 20,000,000원 감가상각비(제) 4,000,000원 감가상각누계액(207) 4,000,000원 무형자산상각비 3,000,000원 영업권 3,000,000원
05	12월 31일	기말 원재료, 기말 재공품, 기말 제품이 반영된 결산분개가 생성된다.

문제 5 원천징수

01

[부양가족명세]

기본사항 | 부양가족명세 | 추가사항

연말관계	성명	내/외국인		주민(외국인,여권)번호	나이	기본공제	부녀자	한부모	경로우대	장애인	자녀	출산입양	위탁관계
0	김필영	내	1	820419-1234564	43	본인							
1	김경식	내	1	450103-1156778	80	60세이상			○	2			
1	이연화	내	1	490717-2155433	76	부							
2	한수희	내	1	511111-2523454	74	60세이상			○				
3	최하나	내	1	841006-2219118	41	배우자							
4	김이온	내	1	120712-3035892	13	20세이하					○		
4	김시온	내	1	190103-4035455	6	20세이하							
6	김필모	내	1	791230-1234574	46	장애인				1			

✓ 부친 김경식은 2025. 03. 08. 사망으로 사망일 전일이 2025년이므로 기본공제가 가능하다.
✓ 모친 이연화는 양도소득금액 100만원 초과이므로 기본공제가 불가능하다.
✓ 장모 한수희는 총급여가 500만원 이하이므로 기본공제가 가능하다.
✓ 배우자 최하나는 퇴직소득금액 100만원 이하이므로 기본공제가 가능하다.
✓ 형 김필모는 분리과세대상 일용근로소득만 있고, 장애인이므로 기본공제가 가능하다.

[연말정산추가자료입력]

① 부양가족: [부양가족] 탭 수정

소득명세 | 부양가족 | 신용카드 등 | 의료비 | 기부금 | 연금저축 등I | 연금저축 등II | 월세액 | 출산지원금 | 연말정산입력

연말관계	성명	내/외국인		주민(외국인)번호	나이	소득기준초과여부	기본공제	세대주구분	부녀자	한부모	경로우대	장애인	자녀	출산입양	결혼세액
0	이철수	내	1	830505-1478521	42		본인	세대주							
1	이명수	내	1	561012-1587428	69		60세이상								
3	강희영	내	1	840630-2547858	41		부								
4	이현수	내	1	140408-3852611	11		20세이하						○		
4	이리수	내	1	191104-4487122	6		20세이하								
	합 계 [명]						4						1		

✓ 배우자 강희영은 양도소득금액 100만원 초과이므로 기본공제가 불가능하다.
✓ 부친 이명수는 사업소득금액 100만원 이하이므로 기본공제가 가능하다.

② 보험료: [부양가족] 탭

[보험료] 란에 일반보장성 이철수 300,000원, 이명수 150,000원, 이현수 350,000원 입력

[이철수]

자료구분	보험료			
	건강	고용	일반보장성	장애인전용
국세청			300,000	

[이명수]

자료구분	보험료			
	건강	고용	일반보장성	장애인전용
국세청			150,000	

[이현수]

자료구분	보험료			
	건강	고용	일반보장성	장애인전용
국세청			350,000	

✓ 부친 이명수의 생명보험료는 납입액이 만기환급액보다 크므로 보장성보험에 해당한다.

③ 교육비: [부양가족] 탭

[교육비] 란에 이철수 5,000,000원, 이현수 8,000,000원(또는 3,000,000원), 이리수 1,800,000원 입력

[이철수]

교육비		
일반		장애인특수
5,000,000	4.본인	

[이현수]

교육비		
일반		장애인특수
8,000,000	2.초중고	

[이리수]

교육비		
일반		장애인특수
1,800,000	1.취학전	

✓ 본인은 대학원교육비 공제가 가능하며, 본인 교육비는 전액 공제 가능하다.
✓ 취학한 학생의 학원비는 공제가 불가능하다.

④ 의료비: [의료비] 탭

이철수 1,050,000원, 이리수 250,000원 입력

소득명세 | 부양가족 | 신용카드 등 | 의료비 | 기부금 | 연금저축 등I | 연금저축 등II | 월세액 | 출산지원금 | 연말정산입력

2025년 의료비 지급명세서															
의료비 공제대상자							지급처		지급명세						14.산후조리원
□	성명	내/외	5.주민등록번호	6.본인등해당여부		9.증빙코드	8.상호	7.사업자등록번호	10.건수	11.금액	11-1.실손보험수령액	12.미숙아선천성이상아	13.난임여부		
□	이철수	내	830505-1478521	1	0	1				1,050,000		X	X		X
□	이리수	내	191104-4487122	2	0	1				250,000		X	X		X

✓ 국외 의료비는 의료비 공제가 불가능하다.

⑤ 신용카드 등: [신용카드 등] 탭

• 이철수: 신용카드 32,500,000원 입력

소득명세 | 부양가족 | 신용카드 등 | 의료비 | 기부금 | 연금저축 등I | 연금저축 등II | 월세액 | 출산지원금 | 연말정산입력

□	성명 생년월일	자료구분	신용카드	직불,선불	현금영수증	도서등신용	도서등직불	도서등현금	전통시장	대중교통	합계
□	이철수	국세청	32,500,000								32,500,000
	1983-05-05	기타									

⑥ [연말정산입력] 탭의 [F8부양가족탭불러오기]를 클릭하여 반영된 내용 확인

제116회 이론

01	02	03	04	05	06	07	08	09	10	11	12	13	14	15
①	①	③	②	③	③	④	②	②	④	②	④	④	①	③

01	①	[자본적지출(자산의 증가)을 수익적지출(비용의 발생)로 잘못 처리한 경우 재무제표에 미치는 영향] ➜ 자산의 과소계상(자본의 과소), 비용의 과대계상(수익의 과소)된다. (부채에는 영향이 없다.)
02	①	영업권은 무형자산에 해당한다.
03	③	• 재고자산의 평가방법 변경은 회계정책의 변경에 해당한다. [회계정책의 변경] 회계처리에 적용하던 정당한 회계정책을 다른 정당한 회계정책으로 변경 ➜ 재고자산 평가방법 변경, 유형자산 재평가모형 변경, 유가증권 단가산정방식 변경 등 [회계추정의 변경] 새로운 정보의 획득, 새로운 상황의 전개 등에 따라 지금까지 사용하던 회계적 추정치를 변경 ➜ 채권의 대손율 변경, 감가상각 방법 및 추정치 변경, 재고자산의 진부화 여부 판단 등
04	②	주식발행시에 발생하는 신주발행비는 주식의 발행액에서 차감된다.
05	③	• 반품률을 합리적으로 추정 불가능한 상태로 판매한 상품은 매출(수익)로 인식하지 않음 • 시용판매로 판매된 시송품은 구매자의 구매의사 표시 전까지는 판매자의 재고자산에 해당 • 담보로 제공한 저당상품은 매출(수익)로 인식하지 않음 • 선적지인도조건으로 매입한 상품은 매입자의 재고자산에 해당 ➜ 기말재고자산: 반품률 추정불가 상품(2,000,000원) + 구매의사 표시 전 시송품(2,000,000원) + 담보제공 상품(9,000,000원) + 선적지조건 매입의 미착상품(4,000,000원) = 17,000,000원
06	③	가공원가는 직접노무원가와 제조간접원가를 합한 금액이며, 직접재료원가와 직접노무원가의 합은 기본원가에 대한 설명이다.
07	④	종합원가계산은 공정별로 원가를 집계하므로 재공품 원가의 개별확인이 불가능하여 원가계산 기말에 현재 가공 중에 있는 재공품의 원가를 별도로 추정하여야 한다.
08	②	단계배분법은 보조부문 상호 간의 용역수수관계를 일부만 인정하는 방법이며, 보조부문 상호 간의 용역수수관계를 전혀 인정하지 않는 것은 직접배분법에 대한 설명이다.
09	②	• 당월발생 보험료: 당월 지급액(100,000원) + 당월 미지급(20,000원) - 전월 미지급(30,000원) = 90,000원 • 보험료 중 제조간접원가: 당월 발생 보험료(90,000원) x 제조부문 비율(80%) = 72,000원
10	④	• 평균법에 의한 가공원가의 완성품환산량 ➜ 완성품환산량: 완성품수량(1,100개) + 기말재공품 완성품환산량(200개 x 60%) = 1,220개 • 선입선출법에 의한 가공원가의 완성품환산량 ➜ 완성품환산량: 완성품수량(1,100개) - 기초재공품 완성품환산량(300개 x 20%) + 기말재공품 완성품환산량(200개 x 60%) = 1,160개
11	②	일반적인 여객운송 용역은 부가가치세를 면세하지만, 고속철도와 우등고속버스 등은 과세된다.
12	④	제조업을 영위하는 사업자가 농민으로부터 면세를 구입한 농산물은 의제매입세액공제 대상에 해당되어 매입세액공제가 가능하다.

13	④	• 당해 1월~11월 귀속 근로소득을 해당 과세기간의 12월 31일까지 지급하지 않은 경우, 그 근로소득은 12월 31일에 지급한 것으로 보아 소득세를 원천징수한다. • 당해 12월 귀속 근로소득을 다음 연도 2월까지 지급하지 않은 경우, 그 근로소득은 다음 연도 2월 말일에 지급한 것으로 보아 소득세를 원천징수한다.
14	①	복식부기의무자의 경우 사업용 유형자산의 처분으로 발생하는 이익은 사업소득에 포함시킨다.
15	③	배우자가 있는 여성인 경우, 배우자의 소득유무에 관계없이 부녀자공제를 받을 수 있다.

제116회 실무

문제 1 일반전표입력

번호	일자	구분	계정과목	금액	구분	계정과목	금액
01	01월 03일	(차)	보통예금 받을어음(하남상회)	2,000,000원 1,400,000원	(대)	외상매출금(하남상회)	3,400,000원
02	01월 15일	(차)	도서인쇄비(판)	25,000원	(대)	현금	25,000원
03	08월 20일	(차)	토지 매도가능증권(178)	19,500,000원 10,500,000원	(대)	보통예금	30,000,000원
04	10월 25일	(차)	임금(제) (또는 급여(제)) 상여금(제)	3,500,000원 3,000,000원	(대)	보통예금 예수금	5,332,740원 1,167,260원
05	12월 01일	(차)	미지급금((주)은성기계)	22,000,000원	(대)	미지급금(신한카드)	22,000,000원

문제 2 매입매출전표입력

번호	일자	내용
01	01월 02일	11.과세, 공급가액 1,000,000원, 부가세 100,000원, 미래전자, 전자: 여, 혼합 (차) 미수금 1,000,000원 (대) 기계장치 5,000,000원 현금 100,000원 부가세예수금 100,000원 감가상각누계액(207) 4,300,000원 유형자산처분이익 300,000원
02	02월 12일	54.불공, 공급가액 7,100,000원, 부가세 710,000원, ㈜롯데백화점 중동, 전자: 여, 혼합 불공제사유: 4.기업업무추진비 및 이와 유사한 비용 관련 (차) 기업업무추진비(접대비)(판) 7,810,000원 (대) 보통예금 7,810,000원
03	07월 17일	12.영세, 공급가액 18,000,000원, 부가세 0원, ㈜봉산실업, 전자: 여, 혼합 영세율구분: 3.내국신용장 · 구매확인서에 의하여 공급하는 재화 (차) 현금 1,800,000원 (대) 제품매출 18,000,000원 외상매출금 16,200,000원
04	08월 20일	62.현면, 공급가액 2,000,000원, 부가세 0원, ㈜하나로마트, 현금/혼합 (차) 복리후생비(제) 600,000원 (대) 현금 2,000,000원 복리후생비(판) 1,400,000원
05	09월 10일	51.과세, 공급가액 1,000,000원, 부가세 100,000원, 풍성철강, 전자: 부, 외상/혼합 (차) 원재료 1,000,000원 (대) 외상매입금 1,100,000원 부가세대급금 100,000원 ✓ Shift+F5 예정신고누락분 확정신고: 확정신고 개시연월: 2025년 10월

문제 3 부가가치세신고

01

[부가가치세신고서]

• 조회기간: 2025년 04월 1일~2025년 06월 30일, 신고구분: 1.정기신고

구분				정기신고금액 금액	세율	세액
과세표준및매출세액	과세	세금계산서발급분	1	200,000,000	10/100	20,000,000
		매입자발행세금계산서	2		10/100	
		신용카드 · 현금영수증발행분	3		10/100	
		기타(정규영수증외매출분)	4			
	영세	세금계산서발급분	5		0/100	
		기타	6		0/100	
	예정신고누락분		7			
	대손세액가감		8			-150,000
	합계		9	200,000,000	㉮	19,850,000
매입세액	세금계산서 수취분	일반매입	10	100,000,000		10,000,000
		수출기업수입분납부유예	10-1			
		고정자산매입	11	20,000,000		2,000,000
	예정신고누락분		12			
	매입자발행세금계산서		13			
	그 밖의 공제매입세액		14			
	합계(10)-(10-1)+(11)+(12)+(13)+(14)		15	120,000,000		12,000,000
	공제받지못할매입세액		16	5,000,000		500,000
	차감계 (15-16)		17	115,000,000	㉯	11,500,000
납부(환급)세액(매출세액㉮-매입세액㉯)					㉰	8,350,000
경감공제세액	그 밖의 경감 · 공제세액		18			10,000
	신용카드매출전표등 발행공제등		19			
	합계		20		㉱	10,000
소규모 개인사업자 부가가치세 감면세액			20-1		㉲	
예정신고미환급세액			21		㉳	
예정고지세액			22		㉴	
사업양수자의 대리납부 기납부세액			23		㉵	
매입자 납부특례 기납부세액			24		㉶	
신용카드업자의 대리납부 기납부세액			25		㉷	
가산세액계			26		㉸	500,000
차가감하여 납부할세액(환급받을세액)㉰-㉱-㉲-㉳-㉴-㉵-㉶-㉷+㉸					27	8,840,000
총괄납부사업자가 납부할 세액(환급받을 세액)						

• 공제받지못할매입세액, 전자신고 및 전자고지 세액공제

구분		금액	세율	세액
16.공제받지못할매입세액				
공제받지못할 매입세액	50	5,000,000		500,000
공통매입세액면세등사업분	51			
대손처분받은세액	52			
합계	53	5,000,000		500,000
18.그 밖의 경감·공제세액				
전자신고 및 전자고지 세액공제	54			10,000
전자세금계산서발급세액공제	55			
택시운송사업자경감세액	56			
대리납부세액공제	57			
현금영수증사업자세액공제	58			
기타	59			
합계	60			10,000

• 가산세명세

25.가산세명세					
사업자미등록등		61		1/100	
세 금 계산서	지연발급 등	62		1/100	
	지연수취	63		5/1,000	
	미발급 등	64	50,000,000	뒤쪽참조	500,000

✓ 경조사관련 직원에게 제공한 제품은 연간 100,000원까지 재화의 공급으로 보지 않는다.

✓ 전자세금계산서 발급의무자가 종이세금계산서를 발급한 경우 가산세
 : 공급가액 50,000,000원 × 1% = 500,000원

02

[대손세액공제신고서(대손발생)]

• 조회기간: 2025년 10월~2025년 12월, 2기 확정

대손발생 | 대손변제

조회기간 2025 년 10 월 ~ 2025 년 12 월 2기 확정

당초공급일	대손확정일	대손금액	공제율	대손세액	거래처	대손사유	
2024-05-03	2025-10-05	11,000,000	10/110	1,000,000	(주)가경	1	파산
2022-10-10	2025-10-24	22,000,000	10/110	2,000,000	(주)용암	6	소멸시효완성
2025-04-08	2025-11-20	16,500,000	10/110	1,500,000	(주)개신	5	부도(6개월경과)

✓ ㈜비하 받을어음: 부도발생일로부터 6개월이 경과하지 않았으므로 공제가 불가능하다.

문제 4 결산자료

01	12월 31일	(차) 부가세예수금 12,500,000원 (대) 부가세대급금 9,500,000원 세금과공과(판) 240,000원 잡이익 10,000원 미지급세금 3,230,000원
02	12월 31일	(차) 매도가능증권(178) 1,200,000원 (대) 매도가능증권평가이익 1,000,000원 매도가능증권평가손실 200,000원 ✓ 매도가능증권평가손실을 우선 상계한다.
03	12월 31일	(차) 선급비용 800,000원 (대) 보험료(판) 800,000원 ✓ 1,200,000원 × 8/12 = 800,000원
04	12월 31일	(차) 이자비용 755,111원 (대) 보통예금 1,000,000원 사채할증발행차금 244,889원 ✓ 이자비용 10,787,300원 × 7% = 755,111원 ✓ 사채할증발행차금 상각액 1,000,000원 − 755,111원 = 244,889원
05	결산자료 입력	• 제조경비 일반감가상각비 건물 10,000,000원, 기계장치 8,000,000원, 판매비와 일반관리비 감가상각비 차량운반구 7,000,000원, 비품 3,000,000원을 입력하고 F3전표추가를 클릭한다.
	12월 31일	(차) 감가상각비(제) 18,000,000원 (대) 감가상각누계액(203) 10,000,000원 감가상각비(판) 10,000,000원 감가상각누계액(207) 8,000,000원 감가상각누계액(209) 7,000,000원 감가상각누계액(213) 3,000,000원

문제 5 원천징수

01

[사원등록]

• 기본사항

기본사항 | 부양가족명세 | 추가사항

1.입사년월일 2025 년 9 월 1 일

2.내/외국인 1 내국인

3.외국인국적 KR 대한민국 체류자격

4.주민구분 1 주민등록번호 주민등록번호 750128-2436815

5.거주구분 1 거주자 6.거주지국코드 KR 대한민국

7.국외근로제공 0 부 8.단일세율적용 0 부 9.외국법인 파견근로자 0 부

10.생산직등여부 1 여 연장근로비과세 1 여 전년도총급여 27,000,000

11.주소

12.국민연금보수월액 1,800,000 국민연금납부액 81,000

13.건강보험보수월액 1,800,000 건강보험산정기준 1 보수월액기준

건강보험료경감 0 부 건강보험납부액 63,810

장기요양보험적용 1 여 8,260 건강보험증번호

14.고용보험적용 1 여 65세이상 0 부 (대표자 여부 0 부)

고용보험보수월액 1,800,000 고용보험납부액 14,400

15.산재보험적용 1 여

16.퇴사년월일 년 월 일 (이월 여부 0 부) 사유

[급여자료입력(수당공제등록)]

수당등록 | 공제등록

No	코드	과세구분	수당명	근로소득유형			월정액	통상임금	사용여부
				유형	코드	한도			
1	1001	과세	기본급	급여			정기	여	여
2	1002	과세	상여	상여			부정기	부	부
3	1003	과세	직책수당	급여			정기	부	부
4	1004	과세	월차수당	급여			정기	부	부
5	1005	비과세	식대	식대	P01	(월)200,000	정기	부	여
6	1006	비과세	자가운전보조금	자가운전보조금	H03	(월)200,000	부정기	부	부
7	1007	비과세	야간근로수당	야간근로수당	001	(년)2,400,000	부정기	부	여
8	2001	비과세	출산.보육수당(육아ㅅ	보육수당	Q02	(월)200,000	정기	부	여
9	2002	과세	시내교통비	급여			정기	부	여

[급여자료입력(9월)] (임하나)

• 귀속년월: 2025년 09월, 지급년월일: 2025년 09월 30일

급여항목	금액	공제항목	금액
기본급	1,500,000	국민연금	81,000
식대	200,000	건강보험	63,810
야간근로수당	2,200,000	장기요양보험	8,260
출산.보육수당(육아수당)	100,000	고용보험	14,400
시내교통비	300,000	소득세(100%)	15,110
		지방소득세	1,510
		농특세	
과세	1,800,000		
비과세	2,500,000	공제총액	184,090
지급총액	4,300,000	차인지급액	4,115,910

[사원등록]

• 기본사항

기본사항 | 부양가족명세 | 추가사항

1.입사년월일 2025 년 1 월 1 일 퇴사
2.내/외국인 1 내국인
3.외국인국적 KR 대한민국 체류자격
4.주민구분 1 주민등록번호 주민등록번호 850108-2111218
5.거주구분 1 거주자 6.거주지국코드 KR 대한민국
7.국외근로제공 0 부 8.단일세율적용 0 부 9.외국법인 파견근로자 0 부
10.생산직등여부 0 부 연장근로비과세 0 부 전년도총급여
11.주소
12.국민연금보수월액 국민연금납부액
13.건강보험보수월액 건강보험산정기준 1 보수월액기준
건강보험료경감 0 부 건강보험납부액
장기요양보험적용 1 여 건강보험증번호
14.고용보험적용 1 여 65세이상 0 부 (대표자 여부 0 부)
고용보험보수월액 고용보험납부액
02 15.산재보험적용 1 여
16.퇴사년월일 2025 년 3 월 31 일 (이월 여부 0 부) 사유

[급여자료입력(3월)] (우미영)

• 귀속년월: 2025년 03월, 지급년월일: 2025년 04월 05일, 상단 F7 중도퇴사자정산 ▾ 반영

급여항목	금액	공제항목	금액
기본급	2,700,000	국민연금	121,500
식대	200,000	건강보험	95,710
야간근로수당		장기요양보험	12,390
출산.보육수당(육아수당)		고용보험	21,600
시내교통비		소득세(100%)	
		지방소득세	
		농특세	
		중도정산소득세	-96,500
		중도정산지방소득세	-9,640
과세	2,700,000		
비과세	200,000	공제총액	145,060
지급총액	2,900,000	차인지급액	2,754,940

03

[원천징수이행상황서]

• 귀속기간: 2025년 10월~10월, 지급기간: 2025년 10월~10월, 신고구분: 1.정기신고

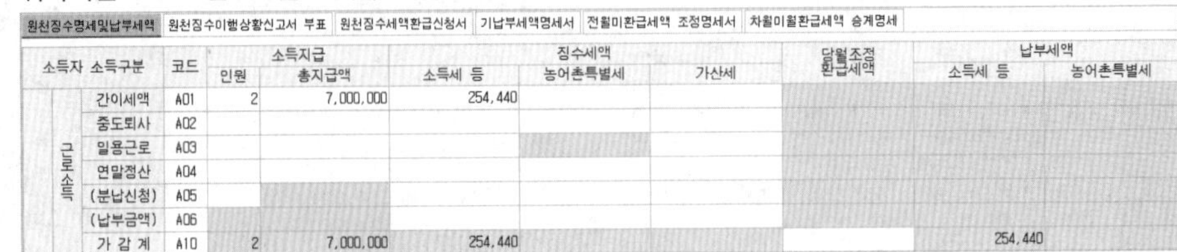

원천징수명세및납부세액 | 원천징수이행상황신고서 부표 | 원천징수세액환급신청서 | 기납부세액명세서 | 전월미환급세액 조정명세서 | 차월이월환급세액 승계명세

소득자 소득구분		코드	소득지급		징수세액			당월조정 환급세액	납부세액	
			인원	총지급액	소득세 등	농어촌특별세	가산세		소득세 등	농어촌특별세
근로소득	간이세액	A01	2	7,000,000	254,440					
	중도퇴사	A02								
	일용근로	A03								
	연말정산	A04								
	(분납신청)	A05								
	(납부금액)	A06								
	가 감 계	A10	2	7,000,000	254,440				254,440	

[원천징수이행상황신고서 마감]

• 귀속기간: 2025년 10월~10월, 지급기간: 2025년 10월~10월, 신고구분: 1.정기신고

- 부가가치세신고서를 조회하여 상단 부가가치세신고서 마감을 확인한다

[전자신고]

• 전자신고 메뉴 상단 F4 제작을 클릭한 후 비밀번호(123456789)를 입력하고 [확인]을 클릭한다.

[국세청 홈택스 전자신고변환(교육용)]

• 찾아보기를 클릭하여 'C드라이브'의 전자신고파일을 선택한다.

• 형식검증하기를 클릭하고 전자신고파일 비밀번호(123456789)를 입력한 후 화면 하단의 순서대로 (형식검증하기 ➡ 형식검증결과확인 ➡ 내용검증하기 ➡ 내용검증결과확인 ➡ 전자파일제출) 클릭하여 내용검증결과확인까지 진행한 후 전자파일제출 을 클릭한다.

• 최종적으로 전자파일 제출하기 를 클릭하여 정상변환된 신고서를 제출을 확인한다.

제117회 이론

01	02	03	04	05	06	07	08	09	10	11	12	13	14	15
②	①	③	④	③	①	①	④	③	①	②	③	②	④	②

01	②	사채는 퇴직급여충당부채와 함께 대표적인 비유동부채에 해당한다.
02	①	② 내부적으로 창출된 영업권은 원가를 신뢰성 있게 측정할 수 없고, 식별가능한 자원도 아니기 때문에 자산으로 인식하지 않는다. ③ 연구단계에서 발생한 지출은 무형자산으로 인식할 수 없고, 비용으로 인식한다. ④ 무형자산은 관계 법령이나 계약에 정해진 등 특별한 경우를 제외하고는 20년을 초과할 수 없다.
03	③	• 채무증권: 단기매매증권, 매도가능증권, 만기보유증권 • 지분증권: 단기매매증권, 매도가능증권, 지분법적용투자주식
04	④	연수합계법은 자산의 내용연수 동안 감가상각액이 매 기간 감소하는 방법이다.
05	③	전기 이전 기간에 발생한 중대한 오류수정은 소급법을 적용하여 중대한 오류의 영향을 받는 회계기간의 재무제표 항목을 재작성 한다.
06	①	전기요금은 변동원가이면서, 가공원가에 해당한다.
07	①	기초제품재고액은 재무상태표와 손익계산서에서 확인할 수 있다.
08	④	원가의 정확성이 높으며, 작업원가표를 원가자료로 활용하는 것은 개별원가에 대한 설명이다.
09	③	• 제조간접원가 배부율: 제조간접원가(5,000,000원) / 예정 기계작업시간(5,000시간) = 1,000(시간당) • 제조간접원가 배부액: 제조간접원가 배부율(1,000원) x 실제 기계작업시간(4,000시간) = 4,000,000원 • 제조원가: 직접재료원가(2,000,000원) + 직접노무원가(4,000,000원) + 제조간접원가(4,000,000원) = 10,000,000원
10	①	• 보조부문 X의 제조부문 B에 대한 배부 ➜ X부문 발생액(100,000원) x 600회/1,000회 = 60,000원 • 보조부문 Y의 제조부문 B에 대한 배부 ➜ Y부문 발생액(300,000원) x 300회/600회 = 150,000원 • 제조부문 B에 배분된 보조부문원가: X부문(60,000원) + Y부문(150,000원) = 210,000원
11	②	영세율이 적용되는 사업자는 단지 세율만 0%가 적용되며, 납세의무가 면제되지는 않는다.
12	③	위탁판매의 부가가치세법상 공급시기는 위탁자가 판매를 위탁한 때가 아니라, 위탁받은 수탁자가 판매한 시점이다.
13	②	총괄납부의 신청은 납부하려는 과세기간 개시 20일 전에 관할세무서장에게 신청하여야 한다.
14	④	교육비, 의료비, 보험료 세액공제는 근로소득자만 공제 가능하며, 근로소득에 대한 종합소득산출세액을 초과하는 경우 공제되지 않는다.
15	②	두 곳 이상의 직장에서 받은 근로소득에 대해 연말정산하여 소득세를 납부함으로써 확정신고납부할 세액이 없는 경우, 과세표준 확정신고를 하지 않아도 된다.

제117회 실무

문제 1 일반전표입력

번호	일자	분개
01	01월 05일	(차) 보통예금 585,000,000원 (대) 단기차입금((주)대명) 600,000,000원 이자비용 15,000,000원
02	04월 20일	(차) 보통예금 60,000,000원 (대) 자본금 50,000,000원 주식할인발행차금 3,000,000원 주식발행초과금 7,000,000원 ✓ 주식할인발행차금 잔액이 있는 경우 우선 상계한다.
03	07월 17일	(차) 보통예금 11,000,000원 (대) 대손충당금(109) 10,000,000원 부가세예수금 1,000,000원
04	08월 01일	(차) 보통예금 100,253,800원 (대) 정기예금 100,000,000원 선납세금 46,200원 이자수익 300,000원
05	11월 01일	(차) 부가세예수금 950,000원 (대) 보통예금 978,500원 잡손실 28,500원

문제 2 매입매출전표입력

번호	일자	내용
01	01월 04일	57.카과, 공급가액 300,000원, 부가세 30,000원, 시설수리전문여기야, 카드/혼합 (차) 수선비(제) 300,000원 (대) 미지급금(국민카드) 330,000원 부가세대급금 30,000원
02	02월 03일	55.수입, 공급가액 42,400,000원, 부가세 4,240,000원, 인천세관, 전자: 여, 혼합 (차) 부가세대급금 4,240,000원 (대) 보통예금 4,240,000원
03	02월 15일	53.면세, 공급가액 100,000원, 부가세 0원, 풍성화원, 전자: 여, 혼합 (차) 기업업무추진비(접대비)(판) 100,000원 (대) 미지급금 100,000원 (또는 미지급비용)
04	02월 18일	11.과세, 공급가액 10,500,000원, 부가세 1,050,000원, 이배달, 전자: 여, 혼합 (차) 보통예금 9,750,000원 (대) 차량운반구 18,000,000원 선수금 1,800,000원 부가세예수금 1,050,000원 감가상각누계액(209) 6,000,000원 유형자산처분손실 1,500,000원
05	03월 07일	51.과세, 공급가액 110,000,000원, 부가세 11,000,000원, ㈜양주산업, 전자: 여, 혼합 (차) 건물 110,000,000원 (대) 미지급금 121,000,000원 부가세대급금 11,000,000원 ✓ 상품, 원재료 등 주요상거래 외의 매입관련 어음 발행은 미지급금으로 회계처리한다.

문제 3 부가가치세신고

01

[공제받지못할매입세액명세서]

(공제받지못할매입세액내역)

- 조회기간: 2025년 10월~2025년 12월, 구분: 2기 확정

공제받지못할매입세액내역 | 공통매입세액안분계산내역 | 공통매입세액의정산내역 | 납부세액또는환급세액재계산

매입세액 불공제 사유	세금계산서 매수	세금계산서 공급가액	세금계산서 매입세액
①필요적 기재사항 누락 등			
②사업과 직접 관련 없는 지출			
③개별소비세법 제1조제2항제3호에 따른 자동차 구입·유지			
④기업업무추진비 및 이와 유사한 비용 관련			
⑤면세사업등 관련	8	20,000,000	2,000,000
⑥토지의 자본적 지출 관련			
⑦사업자등록 전 매입세액			
⑧금·구리 스크랩 거래계좌 미사용 관련 매입세액			
합계	8	20,000,000	2,000,000

(공통매입세액의 정산내역)

공제받지못할매입세액내역 | 공통매입세액안분계산내역 | 공통매입세액의정산내역 | 납부세액또는환급세액재계산

산식	구분	(15)총공통매입세액	(16)면세 사업확정 비율			(17)불공제매입세액총액((15)*(16))	(18)기불공제매입세액	(19)가산또는공제되는매입세액((17)-(18))
			총공급가액	면세공급가액	면세비율			
1.당해과세기간의 공급가액기준		5,000,000	250,000,000.00	50,000,000.00	20.000000	1,000,000	800,000	200,000
합계		5,000,000	250,000,000	50,000,000		1,000,000	800,000	200,000

가산또는공제되는매입세액 (200,000) = 총공통매입세액(5,000,000) * 면세비율(%)(20.000000) - 기불공제매입세액(800,000)

[수출실적명세서]

- 조회기간: 2025년 07월~2025년 09월, 구분: 2기 예정

구분	건수	외화금액	원화금액	비고
⑨합계	1	30,000.00	42,000,000	
⑩수출재화[=⑫합계]	1	30,000.00	42,000,000	
⑪기타영세율적용				

No	□	(13)수출신고번호	(14)선(기)적일자	(15)통화코드	(16)환율	금액 (17)외화	금액 (18)원화	전표정보 거래처코드	전표정보 거래처명
1	□	81234-58-123458X	2025-07-22	USD	1,400.0000	30,000.00	42,000,000		

02

[내국신용장·구매확인서전자발급명세서]

- 조회기간: 2025년 07월~2025년 09월, 구분: 2기 예정

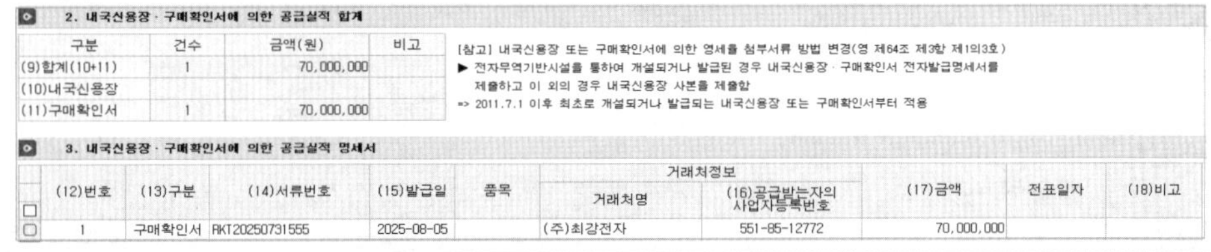

2. 내국신용장·구매확인서에 의한 공급실적 합계

구분	건수	금액(원)	비고
(9)합계(10+11)	1	70,000,000	
(10)내국신용장			
(11)구매확인서	1	70,000,000	

[참고] 내국신용장 또는 구매확인서에 의한 영세율 첨부서류 방법 변경(영 제64조 제3항 제1의3호)
▶ 전자무역기반시설을 통하여 개설되거나 발급된 경우 내국신용장·구매확인서 전자발급명세서를 제출하고 이 외의 경우 내국신용장 사본을 제출함
=> 2011.7.1 이후 최초로 개설되거나 발급되는 내국신용장 또는 구매확인서부터 적용

3. 내국신용장·구매확인서에 의한 공급실적 명세서

□	(12)번호	(13)구분	(14)서류번호	(15)발급일	품목	거래처정보 거래처명	거래처정보 (16)공급받는자의 사업자등록번호	(17)금액	전표일자	(18)비고
□	1	구매확인서	RKT20250731555	2025-08-05		(주)최강전자	551-85-12772	70,000,000		

03

[부가가치세신고서 및 부속서류 정상 마감]

- 조회기간: 2025년 4월 1일~2025년 6월 30일, 신고구분: 1.정기신고
  - 부가가치세신고서를 조회하여 상단 부가가치세신고서 마감을 확인한다

[전자신고]

- 전자신고 메뉴 상단 F4 제작을 클릭한 후 비밀번호 숫자 8자리(12341234)를 입력하고 [확인]을 클릭한다.

[국세청 홈택스 전자신고변환(교육용)]

- 찾아보기를 클릭하여 'C드라이브'의 전자신고파일을 선택한다.
- 형식검증하기를 클릭하고 전자신고파일 비밀번호 숫자 8자리(12341234)를 입력한 후 화면 하단의 순서대로 (형식검증하기 → 형식검증결과확인 → 내용검증하기 → 내용검증결과확인 → 전자파일제출) 클릭하여 내용검증결과확인까지 진행한 후 전자파일제출을 클릭한다.
- 최종적으로 전자파일 제출하기를 클릭하여 정상변환된 신고서를 제출을 확인한다.

문제 4 결산자료

01	12월 31일	(차) 보통예금 5,700,000원 (대) 단기차입금(국민은행) 5,700,000원
02	12월 31일	(차) 외화환산손실 9,250,000원 (대) 외상매입금(INSIDEOUT) 9,250,000원 ✓ $50,000 × 1,390원 − 60,250,000원 = 9,250,000원
03	12월 31일	(차) 임차료(제) 6,000,000원 (대) 선급비용 6,000,000원 ✓ 18,000,000원 × 4/12 = 6,000,000원
	결산자료 입력	• F8상각을 이용하여 대손율 2%, 외상매출금 306,950원, 받을어음 (-)2,364,000원을 결산반영한다. • 판매비와관리비의 무형자산상각비 영업권 8,100,000원을 입력한다. • F3전표추가를 클릭한다.
04	12월 31일	(차) 대손상각비 306,950원 (대) 대손충당금(109) 306,950원 대손충당금(111) 2,364,000원 대손충당금환입 2,364,000원
05	12월 31일	(차) 무형자산상각비 8,100,000원 (대) 영업권 8,100,000원 ✓ 54,000,000원 ÷ 5 × 9/12 = 8,100,000원

문제 5 원천징수

01

[기초코드등록]

[환경등록]의 [원천] 탭에서 5.급여자료입력 화면을 2.구분별로 입력 선택

회계 | 원천 | 법인

1	사원 코드 형태	1.숫자
2	급여 산정 기준일 사용 여부	0.미사용
	급여 산정 기준일	1.전월 1 일 부터 한 달(기준일 포함)
3	급여 지급 형태	1.당월급여를 당월에 지급
4	급여 지급 일자	일
5	급여자료입력 화면	2.구분별로 입력

[급여자료입력] (김성민)

• 귀속년월: 2025년 11월, 구분: 1.급여, 지급년월일: 2025년 11월 30일

급여항목	금액	공제항목	금액
기본급	3,000,000	국민연금	135,000
월차수당		건강보험	106,350
식대	200,000	장기요양보험	13,770
자가운전보조금		고용보험	24,000
야간근로수당		소득세(100%)	74,350
		지방소득세	7,430
		농특세	
과세	3,000,000		
비과세	200,000	공제총액	360,900
지급총액	3,200,000	차인지급액	2,839,100

• 귀속년월: 2025년 11월, 구분: 3.상여, 지급년월일: 2025년 12월 31일

급여항목	금액	공제항목	금액
상여	2,500,000	고용보험	20,000
		소득세(100%)	207,020
		지방소득세	20,700
		농특세	
과 세	2,500,000		
비 과 세		공 제 총 액	247,720
지 급 총 액	2,500,000	차 인 지 급 액	2,252,280

[원천징수이행상황신고서]

01

• 귀속기간: 2025년 11월~11월, 지급기간: 2025년 11월~11월, 신고구분: 1.정기신고

원천징수명세및납부세액 | 원천징수이행상황신고서 부표 | 원천징수세액환급신청서 | 기납부세액명세서 | 전월미환급세액 조정명세서 | 차월이월환급세액 승계명세서

소득자 소득구분		코드	소득지급 인원	소득지급 총지급액	징수세액 소득세 등	징수세액 농어촌특별세	징수세액 가산세	당월조정 환급세액	납부세액 소득세 등	납부세액 농어촌특별세
근로소득	간이세액	A01	1	3,200,000	74,350					
	중도퇴사	A02								
	일용근로	A03								
	연말정산	A04								
	(분납신청)	A05								
	(납부금액)	A06								
	가 감 계	A10	1	3,200,000	74,350				74,350	

• 귀속기간: 2025년 11월~11월, 지급기간: 2025년 12월~12월, 신고구분: 1.정기신고

원천징수명세및납부세액 | 원천징수이행상황신고서 부표 | 원천징수세액환급신청서 | 기납부세액명세서 | 전월미환급세액 조정명세서 | 차월이월환급세액 승계명세서

소득자 소득구분		코드	소득지급 인원	소득지급 총지급액	징수세액 소득세 등	징수세액 농어촌특별세	징수세액 가산세	당월조정 환급세액	납부세액 소득세 등	납부세액 농어촌특별세
근로소득	간이세액	A01	1	2,500,000	207,020					
	중도퇴사	A02								
	일용근로	A03								
	연말정산	A04								
	(분납신청)	A05								
	(납부금액)	A06								
	가 감 계	A10	1	2,500,000	207,020				207,020	

[연말정산추가자료입력]

① 부양가족: [부양가족] 탭 수정

소득명세 | 부양가족 | 신용카드 등 | 의료비 | 기부금 | 연금저축 등I | 연금저축 등II | 월세액 | 출산지원금 | 연말정산입력

연말관계	성명	내/외국인		주민(외국인)번호	나이	소득기준 초과여부	기본공제	세대주 구분	부녀자	한부모	경로 우대	장애인	자녀	출산 입양	결혼 세액
0	이태원	내	1	731210-1254632	52		본인	세대주							
1	최명순	내	1	440425-2639216	81		부								
3	김진실	내	1	771214-2458694	48		배우자								
4	이민석	내	1	030505-3569879	22		부								
4	이채영	내	1	080214-4452141	17		20세이하						○		
합 계 [명]							3						1		

✓ 모 최명순은 사업소득금액이 100만원을 초과하므로 기본공제가 불가능하다.
사업소득금액 20,000,000원 = 총수입금액 36,000,000원 – 필요경비 16,000,000원

② 소득명세: 종전근무지 내용 입력

소득명세 | 부양가족 | 신용카드 등 | 의료비 | 기부금 | 연금저축 등I | 연금저축 등II | 월세액 | 출산지원금 | 연말정산입력

구분			합계	주(현)	납세조합	종(전) [1/2]
소득명세	9.근무처명			(주)어진상사 기출117 [세무		(주)경기
	9-1.종교관련 종사자			부		부
	10.사업자등록번호			---–--–-----	---–--–-----	412-81-24785
	11.근무기간			2025-12-01 ~ 2025-12-31	----–--–-- ~ ----–--–--	2025-01-01 ~ 2025-11-30
	12.감면기간			----–--–-- ~ ----–--–--	----–--–-- ~ ----–--–--	----–--–-- ~ ----–--–--
	13-1.급여(급여자료입력)		55,000,000	5,500,000		49,500,000
	13-2.비과세한도초과액					
	13-3.과세대상추가(인정상여추가)					
	14.상여					
	15.인정상여					
	15-1.주식매수선택권행사이익					
	15-2.우리사주조합 인출금					
	15-3.임원퇴직소득금액한도초과액					
	15-4.직무발명보상금					
	16.계		55,000,000	5,500,000		49,500,000
공제보험료명세	직장	건강보험료(직장)(33)	1,992,750	166,750		1,826,000
		장기요양보험료(33)	204,090	17,090		187,000
		고용보험료(33)	489,550	49,550		440,000
		국민연금보험료(31)	2,618,700	218,700		2,400,000
	공적연금보험료	공무원 연금(32)				
		군인연금(32)				
		사립학교교직원연금(32)				
		별정우체국연금(32)				
세액	기납부세액	소득세	2,869,850	289,850		2,580,000
		지방소득세	286,980	28,980		258,000
		농어촌특별세				

02

③ 보험료: [부양가족] 탭
[보험료] 란에 이태원 일반보장성 840,000원 입력

자료구분	보험료			
	건강	고용	일반보장성	장애인전용
국세청			840,000	

✓ 모 최명순은 사업소득금액 100만원 초과로 보험료공제가 불가능하다.
✓ 저축성보험은 보험료공제 대상이 아니다.

④ 교육비: [부양가족] 탭
[교육비] 란에 이태원 8,000,000원, 김진실 7,000,000원, 이민석 7,000,000원, 이채영 2,800,000원 (수업료 2,000,000원 + 교복 500,000원 + 체험학습 300,000원) 입력

[이태원]

교육비		
일반		장애인특수
8,000,000	4.본인	

[김진실]

교육비		
일반		장애인특수
7,000,000	3.대학생	

[이민석]

교육비		
일반		장애인특수
7,000,000	3.대학생	

[이채영]

교육비		
일반		장애인특수
2,800,000	2.초중고	

✓ 본인은 대학원교육비 공제가 가능하며, 본인 교육비는 전액 공제 가능하다.
✓ 교복구입비는 1인당 50만원 한도, 체험학습비는 1인당 30만원 한도로 공제 가능하다.

⑥ 의료비: [의료비] 탭
최명순 5,000,000원(실손 3,000,000원), 이민석 300,000원 입력

소득명세 | 부양가족 | 신용카드 등 | 의료비 | 기부금 | 연금저축 등I | 연금저축 등II | 월세액 | 출산지원금 | 연말정산입력

2025년 의료비 지급명세서

	의료비 공제대상자					지급처			지급명세					14.산후조리원
□	성명	내/외	5.주민등록번호	6.본인등 해당여부		9.증빙코드	8.상호	7.사업자등록번호	10.건수	11.금액	11-1.실손보험수령액	12.미숙아 선천성이상아	13.난임여부	
□	최명순	내	440425-2639216	2	O	1				5,000,000	3,000,000	X	X	X
□	이민석	내	030505-3569879	3	X	1				300,000		X	X	X

✓ 미용 목적 성형수술비는 공제가 불가능하다.

⑦ [연말정산입력] 탭의 [F8부양가족탭불러오기]를 클릭하여 반영된 내용 확인

저자 이원주

▌약력

- 고려대학교 법학석사(조세법)
- 고려대학교 법학박사(수료)
- 한국세무사회 자격시험팀 차장
- 한양여자대학교 겸임교수
- 웅지세무대학교 겸임교수
- 지방공무원시험 출제위원
- 한국산업인력공단 NCS 심의위원
- 경찰공무원 경력경쟁채용 심의위원
- 국세청 바른세금지킴이 탈세감시위원

(현) 경일세무회계사무소 대표세무사
(현) 한국세무사회 자격시험 출제위원
(현) 고려사이버대학교 외래교수
(현) 에듀윌 전임교수
(현) 한국사이버진흥원 강사
(현) 한국세무사회 도서편집 및 국제협력 위원

▌주요저서

- I CAN 전산세무 2급 (「삼일인포마인」, 2025)
- I CAN 전산회계 1급 (「삼일인포마인」, 2025)
- I CAN 전산회계 2급 (「삼일인포마인」, 2025)
- 초급세무회계(「경영과회계」, 2014)
- 1타 전산회계(「e배움터」, 2021)
- 유튜버와 BJ의 세금신고가이드(「삼일인포마인」, 2021)

저자 김진우

▌약력

- 경남대학교 경영학석사(회계전문가 과정)
- 경남대학교 경영학박사(회계전공)
- 한국생산성본부 ERP 공인강사
- 영남사이버대학교 외래교수
- 영진전문대학교 외래교수
- 창원문성대학교 외래교수
- 경남도립거창대학 세무회계유통과 초빙교수
- 거창세무서 국세심사위원회 위원
- 한국공인회계사회 AT연수강사

(현) (주)더존에듀캠 전임교수
(현) 울산과학대학교 세무회계학과 겸임교수
(현) 경남대학교 경영학부 겸임교수
(현) 서원대학교 경영학부 겸임교수

▌주요저서

- I CAN 전산세무 2급 (「삼일인포마인」, 2025)
- I CAN 전산회계 1급 (「삼일인포마인」, 2025)
- I CAN 전산회계 2급 (「삼일인포마인」, 2025)
- ERP정보관리사 회계 (「삼일인포마인」, 2025)
- ERP정보관리사 인사 (「삼일인포마인」, 2025)
- ERP정보관리사 물류 (「삼일인포마인」, 2025)
- ERP정보관리사 생산 (「삼일인포마인」, 2025)
- 바이블 원가회계(「도서출판 배움」, 2021)
- 바이블 회계원리(「도서출판 배움」, 2023)

감수 김윤주

▌약력

- 영남대학교 경영대학원 석사 졸업(회계학)
- (주)더존비즈온 근무
- 영진전문대학교 경영회계서비스계열 전산세무회계전공 교수
- 한국공인회계사회 AT연수강사
- 국가직무능력표준(NCS) 학습모듈 집필위원 (한국직업능력 개발원)

(현) (주)한결경영 대표
(현) 영진전문대학교 회계금융창업과 겸임교수
(현) (주)더존에듀캠 전임교수

▌주요저서

- I CAN FAT 회계실무 2급 (「삼일인포마인」, 2025)
- I CAN FAT 회계실무 1급 (「삼일인포마인」, 2025)
- I CAN TAT 세무실무 2급 (「삼일인포마인」, 2025)
- I CAN TAT 세무실무 1급 (「삼일인포마인」, 2025)
- 포인트 전산세무/회계 1급, 2급 (「경영과회계」, 2011)
- 포인트 ERP정보관리사 회계/인사 1, 2급 (「경영과회계」, 2009)
- 전산세무실무, 전산회계실무, 기업자원관리실무 (서울시 교육감 인정)

감수 김혜숙

▌약력

- 홍익대학교 교육대학원 석사 졸업(상업교육)
- 홍익대학교 일반대학원 박사 수료(세무학)
- 홍익대학교 외래교수
- 한국공인회계사회 AT(TAT·FAT)연수강사
- 한국생산성본부 ERP연수강사

(현) (주)더존에듀캠 전임교수
(현) 해커스 TAT(세무실무) 1급, 2급 전임교수
(현) 서울사이버대학교 세무회계과 겸임교수
(현) 안양대학교 글로벌경영학과 겸임교수

▌주요저서

- I CAN FAT 회계실무 2급 (「삼일인포마인」, 2025)
- I CAN FAT 회계실무 1급 (「삼일인포마인」, 2025)
- I CAN TAT 세무실무 2급 (「삼일인포마인」, 2025)
- I CAN TAT 세무실무 1급 (「삼일인포마인」, 2025)
- ERP정보관리사 회계 (「삼일인포마인」, 2025)
- ERP정보관리사 인사 (「삼일인포마인」, 2025)
- ERP정보관리사 물류 (「삼일인포마인」, 2025)
- ERP정보관리사 생산 (「삼일인포마인」, 2025)
- SAMIL전산세무2급 (「삼일인포마인」, 2011)
- SAMIL전산회계1급 (「삼일인포마인」, 2011)
- SAMIL전산회계2급 (「삼일인포마인」, 2011)

I CAN 전산세무 2급

저자와의
협의하에
인지생략

발 행	2023년 5월 18일 초판 발행 2025년 3월 24일 3판 발행
저 자	이원주·김진우
발 행 인	이 희 태
발 행 처	삼일피더블유씨솔루션
주 소	서울특별시 한강대로 273 용산빌딩 4층
등 록	1995. 6. 26 제3-633호
전 화	(02) 3489-3100
팩 스	(02) 3489-3141
정 가	27,000원
I S B N	979-11-6784-372-2 13320

* 삼일인포마인은 삼일피더블유씨솔루션의 단행본 브랜드입니다.